Palæographia Græca, Sive De Ortu Et Progressu Literarum Græcarum, Et De Variis Omnium Sæculorum Scriptionis Græcæ Generibus: Itemque De Abbreviationibus & De Notis Variarum Artium Ac Disciplinarum: Additis Figuris & Schematibus Ad Fidem... - Primary Source Edition

Bernard de Montfaucon, Joannes Komnenos, Porphyrios (metropolitan of Nicaea.), Jean Bouhier

S. le Clerc Inven.
P. F. Giffart Sculp.

PALÆOGRAPHIA GRÆCA,

SIVE

DE ORTU ET PROGRESSU LITERARUM GRÆCARUM,

ET

De variis omnium sæculorum Scriptionis Græcæ generibus : itemque de Abbreviationibus & de Notis variarum Artium ac Disciplinarum.

Additis Figuris & Schematibus ad fidem manuscriptorum Codicum.

Opera & studio D. BERNARDI DE MONTFAUCON, Sacerdotis & Monachi Benedictini è Congregatione Sancti Mauri.

PARISIIS,

Apud { LUDOVICUM GUERIN, sub signo S. Thomæ Aquinatis.
Viduam JOANNIS BOUDOT. sub signo Solis aurei.
Et CAROLUM ROBUSTEL, sub signo Arboris Palmæ. } Viâ Jacobæâ.

M. DCC. VIII.

CUM PRIVILEGIO REGIS.

LUDOVICO

BURGUNDIÆ DUCI,

GALLIARUM DELPHINI

PRIMOGENITO.

QUANDO *quidem me hujus tibi nuncupandæ operæ cupidum, pro innata humanitate*, SERENISSIME PRINCEPS, *jubes pulſo metu ac pudore ſecurum accedere, Palæographiam Græcam tibi offero, diu meditatum, assidua exercitatione concinnatum opus, cui a multis jam annis vigilias sudoresque meos consecravi. Rem tanto labore partam in tuto ut collocem, ad patrocinium me confero tuum; certus auspicio tali sinistrum nihil prodeunti in lucem operæ metuendum: sed plana omnia faustaque obventura, meque parem votis consiliisque meis exitum esse consecuturum.*

Non una erat quæ mihi tam optabilem Patronum commendaret ratio; immo vero omnia in unum concurrere videbantur; Regii splendor generis, cui nullum par in orbe; Avi Patrisque virtutes, quas omnes in te uno ceu in speculo expressas conspicimus; præclara domi forisque gesta, quibus tibi viam, LUDOVICI MAGNI *vestigiis insistens, ad immortalem famam parasti. Te non ita pridem vidimus Batavorum fines ingressum, exterritos adventu tuo fœderatos ita præcipites in fugam conjecisse, ut sat tutum nusquam sibi præsidium relictum putarent. Hinc ad Rheni oram, Patris tui victoriis præclareque gestis nobilitatam con-*

versus, novas ibi palmas adeptus, nova tropæa erexisti. Obstupuit Germania, ubi obsessum Brisacum urbem omnium ad limites suos positarum munitissimam, intra tredecim ab admotis operibus dies ad leges Victoris accedere conspexit. Hoc Gallici nominis hostibus specimen datum est, unde discant qualem in posterum fortunam quoties adversùm signa moveris, qualem exitum belli sint experturi. Mirum autem dum vi bellica tremendus, tantas hostibus clades inferres, qua rursum humanitate, qua liberalitate, omnium tibi exercitus tui ordinum animos conciliares: Prætoribus, Tribunis, gregario militi perinde carus; tam felici præstantis naturæ genio, ut nihil ex gravitate comitas, nihil facilitas ex imperii dignitate decerperet.

In otio autem, PRINCIPUM DECUS, *sic tempora, sic momenta omnia moderaris, nihil ut vacuum in vitæ decursu maneat, ac, ut ait Tullius, ne ipsum quidem otium sit otiosum: sed illius olim sapientissimi Regis consilio morem gerens, omnia suis spatiis & horis demetiris, ut opportune singula, non modo quæ prudentem ac generosum, sed etiam quæ Christianum Principem decent exsequare; ratus nihil esse has fluxas caducasque opes, fortunas, facultates; nisi ad perennem illam felicitatem dirigantur.*

Stimulos mihi addebat, SERENISSIME PRINCEPS, *ille studiorum studiosorumque amor, quem ubique præfers; bonarum artium, quæ ad dignitatem Imperii mirum quantum valeant, illustrandarum tibi innata sollicitudo. His ego dotibus plane Regiis permotus, meam hanc, si non numeris omnibus absolutam, operosam certe lucubrationem, præsidio tuo libens commisi, ut rerum, quas tractat, delectu per se spectabilis, nominis tui decore ornata, spectabilior eluceat.*

Argumenti genus tibi, SERENISSIME PRINCEPS, *non displiciturum confidimus: agitur de veteri Græca scriptura, cujus ab ipsis, ut ita dicam incunabulis ad postrema*

usque

usque tempora formas, mutationes fortunasque varias describimus, & quantum fas est ob oculos ponimus: certi rem utilitate non minus, quam ipsa novitate jucunditateque acceptam fore. Et sane mirum insignem hanc literariæ historiæ partem, veteribus prorsus intactam, a recentioribus ita neglectam fuisse, ut qui vel ea, quæ jam publici juris facimus, edere conatus sit, neminem uspiam memoratum reperiamus: etsi, ne mihi ipse gratulari videar, innumeri pene tum superiori ætate, tum nostra, exstiterint viri Græce doctissimi, qui id potuerint & fidentius suscipere, & cumulatius præstare.

Movebat ipsa Græcæ linguæ dignitas, ut pro viribus ad eam illustrandam aliquid conferrem; disciplinarum nempe et artium matrem, qua stante steterunt omnia vitæ civilis ornamenta; qua deficiente illa quoque dilapsa sunt. Florente literis Græcia, pari gradu Statuaria, Architectonice, Pictura, Musica cæteræque artes viguere. Hinc ad Romanos orbis domitores translatæ Græcæ literæ, inconditam prius gentem omnium μαθήσεων *præceptis excoluerunt. Sub hæc sive incuria, sive rerum humanarum vicissitudine, prolapsis literis, cetera quoque literis conjuncta artium & disciplinarum omnium ornamenta plus quam decem sæculis jacuerunt. Dixisses,* SERENISSIME PRINCEPS, *illas olim politissimas nationes pristina spoliatas dignitate fuisse; adeo ut mali diuturnitate, nec præsentis dedecoris sensum, nec præteriti splendoris memoriam ullam habere viderentur.*

Immortales vero iis gratias habemus, qui jamdiu prostratas literas, maxime vero Græcas, paulatim immensis laboribus e tenebris eduxerunt: quod Principum curis & sumtibus in Italia primum præstitere Franciscus Philelphus, Laurentius Valla, Theodorus Gaza, Angelus Politianus & alii. Cæptum in Italia decimo-quinto sæculo Græcæ linguæ studium, in Gallia subinde vehementer promotum & auctum est. Quantum ea in palæstra meruerit magnus ille Gullielmus Budæus; quantum Stephani, Robertus & Henricus; quantum Turnebi, Casauboni & cæteri, omnium eruditorum ore narratur: adeo ut ignoretur utra utri plus debeat; an Gallia literaturæ Græcæ, cujus adminiculo bonis artibus & disciplinis imbuta sit & expolita; an Græca ipsa literatura Galliæ, cujus beneficio exculta magis ac magis in dies effloruerit.

Eminuit hoc restaurandæ in Gallia Græcæ linguæ studio Francisci primi Galliarum Regis liberalitas; Francisci, inquam, primi, cujus ea in re institutum, SERENISSIME PRINCEPS, *a cæteris principibus pro norma & exemplo haberi possit; cujus erga literas amor a plerisque illius & proximi ævi scriptoribus celebratur.* Ille, *inquit M. Antonius Muretus,* homines eruditos ad se ex omnibus orbis terrarum partibus, amplissima eorum industriæ præmia statuens, convocabat. Ad regalem illius mensam non ullum acroama aut libentius aut sæpius, quam vox alicujus eruditi hominis audiebatur: Qua re ad cæteras suas laudes eam addidit, qua nulla, meo quidem judicio, major est, nulla præclarior, ut communi omnium populorum consensu LITERARUM PATER nominaretur. *Vidit Rex æternis præconiis dignus, mutata rerum facie, florentes in Gallia artes illas, quæ ne nomine quidem antea notæ, mirum in modum postea frequentatæ sunt: quæque a Græcis primum ortæ, ad alias deinde gentes latius emanaverant: & providus, ne semel institutum in Gallia Græcæ linguæ studium aliquando deficeret, cum Magistros & Doctores Græcæ linguæ assignatis stipendiis constituit; tum præterea Codices Græcos ingenti sumtu ad usum Bibliothecæ Regiæ undequaque comparavit. Hujus vestigiis hærentes posteri Reges, fovendis iis, quæ instituta fuerant, studiis non mediocriter advigilarunt, donec tandem regnante* LUDOVICO MAGNO, *tum cætera omnia summopere aucta sunt, tum Bibliotheca illa vere Regia tot accessionibus ditata est, ut Ptolemaïcæ & Attalicæ memoriam obruerit.*

Hoc genus laudis, OPTIME PRINCEPS, *te a puero consectatum esse gaudemus: quippe qui non modo literas ipse apprime colas & amplectare; sed etiam iis deditos foveas & exornes, ad meliora semper acuas & horteris: quo factum, ut apud proximas simul remotasque nationes magnus rei literariæ Patronus audias. Quia vero plus habet ponderis exemplum, quod a magno Principe proficiscitur, spes est te duce liberales disciplinas omnes mutasque artes majora in dies incrementa splendoremque novum consequuturas.*

Reliquum autem est ut nos, qui partis Regum liberalitate & eruditorum labore commodis fruimur, eadem promovere & illustrare pro viribus enitamur. Eo certe animo hanc Palæographiam, sive antiquæ Scripturæ recensionem, adornavimus, ut ex vigiliis nostris adjumenti quidpiam ad φιλέλληνας *redundaret. Quod si conatum approbes, si lucubrationibus nostris faveas, auctor nobis eris ut ad cætera, quæ per otium parantur, studiosius manum admoveamus: tuum enim judicium nobis instar omnium futurum est,* SERENISSIME PRINCEPS, *cui diuturnum vitæ curriculum faustaque omnia apprecamur.*

Offerebat

Obsequentissimus addictissimusque famulus
Fr. BERNARDUS DE MONTFAUCON
Presbyter & Monachus Benedictinus é
Congregatione S. Mauri.

SYLLABUS

Eorum, quæ in Palæographia Græca continentur

PRÆFATIO.

PRECENSIO PALÆOGRAPHIÆ GRÆCÆ, *ubi* I. *De Cinnabari.* II. *De ortu Literarum Græcarum.* III. *De Literis Samaritanis.* IV. *De formis* Γ *&* Π. V. *De Literis* Ξ *&* Ψ. VI. *De nummo Æsillæ.* VII. *De literis* Є, C, ω. VIII. *De Chyndonactis inscriptione.* IX. *De Diphthongo* ȣ. X. *De Abraxæis figuris.* XI. *De Literis uncialibus.* XII. *De notis Myriadum. De Indictionum numeris interdum mendosis.*

RECENSIO omnium, quas quidem novimus, Bibliothecarum Græcarum.

LIBER PRIMUS.

De instrumentis Græcorum ad Scriptionem, de Chartis, de Libris, de Calligraphis, sive Librariis, & eorum Notis. pag. 1

CAPUT I. *De Atramento & aliis Liquoribus ad usum Græcorum. De Chrysographia. De Picturis Codicum ad rerum repræsentationem. Instrumenta arandi ex Scholiaste Hesiodi manuscripto. De Prosopopœiis depictis.* 2

CAP. II. *De Chartarum nomine ac generibus, de Philyra, Tilia, Papyro Ægyptiaca. De Charta plumbea, de Tabellis ceratis, itemque de Elephantinis. De Charta coriacea, Membranea, & de Bombycinæ vetustate atque usu. De Pugillaribus & de Libris linteis.* 13

CAP. III. *De Stylo, de calamo & penna, ac reliquis ad scriptionem instrumentis. Schemata S. Lucæ ac Dionysii Halicarnassei scribentium ex antiquis exemplaribus. Schema veteris atramentarii San-Dionysiani.* 20

CAP. IV. *De nominibus, & de forma Librorum interiùs & exteriùs spectata; scilicet de Operimentis, de Quaternionibus. De Distinctionibus. De Interpunctione & ejus ortu, & carptim de Prosodia. De Contaciis ac Diptychis.* 25

CAP. V. *De Scribis & Librariis; nempe de Calligraphis, Tachygraphis, & Notariis. De Chrysographis, &c. De variis Calligraphorum ritibus, & de Notis eorumdem.* 34

CAP. VI. *Notæ ac nomina Calligraphorum à tertio sæculo ad decimum-tertium.* 39

CAP. VII. *Notæ ac nomina Calligraphorum à decimo-tertio sæculo ad decimum-sextum.* 63

CAP. VIII. *Nomina Calligraphorum ordine Alphabetico.* 94

CAP. IX. *De Regionibus & locis, ubi Græca scriptio frequentata fuit.* 108

LIBER SECUNDUS.

De origine Literarum Græcarum, & de progressu earumdem ad usque quartum à Christo nato sæculum.

CAP. I. *De ortu Literarum Græcarum ex Phœniciis, cum schemate omnium priscæ formæ characterum.* 115

Cap. II. *Rabbi Azariæ narratio de Literis Samaritanis. Recensio omnium formarum Phœniciarum & Samaritanarum.* p.123

Cap. III. *Observationes in singulas Literas Græcas, ut in præcedenti Schemate habentur.* 126

Cap. IV. *De tribus Inscriptionibus Charactere Ionico veteri conscriptis. De forma Literarum Græcarum à tempore Alexandri Magni circiter ad initium Cæsarum & Augustorum. De Siglis & Monogrammatibus urbium.* 133

Cap. V. *De inscriptione Atheniensi, nunc Colbertina, Tiberio imperium ineunte posita.* 145

Cap. VI. *De mutationibus, quæ primis Imperii Romani temporibus in Græcas Literas advectæ sunt. Inscriptiones Ancyranæ, & aliæ bene multæ, quarum magna pars nondum edita fuerat; cæteræ à mendis repurgatæ sunt: ubi plurimi literarum nexus.* 151

Cap. VII. *De aliis quibusdam Inscriptionibus Græcis ad Augustorum priora sæcula pertinentibus. Sigilla. Inscriptiones Papiæ Diodori, Nicocratis Poëtæ, ac Græco-Gallica Chyndonactis. Alia Inscriptio. Observationes quædam in varias literarum formas.* 168

Cap. VIII. *De Abraxæis Figuris & Literis. De Schematibus animalium, deitatumque Ægyptiarum, earumque commixtione cum Christianis Mysteriis apud Basilidianos. Alphabeta Basilidianorum Græca. Liber plumbeus eorumdem, ubi figuris literisque variis, duodecim diei horæ repræsentantur.* 177

LIBER TERTIUS.

Exempla Librorum antiquissimorum unciali charactere.

Cap. I. *De Libris vetustissimis membranaceis, in quibus characteres unciales alii quadri, alii rotundi sunt, sine accentibus & spiritibus, eorumque enumeratio: specimina Codicum Colbertini & Cæsarei.* 184

Cap. II. *De vetustissimo Dioscoridis Codice, nunc Cæsareo, qui ineunte sexto sæculo jussu Julianæ Augustæ descriptus est, cum picturis variis, & ejusdem Julianæ Augustæ imagine. Specimen characteris ejusdem exemplaris. Diagramma genealogicum Julianæ Augustæ.* 195

Cap. III. *De Dioscoridis Codice Neapolitano, qui par saltem vetustate est cum Cæsareo. Item de Codicibus Regio, Basiliano & Alexandrino, æqualis circiter ætatis. De Codice Papyreo Turonensi. Alphabeta & specimina horum omnium Exemplarium.* 212

Cap. IV. *Specimina Codicum Græcorum septimi circiter sæculi, qui apud Latinos scripti sunt; nimirum Regii, San-Germanensis & Murbacensis. Alphabetum Græco-Latinum ex Codice Lactantii Bononiensi, ejusdem circiter ævi.* 217

Cap. V. *De Codicibus Græcis Græca manu scriptis septimi & octavi sæculi, Alphabetum Codicis Græci purpurei Neapolitani cum accentibus scripti. Exemplum ex Codice RR. PP. Jesuitarum octavi circiter sæculi. Aliud Codicis Colbertini, æqualis plus minus ætatis.* 223

Cap. VI. *Specimina characterum uncialium octavi & noni sæculi, ex Codicibus Regio, Florentino, Colbertino, & tribus Italicis.* 230

Cap. VII. *Specimen Græcum noni sæculi apud Latinos, ex Psalterio Monasterii S. Michaëlis in Lotharingia, quod Sedulii Scotti manu exaratum fuit:*

exemplum

exemplum Scripturæ per κῶλα & κόμματα ex eodem Codice. Prophetiæ externorum de adventu Christi indidem. Specimen ex Glossario Laudunensi Græco-Latino. Epistola Amanuensis ad quemdam Abbatem. p. 235

Cap. VIII. *De Codice Regio operum S. Gregorii Nazianzeni, olim ad usum Basilii Macedonis Imperatoris. Tabula literarum initialium singularis formæ. Exemplum & descriptio Codicis Regii Dioscoridiani, in Ægypto scripti: item alterius Regii charactere unciali, sed decimi sæculi.* 250

LIBER QUARTUS.

De Characteribus ligatis, sive ductu calami conjunctis.

Cap. I. *Characteres ligati ex Tachygraphorum literis & actis ad Libros emanasse putantur: de Literarum singularum conjunctionibus. Tachygraphiæ exemplum ex diplomate San-Dionysiano. Characteres mixti noni ac decimi sæculi ex Codicibus Florentino ac Bononiensi. Exempla noni sæculi charactere ligato; nimirum ex duobus Colbertinis, & uno Basiliano.* 262

Cap. II. *Specimina characterum noni & decimi sæculi ex Codice Regio & altero San-Germanensi, de vitis Sanctorum ante Metaphrasten. Specimen aliud ex Codice Regio, qui anno Christi 914. scriptus est.* 272

Cap. III. *Specimina varia decimi sæculi ex Codicibus Regiis, Florentinis & uno Basiliano: item specimina duo scripturæ abbreviatæ decimi sæculi ex Codice Basilianorum, & ex altero Regio.* 277

Cap. IV. *De Cryptographia, sive de Alphabetis arcanis Græcorum, & eorum usu. Exemplum ex Codice Basiliano. De commixtione literarum arcanarum varii generis.* 285

Cap. V. *Specimina characterum undecimi sæculi ex Codicibus Illustrissimi Abbatis Dominici Passionei. Item ex Codice olim Monasterii S. Dionysii, in Gallia descripto, cum Alphabeto Norvagico indidem. Ex altero quoque Regio exemplum. De Codice quodam de Bibliotheca Eudociæ Augustæ Macrembolitissæ.* 290

Cap. VI. *Specimina characterum duodecimi sæculi ex Typico Irenes Augustæ, propria ejus manu subscripto: item ex Codice Basiliano, & ex tribus Regiis. Inscriptio Crucis San-Germanensis, & aliæ.* 299

Cap. VII. *De triplici charactere Græco-Ægyptiaco; communi videlicet, Coptico, & alio peregrinitatis notam præferente.* 311

Cap. VIII. *Specimen decimi-tertii sæculi ex Codice Regio: de Librariis, qui duplici characterum genere scribebant. Specimina item tria decimi-tertii sæculi ex Codicibus anni notam ferentibus: de Codicibus ubi vetustior scriptura erasa, & altera recentior apparet: quanta pernicies Græcis antiquis Scriptoribus hinc allata fuerit.* 316

Cap. IX. *Alia specimina characterum decimi-tertii & decimi-quarti sæculi ex duobus Codicibus Regiis, ex Colbertino, & ex Codice Baluziano. Conspectus & index hujusce libri.* 323

Cap. X. *Alphabeta omnium formarum, quæ Libro secundo, tertio & quarto continentur, secundum ætatis ordinem: itemque arcanarum literarum Alphabeta.* 334

INDEX

LIBER QUINTUS.

De Abbreviationibus, & de Notis disciplinarum & artium.

CAP. I. *De Abbreviationibus tritis & vulgaribus. Recensentur errores non pauci per Abbreviationes etiam tritas importati. De Abbreviationibus singularibus, & de Abbreviationibus aliis vocum & syllabarum, itemque nominum propriorum, ac de Monocondiltis.* p. 341

CAP. II. *Notæ Rhetoricæ & Oratoriæ, omnium lectu difficillimæ. Tabula alphabetica hujusmodi notarum.* 351

CAP. III. *De Notis Musicis, tam veteribus quàm recentioribus.* 356

CAP. IV. *De Notis Monetarum, tam veterum quàm recentiorum; item de divisionibus Arithmeticis, & earum notis.* 359

CAP. V. *De Notis Mensurarum & ponderum tam solidorum, quàm liquidorum.* 365

CAP. VI. *De Notis Astronomicis, Chymicis, Iatricis, &c. Item de Notis incognitis, Rabbinicis, & περὶ μαντικῶν.* 373

LIBER SEXTUS.

De re Diplomatica Græca.

Prologus de Diplomatibus Græcis, & de Diplomatibus Regni Neapolitani & Siciliæ. 378

1. *Diploma Josephi Authentæ, anno 1099.* 391
2. *Diploma Bertæ Comitissæ Loritelli, anno 1112.* 392
3. *Aurea Bulla Rogerii Regis anno 1130.* 393
4. *Diploma Philippi filii Leonis Logothetæ, anno 1131.* 401
5. *Testamentum Gerasimi Abbatis Monasterii SS. Apostolorum Petri & Pauli, eodem circiter tempore.* 403
6. *Specimen ex autographo desumtum, & tribus Tabulis comprehensum, Diplomatis Rogerii Regis: quo Christodulum Amiram, Protonobilissimum declarat, eodem circiter tempore.* 408
7. *Diploma Leonis Maleini Ducis, anno 1144.* 410
8. *Diploma Philippi filii Joannis, anno 1165.* 415
9. *Index Græcus Constitutionum Sicularum a Frederico II. Imperatore, & Siciliæ Rege, anno circiter 1230.* 416

LIBER SEPTIMUS.

Joannis Comneni Descriptio montis Atho, & XXII. ejus Monasteriorum: ex Græco vulgari idiomate latinè versa. Sunt autem Monasteriorum nomina, 433

1. *Annæ.*
2. *Batopedii.*
3. *Gregorii.*
4. *Dionysii.*
5. *Dochiarii.*
6. *Zographi.*
7. *Iberorum.*
8. *Caracali.*
9. *Castamoniti.*
10. *Cutlumusæ.*
11. *Lauræ.*
12. *Xenophi sive Xenophontis.*

13. *Xeropotami.*
14. *Pantocratoris.*
15. *Pauli.*
16. *Protati.*
17. *Russorum.*
18. *Simeni.*
19. *Simopetræ.*
20. *Stauronicetæ.*
21. *Philothei.*
22. *Chilantari.*

APPENDIX, p. 510
INDEX. 513
J. B. I. S. D. S. P. De priscis Græcorum ac Latinorum literis Dissertatio. 553

APPROBATIO.

PALÆOGRAPHIAM Græcam septem Libris distinctam, D. BERNARDI DE MONTFAUCON Sacerdotis & Monachi Benedictini è Congregatione S. Mauri, jussu Illustrissimi Galliarum Cancellarii, legi, opus doctum & laboriosum, summæque ad Græcos veteres Codices intelligendos & recensendos utilitatis, atque adeo editione dignissimum judicavi. Lutetiæ Parisiorum 7. Martii anno Domini 1708.

EUSEBIUS RENAUDOT.

PRIVILEGE DU ROY.

LOUIS par la grace de Dieu, Roy de France & de Navarre: A nos amez & feaux Conseillers, les Gens tenans nos Cours de Parlement, Maîtres des Requêtes ordinaires de nôtre Hôtel, Grand Conseil, Prevôt de Paris, Baillifs, Senechaux, leurs Lieutenans Civils, & autres nos Justiciers qu'il appartiendra, SALUT. Nôtre amé Dom BERNARD DE MONTFAUCON Prêtre & Religieux Benedictin de la Congregation de Saint Maur, nous ayant fait remontrer qu'il desireroit donner au Public plusieurs ouvrages de sa composition, intitulez, *Palæographia Græca, sive de ortu & progressu Characterum Græcorum, deque omnibus ad veterem scriptionem Græcam spectantibus, additis Schematibus, & exemplis a tempore Peloponnesiaci belli usque ad decimum-sextum a Christo nato sæculum, ex marmoribus & nummis atque Codicibus manuscriptis. Accedunt Diplomata Græca regni Neapolitani & montis Atho, ejusque Monasteriorum & Bibliothecarum recensio, ac Descriptio ex Græco exemplari, Latine versa. Hexaplorum Origenianorum quæ supersunt omnia, decuplo saltem auctiora quam actenus edita fuerint: cum veteribus lectionibus Græcis, ex Samaritano & Syriaco expressis. Opuscula Sanctorum Patrum quindecim in Hexapla & versiones antiquas. Onomasticum Hebraïcum secundum veteres Græcas versiones*: s'il nous plaisoit lui accorder nos Lettres de Privilege sur ce necessaires. Nous lui avons permis & permettons par ces Presentes de faire imprimer lesdits Livres conjointement ou separément, en telle forme, marge, caractere, & autant de fois que bon lui semblera, & de les faire vendre & débiter par tout nôtre Royaume, pendant le temps de seize années consécutives, à compter du jour de la datte desdites Presentes. Faisons défenses à toutes personnes de quelque qualité & condition qu'elles soient, d'en introduire d'impression étrangere dans aucun lieu de nôtre obeïssance, & à tous Imprimeurs, Libraires & autres, d'imprimer, faire imprimer & contrefaire lesdits Livres en tout ni en partie, sans la permission expresse & par écrit dudit Exposant, ou de ceux qui auront droit de lui, à peine de confiscation des Exemplaires contrefaits, de quinze cens livres d'amende contre chacun des contrevenans, dont un tiers à Nous, un tiers à l'Hôtel-Dieu de Paris, l'autre tiers audit Exposant, & de tous dépens, dommages & interêts; à la charge que ces Presentes seront enregistrées tout au long sur le Registre de la Communauté des Imprimeurs & Libraires de Paris, & ce dans trois moisde la datte d'icelles: que l'impression desdits Livres sera faite dans nôtre Royaume & non ailleurs, & ce en bon papier, en beaux caracteres, conformement aux Reglemens de la Librairie; & qu'avant de les exposer en vente il sera mis deux Exemplaires de chacun dans nôtre Bibliotheque publique, un dans celle de nôtre Château du Louvre, & un dans celle de nôtre tres-cher & feal Chevalier, Chancelier de France le Sieur Phelypeaux Comte de Pontchartrain, Commandeur de nos Ordres; le tout à peine de nullité des Presentes: du contenu desquelles vous mandons & enjoignons de faire joüir l'Exposant, ou ses ayans cause, pleinement & paisiblement, sans souffrir qu'il leur soit fait aucun trouble ou empêchement. Voulons que la copie des Presentes qui sera imprimée au commencement ou à la fin desdits Livres, soit tenuë pour dûëment signifiée, & qu'aux copies collationnées par l'un de nos amez & feaux Conseillers & Secretaires foy soit ajoûtée comme à l'Original. Commandons au premier nôtre Huissier ou Sergent de faire pour l'execution d'icelles tous Actes requis & necessaires, sans demander autre permission, & nonobstant Clameur de Haro, Charte Normande, & Lettres à ce contraires: Car tel est nôtre plaisir. DONNE' à Versailles le premier jour de Mars, l'an de grace mil sept cens sept, & de nôtre Regne le soixante-quatriéme. *Signé*, Par le Roy en son Conseil, LE COMTE.

Registré sur le Registre, No. 2. de la Communauté des Libraires-Imprimeurs de Paris, pag. 382. No. 385. conformement aux Reglemens, & notamment à l'Arrêt du Conseil du 13. Août 1703. A Paris ce 17. Mars 1707. Signé, GUERIN, *Syndic.*

J'ay cedé & transporté aux Sieurs Loüis Guerin, Veuve Jean Boudot, & Charles Robustel le present Privilege, aux conditions faites entre nous. A Paris le 17. Mars 1707. *Signé*, Fr. BERNARD DE MONTFAUCON.

Registré sur le Registre, No. 2. de la Communauté des Libraires & Imprimeurs de Paris, pag. 182. No. 385. conformement aux Reglemens, & notamment à l'Arrêt du Conseil du 13. Août 1703. A Paris ce 17. Mars 1707. Signé, GUERIN, *Syndic.*

PRÆFATIO.

PRÆFATIO.

DIUTURNÆ observationis fuit quod nunc aggredimur opus de veteri Græca scriptura, deque variis mutationibus, quæ a I extrema usque sæcula in Græcas literas advectæ sunt: ab annis enim plusquam viginti evolvendis Græcis exemplaribus operam dedimus pene quotidianam. Et principio quidem animadvertentes, quam necessaria esset iis, qui emendandis Græcis libris vacant, ætatis Codicum Manuscriptorum notitia, dolebamus rem a doctis viris, qui in Græcis literis ætatem contriverant, non fuisse susceptam. Etsi enim id ex se arduum difficileque videretur, attamen post aliquod factum experimentum, non tale putabamus esse, ut assiduo labore non posset ad optatum finem deduci. Aderant in re pene simili domestica exempla, quæ nos ad id oneris suscipiendum maxime permoverent: monebat enim laudatum a laudatis viris Mabillonii nostri τοῦ μακαρίτου opus de Re Diplomatica Latina, paria in Græcis literis posse præstari.

Deinde anno 1693. periculum facere cœpimus; videlicet si qui Codices in Bibliothecis Regia & Colbertina essent, anni & Calligraphi notam ferentes, ex iis specimina excerpsimus: hinc ad alios notis vacuos nos contulimus; ac sæpe facta cum prioribus notam habentibus comparatione, aliquam demum ea in re peritiam assequuti videbamur. Sub hæc in Italiam profecti, solitam explorandi operam numquam intermisimus; sed in Bibliothecis variis exemplaria Græca tractantes, ætatem eorum, qualem ad primum conspectum assignabamus, cum notis Calligraphorum annum indicantibus & ad calcem, sicubi exstarent, positis, apprime consentire passim experti sumus; idque persæpe in præsentia eruditorum. Cujus rei testes bene multi sunt, maxime Venetiis, ubi ad duos pene menses consedimus. In Italia vero, perinde atque in Gallia ex optimæ notæ Codicibus cujusvis ætatis specimina, quàm accuratissime fieri potuit, excerpsimus.

Anno denique 1706. mutuo collatis exemplis, quæ variis ex Bibliothecis desumseram, non inutile fore speravi, si hæc ordine temporis distributa ederem, adjunctis ad singula annotationibus, quas sensim, operisque subcisivis collegeram. Cum autem vetustissimi quique Libri, qui a Græcarum literarum primordiis ad usque quartum a Christo nato sæculum descripti fuere, funditus perierint; quod unum supererat, ex Tabulis æneis, marmoreisque, ex nummis etiam antiquis formas illas remotioris ævi expressimus: ne quid omisisse videremur, quod ad Palæographiam, sive antiquam scripturam, pertineret.

Quis porro fructus ex tali veterum Græcarum scripturarum notitia sperandus sit, non est fortasse quod multis verbis demonstremus, ne in re aperta teramus otium. Nam quantum intersit eorum, qui veteres Græcorum Libros tractare solent, aut novis parandis editionibus vacant, Exemplarium veterum ætatem perspectam habere, ii tantum ignorare possunt, qui ne primoribus quidem labris rem literariam attigerunt. Siquidem in veterum Scriptorum libris editis vitia sæpissime occurrunt, lectionesque dubiæ, quæ in vetustioribus exemplaribus non habentur, in recentioribus autem exstant: ibi vero ætatem internoscere admodum juvat, ut quod in antiquioribus illis non comparet, in recentiora exemplaria invectum esse judicetur: tametsi ea in re observatione & experientia multa est opus. Eorum item operum, quorum nulla apud Veteres mentio, quæque vel hactenus latent in Bibliothecis, vel sine aliqua nota temporis edita sunt, vetustas, ex sola Codicum ætate sæpe comprobatur; ut, exempli causa, Synopsis Scripturæ sacræ, quam plerique nec injuria Athanasio abjudicandam putant, quo ævo scripta fuerit frustra quæras apud Auctores, vel in ipsa Synopsi: at cum in Codicibus Regio & Vaticano octingentorum circiter annorum ejus pars non minima sine auctoris nomine reperiatur; hinc colligas ante annos saltem octingentos emissam fuisse. Quia vero hac in re Latinorum ac Græcorum Codicum par ratio est, quod haud ita pridem accidit hîc referre visum est. Erat quidam vir doctus & vetustatis amans, qui putaret Quinti Curtii libros decimoquinto sæculo, post restauratas videlicet in Europa humaniores literas, ab aliquo viro Latine perito confictos fuisse, qui orbi literario fucum facere studeret. Verum is ipse quam longe aberrasset a scopo cognovit, cum sciscitatus edidicisset in Bibliotheca Colbertina Quinti Curtii Codicem haberi, qui superaret annos octingentos.

Hæc augeri possent: verum aliis exemplis, quæ bene multa suppetunt, adferendis supersedeo, quod neminem esse putem, qui ætatis cognitionem in tractandis Codicibus, non utilem modo, sed necessariam quoque esse non fateatur. Monendum tamen est, etsi allatæ in hac Palæographia characterum variæ ætatis Tabulæ multum ad temporis notitiam juvare possint, necessariam tamen esse oculorum consuetudinem: nam quantacumque diligentia in repræsentanda veterum scriptura adhibeatur, ab Exemplarium manuscriptorum formis aliquantum semper deflectitur: observanda item sunt in antiquis Codicibus atramenti conditio, color, temperatio & nescio quæ alia vetustatis signa, quæ ne verbis quidem exprimi possunt, nedum in apographa hujusmodi scripturarum referri.

Alia quoque non minor, imo fortasse major, utilitas ex speciminibus characterum excerpi potest; quod videlicet eorum adminiculo, cujusvis ætatis scriptura facile, ut plurimum saltem, legatur. Nam omnia, quæ variis in Tabulis posuimus, scripturæ genera, vulgari postea charactere, adjuncta interpretatione, edi curavimus: quod quanto studiosis commodo futurum sit, experturos spero eos, qui iisdem Tabulis utentur. Possem innumeros pene lapsus, a viris etiam doctis inter legendum admissos recensere: verum jam abstineo, quia in decursu operis non pauca similia notavi. Quantus porro sit Codicum manuscriptorum usus habendus iis, qui emendandis veterum Libris vacant, confestim animadvertent ii, qui Tabulas illas varias inspecturi sunt. Nam qui multos septimi & octavi sæculi Codices legerit, is cum ad noni decimique libros se conferet, aliquantum laborabit: si postea ad duodecimi & decimi-tertii sæculi scripturam accedat, frequenter hærebit: hinc si abbreviatam ſcripturam adeat, niſi abbreviationum formas calleat, hariolетur oportet: ſi vero in arcanas literas & in notas artium ac diſciplinarum incidat, εἰς ἀμηχανίαν, niſi alphabeta noſtra conſulat, haud dubie agetur.

Has omnes difficultates pro virili noſtra auferre ſtuduimus: exempla omnium ſcripturæ generum cum explicationibus propoſuimus, artium, & honeſtarum diſciplinarum Notas exhibuimus, quarum pars maxima nondum, quod quidem ſciam, lecta fuerat: malas autem periculoſaſque artes, earumque notas; videlicet eas, quæ ad apoteleſmaticen, ſive *Aſtrologiam judiciariam*, præſtigias & divinationem pertinent, vel carptim tetigimus, vel omnino duximus eſſe negligendas. Deinde toto libro ſexto de Re Diplomatica Græca verba fecimus, quantum licuit per tenuiſſimas illas Diplomatum Græcorum reliquias, quæ in Occidentis partibus ſuperſunt: ubi præcipue de Neapolitanis, Siculiſque Diplomatibus, quorum novem edidimus, pertractatum eſt.

His, ut conſentaneum erat, præmiſimus omnia, quæ ſpectabant ad inſtrumenta ſcriptionis, ad librorum formam, ad Librarios, ſive Calligraphos: ubi Calligraphorum circiter trecentorum nomina, ætatemque Chronico primum, deinde Alphabetico ordine recenſuimus, ut in ipſis ſubſcriptionibus, quas ad verbum retulimus, habentur. In his vero Notis multa occurrunt, ad hiſtoriæ Chronologiæque notitiam peropportuna, ut eruditi quique fatebuntur. Librarii enim in hujuſmodi Notis ac ſubſcriptionibus, non modo annum, indictionem, & plerumque horam, qua ſcriptio deſierat, annotabant; ſed etiam Imperatorum & Patriarcharum illius temporis nomina ſæpe adjiciebant: ſi quid item gravioris momenti accideret, plerumque conſignabant literis: aliquando loca memorabant, ubi deſcriptum opus fuerat: clarorum illius temporis hominum inſigniora geſta interdum conſcribere non negligebant, &c. quæ quivis ſtudioſus obſervare poſſit.

Ad hæc vero, quia ut ſuſceptæ operæ ratio poſtulabat, multa identidem annotavimus, quæ ad varias diſciplinas pertinent, quorumque pars maxima ignota hactenus intactaque fuerat: atque etiam voces quam plurimas Græcas adtulimus, quæ vel non obſervatæ in Lexicis, vel carptim & perfunctorie explicatæ, vel ſecus quam par erat acceptæ fuerant; Indicem locupletiſſimum in fine paravimus: ubi hæc omnia accuratiſſime recenſentur. Nec fruſtra, ut ſpero, cedet iis, qui Tabulam hujuſmodi ſæpe conſulere non gravabuntur.

Hæc de Palæographia noſtra σιωπητικῶς præmittere viſum eſt. Quoniam vero in tanta rerum ſylva, tamque vario notitiarum argumento vix caveri poteſt ne quid ſcriptoris diligentiæ elabatur; viſum eſt hîc quædam majori luce digna retractare, tum & alia, quæ prætermiſſa fuerant, ſtudioſo Lectori proponere; idque eodem, quem in toto opere ſervavimus, ordine. Poſtea vero omnium cujuſvis ætatis Bibliothecarum Græcarum, quas quidem novimus, Recenſionem adornare non inutile fore putavimus: remque ab inſtituto noſtro non alienam eſſe duximus.

RECENSIO PALÆOGRAPHIÆ GRÆCÆ.

I. De Cinnabari.

PRimo libro de atramenti vario genere, deque aliis liquoribus ad usum Græcorum agentes, diximus Cinnabarim à solis Imperatoribus ad literas subscribendas usurpatam fuisse. Deinde quæsivimus, num liquor ille purpureus, quo Græci Calligraphi, non in titulis modo, & in notis marginalibus, sed etiam in subscriptionibus propriis, in fine librorum apponi solitis, utebantur, differret à Cinnabari, qua utebantur Imperatores. Multisque propositis ea de re conjecturis, verosimile esse diximus, eumdem utrobique liquorem usurpatum fuisse; sed in Epistolis & Actis publicis eo ad subscriptionem uti, Imperatoribus tantum licuisse; in cæteris autem; exempli causa in titulis & in notis librorum quibuslibet, promiscuum ejus fuisse usum. Id vero jam quasi pro certo & explorato habemus: nam liquor ille purpureus, quo Librarii utebantur, perinde atque Imperatorius, Cinnabaris vocatur ab Eusebio in Epistola ad Carpianum, necnon ab aliis subsequentis ævi Scriptoribus, nec ullum intercedere videtur inter utrumque discrimen.

II. De ortu literarum Græcarum.

Libro secundo cap. primo, rem à multis agitatam, nempe de ortu Literarum Græcarum, paucis expendimus, vulgaremque amplexi opinionem, diximus literas Græcas ex Phœniciis ortas esse. Plura dici poterant, ac variæ quæstiones moveri; at è re fore putavimus ea dumtaxat, quæ, adhibito examine, majori luce donari posse videbantur, accuratius indagare; illa vero quorum obscura supersunt vestigia, & circa quæ facta sunt opinionum divortia, breviter & dilucide proponere. Nam si variorum sententiam expendissem res extracta fuisset longius: cum alioquin ea, quæ de Literarum origine vel ab Historicis, vel à Grammaticis traduntur, utpote ad μυθικὸν tempus pertinentia, perplexa sint & plerumque fabulosa. Verum hanc, etsi duram admodum, provinciam suscepit, vir non minus eruditione, quam dignitate conspicuus J. B. in supremo Divionensium Senatu Præses, qui cum Dissertationem de priscis Græcorum & Latinorum literis adornasset, à me rogatus illam transmitteret edendam, votis meis perhumaniter obtemperavit. Eam ubi primum perlegi, luce dignissimam censui: omnia enim ibi sunt & luculenter posita, & examinata diligenter. Quod si quid præter vulgarem eruditorum, aut etiam nostram opinionem occurrat, quid mirum si in tanta rerum caligine quantam exhibent illa Deucalionea & Cadmeïa tempora, diversi diversas vias & opiniones sequantur? In summa tamen rei cum erudito viro prorsus convenimus. Nam etsi ille Pelasgicas literas, Cadmeiis vetustiores esse putet, hodiernas tamen Græcas, quemadmodum & nos, ex Cadmeiis & Phœniciis ortas esse profitetur; ut quisque videbit in Dissertatione ipsius, quam ad calcem Palæogrophiæ Græcæ edi curavimus.

III. De literis Samaritanis.

Eodem capite primo Libr. II. diximus, certum nobis videri, Origenis ac Hieronymi temporibus vulgarem eam opinionem fuisse, Scripturam sacram ante Babylonicam captivitatem Samaritano hodierno charactere exaratam fuisse; sed in reditu à captivitate Esdram alios characteres, nempe Hebraïcos hodiernos, loco priscorum substituisse. Id vero statuimus his nixi rationibus & argumentis. Origenes & Hieronymus rem non ut dubiam enarrant, ut videre quisque possit in allatis ibidem eorum locis. Prior enim ait in Excerpto quodam non hactenus edito, nec dubiæ notæ, cujus verba descripsi, in accuratioribus exemplaribus nomen Dei tetragrammon priscis illis literis, non autem hodiernis ab Esdra invectis, exaratum haberi: quam ab Esdra factam literarum mutationem non uno loco memorat idem Origenes. Hieronymus non semel Samaritanæ scripturæ patrocinatur, remque indubitatam esse indicat his verbis, *Certumque est Esdram scribam legisque doctorem, post captam Jerosolymam, & instaurationem Templi sub Zorobabel, alias literas reperisse, quibus nunc utimur: cum ad illud usque tempus iidem Samaritanorum & Hebræorum characteres fuerint.* Hæc diserte, & nulla subindicata sententiarum varietate Origenes & Hieronymus: quibus adjungi potest Eusebius, qui in Chronico suo, ad annum 4740. hæc scribit: *Fuit Esras legis divinæ eruditissimus, & clarus omnium Judæorum magister, qui de captivitate regressi fuerant in Judæam, affirmaturque divinas Scripturas memoriter condidisse, & , ut Samaritanis non miscerentur, literas Judaïcas commutasse..* Hæc una voce Scriptores illi Christiani, qui in Judæa diu versati sunt, & Rabbinorum familiaritate usi, ab iisdem traditiones Judæorum veteres edidicerunt, ut in operibus suis non raro testificantur. Cum autem illi opinionem huic adversam ne quidem memorent, hinc certe conjici posse videtur, alteram, quæ Samaritanarum literarum in Bibliis antiquitati patrocinatur, tunc vulgo receptam fuisse. Ad hæc autem inter Rabbinos Thalmudicos ex Mischnicis Rabbi Jose, ex Gemaricis vero Marsutra & alter, Samaritanam pro veteri Bibliorum scriptura habent. Quod si alii Rabbini Thalmudici, etiam plures memoratis, Hebraïcam hodiernam scripturam tueantur, id sane non tanti ponderis esse videatur, quandoquidem tantum erat Judæorum maximeque Rabbinorum in Samaritanos odium, ut posteaquam multa ab Esdræ tempore sæcula elapsa fuerant, nihil mirum sit Rabbinos quosdam, ut gentis affectui faverent, veritatem obscurare conatos esse, dixisseque priscas Scripturarum literas penes se, non penes Samaritanos, esse. Contra vero Rabbini, qui Samaritanam scripturam in Bibliis antiquiorem esse pugnabant, vi veritatis ad id compulsi fuisse videntur: non enim ex se & suo marte rem, quæ genti suæ dedecori esse putabatur, excogitassent. Auctorum vero Christianorum, nempe Origenis, Eusebii & Hieronymi, nihil prorsus intererat, utrum Samaritanis, an Hebraïcis literis sacra Scriptura primitus descripta fuisset: quamobrem ea tradidisse putandi sunt, quæ tunc vulgus Judæorum & Rabbinorum maxima pars in ore habebant: siquidem Thalmudici illi, paucissimi erant, si cum multitudine Rabbinorum in Judæa & circumpositis regionibus versantium compararentur. His maxime argumentis & rationibus adductus sum, ut sententiam quæ Samaritanæ scripturæ patrocinatur, longe probabiliorem existimarem. At secus sentiunt viri eruditione graves, qui pugnant Thalmudicos doctores, qui numero plures Hebraïcæ scripturæ antiquitatem propugnant, Origenis & aliorum testimoniis anteponendos esse; videlicet Judam, cognomine *Sanctum*, Mischnæ collectorem, & Origene antiquiorem, qui Hebraïcas literas in Bibliis numquam mutatas, sed easdem semper mansisse affirmat: similiterque duos magnos Doctores Mischnicos RR. Elieseres, qui idipsum confirmant, uno tantum repugnante Mischnico doctore R. Jose. Gemaricos item plures Hebraïci, quam Samaritani characteris antiquitatem defendere. Hinc vero petendam esse vulgarem veterum Rabbinorum opinionem, non autem [illegible] iis, quæ Origenes, Eusebius, & Hieronymus à Judæis de trivio acceperant. Fabulamque sapere (sic illi) quod dicit Origenes; nimirum accuratiora Scripturæ Hebraïcæ Exemplaria nomen Dei tetragrammon Samaritanis literis scriptum ævo suo circumtulisse: quandoquidem veteres Rabbini Thalmudici, qui pro Samaritanarum literarum in Bibliis antiquitate stabant, hujusmodi Exemplarium nusquam meminerunt: quorum certe mentionem facturi erant si revera extitissent. Utrum autem hæc, quæ contra adferuntur, priorem sententiam enervent, eruditorum judicio permittimus. Non est enim præsentis instituti hæc pluribus indagare; cum id abunde præstiterint, cum multi alii, tum præcipue Joannes Buxtorfius, qui Hebraïcarum, & Ludovicus Cappellus, qui Samaritanarum literarum patrocinium suscepit. Et alioquin cum ii etiam, qui Hebraïcarum literarum antiquitatem propugnant, Samaritanas nihilominus easdem esse atque Phœnicias, unde Græcæ literæ ortæ sunt, non diffiteantur; prius an posterius in Bibliis usurpatas fuisse dicant, nihil nostra interest.

IV. De formis Γ & Π. Eodem Libro secundo de prisca literarum Græcarum forma multa adtulimus, exque monumentis veterum figuras characterum varias expressimus. Γ vero literam, duplici forma in vetustissimis marmoribus & nummis occurrere diximus, nimirum Γ & Π. Sed observandum est priorem formam, in Ionicis Inscriptionibus, quæ sunt omnium, quas proferre possumus, antiquissimæ, unicam haberi, nimirum Γ: unde forte credatur esse vetustiorem alterâ.

V. De literis Ξ & Ψ. Singulare prorsus & contra quorumdam Grammaticorum opinionem est, quod ex marmoribus Baudelotianis circa literas Ξ & Ψ observamus; nimirum eas antequam in usu essent apud Græcos, (siquidem post sexdecim priores advectæ sunt,) per aspiratas literas, cum Σ conjunctas, expressas fuisse; videlicet Ξ per ΧΣ, ut in ΑΜΦΙΑΝΑΧΣ pro ΑΜΦΙΑΝΑΞ, & Ψ per ΦΣ, ut in ΟΦΣΙΑΔΕΣ, pro ΟΨΙΑΔΗΣ. Prioris autem literæ frequentia exempla suppetunt, ut videas eodem Libro secundo; posterioris autem unicum, nempe allatam vocem ΟΦΣΙΑΔΕΣ pro ΟΨΙΑΔΗΣ.

VI. De nummo Aësillæ. Nummum Aësillæ adtulimus cap. 2. in cujus antica caput Apollinis cum inscriptione ΜΑΚΕΔ, id est, Μακεδόνων; in postica vero, clava nodosa, tripus &c. cum inscriptione, AESILLAS, hac literarum forma. Circa illam vero Aësillæ inscriptionem variæ sunt sententiæ: alii putant nummum ante rem Romanam cusum fuisse, vocemque Aësillas Græcam vetustissimis Græcis characteribus exprimi: nam literas L & S apud veteres Græcos hac forma scriptas fuisse ex vetustissimis Marmoribus perspectum habetur; alii autem arbitrantur vocem illam AESILLAS Latine scriptam esse. Ego vero non ausim ad utramvis partem accedere: attamen ad formas Græcas L & S nummum Aësillæ in exemplum attuli; & quidem nullo periculo, cum aliunde exploratum sit eas olim apud Græcos in usu fuisse.

VII. De literis ϵ, c, ω. Diximus literas Ε, Σ, Ω, ineunte Romano Imperio mutatas fuisse in ϵ, C, ω. Quæ autem de tali formarum commutatione variis in locis dicta sunt, hîc compendio referenda putamus. Formæ ϵ, C, ω, ante Romanum Imperium nusquam observantur in nummis & marmoribus: sed ineunte Romano Imp. in nummis Julii Cæsaris sub Augusto cusis, & in Augusti nummis formæ illæ Ε, C, ω adhibitæ deprehenduntur; in iis maxime nummis, qui Smyrnæ percussi sunt. Romæ item marmora, quæ quotidie eruuntur, quando Græcas inscriptiones præferunt, has novatas formas fere semper habent: nummos enim Romæ Græce cusos non novimus. Idipsum autem dicatur de aliis Occidentis partibus, ubi, vel a principio Romani Imperii, hæ novæ formæ admodum frequentantur; vetustiores autem illæ Ε, Σ, Ω, rarius observantur, ac citius obsoleverunt. In Oriente vero a principio item Romani Imperii formæ Ε, C, ω, adhibitæ fuisse comperiuntur; sed rarius sub Imperio Augusti & Tiberii, postea vero usque ad finem tertii sæculi, utræque, nempe veteres & novæ, passim observantur; ita ut sæpe in eadem inscriptione utriusque generis literæ reperiantur. Videnturque veteres illæ formæ in Oriente ad quartum & forte ad quintum usque sæculum adhibitæ interdum fuisse, in Tabulis scilicet marmoreis aut æneis. In nummis item utræque formæ occurrunt. Sed a fine primi Augustorum sæculi C longe frequentius hac forma scribitur in nummis, unde Martialis,

Accipe lunata scriptum testudine sigma.

De Chyndonactis Inscriptione Libro 2. cap. 7. acturi, eam ibidem repræsentari curavimus: explicationem vero nullam adjecimus, quod spes aliqua esse videretur posse me illam, aut meis aut amicorum oculis, accuratius in lapide ipso dispicere & examinare. Diu igitur multumque sciscitatus, quò tandem concessisset lapis ille; Bernardi demum Monetæ Divionensis, qui Parisiis nunc versatur, viri docti, horumque studiorum amantissimi beneficio, rem ut modo subjiciam edidici. Præmittam solum, quæ de lapide primùm eruto enarrantur a Joanne Guenebaldo Divionensi Medico in opusculo cui titulus, *Le Reveil de Chyndonax* &c. Divione edito, anno 1621. post annos videlicet 23. quam lapis ille erutus fuerat. VIII. De Chyndonactis inscriptione.

Anno igitur 1598. secundâ Novembris, in agro Divionensi, quingentis ferme ab urbe passibus, in loco dicto *Poussot*, dum vineam Guenebaldi ligone foderent quædam operæ, inciderunt in urnam lapideam rotundam, a suprema & ab ima parte planam. Erat autem urna altitudine pedis Regii, & pari diametro. In exteriori superficie inscriptum erat, X. V. In ima & plana urnæ superficie inscriptio mox adferenda legebatur, quæ duabus lineis in circulum positis constabat. Intra urnam lapideam erat altera vitrea, a collo & ab ima parte tenuior, a medio latior, in qua defuncti cineres cum ossium particulis servabantur. In luce autem educta, iridis colores referebat, quod non arte quadam, sed temporis decursu & diuturnitate situs factum putatur. Idipsum enim quotidie observatur in urnulis vitreis, quæ Romæ variis in locis passim eruuntur.

Re undique pervulgata, eo visendi causa concursus factus est: accesserunt etiam ex longinquis partibus viri docti, inter quos Isaacus Casaubonus & alii ab eodem Guenebaldo in opusculo suo memorati. Hujus inscriptionis exemplum Jano Grutero transmissum est, sed vitiatum: nam ut contendit Guenebaldus, inscriptio a Grutero edita nec accurate ponitur, nec in forma literarum cum lapide consentit. Sub hæc, anno 1621. in eamdem urnam & inscriptionem Diatribam suam edidit is ipse Joannes Guenebaldus, cujus erat lapis, idque Gallico vulgari idiomate, hoc titulo: *Le Reveil de Chyndonax Prince des Vacies Druydes Celtiques Dijonois*, &c. Posteaque anno 1639 Andreas Taurellus, itidem Divionensis, qui Bononiæ in Italia sedes posuerat,

Dissertationem Latine eadem de re edidit, ubi ea ipsa pene, quæ Gallico idiomate initio Diatribæ suæ Guenebaldus dixerat, Latine a Taurello enuntiantur. Taurelli autem Observationes confutavit vir eruditus Philippus a Turre in erudito Opere de Deo Mithra. Restat ut, quo demum abierit urna lapidea, enarremus. Ea anno 1628. adhuc in ædibus Guenebaldi extitisse refertur a Claudio Batholomæo *Morisoto* in Epistola sua ad Jacobum Gothofredum, quæ est Centuriæ prioris octogesima. Postea qua ratione inde translata fuerit ita narrat D. Philibertus de la Mare Senator Divionensis, Libro secundo vitæ Claud. Salmasii nondum editæ, cujus excerptum ab exemplari supra laudati Domini Bernardi Monetæ, ipso concedente, mutuati sumus.

» Non ægre ab eo (Joanne Guenebaldo) impetravit Thuanus Inscriptionis » apographum, quod ad Janum Gruterum harum rerum promum condum » confestim transmisit, a quo postea in illo locuplete antiquarum inscriptio- » num Thesauro insertum est pag. MCLIX. cum eo tamen lapsu ut Chyndona- » ctis tumulum hunc Augustoduni servari scripserit, qui tamen Divione in » Guenebaldi ædibus, ubi centies illum vidisse memini, semper servatus sit, » donec obtinendæ Cisterciensis Præfecturæ spe Benignus Guenebaldi F. eum » Richelio Cardinali dono dederit, a cujus obitu inter Serenissimi Principis » Gastonis Aureliorum Ducis cimelia translatum esse dicunt. Sed quia hujus » Epigraphes antiquitatem a nonnullis in dubium vocatam fuisse audio, quasi » Guenebaldus huic tumulo, certæ alioqui apud omnes, nec dubiæ antiqui- » tatis, Græcos incidi characteres curasset, qui in eo condi Chyndonactis ci- » neres fabularentur, hoc unum ad evincendam illorum opinionem dixisse » satis sit, tot tantisque viris probatam fuisse hanc Græca scribendi rationem, » ut dubio locus esse amplius non possit. Adde quod peritissimus harum re- » rum Claudius Salmasius, omni exceptione major, & quidem oculatus non » semel testis, inscriptionem hanc veluti sinceram ac legitimam suis in Epi- » ctetum & Simplicium notis & animadversionibus laudaverit, ut cinerum & » reliquiarum corporis cum ipsis manibus & anima, cujus illi cineres fuerunt, » conjunctionem intercedere veteres credidisse adstrueret : qui Manes & ani- » mam lædi putarent cum ossa violarentur, aut cineres dissiparentur, vel etiam » indiligentius tractarentur.

Characteres autem Inscriptionis alio modo refert Gruterus ; alio & longe diverso Guenebaldus nempe sic,

Grut. *Chyndonactis*	*Inscript.* *Gueneb.*
ΜΙΘΡΗC ΕΝ ΩΡΓΑΔΙ CΩΜΑ	ΜΙΘΡΗC ΕΝ ΟΡΓΑΔΙ ΧΩΜΑ
ΤΩ ΧΩΜΑ ΚΑΛΥΠΤΕΙ	ΤΟ CΩΜΑ ΚΑΛΥΠΤΕΙ
ΧΥΝΔΩΝΑΚΤΩC ΙΕΡΕΩΝ	ΧΥΝΔΟΝΑΚΤΟC ΙΕΡΕΩ~
ΑΡΧΗΓΩΥ ΔΥCΕΒ ΑΠΕΧ	ΑΡΧΗΓΟΥ ΔΥCΕΒ ΑΠΕΧΟΥ
ΛΥCΙΩΙ ΚΩΝ ΩΡΩC	ΛΥCΙΟΙ ΚΟΝ ΟΡΩC

Gruterus

Gruterus ut ab Amerio Thuano acceperat edidit; Thuanus aliena manu & fide usus est. Guenebaldus vero, penes quem lapis erat, ac cui fortasse magis credendum videatur, multos nævos in Gruterano apographo annotavit; nempe ⊟ *Theta*, sic quadratum exhiberi, cum sit in lapide rotundum, & O similiter: ω sic pluries repræsentari ⊓⊓; quod tamen sic in lapide jaceat Ω: literam P a vertice quadratam describi sic P, quæ rotunda sit in urna: Υ hac forma depingi V, cum sic exstet in lapide Y. Adjecisset etiam duos semicirculos τοῦ B in Gruterano Thesauro quadratos repræsentari, secus quàm in Edito ipsius Guenebaldi. Præter characterum formas vitiatas, hos item lapsus in Gruterana inscriptione notat Guenebaldus: I additum in voce ΟΡΓΑΔ, ubi punctum habetur; I contra sublatum a voce ΟΡΩΣΙ, licet extet in lapide. N adjectum post vocem ΙΕΡΕΩ &c.

Hic autem hærere me fateor circa literarum formas Gruteranas. Etenim ne vitia in Scribam imperitum referam, vetant illæ formæ quadratæ veteres, quæ in marmoribus remotissimæ antiquitatis non infrequenter occurrunt, ut in Palæographiæ decursu deprehendes. Illæ vero, uno excepto ω, quod nusquam ita scriptum ⊓⊓ vidi, vetustissimi sunt usus. Si igitur Scriba, quisquis ille fuerit, indiligenter exscripsisset, literas rudi more efformasset, non autem antiquas illas formas, quæ nonnisi peritis notæ sunt, pro veris substituisset. Quare consulto, & ut falleret sic literas effinxerit necesse est, vel is qui exscripsit, vel ipse Gruterus, cui transmissum apographum est.

Quid quod Guenebaldus, ne quidem secum ipse consentit? nam bina inscriptionis ejusdem schemata, quæ edi curavit; alterum in ære cum urnæ figura, alterum in lignea tabula, formâ literarum non parum inter se differunt. In postremo quippe, quod supra repræsentavimus, Χῶμα scribitur per X, in altero per K κῶμα: hanc vero postremam lectionem ipse in decursu opusculi sui ubique sequitur, ut nulla subsit Typographici mendi suspicio. ΤΟ ΣΩΜΑ sic scribitur supra; sed in altero Guenebaldi schemate ΤΩ ΣΩΜΑ. In voce ΚΑΛΥΠΤΕΙ, postrema syllaba sic in uno solutis literis legitur; in altero autem schemate T & E sic junguntur TE. Ad vocem ΙΕΡΕΩ pro ἱερέων supra, loco τοῦ N lineola circumflexa scribitur; at in altero Guenebaldi exemplo duæ lineolæ sic positæ ıı literam N pene exprimunt. Demum in postrema voce, ΟΡΩσι, *Sigma* hac recenti, & sane suspecta mihi figura, delineatur, *Iota* vero virgulæ formâ scribitur; at in altero Guenebaldi schemate hæc confuse lineolis rectis depinguntur. Cum igitur Gruteranas Guenebaldus formas repudiet, neque ipse tamen sibi constare videatur, quæ germana horum characterum forma sit, nondum satis perspectum habemus. Ut ut vero sit de literarum figura, Guenebaldus ita legit,

Μίθρης ἐν ὀργάδι (κῶμα) τὸ σῶμα καλύπτει
Χυνδόνακτος ἱερέων ἀρχηγοῦ.
Δυσεβὴς (ſic) ἀπέχου Λύσιοι χόνιω (χόνιν) ὁρῶσι.

Id est,

In luco Mithræ hic tumulus corpus tegit Chyndonactis Sacerdotum Principis. Impie abstine, Lysii cineres tuentur.

Duæ autem literæ XV, in exteriori urnæ superficie insculptæ, Χυνδόνακ indicant.

In dubium a nonnullis vocari & a Guenebaldo confictam existimari

Chyndonactis inscriptionem narrat supra Philibertus de la Mare; sed ejus γνησιότητα asserere nititur. Verum multa sunt ibi, quæ commentum oleant. Primo enim illa characterum varietas, & discrimen quod Gruteranas inter formas & Guenebaldicas; itemque inter Guenebaldi ligneas & ejusdem æneas, intercedit, nescio quid suspicionis adfert. Abbreviandi modus in vocibus δυσεβ. pro δυσεβὲς, vel melius δυσσεβὲς, κον. pro κόνιν, ὀργάδ. pro ὀργάδι, inusitatus omnino peregrinusque videtur. Metri ratio perplexa & imperiti hominis est, qui nec breves nec longas teneat.

Ad hæc, quod Μίθρης pro Μίθρου Guenebaldus scripserit, ex ignorantia profectum videtur: in marmoribus quippe omnibus Mithras deus, non Mithre dea celebratur. Λυσίων vero Θεῶν mentionem induxit, de quibus Plato his verbis Lib. de Republ. 2. αἱ τελεταὶ αὖ μέγα δύνανται, καὶ οἱ Λύσιοι θεοί. i. *Expiationes & expiatorii Dii multum possunt*: quamquam id fortasse Guenebaldus non ex Platonis, quem Latine tantum legebat, fontibus hauserit; sed ex Budæi potius Commentariis; unde quæ refert de diis geniisque ἀλεξικάκοις, ἀποτροπαίοις, λυσίοις, φυξίοις, manifesto corrasit. Hæc porro formula, λύσιοι κόνιν ὀρῶσι, prorsus extranea est, nec uspiam, opinor, visa. Ipsaque vox λύσιοι pro diis Manibus significandis in nullo hactenus monumento observata fuit. Plura possem adjicere, quæ Guenebaldum ipsum inscriptionis auctorem esse arguant. Verum hæc satis sunto, ut quivis vel mediocriter cautus nobile commentum subodoretur.

IX. De Diphthongo, ȣ. Diximus eodem Libro secundo cap. 7. Diphthongum ȣ hac forma, quæ a nono sæculo in Manuscriptis Codicibus frequentatur, reperiri in nummis tertii sæculi: duoque exempla adtulimus ex Musæo illustrissimi Domini Foucaut. Postea vero duo alia indidem excerpta nacti sumus, quæ hic apponere juvat.

In nummi cujusdam antica facie, capita Juliæ Mæsæ & Elagabali adversa, cum inscriptione,

ΑΥΤΚΜΑΥΡΑΝΤΩΝΕΙΝΟCΑΥΓΙΟΥΛΙΑ ΜΑΙCΑ ΑΥΓ.

In postica typus fortunæ cum cornucopia & temone: inscriptio vero sic habet,

ΥΠΙȣΛΑΝΤCΕΛΕΥΚΟΥ ΜΑΡΚΙΑΝΟΠΟΛΙΤΩΝ: sic vero plenis vocibus legitur, ὑπὸ Ἰουλίου Ἀντωνείνου Σελεύκου Μαρκιανοπολιτῶν, i. *Sub Julio Antonino Seleuco, Marcianopolitarum.* Ibi vero Iȣλ. sic legitur.

Alter nummus in antica habet caput Alexandri Severi, & hanc inscriptionem,

ΑΥΤΚΜΑΥΡCΕΥΑΛΕΞΑΝΔΡΟC.

In postica mulier stolata dextrâ pateram tenet, sinistrâ hastam, atque ita legitur

ΗȣΜ. ΤΕΡΕΒΕΝΤΙΝΟΥΜΑΡΚΙΑΝΟΠΟΛΙΤΩΝ, sic vero legitur, ἡγουμένου Τερεβεντίνου Μαρκιανοπολιτῶν. *Præside Terebentino Marcianopolitarum.* Ubi in voce Ηγουμ. ȣ sic scribitur.

Id porro monitum Lectorem velim, me cum inscriptiones illas Numismatum aut Tabularum marmorearum adtuli, partim ex iis, quæ visu perceperam, partim ex schedis amicorum, partim etiam ex Libris editis, characterum formas desumsisse. Quæ meis ipse oculis vidi, pariterque ea, quæ ab amicis probatæ fidei accepi, illa sane accurate, quantum licuit, expressa fuere: quæ autem ex editis Libris accesserunt, pauca sane si cum prioribus comparentur, non semper ad fidem marmorum edita fuerunt. Quamobrem in duabus inscriptionibus, quas ex Grutero excerptas edidi Lib. 2. cap. 7. p. 175. literam ꞓ hac forma non sine suspicione protuli. Nam Gruterus ab aliis accepit, & Typographus formis vulgaribus ε expressit: dubiumque est an sic in schedis delineatum repererit; an vero, quia non suppetebant formæ iis, quæ in schedis ferebantur, similes, ex typis officinæ suæ characterem, qui proxime ad formam schedarum accedebat, adhibuerit; neglecta parva, ut putabat ipse, quæ intercedebat inter utrumque, differentia.

De Abraxæis figuris ac literis eodem Libro secundo cap. VIII. non paucis disseruimus. Rem vero notatu dignam ibi prætermissam indicare lubet: nempe omnia illa symbola, literas, animaliumque formas, vulgo in gemmis & lapillis insculpta reperiri; sed interdum, licet rarissime, eadem ipsa in nummis æreis repræsentari. Tria quatuorve hujusmodi me in Italia vidisse memini, quæ, ni fallor, ad Basilidianorum symbola pertinent. Unum hic adferam, cujus ectypum Romæ manu propria delineavi: ubi in altera facie noctua expansis alis, cum duabus stellis & circulo, quem puto lunam repræsentare; in altera vero, luna item subjunctis quinque literis Γ, C, Φ, Τ, Π, qua forma in schemate exhibentur. X. De Abraxæis figuris.

Apud Petrum Donatum.

Hoc autem symbolum ad quamdam noctis horam pertinuisse veri simile est. Nam ut Basilidianos ad singulas diei horas assignata quædam symbola habuisse putamus; ut eodem loco diximus, ubi cujusque horæ typum ex Libro plumbeo, non dubiis, ut existimo, conjecturis protulimus; sic pro singulis noctis horis, quædam item signa habuisse veri simile est. Quid autem sibi velint literæ in altera nummi facie incisæ, nondum satis perspectum habemus. Cæterum hic nummus non percussus est, ut alii nummi solent; sed figuræ & literæ stylo insculptæ sunt.

Libro tertio de characteribus Librorum agitur; de iis scilicet, qui *literæ unciales* vocantur: qua voce nescio an quispiam ante Hieronymum sit usus; de auctoribus loquor quorum scripta supersunt: siquidem ante Hieronymum adhibitam fuisse, ipse Hieronymus suadet in Præfatione Libri Job: *Habeant*, inquit, *qui volunt veteres Libros, vel in membranis purpureis, auro argentoque descriptis, vel uncialibus, ut vulgo aiunt, literis, onera magis exarata, quam Codices.* De vocis autem origine non ita constat; plerique putant, Unciales dictas literas fuisse, eas quæ pollicis crassitudinem haberent, quia duodecim pollices quibus pes constat pro duodecim unciis habentur. Sed si hoc unquam modo scriptitatum fuerit, quantæ molis codicem fuisse putes eum, qui Homeri Iliada uncialibus literis exaratam complexus sit? Alteram vocis ejus explicationem, & quidem veri similiorem nobiscum communicavit supra laudatus Bernardus Monetæ, quæ sic habet. Corpus omne, res omnis, ait optime Budæus Lib. de Asse I. in assem dividi solebat, qui deinde in duodecim XI. De literis Uncialibus. « «

» partes ſive uncias dividebatur. Ita pes, menſuræ genus, cum pro aſſe habe- » batur, duodecim, quibus conſtabat, pollices, duodecim unciarum loco » erant. Ita cum Alphabetum, quod 24. literas apud Græcos continet, tan- » quam as quidam ſpectabatur, ac in 12. partes dividebatur ſive uncias, ſeque- » batur quamlibet literam ſemunciæ tantum rationem habuiſſe: unde factum » eſt ut quæ literæ communibus altero tanto majores erant, jam non ſemun- » ciales ut reliquæ, ſed unciales ob inſignem illam magnitudinem dicerentur. Ut ut vero ſit de prima vocis origine, unciales literas hodierno uſu dicimus eas in vetuſtis Codicibus, quæ priſcam formam ſervant, ac ſolutæ ſunt, nec mutuo colligantur. Hujuſmodi literæ unciales obſervantur in Libris omnibus ad nonum uſque ſæculum. Nono quippe ſæculo finem fecerunt Græci uncialibus literis ſcribendi; ita ut ne unum quidem Codicem viderim, aut alicubi exſtare compererim uncialibus literis deſcriptum, qui poſt nonum ſæculum exaratus fuerit: exceptis tamen Libris Chori & Eccleſiæ uſui deputatis, qui decimo atque undecimo, ac forte poſterioribus ſæculis, uncialibus & paulo majoribus literis ad facilius legendum, additis etiam notis ad cantum, deſcripti ſunt. Ex his autem poſterioribus nullum hactenus aut inſpexi, aut alicubi eſſe didici, qui poſt undecimum ſæculum exaratus eſſet.

Quarto Libro de charactere ligato, ſive ductu calami conjuncto, verba facimus, ac ſæculorum noni, decimi, undecimi, duodecimi, decimi-tertii, decimi-quarti ſpecimina damus; & quidem excerpta ut plurimum ex Codicibus anni notam ferentibus. Inter vulgaris Scripturæ exempla, Arcanarum literarum alphabeta cum explicatione proferimus; earum videlicet, quarum frequens eſt Calligraphis uſus, nec tamen ab ullo uſpiam lectæ fuiſſe videntur. Demum claudimus Alphabeto generali: ubi formas omnes ſingularum literarum per temporis ordinem locamus.

Liber quintus Abbreviationes cujuſvis generis, Monocondilia, ſive Monocondylia, (nam utroque modo legitur,) notas artium ignotas & intactas hactenus, complectitur: quas ſummo labore & ſtudio ex variis Codicibus exſumptas, Lectori benevolo pergratas perque jucundas fore ſperamus. Quia vero in notis Myriadum erratum perſæpe fuiſſe credimus, rem ibi brevius fortaſſe, quam par erat, pertractatam, viſum eſt hic pluribus explanare.

XII. De Notis Myriadum.

Notæ numerales, ſive literæ numeris deſignandis conſtitutæ, a Grammaticis & *Lexicariis* adferuntur; ita ut α', *unum* ſignificet; ϐ', *duo*; γ', *tria* &c, ut vel tirones norunt. Pro denario autem numero, ι', *decem*, ια', *undecim* &c. pro centenario, ρ', *centum*, σ', *ducenti* &c. Pro millenario ͵α *mille*; ͵ϐ, *bis mille* &c. Cum hac autem numerandi methodo hactenus conſentit Codex Regius 2724. qui anno mundi 6191. ſecundum Græcorum calculum; Chriſti autem 1183. ſcriptus eſt, & quidem a perito Calligrapho, qui Ærarii generalis Conſtantinopolitani Acta evolvere, ex iiſque varia excerpere ſe profitetur. Is autem myriadas ſive dena millia longe alia ratione notat, quam ſolent Grammatici: illi quippe dena millia ſic ͵ι, vicena millia ͵κ; 30000 ͵λ, notant. Hic autem ſic, α̈ dena millia, ſive myriadem unam, ϐ̈, 20000, ſive myriadas duas, γ̈, 30000. ſive myriadas tres, ϊ, 100000, ſive decem myriadas, ια̈ 110000, ſive undecim myriadas, ιϐ̈, 120000, ſive duodecim myriadas, & ſic de reliquis; ita ut quando plures numeri ſimul ponuntur, duo puncta poſtremæ ſemper literæ numerali ſuperſcribantur. ρ̈ autem centum myriadas, ſive 1000000. ſignificat, ρϊ centum & decem myriadas. ρια̈ centum & undetum myriadas, & ſic de reliquis σ̈, ducentas myriadas τ̈ trecentas &c. Millia autem myriadum ſic notantur α̤̈, mille myriades; ͵β̈ bis mille myriades &c. Si autem millenario alii numeri adjungantur, duo puncta poſtremo numero ſuperſcribuntur, verbi gratia ͵θ, ϡ ϟ θ̈, novem mille nongentæ nonaginta novem myriades: ubi ſemper intelligas myriadas ſingulas dena millia ſignificare. Ubi autem ultra poſtremum hunc numerum, videlicet ad myriadas myriadum, pervenitur, tunc plenis vocibus, non autem notis, numeratur ſic, *μύριαι μυριάδες.* Nec ultra numeros perſequitur ille, quiſquis fuerit, Calligraphus. Ego vero ſuſpicor numeros, qui plerumque apud veteres Scriptores non quadrare videntur, ex hujuſmodi notarum ignoratione vitiatos ſæpe fuiſſe. Hæc porro deſumta fuerunt ex opuſculo ejuſdem Codicis, cui titulus, περὶ λιτρισμῶν, id eſt, *de librarum ſupputationibus.* Incipitque fol. 21. verſo.

Eam quidem numerandi rationem memorat Joachimus Camerarius, & poſt eum Georgius Heniſchius in opuſculo de Numeratione multiplici, ubi tamen non omnia explicat ut ſupra, & in centenariis myriadum peccat ſemper: nam centum myriadas notat per 100000, id eſt *centum millia*, ducentas myriadas, *ducenta millia*, & ſic de reliquis omnibus centenariis myriadum. Sed quoniam ille notis numeralibus, non modo myriadas myriadum, ſed etiam longe ulteriores numeros, notis diſtinguit: quæ notæ in Codice Regio, de quo ſupra, non habentur, viſum eſt hic ejus locum totum adferre. Sic autem habet p. 56. *Alii inter quos Camerarius, ſecundam Nonariam aliter notari tradunt. Ibi enim novum limitem incipiunt, quem quintum & μυριαδικῶν ſeu μυριονταδικῶν ἁπλῶν vocant, qui complectitur decem mille, centum mille, decies millies millia, hoc modo* α̈, 10000. β̈, 20000. γ̈. 30000. δ̈. 40000. ε̈, 50000. ϛ̈, 60000. ζ̈, 70000. η̈, 80000. θ̈, 90000.

ϊ, 100000. κ̈, 200000. λ̈, 300000. μ̈, 400000. ν̈, 500000. ξ̈, 600000. ο̈, 700000. π̈, 800000. ϟ̈, 900000.

ρ̈, 100000. (*ſic male & in ſequentibus*) σ̈, 200000. τ̈, 300000. ῠ, 400000. φ̈, 500000. χ̈, 600000. ψ̈, 700000. ω̈, 800000. ϡ̈, 900000.

α̤̈, 10000000. ͵β̈, 20000000. ͵γ̈, 30000000. ͵δ̈, 40000000. ͵ε̈, 50000000. ͵ϛ̈, 60000000. ͵ζ̈, 70000000. ͵η̈, 80000000. ͵θ̈ 90000000. *Sextum faciunt iidem μυριονταδικῶν διπλῶν, hoc modo.*

α̈̈, 100000000. β̈̈, 200000000. γ̈̈, 300000000. δ̈̈, 400000000. ε̈̈, 500000000. ϛ̈̈, 600000000. ζ̈̈, 700000000. η̈̈, 800000000. θ̈̈, 900000000. & ita deinceps. Hæ ſunt *μύριαι μυριάδες.* Sic γ̈̈, *τρισμύριαι μυριάδες*; vel *χιλιοντάκις ἐννεάκις μύριαι μυριάδες. Sic deinceps incrementa numeri punctis notantur, ut μυριάκις μυρίαι μυριάδες* α̈̈. *qui eſt numerus μυριονταδικῶν τριπλῶν*, &c. Hactenus Georgius Heniſchius poſt Camerarium & alios. Hæc vero numerandi ratio, quam in nullo umquam Codice manuſcripto uſurpatam vidi, cum ea quæ ſuperius ex Codice Regio allata eſt, in quibuſdam convenit, in aliis vero ſecus, ut quiſque videre poſſit.

De ſexto Libro, ubi de Re Diplomatica Græca: itemque de ſeptimo, ubi Deſcriptio montis Atho, vide quæ diximus in Præfationibus, ad ſingulos.

De Indictionum numeris, interdum mendoſis.

In notis Indictionum ſæpe peccatum aut variatum fuiſſe, jam multi viri docti animadverterunt : quare nihil mirum ſi in tanta Indictionum ſylva, quantam, ex Codicibus exceptam, præfert hæc Palæographia, aliquot reperiantur ſecus poſitæ, quam in Calculis & Tabulis chronologicis habentur. Perſæpe autem hæ Indictionum varietates ex Calligraphis ortæ ſunt, qui aut errabant in numero, aut cum ad poſtremos præcedentis Indictionis menſes devenerant, ſubſequentis anni Indictionem annotabant, vel contra ſi ineunte anno ſcriberent, præcedentem Indictionem ponebant. Indictionem vero pariter & annum, ut ex ſupra memorato Codice Regio ſtatuitur Libro quinto cap. 4. primâ Septembris incipiebant. Sic exempli cauſa, nota Leonis Clerici Ægyptii p. 48. annum mundi præfert 6509. hoc eſt Chriſti 1001. Indictionem vero 13. & tamen ea eſt 14. ſed quia ineunte anno ſcripſit Leo, præcedentis anni Indictionem notavit.

Pag. autem 49. ad annum 1045. a Theopempto Calligrapho notatur indictio 12. quæ eſt 13. Ibidem in nota ſequenti ejuſdem anni Indictio 3. ponitur : ſed ex ſubſcriptione pene deleta puto excidiſſe ι ante γ'. & prius ιγ'. ſcriptum fuiſſe ; id eſt, *Indictione decima-tertia.*

Pag. 56. ad annum 1276. Calligraphi lapſu ſcribitur Indictio 10. quæ eſt 4. Sic autem legas ibi, & in Græco, δ'. Ibidem ad eumdem annum notatur Indictio 14. quæ eſt 4.

Pag. 71. ad annum 1364. notatur Indictio quinta & eſt ſecunda, & ad annum 1366. notatur Indictio nona, quæ debet eſſe quarta. Binas autem exſcripſi ex catalogo Bibliothecæ Laurentianæ, ubi fortaſſe mendum.

Pag. 73. ad annum 1382. legitur Indictio undecima : eſt autem quinta.

Pag. 77. ad annum 1427. in Catalogo Laurentiano legitur Indictio octava, eſt vero quinta.

Pag. 78. ad annum 1435. legitur Indictio ſecunda : eſt autem 13.

Pag. 83. ad annum 1467. lege Indict. 15. & ad annum 1475. lege Indict. 8.

Pag. 303. legitur Indictio quarta, & eſt ſecunda.

RECENSIO OMNIUM, QUAS QUIDEM novimus Bibliothecarum Græcarum, tam veterum, quam recentiorum in quibus manuscripti Codices habentur.

NON abs re, nec præter institutum nostrum fore duximus, si Bibliothecarum omnium Græcarum, quæ vel olim extiterunt, vel etiam hodie, manuscriptis Græcis instructæ, variis in locis habentur, recensionem aggrediantur: addito etiam, quantum licebit, Librorum manuscriptorum numero. Jam vero multi de Bibliothecis scripserunt, quorum lucubrationibus, ad hanc novam brevemque instituendam Bibliothecarum Græcarum descriptionem usi sumus, quamplurimis adjectis, quæ nos ipsi tum apud Scriptores veteres, tum in ipsis hodiernis Bibliothecis collegimus.

Vetustissima omnium, quas memoratas apud Scriptores comperimus, Bibliothecarum Græcarum, fuit illa PISISTRATI, olim Athenarum Tyranni, qui, ut ait A. Gellius, *Libros Athenis disciplinarum liberalium publice ad legendum præbendos primus posuisse dicitur: deinceps curiosius accuratiusque ipsi Athenienses auxerunt: sed omnem illam postea Librorum copiam Xerxes Athenarum potitus, urbe ipsâ præter arcem incensa, abstulit asportavitque in Persas. Hos porro Libros universos multis post tempestatibus Seleucus Rex, qui Nicanor appellatus, referendos Athenas curavit.*

POLYCRATEM quoque Samium, EUCLIDEM Atheniensem, NICOCRATEM Cyprium & EURIPIDEM, libris coacervandis nobiles fuisse refert Athenæus, lib. 1. c. 2.

In CNIDO etiam una Cycladum insula, Bibliotheca constituta fuit, quam Hippocrates, ut quidam dicunt, ex invidia, quod Cnidii medicinæ sectam suæ contrariam profiterentur, concremavit. Vide Soranum in vita Hippocratis & Zwingerum. Hujus vero Bibliothecæ primordia ignorantur.

CLEARCHUS Heracleæ Ponticæ Tyrannus, unus ex discipulis Platonis, cujus in Heraclienses sævitiam pluribus narrat Justinus, libro 16. Bibliothecam comparavit, atque ea re magnam consequutus laudem est.

ARISTOTELIS Bibliothecam ejusque fortunas ita describit Strabo, lib. 13. *Protulit Scepsis Socraticos Erastum & Coriscum, & Neleum Corisci filium, qui auditor fuit Aristotelis & Theophrasti, & ejusdem Theophrasti Bibliothecam successione nactus est, in qua Aristotelis etiam Bibliotheca fuit: nam Aristoteles suam Theophrasto tradidit, cui & scholam reliquit. Primus omnium, qui nobis sunt noti, Libros collegit Aristoteles: idque Ægypti reges facere docuit. Theophrastus Neleo tradidit. Hic libros Scepsin translatos, ineruditis hominibus reliquit, qui libros inclusos negligenterque jacentes tenuerunt: cumque Attalicorum Regum studium intellexissent, quibus Scepsis parebat, conquirentium libros ad instruendam Pergami Bibliothecam, sub terra suos in fossa quadam occultaverunt. Ibi ab humore & blattis vitiatos, tandem qui ex ea erant stirpe Aristotelis Theophrastique libros Apelliconi Teio magna pecunia vendiderunt. Tenebatur is Apellico librorum amore magis, quam Philosophiæ studio: quamobrem laceræ scripturæ restaurationem quærens, in nova libros transtulit exempla, lacunasque imperite resarcivit; ac libros edidit mendorum plenos. Usu venit Peripateticis antiquis, qui post Theophrastum vixerunt, cum libris carerent, paucosque dumtaxat, præcipue exotericos, haberent, ut nulla de re exquisite pertractando philosophari possent; sed tantum de propositis disputarent. Qui vero post editos hujusmodi libros extitere, facilius quidem philosophari & Aristotelem imitari potuerunt: sed ob mendorum multitudinem multa conjectando dicere cogebantur. Multum huc etiam Roma contulit: statim enim a morte Apelliconis, Syllâ cum Athenas cepisset, Bibliothecam illius recepit: quæ cum Romam esset allata, Tyrannio Grammaticus a Bibliothecæ præfecto obtinuit, ut sibi eorum usus permitteretur, (homo Aristotelis studiosus,) & Bibliopolæ quidam ineptis usi Librariis, neque cum exemplaribus comparantes, quod & aliis libris exscriptis vendendi causa tum Romæ tum Alexandriæ (factum est)* &c. Hunc Strabonis locum, utpote prolixiorem, Latine tantum protulisse satis esto.

SMYRNÆ vero Bibliothecam fuisse ita narrat Strabo, lib. XIV. *Hodie omnium est urbium pulcherrima: pars ejus in monte structa muris præcincta est, maxima autem ejus pars in planicie ad portum & magnæ Matris Templum & gymnasium: vici varii & quantum fieri potuit recta linea diducti: viæ lapidibus stratæ, porticus magnæ & quadratæ, partim in plano, partim in editis contignationibus. Est & Bibliotheca, & Homerium* (Ὁμήρειον) *porticus quadrata, Templum habens Homeri ejusque simulacrum. Nam Smyrnæi quoque Homerum sibi acriter vendicant: & numisma æneum apud eos Homerium vocatur.* Hujus loci versionem in multis vitiatam emendavimus: &, brevitatis causa, Græca prætermisimus.

APAMEÆ quoque ad ostia Marsyæ positæ Bibliothecam viginti millia voluminum fuisse tradunt: quæ maxima ex parte Græca fuisse putantur. Hujus Bibliothecæ principia ignota.

Sed illas omnes longe superavit ALEXANDRINA Bibliotheca, quam primus paravit Ptolemæus Philadelphus Rex Ægypti, insignis Musarum patronus, ideoque Poëtarum scriptis non immerito celebratus. Hic conquisitis vario linguarum genere Codicibus, non apud Græcos modo, sed apud Æthiopas, Indos, Persas, Babylonios, Assyrios, Chaldæos, Phœnicas, Romanos, tantum librorum numerum collegit, ut ad septingenta demum millia pertigisse dicantur: cujus in coëmendis libris liberalitas, vel ex hoc uno facto prædicatur. Cum Athenienses frumenti inopia premerentur, non prius alimenta concessit, quam sibi tragœdiarum Sophoclis, Euripidis, & Æschyli autographa tradidissent: pro iisque quindecim argenti puri talenta oppignoravit: quibus acceptis, apographa exquisite eleganterque exarata remisit Athenas, civitatem ea summa XV. talentorum donavit, quam in pignus acceperat. Is ipse sacros Hebræorum libros in Græcam linguam transferri curavit: qua de re infinita prope a viris doctis disputata fuerunt. Sed ea omnia volumina, inquit A. Gellius, numero pene septingenta millia, bello Alexandrino, *dum diripitur ea civitas, non sponte, neque opera consulta, sed a militibus forte auxiliariis incensa sunt.* Sic item Ammianus Marcellinus, lib. 22. sed Seneca quadraginta solùm millia incensa refert.

Huic accensenda Bibliotheca altera in Ægypto, quæ SACRA appellabatur: in cujus vestibulo scriptum erat, ἰατρεῖον ψυχῆς; id est, Medicinalis animæ officina.

Aliam item in SEBASTIO, sive Augusti Templo, Bibliothecam memorat Philo Judæus, de legatione ad Caium.

ATTALUS & EUMENES Pergami reges Bibliothecam ingentem collegerunt, quam, ut Plutarchus scribit, ducentis librorum millibus constantem

M. Antonius Cleopatræ dedit. Sed postea Romam transvecta fuisse putatur.

ÆMILIUS PAULUS, devicto Perseo Rege & subacta Macedonia, Libros Regios Romam deportavit, quos filiis suis literarum studiosis legendos tradidit.

Celebratur item Bibliotheca LUCULLI, qui bello Mithridatico strenue perfunctus, libris reponendis splendida ædificia Romæ construxit, quæ perpetuo patebant studiosis omnibus, etiam advenis, tamquam amœnissimum Musarum diversorium. Erat autem hæc Bibliotheca librorum copia & elegantia insignis. Eo confluebant viri docti ex Græcia, Arabia variisque gentibus, & assidente Lucullo de Philosophia disputabant. Qua re sibi Lucullus æternam gloriam comparavit.

M. Terentius VARRO Ciceronis familiaris Bibliothecam habuit, & quidem Græcis, ut putatur, libris instructam. Si quidem Cicero Varronem, utpote Græcè doctum, Græcis passim verbis alloquitur libro IX. Epistolarum ad Familiares.

Huic adjungenda ipsius M. Tullii CICERONIS Bibliotheca, quæ, perinde atque aliæ omnes Romanæ illo tempore, libris multis Græcis instructa erat. Suæ vero Bibliothecæ meminit Cicero pluribus in locis.

QUINTUS item CICERO, frater Marci Bibliothecam habuit; de qua idem Marcus ad Quintum fratrem, *de Bibliotheca tua supplenda, libris commutandis, Latinisque comparandis, valde velim ista confici.*

T. POMPONIUM ATTICUM Bibliothecam habuisse dicit M. Tullius Cicero Ep. ad Atticum, l. 1.

Puteolis Bibliothecam FAUSTI fuisse memorat Cicero Epist. ad Atticum, l. 4. *Ego*, inquit, *hic pascor Bibliotheca Fausti.*

DIDYMUS ALEXANDRINUS, qui Ciceronis ætate floruit, tria millia & quingenta volumina conscripsisse dicitur. Is Χαλκέντερος, *Chalcenterus*, sive æneus venter ab assiduitate scribendi vocabatur, itemque βιβλιολάθης, quod, cum historiæ cuidam ut vanæ repugnaret, ejus quidam Liber prolatus esset, qui eam historiam a se scriptam contineret.

Admiranti vero, inquit Michaël Neander, & causam quærenti, quomodo unus homo tantum legere, tantum conscribere potuerit, Damascius, quicumque ille fuit, respondebit ubi ait, στοιχεῖα πρῶτα μέγιστα τῆς τῶν ὄντων πολυθεάμονος ἱστορίας, ἔρως, φιλοπονία, ἀγχίνοια. *Prima & maxima elementa multiplicis rerum cognitionis, sunt studium, laboris amor, ingenii acrimonia.* Atque hæc sunt, quæ nostra ætate & veterum & recentium scripta nobis exhibent.

Credibile est illos pariter vitiisque jocisque
Altius humanis exeruiße caput.
Non Venus & vinum sublimia pectora fregit,
Officiumque fori militiæque labor.
Nec levis ambitio, perfusaque gloria fuco
Magnarumque fames sollicitavit opum.

ASINIUS POLLIO, hoc genere laudis cæteros omnes Romanos, qui ante se fuerant, antecelluit, qui Romæ in atrio Libertatis publicam Bibliothecam instituit, eamque doctorum Imaginibus exornavit, inter quas eminebat M. Varronis, Romanorum doctissimi, adhuc superstitis Imago. V. Plin. l. VII. c. 30. & l. 35. c. 2. Is autem, nempe Asinius Pollio, videtur exsecutus ea, quæ JULIUS CÆSAR in animo habebat, quæque haud dubie perfecturus erat, nisi fato præoccupatus fuisset, nempe, ut ait Suetonius, *Bibliothecas Græcas &*

Latinas, quas maximas posset, publicare, data M. Varroni cura comparandarum ac digerendarum. Nisi forte melius dicatur idipsum fecisse OCTAVIUM AUGUSTUM de quo Suetonius: *Addita porticus cum Bibliotheca Latina Græcaque: quo loco jam senior sæpe etiam senatum habuit.*

In TIBERIANA domo Bibliothecam fuisse narrat A. Gellius, l. 13. c. 18.

In TEMPLO PACIS Romæ Bibliothecam fuisse narrat idem A. Gellius, quæ quidem a VESPASIANO Imp. collecta dicitur.

EPAPHRODITUS CHÆRONENSIS Grammaticus, qui, teste Suida, sub Nerone & usque ad Nervam floruit, triginta voluminum millia collegit.

His etiam connumerandæ Bibliothecæ illæ Romanæ, quas incendio absumtas DOMITIANUS restaurari curavit, *Exemplaribus*, inquit Suetonius, *undique petitis, missisque Alexandriam, qui describerent emendarentque.*

JULII MARTIALIS Bibliothecam in villa positam canit Martialis Poëta, lib. 7. epigr. 15. Ista porro ætate, tam familiaris Romanis erat Literarum Græcarum usus; ut Bibliothecæ Romanæ non minus Græcis, quàm Latinis libris essent refertæ.

Celebris fuit Bibliotheca illa ULPIA a TRAJANO Imp. Plinii junioris suasu instructa, in qua libris linteis gesta principum; Elephantinis vero Senatusconsulta conscribi curavit. Quin & ipse PLINIUS JUNIOR Bibliothecam instituit Libris in omni disciplinarum genere refertam.

Memorat idem ipse Plinius junior Bibliothecam HERENNII SEVERI his verbis: *Herennius Severus, vir doctissimus, magni æstimat in Bibliotheca sua ponere imagines municipum tuorum Cornelii Nepotis, & Titi Cassii.*

HADRIANUS vero Imp. cum insignes & plurimas ædes Athenis fecisset, agonem edidit, Bibliothecamque miri operis exstruxit, ut habet Cassiodorus in Chronico.

Eodem tempore HERODES ATTICUS, vir Consularis, Sophista, inter Græciæ literatos sua ætate facile princeps, in librorum lectione consenuit, & ad usque finem, ut putatur, imperii M. Aurelii ætatem produxit: omnium veterum flores collegit, librorumque haud dubie suppellectile instructus, tantam & ipse opusculorum, quæ perierunt, copiam edidit, ut pro Bibliotheca haberi possent. Tanta demum literarum laude floruit, ut Hadrianus Sophista in ejus funere orationem suam sic orsus sit, Πάλιν ἐκ Φοινίκης γράμματα, *Rursum ex Phœnicia literæ.* Et vere ipse Phœnicias literas revocasse dici possit, qui in villa sua Triopia columnas, nunc Farnezianas, Ionicis veteribus literis, quæ ad Phœnicias proxime accedunt, inscribi curaverit. Quarum columnarum inscriptiones & formam secundo Libro adferimus.

LARENSIS, vel ut alii vocant, LAURENTIUS referente Athenæo, l. 1. Librorum Græcorum copiam tantam congessit, ut omnes libris colligendis nobiles superaret, Polycratem, inquam, Samium, Pisistratum tyrannum Atheniensium, Euclidem Atheniensem quoque, Nicocratem Cyprium, Pergami Reges, Euripidem Poëtam, Aristotelem philosophum, &, qui horum libros in potestate habuit, Neleum, a quo scilicet omnes libros mercatus Ptolemæus rex, cognomine Philadelphus, cum iis, quos Athenis & Rhodi emerat, in nobilem Alexandriam transferri curavit. Florebat autem Larensis M. Aurelii tempore.

Memorabilis item est Bibliotheca GORDIANI JUNIORIS Africani, de qua hæc Julius Capitolinus: *In studiis gravissimæ opinionis fuit: forma conspicuus, memoriæ singularis, bonitatis insignis, adeo ut semper in scholis, si quis puerorum verberaretur, ille lacrymas non teneret.* SERENO SAMONICO, *qui patri ejus amicissimus, sibi autem præceptor fuit, nimis acceptus, & carus usque adeo, ut omnes libros Sereni Samonici patris sui, qui censebantur ad sexaginta & duo millia, Gordiano minori moriens ille relinqueret: quod eum ad cælum tulit. Siquidem tantæ Bibliothecæ copia & splendore donatus, in famam hominum literatorum decore pervenit.*

BIBLIOTHECA JEROSOLYMITANA ab ALEXANDRO Episcopo constructa, inter alia, multorum Ecclesiasticorum doctrina excellentium virorum Epistolas complectebatur, unde Eusebius ad Historiam Ecclesiasticam se plurima mutuatum testificatur, lib. 6. Hist. Eccl. c. 20.

Narrat Publius Victor CONSTANTINI MAGNI tempore Bibliothecas publicas Romæ fuisse numero unde-triginta, quarum multas ipse vel reparavit vel erexit.

PAMPHILUM Martyrem Bibliothecam undequaque collegisse narrat Eusebius Hist. Eccl. lib. 6. c. 32. & alibi. Eadem ipsa Bibliotheca videtur esse, quam Cæsareæ aperuerat JULIUS AFRICANUS, quam postea ad triginta usque voluminum millia auxerunt EUSEBIUS & PAMPHILUS Laodicenus Presbyter, qui sua manu maximam partem librorum Origenis descripsit, quos thesauri loco habere se testificatur Eusebius. EUZOIUS cum GREGORIO NAZIANZENO plurimo labore, collapsam Origenis & Pamphili Bibliothecam in membranis instaurare conatus est. Hanc vero Bibliothecam sæpe consuluit Hieronymus in emendatione librorum Veteris Testamenti. Viditque in ea Evangelium Matthæi Hebraïce. *Vid. Hieronymum in Catalogo Script. Eccles. Apol. contra Rufinum. Contra Pelagium lib. 3. in cap. 3. Epist. ad Titum. Præfat. in Matthæum.*

CONSTANTIUS Imperator Bibliothecam exstruxit, & librorum copiam collegit, quam postea Bibliothecam multis accessionibus nobilitavit JULIANUS Imperator, qui eam in Regiam porticum, ubi Bibliothecam novam excitaverat, transtulisse narratur. In hac Bibliotheca septem Antiquarios constituit VALENS Imperator, quatuor Græcos & tres Latinos, scribendi peritos, quibus annonam assignavit.

JULIANUS Imperator supra memoratus, qui eruditione ac studio literarum magnam consequutus laudem esset, nisi defectione sua a Christiana religione, ac odio in eamdem, *Apostatæ* nomen meruisset, Bibliothecam numerosissimam Antiochiæ collegit, cui etiam GEORGII Ariani Episcopi Alexandrini Bibliothecam adjungi curavit.

ANTIOCHIÆ in Templo Trajani Bibliotheca erat pretiosa: quam instigatione uxoris Jovianus cum Templo incendi jussit; quæ res Antiochenorum in Jovianum odium concitavit. *Suidas.*

Memoratur ab Hieronymo Bibliotheca VICTORIANA, veterum desideratissimorumque exemplarium locuples.

Ipse quoque HIERONYMUS Bibliothecam sibi numerosam comparavit, ac Heliodoro comite in Syriam concessit, ut in solitudine ac studiis viveret.

Prædicatur etiam THEODOSIUS JUNIOR eo nomine, quod collegerit sacros Codices, & quæ ab interpretibus ipsorum scripta erant & scribebantur, decemque myriadas, sive centum millia Librorum coacervaverit, ut ea laude Ptolemæo Philadelpho minime cederet. Socrat. l. 7. c. 22. Niceph. l. 14. c. 13.

Constantinopoli imperante BASILISCO, gravissimum incendium Bibliothecam absumsit instructissimam & clarissimam, eamdem, quam supra diximus a Constantio & Juliano Imperatoribus institutam, δώδεκα μυριάδας βιβλίων ἀποκειμένων ἐν αὐτῇ ἔχουσα; hoc est, *In qua reposita erant centum-viginti librorum millia*, narrantibus Zonara & Malcho Sophista Byzantio. In eadem Bibliotheca fuisse narratur intestinum draconis, longitudine pedum centum & viginti, in quo descripta erant Homeri poëmata, Ilias nempe & Odyssea. Absumtam incendio Bibliothecam restauravit ZENO Imperator, curante Juliano Præfecto Urbis, qui Zenoni statuam auratam posuit ante vestibulum. Constantinopolitana eadem Bibliotheca sub LEONE ISAURO splendida & numerosissima erat. Cujus Imperatoris jussu tota conflagravit, & cum ea duodecim Bibliothecarii simul igne consumti sunt.

ROMANA sub Pontificibus Bibliotheca prædicatur a multis: Basil. epist. 82. Greg. Magn. lib. 7. epist. 29. & aliis. Codicibus autem Græcis perinde atque Latinis instructam fuisse suadet Leo Cinnamus Calligraphus anno 759. qui se librum Joannis Damasceni ex ea transsumtum exscripsisse significat.

Sub Theophilo Imperatore Constantinopoli in PATRIARCHIO fuisse memoratur Bibliotheca Patriarcharum in THOMAITE, quæ Theophilo imperante tota conflagravit. Ibi autem erant S. Joannis Chrysostomi Commentaria, referentibus Zonara & Cedreno in Theophilo.

Sub hæc Constantinopoli libros collegisse traduntur BASILIUS MACEDO, LEO SAPIENS, & CONSTANTINUS PORPHYROGENITUS, & fortasse alii, quorum aut nulla, aut obscura mentio.

Undecimo autem sæculo, EUDOCIA MACREMBOLITISSA, uxor primo Constantini Ducæ, deinde vero Romani Diogenis, Imperatorum, literarum laude floruit, multos edidit libros, Bibliothecam numerosam curâ sumtibusque suis paravit. Unus ex ejus Bibliotheca eductus Codex hodie in Colbertina Bibliotheca exstat: cujus specimen notamque dedimus Libro quarto, cap. 5. ubi de ejusdem Eudociæ Operibus & Bibliotheca non pauca diximus.

Anno 1276. memoratur a Leone Cinnamo Calligrapho Bibliotheca Imperatoria Constantinopolitana imperante Michaële Duca, Angelo, Comneno, Palæologo. Vide Lib. 1. cap. 7. ad eumdem annum.

Memoratur item Bibliotheca GEORGII COMITIS Corinthii, qui Codices á *Marco Mamura* Cretensi acceperat. Horum vero Codicum pars habetur in Bibliotheca Cæsarea.

Bibliothecæ Orientales post captam Constantinopolim.

Post captam Constantinopolim variis in locis mansere priscarum Bibliothecarum reliquiæ, quas memorat Antonius Verderius, & post eum Antonius Possevinus; nimirum in PATRIARCHIO Constantinopolitano manuscripti Codices circiter quinquaginta.

Penes ANTONIUM CANTACUZENUM Principem circiter triginta.
Apud CONSTANTINUM BARINUM totidem, vel circiter.
Apud JACOBUM MARMORETAM Principem totidem.
Apud JOANNEM SUZI numero pauci.
Apud MANUELEM EUGENIUM circiter triginta.

Verum elapsis a tempore, quo primum Catalogi hujusmodi constituti ſunt annis pene centum & triginta, quorſum abierint hujuſmodi Codices ignoratur.

Penes Patriarcham Conſtantinopolitanum nomine CALLINICUM, qui non multis ab hinc annis obiit, Codices Græcos non paucos fuiſſe, narrabat mihi quidam, qui haud ita pridem Conſtantinopoli huc advenerat.

THEODOSIÆ ſive CAFFÆ in Cherſoneſo Taurica aliquot erant libri manuſcripti, quorum Catalogum texuit Antonius Poſſevinus, p. 115. & ſeqq.

In Monaſterio S. TRINITATIS IN CHALCE inſula proxime Conſtantinopolim manuſcripti Græci Codices exſtant numero pauci, quorum Catalogum penes me habeo.

Bibliothecæ MONTIS ATHO in Deſcriptione Joannis Comneni, quam ad calcem hujus Palæographiæ edidimus, recenſentur; nimirum in Monaſterio MAGNÆ LAURÆ, Bibliotheca mirabilis: in Monaſterio item DIONYSII: in Monaſterio BATOPEDII duæ Bibliothecæ: in Monaſterio IBERORUM tres Bibliothecæ. Hæ vero ſeptem numero Bibliothecæ, quot & cujuſmodi libros complectantur, nondum accepimus; ſi fides Joanni Comneno, innumeris pene cujuſvis argumenti libris refertæ ſunt.

In Pathmo inſula in Monaſterio quodam Græci Codices habentur, quorum Catalogum dedit Antonius Poſſevinus, p. 42. Ibi vero ad ſexaginta circiter numerantur. Quorum ſaltem multos hinc & inde diſtractos diſperſoſque fuiſſe veriſimile eſt.

In aliis item Græciæ Monaſteriis hodiernis Codices ſuperſunt, non ita magno, ut putatur, numero: itemque in privatorum domibus. Ex Jacobi Sponii itinerario, hæc pauca excerpſimus.

Corcyræ penes HIERONYMUM ULACH Cretenſem multi Codices Græci erant, inter quos, ſi fides Sponio narranti, viginti circiter ἀνέκδοτοι.

In Zacyntho inſula AGAPITUS PAPA Bibliothecam habere dicitur, ubi Codex nondum editus de Vitis SS. Patrum, Archiepiſcoporum, Abbatum & Calogerorum.

Aliquot item Codices vidiſſe ſe commemorat Jacobus Sponius penes ANTHIMUM Archiepiſcopum Athenienſem.

In Monaſterio PENTELI propter Athenas omnia fere Patrum opera in manuſcriptis haberi refert idem Sponius, narratque ſe, cum accepiſſet ea in Bibliotheca reperiri Apologiam pro Chriſtiana religione Imperatori Hadriano ab Ariſtide Philoſopho oblatam, eamdem ibi fruſtra quæſiviſſe.

De Bibliothecis Occidentalibus poſteriorum temporum, ubi Codices Græci exſtant.

In Bibliothecis Occidentalibus variis, multi Codices Græci habentur: quorum plerique ex Græcia exportati; alii autem a Græcis Calligraphis poſt captam Conſtantinopolim in Italia, Gallia aliiſque regionibus exſcripti ſunt. Horum vero omnium, quotquot in Bibliothecis Europæis exſtant, numerum, ſi comparemus cum vetuſtis illis, quas ſupra memoravimus, Bibliothecis, perexiguum ſane dicamus oportet. Nam ſi omnes Italiæ, Galliæ, Angliæ, Bataviæ, Germaniæque Codices Græcos ſupputaveris, vix eos ad viginti millium numerum pertingere deprehendes,

In una autem Alexandrina Ptolemaïca Bibliotheca septingenta millia voluminum numerabantur, quorum maxima pars Græci erant: in Attalica ducenta millia, in aliis 120000. in aliis 100000. unde intelligas quam multa veterum Scriptorum opera perierint. Siquidem Bibliothecæ nostræ, eorum qui ante Ptolemæos & Attalos scripserunt, Codices admodum paucos habent; sed plerosque Biblicos, Ecclesiasticos, aut eorum Scriptorum, qui post absumtam incendio Alexandrinam, aut exportatam Attalicam floruere.

Monendum tamen est, libros illos Bibliothecarum remotissimæ vetustatis, quorum mentionem supra fecimus, non tot scripta & opuscula complexos esse, quot in hodiernis Bibliothecarum nostrarum voluminibus continentur: sed quodlibet opusculum, seu λόγον, ut Græci vocant, volumen unum ut plurimum confecisse; ut plurimum dico, quia certum est in uno volumine, sive τεύχει ut Græci vocant, interdum Iliada Homeri descriptam fuisse: nam Iliadis Homeri volumen se habuisse testificatur Gregorius Nazianzenus: itemque Philocaliam Origenis, alio volumine comprehensam. Verum opuscula alia brevissima, uno in volumine describebantur: ita ut quodlibet opusculum integrum volumen sive librum unum efficeret: secus quam in recentioribus libris; iis maxime qui ab undecimo & duodecimo sæculo descripti sunt: ubi uno in Tomo centum & aliquando plura diversorum opera descripta videmus. Hac vero ratione intelligas oportet, cum dicitur, Didymum Alexandrinum Chalcenterum tria millia & quingenta volumina conscripsisse, & Origenem sex millia librorum edidisse: nam si nostris hodiernis libris similes dixeris, neuter tantum præstare potuit, ne quidem si tantam per totum vitæ curriculum diligentiam adhibuissent, quantam semel Hermolaus Barbarus, qui triginta-septem dierum spatio se Codicem Athenæi integrum descripsisse testificatur, qui Codex nunc exstat in Bibliotheca Regia, cum Hermolai Barbari subscriptione.

Ad hæc autem illo ævo, cum literis uncialibus majusculisque scriberent, ex libro minoris argumenti & materiæ volumina conficiebant, ac unum dumtaxat λόγον, aut opusculum uno in tomo scribebant, nisi ejusdem materiæ & argumenti ratio, plures in uno volumine libros, sibi mutuo cohærentes, simul exarare postularet, ut in Homeri Iliade, de qua superius. Postquam autem minutiore & ligato charactere libros describi cœptum est, tunc, ut supra diximus, in uno eodemque Codice varia diversorum opera conjunctim posita & descripta sunt. Ut autem ad Bibliothecarum, quam suscepimus, recensionem veniamus. Ab Italia ordiemur, ad quam, utpote Græciæ viciniorem, multo plures Græci Codices advecti sunt.

IN ITALIA.

ROMÆ.

VATICANA Bibliotheca cæteris omnibus, saltem Italicis, manuscriptorum pretio atque copia antecellit. Ea primum a Nicolao V. deinde vero a subsequentibus Pontificibus, manuscriptis cujusvis generis, speciatimque Græcis multis, aucta fuit. Ea quippe una multas insignes Bibliothecas complectitur, Urbinatem, Sirleti Cardinalis, Palatinam, Christinæ Reginæ, cui adjuncta erat **PAULI PETAVII** Bibliotheca, aliæque minores. Bibliothecam vero Vaticanam manuscriptorum Græcorum duo millia complecti narrabant mihi ejusdem Bibliothecæ custodes : quos inter libros multi vetustissimi pretiosissimique sunt.

OTTOBONIANA, sive Em. Cardinalis Ottoboni Bibliotheca, Bibliothecæ olim de ALTAEMPS Codices habet aliosque multos, inter quos exstant Græci plurimi. Numerum non teneo, sed puto esse non multo pauciores 400. vel 500.

BARBERINA Bibliotheca multis instructa libris manuscriptis est. Græcos autem ibi 70. circiter numeravi. Aiunt olim magno numero fuisse; sed furtim subductos pene quingentos in alienas manus devenisse.

CHIGGIANA, ad triginta circiter Codices Græcos habet, quorum quidam magni pretii sunt.

SFORTIANA olim multis pretiosisque Codicibus instructa erat, qui quorsum abierint ignoratur.

In Bibliotheca S. MARIÆ IN VALLICELLA, aliquot item Græci Codices inter alios multos Latinos habentur,

In COLLEGIO ROMANO RR. PP. JESUITARUM Græcos Codices non ita magno numero exstare renuntiatum est.

Bibliotheca Illustrissimi Abbatis DOMINICI PASSIONEI, librorum copia & delectu insignis, ducentos circiter Græcos Codices continet : aliquorum specimina dedimus Libro IV. & in Appendice Calligraphorum subscriptiones nonnullas.

Bibliotheca RR PP. S. BASILII Romæ Codices Græcos centum quinquaginta circiter complectitur, omnes ferme in membranis ac vetustissimos, ex Monasteriis Calabriæ advectos. Hujus autem Bibliothecæ frequens mentio habetur in hac Palæographia Græca.

In Monasterio CRYPTÆ FERRATÆ; olim multo plures, quam hodie, exstabant Græci Codices manuscripti. Jam autem viginti circiter supersunt.

NEAPOLI.

In Monasterio S. JOANNIS DE CARBONARIA Augustinianorum exstant Codices Græci centum : aliqui vero vetustissimi eximiique sunt. Hæc Bibliotheca, olim numerosior, Antonii Seripandi fuit, qui eam ex Jani Parrhasii testamento acceperat.

In Monasteriis CALABRIÆ Ordinis S. Basilii : multi variis in locis Codices Græci supersunt, quos exportari Romam curabat R. P. Mennitius Ordinis S. Basilii Præfectus Generalis : ne iis in partibus, ubi linguæ Græcæ studium prorsus interiit, incuriâ deperirent.

IN SICILIA.

In Monasterio S. SALVATORIS Messanensi, multi Codices Græci habentur, quorum numerum non teneo. Plerique omnes Sanctorum Patrum opera complectuntur. Possevinus in Catalogis, p. 35. eorum laterculum adfert. Quorumdam indicem & titulos penes me habeo.

In Monasteriis item Ordinis S. BASILII in Sicilia, Græcos haberi Codices narrabat mihi Præfectus ille supra laudatus: sed nullam hactenus eorum notitiam accepimus,

IN HETRURIA.

SENIS.

In NOSOCOMIO exstare dicunt autographum Commentariorum Sancti Joannis Chrysostomi in Joannem.

FLORENTIÆ.

Celeberrima illa Bibliotheca LAURENTIANA, a Cosma primum, deinde a Laurentio & reliquis Magnis serenissimis Hetruriæ Ducibus collecta, Codices Græcos manuscriptos habet circiter mille: in quibus multi sunt antiquissimi, magnique pretii. Atque adeo inter præstantissimas omnium Bibliothecas hæc annumeretur oportet.

Ibidem in Monasterio BEATÆ MARIÆ Benedictinorum Codices Græci habentur numero centum. Multi selecti & optimæ notæ sunt: quorum Catalogum dedimus in Diario Italico, p. 362. & seqq.

In Bibliotheca S. MARCI Dominicanorum, Codices magno numero sunt, in quibus quadraginta circiter Græcos recensui.

BONONIÆ.

In Bibliotheca S. SALVATORIS Canonicorum Regularium Codices Græci circiter triginta, quorum Catalogum dedimus in Diario Italico, p. 407.

CESÆNÆ.

CESÆNÆ Bibliothecam mss. fuisse aliquot Græcis Codicibus exornatam narrat Antonius Possevinus, p. 104.

VENETIIS.

Bibliotheca S. MARCI: quæ Codices Græcos omnes Cardinalis Bessarionis habet, & quidem amplo, ut putatur, numero. Si fides Philippo Thomasino Græci Codices ad sexcentos circiter ibi numerantur, qui, ut fertur, 30000. millium aureorum pretio a Cardinali BESSARIONE emti sunt. Hos dum Venetiis essem explorare facultas non fuit mihi, nec cuipiam erit, donec sapientissimo Senatui placeat tantam suppellectilem in publicum usum emittere: qui unus Manuscriptorum fructus esse potest.

Excellentissimi JULII JUSTINIANI Patricii Veneti τοῦ μακαρίτου Musæum Codices Græcos habet octoginta numero, quorum plerique optimæ notæ. Eorum Catalogum dedimus in Diario Italico, p. 433.

In ædibus CAROLI GRIMANI Patricii Veneti est Bibliotheca Codicibus Græcis instructa numero plus minus sexaginta. Præcipuorum Catalogum dedimus in Diario Italico, p. 40. & 41.

In Bibliotheca S. JOANNIS & PAULI Dominicanorum habentur Codices circiter viginti: quorum Catalogum dedimus, p. 47. Diarii Italici.

Est item Venetiis Musæum v. cl. MELETII TYPALDI Archiepiscopi Philadelphiæ, ubi Codices Græci circiter quinquaginta. Eorum aliquot notavimus in Diario Italico, p. 46.

In Musæo item v. cl. ANTONII CAPELLI Patricii Veneti pauci Codices Græci sunt: quorum item notam dedimus.

In

In Bibliotheca v. cl. BERNARDI TREVISANI Nobilis Veneti Codices Græci non pauci sunt: quos ego non inspexi; quia cum ultimò Venetiis decessi ex insula quadam in urbem transferebantur.

Multi quoque alii Codices Venetiis in ædibus Nobilium aliorumque latent. Ob trajectus enim facultatem brevitatemque, eo frequenter exportati sunt ex Græcia, ac in dies exportantur.

Jacobus Philippus Thomasinus in libro, cui titulus, *Bibliotheca Veneta manuscripta; publica & privata, Utini anno* 1650. Inter Bibliothecas illas, aliquot manuscriptis Græcis instructas refert: sed quia raro notat Græcine an Latini sint Codices, quos recenset; sciri nequit, quot libri manuscripti Græci in singulis habeantur. Quæ Codices Græcos habere feruntur hæ sunt Biblioth. S. ANTONII, quæ jam pridem tota conflagravit. SS. JOANNIS & PAULI de qua supra: ubi multo plures tunc extitisse Codices videntur, quam jam habeantur. BESSARIONIS Cardinalis, quæ est ipsissima Sancti Marci de qua supra.

BAROCIANA, cujus titulus male positus emendatur ad calcem hoc modo: *Bibliotheca Librorum Græcorum MSS. vetustissimorum D. Jacobi Barocii Patricii Veneti præcellentis ingenii: non minore diligentia, quam sumtu conquisita, & Roberti Martinii Bibliopolæ Londinensis ære anno* 1628. *in Britanniam translata. Qua cum plurimis magni pretii aliis Codicibus Illustrissimus Archiepiscopus Cantuariensis postea Oxoniæ Bibliothecam Bodleianam, præclaro munificentiæ argumento locupletavit.* De hac Bibliotheca inferius agitur, ubi de Bodleiana. D. JOSEPHI DE AROMATARIIS Bibliotheca aliquot exemplaria Græca habere dicitur ibidem. Itemque FEDERICI CERUTI Musæum: atque ANDREÆ DE RUBEIS. In Cœnobio quoque SANCTI FRANCISCI A VINEA pauci Græci mss. numerantur: atque etiam in Bibliotheca VINCENTII GRIMANI Calergi.

Has Bibliothecas, hæc Musæa Græcis Codicibus instructa Venetiis notat Philippus Tomasinus. Patavii item inter multas, quas recenset, Bibliothecas, hæ Græcos Codices habere dicuntur.

PATAVII.

In Bibliotheca Canonicorum Regularium S. JOANNIS IN VIRIDARIO sexaginta circiter Codices mss. Græci habentur, quos enumerat idem Philippus Thomasinus.

In Bibliotheca S. JUSTINÆ admodum pauci.

In Bibliotheca THEATINORUM pauci.

In Musæo LAURENTII PIGNORII exiguo numero.

In Bibliotheca CORRADINA item pauci.

In Bibliotheca NICOLAI TRIVISANI, quadraginta Codices Græci.

MUTINÆ.

In Bibliotheca SERENISSIMI DUCIS MUTINENSIS manuscriptorum Codicum Græcorum festivam copiam vidi, numerum non inivi; sed præcipuorum Catalogum dedi in Diario Italico, p. 31. & seqq.

PARMÆ.

In vestibulo quodam exstant duo septa, asseribus admotis circumquaque clausa, ubi Codices manuscripti, in iisque haud dubie Græci non pauci, ab aliquot annis tumulantur, ita ut nec evolvi possint, nec si quid detrimenti a tineis & blattis patiantur, iis mederi quispiam valeat.

MEDIOLANI.

Unam hac in urbe novimus eamque perinsignem Bibliothecam AMBROSIANAM, Codicibus manuscriptis multis maxime autem Græcis instructam, ac in orbe literario celeberrimam. Græcorum Catalogum dedimus in Diario Italico, præcipuorum videlicet, eorumque qui primo ad manum venerunt; numerum autem non duximus. Sed puto non multum abesse a 500. vel 600.

TAURINI.

In Bibliotheca SERENISSIMI DUCIS ad ter mille circiter Codices numerantur: qui alii aliis impositi, & parietis more concinnati, conclavis cujusdam latera occupant. In iis Græcos multos haberi dicebant, quorum nullam notitiam accepi.

IN GALLIA.

LUTETIÆ.

BIBLIOTHECA REGIA numero elegantia & præstantia Cod. mss. nulli concedit. Græcos autem ad duo pene millia habet variæ manus & ætatis. Qui primus Codices Græcos huc advehi curavit Franciscus I. fuit, Princeps ævo suo literarum Pater, deindè multi a subsequentibus Regibus additi, maximéque ab Henrico II. & Henrico IV. Demum sub Ludovico Magno Bibliotheca Regia tantopere aucta fuit: ut nusquam gentium ulla huic comparanda reperiatur. Inde maximam eorum partem, quæ in hac Palæographia continentur, mutuati sumus, ut quisque deprehendet in decursu operis.

Huic vicina BIBLIOTHECA COLBERTINA secundùm Regiam inter præstantissimas locum habet. Inter Codices vero mss. qui magno istic numero habentur, Græcos exstare pene mille comperi, & quidem præstantissimos, vetustissimosque. Hæc vero Bibliotheca celeberrimam illam Thuanam complectitur: quæ tamen ne quartam quidem partem Colbertinorum Codicum facit. Hujus frequens mentio & usus in hac Palæographia.

Bibliotheca COISLINIANA, olim SEGUERIANA, sive Excellentiss. PETRI SEGUERII Cancellarii, Codices magno numero continet, inter quos quadringenti Græci vel circiter habentur, ad quos sane difficiles semper aditus sum expertus.

In Bibliotheca Excellentissimi MAURICII TELLERII Arch. Remensis multi, iique insignes, Græci Codices erant, quos ipse haud ita pridem LUDOVICO MAGNO una cum Latinis obtulit ad usum Biblioth. Regiæ.

Biblioth. Illustriss. D. HARLÆI in supremo Parisiensium Senatu non ita pridè Principis, multi Codd. mss. habentur, ac in iis aliquot Græci optimæ notæ.

Bibliotheca COLLEGII LUDOVICI MAGNI, RR. PP. Jesuitarum, Codicibus bene multis manuscriptis exornatur. In iis Græci habentur numero circiter 360. quorum plerique recentes; sed aliquot tamen antiquissimi & optimæ notæ.

Bibliotheca Monasterii S. GERMANI A PRATIS Benedictinorum, multos Codices pervetustos habet, inter quos pauci Græci sunt; sed vetustissimi & pretiosi; ut verbi causa Epistolæ illæ S. Pauli Græco-Latinæ. Hic item erat decantatum illud Glossarium Græco-Latinum, octavo vel nono sæculo conscriptum; quod paucis ab hinc annis ab nescio quo improbo subreptum fuit.

Bibliotheca MESMIANA, Codices habet bene multos; Græcos autem circiter ducentos variæ ætatis & conditionis.

Bibliotheca Illustrissimi Domini FOUCAUT multis pretiosissimisque manuscriptis exemplaribus exornatur; in iis vero, triginta circiter Græci Codices, quorum quidam optimæ notæ.

Bibliotheca DOMINICANORUM IN VICO S. HONORATI Codices mss. non paucos habet, in iisque Græcos circiter viginti.

Bibliotheca RR. PP. ORATORII IN VICO S. HONORATI, Codices habet non paucos & exquisitos, & Græcos aliquot bonæ notæ.

In Bibliotheca clariss. & eruditissimi EUSEBII RENAUDOTII, Codices multi Orientales habentur, in iisque Græci aliquot, ab eruditissimo Cangio frequenter memorati.

In Bibliotheca clarissimi & amicissimi viri STEPHANI BALUZII, multi Codices mss. sunt; Græci autem triginta, quorum Catalogum minutatim feci, penesque me habeo.

In Bibliotheca RAPHAELIS TRICHETI DU FRESNE, cujus catalogus typis datus est: memorantur Græci Codices manuscripti circiter sexaginta, qui in Bibliothecam Regiam translati sunt.

IN MONASTERIO S. DIONYSII IN FRANCIA.

Habetur Diploma autographum Imperatoris Constantinopolitani cujusdam, & Codex anno 1408. missus & dono oblatus a Manuele Palæologo Imperatore per Manuelem Chrysoloram ejus legatum. Codex autem est xi. sæculi.

REMIS.

In Bibliotheca S. REMIGII Benedictinorum, habentur exemplaria manuscripta bene multa, & inter illa Codices Græci circiter sexaginta, olim Cardinalis a Lotharingia Archiepiscopi Remensis.

EBROICIS.

In Bibliotheca S. TAURINI Ebroicensis Benedictinorum, habentur Codices Græci mss. circiter triginta, qui olim Cardinalis Perronii fuerant.

DIVIONE.

In Bibliothecis illustrissimi D. BOUHIER DE SAVIGNI, in supremo Divionensium Senatu Præsidis, itemque DD. DE LA MARE & LANTIN, in eadem suprema Curia Senatorum, habentur Codices Græci numero pauci.

TURONIS.

In Bibliotheca D. DU POIRIER, Codices manuscripti Græci habentur numero pauci.

IN HISPANIA.

Insignis illa Bibliotheca SCORIALENSIS multis vetustissimisque Codicibus instructa erat, qui, ut quidem narratur, incendio perierunt.

OXONII.

In Bibliotheca BODLEIANA ex Barociana Codd. mss. 246. quos donavit illustrissimus D. Guillelmus Herbertus. Viginti-sex ex dono Thomæ Roe militis. Viginti-duo ex dono Oliverii Cromweli. Item non pauci ex dono Guillelmi Laudi Archiep. Cantuariensis. Multique alii Thomæ Bodleii. Pauci Joannis Seldeni. Aliquot Henrici Savilii.

In Collegio UNIVERSITATIS & in BALIOLENSI paucissimi: in MERTONENSI aliquot.

In COLLEGIO NOVO ad sexaginta circiter.

In LINCOLNIENSI paucissimi.

In Collegio CORPORIS CHRISTI, viginti circiter.

In Collegio S. JOANNIS BAPTISTÆ paucissimi.

In Collegio S. MARIÆ MAGDALENÆ 16.

CANTABRIGIÆ.

In Collegio S. EMANUELIS pauci.

In Collegio S. TRINITATIS circiter viginti.

In Collegio SIDNEY-SUSSEX pauci.

In Collegio CAIO-GONVILLENSIS pauci.

In Collegio S. BENEDICTI item.

In Bibliotheca Publica pauci.

In Eccl. Cathedrali West-Monasteriensi admodum pauci.

In Bibliotheca ISAACI VOSSII Codices Græci mss. 214.

LONDINI.

ABRAMI SELLERI paucissimi.

In Bibliotheca THOMÆ GALE circiter 200.

EDUARDI BERNARDI Bibliotheca paucos Codices Græcos habet.

Bibliotheca JACOBÆA Codices Græcos habet 42.

Bibliotheca GEORGI WHELERI Codices Græcos 79.

Bibliotheca JOANNIS MORI Episcopi Norvicensis Codices Græcos paucos.

IN GERMANIA.

BIBLIOTHECA CÆSAREA Libris Græcis manuscriptis magno numero instructa est, quorum fusissimam descriptionem Petrus Lambecius adornavit. Recenset autem Theologicos Codices 336. Juridicos 18. Medicos 52. Philosophicos 146. Historicos 69. Summa omnium est 621.

MONACHII in Bibliotheca Sereniss. BAVARIÆ Ducis & Electoris, ducenti sexaginta-duo Græci Codices recensentur in Catalogo Ingolstadii edito anno 1602.

AUGUSTÆ VINDELICORUM in Bibliotheca centum viginti-duo Græci

Græci Codices numerantur in Catalogo, quem David Hœſchelius auctor typis edi curavit anno 1595. Auguſtæ Vindelicorum.

BASILEÆ item Bibliotheca habetur multis Græcis manuſcriptis, quorum numerum ignoramus, inſtructa.

De PALATINA non loquar, quia eam in Vaticanam Bibliothecam tranſlatam fuiſſe ignorat nemo.

ARGENTORATI.

ULRICUS OBRECHT aliquot Græcos Codices habuit: quo defuncto quorſum abierint ignoratur.

IN BATAVIA.

LUGDUNI BATAVORUM eſt Bibliotheca, ubi inter manuſcriptos Codices, non pauci Græci numerantur.

LOVANII.

RR. PP. JESUITÆ Codices Græcos omnes, qui olim Juſti Lipſii fuerant, habere dicuntur a Miræo in Vita Juſti Lipſii.

IN UNGARIA.

MATTHIAS CORVINUS Ungariæ Rex Bibliothecam multis Græcis Latiniſque Libris inſtructam paravit: qua re non minus, quàm bellicis virtutibus, immortalem ſibi laudem peperit. Illius Bibliothecæ, ut putatur, reliquiæ, quando Buda a Germanis expugnata eſt, adhuc ea in urbe ſupererant.

ERRATA.

PAg. 4. linea 6. ante finem lege *conſtat.* & lin. ult. *conſtet.* P. 20. lin. 6. ante finem, lege *conſtantem.* P. 32. lin. 14. ante finem, lege *occaſio lapſus eſt.* P. 80. lin. 14. lege, 1449. P. 109. lin. 1. lege, *decerptum.* P. 110. lin. 4. ante finem lege, *ex Cypro maximeque ex Papho.* P 140. lege ΟΦΣΙΑΔΕΣ. P. 145. lege *Nicomedienſium* P. 154. lin. 23. dele & ante, *vel alius.* P. 225. lin. 20. lege *Oſee.* P. 233. lin. 12. *ubi altera*, lege, *quò altera.* P. 249. lin. 29. lege, *paginam.* P. 251. lin. 18. lege *Te palmitibus ornatam imperii vitem,*
P 278. lin. 21. lege, *iis omnia*, dele, *in,* P. 302. lin. 13. lege *editum.* P. 311. lin. 23. ἰνὶ, lege ἰνι, P. 354. lin. 12, lege ὁμολογημένα. P. 352. lin. 30. lege μῖον οὖ, ἢ διανὶ. Quid non admittat, & quare.

PALÆOGRAPHIA

PALÆOGRAPHIA GRÆCA,

SIVE

DE ORTU ET PROGRESSU CHARACTERUM Græcorum, & de variis omnium Sæculorum ſcriptionis Græcæ generibus.

ADDITIS FIGURIS ET SCHEMATIBUS.

LIBER PRIMUS.

De inſtrumentis Græcorum ad ſcriptionem, de Chartis, de Libris, de Calligraphis, ſive Librariis & eorum Notis.

PROOEMIUM.

DE veteri & varia characterum Græcorum forma dicturi, ne quid ſemel initam narrationem aliò avertat, e re duximus cætera omnia, quæ ad rem Librariam ſpectant, præmittere ac diſtinctis Capitibus explanare. Hoc itaque primo Libro agitur de Atramento, de Encauſto, cæteriſque ad ſcribendum uſurpatis liquoribus; de variis chartarum generibus; de ſtylo, calamo aliiſque manu tractabilibus inſtrumentis; tum de Librorum conficiendorum ratione; poſtea de Calligraphis variiſque Scribarum generibus; de notis Calligraphorum, quas primum Chronici more, deinde Alphabetico ordine recenſemus; demumque de Regionibus ac locis ubi frequentata Græca ſcriptio fuit. Et ſic clauditur primus hujus Palæographiæ Liber.

A

CAPUT PRIMUM.

De Atramento & aliis liquoribus ad usum Græcorum: De picturis Codicum ad rerum repræsentationem: De Chrysographia. Instrumenta arandi ex Scholiaste Hesiodi manuscripto: De Prosopopœis depictis.

ATRAMENTUM vocant Græci μέλαν, μελάνιον; sive etiam proprie, μέλαν ᾧ γράφομεν, *atrum quo scribimus.* Atramentum item dicitur μελαντηρία: at μελαντηρία, quæ erat atramentum metallicum, ad ligulam calceorum denigrandam maximè usurpabatur: atque adeo, *Atramentum sutorium* dicitur, ad discrimen *Atramenti librarii*, quod a Clemente Alexandrino, in loco mox adferendo, γραφικὸν μέλαν, id est, *Atramentum scriptorium*, vocatur. Non desunt qui atramentum ἀπέραμον appellent. Verùm ἀπέραμον, quod *incoctile* significat, videtur species atramenti esse, quæ igni non præparetur, ad discrimen Encausti: nam ἔγκαυστον, *Encaustum* admoto igne, ad picturam & literas Imperatorias, rubrum conficiebatur: nonnumquam ad scriptionem atrum edebatur, hinc Itali atramentum, *Inchiostro:* nostrates ex eadem, ut putatur, origine, *Encre.* Atramentum igitur librarium, ex succo loliginis vel sepiæ fieri solebat, itemque ex fuligine fornacium ac balinearum: aliisque forte modis non ita cognitis, quos explorare multi conati sunt. Verum ea de re audiendus Plinius L. 35. c. 6. *Atramentum quoque inter factitios erit: quamquam est & terra geminæ originis. Aut enim salsuginis modo emanat, aut terra ipsa sulphurei coloris ad hoc probatur. Inventi sunt Pictores, qui e sepulcris carbones infectos effoderent. Sed importuna hæc omnia ac novitia. Fit enim ex fuligine, pluribus modis, resina vel pice exustis. Propter quod officinas etiam ædificavere, fumum eum non emittentes. Laudatissimum eodem modo fit e tædis. Adulteratur fornacum, balinearumque fuligine, quo ad volumina scribenda utuntur. Sunt qui & vini fæcem siccatam excoquant: affirmantque, si ex bono vino fæx fuerit, Indici speciem id atramentum præbere. Polygnotus & Mycon celeberrimi Pictores e vinaceis fecere, tryginon appellant. Apelles commentus est ex ebore combusto facere, quod Elephantinum vocant. Apportatur & Indicum ex India, inexploratæ adhuc inventionis mihi. Fit etiam apud infectores ex flore nigro, qui adhærescit æreis cortinis. Fit & e tædis ligno combusto, tritisque in mortario carbonibus. Mira in hoc sepiarum natura:* * *sed ex his non fit. Omne autem atramentum sole perficitur, librarium gummi, tectorium glutino admixto: quod autem aceto liquefactum est, ægre eluitur.* Libro autem 27. c. 7. ait, Atramentum librarium ex diluto absinthii temperatum, literas a musculis tueri. Hæc de variis atramenti generibus Plinius, quibus adjici multa possent. Sed qui plura desideraverit adeat Petri Mariæ Caneparii opus de Atramentis, ubi minutatim omnia, quæ ad atramentum pertinent, expenduntur. Quod autem jam in vetustioribus manuscriptis Græcis conspicimus atramentum, a prisco nigrore multum recessit: nec tamen omnino flavum languidumque evasit; sed fulvum rutilumque manet, ut persæpe a minii colore non multum recedat. Id autem observes in Codicibus permultis a quarto ad duodecimum usque sæculum; in permultis dixi: nonnumquam enim, cum a peritioribus atramentum confectum est, priscum nigrorem semper conservat: quod expertus sane fui, etsi rarissime, in Libris manuscriptis, ubi scriptionis annus in fine ab

* *Erant tamen qui ex sepiis facerent.*

orbe condito, more Græcorum consignabatur. Accidit item, ut cum membranæ superficies non polita, sed ceu spongiosa est, quod subtilius in liquore est imbibatur, atramentique color flavus languidusque remaneat: quod etiam contingit in Bombycinis omnibus manuscriptis, ubi quod subtilius est chartam penetrat, crassior autem humor in superficie consistit.

Præter atrum colorem ad titulos Capitum, & Articulorum, maximeque ad præcipuas librorum inscriptiones, itemque ad notas marginales breviores, ad alias notulas quæ ad marginem remittunt, ad majusculas literas, usurpatur sæpissime minium, sive ruber purpureusque color. Qui mos perantiquus ab Ovidio memoratur,

Nec titulus minio, nec cedro charta notetur.

Ad subscriptiones item Imperatorias, quarum exempla duo inferius adferimus; aliud Constantini Imperatoris cujusdam; aliud vero Irenes Ducænæ Augustæ, purpureus color adhibetur, qui vulgari usu, apud Scriptores maxime Byzantios, dicitur Cinnabaris, Κιννάβαρις, unde passim apud eosdem memoratas observes subscriptiones Imperatorum διὰ κιννάβαρεως. Erat porro Cinnabaris liquor ex cocto murice & trito conchilio, vel, ut Plinius ait, ex muricis sanguine confectus. Cujus primam confectionem, seu ἐργασίαν, invenisse dicitur quidam Callias Atheniensis, in Collectione historiarum Scaligeriana p. 323. secundæ Edit. Qua de re Nicetas Choniates Acominatus hæc habet Annal. L. I. p. 34. γράμμα ἐρυθρόσήμαντον, σφραγῖδί τε χρυσίᾳ καὶ σηρικῷ νήματι, ἔμπεδον κόγχης ἀναδεδευμένον αἵματι, τῷ κλήρῳ τοῦ μεγάλου νεὼ ἀναδίδωσι. id est, *Literas rubro signaculo aureoque sigillo, & serico filo munitas, ac conchæ sanguine tinctas, Clero magni Templi offert.* Et paucis interpositis, ἠρυθροδανωμένων βασίλειον γραφῶν, *rubricatas Imperatorias literas.* Narrat quoque Dio Lib. 40. nomina Imperatorum in vexillis inscribi, φοινικοῖς γράμμασι, puniceis nempe, purpureisque literis. Quod si Imperator tum pupillus per se Imperium non administraret, Tutor ejus virides literas usurpabat: qui color cum sit spei symbolum, futuram Imperatoris in virili ætate administrationem adumbrare videbatur. Vocabatur autem βατράχειον χρῶμα, quod est *viridis color*, ab herba quadam βατραχὶς dicta: quid si dicamus, derivatum nomen a ranis terrestribus, quas ξηροβατράχους vocant Græci: quæ in Orientalibus Regionibus; imo in Occitania, Gallo-provincia, Italia frequentissimæ, ac viridi colore sunt, arbores conscendunt, foliaque virentia referunt?

Infinita prope de liquoribus hujusmodi adjicere possemus; sed quia id instituti nostri ratio non patitur, unum exquirere libet, num Cinnabaris ille, sive purpureus color & liquor χρυσοβουλλίοις sive actis Imperatoriis manu Augusti propria signandis subscribendisque destinatus, differat a minio, ad titulos & margines librorum usurpari solito. Sane si oculorum judicio steteris, & binas Principum subscriptiones supra dictas cum miniatis Manuscriptorum notis & titulis contuleris, vix quidpiam discriminis animadvertas. Et si liquor ille purpureus, quem item sacrum Encaustum vocant; tam sanctè ad Imperatorium usum consecratus erat, ut aliis eo uti licitum non fuerit; fateamur necesse est admodum peritos oculatosque fuisse istis temporibus eos, qui tam similes materias internoscere & distinguere valerent. Eusebius certe, Epistola ad Carpianum, τὰς ὑποσημειώσεις, sive notulas Canonum suorum, διὰ κιννάβαρεως, *Cinnabari*, depictas ait.

Adjiciam item notas Calligraphorum in fine Græcorum exemplarium plerumque positas, ubi Scribæ nomen, annus etiam, mensis, dies, indictio, & nonnumquam hora, qua completa descriptio fuit, annotatur, minio persæpe exaratas esse, maximeque postremis Imperii sæculis, sive id tum impetratum a consuetudine esset, nec tam accurate sanctiones Principum servatæ fuerint; sive etiam, uti diximus, rubri characteres illi varii essent, discrimenque se suis notis indiciisque proderet: quam tamen differentiam nos non internoscimus; sive, quod fortasse verisimilius, lex hujusmodi Epistolas & acta publica solum spectaret, ac in libris scribendis vim non haberet. Neque prætermittendum est, si qua insignia notabiliaque ad marginem describant Librarii; ea sæpe rubro charactere annotari; exempli causa, in Codice quodam Colbertino, ubi multa Patrum Ecclesiasticorumque scriptorum loca congeruntur, quod genus librorum Pandecten vulgo nuncupant; sicubi Origenis, Eusebii Cæsariensis, Apollinarii, Didymi, aliorumque, qui temeratæ sanæ doctrinæ rei apud Græcos habebantur, loca & nomina adferantur, in margine describi videas ad singulos, & quidem miniatis conspicuisque literis, ἀνάθεμά σοι, *Anathema tibi*.

Nec minio solum utebantur Græci, in titulis notisque marginalibus; sed etiam cæruleo colore: non paucos sane titulos vidi hac ratione descriptos. Attamen in nullum Codicem incidi, qui titulos omnes cæruleos præferret; sed alternatim ibi cæruleus ruberque color inserviebat, ad inscriptiones, ad notas, ad majusculas literas, quæ frequentius cæruleæ sunt. Adest dum hæc scribo codex Regius, num. 2458. Bombycinus, descriptus anno Christi 1284. in quo majusculæ alternatim rubræ ac cæruleæ conspiciuntur. Paucos item codices Græcos evolvi in quibus tituli omnes flavo colore exarati erant, qui color mire languidus evadit, ut plerumque vix legi possit. In aliis item, sed paucissimis, virides majusculas literas deprehendi: sed recentiores sunt, ii saltem in quos hactenus incidi.

Liquore aureo etiam utuntur Græci, & quidem frequentius, quam Latini: Etenim innumeri pene codices habentur, ubi non titulos modo aureos, verum etiam paginas integras auro elegantissime descriptas observes: inter quos eminet, codex Regius num. 1809. opera S. Gregorii Nazianzeni complectens, multis tabulis elegantissimis auro varioque colore depictis instructus, quibus res in sermonibus S. Doctoris enuntiatæ exprimuntur. Descriptus autem fuit nono sæculo imperante Basilio Macedone, & pro ejus Bibliotheca, ut arguitur ex tabula in fronte libri posita, ubi Basilius ipse cum tota Imperatoria familia, in fundo aureo, Imperatorioque cultu depingitur: codex Colbertinus num. 700. VII. circiter sæculi, Regiusque num. 1886. decimi, quorum specimina damus inferius: eorum item priores paginæ auro elegantissime descriptæ. Nihil porro concinnius vidimus Exemplari Græco Evangeliorum, quod exstat in Bibliotheca S. Joannis de Carbonara Neapoli: nam Codex ille quadrus, pari scilicet latitudine ac longitudine, charta purpurea membranacea constet, perinde atque noster san-Germanensis. At illud intercedit inter utrumque discriminis, quod codex noster Latinus, qui librum Psalmorum complectitur, argenteis characteribus conscriptus sit, exceptis titulis, & nomine Dei ac Domini, quæ auro delineata sunt; Neapolitanus vero Græcus a capite ad calcem totus aureis literis constat. Hujusmodi codices memorat Hieronymus Præfatione in librum Job. *Habeant*, inquit, *qui volunt veteres libros, vel in membranis purpureis auro argentoque descriptos: vel uncialibus, ut vulgo aiunt, literis, onera magis exarata, quam codices.* Inde nos purpureas hujusmodi chartas vocamus, quæ tamen non puniceæ, sed violaceæ sunt; idque in omnibus, quos nec parvo numero vidi, istius generis codicibus; videlicet San-Germanensibus nostris duobus, quorum alius Psalmos Latine, alius Evangelium Matthæi, item Latinè, complectitur. Hic vero postremus, aureis, iisque elegantissimis characteribus ab initio ad finem usque exaratus est. Alium hujusmodi vidimus in Bibliotheca Regia, Neapolitanum de quo supra: nec paucos, quorum priores solùm paginæ purpureæ sive violaceæ sunt. Licet enim purpureus color rubrum significet; at pro violaceo item tum antiquo tum hodierno usu accipitur. Alius item est Psalmorum codex hoc in Cœnobio, cujus prima folia purpurea sunt, reliqua nativi coloris. Exstant hujusmodi aliquot in Bibliothecâ item Regia. Verum perinsignis est codex Cæsareus, unde specimina protulit Petrus Lambecius in Bibliotheca Cæsar. lib. 3. sub initium. Estque numero secundus inter codices Theologicos Græcos. Sic autem describit Lambecius. *Secundus codex manuscriptus Theologicus Græcus est antiquissimus, membranaceus purpureus, aureis & argenteis literis majusculis absque accentibus ante mille & trecentos annos exaratus, constatque foliis viginti-sex; quorum viginti-quatuor prioribus continentur fragmenta Geneseos, sive libri primi historiæ Mosaicæ, exornata quadraginta octo æque vetustis picturis, quarum beneficio cùm aliæ variæ antiquitates tam sacræ quam profanæ, tum in primis Romæ subterraneæ imagines, & magna pars rei vestiariæ, apud diversas gentes antiquitus usitatæ, plurimum possunt illustrari.* Istius vero codicis Cæsariani exemplum dabitur initio quarti libri. Cæterum ars illa aureis characteribus scribendi, usque adeo frequentabatur apud Græcos, ut multi hujusmodi artifices, qui χρυσογράφοι & χρυσογραφεῖς vocantur, apud Scriptores memorentur. Sic Cedrenus de Theodosio Adramitteno, οὗτος ἦν χρυσογράφος, *hic erat Chrysographus*, sive aureis literis scribens. Symeon Logotheta de Artemio Imp. τοῦτον φασιν οἱ ἱστοριογράφοι, καὶ χρυσογραφέα εἶναι, *hunc narrant Historici Chrysographum fuisse.* In Cod. Regio 2137. laudatur Symeon Monachus & Chrysographus.

Ars porro aureis literis scribendi, χρυσογραφία dicebatur. Exstat in Regia Bibliotheca Codex Græcus num. 618. hoc titulo, περὶ χρυσογραμμίας, ubi stylo Græco vulgari & infimæ ætatis, docetur quo pacto liquor ille aureus ad scriptionem sit conficiendus. Item apud Lambecium Biblioth. Cæsarea lib. 7. p. 95. memoratur Codex inscriptus, κατασκευὴ τῆς χρυσογραφίας, *Apparatus ad scriptionem auream*, eodem, ut videtur, quo Regius argumento. Opusculum autem hujusmodi Græcobarbare scriptum cum versione Latina subjicimus, excerptum ex codice Regio, cujus numerus olim erat 618. nunc autem, 3178. ubi Scriptores varii de auro conficiendo. Descriptus autem fuit in Creta a Theodoro Pelecano Corcyræo, anno Christi 1478. ut in fine legitur. Fol. autem 291. hæc habentur.

Περὶ χρυσογραμμίας ἕτερον.

Τρίψον βῶλον ὥσπερ κινναβάριν, ἔπειτα ἔπαρον τοῦ ὠοῦ τὸ λευκὸν καὶ θὲς εἰς ἀγγεῖον· καὶ βάλον ὕδωρ, τάραξον.

Aliud opusculum de Aurea scriptione.

Contere bolum quasi Cinnabarin. Deinde sume candidum ovi, & in vasi depone: immitte aquam, & valde commiſce, ſpumam ejice, ita ut tota exeat. Poſtea ex ovi aqua partem injice & commiſce cum toto bolo. Deinceps pone ubi opus eſt tibi. Cum autem exſiccatus fuerit, pone rurſum in bolo reliquam partem ovi, & expone aurum in aëre: & cum ſiccatum fuerit, cum cote politum & fulgidum redde.

καλῶς, καὶ ἐξάφρυσον ὡς ὅτε να ἐβγῇ ὁ ἀφρὸς ὅλος. ἔπειτα βαλὼν ἀπὸ τοῦ ὕδωρ τοῦ ὠοῦ καὶ μῖξον μεσὸν βόλον· εἶθ' οὕτως θὲς ὅπου χρείζῃς, καὶ ἀφ' ὅτου ξηρανθῇ, θὲς πάλιν ἐπάνω εἰς τὸν βόλον ἀπὸ τοῦ ὠοῦ τὸ λοιπόν· καὶ θέται (ſic) τὸν ἀέρα τὸν χρυσόν· καὶ ἀφότης ξηρανθῇ, ἐπάνω τρίβε καὶ ἀθλίβοναι μετὸ (ſic) παρακόνιον.

ENARRATIO

De arte conficiendi aurea capitula in Libris.

SUme aurum purum & comminue, miſceque cum argento in igne in vaſculo *conflatorio:* Deinde injice ſulphur & cum illo commiſce in marmore Porphyretico, & pro viribus contunde, ita ut fiat quaſi pulvis, & pone illud in paropſide figlina lævigata: admove igni exiguo, & operi operculo figlino mundo: curatoque ut calefiat donec ruborem contrahat. Deinde cum frigidum erit, repone in marmore Porphyretico, & contunde cum aqua multa, & cum parva ſpongia [abſterge]: poſtea collige & injicito in vaſculum mundum, & deſine modico tempore donec infra demiſſum expurgetur: ac ejecta aqua, rurſum ablue illud, donec a materia emaculetur. Cum autem ſcribere voles, a veſpera injice gummi cum aqua, & cum auro calefacito. Deinde ſcribe primum capitula, tum pone aliud cum ochra ſeu flava materia & gummi commixtum, aut cum cinnabari. Supra autem ipſa capitula ſcribe cum penicillo pictorio, eodem modo quo penicilli adhiberi ſolent, & literas fac aureas.

ΔΙΗΓΗΣΙΣ

Περὶ τοῦ ποιῆσαι χρυσᾶ κεφάλαια ἐν βιβλίοις.

ΛΑβε χρυσάφιον καθαρὸν καὶ λέπτινον, καὶ ἀνάμιξον μετὰ ἀργυρίου ἐν πυρὶ εἰς τὸ χωνίον· εἶτα βάλε θιάφιον καὶ ἀνάμιξον μετὰ αὐτοῦ ἐπὶ μάρμαρον πορφυρένιον, καὶ τρίψον αὐτὰ ὅσον σοι δυνατόν, ἵνα γένηται ὥσπερ παιπάλη, καὶ θὲς αὐτὰ εἰς πινάκιν ἀγανοτὸν πήλινον· καὶ θὲς αὐτὰ ἐν πυρὶ μαλθακόν, καὶ σκέπασον μετὰ ὀστράκου καθαροῦ, καὶ ἐπιμελίθητι ἵνα ἐκκαῇ (ſic) ἕως οὗ ἐρυθριάσῃ. ἔπειτα ψυχρὸν θέτω ἐν τῷ μάρμαρῳ πορφυρένιῳ, καὶ τρίψον μετὰ ὕδατος πολλοῦ, καὶ μικροῦ σπογγαρίου, καὶ συνάξον αὐτά, καὶ βάλε εἰς ἀγγεῖον καθαρόν, καὶ ἔα αὐτὸ ὀλίγον, ἕως οὗ νὰ καθαρείσῃ κάτω· καὶ ῥίψας τὸ ὕδωρ πάλιν πλυνὸν αὐτό, ἕως οὗ καθαρισθῇ ἀπὸ τῆς ὕλης. καὶ ὅταν θέλῃς γράψῃς, βάλε ἀφ' ἑσπέρας κομίδιν μεθ' ὕδατος, καὶ σύγκαυσον μετὰ χρυσαφίου. εἶτα γράψον πρῶτον τὰ κεφάλαια· εἶτα τίθει ἕτερον μετὰ ὤχρας ἀναμιγμένα μετὰ τοῦ κομιδίου, ἢ λαγχάνη μετὰ κινναβάρεως. ἐπάνω δὲ αὐτῶν τῶν κεφαλαίων γράφε μετὰ ζωγραφικοῦ κονδυλίου, ὡς ἔθος ἐστὶ τῶν κονδυλίων, καὶ ἀπότελε τὰ χρυσᾶ.

Περὶ τοῦ χρυσῶσαι ζῶα εἰς κόπαν, ἢ κλάδη ἢ ἄλλον ἕτερον, καὶ τὸ ἄλλον ἀχρύσωτον.

Λαβὼν ὀστέα περιβατίνας (sic), καῦσον αὐτὰ ἐν πυρὶ, ἕως οὗ τεφρωθῶσιν· εἶτα μίξον ὀλίγον γύψον. μετὰ ψιμμυθίου, καὶ τρῖψον καλῶς ἕως ἂν λεπτυνθῶσιν. καὶ μίξον ἰχθυόκολλαν· περιάλειψον τοὺς τόπους ὅθεν βούλῃ χρυσῶσαι, καὶ ὡς ξηρανθῇ, μετέπειτα δὲ χρύσωνε τὸ ἕτερον.

De modo inaurandi animalia in catino, aut ramos, aut aliud quidvis auri superficiem non habens.

Ossa villa combure igne, donec in cinerem convertantur: deinde immisce parum gypsi cum cerussa, & probe contunde donec tenuissima evadant, misce ichthyocollam, sive collam piscis, & illini loca, quæ inaurare cupis, & postquam siccata fuerint, reliquum inaura.

Artis aureas literas conficiendi, ut hic edocetur, periculum nuper fecit quidam e nostris, harumce rerum peritissimus: qui rem sibi probe cessisse renuntiavit, & specimen aureæ scriptionis, secundùm traditam hîc normam confectæ, nobis obtulit.

Gaudent maxime Græci librarii picturis, & imaginibus, queîs res ab Autoribus descriptas nativis coloribus atque picturis repræsentent. Unde etiam plerumque res obscuras nec ita perspicue enuntiatas intelligere est. Sic in codicibus Vaticano & Laurentiano Cosmæ Ægyptii Topographiam Christianam complectentibus, passim imagines rerum de quibus agitur in Libro, nec imperite delineatæ, occurrunt: quarum nos in Editione hujus auctoris nuper emissa, non paucas, easque solum, quæ rebus intelligendis opportunæ erant, edi curavimus. Exemplaria item Dioscoridis tria perinsignia & vetustissima; nempe Cæsareum, Neapolitanum ac Regium quorum specimina dabuntur infra, plantarum omnium schemata cum coloribus exhibent: audioque alia ejusdem Scriptoris circumferri pari ornatu conspicua. In Iliade Homeri Ambrosiana Mediolani, soluta oratione undecimo circiter sæculo conscripta, Tabellæ historiarum passim habentur, omniaque illustriora gesta ob oculos ponuntur. In Regia item Bibliotheca Codex elegantissimus decimo sæculo exaratus: qui ab Huraltio Boistallerio Constantinopoli pretio centum coronatorum emtus fuit. Estque Catena in Psalmos num. 1878: ubi præcipua Davidis antequam regnum obtineret gesta, septem in folio Tabulis exhibentur, & quidem non imperite ut illo ævo concinnatis. In Codicibus libri Job, ubi de rerum natura, de monstris feris, avibus, deque variis rebus differitur, omnia quæ figuris exprimi poterant, depingi solebant. Estque in Bibliotheca Regia codex decimi sæculi num. 2434. imaginibus oppletus: ubi singula, prout a Librariis intelligebantur, designata sunt. Unde in Catena quadam in Job Bibliothecæ Colbertinæ legitur. Εἰκόνες ἦσαν ἐν τῷ παλαιῷ βιβλίῳ, ἐν ἑκάστῃ ὑποθέσει, ἔνθα ἐλθόντες οἱ φίλοι τοῦ Ἰὼβ, καὶ ἰδόντες αὐτὸν, τὸν θρῆνον ποιοῦντες αὐτῷ διαῤῥήσσοντες τὰς στολὰς αὐτῶν, καὶ γῆν ἐπὶ κεφαλὰς πάσσοντες, hoc est, *In veterum libro imagines ad singula argumenta erant: ubi accedentes amici Job, ipsum videntes, ejusque sortem lugentes, discissis vestimentis pulvere caput conspergebant.*

Mitto multos alios Codices, ubi ab initio figuræ variis coloribus depictæ; Imperatorum, quorum usui destinabantur, Sanctorum, &c. In Tacticis item ac ubi de Machinis bellicis agitur, ipsorum exercituum ordines, machinæque, non verbis modo, sed etiam imaginibus exprimuntur. Hæc vero mirum quam commoda sint ad rerum & verborum notitiam. Juvat autem hîc ad exemplum, schema quoddam apponere, excerptum ex Commentario in Hesiodi Opera & dies, ut exstat in codice quodam Florentino Monasterii Beatæ Mariæ Benedictinorum: sunt autem versus Hesiodi.

Ἦμος ἀδηκτοτάτη πέλεται τμηθεῖσα σιδήρῳ
Ὕλη· φύλλα δ' ἔραζε χέει, πτόρθοιό τε λήγει·
Τῆμος ἄρ' ὑλοτομεῖν μεμνημένος ὥριον ἔργον.
Ὅλμον μὲν τριπόδην τάμνειν, ὕπερον δὲ τρίπηχυν,
Ἄξονα δ' ἑπταπόδην, μάλα γάρ νύ τοι ἄρμενον οὕτω.
Εἰ δέ κεν ὀκταπόδην, ἀπὸ καὶ σφῦραν κε τάμοιο,
Τρισπίθαμον δ' ἄψιν τάμνειν δεκαδώρῳ ἀμάξῃ.
Πόλλ' ἐπὶ καμπύλα κᾶλα. φέρειν δὲ γύην ὅτ' ἂν εὕρῃς,
Εἰς οἶκον, κατ' ὄρος διζήμενος ἢ κατ' ἄρουραν
Πρίνινον· ὃς γὰρ βουσὶν ἀροῦν ὀχυρώτατός ἐστιν,
Εὖτ' ἂν Ἀθηναίης δμῶος ἐν ἐλύματι πήξας
Γόμφοισι πελάσας προσαρήρεται ἱστοβοῆϊ·
Δοιὰ δὲ θέσθαι ἄροτρα πονησάμενος κατὰ οἶκον
Αὐτόγυον καὶ πηκτόν. ἐπεὶ πολὺ λώϊον οὕτω.
Εἴ χ' ἕτερόν γ' ἄξαις, ἕτερόν γ' ἐπὶ βουσὶ βάλοιο.
Δάφνης δ' ἢ πτελέης ἀκιώτατοι ἱστοβοῆες.
Δρυὸς ἔλυμα, πρίνου γύην, βόε δ' ἐνναετήρω.

Hoc est,

Quando incorruptissima est cæsa ferro
Sylva: folia autem humi fundit, a ramisque deficit;
Tunc age, ligna secato, memor tempestivi operis.
Mortarium tripedale seca, pistrillum vero tricubitale,
Axemque septempedalem; nam ita valde convenit:
Si vero octopedalem, malleum item inde secato:
Trium palmarum curvaturam scinde currui decempalmari.
Multa præterea curva ligna: ferto autem dentale cum inveneris,
Domum, sive in monte quærens, sive in agro,
Ilignum: hoc enim bobus ad arandum firmissimum est:
Nempe cum Atticæ Cereris famulus temoni insigens,
Clavis admotum stivæ adaptaverit.
Bina vero ponito aratra, laborans domi
Ex se dentatum ac compactum: quoniam multo melius sic.
Si enim alterum fregeris, alterum bobus injicies.
E lauro autem vel ulmo firmissimæ stivæ sunt.
E quercu temonem, ex ilice dentale, boves autem duos novennes.

His porro versibus explicandis instrumenta arandi a Scholiaste subjunguntur hoc prorsus modo depicta.

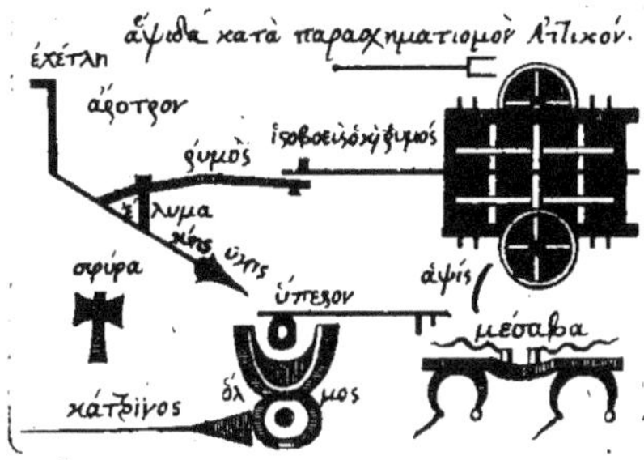

Hinc additur breve σχόλιον hujusmodi.

Φησὶν οὖν· ἑκάστη ἀψὶς τοῦ τροχοῦ ἔστω τριῶν σπιθαμῶν, ὡς εἶναι τὴν πᾶσαν περιφέρειαν τοῦ ὅλου τροχοῦ, ἤτοι τὸν κύκλον, δωδεκασπίθαμον, δωρῶν δὲ λϛ. ἡ γὰρ σπιθαμὴ ἔχει δώρας ἤτοι παλαιστὰς γ΄. ἡ δὲ παλαιστὴ ἔχει δακτύλους δ΄. ἔδει τοίνυν δωδεκάδωρον εἰπεῖν, ἀλλὰ μὴ δεκάδωρον, εἴπερ πᾶσα περιφέρεια κύκλου τριπλάσιον ἔχει τῆς οἰκείας διαμέτρου εὐθεῖα πρὸς τὰς ἐκτὸς ἐπιφανείας τοῦ κύκλου. ἔοικε δὲ τὰς δύο δώρας εἰς τὰς συμβολὰς συγκρυβέσθαι, τὰς ἀπὸ τῆς ἐντὸς ἐπιφανείας μέχρι τῆς ἐκτὸς ἑκατέρωθεν, διὸ καὶ δεκαδώρῳ εἶπεν.

Quæ nos sic interpretamur.

Ait igitur: Unaquæque curvatura rotæ sit trium spithamarum, ut totius rotæ ambitus sive circulus sit duodecim spithamarum, palmorum vero triginta sex. Nam spithame habet doras sive palmos tres: palmus vero digitos quatuor. Oportuit igitur duodecim palmorum dicere, non decem palmorum: quandoquidem totus circuli ambitus diametrum suum triplicat, si secundum extrinsecam circuli superficiem rectus describatur. At videtur duos palmos ad commissuras, quæ ab exteriori ad interiorem superficiem pertingunt, abscondi & subduci: quapropter decem palmorum dixit.

Hic σπιθαμὴ trium palmorum esse recte dicitur, contra quàm alii censent, qui spithamen pro palmo habent. Verum cum Scholiaste nostro stat Hero nobilis Geometra de Mensuris, qui sic habet, in Analectis nostris p. 309. Ἡ σπιθαμὴ ἔχει παλαιστὰς τρεῖς, ἤγουν δακτύλους δώδεκα, κονδύλους ἕξ. id est. *spithame habet palmos tres, nempe digitos duodecim, condylos sex.* Cum ait autem Hesiodus aratrum ex se dentatum esse debere, innuit acumen illud, quod in schemate vides lanceæ ferro simile, non adjunctum, sed eodem ligno continuatum oportere, cui adaptabatur acumen ferreum ὕνις dictum, sulcandæ terræ. Κάτεινος stimulum significat ex altera parte triangulare ferrum habens, quo terra inter arandum dentali aliisque infimis aratri partibus hærens, excutiatur.

B

In edito Hesiodi Græcè Venetiis anno 1536. fol. CXIII. instrumenta arandi depinguntur, & inde desumta videntur a Gesnero Hist. Animal. l. 1. p. 81. nam utrobique idem schema conspicitur. Ad Venetæ item editionis fidem delineata sunt eadem instrumenta in aliis Editis postea emissis. Etsi vero ibi non pauca adferantur hoc in schemate non recensita; hic item aliqua sunt figuris exhibita, quæ in Veneta editione non comparent: v. g. μέσαβα, ἄψις, γύης, κάτειvος, i. jugum, apsis, dentale, stimulus. Ad hæc videtur hoc schema multo vetustius & sincerius esse Veneto. Hæc porro rerum enarratarum schemata vetustis in libris posita, mirum quantum legentibus commoda sint. Multa sane occurrunt in antiquis Scriptoribus, quæ vix ac ne vix quidem intelligantur, ita ut iis explicandis eruditi viri non parum temporis & laboris insumant, ac demum incerti conjecturas meras efferant: quæ si pictura aut atramento effícta essent, vel pueris certe nota evaderent. Exempli causa quæritur quid sit ἄψις apud Hesiodum: quam ille inter arandi instrumenta numeravit. Scinditur Commentatorum turba in varias opiniones. Hic uno conspectu vides esse recurvum lignum, quod quartam extimam rotæ partem ambiat: ita ut quatuor apsides rotam circummuniant. Cæterorum item formam, quæ hic repræsentantur, sine schematis adminiculo vix perfecte capias. Magna igitur habenda Librariis gratia, cum tales imagines legentibus offerunt: in aliis quippe vides equitantium modum, Ephippiorum formas, quæ in remotiori ævo scandulas (*Etriers*) non habebant; in aliis texentium instrumenta, in aliis vestium figuras; avium quæ nominantur in libris, nec ex solo nomine internosci valent, speciem & colorem; serpentum omnis generis formam, ut in Dioscoridiano Cæsareo Exemplari: aliaque innumera quæ recensere non est præsentis instituti. quæ porro enumeravimus ipsis oculis in vetustissimis libris explorare licuit.

Gaudent item cum Orientales nationes, tum maxime omnium Græci, Prosopopœis. Προσωποποιΐα autem dicitur, cum rebus inanimatis & insensilibus, sive etiam animalibus, aut forma aut actio humana adscribitur; ut in illo Habacuc Prophetæ dicto, *Dedit Abyssus vocem suam, Altitudo manus suas levavit:* & paucis interpositis, *obstupefacies montes:* hinc etiam Græci veteres passim fluminibus, fontibus, & sylvis, non hominum formam modo, vocem, & gesta tribuunt; sed etiam deorum ac numinum. Quod autem Scriptores tum sacri tum prophani, sive metrica sive pedestri oratione expresserunt, idipsum Librarii passim picturis repræsentant. Sic in Cæsareo codice Geneseos, cujus exemplum infra dabitur, ubi historiarum singularum imagines narrationi interseruntur, cum Adamus & Heva post lapsum ex Paradiso pulsi exhibentur, exclusis adpingitur figura muliebris, vultu ad tristitiam composito, quo significatur μετάνοια, id est, *pœnitentia*.

Etsi porro, licet rarius, accidat, ut nullo adscripto nomine, hujusmodi figuræ depingantur, frequentius tamen nomen ipsum adjicitur. Sic in codice Dioscoridis vetustissimo, cujus item specimen infra dabitur, ad Julianæ Augustæ latera hinc & inde duæ speciosæ mulieres suspiciuntur, quarum altera inscribitur μεγαλοψυχία, *magnificentia*, sinum ostentans nummis aureis repletum; altera vero à sinistris sedens, dextera tantillum ante pectus erecta sublatoque indice digito, sinistra autem libro genu innixo imposita, φρόνησις sive prudentia vocatur. Ante Magnificentiam a dextro latere stat Cupido nudus alatus, Augustæ librum apertum ostentans, cum inscriptione πόθος τῆς σοφίας κτιστοῦ, *Amor sapientiæ creatoris*; juxta Cupidinem prostrata cernitur mulier sanctimonialis habitu candido cum inscriptione, εὐχαριστία, *gratiarum actio*, erasis aliis quæ subjiciebantur, ut in schemate videas libro tertio.

In eodem item Codice, inter alias depictas Tabulas, duæ exhibentur ubi mulier Dioscoridi adstans effingitur, mandragoram dexterâ gestans, inscripta εὕρεσις, id est, *inventio*.

In codice Regio num. 1878. membranaceo pereleganti, x. sæculi, ubi catena SS. PP. in Psalmos & Cantica Scripturæ, exstant picturæ bene multæ, a perita manu delineatæ, cum prosopopœis frequentibus, quas hîc recensere ne pigeat.

Fol. 1. A tergo Davidis Psalterium pulsantis, mulier ornata vestibus sedens, sinistram humero Davidis imponens, dexteram in sinu exerto indice digito tenens, inscribitur, μελωδία, *melodia*. Ab altera imaginis parte, homo nudus, panno violaceo ima corporis obtegens, ramo viridi coronatus, dexteram capiti imponens, sinistra truncum arboris complectens, inscribitur, ὄρος Βηθλεέμ, *Mons Bethleem*.

Fol. 2. Mulier manum Davidi contra leonem pugnanti porrigens, virili incessu, nudis brachiis & tibiis, crinibus vitta rubra redimitis, inscribitur ἰσχὺς, *fortitudo*.

Fol. 3. A tergo Davidis, qui a Samuele in regem inungitur, mulier placido vultu radiato capite, dexterâ sublato indice digito Davidem ostentans, cum inscriptione πραότης, *mansuetudo*.

Fol. 4. A tergo Davidis contra Goliath pugnantis stat mulier alata, capite redimito, dexteram humero dextro Davidis imponens, sinistram, exerto indice digito, mento suo admovens, cum inscriptione, δύναμις, *virtus*. A tergo Goliathi mulier truci vultu manum dexteram fronti admovens, sinistram extendens, inscribitur ἀλαζονία, *arrogantia*.

In quinto folio nihil hujusmodi.

Fol. 6. Juvenis laurea redimitus Davidem a militibus scuto impositum corona Regia ornat. Ibi nulla inscriptio: sed ille juvenis haud dubie στέφανον sive coronam repræsentat.

Fol. 7. A dextris Davidis regio ornatu stantis, librum apertum manu tenentis, est mulier redimito & radiato capite, seria cogitans, veste interiore rubra, vestimento exteriore cæruleo, manum dexteram erigens, sinistrâ librum lateri admotum complectens, inscribitur, σοφία, *sapientia*. A sinistris Davidis, mulier item redimito & radiato capite, dexterâ Davidis librum, exerto indice digito, quasi commonstrans; sinistrâ librum tenens, inscribitur προφητεία, *Prophetia*.

Fol. 136. Ad Psalmum pœnitentiæ, ἐλέησόν με ὁ θεός, *Miserere mei Deus, &c.* a tergo Davidis in genua procumbentis, ac demisso pene in terram vultu veniam rogantis, mulier radiato ac redimito capite, subtristi vultu, dexterâ Davidem commonstrans, sinistram ori admovens, cum inscriptione, μετάνοια, *pœnitentia*.

Fol. 419. Ad Canticum Moysis post trajectum mare Rubrum, pictura habetur, ubi mulier cæruleo habitu, velo cæruleo stellato caput obvelans, inscriptionem habet, νύξ, *Nox*. Sub nocte juvenis sedens, amictu rubro,

ΝΥΞ
ΗϹΑΙΑϹ
ΟΡΘΡΟϹ

brachium nudum extendens, inscribitur, ἔρημος, *desertum*. In mari Rubro ibidem depicto, homo nudus subniger, tetricâ formâ, ambabus manibus Pharaonem ab se comprehensum in profundum detrahens, inscribitur, βύθος, sive *profundum*. A tergo ejus, mulier ab umbilico ex aquis emergens, remum sinistra manu tenens, humeroque reclinans, dextram ori admovens, inscribitur, ἐρύθρα θάλασσα, *mare Rubrum*.

Fol. 422. Ad Canticum Moysis postremum, Homo nudus, sed amictis cruribus, tetrica forma, sinistrâ rupi innixus, dexterâ erectâ radicem arboris tenens, cum inscriptione, ὄρος Σινᾶ, *Mons Sina*.

Fol. 435. Ad Canticum Hesaïæ, ἐκ νυκτὸς ὀρθρίζει τὸ πνεῦμά μου, in apposita Tabula depicta, ante Hesaïam orantem stat puerulus Hesaïæ adversus, dexteram ad Hesaïam erigens, sinistro brachio facem ardentem complectens, inscribitur, ὄρθρος, *diluculum*. A tergo Hesaïæ mulier radiata sed radiis pene exstinctis, velo cæruleo stellato caput obvelans; sinistra facem accensam versus terram inclinans ut exstinguat, cum inscriptione, νύξ, *Nox*, ut in adjuncto schemate vides.

Fol. 446. Ad Canticum Ezechiæ Regis, juxta Ezechiam stantem, manus pallio obvolventem, mulier radiata sinistram collo admovens, inscribitur, προσευχή, *Oratio*.

Hæc augeri possent. Verum quæ supra retulimus ad specimen satis sunto. Prosopopœas hujusmodi in numismatibus antiquis frequentissimas observes; videlicet, fortunam, pacem, spem, victoriam, &c. humana forma. Sed ea recensere & explicare non est præsentis instituti: adeantur rei nummariæ Scriptores.

CAPUT II.

De Chartarum nomine ac generibus, de Philyra, Tilia, Papyro Ægyptiaca: de Charta plumbea, de Tabellis ceratis, itemque de Elephantinis: de Coriacea, Membranea, & de Bombycina vetustate atque usu: de Pugillaribus & de Libris linteis.

O Χάρτης, id est, Charta, apud Græcos pro quolibet Chartarum genere usuvenit; nempe pro Papyro Ægyptiaca, pro Membranacea, Corticea, Bombycina: quarum vel usus hodieque manet, vel quædam, etsi tenues, reliquiæ supersunt: quare Scholiastes ad lib. 22. Basilicorum p. 95. Χάρτης ἐστὶ τὸ ἀπὸ παπύρου δέρμα, ἢ ἑτέρα ὕλη πρὸς γραφὴν πεποιημένη. Id est, *Charta est Papyri pellis, sive altera materia ad scribendum adaptata*. Verum Chartæ nomen peculiari usu papyreæ dabatur. Unde in Gerontico Niconis mss. Serm. 29. legitur. Μὴ γραφέτωσαν οἱ ἐν τῇ ἐρήμῳ ὄντες καλλιγράφοι τοὺς βίους καὶ λόγους τῶν πατέρων ἐν μεμβράναις, ἀλλ' ἐν χαρτίοις. *Ne scribant ii, qui in Eremo sunt Calligraphi, vitas & sermones Patrum in membranis, sed in Chartis*, intellige Papyreis. Alias vero vetustate obliteratas Chartarum & Tabellarum species, carptim tangere ac memorare satis erit: quia res a doctis viris Pancirolo, Salmasio, Gerardo Vossio, Allatio aliisque expensa fuit accuratius. In textilibus olim malvarum palmarumque foliis scriptitatum esse scribit Isidorus lib. 6. c. 12. In Philyra item seu Tilia, ut multorum testimoniis veterum evincitur; videlicet in Tiliæ parte illa quæ inter corticem & lignum hæret tenuissimaque est, & liber vocatur. Unde Isidorus lib. 6. Orig. c. 14. *Liber est interior tunica corticis, quæ ligno cohæret, in qua antiqui scribebant. De qua Virgilius:* sic alta liber hæret in ulmo. *Unde & liber dicitur, in quo scribimus: quia ante usum Chartæ vel membranarum, de libris arborum volumina fiebant.* Ubi Chartæ nomine Papyrum Ægyptiacam intelligas: qua de re Plinius lib. 3. c. 11. *Præparantur ex Papyro Chartæ, diviso acu in prætenues, sed quam latissimas Philyras.* Quod habet autem Isidorus, ante usum membranarum de libris arborum volumina fuisse, nescio an probandum, quandoquidem tantæ vetustatis est membranarum usus, ut ab antiquissimis Græcis auctoribus memoretur, & ejus origo lateat.

Ut porro liber a libro, interiore scilicet corticis tunica, a Latinis vocatur, quia illa ad scriptionem usurpatur; sic apud Græcos, βίβλος: quæ vox prisca origine, papyrum, juncum, caudicem significat, pro libro designando usu venit, quia ex illa materia libri conficiebantur. *Hinc & priscorum opuscula,* (inquit Cassiodorus, lib. 11. Epist 38.) *Libros appellavit antiquitas. Nam hodie quoque librum virentis folii vocitamus exuvium.* Cui apposite subjungatur Cedreni locus p. 170. Λέγεται παρὰ Ῥωμαίοις ματείκιον τὸ πλατὺ ξύλον, καὶ παχύ· οἱ γὰρ ἀρχαῖοι ξύλοις καὶ φλοιοῖς, καὶ φιλυρίνοις πίναξιν προσγράφοις ἐκέχρηντο. ἔστι δὲ καὶ σανὶς φιλυρίνη, ἐφ᾽ ἧς τὰ ῥήματα τῆς ἐλευθερίας εἴωθε γράφεσθαι. τιλία δὲ παρὰ τοῖς αὐτοῖς, ἡ φιλύρα, τὸ ξύλον· ὅθεν κώδιξ τὸ βιβλίον· κώδιξ δὲ κυρίως ὁ φίτρος παρ᾽ αὐτοῖς καλεῖται· καὶ λίβερ, τὸ βιβλίον. λίβερ δὲ ὁ φλοιός ἐστι κυρίως· ταῦτα δὲ ματείκιον· καὶ ματεικαρίους τοὺς ξυλουργοὺς καλοῦσι. id est: *A Romanis latum & crassum lignum, matricula dicitur: antiqui enim in ligno, corticibus, ac philyrinis tabellis scribebant. Est etiam philyrina tabula, in qua libertatis literæ solebant inscribi. Tilia apud ipsos idem est ac philyra: unde & codex idipsum est atque liber: illis vero codex propriè truncum significat: ac liber idem est, quod Græcè* βιβλίον: *Liber autem corticis pellicula. Hæc porro matriculam vocant, & matricarios, lignarios.*

Memoratis hisce Chartis longe celebrior frequentiorque fuit Papyrus Ægyptiaca, seu philyra Papyri: quæ etiam βύβλος, & βίβλος, *Biblus* dicitur, indeque libri apud Græcos, βίβλοι, ut jam diximus, & βιβλία vocantur. Erat autem planta Ægyptia bicubitalis, quæ pelleas tunicas habebat multas: eæ autem acu separabantur, ut in Plinii loco observatur: hinc ad firmitatem turbida Nili aqua intingebantur, ut siccatæ postea solidiores essent. Verum quia usus & experientia semper quid importat novi, glutino illini cœperunt Niliacæ Chartæ, ut firmius consisterent. Eratque Alexandriæ artificum hujusmodi frequentia, ut innuit Hadrianus Augustus in Epistola sua apud Vopiscum. *Civitas opulenta,* inquit, *dives, fœcunda, in qua nemo vivat otiosus. Alii vitrum conflant, ab aliis Charta conficitur.* Cum autem has solum artes commemoret, admodum frequentatas esse subindicat. Unde apud eumdem Vopiscum legitur, Firmum tyrannum qui in Ægypto defecerat, *tantum habuisse de Chartis, ut publicè sæpe diceret, exercitum se alere posse Papyro & glutino:* quod Casaubonus de harumce rerum pretio explicandum censet; Salmasius contra de rebus ipsis: nam esui aptam Papyrum fuisse comprobat. Ut ut sit, quanta in Ægypto fuerit Chartarum ex Papyro officina, hinc colligas licet. Papyreorum librorum raræ & pertenues reliquiæ subsistunt: hoc Chartarum genere constat liber Evangeliorum S. Marci Venetiis: qui tum vetustate tum situ & humidis sedibus pene totus deformatus est. Qua de re in Diario Italico nostro pluribus actum est, p. 55. Aliam item Papyream Chartam vidimus in Septaliano Museo Mediolani, quæ continet indicem sanctorum Martyrum, quorum corpora S. Gregorii Magni temporibus Romæ quiescebant, a doctissimo & amicissimo viro Lud. Muratorio publicatum in Anecdotis: alios binos Latine scriptos Papyreos libros memorat Mabillonius noster in libr. de Re Diplomatica l. 1. c. 8. Græcum autem Papyreum codicem nullum hactenus vidimus. Unius tamen libri Papyrei Græcè scripti admodum tenues & exesæ reliquiæ supersunt in Bibliotheca sancti Martini Turonensis, cujus fragmentum dabimus inferius suo loco: alterius item tria frustula exhibet Lambecius in Biblioth. Cæsarea l. 8. p. 410. Narrat Eustathius ad Homeri Odysseam φ' jam suo tempore papyri Ægyptiacæ conficiendæ artem desiisse, ὧν ἡ τέχνη ἄρτι ἀπήλειπται.

Corticeam Chartam eam esse puto, quam ξυλοχάρτιον Græci vocant. Etsi enim Eustathio referente ad Odyss. φ'. Xylochartia, secundum quorumdam opinionem ex Biblo, sive papyro Ægyptiaca facta fuerint, ἐγίνοντο γὰρ, φασὶν, ἀπὸ βύβλων Αἰγυπτίων; at vel ipsum nomen suadet ξυλοχάρτιον, esse quamvis e ligno sive cortice confectam Chartam; idipsumque perspicue indicare videtur Scholiastes Basilicorum, qui ξυλοχάρτια vocat, ξυλώδεις χάρται, ligneæ vel corticeæ Chartæ, additque eo tantum Chartæ genere descripta olim fuisse protocolla Imperatorum; ut difficilius esset hæc imitari & falsa protocolla confingere. Prisco tamen ritu sacræ illæ & Imperatoriæ Chartæ ex Papyro, videlicet Ægyptiaca, confectæ erant. Unde Nilus Epistola ad Philippum Scholasticum, ἐκ παπύρου καὶ κόλλης χάρτης κατασκευασθεὶς, χάρτης ψιλὸς καλεῖται· ἐπὰν δὲ τὴν ὑπογραφὴν δέξηται βασιλέως, δῆλον ὡς σάκρα ὀνομάζεται. *Ex papyro & colla Charta præparata, Charta simpliciter vocatur; at ubi Imperatoriam subscriptionem accipit, sacra, ut manifestum est, nuncupatur.* Corticea vero Charta differt a Papyrea, contra quàm opinati sunt recentiores multi, qui corticeam pro Papyrea vulgo habuerunt: nam Papyrea, tenuissima simul & firma est, ut animadvertimus in reliquiis ejus quæ supersunt. Corticea autem illa densior, quæ non modo facile rumpitur; sed etiam in pelliculas solvitur; ita ut evulsa prima superficie, Charta literis vacua plerumque maneat, ut observatur in Codice nostro Corticeo San-Germanensi, ubi Chartæ quidem residuæ visuntur; verum literæ, avulsa illa priori superficie & pellicula, pariter sublatæ de medio sunt. Verum fateor non ita facile semper esse hujusmodi Chartas internoscere, ac designare quæ Papyrea quæ Corticea sit. Diplomata bene multa Corticea vel Papyrea exstant hodieque Latine in Archivis publicis; inter quæ insignia sunt San-Dionysiana, aliud Monasterii B. M. Crassensis in Occitania, Reatinum illud in Museo Clarissimi viri Antonii Capelli Venetiis, cujus apographum dedimus in Diario nostro Italico: mitto innumera alia quæ longum esset recensere. At Græce paucissima in Occidente supersunt in Cortice vel Papyro scripta: licet enim Bibliothecas Græcosque Codices in Italia & in Gallia diligentissime pervestigarim, unicum hujusmodi reperi, nempe in Archivo S. Dionysii diploma Papyreum cujusdam Imperatoris Græce scriptum: cujus pariter schema dabitur ad octavum Christi sæculum. Cæterùm Chartæ hujusmodi Corticeæ vel Papyreæ aliæ aliis densiores; aliæ aliis elegantiores sunt. Siquidem cum ita frequens olim earum usus fuerit, nihil mirum est varia Corticum genera usurpata fuisse. Ab annis porro plus sexcentis a Corticis & Papyri pro scriptione usu cessatum fuisse creditur, ut supra diximus.

Chartam plumbeam, nam ita vocat Suetonius in Nerone cap. 20. olim in usu fuisse multorum testimoniis veterum asseritur. Insigne est illud Jobi 19. 24. *Quis mihi tribuat, ut scribantur sermones mei? Quis mihi det ut exarentur in libro stylo ferreo, & plumbi lamina, vel celte sculpantur in silice.* Frontinus item ait lamellis plumbeis incisas olim literas: hinc etiam volumina plumbea apud Plinium appellantur. Quin & apud Græcos memoratas comperimus Chartas plumbeas χάρτας μολυβδίνους, qua de re Suidas, εἰς ἐλασμοὺς μολύβδων γράφοντες, *n laminis plumbeis scribentes.* Tanti vero ponderis materiam ideo usurpasse videntur, quia mollior erat incidendis literis. Unum tantum vidi libellum plumbeum, octo foliis constans, quorum primum & ultimum tegumenti loco erant; sex reliqua insculpta utrinque mysticis Basilidianorum figuris literisque, partim Græcis, partim Hetruscis: a tergo singulorum foliorum singuli sunt annuli folio hærentes, sic adaptati, ut immissa annulis virga plumbea, totum librum compingeret. Libri hujusce singularumque paginarum, quæ duodecim numero sunt, schemata dabimus ad secundum Christi sæculum, ubi de Basilidianis.

In Tabulis ceratis olim scriptitatum fuisse planum est: nec infrequentem earum usum extitisse suadet crebra earumdem apud veteres Scriptores mentio. Non liquorem quempiam adhibebant vel calamum ad scriptionem; sed stylo incidebant literas. Libri hoc ritu Latine scripti; sed non ita vetusti, quædam tabellæ supersunt in Monasterio nostro San-Germanensi. In Libris æneis argenteisque laminis incisas antiquitus literas fuisse memorant plerique veteres: pariterque in libris sive pugillaribus Elephantinis eburneisque, quorum nullum superest vestigium. Tesseram solum eburneam vidi in Museo magni Hetruriæ Ducis, insculptam nominibus quibusdam. Literas autem eburneas & buxeas tessellarum more conficiebant veteres, puerisque tradebant ad ludicram exercitationem, ut inter ludendum literas ediscerent. Cujus rei testes locupletes sunt Quinctilianus l. 1. c. 1. *Ad discendum*, inquit, *irritandæ infantiæ gratiâ, eburneas etiam literarum formas, in ludum offerre notum est:* & Hieronymus ad Lætam, qui ait: *Fiant ei literæ vel buxeæ vel eburneæ, & suis nominibus appellentur. Ludat in eis, ut & lusus ipse eruditio sit.* Cæterum Elephantinos pugillares, eboreis tabellis constitisse, optime probat Salmasius exemplis veterum: nam eborei pugillares memorantur apud Martialem: alii volunt in omento item Elephanti, sive intestinorum pelle scriptitatum fuisse, quod sane, etsi rarius, factum suadet Isidorus. Hos autem Libros atque etiam pugillares eburneos infuso per calamum atramento descriptos fuisse comprobatur perspicuis exemplis. Alia Chartarum genera singularitatis solum causa hic nominanda: earum vero quædam a Principibus, quibus usui erant, nomen habebant, ut Charta Augusta, Livia, Claudia, quædam a locis ubi conficiebantur, ut Saïtica & Tæniotica. Narratur item, sub Leone Isauro excitatum fuisse Constantinopoli incendium, quo insignis Bibliotheca absumta fuit; in qua erat Homerus totus in draconis intestino aureis literis exaratus. Hæc de Chartis quæ jam obsoleverunt, vel quarum usus non ita frequens fuit.

Jam veniatur ad Chartas ex pelle animalium confectas, quæ binas in

classes

classes possunt distingui. Alia est corium subactum, quod olim in usu, licet non ita vulgari, fuisse comprobatur: adhucque viget in Synagogis Hebræorum, ubi rotulos videmus ingentes, ex vitulina pelle confectos, librosque Scripturæ sacræ complectentes: quales memoravimus in Diario Italico; nempe Bononienses binos perantiquos, ac Liburnicum unum. Duo item hujusmodi volumina in Bibliotheca Vaticana exstare narrat Leo Allatius Animadversionibus in Etruscas inscriptiones p. 114. aliud in Bibliotheca Regia, & non pauca in Synagogis Hebræorum exstant. Chartæ vero membranaceæ, sive membraneæ, quæ alio nomine pergamenum appellantur, ex pellibus ovium aut vituli concinnatæ, longe tenuiores & elegantiores sunt. Eæ Græcè vocantur διφθέραι, σωμάτιον, σωμάτια, δέρμα, περγαμηνή, & μεμβράνα, μεμβράνον, βεμβράνα, βέμβρανον, βεμβραίνα. Irene Augusta in Typico suo, quod octodecim ab hinc annis edidimus, p. 276. σωματῶα vocat, ἐπεὶ δὲ, ait, καὶ τρία τυπικὰ σωματῶα γεγόνασι παρ' ἡμῶν, ἀπὸ βλαττίων ἐνδεδυμένα: hoc est, *quandoquidem tria Typica membranacea, blattis sive serico operta, adornata a nobis sunt.* Igitur quam Latini chartam membranaceam, a membris; eamdem Græci σωματώδη, & σωματίδιν, sive corpoream, a corpore vocarunt. De origine & vetustate ejus non est quod pluribus edisseramus, quando illa ab Herodoto, Ctesia aliisque antiquissimis Scriptoribus, ut priscis temporibus usitata refertur: nec est etiam quod formam ejus & conditionem perscribamus: nam hodiernæ nostræ perquam similis est; ut experiri licet in sexcentis codicibus perantiquis, qui variis in Bibliothecis supersunt. Cæterum ut membranæ hodiernæ inter se multum tenuitate & elegantia discrepant, idipsum observes in priscis illis membranis, quæ ad nostram usque ætatem pervenerunt.

De charta vero, quam Bombycinam Græci nuncupant, hic pluribus agendum, quia de ejus vetustate & usu pauca hactenus dicta sunt: hincque spes est ea, quæ jam περὶ βομβυκίνων proferemus, vel ipsa novitate placitura esse.

Dum Romæ agerem, mihi nec opinanti accidit, ut de chartæ Bombycinæ vetustate disserendum esset: cum enim Monachis S. Basilii in Sicilia lis moveretur de fundi seu prædii cujusdam possessione: ipsique ad partes tutandas instrumentum sexcentorum ferme annorum proferrent, in charta Bombycina scriptum: reclamabant adversæ partes dictitantes chartam Bombycinam non esse tantæ vetustatis, ac proinde quasi nothum repudiandum instrumentum esse; periculumque erat ne causa caderent Basiliani. Rogatu igitur summi Ordinis Præfecti, D. Petri Mennitii, viri amicissimi multisque mihi nominibus observandi, quæ tum succurrebant, de chartæ Bombycinæ vetustate scripto tradidi, ac chartam hujusmodi ab annis hinc sexcentis in usu, & quidem vulgari, fuisse comprobavi. Quæ tunc à me scripta sunt hic adferre operæ pretium erit: adjunctis aliis, quæ per otium & diuturnam tractationem in Bombycinis exemplaribus observavi.

Charta Bombycina Græcè, βομβυκίνη, sic dicitur, ἀπὸ τοῦ βόμβυκος, à *Bombyce*, sive Gossipio, vulgò *cotton*: quia ex hujusmodi materia primo conficiebatur. Vocatur etiam Bambycina & Bambacina, quia promiscue Græce dicitur, βάμβαξ & βόμβυξ apud medii ævi Scriptores: unde Itali hodierni Gossipium, *Bambaccio*, nuncupant. Hæc ad vocis originem.

Ubi notandum est, Bombycem etiam pro serico accipi apud Plinium, & alios, vocemque βόμβυξ uni serico significando priscè deputatam videri. At infimis sæculis, ubi maxime de chartis agitur, βόμβυξ & βάμβαξ, *Gossipium;* charta vero Bombycina & Bambacina eam, quæ vel ex Gossipio vel ex detritis pannis conficitur, exprimit, ut ex hodierno Italorum & Græcorum usu comprobatur. Et vero Cangius in Glossario Græco vocem βάμβαξ & βόμβυξ Gossipium explicat, & qui mox laudandam Rogerii Regis chartam ex Græco Latinam fecit, βομβυκίνην chartam, *cutturieam* vocat: quare etiam apud Latinos, ea quæ ex detritis pannis conficitur charta, vulgo *papier*, Bombica interdum dicitur: unde Thomas Demsterus in Glossas Institutorum Justiniani l. 2. Tit. 1. §. 33. *Bombicæ chartæ*, inquit, *paulo ante ætatem Accursii excogitatæ sunt.* Siquidem charta item ex detritis pannis confecta, instar hodiernæ nostræ, ob materiæ similitudinem Bombycina & Bambacina nuncupata est. Chartam hujusmodi annis ab hinc sexcentis in usu fuisse perspicuis testimoniis asseritur. Siquidem infra memorandum Siciliæ Diploma anno 1102. datum, in charta Bombycina sive *Cuttunea*, quod idipsum est, conscriptum erat. Ad hæc, Irene Ducæna Augusta conjux Alexii Comneni Imperatoris, in Typico sive Regula Monialium, ab se ineunte duodecimo sæculo edita, jubet confici sex libros membraneos, duosque Bombycinos ad usum quotidianum. En Augustæ verba: ἐπεὶ δὲ καὶ τρία τυπικὰ γεγόνασι σωματῶα παρ' ἡμῶν, ἀπὸ βλαττίων ἐνδεδυμένα, καὶ τρία βρέβια; hoc est, *Quandoquidem tria Typica membranaoea, blattiis, seu pannis sericis operta, necnon tria brevicula a nobis adornata sunt.* Et inferius, τὰ μὲν τοι ἕτερα δύο τεύχη, ὧν τὸ μὲν εἰς τυπικοῦ τάξιν γέγονε· τὸ δὲ ἕτερον εἰς βρεβίου, βαμβύκινα καὶ ἀμφότερα ὄντα, εἰς καθημερινὴν χρῆσιν ἔσονται καὶ αὐτὰ τῇ μονῇ; hoc est, *Porro alii duo libri, quorum unus in Typici; alter in breviculi formam descriptus est, ambo Bambycini, quotidiano Monasterii usui destinabuntur.*

Ejusdem pene ætatis erat codex ille Bambycinus, a Cardinali Bessarione memoratus in Libro de Processione Spiritus sancti p. 170. qui ab annis trecentis descriptus fuerat, ut in nota ad calcem, pro more Græcorum Amanuensium posita, præferebatur: qui proinde anno circiter 1140. exaratus fuerat.

Postea vero secundis curis in alios incidimus Bombycinos codices memoratis vetustiores, ad quorum calcem nota anni scribitur, ut est codex Regius num. 2889. anno 1050. exaratus, cujus subscriptionem inferius damus ad eumdem annum. Codex item Cæsareus in recensione Petri Lambecii l. 5. p. 375. anno 1095. scriptus, Bombycinus est, cujus ad eumdem annum subscriptionem inferius habes, cum Calligraphi nomine. Hinc liquet ab annis plus sexcentis non extitisse modo; sed etiam usu frequentatam fuisse chartam Bombycinam. Verum non desunt alia argumenta & indicia, quæ ipsam antiquiorem fuisse suadeant: siquidem variis in Bibliothecis, & nominatim in Regia, exemplaria quædam sunt Bombycina, quæ ex characteris forma decimum sæculum præferunt; qualis est codex Bombycinus Regius num. 2436. Estque catena in Ecclesiasten, cujus specimen dabitur ad decimum Christi sæculum. Codices porro noni, decimi, & undecimi sæculi sese suis notis indiciisque produnt, ipsorumque ætatem facilius est internoscere; tum quia Exemplaria bene multa ætatis & anni notam in fine consignant; tum quia, postquam unciales literæ aliam in formam deduci cœptæ sunt, atque impetratum a consuetudine fuit, ut literæ mutuo colligarentur, & uno ductu binæ, ternæ, quaternæ, imò verba integra, quò promtius faciliusque scriptio flueret, exararentur, non in tam varias literarum formas, saltem à principio, facta sunt divortia. Alia in hanc rem bene multa mittimus, quæ ad nonum, decimumque Christi sæculum indaganda venient. Certum itaque nobis est jam decimo sæculo in charta Bombycina scriptitatum fuisse. De prima vero ejusdem chartæ origine, ut de aliorum pene omnium ortu & prima institutione, mirum ubique silentium.

Sæculis tamen decimo, undecimo & duodecimo, non ita multi codices in Bombycina charta scripti deprehenduntur; sed maxima pars membranacei sunt; decimo-tertio autem, decimo-quarto & sequentibus obtinuit usus scribendi in charta Bombycina; ita ut ejus ætatis plures Bombycini, quam membranacei libri occurrant.

Cæterum tunc advecta fuisse videtur charta Bombycina, cum Papyrea Ægyptia, & corticea sensim exolescerent. Post advectam autem Bombycinam chartam; nulla alia librorum genera memorantur, quàm membranaceorum & Bombycinorum, quod advertas in Synodo Florentina Seff. 20. ἔστι δὲ ἡ βίβλος ἐν μεμβράναις, οὐκ ἐν βαμβακίνοις: *Liber est in membranis, non in Bambacinis:* quo subindicatur hæc duo tantum chartarum genera agnosci.

Ex charta porro Bombycina non libri modo, sed etiam diplomata exarabantur, ut perspicuis exemplis commonstratur. Luculentum hujusce rei testimonium habes apud Rocchum Pyrrhum in Sicilia sacra in Notitia duodecima, quæ spectat ad Monasterium sancti Philippi de Fragala, olim de Myrtiro: ubi p. 91. adfertur diploma Bonifacio Abbati concessum à Rogerio Rege, anno a conditu mundi 6653. id est, a Christo nato 1145. in quo omnia Diplomata ac privilegia a Rogerio Comite patre Rogerii Regis, & ab ipso Rogerio Rege ipsi Monasterio concessa confirmantur ac renovantur. Initque Diploma illud e Græco Latine versum his verbis, *Rex Rogerius adjutor Christianorum. Ad nostræ Majestatis potentiam pertinet, &c.* In sequentibus vero legitur: *Aliud sigillum monstrasti bullam habens plumbeam a gloriosissimo Regno nostro factum & concessum anno ab initio mundi* 6620, (*hoc est, Christi* 1112.) *Indict.* 5. *de carta cuttunea in pergamenum renovavimus; quod fecit Simon frater noster, & felicis memoriæ Mater nostra..... Monstrasti nobis sigillum aliud ex carta cuttunea factum anno a creatione mundi* 6610. (*id est Christi* 1102.) *quod renovavimus in pergamenum.* Charta autem cuttunea ipsissima Bombycina est; atque βομβύκινον, vel βαμβύκινον legi in autographo, certissimum habeo. Charta igitur Bombycina ab annis plus sexcentis in vulgarem usum jam venerat. Imo uti supra dictum est, jam sæculo decimo adhibebatur ad scriptionem.

Usi sunt præterea Veteres charta deletili, sive pugillaribus, ubi priùs scripta abradere ac detergere, novaque substituere poterant. Hoc vero pugillarium genus Palimpsestum vocat Cicero ad Trebatium; *Nam quod in Palimpsesto*, inquit, *laudo equidem parsimoniam; sed miror quod in illa chartula fuerit, quod delere malueris, nisi forte formulas tuas: non enim puto te meas epistolas delere, ut reponas tuas.* Plutarchus item παλίμψηστον simpliciter, alibique βιβλίον παλίμψηστον appellat, a ψάω *rado, abstergo, deleo.* Alii Palinxestum, vel

Palinxystum vocant, a ξέω vel ξύω ejusdem significationis verbo. Hujusmodi vero pugillares ex membrana adornabantur, & spongiis, si quid prius scriptum erat, ita delebatur, ut ne vestigium quidem pristinæ scriptionis remaneret. Palimpsesta item in Tabulis ceratis fiebant, *in quibus*, ait Quintilianus, *facillima est ratio delendi.*

Libri item lintei memorantur; quorum, ut rarus usus fuisse videtur, haud ita frequens mentio habetur. Plinius tamen lib. 13. c. 11. hæc habet, *postea monumenta plumbeis voluminibus, mox & privata linteis confici cœpta, aut ceris.* Et Vopiscus in Aureliano, *inveni nuper in Ulpia Bibliotheca inter linteos libros Epistolam divi Aureliani de Aureliano Principe scriptam.* De his vero linteis libris vide Salmasium in notis ad historiam Augustam.

CAPUT III.

De Stylo, de Calamo & Penna, ac reliquis ad scriptionem instrumentis. Schemata S. Lucæ ac Dionysii Halycarnassei scribentium, ex antiquis Exemplaribus.

PRO chartarum genere, varia olim instrumenta in usu erant: nam quotquot incisione utebantur; in Tabulis videlicet ceratis, æneis, plumbeis, aliisque id genus; ii stylum, Græce στύλον adhibebant, qui item γραφεῖον, & latinè *graphium* appellabatur. Eratque stylus ab altera parte acutus, ad literas exarandas; ab altera retusus & planus ad delendas sicubi opus esset. Stylo scribebant in tabulis ceratis: inde Hieronymus Epist. 140. *Stylus scribit in cera, calamus vel in charta, vel in membranis, aut in quacumque materia, quæ apta est ad scribendum.* Stylus porro primùm ferreus erat: exinde vero, quoniam si qua inter candidatos oriretur contentio, Stylis hujusmodi sese mutuo vulnerabant, in usum evocatus est Stylus osseus: siquidem legimus alios Stylis ferreis confossos, maleque acceptos fuisse, ut Antyllus apud Plutarchum in Gracchis sauciatus fertur: alios Stylorum vulneribus interiisse, ut Martyr Cassianus, narrante Prudentio. Stylum autem osseum pro ceratis tabulis valuisse tantum putatur: nam incidendis æneis aptus minime erat. Unde Atta in Satyra: *Vertamus aream in ceram mucroneque aremus osseo*, & alicubi dicitur: *Velim ego osse arare campum cereum.*

Hoc instrumentum a Græcis item γλύφιον dicitur & γλυφεῖον; a Latinis *cælum* & *celtes*, a cælando: inde apud Jobum legimus, *vel celte sculpantur in silice.* γλυφεῖον autem præsertim pro tabulis æneis marmoreisque incidendis in usu fuisse creditur. γλυφείῳ sive Stylo ferreo incisas tabulas videmus hodieque in Museis variis; libros autem Stylo exaratos proferre difficile est. Unicum vidi libellum plumbeis laminis constans, Stylo descriptum, emtumque dono obtuli Sereniss. Principi Card. de Boüillon: continet autem Basilidianorum mysteria, monstrosis figuris, characteribus item Græcis & Hetruscis expressa: cujus schemata omnia dabimus ad tertium Christi sæculum. Styli vero formam hic apponimus, qualem se vidisse testatur Hermannus Hugo S. J. de prima scribendi origine p. 85.

Hoc porro ſchema cæteris anteponendum eſſe duximus, quia Styli a veteribus memorati figuram accuratius exprimit, quam alii non pauci in Muſeis variis aſſervati. Nec abs re erit annotare, multos eſſe qui veteres fibulas pro Stylis habeant. Erant porro Styli alii aliis majores: ſane longiorem hoc, quem repræſentamus, eſſe oportuit eum, quo Cæſar cum a conjuratis necaretur, Caſcæ brachium trajeciſſe fertur apud Plutarchum.

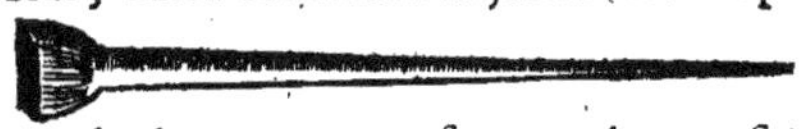

Diximus Stylum ab altera parte retuſum & planum fuiſſe, ad delenda verba, ſi qua male poſita fuiſſent: idque vocabant *Stylum vertere.* Ita Cicero de Aruſpicibus, *Stylum vertere in tabulis ſuis:* hoc item ſenſu Horatius *Stylum vertere* ait. Idem porro, videlicet uſum Styli in ceratis tabulis, perinde apud Græcos obtinuiſſe non dubium; imo vero ſcribendi ratio, atque aliarum artium principia pene omnia a Græcis repetenda ſunt.

Ad litteras autem atramento, ſive alio colore, depingendas, calamo primum utebantur, quem Græci ſimiliter *κάλαμον* nuncupant. Nicetas Choniates in loco mox adferendo, *γραφίας δόνακας*, *calamos ſcriptorios* vocat. Calamorum vero, ut obſervat Gerardus Voſſius, optimi habebantur, Memphitici, Nilotici & Gnidii, *Calami*, inquit Plinius, *Ægyptii maxime & Gnidii, Chartis ſerviunt.* Vulgari tamen uſu arundines etiam ad ſcriptionem adhibebantur: neque enim in promtu erat quibuſvis in locis Ægyptios Gnidioſve calamos adipiſci. Calamos porro Memphiticos & Niloticos voce *σχοῖνος*, *juncus*, deſignare videtur Clemens Alexandrinus Ægyptius, & proinde Ægyptii moris peritus, in loco infra memorando: quo innuitur calamos illos, Ægyptios juncos fuiſſe ex Nili oris excerptos & ſcriptioni aptos. Græci autem infimi ævi, narrante Martino Cruſio in Turcogræcia p. 488. calamis ex Perſide allatis ſcribere ſolebant, Patriarchæ vero argenteo calamo ſubſcriptiones ſuas exarabant.

Pennæ uſus ætate quidem inferior habetur, ſed tamen ad priſca tempora revocatur, ait quippe Juvenalis Satyra 6.

Anxia præcipiti veniſſet Epiſtola penna.

Iſidorus vero lib. 6. c. 14 hæc habet, *Inſtrumenta Scribæ calamus & penna: ex his enim verba paginis infiguntur. Sed calamus arboris eſt, penna avis, cujus acumen dividitur in duo.* In ſchematibus tamen ſcribentium, qui bene multi variis in Codicibus Græcis viſuntur, Calamo utentes Scriptores paſſim animadvertas. Unicam obſervavi Ariſtotelis effigiem apud Lambecium l. 7. fol. 76. ex Cæſareo Codice Græco expreſſam, ubi ille penna, & quidem, ut videtur, anſerina ſcribens repræſentatur: verum exemplar iſtud anno 1457. Romæ exaratum eſt, ut ex anni nota ibidem poſita liquet: an vero talem imaginem ex vetuſtiori Græco exemplari expreſſerit is qui depinxit; an ad libitum ſuum effinxerit, incertum. In cæteris autem vetuſtioribus libris calamus vulgo depingitur: etſi namque penna antiquitus adhibita fuerit, frequentior tamen calami uſus erat.

Alia ad ſcriptionem inſtrumenta ſunt, ut vides in utroque ſubſequenti ſchemate, Atramentarium, quod Græci *καλαμάριον* & *μελανδοχεῖον* vocitant. Præter vocem autem *μελανδοχεῖον*, quæ atramentarium exprimit, aliam offert Clemens Alexandrinus Strom. VI. videlicet *κανών*: ſic autem habet: *ἑξῆς δὲ ὁ ἱερογραμματεὺς προέρχεται ἔχων πτερὰ ἐπὶ τῆς κεφαλῆς, βιβλίον τε ἐν χερσὶ,* καὶ κανόνα ἐν ᾧ τὸ γραφικὸν μέλαν, καὶ σχοῖνον ᾗ γράφουσιν. Hoc eſt, *Deinde autem ſacrorum Scriba procedit, habens pennas ſuper ca ite, librum in manibus, vaſculum in quo atramentum ſcriptorium, & juncum, quo ſcribere ſolent.* Ubi pro κανόνα legendum putat Cangius in Gloſſario Græco κανίον, & quidem haud abs re, nam a voce κανιὸν oritur *diminutivum* κανίκλειον, id eſt, caniculus, ſive vaſculum, quo Imperator utebatur ad puniceas literas ſcribendas. Unde qui hujus ſervandi & miniſtrandi munus acceperat, ὁ ἐπὶ κανίκλειον, vel ſimplicius κανίκλειος, vocabatur. Nicetas vero Choniates Annalium p. 382. Atramentaria δοχεῖα μέλανος, *vaſcula atramenti*, vocat: ejus verba ſunt: οἱ δὲ γραφέας δόνακας, καὶ δοχεῖα μέλανος φέροντες, τόμοις τὴν χεῖρα ἐδίδοσαν, ὡς γραμματέας ἡμᾶς τωθάζοντες, id eſt, *Alii calamos ſcriptorios, atramentaria & libellos geſtabant, qua re nos ut ſcribas ſugillabant.*

Aliud inſtrumentum eſt cultellus, ſive ſcalpellus, temperando calamo, Græcè γλυφὶς καλάμων, vel γλύφανον: nam apud Græcos γλύφειν; eſt temperare calamum inſtrumento, ſive cultello, quem Itali, *temperino*, nos, *canif*, appellamus. Temperandi vocem hoc uſu adhibet Cicero ad Quinct. fratrem, *calamo & atramento temperato.* Circinus, Græcis eſt διαβήτης, metiendis linearum ſpatiis: forfices Græcè ψαλὶς, vel ψαλίδιον, & ὀδοντάγρα, ſcindendæ chartæ.

Hæc omnia conſpicere licet in ſubſequentibus binis ſchematibus, quorum aliud B. Lucam Evangeliſtam, Evangelium conſcribentem repræſentat, multis ex codicibus expreſſum: habetur quippe in Regiis bene multis, in codice Evangeliorum S. Taurini Ebroicenſis ſæculi x. qui olim Cardinalis Perronii fuerat, in Cæſareis duobus, ut allatis ſchematibus notat Lambecius; in aliiſque per Italiam non paucis. Aliud Schema profertur ex Codice Chiggiano Romæ X. pariter ſæculi, elegantiſſimo, exprimitque Dionyſium Halycarnaſſeum: cujus opera eodem in codice habentur: dignumque cenſui ut hîc exhibeatur, nactus operâ illuſtriſſimi & amiciſſimi Abbatis Paſſionei.

IMAGO S. LUCÆ SCRIBENTIS UT HABETUR IN MULTIS CODICIBUS PER ITALIAM, GALLIAM ET GERMANIAM, CUM INSTRUMENTIS AD SCRIPTIONEM.

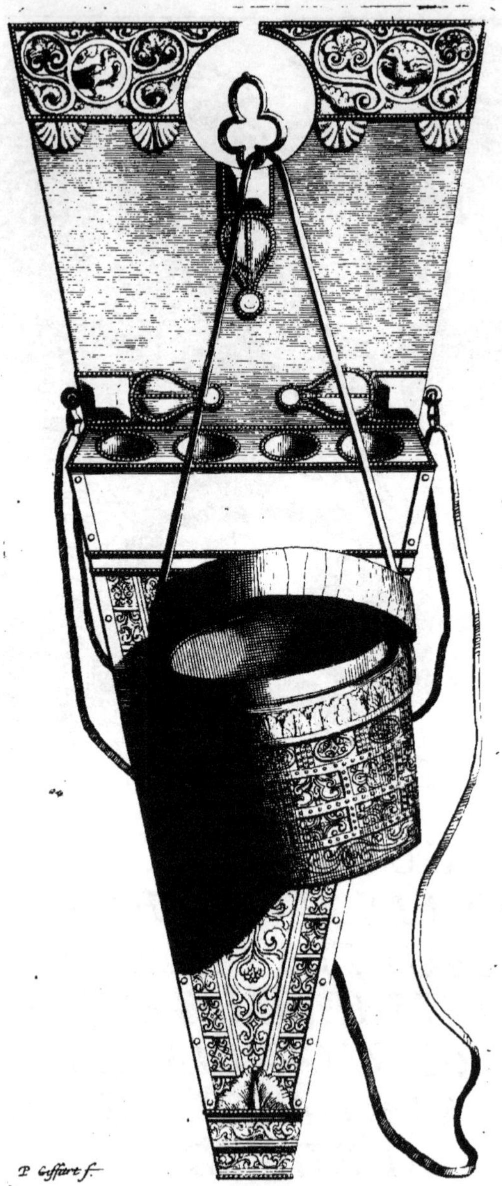
P Giffart f.

CAPUT IV.

De nominibus & forma Librorum exterius & interius spectata; scilicet de Operimentis & Quaternionibus; De Distinctionibus, de Interpunctione ac ejus ortu, & carptim de Prosodia: de Contaciis ac Diptychis.

JAM de Librorum seu voluminum forma nobis tractandum est; de Libris compactis loquor, ad differentiam Librorum, videlicet Operum, Opusculorum, sive, ut recentiore usu dicitur, Tractatuum, Græce λόγων: quæ voces ipsam Auctorum operam, non volumina indicant. Libros igitur compactos vocant, βίβλος, βιβλίον, & *diminutive* βιβλάριον: quod tamen postremum vocabulum pro Libris satis amplæ molis usurpatum occurrit inferius. Δέλτος item pro Libris compactis frequenter adhibetur, ut passim videas in subscriptionibus infra Chronici more positis; exempli causa, in codice Eudociæ Augustæ XI. sæculi hic Iambus a fronte positus frequenter occurrit,

Εὐδοκίας ἡ δέλτος Αὐγούστης πέλει.

Hic Liber est Eudociæ Augustæ.

De voce δέλτος hæc habet Eustathius in Dionysii Alexandrini περιηγ. v. 242. δέλτοι, κυρίως μὲν οἱ πάλαι τριγωνοειδῶς σχηματιζόμενοι ἐκ τοῦ πτύσσεσθαι, τόμοι· ὕστερον δὲ ἁπλῶς αἱ βίβλοι. Hoc est, *Delti quidem antiquitus vocabantur chartæ in trianguli formam complicatæ, ac deinde sic Libri simpliciter appellati sunt.*

Usu frequenti item Liber compactus Græcè πυκτίον dicitur, ut exemplis quamplurimis probatum a nobis est Animadversione xv. in vitam & scripta Athanasii. Plura autem in subscriptionibus Calligraphorum observare licet; ut videas infra ad annum 1005. ἐτελειώθη σὺν θεῷ καὶ τὸ παρὸν πυκτίον. ad annum vero 1127. legitur πυξίον. Adhibetur etiam ad librum compactum indicandum πυκτὶς ἰδος; in Regio quippe Codice num. 2284. legitur initio, πίναξ τῆς παρούσης πυκτίδος, *Tabula hujusce libri*: idipsum item habetur in Codice quodam Bibliothecæ Seguerianæ, nunc Coislinianæ, in quem incidi: itemque Codex alius in Bibliotheca RR. P P. Jesuitarum Collegii Ludovici Magni, eumdem præmittit Indicis titulum, πίναξ τῆς παρούσης πυκτίδος. In alio ejusdem Bibliothecæ Codice Evangeliorum legitur initio, Εὐαγγελιστῶν θεία πυκτὶς τεττάρων. *Quatuor Evangelistarum divinus Liber.* Qui Iambus in quadra Tabula replicatis mira arte literis, millies saltem legitur. Infra vero ad notam codicis Cæsarei anno 1286. conscripti legitur, ἐτελειώθη ἡ παροῦσα πυκτὶς, *absolutus est hic Liber.* Dicitur etiam πτυκτίον, adjuncto τ post π ex usu Græcorum: sic πόλις πτόλις, πόλεμος πτόλεμος, &c. πτυχίον legitur in quadam Gregorii Nazianzeni Epistola, atque inferius in speciminibus decimi sæculi vox πτυχίον pro libro adhibetur in Codice quodam optimæ notæ. Fortasse dicatur a πτύσσω, *plico*, πτυκτὸν & πτυχίον factum esse, hincque demta secunda litera, πυχίον: quod etiam magis mihi probatur. Nam vox πτυκτὸν ad Tabellas, sive chartas scriptioni aptas significandas, vetustissimi est usus, Homerus quippe Iliad. VI. ait,

Γράψας ἐν πίνακι πτυκτῷ θυμοφθόρα πολλά.

Hoc est,

Scribens in tabella plicata exitiosa multa.

A πτύσσω item δίπτυχα, *Diptycha*, de quibus infra.

Longe infrequentior est vox τεῦχος, quæ Librum item significat, & pro instrumentis omnibus vasibusque accipitur. Unde in Cod. Regio 2183. (est autem Lexicon,) sic habetur, τεῦχος ἀγγεῖον ἢ βίβλος, id est, τεῦχος, *vas aut liber*: inde vero πεντάτευχος, id est Liber quinque Libros complectens, & ἑπτάτευχος, septem librorum Liber. Hujus vocis usum observamus in Typico Irenes Augustæ ad locum superius allatum, ἕτερα δύο τεύχη, *duos alios libros*. Sed in pauca hujusmodi exempla hactenus incidimus. Et hæc de nominibus Librorum.

Quod ad formam vero Librorum, ea dupliciter spectari potest; primò quidem secundum exteriorem apparatum, compingendi nempe morem, foliorumque ordinem & situm; secundo autem pro ratione columnarum, distinctionum, apicum, qua in parte interpunctiones, prosodiam & cætera locamus. Libros Græci a multis retro sæculis ad hodiernum pene modum compingebant, distributa in terniones vel quaterniones folia assuebant, pelle vitulina sive alia plerumque densiore totum operiebant, partem supernam & infernam, qua latior liber est, tabella lignea corio agglutinata muniebant, quo firmius consisterent: plerumque pelliceæ tunicæ loco, blattiis sive sericis librum operiebant, quod operimenti genus si non tutius, ornatius tamen habebatur. Hoc tegumento olim instructum fuerat Typicum autographum Irenes Augustæ, ut habetur supra, ἐπειδὴ καὶ τρία τυπικὰ γεγόνασι παρ' ἡμῶν, ἀπὸ βλαττίων ἐνδεδυμένα: *quandoquidem tria Typica membranea, blattiis, seu pannis sericis operta, a nobis facta sunt.* Ex tribus unum superest, uti diximus, in Bibliotheca Regia, non jam serico opertum, sed corio rubro: primum enim operimentum ex materia minus durabili, non potuit ad hoc usque sæculum devenire: sed detrito primo, Moniales Monasterii Gratiâ-plenæ, ad quarum usum descriptum fuerat, Coriacium substituerunt; ut enim liquet, Græco more concinnatum est. Quod autem Regium Typicum unum sit ex tribus Augustæ jussu pro Monasterio Κεχαριτωμένης seu Gratiâ-plenæ adornatis, non ex subscriptione modo Irenes per Cinnabarim facta, & ex charactere conspicuum est; sed etiam ex assutis foliis, quæ postea Moniales Typico adjecerunt, quæque Bombycina sunt. Nam ea decimi-tertii vel decimi-quarti sæculi cum sint, vetustiori scriptioni fidem faciunt. Cæterum Græci medii & infimi ævi, Libros compingere voce σταχώνειν & διασταχώνειν exprimunt, ut exemplis non paucis inferius videas. Eos autem qui libris compingendis vacant, βιβλιοδέτας q. d. *Librorum Ligatores*, appellat infra Comnenus in descriptione montis Atho.

Quaterniones porro Librorum, τετρὰς & τετράδιον nuncupant, quia videlicet quatuor foliis duplicatis aliumque in alio insertis constant: quæ octo folia sexdecimque paginas efficiunt. Terniones quoque nonnumquam in Codicibus Græcis observantur. In Chronico quodam Bibliothecæ Regiæ, Terniones & Quaterniones, τελωτὰ & τετραωτὰ vocantur: quæ vocabula nusquam alias me vidisse memini. In quibusdam autem Codicibus iidem Quaterniones literis numericis annotantur: quo fit ut si, quod plerumque contingit, Codex sit ab initio mutilus, quot Quaterniones, imo quot folia deficiant intelligi valeat. Folia Latinè ita vocantur, quia olim in foliis arborum, in foliisque papyri scriptitatum fuit, ut paulo ante narrabamus. Pari analogia, φύλλον, quæ vox folium arboris proprie significat, pro folio item libri accipitur. Paginæ vero singulæ in plerisque omnibus Græcis manuscriptis, ad normam & circinum paribus spatiis dividuntur, ut lineæ æquali intercapedine dirimantur, parque ipsarum numerus sit in singulis paginis.

Quod ad interiorem vero formam hæc præcipue observata nobis sunt. In Codicibus Græcis lineæ singulæ totam paginæ latitudinem obtinent: in aliis paginæ duabus columnis constant, in paucissimis vero triplex columna observatur, ut in Codice Ambrosiano partem Bibliorum complectente, de quo agitur in Diario Italico p. 11. suntque isti omnes antiquissimi Cum absoluta periodo, interpunctione majorem distinctionis notam adferre Librarii volunt; ubi videlicet nos *a linea*, ut dicitur, resumimus; Græci Scribæ apposita majori interpunctione, consequenter eadem in linea, sequentem sive periodum, sive articulum describere incipiunt, sine alia nota vel distinctione; sed in sequenti linea, sive per vocem, sive per syllabam inchoetur, literam majusculam, qua initur verbum aut syllaba, in margine & extra columnam apponunt: quod exemplo facilius intelligas.

Ex codice San-Germanensi ix. sæculi, ubi vitæ SS. mensis Augusti, In martyrio S. Eusignii v. Augusti.

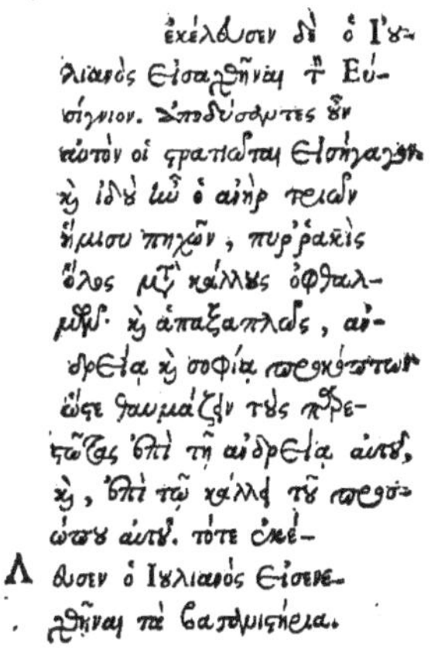
ἐκέλευσεν δὲ ὁ Ἰου-
λιανὸς εἰσαχθῆναι τὸν Εὐ-
σίγνιον. ἀποδύσαντες οὖν
αὐτὸν οἱ στρατιῶται εἰσήγαγον
καὶ ἰδοὺ ἦν ὁ ἀνὴρ τελῶν
ἥμισυ πηχῶν, πυρράκης
ὅλος μετὰ κάλλους ὀφθαλ-
μῶν· καὶ ἀπαξαπλῶς, ἀν-
δρεία καὶ σοφία περιέχον
ὥστε θαυμάζειν τοὺς παρε-
στῶτας ἐπὶ τῇ ἀνδρείᾳ αὐτοῦ,
καὶ, ἐπὶ τῷ κάλλει τοῦ προσώπου αὐτοῦ. τότε ἐκέ-
Λ ευσεν ὁ Ἰουλιανὸς εἰσενε-
χθῆναι τὰ βασανιστήρια.

Hoc est ad literam.

jussit autem Julianus adduci Eusignium. Exuentes igitur ipsum milites introduxerunt.

Et ecce vir erat trium
& dimidii cubitorum: rufus
totus cum pulcritudine ocu-
lorum, & in summa, for-
titudine & sapientia proficiens;
ita ut mirarentur ad-
stantes super fortitudine ejus,
& super pulcritudine vul-
tus illius. Tunc jus-
S *it Julianus intro-*
duci tormentorum instrumenta.

Sic illi periodi initium in præcedenti linea positum, in subsequenti per literam majusculam annotant: licet non ubique servetur hic modus: nam frequenter & ipsi a linea majoris distinctionis ergo inchoant.

Græcis mos erat antiquitus per στίχους, seu versiculos, orationis partes distinguere: στίχος autem non integram periodum designabat; sed eam partem, etsi per quam minimam, ubi jam aliquis sensus, licet imperfectus & inchoatus, videbatur esse: ita ut in unica periodo tres, quatuor, imo quinque, sex aut plures στίχοι numerarentur, aliquando plures, interdum pauciores, uti ratio postulabat. Horum exempla prope innumera sunt in libris Biblicis manuscriptis: nam plerique omnes, qui alicujus vetustatis sint, in fine librorum στίχων sive versiculorum summam consignant. Non desunt tamen qui a fronte & ante librorum exordium στίχους numerent; ut verbi causa codex Regius 1888. bombycinus, qui est Catena in Heptateuchum, ab initio versiculorum numerum reponit his verbis, ἔχει βίβλος τῆς γενέσεως στίχους ,δτν΄. κεφάλαια δὲ εἴκοσι καὶ πέντε, id est, *Habet liber Genesis versiculos quater mille trecentos quinquaginta; capita vero viginti quinque.* Quem numerum si cum hodiernis Bibliis compares, vix quartam partem versiculorum in postremis invenias. In cæteris autem Scripturæ libris brevissimos recenseri versiculos, ex numero in Codicibus annotato deprehendas. Ut autem frequentissima est in Libris sacris hujusmodi recensio; sic rara in aliis: etsi perspicuum sit veteres Scriptores versiculorum distinctionem in usu habuisse. Codicem tamen Gregorii Nazianzeni vidi Florentiæ, ubi versuum numerus in fine notabatur. Certe Fl. Josephus ad calcem Antiquitatum Judaïcarum, ait totum illud opus sexaginta millia στίχων sive versuum complecti. Jam si versiculorum hujusmodi brevitatem explorare velis, linearum quæ in Editis habentur numerum supputes & comperies multum abesse, ut singuli στίχοι singulas lineas impleant. In multis Scripturarum sacrarum Codicibus, στίχοι sive versiculi ad marginem notantur: unde illud incommodum evenit, ut nescias plerumque ubi versiculi inchoentur; nisi Librarius accurate interpunctiones locet, & e regione semper numeros consignet. Numerant autem per centenarios: & expleto centenario ρ, per α resumunt. Exemplum hujusmodi στιχομετρίας proferam ex Codice Regio 1892. ubi omnes Prophetæ cum Commentariis habentur. Ibi in primo Isaiæ Capite, versus sic annotantur.

ΗΣΑΙΑΣ.

α' ὍΡασις ἣν εἶδεν Ἡσαΐας υἱὸς Ἀμὼς,
ἣν εἶδε κατὰ τῆς Ἰουδαίας καὶ κατὰ τῆς
Ἰλὴμ ἐν βασιλείᾳ Ὀζία καὶ Ἰωαθὰμ,
καὶ Ἄχαζ, καὶ Ἐζεκίου· οἳ ἐβασίλευ-
β' σαν τῆς Ἰουδαίας. ἄκουε οὐρανὲ καὶ
γ' ἐνωτίζου ἡ γῆ· ὅτι κύριος ἐλάλησε.
δ' υἱοὺς ἐγέννησα καὶ ὕψωσα· αὐτοὶ
ε' δέ με ἠθέτησαν. ἔγνω βοῦς τὸν
ς' κτησάμενον, καὶ ὄνος τὴν φάτνην τοῦ κυ αὐτοῦ.
ζ' Ἰσραὴλ δέ με οὐκ ἔγνω· καὶ ὁ λαός με
η' οὐ συνῆκεν. οὐαὶ ἔθνος ἁμαρτωλόν·
θ' λαὸς πλήρης ἁμαρτίας, σπέρμα
ι' πονηρὸν, υἱοὶ ἄνομοι· ἐγκατελίπε-
ια' τε τὸν κύριον καὶ παρωργίσατε τὸν ἅ-
γιον τοῦ Ἰσραήλ· ἀπηλλοτριώθησαν
εἰς τὰ ὀπίσω. τί ἔτι πληγῆτε
ιβ' προστιθέντες ἀνομίαν; πᾶσα κεφαλὴ
εἰς πόνον, καὶ πᾶσα καρδία εἰς λύπην.
ιγ' ἀπὸ ποδῶν ἕως κεφαλῆς οὐκ ἔστιν
ιδ' ἐν αὐτῷ ὁλοκληρία· οὔτε τραῦμα,
οὔτε μώλωψ, οὔτε πληγὴ φλεγ-
ιε' μαίνουσα· οὐκ ἔστι μάλαγμα ἐπι-
θεῖναι, οὔτε ἔλαιον, οὔτε καταδέσμους.
ις' ἡ γῆ ὑμῶν ἔρημος· ιζ' αἱ πόλεις ὑμῶν
ιη' πυρίκαυσοι. τὴν χώραν ὑμῶν
ιθ' ἀλλότριοι κατεσθίουσιν αὐτήν·
κ' καὶ ἠρέμωται κατεστραμμένη.

HESAIAS.

1. *Visio quam vidit Hesaias filius Amos,*
quam vidit contra Judæam & contra
Jerusalem in regno Oziæ & Joatham
& Achaz & Ezechiæ, qui regna-
2. *verunt in Judæa.* * *Audi cælum, &*
3. *auribus percipe terra:* * *quia Dominus locutus est.*
4. * *Filios genui & exaltavi; ipsi*
5. *autem me spreverunt:* * *Cognovit bos*
6. *possessorem,* * *& asinus præsepe domini sui:*
7. *Israel autem me non cognovit,* * *& populus*
8. *me non intellexit,* * *Væ genti peccatrici,*
9. *populo pleno peccatis,* * *semini*
10. *malo, filiis iniquis:* * *dereliqui-*
11. *stis Dominum,* * *& exacerbastis san-*
ctum Israel: abalienati sunt
retrorsum. Quid adhuc percutimini
12. *adjicientes iniquitatem?* * *Omne caput*

in laborem, & omne cor in tristitiam.
13. * *A pedibus usque ad caput non est*
14. *in eo sanitas perfecta:* * *neque vulnus*
neque vibex, neque plaga tu-
15. *mens:* * *non licet malagma im-*
ponere, neque oleum, neque ligaturas.
16. *Terra vestra deserta.* 17. *Civitates vestræ*
18. *succensæ igni:* * *regionem vestram*
19. * *alieni comedunt ipsam,*
20. * *& deserta est, subversa.*

Hæc ad specimen satis sunto: in aliis quippe Scripturæ sacræ libris, in diversisque Codicibus antiquis idipsum observatur; ita ut versiculi brevissimi sint ut plurimum: aliquibus tamen in locis longe prolixiores, ut in exemplo vides; imo etiam distinctiones nonnumquam secus quam par erat positæ videantur: sive id lapsu quopiam, sive arbitratu Librariorum, acciderit.

Στίχοι porro sive versiculi omnes, a linea ducebantur antiquitus: quod ipsum nomen sonare videtur: nam στιχηρῶς posita dicitur scriptio, in qua singuli versiculi suam lineam inchoant: quam lineam ut plurimum ob brevitatem non excedebant, nec implebant plerumque; aliquando tamen στίχος lineas aliquot complectebatur, etsi rarius, ut vides in specimine supra, quod tamen στιχηρῶς sive a linea scriptum non est. Supersunt hodieque libri στιχηρῶς scripti; ut sunt verbi gratia codices Regius & Sangermanensis, uterque Epistolas divi Pauli complectens, ubi versiculos semper a linea inchoatos conspicis, & alii non pauci.

Hæc vero scriptio στιχηρῶς ducta, quæ item per κῶλα & κόμματα facta dicitur, nequaquam intelligitur de interpunctionibus ad κῶλα & κόμματα positis, ut existimasse videtur Leo Allatius, in Animadversionibus ad fragmenta Etrusca Inghiramii p. 79. Sed ideo adhibebatur, ut rudiores Lectores, qui interpretationum usum non callerent, facilius pronuntiarent, cum metrico more à linea resumeretur ad singula κῶλα & κόμματα: quod ex ipsis Cassiodori & Hieronymi locis ab eodem allatis facile arguitur. Prior enim sic habet de Hieronymo loquens, de divinis Lectionibus c. 12. *Meminisse autem debemus, memoratam Hieronymum omnem translationem suam in autoritate divina, propter simplicitatem Fratrum, colis & commatibus ordinasse, ut qui distinctionem sæcularium literarum comprehendere minime potuerunt, hoc remedio suffulti, inculpabiliter pronuntiarent sacratissimas lectiones.* Hieronymus vero ad Paulam & Eustochium Præfatione in Hesaïam: *Nemo cum Prophetas versibus viderit esse descriptos, metro eos existimet apud Hebræos ligari, & aliquid simile habere de Psalmis & operibus Salomonis. Sed quod in Demosthene & Tullio solet fieri, ut per cola scribantur & commata, qui utique prosâ, & non versibus conscripserunt: nos quoque utilitati legentium providentes, interpretationem novam novo scribendi genere distinximus.* Quibus verbis innuit, in libris etiam prosâ descriptis versiculos a linea descriptos fuisse; sed non in omnibus: imo vero vulgarem scripturam continuatam fuisse indicat: qui mos ab Aristophane inductus est.

Κῶλον autem teste Suida est, *μόριον λόγου, ἐκ δύο ἢ καὶ πλειόνων μερῶν συνιστάμενον· τὰς συλλαβὰς γὰρ τέμνουσι, καὶ τὰ κῶλα τῶν νοημάτων. κῶλον οὖν ὁ ἀπηρ-*

πεπληρωμένην ἔννοιαν ἔχων στίχος: Hoc est κῶλον, (sive membrum) *est orationis portio, ex duabus vel pluribus partibus constans: nam syllabas secant, pariterque κῶλα sententiarum. κῶλον itaque est versus perfectum sensum habens.* Minores vero partes in quibus dividebantur periodi orationis, vocantur κόμματα sive sectiones. Scriptio per κῶλα & κόμματα sic adornabatur, ut non modo κῶλον a linea inciperetur; sed etiam κόμμα, sive sectio, vel etiam κόμματα; si plura in eadem serie haberentur. Hic porro scribendi modus occurrit in duobus supra memoratis codicibus Regio & Sangermanensi: necnon in Psalterio Sedulii Scoti manu descripto IX. sæculi: quorum specimina dabuntur infra suis locis. Neque tamen κῶλον semper totam periodum absolvebat: nam περίοδος a κώλῳ distinguitur: κῶλον etiamsi aliquid absolute significaret, suspensam tamen orationem continebat; ita ut aliquid ultra expectaretur: cujus exemplum Latine sic profertur: *Etsi vereor, judices, ne turpe sit pro fortissimo viro dicere incipientem, timere.* Ubi vides aliquid absolute proferri; sed auditoris animum ad aliud audiendum præparari. At periodus perfectum & absolutum sensum complectitur, ut nemo nescit. Qua de re adeantur Isidorus l. 1. c. 19. Diomedes. l. 2. & ex recentioribus Valerius Andreas, de recta interpungendi ratione.

Ante Aristophanem Byzantium, hoc uno distinctionis genere in libris usos esse veteres putatur, scilicet per στίχους, per κῶλα, per κόμματα a linea semper resumebant: & hæc una pausæ nota erat, cum scriptio nempe desineret, antequam interpunctionis usus excogitatus esset. Aristophanes autem Byzantius Grammaticus Olympiade CXLV. sub Ptolemæo Epiphane Ægypti Rege signa distinctionum commentus est, ita ut uno puncto omnes interpunctiones indicarentur: situs vero puncti majorem interpunctionem a media, mediam ab infima, distingueret. Siquidem ubi punctum in summo apice ultimæ literæ ponebatur, hæc erat major interpunctio, sive ut Græci vocant τελεία στιγμή, *perfectum punctum:* ubi ad imum literæ locabatur, ὑποστιγμή, quasi dicas, *subdistinctio:* ubi in medio μέση στιγμή, sive *medium punctum.* τελεία στιγμή, sive major interpunctio ad summum postremæ literæ apicem consignata, sententiam absolutam esse ostendebat, ἐπαρτίζει ἀεὶ τὴν διάνοιαν: ea vero hodierno puncto respondet: ὑποστιγμή, id est, imum punctum ad infimam literæ oram collocatum, clausulam nondum perfectam annotat; sed adhuc suspensam, quæ Lectorem ad sequentia præparet: μέση vero στιγμή, sive medium punctum, perquam minimæ distinctioni denotandæ usuveniebat. Hæc quidem in regulis apud Grammaticos habentur: accurate autem observata nusquam reperi in marmoribus & tabulis, vel in libris vetustissimis: in marmoribus enim & in antiquis Tabulis puncta non ita frequenter deprehenduntur: in quibusdam autem inscriptionibus post singula verba ponuntur, ad distinctionem scilicet & faciliorem lectionem: in istis vero punctum in fine linearum omittitur in Latinis perinde atque in Græcis; fere semper dico, quia in unum, aut duo marmora incidi, ubi punctum post singula verba, etiam in fine linearum adscribebatur. Nonnumquam item, cum inscriptiones metro constant; vel sententiis metrice quidem, sed non stricta carminum lege concinnatis, quales multas in marmoribus videmus; tunc, inquam, puncta in fine carminum, vel sententiarum hujusmodi interdum adscribuntur: ut observes infra libro 2. in Olympiæ cujusdam Epitaphio:

ubi puncta ad singulas sententias metrice scriptas deprehendas, ipsaque in trianguli formam delineata.

In uno tantum Codice, videlicet in Psalterio Monasteri sancti Michaelis in Lotharingia, Sedulii Scoti manu exarato, missa quavis alia interpunctione, post singulas voces puncta conspicue notantur: ne quis inter legendum hæreret, vel syllabas literasque præcedentis vocis cum sequenti conjungeret. Quare in fine versiculorum, puncta in illo Codice non adscribuntur, quia cum versiculi semper a linea ducantur; ubi scriptio desinit, & a capite resumitur, nullum est periculum ne quis postremam præcedentis versiculi syllabam, cum subsequentis prima inter legendum copulet.

In titulo autem Inscriptionis Baudelotianæ, cujus specimen infra dabimus, post singulas voces tria puncta notantur, exemplo unico, quod nusquam alias in Græcis tabulis deprehensum à nobis est. In libris vero antiquioribus manuscriptis puncta superne posita non raro ad finem periodorum effinguntur: verum frustra fueris si id pro norma habeas, nam perinde in medio & imo vocis latere pro majori interpunctione consignantur: & interdum in summo apice pro minori; ita ut plerumque hæ distinctiones ex sensu, non ex situ punctorum, petendæ sint. Nec prætermittendum est puncta quadruplici modo efficta in marmoribus. & in Libris vetustis haberi: nam vulgo quidem rotunda sunt; sed aliquando quadra, nonnumquam in rhombi, rarius in trianguli formam: quorum exempla in speciminibus subjicientur.

Quod ad cæteras vero interpunctiones, quæ hodierni sunt usus, hæc observata nobis proferre juvat. Virgulæ si non priscæ omnino vetustatis sunt; non tamen eas ita recentes dixeris: nam in codicibus Græcis annorum plus mille occurrunt, ad omnium minimam distinctionem positæ; & quidem formâ hodiernæ ita simili, ut nihil intersit discriminis. Puncta vero interrogandi, quæ hodie hoc modo effinguntur ;in Codicibus vetustissimis unciali quadro charactere scriptis, quos usquam viderim, absunt: in aliis vero noni, decimi & undecimi sæculi habentur. In antiquis Tabulis, atque in vetustis Codicibus unciali charactere, voces conjunctim describuntur, nec interstitium ullum inter verba ponitur. Unde plerumque oritur difficultas inter legendum, quæ nonnumquam viris etiam eruditis occasio lapsûs sunt. Possem exempla & quidem nupera proferre; sed abstineo, ne vivis stomachum moveam. Ea certe vocum conjunctio sine intercapedine ulla, in Tabulis & Manuscriptis pene omnibus priscæ vetustatis, fere semper occurrit, iis exceptis in quibus post voces singulas puncta notantur, de quibus supra. Ne quidem in Codicibus inferioris ævi; iis nempe qui a nono sæculo literas complures ductu calami colligatas præferunt, vocum distinctio per spatia quædam inter singulas relicta perpetuo observatur: nam in illis etiam verba passim cum sequentibus juncta conspicias; imo vero haud infrequenter vox præcedens cum subsequenti uno eodemque calami ductu conjungitur, quod in speciminibus adferendis tute experieris. Quod si interdum voces spatio interposito distinctas observes, quod non raro evenit, etiam passim duas ejusdem vocis syllabas pari intercapedine segregatas deprehendas; ita ut nonnumquam prior syllaba cum præcedenti voce, posterior cum sequenti

conjungatur

conjungatur. Ne vero e memoria excidat, monitum Lectorem velim, ubicumque occurrunt apoſtrophæ, ut in his vocibus ἀπ' αὐτῆς ὑπ' αὐτῆς, quando ſcilicet ultima prioris vocis litera συμφωνίας cauſa ſupprimitur & eliditur, tum poſtremam primæ vocis cum prima ſequentis, nimirum π cum α, ita copulari in Codicibus, ut pene ſeſe mutuo contingant, idque accuratiſſime a Librariis obſervari in Codicibus noni, decimi & ſequentium ſæculorum.

Idem porro Ariſtophanes Byzantius προσῳδίαν ſive accentus excogitavit. Non quod ad illam uſque ætatem Græca lingua accentibus & ſpiritibus caruerit: nulla enim poteſt lingua ſine accentu & ſpiritu pronuntiari; ſed quod ille ea, quæ uſus magiſter invexerat, ad certas normas & regulas deduxerit, ſigna & formas invenerit, quo loco eſſent conſtituendi accentus & ſpiritus docuerit. Accentus vero in acutum, gravem & circumflexum diſtinxit, quorum formas & uſum vel pueri callent: ſpirituum aſperi & lenis ſchemata ex litera H duas in partes diviſa notavit; ita ut prima pars ejuſdem characteris, aſperum ſpiritum denotaret, ſecunda reſidua, tenuem. Verum hæc omnia ante ſeptimum ſæculum a Librariis neglecta prorſus videntur: nam Codices vetuſtiſſimi quinti ſextive ſæculi iis prorſus carent: quare ante ſeptimum ſæculum in ſolis Grammaticorum libris obſervata fuiſſe videntur. Quæ vero dicimus, de viſis tantum.

Ab annis plus mille literæ ϊ & ϋ, quando alteri vocali non junguntur, nec diphtongum efficiunt, punctis ſuperne notantur, ut videas infra in ſpeciminibus Codicum Regii & Sangermanenſis: qui peritorum omnium judicio ſeptimo circiter ſæculo conſcripti ſunt. In ſuperioris item ævi Codicibus, videlicet quinti ſextive ſæculi, has literas punctis notatas deprehendimus. Qua vero de cauſa adſcripta fuerint haud difficile eſt augurari: quia enim hæ duæ vocales poſt aliam vocalem poſitæ modo cum illa diphthongum efficiunt, ut in οἶδα, οὕτως; modo non efficiunt, & ſeparatim pronuntiantur, ut in ἀΐδιος, ἀϋτὴ, pugna; hinc factum eſt ut in Manuſcriptis quoties diphthongus non adeſt, hæ literæ punctis notentur, ad lectorum, maximeque imperitorum, commodum. Cæterum hæc puncta non ſemper adſcripta obſervantur, etiam in Codicibus infimi ævi: ſed a quibuſdam Librariis penitus negliguntur; ab aliis vero interdum omitti ſolent.

Ιῶτα ſubſcriptum, ut vocamus, Græci in marmoribus, tabulis, ac libris manuſcriptis vulgo non indicant; vulgo dixi, nonnumquam enim adſcribunt, ſed poſt literam cui adjungitur & in ſerie aliarum literarum, hoc pacto, τύχηι, ὁδῶι, τιμᾶι, ubi hodierno uſu ita ſcribitur, τύχῃ, ὁδῷ, τιμᾷ. In Tabulis vero marmoreis vetuſtiſſimis, antequam uſus literarum η & ω advectus eſſet inciſis, ita ſcribitur ΤΥΧΕΙ ΟΔΟΙ, ut videre eſt infra in Baudelotianis, & Farnezianis inſcriptionibus, & in Grimana Venetiis Diar. Ital. p. 43.

Præter libros compactos, habent item Græci κοντάκια, *contacia*, quæ vulgarius *Rotuli* vocitantur. Eſt vero contacium brevis baculus, ut plurimum palmæ longitudine, cui hæret obvoluta miræ longitudinis charta membranea, ex multis foliis conſequenter agglutinatis confecta: ubi deſcriptæ ſunt orationes & officia Sacerdotibus recitanda cum ſacra adminiſtrant. Duo ſolum vidi contacia, aliud in Bibliotheca Regia, aliud

E

Romæ in Bibliotheca RR. PP. S. Baſilii. Alia quædam κονδάκια, ſive κοντάκια memorantur inferius in Diplomate Geraſimi Abbatis. Sunt porro Contacia ex utraque folii parte deſcripta; ita ut cum ad primæ paginæ finem pervenerint, ab eadem folii extremitate, vertendo chartam, ſecundæ paginæ lectionem ineant, pergantque donec ad baculum, unde ab altera pagina legere orſi ſunt, denuo recurrant.

Non prætermittenda δίπτυχα, *Diptycha*, quæ magno olim apud Græcos in uſu erant. Δίπτυχα vero a πτύσσω *plico* denominantur, erantque δίπτυχα teſte Suida, δύο περιβόλαια, ὡς τὸ μὲν ὑποστρώσασθαι, τὸ δὲ ἕτερον ἐπιβεβλῆσθαι. ſic legendum, non autem ἀποβεβλῆσθαι, ut habent veteres editi: nam ſic habet Heſychius, quem ad verbum pene refert Suidas, & ita ſenſus poſtulat. Erant itaque δίπτυχα, *duo operimenta, quorum aliud ſubſternebatur, aliud ſupra ponebatur*. Atque adeo hoc libri genus ab operimento, ut videtur, nomen habebat δίπτυχον, id eſt, duæ plicæ, intelligas operimenti tantum; licet plurima folia intus eſſent, eaque ratione πολύπτυχον dici poſſet. Diptychorum operimenta eburnea ſuperſunt hodieque in Theſauro Benedictinorum Compendienſi, quorum formam in æs incidi curavit Jac. Sirmondus, deindeque Mabillonius noſter. Priſca tamen origine videntur diptycha fuiſſe bina folia, ut obſervarunt bene multi, plerumque eburnea, quæ muneris loco mittebantur. Uſu Eccleſiaſtico in Diptychis ſcribebantur Epiſcoporum, qui ſancte obierant, nomina: delebantur autem ſi quando impie ſenſiſſe, vel Hæretici fuiſſe deprehenderentur. Erant autem diptycha vivorum, qui vel dignitate, vel munificentia in Eccleſiam, præfulgebant. Diptycha etiam mortuorum, qui pie obdormierant. Cæterum de Diptychis infinita prope adjici poſſent, quæ non ſunt præſentis inſtituti: adeantur qui rem fuſius agitant.

CAPUT V.

De Scribis & Librariis; nempe de Calligraphis, Tachygraphis & Notariis: de Chryſographis, &c. De variis Calligraphorum ritibus, & de Notis eorumdem.

SCRIBAS & Librarios priſce appellabant Græci γραμματέας: quæ tamen vox, pro Scribis item publicis, nec ſine quadam dignitatis nota, accipiebatur: aliquando item γραμματεὺς, de literato & docto viro dicitur. Nicetas Choniates γραμματέας pro Scribis ſimpliciter accipit: ὡς γραμματέας ἡμᾶς τωθάζοντες, *quaſi Scribas nos ſugillantes:* locum vide ſuperius cap. 3. A multis vero ſæculis hæc vox minus frequentata ad Scribas deſignandos fuit: ſed paſſim adhibetur καλλιγράφος, *Calligraphus*, ita dictus, διὰ τὸ εἰς κάλλος γράφειν, *ob ſcribendi elegantiam:* ut habet Theophylactus Simocatta, qui ſub Mauricio & ſequentibus Imperatoribus florebat lib. 8. c. 13. ubi de nece Mauricii verba facit: ἔδει γὰρ ἄνδρα τινὰ τῶν εἰς κάλλος γραφόντων, ὃν ἐν συνθέσει φωνῆς καλλιγράφον ὀνομάζει τὰ πλήθη, γνώριμον καὶ ἡμῖν καθεστῶτα, μέχρι τετάρτης τῆς νυκτὸς εἰς οἰκίαν τινὸς καταπαννυχίζεσθαι; id eſt, *Oportebat enim virum quemdam eleganter literas efformantem, vulgus una voce Calligraphum nuncupat, quem & nos cognovimus, uſque ad quartam vigiliam noctis in cujuſdam ædibus pervigilare.* Idipſum narrat Theophanes de morte Mauricii agens, ac voce item καλλιγράφος utitur. Hæc vero nuncupatio priſci uſus eſſe deprehenditur : illam ſiquidem uſurpat Euſebius Hiſt. Eccleſ. lib. 6. cap. 17. Gregorius quoque Nazianzenus, & alii bene multi inferioris ævi, quibus adferendis ſuperſedeo, ne in re nota Lectorem detineam. In notis vero Calligraphorum mox adferendis ad annum 992. Neophytus, & ad annum 1045. Theopemptus, aliique Scribæ variis temporibus, ſeſe Calligraphorum nomine inſigniunt, uſuſque ad noſtram uſque ætatem devenit : nam Scribæ hodierni apud Græcos Calligraphi vocantur. Amanuenſes item apud Græcos præſertim medii ævi, γραφεῖς nuncupantur, ut videas infra ad annos 1105. 1127. 1296. & 1380. licet vulgari more γραφεὺς pictorem etiam ſignificet. γραφέα vero Scribam certiſſime denotare in tribus poſtremis exemplis perſpicue declaratur, videlicet annorum 1127. 1296. & 1380. Interdum etiam Scriba ἀπογραφεύς, ſive exſcriptor, dicitur : cujus vocis exemplum unum occurrit in ſubſcriptionibus infra.

Aliud Scribarum genus erat τῶν νοταρίων καὶ ταχυγράφων, *Notariorum & Tachygraphorum*, ἀπὸ τοῦ εἰς τάχος γράφειν, *a celeriter ſcribendo:* vocantur item ὀξυγράφοι, eodem ſenſu, σημειογράφοι, quaſi dicas *Notarum Scribæ*, unde vox *Notarius*. Erant autem Notarii, *arcanorum Scribæ*, τῶν ἀποῤῥήτων γραμμάτων, quorum officium erat celeri calamo literas exarare. Notariorum quidam numerus penes Imperatorem erat, quare Sozomenus l. 4. c. 10. ταχυγράφος βασιλικὸς ἐκ τοῦ τάγματος τῶν καλουμένων νοταρίων : *Tachygraphus ſeu velox Scriba Imperatorius ex ordine Notariorum, ut vocant.* Eorumdem item meminit Baſilius Epiſt. 178. ad Notarium : Syneſius autem ad Theophilum, de Tachygraphis hæc habet, καὶ τοῖς ταχυγράφοις τὰ ἀντίτυπα δοῦναι τῶν ἀντιγράφων : *& Tachygraphis exemplaria Antigraphorum tradere.* Tempus me deficeret, ſi quæ de Notariis & Tachygraphis traduntur ſingulatim recenſere aggrederer : de Notariorum enim variis officiis, deque mutationibus, quæ ad Notariorum Tachygraphorumque munia advectæ ſunt, magnæ molis libri confici poſſent. Meminiſſe ſufficiat Archiepiſcopos & Patriarchas, Notarios & Tachygraphos ſuos ad ſecretiores literas habuiſſe. Sic in ſubſcriptionibus infra ad annum 914. legitur, ἐγράφη χειρὶ Βαάνους Νοταρίου Ἀρέθα, ἀρχιεπισκόπου Καισαρείας Καππαδοκίας, ἔτει κόσμου ϛυκβ. Hoc eſt, *Scriptus eſt manu Baanis Notarii Aretæ Archiepiſcopi Cæſareæ Cappadociæ anno mundi 9422. nempe Chriſti 914.* In Actis vero Concilii Nicæni ſecundi, quidam Diaconus dicitur, Νοτάριος τοῦ ἁγίου Πατριαρχικοῦ σεκρέτου, *Notarius ſancti Patriarchalis ſecreti.* In ſubſcriptionibus infra ad annum 1124. Baſilius quidam, qui Codicem operum S. Joan. Damaſceni ſcripſit, ſeſe Notarium nuncupat. Ad annum vero 1168. Salomon quidam Scriba ſeſe vocat, Νοτάριον ἀπὸ Νοταρίων, *Notarium ex numero Notariorum*, Alibi item Notarii in fine librorum ſeſe ut Amanuenſes ſuis notis officiiſque produnt : imo vero ad annum 1286. quidam Michaël qui Scalam Climaci ſcripſerat, ſeſe ταχυγράφον appellat : alii ταβουλάριοι & ταβελλίωνες vocitantur, Tabularii & Tabelliones, voce Latina, ut in exemplis inferius animadvertas. Aliquando Notarii & Tachygraphi ἀπὸ κωδικέλλων dicuntur, ſic in vita S. Theodori Stratelati Lambec l. 4. p. 125. ἐγὼ δὲ παρήμην ὁ ταχυγράφος Οὔαρος καὶ ἀπὸ κωδικέλλων, ὁρῶν τὰς κολάσεις, id eſt, *Ego autem aderam Tachygraphus Varus a Codicillis, ſupplicia videns.*

Hinc vero colligitur Notarios & Tachygraphos, libris describendis deputatos, & Calligraphorum officio functos esse, nec tantum literis secretioribus operam dedisse: vel fortasse aliquando Calligraphos & Notarios permixtim acceptos habitosque fuisse; licet a principio omnino diversa munia fuerint, siquidem Suidas habet de Ambrosio Origenis amico agens: ταχυγράφους αὐτῷ παρέσχηκας ἑπτὰ, πλείους δὲ καλλιγράφους, *deputatis illi Tachygraphis septem, pluribus autem Calligraphis.* Atque ut a Græco haud ita pridem accepi, hæc distinctio Calligraphos inter & Tachygraphos hactenus perseverat in Græcia.

Ex supradictis liquet Tachygraphiam priscæ originis esse, quandoquidem Tachygraphos videmus jam primis Ecclesiæ sæculis memoratos. Ut autem a celeri scriptione nomen habent; hinc colligitur illam jam ante quartum Christi sæculum in usu fuisse. Quia vero pristina servata characterum forma unciali videlicet & quadra, non posse videtur currenti, ut aiunt, calamo scribi; hinc inferas necesse est jam tum mutatum à Tachygraphis fuisse vetustum illum scribendi morem. Et cum ad celerem scriptionem maxime conducant literarum colligationes, cum scilicet uno nec intermisso calami cursu plures literæ conjunguntur: itemque abbreviationes, cum nempe aliquo expedito ductu vel syllabæ vel integra verba significantur; utrumque velociter scribendi modum jam tum invectum fuisse verosimile est: idque ad literas tantum Imperatorias, aliasque epistolas Notariorum manu conscriptas: nam in Libros & Codices Tachygraphia non videtur ante octavum sæculum inducta; ut inferius dicetur Libro quarto. Characterum porro colligatio & abbreviationum usus infimis sæculis, a nono scilicet sæculo, a Calligraphis quibusque usurpata deprehenduntur. De Tachygraphia pluribus agitur, præsertim initio quarti Libri, ubi vide sis.

Præter Calligraphos & Tachygraphos, erant olim apud Græcos Chrysographi, χρυσογράφοι, qui, ut ipso nomine indicatur, literis aureis scribebant: cujus scriptionis artificium in quibusdam opusculis manuscriptis Bibliothecarum Regiæ & Cæsareæ edocetur. Ea de re, necnon de Libris aureo charactere exaratis, primo hujusce Libri capite actum fuit, ubi de Chrysographia Græca opusculum edidimus.

Κρυπτογραφίαν, sive arcanum scribendi modum, apud Græcos frequentatum observamus. Κρυπτογραφίαν vero duplici modo fieri deprehendimus, per commutationem scilicet literarum, ac per novam & inusitatam characterum formam: utriusque scribendi rationis Alphabeta varia, cum exemplis exhibemus in speciminibus undecimi sæculi libro quarto, ubi quamplurima non minus singularia, quam utilia & occulta, recensebuntur.

Nec omittendum est, præter vocem γράφειν, quæ vulgari usu scribere significat, aliam esse a Calligraphis infrequentius adhibitam, nimirum ξύω, cujus exempla quædam in notis Calligraphorum infra deprehendas; nempe ἐξύσθη τὸ παρὸν βιβλίον, *scriptus est hic Liber*, &c. Postquam de variis Amanuensium nominibus & officiis actum est, jam quædam alia nobis observata scituque digna referre ne pigeat, & quidem confertim, ut menti sese primum offerent.

In fine Homiliarum, Opusculorum, Librorumque singulorum plerisque Calligraphi titulum, ut initio posuerant, repetunt, exempli causa: Πεδανίου Διοσκουρίδου περὶ ὕλης ἰατρικῆς λόγος τρίτος, *Pedanii Dioscoridis de materia medica liber tertius*; τοῦ ἐν ἁγίοις πατρὸς Ἀθανασίου ἀρχιεπισκόπου Ἀλεξανδρείας κατὰ Ἀρειανῶν λόγος δεύτερος. *S. P. nostri Athanasii Archiepiscopi Alexandrini contra Arianos liber secundus.* Qui mos item apud Latinos Amanuenses, nec infrequenter, observatur, *Explicit liber S. Bernardi de Consideratione ad Eugenium.* Neque vero supervacanea diligentia ea fuisse dicatur: nam si semper hoc ritu actum fuisset, multa jam ἀκέφαλα opuscula sunt, quæ cujusnam sint non ignoraretur: sed sublato titulo Auctoris nomen intercidit.

Plerumque accidit ut, membranæ penuria, Calligraphi vetustissimis manuscriptis abstersa ac deleta priore scriptura, novam inferrent, ita ut quoddam ceu palimpsestum fieret, etiamsi nonnumquam vetustiora illa novis & superinductis longe præstantiora essent. Illud vero frequenter animadvertimus; nimirum in Codicibus Regiis non paucis, in Colbertinis tribus, in Seguerianis, in Codicibus RR. PP. S. Basilii Romæ duobus, in aliisque per Italiam. Ex iis vero quidam usque adeo erasam & deletam priorem scripturam habent, ut vix antiquiores illæ literæ appareant; in aliis autem priora illa hactenus, licet non sine labore, legi possunt.

Nec tacendum est Calligraphos, ne diuturnitate scribendi oculis laborarent, remedio quodam, ἁλάτιον *Halatium* dicto, usos fuisse: qua de re insignem locum adferam ex Cod. 3497. Regio, fol. 156. ἁλάτιον τοῦ ἀποστόλου καὶ εὐαγγελιστοῦ Λουκᾶ, δωδεκάθεον ὀνομαζόμενον, εἰς πάντα τὰ πάθη, ἐξαιρέτως εἰς ἀμβλυωπίαν, ᾧ καὶ οἱ καλλιγράφοι χρῶνται; id est, *Halatium (sive medicamentum ex sale confectum,) S. Apostoli & Evangelistæ Lucæ, Dodecatheon dictum, omnibus morbis curandis utile, præsertim oculorum restituendæ aciei, quo etiam Calligraphi utuntur.* Ubi notes velim, vocem, δωδεκάθεον, *duodecim deorum*, qua medicamentum illud antiquitus insigniebatur, ex Gentilium superstitione manasse: qui duodecim deos, aliorum primipilares, enumerabant, his duobus versibus enuntiatos.

Juno, Vesta, Minerva, Ceres, Diana, Venus, Mars.
Mercurius, Jovis, Neptunus, Vulcanus, Apollo.

Magnifico autem τοῦ δωδεκαθέου nomine, remedii vim & præstantiam declarabant.

Notas & subscriptiones ad calcem Librorum subjiciunt frequentissime Calligraphi & Notarii, quibus annum & tempus frequentius, itemque nomina Imperatorum, & sua, vel etiam gesta quædam insignia sui temporis, indicant. Illas vero Calligraphorum Notas, in fine Codicum adscribi solitas, quotquot scilicet exscribere variis in Bibliothecis, vel amicorum ope nancisci, potuimus, ad commodum Lectoris hic adferre non abs re duximus. Hinc enim multa excerpuntur rerum documenta; vetustas videlicet Codicum ex anni, mensis & indictionis significatione, quam in plerisque exemplaribus prima manu adjunctam videmus & observatam: Calligraphorum nomina, conditio & plerumque dignitas: nam vel primores Imperii Constantinopolitani scribendi operam non dedignatos esse deprehendimus. Ex anni vero significatione accidit, ut in Codicibus qui notam non habent, sunt autem ii bene multi, ex aliis qui & ætatis & Calligraphi nomen circumferunt, non sæculum modo, sed etiam manum internoscere persæpe liceat, quod non semel experti sumus. Illud etiam emolumenti hinc emerget, quod aliquot Scriptorum ætatem deprehendere possimus. Exempli causa, si Possevinus Codicum ubi Maximi Planudis opera continentur subscriptiones vidisset, annum 1360. præferentes, nequaquam dixisset Maximum Planudem decimo-quinto sæculo scripsisse: qua in re manifeste lapsus est, nam sub initium decimi-quarti florebat.

Huc accedit item Ecclesiarum, Monasteriorum, Locorum & Bibliothecarum notitia: hæc omnia siquidem passim indicant Amanuenses, ut sequenti Capite videas. Ad hæc vero, cum singulares rerum eventus suo tempore acciderent, ipsos Calligraphi multi adscribere non negligebant: ita ut annum, mensem, diem, imo horam non infrequenter consignarent. Nec modo eas, quæ prima manu exaratæ sunt, notas; sed etiam alias variæ manus & ætatis, si quæ observatu dignæ sunt, edendas censuimus; rati nihil eorum suo fructu carere, sed ad Græcæ vetustatis & scriptionis notitiam plurimum conducere. Aliæ autem notulæ a nugacibus Græculis in fine vel initio librorum adjectæ, etsi non hujusmodi sint ut mereantur in publicum edi, vetustatis tamen exploratoribus non prorsus inutiles sunt: nam in Codicibus, exempli causa decimi sæculi, initio & fine, ac plerumque in marginibus, undecimi, duodecimi, tertii-decimi & sequentium sæculorum manus observantur in Notulis istiusmodi, cum anni plerumque significatione; unde prioris manus ætatem deprehendere & asserere liceat.

Si quando Amanuenses ejus Codicis, quem exscribunt, notam adferant, quod rarius contingit, etiam tempus annotant, quo apographum suum ediderunt: sed ut plurimum notas illas priores penitus negligunt, suasque solum adscribunt. Nusquam vero accidit, in Codicibus saltem quos evolvere & quorum ætatem explorare licuit; ut notam alterius vetustioris Calligraphi exscribant, non apposita sua.

Notas porro Codicum omnes, quas excerpere potuimus, hic subjiciemus: sive nomen tantum Calligraphi ferant, sive quidpiam notatu dignum enuntient, vel temporis notam, vel annum diserte consignent; sive hæc omnia simul, quod non raro contingit. Annum siquidem Amanuenses Græci frequenter annotant, itemque mensem, indictionem, diem, imo horam interdum, qua absolutum opus fuit. Annum autem Græci secundum æram suam communem ducunt a creatione mundi, numerantque annos ante Christum natum 5508. quos si demas a Scribarum notis, annum Christi reperias. Exempli causa, si notetur ad calcem annus 6550. deme annos 5508. & qui superest numerus 1042. annum Christi indicabit. Hic porro animadvertas, notam anni quæ a Gerardo Vossio in Præfatione ad opera S. Ephræmi adfertur, ubi Codex jussu S. P. Niconis dicitur scriptus a Iona quodam ἔτει φλα, anno 531. necessario vitiosam esse. Non potest enim annum Christi indicare, quia nec apud Græcos, nec apud Latinos illo tempore in usu erat annos a Christi ortu numerare. Verum qui hanc notam exscripsit, millenarium haud dubie prætermisit; sive illud erasum e Manuscripto fuerit, sive oscitantiâ neglectum sit. Quare legendum omnino videtur, ϛφλα. anno, mundi scilicet, 6531. id est Christi 1023. uti comprobant exempla illa bene multa, quæ mox adferemus.

Aliquando memorant Calligraphi Imperatores sui temporis, rarius Patriarchas Constantinopolitanos: qui in Sicilia scripserunt, Reges Siciliæ: qui in Oriente, Arabes Principes atque Turcas. Non desunt qui annos numerent a morte Alexandri, & ab initio regni Philippi Aridæi: pauciores e Græcis qui postremis sæculis scripserunt & Calligraphiæ munus obierunt, a Diocletiano Imperium ineunte computant: quorum omnium exempla jamjam aderunt. Quid quod in unum incidi Codicem, in Italia, ubi anni, a fundatione Templi S. Sophiæ Constantinopolitani, ducuntur? Has vero posteriores annorum notas arbitratu quisque suo adjiciebat: de more autem & consuetudine annos, uti diximus, a conditu mundi numerabant.

Notas vero & subscriptiones hujusmodi ad usque sæculum decimum-sextum produxi. Licet enim de veteri tantum Græcorum scriptione agere destinaverim, quia infimis sæculis nimias & multipliciores manuum notas varietatesque deprehendimus, quam ut possint singulæ exhiberi, quod sane perquam minimo fructu fieret; attamen cum in subscriptionum recensione chronologico ordine procedamus; hasce notas ad usque sæculum XVI. subsequi visum est; ut quisque noverit, quinam Calligraphi tantam Manuscriptorum copiam exaraverint, quantam extremis sæculis videmus emissam.

CAPUT VI.

Notæ ac nomina Calligraphorum a tertio sæculo ad decimum-tertium.

QUÆ vetustissima occurrit nota hujusmodi, excerpta fuit olim ex codice Apollinarii Cœnobiarchæ, qui Codex jamdiu, ut videtur, vetustate & situ periit: habeturque in Exemplari olim Renati Marchali, nunc vero RR. PP. Jesuitarum Collegii Ludovici Magni. In nota autem hujusmodi fertur, Exemplar illud vetustius ipsius Origenis manu emendatum fuisse: in eadem vero nota legitur Eusebium Scholia adjecisse Exemplari, quod ad Origeniani fidem exscriptum fuerat, sic vero legebatur, *Ego Eusebius Scholia adjeci:* diciturque Pamphilum & Eusebium emendasse Codicem. Ita ut autographum illud jussu Origenis descriptum, ab ipso Origene emendatum, apographum vero illius ab Eusebio deinde Scholiis illustratum, & a Pamphilo & Eusebio simul, correctum fuerit. Notam integram mox adferemus. III. & IV. sæc.

Notæ Codicum vetustissimorum a quinto ad nonum usque sæculum.

Codex vetustissimus Cæsareus, Dioscoridis opera complectens, de quo pluribus agit Petrus Lambecius in Bibliotheca Cæsarea Lib 2. c. 7. ineunte sexto sæculo descriptus fuit ad usum Julianæ Augustæ, cujus pater erat Flavius Anicius Olybrius Imperator, mater autem Placidia Augusta Valentiniani tertii filia, ut palam est ex ipsius Julianæ Augustæ schemate cum aliis figuris elegantissima pictura expressis, circumposito nomine V. vel VI. sæc.

ΙΟΥΛΙΑΝΑ: qua de re, necnon de reliquis depictis ejus Codicis Tabellis, quæ vere Augustam præferunt magnificentiam, fusius agitur Libro III. Cap. II. adferturque Julianæ figura, ut à Lambecio expressa fuit. In primi folii pagina priori, recentiore manu legitur, τὸ παρὸν βιβλίον, τὸ Διοσκουρίδου, παντάπασι παλαιωθέντα καὶ κινδυνεύοντα τελείως διαφθαρῆναι, ἐστάχωσεν ὁ χορτασμένος Ἰωάννης, προστάξει καὶ ἐξόδῳ τοῦ τιμιωτάτου ἐν μοναχοῖς κυρίου Ναθαναήλ, νοσοκόμου τηνικαῦτα τυγχάνοντος ἐν τῷ ξενῶνι τοῦ Κράλη ἔτους ϛ ϡ ι δ: hoc est, *Hunc librum Dioscoridis, cum vetustate prorsus laboraret, ac periculum esset ne penitus interiret, compegit Chortasmenus, sive Alumnus Joannes, jussu & expensis honoratissimi in Monachis Domini Nathanael, nunc Nosocomi Xenodochii Cralis anno 6914.* hoc est Christi 1406. σταχόνω apud Græcos infimi ævi, est librum compingo, sive operculis instruo: κράλης autem dicebatur Rex Serviæ, *Crales Serviæ* & uxor ejus κράλαινα, *Cralæna.*

VII circiter sæculi. In vetustissimo & elegantissimo Codice Renati Marchali, qui nunc est RR. PP. Jesuitarum Collegii Ludovici Magni, habentur Prophetæ cum lectionibus veterum Interpretum ad marginem: estque conscriptus literis uncialibus quadris; cum accentibus & spiritibus. Ante Hesaïam hæc leguntur, a Joanne Curterio in præliminaribus ad Procopii in Hesaïam Commentarium edita Paris. anno 1580.

Μετελήφθη ὁ Ἡσαΐας ἀπὸ ἀντιγράφου τοῦ Ἀββᾶ Ἀπολιναρίου τοῦ κοινοβιάρχου, ἐν ᾧ καθυπόκειται ταῦτα· μετελήφθη ὁ Ἡσαΐας ἐκ τῶν κατὰ τὰς ἐκδόσεις ἑξαπλῶν. ἀντεβλήθη δὲ καὶ πρὸς ἕτερον ἑξαπλοῦν, ἔχον τὴν παρασημείωσιν ταύτην. Διώρθωνται ἀκριβῶς πᾶσαι αἱ ἐκδόσεις. ἀντεβλήθησαν γὰρ πρὸς τετραπλοῦν Ἡσαΐαν· ἔτι δὲ καὶ πρὸς ἑξαπλοῦν. πρὸς τούτοις, καὶ ἀπὸ τῆς ἀρχῆς, ἕως τοῦ ὁράματος Τύρου, τόμων ἐξηγητικῶν εἰς τὸν Ἡσαΐαν Ὠριγένους, καὶ ἀκριβῶς ἐπιστήσαντες τῇ ἐννοίᾳ καθ' ἣν ἐξηγήσατο ἑκάστην λέξιν, καθὼς οἷόν τε ἦν, καὶ πᾶν ἀμφίβολον κατὰ τὴν ἐκείνου ἔννοιαν διωρθωσάμεθα. πρὸς τούτοις συνεκρίθη ἡ τῶν ἑβδομήκοντα ἔκδοσις, καὶ πρὸς τὰ ὑπὸ Εὐσεβίου εἰς τὸν Ἡσαΐαν εἰρημένα. καὶ ἐν οἷς διεφώνουν, τῆς ἐξηγήσεως τὴν ἔννοιαν ζητήσαντες, πρὸς αὐτὴν ἐδιωρθώσαμεν.

Id est, ex Versione Curterii.

Descriptus est Hesaias ab Exemplari Abbatis Apollinarii Cænobiarchæ, in quo ad finem isthæc adjiciuntur. Desumptus est Hesaias ab editione Hexaplorum: collatus autem cum Hexaplo alio, in quo ista annotantur: Accurate editiones omnes correctæ sunt. Collatæ enim fuerunt cum Tetraplo Hesaia & cum Hexaplo. Ad hæc, ab initio etiam usque ad visionem Tyri, accuratius emendatus est. Usi enim sumus ad finem usque visionis, quæ de Tyro est, tomis Origenis, in quibus Hesaiam explicat: & sedulo advertentes quo sensu singulas dictiones sumsisset, quantum potuimus, omne dubium ex sensu ipsius correximus. Præterea collata est etiam quæ LXX. Virorum est Editio, cum iis quæ in Hesaiam scripsit Eusebius: atque in quibus erat varietas, ex indagato explicationis sensu eam ipsi quoque correximus.

Deinde ante Ezechielem:

Μετελήφθη δὲ ἀπὸ ἀντιγράφου τοῦ Ἀββᾶ Ἀπολιναρίου τοῦ κοινοβιάρχου, ἐν ᾧ καθυπόκειται ταῦτα. μετελήφθη ἀπὸ τῶν κατὰ τὰς ἐκδόσεις ἑξαπλῶν, καὶ διωρθώθη ἀπὸ τῶν Ὠριγένους αὐτοῦ τετραπλῶν, ἅ τινα καὶ αὐτοῦ χειρὶ διώρθωτο, καὶ ἐσχολιογράφετο.

Ο Εὐσέβιος

Ὁ Εὐσέβιος ἐγὼ σχόλια παρέθηκα. Πάμφιλος καὶ Εὐσέβιος ἐδιωρθώσαντο.

Id est ex ejusdem Interpretatione.

Descriptus est (Ezechiel) ab Exemplari Abbatis Apolinarii Cœnobiarchæ, in quo subjiciuntur quæ sequuntur. Exscriptus est ab Editionum Hexaplis, & correctus adhibitis Origenis ipsius Tetraplis, quæ etiam manu ejus emendata sunt, & scholiis illustrata. Ego Eusebius Scholia adjeci. Pamphilus & Eusebius correxerunt.

Codex Colbertinus num. 5149. ex Insula Cypro in Bibliothecam Colbertinam advectus anno 1673. est membranaceus unciali charactere descriptus; non quadro illo ac rotundo, sed oblongo & erecto; non autem deflexo & alteram in partem propendente, ut alii in speciminibus prolatis ad Librum tertium. Isti vero reclinati in utramvis partem & deflexi unciales characteres, aliis recentiores esse videntur: etsi ea de re non possit tutum ferri judicium. Hic igitur Liber quatuor Evangelia complectitur cum Synaxariis initio præfixis, & hanc habet notam, prima manu scriptam, sed a tineis deturpatam, ut vix legatur, ἐγράφη δὲ ἡ δέλτος διὰ χειρὸς VII. aut VIII. sæc.

α ζου θου καὶ ἐκκεφαλεώθη

δούλου προσδέξη ταύτην ἡ πανάγια θεοτόκος καὶ ὁ ἅγιος Εὐτύχιος.

κύριος δὲ ὁ θεὸς διὰ πρεσβειῶν τῆς ὑπεραγίας θεοτόκου καὶ τοῦ ἁγίου Εὐτυχίου χαρίσηται

ἡμῖν .... τὴν οὐρανῶν αἰωνίζουσαν, ἀμήν.

Postrema syllaba ζου ad nomen Calligraphi pertinet, reliquæ exciderunt, sensus hic est. *Scriptus est hic Liber manu peccatoris* *zi*

hunc accipiat sanctissima Deipara & S. Eutychius. Dominus vero Deus intercessionibus sanctissimæ Deiparæ & S. Eutychii largiatur nobis vitam in cœlis æternam, amen. Hic igitur Evangeliorum Liber pro Ecclesia S. Eutychii descriptus videtur.

Codex operum Joannis Damasceni & aliorum, ad cujus fidem scriptus fuit anno Christi 1279. codex Regius Bombycinus num 2951. de quo inferius ad annum 1276. ubi sic notatur: μετεγράφη δὲ ἀπὸ βιβλίου εὑρεθέντος ἐν τῇ παλαιᾷ βιβλιοθήκῃ τῆς ἁγίας ἐκκλησίας τῆς πρεσβυτέρας Ῥώμης· ὅπερ βιβλίον ἐγράφη καὶ αὐτὸ ἐν ἔτει, ς σ ξ ζ ὡς ἀριθμεῖσθαι τοὺς χρόνους τοῦ τοιούτου βιβλίου ἄχρι τοῦ παρόντος ιζ πρὸς τοῖς πεντακοσίοις: quæ sic interpretamur: *Exscriptus est autem ex Libro, qui repertus est in veteri Bibliotheca sanctæ Ecclesiæ senioris Romæ: qui Liber scriptus fuerat anno 6276. (id est, Christi 759.) ita ut a præcedenti Libro ad præsentem, anni numerentur 517.* Totam inscriptionem, sane singularem, habes infra ad annum 1276. Prior autem ille Liber ex veteri Romana Bibliotheca erutus, an exstet hodie, an perierit, ignoratur. Circa notam anni priorem, quæ ex codice Romano excerpta dicitur; necnon de titulo, quædam difficultas oboritur, de qua inferius ad annum 1276. anno 759.

Notæ Codicum noni sæculi.

Codex Monasterii S. Michaëlis in Lotharingia Psalterium complectitur unciali charactere Græce conscriptum a Sedulio Scoto, qui teste Hepidamo S. Galli Monacho, florebat anno Christi 818. In fine autem eadem ipsa manu legitur, ἐγὼ Σηδύλιος Σκῶτος ἔγραψα, *Ego Sedulius Scotus scripsi.* Hujus Libro tertio specimen datur, pluribusque edisseritur de ipso Scoto; deque Codicis forma. IX. sæculi

Circa medium IX. sæc. In Codice olim Sangermanensi, qui dudum subreptus nobis fuit ab nescio quo improbo: est autem Glossarium Græco-Latinum, ab Henrico Stephano, Josepho Scaligero, aliisque viris memoratum; habetur in fine nota, quæ dicitur a Martino quodam descripta fuisse, ibique versus quidam sunt incompti & barbari partim a Joanne Scoto Erigena, partim a Martino facti, manus autem ejusdem notæ est unius Martini. In illa autem Nota laudatur Carolus Calvus tunc imperans, Ermentrudis ejus uxor, Hincmarus & Liuddo, atque ipse Joannes Scotus Erigena, qui immerito *gloria Græcorum* dicitur. Codicem numquam inspexi: sed qui carmina illa ineptissima ad calcem Præfationis Glossario Labbæi 1679. præfixæ, retulit, putat Glossarium illud Sangermanense unciali charactere scriptum, vetustius esse nota illa & carmine a Martino scripto. In fine carminum hoc legitur, ελλωις γραψε Μαρτινος γράμματα αὐτά, *Martinus hæc Græce scripsit.* Qua una subscriptione arguitur, Martinum Doctoris nomine immerito exornari in titulo Carminum.

Anno circiter 880. Codex Regius num. 1809. membraneus, ingentis molis, pulcritudine & elegantia nulli concedit: scriptus, ut exploratum videtur, ad usum Basilii Macedonis Imperatoris, cujus & totius Familiæ pictura initio comparet in paginis duabus, fundo aureo. Tabulæ autem Basilium, Uxorem & Filios exhibent, adscriptis circumquaque Iambis, ubi Calligraphus Basilium quasi tunc imperantem alloquitur. Totus Codex vere Augustam præfert magnificentiam. Nam quadraginta-quinque Tabulis prægrandibus depictis, auro fulgentibus, res a Gregorio Nazianzeno, cujus hîc opera continentur, enarratæ, variis picturis repræsentantur. Hujus Codicis una cum specimine peramplam descriptionem habes Libro tertio.

Anno 890. Codex Colbertinus num. 340. Membranaceus complectitur vitas Sanctorum Maii, Junii, Julii & Augusti, non quales à Symeone Metaphraste concinnatæ sunt; sed quales erant ante quam Metaphrastes iis manum admoveret. Hic vero Codex, primus omnium, quos quidem viderim, annum mundi diserte præfert, sic enim ad calcem habet primâ manu.

Μνήσθητι σῶτερ δημιουργὲ τῶν ὅλων
Ταῖς τῆς ἀχράντου εὐχαῖς θεοτόκου
Τοῦ ἐμπόνως γράψαντος ΑΝΑΣΤΑΣΙΟΥ
Τὴν βίβλον ἥνπερ ταῖν χεροῖν μου νῦν φέρω.
Καὶ τάξον αὐτὸν ἐν δικαίων τῇ στάσει
Πολλῶν παρασχὼν ἀμπλακημάτων λύσιν

Et interjecto spatio.

Ἐπαύσε Χριστὸς δημιουργῶν σαββάτῳ
Κἀμοῦ δὲ παύει τοὺς πόνους ἐν σαββάτῳ
Μηνὶ Ἀπριλλίῳ ἰνδικτιῶνος ή. ἔτους, ϛ τ ϟ η

Id est.

Memento Servator, creator universorum
Precibus intemeratæ Deiparæ
ANASTASII, qui cum labore scripsit
Librum, quem manibus fero meis:

Et ipsum in statione Beatorum constitue,
Concessa multorum erratorum remissione.

Et interjecto spatio.

Christus finem fecit creandi Sabbato,
Et meis item laboribus finem adfert Sabbato.
Mense Aprili Indictione 8. *anno* 6398. *qui est Christi* 890.

Hujus specimen damus Libro quarto.

Hoc circiter tempore Petrus Patricius Librum Theodoreti Græcarum affectionum Leoni Sapienti Imperatori obtulit. Lambec. l. 4. p. 179.

Codex Regius num. 2130. membranaceus, Dioscoridis opera complectens, uncialibus characteribus exaratus in Ægypto putatur, ut pluribus videas in specimine Libro tertio. In fine autem legitur : IX. sæc.

Πεδακίου Διοσκουρίδου Αναζαρβέως
περὶ ὕλης ἰατρικῆς λόγος γ΄.
εὐτυχῶς χρῶ

ΔΙϹΦ

Id est.

Pedanii Dioscoridis Anazarbensis de materia & plantis ad Medicinam aptis, Liber tertius. Feliciter utere. Literas sequentes Calligraphi nomen esse puto, ac legendum, ut videtur, Διόδωρος, *Diodorus.*

Codex noster Sangermanensis complectens Vitas SS. mensis Augusti, ut erant ante Metaphrasten, fol. 255. habet, κύριε βοήθη (sic) τῷ σῷ δούλῳ Στιφαίῳ τῷ γράψοντα, ἀμήν. *i. Domine auxiliare servo tuo Stephano qui scripsit, amen.* Erat, ut vides, hic Græcus, linguæ suæ admodum imperitus.

Notæ Codicum decimi sæculi.

Codex Regius 2271. membr. ubi Clementis Alexandrini, Justini Martyris & aliorum opera, ad calcem habet : ἐγράφη χειρὶ ΒΑΑΝΟΥΣ ΝΟ Ἀρέθα ἀρχιεπισκόπου Καισαρείας Καππαδοκίας ἔτει κόσμου ϛυκη΄: hoc est, *scriptus est manu Baanis Notarii Aretæ Archiepiscopi Cæsareæ Cappadociæ, anno mundi 6428. nempe Christi 914.* A. 914.

Codex Regius num. 1965 membranaceus, ubi Joan. Chrysostomi Homiliæ, in fine legitur, ῥήματα λόγων, χρυσορήμονας τι ἑρμηνείας ἐμοῖς παλάμησι χαράξας, πολλὰ σολοικίζειν οὐκ ἐθέλων ἐδάην A. 939.

Ἐγράφη χειρὶ Στυλιανοῦ τοῦ πάλαινος, εὐκλεεστάτῳ Καλοκύρῳ πρωτοσπαθαρίῳ
ὦ ς ς τ
τῶν νομμ Βυζαν. ζ μηνὸς Ιανουαρίου, ἰνδ. ιβ΄. ἔτει κόσμου, ϛυμζ βασιλείας Ρωμαίων Κωνσταντίνου τοῦ πορφυρογεννήτου, Στεφάνου καὶ Κωνσταντίνου τῶν αὐτοκρατόρων (dubie legitur) καὶ φιλοχρίστων βασιλέων, πατριάρχου δὲ Θεοφυλάκτου υἱοῦ Ρωμανοῦ τοῦ ἀειμνήστου βασιλέως.

ὥσπερ ξένοι χαίρουσι πατρίδα βλέπειν
οὕτως καὶ τοῖς κάμνουσι βιβλίου τέλος.

Hoc est,

Verborum schemata, & vere aureas interpretationes manu describens, in multa errata me vel invitum incidisse comperi.

Scriptus est manu Styliani miseri clarissimo Calocyro Protospathario septima mensis Januarii Ind. XII. anno mundi 6447. scilicet Christi 939. Imperantibus Romano, Constantino Porphyrogenito, Stephano, & Constantino, Christi amantibus Imperatoribus: Patriarcha autem Theophylacto filio Romani semper memorandi Imperatoris.

Ut peregrini gaudent conspecta patria,
Sic qui libro scribendo vacant, conspecto fine.

A. 943. Codex membraneus Dominicanorum S. Marci Florentiæ. Expositiones S. Joannis Chrysostomi in Evangelia. In fine legitur: ἐγράφη τὰ θεῖα καὶ ζωοποιὰ περιέχοντα εὐαγγέλια, ἤτοι αἱ περὶ τούτων καὶ εἰς αὐτὰ ἑρμηνεῖαι θεῖαι Ἰωάννου τοῦ παμμακαρίου ἀρχιερέως Κωνσταντινουπόλεως τοῦ Χρυσοστόμου· ἐξ ἐπιμελείας μὲν Γεωργίου τοῦ θεοφιλεστάτου ἀρχιερέως καὶ πρωτεπισκόπου Εὐρίπου. διὰ χειρὸς δὲ Σισιννίου τοῦ ταπεινοῦ καὶ δευτερεύοντος καθολικῆς ἐκκλησίας, μηνὶ Απριλλίῳ ιε. ἰνδ. α. ἔτους ϛυνα; hoc est, *Descripta sunt hæc sacra & vivifica Evangelia, sive divinæ Expositiones in illa, beatissimi Archiepiscopi Constantinopolitani Joannis Chrysostomi; curâ quidem Georgii Religiosissimi Pontificis & Protepiscopi Euripi; manu autem Sisinnii humilis Presbyteri & secundarii Catholicæ Ecclesiæ; mensis Aprilis decima quinta, Indictione prima, Anno 6451. scilicet Christi 943.* Alius item Codex Bibliothecæ Dominicanorum Florentinorum, ex Euripo sive ex Eubœa istuc advectus est, ut infra videas ad annum 1386.

A. 955. Codex Colbertinus membranaceus num. 399. S. Joan. Chrysostomi in Matthæum. Ad calcem legitur: ἐπληρώθη σὺν θεῷ ἡ ἱερὰ αὕτη βίβλος μηνὶ Ὀκτωβρίῳ κζ. ἰνδικτιῶνος ιγ. ἔτους κόσμου ϛυξγ. γραφεῖσα διὰ χειρὸς Ἰωάννου ἐλαχίστου πρεσβυτέρου. Hoc est, *Absolutus est cum Deo hic sanctus Liber mensis Octobris 27. Indictione 13. anno mundi 6463. nempe Christi 955. scriptus manu Joannis minimi Presbyteri.*

Et pagina sequenti.

Ἀνεκαινίσθη δὲ πάλιν κατὰ τὸν τυχόντα καιρὸν καὶ τοῦ ἐνεστῶτος ἐνιαυτοῦ, ἤγουν ἰνδικτιῶνος πέμπτης ἔτους ϛχν διὰ προστάξεως τοῦ εὐτελοῦς μοναχοῦ Κλήμεντος καὶ ἁμαρτωλοῦ, καθηγουμένου δὲ τῆς σεβασμίας μονῆς τῶν ἱερέων, εἰς μνημόσυνον αὐτοῦ. καὶ οἱ ἀναγινώσκοντες εὔχεσθε ὑπὲρ αὐτοῦ, ἵνα ῥυσθῇ τῆς αἰωνίου κολάσεως. hoc est, *Restauratus est autem hoc tempore & anno præsenti, videlicet Indictione quinta anni 6650. id est. Christi 1142. jussu exigui Clementis peccatoris, Cathegumeni, sive præfecti, venerandi Monasterii τῶν* Ἱερέων, *seu Sacerdotum, ad memoriam sui. Quotquot legeritis precamini pro illo, ut ab æterno supplicio eruatur.* Hæc autem Codicis renovatio in ultimis tantum foliis observatur.

A. 964. Codex Regius numero 3424. membranaceus elegantissime scriptus; complectitur quatuor Evangelia, cum capitibus Evangeliorum & Canonibus Eusebii, aureo charactere descriptis, ac pictura varia exornatis, in capite quatuor Evangeliorum ad singula, singuli Evangelistæ depinguntur perita manu, stantes & librum manu tenentes. In fine legitur altera manu, sed non multum inferioris ævi, ἐγράφη Νικηφόρου βασιλεύοντος, *Scriptus est Nicephoro regnante,* & inferius Π Z, id est, *indictione septima.*

His ſubſcribitur Latine manu annorum plus quam ducentorum: *Regnavit hic Nicephorus anno Domini octingenteſimo tempore Carol. Magni.* Verum ex nota Indictionis conficitur hunc Librum ſcriptum eſſe anno 964. Nicephoro Phoca regnante. Qua de re pluribus in ſpecimine ejuſdem Codicis Libro quarto.

Codex Colbertinus 499. membranaceus, ubi Baſilii opera, in fine habet: Ἐγράφη ἡ παροῦσα βίβλος οἰκείᾳ χειρὶ Νικήτα πρωτοσπαθαρίου καὶ γεγονότος δρουγγαρίου τοῦ πλωΐμου ...... αὐτοῦ, ἀδελφοῦ Μιχαὴλ πατρικίου πραιποσίτου καὶ βέστου, γεγονότος πρωτοβεστιαρίου Νικηφόρου τοῦ φιλοχρίστου δεσπότου ὄντος αὐτοῦ ἐν τῷ δεσμωτηρίῳ Ἀφρικῆς, μηνὶ σεπτεμβρίῳ ἰνδ. ι. καὶ ἐπεδόθη ἐν τῷ ναῷ τοῦ ἁγίου ἐνδόξου μεγαλομάρτυρος Γεωργίου τοῦ Ὀριάτου πλησίον θεομορφ. ἐν ἔτει ςυοθ. ἰνδ. ιδ. Hoc eſt: *Scriptus eſt hic liber propria manu Nicetæ Protoſpatharii, qui fuit Drungarius nauticæ claſſis...... fratris Michaelis Patricii, Præpoſiti Veſti, qui fuit Protoveſtiarius Nicephori Chriſti amantis Domini. Cum eſſet ipſe in carcere Africæ, menſe Septembri, Indictione decima. Et oblatus eſt Eccleſiæ ſancti & glorioſi magni Martyris Georgii Oriati prope Theomorph. Anno* 6479. *nempe Chriſti* 971. *Indict.* 14. A. 971.

Codex Laurentianus membranaceus operum S. Joannis Chryſoſtomi Pluteo VIII. ſcriptus anno mundi 6481. Chriſti 973. à Joanne Sacerdote. A. 973. Atramentum priſcum nigrorem prorſus ſervavit.

Codex membranaceus in Bibliotheca Benedictinorum ſanctæ Mariæ Florentiæ, ubi Acta Apoſtolorum. In fine legitur: ἐγράφη αὕτη ἡ δέλτος ἰνδ. ιβ. ἔτει ςυϞβ διὰ χειρὸς Θεοφυλάκτου πρεσβυτέρου καὶ νομοδιδασκάλου. hoc eſt: *Scriptus eſt hic Liber Indictione duodecima, anno* 6492. *videlicet Chriſti* 984. *manu Theophylacti Presbyteri & in lege Doctoris.* A. 984.

Codex membr. Monaſterii Cryptæ Ferratæ, in quo Iſidori Peluſiotæ Epiſtolæ. Ad calcem hæc leguntur: Μνήσθητι κύριε Ἰησοῦ τῷ γράψαντι Παύλῳ, (ſic) χαριζόμενος αὐτῷ ὑπομονὴν καὶ ταπείνωσιν, δι' ὧν τῷ σῷ ἐλέει σωθῆναι δυνήσεται, εὐχαῖς τῷ ὑπ. γράψαντι πατρὶ κυρίῳ Νείλῳ, καὶ τοῖς ἀναγνῶναι μέλλουσιν ἐν τῇδε τῇ θεοπνεύστῳ βίβλῳ, ἀμήν. ἡ τις πεπλήρωται ἐν ςυϞδ ἔτει, μηνὶ Νοεμβρίῳ κζ. ς' τῆς ἑβδομάδος ἡμέρᾳ. Id eſt, *Memento Domine Jeſu, Pauli, qui ſcripſit, elargiens ipſi patientiam & humilitatem, quibus, per miſericordiam tuam, ſalutem nanciſci poterit: precibus Patris Domini Nili, qui hæc ſcribere juſſit, & eorum, qui hunc librum afflante Deo ſcriptum lecturi ſunt, amen. Is abſolutus fuit anno* 6494. *hoc eſt Chriſti* 986. *menſis Novembris* 27. *feria Hebdomadis ſexta.* A. 986.

Codex Colbertinus membranaceus num. 928. S. Dionyſii Areopagitæ opera, in fine habetur, ἀφιερώθη ἡ παροῦσα βίβλος μηνὶ Ἰαννουαρίῳ ζ. ἰνδ. ε. ἔτους ςφ. Id eſt, *Conſecratus eſt hic liber menſis Januarii ſeptima. Indictione quinta anni* 6500. *nempe Chriſti* 992. A. 992.

Codex membr. operum S. Maximi, in eodem Monaſterio Cryptæ Ferratæ, hæc habet in fine. ἔτει ςφ. ἰνδ. ε. Λουκᾶς ἡγούμενος μονῆς τῆς λεγομένης τοῦ ἁγίου πατρὸς Ζαχαρίου εἰς τὸ Μερκούριον, μηνὶ Νοεμβρίῳ εἰκάδι χρόνῳ δεκαμηνίῳ κεκοίμηται, ἡμέρᾳ σαββάτου, καὶ κέχωσται ἐν τῷ νάρθηκι τοῦ ἁγίου ἀγγέλου ἐν τῷ λεγομένῳ βαλλελουκίῳ σὺν Βαρνάβα τῷ ἡγουμένῳ, καὶ Νεοφύτῳ τῷ καλλιγράφῳ, καὶ Θεογνώστῳ τῷ πολυμαθεῖ (ſic) καὶ Ναυκρατίῳ, καὶ Ἀνδρέᾳ, καὶ Μαρκιανῷ τοῖς ἀδελφοῖς. ὁ λεχθεὶς καὶ τὴν βίβλον ἔγραψε ταύτην. *Anno mundi* 6500. *ſcilicet Chriſti* A. 992.

992. indictione quinta, Lucas Præfectus Monasterii, quod vocatur Sancti Patris Zachariæ in Mercurio, mensis Novembris vigesima, cum jam decem anni illius menses exacti essent, obdormivit die Sabbati, & sepultus est in Narthece, sive in vestibulo S. Angeli, qui locus dicitur Baltelucium, cum Barnaba Præfecto, & Neophyto Calligrapho, Theognosto eruditissimo viro, Naucratio, Andrea & Marciano fratribus. Is qui supra memoratus est hunc librum scripsit.

A. 997. Codex membranaceus in Bibliotheca Laurentiana Pluteo LXIX. ubi Plutarchi vitæ, scriptus dicitur manu Georgii Cubuclesii mense Julio, Indictione X. anno 6505. Christi scilicet 997.

X. sæculo. Codex Colbertinus elegantissimus membranaceus, in quo Eusebii Cæsariensis historia Ecclesiastica. Ad calcem legitur. ἐγράφη ἡ παροῦσα βίβλος τῆς ἐκκλησιαστικῆς ἱστορίας Εὐσεβίου τοῦ Παμφίλου ἐπὶ

τοῦ εὐλαβεστάτου ἡγουμένου

χειρὶ τοῦ ἁγιωτάτου . *Scriptus est hic liber Ecclesiasticæ historiæ Eusebii Pamphili, sub... piissimo Hegumeno, vel Abbate... manu...*

Quæ desunt arte erasa sunt, ita ut & Abbatis, cujus mandato scriptus est, & Calligraphi & anni nomina deleta sint: & quidem, ut æstimo, non ita multo post, quam exaratus fuerat. Quia videlicet cum in alias manus devenisset, is qui adeptus erat, & Abbatis cujus fuerat, & Scribæ nomen abstulit.

X. sæc. Codex membranaceus X. sæculi pulcre exaratus in Bibliotheca S. Justinæ Patavii, Homiliæ S. Basilii in Psalmos. In primis foliis hæc leguntur prima manu, Θευδάτου τοῦ ἐνδοξοτάτου Πατρικίου καὶ στρατηγοῦ τοῦ Ὀψικίου: id est, *Theudati præclarissimi Patricii, Ducis Obsequii.* De Obsequii dignitatibus agit Cangius in Glossario mediæ & infimæ Græcitatis ad vocem Ὀψίκιον. In sequenti pagina legitur, Πακουριανοῦ τοῦ ἐνδοξοτάτου Πατρικίου καὶ στρατηγοῦ τῆς Σάμου. *Pacuriani clarissimi Patricii & Ducis Insulæ Sami.* In tertia pagina habetur, ἐγράφη ἐπὶ βασιλέων Βασιλείου καὶ Κωνσταντίνου. *Scriptus est codex Basilio & Constantino Imperatoribus.*

X. sæc. Codex Regius membranaceus num. 2476. officia Græcorum mense Aprili & initio Maii. Codex X. sæculi caret principio & fine atque anni nota. Sed insignibus ævi posterioris notis munitur. Fol. 63. legitur. τῇ αὐτῇ ἡμέρᾳ μνήμη τῆς μακαρίας κυρᾶς Ἄννης (l. Ἄννης) Δαλασσηνῆς: *Ea ipsa die memoria beatæ Dominæ Annæ Dalassenæ.* Erat Anna Dalassena mater Alexii Comneni, Ducænæ familiæ infensissima, vide Alexiados Annæ Comnenæ lib. 3. Verum hic difficultas exsurgit: nam in Typico Irenes Augustæ, cujus socrus erat Anna Dalassena, legitur, Μηνὶ Νοεμβρίῳ α. τελείσθωσαν τὰ μνημόσυνα τῆς ἡγιασμένης μου δεσποίνης, καὶ πενθερᾶς τῆς βασιλείας μου, ὁμοίως. Hoc est, *Mensis Novembris I. fiant Commemorationes sanctificatæ Dominæ meæ, & socrûs Majestatis meæ, pari modo.* Ibi dicitur memoria Annæ Dalassenæ ad primam Novembris diem consignari, in hoc autem codice in vigesimam-septimam Aprilis rejicitur; nam ea ipsa dies notatur: inferendum sane est aut memoriam ejus mutatam fuisse, aut aliam Annam Dalassenam hîc memorari: quod postremum minus mihi probatur. Ejusdem Codicis fol. 33. Μηνὸς Ἀπριλλίου ιε ινδ. ς. ἔτους ςχς. ἐγεννήθη ὁ κῦρος Ἀνδρόνικος, sic cum duplici accentu. Hoc est, *Mensis Aprilis 15. Ind. 6. anno 6606. id est Christi 998. natus est Dominus Andronicus.* Hic Andronicus, secundus filius erat Alexii Comneni Imperatoris, de quo Irene mater ejus in memorato Typico, talia fatur, πληρώθωσαν τὰ μνημόσυνα τοῦ περιποθήτου υἱοῦ τῆς βασιλείας μου τοῦ πορφυρογεννήτου καὶ σεβαστοκράτορος κυροῦ Ἀνδρονίκου, καθ' ἣν ἡμέραν ἐκδημήσῃ, ὁμοίως; id est, *Fiant commemorationes dilecti filii meæ Majestatis meæ, Porphyrogeniti & Sebastocratoris, Domni Andronici, qua die obierit, eodem ritu.* Sebastocratoris nova dignitas ab Alexio Comneno instituta fuerat. Is erat ceu secundus Imperator. Nam Joannes natu maximus jam tum, vivente Patre, Imperator declaratus fuerat, ut habetur ibidem. Fol 41. hæc exstant ad imum paginæ notata, μηνὶ Ἀπριλλίῳ ιθ. ἡμέρα δ. ἰνδ. γ. ἐκοιμήθη ὁ δοῦλος τοῦ Θεοῦ Ἀδριανὸς, ὥρα α τῆς ἡμέρας, ἔτους ϛχιγ. μετονομασθεὶς δὲ Ἰωάννης μοναχός. *Mensis Aprilis decimo-nono die, feria quarta, Ind. 3. Obiit servus Dei Adrianus, hora prima diei anno 6613. nempe Christi 1105. mutato nomine vocatus est Joannes Monachus.* In usu erat apud Græcos ut in hora mortis Monasticum habitum induerent & nomen mutarent: quod nemini non notum est. Fol. 18. infima pagina legitur, Μηνὸς Ἀπριλλίου η ἰνδ. β. ἐκοιμήθη ὁ δοῦλος τοῦ Θεοῦ Κωνσταντῖνος σεβαστὸς ὁ Δούκας ἔτει ϛχπζ. οὗτος γὰρ ἀποσταλεὶς παρὰ ... καὶ ἁγίου ἡμῶν βασιλέως κυροῦ Μανουὴλ τοῦ Κομνηνοῦ εἰς φυλακὴν τοῦ ..... Ἀγκῶνος, τὸ ἀπὸ φωσσάτον τῆς Ἀλαμανικῆς χώρας, καὶ τῆς ὅλης Βενετίας διὰ κατέργων τοῦτον περικυκλοῦντας.... οὐκ ὀλίγους κατ' αὐτῶν συνάψας, ἐπὶ ἑπτὰ μῆνας κατὰ τοὺς ἐναντίους πολέμους ὑποστὰς τῇ τοῦ Θεοῦ βοηθείᾳ, καὶ τῇ ὑπερτάτῃ αὐτοῦ φρονήσει καὶ ἀνδρείᾳ τούτους κατὰ κράτος.... καὶ τελείως συντρίψας πρὸς τὸν βασιλέα, κατὰ λαὸν τοῦτον δοῦκα καὶ ἀρχηγὸν καταστήσας ἐπὶ πᾶσαν Διοκλῆα Δαλματίαν ... Δυρράχιον .... καὶ Σπάλαθρον . . . . καὶ ἐν τῷ ἰδίῳ οἰκήματι νόσῳ πλευρίτιδος περιπεσὼν, δι' ἡμέρας ἑπτὰ πρὸς κύριον ἀπεδήμησεν. Quæ sana supersunt sic Latinè exprimuntur: *Mensis Aprilis octavo die, Indict. 2. Obiit servus Dei Constantinus Ducas Sebastus, anno 6687. i. Christi 1179. Hic quippe missus à sancto Imperatore nostro Domno Manuele Comneno ad custodiam ..... Anconæ, circumventusque Alamanica & Veneta triremium classe, multis adversus eos commissis prælis, Dei præsidio, ac summa prudentia virtuteque sua, postquam septem mensium spatio illorum impetum excepisset, demum devictis illis penitusque contritis, Duce alio iis in partibus, ad præfecturam Diocleæ, Dalmatiæ ..... Dyrrachii, ... & Spalatri constituto, ad Imperatorem reversus est .... & in propria domo, in pleuritidis morbum delapsus, post septem dies ad Dominum migravit.* De Anconitana expeditione vide Nicetam Choniatem, & Cinnamum in Manuele Comneno Imperatore.

Codex Regius 3265. membranaceus X. sæculi, Aphthonii progymnasmata, & Hermogenis ars Rhetorica. In fine legitur recentiore manu, μηνὶ Σεπτεμβρίῳ κθ. ἰνδ. ϛ. ἔτους ϛχλϛ. ἐκοιμήθη ὁ ὅσιος πατὴρ ἡμῶν Λεόντιος μοναχὸς ὁ Μονεμβασιώτης. Id est, *Mensis Septembris vigesima-nona die, Ind. sexta, anno 6636. Christi 1128. obiit sanctus Pater noster Leontius Monembasiotes.* X. sæc.

Codex Regius 1944. membranaceus X. sæculi hæc habet fol. 142. verso, ubi multa longe recentiore manu leguntur· Κύριε βοήθει τὸν γράψαντά με Νεόφυτον ἁμαρτωλόν; id est, *Domine auxiliare mihi Neophyto peccatori, qui hæc scripsi*, qui Neophytus hæc recentiora scripsit, non alia. X. sæc.

Codex Colbertinus 1509. X. sæculi, membr. Esaïæ Anachoretæ sermones Ascetici. In fine legitur recentiore manu, μηνὶ Φεβρουαρίῳ ζ ἰνδ. δ X. sæc.

ἔτους ϛψξε ἐγεννήθη Μιχαὴλ ὁ Τζουδρικός. *Mensis Februarii 7. Ind. 4. anno 6765. Christi 1257. natus est Michaël Tzudricus.*

Nota undecimi sæculi.

A. 1001. Codex Regius 2910. membr. Ubi Anastasii quæstiones & alia, in fine habet: Ἐμπεριέχων αὐτῶν τὴν ἀνάγνωσιν φίλε, μέμνησο τοῦ γράψαντος ἐν τῷ βιβλίῳ ἐζϡθ φβϛζθ' υεϡλ'ω οέλιψλωποβϡζπλ̃χ. ἐνύσϡθαι ζχ'κψλχ ἔτους κόσμου ϛφθ ἰνδ. ιγ. Hæc Arcano more scripta, ita leguntur, ἐγράφη διὰ χειρὸς Λέοντος κληρικοῦ ἐν χώρᾳ Αἰγύπτου ϛφθ ἰνδ. ιγ. Totum sic interpretamur: *Dum lectionem perages amice, memento ejus qui librum scripsit. Scriptus est manu Leonis Clerici in regione Ægypti, anno mundi 6509. Christi 1001. Indictione decima-tertia.*

A. 1007. Codex Colbertinus num. 695. membranaceus, Gregorii Nazianzeni opera. In fine legitur, εὔχεσθε Εὐθυμίῳ τῷ εὐτελεῖ μοναχῷ, πρεσβυτέρῳ μονῆς τοῦ ἁγίου Λαζάρου. ἐτελειώθη μηνὶ μαΐῳ ἰνδ. ε ἔτους ϛφιε. Id est, *Precamini pro Euthymio vili Monacho, Presbytero Monasterii S. Lazari. Absolutus est mensis Maii 14. Ind. 5. anno 6515. nempe Christi* 1007. Forte Monasterii S. Lazari Constantinopolitani. V. du Cangium in descriptione Constantinopoleos.

A. 1022. Codex Colbertinus num. 4954. membranaceus, fuit olim ad usum Monasterii S. Dionysii in Francia, hinc ad Thuanam, post ad Colbertinam Bibliothecam transiit. Continet autem Officium Ecclesiasticum. Scriptusque dicitur in fine ab Helia Monacho in regione Franciæ, Castro de Colonia anno mundi 6530. hoc est Christi 1022. Hujus perampla notitia datur Libro quarto cum characteris specimine.

A. 1025. Codex olim Monasterii Cryptæ Ferratæ, cujus nota adfertur à Gerardo Vossio in fine operum S. Ephræm: ad calcem vero exemplaris istius legitur nota sequens, ἐγράφη ὁ ὁσιώτατος καὶ μακάριος Ἐφραίμ, διὰ χειρὸς τοῦ Ἰωνᾶ τοῦ ἁμαρτωλοῦ, ἐν τῷ ἔτει ϛφλδ' κατ' ἐπιταγὴν τοῦ ὁσιωτάτου καὶ πνευματικοῦ ἡμῶν πατρὸς Νίκωνος, οὗ ταῖς ἱκεσίαις καὶ πάντων θεοφόρων καὶ ἁγίων πατέρων, δώη ἡμῖν ὁ κύριος μερίδα καὶ κληρὸν μετὰ πάντων τῶν ἁγίων αὐτοῦ, ἀμήν. Jam capite quarto diximus, quem adfert annum κυρίου ἔτει φλα' i. 531. mendose exscriptum videri; nimirum is literam numericam ϛ, quæ in Codicibus ductu singulari depingitur, κυρίου significare putaverit, quia videlicet Græcorum computum non noverat: reliquos autem numeros φλα' annum Christi 531. designare existimaverit. Qua de re tutius loqui liceret, si formam characteris aliquatenus indicasset. Codex enim ubi jam sit ignoramus. Sensus autem subscriptionis ut restituendam putavimus, hic est, *Scriptus est sanctissimus & beatus Ephræm, manu Jonæ peccatoris, anno Domini 534. jussu sanctissimi & spiritualis Patris nostri Niconis: cujus, omniumque deiferorum & Sanctorum Patrum precibus, det nobis Dominus partem & sortem cum omnibus Sanctis suis, amen.*

Ibidem extant hi versus.

Πνευματικοῖς λόγοις ἤρδευσε τὸν κόσμον
Ἐφραὶμ ὁ κλεινὸς καὶ πολὺς ἐν τοῖς θείοις

Οἳ

Οὗ τὰ πονήματα ὅς συλλέξαι θελήσῃ
Οὐχ οἷος τ' ἔσται, καὶ γὰρ ἀπείρως ἔχει·
Ἀλλ' ὦ φωτιστὰ τοῦ νοῦ, καὶ δότερ λόγου
Ἰησοῦ Χριστὲ, θεὲ καὶ σῶτερ φωτῶν.
Αὐτοῦ πρεσβείαις, καὶ πάντων τῶν ἁγίων
Δὸς ἡμῖν ποιεῖν ἅπερ καὶ μελετῶμεν·
Ἵνα μὴ διπλῶς ἐκεῖ τιμωρηθῶμεν.
Μνήσθητι κύριε τοῦ γράψαντος ἁμαρτωλοῦ Ἰωνᾶ.

Hoc eſt:

Spiritualibus ſermonibus irrigavit mundum
Ephræm inclytus & magnus in divinis:
Cujus opera qui colligere voluerit
Neutiquam poſſit, infinita namque ſunt.
Sed, ô mentis illuminator, & dator verbi,
Jeſu Chriſte, Deus & Salvator hominum,
Ejus precibus & omnium Sanctorum,
Da nobis facultatem agendi quæ meditamur,
Ne dupliciter ibi puniamur,
Memento, Domine, ejus qui ſcripſit peccatoris Jonæ.

Codex Regius, num. 2264. membranaceus, complectens Epiſtolas Novi Teſtamenti cum Commentariis variorum Patrum. Ad calcem Epiſtolæ ad Hebræos legitur: 1045

Αἶνος θεῷ χάρις τε καὶ δόξα πρέπει
τῷ δόντι τέρμα τῆς γραφῆς φθάσαι σθένος

Ἐγράφη ἡ βίβλος αὕτη χειρὶ Θεοπέμπτου ἀναγνώστου καὶ καλλιγράφου, καὶ ἐπληρώθη μηνὶ Ἰουλίῳ, ἡμέρα δ. ινδ. ιβ. ςφνγ. Id eſt: *Deſcriptus eſt hic Liber manu Theopempti Lectoris & Calligraphi: & completus eſt menſe Julio, Feria quarta, Ind. 12. anno 6553. nempe Chriſti* 1045.

Hic autem Codex cum à Monachis Monaſterii Hieracæ, B. M. Virginis nomine conſecrati, ob urgentem caſum venditus fuiſſet; à quodam pio viro Georgio Nobuno redemtus, Monaſterio reſtitutus fuit: ut ſcribitur eodem in Libro, fol. 91. Inſcriptionem porro Græcam adferimus Libro quarto, ubi Codicis hujus ſpecimen damus.

Codex Colbertinus 4514. membranaceus. Anonymi Sermones Aſcetici 1045.
S. Baſilio falsò adſcripti. In fine legitur: Ἐγράφη ἡ βίβλος αὕτη . . . . . ἐλέῳ θεοῦ ἀ.... ἡγουμένου ἀπὸ τῆς μονῆς τοῦ Ξιρουχῶ Ῥαφείου θέματος Θρακησίου, ἐγγὺς τοῦ Μιλίτου· ὁ δὲ τὸ ὄρος τῆς μονῆς ἐπινοιμία (l. ἐπωνυμία) καλεῖται Βραχιανός. ἐν αὐτῇ τῇ μονῇ οἱ μ. σ. ἀδε. τ. ἐν ἔτει, ςφνγ, ινδ. γ'. Calligraphi nomen arte abraſum fuit: quæ ſuperſunt autem, imperite ſane ſcripta, ſic interpretamur: *Scriptus eſt hic Liber* *qui miſericordia Dei primus fuit in Monaſterio Xirucho Raphii, Thematis Thraceſii, proxime Melitum. Montis autem, in quo ſitum Monaſterium, cognomen eſt Brachianus. In hoc ipſo Monaſterio fratres ducenti aut trecenti verſantur. Anno 6553. nempe Chriſti 1045. Ind. 3.*
Thema Thraceſium, numero tertium apud Conſtantinum Porphyrogenitum, Lydos, Mæones, Cares & Iones complectebatur.

1046. In Bibliotheca Canonicorum Regularium S. Salvatoris Bononiensis. Codex membranaceus complectens Prophetas Minores & Danielem In cujus fine legitur : ἐτελειώθη ἡ δέλτος αὕτη μηνὶ Μαρτίῳ γ'. ὥρᾳ β. ἡμέρᾳ β. ἐπὶ βασιλείας Κωνσταντίνου μονομάχου καὶ Ζωῆς τῆς πορφυρογεννήτου, καὶ Πατριάρχου Μιχαὴλ. γραφεῖσα διὰ χειρὸς Σαβὰ μοναχοῦ καὶ πρεσβυτέρου. οἱ ἀναγινώσκοντες εὔχεσθε ὑπὲρ ἐμοῦ διὰ τὸν κύριον. ἔτους ͵ϛφνδ. ινδ. ιδ. *Absolutus est hic liber mensis Martii die tertia, hora secunda, Feria secunda. Imperantibus Constantino Monomacho & Zoe Porphyrogenita : Michaële Patriarcha. Scriptus est autem manu Sabæ Monachi & Presbyteri. Qui legeritis, orate pro me propter Dominum, anno* 6554. *id est Christi*, 1046. *Ind.* 14. Patriarcha Michaël, est Cærularius.

1050. Codex Regius, num. 2889. Bombycinus, Gregorii Nazianzeni carmina. In fine legitur : ἔτους ͵ϛφνη. ἰνδ. ιβ. μηνὶ Ὀκτωβρίῳ κε. ἡμέρᾳ ε ὥρᾳ α. Hoc est : *Anno* 6558. *Christi* 1050. *mensis Octobris* 25. *Feria quinta, hora prima.*

1051. Codex Colbertinus 363. Chrysostomi homiliæ in Genesim membr. Ad calcem legitur : κύριε βοήθει τῷ δούλῳ σου Μιχαὴλ ἐπισκόπου Κουρίου, ἀμὴν ἀμήν.

Πληροῦν ὁ κόσμος ἑβδόμῳ τῷ αἰῶνι·
Τίς δὲ φροντίζει μετὰ τὸ τούτου τέλει (sic)
Κρίσιν γενέσθαι πάντων βεβιωμένων,
Ἤτε ἀγαθῶν, ἤτε δεινῶν καὶ φαύλων;
Ἃ μάλα τοίνυν ἀριστερῶν τυχοῦσι
Ὧν εἰμὶ πρῶτος ὁ δυστυχὴς καὶ τλήμων
Παῦλος ὁ δεινὸς καὶ βεβορβορωμένος.
Ἀλλά μοι δίδου ἀμπλακημάτων λύσιν,
Χριστὲ σῶτέρ μου, τῷ πλαίσαντι ἀφρόνως.
Τί δὲ νῦν πέλει ἰνδικτὸς ἡ παροῦσα
ιδ. ἔτος δέ ἐστιν ͵ϛφνθ.
Μίμνησκε ἡμῶν τοῦ ταπεινοῦ καὶ ξένου.

Versus penultimus sic metrice legitur,
Ἰδὲ ἔτος δὲ ἐστιν ςε φινυ θῆτα.

Sic Latinè vertimus.

Domine auxiliare servo tuo Michaëli Episcopo Curii, amen, amen.
Mundus desinit septimo sæculo.
Quis vero curat post hujus finem
Judicium de cunctis in vita gestis futurum,
Sive bona ea fuerint, sive mala & improba?
De iis maxime quæ contingent à sinistra positis:
Quorum primus ego infelix & miser
Paulus peccator & in luto demersus.
Sed concede mihi peccatorum veniam,
Christe, servator mi, qui stulte deliqui.
Quænam porro est Indictio præsens
Decima-quarta, annus vero 6559. *Christi* 1051.
Memento mei humilis & peregrini.

1055. Codex Regius 2944. membranaceus. S. Maximi varia opera. Ad calcem legitur : ἐξύσθη ἡ τῆδε πίναξ διὰ παλάμης Παύλου, ἔτους ͵ϛφξγ. ἰνδ. η. μηνὶ Ἰανουαρ.

γιῳ ἐισδιξαμθὴν τὸ τέρμα. *Exarata est hæc Tabula manu Pauli, anno 6563. Christi 1055. Indictione octava, mense Januario completa.* Hic Liber Tabula dicitur, quia ad modum Tabulæ & Indicis per Capita distributus est. Paulus vero scriba idem fortasse, qui supra. Ξύω significat etiam scribere, exarare, & inferius usurpatum occurrit.

Codex Colbert. 4078. membranaceus XI. sæculi quatuor Evangelia: in fine legitur, μέμνησο Παύλου, πάτερ, τοῦ γεγραφότος, *Memento Pauli, Pater, qui scripsit.* Idem fortasse Paulus, qui duos superius memoratos Codices scripsit. XI. sæc.

Codex Colbertinus 414. membranaceus, est Metaphrastæ pars mensis Novembris, in fine habet: ἐτελειώθη ἡ βίβλος αὕτη χειρὶ Εὐ...... μοναχοῦ μηνὶ Ἰανουαρίῳ...., ἡμέρᾳ δευτέρᾳ..... ἐπὶ τῆς βασιλείας.... μὲν τῆς αὐτοκρατορίας Θεοδώρας τῆς θυγατρὸς Κωνσταντίνου τοῦ Πορφυρογεννήτου, ἤδη κοιμηθέντος τοῦ Μονομάχου, πατριάρχου δὲ Μιχαὴλ τοῦ ἁγιωτάτου. οἱ ἀναγινώσκοντες εὔχεσθε ὑπὲρ * παυλ.. καὶ τῶν... Hæc subscriptio multis in locis erasa notam temporis præfert scilicet, *Absolutus est hic Liber manu Eu... Monachi mense Januario... feria secunda, imperante Theodora filia Constantini Porphyrogeniti, jam mortuo Constantino Monomacho, Patriarcha autem sanctissimo Michaële: qui legeritis orate pro.....* 1055.

* Forte Παύλη

Constantinus Monomachus obiit anno Christi 1054. Imperium excepit Theodora, quæ obiit anno sequenti, mense Augusto: atque adeo absolutus est Codex anno 1055. mense Januario. Michaël Cærularius Patriarcha, hic & supra memoratus, atroce in Romanam Ecclesiam odio famosus est.

Codex Regius 1927. membranaceus, ubi Homiliæ posteriores Joannis Chrysostomi in Genesim, hanc habet in fine notam, ἐτελειώθη ἡ δέλτος αὕτη ἐπὶ Λαυρεντίου καθηγουμένου μονῆς τῆς ἁγίας θεοτόκου τῶν ὁδηγῶν διὰ χειρὸς Ἀντωνίου μοναχοῦ καὶ ἐλαχίστου, μηνὶ Ἰανουαρίῳ εἰκάδι...., ςφξε. Id est, *Completus est hic Liber sub Laurentio Cathegumeno, seu Præfecto Monasterii Sanctæ Deiparæ Hodegôn, manu Antonii Monachi & minimi, mensis Januarii vigesimo die, anno 6565. Christi 1057.* Monasterium Deiparæ τῶν ὁδηγῶν, erat Constantinopolitanum: alio nomine dictum τῆς ὁδηγητείας. Aliud item ejusdem nominis exstat in Calabria, quod vocatur item *de lo Patire*, sive *de Patirio*, & dicitur infra Libro sexto, νέας Ὁδηγητείας, Novæ Hodegetriæ, quia post Constantinopolitanum illud ejusdem nominis exstructum fuit. 1057.

In Bibliotheca Laurentiana Pluteo V. Codex membranaceus, scriptus manu Georgii cujusdam cognomento Phlammengi, anno mundi 6066. Christi 1058. 1058.

Codex Regius 3421. membranaceus, ubi Psalterium, hanc habet in fine notam. ἐγράφη τὸ παρὸν ψαλτήριον διὰ χειρὸς Δημητρίου πρεσβυτέρου μηνὶ Μαΐῳ λ. ἡμέρᾳ β. ὥρᾳ γ'. ἐν τῷ ςφξζ. ἰνδ. ιβ. οἱ ἀναγινώσκοντες εὔχεσθε αὐτῷ διὰ τὸν κύριον. *Scriptum est hoc Psalterium manu Demetrii Presbyteri, mensis Maii trigesima die, feria secunda, hora tertia, anno 6567. Christi 1059. Ind. 12. Qui legeritis orate pro eo propter Dominum.* 1059.

In annum circiter 1060. conferimus Codicem Colbertinum num. 1450. membranaceum, ubi Parallela sive loca Patrum per interrogationem & responsionem. Elegantissime autem descriptus est ad usum Eudociæ 1060. circiter.

Augustæ Macrembolitissæ & pro ejusdem Bibliotheca, de qua superius actum: Imperante Constantino Duca Eudociæ conjuge. Qui Constantinus iniit anno 1059. desiit 1067. De hoc Codice, deque Bibliotheca Eudociæ Macrembolitissæ pluribus agitur Libro 4.

1061. Codex Cæsareus Lambec. L. 4. p. 83. membr. Homiliæ Joan. Chrysost. in Joannem. In fine legitur, ἐτελειώθη χάριτι θεοῦ ἡ ἱερὰ καὶ ψυχωφελὴς βίβλος αὕτη, ἐπὶ Ἰωάννου, τοῦ ὁσιωτάτου καθηγουμένου μονῆς τοῦ σωτῆρος τῶν Ῥαδινῶν, διὰ χειρὸς Διομήδους ταπεινοῦ καὶ ἁμαρτωλοῦ μηνὶ Ἀπριλλίῳ ιϛ. ἰνδ. ιδ. ἔτους ϛφξθ. παρακαλῶ δὲ καὶ ἱκετεύω πάντας τοὺς ἐντυγχάνοντας, μνείαν μου ποιεῖσθαι ὑπὲρ ἐμοῦ τοῦ ἀναξίου οὐρανοῦ καὶ γῆς. i. *Completus est Dei gratia hic sanctus & utilis Liber, sub Joanne Cathegumeno seu Præfecto Monasterii Salvatoris Rhadinorum, manu Diomedis humilis & peccatoris, 16. Aprilis, Ind. 14. anno 6569. Christi* 1061. *Rogo autem omnes qui legerint ut mei, cælo & terra indigni, memoriam faciant.*

1063. Codex Bibliothecæ Laurentianæ, pluteo IV. membranaceus, Anastasii Quæstiones. In fine legitur, ἐτελειώθη μηνὶ Ὀκτωβρίῳ ἰνδ. α. ἔτους ϛφοα. Id est, *Completus est mense Octobri, Ind. 1. anno 6571. Christi* 1063. Et pagina sequenti eadem manu: ἐκοιμήθη ὁ πανοσιώτατος πατὴρ ἡμῶν κῦρος Ἀντώνιος ἐν τῇ δε τῇ θεοκορυφωτάτῃ νήσῳ τῇ Πανόρμῳ ἀσκήσας, ἣ καὶ τοῦ Ἀντιγόνου λέγεται. ὁ καὶ τὸ κέλλιον ἐν τῇ κορυφῇ ταύτης οἰκοδομήσας. μηνὶ Νοεμβρίῳ ζ. ἡμέρᾳ ε. ὥρᾳ τῆς νυκτὸς ζ. ἔτους ϛφοα. ἰνδ. α. Id est: *Obiit Sanctissimus Pater noster Domnus Antonius in hac Insula, à Deo cacuminibus instructa, Panormo, vitam Asceticam emensus, qui etiam cellulam in ejus cacumine struxit. Mensis Novembris septima, Feria 5. hora noctis septima, anni 6571. Christi 1063. Ind.* 1. In Sicilia igitur propter Panormum scriptus est Codex.

1063. Codex Colbertinus 2455. membranaceus, est Canonarium, sive Synaxarium, in fine habet .... ἐν ἔτει ϛφοα ... Anno 6571. Christi 1063. cætera erasa.

1064. Codex Regius 2351. membranaceus. Joan. Chrysostomi de Sacerdotio. In fine legitur, ἐτελειώθη Χριστοῦ χάριτι ἡ ἱερὰ βίβλος αὕτη ἐν τῷ ϛφοβ. ἔτει. ἰνδ. β. γραφεῖσα διὰ χειρὸς Μανουὴλ ἐλαχίστου, ὃς μετ᾽ ὀλίγον κόνις. Id est, *Completus est hic sacer Codex per Dei gratiam, anno 6572. Indictione 2. manu Manuelis minimi Presbyteri: qui non multum postea pulvis erit.* Post hæc altera recentiore manu legitur, βιβλίον ἐξωνηθὲν παρὰ Ἰωάννου κοιτωνίτου Ἡρακλεώτου. *Liber emtus à Joanne cubiculario Heracleota.* Quæ manus est 300. circiter annorum. Deinde alia recentiore, ἐγὼ Δημήτριος Παλαιόλογος. *Ego Demetrius Paleologus.* Initio libri in charta bombycina est index in cujus fine legitur, ἐγράφη ὁ παρὼν πίναξ τοῦ παρόντος βιβλίου διὰ χειρὸς ἐμοῦ Γεδεὼν ἱερομονάχου τοῦ ἁμαρτωλοῦ. καὶ εὔχεσθέ μοι περὶ τῶν πολλῶν καὶ ἀμέτρων μου πλημμελημάτων. κατὰ τὸ σωτήριον ἔτος εἰς αχλζ μηνὶ Σεπτεμβρίῳ ιθ. *Scriptus est index hujus Libri manu mea Gedeonis Hieromonachi peccatoris, orate pro remissione innumerorum peccatorum meorum. Anno salutis 1637. decima-nona Septembris.*

1066. Codex Colbertinus 370. membranaceus, Homiliæ Chrysostomi in Joannem. In fine legitur,

Ὥσπερ ξένοι χαίρουσι πατρίδα βλέπειν,
Οὕτως καὶ οἱ γράφουσι τέλος βιβλίου.

Sicut peregrini gaudent conspicientes patriam,
Sic scribæ lætantur conspecto Libri fine.

Et postea,

Ἐπληρώθη ἡ δέλτος αὕτη διὰ συνδρομῆς Λέοντος πρεσβυτέρου τοῦ Σαρβανδηνοῦ τῆς Βουρτζαίνης, διὰ χειρὸς Βασιλείου Καλλιγράφου τοῦ Ἀρμενιακοῦ, μηνὶ Δεκεμβρίῳ ἐπὶ βασιλείας Κωνσταντίνου καὶ Εὐδοκίας· ἔτους ͵ϛφοδʹ. *Completus est hic Liber operâ Leonis Presbyteri Sarbandeni Burtzenæ : manu Basilii Calligraphi Armeniaci, mense Decembri, Imperantibus Constantino & Eudocia, anno 6574. Christi* 1066. Postea subscriptio Græco barbara imperitissimæ manûs : qua dicitur hunc Codicem datum fuisse Enclistræ, Ἐγκλίστρας, insulæ Paphûs, quod ea hoc libro careret. Enclistræ autem, sacri videlicet loci in Papho insula, mentio inferius occurrit ad annum 1205.

Codex Colbert. 670. membranaceus, Paradisi pars altera XI. sæc. In fine 1071.
habet, διὰ τὸ παλαιωθῆναι πολὺ τὸ πατερικὸν τῆς ἡμετέρας λαύρας τοῦ ἁγίου πατρὸς ἡμῶν Σάβα, ἐλάλησάν μοι τῇ ἀσθενείᾳ μου οἱ ἅγιοί μου πατέρες περὶ αὐτοῦ· καταβαλλόμενος δὲ καὶ τὴν τούτου ἔξοδον ὁ τιμιώτατος δεσπότης ἡμῶν κυρὸς Ἰωαννίκιος ὑπὲρ ψυχικῆς αὐτοῦ σωτηρίας, ἀνελαβόμην τὸν τοιοῦτον κόπον. καὶ τῶν λοιπῶν μοναστηρίων τὰ πατερικὰ ἐπισωρεύσας, καὶ κατὰ τὸ δυνατόν μοι ἐρευνήσας ποιησάμενος, συντάξας αὐτὰ κατὰ ἀλφάβητον, δύο βίβλους ἐποίησα· τὰ μὲν δώδεκα γράμματα εἰς τὸ ἕν, καὶ τὰ δώδεκα εἰς τὸ ἕτερον. Οἱ ἐντυγχάνοντες εὔχεσθε ὑπὲρ τοῦ ἁγίου ἡμῶν δεσπότου καὶ εὐλαβεστάτου μοναχοῦ κυροῦ Ἰωαννικίου. σπουδῇ γὰρ αὐτοῦ καὶ προθυμίᾳ ἐγίνοντο. ἔτους ͵ϛφ..θ ἰνδ. ι. εὔχεσθε καὶ ὑπὲρ ἐμοῦ τοῦ . . . . . Ἰωάννου καὶ γέροντος. Lineæ alternatim rubræ & nigræ sunt : annus vero diserte notatur quod ad millenarium & centenarium, ͵ϛφ. quod ad denarium vero litera pene deleta est, ita ut nesciatur an ο an π sit. Sensus hic est. *Cum vetustate deperiret Liber Patrum Lauræ nostræ Sancti Patris nostri Sabæ. Hac de re me alloquuti sunt SS. Patres mei. Cum autem honoratissimus Dominus noster Domnus Joannicius pro salute animæ suæ expensas suppeditaret, hujusmodi laborem suscepi : & collectis aliorum Monasteriorum exemplaribus ejusdem Sanctorum PP. Libris, re diligenter pro viribus examinata, libroque per Alphabetum digesto, duos effeci Libros : quorum prior duodecim literas, alter duodecim item continet. Qui legeritis precamini pro sancto & piissimo Domino nostro Monacho Domno Joannicio : nam cura & studio ejus hæc facta sunt anno 6579. Christi* 1071. *Ind.* 10. *precamini etiam pro me. . . . Joanne sene.* Postrema tantum Paradisi pars in Colbertina exstat.

Codex membranaceus Cryptaferratensis, ubi Ascetica varia, in fine 1084.
alia manu legitur nota sequens, ἔτους ͵ϛφϟβ ἰνδ. ζ. Μαΐου μηνὸς κθ. ἡμέρα γ. ὥρα γ. ἐσέβη ὁ Δοὺξ εἰς τὴν Ῥώμην, καὶ ἐπόρθησεν αὐτήν. Hoc est, *Anno mundi* 6592. *Christi* 1084. *Indictione* VII. *mensis Maii* 29. *feria tertia, hora tertia, ingressus Dux Romam, ipsam depopulatus est.* Agitur hic de expeditione Roberti Guiscardi, qui ingressus Romam, Gregorium VII. Papam eduxit ex carcere, Henricum Imperatorem fugavit, Urbem in defectionis pœnam vastavit & incendit. Hæc porro gesta sunt anno 1084. unde arguuntur ii, qui anno 1082. Robertum Guiscardum defunctum esse volunt. Monendum est hanc notam recentiore manu scriptam ad calcem fuisse. Nam Codex est X. sæculi.

1088. Codex Cæsareus Lambec. L. 4. p. 90. membr. Eclogas Chrysostomi continens; fol. 172. *verso.* habet, ἐν τῷ χρόνῳ ͵ϛφϟϛ. ὑπέταξε Ῥογέριος τὴν Συράκουσαν, ἀποκλείνας Βενύρεα, καὶ ἐν τούτῳ οἱ Πισαῖοι ἐκατέλυσαν τὴν Ἀφρικήν. *Hoc anno* 6596. *Christi* 1088. *subegit Rogerius Syracusas, occiso Benure. Eodemque anno Pisani Africam devastarunt.* Et hæc est ipsa Codicis ætas.

1091. Codex membranaceus in Biblioth. Laurentiana, pluteo VII. ubi Gregorii Nazianzeni opera. In fine legitur, ἐγράφη ἡ βίβλος αὕτη τοῦ θεολόγου, μηνὶ Ἀπριλλίῳ, ἰνδ. ιδ. ἔτους ͵ϛφϟθ. χειρὶ Εὐθυμίου μοναχοῦ ἁμαρτωλοῦ τοῦ Ξιφιλίνου· οὗ ταῖς πολλαῖς ἁμαρτίαις ἵλεων γενέσθαι τὸν φιλάνθρωπον ἡμῶν κύριον καὶ θεὸν Ἰησοῦν τὸν Χριστὸν οἱ ἀναγινώσκοντες εὔξασθε, μὴ ὀκνήσετε. δώῃ δὲ καὶ ὑμῖν αὐτὸς ἄφεσιν τῶν πλημμελημάτων ὑμῶν, ἀμήν. Id est, *Scriptus est hic Liber Theologi, mense Aprili, Indict.* 14. *anno* 6599. *Christi* 1091. *manu Euthymii Monachi peccatoris Xiphilini. Cujus multis peccatis ut propitius sit clemens Dominus & Deus noster Jesus Christus, precamini qui legeritis: ne segnes fueritis. Det autem & vobis ipse remissionem delictorum vestrorum, Amen.*

1095. Codex Cæsareus Bombycinus Lambec. L. 5. p. 37. ubi inter alia, Philippi Solitarii Dioptra, qua continentur ipsius versus politici quibus & tempus & nomen suum per numeros octo literarum Φίλιππος indicat. Eorum principium est.

Ἐτελειώθη σὺν θεῷ καὶ τὸ παρὸν πυκτίον
Τὸ πόνημα, τὸ σύγγραμμα, ἡ εὐτελὴς Διόπτρα
Διὰ χειρὸς ἁμαρτωλοῦ μοναχοῦ τε καὶ ξένου
Μηνὶ Μαΐῳ δώδεκα, ἰνδικτιῶνος τρίτης
Κύκλος σελήνης δέκατος, ἡλίου εἰκὰς τρίτη
Ἔτους ἑξαχιλιοστοῦ καὶ ἑξακοσιοστοῦ τούτοις
Πρὸς δὲ καὶ τρία ἕτερα ἐπὶ τούτοις τυγχάνει
Ἂν δὲ τὸ ὄνομα τοὐμὸν μαθεῖν ἐθέλῃς φίλε, &c.

Hoc est;

Completus est cum Deo hic liber,
Hoc opus, hoc scriptum, vilis Dioptra
Manu peccatoris, Monachi & peregrini
Mensis Maii 12. *Indictione tertia,*
Cycli Lunæ decimo, solis vigesimo-tertio die
Anno sexmillesimo sexcentesimo,
Et ad hos, tres alii adjiciendi.
Si vero nomen meum ediscere velis, amice.

Id est, anno Christi 1095. cæteros versus omisit Lambecius.

XI. sæc. Codex Colbertinus membranaceus XI. sæculi, ubi Eclogæ Joannis Chrysostomi in Paulum. In fine scribitur, τὸν ἀναγινώσκοντα μετ' εὐλαβείας, καὶ τὸν δακτύλοις γράψαντα, τὸν κεκτημένον, φύλαττε τοὺς τρεῖς ἡ τριὰς τρισολβίως, (f. τρισόλβιος,) εὔχεσθε ὑπὲρ ἐμοῦ ὅσοι δοκεῖ. τὸ γὰρ ἡμέτερον ἅπαν ὡς ἡ δύναμις πεποιήκαμεν. λοιπὸν καὶ ὑμεῖς ἔρρωσθε ἐν κυρίῳ πνευματικοὶ ἀδελφοί. Cætera erasa sunt. Sensus est, *Legentem cum pietate, digitis scribentem, possidentem; hos tres, inquam, custodi Trinitas beatissima. Orate pro me ii quibus libuerit. Nam quod in nobis erat pro viribus præstitimus. Demum & vos salvete in Domino spirituales fratres.*

Codex Colbertinus 1066. membranaceus XI. sæculi, Gregorii Naz. Orationes. In fine longe posteriori manu scribitur, μηνὶ Νοεμβρίῳ θ. ἡμέρα παρασκευῇ, ἐγίνετο κατακλυσμὸς μέγας ἐξ οὐρανοῦ, καὶ ἐν οἴκῳ κατέβη ποταμὸς μέγας, καὶ ἐχάλασε τὸ δίμηρον (l. δίμοιρον) τῆς Λευκωσίας, ἤγουν ὀσπίτια πολλά, ὥρα μεσονυκτίου ξημερώματι σαβ. καὶ ἐσκοτώθησαν λαὸς πολλὸς τὸν ἀριθμὸν χιλιάδες ς' ἢ ζ. ἤπληνσεν (l. ἀπώλησεν) καὶ κτῆνα πολλά, ἐχάλασεν τὰ ἁγιοφίρια καὶ ἐκκλησίαις πολλαῖς, ἐχάλασεν ἁγιοφίριον. τῆς ἐγγζονίας ςωλθ.

Sub hæc recentiore manu: κατὰ τὴν δεκάτην τοῦ Δεκεβρίου μηνός, ἡμέρα δευτέρα ςωνζ, ἐγίνετο παραβουλεία ἔσω εἰς Κύπρον εἰς τὸ κάστρο τῆς . . . εραγείας ὥρα μεσημερινῇ· τουτέστι οἱ Τοῦρκοι ἀπροσφυλακισμένοι, πρῶτον πάντων ἐνέβησαν ἔσω εἰς τὸ κάστρον ἐκεῖ ὅπου ἐκαθίζετο ὁ καστελλάνος, καὶ παρευθὺς ἔκοψαν τὴν κεφαλὴν τὸν καὶ ἔρριψαν τὴν εἰς τὸ κάστρον καὶ ἑτέρους πολλούς, καὶ ἔκτησαν τοὺς παρὰ τοῦ κάστρου ἀπίσω.

Post item recentiore manu, κατὰ πέμπτην ἡμέραν τοῦ Νοεμβρίου μηνός, ἡμέρα τρίτη, ξημερώματα τετράδης, ἐγίνετον μεγάλη βροχὴ μέσον εἰς τὴν Λευκωσίαν καὶ εἰς ὅλον τὸ νῆσον (sic) καὶ ἐβίασεν τὴν καὶ πολλαὶ ἀγέλαι· καὶ ἐγίνετον μεγάλαι ζημίαι εἰς ὅλον τὸ νῆσιν τῆς Κύπρου. καὶ ἐχάλασεν πτηνὰ πολλά, καὶ ἐπνήγησαν κτήνη πολλά, καὶ ἔσω εἰς τὸ Ἀμόχουστον ἐχαλάσασιν πολλὰ ὀσπίτια, καὶ . . . χάσασιν πολλὸς λαὸς μέσα εἰς τὴν ἐγγζονίαν αυοθ . . . καὶ μέγας ποταμός.

Has notas sane singulares, sed Græco-barbaras, sic interpretamur.

Mensis Novembris 8. die Parasceves, id est, Feria sexta, factum est diluvium magnum ex cælo, & in domum descendit fluvius ingens qui duas tertias Leucosiæ partes diruit; videlicet hora mediæ noctis diei Sabbati, & exstinctus est populus multus numero sex aut septem millium. Perdidit item jumenta multa, Hagiophiria diruit & Ecclesias multas, Hagiophirium subvertit. Anno 6839. Christi 1331. Leucosia autem hodie Nicosia dicitur.

Decima mensis Decembris, feria secunda, anno 6857. Christi 1349. Insidiæ structæ sunt in Cypro in Castrum . . . eranias hora meridiei. Videlicet Turci inexspectatò primùm quidem irruperunt in Castrum, ubi sedebat Castellanus, ac subito caput ejus absciderunt, & projecerunt illud in Castrum, alios item multos occiderunt, & ceperunt unà omnes, qui in Castro erant.

Quinta die Novembris mensis, Feria tertia, imminente quarta, incidit pluvia ingens inter Leucosiam & totam Insulam, quæ inundavit ipsam & multos pecorum greges. Hinc vero damna plurima toti Insulæ Cypro emerserunt: multa volatilia exstincta, & jumenta plurima suffocata sunt: inque Amachusto (Famagusto) eversæ sunt domus quamplurimæ, periitque populus multus. Anno 1479. . . . & magnus fluvius.

Codex Colbertinus 4766. membranaceus XI. sæculi, ubi quatuor Evangelia, in fine habet: ἐδόθη τὸ παρὸν τετραευαγγέλιον εἰς τὴν ἁγίαν μονὴν τῆς ὑπεραγίας θεοτόκου τοῦ ἱέρακ παρὰ τοῦ μοναχοῦ Μελετίου τοῦ ἐρημίτου. καὶ οἱ ἀναγινώσκοντες εὔχεσθε ὑπὲρ αὐτοῦ διὰ τὸν κύριον, *Datus est hic Liber quatuor Evangeliorum Monasterio sanctissimæ Deiparæ Hierax dicto, à Monacho Meletio Eremita: qui legeritis orate pro eo propter Domini amorem.*

Codex Colbertinus 2673. XI. sæculi membranaceus, Joan. Chrysostomi in Genesim. Ad calcem habet: Ἀδελφοὶ εὔχεσθε πάντες τὸν ταπεινὸν καὶ ἁμαρτωλὸν Θεόδωρον (sic) τὸν γράψαντα ταῦτα τὰ γράμματα. *Fratres precamini omnes pro humili & peccatore Theodoro, qui hæc scripsit.*

XI. sæc. Codex Colbertinus 250. XI. sæculi membr. initio hæc habet manu paulùm recentiore, ἡ βίβλος αὕτη τῶν βίων τῶν ἁγίων τοῦ Ἰαννουαρίου δευτέρου τιμωρηθέων τοῦ Νικηφόρου μὲν ἐπικτήθη φίλος. Εἰς δ' ἀπόλυσιν σφαλμάτων προσεδόθη τῇ τοῦ μοναχοῦ Παύλου λαύρᾳ τιμίᾳ· τοῦ δόντος εὔχου πᾶς ὁ τὴν βίβλον βλέπων. *Hic Liber vitarum Sanctorum, qui postrema mensis Januarii parte honorantur, ad Nicephorum quidem pertinuit ipsique carus fuit. Verum ad redemtionem culparum oblatus fuit venerandæ Lauræ Pauli Monachi. Quisquis hunc librum videris, pro offerente precare.* Sunt versus Iambi.

XI. sæc. Codex Colbertinus 1892. membranaceus XI. sæculi. In fine legitur; ἐγράφη διὰ χειρὸς Ἰωάννου ἐλαχίστου. *Scriptus est manu Joannis minimi.*

XI. sæc. In Bibliotheca Mutinensi, Psalterium elegantissimum XI. sæculi membranaceum cum hac inscriptione a fronte. ἐτέθη ἡ βίβλος αὕτη ἐν τῇ ἁγίᾳ μονῇ ὑπὲρ ἀφέσεως τῶν ἁμαρτιῶν μοναχοῦ Θεοδοσίου τοῦ Ξυλαλᾶ, καὶ ὁ ἀναγινώσκων ταύτην διὰ τὸν κύριον ἂς μακαρίζῃ αὐτὸν, καὶ ἂς δέηται ὑπὲρ ψυχῆς αὐτοῦ. Quæ haud ita peritè notata ita vertimus. *Repositus est liber hic in sancto Monasterio pro remissione peccatorum Theodosii Xylala Monachi. Qui legerit propter Dominum, laudet ipsum, preceturque pro anima illius.*

XI. sæc. Codex Bibliothecæ Laurentianæ elegantissimus membranaceus pluteo IV. XI. sæculi. In fine dicitur scriptus a Niceta quodam.

XI. sæc. In sacrario S. Dionysii in Francia Codex sæculo XI. scriptus operum S. Dionysii, in cujus fine legitur recentiore manu, τὸ παρὸν βιβλίον ἀπεστάλη παρὰ τοῦ ὑψηλοτάτου βασιλέως καὶ αὐτοκράτορος Ῥωμαίων κυροῦ Μανουὴλ τοῦ Παλαιολόγου εἰς τὸ μοναστήριον τοῦ ἁγίου Διονυσίου τὸ ἐν Παρυσίῳ τῆς Φραγγίας ἢ Γαλατίας, ἀπὸ τῆς Κωνσταντινουπόλεως δι' ἐμοῦ Μανουὴλ τοῦ Χρυσολωρᾶ, πεμφθέντος παρὰ τοῦ εἰρημένου βασιλέως ἔτει ἀπὸ κτίσεως κόσμου ἑξακισχιλιοστῷ ἐνενηκοστῷ ἓξ καὶ δεκάτῳ, ἀπὸ σαρκώσεως δὲ τοῦ κυρίου χιλιοστῷ τετρακοσιοστῷ ὀγδόῳ· ὅστις εἰρημένος βασιλεὺς ἦλθε πρότερον εἰς τὸ Παρύσιον πρὸ ἐτῶν τεσσάρων. Id est, *Hic liber missus est à celsissimo Imperatore Romanorum Domno Manuele Palæologo in Monasterium S. Dionysii Parisiis in Francia sive Gallia ex Constantinopoli, per me Manuelem Chrysoloram, missum Oratorem à præfato Imperatore, anno a creatione mundi 6916. ab Incarnatione Domini 1408. qui dictus Imperator ante annos quatuor Parisios venerat.*

XI. sæc. Codex Colbertinus num. 563. membranaceus. Vitæ SS. mensis Januarii XI. sæculi. In fine habetur hæc nota non multo posterioris ævi. ἐδόθη τὸ παρὸν βιβλίον εἰς τὴν μονὴν τοῦ ἐν ἁγίοις πατρὸς ἡμῶν ἀρχιεράρχου καὶ θαυματουργοῦ Νικολάου παρὰ κυροῦ Λέοντος τοῦ Μαγκλάβη, τοῦ διὰ τοῦ ἁγίου καὶ ἀγγελικοῦ μοναδικοῦ σχήματος ἐπικληθέντος Λουκᾶ, ὃς καὶ ἐκοιμήθη Ὀκτωμβρίου δεκάτῃ, ἡμέρᾳ ἕκτῃ, μνήμῃ τῶν ἁγίων μαρτύρων Εὐλαμπίου καὶ Εὐλαμπίας. *Datus est hic liber Monasterio S. P. nostri Archierarchi & miraculorum patratoris Nicolai, à Domno Leone Manclabe, qui per Angelicum Monasticum habitum vocatus est Lucas, & obiit decima Octobris, feria sexta, in die commemorationis SS. Martyrum Eulampii & Eulampiæ.*

Notæ Codicum XII. sæculi.

[illegible] Codex RR. PP. Sancti Basilii Romæ, de quo pluribus libro quarto ubi de κρυπτογραφία, sive de scriptione Arcana. Hic notam Latine tan-

tum

tum adferemus, certe singularem. *Absolutus est hic Liber Asceticorum S. Patris nostri Basilii, mensis Augusti octavo die, feria tertia, hora undecima, anni 6613. nempe Christi 1105. Indictione XIII. Eodem anno quo Sanctissimus Papa Paschalis Sigillum libertatis fecit sanctissimo Patri nostro Bartholomæo pro sancto ejus Monasterio Sanctissimæ Deiparæ, cognomento Rochoniate: quod ipse à fundamentis excitavit & restauravit, ad utilitatem animarum multarum & ad Dei gloriam. Eodem autem ipso anno reversus est Baëmundis in Calabriam, fugiens a facie Alexii. Tunc autem requiem invenit Sanctum Monasterium, ereptum e manibus Malæinorum. Admodum enim obsidebat illud Nicolaus Malæinus Archiep. cum cognatione sua.* Hujus Nicolai Malæini Archiepiscopi Roscianensis mentio habetur infra in Diplomatibus Regni Neapolitani.

Sub hæc:

Gloria bonorum perfectori.

Et postea:

Feria secunda Sancti Spiritus, sive Pentecostes, inceptus est Liber, & finem habuit feria tertia, mensis Augusti octavo die.

Codex Regius 2043. membranaceus, Nomocanon, sive Canonum collectio. In fine legitur, δόξα τῷ θεῷ πάντων ἕνεκα, *Gloria Deo de omnibus*, ἐγράφη ὁ παρὼν νομοκάνων τῇ παρακλήσει τοῦ ἐν μακαρίᾳ τῇ μνήμῃ Νικολάου τοῦ γραφέως, προτελευτήσαντος αὐτοῦ πρὶν ἢ τελειωθῇ ἡ βίβλος. καὶ οἱ ἀναγινώσκοντες εἰ τὸν βίον βούλεσθε μαθεῖν αὐτοῦ, 1105

πένητες αὐτὸν ἱμείρουσι καὶ ξένοι.

ἐγράφη δὲ χειρὶ Ἰωάννου εὐτελοῦς πρεσβυτέρου ἐν ἔτει ςχιγ. μηνὶ Δεκεμβρίῳ γ. ἡμέρᾳ ς.
Id est, *Scriptus est hic Nomocanon, hortatu beatæ memoriæ viri Nicolai scribæ: illo defuncto prius, quam completus esset Liber. Qui legeritis, si vitam ejus edisçere velitis,*

Illum pauperes & peregrini desiderant.

Scriptus est autem manu Joannis vilis Presbyteri, anno 6513. Christi 1105. mensis Decembris 3. feria sexta.

Codex Colbertinus 23. membranaceus, Simeonis Metaphrastæ December. 1112
In fine legitur,

Τῷ συντελεστῇ τῶν καλῶν θεῷ χάρις.

Id est, *Perfectori bonorum Deo gratia.*

Deinde, Γλυκὺ τὸ γράφειν βιβλίου τέλος ἀπάσ.
Dulce est cujusvis libri finem scribere.

Et post, Χριστὲ παντάναξ τῶν καλῶν ἡ ἀκρότης,
Πρεσβείαις τῆς σε τεκούσης, τῷ γράψαντι
Παράσχε λύσιν ἀμπλακημάτων.
Christe omnium Rex, bonorum cacumen
Intercessionibus Matris tuæ, Scribæ
Confer veniam delictorum.

Ἔλαβε τέλος ἡ παροῦσα ἱερὰ δέλτος αὕτη, διὰ συνδρομῆς καὶ πόνου πολλοῦ τοῦ εὐσεβεστάτου μοναχοῦ κυροῦ Γερασίμου καθηγουμένου τῆς εὐαγοῦς μονῆς ἱερέων.

Ἐγράφη δὲ διὰ χειρὸς Κλήμεντος μοναχοῦ καὶ ἁμαρτωλοῦ, ὃ προσετέθη ἐν τῷ ναῷ τῆς αὐτῆς μονῆς εἰς μνημόσυνον αὐτοῖς. μηνὸς Ἀπριλλίου, ἰνδ. ε. ἔτους ςχκ. οἱ ἀναγινώσκοντες εὔχεσθε ἀμφοτέροις, ἀμήν.

Ὅστις ἂν βουληθῇ ἆραι τήνδε τὴν βίβλον ἀπὸ τῆς τοιαύτης μονῆς, ἢ εὐλόγως ἢ αὐθυλόγως . . . πρῶτον μὲν κληρονομείτω ἀνάθεμα, τὴν ἀρὰν τῶν ἁγίων θεοφόρων πατέρων, καὶ ἡ μερὶς αὐτοῦ μετὰ Ἰούδα τοῦ καὶ προδότου καὶ τῶν λοιπῶν ἀποστατῶν.

Hoc est,

Finem accepit hic sanctus Liber concursu & labore multo piissimi Monachi Domni Gerasimi Cathegumeni, sive Præfecti, sancti Monasterii ἱερέων, *seu Sacerdotum.*

Scriptus est autem manu Clementis Monachi & peccatoris, & repositus est in Templo ejusdem Monasterii ad memoriam ipsorum, mense Aprili, Indictione v. *anni* 6620. *id est Christi* 1105. *qui legeritis orate pro ambobus, amen.*

Si quis igitur voluerit hunc Librum tollere a tali Monasterio, sive jure sive injuria; primo quidem anathema obtineat, & maledictionem Sanctorum ac deiferorum Patrum; portioque ejus sit cum Juda proditore & reliquis apostatis. Monasterium τῶν ἱερέων, seu Sacerdotum, Constantinopolitanum erat.

1114. circiter. Codex Regius 3019. membranaceus, Typicum Irenes Augustæ, propria ejus manu signatum, postremis Alexii Imperatoris annis, cujus specimen & descriptionem habes Libro 4. hujus Palæographiæ Græcæ.

1116. Codex Regius 3513. membranaceus, Lexicon Alphabeticum & Lexicon Biblicum. fol. 180. legitur, ἐτελειώθη ἐν ἔτει ͵ϛχκδ. δόξα τῷ θεῷ. Id est, *Absolutus est anno* 6624. *Christi* 1116. *Gloria Deo.*

1117. Codex Colbertinus num. 2776. membranaceus, Gregorii Nazianz. opera. In fine habetur, ἐτελειώθη ἡ παροῦσα βίβλος μηνὶ . . . ἰνδ. . . ἔτους ͵ϛχκε. . . . Μιχαὴλ . . . cætera erasa. Hoc est, *Completus est hic Liber mense. . . . Indictione. . . . anno* 6625. *Christi* 1117. . . . *Michaël. . . .*

1118. Codex Procuratoris Justiniani Venetiis, ubi Georgii, Oecumenii, & Simeonis Magistri historiæ. Scriptus anno 6626. Christi 1118.

1124. Codex Regius 2930. membranaceus, Joannis Damasceni opera quædam. Ad calcem legitur, fol. 128. ἐγράφη ἡ παροῦσα θεία βίβλος διὰ συνδρομῆς Μιχαὴλ ἱερέως τοῦ τοῦ Φιλῆ, διὰ χειρὸς Βασιλείου νοταρίου τοῦ Σκαλίδρου, ἐν ἔτει τῷ ͵ϛχλβ. ἰνδ. ζ. ἐπὶ τῆς βασιλείας Ἰωάννου τοῦ Κομνηνοῦ καὶ πορφυρογεννήτου. *Scriptus est hic Liber operâ Michaëlis Sacerdotis Philæ, manu Basilii Scalidri Notarii. Anno* 6632. *Christi* 1124. *Indictione septima, imperante Joanne Comneno Porphyrogenito.*

1126. Codex Oxoniensis, cujus notam misit vir clar. Joan. Ernestus Grabe, estque Octateuchus, hanc habet subscriptionem, τέλος εἴληφεν ἡ ὀκτάτευχος βίβλος Νοεμβρίῳ εἰς τὰς κ. ἡμέρᾳ ἕκτῃ, ὥρᾳ γʹ. τοῦ ἔτους ͵ϛχλδ. ἰνδ. δ. ὥσπερ ξένοι χαίρουσιν ἰδεῖν πατρίδα, οὕτω καὶ τοῖς γράφουσι τέλος βιβλίου. i. *Finem habuit Octateuchus* 20. *Novembris, feria sexta, hora tertia, anno* 6634. *i. Christi* 1126. *Ind.* 4. *Ut peregrini gaudent conspecta patriâ; sic Scribæ conspecto libri fine.*

1127. Codex Regius num. 2498. membranaceus. Est Menæum, sive vitæ Sanctorum mensis Novembris, & hanc habet in fine notam. ἐτελειώθη ὁ παρὼν Νοέμβριος μὴν, μηνὶ Ἰουνίῳ θ. ὥρᾳ ιε τῆς ἡμέρας, ἐπὶ τῆς βασιλείας Ἰωάννου πορφυρογεννήτου τοῦ Κομνηνοῦ, ἐν ἔτει τῷ ͵ϛχλε ἰνδ. ε. *Completus est hic mensis November, Junii mensis nona die, hora decima-quinta diei, imperante Joanne Comneno Porphyrogenito, anno* 6635. *Christi* 1127. *Indictione quinta.* Post sequitur:

Οἶδα μὲν οἶδα σφαλμάτων πολλῶν γέμον
Ὁ χερσὶν αὐτὸς πυξίον ἐγεγράφειν

Ἀλλ' ἔστέ μοι μέτριοι, καὶ γὰρ οὐκ ἔχω
Τὴν τεχνικὴν σύμμαχον ὀρθογραφίαν.
Πατρὶ δὲ πεισθεὶς Μαξίμῳ θείῳ θύτῃ,
Τῷ πρὸς χλόην ἄγοντι τὴν ζωηφόρον
Θρέμματα Χριστοῦ, πληθὺν ἀνθρώπων λέγω·
Τὴν χεῖρα τείνω κἂν κινεῖσθαι μὴ σθένῃ.
Νέμοιτέ μοι δὲ τῷ γραφεῖ Θεοκτίστῳ
Λύσιν ἀπείρων ψυχικῶν ἐγκλημάτων,
Καὶ βασιλείας οὐρανῶν κληρουχίαν.

Id est;

Scio quidem & novi multis ſcatere mendis
Quem manibus ſcripſi Librum.
Verum eſtote mihi propitii, non enim calleo
Artem orthographiæ.
Sed patri Maximo divino Sacerdoti obtemperans,
Qui ad paſcua vivifica ducit
Gregem Chriſti, hominum turbam dico.
Manum extendo, licet vix extendere poſſim,
Ut procuretis mihi Theoctiſto ſcribæ
Infinitarum animæ culparu n veniam,
Et regni cælorum hæreditatem.

P. ult. ἡ βίβλος αὕτη τῆς μονῆς τοῦ προδρόμου
τῆς κιστέρνης ἔγγιστα τοῦ Ἀετίου
ἀρχαϊκὴ δὲ τῇ μονῇ κλῆσις, Πέτρα.

Hic liber eſt Monaſterii Præcurſoris, quod ſitum eſt proximè Aëtii Ciſternam, vetus autem Monaſterii nomen eſt Petra. Hujus Monaſterii Conſtantinopolitani infra mentio habetur.

Codex Cæſareus Lambec. l. IV. p. 81. membranaceus, Chryſoſtomi in Matthæum, a Buſbekio emtus Conſtantinopoli, hanc ſubſcriptionem habet ut ſuperior, Eodem circiter tempore.

ἡ βίβλος αὕτη τῆς μονῆς τοῦ προδρόμου,
τῆς κιστέρνης ἔγγιστα τοῦ Ἀετίου·
ἀρχαϊκὴ δὲ τῇ μονῇ κλῆσις Πέτρα.
Ἰωάννης γέγραφε νῦν Μαγκλαβίτης.

Id est.

Hic Liber eſt Monaſterii præcurſoris,
Quod ſitum eſt proxime Aëtii Ciſternam
Vetus autem Monaſterii nomen eſt, Petra.
Joannes ſcripſit nunc, Manclavita.

Hoc Monaſterium ſitum erat prope Ciſternam Aëtii Conſtantinopoli, de qua & de Monaſterio pariter V. Codinum de Ædificiis Conſtantinopolitanis.

Manclavitæ erant Janitores Aulæ Imperatoriæ Conſtantinopolitanæ V. Cangii Gloſſ. Græcum. Initio Codicis ſcribitur, καὶ τοῦτο τὸ βιβλίον Δωροθέου. *Hic quoque Liber eſt Dorothei.*

1128. Codex Reg. 3265. membr. x. sæculi. Aphthonii Progymnasmata & Hermogenis ars Rhetorica. In fine legitur recentiore manu, μηνὶ Σεπτεμβρίῳ κθ. ἰνδ. ϛ. ἔτους ϛχλϛ. ἐκοιμήθη ὁ ὅσιος πατὴρ ἡμῶν Λεόντιος μοναχὸς ὁ Μονεμβασιώτης. i. *Mensis Septembris 29. Ind. 6. anno 6636. Christi 1128. obiit Pater noster Leontius Monachus Monembasiotes.*

1129. Codex Cæsareus Lambec. lib. III. p. 137. membranaceus, ubi Basilii & Joan. Chrysostomi opera quædam, in fine notam fert anni ϛχλζ 6637. Christi 1129. cum versibus aliquot, quorum hos quinque tantum adfert Lambecius.

τέλος εἴληφα τῆς τρισποθήτου βίβλου,
καὶ χαρᾶς ἐμπέπλησμαι ἰδὼν τὸ πέρας,
ὅτι ταχέως γέγραπται ἡ δέλτος αὕτη,
χειρὶ εὐτελοῦς Κωνσταντίνου Ταρσίτου
τοῦ ἐξ Ἀθηνῶν ἐν Κρήτῃ γεγονότος.

Id est,

Finem habui ter acceptabilis Libri:
Et gaudio sum repletus viso termino,
Quia cito scriptus hic liber fuit
Manu vilis Constantini Tarsiti,
Qui Athenis in Cretam migravit.

1133. Codex Regius 2470. membranaceus continens Officia Græcorum, in fine habet, ἔτους ϛχμα. ἰνδ. ια. μηνὶ Αὐγούστῳ β. ἡμέρα δ. ἐν ὥρᾳ καὶ ὥρα η. σκότος ἐγένετο ἐφ᾽ ὅλην τὴν οἰκουμένην. βασιλεύοντος δὲ Ἰωάννου τοῦ Πορφυρογεννήτου, καὶ Εἰρήνης τῆς εὐσεβεστάτης Αὐγούστης· ἀρχιερατεύοντος δὲ ἐν Κωνσταντινουπόλει [Ἰωάννου] οἰκουμενικοῦ πατριάρχου, ἐπὶ ἡμέραις κυροῦ Νικήτα ἀρχιεπισκόπου Θεσσαλονίκης: οἱ ἀναγινώσκοντες εὔχεσθε καὶ μοὶ τῷ ποιήσαντι τὴν δέλτον τοῦ τεπεινοῦ (sic) καὶ ἁμαρτωλοῦ Θεοδούλου. . . . *Anno 6641. Christi 1133. Indict. 11. mensis Augusti die secunda, feria quarta, hora octava, tenebræ factæ sunt in universa terra, imperante Joanne Porphyrogenito & Irene piissima Augusta, Archiepiscopatum gerente Constantinopoli [Joanne] œcumenico Patriarcha, diebus Domni Nicetæ Archiepiscopi Thessalonicensis. Qui legeritis orate pro me, qui hunc descripsi Librum, humili ac peccatore Theodulo. . . .*

1139. Codex Cæsareus bombycinus Lambec. l. 5. p. 48. Theophylacti in Evangelia Marci, Joannis & Matthæi, &c. fol. 97. legitur, ἐγράφη τὸ παρὸν τοῦ κατὰ Ματθαῖον εὐαγγελίου βιβλίον διὰ χειρὸς Λέοντος ἁμαρτωλοῦ καὶ ἀναξίου τοῦ τοῦ Ραούλ, μηνὶ Ἰουλίῳ δ. ἰνδ. β. ἔτους ϛχμζ. ὁ δὲ τοῦτο ἀναγνοὺς, εὔχου ὑπὲρ αὐτοῦ πρὸς Θεῷ, ὅπως συγχωρήσεως τῶν αὐτοῦ ἁμαρτιῶν ἐπιτύχῃ, ἀμὴν γένοιτο. *Scriptus est hic Liber Evangelii secundum Matthæum, manu Leonis peccatoris & indigni Raülis filii. Julii 4. Ind. 2. anno 6647. Christi 1149. Quisquis legeris ora pro ipso Deum, ut veniam peccatorum suorum impetret, amen, fiat.*

1139. Codex Cæsareus bombycinus Lambec. l. 5. p. 48. Theophylacti in Lucam, fol. 44. legitur, ἐτελειώθη τὸ κατὰ Λουκᾶν μηνὶ Αὐγούστῳ, ἰνδ. β. διὰ χειρὸς Λέοντος τοῦ τοῦ Ραούλ. i. *Absolutum est Evangelium secundum Lucam, mense Augusto, Ind. 2. manu Leonis Raülis filii.*

Hoc anno jussu Clementis Abbatis τῶν ἱερέων, sive Sacerdotum, renovatus est Codex Joan. Chrysost. in Matthæum, Biblioth. Colbertinæ. Vide supra ad annum 955.

Codex Regius 2862. membranaceus quatuor Evangeliorum. In fine legitur, τέλος ἔλαβε τὸ παρὸν ἅγιον τετραευαγγέλιον διὰ χειρὸς ἐμοῦ τοῦ πολυτλήμονος καὶ εὐτελοῦς νοταρίου Σολομῶντος ὁ ἀπὸ νοταρίων. καὶ διὰ τὸν κύριον πάντες ἀδελφοὶ καὶ πατέρες οἱ ἐντυχόντες ἐν αὐτῇ, καὶ ἀναγινώσκοντες, οἱ καὶ μεταγράφοντες, μὴ διὰ χωρικίας ἡμῶν καὶ σαλείας τὴν κατάραν ἀναπέμψασθαι. ἠκούσατε γὰρ καὶ πολλάκις ἐῤῥέθη, ὅτι καὶ ὁ γράφων περιγράφει, ἡ μὲν χεὶρ ἡ γράψασα σήπεται τάφῳ· γραφὴ δὲ φαίνει εἰς χρόνους πληρεστάτους, εἰς τοὺς σύμπαντας αἰῶνας τῶν αἰώνων, ἀμήν. ἐτελειώθη δὲ ἐν ἔτει τῷ ἀπὸ κτίσεως κόσμου ,ςχοϛ. ἰνδ. α. ἡλίου κύκλῳ ιβ. σελήνης ζ. εἰς τὰς ιδ. τοῦ Δεκεμβρίου μηνὸς, ἡμέρα ε. . . . . . βασιλεύοντος ἐν Κωνσταντινουπόλει Μανουὴλ τοῦ πορφυρογεννήτου καὶ ἐνδοξοτάτου βασιλέως, καὶ ἐν τοῖς Ἱεροσολύμοις Ἀμαῤῥὴ τοῦ κραταιοῦ ῥήξ. ἐν δὲ τῇ νήσῳ Σικελίας Γουλλιέλμου τοῦ δευτέρου ῥήγος. ἐφ' ἡμᾶς δὲ Ἰησοῦ Χριστὸς, ᾧ ἡ δόξα καὶ τὸ κράτος εἰς τοὺς αἰῶνας τῶν αἰώνων, ἀμήν. Id est, *Finem habuit hic sanctus quatuor Evangeliorum Liber manu mei miserrimi & vilis Notarii Solomonis ex numero Notariorum. Rogoque in Domino omnes fratres patresque, quotquot in hunc inciderint, hunc legerint vel transcripserint, ne mihi ob rusticitatem ac stoliditatem meam maledictionem immittant. Audistis enim ac sæpius dictum est, Scribam hoc dictum adscribere :* Manus quidem quæ scripsit in sepulchro putrescit : scriptura autem conspicitur in multos annos, in omnia sæcula sæculorum, amen. *Completus autem est anno à creatione mundi 6676. Christi 1168. Ind. 1. Cycli solis x. Lunæ 7. Decembris Feria 4. Imperante Constantinopoli Manuele Porphyrogenito & gloriosissimo Imperatore ; Jerosolymis Rege potentissimo Amarri ; in Insula Siciliæ Gullielmo secundo Rege ; nobis autem Jesu Christo, cui gloria & imperium in sæcula sæculorum, amen.* 1168.

Codex Cæsareus Lambec. Biblioth. l. 3. p. 72. membranaceus, operum Dionysii Areopagitæ cum scholiis S. Maximi. In fine legitur : ἐτελειώθη σὺν θεῷ ἡ ἱερὰ ψυχωφελὴς καὶ θεολογικωτάτη βίβλος τοῦ ὁσίου πατρὸς ἡμῶν Διονυσίου, μηνὶ Ἰανουαρίῳ ιζ. ἡμέρα, ἔτους. . . . γραφεῖσα. . . . διὰ χειρὸς ἐλαχίστου καὶ ἀναξίου διακόνου τῆς Μηθύμνης ἐπὶ Μανουὴλ βασιλέως καὶ αὐτοκράτορος Ῥωμαίων. ἔστι δὲ αὕτη ἡ βίβλος τῆς. . . Id est : *Completus est hic utilis & Theologicus liber S. P. nostri Dionysii, mensis Januarii die 17. anno. . . . scriptus. . . . manu Joannis minimi & indigni Diaconi Methymnæ, Imperatore Romanorum Manuele, est autem hic liber. . . .* cætera, nempe is cujus jussu scriptus est, annus, & Ecclesia cujus erat, de industria erasa sunt. Eodem circiter tempore.

Codex Colbertinus, num. 643. membranaceus, Joan. Chrysostomi in Genesim, in cujus fine legitur, τέλος εἴληφεν ἡ παροῦσα ἑξαήμερος κατὰ τὴν ιβ. τοῦ Μαρτίου μηνὸς, ἡμέρα δ. τῆς γ. ἑβδομάδος (sic) ὥρα β. τοῦ ,ςχϟδ. ἔτους, ἰνδ. δ. ὅσοι γοῦν λοιπὸν ἐντυγχάνετε ταύτης, σύγγνωτέ μοι παρακαλῶ εἴπερ ἐσφάλην ἀπὸ τε ὀξείας, βαρείας, ἀποστρόφου, δασείας τε καὶ ψιλῆς (sic) καὶ ὁ θεὸς σώσει ὑμᾶς πάντας, ἀμήν. i. *Finem accepit hic Liber sex dierum (s. creationis) duodecima Martii die, Feria quarta tertiæ hebdomadis, hora secunda, anno 6694. Christi 1186. Quotquot igitur ipsum legitis, ignoscite mihi, quæso, si quid peccavi in accentu acuto & gravi, in apostropha, in spiritu denso & tenui ; & Deus salvos faciet vos omnes, amen.* 1186.

Codex Cæsareus Lambec. l. 6. p. 55. membranaceus, collectio legum, in fine legitur, ἐτελειώθη τὸ παρὸν νομοκάνονον διὰ χειρὸς Κωνσταντίνου ἀναγνώστου καὶ διὰ 1186.

συνδρομῆς τοῦ δούλου τοῦ θεοῦ καθηγουμένου ἱερομονάχου Λαυρεντίου τοῦ τῆς μονῆς τοῦ Μαγουλᾶ, ἔτει ͵ϛχϟθ. ἐπινεμήσει θ. ἐπὶ βασιλείας Ἰσαακίου Ἀγγέλου. i. *Absolutus est hic Nomocanon manu Constantini Lectoris, & sumtibus servi Dei Cathegumeni sive Præfecti Hieromonachi Laurentii Monasterii Magula, anno 6699. Christi 1191. Ind. 9. Imperante Isaacio Angelo.*

1197. Codex Cæsareus bombycinus, Lambec. l. 5. p. 45. Theophylacti in 4. Evangelia, fol. 214. hanc notam habet: τὸ παρὸν βιβλίον προστάξει τοῦ ἁγίου μου πατρὸς καὶ καθηγουμένου τῆς σεβασμίας μονῆς τῆς περιβλέπτου θεοτόκου ἀσκητοῦ κυροῦ Μητροφάνους καὶ ἱερέως ἐγράφη καὶ ἐτελειώθη κατὰ τὸν Ὀκτώβριον μῆνα τῆς ιε. ἐπινεμήσεως τοῦ ͵ϛψε ἔτους διὰ χειρὸς ἐμοῦ τοῦ ἁμαρτωλοῦ Παύλου. Hoc est: *Hic Liber scriptus & absolutus est, jussu S. Patris mei Ascetæ Domni Metrophanis Cathegumeni sive Præfecti Monasterii Peribleptæ, sive spectabilis aut conspicuæ Deiparæ, mense Octobri, Ind. 15 anno 6705. Christi 1197.* Erat Monasterium τῆς περιβλέπτου Constantinopolitanum, cujus Monachus fuit Euthymius Zygabenus, auctor Panopliæ & aliorum operum.

XII. sæc. Codex Colbertinus 2511. membranaceus, XII. sæculi, in Matthæum. In fine legitur prima manu, ἔστι γὰρ ἡ τοιαύτη βίβλος τῆς σεβασμίας μονῆς τῆς ὑπεραγίας θεοτόκου τῆς ἐπονομαζομένης τῶν γυναικείου. *Hic liber est venerandi Monasterii sanctissimæ Deiparæ, quæ cognominatur Gynæcei.*

XII. sæc. Codex Bibliothecæ Basilianorum Romæ membranaceus, est Nomocanon Doxapatris jussu Joannis Comneni Imperatoris conscriptus: cujus notitiam dedimus in Diario Italico, p. 217. Hoc autem Apographum non diu post Autographum scriptum est: in fine siquidem hæ duæ notæ habentur altera manu.

Κατὰ τὸν Ἀπρίλλιον μῆνα εἰς τὴν ιη. τῇ ἁγίᾳ καὶ μεγάλῃ τρίτῃ, ὥρᾳ θ. ἰνδικτ. ζ ἔτει ͵ϛψμβ. ἐγεννήθη ἡ θυγάτηρ ἐμοῦ σινάτορος τοῦ κριτοῦ ἡ ἐν τῷ ἁγίῳ βαπτίσματι ὀνομασθεῖσα Ἀλφάζαν, βασιλεύοντος ἡμῶν τοῦ θεοστέπτου μεγάλου βασιλέως καὶ αὐτοκράτορος Ῥωμαίων καὶ ἀεὶ Αὐγούστου Φρεδδερίκου, δεκάτῳ τετάρτῳ χρόνῳ τῆς αὐτοῦ βασιλείας, βασιλεύοντος δὲ Σικελίας τριακοστῷ ἑβδόμῳ, Ἱερουσαλὴμ δὲ ἐννάτῳ.

Κατὰ τὸν Σεπτέμβριον μῆνα εἰς τὴν ιη. ἡμέρᾳ τρίτῃ πρὸς ἑσπέραν, ἰνδ. θ. ἔτει ͵ϛψμδ ἡ σύζυγος ἐμοῦ σινάτορος τοῦ κριτοῦ κυρὰ Γουάζερις, ἐγέννησε παιδίον δεύτερον ἄρσεν, ὅπερ ὠνομάσαμεν Μιχαὴλ, ὑπὲρ οὗ μεγάλη χαρὰ παρ' ἡμῖν ἐγεγόνει. οὔπω δὲ βαθείας ἑσπέρας καταλαβούσης, ἡ προρρηθεῖσά μοι σύζυγος τὸ πνεῦμα τῷ κυρίῳ παρέδωκε, καὶ ἡμέρᾳ τετάρτῃ τοῦ ῥηθέντος μηνὸς εἰς τὴν ιθ. ἐντίμως ἐτάφη ἐν τῷ πανσέπτῳ ναῷ τῆς ὑπεραγίας θεοτόκου τῆς ἀχειροποιήτου, καταλείψασα τὰ ῥηθέντα δύο παμφίλτατά μοι τέκνα, τὴν Ἀλφάζαν καὶ τὸν Μιχαὴλ, οἷς ὁ θεὸς δῴη προκοπὴν καὶ αὔξησιν, ἐκείνῃ δὲ ἄφεσιν ἁμαρτιῶν καὶ ἀνάπαυσιν ἐν τοῖς τῶν δικαίων χοροῖς.

Hoc est;

Decima-octava mensis Aprilis die, quæ erat sancta & magna feria tertia, horâ nonâ, Indictione septima, anno 6742. (hoc est Christi 1234.) nata est filia mihi Senatori Judicii, quæ in sacro baptismate nuncupata est Alphazan; imperante nobis religioso & magno Imperatore Romanorum & semper Augusto Frederico, quartodecimo anno ejus imperii, regni ejusdem in Sicilia anno trigesimo-septimo, in Jerusalem nono.

Mensis Septembris decimâ-octavâ, feriâ tertiâ ad vesperam, Indictione nonâ, anno 6744. (Christi 1236.) conjux mea, Senatoris Judicii, Domna Guazris, secundum filium peperit masculum, quem nominavimus Michaëlem. Hæc magna nobis lætitiæ causa; cumque nondum alta vespera esset, memorata uxor mea spiritum Deo reddidit, & feriâ quartâ, quæ prædicti mensis decima-nona erat, honorabili sepulturæ data est in venerabili Templo sanctissimæ Deiparæ ἀχειροποιήτου, *id est, nulla manu, sed divinitus effectæ, relictis mihi dilectissimis duobus filiis, Alphazan scilicet puellâ, & Michaële, queis Deus profectum & incrementum, ipsi vero uxori remissionem peccatorum & requiem in Sanctorum choris dederit.* Hic vero Senator Arabicæ originis fuisse videtur ex nominibus. Nam Arabes, qui Siciliam obtinuerant, domiti postea Nortmannis paruerunt.

Codex Regius 3437. membr. parvæ molis, Petri Antiocheni & aliorum epistolæ, XII. sæculi: scriptus manu Basilii Lectoris. XII. sæc.

CAPUT VII.

Notæ ac nomina Calligraphorum a tertio-decimo sæculo ad decimum-sextum.

Notæ Codicum decimi-tertii sæculi.

CODEX Colbertinus 614. membranaceus est Evangelistarium, in 1205 cujus fine, ἐτελειώθη τὸ ἱερὸν εὐαγγέλιον διὰ χειρὸς Γεωργίου ἱερέως τοῦ Ῥοδίου, διὰ συνδρομῆς καὶ πολλοῦ πόθου Ἀθανασίου μοναχοῦ καὶ ἐγκλείστου, καὶ συνδρομῆς τοῦ χριστωνύμου χασίνου (dubie legitur) διὰ ψυχικῆς αὐτοῦ σωτηρίας. καὶ ἐτέθη εἰς τὸν πάνσεπτον ναὸν τοῦ μεγάλου Ἐπιφανίου, ἤγουν τῆς ἐγκλείστρας. Εἴτις δὲ βουληθῇ ἆραι τοῦτον κρυφίως ἢ καὶ φανερῶς, ἕξει τὰς ἀρὰς τῶν ιβ ἀποστόλων, καὶ κατάραν εὕρῃ χειρίστην πάντων μοναχῶν.

Μηνὶ Σεπτεμβρίῳ α. ἔτους ϛψιγ. ἰνδ. ι.

Id est, *Absolutum est sacrum Evangelium manu Georgii Sacerdotis Rhodii, ope & studio multo Athanasii Monachi Enclisti* (sive ut olim in Ecclesia Latina dicebatur, *Reclusi*) *opera item Christonymi Chastini pro salute animæ suæ, & repositus est in venerabilissimo Templo Magni Epiphanii, videlicet Enclistræ. Si quis autem ausus fuerit hunc clam vel palam auferre, maledictionem duodecim Apostolorum incurrat, pessimam item omnium Monachorum maledictionem inveniat amen. Mensis Septembris prima die, anno* 6713. *Christi* 1205. *Indict.* 10. Enclistra autem Monasterium erat Monachorum, qui numquam e Monasterio prodirent; instar eorum, quos Carthusianos vocamus.

Codex Bibliothecæ Cæsareæ 304. membranaceus continet hymnolo- 1221 gium & cantica, cum hac in fine nota: ἐτελειώθη ἡ παροῦσα δέλτος μηνὸς φεβρουαρίου ἡμέρᾳ εἰκάδι, ἐπινεμήσεως θ. τοῦ ἔτους ϛψκθ΄. χειρὶ ἐμοῦ τοῦ τάλανος καὶ πτωχοῦ καὶ ἀγνώστου τοῦ ἀπὸ Κίτρου ἱερέως Ἰωάννου τοὔνομα, οὗ τὸ ἐπίκλην Δαλασσηνὸς ὑπάρχει. *Completus est hic Liber mensis Februarii vigesima die, Ind.* 9 *anno* 6729. *Christi* 1221. *manu mei miseri, mendici & ignoti Sacerdotis ex Citro, cui nomen Joannes, cognomen Dalassinus*, vel *Dalassenus*.

Codex in Bibliotheca Julii Justiniani Venetiis Theophylacti Com- 1229 mentariorum in Evangelia, scriptus anno mundi 6737. Christi 1229.

Codex Regius 3370. membranaceus, Βασιλικῶν διατάξεων, sive Impera- 1230. vel circiter toriarum Constitutionum, in fine habet.

Ὁ βασιλικὸς οὗτος ἐγράφη νόμος
Ἐν ἡμερινοῖς ἡλίου ποσὶ δρομοῖς.
Πᾶς δ' ἀναγνοὺς σύγγνωθι τῷ γεγραφότι,
Εἴ που σφαλεὶς ἔλαθεν ἐκ πολλοῦ τάχους.
Ἀπρόσμαχον γάρ ἐστι λητοῦς τὸ σθένος
Ὡς καὶ τὸν Ἑρμῆν ἀποκνῆσαι τὴν μάχην.

Hoc est,

Hæc Imperatoria Lex scripta fuit
Quodam dierum decursu.
Quisquis legeris ignosce Scribæ,
Si quid oblivione peccaverit ob nimiam celeritatem.
Inexpugnabilis quippe est (Latonæ) oblivionis vis;
Ita ut Mercurius pugnam cum illa detrectet.

Alludit ad Iliadem Homeri φ. ubi Mercurius cum Latona pugnare detrectat. Λήτως autem Latonam Apollinis matrem, & oblivionem significat.

Fol. tertio legitur prima manu, Βασιλεὺς Φρεδερίκος ἀεὶ αὔγουστος, Ἰταλικὸς, Σικελικὸς, Ἱεροσολυμίτης, Ἀρελατένσης, εὐσεβὴς, εὐτυχὴς, νικητὴς καὶ τροπαιοῦχος. *Imperator Fredericus semper Augustus, Italicus, Siculus, Hierosolymitanus, Arelatensis, pius, felix, victor, tropæa gestans.* Ejus tempore scriptus est Codex, ante medium decimi-tertii sæculi.

1231. Codex Regius 3499. membranaceus, Gregorii Nazianzeni sermones sexdecim cum Commentariis. In fine legitur, τέλος σὺν θεῷ τῆς ἐξηγήσεως καὶ τοῦ κειμένου τῶν ἀναγινωσκομένων δέκα καὶ ἓξ λόγων τοῦ ἐν ἁγίοις πατρὸς ἡμῶν Γρηγορίου τοῦ θεολόγου· χειρὶ γραφέντες Γερμανοῦ ἱερομονάχου καὶ ταπεινοῦ τοῦ Λίγγου.

ᾧ καὶ νέμοις ἱλασμὸν ὦ θεοῦ λόγε.

ἔτος ͵ϛψλθ, ἰνδ. δ. Ἰουλίου μηνὸς β. *Finis cum Deo Textûs & Expositionis sexdecim Sermonum sancti Patris nostri Gregorii Theologi: Scripti manu Germani Lingi Hieromonachi & humilis.*

Cui propitium esto, ô Dei Verbum.

Anno 6739. Christi 1231. Ind. 4. Julii mensis secundo die.

1236. Codex Colbertinus 4111. membranaceus, est rerum Asceticarum Collectio, in cujus fine legitur, ἐτελειώθη σὺν θεῷ ἡ δέλτος αὕτη διὰ χειρὸς ἐμοῦ τοῦ ἁμαρτωλοῦ καὶ ἀναξίου ἱερομονάχου Γερασίμου. καὶ οἱ ἐντυγχάνοντες εὔχεσθε ὑπὲρ τοῦ γράψαντος καὶ ἔχοντος. ἐτελειώθη δὲ μηνὸς Φευρουαρίου κβ. ἔτους ͵ϛψμδ. ἰνδ. θ. *Completus est cum Deo hic Liber, manu mei peccatoris & indigni Hieromonachi Gerasimi. Qui legeritis orate pro eo, qui scripsit & habet. Absolutus autem est vigesima-secunda mensis Februarii, anno 6744. Christi 1236. Indictione nona.*

Erat olim in hoc Codice antiquior scriptura, quæ postea arte deleta fuit tanta cura, ut vix vestigia ulla compareant: & hæc recentior inducta est, ad quam pertinet nota.

1265. Codex Regius 2901. membranaceus, ubi Chrysostomi quædam. Fol. 52. hæc leguntur, δόξαν σοι ἀναπέμπω τῷ μόνῳ θεῷ τῷ δόντι μοι ἰσχὺν, καὶ ἐπληρώθη ἡ δέλτος αὕτη ἐν ἔτει ͵ϛψογ. καὶ εἰ μὲν καλῶς, αἴνεσον τὸν γεγραφότα· εἰ δὲ κακῶς, σύγγνωθι τῆς ἀπειρίας. i. *Gloriam tibi remitto soli Deo, qui robur mihi tribuisti, & completus est hic Liber anno 6773. Christi 1265. Et si quidem bene, lauda Scribam;*

Scribam; si male, ignosce imperitiæ. Reliqua hujus libri folia vetustioris manus sunt.

Codex Colbertinus membranaceus, num. 845. ubi prius erat opus characteribus uncialibus, quibus erasis, superscripta sunt opera Dionysii Areopagitæ: in fine secundæ & recentioris scriptionis legitur, 1272

Ἐμοί τε τῷ γράψαντι σὺν πολλῷ πόνῳ
Κλῆσιν Λογγίνῳ ἐσχάτῳ μονοτρόπων,
Εὔχεσθε θερμῶς τοῦ Ἐδὲμ τὸ χωρίον
Κλῆρον δοθῆναι καὶ παραδείσου τόπους.

ἔτει ϛψπ. ἰνδ. ιε. κύκλος ἡλίου δ. κύκλος σελήνης ιϛ.

Id est, *Mihi qui cum labore multo scripsi,*
Nomine Longino, ultimo Monachorum
Orate ferventer, ut locus Edem
Et Paradisi regio, in sortem detur.

Anno 6780. *Christi* 1272. *Ind.* 15. *Cyclus solis est* 4. *Cyclus lunæ* 16.

Codex Regius 3482. bombycinus, Cyrani alias Carani Persarum Regis opus Physicomagicum, de plantis, avibus, lapidibus, piscibus cum Characteribus magicis: in fine legitur, τοῦτο τὸ βιβλίον ἡ κυρανίδης, ἐγράφη εἰς κάστρον τὸ λεγόμενον Γάγγραν, διὰ χειρὸς Ἰωάννου τοῦ Πρεσπινοῦ Δυρ... ἀπὸ τὴν Πρεύπαν, ἀπὸ τὴν Ἀχρι... τὸ κάστρον, ἔτους ϛψπ. μνήσθητι κύριε τῆς ψυχῆς τοῦ δούλου τοῦ θεοῦ Νικολάου καὶ Εὐδοκίας. *Hic liber, sive Cyranides, scriptus est in castro dicto Gangra, manu Joannis Prespini Dyri... a Preüpa ab Achri.... castro. Anno* 6780. *Christi* 1272. *Memento, Domine, servi Dei Nicolai & Eudociæ.* 1272

Codex Regius 2753. bombycinus. Lexicon initio mutilum, in fine legitur, ἐτελειώθη τὸ παρὸν βιβλίον διὰ χειρὸς ἁμαρτωλοῦ Ἀθανασίου μοναχοῦ, ἔτους ϛψπα. ἰνδ. α. μηνὶ Ἰουλίῳ η. ἡμέρα σάββατον. (sic.) Hoc est, *Absolutus est hic liber manu peccatoris Athanasii Monachi, anno* 6781. *Christi* 1273. *Indictione prima, mensis Julii* 8. *die Sabbati.* 1273

Codex 2754. ejusdem Athanasii manu scriptus, ut ex Charactere liquidum, est item bombycinus & Lexicon.

Ejusdem, ut videtur, Athanasii manu scriptus est Codex Regius 2385. in quo per Monocondylia, sive per longos & perplexos literarum nexus, exarata est nota sequens, ἐτελειώθη ἡ παροῦσα δέλτος ἐν τῇ μονῇ τοῦ Γενεσίου διὰ χειρὸς Ἀθανασίου ἁμαρτωλοῦ, μηνὶ φεβρουαρίῳ ἑπτακαιδεκάτῃ, ἡμέρα πέμπτῃ, ἰνδ. δ. *Absolutus est hic liber in Monasterio Genesii, manu Athanasii peccatoris, mensis Februarii decima-septima, feria quinta, Indictione quarta.*

Codex Regius 2883. Gregorii Nysseni in Cantica, & alia Patrum opera. In fine legitur, ἐτελειώθη ἡ παροῦσα βίβλος μηνὶ Ἰανουαρίῳ κϛ. ἐν ἔτει ϛψπδ. ἰνδ. ι. *Completus est hic liber mensis Januarii* 26. *anno* 6784. *Ind.* 10. 1276

Codex Regius 2951. bombycinus. Joannis Damasceni & aliorum opera. Fol 306. legitur. Τὸ παρὸν βιβλίον ἐγράφη διὰ χειρὸς ἐμοῦ Λέοντος τοῦ Κινναμοῦ, τελειωθὲν σὺν θεῷ μηνὶ Μαρτίῳ ιδ. ἰνδ. ιδ. ἡμέρα ἑβδόμῃ, ἔτους ϛψπδ. ἐπὶ τῆς βασιλείας τῶν εὐσεβεστάτων καὶ πιστοτάτων καὶ ἐκ θεοῦ ἐστεμμένων μεγάλων βασιλέων ἡμῶν τοῦ τε κυροῦ Μιχαὴλ Δούκα, Ἀγγέλου, Κομνηνοῦ, τοῦ Παλαιολόγου, καὶ νέου Κωνσταντίνου, καὶ Θεοδώρας τῆς εὐσεβεστάτης Αὐγούστης, καὶ τοῦ κυροῦ Ἀνδρονίκου Κομνηνοῦ καὶ Ἄννης 1279 τῆς εὐσεβεστάτης Αὐγούστης. καὶ ἐναπετέθη ἐν τῇ βασιλικῇ βιβλιοθήκῃ. μετεγράφη δὲ ἀπὸ βιβλίου εὑρεθέντος ἐν τῇ παλαιᾷ βιβλιοθήκῃ τῆς ἁγίας ἐκκλησίας τῆς πρεσβυτέρας Ῥώμης· ὅπερ βιβλίον ἐγράφη καὶ αὐτὸ ἐν ἔτει ,ϛσξζ. ὡς ἀριθμεῖσθαι τοὺς χρόνους τοῦ τοιούτου βιβλίου ἄχρι τοῦ παρόντος, ιζ. πρὸς τοῖς πεντακοσίοις. ἔχει δὲ τὸ παρὸν βιβλίον τετράδια γεγραμμένα μη. καὶ φύλλα τπε. καὶ. . . . . *Hic liber ſcriptus eſt manu Leonis Cinnami; completus Deo juvante menſis Martii decima-quarta die, Indictione 4. feria ſeptima, anno 6784. Chriſti 1276. ſub imperio piiſſimorum, fideliſſimorum, & à Deo coronatorum magnorum Imperatorum noſtrorum Domni Michaëlis Ducæ, Angeli, Comneni, Palæologi, ac novi Conſtantini, & Theodoræ piiſſimæ Auguſtæ, & Domni Andronici Comneni atque Annæ piiſſimæ Auguſtæ. Et repoſitus eſt in Bibliotheca Imperiali. Exſcriptus eſt autem ex libro, qui repertus eſt in veteri Bibliotheca ſanctæ Eccleſiæ ſenioris Romæ: qui liber ſcriptus fuerat anno 6267. id eſt, Chriſti 759. ita ut a prioris libri ad hujuſce ſcriptionem anni numerentur 517. Habet autem hic liber quaterniones ſcriptos 48. folia 385. . . .* Verum hic difficultas oboritur: nam eodem in Codice habetur opuſculum Joannis Jeroſolymitani Patriarchæ contra Conſtantinum Copronymum, ubi de depoſitione ac nece Conſtantini Patriarchæ Conſtantinopolitani nec obſcure agitur: illa autem accidit anno 768. Non potuit ergo in Codice Romano, qui ſcriptus fertur anno 759. opuſculum haberi, ubi de nece Conſtantini, novem poſt annos peracta, mentio occurrit. Quare vel dicendum eſt Leonem Cinnamum in lectione numerorum lapſum eſſe & τ per σ legiſſe, (nam in centenarium numerum lapſus cecidiſſe videatur,) ita ut fuerit in illo vetuſtiori Codice annus ,ϛτξζ. 6367. Chriſti vero 859. qui lapſus, ut experimento comprobavimus, admodum proclivis eſt, cum annorum numeros Calligraphi ſingularibus calami ductibus deſcribant; vel dici poſſit Leonem Cinnamum cætera ex Codice illo Romano exſcripſiſſe, hoc autem opus ex altero Codice recentiore: quod tamen is in nota ſua non indicaverit.

1285. Codex Biblioth. Laurentianæ membranaceus, pluteo VI. continet Evangelia, ſcriptus anno ,ϛψϟγ. 6793. Chriſti 1285.

1286. Codex Regius 2458. bombycinus, ubi vitæ Sanctorum quorumdam. In fine habetur, ἐπληρώθη ὁ παρὼν βίβλος (ſic) μηνὶ Μαρτίῳ ἰνδ. ιδ. ἔτει ,ϛψϟδ. οἱ δὲ ἀναγινώσκοντες ταύτην εὔχεσθέ μοι διὰ τὸν κύριον, ὅπως λάβω ἄφεσιν τῶν ἐπταισμένων, ὧν ἐν κόσμῳ ἥμαρτον, βροτὸς ὑπάρχων.

Τῷ συντελεστῇ τῶν καλῶν θεῷ χάρις.

Completus eſt hic liber menſe Martio, Indictione 14. anno 6794. Chriſti 1286. qui hunc legeritis precamini mihi propter Dominum, ut remiſſionem conſequar delictorum, quæ mortalis cum ſim in mundo perpetravi.

1286. Codex Cæſareus Lambec. l. 4. p. 187. Joan. Climaci ſcala membr. in fine habet, ἐτελειώθη ἡ παροῦσα πυκτὶς διὰ τῆς χάριτος τοῦ κυρίου ἡμῶν Ἰησοῦ Χριστοῦ, διὰ χειρὸς Νικηφόρου ἁμαρτωλοῦ, ταχυγράφου καὶ ἀναγνώστου, μηνὶ Αὐγούστῳ, ἔτους ,ϛψϟδ. *Completus eſt hic liber gratiâ D. N. J. Chriſti, manu Nicephori Tachygraphi & Lectoris, menſe Auguſto, anno 6794. Chriſti 1286.*

1291. Codex Bibliothecæ Ottobonianæ, in quo Nicetæ ſcholia in Gregorium Nazianzenum, ſcriptus anno mundi 6799. Chriſti 1291.

1292. Codex Biblioth. Ottobonianæ, Lexicon Græcum ſat amplum, ſcriptum anno mundi 6800. Chriſti 1292.

Codex Cæsareus Lambec. l. 8. p. 358. & 365. Vitæ SS. Codex scriptus a Joanne Sacerdote sumtibus Alexii cujusdam mense Augusto, ἱεραρχοῦντος τοῦ τοῦ πάνυ ἱερωτάτου μητροπολίτου Σωφρονίου, ἤγουν πάσης τῆς Γοτθίας. *Metropolitano totius Gotthiæ Sophronio.* 1294

Codex Regius 2334. ubi Joannis Chrysostomi in Joannem, & aliorum opera: in fine legitur, ἐγράφη ἡ παροῦσα βίβλος, ἡ κατὰ Ἰωάννην, κελεύσει μὲν καὶ ἐξόδῳ τοῦ πανυαγιωτάτου καθηγουμένου τῆς πανσέπτου μονῆς τοῦ ἁγίου καὶ θαυματουργοῦ Θεοδώρου τοῦ Βροντοχίου· χειρὶ δὲ εὐτελοῦς νομικοῦ τοῦ Βασιλάκη ἐν ἔτει ςωδ. ἰνδ. θ. καὶ ἐτελειώθη μηνὶ Ἰουλίῳ ια. ἡμέρα τετάρτη τῆς ἑβδομάδος, ὥρα ἕκτη. καὶ οἱ ἀναγινώσκοντες εὔχεσθέ μοι τῷ ἁμαρτωλῷ ὑπὲρ πάντα ἄνθρωπον, γραφεῖ, διὰ τὸν κύριον. ἵνα διὰ τῶν ὁσίων εὐχῶν τοῦ πανοσιωτάτου πατρὸς ἡμῶν, οὗ ἡ βίβλος, καὶ ὑμῶν, τύχω καὶ ἐγὼ ὁ ἄθλιος, ἐλέους καὶ σωτηρίας, παρὰ τοῦ πανάγαθου θεοῦ ἐν τῇ ἡμέρᾳ τῆς κρίσεως. ὧν γένοιτο πάντας ἡμᾶς ἐπιτυχεῖν τῇ τοῦ θεοῦ χάριτι, ἀμήν. i. *Scriptus est hic liber secundum Joannem, jussu quidem & sumtibus sanctissimi Cathegumeni sive præfecti venerabilissimi Monasterii sancti & miraculorum patratoris Theodori Brontochii: manu vero vilis jurisperiti Basilacæ, anno 6704. Christi 1296. mensis Julii undecima, feria quarta hebdomadis, hora sexta. Qui legeritis orate pro me, supra omnes homines peccatore, Scriba, propter Dominum; ut precibus sanctissimi Patris nostri, cujus est liber, & vestris, consequar & ego infelix misericordiam & salutem a Deo optimo in die judicii: quæ etiam vos omnes obtinere contingat per Dei gratiam, amen.* 1296.

Georgius Sacerdos scripsit Codicem Regium, num. 3386. anno 1296. 1296.

Codex Regius 3027. membranaceus. Canones & multa variorum Patrum opuscula. In fine habetur in folio lacero, ἔτει ςωε. *Anno 6805. Christi 1297.* 1297

Codex Regius 2691. Pauli Æginetæ opera. In fine legitur, ἐτελειώθη τὸ παρὸν βιβλίον διὰ χειρὸς ἐμοῦ Μιχαὴλ τοῦ Λουλλούδη, μηνὶ φευρουαρίῳ. ἰνδ. ιγ. ἔτους ςωζ. *Completus est hic liber manu mea Michaëlis Lulludæ, mense Februario, Indict. 13. anno 6807. Christi 1299.* 1299.

Codex Colbertinus 3607. ubi Descriptio Constantinopolis & Origenes de Oratione, dicitur compactus a quodam Gennadio Pachna, qua de re vide in Cryptographia, lib. 4. XIII. sæculi circiter.

Notæ decimi-quarti sæculi.

Codex Regius 2269. bombycinus, Dionysii opera, & varia Ecclesiastica complectens, in fine habet, ἐτελειώθη σὺν θεῷ ὁ ἅγιος Διονύσιος διὰ χειρὸς ἁμαρτωλοῦ Ἀνδρονίκου τοῦ Λεπεντρηνοῦ μηνὶ Ἰουλίῳ, ἰνδ. ιβ. ἔτει ςωι. 1302.

Ἄλλοι μὲν ἄλλα τῇ μονῇ μετὰ πόνου
Ἰγνάτιος δὲ τήνδε τὴν βίβλον φέρει.

i. *Completus est cum Deo S. Dionysius, manu Andronici Lepentreni, mense Julio, Indictione duodecima, anno 6810. Christi 1302.*

Alii quidem alia Monasterio cum labore contulere,
Ignatius autem hunc librum adfert.

Ignatius iste videtur esse cujus jussu librum descripsit Andronicus.

Codex Regius 2027. Vitæ Sanctorum. In fine legitur, ἐτελειώθη τὸ παρὸν [illegible] βιβλίον διὰ χειρὸς ἐμοῦ Γεωργίου τοῦ Ῥοδίου κατὰ τὸν Νοέμβριον μῆνα τῆς ε. ἰνδ. ἔτους ͵ϛωιε. *Absolutus est hic liber manu mea Georgii Rhodii mense Novembri Ind. nona, anno 6815. Christi* 1307.

1308. Codex Regius 2283. membranaceus, continens varia Eusebii Cæsariensis & alia; in fine habet:

Τῷ συντελεστῇ τῶν καλῶν ἔργων, ἀμήν.

πληρωθὲν δὲ διὰ συνεργείας τοῦ κυροῦ Γαλτερίου τοῦ Βεργ. εἰς λύτρωσιν καὶ ἄφεσιν τῶν ἑαυτοῦ ἁμαρτιῶν. μηνὶ Σεπτεβρίῳ εἰς τὸ κϛ. ἡμέρα β. ὥρα θ. ἔτους ͵ϛωιϛ. ἰνδ. ϛ.

Id est, *Perfectori bonorum operum, amen.*

Completum est opera Domni Galterii Bergomatis, in veniam & remissionem peccatorum ipsius, mense Septembr. 26. feria secunda, hora nona, anno 6816. Christi 1308. *Ind. 6.*

1314. Codex membranaceus in Bibliotheca Laurentiana, pluteo XXVIII. ubi Theonis Alexandrini ad Epiphanium filium in promtos Canonas Ptolemæi. In fine hæc notantur Græcè, quæ Latine versa sunt hoc pacto. *Exacta* 12. *Indictione, anno 6832. Christi* 1314. *Elapsi sunt ab anno primo Regis Philippi Aridæi anni Romani* 1638. *ab imperio Augusti Imperatoris* 1343. *ab imperio Diocletiani anni* 1030.

1315. Codex Colbertinus 2493. membranaceus, in quo Homiliæ & vitæ Sanctorum, hanc notam in fine habet, ἐγράφη τὸ παρὸν βιβλίον μαρτυρικὸν καὶ πανηγυρικὸν τοῦ ὅλου χρόνου. ἐγράφη δὲ διὰ χειρὸς κἀμοῦ Γεωργίου ἱερέως καὶ Ταβουλαρίου τοῦ Καλοσίπου καὶ χωρικῶν καλλιγράφων, (sic) εἴ τι δὲ ἐσφάλθη ἀπὸ ἀγροικίας μηδεὶς με καταχρίνητε ὅτι οὐκ..... ἑκουσίως, ἀλλ' ἀκουσίως. καὶ οἱ ἀναγινώσκοντες εὔχεσθε διὰ τὸν κύριον, ὅπως εὕρω ἄφεσιν τῶν ἀμπλακησφαλμάτων ἐν ἡμέρᾳ κρίσεως, ἀμήν. ἐτελειώθη δὲ ἐν μηνὶ Αὐγούστῳ εἰς τὴν κ. ἡμέρᾳ σαββάτῳ ἤτοι ζ. ἐν τῷ ͵ϛωκγ. ἰνδ. ιγ. ἡ μὲν χεὶρ ἡ γράψασα σήπεται τάφῳ, τὸ δὲ γράμμα μένει εἰς χρόνους πλείους, ἐπὶ τῆς βασιλείας τῶν εὐσεβεστάτων καὶ φιλοχρίστων μεγάλων βασιλέων Ἀνδρονίκου καὶ Εἰρήνης, καὶ Μιχαὴλ καὶ Μαρίας, καὶ Ἀνδρονίκου βασιλέως. *Scriptus est hic liber Martyrum & Homiliarum per totum annum. Scriptus est autem manu mea Georgii Sacerdotis & Tabularii Calosipi & incolarum Calligraphorum. Si quid autem ob rusticitatem erratum est, ne me condemnetis, quia non sponte, sed invite erravi. Qui legeritis precamini pro me propter Dominum, ut remissionem peccatorum consequar in die judicii. Completus est autem 20. Augusti, die Sabbati, sive feria septima anno 6823. id est Christi* 1315. *Ind.* 13. *Manus quidem quæ scripsit in sepulchro corrumpetur: scriptura autem in multos annos manebit. Sub imperio piissimorum Christi amantium magnorum Imperatorum Andronici & Irenes, Michaëlis & Mariæ, & Andronici Imperatoris.*

1318. Codex Bibliothecæ Laurentianæ, pluteo LXX. membranaceus, Herodoti Halycarnasei IX. libri, Scriptus manu Nicolai Triclinii, mense Martio, Indict. 1. anno 6826. Christi 1318.

1323. Codex Bibliothecæ Laurentianæ, pluteo VII. Gregorii Nysseni in Cantica, scriptus anno mundi 1831. Christi 1323. & emtus a Bondelmontibus, anno 1415.

1325. Codex bombycinus in Bibliotheca Laurentiana, Joannis Climaci Scala, scripta anno mundi 6833. Christi 1325.

1326. Codex Regius 2309. membranaceus, ubi Gregorii Nazianz. opera. In fine legitur, τέλος τῆς βίβλου... ἔτους ͵ϛωλδ. i. *Finis libri... anno 6834. Christi* 1326.

Codex Colbertinus 728. bombycinus, Gregorii Nazianz. Orationes, in 1327
fine legitur, ἐτελειώθη ἡ παροῦσα βίβλος ἐπὶ ἔτους ϛωλε. ἰνδ. δεκάτης, ἐπὶ τῆς βασιλείας τῶν εὐσεβεστάτων καὶ φιλοχρίστων βασιλέων ἡμῶν τῶν Παλαιολόγων. *Completus est hic liber anno 6835, Christi 1327. Indict. 10. Imperantibus piissimis & Christi amantibus Palæologis.*

Codex Regius 2395. bombycinus, ubi Theophylacti Commentaria in 1327
Evangelia: in fine legitur, τέλος, ἔτους ϛωλε ἰνδ. ι. Id est, *Finis, anno 6735. Christi* 1327. *Ind.* 10.

Codex bombycinus Bibliothecæ B. Mariæ Benedictinorum Florentiæ, in 1328
quo Dionis Chrysostomi LXXX. Orationes: In fine legitur, ἐτελειώθη τὸ παρὸν βιβλίον διὰ χειρὸς ἐμοῦ Θεοδώρου Δοκειανοῦ τοῦ Συμεὼν, κατὰ μῆνα φεβρουάριον τῆς ια. ἰνδ. τοῦ ϛωλϛ. ἔτους, ἔχοντα τὸν μῆνα ἡμέρας ιη. *Completus est hic liber manu Theodori Dociani Symeonis, mense Februario, Indictione* 11. *anno* 6836. *Christi* 1328. *decima-octava die mensis.*

Codex membranaceus Bibliothecæ Laurentianæ, pluteo XI. Vitæ Sancto- 1328
rum mensis Novembris: in fine legitur,

Ἰωακεὶμ ὄνομα τῷ γεγραφότι.

ἐτελειώθη κατὰ μῆνα ὀκτώβριον τῆς ια. ἰνδ. τοῦ ϛωλϛ.

τὸ παρὸν βιβλίον ἐγράφη διὰ ἀγῶνος καὶ συνδρομῆς τοῦ τιμιωτάτου ἐν ἱερομονάχοις κυροῦ Ἰγνατίου τοῦ χρηματίζοντος δικαίου, ἐν τῇ περιωνύμῳ τῶν ὁδηγῶν μονῇ, καὶ ἐτέθη ἐν αὐτῇ· ὁ δὲ γε βουληθεὶς ἐκποιήσασθαι τοῦτο τῆς τοιαύτης μονῆς, ἵνα ἐπισπάσηται τὰς ἀρὰς τῶν θείων πατέρων.

Hoc est, *Joachim est nomen Scribæ.*

Completus est mense Octobri, Indictione 11. *anno* 6836. *Christi* 1328.

Hic liber scriptus est labore & opera venerabilissimi inter Hieromonachos Domni Ignatii cognomento Justi, in celebri Monasterio τῶν ὁδηγῶν, *& in illo positus est. Si quis autem voluerit illum educere ex tali Monasterio, maledictionem divinorum Patrum incurrat.*

Codex Regius 3483. bombycinus, in quo Nicephori Blemmydæ Philoso- 1332
phia. In fine legitur, ἐτελειώθη ἐν μηνὶ φεβρουαρίῳ κα. ἐγρηγορίας ϛωμ. Id est, *Absolutus est mensis Februarii* 21. *anno* 6840. *Christi* 1332.

Codex bombycinus Bibliothecæ S. Mariæ Benedictinorum Florentiæ, in 1332
quo Synaxarium ac breve Menologium: in fine habet, χειρὶ ἁμαρτωλοῦ καὶ ἐλαχίστου Μάρκου, ἐν ἔτει ϛωμ, μηνὶ Δεκεμβρίῳ κη. ἡμέρα β. i. *Manu peccatoris & minimi Marci, anno* 6840. *Christi* 1332. *mensis Decembris* 28. *feria secunda.*

Codex Regius 1884. est Evangelistarium, olim Huraltii Boistallerii: in 133[illegible]
fine scribitur,

ἐτελειώθη ἐν ἔτει ϛω[illegible]δ. μηνὶ Ἰουλίῳ ἰνδ. δ.
Θεοῦ τὸ δῶρον καὶ Χαρίτωνος πόνος.

καὶ ταύτην δὲ τὴν θείαν καὶ ἱερὰν καὶ πολύτιμον βίβλον τοῦ ἁγίου εὐαγγελίου ὁ αὐτὸς οὗτος ὁσιώτατος πατὴρ ἡμῶν καὶ δικαιότατος τῆς σεβασμίας μονῆς τῆς ὑπεραγίας θεοτόκου τῶν ὁδηγῶν ἱερομόναχος κυρὸς Ἰγνάτιος, συνδραμών τε καὶ συγκροτήσας λόγῳ καὶ ἔργῳ, κατεσκεύασέ τε καὶ ἀνέθηκε τῇ ἱερᾷ καὶ θείᾳ τραπέζῃ τοῦ πολυσέπτου τοῦδε ναοῦ εἰς κοινὴν ὠφέλειαν καὶ φωτισμὸν ψυχῆς τε καὶ σώματος· καὶ οἱ ἐντυγχάνοντες ταύτην, εὔχεσθε τῷ τοιούτῳ διὰ τὸ κύριον, ὅπως καὶ ἀμφοτέροις ἔλεος γένηται ἐν τῇ φοβερᾷ ἡμέρᾳ τῆς κρίσεως.

Hoc est, *Completus est anno 6844. Christi 1336. mense Julio, Ind. 4.*
Dei donum & Charitonis labor.

Et hunc quoque divinum, sacrum ac venerandum librum sancti Evangelii, idem ipse sanctissimus Pater noster, & justissimus venerandi Monasterii sanctissimæ Deiparæ τῶν ὁδηγῶν Hieromonachus, Domnus Ignatius, ad id operam navans, verbo & actu fieri jussit, ac reposuit in sacra & divina mensa hujus colendissimi Templi, ad communem utilitatem, animæ & corporis illuminationem. Qui hunc legeritis precamini pro illo propter Dominum, ut ambobus misericordia tribuatur in tremendo judicii die.

1339. Codex Bibliothecæ Laurentianæ bombycinus, Homeri Ilias, Absoluta mensis Martii 3. Indict. 7. anno 6847. hoc est, Christi 1339. feliciter.

1339. Codex Regius 2703. membr. Nicolai Myrepsi, Oribasii & alia Medica. In fine scribitur. Ὥσπερ ξένοι χαίρουσιν ἰδεῖν πατρίδα, καὶ οἱ θαλαττεύοντες ἰδεῖν λιμένα, οὕτως καὶ οἱ γράψαντες ἰδεῖν βιβλίου τέλος. ἐπληρώθη δὲ τὸ παρὸν ἰατρικὸν βιβλίον διὰ ἐξόδου καὶ μόχθου πολλοῦ κἀμοῦ Δημητρίου ἰατροῦ ἁμαρτωλοῦ τοῦ Νομαχλώμου πύπικλιν ἔχων, χειρὶ δὲ τοῦ γράψαντος τὸ τοιοῦτον κυροῦ Κοσμᾶ ἱερέως τοῦ Καμήλου καὶ ἐξάρχου τῆς ἁγιωτάτης μητροπόλεως Ἀθηνῶν ἐν μηνὶ Αὐγούστῳ ἰνδ. ζ. ἔτους ͵ςωμζ. ἀμήν, ἀμήν, ἀμήν, γένοιτο, γένοιτο. i. *Quemadmodum peregrini gaudent conspecta patria, & qui in mari navigant viso portu; sic & qui scribunt conspecto libri fine. Completus est autem hic Medicus liber sumtibus & labore multo meo Demetrii Nomachlomi Medici peccatoris; manu autem ejus qui scripsit Domni Cosmæ Sacerdotis Cameli, Exarchi sanctissimæ Metropolis Athenarum: mense Augusto, Ind. 7. anno 6847. Christi 1339. amen, amen, amen, fiat, fiat.*

Altera manu recentiore Græcobarbara, φύλλα τὰ πάντα εἶσιν ἑξακόσια ἑξήντα, καὶ τέσσαρα, ἤγουν ἐξ ὧν εἶναι ἄγραφα τελέως ἐννενήντα τρία· τὰ δὲ λοιπὰ γραμμένα. ἐξ αὐτῶν δὲ τῶν γραμμένων εἶναι τινὰ μέσα γραμμένα καὶ ὀλιγότερον. τὰ δὲ καθόλου γραμμένα καὶ ἄγραφα, εἶναι ἑξακόσια ἑξήντα τρία, βέβραινα πάντα, καὶ οὐδένα βαμβύκινον. i. *Folia omnia sunt 664. quorum 93. vacua penitus omni scriptura sunt, reliqua autem sunt scripta. Ex scriptis autem quædam sunt quorum media tantum pars aut minus scriptura occupatur. In summa scripta & non scripta folia sunt 663. omnia membranacea, & nullum bombycinum.*

1341. Codex bombycinus Bibliothecæ B. Mariæ Benedictinorum Florentiæ, Maximi Planudis Grammatica, scripta ἐν ἔτει ͵ςωμθ. 6849. Christi 1341.

1344. Codex bombycinus Bibliothecæ Laurentianæ, pluteo VI. ubi Eusebii præparatio Evangelica, scriptus anno ͵ςωνβ. 6852. Christi 1344.

1344. Codex bombycinus Biblioth. Benedictinorum S. Mariæ Florentiæ, in quo Æschyli Tragœdiæ cum scholiis, & Dionysius Perihegetes cum scholiis: in fine Æschyli hæc leguntur, Ἀπὸ τοῦ μεγάλου Κωνσταντίνου εἰσὶ χρόνοι ͵αμβ. ἀπὸ δὲ τοῦ δεσπότου χριστοῦ ͵ατμδ. ἀπὸ δὲ τῆς κτίσεως κόσμου ͵ςωνβ. ἔκτισε δὲ ὁ εὐσεβέστατος βασιλεὺς Ἰουστινιανὸς τριακοσίας ἑξήκοντα πέντε ἐκκλησίας. i. *A magno Constantino anni sunt 1042. à Domino Christo 1344. à creatione mundi 6852. excitavit autem piissimus Imperator Justinianus 365. Ecclesias.*

Eodem circiter tempore. Hoc circiter tempus descriptus est Codex Regius 3271. à Stephano quodam qui Nicephori Callisti Rhetorica & aliquot opuscula exscripsit, & fol. 88. hos Iambos per Monocondylia, sive perplexos calami ductus, exaravit.

Τριὰς φαεινὴ τριαδουμένη θεότης	*Trinitas splendida, deitas trina,*
Στέφος βράβευε τῷ σῷ λάτρῃ Στεφάνῳ	*Coronam confer cultori tuo Stephano*
Καὶ παραδείσου τὸ πολύμορφον κάλλος.	*Et Paradisi speciosissimam pulchritudinē.*

Et fol. 345. item per Monocondylia, ἁγία τριὰς Στεφάνῳ τῷ σῷ δούλῳ καὶ λάτρῃ σῶσον ἀμήν, ἀμήν, ἀμήν : id est, *Sancta Trinitas servum & cultorem tuum Stephanum salvum fac, amen, amen, amen.*

Codex Illustrissimi Leonis Strozzii Romæ bombycinus, Homeri Rhapsodiæ; in cujus fine hæc scripta sunt : Μηνὶ Μαΐῳ ιθ. ἐν ἔτει ,ςωνδ. ἰνδ. ιδ. κατέπεσεν ὁ θεῖος καὶ οὐράνιος ναὸς τῆς ἁγίας καὶ μεγάλης τοῦ θεοῦ ἐκκλησίας τῆς ἐπονομαζομένης τοῦ θεοῦ Σοφίας, τὸ καύχημα πάσης τῆς οἰκουμένης. i. *Mensis Maii die decima-nona, anno 6854. Christi 1346. Ind. 14. corruit divinum cælesteque Templum sanctæ & magnæ Catholicæ Dei Ecclesiæ, cui nomen Sapientia Dei, gloria universi orbis.* Codex est ejusdem ætatis. 1346.

Codex bombycinus D. Julii Justiniani τοῦ μακαρίτου Procuratoris Veneti, Michaëlis Pselli Synopsis Psalterii, item Athanasii in Psalmos, &c. Scriptus anno mundi 6854. Christi 1346. 1346.

Codex Laurentianus bombycinus, in quo Dionysii Areopagitæ opera. In fine legitur, ἐγράφη διὰ χειρὸς Νικολάου τοῦ Μέλητος ἐπὶ ἔτους ,ςωνς. ἰνδ. α. Ιανουαρίου κθ. i. *Scriptus est manu Nicolai Meletis, vel Melitensis, anno 6856. Christi 1348. Ind. 1. Januarii 29.* 1348.

Codex Regius 2521. bombycinus. Constantini Harmenopuli promptuarium legum, in cujus fine legitur : ἐτελειώθη ἡ παροῦσα βίβλος μηνὶ Δεκεμβρίῳ ιδ. ἰνδ. ε. ἔτους ,ςωξ. ἡμέρᾳ δ. i. *Completus est hic liber, mensis Decembris 14. Ind. 5. anno 6860. Christi 1352. feria quarta.* 1352.

Codex bombycinus Bibl. B. Mariæ Benedictinorum Florentiæ; Grammaticæ Manuel's, Planudis, Joannis Patriarchæ, Demetrii Anagnostæ, &c. In fine scribitur, ἦλθεν ὁ μητροπολίτης κδ. τοῦ Απριλλίου μηνός, ἡμέρᾳ παρασκευῇ ὥρᾳ πρώτῃ τῆς νυκτός, ἔτους ,ςωξη. ἰνδ. ιγ. i. *Venit Metropolitanus 24. Aprilis, die Parasceves, i. feria 6. hora prima noctis, anno 6868. Christi 1360. Indictione tertia.* 1360.

Codex Regius 1830². Catena in Job cum figuris. In fine legitur : ἐτελειώθη ἡ παροῦσα βίβλος διὰ χειρὸς Μανουὴλ τοῦ Τζυκανδύλη κατὰ μῆνα..... τῆς ιε. ἰνδ. ,ςωο. *Absolutus est hic liber manu Manuelis Tzycandylæ, mense... Ind. 15. anno 6870. Christi 1362.* 1362.

Codex Ottobonianus scriptus anno mundi 6871. Christi 1363. Meletii de rebus naturalibus. 1363.

Codex Laurentianus bombycinus, pluteo LXXX. Paraphrasis Ethicorum Nicomachicorum Aristotelis. In fine libri VI. scriptum est, Librum factum fuisse sumtibus piissimi & Christo amici Imperatoris nostri Joasaph Monachi Cantacuzeni anno 6872. Christi 1364. mensis Martii 24. Indict. 5. Hic est Joannes Cantacuzenus Imperator, qui sponte deposita purpura in Monasterium Manganorum secessit, sumtisque Monasticis vestibus, nomen pro more mutavit, Joasaph postea dictus. Vide Cantacuzenum, p. 887. 1364.

Codex Regius 2270. bombycinus, in quo S. Justini opera : in fine legitur, ἐτελειώθη τὸ παρὸν βιβλίον ἐπὶ ἔτους ,ςωοβ. ἰνδ. β. ἐν μηνὶ σεπτεβρίῳ ια. *Completus est hic liber anno 6872. Christi 1364. Indictione secunda, mensis Septembris die 11.* 1364.

1366. Codex Laurentianus bombycinus, pluteo XXVIII. de Grammatica, ſcriptus anno 6874. Chriſti 1366. Ind. IX.

1368. Codex Regius 1826. bombycinus, S. Theodori Grapti, Vita S. Nicephori Patriarchæ Conſtantinopolitani, ejuſque opera pro Imaginibus: in fine legitur, τὸ παρὸν βιβλίον τοῦ ἁγίου Θεοδώρου τοῦ Γραπτοῦ, τῷ μακρῷ χρόνῳ ἀφανισθὲν, τῇ περὶ τὰς θείας γραφὰς φιλευσεβεῖ σπουδῇ καὶ φιλοκαλίᾳ τοῦ ἁγίου ἡμῶν αὐθέντου καὶ βασιλέως κυροῦ Ἰωάσαφ τοῦ Καντακουζηνοῦ ζητηθὲν, ἑνὸς μόνου βιβλίου εὑρεθέντος, κἀκείνου πάνυ μὲν σαθροῦ διὰ παλαιότητα χρόνου, ἐσφαλμένου δὲ καὶ τῇ τοῦ γεγραφότος ἐκείνο ἰδιωτείᾳ, μετεγράφη εἰς ὠφέλειαν τῶν ἐντευξομένων ἐν ἔτει ϛωοϛ΄. μηνὶ Μαρτίῳ ἰνδ. ϛ΄. i. *Hic liber S. Theodori Grapti, diuturnitate temporis obliteratus, ſtudio & amore erga divinas literas ſancti noſtri Authentis & Imperatoris Domni Joaſaph Cantacuzeni perquiſitus, uno ſolo reperto exemplari, ipſoque ob vetuſtatem admodum corrupto, atque Librarii imperitia vitiato, tranſcriptus eſt ad eorum qui lecturi ſunt utilitatem, anno 6876. Chriſti 1368. menſe Martio, Indictione 6.* Illud porro vetuſtum exemplar unde tranſcriptus eſt hic Codex, in Bibliotheca item Regia exſtat: nam ſi qui defectus & hiatus in hoc recentiore habeantur, in illo itidem vetuſtiore ſunt. Illud porro vetuſtius Exemplar nono ſæculo ac ipſius pene auctoris ætate ſcriptum putatur ex Characteris forma.

1368. Codex Bibliothecæ B. M. Florentiæ, in quo Dialogi S. Gregorii Papæ Græcè verſi, ad calcem, ἔτους ϛωοϛ΄. Anno 6876. Chriſti 1328.

1370. Codex 2416. Regius, ubi Prochorus Cydones de lumine Thaborio, Joannes Cantacuzenus de eadem re, & alia: in fine legitur, ἡ παροῦσα βίβλος ἐγράφη ἐν τῷ Μυσιθρᾷ διὰ χειρὸς Μανουὴλ Τζυκανδύλη. κατὰ μῆνα Σεπτέμβριον τῆς ὀγδόης ἰνδ. τοῦ ϛωοη΄. *Hic liber ſcriptus eſt Myſithræ, manu Manuëlis Tzycandylæ, menſe Septembri, Indictione octava, anno 6878. Chriſti 1370.* Apud Cinnamum Dux quidam tempore Manuelis Comneni, Τζικανδύλης dictus occurrit.

1370. Codex bombycinus in Bibliotheca Laurentiana, pluteo VIII. Joannis Cantacuzeni hiſtoria, ſcripta anno mundi 6878. Chriſti 1370. Indictione 8. menſis Decembris 7.

1372. Codex Colbertinus 832. bombycinus, Herodoti novem libri: in fine legitur, ἡ παροῦσα βίβλος ἐγράφη ἐν τῷ Ἄστρῳ διὰ χειρὸς ἐμοῦ τοῦ εὐτελοῦς Κωνσταντίνου ἱερέως καὶ χαρτοφύλακος Πίσσης, ὑπηρετοῦντος ἐν τῷ βασιλικῷ κλήρῳ κατὰ μῆνα Ἰούλιον τῆς δεκάτης ἰνδικτιῶνος τοῦ ἑξακισχιλιοστοῦ ὀκτακοσιοστοῦ ὀγδοηκοστοῦ ἔτους. Id eſt, *Hic liber ſcriptus eſt in Aſtro manu mea exigui Conſtantini Sacerdotis & Chartophylacis Piſſæ, miniſtrantis in Imperatorio Clero menſe Julio, decima Indictione, anno 6880. Chriſti 1372.*

1374. Codex Regius 2918. bombycinus, Antiochi Pandectes: in fine legitur, ἐπληρώθη τὸ παρὸν βιβλίον τῶν λεγομένων πανδέκτων μηνὶ Ἰουνίῳ ζ΄. ιβ΄. ἰνδ. ἔτους ϛωπβ΄. Id eſt, *Completus eſt hic liber Pandectis, ut vocant, menſis Junii ſeptima, Indict. 12. anno 6882. Chriſti 1374.*

1380. Codex Regius 2748. bombycinus Cyrilli Lexicon: in fine legitur,

1381 Πρόσταγμα πεπλήρωκα τοῦ ποθουμένου
Σὺ δ' ὦ λαχὼν τὰ τῆς τελεωτέρας οὐσίας
φίλε, καθαρὲ καὶ θεοῦ θεῖε δοῦλε

Κύρι

Κύρι Γεώργιε τοὐπίκλην Ταρτούζου,
Εἴπερ θελήσης ὠφέλειαν νοός σου,
Καὶ ψυχῆς ἀγλαΐισιν, ἔνθ' εὕρης μᾶλλον
Καὶ τέρπνειν ὡραΐισιν διὰ παντὸς τοῦ δέμας,
Γέμοιο λοιπὸν τῷ περιούσης ἐργάτης·
Δίελθε ταύτην κατατρύφων ἀεὶ,
Τῆς ἀγχινοίας ὡς ἀρίζηλος ταύτης.
Ἡμῖν δὲ, κύρι καὶ τρισόλβιε φίλε,
Τῷ εὐτελεῖ τε καὶ ταλαιπαθῆ γραφέα (sic)
Θεοδώρῳ τοὔνομα καὶ παπᾷ θύτῃ,
Εὐχὰς ἀμοίβου, ὅπως τύχω ἐλέους
Τῶν ἀπείρων τε καὶ πολλῶν μου σφαλμάτων,
Καὶ χαίροις κύρι τῇ ψυχῇ καὶ τὸ σῶμα.

Τὸ δὲ τέρμα εἴληφεν μηνὶ Ἀπριλλίῳ
Τρὶς διχιλίας ἑκατόντας ὀκτώ τε
Σὺν ὀγδοήκοντα, ἡ τοῦ Ἀδὰμ ὀγδόη.

Hoc est:

Dilecti jussum implevi :
Tu vero, o cultor ter lucidæ substantiæ,
Amice, pure, ac divine Dei famule,
Domne Georgi, cognomento Tartuzi,
Si cupias rem menti tuæ utilem,
Si animæ splendorem ; hic magis reperias ;
Et voluptuosam in toto corpore jucunditatem :
Huic deinceps [Libro] des operam,
Hunc percurras, semper gaudens
Ingenii solertia, utpote hujus studiosus.
Nobis autem, Domine & ter felix amice,
Vili, inquam, & ærumnoso Scribæ,
Cui Theodoro nomen, & Sacerdoti
Preces imperti, ut misericordiam consequar
Multorum & innumerorum delictorum meorum.
Et gaudeas, Domine, anima & corpore.

Finem habuit mense Aprili
Ter bis-milleno octingentesimo
Octogesimo : Adami octava.

Post hæc altera manu, μηνὶ Μαρτίῳ ιη. ἐχρονίας Χριστοῦ ‚αυπα. κυριακῇ δευτέρα τῶν νηστειῶν, ἐγένετο σεισμὸς μέγας ὥρα ια. τῆς ἡμέρας τὸ ποῖον ἔκαμε πολλὰ χαλάσματα. i. *Mense Martio* 18. *anno Christi* 1481. *Dominica secunda jejuniorum, factus est terræ motus magnus hora undecima diei, qui ruinas multas attulit.*

Codex Colbertinus 4532. bombycinus. Luciani opera : in fine legitur: ἔτους 1382
‚ϛωϞ. ἰνδ. ια. *Anno* 6890. *Christi* 1382. *Indict. undecima.*

Codex Regius bombycinus 2804. Theonis & aliorum opera. In fine ha- 1384
betur nota anni 6892. Christi 1384. non eadem quidem manu, sed ejusdem pene temporis. Cætera erasa.

1384. Codex Regius bombycinus 3493. De Computo Ecclesiastico & de rebus Medicis ac Botanicis, &c. In fine legitur, ἐτελειώθη τὸ παρὸν βιβλίον ἐν ἔτει ͵ςωϞβ. ἰνδ. ζ. διὰ χειρὸς Ἰωάννου τοῦ Σταφίδα, ὃς καὶ ἀνέθηκεν τὸ ἅγιον ξενῶνι. Id est, *Completus est hic liber anno 6892. Christi 1384. Indict. 7. manu Joannis Staphidæ, qui etiam sancto Xenodochio obtulit.*

1385. Codex Regius 3239. bombycinus. Isaac Monachi, Georgii Chœrobosci, Tryphonis Grammaticorum, item Hesiodi opera & dies. In fine legitur: ἐν ἔτει ͵ςωϞγ. μηνὶ Σεπτεμβρίῳ β. ὥρα μετὰ, ἡ μεσημερίνη ἡμισεία, ἤκοισεν Φωκᾶς μέχρι τέλους, τὸ παρὸν βιβλίον ἀπ' ἀρχῆς ἀρξάμενος. Hæc Græco-barbare scripta sic vertimus: *Anno 6893. Christi 1385. mensis Septembris die secunda, hora dimidia post meridiem, Phocas hunc librum, quem ab initio incœperat, ad finem deduxit.*

1386. Codex bombycinus, in Bibliotheca Dominicanorum S. Marci Florentiæ, qui fuit Angeli Politiani, estque ἐτυμολογικὸν τοῦ μεγάλου Γραμματικοῦ, *Etymologicum magni Grammatici*. In fine legitur: ἐκοιμήθη ὁ διδάσκαλος ἡμῶν κυρὸς Βαρσάνης ἐν τῷ Εὐρίπῳ, μηνὶ Ἰουνίῳ εἰς τὰς κ. ἰνδ. ἐννάτης, ἔτους ͵ςωϞδ. ονης. (sic) ὁ θεὸς κατατάξει τὸ πνεῦμα αὐτοῦ μετὰ τῶν δικαίων. i. *Obiit Magister noster Domnus Barsanes in Euripo, mense Junio 20. Ind. nona, anno 6894. Christi 1386. Deus cum justis constituet spiritum ejus.* Et hæc ipsa videtur Codicis ætas.

1390. Codex Regius 2490. membranaceus, Horologium Græcorum. In fine scribitur:

Θεοῦ τὸ δῶρον καὶ Ἰωάσαφ πόνος·
Χριστὲ δίδου μογήσαντι τὴν πολύολβον ἀρωγήν.

Et pag. ult. ͵ςωϞη. ἰνδ. ιγ. μηνὶ Ἰανουαρίῳ.

Hoc est: *Dei donum & Joasaphi labor:*
Christe laboranti opimum auxilium tuum confer.
Anno 6898. Christi 1390. Ind. 13. mense Januario.

1396. Codex Laurentianus bombycinus, pluteo LX. Aristidis Orationes, anno mundi 6904. Christi 1396. mensis Augusti 25. Indict. 4.

1399. Codex Laurentianus membranaceus, pluteo LXX. Ariani de Expeditione Alexandri libri VII. & alia opuscula. Scriptus manu Andreæ Sacerdotis (θύτου) Leantini Hagioprocopitæ, mensis Maii die 10. Sabbato. Anno 6907. Christi 1399. Indict. 7.

1399. Codex Laurentianus membranaceus, pluteo LXIX. ubi Plutarchi vitæ, scriptæ & absolutæ mensis Octobris die 25. anno 6907. Christi 1399. Ind. 7. ab eodem Andrea Sacerdote Leantino.

XIV. sæc. Codex Colbertinus 4114. bombycinus, XIV. sæculi. In fine habetur:

Θεοῦ τὸ δῶρον, καὶ Γερασίμου πόνος.
Dei donum & Gerasimi labor.

XIV. sæc. Codex 4926. Colbertinus bombycinus, Joan. Philoponi in Nicomachi Arithmeticam. In fine leguntur notæ rerum domesticarum ejus, ut videtur, cujus erat liber:

Τῷ ͵ςωϞ. ἐγεννήθη ὁ Γεώργιος μηνὶ Σεπτεβρίῳ, ἡμέρᾳ παρασκευῇ, εἰς τὰς ιε' τοῦ τιμίου καὶ ζωοποιοῦ σταυροῦ i. *Anno 6890. Christi 1382. natus est Georgius feria parasceves, sive feria sexta, mensis Septembris 15. in festo, sive octava sanctæ Crucis.*

Τῷ ͵ϛϡγ τρίτῳ ἔτει ἐγεννήθη ἡ Ἄννα, ἡμέρᾳ τετράδι. *Anno 6903. Christi 1395. nata est Anna, feria quarta.*

Τοῦ ͵ϛϡδ. τετάρτου ἔτους ἰνδ. τετάρτης, ἐκοιμήθη ἡ φιλτάτη μου ἀδελφὴ Εἰρήνη ἡμέρᾳ τετράδι, ὥρᾳ πρώτῃ τῆς νυκτός. *Anno 6904. Christi 1396. obiit dilectissima soror mea Irene, feria quarta, hora prima noctis.*

Τοῦ ͵ϛϡα. ἔτους ἐγένετο ἐμπρησμὸς εἰς τὴν καθ' ἡμᾶς ἐκκλησίαν, ἡμέρᾳ παρασκευῇ ὥρᾳ τετάρτῃ τῆς ἡμέρας, καὶ ἐνεπρήσθη ὁ ἅγιος Ἰωάννης ὁ ἐπονομαζόμενος Καλυβίτης, καὶ ὁ οἶκος ἐν ᾧ ἔμεινεν ὁ μητροπολίτης, καὶ ἅπαν ὅ, τι εὑρέθη ἐν αὐτῷ, ἐπὶ βασιλείας τοῦ ἀσεβεστάτου Ἀμήρα τοῦ ἐπονομαζομένου Παγιαζήτης. i. *Anno 6901. Christi 1393. accidit incendium Ecclesiæ nostræ, die parasceves, sive feria 6. hora 4. diei, & combustus est S. Joannes cognomine Calybites, & domus in qua habitabat Metropolites, cum omnibus ibi repertis, imperante impiissimo Amira, cognomento Bajazetes.*

Codex Reg. 1961. bombycinus, XIV. sæculi. Hippocratis vita & opera: initio habet, ὦ Χριστὲ βοήθει μοι τῷ δούλῳ σου Ἀλεξίῳ τῷ Πυροπούλῳ. i. *Christe auxiliare mihi servo tuo Alexio Pyropulo.* XIV. sæc.

Codex Colbert. 648. membranaceus, XIV. sæculi. In fine habet: ἐγράφη χειρὶ Κοσμᾶ μοναχοῦ τοῦ Παναρέτου. *Scriptus est manu Cosmæ Monachi Panareti.* XIV. sæc.

Codex Colbert. 1522. bombycinus. S. Joannis Climaci scala, XIV. sæculi. In fine legitur altera manu: αὕτη ἡ ἱερὰ καὶ θεία κλίμαξ Ἰωάννου τοῦ τῆς Κλίμακος, ἐστὶ μονῆς ἁγίας Ἐγκλείστρας τοῦ ὁσίου καὶ θεοφόρου πατρὸς ἡμῶν Νεοφύτου τοῦ Ἐγκλείστου, καὶ εἴ τις φωραθείη τὸ αὐτὸ βιβλίον σικλεύσας ἐκ τοῦ ἄνωθεν ναοῦ, ἕξει τὰς ἀρὰς τῶν τριακοσίων ιη. θεοφόρων πατέρων. Id est: *Hæc sacra & divina Scala Joannis Climaci, est Monasterii Enclistræ sancti & deiferi Patris nostri Neophyti Enclisti, sive inclusi. Si quis ex supradicto Templo hunc librum furatus fuerit, incurrat in maledictionem Sanctorum & deiferorum centum octodecim Patrum.* De Enclistra vide supra ad annum 1066. XIV. sæc.

Codex Colbertinus 1080. bombycinus, XIV. sæculi. Ubi vitæ Sanctorum. In fine legitur: ἡ μὲν χεὶρ ἡ γράψασα τήνδε τὴν βίβλον σαπήσεται, φεῦ, καὶ γενήσεται κόνις, τάφῳ προσεγγίσει τε σωματοφθόρῳ· ὑμεῖς δὲ ἅπαντες, οἱ τοῦ Χριστοῦ μερίδος, εὔχεσθε πρὸς κύριον, εὑρεῖν σφαλμάτων λύσιν, ναὶ δυσωπῶ μετὰ κλαυθμοῦ ἀδελφοὶ καὶ πατέρες δέξασθαι μου δέησιν οἰκτρὰν· ὦ θίασος ἁγία, Ἰωάννης κέκλημαι, φεῦ μοι καὶ τοῦτο· κέκλημαι δὲ ἱερεὺς, τῇ κλήσει οὐ τῇ χρίσει. *Manus quæ scripsit hunc librum putrescet, heu! & pulvis erit, atque ad sepulcrum corporum corruptorem accedet. Vos autem omnes qui ex Christi portione estis, precamini ut peccatorum veniam consequar: etiam atque etiam rogo cum lacrymis, fratres & patres, miseram supplicationem meam admittite, o sancta chorea. Joannes vocor, væ mihi. Vocor item* ἱερεὺς, *seu, Sacerdos, nomine tantum, non unctione.* Fol. 2. legitur altera manu longe recentiore, hunc Codicem fuisse Joachim Hieromonachi, qui ipsum emerat in insula Principo dicta proxime Constantinopolim ex seniore vidua, pretio quingentorum viginti Asprorum, anno 1531. mense Aprili. XIV. sæc.

Codex Colbertinus num 10. bombycinus. Interpretatio in Psalmos, XIV. sæculi. In fine legitur, τὸ παρὸν καὶ θεῖον καὶ λαμπρὸν βιβλίον ὑπάρχει τῆς θείας πανυπερλαμπροῦ καὶ ἱερᾶς, καὶ πανσεβάστου ἁγίας ..... Κύκκου. καὶ εἴ τις τὸ ἐξαρνήσῃ αὐτὸ τὴν γνώμην τοῦ Ἀρχιπάπα ἡμῶν, νὰ ἔχῃ τὴν θείαν καὶ ζωοποιὸν καὶ ἀσύγχυτον καὶ ἀδιαίρετον τριάδα, καὶ τὴν παναγίαν τοῦ αὐτοῦ μητέρα, τοῦ τιμίου ἐνδόξου προφήτου προδρόμου καὶ XIV. sæc.

βαπτιστοῦ Ἰωάννου, τῶν τιη. θεοφόρων πατέρων, καὶ πάντων σὺν τῶν ἁγίων ἀμοιβὴν, καὶ νὰ τὸ κατατάξεο (sic) ἐν Σοδδομογομορρᾶς ὡ ἀγχόνι ἰούδα ἀνάθεμα. ἀμήν. Hæc Græco-barbara, imo penitus Barbara, hunc sensum habent: *Hic liber est sanctæ .... Cycci: si quis eum sine Archipapæ nutu abstulerit, incurrat maledictionem sanctæ Trinitatis, sanctæ Deiparæ, S. Joan. Baptistæ, SS.* 118. *Patrum Nicænorum & omnium Sanctorum, sortem Sodomæ & Gomorrhæ, laqueum Judæ, anathema, amen.*

XIV. sæc. Codex Baluzianus Nicetæ Choniatæ Panophia Dogmatica, cujus specimen & prospectum infra damus. Fuit autem Theodori Scutariotæ Levitæ, ut in fronte scribitur manu XIV. sæculi circiter.

Notæ Codicum XV. sæculi.

1402. Codices duo bombycini Bibliothecæ Benedictinorum B. Mariæ Florentiæ; complectentes totum Suidæ Lexicon. In fine secundi tomi legitur: ἐτελειώθη τὸ παρὸν βιβλίον, ὁ Σουίδας διὰ χειρὸς ἐμοῦ Γεωργίου τοῦ βαιοφόρου ἐν ἔτει ͵ϛϡι δεκάτῳ ἰνδ. δεκάτης, μηνὶ Ἰουνίῳ ιε. *Completus est hic liber, sive Suidas, manu mea Georgii Bæophori, anno* 6910. *Chr.*1402. *Ind.* 10. *mensis Junii decima-quinta.*

1402. Codex Regius 2599. bombycinus. Aristoteles de Anima. In fine legitur: ἐγράφη ἐν Μεδιολάνῳ τῇ Λιγουστικῇ ἐν τῷ μοναστηρίῳ τοῦ ἁγίου Ἀμβροσίου, καὶ ἐτελειώθη ἔτει τῆς Χριστοῦ σαρκώσεως χιλιοστῷ τετρακοσιοστῷ δευτέρῳ, Δεκεμβρίου κθ. Id est, *Scriptus est Mediolani in Liguria in Monasterio sancti Ambrosii: & completus est anno Incarnationis Christi* 1402. *Decembris* 29.

1402. Codex Regius 3526. bombycinus. Eustathii de Ismeniæ & Ismenes amoribus. In fine legitur: ἐν ἔτει ͵ϛϡι. anno 6910. Christi 1402. & narrat postea stylo Græco-barbaro irruptionem Bajazethis contra Manuelem Imperatorem, quæ paucis ante annis contigerat. Sed & anni notæ & quæ sequuntur sunt recentioris manus, Codex videtur XIII. sæculi.

1405. Codex Regius 2474. bombycinus, complectens Menæa Græcorum: in fine habet, ἐγένετο τὸ τέλος μηνὶ Δεκεμβρίῳ κζ ἰνδ. ιγ. τοῦ ͵ϛϡιγ. ἔτους, χειρὶ θύτου Ἀνδρέου καὶ Ταβουλαρίου τοῦ ἁμαρτωλοῦ. Id est, *Finem habuit mensis Decembris* 27. *Indictione* 3. *anno* 6913. *Christi* 1405. *manu Sacerdotis Andreæ Tabularii peccatoris.*

1408. Codex S. Dionysii oblatus Monasterio ejusdem nominis in Francia, anno 1408. per Manuelem Chrysoloram missum a Manuele Palæologo Imp. est XI. sæc. ibi vide.

1410. Codex Laurentianus bombycinus. S. Dionysii Areopagitæ de divinis nominibus, &c. scriptus anno Christi 1410. manu Georgii Pappadupoli.

1415. Codex Laurentianus membranaceus, pluteo LV. Erotemata, seu Quæstiones Grammaticæ. Liber absolutus mensis Decembris 23. anno 6823. Christi 1415. Indict. 13. feria 2. hora I.

1417. Codex membranaceus Bibliothecæ Benedictinorum B. Mariæ Florentiæ. Polybii historiarum libri V. sub initium hæc leguntur, Ἀντώνιος ὁ Ἀθηναῖος, ὁ καὶ λεγόμενος λογοθέτης, ταύτην τὴν βίβλον εἶχα ἀντιβόλεον, καὶ αὐτὸ γέγραφα ὅμοιον ταύτης, ἔτους ἀπὸ τοῦ Χριστοῦ αυλε. γραφὲν εἰς τὴν πόλιν Σίενα: Id est, *Antonius Atheniensis, qui vocor Logothetes, hunc librum mutuo accepi, atque ipsi simile exemplar descripsi, anno ab ortu Christi* 1435. *exaratum in urbe Sena.* In fine hæc habentur: ἐτελειώθη τὸ παρὸν βιβλίον χειρὶ Στεφάνου ἱερομονάχου καὶ σκευοφύλακος τοῦ τιμίου προδρόμου τῆς εὐλογημένης Πέτρας, μηνὶ Ὀκτωβρίῳ β. ινδ. ι. τοῦ ϛϡκε. ἔτους. ἰ. *Absolutus est hic Liber manu Stephani Hieromonachi & Scevophylacis, seu Thesaurarii venerandi Prodromi benedictæ Petræ, mensis Octobris die secando, Indictione* 10. *anno* 6925. *Christi* 1417.

Codex Regius 3357. bombycinus, Epistolæ Eurypidis, Hippocratis, Diogenis Cynici, &c. fol 136. versò hanc notam habet : ἐπελειώθη τῇ πρώτῃ Σεπτεβρίου ινδ. ιδ. τοῦ ϛϡκη ἔτους. διακόνου Γεωργίου τοῦ Χρυσοκόκκη. *Completus est primâ Steptembris, Ind.* 14. *a Diacono Georgio Chrysococca, anno* 6928. *Christi* 1420. 1420

Codex Laurentianus membranaceus, pluteo LXXXV. Platonis Dialogi XX. scriptus anno 6929. Christi 1421. Ind. 14. 1421

Codex Laurentianus bombycinus, pluteo LV. Lexicon Suidæ manu Petri Cretensis ex civitate Rhetemno, in urbe Mantua, anno 6930. die Sabbati mensis Junii 7. 1422

Codex Regius 2908. bombycinus, Andreæ Cæsariensis in Apocalypsin. Ad calcem scribitur, ἔτους ϛϡλα. Ὀκτωβρίῳ θ. Μιχαὴλ ἱερέως Καλοφρενᾶ πόνος. ἰ. *Anno* 6931. *Christi* 1423. *Octobris nona, Michaëlis Sacerdotis Calophrenæ labor.* 1423

Codex Regius 2495. bombycinus, est Triodium. In fine scribitur : Ἀρχὴ καὶ τέλος τῆς αὐτῆς χειρὸς πόνος. ἔτους ϛϡλδ. *Initium & finis eadem manu & opera facta sunt. Anno* 6934. *Christi* 1426. 1426

Codex Laurentianus bombycinus, pluteo LXX. Diodori Siculi historicæ Bibliothecæ libri V. Absolutus mensis Februarii die 12. Ind. 8. anno 6935. Christi 1427. manu Georgii Diaconi Chrysococcæ, sumtibus Christophori Garathonis Constantinopoli. 1427

Codex Colbertinus 4417. bombycinus. Pindarus cum Glossis & Cato. In fine legitur : ἐπληρώθη τὰ παρόντα βιβλία, ὅ Πίνδαρός τε καὶ ὁ Κάτων, ἐν μηνὶ Ὀκτωβρίῳ ἡμέρᾳ τρίτῃ τοῦ αὐτοῦ μηνός, ινδ. ε. ἔτους ϛϡλε. *Absoluti sunt hi libri, nempe Pindarus & Cato, mensis Octobris* 3. *Ind.* 5. *anno* 6935. *Christi* 1427. 1427

Codex Cæsareus Lambec. l. 7. p. 105. bombycinus. Aristotelis Ethicorum: legitur ibi, καὶ ἐγὼ Ἀρείας τοῦ Φερδινάνδου υἱὸς ταῦτα ἔγραψα 1427. *Ego Arias Ferdinandi filius hæc scripsi* 1427. 1427

Codex Regius 3261². membranaceus est Grammatica. In fine legitur, πληρωθὲν κατὰ τὴν ιβ. τοῦ Ἀπριλλίου μηνὸς ινδ. ϛ. ϛϡλϛ. *Completum* 12. *Aprilis Ind.* 6. *anno* 6936. *Christi* 1428. 1428

Codex Regius 3259. bombycinus, Phrynichi, Chœrobosci & aliorum. In fine legitur, δόξα τῷ θεῷ τῷ ζῶντι καὶ συντελεστῇ, μηνὶ Δεκεμβρίῳ. ινδ. ϛ. τοῦ ϛϡλϛ. ἔτους. *Gloria Deo viventi & perfectori mense Decembri Indictione* 6. *anno* 6936. *Christi* 1428. Et alibi, ἐτοῦτο (sic) τὸ βιβλίον εἶναι τοῦ Κωνσταντίνου τοῦ Ἀτράπη εἰς τὴν χίῳ, εἰς τὸ Λατινικὸν ἔτος εἰς τὰ ᾳυξ. *Hic liber est Constantini Atrape in insula Chio, anno Latinorum more* 1460. 1428

Codex Laurentianus membranaceus, pluteo LXIX. Vitarum Plutarchi, scriptus Mantuæ in Italia Maii 2. feria 4. Ind. 8. anno 6939. Christi autem Oeconomiæ secundum carnem 1429. sic in Codice, verum hic annus est 1431. si annus mundi sit 6939. manu Gerardi ex antiquis patribus (sic.) 1431

Codex Cæsareus Lambec. l. 7. p. 244. bombycinus, Miscellanea Astrono- [illegible] mica. Ibi legitur, τέλος σὺν θεῷ τοῦ πασχαλίου, ϛϡλζ. ἔτους ἰνδ. ζ. Μαΐῳ λα. ἐτελειώθη παρ' ἐμοῦ Ἰωάννου Καλοειδᾶ, ἐν ἔτει ϛϡλζ. ἰνδ. ζ. i. *Finis cum Deo Paschalis Canonis, anno 6937. Indictione 7. Maii 31. Absolutus est à me Joanne Caloida, anno 6937. Christi 1499. Ind. septima.* Et fol. 345. dicitur emtus fuisse a Phoca Peloponnesiensi anno 6993. Christi 1485. Et fol. ult. τοῦ ἁμαρτωλοῦ ἐστι Παχωμίου τοῦ Ἀλβανίτου τὸ παρὸν βιβλάριον. *Hic liber est Pachomii Albanitæ peccatoris.*

1431. Codex Laurentianus Euripidis bombycinus, scriptus manu Ἰωάννου τοῦ ταπεινοῦ ἀναγνώστου μηνὸς Ἰουλίου ε. ἔτει ϛϡλθ. *Joannis humilis Lectoris, anno 6939. Christi 1431.*

1435. Codex Colbertinus 912. membranaceus, egregiæ notæ, x. sæculi, ubi opera S. Ephrem. In fine additur folium recentiore manu ex alio libro decerptum, ubi legitur nota sequens: ἐγράφη ἡ ἱερὰ καὶ ψυχωφελὴς αὕτη βίβλος ἐν τῇ μονῇ τῆς ὑπεραγίας θεοτόκου τοῦ Στύλου, ἤγουν τοῦ ἁγίου Παύλου τοῦ Λάτρους, διὰ χειρὸς Μιχαὴλ ἐν τῷ ἔτει τῷ ϛϡμγ. μηνὸς Νοεμβρίου β. ἰνδ. β. εἰς δόξαν καὶ ἔπαινον καὶ ψυχικὴν σωτηρίαν τοῦ ταύτην κεκτημένου. παρελθόντος δὲ οὐκ ὀλίγου καιροῦ διὰ τὴν ἔφοδον τῶν ἀθέων Ἰσμαηλιτῶν, ὁ ἅγιος Χριστόδουλος μετῴκισεν εἰς τὴν Πάτμον, φέρων ἐν ἑαυτῷ ὅσα δυνάμενος βιβλία καὶ ἕτερά τινα. ἐπὶ δὲ τοῖς χρόνοις τοῦ καθηγουμένου τῆς Πάτμου τοῦ κυροῦ Λεοντίου, καὶ τοῦ μοναχοῦ κυροῦ Παύλου τοῦ Λάτρους καὶ καθηγουμένου, οἰκτείρας τὴν τοιαύτην μονὴν ὁ κυρὸς Λεόντιος, δέδωκε τὸ τοιοῦτον βιβλίον, καὶ εὐαγγέλιον κεκοσμημένον, καὶ ἕτερον βιβλίον κατὰ Ματθαῖον σὺν δικαιώμασι καὶ χρυσοβούλλοις. καὶ οἱ κατὰ διαδοχὴν τῇ μονῇ ἡγεμονεύοντες ταύτῃ τοῦ Λάτρους, ἵνα μνημονεύητε αὐτόν. Εἰσὶ τὰ ὀνόματα τῶν ἡγουμένων τῶν τελευτησάντων ἐν τῇ μονῇ ἁγίᾳ Παύλου τοῦ Λάτρους τῶν ἐπιγινωσκομένων. Συμεὼν μοναχὸς καὶ ἡγούμενος, Λουκᾶς μοναχὸς καὶ ἡγούμενος, Δημήτριος μοναχὸς καὶ ἡγούμενος, Μιχαὴλ μοναχὸς καὶ ἡγούμενος, Νικόλαος μοναχὸς καὶ ἡγούμενος, Ἐφραὶμ μοναχὸς καὶ ἡγούμενος, Χριστόδουλος μοναχὸς καὶ ἡγούμενος, Μελέτιος μοναχὸς καὶ ἡγούμενος, Μάρκων μοναχὸς καὶ ἡγούμενος, Παῦλος μοναχὸς καὶ ἡγούμενος, Παῦλος μοναχὸς καὶ ἡγούμενος, Δαμιανὸς μοναχὸς καὶ ἡγούμενος, Γαβριὴλ μοναχὸς καὶ ἡγούμενος, Πέτρος μοναχὸς καὶ ἡγούμενος, Νικηφόρος μοναχὸς καὶ ἡγούμενος, Διονύσιος μοναχὸς καὶ ἡγούμενος, Χριστόδουλος μοναχὸς καὶ ἡγούμενος, Γρηγόριος μοναχὸς καὶ ἡγούμενος, Λεόντιος μοναχὸς καὶ ἡγούμενος, Μελέτιος μοναχὸς καὶ ἡγούμενος, Ἀντώνιος μοναχὸς καὶ ἡγούμενος. Hic postremus altera manu. Sensus est: *Scriptus est hic sacer utilisque liber in Monasterio sanctissimæ Deiparæ Styli, sive sancti Pauli Latris, manu Michaëlis, anno 6943. Christi 1435. Novembris 2.* Ind. 2. *ad gloriam, laudem & spiritualem salutem possidentis. Modico autem elapso tempore, ob irruptionem impiorum Ismaëlitarum, sanctus Christodulus transmigravit in Patmum, quot potuit libros & alia quædam secum ferens. Tempore autem Domni Leontii Cathegumeni in Patmo, & Domni Pauli Monachi & Cathegumeni Latris, Monasterium istud miseratus Domnus Leontius, hunc librum ipsi dedit, & Evangelium ornatum, & alium librum secundum Matthæum cum Instrumentis & Chrysobullis: Qui per successionem in hoc Monasterio Latris Hegumeni futuri estis, ejus mementote. Nomina autem Hegumenorum, in sancto Monasterio Pauli Latris, qui quidem noti sunt, hæc sunt; Symeon Monachus & Hegumenus, Lucas Monachus & Hegumenus, Demetrius Monachus & Hegumenus, Michaël Monachus & Hegumenus, Nicolaus Monachus & Hegumenus, Ephraïm Monachus & Hegumenus, Christodulus Monachus & Hegumenus, Meletius Monachus & Hegumenus, Marcon Monachus & Hegumenus, Paulus Monachus & Hegumenus, Paulus Monachus & Hegumenus, Damianus Monachus & Hegumenus,* Gabriel

Monachus & Hegumenus, Petrus Monachus & Hegumenus, Nicephorus Monachus & Hegumenus, Dionysius Monachus & Hegumenus, Christodulus Monachus & Hegumenus, Gregorius Monachus & Hegumenus, Leontius Monachus & Hegumenus, Meletius Monachus & Hegumenus, Antonius Monachus & Hegumenus.

Codex Laurentianus membranaceus, pluteo LXIX. Polybii historiarum 1435.
libri scripti manu Antonii Atheniensis; sumtibus Francisci Philelphi (cujus familiæ insignia in fronte libri,) absoluti mense Novembri die 22. anno a Christi ortu 1435. Senis in Etruria.

Codex Regius 2541. bombycinus, Ariani opera. In fine legitur: ἐπληρώθη 1438.
ἡ τοιαύτη δέλτος ἐν μηνὶ Αὐγούστῳ, ἰνδ. α. τοῦ ,ϛϡμϛ'. ἔτους. *Completus est hic liber mense Augusto, Indict. 1. anno 6946. Christi 1438.*

Codex Regius bombycinus 2305. Ubi Gregorii Naz. Orationes, fol. 374. 1443.
hanc habet notam, ,αυμγ. μηνὸς Μαΐου κη. ἰνδ. ϛ. ἡμ. τρίτη. 1443. *mensis Maii 28. Ind. 6. feria 3.*

Codex Regius 2443. bombycinus. Manuelis Calecæ de substantia, &c. 1443.
In fine legitur, μηνὶ Σεπτεμβρίῳ α. ἰνδ. ϛ. τοῦ ,ϛϡνα. ἔτους.
Τῷ δὲ τέλος δεδωκότι θεῷ δόξα.
Id est, *Mensis Septembris 1. Ind. 6. anno 6951. Christi 1443.*
Finem danti Deo gloria.

Codex Laurentianus membranaceus, pluteo LXXXI. Aristotelis magna 1444.
moralia. In fine legitur, *Hos scripsit Philelpho Demetrius Sguropulus, (forte Syropulus,) Mediolani anno Christi 1444. prima Julii.*

Codex Laurentianus bombycinus, pluteo XXVIII. ubi Claudii Ptolemæi 1445.
Geographicæ doctrinæ libri. Scriptus Florentiæ manu Demetrii, anno 1445. Maii 19.

Codex Laurentianus bombycinus, pluteo XXVIII. ubi Aristotelis Mecha- 1445.
nica. Scriptus Mediolani anno 1445.

Codex Cæsareus Lambec. lib. 4. pag. 84. bombycinus. Chrysostomi in 1445.
Paulum: in fine habet, τῇ τοῦ θεοῦ χάριτι ἐτέλεσα ἐγὼ ταλαίπωρος Νεῖλος ἱερομόναχος τὴν δὲ τὴν βίβλον κατὰ τὸ ἔτος ,ϛϡνγ'. Id est, *Dei gratia perfeci ego miserrimus Nilus Hieromonachus hunc librum anno 6953. Christi 1445.*

Codex Regius 2957. Georgii Scholarii & aliorum opera. In fine legitur, 1448.
ἐτελειώθη τὸ παρὸν βιβλίον διὰ χειρὸς ἐμοῦ μεγάλου ἐκκλησιάρχου διακόνου Σιλβέστρου τοῦ Συροπούλου ἐν ἔτει ,ϛϡνϛ. μηνὶ Σεπτεμβρίῳ ἰνδ. ια. Hoc est, *Completus est hic liber manu mea magni Ecclesiarchæ Diaconi Silvestri Syropuli, anno 6956. Christi 1448. mense Septembri, Indict. XI.*

Codex Regius bombycinus, 2558. ubi Pachymeræ & Zonaræ historiæ, 1448.
Fol. 309. legitur, ὁ Χριστὸς αὐτός ἐστιν ἀρχὴ καὶ τέλος, ἔτους ,ϛϡνϛ. i. *Christus ipse est principium & finis, anno 6956. Christi 1448.*

Codex Regius 2275. bombycinus. Origenis in Job & Chrysostomi quæ- 1448.
dam. Ad calcem legitur, ἐγράφη ἡ παροῦσα δέλτος διὰ συνδρομῆς, κόπου, μόχθου καὶ ἐξόδου τοῦ ὑψηλοτάτου, ἐνδοξοτάτου καὶ περιεκλαμπροτάτου αὐθέντος Ορλάντου δὲ Τόκῳ.

Ὥσπερ ξένοι χαίρουσιν ἰδεῖν πατρίδα
Καὶ θαλαττεύοντες ἰδεῖν λιμένα.

Οὕτως καὶ οἱ γράφοντες ἰδεῖν βιβλίου τέλος.
Σωθεὶς ὁ γράφων, ἐλέει θείῳ ἔχων.

Βασίλειος ἱερεὺς ὁ γράψας τὴν δέλτον ταύτην· ἀλλὰ δὴ καὶ νομικῶς, ἐπὶ ἔτους ϛϡνϛʹ. ἰνδ. ιαʹ. *Scriptus est hic liber, opera, labore, & sumtibus celsissimi, gloriosissimi & clarissimi Optimatis Orlanti de Toco.*

Sicut peregrini gaudent conspecta patria,
Et in mari navigantes conspecto portu;
Sic & Scribæ gaudent viso libri termino.
Salvus est scriba, idque ex misericordia divina.

Basilius Sacerdos scripsit hunc librum, idque ex æquo & bono. Anno 6956. *Christi* 1448. *Indictione undecima.*

1449. Codex Laurentianus bombycinus, pluteo LIX. Erotemata Grammatica scripta manu Papæ Georgii, Magistri Nicolai primi Anagnostæ, sive Lectoris, mense Aprili die 4. anno mundi 6957. Christi 1442. Ind. 12.

1449. Codex Laurentianus bombycinus, Manuelis Moschopulii collectio nominum Atticorum, scripta 8. Septembris anno, mundi 6957. Christi 1449.

1450. Codex Cæsareus Lambec. l. 5. p. 268. membranaceus. Menæum Græcorum: in fine legitur recentiore manu: ἠγοράσθη τὸ παρὸν Μηναῖον καὶ ἐστάχωθη διὰ συνδρομῆς καὶ ἐξόδου τοῦ ἐντιμοτάτου ἄρχοντος κυροῦ Ἰωάννου τοῦ Σπανοπούλου καὶ Ζουπάνου τοῦ ἀπὸ τῆς Βλαχίας. *Hoc Menæum emtum est, & postea compactum opera & sumtibus excellentissimi Principis Domni Joannis Spanopuli & Zupani ex Valachia.* Altera inscriptio est, Μηνὶ Αὐγούστῳ κε. τοῦ ϛϡνη. ἐπινεμήσεως ιγ. βασιλεύοντος κυροῦ Κωνσταντίνου τοῦ εὐσεβεστάτου, Γεράσιμος ἱερομόναχος. i. *Augusti* 25. *anno* 6958. *Christi* 1450. *imperante piissimo Domino Constantino, Gerasimus Hieromonachus.*

1452. Codex Laurentianus membranaceus, pluteo XXXII. ubi Homeri Ilias, scripta manu Joannis Thessali Scutariotæ, Florentiæ anno 14'2. Maii 4.

1452. circiter. Codex clarissimi viri Balusii multis ex quaternionibus compactus ubi Pappi Alexandrini liber VIII. In aliquo quaternione legitur paulum recentiore manu: ἡ βίβλος αὕτη ὑπῆρχεν ἐκ γῆς δυστυχοῦς Κωνσταντινουπόλεως, μετὰ δὲ τὴν ἅλωσιν αὐτῆς, ὠνήσατο ταύτην ἀνήρ τις ἐκ τῆς πολυαθλίας καὶ ταλαιπώρου νήσου τῆς Λέσβου, ὄνομα τούτῳ Ζωναρᾶς, ὃς καὶ ταβελλίων ἐχρημάτισεν χρόνοις οὐκ ὀλίγοις. ἦν δὲ τούτου μέχρι τῆς ἁλώσεως τῆς ῥηθείσης νήσου. ἐν δὲ τῇ ἁλώσει ἐνέπεσεν εἰς χεῖρας .... τοῦ Σοφιανοῦ τοῦ ἐκ ῥώμης. ἐξ ἐκείνου δὲ ἐνέπεσεν εἰς τὰς ἐμὰς χεῖρας ἀπροσδοκήτως· καὶ ὡς οἶμαι, πλέον οὐκ ἐκφεύξεται ἐκ τῶν ἡμετέρων χειρῶν. Hoc est, *Hic liber fuit ex infelici Constantinopolis terra. Quâ captâ emit ipsum vir quidam ex miserrima & ærumnosa insula Lesbo, cui nomen Lucas Zonaras: qui annis non paucis Tabellio fuit. Ejus autem fuit, usquedum memorata insula capta est. In ejus excidio incidit in manus..... Sophiani Romani: inde vero in mei nec opinantis manus devenit, & ut quidem æstimo, non ulterius effugiet e manibus nostris.*

1453. Codex Regius 2999. membranaceus, ubi varia opera Athanasii, Basilii & aliorum: in fine habet, τοῦτο τὸ βιβλίον ἐξωνησάμην ἐν Ἀδριανουπόλει εἰς ͵αυνγ. Ἰουλ. λ .... Δουκᾶς. Id est, *hunc librum emi Hadrianopoli, anno* 1453. *Julii* 30..... *Ducas.*

1454. Codex Laurentianus bombycinus, pluteo LVII. Orneoscopion, sive de re Accipitraria, scriptus Venetiis manu Demetrii Pepagomeni, anno 1454.

Codex

Codex Laurentianus bombycinus, pluteo XXXII. Hieroclis in Pythagorica Carmina Commentarius, manu Nicolai Murmuris capta patria mendicantis. Murmuris; id est, Peloponnesii, sive ex Morea. 1455. vel circiter.

Codex Laurentianus bombycinus, pluteo LXIX. Xenophontis Rerum Græcanicarum libri VII. absoluti Aprilis 25. anno 6963. Christi 1455. Ind. 3. 1455.

Codex Regius 3219. membranaceus, ubi Æliani Tactica, Leonis Imperatoris Tactica, Gregorii Cyprii de Proverbiis. In fine legitur, ἐτελειώθησαν αἱ παροιμίαι αὗται σὺν θεῷ, ἔτει ἀπὸ χριστοῦ αυνζ. ἰνδ. ε. μηνὸς Αὐγούστου δ. διὰ χειρὸς ἐμοῦ Ἰωάννου ἱερέως Ῥώσου τοῦ ἐκ Κρήτης, ἐν Ῥώμῃ. ἔστι δὲ κτῆμα τοῦ αἰδεσιμωτάτου πατρὸς Γάσπαρος Βολατερράνου τοῦ ἀποστολικοῦ θρόνου πρωτονοταρίου. Hoc est, *Absoluta sunt hæc Proverbia Deo juvante, anno Christi 1457. Ind. 5. mensis Augusti 4. manu mea Joannis Rhosi Sacerdotis Cretensis, Romæ. Est autem ad usum venerabilissimi Patris Gasparis Volaterrani Apostolici throni Protonotarii.* 1457.

Hic JOANNES RHOSUS Presbyter Cretensis innumeros prope Codices scripsit, annis circiter quadraginta: anno quippe 1455. Cardinali Bessarioni scripsit Codicem Plutarchi, cum jam Presbyter esset, ut videas initio libri quarti. In multis autem locis Calligraphi munus obiit, Romæ videlicet, in Monasterio Cryptæ-Ferratæ, Florentiæ, Bononiæ, Venetiis: qui Codices jam exstant in variis Bibliothecis nimirum:

In REGIA Codices 2592. Aristotelis politicorum Romæ, anno 1492. item 2715. 3219. 3237. 3458.

In BIBLIOTH. CÆSAREA ejusdem Joann. Rhosi videtur esse Codex Cæsareus Lambec. l. VII. fol. 76. bombycinus, operum Aristotelis, in cujus fine legitur: ἐτελειώθη τὸ παρὸν βιβλίον ἐν ἔτει ἀπὸ χυ αυνζ. ἰνδ. ε. μηνὸς Μαρτίου κε. τῆς ἀρχιερωσύνης τοῦ μακαριωτάτου κυρίου ἡμῶν κυρίου Καλλίστου πάπα γ. ἔτει β. ἀρχιερατεύοντος καὶ τοῦ παναγιωτάτου ἡμῶν αὐθέντου καὶ δεσπότου κυρίου Γρηγορίου, πατριάρχου Κωνσταντινουπόλεως τοῦ οἰκουμενικοῦ· ἐν τῇ πρεσβυτέρᾳ Ῥώμῃ, ἀπὸ συνδρομῆς καὶ ἐξόδου Ἡσαΐου ἱερομονάχου καὶ πνευματικοῦ πατρὸς τοῦ Κυπρίου. Ἰωάννης πρεσβύτερος ὁ ἀπὸ Κρήτης. i. *Absolutus est hic liber anno Christi 1457. Ind. 5. Martii 25. Pontifice Domino nostro Domino Callisto Papa III. anno 2. Pontificatus ejus: sedente sanctissimo Authente & Domino Gregorio Patriarcha Constantinopolitano Oecumenico. In seniore Roma jussu & expensis Hesaïæ Hieromonachi & spiritualis Patris Cyprii. Joannes Presbyter Cretensis.*

In LAURENTIANA, pluteo V. Athenagoras de Resurrectione & Stephanus de Urbibus, Codex membranaceus scriptus Laurentio Mediceo, anno 1482. Pluteo VI. Eusebii Pamphili adversus Hieroclem 1491. Pluteo XXXII. Homerus totus 1465. In alio Plutarchi Moralia in charta bomb. suppleta sunt ab eodem. Pluteo LVIII. Joan. Stobæi & aliorum 1493. Pluteo LIX. Maximi Planudis &c. Pluteo LXX. Zosimi Comitis historia 1490. Pluteo LXXV. Alexandri Aphrodisei & aliorum 1491. Pluteo LXXXI. Aristotelis Ethica Nicomachica 1476. Pluteo LXXXV. Procli in Parmenidem 1489. Pluteo LXXXVI. Hermeæ in Phædrum Platonis 1490. Ibid. Veccii vel Accii Valentis e libro 1. Anthologiarum 1491. Ibid. Nicephori Gregoræ in Synesium de insomniis 1491. Horum vero maximam partem scripsit pro magnifico viro Laurentio Mediceo, qui innumeros prope Codices undequaque comparavit.

In COLBERTINA Codex Simplicii in Aristotelem; num. 2590.

In BIBLIOTH. BALUZIANA, Galeni Therapeuticæ methodi, lib. i x v. 1473.

Eodem tempore. MICHAEL APOSTOLES, ſive APOSTOLIUS, eodem tempore, poſt captam Conſtantinopolin, Codices multos ſcripſit, ſine anni nota ut plurimum, ut in Bibliotheca Ducis Mutinenſis, Diodorus Siculus: in cujus fine legitur, Μιχαῆλος Ἀποςόλης ὁ Βυζάντιος, μετὰ τὴν ἅλωσιν τῆς πατρίδος πενίᾳ συζῶν καὶ τήνδε βίβλον μισθῷ ἐν Κρήτῃ ἐξέγραψεν. i. *Michaël Apoſtoles Byzantius poſt captam patriam in penuria vivens, mercede hunc librum in Creta ſcripſit.* Eadem vero ille nota uti ſolet in Codicibus. Ejuſdem manu ſcripta feruntur exemplaria non pauca nimirum.

In REGIA Codices 2585. 2601. 2627. 2725. 2775. 2803. 2808. 3260. 3360.

In BIBLIOTHECA COLBERTINA Codex 1203. manu Michaëlis Apoſtolii conſcriptus eamdem, quam ſupra, præfert Notam. In Codice autem Colbertino 1219. manu, ut videtur, Arſenii Monembaſiæ Archiepiſcopi exarato, exſtat Collectio Proverbiorum Michaëlis Apoſtolii, qui ut in Epiſtola ejuſdem Arſenii ad Leonem X. narratur, ejus pater erat.

In eadem Bibliotheca Codex 4413. bombycinus. Ubi Ariſtotelis Phyſica ejuſdem Michaëlis Apoſtolii manu, ut in nota iiſdem quam ſupra verbis deſcripta fertur.

In BIBLIOTHECA LAURENTIANA Codex bombycinus. Apomnemoneumata ex diverſis Poëtis, mercede à Michaële Apoſtole poſt captam patriam in Creta ſcriptus.

Eodem circiter tempore Codices bene multos ſcripſit CÆSAR STRATEGUS Lacedæmonius, qui hunc Iambum in fine ſolet apponere:

Θεοῦ τὸ δῶρον ἠδὲ Καίσαρος πόνος
τοῦ Στρατηγοῦ.

i. *Dei donum & Cæſaris Strategi labor.*

Alicubi autem in his Codicibus, qui in Bibliotheca SS. Joannis & Pauli Dominicanorum exſtant, dicitur Lacedæmonius eſſe. Sunt autem hi Codices ſine nota anni, Dionyſii Halycarnaſſei, Appiani, Diodori Siculi, Pindari, Dionyſii Perihegetis.

In Bibliotheca Regia Codices 2056. 2083. 2183. 2283. 2277. 2615. 2644. 2676. continens Galeni opera anno 1492. item 2730. 2777. 3145. 3290. 3331. 3338. & alii.

1458. Codex Regius 3007. bombycinus, ubi liber precum, in cujus fine: Θεοῦ τὸ δῶρον καὶ Ἀθανασίου μοναχοῦ πόνος, τοῦ ͵ϛϡξϛ'. ἰνδ. ϛ. Ἰουν. ϛ. i. *Dei donum & Athanaſii Monachi labor, anno 6966. Chriſti 1458. Ind. 6. Junii ſexta die.*

1459. Codex Cæſareus Lambec. lib. v. p. 285. Typicum S. Sabæ & alia ad Officium Eccleſ. In fine ſcribitur: Θεοῦ τὸ δῶρον, Ἀθανασίου ἱερομονάχου πόνος, ἔτους ͵ϛϡξζ. Ἰουλίου κε. ἐπινεμήσεως ζ'. *Dei donum Athanaſii Hieromonachi labor. Anno 6967. Chriſti* 1459. *Indict.* 7. Qui Athanaſius idem ut videtur eſt atque prior ad annum 1458.

1462. Codex Regius 3206. bombycinus, varia Aſtronomica fol. 244. legitur: ἐπεγράφη ταῦτα διὰ χειρὸς ἐμοῦ ὁδηγοῦ Ν ὁδηγοῦ ἔτους ͵ϛϡο. i. *Scripta ſunt hæc manu mea Hodegi Notarii, Hodegus.* Et fol. 13. κτῆμα Ἀντωνίου ἐπάρχου, δοθὲν τῷ κραταιοτάτῳ βασιλεῖ Κελτῶν εἰς εὐχαριστίας σημεῖον. *Liber Antonii Eparchi datus potentiſſimo Galliarum Regi in gratiæ ſignum.* Hodegi nomen ſupra, dubium eſt.

Codex Laurentianus bombycinus. Etymologicum magnum, pluteo LVII. scriptum in Creta, in urbe dicta Candace, impensis Francisci Philelphi, anno Christi 1466. 1466.

Codex Laurentianus bombycinus eodem pluteo, Etymologicum magnum, scriptum Mediolani anno eodem 1466. 1466.

Codex Regius 2575. bombycinus, de vita Plotini, & Plotini opera: in fine habet: τέλος εἴληφεν ἡ βίβλος τοῦ Πλωτίνου ἐν ἔτει ͵ϛϡοε. μηνὶ Μαρτίῳ τῇ ιβ. ἰνδ. ἐν ἡμέρᾳ κυριακῇ τῶν βαΐων. i. *Finem accepit liber Plotini anno 6975. Christi 1467. mense Martio, Indictione 12. Dominica Palmarum.* 1467.

Codex Regius 3307. bombycinus, Erotemata Grammatica, item Aristophanis, Euripidis & aliorum opuscula. In fine legitur, ἐτελειώθη τὸ παρὸν βιβλίον ͵ϛϡοε. ἐν μηνὶ Ἰουλίῳ ια. καὶ ἀπὸ κυρίου καταβάσεως αυξζ. ἰνδ. ιε. i. *Completus est hic liber anno 6975. 11. mensis Julii, a Christi ortu 1467. Indict. 15.* 1467.

Codex Regius 2297. membranaceus x. sæculi. Gregorii Nazianzeni Orationes. In fine manu recentiore scribitur historiola Ascetica, ad cujus calcem legitur, ἐγράφη ἐν μηνὶ Δεκεμβρίῳ ιζ. ἔτους ͵ϛϡος. i. *Scripta est mensis Decembris 17. anno 6976. Christi 1468.* 1468.

Codex Regius 2543. in quo Callisthenes de vita Alexandri magni, ad calcem habet: 1469.

Τὸ δόντι τέρμα δόξα, τιμὴ καὶ κράτος·

ἐτελειώθη τὸ παρὸν βιβλίον διὰ χειρὸς Νεκταρίου ἱερομονάχου τῆς μονῆς τοῦ ἁγίου Νικολάου τῶν Κασούλων τῆς πόλεως Ὑδροῦντος, ἐν μηνὶ Νοεμβρίῳ ε. ἡμέρᾳ σαββάτου, ὥρα β. τῆς ἡμέρας, ἐν ἔτει ͵ϛϡοζ. ἰνδ. β.

Id est: *Finem danti gloria, honor & imperium.*

Completus est hic liber manu Nectarii Hieromonachi Monasterii S. Nicolai Casularum urbis Hydruntis, quinta Novembr. die Sabbati, hora secunda diei, anno 6977. Christi 1469. Ind. 2.

Codex Regius 3129. bombycinus. Boëtius Græcè versus a Maximo Planude: in fine legitur, ἐτελειώθη ἡ παροῦσα βίβλος τοῦ Βοετίου διὰ χειρὸς ἐμοῦ Μιχαὴλ τοῦ Σουλιάρδου ἐκ Ναυπλίου, ὄντος μου ἐν Κυδωνίᾳ Κρήτης ἐν ἔτει ͵ϛϡπγ. ἰνδ. β. ἡμέρᾳ κυριακῇ Αὐγ. ιε. ἀλλ' οὖν γε οἱ μέλλοντες ἐν τῷ πονήματι τούτῳ ἀναγινώσκειν τῇ..... i. *Completus est hic liber Boëtii manu mea Michaëlis Suliardi ex Nauplio, in Cydonia Cretæ versantis, anno 6983. Ind. 2. Dominica die, Augusti 15. qui hoc in opere lecturi sunt.....* De Michaële Suliardo infra. 1475.

Codex Regius 2295. bombycinus, Sibyllina oracula, cum hac in fine nota, τέλος τῶν Σιβυλλιακῶν ἐκλογῶν στίχοι ρξα. *Finis Sibyllinorum excerptorum, versus 161.* Deinde, ἐγράφη τὸ παρὸν βιβλίον τῆς Σιβύλλης ἐξ ἐπιτροπῆς τοῦ ἐξοχωτάτου κυρίου μεσὲρ Ἀντωνέλλου τοῦ Πετρουτζίοις καὶ μεγάλου σεκρεταρίου· διὰ συνδρομῆς καὶ ἐξόδου τοῦ τετιμημένου ἄρχοντος, μίσερ (sic) Ἀντωνίου Γουϊδάνου, καὶ πρώτου τοῦ ἱεροῦ κονσιλίου, διὰ χειρὸς ἐμοῦ Δημητρίου Λευτάρη ἕνεκεν ἀγάπης καὶ χρέους τῶν προλεχθέντων πολυσεβαστάτων ἀρχόντων ἐν μηνὶ Σεπτεβρίῳ κβ. ἰνδ. η. τοῦ ͵ϛϡπγ. ἔτους. i. *Scriptus est hic liber Sibyllæ, jussu excellentissimi Domini Meser Antonelli de Petruccis magni Secretarii, expensis venerandi optimatis Meser Antonii Guidani, primi in sacro Consilio: manu mea Demetrii Leutare, amoris & debiti officii causa erga Illustrissimos illos primores, mensis Septembris 22. Ind. 8. anno 6983. Christi 1475.* 1475.

1475. Codex Regius 3458. bombycinus, Horologium breve, sive Diurnale, in cujus fine legitur: ἐγράφη τὸ παρὸν συνοπτικὸν ὡρολόγιον διὰ χειρὸς ἐμοῦ Ἰωάννου ἱερέως Ῥώσου τοῦ Κρητὸς· διὰ παρακλήσεως τε καὶ ἐξόδου κυροῦ Δημητρίου Σέρβου ᾳυοε. μηνὸς Νοεμβρίου ιγ· ἐν Ῥώμῃ. *Scriptus est hic liber, nempe Horologium breve, manu mea Joannis Rhosi Sacerdotis Cretensis, jussu ac sumtibus Domni Demetrii Servi, anno 1475. decima-tertia mensis Novembris, Romæ.* Is ipse est Joannes Rhosus de quo supra, ac sequens itidem.

1476. Codex Laurentianus bombycinus, pluteo LXXI. Aristotelis Ethica Nicomachica, ex emendatione Fr. Zenobii Acciaioli Ordin. Prædicatorum in Conventu S. Marci Florentiæ absoluta die XXII. Aprilis 1504. Scriptus est hic Codex in Abbatia sanctissimæ Deiparæ Cryptaferratæ a Joan. Rhoso, Augusti 31. 1476.

Ejusdem Rhosi est Codex Athenagoræ de Resurrectione & Stephani de Urbibus Plut. 4. scriptus sumtibus Laurentii Medicei 31. Martii 1482.

1478. Codex Regius 3178. bombycinus, ubi varii Scriptores de auro conficiendo, fol. 291. habet, ἐτελειώθη ἡ παροῦσα βίβλος διὰ χειρὸς ἐμοῦ Θεοδώρου τοῦ Πελεκάνου τυγχάνοντος ἀπὸ χώρας Κερκύρας νήσου τῶν Φεάκων, μηνὶ Ἰουνίῳ εἰς τὰς κβ. εἰς χώραν τῆς Κρήτης εἰς τὸ λεγόμενον Χάντακα, ἐπὶ ἔτους ͵ϛϡπϛ. τὸ δὲ ἀπὸ τῆς χριστοῦ γεννήσεως ᾳυοϛ. Id est: *Completus est hic liber manu mea Theodori Pelecani ex Corcyra insula Phæacum, mensis Junii 22. in Creta, in loco dicto Chantaca, anno 6986. a Christi ortu 1476.* Hinc excerpsimus opusculum de Scriptione aurea, cap. I.

1480. Codex Laurentianus bombycinus, pluteo LXXI. Simplicii in Aristotelem scriptus ab Antonio Mediolanensi ex Creta oriundo, anno 1480. Augusti 4.

Ejusdem ANTONII MEDIOLANENSIS manu in Creta scriptus est Codex bombycinus nunc in Bibliotheca S. Salvatoris Bononiensis, in quo Simplicius in Epictetum: in gratiam Nobilis Georgii Damulini, cui multis officiis obstrictus erat, vigesima-tertia Februarii, anno 1490.

In REGIA BIBL. Codex 2653. bombycinus ab eodem scriptus in Creta anno 1491. Augusti 27. ubi Simplicius in Epictetum. Item Codex 2753. bombycinus, ubi Demosthenis, Æschinis, Aristotelis opera, sine anni nota. Item 2711. 2770. 2816.

In BIBLIOTHECA vero LAURENTIANA exstat Codex pluteo LVIII. bombycinus, ubi aurea Pythagoræ Carmina, & alia bene multa: in cujus fine hæc leguntur: *Finem accepit hic liber manu mea Antonii Mediolanensis, qui Cres quoque genere dici possum; propterea quod parentes mei primùm Cretam incoluerunt: atque ipse postea in eadem natus, altus educatusque sum, & ejusdem Insulæ privilegiis, æque atque alii Cretenses, fruar, absque eo quod mendax sim.* Vocabatur autem Antonius Damilas.

1482. Codex Regius 2807. Athenæi Deipnosophistæ, bombycinus, scriptus manu Hermolai Barbari, anno 1482. intra 37. dies.

1483. Codex Regius 2643. bombycinus, Anonymi Scholia in Aristotelem, scriptus decima-nona Decembris 1483.

1484. Codex Regius 2771. bombycinus, Demosthenis opera. In fine legitur, τέλος μηνὶ Αὐγούστῳ ἡμέρᾳ ιγ. ᾳυπδ. Νικόλαος ὁ Βλαστὸς ἔγραψε. i. *Finis Augusti 13. 1484. Nicolaus Blastus scripsit.*

1485. Codex Laurentianus bombycinus, pluteo LX. Arriani Diatribæ, &c. Scriptus manu Joannis Thessali Scutariotæ. Is jam scripserat Homerum an. 1451. & multos alios libros scripsit qui in variis Bibliothecis exstant, in Laurentiana quippe Codex Aristotelis Politicorum, pluteo LXXXI. ab eodem exaratus est anno 1494.

MICHAEL SULIARDUS Nauplius, qui supra anno 1475. multos alios Codices scripsit, qui variis in Bibliothecis exstant; nempe in Bibliotheca Regia Stephanus Byzantius de urbibus, scriptus Florentiæ anno 1486. Ibidem Codex Ptolemæi bombycinus, num. 2727. scriptus Methonæ anno 1497. Octobris 17. 1486.

Codex Regius bombycinus, Epistolæ Zonaræ, Glycæ, &c. fol. 172. legitur: ἐπλειώθη ἡ παροῦσα βίβλος ἐν μηνὶ Ιαννουαρίῳ κδ. ἰνδ. ϛ. διὰ χειρὸς ἐμοῦ Θεοδώρου. . . , . ἐν ἔτει ͵ϛϡϙϛ. i. *Absolutus est hic liber mensis Januarii 24. Ind. 6. manu Theodori. . . . anno 6996. Christi* 1488. 1488.

Codex Regius 2980. bombycinus, Miscellanea multa complectens, fol. 158. habet, Μαρτ. λ. ἰνδ. ϛ. ͵ϛϡϙϛ. *Martii 30. Indict. 6. anno 6996. Christi* 1488. 1488.

Codex Laurentianus Homeri, bombycinus, scriptus Florentiæ 1488. nona Octobris. 1488.

Codex Regius 3245. Apollonii Alexandrini Grammatici, bombycinus. In fine, ἐγράφη ὁ παρὼν Απολλώνιος παρὰ Ιωακεὶμ ἱερομονάζοντος τῶν Κασούλων καὶ Πρίωρος ἁγίου Κόνωνος, ἐκ προτροπῆς καὶ ἀξιώσεως τοῦ διδασκάλου κυροῦ Κωνσταντίνου Λασκάρεως· ἐτελειώθη δὲ ἐν μηνὶ Δεκεμβρίῳ ἔτει ͵ζδ. ἰνδ. ιδ. i. *Scriptus est hic liber Apollonii a Joachim Hieromonacho Casularum & Priore S. Cononis, jussu & rogatu Magistri Domni Constantini Lascaris. Completus autem est mense Decembri, anno 7004. Christi 1496. Indict. 14.* 1496.

Codex Regius 2574. bombycinus, Porphyrii de vita Plotini, & Plotini opera. In fine legitur: τέλος εἴληφεν ἡ βίβλος τοῦ Πλωτίνου ἐν ἔτει ͵ζδ. μηνὶ Δεκεμβρίῳ κε. ἰνδ. ιδ. ἡμέρᾳ ϛ. τῆς χριστοῦ γεννήσεως. *Absolutus est hic liber Plotini anno 7004. Christi 1496. mensis Decembris 25. Indictione 4. feria sexta Natalium Christi.* 1496.

Codex Regius 2729. bombycinus, Anonymi in Tetrabiblum Ptolemæi. In fine legitur, ἐπὶ ἔτους ͵ζϛ. ἰνδ. α. ἐν μηνὶ Φευρουαρίῳ ζ. ἡμέρᾳ δ. ὥρᾳ ϛ. ἐτελειώθη δὲ παρὸν βιβλίον. i. *Anno 7006. Indictione prima, mensis Februarii 7. feria 4. hora 6. completus est hic liber.* 1498.

Codex Colbertinus 4904. Philostrati icones, bombycinus, xv. sæculi. In fine legitur, Εμμανουὴλ ὁ Ατραμυττηνὸς δὲ τῶν εἰκόνων τόδε βιβλίον ἐξέγραψε, λατρευτὴς ὢν πατρὸς υἱοῦ καὶ ἁγίου πνεύματος, τῆς ὁμοουσίου καὶ ἀδιαιρέτου τριάδος: ἀμήν. δόξα σοι θεὲ ἡμῶν, δόξα σοι. i. *Emmanuel Attramytenus hunc Imaginum librum descripsit, qui cultor est Patris, Filii & Spiritus sancti, consubstantialis & individuæ Trinitatis, amen. Gloria tibi Deus noster, gloria tibi.* xv. sæc.

Codex Regius 2962. bombycinus, Marci Ephesini & aliorum opuscula xv. sæculi. Fol. 256. *versò* scribitur, ἰστέον ὅτι ἀπὸ χριστοῦ ἕως τῆς α. συνόδου ἔτη τιη. καὶ ἀπὸ τῆς α. ἕως τῆς β. ἔτη νϛ. ἀπὸ δὲ τῆς β. ἕως τῆς γ. ἔτη ν. καὶ ἀπὸ τῆς γ. ἕως τῆς δ. ἔτη λ. καὶ ἀπὸ τῆς δ. ἕως τῆς ε. ἔτη ρβ. ἀπὸ δὲ τῆς ε. ἕως τῆς ϛ. ἔτη ρκθ. καὶ ἀπὸ τῆς ϛ. ἕως τῆς ζ. ἔτη ρκβ. ἥτις ἁγία καὶ οἰκουμενικὴ ζ. σύνοδος γέγονεν ἐν ἔτει ͵ϛστ. ἰνδ. ια. Hoc est: *Sciendum est a Christo usque ad primam Synodum fuisse annos 318. a* xv. sæc.

prima Synodo usque ad secundam, annos 56. a secunda ad tertiam, annos 50. a tertia ad quartam, annos 30. a quarta ad quintam, annos 102. a quinta ad sextam, annos 129. a sexta ad septimam, annos 122. Quæ sancta & œcumenica Synodus celebrata est anno 6208. Ind. II. Qui computus in plerisque non quadrat.

xv. sæc. Codex Laurentianus bombycinus, pluteo LIX. Dionysii Halycarnassei & aliorum opera. In fine legitur : *Codex absolutus manu Nicodemi Monachi pecocatoris, ope & sumtibus nobilissimi Julii Romani mensis Januarii 27.*

xv sæc. Codex Regius, num. 1819. XI. sæculi. Joan. Chrysostomi varia : in fine habet, τὸ παρὸν βιβλίον ἐστὶν ἐμοῦ Γεωργίου ἱερέως τοῦ Μαλαφαρᾶ· ὅπερ αὐτὸς ἐπριάμην ἔκ τινος Ῥοδίου. Hæc manus est xv. Id est, *Hic liber est Georgii Sacerdotis Malaphara : qui emi ipsum ex quodam Rhodio.*

xv. sæc. Codex Regius 2674. bombycinus, Galeni opera xv. sæculi : in fine habet, θ'οφλι'ωλω 'θαϐιθζλω ἔζλθτεν. Hæc arcanis literis scripta sic leguntur, Ἀλφόνσος Ἀθηναῖος ἔγραψεν. *Alphonsus Atheniensis scripsit.*

Notæ Codicum decimi-sexti sæculi.

1500. Codex Colbertinus 767. Joan. Climaci Scala, in fine habet hæc incondita Carmina.

> Ξυςῶση λυκάβαντος ἐν δὲ χιλίοις
> Πεντακοσίοις ἰνδ. ἑβδόμης,
> Ὑπαρχούσης τοῦ χριστοῦ καὶ Θεοῦ μου,
> Μηνὸς Γενναρίου δ.
> Αμβροσίου τε ὁ τῆς μονῆς αὐδρῶν προεστάτης.
> ὥρας δὲ τύχω τῆς ζ. ὦ φίλοι,
> Καὶ οἱ ἀδοντες αὐτὰ καὶ οἱ τυχόντες
> Μή μοι μέμψησθε, μηδ' ὅλως καταρᾶσθαι,
> Ὅτι ἀχρεῖος δοῦλος ὑπάρχω·
> Ὅπως λυτρωθῶ πολλῶν ἀμπλακημάτων,
> Καὶ ἀξιωθῶ τῆς ἄνω βασιλείας.
> Χριστὲ προεγοῦ (sic) τῶν ἐμῶν πονημάτων
> Καὶ σὺ παμυπεράγαθε Θεοῦ μου μῆτερ
> Ἅμα προδρόμου καὶ πάντων τῶν ἁγίων.
> Τὸν ἀναγινώσκοντα μετ' εὐλαβείας
> Φύλαττε τοὺς τρεῖς ἢ τελαὶς τρισολβίως
> τῷ συντελεστῇ τῶν καλῶν Θεῷ χάρις.

Id est, *Scriptus est anno Christi 1500. Ind. 7. Januar. 4. hora 7. Ambrosio Monasterii Præfecto. Qui in ipsum incideritis ne mihi succenseatis, ne mihi maledicatis, quia inutilis servus sum ; ut a peccatis multis liberer & supernum regnum consequar. Christe laboribus meis praeas, & tu optima Dei Mater cum Præcursore & reliquis Sanctis : legentem cum pietate, & tres simul serva,* (nempe Scribam, Ambrosium præfectum & eum qui legerit) *perfectori bonorum Deo gratia.*

Codex Colbertinus 591. bombycinus, Menæum Græcorum mensis Septembris. In fine scribitur, φύλαττε τελαὶς τοὺς ἐμοὺς τρεῖς δακτύλους, τοὺς γεγραφότας

τὴν δέλτον ταύτην, ὁ πατὴρ καὶ ὁ υἱὸς καὶ τὸ ἅγιον πνεῦμα. γέγονε δὲ ξύσμα καὶ ληξότητα ὑπὸ χειρὸς καμοῦ Παύλου ἱερέως τὴν χάριν καὶ τὴν προσηγορείαν, τοῦ οἰκουῶντος
ἐν πόλει Ἅλσος. καὶ οἱ ἀναγινώσκοντες αὐτὴν εὔχεσθε ὑπὲρ ἐμοῦ τὸν κύριον διὰ τὴν πολ-
λαῶν μου σφαλμάτων.

Γέγονε δὲ πάλιν ὑπὸ ἐξόδου καὶ συνδρομῆς τοῦ πολυμεγαλυικοτάτου καὶ ἀγχινουστάτου
νηφαλαιοτάτου κυρεῶ Κυριακῶ ἱερέα (sic barbarè.) οὗ ὁ γεννήτορ Παπασιανός, καὶ
ἔμπαλι Φοίνικος· καὶ ὅπου ἂν θέλει παράγει αὐτὸ διαφθορίας ψυχικῆς.

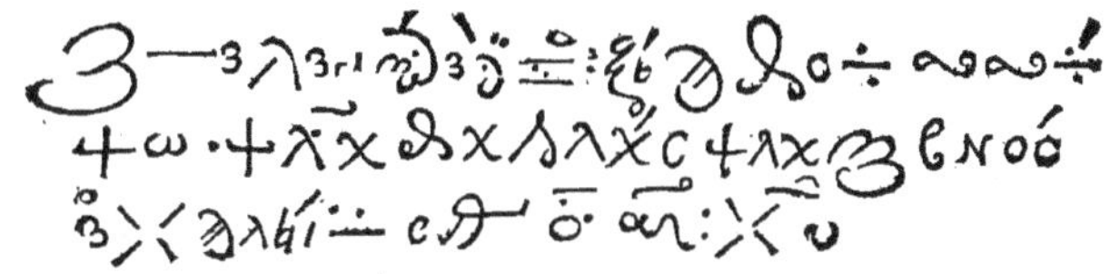

αφθ χυ

Hæc literis arcanis scripta sic leguntur:

ἐτελειώθη δὲ ἡμέρα σαββάτῳ τοῦ Αὐγούστου μηνὸς ἐγχρονίας αφθ. χριστοῦ.

Hoc est: *Serva, Trinitas, tres digitos meos, quibus hunc librum scripsi, Pater, & Fili, & Spiritus sancte. Hæc porro scriptio completa est manu mea Pauli* ἱερέως, *sive Sacerdotis, tum gratiâ, tum cognomento, qui habito in urbe Halsus. Qui hunc legeritis precamini pro me Dominum ad remissionem delictorum meorum. Exaratus autem fuit sumtibus nobilissimi & ingeniosissimi, temperantissimique Domini Cyriaci Sacerdotis, cujus Pater est Papastianus, cognomine Phœnix, completus est die Sabbati, mense Augusto, anno Christi* 1509. De characteribus arcanis hujusmodi pluribus agimus in Cryptographia, libro IV.

Codex Regius 2954. bombycinus, Gennadii Scholarii in Judæos, fol. 293. 1511
legitur, Θεοῦ τὸ δῶρον καὶ οἰκτροῦ πόνος Παύλου,
οὗ τὸ ἐπίκλην Κολυβᾶς, ἐκ Μεθώνης

ἐγράφη ἐν τῇ πόλει τοῦ Καφφᾶ ἄστει ζιθ. ἰνδ. ιδ. Αὐγούστου ιβ. Et postea:
Θεοῦ τὸ δῶρον ταπεινοῦ πόνος Παύλου
Κολυβᾶ ἐκ πόλεως οἰκτρῆς Μεθώνης.

Id est, *Dei donum & miseri Pauli labor,*
Cujus cognomen est Colybas, ex Methone
Scriptus est in urbe Cappha, anno 719. *Christi* 1511. *Ind.* 14. *Augusti* 12.
Dei donum humilis Pauli labor
Colybæ ex misera urbe Methone.

Codex bombycinus Bibliothecæ Augustinianorum S. Joan. de Carbonara Neapoli, Alexandri Aphrodisei opera, scriptus anno mundi 7031. Christi 1523. 1523

Codex Cæsareus Lambec. l. VI. p. 158. bombycinus, opera medica complectens, Constantinopoli emtus a Busbekio: in cujus fine legitur, τέλος τῶν λογιωτάτων λέξεων ξὺν Θεῷ ἰατροσοφιῶν πασῶν συνόψεων τῆς ἐπιστήμης. Θεοῦ τὸ δῶρον καὶ Φιλοθέου πόνος, ἀμήν. ἔτους ζλζ. ἰνδ. β. ἐν μηνὶ Αὐγούστῳ. *Finis eruditissimarum dictionum, Deo juvante, sive totius medicinæ compendiosa narratio. Dei donum, & Philothei labor, amen. Anno* 7037. *Christi* 1529. *Indictione* 2. *mense Augusto.* 1529

Codex Laurentianus membranaceus, XI. sæculi, pluteo VI. quædam ibi supplentur manu Georgii Longi Sacerdotis, & ab Arsenio Monembasiæ Eodem circiter tempore

Archiepiscopo Clementi VII. Pont. Max. nuncupantur. Ejusdem Arsenii manu Codices multi ibidem sunt.

1533. Codex Colbertinus 638. bombycinus, Evangelistarium, in cujus fine scribitur Greço-barbare, ἐπληρώθη τὸ παρὸν ἅγιον εὐαγγέλιον ὑπὸ χειρὸς ἐμοῦ Στεφάνου ἀναγνώστου. καὶ οἱ λειτουργοῦντες εἰς τὸν αὐτὸν ναὸν τῆς ἁγίας Παρασκευῆς μνημονεύετε τὸν πατέραν του διὰ τὸν κύριον, ὀνόματι Φιλίππου. ἐν μηνὶ Μαρτίῳ ιη. τὸ ἀπὸ τοῦ χριστοῦ ἔτος αφλγ. ἰνδ. ϛ. ἡλιακοῦ κύκλου ιγ. σεληνιακοῦ κύκλου ια. i. *Completus est hoc sanctum Evangelium manu mea Stephani Lectoris. Qui sacra facitis in hoc Templo sanctæ Parasceves, mementote, quæso per Dominum, Patris mei nomine Philippi. Mensis Martii* 18. *anno Christi* 1533. *Indict.* 6. *Cycli solaris* 13. *Cycli lunaris* 11. Deinde pergit narratque librum descriptum fuisse sumtibus Clementis Rhodii Sacerdotis, qui cum sorore Amesa obiit anno 1532. Alia item subsequuntur Græco-barbara minoris pretii.

1541. Codex Regius 1863. Genesii, Nicephori Gregoræ, & aliorum varia. In fine legitur: ἡ παροῦσα πολυειδής τε καὶ χρυσοεπὴς βίβλος ἐγράφη μὲν ὑπὸ χειρὸς Ἰωάννου τε τοῦ φιλοπόνου, φέρων δέ γε καὶ ἐπίκλιον Ναθαναήλ· ὃς μὲν στραγγευόμενος ὑπό τε τῆς δεινῆς πενίας ἐξέγραψεν, διά τε δαπάνης καὶ ἀναλώματος τοῦ εὐγενεστάτου περιφανεστάτου περιβοήτου τε καὶ καλλίστου ἄρχοντος κυρίου Ἀντωνίου καλιέργου ἐς Γορτυώνην. ἐλαφηβολιῶνος ἐπὶ δέκα ἱσταμένου τοῦ αφμα. ἔτους ἀπὸ τῆς θεογονίας. ἀθκζ ἐλπθολω ξεν χκθ᾽ θυσν ἔλιπεν ἀθχψ ϐ νίπολω· ς λχν ἐχθϐψθι ωφθόξθψθ ξϐ ξέμτϐψθε ξλι: πθὶ ζθθ ϐ ωκλχτϐ λχπ εἴθωεν ἐξὲ πθοσῶ κθνψ ἔξεψθγειν.

εὔχεσθαι ὅμως ὑπὲρ ἀμφοτέρων διὰ τὸν κύριον.

Quæ arcano modo scripta sunt, ita leguntur: ἀπειρόκαλος μὲν ὑπάρχων ἔλιπεν αὕτη ἡ βίβλος. εἰ οὖν εὕρηται (l. εὕρητε) σφάλματα, μὴ μέμψησαι (l. μέμψησθε) μοι. καὶ γὰρ ἡ σπουδὴ οὐκ εἴασεν ἐμὲ καλῶς πάντ᾽ ἐξετάζειν. Totum sic interpretor: *Hic varius aureusque liber scriptus est manu studiosi Joannis cognomento Nathanael. Qui gravi paupertate oppressus hæc exscripsit; sumtibus nobilissimi, celeberrimi & optimi Domini Antonii Caliergi Gortynæ: Februarii decima die, anno a Christi ortu* 1541. *Imperitus cum sim, hic liber deficit. Si igitur errata deprehenderitis, ne mihi vitio vertatis; festinatio quippe non permisit ut omnia accurate dispicerem. Precamini tamen pro utroque per Dominum.*

1543. Codex Regius bombycinus 1901. Eusebii Demonstratio Evangelica. Ad calcem scribitur, ὁ Οὐαλεριανὸς φωρολιβιεὺς ὁ Ἀλβίνου, κανονικὸς τῆς πολιτείας καλουμένης τοῦ σωτῆρος ἡμῶν, ταύτην γε βίβλον ἐν τῷ τοῦ ἁγίου Ἀντωνίου μοναστηρίῳ Ἑνετίησιν ἔγραψε, ἔτει τοῦ κυρίου ἡμῶν Ἰησοῦ χριστοῦ αφμγ. τετάρτη μηνὸς Σεπτεμβρίου ἱσταμένου. δόξα τῷ Θεῷ ἡμῶν. i. *Valerianus Foroliviensis Albini F. Canonicus Capituli S. Salvatoris, hunc librum scripsit in Monasterio S. Antonii Venetiis; anno Christi* 1543. 4. *Septembr. Gloria Deo nostro.*

1548. Codex Regius, num. 2071². Dionis Nicæni epitome, per Joan. Xiphilinum, in fine habet: ἅπασαν ταύτην τὴν Ξιφιλίνου ἐπιτομὴν γράφων ἐτελείωσε Χριστόφορος ὁ Ἄβερος, τῇ πατρίδι Γερμανὸς, τῷ εὐσεβεστάτῳ καὶ λογιωτάτῳ Καρδινάλει Γεωργίῳ Ἀρμανιακῷ τῷ αὐτοῦ δεσπότῃ, ἐν Ῥώμῃ μηνὸς Ἑκατομβαιῶνος θ΄. χιλιοστῷ φμη. ἐπὶ Παύλου τρίτου Πάπα Ῥώμης. *Hanc totam Xiphilini epitomen absolvit Christophorus Aberus patriâ Germanus pro piissimo & eruditissimo Cardinali*

Georgio

Georgio Armeniaco (Armagnac) Domino suo Romæ, mensis Junii nona die, anno 1548. *sub Paulo III. Papa Romæ.* Hic autem in alio Codice sese vocat Αοῦβερος. Christophorus Awerus multos Codices nunc Regios sua manu scripsit.

Codex Colbertinus 4588. bombycinus, ubi quatuor Evangelia, hæc habet ad calcem, ἐγράφη τὸ παρὸν ἅγιον εὐαγγέλιον διὰ χειρὸς ἐμοῦ παπᾶ Μιχαὴλ Μαυρίκι, ἐν χρονίᾳ αφν. χριστοῦ. ἀμήν, τέλος. i. *Scriptum est hoc sanctum Evangelium manu mea Papæ Michaëlis Maurici* 1550. *amen, finis.* 1550

Eodem circiter tempore a Mathusala Machir Codices sequentes scripti sunt.

Codex Cæsareus Lambec, l. 7. p. 79. bombycinus. Commentatorum Aristotelis: legitur ibi, Μαθουσάλας ὁ μοναχὸς καὶ ταύτην τὴν ἀγαθὴν βίβλον ἑαυτῷ ἐξέγραψεν ἐν τῷ ἁγιωνύμῳ ὄρει Σινᾷ: *Mathusalas Monachus hunc etiam optimum librum sibi descripsit in sancto Monte Sina.* Et alibi: Μαθουσάλας ὁ Μαχεὶρ καὶ ταύτην τὴν θειοτάτην βίβλον ἑαυτῷ ἐξέγραψεν ἐν πόνῳ καὶ ἀσθενείαις καὶ κινδύνοις πολλοῖς. *Mathusalas Machir hunc etiam divinissimum librum sibi descripsit in labore, infirmitate & periculis multis.*

Codex Cæsareus membranaceus, Lambec. l. 7. p. 64. Simplicii & aliorum in Aristotelem, hanc notam habet, Μαθουσάλας ὁ Ἀσκητὴς καὶ ταύτην τὴν ἀγαθὴν βίβλον ἑαυτῷ ἐξέγραψεν ἐν νήσῳ τῇ Κύπρῳ. Id est, *Mathusalas Asceta hunc sibi bonum librum descripsit in insula Cypro.*

Scripsit idem 1547. duas Marci Ephesini Responsiones in Ægypto, 25. 1547
Januarii, anno mundi 7055. Christi 1547. Indict. 5. Lambec. l. 7. p. 111.

Codex Cæsareus bombycinus, Lambec. l. 7. p. 99. Aristotelis de partibus 1550
animalium, in fine habet: κόπος καὶ οὗτος Μαχεὶρ, τοῦ καὶ Μαθουσάλα· ἐγράφη δὲ ἐν τῇ μονῇ τοῦ ἁγίου Σάβα εἰς τὸ σπήλαιον, καὶ ἐν τῇ ἁγίᾳ πόλει Ἱερουσαλήμ, ἰνδ. η. τοῦ ζνη. ἔτους, καὶ ἐλήφθη τὸ ὅλον ἀπὸ παλαιοῦ πάνυ βιβλίου: *Hic etiam Machiris Mathusalæ labore scriptus est in Monasterio S. Sabæ in spelunca, in sancta urbe Jerusalem, Indict.* 8. *anno* 7058. *Christi* 1550. *exscriptus ex vetustissimo libro.*

Codex Colbertinus 3017. membranaceus, Evangelistarium XI. sæculi, in 1553
cujus fine legitur manu recentiori, τοῦτον (sic) τὸ ἅγιον εὐαγγέλιον ἕνα τῆς ἁγίας Ἐγκλήστρας. καὶ εἴ τις βούλεται ἆραι αὐτὴν νὰ ἔχῃ τὰς ἀρὰς τῶν ἁγίων πατέρων. Λεόντιος ἱερομόναχος ἐκ τῆς κώμης Γιόλου, τῆς ἐν τῇ Κύπρῳ, ἔγραψα ἐν αφνγ, χριστοῦ. Id est, *Hoc S. Evangelium, unum est ex iis quæ pertinent ad S. Enclistram. Quod si quis illud auferre præsumserit, incurrat in maledictiones SS. Patrum. Leontius Hieromonachus ex vico Gioli in Cypro scripsi anno Christi* 1553. Hic autem Leontius notam & alia pauca scripsit, non totum Codicem, qui undecimi sæculi est.

Codex Laurentianus bombycinus, pluteo IX. Orneoscopion, sive de re 1554
Accipitraria, scriptus Venetiis manu Demetrii Pepagomeni, anno 1554.

Codex Regius 2741. bombycinus. Bryenii Harmonica. In fine legitur, 1557
ἔγραψε Νικ. ὁ Ναγκήλιος Τραχωναῖος ἐννάτῃ φθίνοντος τοῦ μεταγειτνιῶνος, ἔτει χριστοῦ τῷ αφνζ. i. *Scripsit Nicolaus Nancelius* 22. *Julii, anno Christi* 1557.

Codex Regius 3313[3]. Sophocles. In fine Sophoclis legitur: ἐπελειώθη τὸ 1558
παρὸν βιβλίον διὰ χειρὸς ἐμοῦ Πέτρου τοῦ Δακλωζάου τοῦ Ρηθυμναίου ἐν ἔτει αφνη.

μηνὶ Νοεμβρίῳ εἰς η. ἐν τῇ ἑσπερινῇ τῆς ὁσίας παρασκευῆς. *Completus eſt hic liber manu mea Petri Daclozai Rethymnæi anno 1558. menſis Novembris octavo die, veſpere ſanctæ Paraſceves.*

1560. Codex Regius 3066. bombycinus. Plutarchi Ciceronis vita Græce & Latine, fol. 86. legitur : Βακχεῖος Βαρβαδώρειος καὶ Μιχαῆλος Σοφιανὸς ἐξέγραψαν μετὰ παιδιᾶς (ſic) καὶ γέλωτος, εὐωχοῦντος τοῦ εὐγενοῦς ἀνδρὸς καὶ κοινοῦ ἡμῶν φίλου Οὐικεντίου Πινελλίου καὶ Πέτρου Νουνίου τοῦ λογιωτάτου, πολλὰ χαριεντισαμένου. παρῆν δὲ καὶ Λουκρήτιον ἡ ἑταίρα· ἔτους αφξ. Ὀκτωβρ. ζ. ἐν Παταβίῳ. i. *Bacchius Barbadorius & Michaël Sophianus ſcripſerunt cum riſu & ludo, conviviis excipiente nobili & communi amico Vincentio Pinello, & Petro Nunnio eruditiſſimo viro. Aderat etiam Lucretium amaſia. Anno 1560. Octobr. 7. Patavii.* Hi ſane ſcribæ longe aliam notandi rationem ineunt : nam Calligraphi cæteri preces tantùm legentium, & veniam peccatorum poſtulant ; hi de laſcivia gloriantur.

1561. Codex Cæſareus Lambec. lib. 6. p. 139. bombycinus. Moſchionis de mulierum morbis. In fine legitur, ſcriptus fuiſſe Venetiis πυανεψιῶνος Octobr. 11. 1561. ex corrupto exemplari.

1561. Codex Cæſareus Lambec. l. 7. p. 41. bombycinus. Procli Lycii Diadochi in Parmenidem, in fine habet : ἡ βίβλος αὕτη ὑπ' ἐμοῦ Κορνηλίου τοῦ Ναυπλίεως τῶν Μουρμουρέων, υἱοῦ Ἀνδρέου, μετὰ τὴν τῆς πατρίδος ὑπὸ Τούρκων ἅλωσιν Ἐνετίῃσι διατρίβοντος, ἐξεγράφη ἔτει τῷ ἀπὸ τῆς Θεογονίας αφξα. *Hic liber ſcriptus eſt a me Cornelio Nauplio Andreæ Fil. ex Murmureis, poſt captam a Turcis patriam Venetiis degenti, anno Chriſti 1561.*

1562. Codex Regius 2502. bombycinus. Interpretationes Zonaræ in Canones & alia multa. Fol. 194. legitur, Θεοῦ τὸ δῶρον καὶ Ζαχαρίου ἱερέως πόνος, τοῦ Κρητὸς, τοῦ κατὰ κόσμον Σκορδίλου, τοῦ δὲ παρ' ἐπίκλην Μαραφαρά.

Ρίζα φεῦ τοῦ φόνου φθόνος,

καὶ καρπὸς τοῦ φθόνου πόνος. αφξβ. ἐνετίῃσι.

i. *Dei donum & Zachariæ Preſbyteri Cretenſis labor, qui vulgari nomine Scordilus, cognomento autem Maraphara vocatur.*

Radix heu cædis invidia,

Fructus invidiæ labor. Anno 1562. Venetiis.

Et fol. 259. dicitur ſcriptus juſſu Joannis Boiſtallerii, mercede aureorum decem.

1563. Codex Cæſareus bombycinus, Lambec. l. 8. p. 509. Pſeudohiſtoria Concilii Ferrarienſis & Florentini, hanc habet notam : ἀντεγράφη τὸ παρὸν βιβλίον ἐκ πρωτοτύπου παλαιοῦ διὰ χειρὸς ἐμοῦ Θεοδοσίου, νοταρίου τῆς μεγάλης ἐκκλησίας, ἐν ἔτει ἀπὸ κτίσεως κόσμου ζοα. ἰνδ. ζ. μηνὶ φεβρουαρίῳ ζ. ἡμέρα δευτέρα. τῷ συντελεστῇ τῶν καλῶν Θεῷ δόξα.

1564. Codex Laurentianus bombycinus, pluteo LVII. Tactica de Naumachia: ſcriptus in Corcyra manu Antonii Eparchi, anno 1564. Aprilis 22.

1564. Codex Cæſareus Lambec. l. 6. p. 192. Opera Chimica variorum: ſcriptus Venetiis à Cornelio Naupliensi Andreæ filio 1564.

1565. Codex bombycinus Bibliothecæ Ottobonianæ, ubi Nili ſermones Aſcetici, ſcripti anno 7073. Chriſti 1565.

1566. Codex Colbertinus 4466. bombycinus, Euclidis Megarenſis Optica, Catoptrica, & Phœnomena ; in fine habetur, τὸ παρὸν βιβλίον γέγραπται ἐν Λουτεκίᾳ τῶν Παρησίων τῇ χειρὶ Ἀγγέλου Βεργηκίου τοῦ Κρητός· δεδώρηται δὲ τῷ σοφωτάτῳ

λογιωτάτῳ τε ἐκλεκτῷ Καγκελλαρίῳ τῷ πάνυ τῆς Κελτικῆς Μιχαήλῳ τῷ Ὁσπιταλίῳ
ἔτει ἀπὸ τῆς Θεογονίας αφξς. *Hic liber ſcriptus eſt Lutetiæ Pariſiorum manu Angeli Vergecii Cretenſis, dono autem oblatus eſt ſapientiſſimo eruditiſſimoque electo Cancellario Galliæ magno viro Michaëli Hoſpitalio, anno Incarnationis 1566.* Hujus Angeli Vergecii manu ſcripti ſunt Bibliothecæ Regiæ Codices bene multi nempe, 2069. 2073. 2099. 2102. 2117. 2129. 2162. 2168. 2255. 2256. 2281. 2247. 2578. 2579. 2584. 2721. 2739. 2813. 2819. 3188. 3193. 3194. 3427. 3466. 3506. Is ſcripſerat item in Italia : eſt enim in Bibliotheca Regia Codex 2173³. ſcriptus ab eodem Venetiis anno 1537.

Codex Colbertinus 5108. bombycinus. Nicephori Calliſti, Chryſoſtomi 1568.
& aliorum Homiliæ. Ad calcem ſcribitur : τέλος εἴληφεν ἡ παροῦσα δέλτος διὰ χειρὸς κἀμοῦ ἐλαχίστου καὶ ἁμαρτωλοῦ Παφνουτίου μοναχοῦ. . . . : καὶ Θυηπόλου, ἐν μηνὶ Ἰουνίῳ κ. αφξη. ἀμήν. *Scriptus eſt hic liber manu mea Paphnutii Monachi. . . . Thyepoli, menſis Junii 20. anno 1568. amen.*

Codex Regius bombycinus, Joannis Canabutze de Samothrace. In fine 1569.
habet : αφξθ. ἐν μηνὶ Μαΐῳ ἐν Βενετίᾳ παρὰ Ἀντωνίῳ τῷ Ἐπισκοπούλῳ καὶ πρωτοψάλτῃ Κυδωνίας. *Anno 1569. menſe Maio Venetiis ab Antonio Epiſcopulo Protopſalte Cydoniæ*, qui ſcripſit alios Codices Bibliothecæ Regiæ.

Codex Colbertinus 4726. bombycinus, Paradiſus, ſive Sanctorum Senum 1581.
dicta : hanc in fine notam habet : ἐγράφη δὲ τὸ παρὸν τοῦτο βιβλίον διὰ συνδρομῆς καὶ ἐξόδου Ἰσαὰκ μοναχοῦ ἐν ἔτει ζπθ ἐκ χειρὸς Ἱερεμίου Ῥακενδύτου τοῦ πένητος. *Scriptus eſt hic liber ſumtibus Iſaac Monachi, manu Jeremiæ Rhacendytæ pauperis, anno 7089. Chriſti* 1581. Et pag. ſequenti dicitur eſſe Codex Monaſterii cujuſdam Sozopolis.

Codex Regius 2039³. qui fuit Illuſtriſſimi D. de Montchal : Matthæi 1593.
Blaſtaris collectio Canonum. In fine habet : μηνὸς Ἰουνίου ιη. αφϟγ. ἔτους ἐν Ῥώμῃ. Ἰωάννης ὁ ἁγιομαύρας κύπριος ἐκ πατρίδος Λευκωσίας ἐξίσωσεν. *Menſis Junii 18. anno 1593. Romæ, Joannes de Sancta Maura Cyprius ex patria urbe Leucoſia, contulit.*

Codex Regius 2176². τὸ παρὸν βιβλίον ἐστὶ τοῦ ἐν αἰδεσιμωτάτοις καὶ ἀγαυοῖς ἥρωσι 1594.
κυρίου Λαιλίου τοῦ Ῥουΐνου τοῦ ἐξ εὐγενῶν τῆς μητροπόλεως Βονονίας κατηγμένου· ἀπεγράφη ἔκ τινος Κώδικος τῆς Βατικανῆς βιβλιοθήκης δι' ἐμοῦ Ἰωάννου Σαγκταμαύρα, τοῦ ἐκ μητροπόλεως Λευκωσίας τῆς Κύπρου νήσου, μηνὶ Σεπτεμβρίῳ αφϟδ. ἔτει ἀπὸ Χριστοῦ. *Hic liber eſt venerabiliſſimi & conſpicui herois D. Lælii Ruini ex Nobilibus Metropolis Bononiæ originem ducentis : exſcriptus ex quodam Codice Vaticanæ Bibliothecæ a me Joanne de Sancta Maura, ex Metropoli Leucoſia Inſulæ Cypri, anno Chriſti 1594. menſe Septembri.*

Codex Regius 3392. Initio, Ἐμμανουὴλ τοῦ Μαργουνίου καὶ τῶν φίλων. *Emmanuel Margunii & amicorum :* ubi Catalogus operum Plutarchi. In fine legitur : ἐξισώθη ἐξ ἄλλων ἀντιγράφων παρὰ τῷ κυρίῳ Φουλβίῳ τῷ Οὐρσίνῳ διασωζομένων ὁμοίων τῷδε ὡς ὁρᾷς. Ἰωάννης ὁ Σαγκταμαύρας Κύπριος ὁ ἀπογράψας. *Emendatus eſt ex aliis exemplaribus a D. Fulvio Urſino, quæ exemplaria huic ſimilia ſervantur. Joannes de Sancta Maura Cyprius ſcripſit.* Deinde ſequitur Epiſtola Beſſarionis Card. ad Mich. Apoſtolum, qui item Apoſtoles & Apoſtolius dicitur.

Codex Laurentianus, pluteo v. Pſalterium Græcum, manu Fr. Bernardi XVI. ſæc.
Monachi Dominicani filii Bartholomæi Bartoliſci de Florentia.

Codex Regius bombycinus, Joannis Itali Philoſophi opera. Maii 30. 1620. 1620.

Codices alii quorum ætatem non exploravi.

Codex Cæsareus Lambec. l. 8. p. 523. ducenta & unum diplomata habens Monasterii B. Virginis in monte Lembo ad urbem Smyrnam, cum hac nota, τὸ ἐκδόσεως ἔγγραφον, ὅπερ ἐγεγόνει τῇ περιούσῃ βασιλικῇ μονῇ τῶν Λέμβων παρὰ τοῦ μητροπολίτου Σμύρνης, &c. De hoc agetur, lib. VI.

Codex Laurentianus bombycinus, ubi Gregorii Orationes & alia opuscula. In fine legitur: Θεοῦ τὸ δῶρον καὶ Νείλου πόνος. *Dei donum & Nili labor.*

Codex Laurentianus membranaceus, pluteo IX. Collectanea in vitas SS. manu Lucæ Monachi, jussu Isidori Sacerdotis & Hegumeni Monasterii S. Joannis.

Codex Laurentianus membranaceus, Claudii Ptolemæi Geographicæ institutiones: in fine notatur, *Ex Claudii Ptolemæi Geographicis, libri* VIII. *orbem terrarum universum. Agathodæmon Alexandrinus delineavit.*

Codex Laurentianus bombycinus, pluteo LVII. Lysiæ Orationes, scriptæ manu Marci Joannis filii, Cretensis.

Codex Laurentianus membranaceus, pluteo LXIX. Thucydidis hist. Peloponnesiaca. Prima quinque folia nova manu descripta sunt: Scriba hæc posuit Latinè, *Deo gratias, Petrus scripsit.*

Codex Laurentianus bombycinus, pluteo LXIX. Josephi Judaïc. Antiquitatum libri XX. scriptus est à Joanne Aulico Logista, cognomento ex Angelis.

Codex Laurentianus operum Aristotelis bombycinus. In fine libri de Cœlo notatur, *Scripta sunt manu Joannis cognomento Panareti.*

Codex Cæsareus Lambec. l. IV. p. 81. membranaceus. Joan. Chrysostomi Homiliæ in Matth. has habet Inscriptiones, τὸ παρὸν βιβλίον κτῆμα ἐστὶ Γεωργίου τοῦ Κορινθίου: & aliam, βίβλος Μάρκου Μαμουνᾶ τοῦ Κρητός.

Codex Cæsareus Lambec. l. 4. p. 84. fuit Bessarionis Cardinalis Tusculani, est membranaceus vetustus, Joan. Chrys. in Paulum.

Codex Cæsareus Lambec. l. 4. p. 92. ubi Chrysostomi Homiliæ, hæc habet, βιβλίον Βηέας μονῆς τῆς κοσμοσωτείρας.

Codex Cæsareus pervetustus membranaceus Lambec. l. 4. p. 121. olim Joannis Sambuci, complectens opera Chrysostomi & vitam S. Nicolai Myrensis, hanc notam habet: ἐπληρώθη σὺν Θεῷ ἡ ἱερὰ βίβλος αὕτη διὰ συνδρομῆς τοῦ πανοσιωτάτου καθηγουμένου τῆς σεβασμίας μονῆς τοῦ ἐν ἱεράρχαις ἀρχιεράρχου μυροβλύτου ἁγίου Νικολάου, τοῦ ἱερομονάχου κυροῦ Ἰωσήφ. Id est, *Completus est, Deo juvante, hic sanctus liber opera sanctissimi Hieromonachi Domni Joseph Cathegumeni sive Præfecti venerandi Monasterii sancti in Hierarchis Archierarchæ, unguenta effundentis Nicolai.*

Codex Cæsareus bombycinus, vetustus Lambec. l. 4. p. 137. ubi Theodori Daphnopatæ flores Chrysostomi: initio legitur, Ἐγράφη παρ' ἐμοῦ τοῦ εὐτελοῦς ἱερέως καὶ Ταβουλλαρίου Λέοντος τοῦ Παδιάτου ἡ παροῦσα βίβλος ἐν Κωνσταντινουπόλει. *Scriptus est hic liber a me vili Sacerdote & Tabulario Leone Padiatè, Constantinopoli.*

Codex Cæsareus bombycinus, Lambec. Biblioth. l. 4. p. 218. ubi Joannis Damasceni de Orthodoxa fide, fol. 175. *versò* hæc habet, κτῆμα Ἀνδρέου Ταρμαρίου Ἐπιδαυρίου.

Codex Cæsareus membranaceus pervetustus, Lambec. l. 5. p. 51. Euthymii Zygabeni panoplia dogmatica, legitur ibi : κτῆμα Μάρκου Μαμουνᾶ τοῦ Κρητός. *Liber Marci Mamunæ Cretensis* : altera inscriptio est, τανῦν δὲ Γεωργίου Κόμητος Κορίνθου τοῦ ἐκ Μονεμβασίας, *nunc autem Georgii Comitis Corinthii Monembasiotæ.*

Codex Cæsareus Lambec. l. 6. p. 115. bombycinus, Joannis Actuarii de Methodo medendi, libri VI. fol. 243. legitur : ἐτελειώθη ἡ παροῦσα βίβλος διὰ χειρὸς Σίμωνος τοῦ Μακροδούκα τῇ κϛ΄. τοῦ παρόντος Φεβρουαρίου, τῆς παρούσης πρώτης ἰνδικτιῶνος. *Completus est hic liber manu Simonis Macroduca, 26. præsentis Februarii, præsenti prima Indictione.*

Codex Cæsareus Lambec. l. 7. p. 20. Marci Mamunæ Cretensis & postea Georgii Comitis Corinthii ex Monembasia, ut & alii multi, qui in illa pagina ad marginem enumerantur.

Codex Cæsareus Philosophicus Lambec. l. 7. p. 194. & aliquot alii ejusdem Bibliothecæ hæc habent : Κλαυδίου Αγχιμηθήρου ἰατροσοφίστου κτῆμα.

Codex Cæsareus membranaceus pervetustus Lambec. l. 8. p. 2. Josephi Antiquitatum Judaïcarum. Initio legitur, ἡ βίβλος αὕτη τῆς μονῆς τῶν Μαγγάνων. *Hic liber est Monasterii Manganorum* : id est, Monasterii Constantinopolitani S. Georgii in Manganis. Deinde scribitur : νῦν δὲ Διονυσίου Ἱεροδιακόνου Κατιλιανοῦ Ζακυνθίου καὶ τῶν φίλων. ταύτην τὴν βίβλον ἐωνήσατο ὁ ἐμὸς πατὴρ ἐν τῇ Κωνσταντινουπόλει κατὰ τὸ ἔτος ͵αφπα. Μαΐου ια. i. *Nunc autem Dionysii Catiliani Hierodiaconi Zacynthii & amicorum. Hunc librum emit pater meus Constantinopoli, anno 1581. Maii 11.*

Codex Cæsareus Lambec. l. 8. p. 38. membr. pervetustus, vitæ Sanctorum Aprilis, clauditur hac miniata inscriptione :

Θεοῦ τὸ δῶρον καὶ Θεοκτίστου πόνος
Καὶ τοῦθεν δόξα τῇ σεβαστῇ τριάδι

Id est,

Dei donum & Theoctisti labor,
Hinc quoque gloria venerandæ Trinitati.

Codex Cæsareus membr. Lambec. l. 8. p. 232. Vitæ SS. Septembris, initio habet, Γεωργίου Ῥαοὺλ βιβλίον ζ̄.

Codex Cæsareus membr. pervetustus Lambec. l. 8. p. 453. Canonum Apostolicorum & aliorum, fol. 1. hæc habet :

Ἡ βίβλος ἥδε τῆς μονῆς τοῦ Βόλακος
Τῆς ἀμολύντου παρθένου Θεοτόκου.

Codex Regius 2886[3]. Greg. Nysseni in titulos Psalmorum. In fine legitur : Καρνάνιος μὲ ἔγραψε Συμεὼν ξένος θείῳ Μανουὴλ Κρητὶ τῷ σοφωτάτῳ. *Carnanius me scripsit Manuel peregrinus divino Manueli Cretensi sapientissimo.*

CAPUT VIII.

Nomina Calligraphorum ordine Alphabetico.

A*cciaiolus*, vide *Zenobius*.

Agapetus, vide *Georgius*.

Agathodæmon Alexandrinus vetus ſcriba, Claudii Ptolemæi Geographicorum libros VIII. ſcripſit, qui nunc ſunt in Laurentiana Bibliotheca. Codicis ætatem non exploravi.

Alexius, cujus ſumtibus ſcriptus eſt Codex, ubi vitæ Sanctorum anno 1292. manu Joannis Sacerdotis : eſtque in Bibliotheca Cæſarea.

Alexius Pyropulus ſcripſit Codicem Hippocratis, nunc Regium, XIV. ſæculo.

Alphonſus Athenienſis Codicem Galeni, nunc Regium, ſcripſit ſæculo XV.

Ambroſius præfectus cujuſdam Monaſterii, cujus Monachus Anonymus ſcripſit Scalam Joannis Climaci anno 1550. jam in Bibliotheca Colbertina.

Anaſtaſius ſcripſit vitas SS. Maii, Junii, Julii & Auguſti, anno 890. jam in Bibliotheca Colbertina.

Ancantherus, v. *Chriſtophorus*.

Andreas Sacerdos Leantinus ſcripſit Codicem Ariani de expeditione Alexandri : itemque vitas Plutarchi, ambos anno 1399. ſunt autem in Bibliotheca Laurentiana. Dicitur ille Andreas in uno Codicum Hagioprocopites, quod videlicet fuerit Sacerdos Eccleſiæ ſancti Procopii.

Andreas Sacerdos, Tabularius, ſcripſit Menæa Græcorum anno 1403. nunc in Bibliotheca Regia.

Andreas Tarmarius Epidaurius : ejus erat Codex Cæſareus, ubi Joannis Damaſceni de Orthodoxa fide, ſæculo XVI. Fortaſſe idem atque Andreas Darmarius, qui aliquot Codices nunc Regios ſcripſit.

Andreas Arnes ex Naupacto ſcripſit Codicem nunc Regium ſæculo XVI. in charta bombycina.

Andronicus Lepentrenus ſcripſit librum S. Dionyſii Areop. anno 1302. Nunc in Bibliotheca Regia.

Angelus Politianus ſcripſit excerpta varia, Codicem nunc Regium; docta quidem, ſed non eleganti manu.

Angelus Vergecius multos Codices ſcripſit, in Italia & in Gallia, ab anno circiter 1535. ad annum 1565.

Antonellus de Petruccis, ejus juſſu & opera ſcripti ſunt libri Sibyllini Romæ, manu Demetrii Leutaræ, anno 1475. Codex eſt in Bibliotheca Regia.

Antonius Monachus, ejus manu ſcriptæ ſunt Homiliæ poſteriores Joan. Chryſoſt. in Geneſim, anno 1057. Codex eſt in Bibliotheca Regia.

Antonius Athenienſis Logotheta Polybii libros quinque ſcripſit anno 1434. liber ex quo deſcripſit, exſtat in Bibliotheca B. Mariæ Benedictinorum Florentiæ. Item anno 1435. librum pro Franciſco Philelpho, qui jam exſtat in Biblioth. Laurentiana.

Antonius Guidanus, primus Sacri Conſilii Romæ; ejus ſumtibus ſcripti ſunt libri Sibyllini manu Demetrii Leutaræ anno 1545. Codex eſt in Bibliotheca Regia.

Antonius Damilas Mediolanenſis, qui & Cretenſis dictus, quia in Creta natus & educatus eſt, multos Codices ſcripſit, qui habentur in Bibliothecis Regia, Laurentiana, Bononienſi S. Salvatoris & in aliis fortaſſe. Scripſit autem annis 1480. 1490. & aliis circiter.

Antonius Urceus ſcripſit Codicem nunc Regium, num. 3302. anno 1479.

Antonius Eparchus ſcripſit in Corcyra Tactica de Naumachia, anno 1564. qui Codex eſt in Bibliotheca Laurentiana: dono dedit Regi Codicem Aſtronomicorum, qui ſcriptus fuerat anno 1462. num. 3206. & alios.

Antonius Epiſcopulus Protopſaltes Cydoniæ ſcripſit Codicem Joannis Canabutze de Samothrace nunc Regium, anno 1569.

Apollinarius Cœnobiarcha penes ſe habuit Codicem autographum Origenis Hexaplorum & Tetraplorum, cum ſcholiis Euſebii Cæſarienſis, & caſtigationibus Pamphili Martyris: vide ad VII. vel VIII. ſæculum.

Apoſtoles, ſeu *Apoſtolus*. V. *Michaël*.

Argyropulus, V. *Joannes*.

Arias Ferdinandi filius ſcripſit librum Ariſtotelis Ethicorum, anno 1417. qui jam exſtat in Bibliotheca Cæſarea.

Arnes, vide *An[illegible]*.

Arſenius Hieromonachus, decimo-ſexto ſæculo ſcripſit Procli ſphæram & alia, Codicem nunc Regium.

Arſenius Monembaſiæ Archiepiſcopus, ejus exſtat Præfatio ad Clementem VII. in Bibliotheca Laurentiana: & multi Codices ejuſdem manu ſcripti in Bibliotheca Regia.

Athanaſius Monachus: ejus juſſu & opera ſcriptum eſt Evangeliſtarium, manu Georgii Rhodii Sacerdotis anno 1205. & nunc exſtat in Bibliotheca Colbertina.

Athanaſius alter Monachus, ſcripſit Lexicon duobus tomis anno 1273. quod nunc exſtat in Bibliotheca Regia: is ipſe alium Codicem ſcripſiſſe putatur. Vid. ad eumdem annum.

Athanaſius Monachus, ſcripſit librum precum anno 1458. qui nunc eſt in Bibliotheca Regia.

Athanaſius Hieromonachus ſcripſit Typicum Sabæ anno 1459. & nunc exſtat in Biblioth. Cæſarea. An idem atque præcedens?

Athanaſius Rhetor. ſcripſit Codicem nunc Regium, num. 3344. anno 1640.

Atrape, V. *Conſtantinus*.

Aulicus, V. *Joannes*.

Avverus, V. *Chriſtophorus*.

Baanes Notarius Aretæ Archiepiſcopi Cæſareæ in Cappadocia, ſcripſit opera quædam Clementis Alexandrini, Juſtini Martyris & aliorum, anno 914. Codex eſt in Bibliotheca Regia.

Bacchius Barbadorius ſcripſit vitam Ciceronis ex Plutarcho, anno 1560. Nunc eſt in Bibliotheca Regia.

Βαιοφόρος, *Bæophorus*, V. *Georgius*.

Barbarus, V. *Hermolaus*.

Barele aut *Baleris*, vide infra in voce *Baſilius*.

Barnabas Hegumenus cujus Monachus *Neophytus*, ſcripſit opera Sancti

Maximi, anno 992. Codex eſt in Monaſterio Cryptæ Ferratæ.

Bartholomæus Barbadorius ſcripſit Cod. nunc Regium, num. 2604. anno 1555.

Bartholomæus Comparinus Codicem nunc Regium, num. 3214. anno 1497.

Baſilace Juriſta, opera S. Joan. Chryſoſtomi in Joannem anno 1296. nunc in Biblioth. Regia.

Baſilius Calligraphus Armeniacus, ſcripſit Homilias Chryſoſtomi in Joannem anno 1066. nunc in Biblioth. Colbertina.

Baſilius Scalidrus Notarius ſcripſit S. Joannis Damaſceni opera quædam, anno 1124. nunc in Bibliotheca Regia.

Baſilius Sacerdos, Origenis opus in Job & Chryſoſtomi quædam, anno 1448. Codex eſt in Biblioth. Regia.

Baſilius Ἀναγνώστης Lector, ſcripſit XII. ſæculo Petri Antiocheni & aliorum Epiſtolas, Codicem nunc Regium.

Baſilius Barele, qui & *Baleris*, ſcripſit Euripidis quædam: Codex nunc Regius eſt infimi ævi.

Bernardinus ὁ Σανδρὸς, legitur *Sanderus*, Cremonenſis, ſcripſit Cod. nunc Regium 3231. anno 1540.

Bernardus Bartholomæi Bartholiſci fil. Dominicanus, ſcripſit Pſalterium XV. aut XVI. ſæculo, nunc in Biblioth. Laurentiana.

Bernardus Felicianus, ἰατρικὰ ſcripſit, Codicem nunc Regium, anno 1522.

Bernardus, V. *Franciſcus*.

Beſſarion Monachus in Monaſt. S. Antonii Venetiis, ſcripſit Tatiani opus contra Græcos, anno 1534.

Blaſtus, V. *Nicolaus*.

Cæſar Strategus Lacedæmonius innumeros prope Codices ſcripſit verſus finem XV. ſæculi, quorum maxima pars habetur in Bibliotheca Regia & in Bibliotheca Dominicanorum Venetiis.

Caloida, V. *Joannes*.

Calophrena, V. *Michaël*.

Caludes, V. *Manuel*.

Camillus Venetus ſcripſit Codicem nunc Regium 2178. anno 1562.

Canavi, V. *Nicephorus*.

Cantacuzenus, V. *Demetrius*.

Catilianus, V. *Dionyſius*.

Carolus ſcripſit Codicem nunc Regium num 3454. anno 1516.

Chalcondylas, V. *Demetrius*.

Chariton ſcripſit Evangeliſtarium anno 1336. quod eſt in Bibliotheca Regia.

Choricarius ſcripſit Codicem nunc Regium 2980. ſæculo XVI.

Chriſtophorus Garathon, cujus ſumtibus ſcriptus eſt Codex Diodori Siculi anno 1427. nunc in Biblioth. Colbertina.

Chriſtophorus Avverus Germanus, cujus manu ſcripti ſunt Codices multi Bibliothecæ Regiæ.

Chryſococca, V. *Georgius*.

Chryſoloras, V. *Manuel*.

Cinnamus, V. *Leo*.

Claudius Ancantherus Medicus, cujus fuere Codices bene multi, nunc in Bibliotheca Cæſarea.

Clemens

Clemens Cathegumenus Monasterii τῶν ἱερέων, cujus opera renovatus est anno 1142. Codex Joan. Chrysostomi in Matthæum, scriptus anno 955. manu *Joannis* Presbyteri. Exstat nunc in Bibliotheca Colbertina.

Clemens Monachus, cujus manu scriptus est Simeonis Metaphrasti December anno 1112. Nunc in Bibliotheca Colbertina.

Colybas, V. *Paulus*.

Comparinus, V. *Bartholomaeus*.

Constantinus Tarsitus Atheniensis scripsit Codicem operum Basilii & Chrysostomi anno 1129. qui nunc exstat in Bibliotheca Cæsarea.

Constantinus Lector scripsit Nomocanonem anno 1191. Nunc in Bibliotheca Cæsarea.

Constantinus Chartophylax Pissæ scripsit Herodoti novem libros, anno 1372. Codex est in Bibliotheca Colbertina.

Constantinus Atrape, cujus erat Codex nunc Cæsareus, scriptus anno 1428.

Constantinus Lascaris, ejus jussu scriptus est Codex Apollonii Alexandrini Grammatici manu Joachim Hieromonachi anno 1496. Nunc in Bibliotheca Regia.

Constantinus Codices Bibliothecæ Regiæ bene multos scripsit circiter annum 1540.

Cornelius Naupliensis Murmureus (i. ex Morea,) Andreæ filius, scripsit Codicem Procli Diadochi in Parmenidem anno 1561. & Codicem Chymicorum anno 1564. qui nunc exstant in Bibliotheca Cæsarea.

Cosmas Presbyter Cameli scripsit exemplar Nicolai Myrepsi, Oribasii & aliorum Medicorum, anno 1339. nunc exstat in Bibliotheca Regia num. 2703, & alium Cod. 1847.

Cosmas Panaretus Monachus scripsit Codicem nunc Colbertinum num. 648. sæculo decimo-quarto.

Cubuclesius, V. *Georgius*.

Cucuzelus, V. *Joasaph*.

Cyriacus Sacerdos: ejus jussu & sumtibus scriptum est manu Pauli Sacerdotis Menæum Græcorum mensis Septembris anno 1509. Nunc in Bibliotheca Colbertina.

Daclozaus, V. *Petrus*.

Dalassenus, V. *Joannes*.

Damascenus Cretensis, V. *Michaël*.

Damianus Guidotus scripsit Codices Bibliothecæ Regiæ 2767. & 2768. ante annum 1560.

Damilas, V. *Antonius*.

Darmarius, V. *Andreas*.

Demetrius Presbyter scripsit Codicem Regium Psalterii anno 1059.

Demetrius Palæologus, ejus fuit Codex Regius 2351. Joannis Chrysostomi de Sacerdotio, scriptus anno 1064.

Demetrius Nomachlomus Medicus: ejus jussu scriptus est a *Cosma* Codex Nicolai Myrepsi qui supra, anno 1339. & nunc est in Bibliotheca Regia.

Demetrius Sguropulus, (sic legitur apud Creygton, sed mendose, haud dubie legendum Syropulus,) scripsit Philelpho Aristotelis magna Moralia, anno 1444. qui codex nunc est in Biblioth. Laurentiana.

Demetrius fortasse idem, scripsit Claudii Ptolemæi Geographicæ doctrinæ libros anno 1445. nunc Bibliothecæ Laurentianæ.

Demetrius Pepagomenus scripsit Codicem Laurentianum de re Accipitraria anno 1454. & Cod. Regium 3140.

Demetrius Cantacuzenus scripsit codicem Regium 3041. anno 1474.

Demetrius Chalcondylas codices Regios aliquot anno circiter 1485.

Demetrius Leutares codicem Regium Sibyllinorum Oraculorum, anno 1475.

Demetrius Serbus, ejus sumtibus scriptus est codex Regius, ubi Horologium breve Græcorum anno 1475.

Diodorus codicem Dioscoridis unciali charactere nono circiter sæculo, nunc in Bibliotheca Regia.

Diomedes, codicem Cæsareum Homiliarum S. Joan. Chrysostomi in Joannem anno 1061.

Dionysius Catilianus ejus erat codex Josephi nunc Cæsareus, non exploratæ ætatis.

Docianus, V. *Theodorus*.

Ducas Neocæsarites, V. *Joannes*.

Emmanuel Atramytenus scripsit codicem Philostrati nunc Colbertinum, xv. sæc.

Eparchus, V. *Antonius*.

Episcopulus, V. *Antonius*.

Eudocia Macrembolitissa Augusta uxor Constantini Ducæ Imp. codices multos scribi curavit, Bibliothecam sibi instruxit. V. ann. 1060. & infra libro quarto in speciminibus xi. sæculi.

Eugenicus, V. *Manuel*.

Eusebius Cæsariensis scholia manu sua adjecit exemplari Origenis Hexaplorum, quod viii. circiter sæculo erat Apollinarii Cœnobiarchæ.

Euthymius Monachus S. Lazari, scripsit codicem operum Gregorii Nazianzeni anno 1007. nunc in Bibliotheca Colbertina.

Eu. .... Monachus scripsit codicem Metaphrastæ mensis Novembris, anno 1055. nunc in Biblioth. Colbertina.

Euthymius Xiphilinus scripsit Nazianzeni opera anno 1091. codex est in Bibliotheca Laurentiana.

Faber, V. *Petrus*.

Felicianus, V. *Bernardus*.

Franciscus Bernardus scripsit codices aliquot.

Franciscus Philelphus aliquot codices scripsit, alios scribi curavit, qui sunt in Laurentiana, ad annum 1435. & 1444. & in Regia quoque.

Galterius Bergomas scripsit Eusebii Cæsariensis quædam anno 1308. Nunc in Bibliotheca Regia.

Garathon, V. *Christophorus*.

Gaspar Volaterranus Protonotarius Apostolicus: ejus sumtu scriptus est codex Tacticorum Æliani & Leonis Imp. manu *Joannis Rhosi* 1457. nunc in Bibliotheca Regia.

Gedeon Hieromonachus scripsit anno 1637. indicem codicis Joan. Chrys. de Sacerdotio, qui exaratus fuerat anno 1064. nunc in Biblioth. Regia.

Gennadius Pachna codicem Colbertin. ubi descriptio Constantinopolis & Origenes de Oratione, ornavit & compegit xiii. sæc. v. lib. 4. in Cryptographia.

Gennadius Scholarius ſcripſiſſe creditur Codicem Regium 2959. anno 1440. & forte alios qui eadem manu ſcripti videntur.

Georgius Protepiſcopus Euripi, Codicem S. Joan. Chryſoſt. in Evangelia manu *Siſinnii* ſcribi curavit anno 943. Nunc in Bibliotheca S. Marci Dominicanorum Florentię.

Georgius Cubuclesius Codicem Plutarchi vitarum ſcripſit anno 997. nunc in Bibliotheca Laurentiana.

Georgius Nobunô Codicem Epiſtolarum novi Teſtamenti reſtituit Monaſterio Deiparæ Hieracæ XII. ſęculo: qui Codex ſcriptus fuerat anno 1045, nunc eſt in Bibliotheca Regia.

Georgius Phlammengus ſcripſit Codicem Laurentianum pluteo V. anno 1058.

Georgius Rhodius, ſcripſit Evangeliſtarium anno 1205. quod nunc eſt in Bibliotheca Regia.

Georgius Sacerdos ſcripſit Codicem Regium 3386. anno 1296.

Georgius Tabularius Sacerdos Codicem Homiliarum & vitarum ſcripſit anno 1315.

Georgius Tartuzus: ejus juſſu ſcriptum eſt Lexicon Cyrilli anno 1380. nunc in Bibliotheca Regia.

Georgius Βαιοφόρος, Bæophorus, ſcripſit Suidæ Lexicon anno 1402. nunc in Bibliotheca Benedictinorum B. M. Florentiæ.

Georgius Pappadupolus ſcripſit Codicem Laurentianum S. Dionyſii Areop. de divinis nominibus anno 1410.

Georgius Chryſococca, ſcripſit Codicem Regium Epiſtolarum Euripidis, Hippocratis, Diogenis, &c. anno 1420. Et Codicem Laurentianum Diodori Siculi anno 1427. Is item quædam ſuo marte ſcripſit & edidit. V. Lambec. l. 7. p. 242.

Georgius Hermonymus Spartanus, Gullielmi Budæi & Reuchlini præceptor, ſcripſit Codices aliquot, qui nunc ſunt in Bibliotheca Regia, & Liturgiam S. Joannis Chryſoſt. nunc Baluzianam.

Georgius Grammaticus Cod. Regium 3265. ſæc. XV.

Georgius Agapetus Codicem Reg. 3210. anno 1420.

Georgius Gregoropulus Codicem Reg. 2786. ſæculo XV.

Georgius Notarius Nicolai Traverſæ Codicem Reg. 3106.

Georgius Malaphara, ejus erat ſæc. XV. Codex Chryſoſtomi nunc Regius.

Georgius Staſinus Pictor.

Georgius Comes Corinthius ex Monembaſia, Bibliothecam habuit, quæ ante fuerat Marci Mamunæ Cretenſis, cujus Codices non pauci in Bibliothecam Cæſaream tranſlati ſunt.

Georgius Anagnoſtes ſcripſit erotemata Grammatica anno 1449. Nunc in Bibliotheca Laurentiana.

Gorgius Raülis ſcripſit vitas SS. Septembris, Codicem nunc Cæſareum, ætatis non exploratæ.

Georgius Longus Sacerdos XV. ſæculo circiter ſupplementa quædam addidit libro Bibliothecæ Laurentianæ, pluteo VI.

Gerardus ſcripſit vitas Plutarchi anno 1429. Nunc in Bibliotheca Laurentiana.

Geraſimus Cathegumenus Monaſterii τῶν ἱερέων, cujus juſſu deſcriptus eſt Metaphraſtæ December, anno 1112. nunc in Bibliotheca Colbertina.

Gerasimus Hieromonachus ſcripſit Codicem Aſceticorum nunc Colbertinum, anno 1236.

Gerasimus, fortaſſe idem, Cod. Regium num. 2945³. ſæculo XIII.

Gerasimus alius ſcripſit Plutarchi vitas XIV. ſæculo. Codex eſt in Bibliotheca Laurentiana.

Gerasimus Hieromonachus, cujus erat liber Menæorum anno 1450. jam in Bibliotheca Cæſarea.

Germanus Lingus ſcripſit Codicem nunc Regium Gregorii Nazianzeni, anno 1231.

Gregoras, V. *Nicephorus*.

Gregoropulus, V. *Georgius* & *Manuel*.

Guidanus, V. *Antonius*.

Guidotus, V. *Damianus*.

Helias Monachus Officium Eccleſiaſticum Græcorum ſcripſit in Francia in Caſtro de Colonia, ad uſum Monaſt. S. Dionyſii in Francia anno 1022. inde in Thuanam, poſtea in Colbertinam Bibliothecam tranſiit.

Hermolaus Barbarus ſcripſit Codicem nunc Regium Athenæi Dipnoſoph. anno 1482. intra 37. dies.

Hermonymus, V. *Georgius*.

Heſaïas Hieromonachus Cyprius Ariſtotelis opera ſcribi curavit anno 1457. Codex nunc Cæſareus eſt.

Hieronymus Tragudiſta, Codicem nunc Regium num. 3059². anno 1545.

Hypſelas, V. *Petrus*.

Janus Laſcaris, Codicem Regium num. 2378. anno 1500.

Jeremias Rhacendytes ſcripſit Codicem nunc Colbertinum, titulo, Paradiſus, anno 1581.

Ignatius: ejus opera ſcriptus eſt Codex nunc Regius operum Dionyſii Areop. anno 1302.

Ignatius, forte idem, cognomine Juſtus, ſcribi curavit Codicem nunc Laurentianum ubi vitæ SS. Novembris, anno 1318. & Evangeliſtarium, nunc Regium, anno 1336.

Joachim ſcripſit Codicem Laurentianum, ubi vitæ SS. Novembris, anno 1328. juſſu Ignatii, qui ſupra.

Joachim Hieromonachus ſcripſit Codicem nunc Regium Apollonii Alexandrini anno 1496.

Joannes Preſbyter ſcripſit Codicem nunc Colbertinum Joannis Chryſoſtomi in Matthæum, anno 955.

Joannes Sacerdos ſcripſit Codicem nunc Laurentianum operum S. Joan. Chryſoſtomi anno 973.

Joannes Cathegumenus Monaſterii Rhadinorum : ejus juſſu ſcriptus eſt Codex nunc Cæſareus Joan. Chryſ. in Joannem anno 1061.

Joannes Cubicularius Heracleota emit librum Joan. Chryſoſt. de Sacerdotio, ſcriptum anno 1064. nunc Regium.

Joannes alius ſcripſit Codicem nunc Colbertinum num. 1892. XI. ſæculo.

Joannes alius ſcripſit Paradiſum Patrum, Codicem nunc Colbertinum, anno 1071.

Joannes Preſbyter ſcripſit Nomocanonem nunc Regium anno 1105.

Joannes Manclavita ſcripſit Codicem nunc Cæſareum, Chryſoſtomi in Matthæum anno circiter 1128.

Joannes Diaconus ſcripſit opera Dionyſii Areopagitæ cum Commentariis S. Maximi anno circiter 1168. Nunc in Biblioth. Cæſarea.

Joannes Dalaßenus ſcripſit Codicem nunc Cæſareum hymnologii & Canticorum anno 1221.

Joannes Preſpinus ſcripſit Carani opus Phyſico-magicum: Codex nunc Regius exaratus eſt anno 1272.

Joannes Sacerdos ſcripſit vitas Sanctorum, Codicem nunc Cæſareum, anno 1292.

Joannes Staphida ſcripſit Codicem nunc Regium de computo Eccleſiaſtico, de rebus Medicis ac Phyſicis, anno 1384.

Joannes Sacerdos ſcripſit codicem nunc Colbertinum, ubi vitæ Sanctorum, ſæculo XIV.

Joannes Caloïda ſcripſit Miſcellanea Aſtronomica, codicem nunc Cæſareum, anno 1429.

Joannes Lector ſcripſit codicem nunc Laurentianum Euripidis anno 1431. & forte idem codicem nunc Regium 2638.

Joannes Argyropulus codices aliquot Biblioth. Regiæ anno circiter 1541.

Joannes Spanopulus ſcribi juſſit Menæum Græcorum anno 1452. nunc in Bibliotheca Cæſarea.

Joannes ex Docea oriundus codicem nunc Regium 2199.

Joannes Theſſalus Scutariota ſcripſit Codices bene multos, qui jam in variis Bibliothecis habentur, anno 1452. & ſequentibus quam plurimis.

Joannes Ducas Neocæſarites codicem nunc Regium 2268.

Joannes Pluſiadenus codicem nunc Regium 3281.

Joannes Rhoſus Preſbyter Cretenſis ſcripſit Codices pene innumeros ab anno 1455. ad uſque finem XV. ſæculi: qui nunc in variis Europæ Bibliothecis paſſim viſuntur.

Joannes Monachus codicem nunc Regium num. 2942.

Joannes Aulicus Legiſta cognomento ex Angelis, Joſephi Judaïc. Antiquitatum Codicem ſcripſit, nunc Laurentianum, incerto anno, ſed infimo ævo.

Joannes Hydruntinus ſcripſit codices aliquot Biblioth. Regiæ.

Joannes Panaretus ſcripſit codicem operum Ariſtotelis, nunc Laurentianum incerto anno, ſed infimo ævo.

Joannes Nathanael ſcripſit Codicem Geneſii, Nicephori Gregoræ, &c. nunc Regium anno 1541.

Joannes de Sancta Maura Cyprius ſcripſit Romæ Codices multos anno 1593. & ſeqq. Tres in Biblioth. Regia ſervantur.

Joannicius Præfectus Lauræ S. Sabæ Paradiſum Patrum duobus tomis exſcribi curavit anno 1071. nunc in Bibl. Colbertina.

Joaſaph Cantacuzenus Imperator (ſic βασιλεὺς vocatur,) ſcribi juſſit Paraphraſin Ethicorum Nicomachicorum Ariſtotelis, nunc Laurentianam, anno 1364. Item Codicem Theodori Grapti & Nicephori Patriarchæ nunc Regium, anno 1368.

Joaſaph alter ſcripſit Horologium Græcorum nunc Regium anno 1390. Fortaſſe hic eſt *Joaſaph* ille junior *Cucuzelus* dictus & εἱρμολογίου *Irmologii*, libri Eccleſiaſtici, auctor, de quo Lambecius Biblioth. Cæſar. libro V. pag. 273. & forte idem de quo agitur in Deſcriptione Montis Atho infra.

Jonas ſcripſit opera S. Ephræm juſſu S. P. Niconis anno 1023.

Joseph Cathegumenus scribi curavit opera S. Joan. Chrysost. & vitam S. Nicolaï Myrensis, codicem nunc Cæsareum incerti temporis, sed vetustum.

Irene Ducana Imperatrix propria manu subscripsit Typico suo, nunc Regio, anno circiter 1114.

Isidorus Hegumenus scribi curavit Collectanea in vitas Patrum, codicem nunc Laurentianum incerti temporis.

Lampudes, V. *Matthæus*.

Lascaris, V. *Constantinus* & *Janus*.

Laurentius Cathegumenus sive Præfectus Monasterii Hodegon Constantinopoli: sub eo scriptus est ab Antonio Monacho liber nunc Regius Chrysostomi in Genesim anno 1057.

Laurentius Cathegumenus Monasterii Magula: ejus jussu scriptus est codex Legum, nunc Cæsareus anno 1191.

Leo Clericus Ægyptius scripsit codicem nunc Regium num. 2910. ubi Anastasii quæstiones, anno 1001.

Leo Sarbandenus: ejus jussu scriptus est codex nunc Colbertinus Chrysostomi in Joannem, anno 1066.

Leo Manclabe codicem nunc Colbertinum, ubi vitæ SS. dono dedit Ecclesiæ S. Nicolai, XI. sæculo.

Leo Cinnamus ejus manu scriptus est codex nunc Regius S. Joannis Damasceni operum anno 1276.

Leo Padiatus Tabularius scripsit Theodori Daphnopatæ flores Chrysostomi. Codex nunc Cæsareus est incerti temporis, sed vetustus.

Leo Raülis filius scripsit duos codices nunc Cæsareos complectentes Theophylactum in quatuor Evang. utrumque anno 1139.

Leontius Hieromonachus Cyprius Evangelistarium XI. sæculo scriptum sua manu notavit anno 1553. Nunc est in Bibliotheca Colbertina.

Lepentrenus, V. *Andronicus*.

Leutares, V. *Demetrius*.

Linacer, V. *Thomas*.

Lingus, V. *Germanus*.

Longinus Monachus scripsit librum nunc Colbertinum, S. Dionysii Areop. anno 1272. Ejusdem nominis quidam codices aliquot in Biblioth. Reg.

Longus, V. *Georgius*.

Lucas Zonaras Pappi Alexandrini librum, &c. emit anno 1453. vel circiter, nunc est clarissimi V. Baluzii.

Lucas Monachus scripsit Collectanea in Vitas Sanctorum, nunc in Biblioth. Laurentiana, incerto tempore.

Lullude, V. *Michael*.

Machir, V. *Mathusalus*.

Macroduca, V. *Simon*.

Malaphara, V. *Georgius*.

Mamuca, V. *Pantaleon*.

Mamuna, V. *Marcus*.

Manclabe, V. *Leo*.

Manuel Presbyter scripsit librum nunc Regium S. Joan. Chrysostomi de Sacerdotio, anno 1064.

Manuel Tzycandyles scripsit codicem nunc Regium, qui est Catena in

Job, anno 1362. & alium Prochori Cydonis de lumine Thaborio, & Joannis Cantacuzeni de eadem re anno 1370.

Manuel Caludes codicem nunc Regium, num. 3353.

Manuel Eugenicus codicem nunc Regium 3372. anno circiter 1440.

Manuel Gregoropulus codicem nunc Regium 2620. anno 1503.

Manuel Pancratius codicem nunc Regium 2689.

Manuel Phrialites codicem nunc Regium, num. 3367.

Manuel Chrysoloras jussu Manuelis Palæologi Imp. obtulit Monasterio S. Dionysii in Francia librum operum S. Dionysii Areopagitæ, anno 1408.

Manuel Cretensis scribi curavit codicem nunc Regium S. Greg. Nysseni in titulos Psalmorum, infimi ævi.

Marcus scripsit Synaxarium & breve Menologium, nunc Benedictinorum B. M. Florentiæ, anno 1332.

Marcus Joannis filius Cretensis scripsit Lysiæ Orationes, xv. sæculo, nunc in Bibliotheca Laurentiana.

Marcus Mamuna multos Codices habuit, quos postea comparavit Georgius Comes Corinthius Monembasiotes, nunc sunt in Bibliotheca Cæsarea.

Marcus Musurus scripsit cod. nunc Regium 3317. anno 1500.

Martinus scripsit versus aliquot Græcos ad calcem Glossarii Græco-Latini olim Sangermanensis, imperante Carolo Calvo.

Mathusalas Machir Monachus Sinaïtes multos Codices scripsit anno circiter 1550. qui nunc sunt in Biblioth. Cæsarea.

Matthæus Sebastus Lampudes Peloponnesius codicem nunc Regium 3355.

De Sancta Maura, V. *Joannes.*

Maurianus, V. *Michaël.*

Maurici, V. *Michaël.*

Maximus Sacerdos: ejus jussu scriptus est Menæum Græcorum anno 1127. nunc in Bibliotheca Regia.

Mazaris codicem nunc Regium 2779.

Meletius Monachus Eremita Codicem 4. Evangeliorum nunc Colbertinum dono dedit Monasterio Deiparæ Hieracis undecimo sæculo.

Metellus Sequanus cod. nunc Regium 2525.

Metrophanes Cathegumenus S. Deiparæ Peribleptæ, librum Theophylacti in 4. Evangelia, nunc Cæsareum, scribi curavit anno 1197.

Michaël Episcopus Curii: ejus jussu scriptus videtur codex nunc Colbertinus Chrysostomi in Genesim anno 1051.

Michaël Psellus codicem nunc Regium 2591. xi. sæculo.

Michaël scripsit opera Greg. Nazianzeni, nunc in Biblioth. Colbertina anno 1117.

Michaël Sacerdos Philes scribi curavit Codicem Joannis Damasceni nunc Regium anno 1124.

Michaël Lullude scripsit codicem Pauli Æginetæ nunc Regium anno 1299.

Michaël Calophrena Sacerdos scripsit codicem Andreæ Cæsariensis in Apocalypsin nunc Regium anno 1423.

Michaël alter scripsit partem codicis operum S. Ephræm nunc Colbertinum anno 1435.

Michaël Apostoles vel *Apostolius* scripsit Codices bene multos post captam anno 1453. Constantinopolin.

Michaël Maurianus cod. nunc Regium 2322.

Michaël Synadenus cod. nunc Regium 2800.

Michaël Suliardus Nauplius quamplurimos libros ſcripſit anno 1475. & ſequentibus.

Michaël Maurici codicem nunc Colbertinum quatuor Evangeliorum anno 1550.

Michaël Damaſcenus Cretenſis cod. nunc Regium 1899.

Michaël Contoleon cod. nunc Regium 2568.

Michaël Sophianus cod. nunc Regium, nempe Plutarchi vitam Ciceronis, ſcripſit anno 1560.

Michelotius, V. *Nicolaus*.

Muſurus, V. *Marcus*.

Mutius Tarani cod. nunc Regium 2075.

Nancelius, V. *Nicolaus*.

Nathanaël, V. *Joannes*.

Nathanaël Xenodochii Cralis Noſocomus Dioſcoridem nunc Cæſareum, curante Juliana Auguſta ſexto ſæculo ineunte ſcriptum, reſtaurari curavit anno 1406.

Nectarius Hieromonachus Hydruntinus ſcripſit Calliſthenem de vita Alexandri, cod. nunc Regium, anno 1469.

Neophytus ſcripſit cod. operum S. Maximi in Monaſterio Crypta-Ferratenſi, ubi nunc exſtat, anno 992.

Neophytus Encliſtus, ſive incluſus: ejus fuit codex nunc Colbertinus, ubi Joannis Climaci Scala.

Neophytus alter ſcripſit additamentum codici nunc Regio X. ſæculi longe recentiore manu.

Nicephorus cod. nunc Colbertinum, num. 250. dono dedit Lauræ Pauli XI. circiter ſæculo.

Nicephorus Tachygraphus ſcripſit Joan. Climaci Scalam anno 1286. codex extat in Bibliotheca Cæſarea.

Nicephorus Canavi cod. nunc Regium 2241.

Nicephorus Gregoras aliquot codd. nunc Regios circiter annum 1350.

Nicetas Protoſpatharius, S. Baſilii opera ſcripſit anno 967. Nunc in Biblioth. Colbertina.

Nicetas ſcripſit cod. nunc Laurentianum, pluteo IV. undecimo ſæculo.

Nicetas alter cod. nunc Regium 1968.

Nicodemus Monachus ſcripſit Dionyſii Halicarnaſſei & aliorum opera ſæc. XV. Nunc in Laurentiana Biblioth.

Nicodemus cod. nunc Regium 3315.

Nicolaus Scriba, ejus juſſu ſcriptus eſt Nomocanon nunc Regius, anno 1105.

Nicolaus Triclinius ſcripſit cod. Herodoti nunc Laurentianum anno 1323.

Nicolaus Melitenſis ſcripſit cod. Dionyſii Areop. nunc Laurentianum, anno 1348.

Nicolaus Notarius σαγμάτων cod. nunc Regium, num. 3109.

Nicolaus Murmurius, ſive Peloponneſius, ſcripſit Hieroclem in Pythagorica carmina, cod. nunc Laurentianum, anno 1455.

Nicolaus Turriſanus vel *Turrianus*, cod. nunc Regium 2096.

Nicolaus

Nicolaus Blastus ſcripſit cod. Demoſthenis nunc Regium anno 1484.

Nicolaus Michelotius cod. nunc Regium 3239. anno circ. 1497.

Nicolaus Veſtiarita Grammaticus cod. Reg. 2542.

Nicolaus Nancelius Trachyæus ſcripſit Bryenii Harmonica, cod. nunc Reg. anno 1557.

Nicolaus Sophianus multos cod. nunc Regios ſcripſit anno circiter 1534.

Nicon: ejus juſſu ſcripta ſunt opera S. Ephræm anno 1023.

Nilus Abbas Crypta-Ferratenſis: ejus juſſu ſcriptæ ſunt Epiſtolæ Iſidori Peluſiotæ, anno 986. exſtant in Monaſterio Cryptæ-Ferratæ.

Nilus Hieromonachus ſcripſit cod. Chryſoſtomi in Paulum, nunc Cæſareum, anno 1445.

Nilus ſcripſit Gregorii Orationes: codex nunc Laurentianus eſt, non exploratæ ætatis.

Nobuno, V. *Georgius*.

Nomachlomus, V. *Demetrius*.

Origenes: ejus autographum exſtabat apud Apollinarium Cœnobiarcham ſeptimo circiter ſæculo.

Orlantus de Toco, ejus ſumtibus ſcriptus eſt codex nunc Regius Origenis in Job, &c. anno 1448.

Pachna, V. *Gennadius*.

Pachomius Albanites: cujus erat liber Aſtronomicorum nunc Cæſareus, ſcriptus anno 1429.

Pachomius Monachus multos cod. ſcripſit nunc in Biblioth. Regia, XVI. ſæc.

Padiatus, V. *Leo*.

Palæologus, V. *Demetrius*.

Pallas Stroza cod. aliquot nunc Regios, anno circiter 1440.

Pamphilus autographum Origenis, quod deinde fuit penes Apollinarium Cœnobiarcham, ſua manu emendavit, ut dicitur in nota Codicis ſeptimi circiter ſæculi.

Panaretus, V. *Coſmas* & *Joannes*.

Pancratius, V. *Manuel*.

Pantaleon Mamucas Chius, cod. nunc Regium, 2287.

Paphnutius Thyepolus ſcripſit cod. nunc Colbertinum, ubi Nicephori Calliſti, Chryſoſtomi & aliorum opera, anno 1568.

Pappadupolus, V. *Georgius*.

Paulus Monachus Cryptæ-Ferratæ ſcripſit Iſidori Peluſiotæ Epiſtolas, anno 986. qui Codex exſtat in Monaſterio Cryptæ-Ferratæ.

Paulus, ſcripſit cod. nunc Colbertinum Joan. Chryſoſtomi in Geneſim, anno 1051. Idem ipſe *Paulus*, ut videtur, cod. Regium 1055. S. Maximi. Is ipſe, ut creditur, cod. Evangeliorum Colbertinum, XI. ſæculi.

Paulus, ſcripſit cod. Theophylacti in Evangelia, nunc Cæſareum, anno 1197.

Paulus Sacerdos ſcripſit Menæum Græcorum Septembris nunc Colbertinum, anno 1509.

Paulus Colybas Methonenſis codicem nunc Regium Gennadii Scholarii in Judæos ſcripſit, anno 1511.

Pelecanus, V. *Theodorus*.

Pepagomenus, V. *Demetrius*.

De Petruccis, V. *Antonellus*.

Petrus Patricius librum Theodoreti Græcarum affectionum Leoni Sapienti Imp. obtulit anno circiter 890.

Petrus Cretensis Lexicon Suidæ nunc Laurentianum scripsit, anno 1422.

Petrus Hypselas codices aliquot nunc in Biblioth. Regia, anno circiter 1497.

Petrus Faber Sanjorianus, cod. nunc Regium, anno 1570.

Petrus Cretensis, in codice Laurentiano Thucydidis, pluteo LXIX. quæ initio deerant supplevit eodem circiter tempore.

Petrus Daclozaus Rhethymnæus codicem nunc Regium, anno 1558.

Philelphus, V. *Franciscus*.

Philippus Dioptra scripsit anno 1095. codicem nunc Cæsareum.

Philotheus codicem operum Medicorum nunc Cæsareum sua manu scripsit, anno 1529.

Phammengus, V. *Georgius*.

Phocas scripsit codicem Grammaticorum, nunc Regium, anno 1385.

Phocas Peloponnesiacus cod. Astronomicorum nunc Laurentianum emit 1485. qui codex scriptus fuerat anno 1429.

Phrialites, V. *Manuel*.

Politianus, V. *Angelus*.

Prespinus, V. *Joannes*.

Psellus, V. *Michaël*.

Pyropulus, V. *Alexius*.

Quichemus, V. *Vigilius*.

Rhacendytes scripsit codicem nunc Regium, num. 2474. anno 1405.

Rhacendytes, V. *Jeremias*.

Rhosus vel *Rosus*, V. *Joannes*.

Sabas Monachus scripsit codicem nunc Bibliothecæ S. Salvatoris Bononiensis, ubi Prophetæ Minores & Daniel, anno 1064.

Salomon Notarius scripsit codicem quatuor Evangeliorum nunc Regium anno 1168.

Sanderus, V. *Bernardinus*.

Sarbandenus, V. *Leo*.

Scalidrus, V. *Basilius*.

Schammatismenus scripsit codicem nunc Regium num. 3259.

Scordilus, V. *Zacharias*.

Scholarius, V. *Gennadius*.

Scottus, V. *Sedulius*.

Scutariota, V. *Joannes* & *Theodorus*.

Sebastus, V. *Matthæus*.

Sedulius Scottus, scripsit IX. sæculo Psalterium Græcè. Nunc exstat in Monast. S. Michaëlis in Lotharingia.

Serbus, V. *Demetrius*.

Sguropulus seu *Syropulus*, V. *Demetrius*.

Silvester Syropulus scripsit codicem nunc Regium Georgii Scholarii, anno 1448.

Simon Macroduca scripsit codicem nunc Cæsareum Joannis Actuarii de Methodo medendi, non explorato tempore.

Sisinnius Presbyter scripsit codicem Joan. Chrysost. in Evangelia, anno

943. nunc in Monasterio Dominicanorum S. Marci Florentiæ.

Sophianus, V. *Michaël* & *Nicolaus*.

Sophianus Romanus: ejus fuit Codex Pappi Alexandrini, nunc clariss. V. Baluzii, scriptus anno 1452. vel circiter.

Spanopulus, V. *Joannes*.

Stafinus, V. *Georgius*.

Staphida, V. *Joannes*.

Stephanus scripsit codicem nunc Monasterii S. Germani sæculo nono, complectentem vitas SS. Augusti mensis.

Stephanus Hieromonachus scripsit Polybium, anno 1417. nunc in Bibliotheca Benedictinorum B. M. Florentiæ.

Stephanus alter scripsit codicem nunc Regium, num. 3444.

Stephanus Lector Evangelistarium nunc Colbertinum scripsit, anno 1553.

Strategus, V. *Cæsar*.

Stroza, V. *Pallas*.

Suliardus, V. *Michaël*.

Stylianus scripsit codicem Joan. Chrysostomi Homiliarum, nunc Regium, anno 939.

Simeon Carnanius vel *Acarnanius* scripsit codicem nunc Regium Gregor. Nysseni in titulos Psalmorum, infimi ævi.

Syropulus, V. *Demetrius* & *Silvester*.

Tampretas, V. *Theodorus*.

Tarmarius, V. *Andreas*.

Tarsitus, V. *Constantinus*.

Tartuzus, V. *Georgius*.

Theoctistus scriba Menæum mensis Novembris nunc Regium scripsit anno 1127.

Theoctistus (an idem) scripsit Menæum Aprilis pervetustum nunc Cæsareum, cujus ætatem & manum explorare non licuit.

Theodorus scripsit cod. Joan. Chrysostomi in Genesim, nunc Colbertinum, XI. sæculo.

Theodorus Docianus Simonis filius scripsit Codicem Dionis Chrysostomi, anno 1328. nunc in Monasterio B. M. Benedictinorum Florentiæ.

Theodorus Notarius scripsit codicem nunc Regium, num. 3308.

Theodorus Sacerdos & Oeconomus Coronensis cognomento Tampretas, codicem nunc Regium 2940.

Theodorus Sacerdos scripsit Cyrilli Lexicon, nunc Regium, anno 1380.

Theodorus Scutariotes Levita. Ejus fuit Codex nunc Baluzianus ubi Nicetæ Choniatæ Panoplia.

Theodorus alius scripsit Epistolas Zonaræ Glycæ, &c. Codicem nunc Regium, anno 1488.

Theodorus Pelecanus Corcyreus scripsit cod. nunc Regium de auro conficiendo, anno 1478.

Theodosius Xylala Psalterium elegantissime scriptum in Monasterio quodam reposuit, XI. sæculo.

Theodosius Notarius codicem historiæ Concilii Ferrariensis & Florentini scripsit, nunc Cæsareum, anno 1563.

Theopemptus Lector & Calligraphus Epistolas Novi Testamenti cum Commentariis, codicem nunc Regium, anno 1045.

Theophylactus Presbyter scripsit Acta Apostolorum: qui codex nunc est in Biblioth. Benedictinorum B. M. Florentiæ.

Thessalus, V. *Joannes.*

Thyepolus, V. *Paphnutius.*

Thomas Linacer codicem nunc Regium, num. 2142.

De Toco, V. *Orlantus.*

Tragudista, V. *Hieronymus.*

Trichas cod. nunc Regium num. 3259. anno 1428.

Triclinius, V. *Nicolaus.*

Tzycandyles, V. *Manuel.*

Turrisanus vel *Turrianus*, V. *Nicolaus.*

Valerianus Foroliviensis Canonicus Albini fil. scripsit cod. Eusebii Demonstr. Evangelicæ, nunc Regium, anno 1543.

Vergecius, V. *Angelus.*

Vestiarita, V. *Nicolaus.*

Vigilius Quichemus cod. nunc Regium 2046. anno 1600.

Urceus, V. *Antonius.*

Xiphilinus, V. *Euthymius.*

Xylala, V. *Theodosius.*

Zacharias Scordilus, qui & *Maraphara* scripsit interpretationes Zonaræ in Canones, &c. Cod. nunc Regium, anno 1562.

Zenobius Acciaiolus ex Ordine Prædicatorum emendavit Codicem Aristotelis Ethicorum, anno 1504. qui Codex scriptus fuerat manu Joannis Rhosi Presbyteri Cretensis, anno 1476.

Zonaras, V. *Lucas.*

CAPUT IX.

De Regionibus & Locis ubi Græca scriptio frequentata fuit.

FLORENTE priscorum Græcorum Republica, cum civitates singulæ suo jure suisque legibus viverent, ævo maxime Xerxis in Græciam expeditionem subsequente, libri multi a Græcis auctoribus unoquoque disciplinarum genere scripti, a Librariis exscripti sunt; a Græcis, inquam, tum ipsam Græciam occupantibus; tum Italis, Siculis, Asiaticis, Insularibus. At tam vetustæ scriptionis nullum, nisi in marmoribus & nummis, superest vestigium.

Prolato autem per Alexandrum magnum Græcorum Imperio, Ptolemæorum ope in Ægypto admodum floruere literæ Græcæ, admodum frequentata & culta Græca scriptio fuit, potissimum Alexandriæ, quæ Græca urbs erat: nam cæteris in urbibus & locis, præsertim remotioribus, priscus Ægyptiacæ linguæ usus permansit. Alexandria vero celebris Græcarum omnium μαθήσεων schola, elegantissimæque scriptionis Græcæ officina fuit: hinc illæ insignes Bibliothecæ Alexandrinæ *inæstimabiles*, ut ait Ammianus Marcellinus, quæ ad septingenta millia voluminum pertigisse feruntur. Neque etiam sub Imperio Romano Alexandriæ aliquid ex prisco illo literario ſplendore deceptum eſt, ſiquidem cum Domitianus, ut ait Suetonius, Bibliothecas incendio abſumtas reparare vellet, exemplaria undique petiit, miſitque Alexandriam, qui deſcriberent & emendarent. Hadrianus etiam in Epiſtola ſuperius memorata, inter artes quæ Alexandriæ colebantur chartæ conficiendæ operas maxime deprædicat. Firmus item Tyrannus, jam allato loco, ſe tantum chartæ in Ægypto habere dicit, quantum ſit alendis exercitibus ſatis: idque tertio jam vertente ſæculo. Quarto autem constans Auguſtus, cum Scripturæ ſacræ libros, eleganter & accurate ſcriptos, nanciſci vellet, πυκτία τῶν θείων γραφῶν a magno Athanaſio Alexandrino præſule petitum miſit, & accepit: quò videas ſcriptionis artem Alexandriæ maxime ſpectabilem fuiſſe. Quæ quidem ad irruptionem uſque Arabicam perduravit: Calligraphorum enim in obitu Mauricii Alexandriæ frequentiam fuiſſe ſubindicat Theophylactus Simoccata lib. 3. c. 8. teſtis oculatus. Sub hæc Arabes, annis circiter triginta poſt Mauricii cædem, Ægyptum occuparunt: deindeque paulatim ibi a priſco Calligraphiæ ritu & elegantia deſitum. Inde vero fit, ut inter innumeros pene Græcos Codices in Occidentis Bibliothecas exportatos, pauciſſimi ex Ægypto huc tranſmearint: quoniam remotioris ævi Codices plerique omnes vetuſtate perierunt, infimis vero ſæculis a primæva illa Græce ſcribendi frequentia multùm deflexerunt Alexandrini. Pari modo dixeris de Palæſtina, Phœnice, Syria & circumpoſitis Regionibus, quæ eodem pene tempore a Saracenis ſubactæ ſunt. Unde tamen exemplaria quædam, licet pauca, huc tranſmearunt.

Ut ad cæteras autem regiones veniamus: toto tempore quod inter Alexandri magni mortem & Romanum imperium intercurrit, apud alios Græciæ populos literarum Græcarum ſtudium, pariterque Græcæ ſcriptionis conſuetudo, maxime viguit: hinc illæ Attalorum Pergami, Apelliconis Teii Athenis, Bibliothecæ: utque compendii cauſa, cæteras tranſcurramus; Romæ Luculli, Aſinii Pollionis, Bibliothecæ publicæ ſub Domitiano, Ulpia Trajani; Herodis Attici Athenis; hæ inquam omnes Græcis libris refertæ Bibliothecæ, ac reliquæ apud Scriptores celebratæ, jamdiu funditus perierunt, ut nihil niſi nomen reſiduum ſuperſit.

Tranſlata vero Conſtantinopolim imperii ſede, iſtic item, uti ſolet, & literarum ſtudium, & ſcriptionis artificium a quinto Chriſti ſæculo ad excidium urbis, quod anno 1453. accidit, maxime viguit. Imperatorumque & Auguſtarum magnificentia, non excitandis modo ædificiis, ſed Bibliothecis etiam numeroſiſſimis comparandis, exſcribendis quoque ſumma elegantia cujuſvis diſciplinæ libris, ſeſe extulit. Hinc apud hiſtoriæ Byzantinæ ſcriptores Imperatoriæ hujuſmodi Bibliothecæ paſſim celebrantur. Memoratur enim Auguſta ejuſmodi Bibliotheca ſub Baſiliſco Imperatore: itemque ſub Leone Iſauro libris innumeris referta prædicatur: ejuſque juſſu & opera in magnum rei literariæ detrimentum tota conflagravit.

Sub hæc colligendis conficiendiſque Codicibus operam dederunt Baſilius Macedo, Leo Sapientis cognomine nobilitatus, Conſtantinus Porphyrogenitus, præſertimque undecimo ſæculo Eudocia Macrembolitiſſa Auguſta, Conſtantini Ducæ conjux, eruditionis laude celebris, quæ Bibliothecam ſibi numeroſam collegit, Bibliothecam & ipſa edidit, Ionia nuncupatam, ubi deorum, heroum, ſcriptorum, & virorum illuſtrium hiſtorias compendio & Alphabetico ordine concinnavit: cujus hodieque apographum exſtat in

Bibliotheca Colbertina. Memoratur item superius in cujusdam Calligraphi subscriptione ad annum 1276. Bibliotheca Imperatoria sub Michaële Duca aliisque Imperii consortibus Augustis. Ex hisce porro Augustis Constantinopolitanis Bibliothecis, quædam in Occidentalibus istis partibus, etsi tenues, reliquiæ supersunt; in Bibliotheca Cæsarea nimirum Codex ille perelegans Dioscoridis, Julianæ Augustæ jussu ineunte sexto sæculo descriptus ac picturis exornatus: in Regia Codex Gregorii Nazianzeni ad usum Basilii Macedonis mira elegantia exaratus, auro undique fulgens, ac quadragintaquinque depictis Tabulis nobilitatus: cui forte adjungi possit pulcherrima illa catena in Psalmos picturis item & auro fulgens, nullatenus exesa vetustate, etsi sæculo decimo conscripta fuerit: quæ vere Augustam præfert magnificentiam. In Colbertina Codex parallelorum sive Collectio quæstionum moralium, pro Eudociæ Augustæ Macrembolitissæ Bibliotheca nitide & eleganter descriptus, ut in Iambis auro illitis initio positis enarratur. Horum vero omnium specimina inferius dabuntur. Nec dubito alios multos in Occidentalibus Bibliothecis esse ex Augustorum Muséis eductos, qui vel ignoti nobis sunt, vel notam non ferunt; aut si aliquando tulerint, eam abscissis primis postremisve foliis penitus amiserunt.

Nec modo in Augustorum Bibliothecis Constantinopolitanis, sed etiam in aliis per urbem Ecclesiarum, Monasteriorum, Virorum illustrium, libri bene multi fuerunt, quorum pars modica simili sorte, maxime vero post urbis excidium, in Occidentem translata fuit. Nec paucos hujusmodi observamus in Bibliothecis nostris, qui loci notam ferant, licet multo plures sint, qui memoratis de causis nota & subscriptione vacui sint. Ut observes igitur in notis & subscriptionibus supra Chronici more positis, educti feruntur Codices aliquot ex his Constantinopolitanis Ecclesiis ac Monasteriis; ex Xenodochio Cralis sive Serviæ Regis; ex Monasterio τῶν ἱερέων sive Sacerdotum aliquot; ex Monasterio S. Lazari; ex Monasterio Deiparæ τῶν ὁδηγῶν, sive Hodegetriæ, tres Codices; ex Monasterio S. Salvatoris Rhadenorum; ex Monasterio Præcursoris proxime Aëtii Cisternam, olim Petra dicto, tria exemplaria; ex Monasterio Deiparæ Peribleptæ sive conspicuæ, cujus Monasterii Monachus erat Euthymius Zygabenus, Panoplia sua aliisque operibus nobilitatus. Ex Monasterio Manganorum, quo secessit deposita purpura, Joan. Cantacuzenus Imperator, Monasticum habitum induit, ac mutato nomine Joasaph deinde dictus est. Ex Monasterio S. Mariæ κεχαριτωμένης, sive Gratia-plenæ, Typicum pro Monialibus, qui postremus liber propria Irenes Augustæ uxoris Alexii Imperatoris manu subscriptus fuit anno circiter 1114. estque jam in Bibliotheca Regia.

In vicinis item Constantinopoli locis & Monasteriis Bibliothecæ & Codices fuerunt, imo exstant hodieque non pauci; nimirum in Monasterio S. Trinitatis in insula Chalce proxime Constantinopolim supersunt Codices, quorum Catalogum penes me habeo, multo plures autem inde distractos fuisse vero simile est. Insulæ Chalcæ ejusque Codicum meminit Martinus Crusius in Turcogræcia, p. 512. Ex urbibus item Asiaticis Smyrna, Epheso, ex vicinis insulis Chio, & Papho, maximeque omnium ex Cypro exportatos in Europam Codices videas in subscriptionibus supra positis.

Si ad oppositam maris Ægei oram transmittamus, primus proxime Propontidem occurrit mons Athos: cujus Monasteria insignes sunt scriptionis

Græcæ officinæ, Joannes quippe Comnenus in Deſcriptione montis Atho, vel Athonis, ut vocat ipſe, quam anno 1701. in Valachia edidit, in Præfatione ſua hæc habet ex Græco Latine verſa: *Illic videbis libros bene multos pervetuſtos, omnes manu ſcriptos, quorum plurimi nondum editi ſunt, omni ſapientia, ſcientia divina ac ſublimibus ſententiis pleniſſimos; libros inquam tam Theologicos, quam alterius cujuſvis diſciplinæ magno numero.* Et in Deſcriptione Monaſterii S. Athanaſii magnæ Lauræ, eodem in monte ſiti, hæc habet: *Supra Narthecem autem eſt Bibliotheca mirabilis: in qua reperiuntur libri varii antiqui, manuſcripti pretioſiſſimi, a viris ſapientibus & eruditis editi.* De Aſceteriis vero ac de Templo S. Annæ, hæc habet, de Eremitis & Aſcetis verba faciens: *Et alii quidem ſunt Calligraphi, alii libris compingendis vacant: alii Pſaltæ ſunt.* De inſigni Monaſterio Batopedii hæc enarrat: *Supra Narthecem eſt Bibliotheca opulentiſſima: habetur item altera Bibliotheca, in Scevophylacio, ſeu vaſorum receptaculo, libris multis & utiliſſimis inſtructa.* De Monaſterio Iberorum talia fatur: *Bibliothecas in tribus locis habet opulentiſſimas, multis utilibuſque libris veteribus & novis inſtructas: Chryſobulla, ſive aureas Bullas multorum Imperatorum, Patriarcharum & Authentorum, ſpectabiliſſimas.* De Monaſterio item Dionyſii hæc habet: *Habet Monaſterium Bibliothecam ditiſſimam*, & Chryſobulla item hoc in Monaſterio ſpectabilia videri narrat. Hanc deſcriptionem ſex ab hinc annis ſuis ſumtibus edidit Joannes Comnenus Medicus in Valachia, multo tempore in Atho commoratus, curatque ut liber ille ſuus non vænum detur; ſed amicis ſolum offerre ſolet: quem cum à Græco quodam Corcyræo acceperim, & probantibus amicis luce digniſſimum cenſeam, ad calcem hujus Palæographiæ edi curabo. Multa certe præfert non minus ignota, quam ſpectabilia & lectu jucunda. Cæterùm cum Bibliothecæ montis Atho integræ & intactæ manſerint, nihil mirum ſi inter ſubſcriptiones nulla ad hunc montem pertineat: nec unum quidem hactenus vidi Codicem in monte Atho ſcriptum.

In Eubœa inſula, quam ſupra videas decimo & poſtea quarto-decimo ſæculo Εὔριπον, a celebri illo Εὐρίπῳ vocari, unde *Negrepont*, hodiernum apud Europæos nomen, ortum eſt; ibi inquam eleganter olim exſcriptum fuiſſe ſuadent duo Codices in Bibliotheca S. Marci Florentiæ aſſervati, quorum ſubſcriptiones ſupra dedimus; eorum alius decimi, decimi-quarti alius ſæculi eſt. Athenis paucos in Bibliothecas noſtras Occidentales tranſlatos Codices vidimus. Nam illa celebris olim literarum & literatorum ſedes, mirum quantum degeneraverit a priſca dignitate & elegantia. Ex Peloponneſo multi in Bibliothecas noſtras Codices manuſcripti advecti ſunt, multique in Italia Calligraphi Peloponneſiaci exſcribendis libris vacarunt, ex Methone videlicet, Nauplio, Monembaſia, Lacedæmone, quæ nunc Miſithra dicitur. Infimis vero ſæculis Peloponneſii ſeſe Μουρμύρες, *Murmures* nuncupant, a Morea orto vocabulo. Memoratur item ſuperius Bibliotheca Georgii Comitis Corinthii Monembaſiotæ, quæ prius Marci Mamunæ Cretenſis fuerat.

In Creta, infimis præſertim ſæculis, admòdum floruit Græca ſcriptio. Iſtuc poſt captam patriam receptum habuit Michaël Apoſtoles Byzantius, pater Arſenii Monembaſiæ Archiepiſcopi: quò etiam confluxerunt multi alii extorres Græci, ut ait Martinus Cruſius in Turcogræcia. Profugus autem Michaël Apoſtoles libris exſcribendis victum parabat, multa ejus manu ſcripta exemplaria habentur per Italiam, nec pauciora in Bibliothecis noſtris. Ex

Creta item oriundi erant insignes Calligraphi, Antonius Damilas, Mediolanensis dictus, quia Mediolani diu consedit, Joannes Rhosus Presbyter, qui innumeros prope Codices scripsit, Marcus Andreæ filius, Petrus item Cretensis, Angelus Vergecius, Zacharias Presbyter, dictus Maraphara, aliique bene multi, quos recensere longum esset.

In Calabria & Regno Neapolitano, Græca vigente lingua, innumeri Codices descripti sunt: quorum festivam copiam vidi & evolvi Romæ in Monasterio S. Basilii, favente viro clarissimo Reverendissimo Petro Mennitio, Basiliani Ordinis Præfecto Generali. Codices autem isti magna pars eleganter & accurate descripti sunt, nec audiendi illi, qui nullo, vel saltem modico facto rei experimento, Codices Græcos in Calabria scriptos cæteris minus accuratos esse temere dicunt. Centum quinquaginta vidi in memorata Basilianorum Bibliotheca, aliquot exscripsi, omnes evolvi, nullosque alibi emendatiores reperi. Quia vero in Monasteriis maxime S. Basilii ejusmodi Codices aliique in variis Bibliothecis supra memorati descripti sunt, non ingratum Lectori erit si Monasteriorum S. Basilii Calabrensium & Neapolitanorum hic Catalogum adtexamus, qualem excerpsimus ex Actis visitationis per Marcellum Terracinam Archimandritam anno 1551. factæ.

Monasterium S. Joannis Theristi de Stilo omnium caput est.
Monasterium S. Petri de Arena Melitensis Diœcesis.
Monasterium S. Basilii Scamardi.
Monasterium S. Mariæ de Lovito Melitensis.
Monasterium S. Salvatoris de la Chilena.
Monasterium SS. Nicomedis & Heliæ de Galatrano.
Monasterium S. Mariæ de Molochi.
Monasterium S. Heliæ & S. Philareti de Seminaria Melitensis D.
Monasterium S. Joannis de Lauro.
Monasterium S. Phantini de Seminaria.
Monasterium S. Mariæ de Toxa (vel Joxa.)
Monasterium S. Heliæ de Spelunca.
Monasterium S. Mariæ de Trizoni.
Monasterium S. Bartholomæi de Trigoni de Cinopoli Melitensis D.
Monasterium S. Joannis de Castagneto Diœcesis Rhegiensis.
Monasterium S. Martini de la Messa.
Monasterium S. Salvatoris de Calanda.
Monasterium S. Coni de Flumare de Muro.
Monasterium S. Salvatoris de Calameno.
Monasterium S. Dominicæ de Galligo.
Monasterium S. Nicolai de Calamissa.
Monasterium S. Mariæ de Tarreto.
Monasterium S. Mariæ de Trapezomecha Rhegiensis D.
Monasterium S. Philippi.
Monasterium S. Joannis Theologi.
Monasterium S. Antonii de Campo.
Monasterium S. Angeli de Valle Tucchi.
Monasterium S. Mariæ de Pergolis.
Monasterium S. Phantini subtus sanctum Laurentium.
Monasterium S. Mariæ de Trideti juxta Mottam Boccalinam.

Monasterium

Monasterium S. Nicolai de Prato.
Monasterium S. Philippi de Hierace.
Monasterium S. Blasii de Mammola.
Monasterium S. Nicodemi de Mammola Melitensis D.
Monasterium S. Gregorii de Staldati.
Monasterium S. Mariæ de veteri Squillacio.
Monasterium S. Nicolaï de Magliotis.
Monasterium S. Mariæ de la Carra.
Monasterium S. Catharinæ de Motta Salucca.
Monasterium S. Angeli de Firiolo.
Monasterium S. Leonardi de Catanzaro.
Monasterium S. Mariæ de Pesaca.
Monasterium S. Nicolai de Buccitano.
Monasterium S. Basilii della Torre.
Monasterium S. Mariæ de Patirio, sive *de lo Patire*, Roscianensis D.
Monasterium S. Adriani Roscianensis.
Monasterium S. Heliæ.
Monasterium S. Laurentii de Arenis Melitensis D.
Monasterium SS. Petri & Pauli de Ciano Melitensis D.
Monasterium SS. Onuphrii Melitensis D.

Diœcesin addidimus ubi aderat in exemplo. Horum porro Monasteriorum bene multa jam deserta & Monachis vacua sunt, plurimaque anno 1551. deciderant, ut in Actis visitationis supra memoratis enarratur.

Monasterium item Crypta-Ferratense Ordinis S. Basilii est, & clara fuit olim Græcæ scriptionis officina, ut in subscriptionibus allatis supra non infrequenter observes. In reliquis Italiæ partibus jam decimo-quarto sæculo Græcæ linguæ studium excitatum est, decimo-quinto autem vehementer promotum & auctum, accedentibus deinde post captam Constantinopolin Græcis eruditione conspicuis, ad culmen pervenit.

In Sicilia pariter vigente Græca lingua multi Codices exscripti feruntur. Adsunt illic hodieque non pauci, potissimum vero in Bibliothecis Basilianorum. Ex iis aliquot memorantur in subscriptionibus superius Chronologico ritu concinnatis. Alios autem haberi qui notam non ferant conjectare liceat : quod de aliis quoque regionibus censendum. Etenim omnia singulatim per Europam exemplaria Græca evolvere & explorare non humanæ facultatis esset : nam præterquam quod & otium & occasio non pro voto semper offeruntur; multi sunt qui præclare actum putant, si quos penes se habent manuscriptos libros occultent, & studiosorum conspectibus subducant : quod errore ducti putent, Codices, si quidem noti sint & publico usui pateant, pretium amittere; contra verò pluris haberi, si lateant : ut mittam alios, qui deteriore animo perquirentium diligentiæ obsistunt.

Cæterum in omnibus variarum regionum, provinciarum & locorum Codicibus eamdem Characteris formam advertimus, exceptis Ægyptiacis ad Coptorum ritum scriptis, qui insolenti modo exarati sunt; ut videas infra ad nonum sæculum in Dioscoridiano Codice Regio, & in altero inferioris ævi. Prisca vero scriptio Ægyptiaca, qualis habetur in Codice Alexandrino, nunc Anglicano, cum aliis paris circiter ætatis omnino consentit; in exemplaribus videlicet Charactere unciali quadro & rotundo, cujusmodi observatur in Codicibus ante septimum & octavum sæculum exaratis. Posterioribus vero sæculis pauciores Græci, vulgari Græcorum manu & forma in Ægypto scripti, habentur. Longe diversus item Græce scribendi modus occurrit in Codicibus, qui in Ecclesia Latina a Latinis scripti sunt; utpote peregrinæ linguæ hominibus, ut animadvertas infra in Codice Sedulii Scotti, & in Laudunensi, quorum specimina damus in fine libri tertii: in alphabetis item Europæis quæ inferius in speciminibus habentur. In cæteris vero, ut jam dixi, regionibus; imo etiam in Calabria & Sicilia, una deprehenditur scribendi ratio; in iis scilicet, quæ hactenus vidi exemplaribus: de cæteris enim nulla æstimandi facultas.

PALÆOGRAPHIA GRÆCA,

LIBER SECUNDUS.

DE ORIGINE LITERARUM GRÆCARUM, & de progressu earumdem ad usque quartum a Christo nato sæculum.

CAPUT PRIMUM.

De ortu Literarum Græcarum ex Phœniciis; cum schemate omnium prisca forma Characterum.

CONCORS pene veterum Scriptorum opinio est, Græcos a Phœnicibus literas esse mutuatos, & ante Cadmi ætatem, (florebat autem Cadmus Agenoris filius, ut putatur, tempore Josuæ, annis circiter ante Christum natum mille quingentis,) nullas apud Græcos extitisse literas, ipsisque ne notam quidem scribendi artem fuisse. Gadmus igitur cum Phœnicibus sociis ex Phœnice profectus, in Græciam transmisit, in Bœotia sedes posuit, illiteratis antea Græcis Phœnicias literas tradidit nominaque literarum, quæ ad nostram usque ætatem, nullo pene admisso discrimine, perseverant. Neque modo Characterum usum edocuit; sed etiam incultam prius gentem variis utilium disciplinarum præceptis informavit. Id vero narrat antiquissimus Scriptorum Herodotus in Terpsichore, Capite 58. Οἱ δὲ Φοίνικες οὗτοι, οἱ σὺν Κάδμῳ ἀπικόμενοι, τῶν ἦσαν οἱ Γεφυραῖοι, ἄλλα τε πολλὰ, οἰκήσαντες ταύτην τὴν χώρην, ἐσήγαγον διδασκάλια ἐς τοὺς Ἕλληνας· καὶ δὴ καὶ γράμματα οὐκ ἐόντα πρὶν Ἕλλησιν, ὡς ἐμοὶ δοκέει. Hoc est: *Phœnices autem isti, qui cum Cadmo advenerunt, quorum Gephyræi fuere, multas in Græciam disciplinas introduxerunt; imo etiam literas, quæ apud Græcos, ut mihi videtur, antea non fuerant.* Et primo quidem Græci formam & sonum literarum, qualem à Phœnicibus acceperant, sine ulla mutatione in usu habuerunt; progressu vero temporis, uti solet accidere, tum quod ad sonum tum quod ad formam literarum, varie tatis aliquid advectum est. Qua de re ibidem Herodotus: πρῶτα μὲν τοῖς καὶ ἅπαντες χρέωνται Φοίνικες· μετὰ δὲ, χρόνου προβαίνοντος, ἅμα τῇ φωνῇ μετέβαλον καὶ τὸν ῥυθμὸν τῶν γραμμάτων. περιοίκεον δέ σφεας τὰ πολλὰ τῶν χώρων τοῦτον τὸν χρόνον Ἑλλήνων Ἴωνες. οἱ παραλαβόντες διδαχῇ παρὰ τῶν Φοινίκων τὰ γράμματα, μεταρρυθμίσαντές σφεων ὀλίγα, ἐχρέωντο· χρεώμενοι δὲ ἐφάτισαν, ὥσπερ καὶ τὸ δίκαιον ἔφερε, ἐσαγαγόντων Φοινίκων εἰς τὴν Ἑλλάδα, φοινικήια κεκλῆσθαι. Id est: *Et primò quidem illæ extiterunt, quibus omnes Phœnices utuntur: progressu temporis una cum sono mutaverunt & modulum literarum. Ea vero tempestate in plerisque circa locis eorum accolæ Iones erant: qui cum a Phœnicibus literas edidicissent, formâ paucarum quarumdam ad ritum suum immutatâ, iis utebantur, & utentes edixerunt, ut æquitas etiam postulabat; cum Phœnices eas in Græciam introduxissent, Phœnicias esse nominandas.* Ex hisce porro dictis colligas, veteres illas Ionicas literas, aliquantum diversas fuisse a Phœniciis, contra quam opinatus est Josephus Scaliger, qui Inscriptiones Tripodum ab Herodoto relatas, se ad Phœnicium scribendi modum, sive ad Cadmearum literarum formam, revocasse putavit, cum inscriptioni Ionicæ nunc Farnesianæ prorsus similes expressit. Nam fatemur quidem aliquantum similes Phœniciis extitisse Ionicas illas literas, quas nunc in Baudelotiano & Farnesiano marmore observamus; verum in quibusdam literis, ut habet Herodotus, aliquid intererat discriminis, quemadmodum hodieque inter Samaritanas & priscas illas Ionicas literas, quæ supersunt, aliquid dissimilitudinis intercedit: imo etiam Ionicæ ipsæ in diversis monumentis nonnihil inter se variant, ut jamjam observabitur. Enimvero cum Herodotus de priscis illis literarum Phœniciarum sive Cadméarum formis, quas æri ante bellum Trojanum incisas se vidisse testificatur, verba facit; ex parte tantum Ionicis similes ait, ac in usu suo tempore non fuisse indicat: contra vero Ionicæ literæ, quales habentur in supradictis marmoribus, etiam post Herodoti ætatem ad monumenta saltem publica usurpabantur. Hæc autem de Cadméis literis adjicit ibidem Herodotus: Ἶδον δὲ καὶ αὐτὸς Καδμήια γράμματα ἐν τῷ ἱρῷ τοῦ Ἀπόλλωνος τοῦ Ἰσμηνίου ἐν Θήβῃσι τῇσι Βοιωτῶν, ἐπὶ τρίποσι τισὶ ἐγκεκολαμμένα, τὰ πολλὰ ὅμοια ἐόντα τοῖσι Ἰωνικοῖσι· ὁ μὲν δὴ εἷς τῶν τριπόδων ἐπίγραμμα ἔχει,

Ἀμφιτρύων μ' ἀνέθηκεν ἐὼν ἀπὸ Τηλεβοάων.

Id est: *Quin ipse vidi apud Thebas Bœotias in Ismenii Apollinis templo, literas Cadméas in tripodibus quibusdam incisas, magna ex parte consimiles Ionicis. Quorum tripodum unus habet,*

Obtulit Amphitryon me gentis Teleboarum.

Hæc autem inscriptio, ut habet ibidem Herodotus, posita fuit tempore Laii; id est, annis circiter centum post advectas in Græciam a Cadmo literas. Binas item alias ejusdem circiter ævi inscriptiones adfert, atque ita pergit Herodotus: ἕτερος δὲ τρίπους ἐν ἑξαμέτρῳ τόνῳ λέγει.

Σκαιὸς πυγμαχέων με ἑκηβόλῳ Ἀπόλλωνι
Νικήσας ἀνέθηκε τεῒν περικαλλὲς ἄγαλμα.

Σκαιὸς δ' ἂν εἴη ὁ Ἱπποκόωντος· εἰ δὴ οὗτός γ' ἐστὶ ὁ ἀναθεὶς, καὶ μὴ ἄλλος τὠυτὸ οὔνομα ἔχων τῷ Ἱπποκόωντος, ἡλικίην κατὰ Οἰδίπουν τὸν Λαΐου. τρίτος δὲ τρίπους λέγει καὶ οὗτος ἐν ἑξαμέτρῳ.

Λαοδάμας τρίποδ' αὐτὸν ἐϋσκόπῳ Ἀπόλλωνι
Μουναρχέων ἀνέθηκε τεῒν περικαλλὲς ἄγαλμα.

Ἐπὶ τούτου δὴ τοῦ Λαοδάμαντος μουναρχέοντος ἐξανιστέαται Καδμεῖοι ὑπ' Ἀργείων.

Hoc eſt : *Alter tripus Hexametro carmine ait ;*

Scæus in aſſueto pugilum certamine victor
Me tibi ſacravit, ſpecioſum munus, Apollo.

Scæus autem hic, Hippocoontis filius fuerit : ſi tamen hic eſt qui tripodem dicavit, & non alius Hippocoontis filio cognominis, circa ætatem Oedipodis Laii filii. Tertius tripus, & is Hexametro carmine, ait :

Laodamas iſtum tripodem ſua in urbe Monarchus,
Hoc inſigne decus, tibi magne dicavit Apollo.

Hoc Laodamante Eteoclis filio monarchiam obtinente, ejecti ſunt Cadméi ab Argivis. Hæc omnia autem, Troiana tempora anteceſſerunt.

His Herodoti dictis accinunt Zenodotus de Zenone apud Diogenem Laërtium, Plinius, Plutarchus, Clemens Alexandrinus, aliique complures. Nec deſunt tamen qui Cecropi aut Lino advectarum literarum gloriam adſcribant. Verum præterquam quod longe anteponendum videtur Herodoti teſtimonium, qui etiam ex vetuſtiſſimis monumentis narrationem confirmat ſuam, ipſeque omnium antiquiſſimus ſcriptorum eſt ; ære perennius documentum ſupereſt vel ex nominibus literarum, quæ in utraque lingua, Phœnicia videlicet & Græca, eadem prorſus ſunt : unde etiam literæ illæ a Cadmo in Græciam advectæ, Cadméæ vocabantur, ut cernere eſt in allato Herodoti loco, ſive etiam, Φοινικήϊα σήματα Κάδμου, *Phœnicia Cadmi ſigna.* Et alioquin literarum forma eadem pene in utraque lingua deprehenditur. Cæterum quæ de Cadmo feruntur, ut μυθικῷ tempore geſta, plerique in dubium vocant, neque pluris habenda putant, quam veteres alias Græcorum fabulas. Alii forte veriſimilius putant, vocem Cadmus a קדם deſumtam, non viri cujuſdam proprium nomen eſſe ; ſed orientalem nationem ſignificare, cujuſmodi erant Phœnices reſpectu Græcorum : hincque factum eſſe ut Thebani apud Homerum Iliad. IV. Καδμείωνες vocentur, & quod obſervatu dignum, inter Phœnicias gentes in libro Joſue memorantur קדמני, *Cadmonii*, vel *Cadmeoni*, ipſiſſimum ſane cum Homerico nomen. Verum hæc ulterius perſequi majoris otii & conſilii eſſet : quare miſſis aliis, quæ hac de re pluribus expendere & diſquirere poſſemus, hoc unum nobis ſufficiat, nempe Græcas literas Phœniciæ originis eſſe, quod neminem puto inficias iturum.

Hæ autem literæ numero ſexdecim a Cadmo primùm allatæ feruntur, Α, Β, Γ, Δ, Ε, Ι, Κ, Λ, Μ, Ν, Ο, Π, Ρ, Σ. Τ. Υ. quibus Trojano bello quatuor adjecit Palamedes, nempe, Θ, Ξ, Φ, Χ, totidemque diu poſtea Simonides Melicus, videlicet, Ζ, Η, Ψ, Ω. Nonnulla tamen varietas obſervatur de literarum a ſingulis advectarum numero ; diverſe item narratur de tempore, deque iis qui literas advexerunt. Verum conſtat illas, ſive prius ſive poſterius a quibuſcumque tandem allatas, ex Phœniciis characteribus quantum licuit expreſſas fuiſſe. Quod ad illos vero qui literas quaſdam poſt Cadmum intulerunt, cum alii Palamedi, & Simonidi ; alii aliis id referant, ei ſtandum videtur opinioni, quæ plurium & antiquiorum narratione aſſeritur : cum nulla alia ſuperſint monumenta quibus rei veritas declaretur, & de quibuſlibet fere priſcæ vetuſtatis inventis paria ſint hiſtoriarum divortia.

Si fides ſit Euſebio, Olympiadis XCIV. anno quarto, *Athenienſes XXIIII. literis uti cœperunt, quum ante XVI. tantum literas haberent.* Is autem annus incidit in 400. circiter ante Christum : & tamen jam multis ante annis Olympiade videlicet 82. vel 83. Cippus Atheniensis Baudelotianus erectus fuit, ubi literæ viginti, demto etiam H, qui pro spiritu non pro litera usu venit, numerantur. Quare vel labitur, ut persæpe alias, Eusebius; vel dicamus oportet jam advectum literarum usum, nec ita constanter adhibitum, decreto publico tunc firmatum esse. Cæterum etsi Herodotus non notet priscas Ionicas literas, more Phœniciarum, unde sumserant originem, a dextera ad lævam scriptas fuisse; eo tamen modo interdum a Græcis scriptitatum fuisse dicit Pausanias lib. v. de inscriptione & nomine Agamemnonis loquens, in quadam tessera sive sorte a dextris ad lævam exarato, γέγραπται δὲ καὶ τοῦτο ἐπὶ τὰ λαιὰ ἐκ δεξιῶν. Ait idem Pausanias a Græcis nonnumquam βουστροφηδὸν scriptitatum fuisse, quod ita fieri solebat, ἀπὸ τοῦ πέρατος τοῦ ἔπους ἐπιστρέφει τῶν ἐπῶν τὸ δεύτερον, ὥσπερ ἐν διαύλου δρόμῳ. *A fine versus superioris fit conversio secundi versus, quasi in diauli cursu.* βουστροφηδὸν autem dicitur a similitudine boum arantium, qui postquam sulcum fecerunt, retroversi alium ducunt. Verum hæc scribendi genera vetusti rarique admodum usus fuere, ita ut nulla eorum supersint vestigia.

Phœniciarum porro literarum formam ex libris & numismatibus Samaritanis ediscimus. Iisdem vero characteribus omnes olim & Chananæi, in quibus Phœnices computantur, & Hebræi, ut plerique putant, sunt usi: eodem modo scribunt hodieque pauci illi Samaritani, qui supersunt. Libri vero Samaritani, & quidem nonnulli remotæ vetustatis, (ac nominatim ille Bibliothecæ Ambrosianæ Mediolanensis,) exstant in variis Europæ Bibliothecis, unde prodierunt editiones illæ, quæ omnium manibus teruntur. Habentur item nummi non pauci in variis Europæ Muséis, Samaritanis seu Phœniciis literis inscripti, quorum plerique ad tempus Macchabæorum spectant. Cum iis item nummis admodum quod ad literarum quarumdam formam consonant numismata Sidoniorum, ubi quæ Phœnicio charactere scripta sunt, Græcè item adscribuntur, ut observavimus in Diario Italico, p. 365. ex nummo Mediceo, in cujus antica, facies Demetrii; in postica vero, prora navis, cui superscribitur ΒΑΣΙΛΕΩΣ ΔΗΜΗΤΡΙΟΥ, *Regis Demetrii* : sub prora autem legitur, ΣΙΔΩΝΙΩΝ, & Phœnicibus literis [illegible] Hebraïcè צידון. Putabamus olim hic primam a dextris literam quæ ל Hebraïcum sat exprimit, pro צ positum fuisse: verum non abs re dicatur vere [illegible] esse, & sequentem literam צ, legendumque esse לצדון *Sidonis*, aut, *Sidoni*. Si vero prima litera *Tsade* sit, & sequens *Iod*, dicendum erit *Iod* in duobus aliis Sidonis nummis, qui per quatuor tantum literas scribuntur, quiescere, & in Mediceo tantum exprimi *Sidon*. Duo item nummi exstant in eximio Cimeliarchio Illustrissimi Domini Foucaut, ubi Sidon item Græco & postea Phœnicio Charactere scribitur: quorum alter sic habet [illegible] ; alter vero sic, [illegible]. Prima vero litera in tribus supra laudatis Phœniciis nummis varie prorsus scribitur, neque mirum, cum in nummis quoque Samaritanis litera *Tsade* tam diverse delineetur, ut vides in schemate sequenti. *Daleth* in tribus nummis Phœniciis eodem penitus modo exaratur, ac cum Samaritana forma aliquatenus consentit; verum Samaritana angulo sic [illegible], Phœnicia semicirculo clauditur hoc modo [illegible] : utramque vero formam a principio Græci cooptarunt, nimirum Δ, & D. demta utrobique lineola, quæ in altera ſemicirculum clauſum ; in altera vero triangulum excedebat. Prima quippe Græca forma vulgaris ſemper uſus fuit ; ſecunda item priſcæ vetuſtatis eſt, licet rarioris uſus, ut infra commonſtratur : illamque unicam formam uſurparunt Latini, qui rotundiore figura delectabantur, ut mox dicemus : nam pro Γ, C ; pro Π, P ; pro ϛ, S adhibuerunt. *Vau* in tribus Phœniciis nummis ejuſdem pene figuræ eſt : in ſecundo tamen tranſverſa linea duplicatur. *Nun* eamdem pene formam in tribus habet, exceptis apicibus & lineolis ſuperne poſitis : nam in alio unica, in alio duæ, in alio tres lineolæ ſuperiori lineæ imponuntur, ſic 𐤍𐤍𐤍 ; in Samaritanis vero nummis, unica tantum lineola in quibuſdam formis ſupra ponitur.

Literas Græcas cum Samaritanis & Phœniciis jamdiu contulit vir ſummus Joſephus Scaliger, animadverſ. in Chronica Euſebii, Monumentis ad utramque linguam uſus, quæ tum temporis exſtabant. Exinde vero longe plura nacti ſumus, & antiquiora, queîs & Samaritanarum & Græcarum literarum variæ formæ deprehenduntur. Pro Samaritanis enim non paucos libros evolvimus, qui tamen pro literarum ſchemate non uſque adeo variant : ſecus autem in nummis ubi characterum longe diſſimiles figuræ obſervantur. Ex ſchedis vero clariſſ. viri Toinardi τοῦ μακαρίτου non pauca decerpſimus. Is enim, ut ſtudiis noſtris opportunus erat, omnia luſtranda permiſit. Opus autem Toinardi in nummos Samaritanos publicis votis expetunt, quotquot antiquitatis ſacræ amore tenentur : aſſidua quippe tractatione & diuturno uſu rem Samaritanam nummariam admodum illuſtraverat. Ejus autem de re nummaria Samaritana opuſculum propediem, ut ſperamus, lucem videbit. Unum ad operis coronidem deſiderabatur, ut R. Azariæ caput totum de literis Samaritanis latine verteretur ; id enim nondum, quod quidem ſciam, præſtitum fuerat. Hanc nos provinciam ſuſcepimus, totumque Azariæ caput latine fecimus, formas vero ab eodem allatas, accurate delineavimus in Tabula ſequenti.

De Samaritanis literis quæſtio movetur, utrum videlicet Scriptura ſacra ante Babylonicam captivitatem Samaritano charactere apud Hebræos exarata fuerit ; an Hebraïco hodierno. Rem a multis ultro citroque ſtantibus agitatam hic paucis tangere libet. Pro priore ſententia ſtant Origenes in Fragmento inſigni nondum, quod ſciam, edito, in Collectione Hexaplorum propediem edendo ; Hieronymus Præfatione in Libros Regum, vetereſque Rabbini ; ex recentioribus vero Joſeph Scaliger, qui adverſæ ſententiæ viros acriter nec ſine convitiis aggreditur, pugnatque literas Judaïcas hodiernas ex Syriacis vel Aſſyriis novatas depravataſque fuiſſe ; Phœnicias vero ſive Samaritanas in uſu apud Hebræos fuiſſe ante captivitatem. Locus autem Origenis hæc habet de Tetragrammo, ſive nomine Dei quatuor literarum יהוה : καὶ ἐν τοῖς ἀκριβέσι τῶν ἀντιγράφων Ἑβραϊκοῖς ἀρχαίοις γράμμασι γέγραπται· ἀλλ' οὐχὶ τοῖς νῦν. φασὶ γὰρ τὸν Ἔσδραν ἑτέροις χρήσασθαι μετὰ τὴν αἰχμαλωσίαν. Id eſt : *Et in accuratioribus exemplaribus, antiquis Hebraïcis literis ſcriptum eſt* [*Tetragrammon ;*] *ſed non hodiernis. Aiunt enim Eſdram aliis uſum fuiſſe poſt captivitatem.* Idipſum liquidius docet Hieronymus Præfatione in libros Regum : *Samaritani*, inquit, *Pentateuchum Moſis totidem literis ſcriptitant, figuris tantum & apicibus diſcrepantes. Certumque eſt Eſdram ſcribam legiſque doctorem, poſt captam Jeroſolymam, & inſtaurationem Templi ſub Zorobabel, alias literas reperiſſe, quibus nunc utimur : cum ad illud uſque tempus, iidem Samaritanorum*

& Hebræorum characteres fuerint. Ex his autem Origenis ac Hieronymi locis certo colligas eam fuisse antiquitus Rabbinorum sententiam : ambo quippe Rabbinos admodum frequentabant, & Hebræis doctoribus utebantur. Singularissimum autem est, & observatu dignum, quod ait Origenes, etiam suo tempore nomen Dei tetragrammon, in accuratioribus exemplaribus Hebræorum, prisco illo Charactere, haud dubie Samaritano, non autem Judaïco & hodierno, descriptum fuisse: quia nimirum Esdræ aliisque Synagogæ primoribus, qui alienas literas advexerunt, religio fuit venerandum illud Dei nomen *Jehovah*, aliis, quam primitus digito Dei scriptum fuerat, literis exarare. Ad hæc autem Origenes in caput IX. Ezechielis, ait Hebræum quemdam, qui in Christum crediderat, testificatum esse, τὰ ἀρχαῖα στοιχεῖα ἐμφερὲς ἔχειν τὸ Ταῦ, τῷ τοῦ σταυροῦ χαρακτῆρι, *Vetera elementa* Ταῦ *Crucis figuræ simile præferre.* Hieronymus item in eumdem locum : *Et ut ad nostra veniamus, antiquis Hebræorum literis, quibus usque hodie utuntur Samaritani, extrema* Ταῦ *litera, Crucis habet similitudinem, quæ in Christianorum frontibus pingitur, & frequenti manus inscriptione signatur.* Eam vero Crucis formam in nummis & Alphabetis Samaritanis observavit R. Azarias, & post eum Toinardus, ut mox dicemus, & in Tabula exprimimus. Certo itaque constare videtur, Origenis ac Hieronymi tempore, ex vulgari Judæorum opinione, literas Samaritanas easdem fuisse, quibus Hebræi antiquitus & ante Babylonicam captivitatem utebantur; imo etiam aliquot superfuisse libros, ubi vetustioris scripturæ, saltem in nomine *Jehovah*, vestigia comparebant.

Nec desunt inter Rabbinos veteres, quorum scripta ad hanc usque ætatem devenerunt, qui Samaritanæ scripturæ patrocinentur : nam in Thalmude Jerosolymitano literæ Hebraïcæ vocantur Assyriæ, & Rabbi Jose, hujus appellationis originem assignans, ait Judæos eas ita vocare, quia ipsas attulerunt ex Assyria. Hanc vero sententiam amplexi sunt plerique recentiores. Rabbini vero posteriorum temporum literas Judaïcas hodiernas, easdem ipsas esse contendunt, quibus Lex & Scriptura sacra primitus & a tempore Moysis descripta erat : eidemque sententiæ adstipulatur Rabbi Azarias capite mox adferendo : literas quippe Samaritanas vocat *ibri*, sive *transfluviales*; quasi a Chutæis trans fluvium olim habitantibus in Judæam allatas. Huic item opinioni accesserunt plerique recentiores, inter quos facile princeps Joan. Buxtorfus. Ego vero licet in priorem partem omnino propendeam, aliis, quibus plus otii fuerit, rem accuratius indagandam mitto. Magni sane momenti ad Samaritanarum literarum in Bibliis vetustatem confirmandam est Origenianus ille locus, nuper erutus. Ut ut vero sit, liquidum videtur Samaritanas literas easdem atque Phœnicias, aut ipsis prorsus similes fuisse, quod ex formis mox adferendis arguitur : eæ vero sunt Græcis e regione positis ita similes, ut non aliunde petenda sit Græcarum literarum origo : quod plerique omnes eruditi fatentur.

Græcas autem formas, eadem in Tabula expressas, ex vetustissimis monumentis eruimus, atque unde singulæ prodeant, ubi de literis minutatim agetur, indicabimus : nonnullas autem recentiores formas, quas cum Phœniciis Scaliger contulerat, expunximus : quia illæ prisci usus non fuerunt, sed paulatim advectæ sunt. Ab ævo namque Scaligeri monumenta pene innumera eruta fuere, ex quibus literarum tam Samaritanarum, quam Græcarum, remotissimæ vetustatis formas edidicimus. Scaligerianas Phœnicias

cias formas, e latere Tabulæ & extra seriem aliarum delineavimus, quia plerumque cum cæteris non conveniunt, & undenam eductæ fuerint ignoramus.

Literis Phœniciis & Græcis Alphabetico ordine positis subjungimus duos nummos Macedonicos vetustissimos. Prior exstat in Muséo viri clariss. D. Rigord, cujus ectypum ab Andr. Morello delineatum, ope viri clariss. Caroli Cæsaris Baudelotii nacti sumus: ubi ab altera facie Cancer insculptus habetur; ab altera vero legitur, B. AMINTOYM. βασιλέως Αμιώτυ Μακεδόνων, *Regis Macedonum Amyntæ*: quem Amyntam putant eruditi quidam non illum Philippi patrem & Alexandri magni avum; sed alium Amyntam esse hujus nominis primum, qui in serie Regum Macedoniæ nonus a Carano censetur: quia videlicet Amyntæ II. nummi bene multi visuntur, ubi à vulgari characterum genere nihil deflectitur; hic vero nummus insolenti modo inscriptus, ad vetustiorem Amyntam commodius referatur. Ut ut sit, quædam hic literæ singulari modo effictæ observantur: N, illâ formâ nusquam vidimus: O quadrum sic ☐ in vetustis marmoribus perinde atque in hoc numismate non semel habetur: Y sic exaratum nusquam alias observavimus; putarim ego hanc peregrinitatem, quam in quarumdam literarum forma conspicimus, a Macedonibus ipsis importatam fuisse: quæ gens ante Philippum & Alexandrum non inter literatas Græciæ computabatur, sed incultior obscuriorque erat. In alterius nummi item Macedonici facie antica est caput, ut putatur, Apollinis, cum inscriptione MAK. in aliis MAKEΔ. Tres quippe nummos hujusmodi vidimus, duos scilicet in Muséo Illustrissimi Domini Foucaut, alterum in Muséo jam laudati D. Baudelotii. Est igitur Macedonum nummus; in postica autem habet, aram, clavam, aliudque non notum, cum inscriptione AESILLAS, quod nomen ad quem pertineat ignoratur. Sed notandum est *Lambda*, hic per L. Latinum exprimi, ut in aliis inferius edendis inscriptionibus. *Sigma* item per S, ut inferius in Deliaca inscriptione.

Hanc porro Deliacam inscriptionem, quam nummis Macedonicis subjunximus, a v. clar. de Tournefort accepimus, qui Regio jussu ac peculio Orientales regiones peragravit, multaque erudite observata retulit. Is in Delo Insula ad basim statuæ humi dejectæ, ipsam literarum formam imitatus, hæc exscripsit, ab initio ut videtur manca: in reliquis quidpiam inest vitii. Post duas priores literas O.A, sat conspicue ita legitur. εν τω λιθο εμι, vel εσι, ανδριας χαι το σφελας; seu vulgari scribendi more, ἐν τῷ λίθῳ εἰμὶ ἀνδριὰς καὶ τὸ σφέλας: Id est, *In lapide sum statua & basis.* Forma literarum prisca & Ionica est, admodumque singularis. A sic scriptum quinquies occurrit, nuspiam alias vidi. In prima syllaba EN, , quæ litera ter occurrit, infimâ lineâ mutila est. N sequens videtur mancum aut vitiatum: nam in voce ἀνδριὰς vulgari modo scribitur, articulus το, ponitur pro τῷ in Dativo, ut in aliis mox proferendis priscæ vetustatis inscriptionibus: pariterque in sequenti voce λιθο pro λίθῳ, Θ decussatis lineis secatur sic ⊕, ut in columna Farnesiana, ubi tamen lineæ alio situ ponuntur sic ⊗. Vox sequens, εἰμὶ, vel ἐσὶ, legitur: mallem εἰμὶ, ubi tamen post E non additur *Iota*, quoniam antiquitus, ut paulo post dicemus, litera E, pro ει accipiebatur. , sic depictum est *Rho* Græcum in voce ἀνδριάς. *Sigma* ter Latina forma legitur, ut in voce AESILLAS supra. Hæc omnia cum variis Samaritanis, sive Phœniciis, atque Græcis formis sequens Tabula repræsentabit.

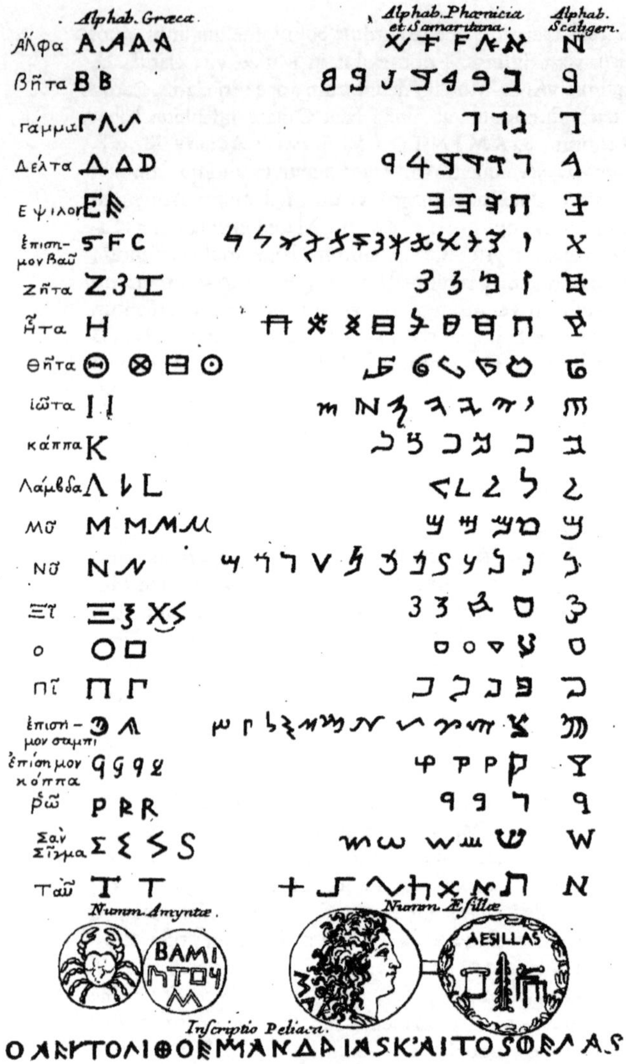
Alphab. Græca
Alphab. Phœnicia et Samaritana.
Alphab. Scaligeri.
Ἄλφα
Βῆτα
Γάμμα
Δέλτα
Ε ψιλον
Ἐπίσημον Βαῦ
Ζῆτα
Ἦτα
Θῆτα
Ἰῶτα
Κάππα
Λάμβδα
Μῦ
Νῦ
Ξῖ
Ο
Πῖ
Ἐπίσημον σαμπι
Ἐπίσημον κόππα
Ῥῶ
Σὰν Σῖγμα
Ταῦ
Numm. Amyntæ.
BAMI
ΝΤΟΥ
Numm. Æsillæ
AESILLAS
Inscriptio Peliaca.

CAPUT II.

Rabbi Azariæ narratio de literis Samaritanis. Recensio omnium formarum Phœniciarum & Samaritanarum.

DE literis Samaritanis agit Rabbi Azarias : multasque Samaritanarum literarum formas in manibus variorum se vidisse testificatur. Alphabetum autem edidit, ex variis schedis expressum, ubi singularum literarum, interdum unicam, aliquando plures figuras delineavit. Has vero Rabbi Azariæ formas, cum aliis expressas habes in Tabula. Caput autem Azariæ de literis Samaritanis, lectu sane jucundum ac perutile; formæ autem ejus sinceræ & accurate descriptæ sunt. Sed qui prior literas Samaritanas inde excerpsit, ut melius potuit eas repræsentavit : qui vero postea de literis Samaritanis pertractarunt, non ex Rabbi Azariæ libro, sed ex aliis, qui ipsas ediderant exsumsere : unde accidit, ut cum quisque illas, ab iis qui successione quadam alii ab aliis exscripserant, acciperet, paulatim a Rabbi Azariæ formis declinatum sit. Quamobrem e re duximus totum Rabbi Azariæ Caput Latine vertere, & formas ut ab illo repræsentantur accurate in Tabula exarare. Quæ sane formæ ut diximus sinceræ sunt, & cum aliis a Toinardo collectis consentiunt; eatenus etiam præstantiores, quatenus totum Alphabetum exprimunt : cum Toinardi formæ variis ex nummis collectæ, septemdecim tantum literas complectantur. Sic igitur habet R. Azarias.

De Literis quæ scripta sunt trans fluvium & de Siclo sanctuarii.

Cap. LVI. *Nunc cum senuimus repuerascimus.* Quia proximum est ut scripturæ nostræ finem imponamus, visum nobis est antequam scribendi finem faciamus de literarum forma loqui : non secundum scripturam nostram; sed Charactere qui cap. primo Megillah, & cap. secundo Sanedrin, vocatur scriptura *ibri*, sive filiorum transfluvialium, qui illam efformarunt. Rabbi Salomon Iarchi in Commentario [vocat] literas magnas, quales describuntur in amuletis & in * superliminaribus, ut solitum est apud Cuthæos, sive Samaritanos.

Rabbi vero Moyses filius Maiemonidis in interpretatione Mischnæ *Iadaim*, Caput quartum ea de re scripsit, aitque in usu fuisse illas apud Karræos in Saamira, id est, Samaria.

Et sane vidi in Codice viri fidelis de terra Israel, quem manu sua scripserat pro Rabbi Patachia Judæo Spoletino, quem docebat linguam Arabicam : & ostendit illum mihi R. Moyses Medicus filius ejus Ferrariæ. Et rursum in urbe Mantua R. Samuel Atelatensis ostendit mihi Codicem Itinerarii excellentis viri Rabbi Moysis Besola in Palæstinam, & rerum singularium quas viderat in itinere suo : qui Codex scriptus erat manu excellentis viri jam memorati.

Et iterum in urbe Mantua sapientissimus Rabbi Ruben ex Perusia exhibuit mihi Codicem, quem sibi tradiderat vir doctus Christianus in urbe Bononia, quemadmodum fideliter exscripserat ex veteri libro.

* *Forte melius* monetis

Alphabeti Samaritani hæc eſt forma.

Hæ ſunt literæ Rabbi Moyſis Beſola, ſive literæ Chutæorum in nummis.

Deinde ſequuntur literæ Samaritanæ cum Hebraïcis collatæ, quales exhibemus in Tabula præcedenti. Poſtea vero ſic pergit R. Azarias.

Rabbi quoque Moyſes filius Nahman poſt Commentarium legis ſic habet : *Acconem me contuli, & ibi inveni in manu ſeniorum terræ monetam argenteam, inſculptam ad modum ſigilli. Ex una parte quaſi ſpecies virgæ amygdalinæ ; ex altera vero facie quaſi ſpecies crateris. In utraque autem facie inſcriptio bene circum inſculpta erat. Illam vero ſcripturam noverant & facile legebant Chutæi : quia erat ſcriptura* ibri *ſive transfluvialis, quæ apud* Cuthæos *reſidua erat, quemadmodum memoratur in Sanedrin. Ex una vero facie legebant*, ſiclus ſiclorum ; *ex altera,* Jeruſalem ſancta. *Et dicebant eſſe formam virgæ Aaronis, quæ floruerat, fructuſque produxerat ; & alteram eſſe urnam mannæ. Et ponderavimus ipſam lancibus : & erat decem pondo argenti. Et illud eſt medium unciæ, cujus meminit Raſchi hoc modo. Vidi monetam illam, ſecundum formam & inſcriptionem hujuſmodi, pondo dimidii ſicli, quo pondere utuntur in donariis.*

Etiam ego, qui ſcribo, ex memoratis ſiclis unum vidi in manu viduæ mercatoris viri ſancti Iſaac Agio Hiſpani, qui erat ex habitantibus Ferrariæ, pioque motu ivit Jeroſolymam, ibique mortuus eſt, & ſepultus fuit extra portam Sion quaſi uno milliari. Et hæc mulier filios pupillos patre orbos alebat. Et R. Iomtob filius ejus major facultates patris ſui adminiſtrabat. In circuitu autem monetæ hujus ſcriptum vidi literis, ut ſupra, *Siclus Iſrael:* & in medio ejus urna cum literis ש ד ſupra urnam, quod explicatur *Siclus David.* Ab altero latere, *Jeruſalem Ḣakedoſcha*, ſive, *Jeruſalemah Kedoſcha,* i. *Jeruſalem ſancta* : & in medio ejus ramus cum floribus. Dictum mihi fuit R. B. Nahmani ſcriptum inveniſſe, *Siclus ſiclorum*, pro *Siclus Iſrael.*

Hactenus R. Azarias, qui Sicli memorati ſchema hic appoſuit, indeque exſumſit Toinardus : cujus egregium de nummis Samaritanis opuſculum propediem in lucem edetur. In hoc autem labitur Azarias, quod putet literas ש ד urnæ impoſitas ſignificare ſiclum Davidis : nam certo conſtat deſignare annum quartum *ſchenat arba.* Siquidem in aliis nummis Samaritanis annus primus, ſecundus & tertius poſt literam ש ſimiliter ponuntur. Totum alphabetum dedit R. Azarias cum variis ſæpe ſingularum literarum formis, quas ex ſupra memoratis monumentis mutuatus eſt : & quidem accurate, ut ex collatione ſchedarum Toinardi deprehendimus : quod ſi quid interſit aliquando diſcriminis, quid mirum ? quando ne literæ quidem a Toinardo ex variis ſiclis expreſſæ, formâ inter ſe ſimiles ſunt. In ſiclis vero Toinardi ſeptem-decim tantum literæ reperiuntur : deſiderantur enim ו, ט, כ, ס, & פ. Has omnes formas in Tabula collocamus cum formis Biblicis ; additis item Vaticanis, etſi non tanti haheantur : in fine autem omnium formas quinque literarum Phœnicias, quales ex nummis Sidonis exſcripſimus.

Formas autem Scaligerianas extra ſeriem apponimus : quia illæ plerumque non quadrant cum aliis : quæ omnes, exceptis forte Vaticanis, ex veterum monumentis prodeunt. Jam unde ſingulæ literarum Phœniciarum ſive Samaritanarum formæ, quales in Tabula delineantur, exſumtæ ſint, minutatim indicetur : ubi ſemper incipiemus ab ea, quæ poſt Hebraïcam formam prima numeratur.

Prima τῦ א forma Phœnicia ſive Samaritana in Bibliis tantum obſervatur : ſecunda & tertia in Alphabetis R. Azariæ & in nummis Toinardi : quarta in nummis Toinardi tantum.

Prima τῦ ב forma Samaritana in Bibliis uſurpatur : ſecunda & tertia in numiſmatibus Toinardi : quarta item in nummis referente Briano Waltono in Prolegomenis ad Polyglotta, unde autem expiſcatus ſit ignoramus : quinta in Alphabeto R. Azariæ : ſexta in Alphabeto Vaticano.

Forma Samaritana τῦ ג ubique ſemper eadem depingitur quaſi Γ inverſum.

Prima τῦ ד forma Phœnicia ſeu Samaritana, biblica eſt : ſecunda & tertia frequens eſt in nummis Toinardi & exprimitur eadem in alphabeto Vaticano : quarta habetur in nummo a R. Azaria allato, ſed in Alphabeto ejuſdem paulum diverſe depingitur. Waltonus autem formam Azariæ vitiavit in Alphabeto, quem Azariæ nomine publicavit p. 38. Prolegom. aliaſque quaſdam non accurate retulit. Quinta forma Phœnicia ex tribus nummis Sidonis expreſſa eſt, uti ſupra diximus.

ה primam formam Samaritanam habet in Bibliis : ſecundam in nummis Toinardi ſemper : tertiam in Alphabeto R. Azariæ & in Vaticano.

ו Admodum diverſas formas Samaritanas ſive Phœnicias habet : prima in Bibliis occurrit : ſecunda in nummis Toinardi : tertia in nummis referente Waltono : quarta item in nummis eodem auctore, ſed Toinardus non obſervavit : quinta in quodam Toinardi nummo : ſexta in Alphabeto R. Azariæ : ſeptima in quibuſdam Toinardi nummis : octava in Alphabeto R. Azariæ : nona in Alphabeto Vaticano : decima in nummis Toinardi : undecima in duobus nummis Sidonis, de quibus ſupra : duodecima in altero nummo Sidonis.

ז primam formam Samaritanam mutuatur ex Bibliis, quæ eadem pene habetur in alphabeto R. Azariæ : ſecundam ex alphabeto Vaticano : tertiam ex alphabeto R. Azariæ, qui duas hujus literæ formas exprimit.

ח primam formam Samaritanam habet in Bibliis : ſecundam & tertiam in nummis referente Waltono ; quartam in nummis Toinardi frequenter : quintam in alphabeto R. Azariæ : ſextam ſane ſuſpectam in alphabeto Vaticano : ſeptimam in alphabeto Rabbi Azariæ, qui duas hujus literæ formas adfert.

ט prima forma Samaritana habetur in Bibliis : ſecunda & tertia in alphabeto Azariæ : quarta in alphabeto Vaticano.

י primam formam Samaritanam mutuatur ex Bibliis : ſecundam ex nummis Toinardi : tertiam & quartam ex alphabeto R. Azariæ : quintam inverſam ex Vaticano : ſextam ex nummo Sidonis de quo ſupra.

כ prima hujus literæ forma Samaritana habetur in Bibliis : ſecunda & tertia in alphabeto R. Azariæ : quarta in alphabeto Vaticano.

ל prima Samaritana eſt Biblica : ſecunda R. Azariæ & nummorum Toinardi paſſim : tertia ex nummis item referente Waltono.

מ formas Samaritanas ſive Phœnicias tres habet inter ſe fere ſimiles : prima in Bibliis habetur : ſecunda in nummis referente Waltono : tertia in nummis Toinardi & in alphabeto Rabbi Azariæ.

τῦ נ formæ ſunt variæ : prima eſt Biblica : ſecunda in nummis Toinardi : tertia ibidem, in nummis item auctore Waltono : quarta & quinta in alphabeto Azariæ : ſexta in alphabeto Vaticano ; ſeptima in nummis auctore Waltono : octava in nummo Toinardi & in nummo Sidonio ſupra : nona huic affinis in nummo Sidonio Mediceo : decima in alio nummo Sidonio ſupra.

ס primam formam Samaritanam habet in Bibliis : ſecundam in alphabeto Vaticano : tertiam in alphabeto R. Azariæ.

ע In Bibliis Samaritanis & in alphabeto Vaticano primo modo ſcribitur, itemque in alio Toinardi nummo : ſecundo modo ſæpe in nummis Toinardi : tertio in alphabeto R. Azariæ.

פ primam Samaritanam formam habet in Bibliis : ſecundam in alphabeto R. Azariæ : tertiam in alphabeto Vaticano.

צ multiplices & varias formas Samaritanas Phœniciaſque habet ; prima eſt Biblica : ſecunda, tertia & quarta in nummis habentur referente Waltono : quinta in alphabeto R. Azariæ : ſexta & ſeptima in nummis Toinardi : octava in nummo Sidonis Mediceo : nona & decima in duobus aliis nummis Sidoniis, de quibus ſupra.

ק formas Samaritanas habet inter ſe ſimiles ; prima in Bibliis & in nummis ; ſecunda in alphabeto Rabbi Azariæ ; tertia in nummis Toinardi.

ר primam formam Samaritanam habet in Bibliis ; ſecundam in nummis & alphabetis omnibus.

ש primam formam Samaritanam mutuatur ex Bibliis; ſecundam ex nummis Toinardi ; tertiam ex nummis item referente Waltono ; quartam ex alphabeto R. Azariæ.

ת primam Samaritanam formam habet in Bibliis ; ſecundam in alphabeto R. Azariæ ; tertiam in nummis referente Waltono ; quartam in alphabeto R. Azariæ ; quintam in alphabeto Vaticano ; ſextam in nummis Toinardi paſſim.

CAPUT III.

Obſervationes in ſingulas literas Græcas, ut in præcedenti ſchemate habentur.

IN præmiſſa Tabula multas formas vides in Scaligeriana non notatas, quæ unde prodeant, ad ſingulas literas indicabitur. Nonnullas item a Scaligero allatas omiſimus, quia illæ non priſcis temporibus uſurpatæ ; ſed deinde ad faciliorem calami ductum excogitatæ videntur ; ſcilicet ad E, Є, & ad Σ. Ɛ & C. &c. Verum haſce formas cum aliis omnibus diuturno uſu advectis, in fine operis uno conſpectu obſervandas proferemus : pariterque literarum Υ, Φ, Χ, Ψ, Ω. quæ ad Phœnicias literas non referuntur ; ideoque in Tabula funt omiſſæ.

A videtur ex prima forma Phœnicia ſive Samaritana factum tranſverſâ lineâ intus poſitâ loco binarum, quæ in Phœnicia litera 𐤀 extra ponuntur. Scaliger vult ad figuram literæ Ŋ exprimi : quæ ſane minus convenit, cum A. Prima forma vetuſta & vulgaris ſemper uſus fuit in marmoribus & nummis ; non autem in libris, qua de re inferius initio libri tertii : ſecunda item priſci uſus in columnis Farneſianis & in aliis inſcriptionibus habetur : tertia cum angulo intus, antiqua item eſt : quarta in Deliaca inſcriptione tantum observatur. De hac litera Ausonius, de Monosyllabis Græcis & Latinis loquens, hæc carmine profert;

Dux elementorum studiis viget in Latiis A.

B. eodem prorsus modo in postrema forma Samaritana exprimitur; eo solum discrimine, quod ista a dextera ad sinistram ritu Phœniciorum & Hebræorum scribatur, Græcum autem B. a sinistra ad dexteram: quod de aliis item literis dicendum: secunda forma Græca habetur in marmore Baudelotiano infra. Hujus literæ nomen Græcè Βῆτα, *Beta*, a Latinis dimidiatum exprimi *Be*, sic notat Ausonius:

Dividuum Betæ monosyllabon Italicum B.

Γ, quam literam veteres Syri vocant *Gamla*, formam prorsus eamdem obtinet apud Phœnicios & Græcos, uti vides in præcedenti Tabula. In Baudelotiano tamen & Farnesiano marmore; præcipuéque in primo, Λ *Lambda* perfecte refert; in Farnesiano autem sic exprimitur ⅃. Nimirum usus diuturnior mutationes varias literis adferre solet. A litera Γ expressum putatur C Latinum, quod prisce pro G usurpatum fuit, ut optime probat Vossius de arte Grammatica, idipsumque docet Ausonius:

Hæc tribus in Latio tantum addit nominibus K,
Prævaluit postquam Gammæ vice functa prius C.

C igitur pro Gamma prius usurpabatur; indeque est, quod eumdem in alphabeto Latino locum occupet, quem Gamma in Græco: unde Itali hodierni *Ce* ac *Ci* ita pene pronuntiant, ac si *Ge* & *Gi* scriptum esset; exempli causâ in his vocibus, *Cicero*, *Cera*, *Cælum*, &c.

Δ, τοῦ δέλτα utraque forma Δ scilicet & D. vetustissima est: prima enim habetur in marmore Baudelotiano, cujus specimen infra damus, in marmore item Atheniensi, cujus exscriptum dedit Sponius in Miscellaneis p. 315. & passim in aliis monumentis atque libris. Secunda forma exstat in marmore Farnesiano, cujus specimen habes apud Scaligerum & Gruterum, & nos posthac dabimus. Eadem quoque forma exhibetur in veteri nostro nummo Messanensi, qui a Paruta in Sicilia sua expressus est: ibi enim DANKLE legitur pro ΖΑΓΚΛΗ, qui nummus diu ante rem Romanam ex typi genere cusus æstimatur. Erat autem Zancle priscum nomen Messanæ, eaque voce significabatur, *falx*: quia urbs illa in falcis formam posita erat. Ζάγκλη autem Dorice Δάγκλη dicitur: Dores quippe Z in Δ commutabant, ut videas in Ζεὺς, Δεὺς, unde, *Deus*, Latine. Neque vero apud Dores tantum illa literarum mutatio obtinebat; sed etiam apud priscos Athenienses, qui teste Platone in Cratylo, pro ζυγὸν, *jugum*, δυογὸν, prisce dicebant. Utraque autem Græca forma Δ nimirum & D, ex his duabus Phœniciis ꟻ & ꟼ, efformata videtur, excisa lineola, quæ in altera triangulum; in altera vero semicirculum excedebat, ut supra diximus. De hac litera Ausonius;

Non formam, at vocem, Deltæ gero Romuleum D.

spectans scilicet ad eam formam, quæ tunc sola in usu erat, Δ scilicet.

E una eademque forma exprimitur in utraque lingua, Phœnicia videlicet & Græca, ut vides in Tabula. Priscè autem indiscriminatim pro E, & pro H usurpabatur, ut infra videas in inscriptionibus Baudelotiana & Farnesiana, necnon in Sponii inscriptione infra memoranda; in nummis item Atheniensium & Thebanorum: nam priores ΑΘΕ pro ΑΘΗ ponebant; quæ ſunt duæ priores ſyllabæ vocis Ἀθήνη; Thebani vero ΘΕΒΗ, pro ΘΗΒΗ; poſteriorem quippe ſyllabam, in nummis quos vidi, per H terminant. Plinius certe, ut probet veteres Athenienſium literas eaſdem atque Latinas fuiſſe, hanc vetuſtiſſimam inſcriptionem profert, NAVSIKRATES. TISAMENO. ATHENAIOS; quæ vulgari ſcribendi genere ſic exprimitur: Ναυσικράτης Τισαμενοῦ Ἀθηναῖος. In voce item DANCLE ſupra, vides E poſitum pro H. Cæterum teſte Athenæo aliiſque ſcriptoribus, veteres ϵ pro EI uſurpabant, quemadmodum ο pro ου; ut ſupra vides in Τισαμενο, E. autem Græcum in nullo mutatum eſt a priſca Phœnicia forma, excepto ſitu: nam Græci ad dexteram, Phœnices, Hebræi, Samaritanique ad ſiniſtram, ſcribendo procedunt, tum in hac, tum in aliis quoque literis, ut ignorat nemo. De hac litera Auſonius prout H & E ſonat, hæc duo carmina effert.

Hτα quod Æolidum, quoque E *valet hoc Latiare* E.
Præſto quod E *Latiis ſemper breve Dorica vox* E.

Ἐπίσημον βαῦ ſecundum priorem Græcam figuram ϛ, cum ultima Phœnicia litera ex nummo Sidoniorum expreſſa ſatis convenit: nomenque literæ *Vau*, ex qua duxit originem, hactenus ſervavit. Ubi advertas Scaligerum ex formâ Phœnicia X ſimilitudinem cum ἐπισήμῳ ϛ, adſtruere: quæ non ita affinis videtur. Ἐπίσημα vero non literarum, ſed numerorum vice fungebantur, ut obſervat ibidem Scaliger: etſi ϛ, quod ſextum numerum indicat, in ſerie literarum Græcarum poſt ε. antiquitus poneretur, ut notat Epiphanius contra Marcoſios: imo diu poſt Epiphanium uſus quibuſdam in locis obſervatur, ut in Codice Murbacenſi ſeptimi vel octavi ſæculi, ubi alphabetum habetur cum Epiſemo ϛ. poſt ε: & in Codice olim Sandionyſiano XI. ſæculi, quorum ſpecimina dabuntur ſuo loco: imo poſt XI. ſæc. adhuc in alphabeto Græco ſextum locum occupabat, ut infra comprobatur. ϛ nonnumquam in inſcriptionibus per C effingitur, κ c videlicet pro κ ϛ. id eſt viginti-ſex. In quodam Gallieni nummo Græco per S exprimitur & in altero Claudii Gotthici ſimiliter. Secunda forma F, cum prima Samaritana ſive Phœnicia, quæ ſic efformatur ℨ, prorſus conſentire videtur. Ad ſecundam hanc formam, F, quod eſt digamma Æolicum, duo præſertim ſunt annotanda, primò eam literam apud Latinos non modo eodem ordine in alphabeto locari atque ו *Vau* apud Phœnicas; verum etiam eumdem pene ſonum exprimere, quando conſonantis vice fungitur. Secundo, apud Æolas digamma F, pro ſpiritu tam aſpero, quam leni, uſurpatum fuiſſe, quod jam plerique obſervarunt.

Z. prorſus idem eſt in ultima & penultima Phœnicia figura, atque in ſecunda Græca, quæ in antiquiſſimis Codicibus obſervatur, ut infra videbis. Cæteras autem Phœnicias ſive Samaritanas literas, ad Græcum Z, mutatis ablatiſque quibuſdam lineis referre, ut tentavere quidam, ſupervacaneum videtur: hoc enim modo non ad Z tantum reduces; ſed etiam ad alias quaſvis literas: quandoquidem non modo ſi lineas diducas & torqueas; ſed etiam ſi literam totam ſitu tantum moveas, alteram literam efficias: hinc Auſonius:

Zeta jacens ſi ſurgat, erit nota quæ legitur, N.

Quare opportunius dicatur, tantam mutationem aliquot literis, tum Phœniciis tum Græcis, uſu importatam fuiſſe, ut a priſca forma prorſus receſſerint.

H, ex

H, ex postrema Phœnicia effictum videtur. Olim vero, ut videas infra, pro aspiratione tantum usu veniebat: atque ε tam correptum quam extensum, per E expressum observatur in Ionicis inscriptionibus. οὐ γὰρ η ἐχρώμεθα, ἀλλὰ ε τὸ παλαιόν, inquit Plato in Cratylo; id est, *Antiquitus enim non litera η, sed ε utebamur.* De hac litera, prout litera est, hæc Ausonius:

Hta quod Æolidum, quoque E *valet hoc Latiare* E.

Prout vero spiritus est:

Spiritus hic flatu tenuissima vivificans, H.

Θ, ex prima Phœnicia efformatum videtur. Licet autem litera Teth Phœnicia lenis sit; aspirata tamen apud Græcos est; ac e converso Thau apud Phœnicios aspiratum, apud Ionas & Græcos tenue profertur. Quatuor autem formæ τῶ Θ, quas in schemate vides, ex vetustissimis marmoribus erutæ sunt: nam cum lineola in medio vulgo conspicitur in inscriptionibus, cum puncto, in Baudelotiano & Cyziceno marmore infra, ac frequenter in nummis & inscriptionibus: cum duabus lineis decussatis, in Farnesiano Herodis Attici, & in Deliaca inscriptione supra, hoc solum discrimine, quod decussatæ lineæ vario situ ponantur; in Deliaca scilicet ita, ⊕; in Farnesiana vero sic, ⊗: Theta autem quadrum cum lineola in medio, in iconibus marmoreis veterum, ubi nomen insculptum habetur; videlicet in Medicea Æschinis; in icone Theophrasti Romæ in ædibus de Maximis, in icone Andocidis: nam in prima & postrema Αθηναῖος; in secunda Θεόφραστος, Theta sic referunt ⊟. Hæ vero quadræ literæ apud veteres summopere frequentabantur; non in *Theta* modo, sed etiam in ο & Φ, quas literas in marmoribus sic sæpe delineabant □ ⌽. De hac litera Ausonius:

Ansis cincta duabus erit quum Iota leges Θ.

Ibi vero *The* legendum metri causa, non *Theta*.

I. quo casu evenerit, ut hæc litera, quæ Phœnicium nomen apud Græcos retinet, tantum defecerit a prisca forma, ut nulli ex allatis superius affinis sit, incertum est. Videtur enim propius ad ι Hebraïcum & Chaldaïcum accedere. Cæterum postrema forma Phœnicia ex nummo Sidonis expressa, prorsus convenit cum prima, quæ in Bibliis Samaritanis habetur. De I Latino sic canit Ausonius:

Litera sum Iotæ similis vox plena jubens I.

Vox plena jubens I; id est Imperativum verbi *eo*.

K Græcum, ex prima Phœnicia forma factum videtur, etsi nonnihil mutationis accesserit. In hanc literam hæc a Scaligero docte observata sunt.

« ΚΑΠΠΑ retinet nomen Syriacum. Hinc manavit majusculum Chaph
« Chaldaïcum, & inde Judaïcum. Quamquam Græca figura non parum de-
« generavit a Phœnicia, tamen ex ea natam esse non obscura exstant vestigia.
« Inutilem hanc putarunt (scilicet Latini) quod C ejus vicem supplere possit;
« nisi in tribus nominibus, Kaput, Kalumnia, Kalendæ. Quum dico Kaput,
« intelligo caput legis, non caput hominis. Hoc voluit Ausonius:

Hæc tribus in Latio tantum addit nominibus K,

Prævaluit postquam Gamma vice functa prius C.

« Sui oblitus illam iteravit infra,

Cappa fui quondam Bœotia, nunc Latium K.

« In quibus vides iterum Ausonium contentum fuisse priore syllaba τῶ κάππα,
« quod eam vocet Ka, ut hodie vulgo appellatur: quemadmodum antea

R

" dixisse ostendimus The pro Theta. Et sane veteres Latini non Kappa, sed " Ka dicebant, ut hodie : unde Krus, Knus, pro Karus, Kanus scribebant: " quia quum mutæ incipiant a se, & desinant in E, & contra semivocales " incipiant ab E, & desinant in se, veteres compendii gratiâ mutæ literæ non " apponebant E, utpote qui literam ipsam pro syllaba acciperent. Itaque *bne* " pro *bene*, *ptre*, pro *petere* scribebant. Sola autem mutarum K incipit a se " quidem ut reliquæ, sed desinit in A non in E, ut ipsæ. Ideo cum syllaba " Ka concipienda erat, solo K contenti, A omittebant. Itaque *Krtago*, *Klum-* " *niæ*, *Kput*, *Klendæ* scribebant. Nam de *Krus*, & *Knus*, pro *Karus & Kanus*, " habes apud optimum & vetustissimum Grammaticum L. Terentium Scau- " rum : qui addit illa nomina non posse scribi per C, *Crus*, *Cnus* : quia, " inquit, esset *Cerus*, *Cenus*, non *Carus*, *Canus*. Ideo eleganter Servius in " artem Donati : *Illud præterea astute datur nobis intelligi, quod cum omnium con-* " *sonantium ista natura sit, ut quædam earum ab* E *incipiant, in se desinant:* (semi- " vocales) *quædam a se incipiant & in* E *desinant*, (Mutæ) *istæ solæ repertæ sunt* " K, H, Q, Y, Z, *quæ nec ab* E *inchoant, nec in* E *desinunt*. Veteribus sane " non minus in usu fuit hæc litera, quam C. Itaque PAKUNT in lege " XII. Tabularum, pro *pagunt* vel *pacunt* scribebant. In fœdere Græciæ, Ca- " melo æreo in hortis Cæsaris ædis fortis Fortunæ incisum fuit, PORKA, " pro PORCA. Sic ARKA PONTIFICUM, & multa ad eum modum " in veteribus saxis. Vide Indicem Grammaticum in Collectanea inscriptio- " num Gruterianarum.

Hæc Josephus Scaliger, quibus liquidum est literam K vice C functam esse apud veteres Latinos. C vero pro G acceptum fuisse : unde in alphabeto Latino C eumdem locum occupat, quem Gamma in Græco, & apud veteres Latinos priscum sonum retinuerat, uti supra diximus.

Λ λάμβδα, vel λάβδα, secundum omnes formas videlicet, Λ, ᒪ & L cum Phœniciis videlicet <L2 convenit. Phœnicia vero prima, (si a dextera ad sinistram numeres,) in Bibliis Samaritanis occurrit, duæ autem postremæ in nummis. Græca prior in vetustissimis nummis & marmoribus passim habetur : altera in marmore Baudelotiano infra, & in nummo Messanensi, de quo superius, ubi Messana vocatur DANKLE : tertia in Herodis Attici inscriptione, mox adferenda, in Sponii item inscriptione, ubi Λ semper fere per L Latinum exprimitur, & in duobus nummis viri clarissimi D. Foucaut, atque in altero D. Baudelotii, cujus ectypum dedimus, ubi AESILLAS cum duobus LL Latinis scribitur, hinc est quod L in nummis Græcis pro Λυκάβαντος vulgo accipiatur. In antica nummi parte caput Apollinis conspicitur. Hic vero nummus ante rem Romanam cusus putatur : quis vero sit Æsillas nescitur.

M & ꟽ : nam utroque modo antiquitus scriptum occurrit, formatur ex prima Phœnicia, quæ tamen tres apices habet; Græca vero duos solummodo. De hac Ausonius,

Vocibus in Graiis numquam ultima conspicior M:

ubi μῦ non *em* legas, ut constet carmen.

N, ex postrema Phœnicia litera effictum videtur, quæ ν parvo prorsus similis est. Ea tamen τῦ ν forma, in antiquis inscriptionibus & libris nuspiam occurrit mihi, videturque a Tachygraphis compendii causa excogitata, quando ab unciali charactere deflexerunt, ut conjunctis ductu calami literis, expeditius currerent : quod, ut infra ostendimus, incertum quandonam ortum sit. Tunc enim illi priorem τοῦ N lineam resecuerunt : neque antea ν parvum usurpatum videmus. Hujus literæ formam sic notat Ausonius :

Zeta jacens si surgat, erit nota, quæ legitur N :

ubi item NΥ, non *en* legas, ut stet metri ratio.

Ξ, ξ, X ϛ. Tria hujus literæ schemata proferimus : primum in marmoribus & nummis passim observatur. Secundum item in marmoribus exstat ; sed rarius : in vetustis libris frequentissime. Tertium ubi per X & ϛ conjuncta exprimitur, ex marmore Baudelotii prodit, itemque ex Sponii inscriptione, quæ nunc apud D. Baudelotium exstat : ubi ΑΜΦΙΑΝΑΧΣ, & ΧΣΕΝΟΧΑΡΕΣ legitur, pro Ἀμφιάναξ & Ξενοχάρης. Et, ut videtur, hæc duplex litera in usu fuit, antequam unico charactere τὸ ξ exprimeretur : cujus forma ex Phœniciis postremis efficta videtur, sine ullo pene discrimine. Antiquitus porro ἐπίσημον σίγμα, ac numerorum nota dumtaxat erat ; sed postea in literarum usum receptum est, atque ξῖ vocatum. De hac litera Ausonius,

Mæandrum flexusque vagos imitata vagor ξ.

Ubi adjunctam formam haud dubie notat, quæ licet minus frequens occurrat in marmoribus & tabulis, tamen observari dicunt in aliquot antiquissimis inscriptionibus, & inde Mæandri formam habere dicitur, quod de alia forma Ξ dici nequit. Huic consimilis est quoad sonum litera X apud Latinos, hac ut puto de causa : cum ad Latinos Græcæ literæ translatæ sunt, literâ Ξ vel ξ nondum in Græciam advectâ, nam ejus sonum per ΧΣ, duas scilicet literas, exprimebant, ut in schemate supra videas ; Latini prioris tantum literæ formam ad eum sonum exprimendum selegerunt, ac in alphabeto suo, eodem quo X *Chi* jacebat loco posuerunt : nam Græci, σ. τ. υ. φ. χ. hac serie habent ; Latini vero S. T. V. X. omisso φ. quam literam non adoptarunt.

O eadem prorsus forma conspicitur in nummis Samaritanis, ut vides supra in Tabula. Scribitur etiam quadratum ut supra in inscriptione nummi Amyntæ Regis, cujus ectypum in Tabula dedimus : quem quidem nummum non ad avum Alexandri magni ; sed ad alium ejusdem nominis antiquiorem, qui in serie Macedoniæ regum nonus est, pertinere putant eruditi quidam viri : quoniam in nummis Amyntæ II. characteris alia forma observatur. Habetur etiam quadrum in inscriptione ad iconem Theophrasti Romæ, itemque in inscriptione ad icones Æschinis & Andocidis ; in inscriptione quoque Mithræ, quam ad tertium Christi sæculum adferimus ; & alibi. O autem in fine vocum, ου olim pronuntiabatur, ut vides supra in voce ΤΙΣΑΜΕΝΟ pro Τισαμένου, & mox in vetustissimis inscriptionibus observabis ; in fine inquam vocum, & ubique etiam cum pro ου poneretur. Unde apud Athenæum sic legitur, Διονύσο ἀντὶ τοῦ Διονύσου, ἐν τούτοις λείπει τὸ υ στοιχεῖον. ἐπεὶ πάντες οἱ ἀρχαῖοι τῷ ο ἀπεχρῶντο, οὐ μόνον ἐφ' ἧς νῦν τάττεται δυνάμεως· ἀλλὰ καὶ ὅτε τὴν δίφθογγον διασημαίνει, διὰ τοῦ ο μόνον γράφουσι. Hoc est, Διονύσο pro Διονύσου. *Hic deficit litera* υ : *quia veteres omnes litera* ο *utebantur, non modo pro qua nunc destinatur potestate ; verum etiam cum diphthongum significat, per* ο *tantum scribunt.* Igitur ο pro ου scribebant veteres : cujus rei frequentia habes exempla in speciminibus Cap. sequenti. Inde etiam Ausonius :

Una fuit olim, qua respondere Lacones,
Litera, & irato Regi placuere negantes.

O autem prisce sumebatur pro O & pro Ω, ut infra in Atheniensibus inscriptionibus. Observatur item in nummo Illustrissimi Domini Foucaut, in quo legitur Κνοσιον, pro Κνωσίων, *Cnossiorum*. Et in nummo quodam cl. viri Caroli Cæsaris Baudelotii, ubi Θηβαιοι pro Θηβαίων habetur.

Π in omnibus Phœniciis formis observatur, mutato solùm situ & resupinata litera, quæ sic habet ℶ. Antiquitus autem apud Græcos promiscuo usu hæc litera, sic Π & sic Γ decurtata postrema linea scribebatur. Ultima est in marmore Baudelotiano, utraque in marmore Cyziceno Venetiis in ædibus Caroli Grimani Patritii, item in aliis utraque forma reperitur. Ex postrema forma Γ, Latini suum P efformarunt, mutando quadrata rotundis; ita ut P Latinum P *Rho* Græcum prorsus referat, unde Ausonius:

Ausonium si P *scribas, ero Cecropium* P:
Et Rho, *quod Græco mutabitur in Latium* P.

Επίσημον Σαν πι, vel ἀντίσιγμα πι, quod literæ *Tsade* respondet, secundum utramque formam in Tabula allatam, cum prima forma Phœnicia convenit, & in serie Phœniciarum literarum post Π locum habebat: non quod literæ munere fungatur; sed pro numero ἐννεακόσια, id est, nongenta adhibetur. Verum prisci, ut observat Jos. Scaliger, commutarunt hujus locum cum sequente, quod vocatur κophe, vel κόππα, significatque ἐννήκοντα, *nonaginta*.

Ἐπίσημον Κοφῆ vel Κόππα, ἐννήκοντα significat: vocaturque ἀντίῤῥω, quia est P inversum, quasi q latinum: unde Marius Victorinus: F *vero* G *&* q *in Græcis etiam literis fuisse, & nunc esse: sed* q *numero servire, atque nonaginta significare.* q vero idipsum est, quoad formam, quod κoph Phœnicium, ut supra in Tabula videas; ita ut non sit ovum ovo similius: sicque Græci hic & nomen & figuram penitus servarunt. Scribitur item κόππα sic ϟ tantillo allato discrimine. Cæterum ex loco Marii Victorini liquet, suo tempore hæc episema in Græcis literis fuisse, quæ jam ex alphabeto exulant.

P, eamdem habet formam quam Phœnicia litera; in marmoribus tamen Baudelotiano, & Herodis Attici lineolam præfert hoc ritu Ꝑ R; ut ad R Latinum prorsus accedat. In Deliaca inscriptione omissa lineola triangulum superne exhibet sic ᚹ.

Σ dicitur σῖγμα, Dorice σὰν teste Herodoto. Quadrupliciter autem exprimitur in Tabula. Prima & secunda forma passim occurrunt in nummis & inscriptionibus, ac cum Phœniciis omnibus prorsus conveniunt. Tertia forma, demtâ inferiore lineâ, ad S Latinum accedit exprimiturque in marmoribus Ionicis, quorum exsumta mox dabimus. Quarta forma est S Latinum expressum supra in nummo Macedonico, ubi legitur AESILLAS, & infra in inscriptione Deliaca, ac in quodam Hadriani nummo Græco: quod tamen postremum exemplum ex Monetarii oscitantia prodire vero similius est: qui nimirum Græcam formam cum Latina commutaverit: neque putaverim apud Græcos tunc promiscuum fuisse usum formarum C & S. Et alioquin frequentissimas hujusmodi commutationes præferunt veteres inscriptiones.

T effictum est ex formis Samaritanis tribus, quas crucem, modo rectam modo inversam, referentes vides in Tabula: demta enim superne lineola ταῦ perfectum efficitur. Hinc est quod Origenes in caput IX. Ezechielis dixerit, Hebræum quempiam, qui in Christum crediderat, testificatum esse, τὰ ἀρχαῖα στοιχεῖα ἐμφερὲς ἔχειν τὸ ταῦ τῷ τοῦ σταυροῦ χαρακτῆρι. Hoc est, *Vetera elementa* ταῦ *crucis figuræ simile præferre.* Hæc fusius explanantur in Hexaplis nostris. Hieronymus item in eumdem locum : *Et ut ad nostra veniamus, antiquis Hebræorum literis, quibus usque hodie utuntur Samaritani, extrema* ταῦ *litera, crucis habet similitudinem, quæ in Christianorum frontibus pingitur, & frequenti manus inscriptione signatur.* Reclamat his Jos. Scaliger, qui Origenem ex aliena fide, Hieronymum ex Origene hæc falso profari pugnat : contenditque Samaritana elementa eadem ipsa tunc fuisse, quæ hodie in Bibliis Samaritanis exstant, ubi ταῦ a crucis forma toto cœlo distat : tum Siclos Samaritanos, nempe quos ipse viderat, eamdem τοῦ ταῦ formam habere, quam Biblia hodierna. Verum in nummis Samaritanis, qui in Muséis occurrunt, Ταῦ forma crucis exaratum, ut nos in Tabula expressimus, frequentissime visitur : in quos si incidisset Scaliger, Origenis & Hieronymi testimonio refragatus non esset. Sane varias fuisse literarum Samaritanarum formas, tum ex nummis ipsis qui sæpissime variant, tum ex Bibliis hodiernis comprobatur. De hac litera Ausonius,

Malus ut antennam fert vertice sic ego sum T.

Hæc de origine literarum Græcarum ex Phœniciis dicta sunto. Longe plura de singulis dici poterant : sed hæc erunt pro instituti nostri ratione satis. Hic enim de priscis solum literarum formis agimus, postea vero de advectis ex diuturno usu mutationibus agetur. In fine autem operis, aliam proferemus Tabulam, ubi literarum Græcarum varias supremæ, mediæ, infimæ ætatis formas delineabimus, additis etiam postremis alphabeti Græci literis, quæ quia ex Phœniciis ortæ non putantur, ideo hic prætermissæ sunt.

CAPUT IV.

De tribus inscriptionibus Charactere Ionico veteri conscriptis. De forma literarum Græcarum a tempore Alexandri magni circiter, ad initium Cæsarum & Augustorum. De Siglis & Monogrammatibus urbium.

NIHIL vetustius adhuc in marmoribus repertum est, binis inscriptionibus Atheniensibus, Ionico veteri charactere conscriptis, quæ ab Illustrissimo D. Marchione de Nointel, Regio in aula Constantinopolitana Oratore, Athenis opera D. Galland erutæ sunt. Illæ vero, cum in manus D. Tevenotii olim Bibliothecæ Regiæ custodis devenissent; postquam is e vivis excesserat, in Muséum clariss. & eruditi viri Caroli Cæsaris Baudelotii translatæ sunt : unde, ipso perhumaniter concedente, quæ nunc damus excerpsimus. Antequam porro de nobilibus illis inscriptionibus agatur, non ingratum lectori erit, si quo casu Athenis erutæ fuerint aperiamus, narrante ipso D. Galland, docto & antiquariæ rei perito viro, qui rogatus hæc in epistola sua ad me missa scripsit. Sic autem Latine verti.

Anno Domini 1674. *vigesima die Novembris, cum D. Giraldo Lugdunensi, qui Athenis uxorem duxerat, Regioque jussu, Gallici Consulis, ut vocant, munere functus erat, in Ecclesiam τοῦ σταυρωθέντος, sive* Crucifixi, *dictam concessimus. Est autem Ecclesia illa non muris cincta; sed undique fulta columnis: atque adeo luce magna fruitur. Tum mulier quædam, cujus ductu lustrandis monumentis utebamur, alteram ex inscriptionibus, quas D. de Nointel Regius in Aula Constantinopolitana Orator Lutetiam exportari curavit, inter pavimenti lapides & marmoreas tabulas ostendebat. At vergente in occasum sole, rem in crastinum misimus, neque tunc erat legendi facultas, quia luto deformata superficies literarum vestigia curiosis subducebat. Detersuram se pollicita mulier est, & insequenti die eodem profecti, lectisque iis, quæ supererant, mutilam inscriptionem esse comperimus, tituloque carere. Hinc enata explorandi cupidine, circumquaque dispicimus, & alteram inter pavimenti Tabulas deprehendimus: eam videlicet, in qua eorum ex Tribu Erechtheïde nomina recensentur, qui eodem anno variis in præliis ceciderant.* Hactenus ille.

Hæ autem inscriptiones temporis notam præferunt: ambæque erectæ sunt tempore Peloponnesiaci belli. Prima vero statim post Cimonis egregii Atheniensium Ducis mortem, annis circiter 450. ante Christum natum, posita est. Vulgaribus autem typis ita legitur:

Ἐρεχθηΐδος

Οἵδε ἐν τῷ πολέμῳ ἀπέθανον ἐν Κύπρῳ, ἐν Αἰγύπτῳ,
ἐν Φοινίκῃ, ἐν Ἁλιεῦσιν, ἐν Αἰγίνῃ, Μεγάροις
ἐν τῷ αὐτῷ ἐνιαυτῷ.

Στρατηγῶν   Φάνυλλος   Ἄκρυπτος.

Hoc est: *Erechtheïdis.*

Hi in bello mortui sunt in Cypro, in Ægypto,
in Phœnice, in Haliensibus, in Ægina. Megarus
eodem ipso anno.

Dux   Phanyllus   Acryptus.

Tria autem postrema nomina, initia sunt totidem columnarum, ubi longa serie inscribuntur defuncti: marmor siquidem est quinque pedum Regiorum longitudine: latitudine vero unius circiter ac dimidii. Nec vel minimum de tempore quo posita fuit inscriptio dubii relinquitur: siquidem Thucydides paulo post medium primi libri confertim hæc omnia, nempe bellum in Cypro gestum Cimone duce, qui ibi morbo periit; expeditionem Atheniensium in Ægyptum, ut suppetias ferrent primum Inaro Libyæ Regi, deinde autem Amyrtæo; pugnam ad Halieas, ubi a Corinthiis superati sunt Athenienses; Naumachiam contra Æginetas, qui victi sunt ab Atheniensibus; victoriam de Phœnicibus & Cilicibus reportatam; hæc inquam omnia Thucydides, qui tum inter Atheniensium Duces numerabatur, consequenter enarrat, optimus hujus Inscriptionis interpres. Cujus hic pauca exscribere ne pigeat, ut nobilissimæ Inscriptioni & lux & fides accedat.

Thucydides, libro 1. *paulo post medium.*

Ἰνάρως δὲ ὁ Ψαμμητίχου Λίβυς βασιλεὺς Λιβύων τῶν πρὸς Αἰγύπτῳ, ὁρμώμενος ἐκ Μαρείας τῆς ὑπὲρ Φάρου πόλεως, ἀπέστησεν Αἰγύπτου τὰ πλείω ἀπὸ βασι-

Inarus autem Libyus Psammetichi filius, Libyorum Ægypto confinium rex, ex urbe Marea super Pharum sita profectus, majorem Ægypti partem ad de-

ΕΡΕΧΘΕΙΔΟΣ

ΗΟΙΔΕ⁝ΕΝΤΟΙ⁝ΠΟΛΕΜΟΙ⁝ΑΠΕΘΑΝΟΝ⁝ΕΝΚΥΠΡΟΙ⁝ΕΝΑΙΓ
ΥΠΤΟΙ⁝ΕΝΦΟΙΝΙΚΕΙ⁝ΕΝΑΛΙΕΥΣΙΝ⁝ΕΝΑΙΓΙΝΕΙ⁝ΜΕΓΑΡΟΣ

ΕΝ⁝ΤΟ⁝ΑΥΤΟ⁝ΕΝΙΑΥΤΟ⁝

ΣΤΡΑΤΕΓΟΝ⁝ ΦΑΝΥΛΛΟΣ ΑΚΡΥΠΤΟΣ

ΑΒΓΔΕΖΗΘΙΚΛΜΝΧΣΟ — ΠΡΣΤΥΦΧ

λέως Ἀρταξέρξου· καὶ αὐτὸς ἄρχων γενόμενος, Ἀθηναίους ἐπηγάγετο. οἱ δὲ (ἔτυχον γὰρ ἐς Κύπρον στρατευόμενοι ναυσὶ διακοσίαις αὐτῶν τε καὶ τῶν ξυμμάχων) ἦλθον, ἀπολιπόντες τὴν Κύπρον, καὶ ἀναπλεύσαντες ἀπὸ θαλάσσης εἰς τὸν Νεῖλον, τοῦ τε ποταμοῦ κρατοῦντες, καὶ τῆς Μέμφιδος τῶν δύο μερῶν, πρὸς τὸ τρίτον μέρος, ὃ καλεῖται λευκὸν τεῖχος, ἐπολέμουν· ἐνῆσαν δὲ αὐτόθι Περσῶν καὶ Μήδων οἱ καταφυγόντες, καὶ Αἰγυπτίων οἱ μὴ ξυναποστάντες. Ἀθηναίοις δὲ ναῦσιν ἀποβᾶσι ἐς Ἁλίας, πρὸς Κορινθίους καὶ Ἐπιδαυρίους μάχη ἐγένετο· καὶ ἐνίκων Κορίνθιοι. καὶ ὕστερον Ἀθηναῖοι ἐναυμάχησαν ἐπὶ Κεκρυφαλείᾳ Πελοποννησίων ναυσί· καὶ ἐνίκων Ἀθηναῖοι. πολέμου δὲ καταστάντος πρὸς Αἰγινήτας Ἀθηναίοις, μετὰ ταῦτα ναυμαχία γίγνεται ἐπ᾽ Αἰγίνῃ μεγάλη Ἀθηναίων καὶ Αἰγινητῶν· καὶ οἱ ξύμμαχοι ἑκατέροις παρῆσαν. καὶ ἐνίκων Ἀθηναῖοι, καὶ ναῦς ἑβδομήκοντα λαβόντες αὐτῶν, ἐς τὴν γῆν ἀπέβησαν, καὶ ἐπολιόρκουν.

ficiendum a rege Artaxerxe deduxit: ipſeque dux effectus, Athenienſes ad belli ſocietatem adſcivit: qui cum in Cypro cum navibus ducentis, tum ſuis tum ſociorum, expeditionem agerent; relicta Cypro ad Nilum navigarunt: ac flumine ipſo duabuſque Memphidis partibus potiti, tertiam, quæ vocatur Albus murus, oppugnabant. Intus autem erant Perſæ ac Medi, qui eo fugerant, & Ægyptii, qui cum aliis non rebellaverant. Interim egreſſi navibus Athenienſes in Halias, cum Corinthiis Epidauriiſque commiſſa pugna, a Corinthiis victi ſunt. Poſtea vero Athenienſes pugna navali cum Peloponneſiorum claſſe ad Cecryphaleam congreſſi, victores fuerunt. Moto autem deinde adverſus Æginetas bello, ingens inter Athenienſes & Æginetas cum ſuis utrinque ſociis pugna navalis fuit ad Æginam. Victoria penes Athenienſes fuit, qui captis hoſtium ſeptuaginta navibus, in terram exſcenſum fecerunt, urbemque obſederunt.

Deinde interpoſitis quibuſdam, poſtquam deditionem ab Æginetis factam enarravit, ita pergit.

Οἱ δ᾽ ἐν τῇ Αἰγύπτῳ Ἀθηναῖοι καὶ οἱ ξύμμαχοι ἔτι ἐπέμενον, καὶ αὐτοῖς πολλαὶ ἰδέαι πολέμων κατέστησαν. τὸ μὲν γὰρ πρῶτον ἐκράτουν τῆς Αἰγύπτου οἱ Ἀθηναῖοι· καὶ βασιλεὺς πέμπει ἐς Λακεδαίμονα Μεγάβαζον ἄνδρα Πέρσην, χρήματα ἔχοντα, ὅπως ἐς τὴν Ἀττικὴν ἐσβαλεῖν πεισθέντων τῶν Πελοποννησίων, καὶ ἀπ᾽ Αἰγύπτου ἀπαγάγοι Ἀθηναίους. ὡς δὲ αὐτῷ οὐ προεχώρει, καὶ τὰ χρήματα ἄλλως ἀναλοῦτο, ὁ μὲν Μεγάβαζος καὶ τὰ λοιπὰ τῶν χρημάτων πάλιν ἐς τὴν Ἀσίαν ἀνεκομίσθη. Μεγάβαζον δὲ τὸν Ζωπύρου πέμπει ἄνδρα Πέρσην μετὰ στρατιᾶς πολλῆς. ὃς ἀφικόμενος κατὰ γῆν, τούς τε Αἰγυπτίους καὶ τοὺς ξυμμάχους μάχῃ ἐκράτησε, καὶ ἐκ τῆς Μέμφιδος ἐξήλασε τοὺς Ἕλληνας, καὶ τέλος ἐς Προσωπίτιδα τὴν νῆσον κατέκλεισε καὶ ἐπολιόρκει ἐν αὐτῇ ἐνιαυτὸν καὶ μῆνας

Athenienſes autem, qui in Ægypto erant, adhuc ibi cum ſociis vario belli eventu manebant. Principio enim Ægyptum occupabant Athenienſes: miſit vero Perſarum rex Lacedæmona cum pecuniis Megabazum genere Perſam, ut inductis ad invadendam Atticam Peloponneſiis, Athenienſes ab Ægypto ſubmoveret. Quod cum non procederet, ac pecuniæ fruſtra abſumerentur, quod reſiduum erat Megabazus rurſum in Aſiam ſecum retulit. Megabazum vero Zopyri filium genere Perſam miſit Rex cum exercitu magno: qui terreſtri profectus itinere, Ægyptios ac ſocios prælio vincit, ex Memphi Græcos ejicit, ad extremum in Proſopitide inſula concludit, ibique per annum & ſex menſes obſidet, donec averſa alio aqua, ſiccatoque ca-

ἐξ

ἓξ, μέχρις οὗ ξηράνας τὴν διώρυχα, καὶ παρατρέψας ἄλλῃ τὸ ὕδωρ, τάς τε ναῦς ἐπὶ τοῦ ξηροῦ ἐποίησε, καὶ τὴν νῆσον τὰ πολλὰ ἤπειρον· καὶ διαβὰς εἷλε τὴν νῆσον πεζῇ. οὕτω μὲν τὰ τῶν Ἑλλήνων πράγματα ἐφθάρη ἓξ ἔτη πολεμήσαντα.

nali, naves in ſicco ſederent, & ex magna parte inſulam faceret continentem: pedeſtrique acie tranſgreſſus inſulam cepit. Ita res Græcorum poſt ſexennii bellum peſſumdatæ ſunt.

Deinde paucis additis de exitu belli Ægyptii, deque bello in Theſſaliam & in Acarnaniam, ita proſequitur.

Ὕστερον δὲ διαλιπόντων ἐτῶν τριῶν σπονδαὶ γίγνονται Πελοποννησίοις καὶ Ἀθηναίοις πενταετεῖς. καὶ Ἑλληνικοῦ μὲν πολέμου ἔσχον οἱ Ἀθηναῖοι. ἐς δὲ Κύπρον ἐστρατεύοντο ναυσὶ διακοσίαις αὐτῶν τε καὶ τῶν ξυμμάχων, Κίμωνος στρατηγοῦντος· καὶ ἑξήκοντα μὲν νῆες ἐς Αἴγυπτον ἀπ' αὐτῶν ἔπλευσαν, Ἀμυρταίου μεταπέμποντος τοῦ ἐν τοῖς ἕλεσι βασιλέως· αἱ δὲ ἄλλαι Κίτιον ἐπολιόρκουν. Κίμωνος δὲ ἀποθανόντος, καὶ λιμοῦ γενομένου, ἀπεχώρησαν ἀπὸ Κιτίου, καὶ πλεύσαντες ὑπὲρ Σαλαμῖνος τῆς ἐν Κύπρῳ, Φοίνιξι καὶ Κυπρίοις καὶ Κίλιξιν ἐναυμάχησαν καὶ ἐπεζομάχησαν ἅμα. καὶ νικήσαντες ἀμφότερα, ἀπεχώρησαν ἐπ' οἴκου, καὶ αἱ ἐξ Αἰγύπτου νῆες πάλιν αἱ ἐλθοῦσαι μετ' αὐτῶν.

Poſtea vero exactis annis tribus, quinquennalia fœdera inter Peloponneſios & Athenienſes inita ſunt. Et a Græco quidem bello ſuperſederunt Athenienſes: ſed in Cyprum arma intulerunt cum ducentis tum ſuis tum ſociorum navibus, duce Cimone: ex quibus ſexaginta in Ægyptum profectæ ſunt, evocante Amyrtæo Paluſtrium rege: cæteræ Citium obſidebant. Verum Cimone vita defuncto, cum fame laborarent, e Citio ſolventes, curſumque tenentes ſupra Salaminem, quæ eſt in Cypro, cum Phœnicibus, Cypriis & Cilicibus & navali & pedeſtri pugna certarunt: ac utrobique victores, domum reverſi ſunt, itemque naves ex Ægypto, quæ cum ipſis profectæ erant.

In hac Thucydidis narratione bellum Cyprium, Ægyptium, Phœnicium, Halienſe, Æginenſe ab Athenienſibus eodem pene tempore geſta, una ſerie recenſentur: unde nobiliſſima inſcriptio aſſeritur & illuſtratur. Poſtrema verba nempe, Μέγαρος ἐν τῷ αὐτῷ ἐνιαυτῷ, *Megarus eodem ipſo anno*, dupliciter intelligi poſſe videntur: nimirum eodem ipſo anno Erectheïdas hic recenſitos periiſſe & Megarum ipſis cippum erexiſſe: nonnullos ſane vidi, qui ſic explicandum cenſerent. Verum hæc interpretatio cum ſerie non quadrat: vox enim Μέγαρος interjecta officit, quominus illud ἐν τῷ αὐτῷ ἐνιαυτῷ cum præcedentibus jungatur: ſed neceſſe prorſus videtur ſic diſtinguere: οἵδε ἐν τῷ πολέμῳ ἀπέθανον ἐν Κύπρῳ, ἐν Αἰγύπτῳ, ἐν Φοινίκῃ, ἐν Ἁλιεῦσιν, ἐν Αἰγίνῃ. Μέγαρος ἐν τῷ αὐτῷ ἐνιαυτῷ. Hoc eſt, *Hi in bello mortui ſunt in Cypro, in Ægypto, in Phœnice, in Halienſibus, in Ægina. Megarus eodem ipſo anno*, ſupple haud dubie, *poſuit*; eodem ſcilicet ipſo anno quo mortuorum in variis & procul diſſitis regionibus nomina Athenas allata ſunt. Nam alioquin hæc bella non videntur ex ſerie Thucydidis eodem ipſo anno contingere potuiſſe.

Ii vero tantum in hac inſcriptione numerantur, qui ex tribu Erechtheïde erant, ut cum vox Ἐρεχθεΐδος in fronte poſita, tum ipſa ratio ſuadet: nam in præliis a Thucydide recenſitis, multa millia perierint neceſſe eſt; hic vero 260. vel circiter numerantur. Dux autem qui in recenſione aliis præfigitur hoc nomine Στρατηγῶν, nempe Cimon Miltiadis filius, ex tribu Laciade erat. Cur autem inter Erechtheïdas primus ponatur haud difficile est augurari. Is enim singulis tribubus accenseri poterat, qui militibus omnibus, cujuscumque tandem tribus essent, præerat. Utpote Dux igitur in recensione defunctorum Erechtheïdarum agmen ducit. Megarus porro in titulo nominatus, ille est haud dubie, qui inscriptionem posuit, & , ut verosimile est, ex tribu ipsa Erechtheïde erat, qui contribules suos pro patria mortuos hoc cippo cohonestavit. Suspicantur quidam, hic non Erechtheïdarum tantum, sed etiam aliorum Atheniensium, qui in recensitis bellis ceciderant, nomina adscripta fuisse. At vix credatur tam paucos in tot bellis periisse, cum præsertim ii, qui in Ægypto contra regem Artaxerxem bellum gesserant, internecione pene deleti fuerint. Verum laudatus vir Baudelotius qui inscriptionem penes se habet, eamque totam publicaturus est, ex marmore ipso multa ad eam illustrandam eruet. Nobis hæc pauca prælibasse sufficiat. Jam ad characterum formam, quæ nostri instituti est, procedamus.

Singulare est, quod in titulo inscriptionis, & in aliquot defunctorum nominibus initio, singulæ voces, demtis particulis & præpositionibus, triplici puncto distinguantur. Etsi vero nullatenus credam hunc morem usu quodam & successione ad posteriora longeque remota sæcula deportatum fuisse, e re tamen fuerit hic observare, in versione Daretis Phrygii, quæ in Ambrosiana Bibliotheca Mediolani servatur, Gallico metro duodecimo circiter sæculo scripta, duos primos versus ad singulas voces tribus punctis notari, hoc pacto:

Salemons ⁝ *nos* ⁝ *enseigne* ⁝ *&* ⁝ *dit* ⁝
Esil ⁝ *lit* ⁝ *hon* ⁝ *en* ⁝ *son* ⁝ *ecrit* ⁝

Postea vero sine punctis ita scribi:

Que nus ne deit son sens celer
Ains se deit hon si demonstrer.

ut annotavimus in Diario Italico, p. 19. In inscriptionibus quoque Latinis ac in Græcis non semel animadverti, singulas voces uno puncto notari: quod item in Psalterio Græco Sedulii Scoti infra Libro tertio observatur. Idque in usu erat, ut superius diximus, ad distinctionem vocum, ne perturbatio inter legendum oriretur.

Licet porro de vetusta Græcarum literarum forma, non pauca ad singulas dixerimus supra, e re fuerit hic aliqua de formis inscriptionum superaddere. Ρ sic scribitur, anteriore linea, quæ vulgo in semicirculum ducitur, in anguli formam ducta, & supposita lineola recta; ita ut ad R Latini figuram accedat, sed non quantum in Farnesianis columnis, quæ in specimine exhibentur. H aspirationis tantum loco usurpatur, quemadmodum apud Latinos, ut vides in voce HOIΔE pro οἵδε. Dativus casus qui in vocibus in οις per ῳ, subscripto ι, exaratur hodie, hic per ο exprimitur, ι una serie adscripto, ut animadvertas in illis vocibus, EN TOI ΠΟΛΕΜΟΙ: idque antequam ω μέγα advectum esset. In marmoribus porro pariterque in vetustioribus libris, Dativus ille casus, per ω tantum plerumque scribitur: nonnumquam tamen ι adjungitur hoc modo ΩΙ, vel ωι: nam Iota subscriptum longe posterioris usus est. *Gamma* cujus forma vulgaris est Γ, hic ut *Lambda* scribitur Λ. In Farnesianis autem columnis ad utramque figuram accedit, sic Λ: vide quæ ea de re diximus supra. E pro H perpetuo scribitur in hac inscriptione, in Farnesiana & in inscriptione Atheniensi a Sponio allata, de qua mox agetur, in columnis item Farnesianis Ionico veteri charactere inscriptis, in nummis Atheniensibus: in marmore autem Bibliothecæ S. Marci Venetiis, cujus inscriptionem in Diario Italico dedimus, p. 43. H modo hac ipsa forma, modo per E exprimitur, ut in ΓΑΜΗΛΙΩΝΟΣ ΔΕΚΑΤΕΙ ΙΣΤΑΜΕΝΟΥ, *decima mensis Gamelionis.* Ubi δεκάτει pro δεκάτῃ: ibidemque ΤΕΙΒΟΥΛΕΙ, pro τῇ βουλῇ. Pari modo in marmore Allariotarum, cujus item inscriptionem ibidem edidimus, p. 72. estque illa antiquissima, & ut videtur diu ante rem Romanam posita, H modo per A quia Dorica dialecto scribitur, modo per E exaratur, ut in ΤΕΙ ΔΑΜΟΣΙΑΙ ΣΦΡΑΓΙΔΙ, *publico sigillo.* Unde confutantur ii, qui volunt H ut I antiquitus pronuntiatum fuisse: nam quorsum H per E expressissent, nisi idem aut similis sonus utriusque vocalis fuisset: an dicant etiam E ut *i* sonuisse, nullamque usum vocalis ε apud Græcos olim exstitisse? Plato utique in Cratylo narrat H per E expressum antiquitus fuisse; ita ut diceretur ἑμέρα pro ἡμέρα. Scio dixisse quoque Platonem H etiam per I pronuntiatum olim. Verum quid inde, nisi vocalem H, nec E, nec I, quoad sonum valuisse, sed aliud munus in vocalibus explevisse: quod nos ultro fatemur: alias enim frustra invectum fuisset H, si eumdem ipsum quem E aut I sonum habuisset. Verum magis accessisse ad sonum τοῦ E, tum inscriptiones istæ & Atheniensia numismata suadent, ubi semper H per E exprimitur; tum etiam usus perpetuus veterum Latinorum qui H per E in omnibus nominibus scripserunt, ut Δημοσθένης, Latine, Demosthenes, similiterque Δημήτριος, Demetrius, &c. H vero per E, aut per sonum ab E ψιλὸν, non multum absimilem, (nam variæ sunt τοῦ E pronuntiationes,) olim prolatum fuisse suadet vel ipsa ejus origo: nam ab ח Phœnicio ortum haud dubie est, quæ litera apud Hebræos & Phœnicas, per E pronunciata est. Sonum quippe ut & literæ nomen antiquitus servabant Græci. Si quidem Phœnices & Syri *Hetha* dicebant, quemadmodum & prisci Græci, ut liquet ex supra dictis. Ea vero de re multæ disceptationes prodierunt, prodeuntque in dies.

In marmoribus, nummis, & exemplaribus ante septimum Christi sæculum, paucos iotacismos sive mutationes τοῦ η in ι observavimus; in posterioribus vero sæculis, mirum quantum hoc vitium invaluerit, præsertim autem ab undecimo Christi sæculo. Verum hæc alias.

Idipsum quod in Dativo nominum in ος observavimus, hic in nominibus primæ declinationis in H deprehenditur, nam legitur ΕΝ ΦΟΙΝΙΚΕΙ, ΕΝ ΑΙΓΙΝΕΙ, pro ἐν Φοινίκῃ, ἐν Αἰγίνῃ. Siquidem ι una serie adjicitur. Deinde vero in inscriptionibus & exemplaribus vetustissimis Dativus casus per H scribitur, omisso sæpius, nonnumquam adscripto I sic HI: nam Iota subscriptum longe posterioris ævi est, ut diximus libro primo.

De Lambda & Sigma Ionicis vide quæ supra diximus. Litera vero ξ per X & Σ conjunctis exprimitur in inscriptionibus Baudelotiana & Atheniensi Sponii hoc pacto ΑΜΦΙΑΝΑΧΣ: nam in Farnesiana hæc litera non occurrit. Literam Ψ, licet ea in prima Ionica inscriptione nuspiam habeatur per ΦΣ, scriptam fuisse vix ambigo: nam ex earum numero erat, quæ a Simonide haud ita diu ante positam inscriptionem Baudelotianam advectæ sunt. Cum aspirata autem φ junctam literam Σ, Ψ expressisse suadet litera ξ, quæ per X aspiratam & Σ conjunctam in vetustis Ionicis inscriptionibus exprimitur. Hujus exemplum haberi puto in altera Ionica inscriptione a Sponio publicata, ubi in serie nominum p. 316. legitur ΟΦΣΙΑΣΕΣ pro Ὀψιάδης, ut æstimo. In marmore tamen Baudelotiano, cujus specimen supra dedimus, inter nomina Atheniensium, qui in præliis ceciderant, legitur ΑΨΕΧΣΙΜΑΧΟΣ, sive vulgari forma Ἀψεξίμαχος. At hoc nomen suspectum est: videturque omnino legendum Ἀλεξίμαχος: altera enim lectio a Græcorum nominum consuetudine abhorrere videtur: quare prior linea τῦ Ψ superaddita putatur: ea quippe sublata Ἀλεξίμαχος legitur secundum formam Ⅼ pro Λ, quæ in illa inscriptione semper habetur.

Altera inscriptio Ionica Baudelotiana a Jacobo Sponio cum adhuc ea Athenis esset exscripta, & in Miscellaneis publicata fuit p. 315. multis mendis deturpata. Posita autem fuit Peloponnesiaci belli tempore, aliquot annis post priorem Erechteïdarum: atque ut conspicuum videtur, (nam titulus cum aliqua inscriptionis parte periit,) nomina continet eorum, qui in aliqua pugna navali ceciderant, siquidem ad nomen ΦΟΚΙΟΝ, & ad nomen ⅬΥΚΕΑΣ, additur ΤΡΙΕ; id est, Τριήραρχης, *Triremis Præfectus.* Variarum autem tribuum nomina defunctorum hic recensentur; nimirum Λεοντίδος, Ἀκαμαντίδος, Οἰνεΐδος, Κεκρόπιδος, Ἱπποθοοντίδος, *Leontidis*, *Acamantidis*, *Oeneïdis*, *Cecropidis*, *Hippothoontidis*. Formæ literarum in quibusdam priori inscriptioni similes, in quibusdam dissimiles sunt. B non angulis ut altera, sed semicirculis terminatur vulgari more. Λ sic pro Γ degingitur, E pro H ponitur ut in priore. H. vero pro aspiratione tantum usurpatur. *Lambda* sic pene depingitur Ⅼ. ξ per ΧΣ exprimitur, Γ sic semper scribitur. P sic vulgari forma, non addita lineola ut in altera. Σ sic communi forma delineatur. O pro Ω ubique ponitur. Reliqua ut in priore exarantur. Sponius multa nomina deformavit; nempe ΘΕΟΛΕΝΕΣ legit pro ΘΕΟΓΕΝΕΣ; ΕΤΕΡⅬΙΔΕΣ, pro ΕΤΕΡΓΙΔΕΣ; ΛΟΡΛΟΣ, pro ΓΟΡΓΟΣ; & similiter, ΘΕΟΛΝΕΤΟΣ, pro ΘΕΟΓΝΕΤΟΣ, &c. In his autem vocibus Λ sic scriptum Γ significare non advertit. Cæterum has binas inscriptiones integras dedissemus: sed cum D. Baudelotius easdem suapte opera publicare destinaverit, plura jam proferre non licuit.

Inscriptionem alteram, in Tabula superius repræsentatam, præferunt columnæ nunc Farnesianæ, Ionicis literis inscriptæ, ab Herode Attico in villa sua Triopia tertio ab Urbe lapide erectæ. Erat enim villa Triopia multis inscriptionibus nobilitata, ex quibus non paucæ supersunt; nempe insignis illa, quæ hodie in villa Burghesiana visitur, eruditis Claudii Salmasii exercitationibus illustrata, & a Jac. Sponio in Miscellaneis denuo cusa. Altera Anniæ Regillæ Herodis Attici conjugis, quam nuper erutam exscripsi Romæ, & in Diario Italico retuli: videturque posita fuisse post mortem Anniæ Regillæ. Tertia isthæc in duabus columnis incisa, cujus excerptum edidit Josephus Scaliger, totamque publicavit Gruterus in Thesauro. Ea vero Ionicis literis, ut Baudelotiana, cum nonnullo tamen discrimine exarata est. Nec audiendus Jos. Scaliger qui arbitratur Ionicarum literarum usum ad usque tempus Herodis Attici successione quadam devenisse. Nullum enim earum vestigium reperitur, nisi in marmoribus priscæ vetustatis, scilicet ante Alexandrum magnum positis; licet innumeræ in Græcia inscriptiones exstent, & in dies eruantur. Crederem potius Herodem Atticum virum doctum, & antiquitatis amantem, qui tempore Trajani & subsequentium

Augustorum diu floruit, curasse ut inter alias inscriptiones in villa sua Triopia erectas, hæc etiam priscas Ionicas literas referens, columnis incisa emineret: quæ vulgari conscribendi genere sic legi debet.

Οὐδενὶ θεμιτὸν μετακινῆσαι ἐκ τοῦ Τριοπίου
ὅ ἐστιν ἐπὶ τοῦ τρίτου ἐν τῇ ὁδῷ τῇ Ἀππίᾳ
ἐν τῷ Ἡρώδου ἀγρῷ. Οὐ γὰρ λῷον τῷ κινήσαντι
μάρτυς δαίμων Ἐνοδία.

In altera vero columnæ parte.

Καὶ οἱ κίονες Δήμητρος καὶ Κόρης ἀνάθημα
καὶ καταχθονίων Θεῶν.

Id est:

Nemini fas est transmovere ex Triopio,
quod est ad tertium lapidem in via Appia
in Herodis agro. Non enim conducet moventi.
Testis dea Enodia; id est, viarum præses.

In altera vero columnæ parte.

Et columnæ, Cereris & Proserpinæ donarium,
ac Manium deorum.

In hac inscriptione hæc præcipue observanda sunt. Diphtongus ου numquam occurrit, verum pro ea O tantum ponitur, ut vides in voce ΟΔΕΝΙ, pro οὐδενὶ, & in sequentibus frequentissime. Pro Δ *Delta*, D Latinum usurpatur: quam formam priscæ vetustatis apud Græcos, & ex Phœnicia derivatam esse, supra ostendimus. H per E semper exprimitur, ut in Baudelotianis marmorib. ipsumque H pro aspero spiritu, non pro litera semper usuvenit. Σ sic exprimitur Ϛ & ad Latinum S accedit: qua de re vide superius ad literam Σ. Γ cum postrema linea decurtata depingitur. Dativus casus in ῃ & ῳ, per EI & OI exaratur, ut in Baudelotianis marmorib. similiterque Dativus in ᾳ subscripto ι, per AI. Quodque singularius est κατα compositum cruce designatur hac ratione + ΘΟΝΙΟΝ, pro καταχθονίων, inferorum, vel manium; ubi etiam vides literam X omitti. Si quid aliud discriminis intersit has inter & Baudelotianas formas, jam superius observatum est: & in schemate cuique conspiciendum offertur. Enodia, Diana venatrix est Hesychio; Hecate vero aliis. Illa vero, viarum præses cum esset, in testimonium vocatur adversus eos, qui statuas, Cereri, Proserpinæ & diis Manibus sive inferis dicatas, loco moverint.

Postquam de veteribus Ionicis literis superius actum est; jam ad usu vulgari frequentatos characteres procedamus: quales in nummis & marmoribus observantur, & si quæ occurrant subinde varietates aperiamus. Sane a tempore, quod inter Peloponesiacum bellum & initium Romani imperii intercurrit, in literarum formis non multum discriminis deprehenditur: nam in plerisque parum vel nihil mutatum est. Ex vetustissima autem Cyzicenorum inscriptione, quæ ad impluvium Grimanarum ædium Venetiis puteo imminet, Alphabetum in Tabula sequenti damus. Posita siquidem videtur, cum civitates Græciæ adhuc sui juris essent, nec subactæ legibus Macedonum sive Regum, qui post Alexandrum imperio, multas in partes diviso, potiti sunt. Hæ vero formæ passim occurrunt in numismatibus &

marmoribus; si quid autem discriminis intercedat, hic annotemus ad singulas literas, quæ varie exaratæ deprehenduntur.

A. Hæc est forma vulgaris hujus literæ : sed sic item scripta conspicitur cum angulo intus in vetustissimo lapide Romæ A, & frequentissime in marmoribus. Hoc modo autem delineatum raro occurrit λ, quæ forma in manuscriptis vetustioribus fere semper observatur, uti supra dictum est.

Z sic incisum habetur in nummis & marmoribus; sed hac forma etiam non infrequenter observes Ι, quo pacto scribitur in Cyziceno marmore, cujus Alphabetum in Tabula damus infra.

Θ cum puncto in medio scribitur, itemque frequenter cum linea transversa sic Θ: nonnumquam quadrum exaratur ⊟ quale visitur Romæ in ædibus Maximianis ad imum iconis marmoreæ Theophrasti, & alibi non infrequenter.

M sic vulgo depingitur: aliquando etiam M ut in Alphabeto Cyziceno infra, interdum diductis admodum lineis sic M, ut in nummo Amyntæ Macedonum Regis, cujus ectypum dedimus: μ etiam sic delineatum habetur ad imum iconis Menandri, & alibi, sed non ita frequenter.

Ξ hac forma occurrit in nummis & in marmoribus, usque ad Romanum Imperium: ξ vero, ad cujus deflexam formam Mæander defluere dici ab Ausonio, non paris vetustatis esse videtur, ut infra notabitur. Sic item scriptum occurrit in nummis Ξ. In gemmis autem Basilidianorum sic exaratur C̄ cum lineola supra : in manuscriptis quibusdam VIII. circiter sæculi sic ξ ut infra videas. Verum hæ duæ postremæ formæ medii ævi sunt.

O multipliciter scriptum reperitur: nam præter hanc vulgarem formam quadrum etiam occurrit sic □ ut in numismate Amyntæ, in marmore Theophrasti & aliis in locis, maximeque ad imum iconum veterum. Rhomboïca item forma conspicitur in Tabulis Siculis Gualtheri ◇. Sed hæc forma post rem Romanam inducta videtur. In numismatibus vero & inscriptionibus sæpe minoris est magnitudinis quam reliquæ literæ, ut vides infra in Alphabeto Cyziceno : imo etiam aliquando in nummis unico puncto exprimitur; ut in nummo Philippi Macedonum Regis, ubi legitur ΦΙΛΙΠΠ•Σ

ΓΠ Hac utraque forma passim scribitur, ut videre est in Alphabeto Cyziceni marmoris infra. Sed prior forma Γ, decurtatâ postremâ lineâ, vetustior est; unde factum P Latinum, mutando quadrata rotundis.

Σ sic vulgo depingitur. Non raro item diductis admodum lineis hoc pacto Σ quandoque plus, quandoque minus. Utrum autem C quadrum hac figura ante rem Romanam in marmoribus observetur dubium est.

Υ hac forma reperitur passim : hac item nonnumquam Υ, ut in marmore Andocidis & Aristophanis Romæ, & infra in quadam Ancyrana inscriptione, quæ sub primis Augustis posita videtur : aliquando, ut V Latinum effingitur, ut in nummo Byzantiorum nostro, ubi sub uva legitur BVZANTIΩN: singulari forma gaudet in nummo Amyntæ supra, ubi sic Υ delineatur.

Φ φ Φ Φ Φ. Hæ sunt hujus literæ formæ : quarum prima in Deliaca inscriptione supra & alibi, sed raro; secunda vulgaris est; tertia Romæ ad imum iconis cujusdam Græcæ; quarta item Romæ observata est in inscriptione Nymphodori in ædibus Maphæianis; quinta in inscriptione quadam in Insula Syro, cujus apographum a Domino de Tournefort allatum est, & in gemmis Basilidianorum infra. Duæ autem postremæ formæ utrum ante Romanum Imperium usurpatæ fuerint non ita perspectum habemus.

Ω sic item scribitur ♁ in eadem Nymphodori inscriptione. Hoc item ritu exaratum occurrit W quasi M inversum, idque in antiquis tabulis Siciliæ Gualteri, necnon in quadam Ancyrana inscriptione mox adferenda. Sed ultima forma non videtur ante rem Romanam inducta.

In numismatibus Antiochorum, Arsacidarum, aliorumque orientis Regum necnon civitatum Græcarum, literæ globulis distinctæ repræsentantur: quod genus, rei nummariæ periti nostrates vocant, *Medailles perlées*. Harum item Alphabetum proferimus. In nummis vero Ptolemæorum id singulare occurrit, quod literæ oblongæ admodum & coarctatæ sint ut plurimum: quod infra videas in Tabula.

In nummis antiquis observantur monogrammata non pauca, ubi aliquot literis simul complicatis nomina civitatum, deorum, aut virorum illustrium exprimuntur; ita ut interdum literæ omnes unius nominis in monogrammate compareant, nonnumquam vero tres quatuorve tantum nominis literæ. Plerumque autem quo pertineant siglæ hujusmodi, deprehendi nequit: sunt enim aut Monetariorum notæ, aut eorum item nomen: quid vero hisce literis & siglis significetur divinari nequit. Ex ignotis hujusmodi siglis nonnullas solum ad specimen proferimus. Monogrammata autem civitatum quædam, ex libris ac ex Museis variis excepta ordine alphabetico in Tabula expressimus; ita tamen ut multa consulto prætermiserimus, utpote minus certa.

Hæc porro sunt nomina urbium nexibus literarum enuntiata.

Αἰγιείων, *Ægiensium*, Αἴγιον, *Ægium*, urbs erat Achaïæ.

Αἰγινητῶν, *Æginetarum*, ab Ægina proxime Athenas. In spatiis siglæ vacuis nonnumquam scribitur Αιγι. Interdum etiam eædem literæ vario situ ponuntur.

Αἰτώλων. *Ætolorum*. Populi erant Epiro finitimi.

Ακραγαντίνων, *Agrigentinorum* in Sicilia. In monogrammate clare exprimuntur tres literæ AKP.

Αμβρακιωτῶν, *Ambraciotarum*, Ambracia urbs erat in Thesprotia Epiri: quæ Pyrrhi urbs Regia fuit.

Αμισου, *Amisus* urbs erat in Paphlagonia, quæ binis monogrammatibus significatur.

Απειρωτᾶν, *Epirotarum*. Hæ siglæ in nummis quidem Epirotarum sunt; sed aliud haud dubie, quam Απειρωτᾶν, significant; puta Monetariorum, aut virorum illustrium nomina.

Απολλωνιατῶν, *Apolloniatarum*, multæ erant Apolloniæ. Hoc autem monogramma non videtur Apolloniam exprimere, licet in nummis Apolloniatarum compareat: sed nomen vel Dei, vel Magistratus cujusdam, vel denique nota Monetarii.

Αραδίων, *Aradiorum*, in nummis Antiochi. Aradus urbs Phœniciæ erat.

Αργείων, *Argivorum*. Duo monogrammata sunt, quorum modo illud, modo aliud in nummis habetur.

Αρσινόη, vel Αρσινοϊτῶν, *Arsinoe*, aut *Arsinoitarum* in Ægypto. Id putatur hæc sigla significare in nummo Ptolemæorum. Sed res dubio non vacat: nam

Alphab. ex Marm. Cyziceno.

ΑΒΓΔΕΞΗΘΙΚΛΜΝΞΟΓ et ΠΡΣ
ΤΥΦΧΨΩ

Ex nummis Antiochorum.

ΑΒΓΔΕΖΗΘΙΚΛΜΝΞΟΠΡΣΤΥΦΧΨΩ

Ex numm. Ptolemaeorum.

ΠΤΟΛΕΜΑΙΟΥ ΒΑΣΙΛΕΩΣ ΑΡΣΙΝΟΗΣ ΦΙΛΑΔΕΛΦΟΥ

Monogrammata.

P. Goffart fec.

nam A inferne clausum, videtur exprimere Δ, quæ tamen litera in voce Αρσινόη non comparet.

Αχαιῶν, *Achæorum*: nonnumquam aliæ literæ adscribuntur, & interdum etiam literæ vario situ ponuntur circa literam X, diductis admodum lineis positam.

Μεγάλη Βέροια, *Magna Berœa*, in nummo Philippi. Multæ Berœæ erant: Macedonica vero Berœa a Luciano *in Asino*, vocatur Berœa magna & populosa.

Επιδαυρείων, *Epidauriorum*.

Ερεσίων, *Eresiorum*. Eresus urbs erat in Lesbo insula.

Ηράκλεια, *Heraclea*. Alia exstant in nummis istius urbis monogrammata, aliquantulum diversa ab eo, quod in Tabula repræsentatur.

Θασίων, *Thasiorum*, hoc monogramma in nummo Thasiorum reperitur; sed aliud haud dubie, quam Θασίων significat: estque nomen vel dei, vel Optimatis cujusdam, vel demum Monetarii.

Μακεδόνων, *Macedonum*, in nummo Alexandri. In ejus autem nummis variis variæ siglæ repræsentantur: quæ quo pertineant ignoratur.

Μυριναίων, *Myrinæorum*. Myrina urbs erat Æolidis.

Νικομηδέων, *Nicomedensium*. In Cimeliarchio Magni Etruriæ Ducis in nummo quodam Germanici, in postica parte legitur B. τῆς μητροπόλεως cum hac sigla postea.

Πανορμιτῶν, *Panormitanorum*. Hæc duo monogrammata variis in nummis habentur. In aliis alia observantur, quæ quo pertineant ignoramus.

Παρίων, *Pariorum*. Duo monogrammata in Tabula expressa passim in Pariorum nummis observantur.

Πάτραι, *Patræ*, *arum*, urbs Achæorum Peloponnesi.

Σαρδιανῶν a Sardibus urbe Lydiæ.

Σελεύκεια, *Seleucia*, in nummo Seleuci Nicatoris.

Σμυρναίων, *Smyrnæorum*.

Ταραντίνων, *Tarentinorum*.

Τύρου. Hac sigla putant significari Tyrum. Sed res dubio non vacat: crederem potius esse nomen proprium cujuspiam.

Hæc augeri possent, verum ad specimen satis sunto: cum maxime siglæ hujusmodi, sive monogrammata Urbium, nonnisi conjecturis ut plurimum legi possint. Aliæ sunt item notæ Monetariorum quæ explicari nequeunt; siglæ item numinum, aut virorum illustrium. Quæ omnia referre non est præsentis instituti: adeantur rei nummariæ Scriptores. Monogrammata autem quæ jam adtulimus partim ante rem Romanam, partim sub Romano imperio insculpta fuere.

CAPUT V.

De inscriptione Atheniensi nunc Colbertina, Tiberio Imperium ineunte posita.

INEUNTE Romano imperio in Græcis literis quibusdam novatum esse deprehenditur: jamque tempore Augusti mutationes quædam licet rarius in formis Græcis observantur: quæ in monumentis Romanis primo, deinde vero, licet tardius, paulatim in Græcia & in Oriente obtinuerunt: qua de re in Cap. sequenti. In ea autem, quam nunc proferimus, Atheniensi inscriptione, nihil in literis habetur, quod a prisco more deflectat. Est autem ea in marmore duorum circiter ac dimidii pedum longitudinis; latitudinis vero unius ac dimidii. Et primo quidem Athenis eruta Constantinopolin ad Regis Galliæ Oratorem translata est: ibique a Jacobo Sponio exscripta fuit, ac publicata deinde ab eodem in Itinerario suo Gallice scripto: sed misere deformata, & supra fidem vitiata, ut infra videbitur. Indeque in Bibliothecam Colbertinam translata fuit; unde nos exsumsimus. Posita autem fuit Druso Consule, anno Christi 15. vel 16. Imperatoris Tiberii secundo. Ibi pauca in literis singularia annotari possunt: A cum angulo intus delineatur, ac ita exaratum non infrequenter occurrit in aliis marmoribus. H vulgo cum transversa linea, interdum cum puncto in medio I·I. P in hac inscriptione semicirculum semper habet in medio lineæ sic Þ, quod nusquam alias observatum a nobis est. Lineâ 10. post hæc verba, φιλώτας Θεοδώρου, conspicue legitur ΕΓ Μυῤῥινούτης, pro ΕΚ Μυῤῥινούτης, quæ commutatio in aliis quoque inscriptionibus observatur. Sic in Corcyræa inscriptione Diar. Italico p. 415. ἐγδανειστάμενοι legitur pro ἐκδανειστάμενοι, & pluries repetitur. Lineâ 18. post vocem Διόδωρος, ad quid pertineat figura sequens) ignoramus: an dicatur esse notam densi spiritus in voce sequenti Ερμείου, Herméi? Cætera ad formam characteris spectantia lectori exploranda mittimus in Tabula sequenti, ubi germanam hujus inscriptionis lectionem dedimus, ut quisque videat in Bibliotheca Colbertina. Si quis autem nostra perlecta Tabula, Sponii apographum adeat, aliam prorsus rem agi putet; ita scilicet in omnibus pene variatur. Sic igitur apud Sponium habetur Tomo 3. Itinerarii Gallice scripti, p. 106. secundæ partis ejusdem Tomi.

Αρχοντος

Και ιερεως Δρυσυ υπατυ
Ξενων Μενεευ φλυευς
Ηρακλιτος Αειστοκλευς Σφηττιος πολεμαρχος
. . . . ετησα Αλκετου Πειραϊδης Θεσμοθετυ
Λυκιος Σεπτιος Κηφισιευς
φιλωτας Θεοδωρου εγ Μυρρινουντι
Δημητριος Κιωνευ Κυδαθηναιευς
Σεξτιος Λυκιυ Διεραδιωτης
Αθηνοδωρος Ευκτιτος Φρεαρριος
Αλεξανδρος Αλεξανδρυ Θριασιος
Κηρυξ της εξ Αρεοπαγυ βουλης
Λεωνιδης Λεωνιδυ Μελιτευς κηρυξ αρχοντι
Διοδωρος Ερμειος αυλητης
Ισιφιλος Ασκληπιαδυ Αθμονευς
Εσιαιος Διονυσιυ Μιλησιος.

Sic ille inscriptionem nobilissimam, nec lectu difficilem penitus vitiavit, voces quasdam necessarias & luculenter exaratas de medio sustulit; ut sunt βασιλεῦς, & Λιτυργός; casus frequentissime alios pro aliis posuit; ut initio, Α'ρχοντος καὶ ἱερέως Δρύσου ὑπάτου: ubi clare legitur; Α'ρχων καὶ ἱερεὺς Δρύσου ὑπάτου Ξένων, & ita sensus postulat, ac deinde Θεσμοθέτου, pro Θεσμοθέται. Quod autem pejus fuit, distinctiones omnes, quæ in lapide conspicue habentur, perturbavit, cum voces quasdam aliis, & longe disparatis adjunxit. Quibus ita positis adeo ἀσύςατα sunt omnia, ut ne ipse quidem quid ageretur intellexerit; sed inauspicato hæc divinarit: *Marmor ut videtur positum in memoriam cujusdam ædificii, plurimorum sumtibus constructi, quo tempore Drusus Tiberii filius Archon Athenis fuit, quod in historia prætermissum fuit. Polemarchus hic memoratus, is erat cui exercitûs ductum tradebant Athenienses: Thesmotheta vero, is qui ludis publicis præerat.* Sic Jacob. Sponius. Hæc porro omnia, ædificium multorum peculio excitatum, ubi ne verbum quidem de ædificio, Drusus Tiberii fil. Archon Athenis, Thesmotheta unus, ubi sex perspicue nominantur, omnino ἀπροσδιόνυσα sunt. Neque mirum id est apud Sponium, qui paucas inscriptiones lapsibus hujusmodi non contaminatas dedit. Quatuor una serie easque brevissimas referam, quæ manu medica egent. T. 3. p. 100.

Inscriptio portæ cuidam imminens:

Ανεκαινιαθι (sic) ἐπὶ Βασιλείου καὶ Κωνςαντίνου τῶν πορφυρογεννήτων φιλοχρίστων σεβαςῶν δεσποτῶν ἐν ἔτει ΚΦΚΑ. Ubi legendum est haud dubie, ἐν ἔτει ςφκα. Id est, *Restauratum est sub Basilio & Constantino Porphyrogenitis Christi amantibus Augustis Dominis aut Despotis, anno mundi 6521. id est Christi* 1013. quo tempore hi fratres imperabant.

Et ibidem, ἀνεκαινίσθη ἐπὶ Μανουὴλ τοῦ φιλοχρίστου. βασιλ Ρωμε ιυ νικο εν ννς...καὶ αὐτοκράτορος Ρωμαίων τοῦ Κομνηνοῦ ἐν ἔτει ΦΧΟϚΜΒ. Ubi legas βασιλέως πορφυρογεννήτου, & forte aliam vocem interponas: annum vero sic certo restituas ςχοϚΝ ΙΒ. nam Sponius notam numeralem I cum N conjunxit ut M faceret, sic autem vertimus, *Instauratum est sub Manuele Christi amante Porphyrogenito Romanorum Imperatore Comneno, anno 6672. Christi 1164. Indict. 12.* Et vere Indictio 12. in hunc annum cadit.

Ibidem hos quatuor versus mendose refert sic: Ον της θαλασσης θραυσμος μακρῳ χρονω κλυδωνι πολλω και σφοδρω ρηγνυμενη, επεσεν κατεναγκασε πυργον εκ βαθεων, Βασιλειος ηγειρεν ευσεβης αναξ.

Ubi sic legas:

Ον τῆς θαλάσσης θραυσμὸς ἐν μακρῷ χρόνῳ
Κλύδωνι πολλῷ καὶ σφοδρῷ ῥηγνυμένης
Πεσεῖν κατηνάγκασε πύργον, ἐκ βάθρων
Βασίλειος ἤγειρεν εὐσεβὴς ἄναξ.

In primo versu sic quoque legi potest, θραυσμὸς μακροῦ τοῦ χρόνου. Nam istis temporibus Græci in Iambis, licet breves & longas parum curarent, numeros tamen syllabarum servabant. Sensus est:

Quam maris æstus diuturno tempore,
Fluctibus multis ac decumanis irrumpentibus,
Humi prostraverat Turrim, a fundamentis
Basilius excitavit pius Imperator.

Ibidem hanc quidem inscriptionem recte posuit, Ἰωάννου ἐν Χριστῷ αὐτοκράτορος Παλαιολόγου, *Joannis in Christo Imperatoris Palæologi*; sed oscitanter adjecit,

ΑΡΧΩΝ

ΚΑΙ ΙΕΡΕΥΣ ΔΡΟΥΣΟΥ ΥΠΑΤΟΥ

ΞΕΝΩΝ ΜΕΝΝΕΟΥ ΦΛΥΕΥΣ

ΒΑΣΙΛΕΥΣ

ΗΡΑΚΛΙΤΟΣ ΑΡΙΣΤΟΚΛΕΟΥΣ ΣΦΗΤΤΙΟΣ

ΠΟΛΕΜΑΡΧΟΣ

ΑΛΚΕΤΗΣ ΑΛΚΕΤΟΥ ΠΕΡΙΘΟΙΔΗΣ

ΘΕΣΜΟΘΕΤΑΙ

ΛΕΥΚΙΟΣ ΣΕΠΠΙΟΣ ΚΗΦΕΙΣΙΕΥΣ

ΦΙΛΩΤΑΣ ΘΕΟΔΩΡΟΥ ΕΓ ΜΥΡΙΝΟΥΤΤΗΣ

ΔΗΜΗΤΡΙΟΣ ΚΙΝΕΟΥ ΚΥΔΑΘΗΝΑΙΕΥΣ

ΣΕΞΤΟΣ ΛΕΥΚΙΟΥ ΔΙΡΑΔΙΩΤΗΣ

ΑΘΗΝΟΔΩΡΟΣ ΕΥΓΙΤΟΝΟΣ

ΑΛΕΞΑΝΔΡΟΣ ΑΛΕΞΑΝΔΡΟΥ

ΚΗΡΥΞ ΤΗΣ ΕΞ ΑΡΕΙΟΥ ΠΑΓΟΥ ΒΟΥΛΗΣ

ΛΕΩΝΙΔΗΣ ΛΕΩΝΙΔΟΥ ΜΕΛΙΤΕΥΣ

ΚΗΡΥΞ ΑΡΧΟΝΤΙ

ΔΙΟΔΩΡΟΣ ΕΡΜΕΙΟΥ

ΑΥΛΗΤΗΣ

ΙΣΙΦΙΛΟΣ ΑΣΚΛΗΠΙΑΔΟΥ ΑΘΜΟΝΕΥΣ

ΛΙΤΟΥΡΓΟΣ

ΕΣΤΙΑΙΟΣ ΔΙΟΝΥΣΙΟΥ ΜΙΛΗΣΙΟΣ

Joanne Palæologo imperante captam fuiſſe Conſtantinopolin : nam, quod nemini ſane non notum eſt, ſub Conſtantino ejus filio contigit Urbis excidium. Tempus me deficeret ſi omnia notarem, in quæ incidi : verum monuiſſe ſatis erit, nonniſi caute poſſe inſcriptiones illas uſurpari, & operæ pretium facturos eos, qui Orientales regiones peragrant, ſi ipſas denuo accuratiuſque tranſcribant. Ne tamen Sponii laudi detractum velle videamur, fatemur recenſionem ejus CLXXIV. tribuum Atticarum perutilem eſſe, nec indiligenter collectam : & quia variis ex marmoribus ſingula tribuum nomina excerpſerat, accuratius quàm ſolet aliàs, illa deſcribit : quare tria nomina Tribuum, quæ ex hoc marmore in vectura Conſtantinopoli Lutetiam, excuſſis aliquot fruſtrulis, exciderant, ex apographo Sponii ſarcivimus in Tabula præcedenti.

Hæc autem vulgari charactere ita ſcribimus, adjuncta interpretatione.

Ἄρχων	*Archon*
Καὶ ἱερεὺς Δρούσου ὑπάτου	*Et Sacerdos Druſo Conſule*
Ξένων Μεννέου Φλυεὺς,	*Xenon Mennei Phlyeus*,
Βασιλεὺς	*Rex*
Ἡράκλειτος Ἀριστοκλέους Σφήττιος,	*Heraclitus Ariſtoclis Sphettius*,
Πολέμαρχος,	*Polemarchus*,
Ἀλκέτης Ἀλκέτου Περιθοΐδης.	*Alcetes Alcetæ Perithoïdes.*
Θεσμοθέται,	*Theſmothetæ*,
Λούκιος Σέππιος Κηφισιεὺς,	*Lucius Seppius Cephiſieus*,
Φιλώτας Θεοδώρου ἐγ Μυρινούττης,	*Philotas Theodori ex Myrinuſſa*,
Δημήτριος Κινέου Κυδαθηναιεὺς,	*Demetrius Cineæ Cydathenæus*,
Σέξστος Λουκίου Διραδιώτης;	*Sextus Lucii Diradiotes*,
Ἀθηνόδωρος Εὐγείτονος [Φρεάρριος,]	*Athenodorus Eugitonis Phrearrius*,
Ἀλέξανδρος Ἀλεξάνδρου [Θριάσιος.]	*Alexander Alexandri Thriaſius.*
Κῆρυξ τῆς ἐξ Ἀρειοπάγου βουλῆς	*Præco Senatûs Areopagi*
Λεωνίδης Λεωνίδου Μελιτεὺς,	*Leonides Leonidis Meliteus :*
Κῆρυξ Ἄρχοντι	*Præco Archonti*
Διόδωρος Ἑρμαίου,	*Diodorus Hermeæ*,
Αὐλητὴς	*Tibicen*
Ἰσίφιλος Ἀσκληπιάδου Ἀθμονεὺς,	*Iſiphilus Aſclepiadis Athmoneus*,
Λιτουργὸς	*Miniſter*
Ἑστιαῖος Διονυσίου Μιλήσιος.	*Heſtiæus Dionyſii Mileſius.*

Hic notantur Magiſtratus annui Athenienſes Druſo Conſule, qui cum C. Norbano Flacco Conſulatum iniit anno Chriſti 15. qui erat Tiberii ſecundus. Sed hîc Conſul unus ex duobus, ut alibi ſæpiſſime in marmoribus, nominatur : cujus rei exempla multa ſuppeditat Gruterus in Theſauro. Druſi ergo Conſulatu non ipſe Druſus, ut fert depravata Sponii lectio, ſed Xenon Mennei filius Phlyeus Archon primus, ſive Ἄρχων ἐπώνυμος, erat. Etſi namque Auguſti ac Cæſares Archontum Athenienſium munus quandoque dedignati non fuerint, v. g. Hadrianus & Gallienus ; ut probe commonſtrat Antonius Vandale in erudito opere de Antiquitatibus & marmoribus, p. 221. nuſpiam, ut puto, legitur Druſum Tiberii filium hoc munere functum eſſe : nam quod ille vir doctus inter Archontas Athenienſes Druſum numeraverit, id ex vitiata per Sponium inſcriptione mutuatus eſt : neque enim poterat inconsulto marmore veram lectionem assequi.

Hic igitur novem Atheniensium Archontes annui notati recensentur, additis singulorum tribubus. Primus erat Ἄρχων ἐπώνυμος; secundus βασιλεὺς, sive *Rex*; tertius Polemarchus; sex reliqui Thesmothetæ. Ignorat nemo, postquam Reges Athenis desierant, Magistratus perpetuos, qui Ἄρχοντες appellabantur, creatos fuisse: hi autem annis 316. rem publicam administrarunt: donec mutato regimine Archontes decennales constituerentur, qui septem numero, annis 70. hoc munus gesserunt. His substituti sunt Archontes annui: quorum primus ἐπώνυμος, *Eponymus* vocatus, cæteris dignitate præerat; atque ut Consules Romæ, sic Archon ille primus & Eponymus Athenis, pro anno designando usurpabatur. Archon igitur Eponymus Druso Consule erat Xenon Mennei filius, idemque ἱερεὺς sive Sacerdos dicitur: hi quippe Archontes Eponymi sacris præerant, præsertimque magnis Dionysiacis sive Bacchicis solemnitatibus, ut ex Julio Polluce observat idem Ant. Vandale. Hîc porro Dionysiacorum symbola adsunt ad imum marmoris, ut vides in Tabula supra, nempe palmes cum uva, &c.

Post Archontem Eponymum, qui erat Xenon Mennei filius, Tribu Phlyeus, sequitur βασιλεὺς, Rex, qui inter Archontes Athenienses secundas tenebat: is erat Heraclitus Aristoclis Tribu Sphettius. βασιλεὺς autem, sive Rex, jam a priscis temporibus secundus inter Archontes Athenienses numerabatur: cujus officium erat Mysteriis præesse, illaque administrare, quæ ad patria sacrificia pertinerent. Judicia de rebus sacris ad illum deferebantur. Ipse lites super cæde ad Areopagum referebat: ubi deposita corona, cum Areopagitis judex sedebat. Adversariis denuntiabat, ut abstinerent a Mysteriis aliisque legalibus. Uxorem autem ejus βασίλισσαν, sive *Reginam* appellabant. Hæc Regis sacrorum munia fuse & docte suo more prosequitur Antonius Vandale eodem in opere, p. 203. & seqq.

Archontum tertius erat Polemarchus, πολέμαρχος, ab Harpocratione descriptus in Lexico: quod munus hîc obtinere dicitur Alcetes Alcetæ filius, Perithoïdes, ex Tribu videlicet ejus nominis. Πολέμαρχος, principio quidem rem bellicam administrabat: sed postquam Athenienses Romanis paruerunt, rebus tantum urbanis Polemarchi prospiciebant. Horum autem munia Julius Pollux & alii descripserunt: Polemarchus, Dianæ agroteræ sive agresti sacrificabat, & Enyalio, sive Marti, disponebat item Epitaphium eorum, qui in bello ceciderant. De causis litigantium judicabat inter peregrinos & advenas: atque, ut ait Aristoteles, idipsum erat Polemarchus erga peregrinos, quod Archon erga cives.

Sex Thesmothetæ novem Archontum numerum complebant: Drusi autem Consulatu hi Thesmothetæ erant, Lucius Seppius Cephisieus, Philotas Theodori ex Myrinussa, Demetrius Cineæ Cydathenæus, Sextus Lucii Diradiotes, Athenodorus Eugitonis Phrearrius, Alexander Alexandri Thriasius. Thesmothetarum munus erat, ut leges in publico singulis annis corrigerent, διορθοῦν, & accurate dispicerent essetne lex aliqua alteri adversa; an aliqua inter ratas abrogata; essentne plures de unaquaque re perscriptæ. Tum si quæ hujusmodi essent, in concione proponebantur, & si opus esset abrogabantur. Illa autem legum emendatio non apud Athenienses tantum, sed etiam in aliis Græciæ civitatibus in usu erat: sic in Corcyræa inscriptione, de qua superius: Εἰ δ' καὶ διόρθωσις τῶν νόμων γίνηται, πεξαίτων οἱ διορθωτῆρες εἰς τοὺς νόμους, καθὼς καὶ τὸ ἀργύριον χρήσεσθαι. Id eſt, *Quod ſi legum emendatio acceſſerit, ſtatuant legum correctores in ipſis legibus, quo pacto eadem ipſa pecunia adminiſtranda ſit.* Leges igitur iſtæ tales erant ut, ſi quid uſus & experientia melius eſſe doceret, facile mutarentur. Iidem vero præſcribebant, quando in Tribunalibus judicia exerceri, quando delationes deferri deberent ad populum, & alia hujuſmodi civilia officia gerebant, quæ pluribus explicantur a Budæo in Pandectis.

Poſt novem Archontas ſequitur in Tabula, κήρυξ τῆς ἐξ Ἀρείου πάγου βουλῆς, *Præco Senatus Areopagi*. Is hoc anno erat Leonides Leonidæ Melitenſis. Κήρυκες ſive Præcones Athenis, quidam ceu Magiſtratus erant, ut habet Thucydidis commentator; hi, ut ipſum nomen ſonat, Senatûs placita enuntiabant.

Præter autem Κήρυκα ſive Præconem Areopagi, habetur item in Tabula, Κήρυξ ἄρχοντι, *Præco Archonti*: is autem hoc Druſi Conſulatûs anno erat Diodorus Hermiæ filius, cui ſoli nomen Tribûs non adjungitur: an quia ex Κηρύκων ſive Cerycum familia erat? Teſte quippe Iſocrate in Panegyrico, genus & familia Athenis erat τῶν Κηρύκων, Cerycum ἀπὸ Κήρυκος τοῦ Ἑρμοῦ, a quodam Ceryce Hermæ filio. Rem mittimus erudito lectori explorandam.

Poſt ſequitur αὐλητὴς, *Tibicen*, quem quotannis Archon ſortiebatur, ſive adhibitis ſortibus deligebat. Is autem erat qui in magnis Dionyſiacis tibia ludebat, hoc autem anno in Auleten delectus eſt Iſiphilus Aſclepiadis Athmoneus. Corcyræi vero in Dionyſiacis, ſeu Bacchi celebritatibus, tres Tibicines ſive Auletas, Tragœdos tres, Comœdos totidem conducebant, ut fertur in marmore Corcyræo, cujus inſcriptionem dedimus in Diario Italico, p. 411.

Agmen claudit λιτουργὸς, miniſter ſacrorum, aut moderator cæremoniarum: cujus miniſterium haud ſatis perſpectum habemus, nuſquam enim occurrit nobis in marmoribus & Tabulis. Dionyſiacis autem ſive Bacchicis ſacris miniſtraſſe ipſa res per ſe indicare videatur: imum quippe Tabulæ Dionyſiacis ſymbolis plenum eſt. Is hoc anno erat Heſtiæus Dionyſii filius Mileſius.

CAPUT VI.

De mutationibus, quæ primis Imperii Romani temporibus in Græcas literas advecta ſunt. Inſcriptiones Ancyranæ & aliæ bene multæ, quarum magna pars nondum edita fuerat; cæteræ a mendis repurgatæ ſunt: ubi plurimi literarum nexus.

UT fere fit in rebus arbitrio hominum obnoxiis, primis Cæſarum & Auguſtorum temporibus, quarumdam Græcarum literarum formæ variæ inductæ ſunt, quæ in nummis & marmoribus obſervantur. Libros quippe tantæ vetuſtatis ad noſtram uſque ætatem perveniſſe non novimus. Etſi porro exemplaria omnia perierint, neminem puto inficias iturum eſſe, eaſdem ſaltem ut plurimum quas in lapidibus & in ære inciſas videmus formas, & formarum mutationes, in chartis item expreſſas fuiſſe: quandoquidem libri omnes vetuſtiores, qui ſuperſunt a quarto circiter ad octavum uſque ſæculum, eodem quo inſcriptiones eorumdem temporum charactere, exarati sunt, demtis paucis literis, quæ ad commodiorem usum mutatæ fuere. Ac ut perspicuum jamjam erit, ideo mutatæ characterum formæ sunt, vel ut liquidius fluerent, vel ut paucioribus styli aut calami ductibus effingerentur: quæ utilitates in scriptione atramento vel aliis liquoribus adornata magis deprehenduntur, quam in sculptis & cælatis literis.

A sic efformatur in nummis & marmoribus ante rem Romanam, exceptis paucissimis exemplis. Hæc vero figura nonnisi triplici calami ductu absolvitur, cessando ad singulos ductus: nam duæ lineæ inferne disjunctæ, superne in angulum concurrentes, nonnisi duplici ductu, si concinne fiant, delineantur; tertio autem calami ductu media linea transversa ponitur: breviori autem opera sic effingitur duplici ductu λ: quæ forma in numismatibus & Tabulis marmoreis ante Cæsarea tempora vix deprehenditur; imo postea perrarò in marmoribus & nummis observatur; in iis saltem quæ ingenti numero videre licuit; sed in vetustis omnibus libris qui supersunt, semper usurpatur: nusquam certe vidi in Codicibus Græcis cujusvis ætatis A sic scriptum; in iis saltem exemplaribus quæ a Græcis conscripta sunt: nam in Glossario Laudunensi, cujus specimen damus ad nonum Christi sæculum, quodque a Latino Librario descriptum est, A, hac forma aliquoties observatur initio; similiterque in aliquot aliis Latina manu scriptis exemplaribus Græcis, ut fusius dicetur infra. Sed prior forma, nempe A, in marmoribus & nummis ad postrema usque sæcula adhibita fuit; exceptis tamen Basilidianorum gemmis, ubi variæ hujus literæ formæ reperiuntur, ut infra dicemus.

E ita scriptum, quadruplici calami ductu, intermittendo ad singulos, efformatur: in eaque litera eleganter exaranda scriptio retardatur; cum maxime in quovis orationis genere frequenter occurrat. Quam molestiam ut levarent vel minuerent Calligraphi duplici ductu sic expresserunt, ϵ: quæ forma sub initium Romani imperii frequenter occurrit. An vero Augustorum ævum præcesserit non novimus: adfirmare tamen possumus, non observari in marmoribus & numismatibus, quæ ingenti numero vidimus: in uno tamen Maronitarum nummo, qui utrum ante Romanum imperium cusus fuerit non liquet; ϵ rotundum conspicitur. Hujus certe postremæ formæ usus subsequentibus sæculis sic invaluit, ut in omnibus Codicibus unciali charactere conscriptis, ϵ hoc modo jaceat. Alia item forma conspicitur in marmore Neapolitano, scilicet ε, uno ductu efficta, quæ postquam charactere unciali libros exarare desitum est, frequenter usurpata fuit a Librariis Græcis.

In marmoribus autem Romanis & Occidentalibus ab Augusto ad quartum sæculum, sæpius hac rotunda; raro prisca & quadra forma scriptum occurrit: in marmoribus autem Græciæ & Orientalibus E sic delineatum, etiam post quartum sæculum observatur; sed ϵ rotundum frequentius. E autem sic prisco more delineatum, in nullo Græco Codice Græca manu descripto hactenus observavi; sed in iis etiam, quæ Latina manu scripti sunt, rotundum effingitur, ea forma, quam supra posuimus; in omnibus scilicet unciali charactere exaratis Codicibus. In aliis autem a nono sæculo variis ductibus exaratur, ut annotabimus libro 4. & libro 5.

Ξ hoc modo depictum fere semper occurrit in nummis & marmoribus a tempore Peloponnesiaci belli: nam antea & ipso Peloponnesiaci belli tempore

pore, per X ϛ, aut X Σ, exarabatur, ut supra diximus, donec per unicam formam describi cœpit, nempe Ξ. Præter hanc vero tres alias observamus in marmoribus, nempe Ξ Ξ C, quam postremam formam in Basilidianis tantum lapillis vidi: duas autem alias in marmoribus sub imperio Romano positis. At ex præmissis nulla in vetustis libris observatur; qua de re libro sequenti. Quod ad formam vero qua Mæander fluere dicitur, de qua Ausonius:

Mæandrum flexusque vagos imitata vagor ξ,

occurrere eam dicunt in veterum monumentis, aut ipsi similem: ego nondum vidi præterquam in libris manuscriptis: & tamen certum videtur, esse vetustissimi usus, licet in marmoribus vix usurpata fuerit: quia videlicet flexus illi vagi difficilius scalpro quam calamo delineari possunt. Certe in exemplaribus omnium vetustissimis illi sinuosi ductus exprimuntur, licet forma paulum diversa, ut in sequentibus Libris passim observabitur.

Σ sic vulgo scribitur in numismatibus & Tabulis marmoreis ante Cæsarum ævum, exceptis aliquot exemplis Ionicæ veteris formæ, de quibus supra: in numismatibus item Julii Cæsaris Σ ita scriptum cernitur. Verum quia hanc formam concinne depingere difficile est: binæ aliæ in nummis & inscriptionibus Augusti ævo effictis novatæ deprehenduntur, videlicet Ε, quadrum, ac frequentius C Latinum, ut uno ductu exarari posset. Forma C in marmoribus Europæis a primo Christi sæculo, frequentissime usurpabatur; in Græcis & Orientalibus usus τοῦ Σ ad quartum usque Christi sæculum perductus est; ita tamen ut C etiam persæpe adhibeatur: & utrobique Ε, non infrequenter compareat. Prima autem forma Σ a quinto sæculo raro usurpatur in marmoribus etiam Orientalibus. In libris vero vetustioribus, quotquot unciali, ut vocant, charactere descripti sunt, C semper legitur: nam Librarii faciliores breviores que calami ductus sectati sunt. In hanc τοῦ σίγμα figuram suo jam tempore pervulgatam, hæc Martialis,

Accipe lunata scriptum testudine Sigma,

Ε vero quadrum in quibusdam veterum Græcorum statuis & iconibus aliquoties observari dicunt, & sic expresserunt ii qui illas in æs incidi curarunt. Verum quis scit, num statuæ illæ & icones ipso virorum, quos exhibent, tempore sculptæ, an diu postea Romæ ad aliarum vetustiorum fidem effictæ fuerint? quis scit item an nomina, quæ in vetustis illis & forte ipsa virorum, quos repræsentabant, ætate sculptis iconibus sunt, Romæ postea adjecta fuerint; quemadmodum statuariorum veterum nomina, diu postea Romæ statuis, quorum vel erant vel putabantur esse, insculpta sunt; ut illa, *opus Praxitelis*, *opus Phidiæ*, Heroibus illis marmoreis equos ducentibus, qui jam in Montecaballo visuntur, adjecta fuere. Et Herculi Romæ eruto Latinè adscriptum erat, *Hercules Lysippi*; quæ inscriptio diu postea adjuncta fuit. Quamobrem inscriptiones illæ quæ ad imum iconum marmorearum Romæ & alibi visuntur, non remotæ semper vetustatis sunt; sed Romæ diu post ætatem virorum, qui iis repræsentantur, adornatæ: vel etiam ipsæ icones & statuæ Romæ ad vetustiorum fidem sculptæ fuere. Sic in gemma Solonem exhibente apud Fulvium Ursinum ΣΟΛΩΝΟΣ legitur: qua forma ante rem Romanam Sigma delineatum fuisse non putamus. Similiterque ΣΠΕΥΣΙΠΠΟΣ ΕΥΡΥΜΕΔΟΝΤΟΣ, ad imum iconis ejusdem scriptum, Romæ haud dubie positum, vel ipsa statua ibidem sculpta fuit. Cui rei fidem faciunt, ut jam dicebamus, nomina veterum Græcorum Latine non semel scripta ad imum statuarum. Ut ut vero sit, in vetustis & & ante rem Romanam certo insculptis Tabulis, neque Ꮯ, neque C hactenus observavimus. Hæc autem postrema forma in Codicibus unciali charactere descriptis unica habetur.

Ω sic in inscriptionibus & nummis ante Julium Cæsarem exaratur. In nummis item Julii Cæsaris hæc forma conspicitur, in quibusdam autem ita depingitur ω, pariterque in nummis Augusti. Deinde vero hæc forma ω paulatim invaluit; ita ut sola tandem remanserit. In nullis quippe Codicibus Græcis hæc figura Ω cernitur; sed ω semper scribitur. Ne pigeat annotare literam Ω in marmoribus Oxon p. 93. in inscriptione, quæ Hadriani tempore posita est, sic inversam ℧ jacere: itemque his formis nonnumquam describi W. ɯ. ut infra observabitur.

Cæterum formæ veteres, quæ Cæsarum & Augustorum prioribus sæculis sensim desierant, & a Codicibus omnibus, Græca manu scriptis, prorsus exulant; ad arcanas tamen literas nonnumquam usurpabantur, ut infra dicetur libro 4. in Cryptographia.

Mutationum hujusmodi, quas præmisimus, exempla multa deprehendas in inscriptionibus Ancyranis & aliis mox adferendis: quas a Domino de Tournefort accepimus. Is enim cum jussu sumtibusque Regiis Orientales regiones peragraret; cum alia mulra docte observavit; tum inscriptiones sequentes variis ex marmoribus exscripsit: quarum maxima pars publicata numquam fuerat, & si quæ editæ a Grutero & vel aliis fuerant, illæ sane laudati viri ope emendabuntur. Hic videas singulares abbreviandi ritus, dum literæ quandoque plures in una multiplicatis ductibus delineantur: & alia singularia ad historiam & vetustatem spectantia. Notas addidimus quantum ad explanationem necesse arbitrati sumus.

Inscriptio Ancyrana prima Tabulæ vulgari charactere conscripta.

Γαλατῶν ὁ δῆμος.	Galatarum populus.
Ρασταμενο.	. . . .
Σεβαστο ι.	Imperato—

Hoc loco decem duodecimve lineæ in marmore penitus deformatæ sunt, ut legi nequeant.

Αλβιόριξ Ατεπόριγος δημοθοινίαν ἔδωκεν, ἀνδριάντας ἔθηκε Καίσαρος καὶ Ιουλίας σεβαστῆς.	Albiorix Ateporigis publicum epulum dedit, statuas posuit Cæsaris & Juliæ Augustæ.
Αμύντας Γαιζατοδιάστου δημοθοινίας δὶς ἔδωκε, ἑκατόμβην ἔθυσεν, θέας ἔδωκεν, σιτομετρίαν ἔδωκεν ἀνὰ πέντε μοδίους.	Amyntas Gæzatodiasti publicas epulas bis dedit, Hecatomben immolavit, spectacula dedit, annonam dedit quinque modiorum per singulos.
. . . . ας Διογνήτου. . . .	. . - . as Diogneti.
Αλβιόριξ Ατεπόριγος τὸ δεύτερον δημοθοινίαν ἔδωκεν ἐπὶ Φρόντωνος.	Albiorix Ateporigis secundò publicum epulum dedit sub Frontone.
Μητρόδωρος Μενεμάχου φύσει Διρυλαεὺς δημοθοινίαν ἔδωκεν. . . . ἔθηκεν μῆνας τεσσάρας.	Metrodorus Menemachi natione Dirylai (vel Dorylai) publicum epulum dedit. . . . posuit per quatuor menses.

Μουσανὸς Ἀρτίκνου δημοθοινίαν ἔδωκεν.

. . . . νας Σελεύκου δημοθοινίαν ἔδωκεν ἤλειψεν μῆνας τέσσαρας.

Πυλαιμένης βασιλέως Ἀμύντου υἱὸς δημοθοινίας δὶς ἔδωκεν. . . . . . θέας καὶ πόμπην . . . . ὁμοίως. δὲ ταυρομάχιον, πύκτας καὶ μονομάχους ἔδωκεν δι' ὅλου τοῦ ἐνιαυτοῦ . . . . . θηρομαχίαν ἔδωκεν.

. . . . . . δημοθοινίαν ἔδωκεν ἐν Πεσσινοῦντι μονομάχων. . . . . κε καὶ ἐν Πεσσινοῦντι τ' ἤλι [ψεν] τὰ δύο ἔθνη ὅλῳ τῷ ἐνιαυτῷ, ἀγάλματα ἐν Πεσσινοῦντι ἀνέθηκεν.

Σέλευκος Φιλοδάμου δημοθοινίας δὶς ἔδωκεν δυσὶ πόλεσι. ἤλειψε τὰ δύο ἔθνη δι' ὅλου τοῦ ἐνιαυτοῦ [θέας] δὶς ἔδωκεν.

[IO] Ἰούλιος Ποντικὸς δημοθοινίαν ἔδωκεν, ἑκατόμβην ἔθυσεν.

Αριστοκ. . . . . κεν ἔλαιον.

[Κόι]ντος Γάλλιος Πουλλ. . . . . . . δὶς ἔδωκεν, καὶ ἐν Πεσσινοῦντι ἑκατόμβην ἔθυσεν.

Musanus Articni publicum epulum dedit.

. . . . nas Seleuci publicum epulum dedit : unxit mensibus quatuor.

Pylæmenes Regis Amyntæ filius publicas epulas bis dedit. . . . . spectacula & pompam [sive processionem]. . . similiterque taurorum pugnam, pugiles & gladiatores dedit per totum annum. . . . ferarum pugnam dedit. . .

. . . . publicum epulum dedit Pessinunte, gladiatorum spectaculum dedit, & Pessinunte unxit ambos populos per totum annum : simulacra Pessinunte erexit & dicavit.

Seleucus Philodami publicas epulas bis dedit ambabus civitatibus : unxit ambos populos per totum annum [spectacula] bis dedit.

Julius Ponticus publicum epulum dedit : Hecatombem immolavit.

Aristoc. . . . dedit oleum.

Quintus Gallius Pul. . . . . [publicum epulum] bis dedit, & Pessinunte hecatomben immolavit.

Hæc nobilissima inscriptio, Ancyræ ad Ecclesiam Christianorum eruta, imperante Tiberio posita est : nihilque a prisca literarum forma deflectit : quia advectæ sub imperio Romano mutationes, in Oriente infrequentius & tardius locum habuisse videntur, ut supra dicebamus. A & M. hoc fere modo scribuntur *A, M*, arctatis videlicet lineis. Ἀλβιόριξ, *Albiorix*, est Gallicum sive Celticum nomen, similiterque Ateporix, qui pater Albiorigis erat ; ut *Dumnorix*, *Ambiorix*, *Vercingentorix*, apud Cæsarem. Erant enim Galatæ ἄποικοι Gallorum Tectosagum, & adhuc priscum nomen retinebant etiam duobus post Tiberium sæculis, ut infra videbitur.

Δημοθοινίαν ἔδωκεν, *publicum epulum dedit.* Publicæ epulæ in ludis & celebritatibus dabantur : ac Romæ epularumque curatores, Epulonum nomine insignitos in inscriptionibus passim deprehendimus : qui modo cœnam populo dabant, modo mulsum & crustulum tantum.

Ἤλειψε, id est, *unxit*, sive sumtus ad unctionem Palæstritarum suppeditavit : quæ unctiones publicæ frequenter in Tabulis marmoreis & æneis memorantur. Aliptæ vero appellabantur ii qui unctionem agerent. In quadam inscriptione Gruteriana memoratur Collegium τῶν ἀλειφομένων, id est, Aliptarum, ex versione Benedicti Hegii Spoletini, & in marmoribus Oxon. p. 93. locus peragendis unctionibus ἀλειπτήριον vocatur.

Πυλαιμένης βασιλέως Ἀμύντου υἱὸς, *Pylæmenes Amyntæ Regis filius.* Amyntas Rex Galatiæ Dejotari successor M. Antonio hærebat : deinde vero post pugnam Actiacam, *meliora & utiliora sequutus*, inquit Velleius Paterculus, ad Augusti partes se transtulit. Postea sub Augusto Galatia in Provinciæ formam redacta est, eamque primus Lollius Proprætor administravit. Hinc est quod Pylæmenes Amyntæ Regis filius, non rex appelletur; sed tamen florens opibus regiaque munificentia, ludos epulasque publicas laute præbuisse dicitur.

ἐν Πεσσινοῦντι, *Pessinunte.* Hæc urbs olim Phrygiæ fuerat, sed postea Galatiæ contributa fuit teste Ammiano Marcellino lib. 26. *Valens*, inquit, *juncto sibi Lupicino cum robustis auxiliis Pessinunta signa propere tulit, Phrygiæ quondam; nunc Galatiæ oppidum.* Ne vero spatium nimium hic vacuum supersit, juvat hic adscribere quæ de Pessinunte habet idem Ammianus Marcellinus lib. 22. de Juliano Imperatore agens: *Hic quoque*, ait, *ad reparanda quæ terræ subverterat tremor abunde præstitis plurimis, per Nicæam venit ad Gallo-Græciæ fines: unde dextrorsus itinere declinato, Pessinunta convertit, visurus vetusta Matris magnæ delubra. A quo oppido bello Punico secundo, carmine Cumano monente, per Scipionem Nasicam simulacrum translatum est Romam. Cujus super adventu in Italiam, pauca cum aliis huic materiæ convenientibus in actibus Commodi principis digessimus per excessum. Quamobrem autem hoc nomine oppidum sit appellatum, variant rerum Scriptores. Quidam enim figmento deæ cælitus lapso,* ἀπὸ τοῦ πεσεῖν, *quod* cadere *nos dicimus, urbem adseruere cognominatam. Alii memorant, Ilum Troïs filium Dardaniæ regem, locum sit appellasse. Theopompus non Ilum id egisse, sed Midam affirmat, Phrygiæ quondam potentissimum regem. Venerato igitur numine, hostiisque litato & votis, Ancyram redit.*

Quæ de nominis etymo traduntur levia sunt, ut pleraque ad ortum & fundationem civitatum spectantia. Cum ait vero Ammianus Marcellinus Pessinunta Phrygiæ quondam fuisse; sed nunc Galatiæ esse; non indicat quandonam Galatiæ contributa fuerit. In hoc autem marmore discimus, Tiberii Imperatoris tempore Pessinunta jam Galatiæ adjunctam fuisse. T. Livius autem Pessinunta Phrygiæ urbem vocat: unde argui videtur Pessinunta, non diu antequam hoc marmor poneretur, Galatiæ accessisse.

ΓΑΛΑΤΩΝΟ . . . .
ΡΑΣΑΜΕΝΟ . . . .
ΣΕΒΑΣΤΟ . . . .

ΑΛΒΙΟΡΙΞΑΤΕΠΟΡΕΙΓΟΣΔΗΜΟΘΟΙΝΙΑΝ
ΕΔΩΚΕΝΑΝΔΡΙΑΝΤΑΣΕΘΗΚΕΚΑΙΣΑ
ΡΟΣΚΑΙΙΟΥΛΙΑΣΣΕΒΑΣΤΗΣ
ΑΜΥΝΤΑΣΓΑΙΣΑΤΟΔΙΑΣΤΟΥΔΗΜΟΘΟΙΝΙ
ΑΣΔΙΣΕΔΩΚΕΕΚΑΤΟΝΒΗΝΕΘΥΣ
ΕΝΘΕΑΣΕΔΩΚΕΝ
ΣΕΙΤΟΜΕΤΡΙΑΝΕΔΩΚΕΝ
ΑΝΑΠΕΝΤΕΜΟΔΙΟΥΣ
. . . ΑΣΔΙΟΓΝΗΤΟΥ
ΑΛΒΙΟΡΙΞΑΤΕΠΟΡΙΓΟΣΤΟΔΕΥΤΕΡΟΝ
ΔΗΜΟΘΟΙΝΙΑΝΕΔΩΚΕΝ
ΡΕΠΙΦΡΟΝΤΩΝΟΣ
ΜΗΤΡΟΔΩΡΟΣΜΕΝΕΜΑΧΟΥΦΥΣΕΙΔΙ
ΡΥΛΑΟΥΔΗΜΟΘΟΙΝΙΑΝΕΔΩΚΕΝ
. . . . . ΕΘΗΚΕΝΜΗΝΑΣΤΕΣΣΑΡΑΣ
ΜΟΥΣΑΝΟΣΑΡΤΙΚΝΟΥΔΗΜΟΘΟΙΝΙΑΝΕΔΩ
. . . . ΚΕΝ
. . . . . ΝΑΣΣΕΛΕΥΚΟΥΔΗΜΟΘΟΙΑΝΕΔΩΚΕΝ
ΗΛΙΨΕΝΜΗΝΑΣΤΕΣΣΑΡΑΣ
[Π]ΥΛΑΙΜΕΝΗΣΒΑΣΙΛΕΩΣΑΜΥΝΤΟΥΥΙ
ΟΣΔΗΜΟΘΟΙΝΙΑΝΔΙΣΕΔΩΚΕΝ
. . . .
. . . . . ΘΕΑΣΚΑΙΠΟΜΠΗΝ
. . . . ΟΜΟΙΩΣΔΕΤΑΥΡΟΜΑΧΙΟΝ
[ΠΥΚ]ΤΑΣΚΑΙΜΟΝΟΜΑΧΟ . . .
. . . . . ΕΝΔΙΟΛΟΥΤΟΥΕΝΙΑΥ
. . . . ΘΗΡΟΜΑΧΙΑΝΕΔΩΚΕΝ
. . . .
. . . . ΔΗΜΟΘΟΙΝΙΑΝΕΔΩΚΕΝ
[ΕΝΠΕ]ΣΣΙΝΟΥΝΤΙΜΟΝΟΜΑΧΩ . . . .
. . . . . ΚΕΚΑΙΕΝΠΕΣΣΙΝΟΥΝΤΙΤΗΛ . . . . .
ΤΑΔΥΟΕΘΝΗΟΛΩΤΩΕΝΙΑΥΤΩΑΓΑ . .
ΕΝΠΕΣΣΙΝΟΥΝΤΙΑΝΕΘΗΚΕΝ
ΣΕΛΕΥΚΟΣΦΙΛΟΔΑΜΟΥΔΗΜΟΘΟΙΝΙ
ΑΣΔΙΣΕΔΩΧΕΝΔΥΣΙΠΟΛΕΣΙΝΗΛΙΨ
ΤΑΔΥΟΕΘΝΗΔΙΟΛΟΥΤΟΥΕΝΙΑΥΤΟΥ
ΔΙΣΕΔΩΚΕΝ
. . . ΥΛΙΟΣΠΟΝΤΙΚΟΣΔΗΜΟΘΟΙΝΙΑΝ
ΕΔΩΚΕΝ
ΕΚΑΤΟΝΒΗΝΕΘΥΣΕΝ
ΑΡΙΣΤΟΚ . . . .
ΚΕΝΕΛΑΙΟΝ
. . . ΝΤΟΣΓΑΛΛΙΟΣΠΟΥΛΛ . . . .
ΔΙΣΕΔΩΚΕΝΚΑΙΕΝΠΕΣΣΙΝΟΥΝ . .
ΕΚΑΤΟΝΒΗΝΕΘΥΣΕΝ
. . . .

I

ΙΟΥΛΙΟΝ ΓΥΙ
ΟΝ ΦΑΒΙΑ ΣΕΟΥ
ΗΡΟΝ ΓΕΝΟΜΕ
ΝΟΝ ΠΡΩΤΟΝ ΜΕΝ
ΠΕΝΤΕΚΑΔΕΚΑΝ
ΔΡΩΝ ΤΩΝ ΕΚ ΔΙΚΑ
ΖΟΝΤΩΝ ΓΡΑΜΜΑΤΑ
ΙΠΠΩ ΔΗΜΟΣΙΩ ΤΙ
ΜΗΘΕΝΤΑ ΧΙΛΙΑΡΧΟΝ
ΛΕΓΙΩΝΟΣ Δ ΣΚΥ
ΘΙΚΗΣ ΤΑΜΙΑΝ ΚΑΝ
ΔΙΔΑΤΟΝ ΔΗΜΑΡΧΟ...
ΚΑΝΔΙΔΑΤΟΝ ΙΕΡΕ
Α ΚΑΝΔΡΩΝ ΕΠΙ ΤΟ
ΙΕΡΟΠΟΙΟΝ ΣΤΡΑ
ΤΗΓΟΝ ΟΥΡΒΑΝΟΝ Ι...
ΖΕΥΓΝΛΕΓΙΩΝΟ
ΚΛΟΥΑΠΙΑΣ ΝΙΚΗΦΟ
ΡΟΥ ΕΠΙΜΕΛΗΤΗΝ Ο
ΔΟΥ ΑΠΠΙΑΣ ΥΠΑΤΟ
ΠΡΕΣΒΑΝΤΙΣΤΡΑΤΗ
ΓΟΝ ΣΥΡΙΑΣ ΠΑΛΑΙ
ΣΤΕΙΝΗΣ ΤΡΕΒΙΟΣ
ΚΟΚΚΗΙΟΣ ΑΛΕΞΑΝ
ΔΡΟΣ ΤΟΝ ΕΑΥΤΟΥ ΕΥ
ΕΡΓΕΤΗΝ

II

ΤΦΛΓΑΙΑ ΝΟΝΙΠΠΕΑ ΡΩΜΑΙΩΝ
ΚΑΙ ΔΙΣ ΤΗΝ ΠΡΩΤΗΝ ΑΡΧΗΝ ΑΡΞΑΝ
ΤΑ ΚΑΙ ΠΟΛΕΙ ΤΟ ΓΡΑΦΗΣΑΝΤΑ ΚΑΙ
ΠΡΕΣΒΕΥΣΑΝΤΑ ΚΑΤΑ ΘΕΟΝ ΑΝΤΩ
ΝΕΙΝΟΝ ΚΑΙ ΑΓΩΝΟΘΕΤΗΣΑΝΤΑ ΔΙΣ ΤΟΥ
ΤΕ ΚΟΙΝΟΥ ΤΩΝ ΓΑΛΑΤΩΝ ΚΑΙ
ΤΩΝ ΙΕΡΩΝ ΑΓΩΝΩΝ ΤΩΝ ΜΕΓΑΛΟ
ΑΣΚΛΗΠΙΕΙΩΝ ΤΕ ΚΠΥΘΕΙΩΝ ΑΡΧΙ
ΕΡΕΑ ΤΟΥ ΚΟΙΝΟΥ ΤΟΥ ΤΩΝ ΓΑΛΑΤΩΝ ΓΑΛΑ
ΤΑΡΧΗΝ ΣΕΒΑΣΤΟΦΑΝΤΗΝ ΚΚΤΙΣΤΗΝ
ΤΗΣ ΜΗΤΡΟΠΟΛΕΩΣ ΑΓΚΥΡΑΣ

.ΦΥΛΗ

ΤΟΝ ΠΑΣΙ ΠΡΩΤΟΝ Κ ΦΙΛΟΤΕΙΜΟ
ΝΕΑΤ ΤΗΣ ΕΥΕΡΓΕΤΗΝ Κ ΠΛΟΥΣ ΤΗΡΑ
ΦΥΛΑΡΧΟΝΤΟΣ ΑΥΡ. ΑΓΗΣΙΛΑΟΥ
ΣΕΚΟ—Ν ΔΟΥ ΕΠΙΜΕΛΟΥΜΕΝΩΝ
ΦΛ. ΑΣΚΛΗΠΙΟΥ Κ ΑΥΡ ΑΣΚΛΗΠΙΟΥ

III

ΛΦΟΥΛΟΥΙΟΝ ΡΟΥ
ΣΤΙΚΟΝ ΑΙΜΙΛΙΑ
ΝΟΝ ΠΡΕΣΒ. ΣΕΒΑ...
ΑΝΤΙΣΤΡΑΤΗΓΟΝ ΥΠΑΤΟΝ ΗΒΟΥ
ΛΗ ΚΑΙ Ο ΔΗΜΟΣ ΤΗΣ ΜΗ
ΤΡΟΠΟΛΕΩΣ ΑΓΚΥ
ΡΑΣ ΤΟΝ ΕΑΥΤΩΝ
ΕΥΕΡΓΕΤΗΝ ΕΠΙΜΕ
ΛΟΥΜΕΝΟ
ΤΡΕΒΙΟΥ ΑΛΕΞΑΝΔΡΟ

IV

ΚΑΛΠΟΥΡΝΙΟΝ
ΠΡΟΚΛΟΝ ΕΚ ΣΥΝ
ΚΛΗΤΙΚΩΝ ΚΥΠΑΤΙ
ΚΩΝ ΧΕΙΛΙΑΡΧΟΝ
ΕΝ ΔΑΚΙΑ ΛΕΓΙΩΝΟΣ
ΙΓ ΓΕΜΙΝΗΣ ΔΗΜΑΡ
ΧΟΝ ΣΤΡΑΤΗΓΟΝ ΡΩ
ΜΗΣ ΕΠΙΜΕΛΗΘΕΝΤΑ Ο
ΔΩΝ ΗΓΕΜΟΝΑ ΛΕΓΙΩ
ΝΟΣ Α ΑΘΗΝΑΣ ΕΝ ΓΕΡ
ΜΑΝΙΑ ΑΝΘΥΠΑΤΟΝ ΚΑΙ
ΑΣΙΑΣ ΣΕΥ ΤΗΝ ΚΑΙ ΑΝΤΙΣΤΡ
ΗΝΟΝ ΒΕΛΠΙΚΤ ΜΗΤΡΟΠΟ
ΛΙΣ ΤΗΣ ΓΑΛΑΤΙΑΣ ΣΕ
ΒΑΣΤΗ ΤΕΚΤΟΣΑΓΩΝ ΑΓ
ΚΥΡΑ ΤΟΝ ΕΑΥΤΗΣ ΣΩΤΗ
ΡΑ Κ ΕΥΕΡΓΕΤΗΝ

V

ΦΛΑΟΥΙΩ ΣΑΒΕΙ
ΝΩ ΓΕΝΕΙ ΝΕΙΚΟ
ΜΗΔΕΙ Η ΘΥΓΑΤΗΡ
ΤΗΝ ΣΤΗΛΗΝ
ΜΝΕΙΑΣ ΧΑΡΙΝ
ΟΣ ΑΝ ΔΕ ΣΚΥΛΗ ΤΟ
ΜΝΗΜΑ ΔΩΣΕΙ ΕΙΣ
ΤΟΝ ΦΙΣΚΟΝ ✻ ΒΦ

VI

ΓΑΙΑ—ΦΛΑΟΥΙΑ ΜΝ
ΣΟΥΛΠΙΚΙ ΜΔΙΣ ΓΑ
ΛΑΤΑΡΧΗΝ ΤΟΝ Α
ΓΝΟΤΑΤΟΝ ΚΑΙ ΔΙ
ΚΑΙΟΤΑΤΟΝ ❦ 6
ΦΛΑΟΥΙΑΝΟΣ
ΕΥΤΥΧΗΣ
ΤΟΝ ΓΛΥΚΥΤΑ
ΤΟΝ ΠΑ
ΤΡΩΝΑ

VII

ΖΩΤΙΚΟΝ ΒΑΣΣΟΥ
ΑΝΔΡΑ ΑΓΑΘΟΝ ΤΟΝ
ΦΥΛΗΣ ΙΑ ΦΥΛΑΡΧΗΣΑΝ
ΤΑ ΦΙΛΟΤΕΙΜΩΣ ΚΑΙ
ΑΣΤΥΝΟΜΗΣΑΝΤΑ Α
ΓΝΩΣ ΚΑΙ ΕΡΓΟΝ ΠΟΙΗ
ΣΑΝΤΑ ΠΟΛΥΤΕΙΜΗΤΟ
ΕΝ ΚΩΜΟΚΕΠΙΩ ΕΚ ΤΩΝ
ΙΔΙΩΝ Κ ΚΑΘΗΜΕΡΑΝ
ΠΟΛΛΑ ΠΑΡΕΧΟΝΤΑ ΤΗ ΦΥ
ΛΗ ΤΕΙΜΗΘΕΝΤΑ ΕΝ ΤΕ
ΕΚΚΛΗΣΙΑ ΩΣ ΚΒΟΥΛΗ
ΦΥΛΗ ΙΑ ΝΕΑ ΟΛΥΜΠΙΑ
ΕΠΙΜΕΛΟΥΜΕΝΩΝ
ΒΑΣΣΟΥ ΓΑΙΟΥ ΚΑΘΗ
ΝΑΙΟΥ ΣΕΝΤΑΜΟΥ
ΤΟΥ ΤΟΠΟΥ ΔΟΘΕΝΤΟΣ
ΥΠΟ ΤΗΣ ΛΑΜΠΡΟΤΑΤΗΣ
❦ ΒΟΥΛΗΣ ❦

VIII

Ν ❦ ΚΑΛΛΙΣ
ΤΩ ΦΟΙ
ΒΙΩ ΝΙΤΩ
ΘΡΕΠΤΩ
ΜΝ—Μ—ΣΧΑ
❦ ΡΙΝ ΕΝΚΑ
ΤΑΛΙΨΕ ΕΤΑΙΡΩ
ΚΑΙ ΕΑΥΤΩ ❦

Inscriptiones Tabulæ secundæ, vulgari charactere conscripta.

I.

Γ. Ἰούλιον Γ. υἱὸν Φαβία Σεουῆρον, ἀρξάμενον πρῶτον μὲν πεντεκαιδεκάνδρον τῶν ἐκδικαζόντων τὰ πράγματα· ἵππῳ δημοσίῳ τιμηθέντα, χιλίαρχον Λεγίωνος Δ. Σκυθικῆς, ταμίαν κανδιδάτον, δήμαρχον κανδιδάτον, ἱερεεκκαιδεκάνδρον ἐπὶ τῶν ἱεροποιίων, στρατηγὸν οὐρβανόν, πρεσβευτὴν Λεγίωνος Λ Οὐλπίας νικηφόρου, ἐπιμελητὴν ὁδοῦ Ἀππίας, ὕπατον, πρεσβ. ἀντιστράτηγον Συρίας Παλαιστίνης, Τρέβιος Κοκκήιος Ἀλέξανδρος τὸν ἑαυτοῦ εὐεργέτην.

Gaium Julium Gaii filium ex tribu Fabia Severum: primo quidem Quindecimvirum litibus judicandis, equo publico honoratum, Tribunum legionis IV. Scythicæ, Quæstorem Candidatum, Tribunum Candidatum, Sacerdotem Quindecimvirum sacris faciundis, Prætorem urbanum, Legatum legionis XXX. Ulpiæ victricis, Curatorem viæ Appiæ, Consulem, Legatum Proprætorem Syriæ Palestinæ. Trebius Cocceius Alexander benefactorem suum.

Inscriptio Ancyræ exstat in stylobate sculpta; huic emendandæ non parum desudavi: nam apud Gruterum admodum vitiata ac media saltem sui parte mutila legitur p. CCCCXXV. Duobus tamen exemplis usus, ipsam pro virili restitui. Literas passim conjunctas & implicatas in Tabula observes, conjunctio Καὶ hic & alibi sic exprimitur Ꝁ. De cætero forma literarum vulgaris est, ac prisco more delineata. Φαβία Id est, Tribûs Fabiæ, inseriturque inter nomen & cognomen: significat autem G. Julium Severum ex Tribu Fabia fuisse. Sic inscriptio M. Aquilii Felicis, quam eruditis annotationibus illustravit D. Philippus a Turre Episcopus Adriensis in Monumentis veteris Antii, initio habet, *M. Aquilio M. F. Fabia, Felici.* Vulgo putant hic Fabiâ, Ablativo casu jacere, perinde atque in aliis inscriptionibus, ubi Lemonia, Romilia, Fulvia, simpliciter habetur. Quia vero Ablativus ille casus præpositionem subintelligit, hic substituas oportet *ex Fabia.* Sed id in Græco stare nequit: nam si ad seriem & casum respexissent, Φαβίας haud dubie dixissent, & sine ulla vel expressa vel subaudita præpositione sensus quadrabat; nimirum *G. Julius Fabia* [*tribus*] *Severus.* Unde fortasse melius dicatur, nomen Tribûs in Tabulis marmoreis & æneis, Nominativi casus esse, idque nulla habita seriei ratione a consuetudine impetratum fuisse: sic solent Græcæ inscriptiones nomen familiæ in recto casu exhibere. Reines. p. 368. Τ. Φλαούιος Ἀρτεμιδώρου υἱὸς Κυρίνα Ἀρτεμίδωρος. Et Gruter. p. DIII. Γάιος Λαικίου υἱὸς Ποπιλία Κόιντος. Πετίλλιος Τίτου υἱὸς Σεργία πρείων.

Πεντεκαιδεκάνδρον, *Quindecimvirum.* Nihil in vetustis marmoribus frequentius Quindecimviris, qui litibus judicandis præerant, & quemdam ceu Senatum in civitatibus constituebant. Erant item Quindecimviri sacris faciundis, quorum in Tabulis non infrequens memoria. Utrumque munus gesserat G. Julius Severus ut fert inscriptio.

Ἵππῳ δημοσίῳ τιμηθέντα, *equo publico honoratum.* Nihil item frequentius in marmoribus, iis qui equo publico ob res præclare gestas donabantur: qua de re videndus Salmasius in notis ad Vopiscum.

Ταμίαν Κανδιδάτον, δήμαρχον κανδιδάτον. *Quæstorem Candidatum, Tribunum Candidatum.* Candidati erant qui in Candida veste Consulatum, Quæsturam, Præturam, Tribunatum, aliosve magistratus peterent. De Quæstoribus

Candidatis hæc Lampridius in Alexandro: *Quæstores Candidatos ex sua pecunia jussit munera populo dare: sed ut post Quæsturam Præturas acciperent, & inde Provincias regerent.*

Στρατηγὸν Οὐρβαῖον, *Prætorem Urbanum.* Prætores Urbani erant ii qui in urbe jus dicerent. Cum enim Consules bellis procul distinerentur, nec possent urbis administrationi vacare, peculiaris hic magistratus institutus est. Quæ provincia primum uni, deinde duobus demandata est: quorum alius Prætor Urbanus dictus, inter cives tantùm; alter Prætor peregrinus, inter cives & peregrinos lites componeret.

Πρεσβευτὴν Λεγίωνος Λ̄. Οὐλπίας νικηφόρου. *Legatum legionis* xxx. *Ulpiæ victricis.* Legati nomen tripliciter accipitur; pro Oratoribus qui negotiorum causa mitterentur; pro Præsidibus & Rectoribus provinciarum; pro Præfectis Consularibus, qui exercitibus præerant. Sive etiam pro Prætoriis Legatis, qui etiam Legati Legionum dicebantur. Suetonius de Vespasiano, *Claudio principe, Narcissi gratiâ, Legatus Legionis in Germaniam missus est.* Postea sequitur, *Curatorem viæ Appiæ*: vetustissimum munus erat eorum qui Curatores viarum dicebantur. Unde Cicero ad Atticum, l. 1. ep. 1. *Thermum Curatorem viæ Flaminiæ.* De eorum officio & dignitate V. Bergier *des grands Chemins de l'Empire.*

Ὕπατον, *Consulem. C. Julius Severus*, hic ipse ut videtur, & *M. Rufinus Sabinianus* in Consularibus Tabulis habentur ad annum Christi 155. Severus autem & Sabinianus Consules ordinarii vocantur in quadam inscriptione Gruter p. DCVII.

Huic Inscriptioni Gaii Julii Severi subjungendum Epitaphium uxoris, ut videtur, ejus, Ancyræ item exscriptum.

ΚΑΡΑΚΥΛΑΙΑΝ	CARACYLÆAM
ΑΡΧΙΕΡΕΙΑΝ	SACERDOTUM
ΑΠΟΓΟΝΟΝΒΑ	MULIERUM
ΣΙΛΕΩΝΘΗΓΑ	PRINCIPEM,
ΤΕΡΑΤΗΣΜΗΤΡΟ	EX REGIBUS
ΠΟΛΕΩΣΓΥΝΑΙ	ORTAM, FILIAM
ΚΑΙΟΥΛΙΟΥΣΕ	METROPOLEOS,
ΟΥΗΡΟΥ ΤΟΥΠΡΩ	UXOREM JULII
ΤΟΥΤΩΝΕΛΛΗ	SEVERI GRÆCO-
ΝΩΝΥΠΕΡΡΑ.....	RUM PRIMI....

Ἀρχιέρειαν, Sacerdotum mulierum principem, vel Sacerdotem maximam, non infrequenter in marmoribus memoratam deprehendimus: sic inter marmora Oxoniensia, inscriptione quadam Smyrnensi, Aurelia Fausta Ἀρχιέρεια dicitur, & in Miscellaneis Sponii, Liciniana quædam Ἀρχιέρεια item appellatur. Erant item aliæ, quæ ἱέρειαι Sacerdotes simpliciter vocabantur: Sacerdotum vero fœminarum frequentissima mentio habetur in Gruterianis inscriptionibus. Hic vero Θηγατηρ pro Θυγατὴρ clare legitur: quæ τοῦ υ in η mutatio his temporibus perrâra, posterioribus sæculis frequentissima fuit. Caracylæa ex Regibus orta dicitur, puta quia ex Dejotaro Galatiæ Rege, aut ex Amynta, quemadmodum Pylæmenes supra memoratus, originem duceret.

II.

Τ. Φλ. Γαιανὸν ἱππέα Ῥωμαῖον, καὶ δὶς τὴν πρώτην ἀρχὴν ἄρξαντα, καὶ πολειτογραφήσαντα, καὶ πρεσβεύσαντα κατὰ θεὸν Ἀντωνεῖνον, καὶ ἀγωνοθετήσαντα δὶς τοῦ τε κοινοῦ τῶν Γαλατῶν καὶ τῶν ἱερῶν ἀγώνων τῶν Μεγαλοασκληπιείων τε καὶ Πυθίων, ἀρχιερέα τοῦ κοινοῦ τῶν Γαλατῶν Γαλατάρχην σεβαστοφάντην καὶ κτίστην τῆς μητροπόλεως Ἀγκύρας.

T. Flavium Gaianum equitem Romanum, qui bis primam præfecturam tenuit, censum egit & Legati munere functus est sub deo Antonino, ac ludis bis præfuit tam in communi Galatarum cœtu, quam in sacris ludis magnis Asclepiensibus & Pythiis, summum Sacerdotem communis Galatarum cœtus, Galatarchen, Augusti flaminem & conditorem Metropolis Ancyræ.

ΦΥΛΗ

Τὸν πασιπρῶτον καὶ φιλότειμον ἑαυτῆς εὐεργέτην καὶ πλουστῆρα φυλάρχοντος Αὐρ. Ἀγησιλάου Σεκούνδου, ἐπιμελουμένων Φλ. Ἀσκληπίου καὶ Αὐρ. Ἀσκληπίου.

TRIBUS

Primum inter omnes ac studiose in se beneficum, sui locupletatorem: Tribuno Aur. Agesilao Secundo, curantibus Fl. Asclepio & Aur. Asclepio.

Hæc inscriptio Ancyræ eruta bis habetur apud Gruterum; sed ita corrupte, ita dissimiliter in utroque exemplo, ut pro duplici & diversa edita fuerit, primò pag. ccccx. secundò pag. ccccxv. Ex neutra vero vix ibi verbum expisceris. Hic, ut videas in Tabula, A. Δ. Λ. producta superne linea depinguntur, Є semper rotundum legitur, ω hac ubique forma. C sic scribitur secundum recens inductam formam, bis tamen hoc veteri modo delineatur Σ. Posita vero fuit secundo vertente sæculo postquam Antoninus e vivis excesserat. Quis Antoninus, an Pius an Philosophus hic memoretur, incertum. Opinor M. Aurelium designari. Post sequitur Γαλατάρχην, *Galatarchen*, sive sacrorum ludorum in Galatia præsidem, sic Ἀσιάρχης, Βιθυνιάρχης, Λυκιάρχης, dicuntur ii qui in Asia, Bithynia, Lycia sacris ludis præficiebantur. σεβαστοφάντην, occurrit apud Reinesium p. 375. ubi quispiam, cujus nomen excidit, Tiberii Claudii Ηρω.... (legendum fortasse Νέρωνος, *Neronis*,) σεβαστοφάντης dicitur. Ibidem, καὶ κτίστην τῆς μητροπόλεως Ἀγκύρας, *& fundatorem sive conditorem Metropolis Ancyræ*; id est restauratorem, qui eam auxerit & ornaverit: qui loquendi modus alibi item occurrit: sic Nabuchodonosor, *Nonne hæc est Babylon, quam ego ædificavi?* At Babylon multis ante sæculis fundata, a Nabuchodonosore aucta ornataque tantum fuerat.

III.

Λ. Φούλουιον Ῥουστικὸν Αἰμιλιανὸν πρεσβέα Σεβαστη[νῶν] στρατηγὸν, ὕπατον, ἡ βουλὴ καὶ ὁ δῆμος τῆς μητροπόλεως Ἀγκύρας τὸν ἑαυτῶν εὐεργέτην, ἐπιμελουμένου Τρεβίου Ἀλεξάνδρου.

L. Fulvium Rusticum Æmilianum Legatum Sebastenorum, Prætorem, Consulem, Senatus Populusque Metropolis Ancyræ, in se beneficum, curante Trebio Alexandro.

Hæc item inscriptio, Ancyræ in Cœmeterio Christianorum ad sepulcrum quoddam eruta, literarum nexus præfert, & priscam characterum formam conservat. Fulvius autem Æmilianus Consul fertur in Tabulis Consularibus cum M. Nummio Annio Albino ad annum Christi 206. *Sebastenorum.* Ancyra ut multæ aliæ urbes σεβαστὴ sive Augusta cognominabatur, ut inscriptione sequenti, Σεβαστὴ Τεκτοσάγων Ἄγκυρα, *Augusta Tectosagum Ancyra.*

IV.

Καλπούρνιον Πρόκλον ἐκ συνκλητι-

Calpurnium Proclum ex Senatoriκῶν καὶ ὑπατικῶν χιλίαρχον ἐν Δακίᾳ Λεγίωνος ιγ. Γεμίνης, δήμαρχον, στρατηγὸν Ῥώμης, ἐπιμεληθέντα ὁδῶν, ἡγέμονα Λεγίωνος ά Αθήνας ἐν Γερμανίᾳ, ἀνθύπατον Ἀχαΐας, πρεσβευτὴν καὶ ἀντιστράτηγον Βελγικῆς. ἡ μητρόπολις τῆς Γαλατίας Σεβαστὴ Τεκτοσάγων Ἄγκυρα, τὸν αὐτῆς σωτῆρα καὶ εὐεργέτην.

bus & Consularibus, Tribunum in Dacia legionis XIII. Geminæ, Tribunum, Prætorem Romæ, Curatorem viarum, Præfectum legionis primæ Atheniensis in Germania, Proconsulem Achaïæ, Legatum & Proprætorem Belgicæ, Metropolis Galatiæ Augusta Tectosagum Ancyra servatorẽ suum & erga se beneficũ.

Hæc inscriptio in eodem Cœmeterio ad stybolaten quemdam visitur: in monumentis autem Ancyranis deformata erat, hic restitutam cernis duorum exemplorum ope: quorum aliud a Domino de Tournefort; aliud a D. Faure exscriptum fuerat.

Hic miri literarum nexus sunt præsertim in hac voce Ἐν Γερμανίᾳ. In edito inscriptionum Ancyranarum legebatur, ἐν Παννονίᾳ, sed ἐν Γερμανίᾳ legendum esse suadent bina apographa memorata. De Tribunis, Legatis, Legionibus, Proprætoribus cæterisque Magistratibus adeantur rei Romanæ scriptores. Character omnino priscus est: in vocibus tamen Βελγικῆς, & ἑαυτῆς Sigma quadrum delineatur sic Ε.

V.

Φλαουίῳ Σαβείνῳ γένει Νικομηδεῖ ἡ θυγάτηρ τὴν στήλην μνείας χάριν. ὃς ἂν δὲ σκύλῃ τὸ μνῆμα δώσει εἰς τὸν φίσκον ✳ βφ.

Flavio Sabino, genere Nicomediensi, Filia Cippum (*supple* posuit) memoriæ causa. Qui expilaverit sepulcrum dabit ad fiscum denaria bis mille quingenta.

Inscriptio in Pandocheo quodam seu diversorio eruta; in monumentis Ancyranis comparet, sed prorsus deformata. Character est priscæ formæ. Sigla pro denariis indicandis in aliis inscriptionibus habetur. Sic ad Epitaphium Myrtales Florentiæ, sed paulum diversa occurrit, δώσει τῷ φίσκῳ ✳. βφ. *Fisco dabit denaria bis mille quingenta.* Diar. Italic. p. 203. Et in Epitaphio Asidis ibidem, diserte dicitur, ἀποδώσει δήμῳ Ῥωμαίων δηνάρια πεντακισχίλια: *Solvet populo Romano quinque millia denaria.* Character omnino priscus est, nullamque advectarum mutationum præfert.

VI.

Γ. Αἴλιον Φλαουιανὸν Σουλπίκιον δὶς Γαλατάρχην, τὸν ἁγνότατον καὶ δικαιότατον, Φλαουιανὸς Εὐτυχὴς τὸν γλυκύτατον πάτρωνα.

Gaium Ælium Flavianum Sulpicium bis Galatarchen, castissimum & justissimum, Flavianus Eutyches, dulcissimum patronum.

Hæc inscriptio Ancyræ habetur in Cœnobio Armenorum, S. Mariæ dicto, & ad Cœmeterium exscripta fuit. Edita fuerat cum aliquot mendis.

Character est veteris formæ: nihil ibi recens inductum observatur. Sed ΟΥ sic delineatum non ita frequenter occurrit; attamen in vetustioribus marmoribus nonnumquam deprehenditur. In monumentis Ancyranis post Πάτρωνα additur, εὐτύχει, pro εὐτύχει, *salve*, vel *prospere age*.

VII.

Ζωτικὸν Βάσσου ἄνδρα ἀγαθὸν τῆς φυλῆς ια. φυλαρχήσαντα φιλοτείμως, καὶ ἀστυνομήσαντα ἁγνῶς, καὶ ἔργον ποιήσαντα πολυτείμητον ἐν Κομοκετίῳ ἐκ τῶν ἰδίων, καὶ καθ' ἡμέραν πολλὰ παρέχοντα τῇ φυλῇ

Zoticum Bassi virum probum, qui Tribui XI. præfuit, urbisque præfecturam gessit caste, & opus fecit præstantissimum in Comocetio ex propriis pecuniis: ac in dies multa Tribui contulit:

τειμηθέντα ἔν τε ἐκκλησίᾳ ὡς καὶ βουλῇ. Φυλὴ ια. νέα Ολυμπία ἐπιμελουμένων Βάσσου, Γαΐου, καὶ Αθηναίου Σεντάμου· τοῦ τόπου δοθέντος ὑπὸ τῆς λαμπροτάτης βουλῆς.

qui honoratus est in cœtu populi, quemadmodum & in Senatu. Tribus XI. nova Olympia, curantibus Basso, Gaio & Athenæo Sentamo, locum dante splendidissimo Senatu.

Hæc inscriptio in multis vitiata, inter Ancyranas non ita pridem cusas, legitur: nos ad fidem duorum apographorum pro modulo nostro restituimus. Ancyræ autem exsumta fuit in Cœmeterio quodam.

VIII.

. . . ν. Καλλίστῳ Φοιβίωνι τῷ Θρέπτῳ μνήμης χάριν ἐνκατέλιψε ἑταίρῳ καὶ ἑαυτῷ.

. . . Optimo Phœbioni Threpto memoriæ causa reliquit, amico & sibi.

Habetur Ancyræ in stylobate sculpta: nomen ejus, qui inscriptionem posuit, excidit. Σ hac forma depingitur, ϵ, & ω sic; H ita exprimitur hic & alibi, ut ultima prioris literæ linea, & prima sequentis, latera ejus constituant, deinde linea transversa ponatur hoc modo, MN-M-Σ pro MNHMHΣ. Cætera tute observes.

Alias inscriptiones Ancyranas subjungimus, quarum nonnullæ veterem characterum formam retinent, reliquæ novatas literarum figuras habent. Nam sic in Oriente primis Augustorum sæculis promiscue scribebatur, donec priscæ formæ prorsus tandem exolescerent.

Hæ vulgari characterum forma ita scribuntur, adjuncta interpretatione.

I.

Διῒ ἡλίῳ μεγάλῳ Σαράπιδι καὶ τοῖς συνναοῖς θεοῖς, τοὺς σωτῆρας Διοσκούρους ὑπὲρ τῆς τῶν αὐτοκρατόρων σωτηρίας καὶ νείκης (sic) καὶ αἰωνίου διαμονῆς, M. Αὐρηλίου Ἀντωνείνου καὶ M. Αὐρηλίου Κομμόδου, καὶ σύμπαντος αὐτῶν οἴκου, καὶ ὑπὲρ βουλῆς καὶ δήμου τῆς μητροπόλεως Ἀγκύρας. Ἀπολλώνιος Ἀπολλωνίου.

Jovi Soli magno Sarapidi & ejusdem Templi diis, Servatores Dioscuros pro Imperatorum salute & victoria & perennitate, M. Aurelii Antonini, & M. Aurelii Commodi, & pro universa ipsorum domo, & pro Senatu ac populo Metropolis Ancyræ. Apollonius Apollonii.

Hæc inscriptio Ancyræ habetur in Pandocheo, seu diversorio, vulgo *Kan*, in basi quadam, sive in stylobate, sculpta. Excavatus autem superne lapis fuit in vasis sive alvei formam. Videtur hæc basis imponendis Dioscurorum sive Castoris & Pollucis statuis concinnata fuisse, ut in templo Jovis magni Sarapidis collocarentur. *Sarapis* passim legitur in marmoribus, quorum exscripta bene multa habemus; rarius autem *Serapis*. Imo etiam nomina a Sarapide orta sic vulgo exprimuntur in vetustioribus manuscriptis, Σαράπιον, Σαραπάμμων: unde arguuntur ii, qui mendose scriptum rati, Σέραπις, & Σεράπιον ubique legendum putant. Hæc autem inscriptio prisco characterum genere scripta, nihil novatum in literarum forma præfert. Positaque fuit circa finem imperii M. Aurelii, qui obiit anno Christi 180.

II.

Θεοῖς καταχθονίοις καὶ Καπίτωνι Πασικράτους ἀνδρὶ γνησίῳ καὶ ἀγαθῷ Που-

Dis manibus & Capitoni Pasicratis viro generoso & Probo Publius

I

ΔΙΙΗΛΙΩΜΕΓΑΛΩΣΑΡΑΠΙΔΙΚΑΙΤΟΙΣΣΥΝ
ΝΑΙΟΙΣΘΕΟΙΣΤΟΥΣΣΩΤΗΡΑΣΔΙΩΣΚΟΥΡ
ΟΥΣΥΠΕΡΤΗΣΤΩΝΑΥΤΟΚΡΑΤΟΡΩΝΣΩΤΗ
ΡΙΑΣΚΑΙΝΕΙΚΗΣΚΑΙΑΙΩΝΙΟΥΔΙΑΜΟΝΗΣΜ
ΑΥΡΗΛΙΟΥΑΝΤΩΝΕΙΝΟΥΚΑΙΜΑΥΡΗ
ΛΙΟΥΚΟΜΜΟΔΟΥΚΑΙΤΟΥΣΥΜΠΑΝΤΟΣ
ΑΥΤΩΝΟΙΚΟΥΚΑΙΥΠΕΡΒΟΥΛΗΣΚΑΙ
ΔΗΜΟΥΤΗΣΜΗΤΡΟΠΟΛΕΩΣΑΓΚΥΡΑΣ
ΑΠΟΛΛΩΝΙΟΣΑΠΟΛΛΩΝΙΟΥ

II

ΘΕΟΙΣΚΑΤΑΧΘΟΝΙ
ΟΙΣΚΑΙΚΑΠΙΤΩΝΙ
ΠΑΣΙΚΡΑΤΟΥΣ
ΑΝΔΡΙΓΕΝΝΑΙΩ
ΚΑΙΑΓΑΘΩΠΟΥΠ
ΛΙΟΣΑΔΕΛΦΟΣ
ΑΥΤΟΥΚΑΙΠΑΣΙ
ΚΡΑΤΗΣΚΑΙΜΗ
ΝΟΔΩΡΟΣΥΙΟΙ
ΑΥΤΟΥΠΕΡΤΙΝΗ
ΜΝΗΜΗΣΧΑΡΙΝ

III

ΑΓΑΘΗΙΤΥΧΗΙ
ΗΜΗΤΡΟΠΟΛΙΣ
ΙΟΥΛΙΟΝ
ΣΑΤΟΡΝΕΙΝΟΝ
ΤΟΝΗΓΕΜΟΝΑ

IV

ΓΛΟΝΕΙΝΩΠΑΥ
ΛΕΙΝΩΓΛΟΝΓΕΙ
ΝΟΣΣΑΓΑΡΙΣΚΑΙ
ΓΛΟΝΓΕΙΝΟΣ
ΚΛΑΥΔΙΑΝΟΣ
ΠΑΤΡΙΜΝΗ
ΜΗΣΧΑΡΙΝ

V

ΑΡΧΗΣΑΝΤΑ
ΚΑΙΑΣΤΥΝΟ
ΜΗΣΑΝΤΑΚΑΙ
ΙΕΡΑΣΑΜΕΝΟΝ
ΔΙΣΘΕΑΣΔΗΜΗ
ΤΡΟΣΤΙΜΗΘΕΝ
ΤΑΕΝΕΚΚΛΗΣΙ
ΑΙΣΠΟΛΛΑΚΙΣ
ΦΥΛΗΕΝΑΤΗ
ΙΕΡΑΒΟΥΛΑΙΑ
ΤΟΝΕΑΥΤΗΣ
ΕΥΕΡΓΕΤΗΝ

VI

ΤΑΦΟΝΤΟΝ
ΕΝΘΑΠΛΗϹΙ
ΟΝΒΩΜΟΝΘΑ
ΜΑΕΤΕΥΞΕΚΑ
ΤΑΓΗΣΚΛΑΥΔΙΑΗ
ΚΑΙΔΕΧΑΣΑΘΗ
ΝΙΩΝΙΓΛΥΚΥΤΑΤΩ
ΚΑΙΦΙΛΤΑΤΩΑΓΝΩ
ΓΕΝΟΜΕΝΩΣΥΜ
ΒΙΩΜΝΗΜΗΣ
ΧΑΡΙΝ

VII

ΜΑΥΡ ΔΙΟΝΥΣΙ
ΟΝΤΟΝΓΛΥΚΥΤΑ
ΤΟΝ
ΜΑΥΡΣΤΡΑΤΩΡΙ
ΝΟΣΤΟΝΑΔΕΛ
ΦΙΔΟΥΝ

VIII

ΗΒΟΥΛΗΚΑΙΟΔΗ
ΜΟϹϹΕΒΑϹΤΗ
ΝΩΝΤΕΚΤΟϹΑ
ΓΩΝΕΤΙΜΗϹΕΝ
ΜΚΟΚΚΗΙΟΝ
ΑΛΕΞΑΝΔΡΟΝΤΟΝ
ΕΑΥΤΩΝΠΟΛΙΤΗΝ
ΑΝΔΡΑϹΕΜΝΟΝΚΑΙ
ΤΩΝΗΘΩΝΚΟϹΜΙΟ
ΤΗΤΙΔΟΚΙΜΩΤΑΤΟΝ

IX

ΟΥΑΛΗϹΚΑΙϹΑΝΒΑΤΟϹ
ΤΗΙΔΙΑΜΗΤΡΙΑΝΕϹΤΗ
ϹΑΝΤΟΝΒΩΜΟΝ
ΜΝΗΜΗϹΧΑΡΙΝ

X

ΔΙΟΤΕΙΜΟϹΔΙ
ΟΤΕΙΜΟΚΑΙΛΟ
ΤΑΤΙΟΙΔΙΟΙϹ
ΓΟΝΕΥϹΙΜΝΗ
ΜΗϹΧΑΡΙΝ

XI

ΛΟΥΚΙΟϹ
ϹΕΡΗΝΙΑϹΥΝΒΙΩ
ΑΝΕϹΤΗϹΑΜΝΗ
ΜΗϹΧΑΡΙΝ
ΔΙΕΥΤΥΧΙΤΕ

XII

ΑΠΟΛΛΩΝΙΟΣΕΥΤΥ
ΧΟΥΚΛΑΥΔΙΑΙΟΥ
ΛΙΤΤΗΣΥΜΒΙΩΑ
ΓΑΘΗΤΟΝΒΩΜΟΝ
ΚΑΙΤΗΝΟϹΤΟΘΗ
ΚΗΝΜΝΗΜΗϹΧΑ
ΡΙΝΑΝΕϹΤΗ
ϹΕΝ

XIII

ΧΑΙΡΕΠΑΡΟΔΕΙΤ
ΜΑΡΚΕΛΛΟϹ
ϹΤΡΑΤΟΝΕΙΚΗ
ΓΛΥΚΥΤΑΤΗϹ
ΣΥΝΒΙΩΜΝΗΜΗϹ
ΧΑΡΙΝ

XIV

ΠΠΟΜΠΟΝΣΕ
ΚΟΥΝΔΙΑΝΟΝΠΡΕΣ
ΒΕΥΤΗΝΣΕΒΑΝΤΙ
ΣΤΡΑΤΗΓΟΝ
ΚΑΛΜΑΚΕΔΟΝ

XV

ΟΚΤΑΥΟΣΡΟΥΦΟΣΣΥΝΠΑΠ
ΙΠΑΝΤΙΤΩΙΛΟΙΠΩΙΚΟΣΜΩΙΕΚ

XVI

ΣΥΝΠΛΙ—ΡΩΣΑΝΤΟΣΚΑΦΙΕΡΩΣΑΝΤΟΣΤΗΙΜΗΤΡΟΠΟΛΤΟΤΕΙΧΟΣ
. . . . ΤΟΥΛΑΜΠΡ‹ΗΓΕΜΟΝΟΣΑΡΞΑΜΕΝΟΥ

XVII

ΑΓΑΘΗΙΤΥΧΗΙ
ΤΟΡΝΕΙΤΟΡΙΑΝΟΝΕΠΙΤΡΟΠΟΝ ΤΩΝΚΥΡΙ
ΩΝΗΜΩΝΕΠΙΑΘΥΛΩΝ
ΤΟΝΔΙΚΑΙΟΝΚΑΙϹΕΜΝΟΝΚΑΙΛΙΟϹ
ΑΓΗϹΙΛΑΟϹΤΟΝΕΑΥΤΟΥΦΙΛΟΝΚΑΙ
ΕΥΕ. . . .

...πηλιος ἀδελφὸς αὐτοῦ καὶ Πασικράτης καὶ Μηνόδωρος υἱοὶ αὐτοῦ * Γέρτινη μνήμης χάριν.

frater ejus & Pasicrates & Menodorus filii ejus, ... memoriæ causa.

Hæc inscriptio, prisco item more scripta, Ancyræ habetur in lapide, basis instar adornato, quos βωμοὺς sive aras sepulcrales appellabant veteres: apud Gruterum item habetur, sed aliquot in locis vitiata. Vox γέρτινη, vel ut Gruterus habet γέρινοι, corrupta haud dubie est. Videtur legendum, πατρὶ μνήμης χάριν, *patri memoriæ causa.*

III.

Ἀγαθῇ τύχῃ ἡ Μητρόπολις Ἰούλιον Σατορνεῖνον τὸν ἡγέμονα.

Bonæ fortunæ, Metropolis Julium Saturninum Præfectum.

Hæc inscriptio muro infixa nihil præter veterem literarum formam præfert, *M* tamen sic deflexum habetur, ut in columnis Farnesianis.

IV.

Γ. Λογγείνῳ Παυλείνῳ Γ. Λογγεῖνος Σάγαρις, καὶ Γ. Λογγεῖνος Κλαυδιανὸς, πατρὶ μνήμης χάριν.

Gaio Longino Paulino G. Longinus Sagaris, & G. Longinus Claudianus, Patri memoriæ causa.

Forma literarum prisca est: sed observandum regulam illam, qua ν ante γ, in γ, mutatur, hic plerumque negligi; ut in voce Λογγεῖνος; similiterque ν ante β passim servari, ut in voce συνβίος, animadvertas in his inscriptionibus. Hoc porro marmor, cujus inscriptionem referimus, habetur in domo quadam Ancyrana, muro affixum.

V.

. . . ἀρχιερασάμενον καὶ ἀγωνοθετήσαντα. καὶ ἱερασάμενον δὶς θεᾶς Δήμητρος· τιμηθέντα ἐν ἐκκλησίαις πολλάκις· φυλὴ ἐνάτη ἱερᾷ βουλείᾳ τὸν ἑαυτῆς εὐεργέτην.

. . . qui præfecturam gessit & urbi præfuit, & bis sacris deæ Cereris functus est: honoratus in conventibus sæpe. Tribus nona sacro Senatusconsulto erga se beneficum.

Hæc inscriptio in arce Ancyrana basi insculpta est, cui fortassis Viri, in cujus honorem hæc scripta sunt, statua imposita fuerat: hujus vero nomine & aliquot lineis mutila inscriptio est, quæ inter Ancyranas legitur, sed vitiata: nam a principio inepte scribitur, ἐρασάμενον, pro ἀρχιερασάμενον, sive φυλαρχήσαντα: nam vox est ab initio mutila. Character omnino priscus est.

VI.

Τάφον τὸν ἔνθα πλησίον βωμόν θ' ἅμα
Ἔτευξε κατὰ γῆς Κλαυδία ἡ καὶ Δέχας
Ἀθηνίωνι γλυκυτάτῳ καὶ φιλτάτῳ,
Ἁγνῷ γνωμένῳ συμβίῳ μνήμης χάριν.

Id est:

Sepulcrum hoc & aram proxime sitam
In terra fecit Claudia Dechas
Athenioni dulcissimo & amabilissimo,
Casto conjugi memoriæ causa.

Hæc item in Ancyrana arce habetur ad Templum Turcorum vulgo *Moscheam*, & inter Ancyranas inscriptiones legitur cum mendis aliquot. Iambis constat quatuor, veterique forma scripta est. De Aris sepulcralibus supra diximus & in Diario Italico p. 202. Erant autem lapides quadri solidi, inscripti nominibus defunctorum.

VII.

M. Α᾽υρ. Διονύσιον τὸν γλυκύτατον,	M. Aur. Dionyſium dulciſſimum,
M. Α᾽υρ. Στρατορειανὸς τὸν ἀδελφιδοῦν.	M. Aur. Stratorianus patruelem.

Ancyræ item eruta fuit. In præcedentibus inſcriptionibus priſcus character non mutatur, ſecus in ſequentibus.

VIII.

Η βουλὴ καὶ ὁ δῆμος Σεβαστηνῶν Τεκτοσάγων ἐτίμησεν M. Κοκκήιον Αλέξανδρον τὸν ἑαυτῶν πολίτην καὶ τὴν ἠθῶν κοσμιότητι δοκιμώτατον.	Senatus populuſque Sebaſtenorum Tectoſagum honoravit M. Cocceium Alexandrum civem ſuum, virum probum & morum ornatu ſpectabiliſſimum.

Sculpta eſt in columna, urbis Ancyræ mœnibus affixa inter portas Smyrnenſem & Conſtantinopolitanam. Sigma hic ſemper quadrum eſt, *M* reclinatum ut ſupra: reliquæ literæ veteris formæ.

IX.

Ουάλης καὶ Cανβάτος τῇ ϵἰδία μητρὶ ἀνέστησαν τὸν βωμὸν μνήμης χάριν.	Valens & Sanbatus propriæ matri erexerunt aram memoriæ cauſa.

Hæc inſcriptio in Cœmeterio Chriſtianorum Ancyræ habetur, ac characterum omnes ſub Imperio Romano advectas formas præfert: nam ϵ, C, ω, ſic ſcribuntur.

X.

Διότιμος Διοτείμῳ καὶ Λοτατίο (ſic) ἰδίοις γονεῦσι μνήμης χάριν.	Diotimus Diotimo & Lotatio propriis parentibus memoriæ cauſa.

Hæc habetur Ancyræ inter portas Smyrnenſem & Conſtantinopolitanam, muro infixa ex parte urbis. ϵ & C ſecundum novatam formam jacent *M* reclinatur ad dexteram.

XI.

Λούκιος Σερηνίᾳ συμβίῳ ἀνέστησα μνήμης χάριν. Δεδεκτύχιτε.	Lucius Sereniæ conjugi erexi memoriæ cauſa. Valete.

Ancyræ in veteri Pandocheo ſeu diverſorio, vulgo *Kan*. Sigma quadrum ſemper eſt, ω ſic delineatur.

XII.

Απολλώνιος Ε᾽υτύχου Κλαυδίᾳ Ιουλίττῃ συμβίῳ ἀγαθῇ, τὸν βωμὸν καὶ τὴν ὀστοθήκην μνήμης χάριν ἀνέστησεν.	Apollonius Eutychi Claudiæ Julittæ conjugi bonæ aram & oſſium thecam memoriæ cauſa erexit.

Hæc in arce Ancyræ occurrit, in ara ſepulcrali ſcripta, quas vulgo ad ſtybolatæ formam concinnabant. *ω μέγα* ſic ſcribitur W quaſi M inverſum. Sigma triplici forma hinc & inde ſcriptum habetur, veteri ſcilicet, quadra, & rotunda. Οστοθήκην inſcriptiones Latinæ per *Oſſuaria* exprimunt.

XIII.

Χαῖρε παροδῖτα.	Salve viator.
Μάρκελλος Cτρατονείκῃ γλυκυτάτῃ συμβίῳ μνήμης χάριν.	Marcellus Stratonicæ dulciſſimæ conjugi memoriæ cauſa.

Hæc inſcriptio Ancyræ habetur ad portam *Keſaria* dictam. Inter hanc lineam Χαῖρε παροδῖτα, i. *Salve viator*, & ſequentem, ſpatium eſt, in quo ſculptum erat caput Stratonices, jam deformatum. In hac inſcriptione A reclinatum eſt cum angulo intus, *Sigma* rotundum ſic C, cætera priſca.

XIV.

Π. Πομπώνιον Σεκουνδιανὸν πρεσβευτὴν Σεβαστοῦ ἀντιστράτηγον καλ. Μακεδον.

P. Pomponium Secundianum Legatum Augusti, Proprætorem optimum Macedoniæ.

Hæc ad mœnia Ancyræ habetur. Character omnino priscus est : folia hinc inde in fine vocum delineantur, quod est in veteribus inscriptionibus frequentissimum. Καλ. καλὸν vel κάλλισον significat. Μακεδον. pro Μακεδονίας positum arbitramur.

XV.

Ὀκταύιος Ρουφος σεωπαπ. . . . .
παντὶ τῷ λοιπῷ κόσμῳ εκ. . . .

Octavus Rufus. . . . . . .
omni reliquo ornamento. . . .

Hæc inscriptio item Ancyræ exstat in Epistylio quodam (*architrave*,) sed mutila : quæ supersunt indicant Octavum Rufum urbis ædificiis aliquid contulisse. Character priscæ formæ est, in Dativo casu ι adscribitur in τωι κοσμωι.

XVI.

. . . Συμπληρώσαντος καὶ ἀφιερώσαντος
τὴν μητρόπολιν τὸ τεῖχος. . . . . . .
τοῦ λαμπροτάτου ἡγεμόνος ἀρξαμένου.

. . . qui murum Metropolis complevit
& consecravit. . . . .
splendidissimus Præfectus incœperat.

Hæc item Ancyræ in quodam Epistylio habentur : indicantque murum urbis a quodam præfecto inchoatum, ab alio, cujus nomen excidit, completum absolutumque fuisse. Character priscus est. Literæ nexu junguntur plerumque, ut passim supra observatum est. Post vocem ΛΑΜΠΡ. id est, Λαμπροτάτου, adest abbreviationis nota sic ∠: litera ξ sic delineatur Ξ.

XVII.

Ἀγαθῇ τύχῃ. Τ. Ορνιτοριανὸν ἐπίδημον τῶν κυρίων ἡμῶν ἐπὶ ἀθύλων, τὸν δίκαιον καὶ σεμνόν. Κ. Αἴλιος Αγησίλαος τὸν ἑαυτοῦ φίλον καὶ εὐεργέτην.

Bonæ fortunæ. T. Ornitorianum curatorem Dominorum nostrorum. . . justum & probum. C. Ælius Agesilaus amicum suum & erga se beneficum.

Hæc Ancyræ ad portam hortorum legitur. Τορνιτοριανόν, legendum puto Τίτον Ορνιτοριανόν, *Titum Ornitorianum.* Quid hac voce, ἐπὶ ἀθύλων, significetur ignoramus : sed mendum subesse suspicamur. Sigma semper quadrum est : reliqua priscæ formæ.

In præmissis inscriptionibus mutationes ineunte Romano imperio in priscos characteres advectas quisque observare possit ; nempe τοῦ E in Є, τοῦ Ξ in superius allatam formam, quamquam hæc postrema ante Romanum imperium forte usurpata fuerit ; τοῦ Σ in Ϲ & C, τοῦ Ω in ω. Nam formæ τοῦ A & M reclinatæ & oblongæ, ante rem Romanam usurpatæ deprehenduntur : similiterque forma τοῦ T cum transversa linea sic ϒ. Cæterum illæ formæ principio Imperii Romani novatæ, Romæ frequentius adhibebantur : in Oriente vero statim a principio rarius, & sensim tamen usus obtinuit ; ita ut in quibusdam inscriptionibus priscus usus prorsus retineatur, in aliis novæ ac veteres formæ promiscue usurpentur ; in aliis novæ tantum compareant. Idque ad quartum usque sæculum : nam a IV. & V. sæculo, novatæ formæ, quantum ad tres literas Є, C, ω, passim deprehenduntur ; priscæ vero E, Σ, Ω, perraro observantur in marmoribus vel nummis. In Codicibus autem manuscriptis, E, Σ, Ω, atque etiam A. nusquam habentur, quod quidem viderim, nec nisi inter arcanas literas comparent, ut in

Cryptographia inferius dicetur; sed earum loco in manuscriptis unciali charactere exaratis λ, ϵ, C, ω, semper observantur; in Codicibus, inquam, Græca manu scriptis: nam in iis Græcis libris qui Latina manu scripti sunt, A nonnumquam occurrit, ut jam diximus.

CAPUT VII.

De aliis quibusdam Inscriptionibus Græcis ad Augustorum priora sæcula pertinentibus. Sigilla. Inscriptiones Papiæ Diodori, Nicocratis Poëtæ, & Cosmiæ, ac Græco-Gallica Chyndonactis. Alia Inscriptio. Observationes quædam in varias literarum formas.

JUVAT alias quasdam inscriptiones adferre, quæ a veteri literarum forma nonnihil deflectunt, ac præter novatos ineunte Romano Imperio characteres, figuras quasdam non vulgares præferunt. Etsi vero aliunde nullam temporis notam per se habeant; ex ipsa tamen forma prioribus Augustorum ac Cæsarum sæculis positæ fuisse comprobantur. Prima est sigilli cujusdam, ad sigillanda dolia confecti. Qua de in Diario nostro Italico p. 140. perspicuis exemplis edisseruimus. Hujus sigilli ectypum ad me misit D. Guillelmus Laparre Procurator Generalis Congr. S. Mauri Romæ, brevi missurus sigillum ipsum, ut spem facit. Huic alterum adjicimus Romæ erutum, jamque nostrum, eidem olim usui deputatum. Nam præter sigilla, obsignandis literis & epistolis, quæ vulgo annulis infigebantur, & magno numero hodieque visuntur in Muséis variis; sigilla item innumera supersunt doliis notandis. Dolia quippe vino aliisque liquoribus servandis, testacea sive figlina olim erant: unde Martialis,

Si non ignota est docti tibi terra Catulli,
Potasti testa Rhætica vina mea.

Itemque,

Et multa fragrat testa senibus autumnis.

Hujusmodi autem dolia variæ magnitudinis innumera pene vidi Romæ: alia rotunda prorsus, qualia sunt duo in villa Ludovisiana, quæ 300. saltem sextaria capere possint: quædam ab ima parte in acumen desinunt, ut nonnisi aliquo nixa stare possint. Exceptis autem Ludovisianis duobus, dolia cætera quæ vidi triginta aut quadraginta sextariorum plus vel minus sunt ut plurimum: neque enim amplitudine multum inter se discrepant: de visis tantum loquor. Os superne & collum habent angustum. A collo autem dum mollia adhuc essent in officinis figlinis, sigillo ejus cujus futura erant obsignabantur. Id experti dicimus: dolia quippe hujusmodi Romæ vidimus, signata nominibus variis, impressionemque, qualem cernis in his, quorum ectypum damus, præferentia. Sed pleraque Latina; Græca vero hæc duo tantum hactenus offendi. Primum, lunæ cornua exhibens, nuper erutum fuit: ejus autem inscriptio ita legitur, Καΐυ Σερβιλίου Βιταλίωνος, *Caii Servilii Vitalionis*: ubi observes post literam K. quæ compendio jacet pro Καΐυ, ad notam abbreviationis supinam lineam crassiorem apponi. Qui mos fuisse deprehenditur aliis item in sigillis Latinis, & nominatim in nostro æneo, ubi legitur, Q. SABINI SECUNDINI. Ibi vides post

poſt literam Q. nempe Quinti, pro abbreviationis nota lineam apponi. Poſt vocem Cερβιλίου, punctum adeſt. In multis enim inſcriptionibus poſt ſingulas voces puncta adjiciebantur, nulla habita ſententiæ ratione, ut jam diximus Libro 1. Punctum vero hîc ſcribitur rhombi forma : alibi perfecte quadrum habetur; in Epitaphio Olympiæ triangulare ; frequentiſſime tamen rotundum. Cæterum reliquæ lineolæ curvæ, initio & fine linearum apponuntur, ne ſpatium vacuum ſuperſit : quod in aliis item inſcriptionibus obſervatur, mutatis tamen pro ſculptoris arbitrio figuris, & ſignis. Hic litera B pro V conſonante bis ponitur : quæ commutatio literarum non infrequens eſt, cùm Latina nomina Græce ſcribuntur : ſic Cεβῆρος pro Cεουῆρος, & vice verſa Φευρουάριος pro Φεβρουάριος. Alterum ſigillum ſic habet, & quidem ea, quæ Romæ ſub Auguſtis vulgaris erat, characterum forma, T. *Ιουλίου Φοιβίωνος. T. Julii Phœbionis,*

Aliam item inſcriptionem, Romæ haud ita pridem erutam, ad fidem marmoris ſecundum germanam literarum figuram in Tabula repræſentamus, qualem accepimus. Sic autem vulgari more ſcribitur.

Θεοῖς καταχθονίοις. Παπίας Διοδώρου Cαρδιανὸς ζῶν ἑαυτῷ ἐποίησεν, καὶ Μ. Τιτίῳ Ἰανουαρίῳ υἱῷ. ὃς ἔζησεν ἔτη ιη. καὶ ἀπελευθέραις καὶ ἀπελευθέροις ἑαυτῶν.

Dis manibus. Papias Diodori Sardianus vivens ſibi ipſi fecit, & M. Titio Januario filio, qui vixit annis octodecim, & libertabus libertiſque ipſorum, (*nempe patris atque filii.*)

Hic præter conſuetudinem libertæ ante libertos locantur, caſúne an conſilio, ignoratur. Puncta poſt ſingula pene verba ponuntur, exceptis iis, quæ lineam terminant : quia ut primo libro dicebamus, puncta ideo apponebantur, ne voces confunderentur, neve ſyllabæ prioris vocis cum poſteriore, ac vice verſa, jungerentur. In ſequenti tamen inſcriptione puncta quædam in fine linearum habentur, quod rarius contingit.

Hic ſæpe vides literam I. aliis prominentem ; ut literam longam Plauti in Aulularia non male referat. A. item Λ. & N. aliquantum deflectunt a vulgaribus formis. Є, C & ω ea figura delineantur, quæ ab initio Cæſarum & Auguſtorum, uti ſæpe diximus, paulatim advectæ ſunt.

Sequens Epitaphium, Nicocratis cujuſdam defuncti, Poëtæ, Muſici & Citharœdi, mores depingit : quod genus hominum, quæ vitia carmine & modulatione celebrant, eadem ipſa ſuapte vivendi ratione plerumque referunt ; ut videas in hac inſcriptione, quam in vinea Auguſtinianorum Romæ eruit, mihique obtulit vir eruditus Guillelmus Bonjour. Hæc vero cuſa fuit a Raphaële Fabreto : ſed nulla habita formarum ratione, quas in Apographo ſuo expreſſit laudatus vir Bonjour, cujus etiam ope mendum conſpicuum reſtituimus. Ad latus inſcriptionis dextrum legentibus, eſt protome (*buſte*) defuncti : ibidemque puella, lyræ ſive citharæ cubito incumbens : Poëta ſedens, volumen manu geſtans, ac perſona ſcenica ſub ſedili. A ſiniſtro latere, Poëta ſedens cum volumine : ſub ſedili vero pluteus, puella cubito innixa columnæ, itemque perſona ſcenica. Has vero figuras non nacti ſumus, in Tabula exprimendas. Binæ puellæ ſunt totidem Muſæ : quæ citharæ innititur, eſt Clio, de qua Callimachus,

Κλείω καλλιχόρου κιθάρης μελιηδέα μολπήν.

i. *Clio dulciſonæ citharæ modulamina promſit.*

Virgilius autem : *Clio geſta canens tranſactis tempora reddit.*

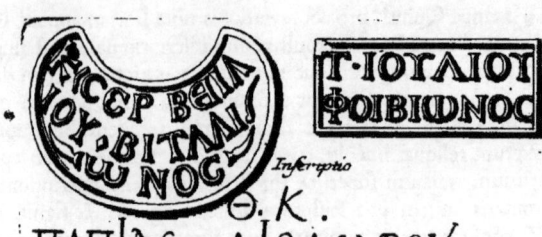

Γ·ΙΟΥΛΙΟΥ
ΦΟΙΒΙΩΝΟC

Inscriptio

Θ. Κ.
ΠΑΠΙΑC ΔΙΟΔΩΡΟΥ
CΑΡΔΙΑΝΟC
ΖΩΝ · ΕΑΥΤΩ · ΕΠΟΙΗCΕΝ
ΚΑΙ · Μ · ΤΙΤΙΩ · ΙΑΝΟΥΑΡΙΩ
ΥΙΩ · ΟC · ΕΖΗCΕΝ ΕΤΗ · ΙΗ
ΚΑΙ ΑΠΕΛΕΥΘΕΡΑΙC ΚΑΙ ΑΠΕ
·ΛΕΥΘΕΡΟΙC · ΕΑΥΤΩΝ

Alia.

Μ . CΕΜΠΡΩΝΙΟC ΝΕΙΚΟΚΡΑΤΗC
ΗΜΗΝΠΟΤΕ·ΜΟΥCΙΚΟCΑΝΗΡ
ΠΟΙΗΤΗC · ΚΑΙ ΚΙΘΑΡΙCΤΗC·
ΜΑΛΙCΤΑ ΔΕ·ΚΑΙCΥΝΟΔΕΙΤΗC
ΠΟΛΛΑΒΥΘΟΙCΙ · ΚΑΜΩΝ
ΟΔΗΠΟΡΙΕC·ΔΑΤΟΝΗCΑC·
ΕΝΠΟΡΟCΕΥΜΟΡΦΩΝΓΕΝΟΜΗΝ.
ΦΙΛΟΙ ΜΕΤΕΠΕΙΤΑΓΥΝΑΙΚΩΝ.
ΠΝΕΥΜΑΛΑΒΩΝ ΔΑΝΟC ΟΥΡΑΝΟΘΕΝ
ΤΕΛΕCΑC ΧΡΟΝΟΝ ΑΝΤΑΠΕΔΩΚΑ
ΚΑΙ ΜΕΤΑ ΤΟΝ ΘΑΝΑΤΟΝ ϛ
ΜΟΥCΑΙ ΜΟΥ ΤΟ CΩΜΑ ΚΡΑΤΟΥCΙ

Alia

ΚΟCΜΙΑ ΖΗCΑCΗ ΕΤΗ ϛ ΗΜΕΡΑC ΙΘ
ΩΡΑC Β̄ ΚΟCΜΟC ΚΑΙ ΘΕΟΔΟΤΗ
ΤΕΚΝΩ ΓΛΥΚΥΤΑΤΩ ΜΝΕΙΑC ΧΑΡΙΝ
ΕΠΟΙΗCΑΝ

Chyndonactis Inscript. Vide Præf.

ΜΙΘΡΗC ΕΝ ΟΡΓΑΔΙ CΩΜΑ
ΤΩ ΧΩΜΑ ΚΑΛΥΠΤΕΙ
ΧΥΝΔΩΝΑΚΤΩC ΙΕΡΕΩΝ
ΑΡΧΗΓΟΥ ΔΥCΕΒ ΑΠΕΧ
ΛΥCΙΟΙ ΚΩΝ ΩΡ Ω C

ΜΙΘΡΗC ΕΝ ΟΡΓΑΔΙ ΧΩΜΑ
ΤΟ CΩΜΑ ΚΑΛΥΠΤΕΙ
ΧΥΝΔΟΝΑΚΤΟC ΙΕΡΕΩ~
ΑΡΧΗΓΟΥ ΔΥCΕΒ ΑΠΕΧΟΥ
ΛΥCΙΟΙ ΚΟΝ ΟΡΩϛ

Apposite autem Citharœdo, qualis erat Nicocrates, Musa citharæ inventrix appingitur. Altera puella, columnæ innixa, cum persona scenica sive larva, est Euterpe, de qua Callimachus:

Εὐτέρπη τραγικοῖο χοροῦ πολυηχέα φωνήν.

Hoc est, *Euterpe Chori Tragici resonabile carmen.*

Hanc Virgilius fistula ludentem exhibet his verbis,

Dulciloquis calamos Euterpe flatibus urget:

Poëta sedens volumen gestat, quod est Calliopes symbolum, hæc autem Musa Poësin invenisse dicitur: unde vetus Epigramma:

Καλλιόπη σοφίην ἡρωΐδος εὗρεν ἀοιδῆς.

Calliope artem Heroïci carminis invenit.

Epitaphium autem vulgaribus typis ita scribitur:

M. Σεμπρώνιος Νικοκράτης,
Ἤμην ποτὲ μουσικὸς ἀνήρ,
Ποιητὴς, καὶ κιθαριστὴς,
Μάλιστα δὲ καὶ συνοδείτης·
Πολλὰ βυθοῖσι καμὼν,
Ὀδηπορίης (sic) δ' ἀτονήσας.
Ἔμπορος εὐμόρφων γενόμην,
Φίλοι, μετέπειτα γυναικῶν·
Πνεῦμα λαβὼν δάνιος οὐρανόθεν
Τελέσας χρόνον ἀνταπέδωκα·
Καὶ μετὰ τὸν θάνατον
Μοῦσαί μου τὸ σῶμα κρατοῦσι.

In quarto versu legerat P. Bonjour καὶ συνοδίτης, Fabretus συνοδείτης; proclivis est literarum commutatio, præstat vero postrema lectio. Versu antepenultimo legitur apud Fabretum quidem, εὐταπέδωκα, quæ lectio haud dubie vitiata est: melius ἀνταπέδωκα legit P. Bonjour.

Hæc non metro quidem scripta sunt; sed Poëticen tamen olent in narrandi genere: sic autem interpretamur:

M. Sempronius Nicocrates,
Eram olim musicus vir,
Poeta & Citharœdus,
Maxime autem Synhodites.
Multum in fluctibus laboravi
Et in itineribus defatigatus sum.
Mercator formosarum deinde,
O amici, mulierum fui.
Spiritum, quem in fœnus celitus acceperam,
Expleto tempore reddidi:
Et post obitum
Musæ corpus tenent meum.

Observanda est in hac inscriptione forma τοῦ M: nam ita depingitur *M*, ut & in sequenti inscriptione: quâ figurâ in vetustioribus item marmoribus occurrit, sicque fere in Codicibus a nono Christi sæculo delineari solitum est.

Συνοδίτης, sive συνοδείτης, id est, ut quidem opinor, Synhodo adscriptus

& Apollinis Parasitus, quales memorantur in quibusdam inscriptionibus apud Gruterum p. CCCXXX. *M. Aurelio Augusti liberto, Agilio Septentrioni, Pantomimo sui temporis primo, Sacerdoti Synhodi, Apollinis Parasito.* Ibidemque alter dicitur,

Adlectus scenæ, Parasitus Apollinis item.

Eodem loco, de L. Acilio dicitur, *Nobili Archimimo, communi munere, adlecto diurno Parasito Apollinis, Tragico, Comico,* &c. Ibidemque Adlecti Scenicorum memorantur, & Adlectorum hujusmodi ordo sive catalogus ducitur. Idemque catalogus cum inscriptione tota, fusior sincериorque datur p. M. LXXXIX. ubi sexaginta Adlecti, nomine proprio designantur. Nicocratem igitur Poëtam & Citharœdum, eidem Synhodo sive Collegio adlectum & Apollinis Parasitum fuisse putamus; ideoque συνοδίτην dici: ubi advertas σύνοδον pro conviviis sæpius accipi. Adlectum autem scenæ fuisse suadent larvæ scenicæ tumulo insculptæ, de quibus supra.

Quod dicitur vero, πνεῦμα λαβὼν δάνειος οὐρανόθεν τελέσας χρόνον ἀντἀπέδωκα, *Spiritum, quem in fœnus cælitus acceperam, expleto tempore reddidi,* his Phocylidis versibus accinit:

Ψυχαὶ γὰρ μίμνουσιν ἀκήρεοι ἐν φθιμένοισι·
Πνεῦμα γάρ ἐστι Θεοῦ χρῆσις θνητοῖσι καὶ εἰκών.
Σῶμα γὰρ ἐκ γαίης ἔχομεν καὶ πάντες ἐς αὐτὴν
Λυόμενοι κόνις ἐσμὲν, ἀὴρ δ' ἀνὰ πνεῦμα δέδεκται.

Hoc est:

Animæ namque incorruptæ manent in mortuis:
Spiritus enim, Dei est usus mortalibus, & imago.
Corpus autem e terra accepimus: & omnes in illam
Resoluti pulvis sumus: cælum vero spiritum accipit.

Sic item Lucretius, l. 3.

Vitaque mancupio nulli datur, omnibus usu.

Cum autem adjicitur, καὶ μετὰ τὸν θάνατον Μοῦσαι μου τὸ σῶμα κρατοῦσι; id est, *Et post obitum, Musæ corpus tenent meum;* alluditur, ni fallor, ad Musas hinc & inde in tumulo exsculptas.

Tertia inscriptio sic vulgaribus typis editur.

Κοσμία ζησάσῃ ἔτη ς. ἡμέρας ιθ. ὥρας β. Κόσμος καὶ Θεοδότη τέκνῳ γλυκυτάτῳ μνείας χάριν ἐποίησαν.

Cosmiæ, quæ vixit annis VI. diebus XIX. horis II. Cosmus & Theodote filiæ dulcissimæ, memoriæ causa fecerunt.

Hanc adtulimus in Diario Italico, p. 439. quæ præter formam τοῦ μ, præcedenti inscriptioni similem, singularem præfert literæ H figuram sic Ͱ.

Alteram inscriptionem adjicimus a Raphaële Fabreto olim D. Joan. Mabillonio nostro transmissam; quam licet ad fidem marmoris quoad literarum formam & magnitudinem accurate delineari curaverit Fabretus in exemplo ad D. Mabillonium misso, eamdem tamen vulgaribus typis edidit ipse inscript. p. 741. nec interpretationem adjecit. Nos qualem a D. Joan. Mabillonio accepimus, in ære incidi curavimus; vulgaribus autem literis descripta sic habet:

Θεοῖς καταχθονίοις
Ἐνθάδ' ἐγὼ κεῖμαι Ὀλυμπία ἐτῶν κβ.

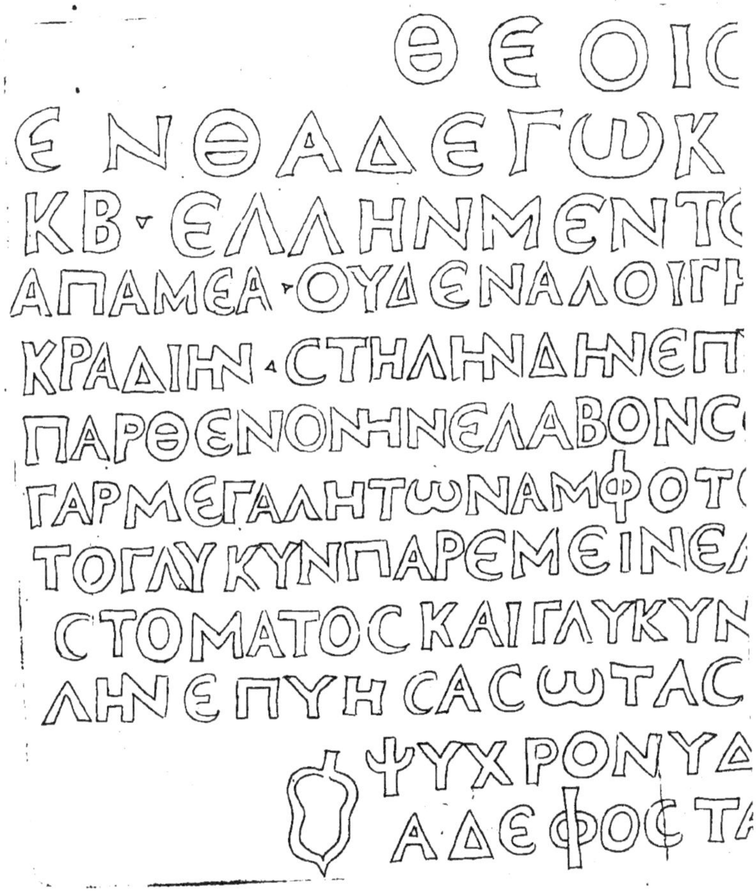
ΘΕΟΙC
ΕΝΘΑΔΕΓΩΚ
ΚΒ·ΕΛΛΗΝΜΕΝΤ
ΑΠΑΜΕΑ·ΟΥΔΕΝΑΛΟΙΓΗ
ΚΡΑΔΙΗΝ·CΤΗΛΗΝΔΗΝΕΠ
ΠΑΡΘΕΝΟΝΗΝΕΛΑΒΟΝC
ΓΑΡΜΕΓΑΛΗΤΩΝΑΜΦΟΤ
ΤΟΓΛΥΚΥΝΠΑΡΕΜΕΙΝΕ
CΤΟΜΑΤΟCΚΑΙΓΛΥΚΥΝ
ΛΗΝΕΠΥΗCΑCΩΤΑC
ΨΥΧΡΟΝΥΔ
ΑΔΕΦΟCΤΑ

Ἑλλὰς μὲν τὸ γένος, πατρὶς δ' ἐμοὶ ἦτον Ἀπαμεία.
Οὐδένα λυπήσασα, οὐ μεικρᾶς (ſic) ψυχὴν, οὐ μεγάλης καρδίαν
Cτήλην δ' ἣν ἐποίησα κατὰ χθόνα δάκρυσι θερμοῖς.
Παρθένον ἣν ἔλαβον Cώτας Ὀλυμπιάδι πεποίηκα.
Cτοργὴ γὰρ μεγάλη τῶν ἀμφοτέρων διέμεινεν·
Ὡς ὅπου φῶς τὸ γλυκὺ περιέμεινε ἀκτεῖσι ἐπιλάμπων,
Ἡδὺ ἀπὸ στόματος, καὶ γλυκὺ ὡς μέλι πιν.
Ταύτην τὴν στήλην ἐποίησα Cώτας σε φιλήσας·
Ψυχῇ διψώσῃ ψυχρὸν ὕδωρ μεταδὶς (l. μεταδοὺς)
Ἀδεφὸς (l. ἀδελφὸς) ταύτης (ſic) ἐπέγραψεν.

Hæc inſcriptio, imperiti ſane hominis opus, mendiſque ſcatens, aliquam metri rationem habere videtur, ut aliæ bene multæ tam Græcæ quam Latinæ, quæ carmine quidem enuntiantur; ſed ita ut de longis, de brevibus, de menſura parum curetur. Senſus hic eſt,

Dis manibus
Hic jaceo Olympia annorum viginti-duorum:
Græca quidem genere, Patria mihi erat Apamea.
Neminem læſi, non parvi animam, non cor magni.
Quem poſui cippum in terra, fervidis cum lacrymis,
Ego Sotas Olympiadi, quam virginem duxeram, erexi:
Nam vehemens inter ambos amor perſeveravit,
Quamdiu dulce lumen illud radiis illuſtrans permanſit;
Dulce, inquam, ab ore manans, dulce mellis inſtar.
Hunc cippum effeci Sotas tui amore ductus,
Sitienti animæ frigidam aquam ſubminiſtrans.
Hujus frater inſcripſit.

Non inſolitum eſt in Epitaphiis frigidam aquam optari, aut ſubminiſtrari defunctis: cujus moris exempla profert idem Fabretus inſcript. p. 461.

Quod ad formam vero characteris, ∈, C, ω. ſic ſcribuntur ſecundum novatam ſub initium Romani imperii figuram. Quæ, ut ſupra dicebamus, primis Auguſtorum ſæculis advecta, paulatim invaluit in Occidente primùm, deinde, ſed tardius in Oriente; donec priſca horum characterum forma penitus exoleſceret, quod ut conjectare licet, ſæculo quinto contigit: ab hinc enim priſcas literarum hujuſmodi figuras non obſervavi in marmoribus, quæ vidi, vel quorum exſcripta, accurate ſecundum primigeniam formam expreſſa, legere potui.

Hic inſignes duas inſcriptiones longe inferioris ævi ſubjungimus, imperante Juſtiniano poſitas: quo tempore priſcæ formæ Ε, Σ, Ω, obſoleverant, & iis ſubſtitutæ ∈, C, ω, fere ſemper uſurpabantur. Prior Gortynæ in Creta eruta fuit a D. de Tournefort: cujus exemplum in nonnullis ſic reſtituimus: nam ibi legebatur ΑΙΠΤΙΩΝΟC, haud dubie pro ΑΠΠΙΩΝΟC, & ibidem ΤΟΥΛΑΜΙΡ. Sed I poſtremum ſuperpoſita linea, quæ ad P pertingat, ΛΑΜΠΡ. facit, ut in ſpecimine vides, ac frequenter in Tabulis ſuperius. Initio tertiæ lineæ quidpiam deficit, at defectus ille ſenſum nullatenus interturbat.

Hæc ita leguntur, ἐπὶ Θεοδώρου τοῦ ἁγιωτάτου Ἀρχιεπισκόπου, καὶ Α. Πιλίου τοῦ περιβλέπτου ἀνθυπάτου εὐτυχῶς ἀνενεώθη κου.... ὁ τοῖχος ὑπατείας vel ὑπάτου Φλαβίου Ἀππίωνος τοῦ λαμπροτάτου Ἰλλουστρίου β. id eſt, *Sub Theodoro ſanctiſſimo*

Archiepiscopo & A. Pilio conspicuo proconsule, feliciter restauratus est murus, Consule Fl. Appione splendidissimo illustri 2. vel *post Consulatum ejus anno* 2. Consulatum solus gessit Flavius Appio Strategi filius, Ægyptius: ac semel fertur in Tabulis ad annum Christi 539. quamobrem opinor hic annum secundum post Consulatum ejus indicari, scilicet 541. Etsi namque anno 541. Basilius solus Consul in Tabulis feratur; mira tamen tunc erat circa Consulatum numerandi varietas; ita ut anno Christi 538. sic varie Consulatus notetur; *Joanne solo Consule;* alibi vero *Joanne & Volusiano*; alibi etiam, IV. *post Consulatum Paulini.* In sequenti autem anno 539. *Appione filio Strategi V. C. solo Consule*; vel etiam, V. *post Consulatum Paulini.* ἰνλυςρίυ sive ἰλλυςρίυ, *illustris*: dignitas erat Constantinopolitana apud Byzantios scriptores sæpe memorata, de qua vide Cangium in utroque Glossario.

Altera inscriptio, Trapezunte ad Arcis portam ab eodem eruta, sic habet vulgaribus typis.

Ἐν ὀνόματι τοῦ δεσπότου ἡμῶν Ἰησοῦ Χριστοῦ τοῦ Θεοῦ ἡμῶν Αὐτοκράτωρ Καῖσαρ Φλάβιος, vel Φλαούιος Ἰουστινιανὸς Ἀλαμανικὸς, Γοθικὸς, Φραγγικὸς, Γερμανικὸς, Παρτικὸς, (sic) Ἀλανικὸς, Οὐανδαλικὸς, Ἀφρικὸς, εὐσεβὴς, εὐτυχὴς, ἔνδοξος, νικητὴς, τροπεοῦχος, (l. τροπαιοῦχος,) ἀεισέβαστος, Αὔγουστος, ἀνενέωσεν φιλοτιμίᾳ τὰ δημόσια κτίσματα τῆς πόλεως· σπουδῇ καὶ ἐπιμελίᾳ (sic) Οὐρανίου τοῦ Θεοφιλεστάτου, λο υπγ. . . .

Id est, *In nomine Domini nostri Jesu Christi Dei nostri, Imperator Cæsar Fl. Justinianus Alamanicus, Gothicus, Francicus, Germanicus, Parthicus, Alanicus, Vandalicus, Africus, pius, felix, gloriosus, victor, trophæis clarus, semper Augustus, publica urbis ædificia studiose restauravit, curâ & operâ Uranii piissimi.* . . .

I

+ ЄΠΙΘЄΟΔωΡΟΥΤΟΥΑΓΙω ΑΡΧΙЄΠΙϹΚ ΚΑΠΙΛΙΟΥ
ΤΟΥΠЄΡΙΒΛ ΑΝΘΥΠΑΤΟΥЄΥΤΥΧωϹΑΝЄΝЄωΘΗ
ΚΟΥ...ΟΤΟΙΧΟϹΥ ΦΛ ΑΠΠΙωΝΟϹΤΟΥΛΑΜΠΡ ΙΝΔ Β+

II

ЄΝΟΝΟΜΑΤΙΤΟΥΔЄϹΠΟΤΟΥΗΜωΝΙΗϹΟΥΧΡΙϹ
ΤΟΥΘЄΟΥΗΜωΝΑΥΤΟΚΡΑΤωΡΚΑΙϹΑΡ ΦΛ
ΙΟΥϹΤΙΝΙΑΝΟϹΑΛΑΜΑΝΙΚΟϹΓΟΘΙΚΟϹΦΡΑΝΓΙΚΟϹ
ΓЄΡΜΑΝΙΚΟϹΠΑΡΤΙΚΟϹΑΛΑΝΙΚΟϹΟΥΑΝΔΑΛΙΚΟϹ
ΑΦΡΙΚΟϹЄΥϹЄΒΗϹЄΥΤΥΧΗϹЄΝΔΟΞΟϹΝΙΚΗΤΗϹ
ΤΡΟΠЄΟΥΧΟϹΑЄΙϹЄΒΑϹΤΟϹΑΥΓΟΥϹ ΑΝЄΝЄωϹЄΝ
ΦΙΛΟΤΙΜΙΑΤΑΔΗΜΟϹΚΤΙϹΜΑΤΑΤΗϹΠΟΛЄωϹ
ϹΠΟΥΔΗΚΑΙЄΠΙΜЄΛΙΑΟΥΡΑΝΙΟΥΤΟΥΘЄΟΦΙΛЄϹ...
ΧϹΥΠΓ

Reliquæ literæ vix leguntur : υπ. γ. videtur Conſulatum Juſtiniani tertium notare. At cum tertius Juſtiniani Conſulatus cadat in annum Chriſti 533. nondum tot bellis, quot hic memorantur, perfunctus erat Juſtinianus. Quamobrem res in dubio verſatur.

Antequam vero inſtitutam de inſcriptionibus narrationem claudamus, e re fuerit annotare, in marmoribus & nummis aliqua ταχυγραφίας, ſive celeris ſcriptionis, licet pauca, veſtigia obſervari. Siquidem a primis Imperii Romani ſæculis Tachygraphos jam fuiſſe, Libro primo perſpicuis exemplis commonſtravimus, qui ſcilicet cum ductus faciliores, tum novas literarum formas, quæ expeditius exarari poſſent, excogitarunt. Etſi vero hæc ſcribendi ratio ad Acta publica, ad literas Imperatorias, aliaſque, in uſum evocata fuerit: nam ſculptores in marmoribus, & Calligraphi in deſcribendis libris; utpote quibus non tanta celeritate opus eſſet, priſcum morem vulgò retinuerunt; aliquando tamen, etſi rariſſimè, Tachygraphorum formas uſurpatas deprehendimus : ſic in nummis Voluſiani apud Illuſtriſſ. D. Foucaut, duos obſervavimus, ubi diphthongus ου hac vulgari jam forma delineatur ȣ. Alius enim in poſtica ſic habet ЄΠΙϹΤΡ. ΚΛ. ΚΑΛΛΙϹΤȣ ΚΟΛΟΦΩΝΙΩΝ : *Sub Prætore Claudio Calliſto Colophoniorum.* Alter vero ſic, ЄΠΙϹΤΡ. ΑΥΡ. ΑΘΗΝΑΙȣ ΚΟΛΟΦΟΝΙΩΝ : *Sub Prætore Aurelio Athenæo Colophoniorum.*

In marmore autem Neapolitano apud Gruterum, p. LXXV. formam τȣ̃ Є hodiernam expreſſam videmus.

Μ. ΜΑΡΙΟϹ. ƐΠΙΚΤΗΤΟϹ. ΤΗΙ
ΤΥΧΗΙ. ΝƐΑϹ. ΠΟΛƐΩϹ. ΑΝƐ
ΘΗΚƐΝ. ΧΑΡΙϹΤΗΡΙΟΝ.

Id eſt, *M. Marius Epictetus Fortunæ Neapolis in gratiarum actionem dicavit.* Et ibidem ex marmore quodam Romano.

ΘƐΑ. ƐΠΙΧΘω
ΝΙω. ΤΥΧΗ
ΤΙΤΟϹ. ϒΑΛΟΥΙ
ΟϹ. ΟΥΙΒΙΑΝΟϹ
ΑΝΤΙΟΧΟϹ. ΑΝƐ
ΘΗΚΕΝ.

Id eſt, *Deæ indigenæ, ſive hujus terræ, Fortunæ, Titus Salvius Vibianus Antiochus dicavit.* In utraque inſcriptione Ɛ ſic ſcriptum occurrit ſemper, exceptâ poſtrema tantùm ſecundæ inſcriptionis ſyllaba, ubi ſic jacet, E, forte oſcitantia exſcribentis aut Typographi : ut etiam Ω ſic ſcriptum in voce ΠΟΛΕΩϹ primæ inſcriptionis. In poſtrema inſcriptione ω μέγα ita ſcriptum, ω, bis occurrit : quæ forma non infrequenter obſervatur in marmoribus ſub imperio Romano. E vero ſic ſcriptum, cum quadruplici tantum calami ductu delinearetur, & ſcriptionem retardaret, quia frequenter occurrit in quovis orationis genere; in hanc formam primo, Є, mutatus eſt, quæ duplici, & in hanc deinde Ɛ, quæ unico calami ductu depingitur. In poſtrema autem inſcriptione, ω, ſic ſcriptum, ω, bis reperitur : in utraque, puncta ad ſingulas voces notantur : præterquam in fine linearum, ubi rariſſime depingi ſolent. In voce ΤΙΤΟϹ, Τ ſecundum cæteris characteribus majus & ſublimius exaratur. quod in aliis item inſcriptionibus obſervatur, ad literas quaſdam; idque non ex regula quapiam, ſed arbitratu ſculptorum.

In Latinis item inscriptionibus antiquis quædam literæ ad hodiernum morem minuscularum exaratæ visuntur, v. g. b, & h. apud Gruterum, p. CLXXXV. quæ item formulæ ad scribendi celeritatem excogitatæ sunt. Huic porro τῷ h formæ, affinem exhibet inscriptio Græca Veronensis, quam ex Muséo comitis Moscardi erutam, in Tabula supra repræsentavimus; ubi H hâc formâ semper delineatur Ƕ, ad modum pene h Latini.

In Tabula marmorea, quæ olim in insula Tiberina Romæ in Templo Æsculapii erecta fuit, ubi Æsculapii ope restitutam ægris aliquot valetudinem fuisse narratur, editaque fuit a Grutero p. LXXI. formæ omnes sub imperio Romano advectæ observantur: ibidemque litera ξ modo singulari exaratur, nempe Ƶ, quam formam alibi nonnisi in lapillis Basilidianorum hactenus observavimus: sed sic puto haberi in Tabula Hippolyti Romæ, ubi apud Gruterum legitur bis ΕΖΟΔΟϹ, pro Ε ΞΟΔΟϹ. In eadem Tabula hæc sigla ∭, πρὸ exprimit, in πρὸ ια. Κα. *undecimo Kalendas*, &c.

In marmore insigni, cujus inscriptio sic init, Αγλιβώλῳ καὶ Μαλαχβήλῳ, & pluries edita fuit, ubi subjicitur inscriptio Palmyreno charactere, nondum explanata, articuli τῆς & τῶν sic ad hodiernum pene modum delineantur, ΚΑΙ Τ̄ ΣΥΜΒΙΟΥ, ΚΑΙ Τ̄ ΤΕΚΝΩΝ *& uxoris & filiorum.*

In reliquis inscriptionibus Græcis, in quas incidi, literæ a præmissis formis parum deflectunt. Si quid vero intersit discriminis; id non tanti est ut assignari mereatur. Nam quod literæ modo angustiores, modo diductiores sint; quodque aliæ majores, minutiores aliæ; aliæ elegantius, rudius & impolitius aliæ insculptæ sint; id ex sculptorum vel arbitrio, vel peritia imperitiave ortum. Cæterum idem ipse characterum modus ab ineunte Romano imperio ad postrema usque sæcula observatur in marmoribus; ita ut advectæ formæ Є, Ϲ, ω, primo Romæ & in Occidente frequentatæ, quarto demum sæculo penitus obtinuisse videantur, ita ut prisca earumdem literarum figura Ε, Σ, Ω, vel nuspiam vel infrequenter admodum in occiduis partibus reperiatur. In Græcia autem & Oriente, novatæ formæ tardius receptæ sunt. Licet enim jam primo, secundo, & multo magis tertio sæculo in marmoribus ibidem occurrant; at longe infrequentius, quam in Occidente: veteresque earumdem literarum formæ quarto etiam, & quinto promiscue cum novis interdum usurpatæ fuisse deprehenduntur, ut sæpe diximus. Ubi notes velim in editis inscriptionibus, characterum germanam formam plerumque neglectam fuisse; tum quia ii, qui in ipsis locis exscripserunt, usitatioribus literis apographa sua adornarunt; tum etiam quia genuinæ formæ, cum apud Typographos non exstarent, cum aliis usu receptis typis commutatæ sunt. Quamobrem ea, quæ jam diximus, vel ipsis oculis in marmoribus inspeximus, vel ex schedis & apographis eorum, qui se germanam characterum formam imitatos esse profitebantur, excerpsimus. Occidentales innumeras pene vidimus in Muséis ac locis variis; Orientales item non paucas. Verum cum infinita prope marmora illis in partibus in dies eruantur, aliqua fortasse & nondum observata de characterum formis alii posthac deprehensuri sunt.

In nummis Constantinopolitanis medii & infimi ævi; cum & imperii dignitas, & literæ humaniores paulatim delaberentur, inscriptiones rudi manu effictas, literasque Græcas cum Latinis passim intermixtas cernimus. Exempla quædam ex Muséolo nostro proferimus. Nono sæculo in nummo

Theophili

Theophili Imperatoris legitur. D. N. ΘЄOFIΛOS BASI. i. Dominus noster Θεόφιλος, βασιλεὺς, ubi non modo characteres, sed etiam verba partim Græca, partim Latina sunt, significantque, *Dominus noster Theophilus Imperator.* Eodem sæculo in nummis Leonis sapientis Imperatoris legitur hac forma, ✠ LЄOhЄ hΘЄObASILЄVS ROmЄOh. id est vulgari charactere, Λέων ἐν Θεῷ βασιλεὺς Ρωμαίων. *Leo in Deo Imperator Romanorum.* Decimo item sæculo in nummis Romani Imperatoris ita legitur, ✠ RωmAЄhΘE ωbASILEVS RωMAIωh. i. Ρωμανὸς ἐν Θεῷ βασιλεὺς Ρωμαίων, *Romanus in Deo Imperator Romanorum.* In aliis legitur, IhS XRISTVS bASIΛEVS bASILEŌN, *Jesus Christus Rex Regum.* In aliis inferioris ævi nummis inscriptiones ut plurimum mere Græcæ sunt, sed mirum in modum deformatæ, ita ut vix legantur: idque ex sola artificum imperitia. Hactenus de characteribus inscriptionum & numismatum.

CAPUT VIII.

De Abraxæis figuris & literis, de schematibus animalium deitatumque Ægyptiarum, earumque commixtione cum Christianis mysteriis apud Basilidianos. Alphabeta Basilidianorum Græca. Liber plumbeus eorumdem, ubi figuris literisque variis duodecim diei horæ repræsentantur.

EXTRA seriem vulgarium, quæ in nummis & marmoribus adhibentur, formarum, ponimus eas, quæ in Amuletis, vulgo *Talismans*, usurpantur. Amuleta autem hujusmodi in gemmis & lapillis variæ formæ & magnitudinis insculpta, Abraxas etiam vocantur: & magno numero visuntur in Muséis variis, in nostroque nominatim non pauca, portentosis figuris, præstigiis, characteribusque non vulgaribus oppleta. De quorum origine hæc pauca accipe.

Ex hæreticis, qui secundo Christi sæculo exorti sunt, nulli turpiores deterioresque Basilidianis, originem ducentes ex Gnosticis: a quibus proseminatæ sunt variæ & portentosæ sectarum familiæ. Hi vero, scilicet Basilidiani, a Basilide parente nuncupati, virtutes & Angelos multos esse putabant; quorum primum & præcipuum, atque, ut ait Epiphanius, superiorem Angelorum virtutem ac principium, Ἀβρασαξ nuncupabant: quia hæ literæ si numerice accipiantur τξε. id est, 365. conficiunt: quot scilicet diebus sol cursum absolvit: nam σ. 200. ρ. 100. ξ. 60. β. 2. α. 1. triplicatum vero, tria, significant: hique numeri collecti 365. perficiunt: totidemque Virtutes numerabant. Virtutum autem hujusmodi nomina quædam in gemmis Abraxæis exspicamur; nempe nota isthæc, Μιχαὴλ, Γαβριὴλ, Ραφαὴλ, Οὐριὴλ; hæc etiam ignota, Ανανανὴλ, Πεγσορεσινὴλ, Κουστὴλ, Συριὴλ, quibus addas *Satoviel*, ut Latinè in gemma quadam legitur. Arbitror autem reliquarum etiam virtutum nomina, ad numerum usque trecentarum sexaginta quinque, penes Basilidianos fuisse: quæ, nec magno sane dispendio, vel interiere; vel ita perplexe jacent in hodiernis gemmis, ut legi prorsus ac distingui nequeant. His itaque 365. Virtutibus, totidem anni dies designabant; vel singulas singulis diebus præesse somniabant: quibus omnibus præfici ac dominari Abraxam suum sive solem opinabantur. Hinc est quod hanc Virtutem Ἀβράσαξ, (frequenter item Ἀβράξας conscribunt,) cum radiis aliisque solaribus symbolis depingant; videlicet in lapillis & gemmis. Quod ad figuras vero quibus Abraxam suum delineant, ex mera monstra sunt: passim nempe corpus humanum paludatum repræsentant cum capite galli gallinacei, cujus tibiæ modo in caput serpentis, modo in stellas, aliquando item in gallinacea capita desinunt. Hæc porro figura manu quidem dextera flagellum tenet; sinistra vero scutum literis insculptum, ubi ut plurimum Ιαω legitur: aliquando item leonem designant, modo stellis stipatum, modo radiis fulgentem. Sæpe figuram radiatam effingunt capite leonino, serpentino corpore: Anubin item apponunt humano corpore, canino capite, plerumque etiam canino capite serpentino corpore. Est penes me gemma ubi schema conspicitur serpentino capite, humano corpore: his porro omnibus solem subindicant: nam gallus gallinaceus, utpote solis prænuntius, solis symbolum est; flagellum autem, equis solaribus agitandis instrumentum. Unde in multis hujusmodi Abraxæis gemmis, equorum quadriga præfertur, aurigante juvene radiato, videlicet sole: tria hujusmodi schemata in Museolo nostro variis in gemmis cernuntur. Leo item, maxime radiatus, solem designat, stellisque stipatur; ut subindicetur, quemadmodum leo inter animalia; sic solem inter astra, principem obtinere locum. Est ubi etiam ad typum leonis Μίθρας, aliquando Μίθραξ, inscribitur, quo nomine solem gentiles vocabant: hicque cultus a Persis ad Romanos & Græcos emanaverat, ac præsertim sæculo Christi tertio admodum frequentabatur.

Quia vero Anubis canino capite, inter deos, præcipuo cultu venerabantur Ægyptii; hunc item modo radiatum, modo flagellum manu tenentem effingunt Basilidiani, Abraxamque vel Mithram, itemque ΑΝΟΥΒΙΝ, nominant. Sane vix ulla erat gentilium superstitio, quam in symbolis suis Basilidiani illi & Gnostici non usurparent. In aliis quippe gemmis sive Amuletis, Jupiter Serapis conspicitur cum hac inscriptione, Εἷς Ζεὺς Σέραπις, *unus Deus Serapis*, cujus frequens admodum est in hujusmodi Basilidianorum & Gnosticorum symbolis, tum mentio, tum repræsentatio. Et cum illi magno numero, in Ægypto maxime, versarentur, hinc orta fama & calumnia est, Christianos Serapin colere. Unde Hadrianus Augustus in epistola sua apud Vopiscum, hæc habet, *Ægyptum, quam mihi laudabas, Serviane carissime, totam didici levem, pendulam, & ad omnia famæ momenta volitantem. Illi qui Serapin colunt, Christiani sunt: devoti sunt Serapi, qui se Christi Episcopos dicunt. Nemo illic archisynagogus Judæorum, nemo Samarites, nemo Christianorum Presbyter, non Mathematicus, non Aruspex, non Aliptes. Ipse ille Patriarcha, cum Ægyptum venerit, ab aliis Serapidem adorare, ab aliis cogetur Christum.* Hinc videas magnam istic tunc fuisse Gnosticorum, qui Serapidem adorarent, multitudinem; ipsosque nomini Christiano ingentem invidiam & odium conflavisse. In aliqua vero gemma Capelliani Musei, quæ in Prodromo ejusdem edito vigesima-secunda notatur, Isis loto insidens nuda cum luna imposita capiti radiato, dexteram erigit, sinistra flagellum tenet; in conspectu vero ejus simia erecta cum ithyphallo: circum autem inscribitur, Εἷς Ζεὺς Σέραπις, *unus Jupiter Serapis*: ab altera vero gemmæ facie altera inscriptio legitur, ubi Abraxas memoratur.

In aliis item Basilidianorum lapillis, Isis loto insidens; vel Apis stipatus ſtellis conſpicitur. Eſt ubi videas ranas inſculptas, cancros, monſtra varia multis ex animalibus compoſita. Obſcœnæ paſſim figuræ inter hujuſmodi ſymbola deprehenduntur; Phalli, Ithyphalli & ſimilia: quæ omnia, qua mente cum Chriſtianis myſteriis homines illi, qui ſeſe Chriſtianos mentiebantur, admiſcuerint, quis divinare poſſit? In quadam gemma Capelliani Muſéi, cujus Prodromus Venetiis haud ita pridem editus fuit, ab altera facie juvenis radiato capite, brachium dextrum pallio obvolutum habens, manu dextera flagellum tenens, ſiniſtram ad cælum erigens, e latere utriuſque tibiæ ſtellam depictam habens, gradientis more depingitur: ab altera vero facie gemmæ legitur, præmiſſis quibuſdam characteribus ignotis, quorum unus anchoram referre videtur, ЄICVYC XRESTVZ ΓABRIЄ, ANANIA, AME. Juvenis autem ille nudus ſolem & una Chriſtum ſignificat: nam Epiphanio teſte, quidam ex hæreticis hujuſmodi, ſolem pro Chriſto habebant.

Quod ad characteres vero, quibus myſteria ſua exprimunt, ea quæ diuturno uſu obſervata nobis ſunt, hic paucis adſcribere juvat. Literas maxime omnium Græcas uſurpant, nominibus utentes ignotis, quibus Angelos illos ſuos nuncupant, & alia myſteria, portentoſis vocibus enuntiata exprimunt: quæ ne legi quidem, ut plurimum, nedum explicari poſſint: in illis quippe multæ plerumque conſonantes ſive vocalibus una ſerie ponuntur. In prolixioribus tamen inſcriptionibus, poſtquam barbara bene multa nomina præmiſerunt, alia quædam interſerunt, vulgaris uſus & ſignificationis, ut in Capelliani Muſéi gemma poſt alia quædam obſcura legitur, χαριζόμενον ὄνομα Αβραάμ, *qui dat nomen Abrahæ*: in alia ejuſdem, δὸς χάριν Αλέξανδρ, *da gratiam Alexander*: in alia vero gemma legitur, Αλέξανδρα, quo pertineat autem Alexander vel Alexandra ignoramus: voces Ιαω, σαβαώθ, ἀδωναί, Αβράξας, Μιθρὰξ, frequentiſſime occurrunt. In aliquo lapide jaſpide ejuſdem Capelliani Muſéi, ubi ab altera gemmæ facie figura viſitur humano corpore, galli gallinacei capite, cruribus & tibiis in ſerpentum capita deſinentibus: quæ dextera flagellum, ſiniſtra ſcutum tenet, voce Ιαω inſcriptum, barbaris aliis circumpoſitis nominibus; ab altera gemmæ facie ita legitur, Δός μοι χάριν νίκην, ὅτι εἴρηκά σου τὸ κρυπτὸν καὶ ἀλίχωφιον ὄνομα; reliqua ignota & barbara ſunt: eorum vero ſenſus eſt, *Da mihi gratiam & victoriam, quia occultum & ineffabile nomen tuum pronuntiavi.* Illud autem ineffabile nomen in altera gemmæ facie expreſſum, eſt Ιαω, quo Græci veteres יהוה exprimunt. Vocem Αλίχωφιον barbaram, forte pro ἀνεκφώνητον poſitam, *ineffabile* vertimus. In magnetico lapide Muſéoli noſtri, ad ovi figuram accedente, poſtquam portentoſa illa Angelorum nomina exarata ſunt, hæc leguntur, παύσατέ μοι τὸν πόνον, *finem mihi laboris facite*, vel, *ceſſare facite laborem mihi.*

Non Græce tantum, ſed etiam Hebraïce poſitas hujuſmodi inſcriptiones videre eſt, duæ & quidem ſat prolixæ penes nos habentur: quibus characteris Hebraïci illius ævi formam deprehendere licet: explicare vero dicta non ita facile. Præter vocem Ιαω, ex Hebraïco Græcis literis expreſſam: adeſt in gemmis aliquot, nomen ΣΕΜΕΣ, Hebraïce שמש *ſol.* Neque Hebraïcas modo voces ſed etiam Copticas & Ægyptiacas uſurpant; exempli cauſa in jaſpide quodam Muſéoli noſtri ſculptum legitur, Φρη, *Phri*, id eſt, ſol. Nam lucifugæ iſti ſolem maxime colebant, & in myſteriis ſuis ſymbola ſolis exprimere gaudebant. Nec omittendum eſt, plerumque in ſchematibus hujuſmodi inſculpi ſerpentem, extremam areæ ſuperficiem circulo claudentem, caudamque mordentem: quo circulo, ſolis curſum & circuitum exprimi putant eruditi.

Characteres item Hetruſcos uſurpabant Gnoſtici & Baſilidiani; videlicet ii qui apud Latinos verſabantur, ut videas infra in ſchemate libri plumbei. Latinos item adhibitos cernimus in aliquot gemmis; & nominatim in corneola noſtra, ubi ab altera facie nomina Græco-barbara pro more feruntur; ab altera vero, paſtor depingitur cum inſcriptione, AVE PASTOR. Præter hos autem characteres alios item excogitaverunt; cæteris populis ignotos; ut ne quis poſſet ad arcana ſua pertingere. Quinetiam Græcos, ab ſe frequentius adhibitos, ſæpe vario modo exarabant; ut quantum poterant a vulgari & uſitatiori forma recederent. Eorum porro formas varias, quales in hujuſmodi lapillis innumeris vidimus, hic adſcribere operæ pretium erit.

Dum Romæ agerem, incidi in librum plumbeum, inſculptum literis & figuris Baſilidianorum: emtumque obtuli Sereniſſimo Principi Cardinali de Boüillon; ita tamen ut depicta omnia penes me remanerent. Eſt is libellus longitudine quatuor circiter pollicum; latitudine duorum & dimidii, ut infra delineatur: operculis vero duobus plumbeis totus compingitur, ſex folia item plumbea ſunt, ab utraque facie inciſa literis aut figuris: duæ partes operculi aſſumento plumbeo, clavis item plumbeis aſſerto & firmato, junguntur. Virgula plumbea foliis a tergo, per annulum plumbeum ipſis hærentem, inſerta, ipſa folia retinet ne dimoveantur. Denique omnia plumbum. In ſingulis paginis Baſilidianorum figuræ comparent. In quatuor primis tantum, verba quædam ſub figuris poſita inciſa ſunt. Prima & ſecunda pagella, Hetruſcis literis exaratur; tertia & quarta Græcis; ex utriſque tamen tam Hetruſcis, quam Græcis, tantumdem notitiæ expiſceris, adeo ſunt obſcura omnia & tenebris oppleta. Hactenus quod ad literas: quod ad figuras vero hæc carptim dicamus.

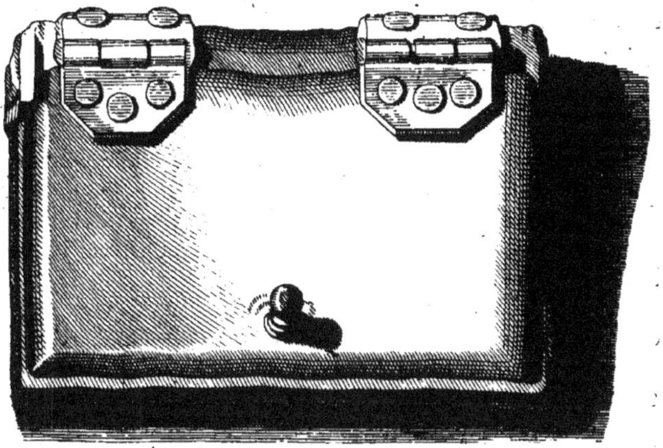

In prima pagina, homo nudus ſtat, digitos ori admovens, qualem depingunt Harpocratem: nimirum illi fabuloſa & prophana omnia ſectabantur.

In ſecunda, homo veſte talari indutus, manu cælum commonſtrat, quo myſterio, divinet qui poſſit.

In tertia, Baſilidianus quiſpiam junctis manibus, nudo capite precans effingitur.

In quarta pagina, figura humano corpore, capite volucris coronato: quales non paucæ in lapillis habentur.

In quinta, Abraxas humano corpore, galli gallinacei capite, dextera flagellum tenens, ſiniſtram ori admovens, tibiis in ſerpentis caput deſinentibus: de quo pluribus ſupra.

In ſexta, homo ſtans, capite volucris, radiato corpore, baculum manu dextera tenens: quæ figura non inſolita eſt in lapillis & gemmis.

In ſeptima, caput Jovis Serapidis, qui in Baſilidianorum lapillis frequentiſſime repræſentatur, interdum ſolus, nonnumquam cum aliis figuris.

In octava, mulier decumbens, quam figuram numquam alias inter Baſilidianorum ſymbola vidi.

In nona, inſectum animal, ex variis inſectis compoſitum: qualia multa comparent in gemmis Abraxæis.

In decima, rana, quod animal mirum quantum celebretur apud Baſilidianos; ita ut homines ritu venerantium in conſpectu ranæ depingantur.

In undecima, avis quædam, anſeri non abſimilis.

In duodecima, mulier, velo ſtellis conſperſo caput obvelans, quæ eſt figura noctis: eam quidem in Baſilidianorum gemmis & ſymbolis numquam vidimus; ſed conſtat certiſſimumque eſt, hoc ſchemate noctem ſignificari, ut ſupra Libro primo, capite primo videas.

Hinc vero ſubit in mentem, hunc duodenum numerum aliquid ſignificare, & conjecturam meam, amicis probatam, Lectori benevolo aperire non pigebit. Opinor itaque hiſce duodecim ſchematibus, duodecim diei horas indicari. Ad primam quippe diei horam homo nudus repræſentatur, quia tunc e lecto ſurgitur. Ad horam ſextam, ſive meridiem, homo gradiens radiatus volucris capite depingitur: quod ſymbolum eſt ſolis medium curſum tenentis. Ad duodecimam, mulier ſtellato velo caput obnubens, quod apertiſſimum eſt, uti jam diximus, noctis ſignum. Ex hiſce tribus clarum videtur hic horas indicari: nam quorſum hæc ſpectare poſſint? Jam vero horas ſingulas, quantum quidem licebit, proſequamur. Hora itaque prima Baſilidianus e lecto ſurgit nudus: ſiquidem hæc Baſilidianos & Gnoſticos ſpectare conſpicuum eſt. Hora ſecunda, veſte talari indutus, operto capite, cælum manu oſtendere; aut aliud quidpiam ignotum ſignificare videtur. Hora tertia, ut moris erat Chriſtianis, nudo capite, junctis manibus precatur. Ad horam vero quartam, quo ſpectet homo ille capite & roſtro volucris, coronatus, ne quidem conjectare valeam, nec quid ad quintam horam ſibi velit homo galli gallinacei capite, tibiis in ſerpentis caput deſinentibus: qua in re malo ignorantiam profiteri meam, quam levia & incerta proponere. Ad horam ſextam, homo gradiens radiatus, volucris capite, baculum manu tenens, ſolem medium curſum tenentem adumbrat. Hora ſeptima, Jupiter Serapis, qui teſte Hadriano in epiſtola ſua a Chriſtianis colebatur, depingitur: quia erat ἑπταγράμματος θεὸς, *ſeptem literarum deus* : nam totidem ſunt in nomine Σέραπις, vel Σάραπις, utroque enim modo legitur. Hinc Heſychius, ἑπταγράμματον τὸ ὀρχίλον ϗ σπληνὸν, ϗ Σάραπιν : & vetus Epigramma:

> Ἑπτά με φωνήεντα Θεὸν μέγαν ἄφθιτον αἰνεῖ
> Γράμματα τῶν πάντων ἀκάματον πατέρα.

Hoc eſt :

> *Septem me pronuntiatæ Deum magnum incorruptum laudant*
> *Literæ, omnium indefeſſum parentem.*

Poſſet item fortaſſe dici, Serapidem hora ſeptima, quæ eſt prandii tempus, apponi, quia eſt deus frugum colendarum, quibus colligendis modium capite geſtat. Ad horam octavam, mulier decumbens pomeridianum forte ſomnum adumbrat.

Ad nonam vero, quid ſibi velit inſectum illud ignoramus. Ad decimam, inclinante jam ſole, rana depingitur, quia fortaſſe tum maxime coaxare & ſtrepitus edere incipit. In undecima anſer cadente ſole ad quietem & cubile pacate concedit. In duodecima nox advenit, quæ per mulierem ſtellato amictu obvelatam certiſſime adumbratur.

Hic porro notandum eſt, Baſilidianos, ut ad ſolis curſum, quem in religione ponebant, repræſentandum, 365. virtutes comminiſcebantur : quarum ſingulas & nomine, & ſchemate, ut creditur, proprio deſignabant ; ſic ad diurnum ſolis curſum, virtutes, & figuras duodenas, pro ſingulis horis deſignandis, conſtituiſſe vero ſimile eſt. Quod etiam conjecturam confirmat noſtram : quam tamen eruditorum arbitrio permittimus.

PALÆOGRAPHIA GRÆCA,

LIBER TERTIUS.

EXEMPLA LIBRORUM ANTIQUISSIMORUM unciali Charactere.

CAPUT PRIMUM.

De Libris vetustissimis membranaceis, in quibus Characteres unciales alii quadri, alii rotundi sunt, sine accentibus & spiritibus, eorumque enumeratio : specimina Codicum Colbertini & Cæsarei.

POSTQUAM de Characteribus veterum Tabularum & numismatum, deque iis omnibus formis, quæ stylo aut scalpro, non calamo vel penna, exaratæ sunt, pro modulo nostro egimus ; jam ad literas in libris atramento vel liquore alio expressas veniamus : exordiumque ducamus ab iis, quæ quod ad figuram, inscriptionum Characteribus perquam similes sunt, paucissimis literis exceptis, quarum forma ad faciliorem, ut supra diximus, calami ductum novata est. Hos autem libros omnium vetustissimos esse, liquidum videtur; tum quia nonnulli ætatis notam præferunt, ut Codex Julianæ Augustæ, de quo mox agetur, vertente quinto, aut ineunte sexto sæculo exaratus ; tum quia inscriptionum formam retinent, & perinde atque veteres Tabulæ accentibus & spiritibus carent. Ad hæc vero istiusmodi Codices, quos quidem triginta circiter numero aut vidi & evolvi, aut peritorum hominum fide & narratu variis in locis extare comperi, omnes ferme laceri, vetustate & mucore pene deleti aut mutili sunt : prætⁿrea, Codices sæculorum septimi, octavi, & noni a prisca illa forma sensim degenerare deprehenduntur : quod meo quidem judicio, argumentum vel maximum est, hosce Codices, qui priscam inscriptionum formam retinent, & accentus non habent, primas occupare. Certe omnes remotissimæ antiquitatis notæ in his, plusquam in cæteris cujusvis generis, observantur.

Verum

Verum inter hos ipſos Codices diſcrimen ætatis aſſignare non ita facile. Scimus quidem ſeptimo circiter ſæculo accentus & ſpiritus adſcribi cœpiſſe: deindeque paulatim priſcam literarum formam nonnihil mutatam fuiſſe; ita ut tamen literæ diſtinctæ & ſeparatæ manerent, donec ſæculo circiter octavo vel nono, literas in libris colligandi, multaſque uno calami ductu exarandi conſuetudo inveheretur: quod, ut Libro primo diximus, & initio quarti pluribus enarrabitur, ex Tachygraphorum literis & actis ad libros emanaſſe creditur. De priſcis autem illis, accentu & ſpiritu carentibus manuſcriptis, id unum certo dici poſſe videtur, uſque ad ſeptimum circiter ſæculum hoc modo ſcriptitatum fuiſſe: nam Dioſcoridis Codex ille Cæſareus, cujus ſpecimen dedit Petrus Lambecius, & nos dabimus Cap. ſequenti, ineunte ſexto ſæculo deſcriptus eſt, ut ex nota & indicio non dubio liquet. Alios autem hujuſmodi Codices, ejuſdem circiter ævi, nec multum ætate diſpares eſſe opinamur. Non deſunt tamen qui exemplaria quædam, tertii vel quarti ſæculi eſſe arbitrentur. Sed licet fateamur nihil repugnare, ut tantæ vetuſtatis Codices ad nos uſque devenerint; nullam tamen vel certam vel admodum probabilem notam proferri poſſe arbitramur, qua commonſtretur alios quoſvis hujuſmodi libros manuſcriptos, Cæſareum Julianæ Auguſtæ ætate longe ſuperare: tanta ſcilicet intereſt inter omnes ſimilitudo. Si qua vero remotioris ævi indicia in hujuſmodi Codicibus occurrant, ea maxime petuntur ex ſimilitudine literarum cum characteribus inſcriptionum, quæ ſub imperio Romano ad quartum uſque Chriſti ſæculum poſitæ ſunt: quæ cauſa eſt ut Codicem Colbertinum, de quo mox agetur, paulo antiquiorem Cæſareo Julianæ Auguſtæ opinemur: quia magis accedit ad inſcriptionum veterum characteres; ita tamen ut ea in re nos non certo aut admodum veriſimili argumento eam conjecturam niti fateamur: quod item de reliquis ejuſdem ſupra memoratæ formæ Codicibus dicatur.

Hi porro vetuſtiſſimi characteres unciales quadri ſimul & rotundi dici poſſunt; quadri nimirum in literis Η, Μ, Ν, Π; quæ cum frequenter occurrant, hinc fit ut a pleriſque hæc characterum forma quadra appelletur; rotundi autem in Є, Θ, Ο, C, Φ, ω, quæ cum paſſim in quovis ſcribendi genere uſurpentur; inde evenit, ut priſcus ille character uncialis, rotundus vocitetur a nonnullis. Hic vero character poſtquam accentus adſcribi cœperunt a priſca forma degeneravit; ita ut literæ anguſtiores, longioreſque exararentur. Sed de his poſtea.

Hic eamdem prorſus formam literarum obſerves, quam in marmoribus quarti quintive ſæculi, exceptis Α & Ξ, quæ ad expeditiorem calami ductum varie depinguntur. Siquidem λ ita ſemper ſcribitur: prima vero forma nempe Α, in nullis prorſus Codicibus Græcis occurrit uſpiam mihi; Græcis, inquam, Græca manu ſcriptis: nam in Pſalterio Sedulii Scoti, ut jam diximus, & in Gloſſario Laudunenſi, forteque in aliis Latina manu exaratis, ſic aliquoties depingitur Α, & fortaſſe interdum in Græcis Codicibus, qui a decimo-quinto ſæculo in Europa ſcripti ſunt a Calligraphis Græcis, qui in Occidentales partes receptum habuerunt: licet in iſtis quoque nuſquam obſervaverim.

Ξ item ſic delineatum nuſpiam occurrit in Codicibus; ſed ita ſcribitur in vetuſtioribus exemplaribus Ξ, Ξ, vel Ξ. Cæteræ ſub imperio Romano invectæ formæ, in libris vetuſtiſſimis ſemper uſurpantur, nimirum Є pro Ε,

C pro Σ, ω pro Ω. Nam E, Σ vel Ω numquam vidi in manuſcriptis. In reliquis literis parum vel nihil diſcriminis intercedit; ſed ſi quid interſit varietatis, id ex diverſitate manuum ut plurimum procedere creditur.

Exemplarium porro omnium, quæ hoc modo, & ſine accentibus ſcripta ſunt, quorum quidem vel totum vel partes inſpicere, aut notam aliena manu accipere potui, hic catalogum texere juvat.

Codex Regius, num. 1905. cujus alphabetum infra damus, ubi eraſis prioribus literis, alia recentiora ſuperſcripta ſunt; in cujus item margine notæ quædam adjectæ ſunt, altera quidem manu, & ut videtur recentiore; ſed tamen ſine accentibus & ſpiritibus, atque charactere unciali.

Codex Regius, 2245. complectens Evangelia.

Codex Colbertinus, num. 3084. continens partem libri Exodi, Numerorum & Levitici: cujus amplum ſpecimen mox dabimus, cujuſque folium penes me eſt. Ille vero LXX. Interpretum verſionem cum obelis & aſteriſcis, ut in Hexaplis Origenianis erat, complectitur.

Codex Bibliothecæ Coiſlinianæ, ubi magna pars Veteris Teſtamenti.

Codex Bibliothecæ S. Martini Turonenſis, cujus pertenues reliquiæ ſuperſunt: ejus ſpecimen dabitur infra. Ibi vero character non ita quadrus eſt, ſed tantillum longior, quam in cæteris.

Codex Vaticanus Bibliorum, omnibus ſuis numeris & partibus abſolutus, nec mancus ut multi alii.

Codex Ambroſianus Mediolani, mutilus, ubi pars Veteris Teſtamenti.

Codex Evangeliorum in Bibliotheca Sereniſſimi Ducis Mutinenſis.

Liturgia S. Baſilii in Bibliotheca Barberina.

Codex Novi Teſtamenti RR. PP. S. Baſilii Romæ, ubi eraſis prioribus, alia recentiori manu ſuperſcripta ſunt. Hujus alphabetum infra dabimus.

Codex Bibliothecæ B. M. Benedictinorum Florentiæ, ubi deletis eraſiſque prioribus, Sophoclis carmina ſuperſcripta ſunt. Prius autem erat Novum Teſtamentum charactere quadro & rotundo ſine accentibus.

Codex Dioſcoridis S. Joannis de Carbonara Neapoli: cujus alphabetum infra damus.

Codex Dioſcoridis in Bibliotheca Cæſarea: cujus ſpecimen damus infra.

Codex Bibliorum in Bibliotheca Cæſarea: cujus ſpecimen infra.

Codex Cottonianus in Anglia librum Geneſeos complectens.

Codex alter Cottonianus, ubi Evangeliorum fragmenta.

Codex Alexandrinus, cujus ſpecimen in Prolegomenis Waltonis, & infra.

Aliorum præterea Codicum hujuſmodi, fragmenta in Italia vidi variis in Bibliothecis, & quædam exemplaria, ubi eraſis aut vetuſtate deletis prioribus, nova ſuperſcripta fuerant. Jam ad ſpecimina & alphabeta veniamus.

Primum ſpecimen ſcriptionis quadræ & rotundæ profertur ex Codice Colbertino, numero 3084. cujus viginti-duo ſolum folia ſuperſunt: ex libro Exodi, ſeptem; ex Levitico, tredecim; ex Numeris, duo. Aliæ vero ejuſdem Codicis partes hinc & inde diſtractæ & diſperſæ ſunt: alteram partem, olim Bibliothecæ Saravianæ, in Iſaaci Voſſii manus tranſlatam fuiſſe narrat vir eruditus & de republica literaria bene meritus Joannes Erneſtus Grabe, nunc in Anglia degens, in ea, quam ad me miſit, epiſtola: adjicitque, in illis Voſſii membranis hanc haberi notam: *Ex Bibliotheca Mſſ. Jacobi Menvelli Patritii Caſtro-Theodoricenſis.* Ejuſdem porro Exemplaris folium penes me est ex libro Judicum, dono olim mihi oblatum a D. Desmaretio; quod ex Bibliotheca Francisci Pithœi prodierat.

Hoc Codice vetustiorem nullum ex iis, qui noti sunt, esse opinor: estque forma penitus quadra, ut ex subjuncto specimine videbis: paginam quippe integram delineari curavi. Hic notantur obeli & asterisci, qua forma vides in exemplo.

Nulla interpunctio observatur: in fine tamen Exodi duo puncta cum lineola de more exstant, hoc modo :-- Frequens commutatio vocalium occurrit τοῦ ι videlicet in ει, & ει in ι. Paucas tamen animadverti τοῦ η in ι, aut ι in η, aut αι in ε.

Abbreviationes si quæ sunt lineola supra posita notantur sic —. Ubi ad extremum lineæ, spatium ita breve superest, ut non possit vox sequens a prima litera inchoari, hâc notâ linea clauditur >. Cætera notatu digna in exemplo observare quisque poterit.

Hæc porro vulgari charactere sic scribenda sunt: desumta ex Levitico, cap. 2. versu 16. & cap. 3. versu 1. & seqq.

Καὶ πάντα τὸν λίβανον αὐτῆς κάρπωμα τῷ κυρίῳ.

Cap. 3. Ἐὰν δὲ θυσία σωτηρίου τὸ δῶρον αὐτοῦ -: τῷ κυρίῳ: ἐὰν μὲν ἐκ τῶν βοῶν αὐτοῦ προσάγῃ· ἐάν τε ἄρσεν, ἐάν τε θῆλυ, ἄμωμον προσάξει αὐτὸ ἔναντι κυρίου. καὶ ἐπιθήσει τὰς χεῖρας αὐτοῦ ἐπὶ τὴν κεφαλὴν τοῦ δώρου * αὐτοῦ: καὶ σφάξει * αὐτὸ: παρὰ τὰς θύρας τῆς σκηνῆς τοῦ μαρτυρίου. καὶ προσχεοῦσιν οἱ υἱοὶ Ἀαρὼν οἱ ἱερεῖς τὸ αἷμα ἐπὶ τὸ θυσιαστήριον -: τῶν ὁλοκαυτωμάτων κύκλῳ: καὶ προσάξουσιν ἀπὸ τῆς θυσίας τοῦ σωτηρίου κάρπωμα κυρίῳ, τὸ στέαρ τὸ κατακαλύπτον τὴν κοιλίαν, καὶ πᾶν τὸ στέαρ τὸ ἐπὶ τὴν κοιλίαν, καὶ τοὺς δύο νεφροὺς, καὶ τὸ στέαρ τὸ ἐπ' αὐτῶν τὸ ἐπὶ τῶν μηρίων, καὶ τὸν λοβὸν τὸν ἐπὶ τοῦ ἥπατος σὺν τοῖς νεφροῖς περιελεῖ. καὶ ἀνοίσουσιν αὐτὰ οἱ υἱοὶ Ἀαρὼν ἐπὶ τὸ θυσιαστήριον ἐπὶ τὰ ὁλοκαυτώματα ἐπὶ τὰ ξύλα τὰ ἐπὶ τοῦ πυρὸς, κάρπωμα ὀσμὴ εὐωδίας κυρίῳ. ἐὰν δὲ ἀπὸ τῶν προβάτων τὸ δῶρον αὐτοῦ, θυσίαν σωτηρίου τῷ κυρίῳ, ἄρσεν ἢ θῆλυ, ἄμωμον προσοίσει αὐτό· ἐὰν ἄρνα προσαγάγῃ τὸ δῶρον αὐτοῦ, προσοίσει αὐτὸ ἔναντι κυρίου, καὶ ἐπιθήσει τὴν χεῖρα* αὐτοῦ: ἐπὶ τὴν κεφαλὴν τοῦ δώρου αὐτοῦ, καὶ σφάξει αὐτὸ παρὰ τὰς θύρας τῆς --- σκηνῆς.

Et omne incensum ejus oblatio Domino.

C. 3. Si vero sacrificium salutaris fuerit donum ejus -: Domino: si quidem ex bobus suis obtulerit: sive masculum sive feminam, immaculatum offeret ipsum in conspectu Domini. Et imponet manus suas super caput doni * sui: & jugulabit * ipsum: juxta portas Tabernaculi testimonii. Et effundent filii Aaron Sacerdotes sanguinem super altare -: holocaustorum in circuitu: & offerent ex sacrificio salutaris oblationem Domino, adipem, qui operit ventrem, & omnem adipem qui est super ventrem, & duos renunculos, & adipem, qui est super ipsos, super inguina: & superiorem partem jecoris cum renunculis auferet. Et deferent ipsa filii Aaron super altare, super holocausta, super ligna in igne posita: oblatio odor suavitatis Domino. Si vero ex ovibus donum ejus sit, sacrificium salutaris Domino, masculum aut feminam, immaculatum proferet ipsum; sive agnū offerat donum suum, proferet ipsum in conspectu Domini: & imponet manum * suam: super caput doni sui, & immolabit ipsum juxta portas Tabernaculi.

Hic vides asteriscos qui in specimine hac forma ⁜ notantur; & obelos sic delineatos -: Asterisci indicant vocem aut voces illo notatas in Hebraïco

SPECIMEN EX CODICE VETUSTISSIMO COLBERTINO, CHARACTERIBUS PARTIM QUADRIS PARTIM ROTUNDIS, SINE ACCENTIBUS ET SPIRITIBUS.

ΤΑΤΟΝΛΙΒΑΝΟΝΑΥΤΗΣ
ΚΑΡΠΩΜΑΤΩ ΚΩ
ΕΑΝ ΔΕ ΘΥΣΙΑΣΩΤΗΡΙΟΥ
ΤΟΔΩΡΟΝΑΥΤΟΥ: ΤΩ
ΚΩ: ΕΑΝΜΕΝ ΕΚΤΩΝ
ΒΟΩΝΑΥΤΟΥΠΡΟΣΑ
ΓΗΕΑΝΤΕΑΡΣΕΝΕΑΝ
ΤΕΘΗΛΥΑΜΩΜΟΝ.
ΠΡΟΣΑΞΕΙΑΥΤ.ΟΕΝΑΝ
ΤΙΚΥ ΚΑΙΕΠΙΘΗΣΕΙΤΑΣ
ΧΕΙΡΑΣΑΥΤΟΥΕΠΙΤΗΝ
ΚΕΦΑΛΗΝΤΟΥΔΩΡΟΥ
ΑΥΤΟΥ: ΚΑΙΣΦΑΞΕΙ※ΑΥ
ΤΟ: ΠΑΡΑΤΑΣΘΥΡΑΣΤΗΣ
ΣΚΗΝΗΣΤΟΥΜΑΡΤΥ
ΡΙΟΥ ΚΑΙΠΡΟΣΧΕΟΥΣΙ
ΟΙΥΙΟΙΑΑΡΩΝΟΙΙΕ
ΡΕΙΣΤΟΑΙΜΑΕΠΙΤΟ
ΘΥΣΙΑΣΤΗΡΙΟΝ: ΤΩΝ
ΟΛΟΚΑΥΤΩΜΑΤΩΝ
ΚΥΚΛΩ· ΚΑΙΠΡΟΣΑΞΟΥ
ΣΙΝΑΠΟΤΗΣΘΥΣΙΑΣ
ΤΟΥΣΩΤΗΡΙΟΥ ΚΑΡΠΩ
ΜΑ ΚΩ ΤΟΣΤΕΑΡΤΟΚΑ
ΤΑΚΑΛΥΠΤΟΝΤΗΝΚΟΙ
ΛΙΑΝ ΚΑΙΠΑΝΤΟΣΤΕ
ΑΡΤΟΕΠΙΤΗΝΚΟΙΛΙΑΣ

ΚΑΙΤΟΥΣΔΥΟΝΕΦΡΟΥΣ
ΚΑΙΤΟΣΤΕΑΡΤΟΕΠΑΥ
ΤΩΝΤΟΕΠΙΤΩΝΜΗ
ΡΙΩΝΚΑΙΤΟΝΛΟΒΟΝ
ΤΟΝΕΠΙΤΟΥΗΠΑΤΟΣ
ΣΥΝΤΟΙΣΝΕΦΡΟΙΣ
ΠΕΡΙΕΛΕΙΚΑΙΑΝΟΙΣΟΥ
ΣΙΝΑΥΤΑΟΙΥΙΟΙΑΑΡΩΝ
ΕΠΙΤΟΘΥΣΙΑΣΤΗΡΙΟΝ
ΕΠΙΤΑΟΛΟΚΑΥΤΩΜΑ
ΤΑΕΠΙΤΑΞΥΛΑΤΑΕΠΙ
ΤΟΥΠΥΡΟΣΚΑΡΠΩ
ΜΑΟΣΜΗΕΥΩΔΙΑΣΚΩ
ΕΑΝΔΕΑΠΟΤΩΝΠΡΟ
ΒΑΤΩΝΤΟΔΩΡΟΝΑΥ
ΤΟΥΘΥΣΙΑΝΣΩΤΗΡΙ
ΟΥΤΩΚΩ ΑΡΣΕΝΗΘΗ
ΛΥΑΜΩΜΟΝΠΡΟΣ
ΟΙΣΕΙΑΥΤΟ ΕΑΝΑΡΝΑ
ΠΡΟΣΑΓΗΤΟΔΩΡΟΝ
ΑΥΤΟΥΠΡΟΣΟΙΣΕΙΑΥ
ΤΟΕΝΑΝΤΙΚΥ ΚΑΙΕ
ΠΙΘΗΣΕΙΤΗΝΧΕΙΡΑ
※ΑΥΤΟΥ: ΕΠΙΤΗΝΚΕ
ΦΑΛΗΝΤΟΥΔΩΡΟΥ
ΑΥΤΟΥΚΑΙΣΦΑΞΕΙΑΥ
ΤΟΠΑΡΑΤΑΣΘΥΡΑΣΤΗΣ

quidem ferri; sed a LXX. Interpretibus versas non fuisse. Obeli significant vocem aut voces sequentes, quæ apud LXX. Interpretes feruntur, in Hebraïco non exstare. Duo puncta postposita indicant quo usque vel omissum vel additum fuerit in Hebraïco. Verum ea de re pluribus in Collectione Hexaplorum. Non ingratum lectori erit si ea adjiciam, quæ in folio nostro continentur; ut nobilissimi Codicis, in quo textus Septuaginta Interpretum Origenianus, ut in Hexaplis erat, amplior notitia accedat. Hæc porro vulgaribus typis edimus, nam Tabula præmissa ad characteris specimen sufficit.

Fragmentum ex libro Judicum, c. 9. v. 48.

. . . αὐτὸς καὶ πᾶς ὁ λαὸς ὁ μετ' αὐτοῦ. καὶ ἔλαβεν Ἀβιμέλεχ ※ σὺν : τὴν ἀξίνην ἐν τῇ χειρὶ αὐτοῦ, καὶ ἔκοψεν φορτίον ξύλων, καὶ ἔλαβεν αὐτό, καὶ ἐπέθηκεν ἐπὶ τοὺς ὤμους αὐτοῦ. καὶ εἶπεν πρὸς τὸν λαὸν τὸν μετ' αὐτοῦ· ὃ εἴδετέ με ποιοῦντα, ταχέως ποιήσατε ὡς καὶ ἐγώ. καὶ ἔκοψαν καί γε ※ πάντες : ἀνὴρ ἕκαστος φορτίον· καὶ ἦραν, καὶ ἐπορεύθησαν ὀπίσω Ἀβιμέλεχ, καὶ ἐπέθηκαν ἐπὶ τὸ ὀχύρωμα, καὶ ἐνεπύρισαν ἐπ' αὐτοὺς ※ σὺν : τὸ ὀχύρωμα ἐν πυρί. καὶ ἀπέθανον πάντες ἄνδρες πύργου Σικίμων ὡσεὶ χείλιοι ἄνδρες καὶ γυναῖκες. καὶ ἐπορεύθη Ἀβιμέλεχ εἰς Θήβης, καὶ περιεκάθισεν ἐπ' αὐτήν, καὶ προκατελάβετο αὐτήν. καὶ πύργος ἦν ὀχυρὸς ἐν μέσῳ τῆς πόλεως· καὶ ἔφυγον ἐκεῖ πάντες οἱ ἄνδρες καὶ αἱ γυναῖκες καὶ πάντες οἱ ἡγούμενοι τῆς πόλεως, καὶ ἀπέκλεισαν ἐφ' ἑαυτούς, καὶ ἀνέβησαν ἐπὶ τὸ δῶμα τοῦ πύργου ※ καὶ ※ προσήγγισεν : καὶ ἦλθεν Ἀβιμέλεχ ἕως τοῦ πύργου : καὶ ἐξεπολέμησαν αὐτόν. καὶ ἤγγισεν Ἀβιμέλεχ ἕως τῆς θύρας τοῦ πύργου ἐμπρῆσαι αὐτὸν ἐν πυρί· καὶ ἔρριψε γυνὴ μία κλάσμα μύλου ἐπὶ τὴν κεφαλὴν Ἀβιμέλεχ, καὶ συνέθλασεν τὸ κρανίον αὐτοῦ. καὶ ἐβόησεν τὸ τάχος πρὸς τὸ παιδάριον (sic) τὸν αἴροντα τὰ σκεύη αὐτοῦ, καὶ εἶπεν αὐτῷ· σπάσαι τὴν μάχαιράν σου καὶ θανάτωσόν με, μήποτε εἴπωσιν ※ ὅτι : γυνὴ ἀπέκτεινεν αὐτόν. καὶ ἐξεκέντησεν αὐτὸν τὸ παιδάριον αὐτοῦ, καὶ ἀπέθανεν — : Ἀβιμέλεχ : καὶ εἶδεν ἀνὴρ Ἰσραὴλ ὅτι ἀπέθανεν Ἀβιμέλεχ, καὶ ἀπῆλθον ἀνὴρ εἰς τὸν τόπον αὐτοῦ. καὶ ἐπέστρεψεν ὁ θεὸς τὴν κακίαν Ἀβιμέλεχ

. . . ipse & omnis populus, qui cum eo erat. Et accepit Abimelech securim in manu sua, & præscidit fascem lignorum, & accepit illum, & imposuit humeris suis. Et dixit populo, qui secum erat: Quod me videtis facientem cito facite, ut & ego. Et præsciderunt ※ omnes: singuli fascem, & sumserunt, & processerunt retro Abimelech, & apposuerunt præsidio, & succenderunt præsidium igne: & mortui sunt omnes viri turris Sichimorum, quasi mille viri & mulieres. Et profectus est Abimelech in Thebes, & obsedit illam, & præoccupavit illam. Et Turris erat munita in medio urbis: & eo confugerunt omnes viri & mulieres & omnes principes civitatis, & occluserunt supra se, & ascenderunt super tectum Turris. ※ Et accessit: & venit Abimelech usque ad Turrim; & pugnabant contra illum. Et appropinquavit Abimelech usque ad portam Turris, ut succenderet eam igne. Et projecit mulier una fragmen molæ super caput Abimelech, & confregit cranium ejus. Et clamavit illico ad puerum ferentem arma sua, & dixit illi: Stringe gladium tuum, & occide me: ne forte dicant, ※ quoniam: mulier occidit eum. Et confodit eum puer ipsius, & mortuus est — : Abimelech: Et vidit vir Israël, quia mortuus est Abimelech, & abierunt quisque in locum suum. Et reddidit Deus Abimelech malum quod fecerat patri suo, occidens LXX. fratres suos: & omne malum virorum Sichi-

ἣν ἐποίησεν τῷ πατρὶ αὐτοῦ ἀποκτείνας τοὺς ο΄. ἀδελφοὺς αὐτοῦ, καὶ πᾶσαν κακίαν ἀνδρῶν Σικίμων ἐπέστρεψεν ὁ θεὸς εἰς τὴν κεφαλὴν αὐτῶν· καὶ ἐπῆλθεν ἐπ' αὐτοὺς ἡ κατάρα Ἰωάθαμ τοῦ Ἱεροβάαλ. καὶ ἀνέστη μετὰ Ἀβιμέλεχ τοῦ σῶσαι τὸν Ἰσραὴλ Θωλὰ υἱὸς Φουὰ υἱὸς πατραδέλφου αὐτοῦ, ἀνὴρ Ἰσσάχαρ, καὶ αὐτὸς κατῴκει ἐν Σαμαρίᾳ ἐν ὄρει (ſic) Ἐφραΐμ. καὶ ἔκρινεν τὸν Ἰσραήλ, γ΄ καὶ κ΄. ἔτη, καὶ ἀπέθανεν, καὶ ἐτάφη ἐν Σαμαρίᾳ: καὶ ἀνέστη Ἰαεὶρ μετ' αὐτὸν ὁ Γαλααδείτης, καὶ ἔκρινεν τὸν Ἰσραὴλ β΄. καὶ κ΄. ἔτη. καὶ ἐγένοντο αὐτῷ β. καὶ λ΄. υἱοὶ ἐπιβεβηκότες ἐπὶ β΄. καὶ λ΄. πώλους, καὶ β΄. καὶ λ΄. πόλεις αὐτοῖς, καὶ αὐτὰς ἐκάλεσεν ἐπαύλεις Ἰαείρ, ἕως τῆς ἡμέρας ταύτης, αἵ εἰσιν ἐν τῇ γῇ Γαλαάδ. καὶ ἀπέθανεν Ἰαεὶρ, καὶ ἐτάφη ἐν Καμών. καὶ προσέθεντο οἱ υἱοὶ Ἰσραὴλ ποιῆσαι τὸ πονηρὸν ἔναντι κυρίου, καὶ ἐλάτρευσαν σὺν ταῖς Βααλείμ καὶ * σὺν : ταῖς Ἀσταρώθ * καὶ σὺν τοῖς . . . .

mitarum reduxit Deus in caput ipſorum: & venit ſuper eos maledictio Joatham filii Jerobaal. Et ſurrexit poſt Abimelech, ad ſalvum faciendum Iſraël, Thola filius Phua, filius patrui ejus, vir ex Iſſachar, & ipſe habitabat in Samaria in monte Ephraïm. Et judicavit Iſraëlem viginti-tribus annis, & mortuus eſt, & ſepultus eſt in Samaria. Et ſurrexit Jaïr Galaadites poſt illum, & judicavit Iſraelem viginti-duobus annis. Et fuerunt ipſi triginta duo filii, ſedentes ſupra triginta-duos pullos aſinarum, & triginta-duæ urbes ipſis erant, & vocavit eas, villas Jaïr, uſque in hunc diem, quæ ſunt in terra Galaad. Et mortuus eſt Jaïr, & ſepultus eſt in Camon. Et addiderunt filii Iſraël facere malum in conſpectu Domini, & coluerunt Baalim & Aſtaroth, & . . . .

Hæc autem toto cælo diſcrepant a Septuaginta Interpretum verſione, ut exſtat in editis hodiernis. Verum ea de re pluribus in Hexaplorum collectione, quam paramus.

De Codice Bibliorum Cæſareo vetuſtiſſimo.

Lambecius in Bibliotheca Cæſarea, lib. 3. p. 2. Codicem ejuſdem Bibliothecæ vetuſtiſſimum refert, ubi fragmenta libri Geneſeos, & pars quædam minima Evangelii Lucæ. Eſt autem Codex ille membranaceus, purpureus, pene quadrus, aureis & argenteis literis majuſculis, ante annos, ut opinatur ille, mille trecentos exaratus: conſtatque foliis viginti-ſex; quorum viginti-quatuor prioribus continentur fragmenta Geneſeos, exornata quadraginta-octo æque vetuſtis picturis, hiſtoriam deſcriptam repræſentantibus: duo autem reliqua folia fragmentum Evangelii Lucæ complectuntur. Picturas illas æri incidi curavit Lambecius ad fidem exemplaris Cæſarei. Licet autem illas huc adferre non juvet, ob prolixitatem nimiam, operæ tamen pretium erit de ſingulis ea exhibere, quæ ad Codicis ejuſque picturarum notitiam juvare poſſunt, ac illa ad verbum referre, quæ in fine ſchematum omnium annotavit Lambecius.

„ Folii primi prima pagina, *inquit Lambecius*, continetur fragmentum „ cap. 3. Geneſeos a verſus 4. verbis, καὶ εἶπεν ὁ ὄφις τῇ γυναικί, *& dixit ſer-* „ *pens mulieri*, uſque ad verſûs 13. verba, ὁ ὄφις ἠπάτησέ με καὶ ἔφαγον, *ſerpens* „ *ſeduxit me & manducavi*. Pictura autem ſubjuncta exhibet lapſum Adami „ & Evæ in Paradiſo, & præſentiam Dei illos increpantis, quæ indicatur per „ manum in nubibus.

Ejusdem fol. 1. pag. 2. continetur fragmentum cap. 3. Geneseos a versu 14. καὶ εἶπε κύριος ὁ θεὸς τῷ ὄφει, *Et dixit Dominus Deus serpenti.* Pictura autem subjuncta exhibet manum Dei in nubibus, & ejectionem Adami & Evæ ex Paradiso; ubi præter tunicas ipsorum pelliceas & rotam flammeam, cum Cherubim ante portam Paradisi collocatam, maxime notabilis est persona illa muliebris, cæruleo & purpureo vestitu induta, quæ Adamum & Evam tamquam solatii causa extra Paradisum comitatur. (Ea autem persona est μετάνοια sive pœnitentia, ut diximus libro 1.)

Fol. 2. pag. 1. continetur fragmentum cap. 7. Genes. a versu 19. τὸ δὲ ὕδωρ ἐπεκράτει σφόδρα σφόδρα ἐπὶ τῆς γῆς, *Aqua autem superabat valde valde super terram*; usque ad capitis 8. versum 3. καὶ ἐνεδίδου τὸ ὕδωρ πορευόμενον ἀπὸ τῆς γῆς, *Et cedebat aqua vadens a terra.* Pictura autem subjuncta exhibet diluvium universale; ubi maxime notabilis est arca Noe, tribus contignationibus distincta.

Ejusdem fol. 2. p. 2. continetur fragmentum cap. 8. Geneseos a versu 14. ἐν δὲ τῷ δευτέρῳ μηνὶ ἐξηράνθη ἡ γῆ, i. *In secundo autem mense siccata est terra*, usque ad versûs 20. verba, καὶ ἀνήνεγκεν εἰς ὁλοκάρπωσιν ἐπὶ τὸ θυσιαστήριον, *Et obtulit in holocaustum super altare.* Pictura autem subjuncta exhibet exitum Noë ex arca, & primum ejusdem sacrificium post diluvium.

Fol. 3. p. 1. continetur fragmentum capitis 9. Genes. a versu 8. καὶ εἶπεν ὁ θεὸς τῷ Νῶε καὶ τοῖς υἱοῖς αὐτοῦ μετ' αὐτοῦ, *Et dixit Deus Noë & filiis ejus cum eo*, usque ad versûs 15. verba, καὶ μνησθήσομαι τῆς διαθήκης μου, ἥ ἐστιν ἀνὰ μέσον ἐμοῦ καὶ ὑμῶν, i. *Et memor ero testamenti mei, quod est inter me & vos.* Pictura autem subjuncta exhibet manum Dei in nubibus, & sub ea Iridem, tamquam signum pacti divini cum Noë post diluvium.

Ejusdem fol. 3. p. 2. fragmentum cap. 9. Gen. a versu 20. καὶ ἤρξατο Νῶε ἄνθρωπος γεωργὸς γῆς, i. *Et cœpit Noë homo agricola esse terræ*, usque ad v. 27. verba, καὶ γενηθήτω Χαναὰν παῖς αὐτοῦ. i. *Et fiat Chanaan puer ejus.* Pictura autem subjuncta exhibet ebrietatem Noë, & filiorum ejus Semi & Japheti in cooperienda patris sui nuditate verecundiam, cujus præmium fuit subsequuta paterna benedictio.

Fol. 4. p. 1. fragmentum cap. 14. Genes. a versu 17. ἐξῆλθεν δὲ βασιλεὺς Σοδόμων εἰς συνάντησιν αὐτῷ, hoc est, „ *Egressus autem est Rex Sodomorum in occursum ei*, usque ad versus 21. verba, καὶ ἔδωκεν αὐτῷ Ἅβραμ δεκάτην ἀπὸ πάντων, *Et dedit ei Abram decimam de omnibus.* Pictura autem subjuncta exhibet Patriarcham Abrahamum a cæde Chodorlahomor & sociorum Regum reducem, & Melchisedechum panem & vinum ei offerentem.

Ejusdem fol. 4. p. 2. fragmentum cap. 15. Genes. a versu, 1. μετὰ δὲ τὰ ῥήματα ταῦτα ἐγενήθη ῥῆμα κυρίου πρὸς Ἅβραμ, i. *Post hæc autem verba factum est verbum Domini ad Abram*, usque ad versus 5. verba, οὕτως ἔσται τὸ σπέρμα σου, *Sic erit semen tuum.* Pictura autem subjuncta exhibet manum Dei in nubibus inter stellas innumeras, & Abrahamum in somno divinitus accipientem promissum de multiplicatione sui seminis. Ibidem quoque repræsentatur tamquam pastor Damascus ille Heliezer, filius Masec vernaculæ Abrahami, cujus versu secundo ejusdem capitis fit mentio.

Cæteras autem ejusdem Codicis picturas brevitatis causa mittimus: hæc ad specimen sufficiant. Nec omittendum tamen est, ex his picturis multas cum iis, quæ in Roma Subterranea repræsentantur, admodum convenire;

In fine autem picturarum omnium infert Lambecius.

Notandum autem hic primo est, (*sic ille,*) scripturam jam memoratorum fragmentorum, simillimam quidem esse scripturæ vetustissimi Codicis Dioscoridiani Julianæ Aniciæ, de quo libri secundi horum Commentariorum capite septimo satis prolixe egi, sed lectu longe difficiliorem propter literas longinquitate temporis partim obscuratas, partim misere exesas, & ob pellucentem aversæ paginæ scripturam vix amplius cognoscibiles. Notandum secundò est, Picturas, quæ singulis fragmentis subjunctæ sunt, ejus esse generis, quæ vulgo appellantur, *Miniatura*, earumque colores non oleo, sed tantum aquâ gummique esse temperatos. Notandum tertio est, quamvis supra memorata fragmenta Geneseos ex Græca versione Septuaginta Interpretum desumta sint, nonnullis tamen locis, ut imprimis folii quinti pagina 1. & 2. videre est, quædam, ut ad rem minus pertinentia, consulto omissa, & novæ connexionis causa paululum mutata esse. Quamobrem operæ pretium fuerit, si quis omnia illa fragmenta manuscripta quam diligentissime accuratissimeque conferat cum versione Septuaginta Interpretum, quæ cum sæpe alias, tum præsertim autoritate Sixti Quinti, Pontificis Maximi, Romæ, A. 1588. Græcè, & studio Joannis Morini Blesensis Lutetiæ Parisiorum A. 1628. Græcè & Latinè in folio impressa est. Quarto denique notandum est, si quis tam Picturarum supra memoratarum, quam ipsius scripturæ contextûs Geneseos, specimen videre desideret, jam pridem illud a me insertum esse additamento undecimo libri secundi horum Commentariorum de Augustissima Bibliotheca Cæsarea, quippe ubi præter folii quarti integram paginam primam, picturas quoque paginæ secundæ folii decimi-tertii & paginæ secundæ folii decimi-septimi æri incisas exhibui. In præsens autem omnes quadraginta octo Tabulas conjunctim hic publico: quæ licet non satis artificiosæ sint, sed simplicitatem primitivæ Ecclesiæ Christianæ, qualis illa circa ætatem Imp. Constantini Magni fuit, ruditate sua referant, doctis tamen ac piis talium antiquitatum æstimatoribus sine dubio nec minus jucundæ, nec minus utiles erunt, quam illæ æque rudes, quarum vetustate gloriatur Roma subterranea. Cæterum quod ad posteriora duo ejusdem Codicis manuscripti folia, nempe vigesimum-quintum & vigesimum-sextum attinet, ea melius conservata magisque legibilia sunt, quàm præcedentia. Carent autem picturis, & unaquæque pagina in duas columnas divisa est. Primo horum duorum foliorum continetur fragmentum capitis 24. Evangelii S. Lucæ a versûs decimi-tertii verbis *ἀπέχουσαν σαδίους ἑξήκοντα ἀπὸ Ἱερουσαλὴμ, ᾗ ὄνομα Ἐμμαούς*, hoc est secundùm versionem Latinam Vulgatam, *Quod erat in spatio stadiorum sexaginta ab Jerusalem, nomine Emmaüs*, usque ad versûs vigesimi-primi verba, *Ἀλλά γε σὺν πᾶσι τούτοις, τρίτην ταύτην*, hoc est secundum versionem Latinam Vulgatam, *Et nunc super. hæc omnia, tertia dies est.* Secundo eorumdem duorum foliorum, quod totius istius Codicis manuscripti nunc est ultimum, continetur fragmentum ejusdem supra memorati capitis vigesimi-quarti Evangelii S. Lucæ a versûs trigesimi-noni verbis *πνεῦμα σάρκα καὶ ὀστέα οὐκ ἔχει*, hoc est, *Spiritus carnem & ossa non habet*, usque ad versus quadragesimi-noni verba, *ἐγὼ ἀποστέλλω τὴν ἐπαγγελίαν τοῦ πατρός μου ἐφ' ὑμᾶς. ὑμεῖς δὲ καθ-*, hoc est secundum Vulgatam versionem Latinam, *Et ego mitto promissum Patris mei in vos: vos autem.* Quod superest, quandoquidem libri primi horum Commentario-

rum

rum Additamento undecimo obiter indicavi, Codicem illum manuſcriptum, de quo hactenus egi, unum ſine dubio eſſe ex illis ſacræ Scripturæ Codicibus, quos S. Hieronymus in Præfatione in librum Jobi appellat *veteres Libros, & in membranis purpureis auro argentoque, uncialibus literis, pulcre*, quidem, ſed non ſatis *emendate* fuiſſe *deſcriptos*, facere non poſſum, quin eadem de re in præſens addam, veritatis querelæ S. Hieronymi de veterum illorum Codicum pulcrorum mendis, luculentiſſimum extare exemplum in paulo ante memorato fragmento capitis vigeſimi-quarti Evangelii S. Lucæ de Diſcipulis euntibus in Caſtellum Emmaüs. Verſu enim decimo-tertio, ubi vulgo nunc recte legitur Caſtellum Emmaüs a Jeruſalem fuiſſe diſſitum σταδίους ἑξήκοντα, hoc eſt, *ſtadiis ſexaginta*, perperam in antiquiſſimo illo Codice purpureo pro σταδίους ἑξήκοντα, ſcriptum eſt, σταδίους ἑκατὸν ἑξήκοντα, hoc eſt, *ſtadiis centum ſexaginta*. Quem manifeſtum errorem, etiam ille ipſe, cujus manu Codex olim exaratus eſt, agnovit; ideoque ſingulis vocis ἑκατὸν literis ſingula ſuperne impoſuit argentea puncta, ut hac ratione ſignificaret ſimul ac moneret, totam illam vocem delendam eſſe tamquam ſuperfluam.

His Lambecius, Cæſariani Codicis, cujus ſpecimen damus, formam deſcribit. Quod autem ad Conſtantini ævum Codicis vetuſtatem revocat, id ex conjectura tantum dici poteſt. Sane ut ex ſpecimine conſpicuum videtur, non præit Colbertino, de quo paulo ante, Codici; ſi tamen ejus ætatem attingat. Ævum autem Codicum, qui ante ſeptimum ſæculum ſcripti ſunt, nulla poteſt certa nota diſtingui, quandoquidem omnes eadem pene literarum forma ſunt exarati. Quod adjicit Lambecius, vocem ἑκατὸν, quæ irrepſerat, punctis ſuperne notatam fuiſſe, quaſi ſupervacuam, in uſu ſemper habitum eſt apud Librarios, ita ut ejuſmodi vocibus, quæ mendoſe irrepſerant, puncta modo ſuperne, modo inferne, modo utrobique adpingerent.

Quæ in Tabula exhibentur, vulgaribus typis ſic habent. Geneſ. cap. 14. verſ. 17.

Ἐξῆλθεν δὲ βασιλεὺς Σοδόμων εἰς συνάντησιν αὐτῷ, μετὰ τὸ ἀναστρέψαι (1.) αὐτὸν ἀπὸ τῆς κοπῆς (2.) τῶν βασιλέων εἰς τὴν κοιλάδα τὴν Σαυή. καὶ Μελχισεδὲκ βασιλεὺς Σαλὴμ ἐξήνεγκεν ἄρτους καὶ οἶνον· ἦν δὲ ἱερεὺς τοῦ θεοῦ τοῦ ὑψίστου. καὶ (3.) ηὐλόγησεν τὸν Ἄβραμ, καὶ εἶπεν· εὐλογημένος Ἄβραμ τῷ θεῷ τῷ ὑψίστῳ, ὃς ἔκτισεν τὸν οὐρανὸν καὶ τὴν γῆν, καὶ εὐλογητὸς ὁ θεὸς, ὁ (4.) ὕψιστος, ὃς παρέδωκεν τοὺς ἐχθρούς σου ὑποχειρίους σοι. καὶ ἔδωκεν αὐτῷ (5.) δεκάτην ἀπὸ πάντων.

Egreſſus eſt autem Rex Sodomorum in occurſum ei, poſtquam ille reverſus eſt a cæde Regum in valle Save. Et Melchiſedec Rex Salem attulit panes & vinum; erat autem Sacerdos Dei altiſſimi. Et benedixit Abram, & dixit: Benedictus Abram Deo altiſſimo, qui creavit cælum & terram: & benedictus Deus altiſſimus, qui tradidit inimicos tuos ſub manus tuas. Et dedit ei decimam de omnibus.

1. In editione Vaticana legitur, μετὰ τὸ ὑποστρέψαι αὐτόν.

2. In Vaticana legitur, ἀπὸ τῆς κοπῆς τοῦ Χοδολλογομὸρ καὶ τῶν βασιλέων τῶν μετ' αὐτοῦ, εἰς τὴν κοιλάδα τοῦ Σαβύ.

3. In Vaticana, εὐλόγησεν.

4. In Codice mſ. pro ὕψιστος, mendoſe legitur ὄψιστος, quemadmodum etiam de induſtria æri inciſum eſt.

5. In Vaticana, αὐτῷ Ἄβραμ δεκάτην.

ΕΞΗΛΘΕΝΔΕ ΒΑΣΙΛΕΥΣΣΟΔΟΜΩΝΕΙΣΣΥΝ
ΑΝΤΗΣΙΝΑΥΤΩ ΜΕΤΑΤΟΑΝΑΣΤΡΕΨΑΙΑΥΤΟ̄
ΑΠΟ ΤΗΣΚΟΠΗΣ ΤΩΝΒΑΣΙΛΕΩΝ ΕΙΣΤΗΝ
ΚΟΙΛΑΔΑ ΤΗΝΣΑΥΗ: ΚΑΙΜΕΛΧΙΣΕΔΕΚ ΒΑΣΙ
ΛΕΥΣΣΑΛΗΜ ΕΞΗΝΕΓΚΕΝΑΡΤΟΥΣΚΑΙΟΙΝΟ̄
ΗΝΔΕ ΙΕΡΕΥΣΤΟΥΘῩ ΤΟΥΥΨΙΣΤΟΥΚΑΙ
ΗΥΛΟΓΗΣΕΝΤΟΝΑΒΡΑΜ ϗ ΕΙΠΕΝ ΕΥΛΟΓΗ
ΜΕΝΟΣ ΑΒΡΑΜ ΤΩΘΩ̄ ΤΩΥΨΙΣΤΩ ΟΣΕΚΤΙΣΕ̄
ΤΟΝΟῩΝΟ̄Ν ϗ ΤΗΝΓΗΝ· ϗ ΕΥΛΟΓΗΤΟΣ ΟΘ̄Σ
ΟΥΨΙΣΤΟΣ ΟΣ ΠΑΡΕΔΩΚΕΝ ΤΟΥΣΕΧΘΡΟΥΣΣΟΥ
ΥΠΟΧΕΙΡΟΥΣΣΟΙ ϗ ΕΔΩΚΕΝΑΥΤΩ ΔΕΚΑΤΗΝ
ΑΠΟ ΠΑΝΤΩ̄

CAPUT II.

De vetustissimo Dioscoridis Codice, nunc Cæsareo, qui ineunte sexto sæculo jussu Julianæ Augustæ descriptus est, cum picturis variis, & ipsius Julianæ Augustæ imagine. Specimen characteris ejusdem exemplaris.

INTER præstantissimos Codices jure accensendus est ille Cæsareus, Dioscoridis opera complectens: ea etiam in re cæteris anteponendus, quod unus ex iis, qui charactere partim quadro, partim rotundo, sine accentibus & spiritibus scripti sunt, notam nec dubiam ætatis ferat. Hujus peramplam pro more suo notitiam dedit Petrus Lambecius in Bibliotheca Cæsarea libro 2. c. 6. p. 519. unde omnia, quæ exemplaris istius vel antiquitatem, vel præstantiam, vel fortunas varias enuntiant, excerpere libet; omissis aliis, quæ ad rem minus pertinent: nam Scriptor ille, sane diligens & eruditus, digressionibus mire gaudet. Postquam igitur de Augerio Busbeckio, qui legationibus Constantinopolitana & Amasiana functus, 250. circiter Codices mss. Græcos comparaverat, ut ipse Busbeckius in epistola sua anno 1562. Francofurti ad Mœnum data testificatur, verba fecit Lambecius, ita pergit:

Unius autem, & quidem præcipui, quem propter nimis sibi gravem pretii magnitudinem reliquerat Constantinopoli inemptum, nominatim facit mentionem (Busbeckius) his verbis; *Unum reliqui Constantinopoli decrepitæ vetustatis, totum descriptum literâ majusculâ, Dioscoridem cum depictis plantarum figuris, in quo sunt pauca quædam, ni fallor, Cratevæ, & libellus de avibus. Is est penes Judæum, Hamonis, dum viveret, Suleimanni Medici filium: quem ego emptum cupivissem; sed me deterruit pretium. Nam centum ducatis indicabatur; summa Cæsarei, non mei marsupii. Ego instare non desinam, donec Cæsarem impulero, ut tam præclarum Autorem ex illa servitute redimat. Est vetustatis injuriâ pessime habitus; ita extrinsecus a vermibus corrosus, ut in via repertum vix aliquis curet tollere.* Hucusque Busbeckius. Hic igitur est ille vetustissimus Codex Dioscoridianus, qui ejusdem Busbeckii impulsu post annum 1562. quo supra citatam scripsit epistolam, vel ab Imp. Ferdinando I. vel, quod verisimilius mihi videtur, a filio ejus & successore Imp. Maximiliano II. redemptus est, & ex Turcica servitute transmigravit in Augustissimam Bibliothecam Cæsaream, ubi etiam nunc adservatur, & inter manuscriptos Codices Medicos Græcos tertium locum obtinet.

Hîc ad marginem notat Lambecius.

Hinc patet, eos errare, qui falso credunt, hunc Codicem, anno 1529. cum Solimannus Turcarum Tyrannus Vindobonam obsideret, ab obsessis captum, & opimi instar spolii in urbem delatum esse.

Est autem membranaceus, & quidem ejus magnitudinis, quam vocant *in folio*; sed formâ fere quadratâ, continetque folia 491. quorum maxima pars injuriâ vetustatis non minus male habita sunt, quam ipsa compactura, quæ tota lacera, & a tineis ac blattis fœde misereque corrosa est. Literæ omnes sunt majusculæ, & perelegantes quidem, sed ab illis, quibus nunc utimur literis Græcis, aliquantum diversæ. Accentus omnino desunt, & si qui in eo reperiuntur, recentiori manu ſunt additi. Voces ſine ulla diſtinctione ſibi invicem cohærent; ideoque lectio hujus Codicis, etiam doctiſſimis & in ſtudio linguæ Græcæ exercitatiſſimis viris, negotium faceſſere poteſt, quippe cum, ubi unaquæque vox vel incipiat, vel deſinat, quodammodo divinandum ſit.

Deinde multis aliis interpoſitis, ſic pergit Lambecius p. 523. Inter pauciſſimos igitur Codices Græcos & Latinos, qui priſca illa & rudi ſimplicitate ſcripti, ad noſtram ætatem pervenerunt, haud poſtremum ſibi vendicat locum Cæſareus ille, ſeu potius Anicianus, Codex Dioſcoridianus; utpote qui non tantum vetuſtate ſcripturæ ſine ulla controverſia 1163. annos ſuperat; verum etiam æque antiquis Julianæ Aniciæ, variorumque illuſtrium Medicorum veterum, & plantarum, animalium, aliarumque rerum iconibus accuratiſſima delineatione & vivaciſſimo poſt integra undecim ſæcula coloratu expreſſis, mirifice exornatus eſt.

Primi folii pag. 1. literis minuſculis & manu recentiori ſcriptum eſt, Codicem hunc a quodam Joanne, alumno Hoſpitalis ſive Xenodochii Conſtantinopolitani, cognomine τοῦ Κράλου, ſive Regis [Serviæ,] ſuaſu & impenſa Nathanaëlis, Monachi & Noſocomi ibidem, ne vetuſtate penitus interiret, conſolidatum, reſartum & inſtauratum eſſe anno mundi ſecundum ſupputationem Eccleſiæ Conſtantinopolitanæ 6914. qui reſpondet anno vulgaris æræ Chriſtianæ 1406. Inſcriptio integra ita ſe habet: τὸ παρὸν βιβλίον, τὸ Διοσκουρίδου, παντάπασι παλαιωθέντα καὶ κινδυνεύοντα τελείως διαφθαρῆναι, ἐστάχωσεν ὁ χορτασμένος Ἰωάννης, προστάξει καὶ ἐξόδῳ τοῦ τιμιωτάτου ἐν μοναχοῖς κυροῦ Ναθαναὴλ, νοσοκόμου τηνικαῦτα τυγχάνοντος ἐν τῷ ξενῶνι τοῦ Κράλη, ἔτους ςϡιδ.

Horum ſenſus eſt, *Hunc librum, nempe Dioſcoridem, cum vetuſtate prorſus laboraret, ac periculum eſſet ne penitus interiret, compegit Joannes Chortaſmenus ſive alumnus, juſſu ex expenſis honoratiſſimi in Monachis Domini Nathanaël: tunc Noſocomi ſive Præfecti Xenodochii Cralis anno mundi 6914. i. Chriſti* 1406. Incertum eſt an Chortaſmenus ſit nomen proprium; an vero χορτασμένος, alumnum ſignificet. σταχόω & ἐκσταχόω, eſt *librum compingo*, quod non intellexiſſe videtur Lambecius.

Sequitur deinde eadem manu annotatiuncula quædam de diviſione φυτοῦ, ſive plantæ, in βοτάνην ſive herbam, θάμνον ſive fruticem, & δένδρον ſive arborem, quam ſupra memoratus Joannes monet in lectione Dioſcoridis bene obſervandam eſſe. Ipſa ejus verba hæc ſunt: ἰστέον ὅτι πᾶν ὅσα ἡ γῆ φύει, λέγεται φυτὸν γενικῶς. διαιρεῖται δὲ τοῦτο εἰς τρία, εἰς βοτάνην, θάμνον καὶ δένδρον. πρόσεχε τοίνυν ὁ τὴν ἰατρικὴν μεταχειριζόμενος, ὅταν ταύτην εὑρήσῃς παρὰ τῷ Διοσκουρίδῃ, ἵνα δυνηθῇς διαγινώσκειν.

Id eſt, *Sciendum eſt, quodcumque terra gignit, plantam generatim dici. Dividitur autem illa in tria; in herbam, fruticem & arborem. Animadverte igitur quiſquis medicinam tractas, ut cum illam apud Dioſcoridem reperies, internoſcere valeas.*

Poſterior ejuſdem folii primi pagina nihil continet præter pavonem cæruleum, qui expaſſam, ſed nunc media fere parte mutilam, oſtentat caudam, cæruleis aureiſque oculis etiam nunc non mediocriter radiantem, etſi longinquitas temporis primævam illius pulcritudinem plurimum imminuerit. Opinor autem pavonem in principio hujus Codicis hac præcipue de cauſa depictum eſſe, quod cauda hujus avis ſymbolum ſit annuæ viciſſitudinis arborum. Decidentibus enim arborum foliis, decrescit etiam pavonis cauda; testatur hoc Plinius Hist. Naturalis lib. 10. cap. 20. his verbis: *Omnes reliquas aves pavonum genus, cùm formâ, tum intellectu ejus & gloriâ præcedit. Gemmantes laudatus expandit colores, adverso maximè sole, quia sic fulgentius radiant. Simul umbræ quosdam repercussus cæteris, qui in opaco clarius micant, conchatâ quærit caudâ, omnesque in acervum contrahit pennarum, quos spectari gaudet, oculos. Idem caudâ annuis vicibus amissâ cum foliis arborum, donec renascatur iterum cum flore, pudibundus ac mœrens quærit latebram.* Hæc Plinius de pavonis & arborum sympathia. Plures quoque ejus avis symbolicæ sunt explicationes, inter quas primaria maximeque nota, est apotheosis sive consecratio fœminarum; uti cùm in Domitillæ uxoris Imp. Vespasiani, aliarumque Augustarum antiquis numismatibus videre est, tum præcipue in illo Liviæ sive Juliæ Augustæ, uxoris Imp. Augusti, & matris Imp. Tiberii, quod eadem magnitudine, qua in celeberrimi Antiquarii Jacobi de Strada manuscriptis veterum numismatum voluminibus decem, quæ in Augustissima Bibliotheca Cæsarea adservantur, elegantissime depictum est, æri incisum hic exhibeo. Verisimillimum itaque videretur, pavonem primo Codicis hujus Dioscoridiani folio depictum, non tantum ad rem herbariam significandam pertinere, verum etiam in honorem Julianæ Aniciæ, cujus effigies sexto ejusdem Codicis folio cernitur, ibi collocatum esse, nisi ethnica illa apotheosis multo ante per Christianismum fuisset sublata, & insuper evidentissimis argumentis colligi posset, superstite adhuc Juliana Codicem hunc descriptum, eidemque oblatum fuisse. Si quis tamen symbolum illud apotheoseos per adulationem superstiti adhuc illi, quasi quæ jam tunc consecratione digna esset, improprie attributum esse existimaverit, ne hanc quoque opinionem temere improbaverim.

Hæc de pavone, in fronte Dioscoridiani libri, & ante insignium Medicorum figuras depicto, Petrus Lambecius. Ego vero potius crederem, ideo Medicorum imaginibus, & Medicinæ libro præfigi pavonem, quia teste Aristophane, est μηδικὸς ὄρνις, *Medica avis*, Suidas vero de pavone ait, ὁ μηδικὸς, χρυσόπτερος, καὶ ἀλαζονικὸς ὄρνις. *Medica, aureis alis, & jactabunda avis*: sic dicta, ut videtur, quod caudâ suâ arborum & plantarum vicissitudinem adumbret, ut innuit Plinius supra allatus. Arbores autem & plantæ ὕλη ἰατρικὴ, sive materia medica sunt.

Secundum Codicis, ait Lambecius, Dioscoridiani folium continet posteriori sua pagina picturam quadratam, quæ aureum habet fundum, & septem repræsentat antiquos Medicos, sedentes tamquam in triclinio, & de re medica differentes, hoc ordine & modo, uti ex apographo, bona fide, quantum per colorum evanescentium & nonnullis locis omnino fere exstinctorum obscuritatem fieri potuit, delineato ærique inciso, videre est. Primo loco sedet Χείρων ὁ ἱπποκένταυρος, sive Chiron Hippocentaurus, (*qui tamen hic non Hippocentauri, sed hominis forma depingitur,*) quem Plinius Hist. Natur. lib. 7. c. 56. refert *herbariam & medicamentariam artem invenisse.* Floruit is sæculo ante æram Christianam decimo-tertio; &, teste Homero Iliad. Λ. Achillis fuit præceptor in arte Chirurgica. . . . . Extiterunt etiam olim sub nomine ejusdem Chironis scripta duo supposititia; nempe ὑποθῆκαι δι' ἐπῶν πρὸς Ἀχιλλέα, hoc est, *Præcepta,* sive *Exhortationes metricæ ad Achillem*; & ἱππιατρικὸν, hoc est, *Opus de curandis equis.* Utriusque scripti meminit Suidas

„ in explicatione vocis Χείρων; ubi simul etiam confirmat, quod in Eustathii
„ in Homerum Commentario refertur, ab eodem Chirone primum inventam
„ esse τὴν ἰατρικὴν διὰ βοτανῶν, sive Medicinam herbariam.

Hic multa de Chirone, cujus nomen ad supremum imaginis latus in medio depictus est, adjicit Lambecius : deinde de iconibus Medicorum Joannis Sambuci loquens, hæc habet:

„ Multum autem differt Sambuciana Chironis effigies ab illa, quæ exstat in
„ vetustissimo nostro Codice Dioscoridiano, ut primo patebit intuitu, si quis
„ eas contulerit. Vestitus quoque valde discrepat. Nam in Codice hoc Cæsa-
„ reo superior corporis ejus pars usque ad umbilicum nuda est, exceptis hu-
„ meris, qui villosa teguntur epomide & sub mento colligata; inferior autem
„ pars corporis ab umbilico usque ad pedes pallio cæruleo cooperta est.

„ A dextero Chironis latere sedet ΜΑΧΑΩΝ, sive Machaon, (*nomen*
„ *adscribitur in pictura ad singulos*) Æsculapii filius & Podalirii frater, qui sæculo
„ ante æram Christianam duodecimo, in bello Trojano occubuit. Meminit ejus
„ Homerus Iliad. 1. laudatque tamquam optime callentem ἰούς τ' ἐκταμέειν, ἐπί
„ τ' ἤπια φάρμακα πάσσειν, hoc est, *Exscindere sagittas, & lenia medicamenta*
„ *vulneribus inspergere*. Machaon enim χειρουργικὴν præcipue excoluit, sive eam
„ Medicinæ partem, quæ manu medetur ; frater autem ipsius Podalirius abdi-
„ tas morborum causas investigavit, & fundamenta gessit ejus Medecinæ, quam
„ sequens ætas λογικὴν sive rationalem appellavit.

Deinde multa adfert de Machaone , quæ non interest hic describere.

Ⲗ, ϵ, C, ω, sic semper in Codice. Pergit autem Lambec.

„ Sub Machaone sedet ΠΑΜΦΙΛΟC sive *Pamphilus* ; non quidem
„ Platonis ille discipulus & Epicuri in insulâ Samo præceptor, qui a Diogene
„ Laërtio in vita Epicuri, & a Suida, ubi de eodem Epicuro agit, memoratur,
„ & sæculo ante æram Christianam quarto floruit; sed alter multo junior, pro-
„ fessione Grammaticus, quem Galenus in Procemio libri sexti, *De simplicium*
„ *medicamentorum facultatibus*, testatur scripsisse historiam herbarum ordine
„ alphabetico, quemque merito reprehendit, quod opus illud non solum sine
„ ulla propria experientia & absque delectu ex alienis tantum corraserit scriptis;
„ verum etiam multas aniles & poëticas fabulas, superstitiosasque præstigias,
„ & varia barbaraque fictitia nomina, de industria addiderit.

Postea locum Galeni longissimum, ubi de Pamphilo aliisque multis Medicis agit, ad verbum refert Lambecius : & de Pamphilo a 528. ad 542. paginam verba facit: deinde sic prosequitur. Sub Pamphilo Grammatico Alexan-
„ drino, qui ut supra demonstravi, historiam herbarum ordine alphabetico
„ scripsit, sedet in eodem vetustissimi Codicis Dioscoridiani fol. 2. ΞΕΝΟ-
„ ΚΡΑΤΗC, sive Xenocrates, non quidem Chalcedonius ille, qui Plato-
„ nis fuit discipulus, & Speusippi sororis ejus filii in regenda schola veteris
„ Academiæ per 25. annos successor; sed alter ille multo junior, patria Aphro-
„ disiensis, quem Galenus in Procemio, *De simplicium medicamentorum facul-*
„ *tatibus*, testatur vixisse avorum suorum tempore. Natus autem est Galenus
„ sub Imperatore Hadriano, anno Christi circiter 131. citatur quidem Xenocra-
„ tes ille a Plinio aliquoties inter Medicos.

De Xenocrate item multa adjicit Lambecius : post autem ait,

„ Et hactenus quidem de tribus illis egi antiquis Medicis, quorum imagi-
„ nes in vetustissimi Codicis ms. Dioscoridiani fol. 2. a dextero Chironis latere

collocatæ ſunt. Pergo nunc ad tres reliquos, qui ſedent ibidem a ſiniſtro Chironis latere. Horum primus eſt ΝΙΓΡΟϹ ſive *Niger*; non quidem Trebius Niger, qui ſæculo ante æram Chriſtianam primo L. Luculli in Proconſulatu Bæticæ fuit comes, teſte Plinio Hiſt. Nat. lib. 9. cap. 30. ubi agitur de Polypis; ſed Sextius Niger, quem idem Plinius libro primo teſtatur, licet Romanum, Græce tamen ſcripſiſſe, & lib. 32. c. 3. diligentiſſimum Medicinæ auctorem nuncupat. Ejuſdem meminit Dioſcorides in Prooemio lib. 1. de materia Medica, ubi ſtatim in principio rationem reddens, cur ipſe poſt multos non tantum veteres, ſed & recentiores autores, de illo argumento ſcribere auſus ſit, præcipuorum quorumdam nominatim facit mentionem.

Hic multis adjectis de Sextio Nigro, ſic claudit,

Conſulendus quoque eſt ſupra citatus Galeni locus, qui exſtat in Prooemio libri ſexti, *De ſimplicium medicamentorum facultatibus*, quippe ubi inter eos, qui de re herbaria præ cæteris bene ſcripſerunt, primus locus Dioſcoridi, ſecundus autem Nigro, tribuitur.

Sub Sextio Nigro ſedet ΗΡΑΚΛΕΙΔΗϹ, ſive Heraclides Tarentinus, cujus Dioſcorides loco paulo ante citato meminit. Fuiſſe autem eumdem addictum ſectæ empiricæ teſtatur Cornelius Celſus in Prooemio lib. 1. Commentariorum de Medicina, ubi de origine & incremento Medicinæ &c. . . Idem confirmat Diogenes Laërtius in fine libri quinti de Vitis illuſtrium Philoſophorum, ubi poſteaquam de Heraclide Pontico egit, tredecim quoque aliorum ejuſdem nominis virorum illuſtrium facit mentionem, inter quos eſt octavus Ἡρακλείδης ὁ Ταραντῖνος ἰατρὸς ἐμπειρικός. Crebra etiam ejus mentio exſtat apud Galenum; ſed imprimis ſupra citato loco *De ſimplicium medicamentorum facultatibus*; ubi inter rei herbariæ Scriptores tertium illi locum, nempe poſt Dioſcoridem & Sextium Nigrum tribuit. . . . .

Sub Heraclide Tarentino ſedet denique ΜΑΝΤΙΑϹ, ſive Mantias, Herophili ſectator, & jam memorati Heraclidæ Tarentini, qui præpoſtero ordine præcedit, in arte medica præceptor; de quo ſi quis plura ſcire deſiderat, ſufficiet ſi conſulantur tria Galeni loca, quæ exſtant in Prooemio libri ſexti, *De ſimplicium medicamentorum facultatibus*; capite primo libri ſecundi, *De compoſitione medicamentorum per genera*, & libro ſexto, *De compoſitione medicamentorum localium*.

Tertium vetuſtiſſimi Codicis Mſ. Dioſcoridiani folium continet picturam quadratam, quæ itidem ac præcedens in fundo aureo repræſentat ſeptem alios antiquos medicos, ſedentes tamquam in Triclinio, & de re medica diſſerentes, hoc ordine & modo, uti ex apographo, bona fide, quantum per colorum evaneſcentium & nonnullis locis fere exſtinctorum obſcuritatem fieri potuit, delineato ærique inciſo, videre eſt.

Primo loco ſedet ΓΑΛΗΝΟϹ, ſive Claudius Galenus Pergamenus, qui ſæculo poſt Chriſtum ſecundo, nempe anno æræ Chriſtianæ circiter 131. ſub Imp. Hadriano, Pergami in Aſia minori natus eſt: eodemque ſæculo deſinente, ſeptuageſimum agens ætatis annum, ſub Imp. Lucio Septimio Severo obiit. Quandoquidem autem is relictis ſubtiliſſimi ingenii ſui & indefeſſæ diligentiæ monumentis, etiam nunc adeo clarus eſt, ut ſatius ſit de eo tacere, quam plura addere; hoc tantum moneo, nuſquam de vita & ſcriptis ejus accuratiorem ſolidioremque reperiri notitiam, quam in duobus erudi-

,, tissimis libellis veteris amici mei R. P. Philippi Labbei Soc. Jesu Presbyteri,
,, quorum primo continetur vita ipsius ex propriis operibus collecta; altero
,, autem Chronologicum ejusdem elogium. Uterque libellus anno 1660. Lute-
,, tiæ Parisiorum editus est 8°. & quidem prior typis Guilielmi Benard, poste-
,, rior autem typis Claudii Cramoysi. . . . .
,, A dextero Galeni latere sedet ΚΡΑΤΕΥΑϹ, sive Cratevas, cognomine
,, ὁ ῥιζοτόμος, quod est stricte & ad verbum, *Radicum sector*, sive secandarum
,, radicum studiosus vel peritus, late autem & generaliter herbarius, sive Me-
,, dicus, herbarum cognitioni & usui præcipue deditus. Floruit hic sæculo ante
,, æram Christianam quinto, & ut eximius artis herbariæ magister ab ipso lau-
,, datur Hippocrate in epistola ad eum scripta.

Deinde refert Lambecius Epistolam Hippocratis Cratevæ; quæ inter editas Hippocratis Epistolas habetur, ex qua patet Cratevam propter singularem rei herbariæ peritiam ipsi etiam Hippocrati admirationi fuisse: qua laude nulla major esse potuit. Honorificam quoque ejusdem Cratevæ mentionem facit Dioscorides.

,, Sub Crateva sedet ΑΠΟΛΛΩΝΙΟϹ, sive Apollonius, cujus nominis
,, licet multi fuerint Medici, hic tamen ego non alium intelligendum esse arbi-
,, tror, quam vel Apollonium Pergamenum, quem Varro & Columella in
,, principio suorum librorum de re Rustica, inter eos recensent autores Græcos,
,, qui de re Rustica præcipue legendi sunt; vel potius Apollonium Memphi-
,, tam, qui citatur ab antiquo Græco Theriacorum Nicandri Scholiaste in ex-
,, plicatione controversiosæ vocis ἄκνησις, qua ibi versu 52. significatur herba
,, quædam, suffitu suo serpentes abigens. Ipsa Scholiastæ verba sunt hæc: τὸ δὲ
,, ἄκνησις, οἱ μὲν τὴν κνίδην, οἱ δὲ τὴν σκύλλην ἢ ἀκαλήφην· ὁ μὲν Τυραννίων τὴν σκύλ-
,, λην· Ἀπολλώνιος δὲ ὁ Μεμφίτης τὸ κένορον, ὃ δή τινες κεντήτριαν καλοῦσι. [Hoc est,
Acnestin alii quidem urticam, alii scyllam aut urticam; Tyrannio scyllam,
Apollonius Memphites cenorum, quod quidam cenetram vocant. Hinc enim veri-
,, simile mihi videtur, Apollonium hunc Memphitam eumdem esse, cujus opus
,, περὶ βοτανῶν, sive *de herbis*, ab eodem antiquo Scholiaste aliquanto post cita-
,, tur, ita tamen ut desit cognomen autoris, ὁ Μεμφίτης; nempe quia is jam ante
,, ab aliis Apolloniis illo cognomine distinctus fuerat. Ipsa Scholiastæ verba in
,, explicatione versus istius, qui incipiebat olim, ψῆγμα πολύκμητον, sunt hæc:
,, ψῆγμα πολύκμητον γράφεται καὶ πολύκνημον. σημαίνει δὲ ποτὲ μὲν τὸ περὶ ψῆγμα, ποτὲ δὲ
,, τὴν βοτάνην· ἧς μνημονεύει καὶ Ἀπολλώνιος ἐν τῷ περὶ βοτανῶν.
,, Sub Apollonio sedet ΑΝΔΡΕΑϹ, sive Andreas, ὁ ἰατρὸς, seu Medi-
,, cus, de quo cum Crateva conjuncto Dioscorides in supra citato Procemio
,, libri primi refert, ὅτι δοκοῦσι ἀκριβέστερον τῶν λοιπῶν (ἀρχαίων) περὶ τὴν βοτάνην
,, ἀνεστράφθαι, hoc est, *Eos existimari accuratius, quam reliquos antiquos Medicinæ*
,, *autores Græcos, in re herbaria versatos esse.* Meminit ejusdem Andreæ etiam
,, Cornelius Celsus in Præfatione libri quinti, quippe ubi ipsum inter eos recen-
,, set autores, qui multa de facultatibus medicamentorum memoriæ prodide-
,, runt. Galenus autem in supra citato Procemio libri sexti, *De simplicibus me-*
,, *dicamentorum facultatibus*, vehementer eum vituperat, tamquam qui primus
,, medicamentorum scientiam præstigiis & mendaciis inquinare & corrumpere
,, ausus sit. Idem capite decimo *Informationis Empirici*, quæ exstat intra libros
,, ipsius extra ordinem classium, multo etiam gravius in eumdem invehens, *Si*
,, *Hippocratem*, inquit, *Andreamque compares, Hippocratem eruditissimum verita-*
tisque

tisque studiosissimum, Andream imperitissimum, temerarium & ab Hippocratis prudentia valde remotum comperies. Quoniam igitur Galenus testatur præstigias ab eo primum invectas esse in artem Medicam, verisimile mihi videtur, ab imperito vulgo hinc illi inditum esse nomen τοῦ θαυμαστοῦ, sive *admirandi;* ideoque ad ipsum pertinere supra citatæ Bibliothecæ Constantinopolitanæ locum, ubi inter libros Michaëlis Cantacuzeni scribitur fuisse ἰατροσόφιον Ἀνδρέου τοῦ θαυμαστοῦ περὶ ὕλης ἰατρικῆς κατὰ ἀλφαβήτου στοιχεῖα: hoc est, *Andreæ cognomine admirandi Iatrosophium de materia Medica ordine alphabetico.* Et hactenus de tribus illis egi antiquis Medicis, quorum imagines in vetustissimi Codicis Ms. Dioscoridiani fol. 3. a dextro Galeni latere collocatæ sunt. Pergo nunc ad tres reliquos: qui sedent ibidem a sinistro Galeni latere.

Horum primus est ΔΙΟϹΚΟΥΡΙΔΗϹ, sive Dioscorides; nempe is, qui a patria sua Anazarba, Ciliciæ urbe, quæ postea nomen accepit Cæsareæ Augustæ, cognominatur ὁ Ἀναζαρβεύς, hoc est, *Anazarbeus*, seu *Anazarbensis*, & propter etiamnum extantes præstantissimos quinque de materia Medica libros, ab ipso Galeno in Proœmio libri sexti *De simplicium medicamentorum facultatibus*, summopere laudatos, est celeberrimus. De ætate ejus duæ extant diversæ opiniones. Nonnulli enim eum, tamquam Plinii senioris æqualem, sub Imperatoribus Nerone, Galba, Othone, Vitellio & Vespasiano vixisse ac claruisse existimant, idque hoc potissimum argumento probare annituntur, quia ipse Dioscorides in Præfatione libri primi, familiariter se cum Licinio Basso vixisse testatur his verbis: δεῖγμα δὲ οὐ σμικρὸν τῆς ἐν σοὶ καλοκαγαθίας καὶ ἡ τοῦ κρατίστου Λικινίου Βάσσου πρὸς σὲ διάθεσις, ἣν ἔγνωμεν συνδιάγοντες ὑμῖν, ἀξιοζήλωτον τὴν τῶν ἀμφοτέρων ὑμῶν πρὸς ἀλλήλους εὔνοιαν ὁρῶντες. Hoc est, Jano Antonio Saraceno interprete: *Neque verò parvo est ad tuam* (scilicet Arei) *morum integritatem argumento viri optimi Licinii Bassi insigne erga te studium, satis nobis perspectum, cum una vobiscum ageremus, mutuamque inter vos benevolentiam æmulatione dignam observaremus.* Hunc enim Dioscoridis locum illi corruptum arbitrantur, & pro *Licinii Bassi*, legendum esse *Lecanii Bassi*; ita ut intelligatur Q. Lecanius Bassus, qui A. V. C. 817. Christi autem 64. quo sub Imperatore Nerone prima in Christianos orta est persecutio, cum M. Licinio Crasso fuit Consul, & teste Plinio Hist. Natur. lib. 26. c. 1. obiit carbunculo. Ipsa Plinii verba sunt hæc: *L. Paulo, Q. Marcio Censoribus, primùm in Italiam carbunculum venisse Annalibus conscriptum est, peculiare Narbonensis Provinciæ malum: quo duo Consulares obiere, condentibus hæc nobis eodem anno, Julius Rufus* & Q. Lecanius Bassus; *ille Medicorum inscitiâ sectus, hic vero pollice lævæ manus evulso acu, ab semetipso, tam parvo vulnere, ut vix cerni posset.* Hæc Plinius. Unde ab iis, qui Lecanium hunc Bassum eumdem esse putant atque Licinium Bassum, cujus Dioscorides tamquam familiariter sibi noti meminit, porro concluditur, non potuisse Dioscoridem a Plinio in descriptione plantarum & reliquæ materiæ Medicæ inter Medicos Græcos, quorum scriptis usus est, citari, cum uterque eodem tempore in componendo opere suo occupatus fuerit. Secundum alios autem, quibus ipse accedo, vixit floruitque Dioscorides Anazarbensis sæculo ante æram Christianam primo (sic) sub duobus primis Romanorum Monarchis C. Julio Cæsare & Augusto, uti patet ex synchronismo Ἀρείου sive Arei, cui quinque libros suos de materia Medica, quos ipsius hortatu conscripserat, totidem singularibus Præfationibus dedicavit. Est enim hic Areus ille Philosophus Alexandrinus, de

„ cujus summa cum Imperatore Augusto amicitia & familiaritate insigne exstat „ testimonium apud Strabonem Geographiæ lib. 14. ubi refert, Xenarchum Phi- „ losophum Peripateticum, Seleucia Ciliciæ oriundum, per illum in Imperatoris „ Augusti amicitiam se insinuasse; item apud Suetonium in vita Imp. Augusti, „ ubi scribit Imp. Augustum non tantum ipsius Arei Philosophi, verum etiam „ filiorum ejus Dionysii & Nicanoris contubernium iniisse; necnon apud Sene- „ cam cap. 4. Consolationis ad Marciam, ubi idem Areus introducitur in prin- „ cipio orationis suæ consolatoriæ ad Liviam Augustam glorians, *Assiduum se* „ *fuisse viri ejus comitem nec tantum, quæ in publicum emittuntur, sed omnes quoque* „ *secretiores animorum tam Liviæ, quam Augusti motus sibi notos esse.*

Deinde testimonia item adfert Lambecius Plutarchi, Dionis Cassii, & Galeni, qui testificatur Dioscoridem Anazarbensem, (alii male Tarsensem legunt) Areo ægrotanti medicamentum dedisse; itemque Suidæ, qui refert Dioscoridem Anazarbensem cognomento Φακᾶς, *Phacâs*, vixisse apud Cleopatram sub Antonio; ubi cognomen illud Phacas male Dioscoridi Anazarbensi tribuitur, fuit enim alterius Dioscoridis Anazarbensi antiquioris, teste Galeno. Hæc porro omnia fusissime Lambecius. Pergit autem:

„ Sub Dioscoride Anazarbensi sedet ΝΙΚΑΝΔΡΟϹ, sive Nicander Co- „ lophonius, clarissimus non solum Medicus, veterum etiam Historicus, Poëta, „ & Grammaticus, qui sæculo ante æram Christianam secundo sub Attalo, „ tertio ejus nominis ultimoque Pergami Rege, floruit, & præter alia varia, „ quæ Suidas recenset, composuit versibus hexametris duo etiamnum extantia „ poëmata de bestiis venenatis & de remediis contra venena, quorum primum „ *Theriaca*, alterum *Alexipharmaca*, eodemque allusit ipse pictor, ita videlicet „ illum repræsentando, ut sinistra quidem manu teneat volumen, dextera „ autem extenta irritet serpentem. Utriusque Poëmatis antiqua Græca & ha- „ ctenus inedita prosaïca Paraphrasis, ab Eutecnio Sophista composita, extat in „ illo ipso, de quo nunc agitur, vetustissimo Codice Ms. Dioscoridiano, quem- „ admodum suo deinceps loco, ubi in descriptione ejus eo perventum erit, pro- „ lixius accuratiusque a me indicabitur. Si quis interim de Nicandro ejusque „ scriptis plura scire desideret, is præter supra citatum Suidam, consulat præci- „ pue antiquos illos autores cum Græcos tum Latinos, qui citantur a Petro „ Castellano de Vitis illustrium Medicorum p. 76. & 77. a Gerardo Joan. Vossio „ de Historicis Græcis lib. 4. cap. 14. & a Joan. Jonsio de Scriptoribus Historiæ „ Philosophicæ lib. 2. cap. 13.

„ Sub Nicandro denique sedet ΡΟΥΦΟϹ, sive Rufus Ephesius, qui sæculo „ post æram Christianam secundo sub Imperatoribus Trajano & Hadriano flo- „ ruit, & præter libros tres, *de Apellationibus partium corporis humani*, aliaque „ nonnulla etiam nunc extantia, quæ a Joanne Antonida Lindano libro primo „ de scriptis Medicis recensentur, alia quoque multa composuit, quæ a Suida „ enumerantur, & longinquitate temporis interciderunt, tum præcipue versi- „ bus hexametris libros quatuor de herbis, quorum meminit Galenus in supra „ citato fragmento Præfationis libri sexti *De simplicium medicamentorum facul-* „ *tatibus*. Neque vero dubium est, quin hujus potissimum operis Botanici re- „ spectu, cæteris supra memoratorum tredecim illustrium Medicorum veterum „ imaginibus, etiam Rufi imago adjuncta sit.

„ Quarto vetustissimi Codicis Dioscoridiani folio continetur pictura qua- „ drata, in cæruleo fundo repræsentans Dioscoridem, sedentem in sella, & e

regione ipsius feminam stantem, quæ manu dextra Mandragoram nigram illi porrigit. Supra Dioscoridis caput scriptum est ΔΙΟϹΚΟΥΡΙΔΗϹ, supra feminam autem ЄΥΡЄϹΙϹ, sive, inventio. Inter Dioscoridem & Inventionem jacet canis mortuus, (imo potius posteriori parte terræ innixus, pedes anteriores sursum erigit, & quasi exspirare videtur,) & recentiori manu supra memorati Joannis τοῦ Χορτασμένου subscriptum est, κύων ἀνασπῶν τ̃ μανδραγόραν, ἔπειτ' ἀποθνήσκων. Hoc est, *Canis evellens Mandragoram, & deinde moriens.* Hinc itaque apparet, jam ante integra undecim sæcula idem fuisse attributum Mandragoræ, quod de radice Baara refert Flavius Josephus lib. 7. de bello Judaïco cap. 23. nempe eam sine periculo mortis non posse evelli, ideoque canem illi alligari, eumque radice evulsa continuò mori vice hominis, cujus studio evellitur.

Deinde refert Lambecius locum illum Josephi cum interpretatione: & postea Matthioli refutationem, qua id ceu fabulam rejicit. At idem Lambecius Matthioli sententiam refellit.

Quintum vetustissimi Codicis Dioscoridiani folium continet picturam quadratam, qua repræsentatur femina quædam stans, manuque dextera Mandragoram nigram tenens, supra cujus caput æque ac in præcedenti pictura scriptum legitur ЄΥΡЄϹΙϹ, *Inventio.* A sinistro ejus latere sedet Dioscorides, tamquam Mandragoræ naturam & vim in libro quodam describens, a dextro autem pictor, eamdem depingens; uti ex apographo, bonâ fide, quantum per colorum evanescentium & nonnullis locis fere exstinctorum obscuritatem fieri potuit, delineato ærique inciso, videre est. Notandus autem ibi in primis est mos veterum scribendi super genua, cujus etiam Hippocrates meminit in epistola ad Damagetum.

Deinde pluribus refert morem scribendi super genua, tum ex Hippocratis loco, qui testatur se vidisse Democritum scribentem in libro genibus innixo, tum aliis ex locis minus conspicuis; maxime vero ex duabus veterum Codicum picturis, in quarum alia Prochorus, Joanne Apostolo & Evangelista dictante, charta genibus innixa scribit; quales picturas non semel in Libris Evangeliorum veteribus notavi; in altera Lucas item chartam genibus innixam scribendo tenet. Pergit Lambecius.

Sexto Codicis Dioscoridiani folio continetur pictura, repræsentans catenam auream vel funiculum aureum, instar circuli & octogoni ex duobus in eo quadratis, quæ se invicem intersecant, formati hoc modo, uti ex apographo, bona fide, quantum per colorum evanescentium & nonnullis in locis omnino fere exstinctorum obscuritatem fieri potuit, delineato ærique inciso, quod hîc e regione inserui, videre est. Fundus picturæ cæruleus est, exceptis duorum quadratorum octo extremitatibus triangularibus quæ sunt purpureæ. In medio octogono, sedet in throno aureo, duabus aquilis suffulto, femina diademate regio, vestituque partim aureo, partim cæruleo, & calceis rubris instar Imperatricis Constantinopolitanæ exornata; a cujus sinistro latere cernitur ΦΡΟΝΗϹΙϹ sive *prudentia* tenens volumen; a dextris autem ΜΕΓΑΛΟΨΥΧΙΑ sive *magnanimitas*, ostentans sinum nummis aureis repletum. Ante eamdem stat Cupido alatus, Principi in Throno sedenti librum apertum offerens. Supra caput Cupidinis hæc scripta leguntur verba: πόθος τ̃ σοφίας κτιστοῦ. Hoc est, *Amor sapientiæ creatoris.* Sub Cupidine jacet femina, albo amictu instar sanctimonialis, sive Deo consecratæ Virginis

„ veſtita, & tam profunda genuflexione caput ad terram inclinans, ut ejus
„ frons pedi dextro Principis in throno ſedentis reſpondeat. Juxta illam cernitur
„ antiqua inſcriptio Græca literis albis, ſed longinquitate temporis adeo obſcu-
„ rata, ut vix prima vox εὐχαριστία, ſive *Gratiarum actio* amplius ſit legibilis.
„ Similiter altera quoque magna inſcriptio Græca in interiori circuitu octogoni
„ prorſus fere evanuit: quod profecto ſummopere dolendum eſt. Ante pedes
„ Principis in throno ſedentis duo ſtant modii, quibus ſine dubio annonaria,
„ ſive frumentaria liberalitas erga pauperes innuitur. In octo autem triangula-
„ ribus duplicis quadrati extremitatibus purpureis, hæ octo leguntur prægran-
„ des literæ aureæ Ι Ο Υ Λ Ι Λ Ν Λ, hoc eſt, Juliana. Spatia demum octo
„ cærulea, quibus octo purpurea triangula & totidem aureæ literæ a ſe invicem
„ ſeparantur, exornata olim fuerunt elegantiſſimis imaginibus, ex quibus nunc
„ injuria vetuſtatis nonniſi pauci aliquot nudi pueruli inſtar Angelorum vel
„ cupidinum amplius apparent, qui ædificando & pingendo occupati ſunt, ſed
„ adeo obſcure, ut quid pleriſque locis agant, perfecte cognoſci nequeat. Quod
„ porro ad explicationem hujus picturæ attinet, perſuaſiſſimum habeo, per
„ Principem illam, quæ inter Magnanimitatem & Prudentiam in throno ſedet
„ Imperiali, & aureis in circuitu literis *Juliana* appellatur, ſignificari *Julianam*
„ *Aniciam*, quæ Conſtantinopoli floruit temporibus Imperatorum Anaſtaſii
„ Dicori, & Juſtini primi ſive ſenioris, atque in principio Imperii Juſtiniani
„ Magni mortua eſt. Matrem illa habuit Placidiam, Imperatoris Valenti-
„ niani III. filiam, & Imperatoris Theodoſii Junioris ex filia Eudocia neptem:
„ patrem vero Flavium Anicium Olibrium, qui poſt Imperatorem Anthe-
„ mium anno Chriſti 472. imperare cœpit in Occidente, &, vel ſecundum
„ Onuphrium Panvinium, eodem adhuc anno, cum uſque in quartum men-
„ ſem imperio præfuiſſet, fato conceſſit, vel ſecundum Card. Baronium ſe-
„ quenti anno 473. cum uſque in ſeptimum menſem Imperium adminiſtraſ-
„ ſet, occiſus eſt. Meminit hujus Julianæ Aniciæ Theophanes Chronographus
„ ad annum Chriſti 505. ubi eam refert Conſtantinopoli Eccleſiam quamdam
„ beatiſſimæ Dei Genitricis exſtruxiſſe, & ab Imperatore Anaſtaſio Dicoro, ut
„ a religione Catholica ad Eutychianiſmum tranſiret magnopere, ſed fruſtra,
„ ſolicitatam eſſe.

Deinde refert Theophanis locum & verſionem latinam ejuſdem, quæ apud Anaſtaſium Bibliothecarium & Paulum Diaconum habetur, ubi eadem ipſa, quæ ſupra, dicuntur: & poſtea ſic pergit.

„ Ut igitur minime dubito, quin exſtructio Eccleſiæ Beatiſſimæ Virginis
„ Deiparæ, cujus ibi fit mentio, ſignificetur in ſupra memorato Codicis Dioſ-
„ coridiani folio ſexto per Cupidines & Angelos iſtos, qui circum imaginem
„ Julianæ Auguſtæ ædificando & pingendo occupati ſunt, ita quoque perſua-
„ ſiſſimum habeo, per librum rhomboïde exornatum, quem Juliana ſiniſtra
„ tenet manu, ſignificari Acta & Canones Concilii generalis quarti anno æræ
„ Chriſtianæ 451. Chalcedone in Eccleſia S. Euphemiæ a 630. Epiſcopis adver-
„ ſus Eutychetis hæreſin celebrati, quod illa contra Imperatorem Anaſtaſium
„ Dicorum & Timotheum Patriarcham Conſtantinopolitanum ſumma ſtre-
„ nuitate & conſtantia defendit ac propugnavit. Cæterum quod Juliana, de
„ qua hic agitur, ex celeberrima & longe lateque diffuſa gente Anicia oriunda
„ fuerit, ipſa nos docet in principio epiſtolæ, temporibus Imperatoris Juſtini I.
„ ſive ſenioris, & quidem anno Chriſti 519. ad Pontificem Romanum Hormiſ-

dam scriptæ, qua ipsum rogat ne legatos, Constantinopolim missos, præmature revocet. Exstat ea apud Em. Card. Baronium Annalium Eccles. tom. 7. & dignissima est, quæ hic inferatur.

Domino Beatissimo Patri Hormisdæ,
Juliana Anicia.

Precibus vestræ Beatitudinis, adventu Legatorum principalis Sedis Apostolicæ, elisis erroribus hæreticorum, in unitatem fidei Catholicæ convenimus congregati simul ad ubera materna Ecclesiæ in die sanctæ Resurrectionis. Quapropter stylo venerationis alloquentes sanctitatem vestram, admonemus ut intimetis destinatis a vobis reverendissimis viris, nullo modo abscedere antequam, sicut prævideritis, ut oportet, firmentur ea, quæ bene disposita sunt ab eis: ut amputatis omnibus reliquiis transacti erroris, impendiis vestræ beatitudinis roborata unitas ad effectum perpetuum deducatur.

Ex hac igitur Epistola non tantum manifestissime apparet, quantam Juliana conservandæ Catholicæ Religionis curam gesserit, verum etiam quod pertinuerit ad gentem Aniciam. Quanta porro hujus Principis opulentia ac liberalitas fuerit, id elucet partim ex ædificatione Templi B. Dei Genitricis, cujus paulo ante facta est mentio; partim vero etiam ex Ecclesia S. Polyeucti Martyris, cujus cameram sive fornicem intrinsecus solidis purissimi auri laminis obduxit; ut prolixe refert S. Gregorius Ep. Turonensis libri de Gloria Martyrum, cap. 133.

Hic prolixe refert Lambecius locum Gregorii Turon. ubi de magnificentia Julianæ in ornanda S. Polyeucti Ecclesia, deque pio artificio quo ipsa Justiniani φιλοχρηματίας elusit, fuse agitur. Postea sic prosequitur Lambecius.

Hæc S. Greg. Episc. Turonensis de Juliana Anicia Imperatoris Fl. Anicii Olibrii filia, quæ sancti Polyeucti Templum aureis tabulis exornavit. Cavendum autem est, ne ea confundatur cum Juliana Imperatoris Valentiniani Magni filia, quæ idem Templum in honorem S. Polyeucti Martyris prima omnium condidit. Cujus quidem Julianæ solus, quod sciam, Georgius Codinus facit mentionem in libro de Ædificiis urbis Constantinopolitanæ anno 1655. Lutetiæ Parisiorum Typis Regiis in folio primum a me in lucem integre edito, ubi refert, eam fuisse sororem Gallæ uxoris Imperatoris Theodosii Magni, & accersitis Roma architectis magnificum Templum in memoriam S. Polyeucti Martyris intra quatuor annos cum dimidio exstruxisse. Ipsa ejus verba hæc sunt: τὸν ἅγιον Πολύευκτον Ἰουλιανὴ, ἡ θυγάτηρ Οὐαλεντινιανοῦ τοῦ κτίσορος τοῦ ἀγωγοῦ ἔκτισεν ἐπὶ χρόνους τέσσαρας καὶ ἥμισυ, τῶν τεχνιτῶν ἀπὸ Ῥώμης ἐλθόντων. γυναικαδελφὴ δὲ ἦν ἡ τοιαύτη τοῦ μεγάλου Θεοδοσίου. [Id est, *S. Polyeuctum, Juliana filia Valentiniani, qui aquæductum construxit, annis quatuor & dimidio excitavit, accedentibus Româ artificibus, hæc autem soror erat uxoris Magni Theodosii.*] Hæc Codinus, cui profecto maximas debemus gratias, quod hujus Julianæ, quæ Imperatoris Valentiniani Magni fuit filia, memoriam nobis conservaverit. Socrates enim Hist. Eccl. lib. 4. c. 26. & Paulus Diaconus Hist. Miscell. lib. 12. cap. 10. cæterique omnes recentiores Scriptores, qui Imperatorum Romanorum Genealogias ex professo descripserunt, nullam, ubi de Imper. Valentiniano Magno agunt, Julianæ faciunt mentionem; sed tantum duorum filiorum, Gratiani ac Valentiniani Junioris, ac trium filiarum; Gallæ videlicet, quæ nupsit Imperatori Theodosio Magno, & Justæ atque Gratæ,

» quæ fuerunt sanctimoniales, sive Deo consecratæ Virgines. Confundenda
» itaque non est Juliana hæc Imp. Valentiniani Magni filia, quæ Templum S.
» Polyeucti prima condidit, cum Juliana Anicia, quæ, ut supra narratum est,
» sub Imperatoribus Anastasio Dicoro & Justino I. potissimum floruit, atque
» in principio Imperii Justiniani Magni fornicem Templi S. Polyeucti laminis
» aureis intrinsecus exornavit.

Multis autem subjunctis quibus comprobat Julianam hanc fuisse Fl. Anicii Olibrii & Placidiæ Augustæ filiam & uxorem Ariobindi, qui magnus ob res præclare gestas alicubi vocatur, cuique in seditione contra Imperatorem Anastasium Dicorum, Imperium fuit oblatum; matrem vero Fl. Anicii Olibrii Junioris, qui Consul fuit sine collega anno æræ Christianæ 491. aliud testimonium petit ex Joannis Curopalatæ Scilitzæ loco, in editis priùs omisso. Deinde adfert Diagrammata quatuor Genealogiæ Imperatoris Valentiniani Magni; primum secundum editionem Chronographiæ S. Nicephori Patriarchæ Const. Scaligerianam; secundum ex editione ejusdem S. Nicephori Chronographiæ Parisina; tertium, secundùm antiquæ Versionis Latinæ Anastasii Bibliothecarii editionem Parisinam; quartum ex antiquo Codice Ms. Bibliothecæ Cæsareæ depromtum. Harum autem Genealogiarum, præsertim vero trium priorum errores & omissiones erudite castigat. Post multas vero ea de re disceptationes, Diagramma Genealogicum ipse adfert qualem nos edimus e regione, atque ita pergit.

» Julianæ igitur Aniciæ, quæ, ut ex Genealogico hoc Diagrammate appa-
» ret, filia fuit Imperatoris Fl. Anicii Olibrii, neptis vero Imperatoris Valen-
» tiniani III. ex filia Placidia, & proneptis Imperatoris Theodosii Junioris;
» hujus, inquam, Julianæ Aniciæ magnanimitatem, prudentiam, philoma-
» thiam, defensionem Concilii Chalcedonensis contra Eutychianos, liberalita-
» tem frumentariam erga pauperes, & extructionem Templi Beatissimæ Dei
» Genitricis, jam memorata pictura repræsentari arbitror; nec dubito, quin
» illius jussu ac liberalitate antiquissimus ille Dioscoridianus Codex descriptus,
» vivisque plantarum figuris exornatus sit; & quidem in usum alicujus Mona-
» sterii, vel Xenodochii, vel Nosocomii, eamque rem per virginem sancti-
» monialem, gratias agendi causa ad pedes ejus prostratam, significari. Quam-
» quam enim Busbekius scribit, Codicem hunc non pluris, quam centum Du-
» catis emtum esse, res ipsa tamen manifestissime demonstrat, si partim qui-
» dem scripturæ ipsi, partim autem ornatui ejus & unicuique imagini plan-
» tarum & animalium, quæ inibi depicta sunt, exiguum dumtaxat pretium
» mercedis loco assignetur, ne quingentorum quidem Ducatorum, sive mille
» Imperialium impensâ, talem Codicem nunc describi & similiter adornari
» posse. Quod si vetustatis insuper debita habeatur ratio, quis negaverit Co-
» dicem istum longe majoris esse pretii? quippe qui jam mille centum sexa-
» ginta-tres annos superat, si ab anno Christi quingentesimo-quinto, in cujus
» actis Theophanes Chronographus Templi Beatissimæ Dei Genitricis, a Ju-
» liana Anicia Constantinopoli exstructi, meminit, continua series temporum
» usque ad præsentem annum 1668. deducatur. Admirari autem hîc satis non
» possum stupendam Dei providentiam, cujus singulari beneficio evenit, ut
» rarissimum hoc & vere Cæsareum antiquissimæ potentissimæque gentis Ani-
» ciæ monumentum, tamquam hæ editario jure in Augustissimæ Domus Hab-
» sburgo-Austriacæ potestatem redierit, & gloriosissimus Imperator Leopoldus

Diagramma Genealogicum Posterorum Imp. *Valentiniani I.* sive *Magni*, inter quos etiam JULIANÆ ANICIÆ, *filiæ Imp. Flavii Anicii Olybrii* fit mentio.

Imp. VALENTINIANUS I. sive *Magnus*, qui cœpit imperare A. Æ. C. 364.

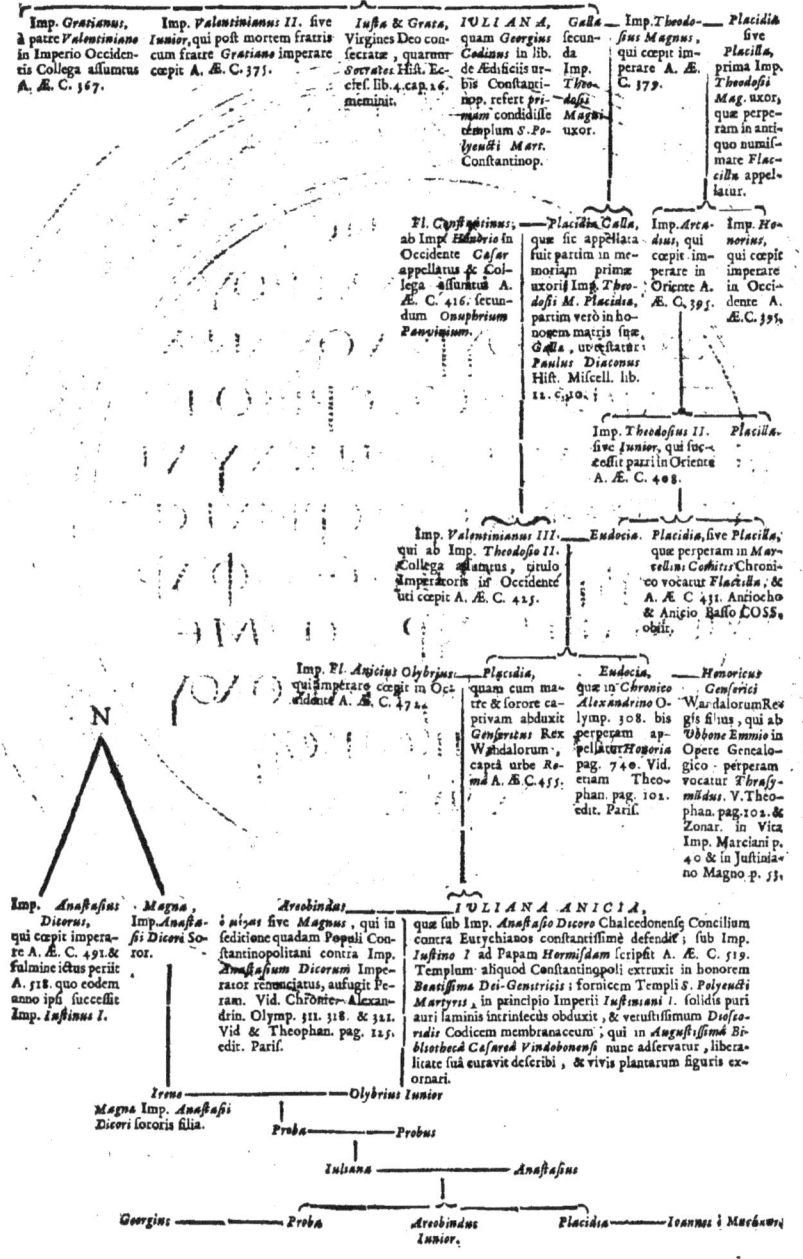

Imp. *Gratianus*, à patre *Valentiniano* in Imperio Occidentis Collega assumtus A. Æ. C. 367.

Imp. *Valentinianus II.* sive *Iunior*, qui post mortem fratris cum fratre *Gratiano* imperare cœpit A. Æ. C. 375.

Iusta & *Grata*, Virgines Deo consecratæ, quarum *Socrates* Hist. Eccles. lib. 4. cap. 26. meminit.

IULIANA, quam *Georgius Codinus* in lib. de Ædificiis urbis Constantinop. refert *primam* condidisse templum *S. Polyeucti Mart.* Constantinop.

Galla secunda Imp. *Theodosii Magni* uxor. — Imp. *Theodosius Magnus*, qui cœpit imperare A. Æ. C. 379. — *Placidia* sive *Placilla*, prima Imp. *Theodosii Mag.* uxor, quæ perperam in antiquo numismate *Flaccilla* appellatur.

Fl. Constantinus, ab Imp. *Honorio* in Occidente *Cæsar* appellatus & Collega assumtus A. Æ. C. 416. secundum *Onuphrium Panvinium*. — *Placidia Galla*, quæ sic appellata fuit partim in memoriam primæ uxoris Imp. *Theodosii M. Placidiæ*, partim verò in honorem matris suæ *Gallæ*, ut testatur *Paulus Diaconus* Hist. Miscell. lib. 12. c. 10.

Imp. *Arcadius*, qui cœpit imperare in Oriente A. Æ. C. 395.

Imp. *Honorius*, qui cœpit imperare in Occidente A. Æ. C. 395.

Imp. *Theodosius II.* sive *Iunior*, qui successit patri in Oriente A. Æ. C. 408.

Placilla.

Imp. *Valentinianus III.* qui ab Imp. *Theodosio II.* Collega assumtus, titulo Imperatoris in Occidente uti cœpit A. Æ. C. 425. — *Eudocia*.

Placidia, sive *Placilla*, quæ perperam in *Marcellini Comitis* Chronico vocatur *Flacilla*, & A. Æ. C. 431. Antiocho & Anicio Basso COSS. obiit.

Imp. *Fl. Anicius Olybrius*, qui imperare cœpit in Occidente A. Æ. C. 472. — *Placidia*, quam cum matre & sorore captivam abduxit *Gensericus* Rex Wandalorum, captâ urbe *Româ* A. Æ. C. 455.

Eudocia, quæ in *Chronico Alexandrino* Olymp. 308. bis perperam appellatur *Honoria* pag. 740. Vid. etiam Theophan. pag. 102. edit. Paris. — *Honoricus Genserici* Wandalorum Regis filius, qui ab *Ubbone Emmio* in Opere Genealogico perperam vocatur *Thrasymundus*. V. Theophan. pag. 102. & Zonar. in Vita Imp. Marciani p. 40 & in Justiniano Magno p. 53.

N

Imp. *Anastasius Dicorus*, qui cœpit imperare A. Æ. C. 491. & fulmine ictus periit A. 518. quo eodem anno ipsi successit Imp. *Iustinus I.*

Magna, Imp. *Anastasii Dicori* Soror.

Areobindus ὁ μέγας sive *Magnus*, qui in seditione quadam Populi Constantinopolitani contra Imp. *Anastasium Dicorum* Imperator renunciatus, aufugit Peram. Vid. Chronic. Alexandrin. Olymp. 311. 318. & 321. Vid & Theophan. pag. 125. edit. Paris. — *IULIANA ANICIA*, quæ sub Imp. *Anastasio Dicoro* Chalcedonense Concilium contra Eutychianos constantissimè defendit; sub Imp. *Iustino I* ad Papam *Hormisdam* scripsit A. Æ. C. 519. Templum aliquod Constantinopoli extruxit in honorem *Beatissimæ Dei-Genitricis*; fornicem Templi *S. Polyeucti Martyris*, in principio Imperii *Iustiniani I.* solidis puri auri laminis intrinsecùs obduxit, & vetustissimum *Dioscoridis* Codicem membranaceum; qui in *Augustissimâ Bibliothecâ Cæsareâ Vindobonensi* nunc adservatur, liberalitate suâ curavit describi, & vivis plantarum figuris exornari.

Irene *Magna* Imp. *Anastasii Dicori* sororis filia. — *Olybrius Iunior*

Proba — *Probus*

Iuliana — *Anastasius*

Georgius — *Proba*

Areobindus Iunior.

Placidia — *Ioannes ὁ Μακρὸς*

✝

ΤΑΔΕΕΝΕ

ϹΤΙΝ ΠΕΔΑΝΙΟΥ

ΔΙΟϹΚΟΥΡΙΔΟΥ ΑΝΑ

ΖΑΡΒΕΩϹ ΠΕΡΙ ΒΟΤΑ

ΝΩΝ ΚΑΙ ΡΙΖΩΝ ϗ ΧΥΛΙ

ϹΜΑΤΩΝ ϗϹ ΠΕΡΜΑΤΩ̄

ϹΥΝ ΦΥΛΛΩΝ ΤΕ ϗ ΦΑΡ

ΜΑΚΩΝ · ΑΡΞΩ ΜΕ

ΘΑ ΤΟΙΝΥΝ ΑΚΟΛΟΥ

ΘΩϹ ΑΠΟ ΤΟΥ

ΑΛΦΑ

coram intueri manuque prehendere possit, quanta majorum suorum, videlicet Aniciorum, potentia fuerit & dignitas, cum illi ante integra undecim sæcula tam in Oriente, quam in Occidente, sacro Imperio Romano præfuerunt.

Quidam Augustissimæ Familiæ Austriacæ genus a vetusta gente Anicia ducunt. Qua de re fuse agit idem Lambecius libro secundo Biblioth. Cæsareæ p. 478. & seqq. Alii id negant, & aliam ejusdem Augustissimæ familiæ originem ducere conantur.

Septimo vetustissimi Codicis Dioscoridiani folio exstat in fundo cæruleo intra coronam lauream inauratam majusculis literis aureis exaratus hic titulus: τάδε ἔνεστιν Πεδανίου Διοσκουρίδου Ἀναζαρβέως περὶ βοτανῶν καὶ ῥιζῶν καὶ χυλισμάτων σὺν φύλλοις τε καὶ φαρμάκοις. ἀρξώμεθα τοίνυν ἀκολούθως ἀπὸ τοῦ Ἄλφα. Hoc est: *Hæc insunt Pedanii Dioscoridis Anazarbensis de herbis & radicibus, & succis & seminibus, cum foliis simul ac medicamentis. Incipiamus ergo consequenter a litera Alpha.* Huc usque ipsa Tituli istius verba. Ubi primo observatu dignum est, Dioscoridem recte & vere ibi appellari Πεδάνιον, sive *Pedanium,* non autem, ut in aliis nonnullis corruptis Codicibus Mss. & in Jani Antonii Saraceni aliisque impressis editionibus perperam & falso legitur, Πεδάκιον, sive *Pedacium.* Initio enim Dioscorides more Græcorum unicum tantum habuit nomen, & simpliciter fuit appellatus Διοσκουρίδης, sive Dioscorides; postquam autem is venit Romam & civitatis Romanæ jus adeptus est, ex eo tempore triplex more Romanorum cœpit habere nomen, nempe prænomen, quod vetustate prorsus jam est obliteratum, nomen gentilitium Pedanius, quod in vetustissimo Codice Ms. Cæsareo, de quo in præsens agitur, salvum & incolume superest, & cognomen, quod antea unicum & simplex illi fuerat nomen, nempe *Dioscorides.* Ab antiqua igitur Romana gente Pedania, cujus apud antiquos autores, & in vetustis numismatibus atque inscriptionibus frequens etiam nunc cernitur mentio, meruit Dioscorides nomine gentilitio appellari *Pedanius*, non autem ut vulgo perperam & absque ulla ratione creditur, *Pedacius.* Idem itaque Dioscoridi respectu incrementi nominis contigit, quod multis aliis claris Scriptoribus Græcis, qui in Romanorum procerum se insinuarunt amicitiam, & per illos civitatis Romanæ jus adepti sunt. Sic enim Archias; sic MUSA, Imp. Augusti Archiater, appellatus est Antonius Musa; sic Diodotus, qui inter rei herbariæ Scriptores a Dioscoride & Plinio memoratur, nominatus est Petronius Diodotus; sic Galenus, patriâ Pergamenus, appellatus est Claudius Galenus; nec dubium est, quin & Antonius Musa, & Petronius Diodotus & Claudius Galenus æque ac Aulus Licinius Archias, præter antiqua sua simplicia nomina, quæ postea in cognomine mutata sunt, & præter nova nomina gentilitia, quæ a Romanis gentibus Antoniâ, Petroniâ & Claudiâ acceperunt, etiam peculiaria sua habuerint prænomina: sed quænam illa fuerint, non minus vetustate obliteratum est, quam quod fuerit prænomen Pedanii Dioscoridis. Notandum secundo est, quod in eodem supra exhibito vetustissimi hujus Codicis Ms. Dioscoridiani titulo expresse indicatur, in recensendis plantis ordinem ibi servatum iri alphabeticum. Hinc enim certò liquet, alphabeticam hanc plantarum descriptionem diversam esse a Dioscoridis libris quinque de materia Medica. Illi enim non tantum non sunt compositi ordine alphabetico, verum etiam ipse Dioscorides in Præfatione libri primi eam de

» materia Medica ſcribendi methodum ſummopere improbat his verbis : ἡμάρτον δὲ καὶ περὶ τὴν τάξιν· οἱ μὲν ἀσυμφύλους δυνάμεις συγκρούσαντες· οἱ δὲ κατὰ στοιχεῖα ἀναγράψαντες, διέζευξαν τὰς ὁμογενείας, τά τε γένη καὶ τὰς ἐνεργείας αὐτῶν, ὡς διὰ τοῦτο ἀσυμμνημόνευτα γίνεσθαι. Hoc eſt, *Porro etiam in ordine peccarunt, dum alii nulla cognatione junctas facultates copularunt, alii ordinem elementorum ſecuti, tum genera, tum eorum vires a ſua cognatione disjunxerunt, ut vel hanc unam ob cauſam difficilius memoriæ mandari poſſint.* Hæc ipſa Dioſcorides. Si ergo is, ut hinc videre eſt, in deſcribenda materia Medica ordinem alphabeticum adeo improbavit, neceſſario ſequitur, alphabeticam illam plantarum deſcriptionem, quæ vetuſtiſſimo illo Codice Mſ. Cæſareo continetur, non ab ipſo Dioſcoride compoſitam, ſed tantum ex quinque ejus de materia Medica libris collectam eſſe. Placuit autem ſupra memoratæ Julianæ Aniciæ, cujus juſſu collectio illa facta eſt, ordo alphabeticus, haud dubie eam præcipue ob cauſam, quia unaquæque planta ſecundum primam ſui nominis literam facilius celeriuſque poteſt reperiri, quam ſi ordine cognationis ſecundum genera & vires quærenda ſit. Maluit igitur illa hac in re Galenum ſequi, quam Dioſcoridem. Quamvis enim Galenus in ſupra citata præfatione libri ſexti *De ſimplicium medicamentorum facultatibus*, indubitanter affirmet, neminem de plantis & reliqua materia Medica accuratius perfectiuſque ſcripſiſſe, quam Dioſcoridem, methodum tamen ſcribendi, qua is uſus eſt, haud æque probat, ſed in recenſendis plantis ordinem potius ſervat alphabeticum, ideinque feciſſe teſtatur Pamphilum illum Grammaticum Alexandrinum, de cujus hiſtoria herbarum ſupra ſatis prolixe actum eſt.

» Octavo ejuſdem vetuſtiſſimi Codicis Mſ. Dioſcoridiani folio, ut & proxime ſequenti nono, continetur Index alphabeticus plantarum, quarum prima eſt ἀείζωον τὸ μέγα ſive *ſempervivum magnum*, ultima autem ὤκιμον ſive *Ocimum*. Poſt indicem hunc repetitur ſupra memoratus Titulus, πάλιν ἔνεστι Πεδανίου Διοσκουρίδου &c. ſed literis tantæ magnitudinis, ut licet paucæ ſint, duas tamen integras paginas occupent. Repetito huic titulo ſubjungitur ipſa Deſcriptio plantarum, ita ut tamquam in Indice, ἀείζωον τὸ μέγα primo, ὤκιμον autem ultimo loco recenſeatur. Uniuſcujuſque plantæ deſcriptioni ſua e regione reſpondet figura artificioſiſſime ad vivum depicta. Contextui Dioſcoridis ubivis fere præfixæ ſunt variæ appellationes ſingularum plantarum; nempe quomodo una atque eadem planta non ſolum a Græcis & Romanis, verum etiam a Perſis, Ægyptiis, Hetruſcis, Hiſpanis, Gallis, Dacis, aliiſque populis vocata ſit. Minime autem dubium eſt, quin appellationes illæ deſcriptæ ſint ex hiſtoria herbarum Pamplili Alexandrini, qui a Galeno in ſupra citato fragmento Præfationis libri ſexti *De ſimplicium medicamentorum facultatibus*, cum alias varias ob cauſas reprehenditur, tum vel in primis ὡς πλῆθος ὀνομάτων ἐφ' ἑκάστῃ βοτάνῃ μάτην παραθεὶς, *tamquam nominum cujuſque herbæ inutilem farraginem exhibens.* Ut igitur multiplices illæ plantarum appellationes, licet Dioſcoridis non ſint, contextui tamen ejus præfixæ ſunt, ſic & eidem multis locis ſunt ſubjuncta æque antiquo majuſculo charactere fragmenta Cratevæ & Galeni; ex quibus quid de iiſdem plantis alter ante Dioſcoridem, alter vero poſt eumdem tradiderit, cognoſcitur. Notandum denique eſt accentus paucis aliquot locis occurrentes, ut & omnia, quæ minuſculis literis Græcis, vel aureis literis Arabicis in eo Codice ſcripta ſunt, diverſarum longe recentiorum manuum additamenta eſſe. Poſt ὤκιμον ſequitur ſeparata quædam quinque foliorum Appendix, qua agitur *de Chamæmelo, Rhamno, Artemiſia, Pentadactylo, Verbenaca, Dictamno, Salvia, Cupreſſo, Centaurio, Buphthalmo, Pæonia, Polio, Moly, Marina Quercu, Chryſanthemo & Eryſimo.* Quemadmodum autem certo conſtat, autorem ejus non eſſe Dioſcoridem, ita æque indubitatum mihi videtur, illam ex ſupra memorata Pamphili Alexandrini hiſtoria herbarum deſumtam eſſe. "

Quod reliquum eſt, præter jam memoratam alphabeticam hiſtoriam plantarum, præcipue quidem & maxima parte ex Dioſcoridis libris quinque de materia Medica, ſecundario autem ex Crateva, Pamphilo & Galeno collectam, continetur etiam eodem vetuſtiſſimo Codice Mſ. antiqua Græca & hactenus inedita *EUTECHNII SOPHISTÆ proſaïca* Paraphraſis in Nicandri Theriaca & Alexipharmaca, ut & in Oppiani Halieutica, ſive Poëma de piſcatione, quod, in quinque libros diviſum, etiam nunc integrum exſtat, & in ejuſdem Ixeutica ſive Poëma de Aucupio, quod vel injuria temporis omnino periit, vel quaſi deperditum alicubi forſan adhuc latitat. Scripta autem eſt quadruplex hæc Paraphraſis, æque ac præcedens alphabetica plantarum hiſtoria, literis majuſculis & ſine accentibus. Inſertæ etiam ſunt animalium cæterarumque rerum, de quibus agitur, elegantiſſimæ icones, quæ vivacitate colorum lucem & ornatum deſcriptioni afferunt. "

Subjungit deinde Lambecius argumentum hujus Paraphraſis, & quædam excerpta indidem. Putatque excidiſſe in fine Codicis, ejuſdem Eutechnii Sophiſtæ hactenus ineditam Græcam Paraphraſin proſaïcam in Oppiani κυνηγητικὰ ſive Poëma de Venatione, quam ipſe in alio Cæſareo Codice repeririſſe ſe teſtificatur: & alia quædam adjicit, quæ nihil intereſt adferre. In fine autem libri ſexti p. 294. additamentum habetur numero quartum, ubi ſerpentum & venenatorum omnium figura, in Codice cum colore cujuſque ſerpentis vel inſecti venenati repræſentata, æri inciſa exhibetur. Eò autem Lectorem mittimus: nam quæ ſupra ex prolixiori Petri Lambecii narratione excerpſimus, ad nobiliſſimi vetuſtiſſimique Codicis notitiam ſufficiunt. Antequam vero claudamus, duo nobis annotanda ſuperſunt, primo Codicem Dioſcoridianum regium, cujus infra ſpecimen notitiamque daturi ſumus, perinde atque Cæſareum, ita habere Πεδανίου Διοσκουρίδου, περὶ ὕλης ἰατρικῆς, *Pedanii Dioſcoridis de materia Medica*; non autem Πεδακίου, *Pedacii Dioſcoridis*, ut in quibuſdam editis mendoſe fertur. Secundò, in marmore Cretenſi Theodori Archiepiſcopi, quod ut ſupra dicebamus anno 541. poſitum fuit; paucis videlicet annis poſt deſcriptum Codicem illum nunc Cæſareum, non modo eamdem characterum formam; excepto A, quod in Codicibus omnibus manuſcriptis unciali charactere exaratis, & in hoc Cæſareo ſic delineatur ⅄, in marmoribus autem pene omnibus atque in hoc Cretenſi ſic, A; ſed etiam abbreviationum notas eaſdem utrobique obſervari; præterquam quod in marmore laudato ſuperne ponuntur hac forma ΑΓΙω pro ἁγιωτάτου; in Cæſareo autem Codice ſic Κ, pro Καί. Et hactenus de Cæſareo Codice Dioſcoridiano.

CAPUT III.

De Dioscoridis Codice Neapolitano, qui par saltem vetustate est cum Cæsareo. Item de Codicibus Regio, Basiliano, & Alexandrino, æqualis circiter ætatis. De Codice Papyreo Turonensi. Alphabeta & specimina horum omnium exemplarium.

ALIUM Neapoli vidimus Dioscoridis Codicem Ms. membranaceum qui Cæsareo jam memorato elegantiâ parum concedit; antiquitate vero ipsi aut parem esse, aut potius anteire crederem: character enim partim quadrus partim rotundus, ad formam inscriptionum veterum propius accedere videtur. Exstat is in Bibliotheca Augustinianorum S. Joannis de Carbonara Neapoli: quæ Bibliotheca olim Jani Parrhasii fuerat, viri docti, & Demetrii Chalcondylæ generis: in multis autem Codicibus ejusdem Jani Parrhasii notæ, ejus manu exaratæ, hinc & inde observantur. Janus vero Parrhasius Bibliothecam suam Antonio Seripando testamento dedit: inde postea ad Augustinianos devoluta est. Olim numerosiorem Bibliothecam, a Batavo quodam emtis Codicibus, magna supellectilis parte mulctatam fuisse accepimus.

Est autem Codex Dioscoridianus, de quo agimus, forma pene quadra, ut Cæsareus, & quantum ex allatis a Lambecio Tabulis æstimare licet, ejusdem prorsus magnitudinis; imo etiam spissitudinis; ita densus nempe, ut non multo minus quingentis foliis complectatur. Codex est initio paucis foliis mutilus: quoniam, ut putamus, cum tabulas & picturas Cæsarianis similes præferret, earum elegantia permoti quidam male feriati homines, ut fieri solet, ipsas absciderunt. Plantæ ibi arboresque eleganter & nativis coloribus depictæ sunt. Literæ, ut diximus, unciales & quadræ sunt: nulli accentus vel spiritus, nec prima nec posteriore manu comparent.

Est ille, quemadmodum & Cæsareus, non qualis a Dioscoride scriptus fuerat per materiæ ordinem, sed ordine alphabetico concinnatus. Nimirum illa ætate Galeni methodus, qui alphabetico ordine plantas descripserat, Dioscoridis instituto, qui reprobato alphabetico ordine, materiæ solum rationem habuerat, anteponebatur. Unde factum est ut Dioscoridis libros, reclamante licet ipso, per ordinem alphabeticum digererent. Initio libri pauca, ut diximus, folia desiderantur, quæ supersunt autem ineunt ab his verbis, Αμβροσία, οἱ δὲ βότρυς, οἱ δὲ βότρυς Αρτεμισία: Id est, *Ambrosia, alii botrys, alii botrys Artemisia dicunt.* Hæc autem in Dioscoridis libro, ut ab ipso digestus fuit, habentur libro 3. cap. 129. sed in Dioscoride per ordinem alphabeticum concinnato in litera A, paulopost initium locantur, ratione vocis Αμβροσία: quæ Αμβροσία planta, secundum ordinem alphabeticum, sexagesima Dioscoridianum plantarum est, per α incipientium. Si vero senas singulis foliis plantas adscripseris, nam tot circiter describuntur, decem circiter folia desiderari comperies; non numeratis iis, quæ ad ornatum initio libri posita fuisse putantur, ut diximus supra. Cæterum plantæ fruticesque in hoc Codice longe minore figurâ depinguntur, quam in Regio Codice Dioscoridiano, cujus specimen infra damus ad nonum sæculum.

Hujus porro nobilissimi Codicis majorem notitiam assequi non potuimus; tum quia ut in Diario Italico diximus p. 307. ægre ad Codices Mss. explorandos admissi sumus; tum quia multi alii ibidem Codices aderant investigandi, nec nisi brevem singulis operam dare potuimus. Alphabetum tamen excerpsimus, qualem in sequenti Tabula vides: & ad specimen sufficere putamus, quia characteres eadem semper forma delineantur. Est autem hoc alphabetum in Tabula numero tertium.

Dioscoridis aliorumque illustrium Medicorum veterum Codices multi, & quidem remotæ vetustatis, exstant in Bibliothecis variis: in nulloque literaturæ genere plures servati sunt.

Ex Codice Regio 1905. alphabetum aliud exsumsimus. Continet autem ille Codex recentiore quidem manu duodecimi circiter sæculi S. Ephræmi opera. Sed alia antiquissima scriptura ibidem habetur, quâ vetustate simul & arte pene obliteratâ, alia longe recentiora superscripta sunt, S. Ephræmi videlicet opera, uti diximus. Illa vero vetustissima scriptura complectitur variorum sacræ Scripturæ librorum, maximeque novi Testamenti folia, sed confusa & plerumque inversa; id curante Librario recentiore, ut pristina illa, si fieri posset, de medio tolleret, & obrueret. Charactere unciali sine accentibus priora illa descripta sunt. Atramentum quod uti jam dictum est, longa temporum serie, plerumque in vetustioribus exemplaribus subrubrum evadit, hic multo vividiore coloris conspicuitate fulget, quam in cæteris vetustis libris, in quos incidimus, qua de re pluribus actum superius est, lib. 1. c. 1. Ad marginem habentur variæ quædam lectiones & notæ liturgicæ de Evangeliis per annum recitandis. In iis notavi Evangelium pro 29. Junii in Festo SS. Petri & Pauli ac Encæniorum, perinde atque in Colbertino Codice num. 700. Marginales item notæ unciali quidem charactere descriptæ sunt sine accentibus; sed manu ut videtur recentiore ac longe inelegantiore. Ibi multæ literarum commutationes, (in margine scilicet,) τὸ κ in ν, τὸ υ in κ, & similes, quæ in alia vetustiore scriptura non observantur ibidem. Hujus autem antiquioris scripturæ alphabetum habes in Tabula: ubi quædam literæ, quæ in diversis hujus manuscripti locis tantillum variant, secundum omnes, quas observavimus, varietates delineantur. Hujus Codicis aliquod specimen non ita pridem datum fuit.

Sequitur ibidem alphabetum ex Codice vetustissimo RR. PP. S. Basilii Romæ, ubi unciali charactere quadro in quibusdam literis, rotundo in aliis, secundùm antiquiorem formam descriptæ sunt Epistolæ S. Pauli. Verum postea cum prior illa scriptura vetustate pene deleta multis in locis esset, superscripta sunt opera S. Gregorii Nazianzeni longe recentiore manu. In hoc autem Basiliano Codice vetus illa scriptura duplex esse deprehenditur, unciali utraque charactere sine accentibus & spiritibus; altera charactere vulgaris magnitudinis, qualem vides in alphabeto; hæc vero maximam foliorum partem occupat; altera scriptura quadrupliciter saltem majoribus literis, sed ejusdem formæ. Utrique autem superscripta sunt S. Greg. Nazianzeni opera.

His subjicimus specimen Psalterii Alexandrini, nunc Anglicani, ut a Briano Waltono in Prolegomenis datum est. In his autem speciminibus etsi idem pene character observetur: aliqua tamen quibusdam in literis discrimina comparent, quæ licet exigua, non negligenda tamen, ut existimamus.

Alphabetum Cod. Regii.

ΑΒΓΔΕΖΗΘΙΚΛΜΝΞΟΠΡϹΤΥΦΧΨΩ

Ε Ξ Τ Χ

ΦΧ

Alphab. Cod. Basiliani.

ΑΒΓΔΕΖΗΘΙΚΛΜΝΞΟΠΡϹΤΥΦΧΨΩ

Alphab. Dioscoridis Neap.

ΑΒΓΔΕΖΗΘΙΚΛΜΝΞΟΠΡϹΤΥΦΧΨΩ

Ex Cod. Alexandrino.

ΜΑΚΑΡΙΟϹΑΝΗΡΟϹΟΥΚΕΠΟΡΕΥΘΗΕΝ
ΒΟΥΛΗΑϹΕΒΩΝΚΑΙΕΝΟΔΩΑΜΑΡΤΩ
ΛΩΝΟΥΚΕϹΤΗΚΑΙΕΠΙΚΑΘΕΔΡΑΛΟΙΜΩΝ
ΟΥΚΕΚΑΘΙϹΕΝ

Alphab Cod. Papyracei Turon.

ΑΒΓΔΕΖΗΘΙΚΛΜΝΟΠΡϹΤΥ
ΦΧΨΩ

Fragmenta ex eodem.

ΤΕΚΑΚΟΝ ΡΑ
ΔΙΟΤΙΕΜΜΕΒΑΗΜΜ
ΙΟΙΚΩΤΗϹΦΥΛΙΚΗϹ·
ΤΟϹΠΕΡΜΑΤΟΕΚΛΕΚΤΟ·
ΩΠΑΝΑ
ΤΙΖΗΤΕΙϹΒΟΓ ΕΙΠ
ΠΑΡΑΘΜ Π
ΘΝΕΓΜ ΘΥ.
ΑΝΘΡ ΑΛΛΟΤΡΙΟϹ·
ΤΟΝΧΡΟΝΟΝΑ ΗϹϹΗϹΨΥΧΗϹ·
ΤΑΤΗϹΔΕΙΝΗϹΜ ΜΟΥΧΠΗΛΘΟ·
ΟΙϹ
ΑΡΑΤΟΥΒΑϹΙΛΕΩϹ·
ΚΑΘΟΝΤΡΟΠΟΝΓΕΓΟΝΕ·

NARRATIO DE PISCINA PROBATICA

Ut est in vetustissimo Codice Regio 1905.

ΚΥ ΕΚΙΝ ΛΗ ΜΕΤΑΤΑΥΤΑΗΝΗΕΟΡΤΗΤΩΝΙΟΥΔΑΙΩΝ·ΚΑΙΑΝΕ
ΒΗΟΙϹΕΙϹΙΕΡΟϹΟΛΥΜΑ·
ΑΓΓΕΛΟϹ ΓΑΡ ΕϹΤΙΝΔΕΕΝΤΟΙϹΙΕΡΟϹΟΛΥΜΟΙϹΕΠΙΤΗΠΡΟΒΑΤΙΚΗ
ΚΑΤΑΚΡΟΝ ΚΑ ΚΟΛΥΜΒΗΘΡΑ·ΗΕΠΙΛΕΓΟΜΕΝΗΕΒΡΑΙϹΤΙΒΗΘΕϹΔΑΠ
ΤΕΒΕΝΕΝ ΕΝΤΙ ΤΕϹΤΟΑϹΕΧΟΥϹΑ·ΕΝΤΑΥΤΑΙϹΚΑΤΕΚΕΙΤΟΠΛΗΘΟϹ
ΚΟΛΥΜΒΗΘΡΑ ΤΩΝΑϹΘΕΝΟΥΝΤΩΝ·ΤΥΦΛΩΝ·ΧΩΛΩΝ·ΞΗΡΩΝ· ΕΚΔΕΧΟΜ
Κ ΕΤΑΡΑϹΕ ΤΟ ΗΝΔΕΤΙϹΑΝΟϹΕΚΕΙΤΡΙΑΚΟΝΤΑΚΑΙΟΚΤΩΕΤΗΕΧΩΝ ΝΟΝΤΗΝ
ΤΩ ΥΔΩΡ· ΕΝΤΗΑϹΘΕΝΕΙΑΑΥΤΟΥ ΤΥΔΑΤΟϹ
ΟΟΥΝΠΡΩΤΟϹΕΜ ΤΟΥΤΟΝΙΔΩΝΟΙϹΚΑΤΑΚΕΙΜΕΝΟΝΚΑΙΓΝΟΥϹΟΤΙ ΚΙΝΙϹΙΝ
ΒΑϹΜΕΤΑΤΗΝ ΗΚΤΕ
ΤΑΡΑΧΗΝ ΤΟΥ ΚΤ·
ΥΔΑΤΟϹ ΥΓΙ
ΗϹΕΓΙΝΕΤΩ
ΨΔΗΠΟΤΕΚΑ
ΤΗΧΕΤΩ ΝΟϹΗ
ΜΑΤΙ·

Hæc excipit exemplum Codicis Turonensis, cujus alphabetum quatuor ab hinc annis delineavi, cum istac iter haberem. Deinde vero, ut accuratior ejus mihi notitia accederet, D. Leonem le Chevalier sodalem nostrum, in Monasterio S. Juliani Turonensis Subpriorem, rogavi, ejus mihi Codicis reliquias ad normam & examussim exscriptas transmitteret. Ille rogatui obsequutus hæc retulit. In veteri S. Martini Turonensis Bibliotheca, exstare pertenues reliquias Codicis Græci in papyro Ægyptiaca descripti, libro quodam Latino Commentariorum in Job ad compacturam agglutinatas. Istæc vero paucissima, quæ supersunt, sus deque posita esse, & ut fors tulit distracta: literasque ut plurimum situ & mucore deletas. Sed ejusdem D. Leonis le Chevalier Epistolæ partem Latine versam hic adtexere juvat.

Quam desiderabas reliquiarum veteris Græci Codicis Turonensis pagellam, accuratissime pro characteris forma delineatam tibi, vir honoratissime, transmitto. Hæ vero pretiosæ reliquiæ ad compacturam veteris Codicis Commentariorum in Job agglutinatæ sunt. Nihil uspiam in manuscriptis Codicibus adeo lacerum visum est; ne linea quidem integra occurrit; sed verba, syllabæ, literæ, aliquando mutilæ, hinc & inde sparsim positæ sunt. Nobilia fragmenta inter membranas varias conglutinatæ erant. Operimenti vetustas & intercidens aqua pluvia membranas detexit, & papyrei Codicis Græci fragmenta aperuit. Hæ porro laceræ papyrei Codicis partes vario situ sunt; modo rectæ, modo inversæ, aliquando e latere positæ. Omnia accurate quantum potui ad Codicis fidem, norma & circino adhibitis, imitatus sum: linearum distantiam, literarum altitudinem, latitudinem, ductuum formam & spissitudinem, tanta accuratione sectatus sum, ut non plus discriminis inter literas apographi & autographi intersit, quam inter easdem literas in autographo repetitas habeatur. Omnia pene misi, quæ supererant: in reliquis ne decem quidem integra verba reperiantur.

Tam lacera scriptura, cujus operis pars sit divinari nequit; fuisse tamen cujusdam S. Patris orationem vel homiliam ex hisce dictis, quæ vix expiscari potuimus, comprobatur, διότι ἐμβέβλημαι ἐν οἴκῳ τῆς φυλακῆς, *quia injectus sum in domum carceris.* Moxque, τὸ σπέρμα τὸ ἐκλεκτόν, *semen electum.* Deinde ἄρα τοῦ βασιλέως, & postea, καθ' ὃν τρόπον γέγονεν. Reliqua ἀποσπασμάτια nihil interest referre. Nusquam alias vidimus Codicis Græci in papyro descripti reliquias: quæ supersunt in æs incidi curavimus. Omnes alphabeti literæ ibi reperiuntur: hic accentus & spiritus nulli sunt. Sed literæ tantillum declinant a priscis formis: unde fortasse arguatur, hunc præmissis Codicibus recentiorem esse; scriptumque septimo circiter sæculo, quo accentus & spiritus annotari cœptum est. Nam ubi primum consuetudo illa accentus ac spiritus annotandi invecta fuit, non statim ab omnibus usurpata fuisse creditur, ut fere fit in rebus hujusmodi; sed paulatim invaluisse putatur. Quamobrem etsi Codices illi charactere unciali, qui accentibus ac spiritibus carent, aliis antiquiores habeantur; possunt tamen inter notatos accentibus occurrere licet raro, qui accentibus non notatos ætate præcedant. Id vero ex characteris forma probabiliter internosci potest.

ΔΙΑΤΗΝΑΣΘΕΝΙΑΝ	PROPTERINFIRMITATEM
ΤΗΣΣΑΡΚΟΣΥΜΩΝ	CARNISUESTRAE
ΩΣΠΕΡΓΑΡΠΑΡΕΣΤΗΣΑΤΕ	SICUTENIMEXHIBUISTIS
ΤΑΜΕΛΗΥΜΩΝ	MEMBRAUESTRA
ΔΟΥΛΑΤΗΑΚΑΘΑΡΣΙΑ	SERUIREIMMUNDITIAE
ΚΑΙΤΗΑΝΟΜΙΑΕΙΣΤΗΝΑΝΟΜΙΑΝ	ETINIQUITATIADINIQUITATEM
ΟΥΤΩΝΥΝΠΑΡΑΣΤΗΣΑΤΕ	ITANUNCEXHIBETE
ΤΑΜΕΛΗΥΜΩΝ	MEMBRAUESTRA
ΔΟΥΛΑΤΗΔΙΚΑΙΟΣΥΝΗ	SERUIREIUSTITIAE
ΕΙΣΑΓΙΑΣΜΟΝ	INSANCTIFICATIONEM
ΟΤΕΓΑΡΔΟΥΛΟΙΗΤΕΤΗΣΑΜΑΡΤΙΑΣ	CUMENIMSERUIESSETISPECCATI
ΕΛΕΥΘΕΡΟΙΗΤΕΤΗΔΙΚΑΙΟΣΥΝΗ	LIBERIERATISIUSTITIAE
ΤΙΝΑΟΥΝΚΑΡΠΟΝΕΙΧΕΤΕΤΟΤΕ	QUEMERGOFRUCTUMHABUISTISTUNC
ΕΦΟΙΣΝΥΝΕΝΕΣΧΥΝΕΣΘΑΙ	INQUIBUSNUNCERUBESCITIS
Τ ΟΜΕΝΓΑΡΤΕΛΟΣΕΚΕΙΝΩΝ	NAMFINISILLORUM
ΘΑΝΑΤΟΣ	MORSEST
ΝΥΝΕΙΔΕΕΛΕΥΘΕΡΩΘΕΝΤΕΣ	NUNCUEROLIBERATI
ΑΠΟΤΗΣΑΜΑΡΤΙΑΣ	APECCATO
ΔΟΥΛΩΘΕΝΤΕΣΔΕΤΩΘΩ	SERUIAUTEMFACTIDEI
ΕΧΕΤΕΤΟΝΚΑΡΠΟΝΥΜΩΝ	HABENTESFRUCTUMUESTRUM
ΕΙΣΑΓΙΑΣΜΟΝ	INSANCTIFICATIONEM

CAPUT IV.

Specimina Codicum Græcorum septimi circiter sæculi, qui apud Latinos scripti sunt; nimirum Regii, Sangermanensis & Murbacensis. Alphabetum Græco-Latinum ex Codice Lactantii Bononiensi, ejusdem circiter ævi.

SEQUITUR exemplum ex Codice Regio num. 2245. Epistolas S. Pauli complectente, qui tenuissimis elegantissimisque membranis constat. Scriptusque fuit septimo circiter sæculo, ut ex characterum tam Græcorum, quam Latinorum, forma arguitur: nam Latina versio in altera semper pagina jacet. Character omnino quadrus vel rotundus est secundum cujusque literæ figuram, uti superius diximus. Character Græcus nullam olet peregrinitatem, sed a perita manu exaratus est, Græcis ante memoratis in omnibus pene similis. Scriptus est autem per κῶλα & κόμματα; ita ut ad singulas vel minimas distinctiones, a linea resumatur. Accentus & spiritus annotantur; sed ii secunda manu ut videtur, nec diu, ut creditur, post descriptum Codicem adjecti sunt. In quo autem tam in Græcis, quam in Latinis, differat a Vulgatis editionibus, non est præsentis instituti referre. Quæ in specimine habentur, sic vulgaribus typis exprimuntur, servando etiam modum prædictæ scriptionis per κῶλα & κόμματα; id est a linea ducendo non modo κῶλα, quæ sunt membra periodi majora; sed etiam κόμματα, sive sectiones periodi perquam minimas.

Ex Epistola ad Romanos cap. 6. a versu 19. ad 22.

Διὰ τὴν ἀσθενίαν (sic)	Propter infirmitatem
τῆς σαρκὸς ὑμῶν.	carnis vestræ.
ὥσπερ γὰρ παρεστήσατε	Sicut enim exhibuistis
τὰ μέλη ὑμῶν	membra vestra
δοῦλα τῇ ἀκαθαρσίᾳ	servire immunditiæ
καὶ τῇ ἀνομίᾳ εἰς τὴν ἀνομίαν·	& iniquitati ad iniquitatem;
οὕτω νῦν παραστήσατε	ita nunc exhibete
τὰ μέλη ὑμῶν	membra vestra
δοῦλα τῇ δικαιοσύνῃ	servire justitiæ
εἰς ἁγιασμόν.	in sanctificationem.
ὅτε γὰρ δοῦλοι ἦτε τῆς ἁμαρτίας,	Cum enim servi essetis peccati,
ἐλεύθεροι ἦτε τῇ δικαιοσύνῃ·	liberi eratis justitiæ:
Τίνα οὖν καρπὸν εἴχετε τότε,	quem ergo fructum habuistis tunc
ἐφ' οἷς νῦν ἐπεσχύνεσθαι; (sic)	in quibus nunc erubescitis?
τὸ μὲν γὰρ τέλος ἐκείνων	nam finis illorum
θάνατος.	mors est.
νυνὶ δὲ ἐλευθερωθέντες.	Nunc vero liberati
ἀπὸ τῆς ἁμαρτίας,	a peccato
δουλωθέντες δὲ τῷ θεῷ,	servi autem facti Dei,
ἔχετε τὸν καρπὸν ὑμῶν	habentes fructum vestrum
εἰς ἁγιασμόν.	in sanctificationem.

Duo primi verſiculi ad præcedentem periodum, quæ hic non exhibetur, pertinent. Sequens periodus octo verſiculis ſive ſectionibus, aut κόμμασι, terminatur in hæc verba, εἰς ἁγιασμόν. In ea duo κῶλα ſive membra ſunt, quorum utrumque quatuor verſiculos complectitur. Altera periodus, quæ init ab his verbis, ὅτε γὰρ δοῦλοι, & deſinit in θάνατος, ſex verſiculis abſolvitur, & tria κῶλα habet: ſingula vero κῶλα duabus ſectionibus diſtinguuntur. Tertia periodus, ſex item verſiculos continet: quorum poſtremus non eſt in exemplo. Tres primi ad prius κῶλον, tres poſtremi ad poſterius ſpectant. Sicque per totum librum κῶλα, κόμματα & periodi diſtinguuntur interpunctionis loco. Qua de re vide Lib. I. cap. 4.

Hunc excipit Codex noſter Sangermanenſis Epiſtolarum S. Pauli, multo majori mole, & denſiore minuſque polita membrana, cujus ſingulæ paginæ duplici columna conſtant, quarum prior Græcum fontem, altera Latinam verſionem continet. Literæ ejuſdem pene formæ ſunt ac in Regio, exceptis literis pauculis, quæ tantiſper variant. Regium tamen aliquantum noſtro vetuſtiorem conjectamus eſſe, tum quia ille accentus primo non habuit, ſed ii aliena & poſteriore manu adſcripti ſunt; noſter autem accentus prima manu delineatos habet; tum quia forma literarum in Regio a priſca illa, qualis obſervatur in marmoribus, quæ primis imperii Romani ſæculis poſita ſunt, minus deflectit. Attamen non multum ætate diſpares eſſe ſuadent formæ Latinæ, quæ peritis omnibus ſeptimum circiter ſæculum referunt. Hoc circiter tempus, quo deſcriptus eſt liber Sangermanenſis, accentus & ſpiritus adſcribi cœperunt. Hinc fit ut ii, qui poſterioris ævi ſunt, in quos incidimus, accentus habeant, & qui accentus non habent, Codice noſtro ut plurimum vetuſtiores eſſe putentur; ut plurimum dico, quia cum primum uſus deſcribendi accentus & ſpiritus advectus eſt, non ſtatim & ubique ab omnibus hic mos receptus fuiſſe putatur: ſed paulum ſaltem ſpatii interceſſiſſe videtur, ut hæc conſuetudo ubique locorum obtineret.

Accentus & ſpiritus, ut diximus, prima manu ſcripti ſunt; ſed non tam accurate: nam multis in locis, & nonnumquam in tota linea, deſiderantur. Scriptus item eſt ut Regius per κῶλα & κόμματα, ut vides in ſpecimine. Ambo autem Codices lectiones varias & notatu digniſſimas præferunt, quas recenſere magni otii eſſet.

Quæ in Tabula ſunt ſic vulgari charactere ſcribuntur. Ex Epiſt. ad Rom. cap. I. a verſu 8. ad 12.

ὅτι ἡ πίστις ὑμῶν καταγγέλλεται	Quia fides veſtra annuntiatur
ἐν ὅλῳ τῷ κόσμῳ.	in univerſo mundo.
μάρτης (ſic) γάρ μου ἐστὶν ὁ θεὸς	Teſtis enim mihi eſt Deus,
ᾧ λατρεύω ἐν τῷ πνεύματί μου	cui ſervio in ſpiritu meo
ἐν τῷ εὐαγγελίῳ	in Evangelio
τοῦ υἱοῦ αὐτοῦ	Filii ejus,
ὡς ἀδιαλίπτως (ſic)	quod ſine intermiſſione
μνείαν ὑμῶν ποιοῦμαι	memoriam veſtri facio
πάντοτε	ſemper
ἐπὶ τῶν προσευχῶν μου,	in orationibus meis,
δεόμενος	obſecrans
εἴπως ἤδη ποτὲ	ſi quo modo tandem aliquando
εὐοδωθήσομαι	proſperum iter habeam

ΟΤΙ Η ΠΙϹΤΙϹ ΥΜΩΝ ΚΑΤΑΓΓΕΛΛΕ ΤΑΙ	QUIA FIDES URĀ ADNUNTIAT̄
ΕΝ ΟΛΩ ΤΩ ΚΟϹΜΩ·	IN UNIUERSO MUNDO
ΜΑΡΤΥϹ ΓΑΡ ΜΟΥ ΕϹΤΙΝ Ο ΘϹ	TESTIS ENĪ MIHI E DS
Ω ΛΑΤΡΕΥΩ ΕΝ ΤΩ ΠΝΙ ΜΟΥ	CUI SERUIO IN SPŪ MEO
ΕΝ ΤΩ ΕΥΑΓΓΕΛΙΩ	IN EUANGELIO
ΤΟΥ ΥΙΟΥ ΑΥΤΟΥ	FILII EIUS
ΩϹ ΑΔΙΑΛΕΙΠΤΩϹ	QUOD SINE INTMISSIONE
ΜΝΕΙΑΝ ΥΜΩΝ ΠΟΙΟΥΜΑΙ	MEMORIĀ URI FACIO
ΠΑΝΤΟΤΕ	SEMPER
ΕΠΙ ΤΩΝ ΠΡΟϹΕΥΧΩΝ ΜΟΥ	IN ORATIONIB· MEIS
ΔΕΟΜΕΝΟϹ	OBSECRANS
ΕΙ ΠΩϹ ΗΔΗ ΠΟΤΕ	SI QUOMODO TANDE ALIQNDO
ΕΥΟΔΩΘΗϹΟΜΑΙ	PROSPERŪ ITER HABEĀ
ΕΝ ΤΩ ΘΕΛΗΜΑΤΙ ΤΟΥ ΘΥ	IN UOLUNTATE DI
ΕΛΘΕΙΝ ΠΡΟϹ ΥΜΑϹ	UENIENDI AD UOS·
ΕΠΙΠΟΘΩ ΓΑΡ ΙΔΕΙΝ ΥΜΑϹ	DESIDERO ENĪ UIDERE UOS
ΙΝΑ ΤΙ ΜΕΤΑΔΩ ΧΑΡΙϹΜΑ ΥΜΙΝ	UT ALIQUID IMPTIAR GRATIE UOB
ΠΝΕΥΜΑΤΙΚΟΝ·	SPIRITALIS
ΕΙϹ ΤΟ ϹΤΗΡΙΧΘΗΝΑΙ ΥΜΑϹ	AD CONFIRMANDOS UOS
ΤΟΥΤΟ ΔΕ ΕϹΤΙΝ ϹΥΝ	ID EST SIMUL
ΠΑΡΑΚΛΗΘΗΝΑΙ ΕΝ ΥΜΙΝ	CONSOLARI IN UOBIS

Β Ζ Φ Ψ

ἐν τῷ θελήματι τοῦ θεοῦ	in voluntate Dei
ἐλθεῖν πρὸς ὑμᾶς.	veniendi ad vos.
ἐπιποθῶ γὰρ ἰδεῖν ὑμᾶς,	Deſidero enim videre vos,
ἵνα τι μεταδῶ χάρισμα ὑμῖν	ut aliquid impertiar gratiæ vobis
πνευματικόν·	ſpiritalis,
εἰς τὸ στηριχθῆναι ὑμᾶς·	ad confirmandos vos;
τοῦτο δέ ἐστιν συν-	id eſt, ſimul
παρακληθῆναι ἐν ὑμῖν.	conſolari in vobis.

Duo primi verſiculi ſunt præcedentis periodi, quæ in Codice mſ. a priore pagina initur, & in ſecunda terminatur. Sequens periodus, quæ incipit ab his verbis, μάρτυς γάρ μου, deſinit in hæc, ἐλθεῖν πρὸς ὑμᾶς, tredecim ſectiones, & tria κῶλα ſive membra complectitur. Altera vero periodus, quæ init ab his verbis, ἐπιποθῶ γὰρ ἰδεῖν ὑμᾶς, octo verſiculos habet, quorum duo poſtremi in exemplo deſiderantur. Ubi advertas in Epiſtolis Pauli, ubi ratiocinio plerumque proceditur, longe prolixiores periodos duci, multoque pluribus ſingulas ſectionibus dividi, quam in aliquot aliis ſcripturæ libris, v. g. in Pſalmis, ut infra videre eſt in aliis στιχομετρίας ſpeciminibus. Annotandum item eſt, Librarios non accurate ſemper interſecare periodos; ſed plerumque ea, quæ diſtinguenda erant, conjungere, quæ conjungenda, dividere & a linea ducere.

Regio & Sangermanenſi ſpeciminibus aliud ſubjungimus ex Pſalterio Murbacenſi, quod ſeptimo circiter ſæculo Latina manu & charactere unciali conſcriptum eſt. Hujus alphabetum dumtaxat cum quibuſdam præliminaribus accepimus a viro docto D. Auguſtino Calmet, e Congregatione S. Vitoni Monacho Benedictino. Hæc porro in præliminaribus continentur: Carmen Græculum imperiti hominis, quales erant illo ævo Latini, qui Græcæ linguæ operam darent; Carmen item alphabeticum, ubi verſus a nominibus literarum Hebraïcarum ineunt: ibi videas qua ratione iſthac ætate Hebraica illa nomina legerent; deinde catalogus literarum Græcarum cum alphabeto, ea characterum forma, qua liber deſcriptus eſt. Carmen primum ſic habet.

Ὑψηλὸς κύριος, δυνατός, φιλόστοργος, ἄμωμος
Δός μοι τὴν σύνεσιν, καὶ μοῦ τὸ στόμα πλήρωσον
Πνεύματος ὁσίου, βασιλεῦ χεῖρε λυτρωτά,
Αὐτοκράτωρ, θέλημα ἅγιον ἔκχεον εἰς ἡμᾶς.
Ὅπως ἂν μάθω ἀληθῶς σου ῥήματα λαλεῖν.
Κατάρτισον θεὲ μελέτην μου, καὶ καθάρισον.
Ἰδοὺ πτωχός, *αἰδήμων, ἀμαθής, ἀμνήμων, ἄχρηστος.
Ἀλλὰ κατεύθυνον ἡμῶν καρδίαν ἄνωθεν.
Πρὸς σὲ κράζω πένης, σῶσον με καὶ ἄκουσον.
Αἰνῶ θεὸν ὑπεύθυνος σώζοντα λειτουργός,
Σοὶ ἀγαθῷ πίστιν ἀεὶ καὶ πράγματα πάντα
Παντοκράτορ, σωτηρία, θεοῦ χείρ, δόξα, σοφία·
Σὺ ἄλλους πάντας διὰ παντὸς διατηρήσεις.

* Cod. ἰεδυμον, ἀμαθὶς, ἄχειρος.

Hæc Latini imperitique hominis ſunt, qui nec breves nec longas curaret, ſenſus hic eſt:

Excelſus Dominus, potens, benignus, inculpatus,
Da mihi intelligentiam, oſque meum reple

Spiritu sancto, Rex Christe Redemtor,
Imperator, voluntatem sanctam infunde in nos;
Ut discam verba tua sine lapsu proloqui.
Perfice Deus meditationem meam, & me emunda.
Ecce pauper sum, inscius, indoctus, ingratus, inutilis:
Verùm dirige cor meum superne.
Ad te clamo pauper, salvum me fac & audi me.
Laudo Deum reus, servatorem minister.
Tibi addico fidem semper, operaque omnia
Omnipotens, salus, Dei manus, gloria, sapientia:
Tu alios omnes semper conservabis.

Sequens vero carmen de literis Hebraïcis, haud multo melioris notæ est, nec tamen inutile Hebraïzantibus, ut sciatur quo pacto tum legerentur literarum nomina. Hoc ipsum carmen non in hoc tantum, sed etiam in altero Codice Murbacensi exstat.

Προθεωρία καὶ ἔκθεσις γραμμάτων Ἑβραϊκῶν.

Hoc est:

Conspectus & expositio literarum Hebraïcarum.

Adam primus homo doctrinam commovet ALEPH.
BETH *domus* exprimitur signans *σκήνωμα* piorum.
GEMEL sermonum retinet *πλήρωμα* datorum.
DELETH sumptus aqua tabularum *ὑπόδειγμα* restaurat.
HE quod *γράμμα* sonat Ῥωμαϊστὶ dicitur, *ista*.
VAU *κεφαλὴ* constat Macchabæi Codicis, *ecce &*.
ZAI dupliciter vocitatur, & *hæc*, & *oliva*.
HETH * *vitam*, *θάνατον* victorum prædicat, in qua. * חית
TETH * bonum opus merito muneratio larga sequetur. * טוב
JOTH bene principium est, bis quino * *ῥήματι* lex est. *Cod. ῥή-
KAPH *τε χεὶρ* decimam, post litera prima caraxat. ματι.
LAMED, amen disciplinam recitare videtur,
MEM sonat ex ipsis mandatis scilicet almis.
NUN plane æternum vero *προστάγματι* lampat.
SAMETH enim auxilium nostro sermone vocatur.
AIN *ὀφθαλμὸς πηγὴ* &, Judæus sermo recludit.
FE felix fulget doctorum *στόμα*, quod est, *os*.
SADE * justificatorum *δικαίωμα* relucet. * צדק
KOPH * electorum est sincera vocatio dicta. * קרא
RES *κεφαλὴ*, *caput*, en sunt hæ tres ordine linguæ.
SEN *dentes* replicat, quod Græcus dicit *ὀδόντες*.
TAU signum *σταυρὸν*, vel consummatio fertur.
Hæc elementa bis undeno conscripta tenore
Si fuerint, sociata velut pia possit amussis,
Ordine proficuo septenum stemma relucet:
Quod capiti Christo cunctorum convenit, atque
Ecclesiæ natis, quos sanguis purgat amoris.
Ante creaturam noti. . . . simplicis agni
Hos nunc versiculos annorum dedicat ordo,
Quo baptizari voluit sine *πλέγματι* Christus.

τετέλεςαι ἔργον ἐγλεφπῖον.

Duo postrema carmina significant tot hic adesse versus, quot annos Christus vixit ante baptismum.

Postea sequitur eodem modo alphabetum Græcum, posita in margine literarum serie, qua forma in toto Psalterio usurpatur; sed media fere sui parte mutilum est.

Κατάλογος γραμμάτων Ἑλλήνων.
Catalogus literarum Græcarum.

Quatuor his nunc versiculis perpende Magister
Tres in Personis unum in Deitate potentem.
Α ALPHA Patrem signat, quod caput esse videtur.
Β BETA Patris genitum æterna ratione figurat.
Γ GAMMA simul certe depingit πνεῦμα beatum.
Δ DELTA trium Personarum communicat agmen.
Ε Eleemon mundi custos miseratur & orbis.
Ζ Ζωὴ anthropis justis concesserat almam.
Η HTA quidem vitas socias tres jungit & aptat.
Θ ΘETA gerit signum mœstis, quo vita triumphat.
Ι IOTA judex Christe legis, qui conditor extat.
Κ KAPPA bis denos sibi vendicat arte Pelasga.
Λ pecudem summis gestare probatur.
Μ MY cosmo horrendum cataclysmum fudit avito.
Ν NY summam annorum Jubilæi format amati.
Ξ XI gradum viduæ moderatur ritu creandum.
Ο Οὐρανὸς cæli determinat orbe figuram.
. . . .
. . . .

Reliqui versus desiderantur.

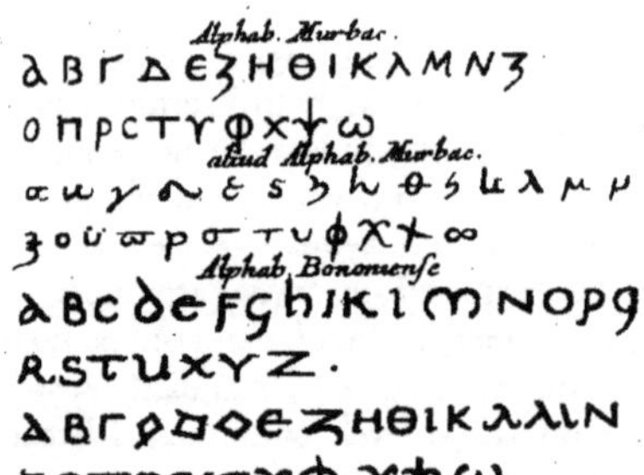

Forma vero characteris in Psalterio Murbacensi, paulum deflectit a characteribus Codicum Regii & Sangermanensis; sive quia recentior aliis est, sive quia diversæ manus ac regionis: qua de re tutius loqui liceret, si Codicem ipsum vidissemus. In alphabeto primo Murbacensi Z & Ξ eodem pene modo scribuntur: reliqua nihil singularitatis habent.

Eodem in Codice recentiore Latina manu legitur alphabetum Græcum, ut in Tabula repræsentatur; ubi ϛ sexto loco in serie literarum jacet, more veterum, ut diximus Libro secundo. Pro Iota ῳ describitur, quia jam harumce literarum permutatio frequentissima erat; secus vero in priore alphabeto ubi η semper e Latine legitur. In recentiore alphabeto υ post ο locatur, quia cum illa vocali frequenter conjunctum, diphthongum ου efficit: deinde iterum loco suo post T reponitur.

His subjicimus alphabetum Græcum & Latinum excerptum ex Codice Msi vetustissimo Bibliothecæ Canonicorum Regularium S. Salvatoris Bononiensis, septimi circiter sæculi, ut ex Latino charactere liquidum est. Literæ Græcæ, utpote a Latino & peregrino Librario exaratæ, peregrinum olent; maxime in tribus formis τ ϑ Δ: quibus non absimiles in aliquot exemplaribus Latina item manu exaratis deprehendimus. Codicis hujus meminit Leo Allatius animadversione in Antiquitatum Hetruscarum fragmenta p. 51. & 52.

CAPUT V.

De Codicibus Græcis Græca manu scriptis septimi & octavi sæculi, Alphabetum Codicis Græci purpurei Neapolitani cum accentibus scripti. Exemplum ex Codice RR. PP. Jesuitarum octavi circiter sæculi. Aliud Codicis Colbertini æqualis plus minus ætatis.

ETSI, ut Libro primo narrabamus, accentus & spiritus apud Græcos semper in vocali lectione & pronuntiatione observati fuerint; accentuum tamen & spirituum formæ duobus circiter tantùm ante Romanum Imperium sæculis invectæ sunt; & ad regulas quaspiam deductæ; idque statim in unis Grammaticorum libris; qui videlicet, vel de regulis Grammaticæ agerent, vel ad instituendam juventutem exarati essent, usurpatum fuisse videtur: neque enim in libris vetustioribus, quorum catalogum supra texuimus, accentuum & spirituum ulla ratio comparet: & si qui in nonnullis hujusmodi Codicibus habeantur, ii secunda manu adscripti sunt, ut de Codice Cæsareo Dioscoridiano supra dictum est. Consuetudinem vero describendi accentus & spiritus in septimum circiter a Christo nato sæculum conferri posse videtur. Nam, uti paulo ante narravimus, Codices quinti sextive sæculi, quorum quidam notam temporis præferunt, iis prorsus carent. Codices vero Regius ac Sangermanensis noster, ætate, ut videtur, pene æquales, qui apud Latinos conscripti sunt, accentus & spiritus habent, licet in priore secundâ manu notati videantur, ut supra diximus. Hi vero Codices, ut ex Latina etiam versione e regione posita confici videtur, & æstimant periti omnes, septimo circiter sæculo exarati sunt. In his porro Codicibus, Sangermanensi scilicet, & aliquot Græcis ejusdem ævi, quorum specimina mox dabimus, accentus & spiritus identidem omittuntur, neque tanta accuratione describuntur, ita ut in Sangermanensi nostro integras lineas spiritibus & accentibus carentes observes, ut annotatum supra fuit; secus quam in posterioris ævi Codicibus, ubi rarissime desiderantur. Idipsum in aliis ejusdem ævi item deprehenditur, maximeque in Neapolitano, de quo jamjam agetur, & in Colbertino, cujus specimen mox proferemus; in Codice vero olim Renati Marchali, nunc autem RR. PP. Jesuitarum Collegii Ludovici Magni, cujus exemplum post Neapolitanum alphabetum damus, spiritus & accentus accuratius, quam in aliis, perscribuntur; licet Colbertino non inferior ætate videatur. Quia cum semel eorum usus invectus est, alii accuratius, alii negligentius, pro cujusque arbitrio, accentus perscribebant.

Alphabetum sequentis Tabulæ prodit ex manuscripto Codice Homiliarum in Evangelium, VII. ut putatur sæculi, qui in Bibliotheca Augustinianorum S. Joannis de Carbonara Neapoli exstat. Estque in charta membranacea purpurea, aureis characteribus, perinde atque Codex noster Latinus Psalmorum Sangermanensis, qui tamen postremus aureos characteres in titulis & in nominibus Dei ac Domini tantum habet, in reliquis autem ubique argenteos, qui vetustate pene deleti sunt: at aurei illæsi fulgidique manserunt. Codex ille Neapolitanus est quadratâ formâ. Ibi accentus notantur, sed rarò, & spiritus similiter. Characteres, videlicet in Ζ, Η, Μ, Ν, quadri sunt; in Є, Θ, Ο, C, Φ, rotundi.

Alphabetum Cod. Neapolitani.
Specimen ex Cod. RR. PP. Jesuit.

Inter præſtantiſſimos omnium Codices jure numerandus eſt ille RR. PP. Jeſuitarum Collegii Ludovici Magni, qui olim fuerat viri nobilis Renati Marchali Boiſmoræi, deinde vero in manus Eminentiſſimi Cardinalis Rupifucaldi devolutus, memorato Collegio ab eodem Em. Cardinali oblatus eſt. Forma autem eſt non vulgari: cæteri quippe ejuſdem circiter ætatis, aut quadri prorſus ſunt, aut latitudinem longitudine parum excedunt; hic vero ſic oblongus eſt, ut ejus ſuperficies duo pene quadra complectatur. Membranæ ejus tenuiſſimæ ac quibuſdam in locis pellucidæ ſunt.

Character in literis Є, O, C, multum deflectit a priſca rotunditate, in cæteris primigenia pene Codicum forma ſervatur. Accentus & ſpiritus ubique prima manu notantur. Hinc fit ut ipſum cum prioris & poſterioris ævi Codicibus conferendo, octavo ſæculo libenter adſcribam, ac Neapolitano ſupra memorato aliquantum recentiorem putem.

Initio Codicis habentur Vitæ & Epitomæ Prophetarum, primò Minorum, deinde Majorum, quarum titulum & ordinem aſſignare juvat. Titulus ſic habet, ἐκ τῶν Εὐσεβίου περὶ τῆς τοῦ βιβλίου τῶν προφητῶν ὀνομασίας, καὶ ἀπὸ μέρους τί περιέχει ἕκαστος. Id eſt, *Ex ſcriptis Euſebii de Propheticorum librorum appellationibus, & ſummatim quid ſinguli complectantur.* Deinde ſequuntur Prophetarum epitomæ, præmiſſis quibuſdam de tempore, quo floruerunt, hoc ordine; Oſeæ, Amos, Michæas, Joel, Abdias, Jonas, Naum Elceſæi fil. Abbacum, Sophonias Chuſi fil. Aggæus, Zacharias Saddo fil. Malachias. Poſtea majores Prophetæ, Heſaïas filius Amos, Hieremias Chelciæ filius e Sacerdotibus: poſt ſequitur, *Cur Baruch librum inſcribit;* hinc, *Quare Lamentationes librum inſcribit;* poſt hæc, *Cur Epiſtola Hieremiæ dicitur.* Deinde, Ezechiel Buſi Sacerdotis fil. Poſtea, *Cur Daniel vocatur.* Has quidem Prophetarum ſynopſes in Codice olim Renati Marchali Boiſmoræi prima manu deſcriptas, in fronte Procopii in Heſaïam edidit Joannes Curterius. Altera autem manu XII. ſæculi circiter, in ſpatiis vacuis interſeruntur notæ quædam, & alicubi vita Eliæ Prophetæ; quæ omnia recentiora neglexit Joan. Curterius.

Prophetarum libri deinde ſcribuntur, præmiſſis Minoribus, Majoribuſque ſequentibus, ut ſupra. Quod autem exemplar iſtud ſummopere commendat, veterum Interpretum lectiones; nempe Aquilæ, Symmachi & Theodotionis, paſſim & prima manu ad marginem annotantur. Adjectis hinc & inde notis aliis minoris pretii atque ætatis, XII. circiter ſæculi. De notis autem prima manu adſcriptis hæc habet Joannes Curterius in Præfatione ad Procopium in Heſaïam, anno 1580. Pariſiis cuſum, ubi de Origenis notis loquutus ea, quæ pluribus in Hexaplis noſtris explanabuntur, ſic proſequitur: *Atque hæ quidem ſunt Origenianæ notæ, earumque cum noſtris, id eſt, Codicis noſtri collatio & ſignificatio. Sequuntur jam aliæ hujuſce noſtri exemplaris propriæ. Ubicumque enim ad dextrum marginem,* οἱ Ο', *reperies; nihil aliud certe, quam LXX. Interpretes ſignificare velle putandum eſt: ubi* C'. *Symmachum: ubi* Θ, *Theodotionem: ubi* Α'. *Aquilam: ubi denique* ΟΙΓ', *tres nomine carentes interpretationes: quarum omnium mira eſt cum iis, quæ a Procopio inter explicandum ſæpe adferuntur, & cum Hieronymo etiam, conſenſio. Sunt porro & aliæ duæ,* Π' *ſcilicet &* ⳩, *quæ paucis in locis adhibentur, & iis arbitror Pamphilum Origenemque ſignificari; quorum labore & induſtria fuit emendatus Codex, a quo ille deſumptus eſt, unde Græca iſta Heſaiæ verba, variarumque interpretationum notas hauſimus. Cujus rei fides ut penes eos eſſet etiam, qui venerandum adeo exemplar non ſunt intuiti, ejus etiam a quo desumtum eßet, testimonium extare volumus, quod in eo ante Esaïam, & Ezechielem legimus. Reperies & hic etiam Origenis tomos, quotquot erant adhuc Eusebii ætate superstites, ad marginem notatos; ne frustra inter varias Interpretum notas adjectos putes. De* ΠΙΠΙ *autem, quod ad sinistrum marginem toties expressimus, quoties in Esaïa* κύριος *nomen occurrit; nihil poßum certe dicere aliud, quàm nobis tetragrammaton nomen videri: quod, ut ejus a cæteris Dei nominibus aliqua exstaret differentia, literis forsan Hebræis ab Origene, vel alio, expressum cum pingere non valerent Græci, sermonis illius rudes; suis illi, quantum possent, imitari conati sunt; ne quid & illi, quod a tantis viris notatum eßet, prætermisisse viderentur: quorum ego religionem imitatus, ex magnorum virorum sententia, & ista etiam nota lectorem carere non volui.*

Hactenus Joannes Curterius: qui notam illam οἱ γ′. vel non intellexisse, vel non sufficienter explanasse videtur, dum ait: *Ubi* C′, *Symmachum: ubi* Θ′, *Theodotionem: ubi* Α, *Aquilam: ubi denique* ΟΙ Γ′, *tres nomine carentes interpretationes.* Adjicere debuit tres illas interpretationes esse Aquilæ, Symmachi & Theodotionis; & illud οἱ γ′, tum apponi, cum tres illi; scilicet Aquila, Symmachus & Theodotio, similiter interpretarentur. Testimonia autem illa, sive notas perinsignes Calligraphi, quæ in illo Codice olim Renati Marchali; jam vero RR. PP. Jesuitarum, ante Hesaïam & Ezechielem prima manu descriptæ sunt, etsi jam in notis Calligraphorum adtulerimus; hic tamen prætermittere non licet: hinc enim Codicis dignitas summopere commendatur. Ante Hesaïam ergo legitur:

Μετελήφθη ὁ Ἡσαΐας ἀπὸ ἀντιγράφου τοῦ ἀββᾶ Ἀπολιναρίου τοῦ κοινοβιάρχου, ἐν ᾧ καθυπόκειται ταῦτα· μετελήφθη ὁ Ἡσαΐας ἐκ τῶν κατὰ τὰς ἐκδόσεις ἑξαπλῶν. ἀντεβλήθη δὲ καὶ πρὸς ἕτερον ἑξαπλοῦν, ἔχον τὴν παρασημείωσιν ταύτην. Διώρθωνται ἀκριβῶς πᾶσαι αἱ ἐκδόσεις· ἀντεβλήθησαν γὰρ πρὸς τετραπλοῦν Ἡσαΐαν· ἔτι δὲ καὶ πρὸς ἑξαπλοῦν. πρὸς τούτοις, καὶ ἀπὸ τῆς ἀρχῆς, ἕως τοῦ ὁράματος Τύρου, ἀκριβέστερον διώρθωνται. εὑρόντες γὰρ τῶν μέχρι τέλους τοῦ ὁράματος Τύρου, τόμων ἐξηγητικῶν εἰς τὸν Ἡσαΐαν Ὠριγένους, καὶ ἀκριβῶς ἐπιστήσαντες τῇ ἐννοίᾳ καθ᾽ ἣν ἐξηγήσατο ἑκάστην λέξιν· καθ᾽ ὡς οἷόν τε ἦν, καὶ πολὺ ἀμφίβολον κατὰ τὴν ἐκείνου ἔννοιαν διωρθωσάμεθα. πρὸς τούτοις συνεκρίθη ἡ τῶν ἑβδομήκοντα ἔκδοσις, καὶ πρὸς τὰ ὑπὸ Εὐσεβίου εἰς τὸν Ἡσαΐαν ἑρμηνεία, καὶ ἐν οἷς διεφώνουν, τῆς ἐξηγήσεως τὴν ἔννοιαν ζητήσαντες, πρὸς αὐτὴν ἐδιωρθωσάμεθα.

Desumtus est Hesaïas ab exemplari Abbatis Apolinarii Cœnobiarchæ, in quo hæc subjiciuntur: Desumtus est Hesaïas ab Hexaplis secundum editiones adornatis. Collatus autem est cum alio Hexaplo, hanc notam habente. Accurate editiones omnes correctæ sunt: collatæ enim fuerunt cum Tetraplo Esaïa, & cum Hexaplo. Ad hæc, ab initio etiam, usque ad visionem Tyri, accuratius emendatus est. Nacti enim Tomos Exegeticos Origenis in Hesaïam usque ad finem visionis Tyri, & sedulo considerantes, quo sensu singulas dictiones sumsisset, quantum potuimus omne dubium secundùm illius sensum correximus. Præterea collata est etiam Septuaginta Interpretum editio cum iis, quæ in Hesaïam scripsit Eusebius: atque in quibus erat varietas, ex indagato explicationis sensu, eam ipsi quoque correximus.

Deinde vero ante Ezechielem hæc nota legitur.

Μετελήφθη δὲ ἀπὸ ἀντιγράφου τοῦ ἀββᾶ Ἀπολιναρίου τοῦ κοινοβιάρχου, ἐν ᾧ καθυπόκειται ταῦτα· μετελήφθη ἀπὸ

Desumtus est (Ezechiel) ab exemplari Abbatis Apolinarii Cœnobiarchæ, in quo hæc subjiciuntur. Exscri-

τὴν κατὰ τὰς ἐκδόσεις ἑξαπλῶν, καὶ διωρθώθη ἀπὸ τῶν Ὠριγένους αὐτοῦ τετραπλῶν, ἅ τινα καὶ αὐτοῦ χειρὶ διώρθωτο, καὶ ἐσχολιογράφητο. ὁ Εὐσέβιος ἐγὼ σχόλια παρέθηκα. Πάμφιλος καὶ Εὐσέβιος ἐδιωρθώσαντο.

ptus est ab Hexaplis secundum editiones adornatis, & correctus ad fidem Tetraplorum Origenis, quæ etiam manu ejus emendata & scholiis illustrata erant. Ego Eusebius scholia adjeci. Pamphilus & Eusebius correxerunt.

Hæ porro eximiæ notæ, quæ exemplaris hujus excellentiam summopere commendant, hic accuratius sunt explanandæ. Quis sit Abbas Apolinarius, ad cujus duorum Codicum præstantissimorum fidem Esaïas & Ezechiel descripti fuere, hactenus comperire non potuimus; si quando autem ope monumenti cujuspiam id deprehendi valeat, inde Codicis, de quo nunc agitur, ætas notior evadet: quamquam vix dubitem esse octavo circiter sæculo conscriptum. In priore autem nota, binæ aliæ vetustiorum exemplarium notæ continentur. Prior nota est Codicis Apolinarii Abbatis & Cœnobiarchæ, unde exscriptus hic Marchalianus Hesaïæ textus fuerat: qui Hexapla editionum complectebatur, & cum altero Hexaplorum Codice collatus fuerat. Hujus item postremi Hexaplorum Codicis nota ibidem altera describitur: qua dicitur hoc postremum exemplar magna accuratione emendatum fuisse; ad fidem nempe Hexaplorum & Tetraplorum Origenis: itemque ad fidem Commentariorum Origenis in Hesaïam, & ad fidem Commentariorum Eusebii in eumdem Prophetam.

In altera vero nota ante Ezechielem posita, continetur item vetustioris Codicis nota alia, qui postremus ipsius Eusebii Cæsariensis manu correctus & scholiis illustratus, quique item manu Pamphili, una cum Eusebio ad id operam dantis, emendatus fuisse traditur. Hæc porro vetustioris exemplaris nota, ipsius Eusebii Cæsariensis manu descripta fuit, ut docemur his verbis, ὁ Εὐσέβιος ἐγὼ σχόλια παρέθηκα, Πάμφιλος καὶ Εὐσέβιος ἐδιωρθώσαντο. Id est, *Ego Eusebius scholia adjeci: Pamphilus & Eusebius correxerunt.* Codex igitur ille partim Eusebii manu scriptus, atque Pamphili & Eusebii manu emendatus, penes Apolinarium Abbatem erat. Exemplar porro illud Eusebii manu notatum & emendatum, ad fidem Origenis Hexaplorum & Tetraplorum, quæ ipsius Origenis manu scholiis illustrata & emendata fuerant, ut in nota fertur, descriptum fuerat. An vero etiam Hexapla & Tetrapla illa, Origenis manu emendata & notis illustrata, penes Abbatem Apolinarium fuerint, nescitur, neque in nota fertur supra. Quamobrem si quid secus dixerim Libro primo ubi alphabetico ordine nomina Calligraphorum, & eorum quorum jussu vel opera Codices exscripti sunt, recensui; id ex hoc loco emendes velim, ad voces *Apolinarius*, *Eusebius*, *Origenes*, & *Pamphilus*. Cum hæc enim descripsi nondum Codicem ipsum RR. PP. Jesuitarum, olim Renati Marchali, consulueram; neque rem adeo accurate disquisieram. De Tetraplis vero, Hexaplis & Octaplis fuse agetur in collectione Hexaplorum, propediem in lucem edenda.

Restat ut ea, quæ in specimine eximii Codicis feruntur, hic vulgaribus typis edamus.

Jerem. 44. 1.

Ο λόγος ὁ γενόμενος πρὸς Ιερεμίαν πᾶσι τοῖς Ἰουδαίοις τοῖς κατοικοῦσιν ἐν γῇ Αἰγύπτῳ, καὶ τοῖς καθημένοις ἐν

Verbum quod factum est ad Jeremiam omnibus Judæis habitantibus in terra Ægypti, & sedentibus in

Μαγδώλῳ, καὶ ἐν Τάφιας, καὶ ἐν γῇ Παθούρης λέγων·
Οὕτως εἶπε κύριος ὁ θεὸς Ἰσραήλ· ὑμεῖς ἑωράκατε πάντα τὰ κακὰ ἃ ἐπήγαγον ἐπὶ Ἱερουσαλὴμ καὶ ἐπὶ πόλεις Ἰούδα, καὶ ἰδοὺ εἰσὶν ἔρημοι ἀπὸ ἐνοίκων, ἀπὸ προσώπου πονηρίας αὐτῶν.

Magdolo, in Taphnas, & in terra Pathures dicens:
Sic dixit Dominus Deus Iſraël: vos vidiſtis omnia mala, quæ induxi ſupra Jeruſalem, & ſupra civitates Judæ: & ecce deſertæ ſunt ab habitatoribus, a facie malitiæ eorum.

Ad imum Tabulæ literas, quæ in ſpecimine non occurrebant, ſecundum formam, qua in Codice manuſcripto habentur, adjecimus.

Ex Codice Colbertino, num. 700. octavi ut æſtimatur ſæculi, ſpecimen ſequens profertur: ubi character uncialis partim oblongus, partim rotundus, in quibuſdam literis; in aliis vero quadrus. In cujus frontiſpicio hæc Carmina, eadem forma leguntur, aureis literis. In hoc Codice major interpunctio ſuperne, minor inferne locatur. Accentus ac ſpiritus notantur, ſed non accurate, nam plerique omittuntur. Aureis literis paſſim fulget hic Codex; maximeque initio, ubi ſequens carmen legitur aureis characteribus exaratum.

ΙΑΜΒΞΙΡΝΝ.

Σαφῶς ὁ Μωσῆς νόμον ὑπαγορεύσας
Ἐδήλου τὸ πρὶν ἐν γράμματι τὴν χάριν·
Νυνὶ δὲ Χριστὸς τὴν χάριν ἐγχαράξας
Ἀνεῖλεν εὐθὺς τὸ γράμμα ὡς σκιῶδες·
Καὶ τρόπος ἄλλος αὐτεστήχθη δογμάτων,
Καινὴν καὶ ξένην ὑψηγορίαν ἔχων·
Ἐκεῖ μὲν εἴργετο τῶν πραγμάτων τὴν πρᾶξιν
Ἐνταῦθα σχεδὸν καὶ λόγοις κἀν ἐνθυμήσεις.
Ὅθεν συζεύξας ὡς τετράπωλον ἅρμα
Ματθαῖον, Μάρκον, Λουκᾶν καὶ Ἰωάννην,
Χριστὸς δι' αὐτῶν τὴν τετράστοιχον κτίσιν
Ἐπιβὰς διέδραμεν ὡς ἡνίοχος.
Τοῦ πνεύματος δὲ τὸν χαλινὸν οἱ μύσται
Σιαγῶσι (ſic) φέροντες καθάπερ πῶλοι,
Λόγου τὴν ὁδὸν καὶ συγγραφῆς τὴν τρίβον
Εὐστόχως ἐβάδισαν θείως σκιρτῶντες.
Εὐθὺς δὲ πάλιν οἱ μετ' ἐκείνους τούτων
Ἰσόδρομα θέοντες θεῖοι πατέρες,
Τὴν συγγραφὴν διερόντες ἠκριβωμένην
Διπλοῦν αὐτὴν ἑτέρῳ τρόπῳ κόσμῳ,
Ὃν καὶ φέρουσα Χριστοῦ ἡ ἐκκλησία
Μαρμέρεται (ſic) νῦν καὶ φωτίζεται λίαν,
Καὶ τῆς τριάδος κατοπτεύει τὸ κάλλος.

IAMBI

Quid ſibi velint ſequentes literæ ignoratur.

Moyſes cum clare legem dictavit,
Oſtendit olim in litera gratiam:
Nunc autem Chriſtus, ubi gratiam inſculpſit,
Suſtulit ſtatim literam ut umbroſam:

ΤΗΕΠΑΥΡΙΟΝΤΗϹΝ

ΤΕΥΑΓΓ ΚΑΜΑΤ
ΕΙΠΕΝΟΚϹ
ΟΡΑΤΕΜΗ
ΚΑΤΑΦΡΟΝΗ
ϹΗΤΕΕΝΟϹ
ΤΩΝΜΗΚΡΩ
ΤΟΥΤΩΝ
ΛΕΓΩΓΑΡΥ
ΜΙΝ ΟΤΙΟΙ
ΑΓΓΕΛΟΙΑΥ

ΤΩΝΕΝΟΥ
ΡΑΝΟΙϹΔΙ
ΑΠΑΝΤΟϹ
ΒΛΕΠΟΥϹΙ
ΤΟΠΡΟϹΩ
ΠΟΝΤΟΥΠΡϹ
ΜΟΥΤΟΥΕ
ΝΟΥΝΟΙϹ
ΗΛΘΕΝΓΑΡΟ
ΥϹΤΟΥΑΝΟΥ

Ζ·Ξ Χ Ψ   Б

Aliusque doctrinæ modus invectus est,
Qui præcelsam, novam & stupendam prædicationem habet.
Illic quidem ab actibus coercebat,
Hic autem fere a verbis & cogitationibus.
Unde ceu quadrigam jungens.
Matthæum, Marcum, Lucam & Joannem,
Christus per ipsos naturam quatuor elementis constantem,
Iis insidens, quasi auriga peragravit.
Mystæ autem spiritus frænum
Maxillis ferentes pullorum instar,
Verbi viam & Scripturæ semitam
Recto cursu peragrarunt divine exsilientes.
Exinde rursus qui post illos fuerunt,
Æquali cursu properantes divini Patres,
Scripturam nacti accurate descriptam,
Distinxerunt illam alio modo atque ornatu:
Quem gestans Christi Ecclesia
Nunc resplendet & valde illustratur,
Atque Trinitatis pulcritudinem conspicit.

Distinctio autem illa a SS. Patribus invecta, sunt Evangelia atque libri novi Testamenti per ordinem disposita & divisa, ut per totum annum, secundum temporum & solemnitatum rationem, in Ecclesia recitentur, cum inflexionibus vocum, quæ certis signis & apicibus notantur in hoc Codice, ut videas in specimine. Codex est forma penitus quadra, ut conspicere licet: nam totam paginam delineavimus. Ibi perpetua vocalium commutatio occurrit, nempe τοῦ ι in η, & vicissim τοῦ υ in οι; ει in ι, &c. quas jam in marmoribus & libris antiquioribus, sed rarius observavimus:

Alphabeti literas, quæ in specimine non occurrebant, subjunximus. Exemplum hoc modo vulgaribus typis scribitur.

Τῇ ἐπαύριον τῆς πεντηκοστῆς.

Εὐαγγέλιον κατὰ Ματθαῖον.

Εἶπεν ὁ κύριος, ὁρᾶτε μὴ καταφρονήσητε ἑνὸς τῶν μικρῶν τούτων. λέγω γὰρ ὑμῖν, ὅτι οἱ ἄγγελοι αὐτῶν ἐν οὐρανοῖς διαπαντὸς βλέπουσι τὸ πρόσωπον τοῦ πατρός μου τοῦ ἐν οὐρανοῖς. ἦλθεν γὰρ ὁ υἱὸς τοῦ ἀνθρώπου.

Feria secunda Pentecostes.

Evangelium secundum Matthæum.

Dixit Dominus, videte ne contemnatis unum ex pusillis istis. Dico enim vobis, quia Angeli eorum in cælis semper vident faciem Patris mei qui in cælis est. Venit enim Filius hominis.

CAPUT VI.

Specimina Characterum uncialium octavi & noni sæculi ex Codicibus Regio, Florentino, Colbertino, & tribus aliis Italicis.

HACTENUS literas propemodum quadras & rotundas vidimus in exemplaribus Græcis; quadras scilicet in H, M, N, Π; rotundas in Є, Θ, O, C, Φ; cæteras vero diductiores laxioresque. Deinceps autem oblongiores & strictiores habentur in Codicibus octavi, nonique sæculi: quorum aliqui ætatis notam præferunt. Alii autem Codices minus quidem a quadra illa prisca & rotunda characterum forma deflexerunt; sed literas habent reclinatas, & quasi propendentes, ut vides in specimine sequenti manuscripti Basiliani, qui etiam puncta crassiora & figurâ potius quadratâ exhibet. Ubi advertas ex iis qui literas reclinatas habent, alios ad dexteram, alios ad sinistram deflectere. Observes item in Codicibus istius ævi literas Θ & Δ sic depingi, Θ, Δ. Rarosque esse maxime in Δ, qui ab hac norma discedant. Libros porro vetustos hac ratione descriptos ingenti numero vidimus in Bibliothecis Galliæ & Italiæ. Quò plus enim ad posteriora sæcula processum est, eo plura exemplaria servata sunt. Neque prætermittendum est, multos etiam hujusmodi Codices octavi & noni sæculi exstare variis in Bibliothecis, ubi erasis ac pene deletis prioribus; nova superscripta sunt, quod item in Codicibus remotioris ævi supra observavimus. Inter hos autem recentiores unum in Bibliotheca Colbertina offendi, ubi opera Dionysii octavo circiter sæculo descripta fuerant, deinde verò elapsis tribus quatuorve sæculis nova superinducta sunt; ita tamen ut utraque scriptura legi facile possit, quod arte an casu factum sit ignoro. Ex iis vero exemplaribus ubi continuatis calami ductibus characteres colligantur, qui mos octavo aut nono sæculo primum usurpatus deprehenditur, tres aut quatuor vidi, ubi item deleta priore scriptura, recentior inducta fuit; quorum unus in Bibliotheca RR. PP. S. Basilii Romæ, bombycinus est, continetque Andreæ Cretensis opus in Apocalypsin. Vetustior autem scriptura, ibi pene deleta & obliterata, quid complectatur ignoro.

Multi Codices hujusmodi, charactere videlicet unciali oblongo ac deflexo ad usum Chori & Officii Ecclesiastici exarati, variis in Bibliothecis exstant, qui ad inflexiones vocum, in Officio Ecclesiastico inter legendum observari solitas, notulas quasdam & lineolas variæ formæ exhibent: ut in sequentibus exemplis animadvertas. Hi vero, nempe ad usum Chori deputati libri, non octavo tantum & nono; sed etiam decimo sæculo, forteque posterius, literis uncialibus oblongis ac plerumque reclinatis scripti comperiuntur: tuncque ætas petitur ex notis marginalibus aut aliis, quæ subinde charactere ligato interseruntur; ut infra dicetur de Codice quodam Evangeliorum charactere unciali descripto. Secus autem de aliis exemplaribus manuscriptis, sive Sanctorum Patrum, sive aliorum; nullum enim hactenus vidi, unciali charactere exaratum, quod post nonum sæculum descriptum feratur; licet multos decimi sæculi Codices evolverim, in quibus scriptionis annus a καλιγράφῳ, sive Librario notatur. Secundum eam scribendi rationem hic quinque specimina duabus Tabulis proferimus. Primum ex Codice Colbertino num. 5149. membranaceo, VIII. circiter sæculi, qui ex Cypro in Bibliothecam Colbertinam advectus est anno 1673. continetque quatuor Evangelia unciali charactere oblongo & erecto. Ibi puncta rotunda sunt, ac ut plurimum perite posita: reliqua tute observabis. Quæ autem in exemplo sunt, vulgaribus typis ita legimus.

Τελευτήσαντος δὲ τοῦ Ἡρώδου, ἰδοὺ ἄγγελος κυρίου κατ' ὄναρ φαίνεται τῷ Ἰωσὴφ ἐν Αἰγύπτῳ λέγων· ἐγερθεὶς παράλαβε τὸ παιδίον καὶ τὴν μητέρα αὐτοῦ, καὶ πορεύου εἰς γῆν Ἰσραήλ· τεθνήκασι γὰρ

Defuncto autem Herode, ecce Angelus Domini apparuit in somnis Joseph in Ægypto, dicens: Surge & accipe puerum & matrem ejus, & vade in terram Israël: defuncti sunt enim, qui

oi

ΤΟϹΔΕΤΟΥΗΡΩΔΟΥΙΔΟΥΑΓΓΕΛΟϹΚΥΚΑΤΟΝΑΡ
ΦΑΙΝΕΤΑΙΤΩΙΩϹΗΦ. ΕΝΑΙΓΥΠΤΩΛΕΓΩΝ
ΕΓΕΡΘΕΙϹ. ΠΑΡΑΛΑΒΕΤΟΠΑΙΔΙΟΝΚΑΙΤΗΝΜΡΑ
ΑΥΤΟΥ ΚΑΙΠΟΡΕΥΟΥΕΙϹΓΗΝΙΗΛ· ΤΕΘΝΗΚΑ
ϹΙΓΑΡΟΙΖΗΤΟΥΝΤΕϹΤΗΝΨΥΧΗΝΤΟΥΠΑΙ
ΔΙΟΥ·ΟΔΕΕΓΕΡΘΕΙϹ·ΠΑΡΕΛΑΒΕΤΟΠΑΙΔΙΟΝ·
ΚΑΙΤΗΝΜΡΑΑΥΤΟΥ·ΚΑΙΗΛΘΕΝΕΙϹΓΗΝΙΗΛ·
ΑΚΟΥϹΑϹΔΕ.ΟΤΙΑΡΧΕΛΑΟϹΒΑϹΙΛΕΥΕΙΕΠΙ ΤΗϹ
ΙΟΥΔΑΙΑϹ· ΑΝΤΙΗΡΩΔΟΥΤΟΥΠΡϹΑΥΤΟΥ· Ε
ΦΟΒΗΘΗ·ΕΚΕΙ ΑΠΕΛΘΕΙΝ·ΧΡΗΜΑΤΙϹΘΕΙϹΔΕ

ΤΗΝΜΕΝΕΥΓΕΝΕΙΑ
ΤΟΤΕΠΕΡΙΦΑΝΕϹ
ΕΝΠΛΟΥΤΩΤΟΥΜΕ
ΓΑΛΟΥΔΙΟΝΥϹΙΟΥ.
ΚΑΙΜΟΝΟΝΑΥΤΟΤΟ
ΚΑΤΑΘΗΝΑΙΟΥϹ
ΒΟΥΛΕΥΤΗΡΙΟΝΚΑ
ΘΟΒΟΥΛΕΥΕΙΝΗΡΕ
ΘΗΠΑΡΙϹΤΗϹΙΝ·
ΤΩΝΓΑΡΑΡΕΟΠΑΓΙΤΩ
ΕΙϹΕΤΥΓΧΑΝΕΝΟΥ
ΤΟϹ ΩϹΟΘΕΙΟϹΕΔΗ
ΛΩϹΕΝΛΟΥΚΑϹΙϹΤΟ
ΡΩΝΤΑϹΤΩΝΙΕΡΩΝ
ΑΠΟϹΤΟΛΩΝΙΕΡΑϹΠΡΑ
ΞΕΙϹ· Ζ †

οἱ ζητοῦντες τὴν ψυχὴν τοῦ παιδίου. ὁ δὲ ἐγερθεὶς παρέλαβε τὸ παιδίον, καὶ τὴν μητέρα αὐτοῦ, καὶ ἦλθεν εἰς γῆν Ισραήλ. ἀκούσας δὲ ὅτι Αρχέλαος βασιλεύει ἐπὶ τῆς Ιουδαίας ἀντὶ Ηρώδου τοῦ πατρὸς αὐτοῦ, ἐφοβήθη ἐκεῖ ἀπελθεῖν· χρηματισθεὶς δέ.

quærebant animam pueri. Qui consurgens, accepit puerum & matrem ejus, & venit in terram Israël. Audiens autem, quod Archelaüs regnaret in Judæa pro Herode patre suo, timuit illo ire: & admonitus in somnis, &c.

Secundum specimen prodit ex Codice RR. PP. S. Basilii Romæ, in membranis elegantissime descripto: cujus character uncialis ad dexteram propendet. Is octavo aut nono sæculo exaratus creditur, continetque vitam & opera S. Dionysii Areopagitæ. Puncta omnia quadrata sunt, & perite locantur ut plurimum. In Bibliotheca Colbertina paris pene ætatis Codex operum Sancti Dionysii habetur, de quo paulo ante: ubi altera recentior scriptura inducta fuit duodecimo sæculo; ita tamen ut utraque legatur: quod casu-ne an consilio factum nescio. Secundi speciminis Græca sic leguntur.

Τὴν μὲν εὐγένειαν, τό τε περιφανὲς ἐν πλούτῳ τοῦ μεγάλου Διονυσίου, καὶ μόνον αὐτὸ τὸ κατ' Αθηναίους βουλευτήριον, καθ' ὃ βουλεύειν ἡρέθη, παρίστησιν· τῶν γὰρ Αρεοπαγιτῶν εἷς ἐτύγχανεν ὤν, ὡς ὁ θεῖος ἐδήλωσε Λουκᾶς ἱστορῶν τὰς τῶν ἱερῶν ἀποστόλων θείας πράξεις.

Nobilitatem & opulentiam magni Dionysii, vel unus in Senatu Atheniensium locus, ad quem cooptatus fuerat, satis declarat: nam in Areopagitarum numero censebatur, ut divinus Lucas in Actis Sanctorum Apostolorum narrat.

In hoc autem specimine, perinde atque in tertio Tabulæ sequentis, litera ξ sic exaratur Σ. Hæc ad priorem Tabulam.

In altera Tabula tria exempla octavi item aut noni sæculi exhibentur. Primum, excerptum est ex Evangelistario Græco Basilianorum: ubi character uncialis oblongus & erectus est, nec reclinatus ad dexteram vel sinistram. Notulæ autem hic & in sequenti Evangelistario positæ sunt ad inflexiones vocum, in cantu Evangelii observari solitas. In hoc specimine, perinde atque in duobus prioris Tabulæ, accentus & spiritus plerumque negliguntur, quia non diu erat cum in vulgaribus libris adscribi cœperant. In primo specimine hæc habentur; λόγῳ, ὃν εἶπεν ὁ Ιησοῦς: *Sermoni quem dixit Jesus,* Post sequitur, τῷ σαββάτῳ τῆς διακαινησίμου: id est, *Sabbato Renovationis*, & subjungitur Evangelium Sabbato *in Albis*, ut nos vocamus, recitari vel cantari solitum, nempe, Joan. 3. 22.

Τῷ καιρῷ ἐκείνῳ ἦλθεν ὁ Ιησοῦς καὶ οἱ μαθηταὶ αὐτοῦ εἰς τὴν Ιουδαίαν γῆν, καὶ ἐκεῖ διέτρειβεν μετ' αὐτῶν, καὶ ἐβάπτησεν· (sic) ἦν δὲ καὶ Ιωάννης ὁ βαπτίζων ἐν Αἰνὼν, ἐγγοις [sic pro ἐγγὺς] τοῦ Σαλήμ, ὅτι ὕδατα πολλὰ ἦν ἐκεῖ, καὶ παρεγίνοντο καὶ ἐβαπτίζοντο.

In illo tempore, venit Jesus & Discipuli ejus in Judæam, & ibi morabatur cum illis, & baptizabat. Erat autem & Joannes baptizans in Ænon, prope Salem, quia aquæ multæ erant ibi: & accedebant & baptizabantur.

Διακαινήσιμος apud Græcos dicitur tota hebdomas festum Paschatis subsequens, quia tunc Christiani in Resurrectione Domini renovantur. Frequentissimæ autem in hoc specimine vocalium commutationes occurrunt; τοῦ ι in η, τοῦ υ in οι; & similes. Hoc porro fragmentum ex forma accentuum & spirituum, & ex frequentibus mendis, cæteris recentius esse suspicor.

Secundum specimen, est fragmentum alicunde divulsum, & a D. Anselmo Bandurio viro docto mihi oblatum, ubi character oblongus ad sinistram recli-

I

ΛΟΓΩ· Ο ΕΙΠΕΝ Ο ΙΣ
ΤΕ ΤΗΣ ΔΙΑΚΙΝΗΣ
ΤΩ ΚΑΙΡΩ ΕΚΕΙΝΩ
ΗΛΘΕΝ Ο ΙΣ ΚΑΙ
ΟΙ ΜΑΘΗΤΑΙ ΑΥ
ΤΟΥ ΕΙΣ ΤΗΝ ΙΟΥ
ΔΑΙΑΝ ΓΗΝ ΚΑΙ
ΕΚΕΙ ΔΙΕΤΡΙΒΕΝ
ΜΕΤ ΑΥΤΩΝ ΚΑΙ
ΕΒΑΠΤΗΖΕΝ· ΗΝ
ΔΕ ΚΑΙ ΙΩΑΝΝΗΣ
Ο ΒΑΠΤΙΖΩΝ ΕΝ
ΑΙΝΩΝ ΕΓΓΥΣ ΤΟΥ
ΣΑΛΗΜ ΟΤΙ ΥΔΑ
ΤΑ ΠΟΛΛΑ ΗΝ ΕΚΕΙ·
ΚΑΙ ΠΑΡΕΓΕΝΟΝΤΟ
ΚΑΙ ΕΒΑΠΤΙΖΩΝ

II

ΑΡΠΑΓΕΣ· ΑΔΙΚΟΙ·
ΜΟΙΧΟΙ· Η ΚΑΙ Ω
ΟΥΤΟΣ Ο ΤΕΛΩΝΗΣ·
ΝΗΣΤΕΥΩ ΔΙΣ ΤΟΥ
ΣΑΒΒΑΤΟΥ· ΑΠΟ
ΔΕΚΑΤΩ ΠΑΝΤΑ·
ΟΣΑ ΚΤΩΜΑΙ·
Ο ΤΕΛΩΝΗΣ ΜΑΚΡΩ
ΘΕΝ ΕΣΤΩΣ· ΟΥΚ Η
ΘΕΛΕΝ· ΟΥΔΕ
ΤΟΥΣ ΟΦΘΑΛΜΟΥΣ....
ΤΟΝ ΟΙΚΟΝ ΑΥΤΟΥ
Η ΓΑΡ ΕΚΕΙΝΟΣ· Ο
ΤΙ ΠΑΣ Ο ΥΨΩΝ Ε
ΑΥΤΟΝ ΤΑΠΕΙΝΩ
ΘΗΣΕΤΑΙ· Ο ΔΕ
ΤΑΠΕΙΝΩΝ· ΕΑΥ
ΤΟΝ· ΥΨΩΘΗΣΕ

III

Ἀλλὰ φιλοπονώτερον τὴν προκειμένην τῆς προσευχῆς
ῥῆσιν κατανοήσωμεν. ὅπως γένοιτό τις καὶ ἡμῖν διὰ
τῆς τοῦ νοήματος θεωρίας. πρὸς τὸν ὑψηλὸν βίον χει
ραγωγία. ἐξετάσωμεν τοίνυν ποῖα μὲν ὀφειλήματα
ἐστιν ἃ ὤφειλεν ἡ ἀνθρωπίνη φύσις· ποῖα δὲ πάλιν ἐκεῖνα ὧν
ἡμεῖς τῆς ἀφέσεως κύριοι· ἐκ γὰρ τούτου ταῦτα γνῶναι,
γένοιτ' ἂν ἡμῖν τῆς ὑπερβολῆς τῶν θείων ἀγαθῶν
ἡ τῆς δραχμῆς ἀπώλεια. καὶ ἡ τῆς τοῦ πρεσ τραπέζης ἀνα
χώρησις· καὶ ἡ τοῦ τιμίου πλούτου διαφορά· καὶ ὅσα τοι

natur, continetque historiam Pharisæi & Publicani. Luc 18. 11. nimirum.

Ἅρπαγες, ἄδικοι, μοιχοί· ἢ καὶ ὡς οὗτος ὁ τελώνης. νηστεύω δὶς τοῦ σαββάτου, ἀποδεκατῶ πάντα ὅσα κτῶμαι. καὶ ὁ τελώνης μακρόθεν ἑστὼς, οὐκ ἤθελεν οὐδὲ τοὺς ὀφθαλμοὺς... τὸν οἶκον αὐτοῦ ἢ γὰρ ἐκεῖνος. ὅτι πᾶς ὁ ὑψῶν ἑαυτὸν ταπεινωθήσεται· ὁ δὲ ταπεινῶν ἑαυτὸν ὑψωθήσεται.

Raptores, injusti, adulteri, velut etiam hic Publicanus. Jejuno bis in Sabbato: decimas do omnium quæ possideo. Et Publicanus a longe stans, nolebat nec oculos suos.... in domum suam magis quam ille: quia omnis qui se exaltat, humiliabitur; & qui se humiliat, exaltabitur.

Tertium specimen, minutiore, sed tamen unciali, charactere descriptum, prodit ex Codice mutilo RR. PP. S. Basilii Romæ, estque cujusdam S. Patris opus de Oratione: quod vulgaribus typis ita scribitur.

Ἀλλὰ φιλοπονώτερον τὴν προκειμένην τῆς προσευχῆς ῥῆσιν κατανοήσωμεν· ὅπως γένοιτό τις καὶ ἡμῖν διὰ τῆς τοῦ νοήματος θεωρίας πρὸς τὸν ὑψηλὸν βίον χειραγωγία. ἐξετάσωμεν τοίνυν ποῖα μὲν ὀφειλήματά ἐστιν ἃ ὀφείλει ἡ ἀνθρωπίνη φύσις· ποῖα δὲ πάλιν ἐκεῖνα, ὧν ἡμεῖς τῆς ἀφέσεως κύριοι. ἐκ γὰρ τοῦ ταῦτα γνῶναι, γένοιτ' ἂν ἡμῖν τῆς ὑπερβολῆς τῶν θείων ἀγαθῶν...... ἡ τῆς δραχμῆς ἀπώλεια, καὶ ἡ τῆς τοῦ πατρὸς τραπέζης ἀναχώρησις, καὶ ἡ τοῦ τιμίου πλούτου διαφορά, καὶ ὅσα τοι-

Sed proposita orationis verba attentius consideremus; ut ex sententiæ speculatione quidam nobis ad altiorem vitam ductus accedat. Disquiramus igitur, quænam sint humanæ naturæ debita; quænam rursus ea quorum venia & remissio penes nos est. Ex hujusmodi namque cognitione divinorum nobis bonorum præstantia..... Drachmæ jactura, recessus a mensa patris, & pretiosarum divitiarum diversitas.

Eodem porro characteris genere Bibliorum codex habetur apud Basilianos; itemque alii Libri ejusdem ævi & formæ.

CAPUT VII.

Specimen Græcum noni sæculi apud Latinos, ex Psalterio Monasterii S. Michaëlis in Lotharingia, quod Sedulii Scotti manu exaratum fuit: exemplum scripturæ per κῶλα & κόμματα *ex eodem Codice. Prophetia Externorum de adventu Christi ibidem. Specimen ex Glossario Laudunensi Græco-Latino. Epistola Amanuensis ad quemdam Abbatem.*

DUM scriptioni veteri Græcæ explorandæ otium tererem, accessit ope viri docti D. Augustini Calmet, supra memorati, exemplum quoddam ex Codice manuscripto Monasterii S. Michaëlis Diœcesis Virdunensis in Lotharingia; ubi Psalterium habetur Græce descriptum a Sedulio Scotto, ut ad calcem libri legitur: Σηδύλιος Σκῶττος ἐγὼ ἔγραψα. *Ego Sedulius Scottus scripsi.* Qui Sedulius, non ille quidem Cœlius Sedulius Scottus est, qui sæculo quinto carmina quædam & alia opuscula edidit; sed alter Sedulius Scottus Hyberniensis, qui nono sæculo floruit, de quo Hepidanus Monachus Sancti Galli, in Annalibus brevibus a Duchesnio editis t. 3. historicorum Franciæ, hæc habet pag. 473. *Anno 818. Sedulius Scottus clarus habetur.* Hunc ipsum esse qui Codicem scripsit tum nomen cognomenque suadent, tum ætas manuſcripti, qui noni ſæculi notam præfert tam in Græcis, quam in Latinis, quæ eadem manu poſt Pſalterium adjiciuntur, ut infra dicetur; tum etiam peritia Græcæ linguæ, quam in Commentariis ſuis in Epiſtolas Pauli, jamdiu editis, præfert Sedulius ille Scottus: nam frequenter ibi de lectione Græca, nec prorſus indoctè diſſerit: unde Commentarii pro illa ætate inter præſtantiores computandi ſunt.

Poſtea vero ipſe liber allatus nobis eſt a D. Sebaſtiano Mourot Monacho Benedictino Congregationis S. Vitoni: unde majores accuratioreſque notas excerpſimus. Fuit olim S. Nicolai de Prato Virdunenſi, ut ultimo folio legitur, *Iſte liber eſt beati Nicolai in Prato Virdunenſi*, quæ manus eſt xv. ſæculi. Ibidem ad imum paginæ hæc habentur.

Anno ſalutis Chriſtianæ 1503. die prima Novembris, Apoſtolica ſede bis eodem anno per Alexandri VI. & Pii III. Romanorum Pontificum obitum Paſtore carente, liber hic Pſalmorum ex Bibliotheca Monaſterii Divi Nicolai de Prato extra muros Virdunenſes, mihi Johanni Colardo Præpoſito Beatæ Mariæ Magdalenæ, & Archidiacono de Vepria, Virdunenſium Eccleſiarum ejuſdem Sedis Apoſtolicæ Protonotario, pretariò datus eſt: quem quidem reſtitui decima menſis Decembris 1503. anno primo Sanctiſſimi D. N. D. Julii Papæ II.

Θεῷ χάεις : ὤελοι.

Joan. Colardi.

Hoc porro Pſalterium charactere unciali deſcriptum eſt. Forma literarum aliquid peregrini olet, ut in aliis pene omnibus, qui a Latinis conſcripti ſunt, Græcis Codicibus obſervatur; ut ſupra annotavimus, cum de Bononienſi Lactantii Codice egimus. Etſi vero non ita perite exaratus ſit Codex, nihil ſtupendum in Latino ſcriba: nam ſi Græci Calligraphi ejuſdem ætatis frequentes vocalium commutationes; nempe τῦ αι in ε, τῦ η in ι, τῦ ει & οι in ι paſſim admittunt; quid mirum ſi Latinus ſcriba, αἰνεῖται pro αἰνεῖτε dicat, γινώσκει pro γινώσκει & ſimilia: ſed tamen non ita frequenter ſenſum interturbat: quo videatur Græce non imperitum, ut illa ætate, fuiſſe Sedulium Scottum. Et advertas velim mutationes τῦ η & υ, quæ literæ frequenter occurrunt, rariores in ſpecimine eſſe, quam apud Græcos multos hujus ævi. In ſumma inter Latinos, qui ſæculo nono Græce utcumque calluiſſe feruntur, cum primis numerandus eſt Sedulius ille Scottus: quæ tamen non ſumma laus eſt.

Hic obſervandum eſt, poſt ſingulas voces puncta adſcribi, ut in multis vetuſtiſſimis inſcriptionibus; idque haud dubie factum, ne Lectores Latini, Græce minus periti, inter legendum hærerent, neu ſyllabas alterius vocis cum altera conjungerent. Quare ad finem linearum & verſiculorum puncta vulgo omittuntur; quia cum exemplar ſit στιχηρῶς ſcriptum, verſiculus ſemper cum linea deſinit. Accentus item cujuſvis generis uno puncto notantur, ut vides in ſpecimine: ſpiritus negliguntur. Accentus autem; acutum nempe, gravem & circumflexum, uno puncto indiſcriminatim annotatos nuſpiam alias vidimus. Qui porro uſus accentuum fuerit in vocali pronuntiatione, & qua ratione ſyllabarum quantitatem & accentuum inflexionem veteres conciliaverint, nondum ita perſpicue explanatum eſt.

In ſpecimine autem habetur Pſalmus primus & poſtremus, ſcilicet centeſimus quinquageſimus, qui in Libris ſacris eſt ultimus: nam centeſimus quinquageſimus primus, qui ſuperadditus fuit, neque in Hebraïco, neq in vetuſtiſſimis olim Bibliis Græcis extabat. Hujus vero tres primi verſiculi in ſpecimine

SPECIMEN EX PSALTERIO SEDULII SCOTTI MANU GRÆCE SCRIPTO, IX. SÆCULI.

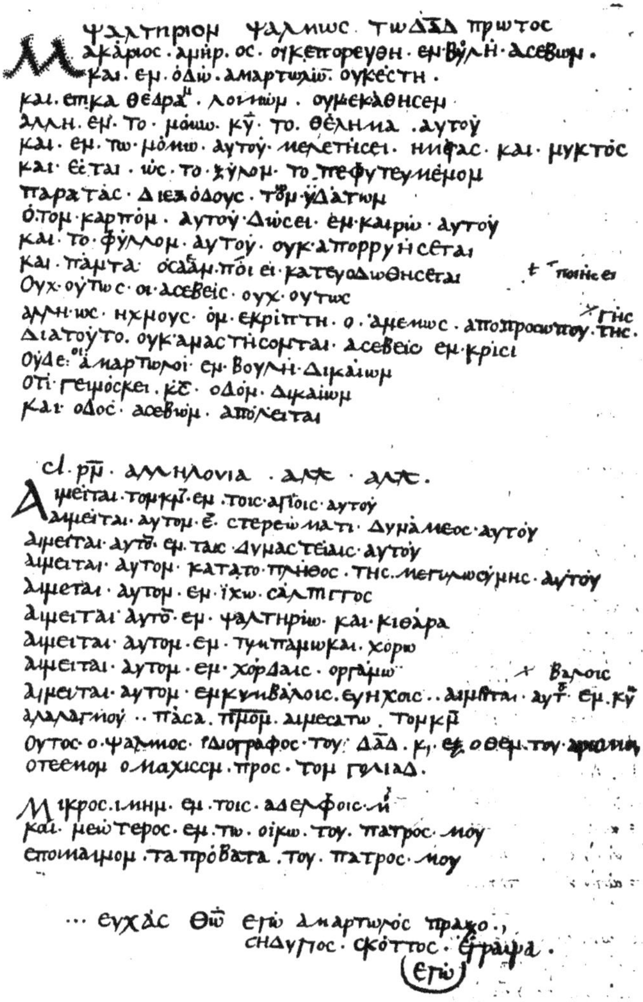

ψαλτηριον ψαλμως τω ΔΑΔ πρωτος
Μακάριος ανήρ ος ουκ επορευθη εν βουλη ασεβων
και εν οδω αμαρτωλων ουκ εστη
και επι καθεδρα λοιμων ουκ εκαθησεν
αλλη εν το νόμω κυ το θέλημα αυτου
και εν τω νόμω αυτου μελετήσει ημερας και νυκτος
και εσται ως το ξύλον το πεφυτευμένον
παρα τας διεξόδους των υδάτων
ό τον καρπόν αυτου δώσει εν καιρώ αυτου
και το φύλλον αυτου ουκ απορρυήσεται
και πάντα οσα αν ποιει ει κατευοδωθησεται + ποιησει
Ουχ ούτως οι ασεβείς ουχ ούτως
αλλη ως ηχνους ον εκρίπτη ο άνεμος απο προσωπου της + γης
Δια τουτο ουκ αναστήσονται ασεβεις εν κρισει
Ουδε οι αμαρτωλοι εν βουλη δικαίων
Οτι γινώσκει κς οδον δικαίων
και οδος ασεβών απόλειται

αλ. ρπ. αλληλουια. αλλ. αλλ.
Αινειται τον κν εν τοις αγίοις αυτου
Αινειται αυτον εν στερεώματι δυνάμεως αυτου
Αινειται αυτον επι ταις δυναστείαις αυτου
Αινειται αυτον κατα το πληθος της μεγαλωσύνης αυτου
Αινειται αυτον εν ήχω σάλπιγγος
Αινειται αυτον εν ψαλτηρίω και κιθάρα
Αινειται αυτον εν τυμπανω και χορω
Αινειται αυτον εν χορδαις οργάνω + βαλοις
Αινειται αυτον εν κυμβάλοις ευηχοις. αινειται αυτ εν κυ
αλαλαγμου. πασα πνοη αινεσατω τον κν
Ουτος ο ψαλμος ιδιογραφος του ΔΑΔ και εξωθεν του αριθμου
οτε εμονομαχησεν προς τον γολιαδ.

Μικρος ημην εν τοις αδελφοις μου
και νεώτερος εν τω οίκω του πατρος μου
εποιμαινον τα πρόβατα του πατρος μου

... ευχας θω εγω αμαρτωλος πραξο.,
σηδυλιος σκόττος έγραψα.
(εγω)

habentur: cæteri novem ejusdem superadditi Psalmi nullo dispendio omittuntur in exemplo, licet in Codice habeantur. Post completum vero hunc postremum & supervacaneum Psalmum, legitur qua forma vides in specimine,

. . . εὐχαὶ Θεῷ ἐγὼ ἁμαρτωλὸς προσάξω. . .

Σηδύλιος Σκῶτος ἐγὼ ἔγραψα.

Hoc est. . . . *Vota Deo ego peccator. . . . ego Sedulius Scottus scripsi.*

Observatu dignum est, hunc Codicem, ut dixi, στιχηρῶς sive cum versiculorum distinctione scriptum esse. Etsi porro de versiculorum prisca illa divisione actum a nobis sit in primo Libro, non ab re fuerit distinctionem illam vulgari characterum forma depingere, eodemque modo Latine vertere; ut si quis στίχων ejusmodi memoriam apud veteres deprehendat, quod frequenter occurrit, statim quid iis significetur intelligat.

Ψαλτήριον. Ψαλμὸς τοῦ Δαυὶδ πρῶτος.

Μακάριος ἀνὴρ ὃς οὐκ ἐπορεύθη ἐν βουλῇ ἀσεβῶν
Καὶ ἐν ὁδῷ ἁμαρτωλῶν οὐκ ἔστη
Καὶ ἐν καθέδρᾳ λοιμῶν οὐκ ἐκάθισε
Ἀλλ' ἢ ἐν τῷ νόμῳ κυρίου τὸ θέλημα αὐτοῦ
Καὶ ἐν τῷ νόμῳ αὐτοῦ μελετήσει ἡμέρας καὶ νυκτός:
Καὶ ἔσται ὡς τὸ ξύλον τὸ πεφυτευμένον
Παρὰ τὰς διεξόδους τῶν ὑδάτων
Ὃ τὸν καρπὸν αὐτοῦ δώσει ἐν καιρῷ αὐτοῦ
Καὶ τὸ φύλλον αὐτοῦ οὐκ ἀποῤῥυήσεται
Καὶ πάντα ὅσα ἂν ποιῇ κατευοδωθήσεται
Οὐχ οὕτως οἱ ἀσεβεῖς, οὐχ οὕτως
* in Codice ὁ mendose. Ἀλλ' ἢ ὡς * ὁ χνοῦς, ὃν ἐκρίπτει ὁ ἄνεμος ἀπὸ προσώπου τῆς γῆς
Διὰ τοῦτο οὐκ ἀναστήσονται ἀσεβεῖς ἐν κρίσει
Οὐδὲ οἱ ἁμαρτωλοὶ ἐν βουλῇ δικαίων
Ὅτι γινώσκει κύριος ὁδὸν δικαίων
Καὶ ὁδὸς ἀσεβῶν ἀπολεῖται

Postremus vero Psalmus, scilicet CL. sic per versiculos distinguitur.

Ρν'. Ἀλληλούϊα.

in MSS. αἰνεῖται ubique. Αἰνεῖτε τὸν κύριον ἐν τοῖς ἁγίοις αὐτοῦ
Αἰνεῖτε αὐτὸν ἐν στερεώματι δυνάμεως αὐτοῦ
Αἰνεῖτε αὐτὸν ἐν ταῖς δυναστείαις αὐτοῦ
Αἰνεῖτε αὐτὸν κατὰ τὸ πλῆθος τῆς μεγαλωσύνης αὐτοῦ
Αἰνεῖτε αὐτὸν ἐν ἤχῳ σάλπιγγος
Αἰνεῖτε αὐτὸν ἐν ψαλτηρίῳ καὶ κιθάρᾳ
Αἰνεῖτε αὐτὸν ἐν τυμπάνῳ καὶ χορῷ
Αἰνεῖτε αὐτὸν ἐν χορδαῖς καὶ ὀργάνῳ
Αἰνεῖτε αὐτὸν ἐν κυμβάλοις εὐήχοις
Αἰνεῖτε αὐτὸν ἐν κυμβάλοις ἀλαλαγμοῦ
Πᾶσα πνοὴ αἰνεσάτω τὸν κύριον.

Hæc illa vetus distinctio per versus sive per κῶλα & κόμματα erat, qua ad faciliorem lectionem utebantur antiqui; ita ut singulas periodi sectiones a linea ducerent, & plerumque sectiones illas seu versiculos ad calcem operum enumerarent. Duos autem postremos versiculos, quos brevioris spatii causa Sedulius Scottus consequenter scripserat, ut vides in schemate, a linea scripsimus pro veteri more.

Cæterum nota ſequens, οὗτος ὁ ψαλμὸς ἰδιόγραφος τοῦ Δαυίδ, καὶ ἔξωθεν τοῦ ἀριθμοῦ, ὅτε ἐμονομάχησεν πρὸς τὸν Γολιάδ, ad ſubſequentem pſalmum ſuperadditum pertinet, & ita vertitur, *Hic Pſalmus propria Davidis manu ſcriptus, & extra numerum eſt : quando ſingulari certamine pugnavit cum Goliad.* Deinde ſequitur initium pſalmi ſuperadditi, Μικρὸς ἤμην &c. Pſalmi autem primus & ultimus ſic Latinè per verſiculos diſtinguuntur.

Pſalmus ipſi David I.

Beatus vir qui non abiit in concilio impiorum
Et in via peccatorum non ſtetit
Et in cathedra peſtilentium non ſedit
Sed in lege Domini voluntas ejus
Et in lege ejus meditabitur die ac nocte
Et erit tamquam lignum plantatum
Secus decurſus aquarum
Quod fructum ſuum dabit in tempore ſuo
Et folium ejus non defluet
Et omnia quæcumque faciet proſperabuntur
Non ſic impii non ſic
Sed tamquam pulvis quem projicit ventus a facie terræ
Ideo non reſurgent impii in judicio
Neque peccatores in concilio juſtorum
Quoniam novit Dominus viam juſtorum
Et iter impiorum peribit

Centeſimus-quinquageſimus ſic per verſiculos diſtribuitur.

CL. Alleluia.

Laudate Dominum in Sanctis ejus
Laudate eum in firmamento virtutis ejus
Laudate eum in virtutibus ejus
Laudate eum ſecundum multitudinem magnitudinis ejus
Laudate eum in ſono tubæ
Laudate eum in pſalterio & cithara
Laudate eum in tympano & choro
Laudate eum in chordis & organo
Laudate eum in cymbalis beneſonantibus
Laudate eum in cymbalis jubilationis
Omnis ſpiritus laudet Dominum

Poſt Pſalterium ſequuntur Cantica ſcripturæ, nempe Canticum Exodi poſt tranſitum maris Rubri, Ἄσωμεν τῷ κυρίῳ, ἐνδόξως, *Cantemus Domino, glorioſe :* Canticum Deuteronomii, Πρόσεχε οὐρανὲ, καὶ λαλήσω, *Attende cælum & loquar :* Canticum Habacuc prophetæ, Κύριε εἰσακήκοα τὴν ἀκοήν σου, *Domine audivi auditum tuum :* Canticum Annæ Samuelis matris, Ἐστερεώθη ἡ καρδία μου ἐν κυρίῳ, *Confirmatum eſt cor meum in Domino:* Cant. Heſaïæ, ἐκ νυκτὸς ὀρθρίζει τὸ πνεῦμά μου, *De nocte vigilat ſpiritus meus :* Canticum trium puerorum, Εὐλογητὸς εἶ κύριε, *Benedictus es Domine ;* &, εὐλογεῖτε πάντα τὰ ἔργα, *Benedicite omnia opera :* Canticum Jonæ, Ἐβόησα ἐν θλίψει μου, *Exclamavi in preſſura mea.* Hæc omnia Græcè & Latinè ſecundum veterem verſionem Italam. Poſt ſequuntur Cantica novi Teſtamenti, *Magnificat*, *Benedictus*, &, *Nunc dimittis ;* deinde, *Pater noſter*, & ſymbolum Nicænum, Græce & Latine omnia.

Quia vero vetus illa verſio Itala jamdiu maxima ſui parte periit, non abs te erit hic primum Moysis Canticum Græce & Latine proferre prout habetur in Codice Sedulii Scotti : ubi Græca versio LXX. Interpretum στιχηρῶς sive per κῶλα & κόμματα scribitur; Latina autem versio vetus Itala per κῶλα item & κόμματα, sive per versiculos, e regione locatur.

Exod. 15. v. 1.

Α. ᾠδὴ τοῦ (sic) Ἐξόδου.

Ἄσωμεν τῷ κυρίῳ, ἐνδόξως γὰρ μεγαλώσης (sic) δεδόξασθε (sic)
ἵππον ϗ ἀναβάτην ἔῤῥιψεν εἰς θάλασσαν
βοηθὸς ϗ ὑπερασπιστὴς ἐγένετό μοι εἰς σωτηρίον (sic)
Οὗτος ὁ θεός μου ϗ δοξάσω αὐτὸν
Θεὸς τοῦ πατρός μου, ϗ ὑψώσω αὐτόν
Κύριος συντρίβων πολέμους, κύριος ὄνομα αὐτῷ
ἅρματα Φαραὼ ϗ τὴν δύναμιν αὐτοῦ ἔῤῥιψεν εἰς θάλασσαν
ἐπιλέκτους, ἐπιβάτας, τριστάτας κατεπόντισεν ἐν ἐρυθρᾷ θαλάσσῃ
πόντῳ ἐκάλυψεν αὐτούς, κατέδυσαν εἰς βύθος ὡσεὶ λίθος
ἡ δεξιά σου κύριε δεδόξασται ἐν ἰσχυΐ,
ἡ δεξιά τῆς χειρός σου κύριε ἔθραυσεν ἐχθρούς,
καὶ ἐν τῷ πλήθει τῆς δόξης σου συνέτριψας ἐχθρούς.
ἀπέστειλας τὴν ὀργήν σου, ϗ κατέφαγεν αὐτοὺς ὡς καλάμην,
καὶ διὰ πνεύματος τοῦ θυμοῦ σου διέστη τὸ ὕδωρ
ἐπάγη ὡσεὶ τεῖχος τὰ ὕδατα
ἐπάγη τὰ κύματα ἐν μέσῳ τῆς θαλάσσης
Εἶπεν ὁ ἐχθρὸς διώξας καταλήψομαι
μεριῶ σκῦλα, ἐμπλήσω τὴν ψυχήν μου
ἀνελῶ τῇ μαχαίρᾳ μου, κυριεύσει χείρ μου
* Ms. ἀπέστειλεν. * ἀπέστειλας τὸ πνεῦμά σου, ϗ ἐκάλυψεν αὐτοὺς θάλασσα
ἔδυσαν ὡσεὶ μόλιβος ἐν ὕδατι σφοδρῷ
τίς ὅμοιος σοι ἐν θεοῖς κύριε; τίς ὅμοιος σοι
δεδοξασμένος ἐν ἁγίοις, θαυμαστὸς ἐν δόξαις ποιῶν τέρατα.
ἐξέτεινες τὴν δεξιάν σου καὶ κατέπιεν αὐτοὺς ἡ γῆ
ὡδήγησας τὸν λαόν σου τοῦτον, ὃν ἐλυτρώσω
παρεκάλεσας ἐν τῇ ἰσχυΐ σου εἰς κατάλυμα ἅγιόν σου
ἤκουσαν ἔθνη ϗ ὠργίσθησαν
ὠδῖνες ἔλαβον κατοικοῦντας Φυλιστιείμ
τότε ἔσπευσαν ἡγεμόνες Εδώμ
ϗ ἄρχοντες Μωαβιτῶν, ἔλαβεν αὐτοὺς τρόμος
ἐτάκησαν πάντες οἱ κατοικοῦντες Χανααὰν
ἐπιπέσοι ἐπ' αὐτοὺς φόβος ϗ τρόμος ἐν μεγέθει βραχίονός σου
ἀπολιθωθήτωσαν ἕως ἂν παρέλθη (sic) τοὺς λαούς σου κύριε
ἕως ἂν παρέλθῃ ὁ λαός σου κύριε
οὗτος ὃν ἐκτήσω
Εἰσαγαγὼν καταφύτευσον αὐτοὺς εἰς ὄρος κληρονομίας σου
εἰς ἕτοιμον κατοικητήριόν σου, ὃ κατειργάσω κύριε
ἁγίασμα κύριε ὃ ἡτοίμασαν αἱ χεῖρές σου
κύριος βασιλεύων τὸν αἰῶνα ϗ ἐπ' αἰῶνα ϗ ἔτι
ὅτι εἰσῆλθεν ἵππος Φαραὼ σὺν ἅρμασι ϗ ἀναβάταις αὐτοῦ εἰς θάλασσαν
ϗ ἐπήγαγεν ἐπ' αὐτοὺς ὁ κύριος τὸ ὕδωρ τῆς θαλάσσης
υἱοὶ δὲ Ισραὴλ ἐπορεύθησαν διὰ ξηρᾶς ἐν μέσῳ τῆς θαλάσσης

Primum

Primum Canticum Exodi.

I. Cantemus Domino gloriose enim magnificatus est,
equum & ascensorem projecit in mare;
Adjutor & protector factus est mihi in salutem.
Iste Deus meus & glorificabo eum,
Deus Patris mei, & exaltabo eum.
Dominus conterens bella, Dominus nomen est ei.
Currus Faraonis & exercitum ejus projecit in mare:
electos ascensores, ternos stantes, demersit in Rubro mare,
Pelago cooperuit eos, devenerunt in profundum tamquam lapis.
II. Dextera tua, Domine, glorificata est in virtute,
dextera manus tua, Domine, confregit inimicos,
& per multitudinem gloriæ tuæ contribulasti adversarios,
Misisti iram tuam & comedit illos tamquam stipulam,
& per spiritum iræ tuæ divisa est aqua.
Gelaverunt tamquam murus aquæ,
gelaverunt fluctus in medio mari.
III. Dixit inimicus, persequens comprehendam,
partibor spolia, replebo animam meam:
interficiam gladio meo, dominabitur manus mea.
Misisti spiritum tuum & cooperuit eos mare,
descenderunt tamquam plumbum in aquam validissimam.
IV. Quis similis tibi in diis, Domine, quis similis tibi?
gloriosus in Sanctis, mirabilis in majestatibus, faciens prodigia:
Extendisti dexteram tuam & devoravit eos terra,
gubernasti populum tuum hunc, quem redemisti.
Exhortatus es in virtute tua, in requie sancta tua.
V. Audierunt gentes & iratæ sunt,
dolores comprehenderunt habitantes Philistim,
Tunc festinaverunt duces Edom
& principes Moabitarum adprehendit illos tremor,
fluxerunt omnes habitantes Chanaan.
Cecidit super eos timor & tremor, magnitudine brachii tui.
VI. Fiant tamquam lapis donec pertranseat populus tuus, Domine,
usque dum transeat populus tuus, Domine,
hunc quem adquisisti.
Inducens plantato eos in montem hæreditatis tuæ
in præparatam habitationem tuam, quam præparasti, Domine,
sanctificationem, Domine, quam paraverunt manus tuæ,
VII. Domine, qui regnas in æternum & in sæculum & adhuc:
Quia introiit equitatus Faraonis cum curribus & ascensoribus in mare,
& adduxit super eos Dominus aquas maris:
Filii autem Israël transierunt per siccum in medio mari.

Errata frequentia & mutationes vocalium obvias non expressimus in Græco textu : monuisse sufficiat indiscriminatim ε pro αι, & αι pro ε, ι pro ει & pro οι, ω pro ο, & vicissim, & nonnumquam η & υ pro ι, ac e converso, in hoc exemplari occurrere.

Hic ut longe prolixiores periodi texuntur ; sic etiam longiora κῶλα & κόμματα. Literis autem numericis, quales habentur ad marginem Latinæ versionis, periodos annotasse puto Sedulium Scottum. Divisiones autem istæ non semper recte positæ videntur : nec quadrant omnino cum aliis Scripturæ libris per κῶλα & κόμματα scriptis, quorum specimina attulimus supra.

Versio e regione Græci textûs LXX. Interpretum posita, est vetus Itala, ut jam diximus. Ex illa autem versione exsumtæ sunt Antiphonæ multæ, Tractus, & aliæ partes Officii Ecclesiastici, ut etiam nunc in Ecclesia canuntur. Cujus rei conspicuum exemplum habetur in versiculo 26. hujus Cantici secundum veterem versionem Italam, qui sic habet : *Exhortatus es in virtute tua, in requie sancta tua :* & feria quinta in Cœna Domini canitur pro Antiphona ad hoc Moysis Canticum, mutato tamen illo, *in requie* : nam ibi legitur, *in refectione* : ac Antiphona sic habet : *Exhortatus es in virtute tua & in refectione sancta tua, Domine.* Hæc porro Antiphona ex ipso Cantico pro more solito desumta, secundum veterem Italam versionem legitur, quia secundum eamdem versionem, tunc in Ecclesia usu receptam, totum Canticum in officio legebatur. Post invectam autem S. Hieronymi versionem, Canticum quidem ut in eadem Hieronymi versione erat, in officium inductum est ; sed prisca Antiphona secundum veterem Italam, ibidem relicta, hactenus canitur feria quinta in Cœna Domini. Quandonam autem ubique per Ecclesiam recepta fuerit S. Hieronymi versio, non est præsentis instituti disquirere. Sed non prætermittendum est, loco illius versiculi, *Exhortatus es in virtute tua, in requie sancta tua*, vel, *& in refectione sancta tua ;* in versione S. Hieronymi legi, *Et portasti eum in fortitudine tua ad habitaculum sanctum tuum.* Expressit autem ex Hebraïco נהלת בעזך אל-נוה קדשך. Vetus versio hujus versiculi, *Exhortatus es in virtute tua, in requie sancta tua*, ex Græco pro more exprimitur, Παρεκάλεσας ἐν τῇ ἰσχύϊ σου εἰς κατάλυμα ἅγιόν σου : qui locus sic etiam verti potest, *Advocasti in fortitudine tua in habitaculum sanctum tuum.*

Ad calcem Codicis, ejusdem Sedulii Scotti manu descripta sunt testimonia & vaticinia Exterorum de Christo venturo ; nempe Orphei, qui a Clemente Alexandrino, Θεολόγος, *Theologus* vocatur, Sibyllæ, Apollinis, Hesiodi, Mercurii Trismegisti : qualia multa a Justino Martyre, Clemente Alexandrino, Lactantio & aliis adferuntur. Inter ea vero, quæ Sedulius Scottus collegit, multa nondum edita sunt : nec tamen hic edenda destinaveram ; verum amicorum hortatui cessi, qui non prætermittenda censuere : quoniam etsi per se non tanti facienda videantur ; in hoc tamen utilia, quod illustrandis veterum Patrum locis non parum conferant : & alioquin non tam prolixa sunt, ut lectori fastidium movere possint. Carmina Sibyllæ cum editis non semper consentiunt : interdum etiam quæ in editis carmine exprimuntur, hic pedestri oratione jacent. Quare ut exstant in hoc exemplari, non additis variis lectionibus, utpote nimiis, illa subjungimus. Cæterum quædam hic Arianismum olent, ab Ariano fortasse quopiam adjecta.

Orpheus dicit.	Sedulii Versio.
Πρωτόγονος Φαέθων περιμήκεος ἠέρος υἱός.	Principio genitus Phaëton longo aëre natus. *Qui & Phanes i. apparens* (sic)
Ἔκτισεν ἀθανάτοις δόμον ἄφθιτον, ὁ δὲ θεὸς εἷς.	Condidit immortalibus domum incorruptibilem. Deus autem unus:
Ὁ δὲ εἷς ὀνόματος οὐ προσδέομαι· ἔστι γὰρ ὁ ὢν ἀνώνυμος.	unus nominis non eget: est enim qui sine nomine est.
Σιοὺ Deos, non Θεὺς: & concilium, non βυλλώ, sed βυλίαν appellabant. *Sedul.*	
(Sibylla.) Εἷς Θεὸς ὁ μόνος, ἄχρι ὑπερμεγέθης, ἀγένητος.	Unus Deus, qui solus est, usque amplissimus, increatus.
Ἀλλὰ Θεὸς μόνος, εἷς πανυπέρτατος, ὃς πεποίηκεν	Sed Deus solus, unus eminentissimus, qui fecit
Οὐρανὸν ἠέλιόν τε, καὶ ἀστέρας, ἠδὲ σελήνην,	Cælum, solemque & stellas & lunam,
Καρποφόρον γαῖάν τε καὶ ὕδατος οἴδματα πόντου.	Frugiferam terramque, & aquæ tumores ponti.
Αὐτὸν τὸν μόνον ὄντα σέβεσθε, ἡγήτορα κόσμου.	Ipsum, qui solus est, colite, principem & creatorem mundi,
Ὃς μόνος εἰς αἰῶνα, καὶ ἐξ αἰῶνος ἐτύχθη.	Qui solus est in sæculum & a sæculo factus permanet.
Μόνος γὰρ θεός εἰμι, καὶ οὐκ ἔστι θεὸς ἄλλος.	Solus enim Deus sum, & non est Deus alter.
(Apollo dicit.) Αὐτοφυής, ἀδίδακτος, ἀμήτωρ, ἀστυφέλικτος.	Ex se ortus, indoctus (*i. nullo Doctore usus,*) sine matre, inexpugnabilis.
Οὔνομα μηδὲ λόγῳ χωρούμενον, ἔμπυρος αἰών.	Nomen nec verbo capiendum, igneum sæculum.
Τοῦτο θεός· μικρὰ δὲ θεοῦ μερὶς ἄγγελοι ἡμεῖς.	Hoc Deus: modica autem Dei portio Angeli nos.
Πάνσοφε, πανδίδακτε, πολύστροφε, κλῦθι δαῖμον.	Omnia sapiens, omnia docte, qui per multa verteris, exaudi dæmon.
Ἁρμονίη κόσμου, φαεσφόρε, πάνσοφε δαῖμον.	* Coaptatio mundifera totius, omnia sapiens dæmon. (* *Concentus mundi, Lucifer, omnisapiens dæmon.*)
Δαίμονες οἳ φοιτῶσι περὶ χθόνα, καὶ περὶ πόντον,	Dæmones, qui pergunt circa terram & circa pontum,
Ἀκαμάτου δάμνονται ὑπὸ μάστιγος θεοῦ.	Infessi domantur sub verbere Dei.
Αὐτοφυής, αὐτογενής, ἀγένητος, ἀποίητος.	Ex se ortus, ex se genitus, non creatus, non factus.
(Sibylla.) Οὐ δύναται ἀνδρὸς ἐκ μηρῶν μήτρας τε θεὸς τετυπωμένος εἶναι.	Non potest viri ex feminibus & matrice Deus formatus esse.
Δαίμονας ἀψύχους, νεκύων εἴδωλα καμόντων,	Dæmones inanimes, cadaverum simulacra mortuorum,
Ὧν Κρήτη καύχημα, τάφους ἡ δύσμορος ἕξει.	Quorum Creta præ se feret sepulcra male peritura.
(Orpheus.) Πρῶτος τις μὲν ἄναξεν ἐπιχθονίων Κρόνος ἀνδρῶν.	Primus quidem regnavit in terra Saturnus virorum.
Ἐκ δὲ Κρόνου γένετο αὐτὸς ἄναξ εὐρύοπα Ζεύς.	Ex Saturno genitus ipse rex magnus omnia prospectans Jupiter.

Ζεὺς vel Ζῶ, id est, Jupiter, quod fratribus jam occisis supervixerit. *Sedul.*

Sibylla. Ἑλλὰς δὲ τί πέποιθας ἐπ' ἀνδράσιν εἶναι ἡγεμόνες.

Græcia autem quid confidis in viris esse rectores.

Τί δὲ δῶρα μάταια καταφθιμένοισι πορίζεις.

Cur autem dona inania mortuis adfers.

Θύεις εἰδώλοις, τίς σοι πλάνον ἐν φρεσὶ θῆκεν,

Hostias idolis celebras, quis tibi errorem in mente posuit:

Ταῦτα θέλειν προλιπόντα θεοῖο μεγάλοιο πρόσωπον.

Ut hæc velis derelicta Dei magni facie.

Erichthonius dictus est ἀπὸ τῆς ἔριδος καὶ χθονός; id est, ex certamine & terra. *Sedul.*

Apollo. Καὶ κεφαλὰς ᾅδῃ, καὶ τῷ πατρὶ πέμπετε φῶτα.

Et capita Diti, & Patri mittite lumina, vel faces.

Ἄνθρωπον, id est, hominem, Græci appellant, quod sursum spectet. *Sedul.*

Sibylla. Εἰκὼν ἐπεὶ ἄνθρωπος ἐμὴ λόγον ὀρθὸν ἔχουσα.

Quoniam homo imago mea rationem rectam habens.

Ὃς μόνος ἐστὶ θεὸς κτιστής, ἀκράτητος ὑπάρχων.

Qui solus est Deus conditor, creator, liber.

Αὐτὸς δ' ἐστήριξε τύπον μορφῆς μερόπων τε.

Ipse autem firmavit vultum formæ hominumque.

Αὐτὸς ἔμιξε φύσιν πάντων γενέτης βιότοιο.

Ipse miscuit naturam hominum in propaginem vitæ.

Οἱ δὲ θεὸν τιμῶντες ἀληθινὸν ἀέναόν τε,

Qui autem Deum honorant verum æternumque,

Ζωὴν κληρονομοῦσι τοῦ αἰῶνος χρόνον αὐτοί.

Vitam hæreditario jure possident, sæculi tempus ipsi.

Οἰκοῦντες παράδεισον ὁμοίως ἐριθηλέα κῆπον.

Habitantes paradisum simul amœnissimum hortum.

Ἄνθρωπον πλασθέντα θεοῦ παλάμησις ἔτεσιν, ὃν καὶ πλάνησεν ὄφις δολίως, ἐπὶ μοῖραν ἀνελθεῖν τοῦ θανάτου, γνῶσίν τε λαβεῖν ἀγαθοῦ καὶ κακοῦ.

Hominem fictum Dei manibus in annos: quem etiam seduxit vipera dolose, in fatum ascendere mortis, notionemque accipere boni & mali.

Hesiodus dicit:

Τοὶ μὲν δαίμονές εἰσιν Διὸς μεγάλου διὰ βουλάς,

Hi quidem dæmones sunt, Jovis magni propter voluntatem:

Ἐσθλοὶ ἐπιχθόνιοι φύλακες θνητῶν ἀνθρώπων.

Boni terrestris custodes, mortalium hominum

Mercurius. Μία φυλακὴ εὐσέβεια· εὐσεβοῦς γὰρ ἀνθρώπου, οὔτε δαίμων κακός, οὔτε εἱμαρμένη κρατεῖ. Θεὸς γὰρ ῥύσεται τὸν εὐσεβῆ ἐκ παντὸς κακοῦ. Ὃ γὰρ ἓν καὶ μόνον ἐν ἀνθρώποις ἐστὶν ἀγαθόν, εὐσέβεια. ἡ γὰρ εὐσέβεια γνῶσίς ἐστι τοῦ Θεοῦ.

Una custodia pietas: pium enim hominem nec dæmon malus, nec fatum tenet: Deus enim liberat pium ab omni malo. Quod enim unum & solum in hominibus est bonum, pietas: pietas enim scientia est Dei

Sibylla. Ἐπεὶ πλάνα πάντα ταῦτα ἐστίν, ἅπερ ἄφρονες ἄνδρες ἐρευνῶσιν κατ' ἦμαρ.

Quia errores omnia hæc sunt, quæ stulti viri scrutantur secundũ cor (l. *quotidie.*)

Hermes, qui & Mercurius & Trismegistus dicit:

Ὁ κύριος καὶ τῶν πάντων ποιητής, ὃν θεὸν καλεῖν νενομίκαμεν. ἐπεὶ τὸν δεύτερον ἐποίησε θεὸν ὁρατὸν καὶ αἰσθητόν. αἰσθητὸν δὲ

Dominus & omnium creator, quem Deum vocare censemus: quia secundum fecit Deum visibilem & sensibilem; sensi-

φημι· οὐ διὰ τοῦτο αἰσθέσθαι αὐτόν. περὶ γὰρ τούτου, μὴ πότερον αἰσθάνεται. ἀλλὰ ὅτι εἰς αἴσθησιν ὑποπέμπει καὶ νοεῖν.

bilem autem aio, non quia sentit ipse. De hoc enim non est, utrum ipse sentiat; sed quia in sensus submittit & mentem.

Ὅτι δὲ οὖν τοῦτον ἐποίησε πρῶτον καὶ μόνον καὶ ἕνα· καλὸς δὲ αὐτῷ ἐφάνη, καὶ πληρέστατος πάντων τῶν ἀγαθῶν, ἡγίασέν τε καὶ πάνυ ἐφίλησεν ὡς ἴδιον τόκον.

Quoniam ergo eum fecit primum & solum & unum: bonus autem ei visus est, & plenissimus omnium bonorum, sanctificavitque & valde amavit quasi suum filium.

ibylla. Πάντων τροφόν, κτιστήν, ὅστις γλυκὺ πνεῦμα κατέθετο καὶ ἡγητῆρα θεῶν πάντων ἐποίησε. Ἄλλον ἔδωκεν θεὸς πιστοῖς ἀνδράσιν γεραίρειν.

Omnium nutritorem, creatorem, qui dulcem spiritum omnibus adposuit, & principem deorum omniũ fecit. Alterũ dedit Deus fidelibus viris honorare. (*sic*)

Αὐτόν σε γίνωσκε θεὸν θεοῦ υἱὸν ἐόντα δημιουργόν, τοῦ θεοῦ σύμβουλον.

Ipsum tuum cognosce Deum, qui Dei Filius est, Dei consiliarium.

Mercurius. Αἴτιος δὲ τούτου αἰτίου ἡ τοῦ θεαγωγοῦ ἀγαθοῦ βούλησις. οὗ τὸ ὄνομα οὐ δύναται ἀνθρωπίνῳ στόματι λαληθῆναι.

Causa autem hujus causæ, quæ Deum provexit, divini boni voluntas. Cujus nomen non potest humano ore dici.

Ἔστι γάρ τις, ὦ τέκνον, ἀπόρρητος λόγος σοφίας, ὅσιος, περὶ τοῦ μόνου κυρίου πάντων, καὶ προεννοουμένου θεοῦ, ὃν εἰπεῖν ὑπὲρ ἄνθρωπόν ἐστιν.

Est enim aliquod, ô Fili, secretum verbum sapientiæ sanctum, de solo Domino omnium, &, qui ante mente capitur, Deo, quem dicere supra hominem est.

Apollo responsum de Christo.

pollo. Θνητὸς ἔην κατὰ σάρκα, σοφὸς τερατώδεσιν ἔργοις.

Mortali erat corpore, sapiens signis operum & monstris.

Ἀλλ᾽ ὑπὸ Χαλδαίοις δικασπολίεσιν ἁλωκώς.

Sed sub Chaldæis judicibus comprehensus.

Γόμφωσις σκολόπεσι πικρὴν ἀνέπλησε τελευτήν.

. . . . transfixus amarum recomplevit finem.

ibylla. Ἀνθήσει δ᾽ ἄνθος καθαρὸν πάντα λόγῳ περάσσων, πᾶσαν τε νόσον θεραπεύων· νεκρῶν δὲ ἀνάστασις ἔσται καὶ χωλῶν δρόμος ὠκύτατος, καὶ κωφὸς ἀκούσει, καὶ τυφλοὶ βλέψουσιν· ἄλαλοί σοι λαλέοντες.

Florescet autem flos purus, omnia verbo agens, omnemque ægritudinem curans. Mortuorum autem resurrectio erit, & claudorum cursus velox, & surdus audiet, & cæci videbunt, & muti loquentur.

Ἐξ ἄρτων ἅμα πέντε, καὶ ἰχθύεσσιν ἁλίοις,

Ex panibus autem quinque & piscibus marinis,

Ἀνδρῶν χιλιάδας ἐν ἐρήμῳ πέντε κορέσει,

Virorum millia in deserto quinque satiabit:

Καὶ τὰ περισσεύοντα λαβὼν κλάσματα, δώδεκα πληρώσει κοφίνους εἰς ἐλπίδα λαῶν.

Et quæ superfuerint tollens frusta, duodecim implebit qualos (*sic*) in spem populorum.

Τοὺς ἀνέμους παύσει ἐν λόγῳ, στρώσει δὲ θάλασσαν μαινομένην, ἐν ποσὶν εἰρήνης πίστει τε πατήσας.

Ventos strabit verbo: sternet autem maria furentia, in pedibus pacis & fidei calcans.

Κύματα πατήσει, νόσον ἀνθρώπων ἀπολύσει,

Fluctus perambulabit, languorem hominum curabit:

Ζήσει τεθνεῶτας, ἀπώσεται ἄλγεα πολλά.

Vivificabit mortuos, arcebit dolores multos:

Ἐκ δὲ μιῆς πηγῆς ἄρτου, κόρεσις ἔσται ἀνδρῶν.

Ex uno autem pane satietas erit viris.

Φήσουσι Σίβυλλαν μαινομένην, ψεύστριαν ἔμπαλιν δὲ, γένηται ἅπαντα, ἡνίκα μου μνήμην ποιήσονται, καὶ οὐκέτι με οὐδεὶς τὴν μαινομένην φήσει, τὴν θεοῦ μεγάλοιο προφῆτιν.

Dicent Sibyllam furiosam, mendacem: cum autem facta fuerint omnia, tunc mei memoriam facient, & nemo me adhuc furiosam dicet; sed Dei magni profetin.

Οἰκτρὸς, ἄτιμος, ἄμορφος, οἰκτροῖς ἐλπίδα δώσει. ἀλλ' ὅτε δὲ ταῦτα πάντα τελειωθῇ, ἅπερ εἶπον εἰς αὐτὸν, τότε πᾶς λύσεται νόμος.

Vilis, ignominiosus, informis, vilibus spem dabit. Sed cum hæc omnia perficientur, quæ dixi in ipsum, tota desinet lex

Εἰς ἀνόμους χεῖρας καὶ ἀπίστων ὕστερον ἥξει·

In manus iniquas & infidelium postea veniet:

Δώσουσι δὲ θεῷ ῥαπίσματα χερσὶν ἀνάγνοις,

Dabunt autem Deo palmas manibus incestis,

Καὶ στόμασι μιαροῖσιν πτύσματα φαρμακόεντα.

Et oribus prodigiosis spuent salivas venenatas.

Δώσει δ' εἰς μάστιγας ἁπλῶς ἁγνὸν τότε νῶτον

Dabit autem hunc in verbera simplex & innocens dorsum

Καὶ κολαφιζόμενος σιγήσει μήτις ἐπιγνῷ τίς λόγος, ἢ πόθεν ἦλθεν ἵν' ἐφθιμένοισι λαλήσῃ, καὶ στέφανον φορέσῃ τῆς ἀκάνθινον

Et colaphos accipiens tacebit, ne quis agnoscat verbum, vel unde venit ut fessis loquatur, & corona spinea coronetur

Εἰς δὲ τὸ βρῶμα χολὴν, καὶ εἰς δίψαν ὄξος ἔδωκαν. τῆς ἀφιλοξενίας * ταύτην δείξουσι τράπεζαν. Αὕτη γὰρ ἄφρων τὸν σὸν θεὸν οὐκ ἐνόησας, παίζοντα θνητοῖς νοήμασι, ἀλλ' ἀκάνθης ἔστεψας στεφάνῳ, φοβερὴν τε χολὴν ἐκέρασας. Ναοῦ δ' ἐσχίσθη τὸ πέτασμα, καὶ ἤματι μέσῳ νὺξ ἔσται σκοτόεσσα πελώριος ἐν τρισὶν ὥραις· καὶ θάνατος μοῖραν τελέσει τρίτον ἦμαρ ὑπνώσας, καὶ τότε ἀπὸ φθιμένων ἀναλύσας εἰς φάος ἥξει, πρῶτος ἀναστάσεως κλητοῖς ἀρχὴν ὑποδείξας, τῶν ἰουδαίων μακαρείων θεῖον γένος οὐρανιώνων.

*vox dubia

In escam autem fel, & in siti acetum dederunt: inhumanitatis cum hanc mensam ostendunt. Tu enim, stulta, Deum tuum non cognovisti, ludentem humanis sensibus, sed spinea coronasti corona, horrendumque fel miscuisti. Templi autem scindetur velum, & die medio nox erit obscura magna in tribus horis: & mors fatum finiet, tertium diem dormiens, & tunc a mortuis rediens in lucem veniet, primus resurrectionis initium vocatis ostendet, Judæorum beatorum divinum genus cæleste.

Mercurius. Καὶ τὸ αὐτὸ ἐξ ἑκατέρων φύσεων τῆς τε ἀθανάτου καὶ τῆς θνητῆς μίαν ἐποίει φύσιν τὴν τοῦ ἀνθρώπου, πῇ μὲν ἀθάνατον, πῇ δὲ θνητὸν ποιήσας. καὶ τοῦτον φέρων ἐν μέσῳ τῆς θείας καὶ ἀθανάτου φύσεως, καὶ τῆς θνητῆς καὶ μεταβλητῆς ἵδρυσεν· ἵνα πάντα μὲν ὁρῶν, πάντα θαυμάζῃ.

Et hoc idem ex utraque natura immortalique & mortali, unam faciebat naturam hominis. Eumdemque in aliquo quidem immortalem, in aliquo autem mortalem faciens, & istum ferens in medio divinæ & immortalis naturæ, & mortalis mutabilisque constituit; ut omnia quidem videns, omnia miretur.

Apollo dicit.

Ψυχὴ μὲν μέχρις οὗ δεσμοὺς πρὸς σῶμα κρατῆται,

Anima quidem quamdiu vinculis in corpore tenetur,

φθαρτὰ νοῦσα πάθη θνηταῖς ἀλγηδόσιν εἴκει.

Corruptibiles passiones sentiens mortalibus cedit doloribus.

Ἡνίκα δ' ἀνάλυσιν βροτείην μετὰ σῶμα φθαρθὲν

Cum vero solutionem humanam post corpus corruptum

Ὠκίστην εὕρηται; εἰς αἰθέρα πᾶσα φορεῖται

Velocissimam invenerit, in æthera omnis fertur

†vox dubia Ἀγήραος οὖσα μένει εἰς πάντ' * ἀναπήρης

Numquam senescens & manet in æternum sine pœna

Πρωτόγονος γὰρ τοῦτο θεία διέταξε πρόνοια.

Primogenita: etenim hoc divina disposuit prudentia.

Sibylla. Σάλπιγξ οὐρανόθεν φωνὴν πολύθρηνον ἀφήσει.

Tuba de cælo vocem luctuosam emittet.

Ἔσται κόσμος ἄκοσμος ἀπολλυμένων ἀνθρώπων.

Erit mundus immundus pereuntibus hominibus.

Ἐπὰν δὲ ταῦτα γένηται, ὦ Ἀσκληπιέ, τότε ὁ κύριος καὶ πατὴρ, καὶ τοῦ πρώτου καὶ ἑνὸς θεοῦ δημιουργὸς, ἐπιβλέψας τοῖσι γινομένοις, καὶ τὴν ἑαυτοῦ βούλησιν, τουτέστι τὸ ἀγαθὸν ἀντερείσας τῇ ἀταξίᾳ καὶ ἀνακαλεσάμενος τὴν πλάνην, καὶ τὴν κακίαν ἐκκαθάρας, πῇ μὲν ὕδατι πολλῷ κατακλύσας, πῇ δὲ πυρὶ ὀξυτάτῳ διακαύσας· ἐνίοτε δὲ πολέμοις καὶ λοιμοῖς *ἐκπιέσας ἤγαγεν ἐπὶ τὸ ἀρχαῖον, καὶ ἀπεκατέστησε τὸν ἑαυτοῦ κόσμον

Cum autem hæc facta fuerint, Æsculapi, tunc Dominus & Pater & Deus, primique atque solius Dei Creator, respiciés facta & suam voluntatem, id est, bonitatem opponens disturbationi, & revocans errorem, atque malitiam purgans, alicubi quidem aqua multa deluens; alicubi autem igni velocissimo exurens; interdum autem bellis ac pestibus excitatis, reduxerit ad antiquum, & restituit suum mundum.

Sibylla. Ἥξει καὶ μακάρων ἐθέλων πόλιν ἐξαλαπάξαι.

Veniet & beatorum expugnare urbem & volens.

Καί κεν τις θεόθεν βασιλεὺς πεμφθεὶς ἐπὶ τοῦτο

Et tunc aliquis a Deo Rex missus ad istum

Πάντας ὀλεῖ βασιλεῖς μεγάλους καὶ φῶτας ἀρίστους.

Omnes perdet reges magnos & viros potentes.

Εἶθ' οὕτως κρίσις ἔσται ὑπ' ἀφθίτου ἀνθρώποισιν.

Postea judicium erit ab incorruptibili hominibus.

Καὶ τότε ἀπὸ ἠελίοιο θεὸς πέμψει βασιλῆα,

Et tunc a solis ortu Deus mittet Regem,

Ὃς πᾶσαν γαῖαν παύσει πολέμοιο κακοῖο.

Qui omnem terram compescat a bello malo.

Τὸ ξυλὸν ἡμῶν δούλων δυσβάστακτον ἐπ' αὐχέν.

Jugum nostræ servitutis intolerabile super colla positum tollet.

Καὶ θεσμοὺς ἀθέους λύσει δεσμούς τε βιαίους.

Et leges impias solvet vinculaque violenta.

Ὁπόταν ἔλθῃ πῦρ, ἔσται σκότος ἐν μέσῃ νυκτὶ μελαίνῃ· τεύξουσι δὲ εἴδωλα βροτοὶ καὶ πλοῦτον ἅπαντα. ἔργα δὲ χειρῶν ποιητὰ θεῶν κατακαυθήσονται.

Cum venerit ignis erunt tenebræ in media nocte obscura. Conterent autem homines simulacra & divitias omnes. Opera autem deorum humanis manibus facta exurentur.

Sequitur exemplum ex Glossario Græcolatino Bibliothecæ S. Mariæ Laudunensis, quæ vetustissimis Codicibus referta est. Est autem Glossarium istud in

INCIPIT GLOSSARIŪ GRECUM PER ORDINEM LIT...

αβακουτοϲ	Inbacchatus
αβαξ	abacus
αβαρηϲ	Non grauis
αβαρεϲ	Non graue
αβαϲκαντοϲ	Infascinabilis
αβαϲκαντον	Infascinabile
αβαϲκαντωϲ	Sine fascino infascinate
αβατοϲ	Inaccessus inuia deuia
αβαφοϲ	Intinctus
αβεβιοϲ	Infirmus incertus instabilis
αβεβαιοτηϲ	Infirmitas
αβελτεροϲ	Insalsus absurdus
αβιαϲτον	Inuiolatum
αβιεϲ · l. αβιοϲ	Sine uita
αβλαβηϲ	Illaesus innoxius innocens
αβλαβεια	Innoxia innocentia
αβλεψια	Sollicitudo
αβουλοϲ	Incogitatus inconsultus
αβουλια	Inconsultum
αβουλωϲ	Inconsulte
αβροϲ	Glaber delicatus
αβροχια	Siccitas
αβρωτον	Irrosum inaesum
αβυϲϲοϲ	Hoc profundum abyssus

in charta membranacea nono sæculo conscriptum: ut periti omnes vel ex charactere Latino e regione posito fateantur. Literæ Græcæ, unciales sunt, non parum discrepantes ab iis, quæ in exemplaribus ejusdem ævi Græcorum manu conscriptis habentur. A initiale, sic descriptum, ter observatur a principio: quam formam nusquam vidimus in manuscriptis Græcis, Græcorum manu exaratis; sed apud Latinos Librarios, qui Græce scriberent, non infrequens est: habeturque in Psalterio Sedulii Scotti passim. In Græcis autem Græca manu exaratis Codicibus sicubi exstet, nondum incidit in manus; licet hæc forma in marmoribus & nummis frequentissima, & fere unica sit. B, oblongæ lineæ semper insidet sic B. N primam lineam ab imo producit ita N. Υ Græcum a Latinis ita vulgo scribitur y addito puncto superius. Cætera secundum usum Græcorum, ut vides in schemate.

Initio Codicis præmittitur Epistola Amanuensis ad Abbatem quemdam, his verbis:

Dilectissimo Abbati S. M. fidelissimus amicus veram in Christo salutem.

Lectis Epistolæ vestræ literis, amantissime Abba, per quas me super quibusdam quæstiunculis consulere voluistis, animadverti diligentiam efficacis ingenii vestri nequaquam rerum temporalium tumultibus succumbere; sed Scripturarum meditationibus laudabiliter inhærere. Atque idcirco dignum est ut pie pulsanti aperiam, imo ipse per me pandere dignetur, in quo sunt omnes thesauri sapientiæ & scientiæ absconditi: qui aperit, & nemo claudit: claudit, & nemo aperit. Splendor est lucis æternæ, speculum sine macula. Accipite igitur ἐρωτήσεων *vestrarum solutiones, quas de Græcorum fontibus haurire studuimus, & vobis legendas sine præjudicio altioris forte interpretationis transcripsimus.*

Hunc igitur librum rogatu Abbatis edidit, & in fine, Græcæ linguæ syntaxin adornavit. Ut videas autem, quam studerent ætate illa ii, qui Græce sciebant, Latina carmina Græcis vocibus infercire; etsi supra in Codice Murbacensi idipsum occurrat, in hoc item carmine ad primi folii secundam paginem eadem manu conscripto, deprehendes.

..... DEO ET VITIIS.

Labitur heu nimium præsumpta superbia vultus.
Tapinosis surgit Christi solamine fulta.
*Gluttones generat * lapsis ellonis amica:*
Temperat hos justus jejuna mente politus.
Fornicor in multis lethali fraude peremptus:
*Me tamen evacuat felix ** ἐγκράτεια *totum.*
Servus avaritiæ cunctum deglutit & orbem:
Dissipat & largus hanc pestem face venusta.
Ira furit nimium semper sævire parata,
Quam vir pacificus patienter percutit ore.
Anxietas animi gignit suspiria cordis:
Quæ Christi famuli sedant placamine mentis.
Tristitiæ jaculis plures turbantur in orbe,
Quos quoque solatur Christus lætamine sacro.
Devicit ast alios Kenodoxia corde superbo:
Hos restaurat ovans divini lectio verbi.

* λάψις ἀ λάστω. Ellonis pro Helluonis.

* ἐγκράτεια.

Ii

Pagina 2. habentur nomina eorum, qui Glossarium Laudunensi Ecclesiæ obtulerunt, sicque legitur, *Hunc librum dederunt Bernardus & Adelelmus Deo & Sanctæ Mariæ Laudunensis Ecclesiæ. Si quis abstulerit, offensionem Dei & Sanctæ Mariæ incurrat.*

CAPUT VIII.

De Codice Regio operum S. Gregorii Nazianzeni, olim ad usum Basilii Macedonis Imperatoris. Tabula literarum initialium singularis forma. Exemplum & descriptio Codicis Regii Dioscoridiani in Ægypto scripti : item alterius Regii charactere unciali, sed decimi sæculi.

CODEX Regius, num. 1809. membranaceus, ingentis molis, pulcritudine & magnificentia nulli concedit. Auro fulget undique in Tabellis depictis, quas ad quadraginta quinque numeravi, in literis item initialibus; maxime in titulis Orationum. Continet autem Gregorii Nazianzeni Orationes : descriptusque fuit Basilio Macedone imperante, ut liquet ex picturis, ubi Basilius ipse depingitur cum tota familia : ex carminibus item in fronte positis, ubi Basilius, quasi tum sceptra tenens compellatur : necnon ex elegantia Codicis, qui vere Imperatoriam præfert magnificentiam, ad usumque ipsius Basilii & domus Augustæ fuisse plane videtur. Præeunt quinque prægrandes tabulæ depictæ, quæ totam paginam occupant, longe ampliores specimine hic allato : nam in descriptis foliis per quam latæ margines undequaque vacuæ manent; in depictis vero, ad extremam usque oram, paginæ occupantur. Hæ prægrandes Tabulæ depictæ, tribus in foliis continentur, quæ folia cum reliquis olim non hæsisse videntur : unde auguratur vir quidam doctus, & rei Librariæ veteris peritissimus, Codicem aliquantùm vetustiorem hisce depictis Tabulis esse : & picturas istas Basilium Macedonem cum familia exhibentes, postmodum huic exemplari adjunctas fuisse, cum ad hujus Imperatoris usum Codex translatus est : quamquam fatetur & ipse Codicem ejusdem circiter ætatis esse, & ad Basilii ævum ex characteris forma commode reduci posse. Ego vero libentius credam totum Codicem cum præmissis Tabulis ad Basilii usum adornatum fuisse. Deinde vero priora illa tria folia a principio posita, vel ex diuturno usu, quia initio posita frequentius evolverentur, avulsa fuisse; vel fortasse ab aliquo male feriato homine; ob elegantiam abstracta, deinde vero restituta fuisse. Ut ut sit, Codex noni prorsus sæculi videtur esse.

De hoc Codice Billius in Monito ad Orationem LIII. sic loquitur : *In Reginæ tamen Codice literis Capitalibus scripto, ac Gregorii nostri antiquitatem propemodum æquante, inter germana ipsius opera numeratur. Id quod tanti apud me momenti est, ut, quanquam reclamante stylo, vix tamen hanc lucubrationem inter* ψευδεπίγραφα *numerare auderem : nisi Hieronymus omnem dubitationis ansam nobis eximeret, atque hunc fœtum vero suo parenti assereret.* Deinde adfert locum Hieronymi, qui hoc opus S. Gregorio Neocæsariensi sive Thaumaturgo adscribit. Jam ad picturas veniatur.

In primi folii pagina secunda, (prima quippe vacat,) in fundo aureo

Christus ſedens, non ineleganter pro illa ætate, repræſentatur, Evangeliorum librum apertum tenens ad hæc verba, *εἰρήνην τὴν ἐμὴν δίδωμι ὑμῖν, Pacem meam do vobis, &c.* quæ ſpectant ad familiam Auguſtam in prima Tabella e regione depictam. Hæc prima pictura multis in locis eraſa in pulverem abiit.

In ſecundi folii pagina prima, fundo aureo, ſtat Auguſta cum duobus hinc & inde filiis pariter ſtantibus. Supra caput Auguſtæ ſcribitur, Εὐδοκία Αὔγουστα, *Eudocia Auguſta.* Qui ſtat a dextris filius ejus inſcribitur Ἀλέξανδρος Δεσπότης, eraſis pene poſtremæ vocis literis (*Alexander Deſpotes*) a ſiniſtris Λέων Δεσπότης, *Leo Deſpotes.* Eudocia vero & filii ſiniſtra ſinguli globulum tenent, in ſignum Imperii. Circum Tabulam a quatuor partibus hi Iambi leguntur:

Εὐκληματοῦσαν ἄμπελόν σε τοῦ κράτους
Βότρυς φέρουσαν τοὺς γαληνοὺς δεσπότας
Βασίλειος ηὔξησε Ῥωμαίων ἄναξ
Μαθὼν ἀπαυγάσματα Εὐδοκίας φωσφόρου

Id eſt,

Palmitibus ornatam Imperii tui vitem
Uvas ferentem, ſereniſſimos nempe Deſpotas,
Baſilius provexit Romanorum Imperator,
Cum ſplendida Eudociæ lumina edidiciſſet.

In ſecundi folii pagina 2. tertia Tabula in fundo cæruleo depicta crucem auream exhibet, cum hac inſcriptione, vulgari more inter crucis ramos ſita poſita:

IC	XC
NH	KÂ

Ιησοῦς χριστὸς νικᾷ, *Jeſus Chriſtus vincit*, ubi νηκᾷ vulgari lapſu pro νικᾷ legitur.

In tertii folii pagina prima, quarta pictura habetur: ubi idipſum, quod in tertia, repræſentatur, nempe crux aurea in fundo cæruleo, & inſcriptio ut ſupra.

In folii tertii pagina ſecunda, pictura quinta aureo fundo; aurum vero ita poſitum erat ut totam paginam occuparet, huic ſuperinductus color fuit, quo ævi diuturnitate decidente, fundus tamen aureus manſit. Hic tres figuræ comparent, vetuſtate pene eraſæ; ita ut plerumque tantillum priſcæ delineationis veſtigium ſuperſit. In medio ſtat Imperator cum inſcriptione ſuperne poſita, Βασίλειος Δεσπότης, *Baſilius Deſpotes*; erat quippe Δεσπότης honoris titulus, non Imperatori tantum, ſed Auguſtæ familiæ maſculis proprius, ut δέσποινα feminis. A dextris Imperatoris, ſtat Helias vexillum tenens velo rubro, cum inſcriptione, ὁ ἅγιος Ἠλίας, *Sanctus Helias.* A ſiniſtris, Gabriel Angelus alatus Imperatorem coronans, cum inſcriptione ὁ ἀρχιστράτηγος Γαβριήλ, *Princeps exercitus Gabriel.* Ab extremis quatuor lateribus hi quatuor Iambi exarantur, vetuſtate aliquot in locis eraſi;

Τὸ . . . . ἐμφανῶς . . .
[νίκην] κατ' ἐχθρῶν Ἠλίας ὑπογράφει·
Ὁ Γαβριὴλ δὲ τὴν χαρὰν προμηνύων,
Βασίλειε στέφει σε κόσμου προστάτην.

Τοῦ ἁγίου Γρηγορίου ἀρχιεπισκόπου Κωνσταντινουπόλεως εἰς τὸ ἅγιον πάσχα καὶ εἰς τὴν βραδύτητα

Ἀναστάσεως ἡμέρα· καὶ ἡ ἀρχὴ δεξιά· καὶ λαμπρυνθῶμεν τῇ πανηγύρει· καὶ ἀλλήλους περιπτυξώμεθα· εἴπωμεν ἀδελφοὶ καὶ τοῖς μισοῦσιν ἡμᾶς· μὴ ὅτι τοῖς δι' ἀγάπην τι πεποιηκόσιν ἢ πεπονθόσιν· συγχωρήσωμεν πάντα τῇ ἀναστάσει· δῶμεν συγγνώμην ἀλλήλοις· κἀγώ τε ὁ τυραννηθεὶς τὴν καλὴν τυραννίδα· τοῦτο γὰρ νῦν προστίθημι· καὶ ὑμεῖς οἱ καλῶς τυραννήσαντες· εἴ τι μοι μέμφησθε τῆς βραδυτῆτος· ὡς τάχα γε κρείττων αὕτη καὶ τιμιωτέρα θεῷ τῆς ἑτέρων ταχύτητος.

Ἀγαθὸν γὰρ καὶ ὑποχωρῆσαι θεῷ τι μικρόν· ὡς Μωϋσῆς ἐκεῖνος τὸ παλαιόν· καὶ Ἱερεμίας ὕστερον. καὶ προσδραμεῖν ἑτοίμως καλοῦντι. ὡς Ἀαρών τε καὶ Ἡσαΐας. μόνον εὐσεβῶς ἀμφότερα· τὸ μὲν διὰ τὴν οἰκείαν ἀσθένειαν. τὸ δὲ διὰ τὴν τοῦ καλοῦντος δύναμιν· μυστήριον ἔχρισέ με· μυστηρίῳ μικρὸν ὑπεχώρησα· ὅσον ἐμαυτὸν ἐπισκέψασθαι· μυστηρίῳ καὶ συνεισέρχομαι. καλὴν ἐπαγόμενος τῆς ἐμῆς δειλίας καὶ ἀσθενείας ἐπίκουρον τὴν ἡμέραν· ἵν' ὁ σήμερον ἐκ νεκρῶν ἀναστὰς. κἀμὲ καινοποιήσῃ τῷ πνεύματι· καὶ τὸν καινὸν ἐνδύσας ἄνθρωπον δῷ τῇ καινῇ κτίσει τοῖς κατὰ θεὸν γεννωμένοις πλάστην ἀγαθὸν καὶ διδάσκαλον· Χριστῷ καὶ συννεκρούμενον προθύμως καὶ συνανιστάμενον·

Χθὲς ὁ ἀμνὸς ἐσφάγετο· καὶ ἐχρίοντο αἱ φλιαί· καὶ ἐθρήνησεν Αἴγυπτος τὰ πρωτότοκα· καὶ ἡμᾶς παρῆλθεν ὁ ὀλοθρεύων· καὶ ἡ σφραγὶς φοβερὰ καὶ αἰδέσιμος· καὶ τῷ τιμίῳ αἵματι ἐτειχίσθημεν·

Σήμερον καθαρῶς ἐφύγομεν Αἴγυπτον καὶ Φαραὼ τὸν πικρὸν δεσπότην καὶ τοὺς βαρεῖς ἐπιστάτας· καὶ τοῦ πηλοῦ καὶ τῆς πλινθείας ἠλευθερώμεθα· καὶ

Id est:

. . . . *conspicuè*
Victoriam de inimicis Helias prædicit;
Gabriel autem gaudii prænuntius
Te, Basili, coronat in mundi patronum.

Præter hasce figuras initio positas, aliæ numero quadraginta passim in hoc exemplari, pro materiæ qua de agitur ratione, ponuntur. In prima Tabula fol. 3. repræsentatur, primo Annuntiatio Beatæ V. Græcè ὁ χαιρετισμός; ad cujus latus est, Salutatio Elisabethæ sive ἀσπασμὸς, *amplexus*. Sub hac pictura in eadem Tabula est historia Jonæ & pœnitentia Regis Ninives & Ninivitarum. In secunda Tabula fol. 30. Crucifixio Domini, & sub ea descensus de Cruce, postea Sepultura & Resurrectio. Ubi notandum quatuor clavos affigi Christi membris, binos manibus, totidem pedibus.

In tertia Tabula Martyrium duodecim Apostolorum: ubi Petrus crucifixus inverso capite, decollatus Paulus, crucifixus Andreas. Reliqui erasis nominibus omittuntur. In alia ubi de Baptismo agitur, repræsentatur homo nudus in piscina ab infimis partibus demersus, qui baptismum accipit per immersionem; in alia, Juliani Augusti in Christianos carnificina; tum alibi Helenæ Constantini Matris imago: alibi Theodosii Junioris Augusti habetur repræsentatio. Quædam item Tabella, Constantinopolitanæ Synodi formam ordinemque Episcoporum exprimit; & alia bene multa, a quibus recensendis supersedemus. Hæc porro postrema, quæ adtulimus, non ordine ut exstant in Codice enarravimus; sed permixtim, uti memoriæ sese obtulerunt. Omnia autem pro rei dignitate persequi longioris operæ esset: nam Tabulæ depictæ, in multas plerumque partes distinctæ, varia exhibent. Rem mittimus iis, qui Regiæ Bibliothecæ describendæ operam navant. Cæterum in hoc Codice notulæ illæ ὡραῖον, ἠλιακὸν, σημείωσαι, & similes, ad marginem auro & picturâ variâ delineantur: de quorum omnium siglis & significationibus, fuse agetur Libro 5. Specimen autem sequens a primæ Gregorii Nazianzeni Orationis principio desumtum est.

Exemplum autem sic vulgari charactere legitur.

ιη Τοῦ ἁγίου Γρηγορίου ἀρχιεπισκόπου Κωνσταντινουπόλεως εἰς τὸ Πάσχα, καὶ εἰς τὴν βραδύτητα.

Ἀναστάσεως ἡμέρα, καὶ ἡ ἀρχὴ δεξιά, καὶ λαμπρυνθῶμεν τῇ πανηγύρει, καὶ ἀλλήλους περιπτυξώμεθα. εἴπωμεν ἀδελφοί καὶ τοῖς μισοῦσιν ἡμᾶς, μὴ ὅτι τοῖς δι' ἀγάπην τι πεποιηκόσιν ἢ πεπονθόσιν· συγχωρήσωμεν πάντα τῇ ἀναστάσει· δῶμεν συγγνώμην ἀλλήλοις· ἐγώ τε ὁ τυραννηθεὶς τὴν καλὴν τυραννίδα· τοῦτο γὰρ νῦν προστίθημι· καὶ ὑμεῖς οἱ καλῶς τυραννήσαντες, εἴ τι μοι μέμφεσθε τῆς βραδύτητος· ὡς τάχα γε κρείττων αὕτη καὶ τιμιωτέρα θεῷ τῆς

Ex interpretatione Jacobi Billii.

Sancti Gregorii Archiepiscopi Constantinopolitani in Pascha & in tarditatem.

Resurrectionis dies, faustumque principium: proinde ob festum diem explendescamus, ac nos mutuo complectamur. Dicamus fratres his etiam, qui nos oderunt, nedum his, qui propter charitatem & benevolentiam aliquid fecerunt, vel passi sunt: Resurrectioni omnia condonemus: veniam alii aliis demus, tum ego qui laudabilem vim perpessus, (hoc enim nunc adjicio,) tum vos, qui laudabilem vim attulistis, si quid est quod mihi tarditatis causa succenseatis. Quam-

ἐκείνων ταχύτητος.

quam hæc fortasse apud Deum melior est, atque præstantior, quam nonnullorum aliorum celeritas.

Ἀγαθὸν γὰρ καὶ ὑποχωρῆσαι Θεῷ τι μικρὸν, ὡς Μωϋσῆς ἐκεῖνος τὸ παλαιὸν καὶ Ἱερεμίας ὕστερον, καὶ προσδραμεῖν ἑτοίμως καλοῦντι, ὡς Ἀαρών τε καὶ Ἡσαΐας· μόνον εὐσεβῶς ἀμφότερα· τὸ μὲν διὰ τὴν οἰκείαν ἀσθένειαν, τὸ δὲ διὰ τὴν τοῦ καλοῦντος δύναμιν. μυστήριον ἔχρισέ με, μυστηρίῳ μικρὸν ὑπεχώρησα, ὅσον ἐμαυτὸν ἐπισκέψασθαι· μυστηρίῳ καὶ συνεισέρχομαι, καλὴν ἐπαγόμενος τῆς ἐμῆς δειλίας καὶ ἀσθενείας ἐπίκουρον τὴν ἡμέραν· ἵν' ὁ σήμερον ἐκ νεκρῶν ἀναστὰς, κἀμὲ καινοποιήσῃ τῷ πνεύματι· καὶ τὸν καινὸν ἐνδύσας ἄνθρωπον, δῷ τῇ καινῇ κτίσει, τοῖς κατὰ Θεὸν γεννωμένοις πλάστην ἀγαθὸν καὶ διδάσκαλον, Χριστῷ καὶ συννεκρούμενον προθύμως καὶ συνανιστάμενον. Χθὲς ὁ ἀμνὸς ἐσφάζετο, καὶ ἐχρίοντο αἱ φλιαὶ, καὶ ἐθρήνησεν Αἴγυπτος τὰ πρωτότοκα, καὶ ἡμᾶς παρῆλθεν ὁ ὀλοθρεύων, καὶ ἡ σφραγὶς φοβερὰ καὶ αἰδέσιμος, καὶ τῷ τιμίῳ αἵματι ἐτειχίσθημεν.

Bonum enim est & Deo sese parumper subducere, ut Moses ille olim, ac postea Jeremias, & rursus ad vocantem prompte atque impigre accurrere, quemadmodum Aaron & Esaïas: modo utrumque pio animo fiat, alterum ob propriam imbecillitatem, alterum ob vocantis potentiam. Mysterium unxit me: mysterio paulisper cessi, ut meipsum inspicerem & explorarem: cum mysterio etiam simul introeo: præclarum timiditatis imbecillitatisque meæ adjutorem, diem hunc mihi asciscens; ut qui hodierno die a mortuis surrexit, idem me quoque spiritu innovet, novoque homine induat, novæque creaturæ, hoc est, iis qui secundum Deum nascuntur, fictorem bonum & magistrum donet, cum Christo, alacri animo, & morientem & resurgentem. Heri agnus mactabatur, & postes ungebantur, luxitque primogenita Ægyptus, ac nos exterminator præteriit, (signaculum quippe terrori ipsi ac venerationi fuit,) pretiosoque sanguine protecti sumus.

Σήμερον καθαρῶς ἐφύγομεν Αἴγυπτον καὶ Φαραὼ τὸν πικρὸν δεσπότην, καὶ τοὺς βαρεῖς ἐπιστάτας, καὶ τοῦ πηλοῦ καὶ τῆς πλινθείας ἠλευθερώμεθα. κτλ.

Hodie Ægyptum omnino fugimus, & amarulentum illum dominum Pharaonem, & acerbos præfectos: ac luto & laterum confectione liberati sumus.

Ab octavo jam sæculo in Manuscriptis Græcis observantur literæ prægrandes, initio operum & librorum, Calligraphorum arbitratu confictæ: ubi variis hominum, serpentum, avium, piscium, &c. figuris, singulæ literæ repræsentantur: quarum pro specimine Alphabetum in Tabula datur. Nec omittendum est, in aliquo Gregorii Nazianzeni exemplari manuscripto, ad initium singularum Orationum literas hujusmodi initiales depingi: in singulisque Gregorium ipsum Nazianzenum exhiberi concionantis more, & ad marginem populi turbam auscultantem adhibitis coloribus effingi. Nimirum singuli Calligraphi, qui pingendi peritia valerent, quæ animo conceperant in libris pro arbitrio delineabant, ut initiales illas literas efformarent.

Aliquando etiam, dum literas hujusmodi delineant, figuras ad rem, qua de agitur, spectantes, ut possunt, effingunt; exempli causa libro 1. Joannis Chrysostomi de Sacerdotio, qui sic init, ἐμοὶ μὲν πολλοὶ ἐγένοντο φίλοι, i. *Mihi quidem multi amici fuere*, ipse Joannes Chrysostomus in prima persona loquens in semicirculo depingitur calamum manu extendens, ut scribat, brachium autem cum calamo lineam transversam τοῦ Ε efficit, & supra

λ
λ
Β
Γ
Δ
ε
ε
ε
Ζ
Η
Ι
Κ
Μ
Ν
Ξ
Ο
Π
Ρ
C
Τ
Υ
Φ
Χ
Ψ
ω

ſcribitur, Ιω. ὁ χρυσόστομος, *Joannes Chryſoſtomus.* Homilia autem 39. ad Populum Antiochenum, quæ ſic inchoatur, ἐκ πολέμου χθὲς ἐπανήλθομεν, *Ex bello heri reverſi ſumus*, in circulo a dextra parte non clauſo, depingitur miles haſtam vibrans, cujus brachium cum haſta lineam tranſverſam τοῦ Є deſcribit. H vero cur per duos homines adverſum ſtantes, qui hinc & inde arreptum manibus quidpiam trahunt, repræſentetur, nonniſi ex Calligraphi commento & arbitrio profectum videtur. Lib 6. de Sacerdotio, qui ſic init, καὶ τὰ μὲν ἐνταῦθα, ubi loquitur de pœnis inferni, ſerpens corpus convolvens caudamque ſurſum vibrans, ac hominem devorans, literam K exprimit, ut vides in ſchemate. M vero ſingulari modo depingitur in Homilia 60. Joan. Chryſoſtomi, quæ eſt contra Anomœos: ubi de vinculo amoris & igne caritatis initio loquens, ita orditur, μίαν ὑμῖν διελέχθημεν ἡμέραν. Ibi enim duo captivi, compedibus & vinculis conſtricti, hinc & inde alteram tibiam erigentes, vaſi in medio poſito & flammam emittenti imponunt: illoque ſitu literam M efficiunt. Literam O initio Homiliæ 28. quæ eſt de incomprehenſibili, ubi legitur, οἱ φιλοπόνοι τῶν γεωργῶν; id eſt, *Studioſi agricolæ*, agricola circulum floridum claudens & arborem in medio poſitam emundans, una cum circulo repræſentat. Alibi autem litera Φ per palmam repræſentatur, quia φ in voce φοίνιξ, quæ palmam ſignificat, prima eſt. Has porro initialium formas nempe duplicem Є, item, H, K, M, O, Φ, ex Codice Regio num. 1819. decimi ſæculi mutuati ſumus. B autem ex noſtro Sangermanenſi noni ſæculi. Є alterum cum extenſa manu ex Codice Baſilii Macedonis, de quo egimus hoc Capite. Alias ex aliis vetuſtis Codicibus. Hæc de literis initialibus ſatis ſuperque ſunto. Monendum tamen eſt, omnes quotquot in exemplo habentur, ex Codicibus noni vel decimi ſæculi exceptas fuiſſe: aliaſque multas nec minus ſingulares in Codicibus variæ ætatis reperiri, Calligraphorum, ut diximus, arbitratu concinnatas.

Specimen Codicis Regii Dioſcoridiani.

Inter præſtantiſſimos Regiæ Bibliothecæ Codices jure accenſendus ille Pedanii Dioſcoridis Anazarbenſis num. 2130. qui vetuſtate non multis Dioſcoridianorum exemplarium; depictarum ſtirpium arborumque elegantia nulli, concedit. Hac item in re inſignis, quod in Ægypto ſcriptus fuiſſe videatur & Ægyptiorum illo ævo formam exprimat: qua in regione, poſtquam in Arabum ditionem tranſierat, non ita frequens ſcriptio Græca fuiſſe videtur, ut ex paucitate Græcorum Codicum iſtinc delatorum conjectare licet: nam pauciſſimos ſane vidimus Ægyptiacos ſecundum vulgarem cæterorum Græcorum modum exaratos: ſed ut plurimum olent peregrinum. Ubi obſervandum eſt literarum Græcarum, quæ uſitatæ in Ægypto fuerunt, triplex genus deprehendi; primum videlicet Coptorum ſive Ægyptiorum, quo Copti, lingua quidem ſua primigenia; ſed Græcis characteribus ſcribunt: idque a Ptolemæorum temporibus. Priſcus enim character Ægyptiacus penitus obſolevit, neque veſtigium ejus ullum exſtat in libris Copticis: qui in variis Bibliothecis habentur; exceptis literis ſex, quæ ex veteri, ut videtur, ac germano Ægyptiorum alphabeto, literis Græcis, in uſum Ægyptiorum invectis, admixtæ ſunt. Alterum Græcè ſcribendi genus in Ægypto uſurpatum, eſt vulgare illud, quo Græci variæ ætatis uti ſolebant.

Erat

Erat autem ante Arabicam irruptionem Alexandria insignissima Græcæ scriptionis officina. Verum, ut in fine Libri primi dicebamus, postquam Arabes Ægyptum occuparunt, paulatim desiit illa Græcè scribendi frequentia; ita ut paucissimi Codices Græci, Græcorum more scripti, ex Ægypto in Bibliothecas nostras transmeaverint: inter quos insignis est Regius ille, a Leone Clerico scriptus anno 1001. Tertium Græcè scribendi genus in Ægypto usurpatum, aliquid peregrinitatis habet in forma characterum, ut in hoc, de quo agitur, Dioscoridiano Codice videre est, atque in altero Regio posterioris ævi, cujus specimen dabimus Libro sequenti. Hi vero postremi generis Codices Ægyptiaci, ad primum periti cujusvis adspectum peregrinitatem suam produnt: nam literæ singulæ nonnihil discriminis a consuetis Græcorum characteribus præferunt, ut in specimine vides. E præsertim singulari modo scribitur: reliquæ literæ mirum in modum deflexæ, a sinistra ad dexteram propendent. Cæterum Exemplar istud toto Libro primo, multisque hinc & inde partibus, mutilum est. In fine libri tertii legitur:

Πεδανίου Διοσκουρίδου Ἀναζαρβέως
περὶ ὕλης ἰατρικῆς λόγος γ'.
εὐτυχῶς χρῶ.

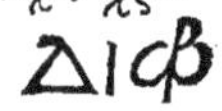

Hoc est, *Pedanii Dioscoridis Anazarbensis de Hyle Iatrica, sive de materia & plantis ad medicinam aptis, liber tertius. Feliciter utere.* Ubi observes titulum in fine libri reperi, quod in plerisque aliis Codicibus occurrit, ut notavimus Libro 1. c. 5. Post εὐτυχῶς χρῶ, videtur Calligraphi nomen describi, ac legendum esse Διόδωρος, *Diodorus.*

Hic accentus ac spiritus notantur; sed non tanta accuratione; ita ut plerumque negligantur: spiritus modo hac forma ⊣⊢, modo illa ɔ c, delineantur: quæ rotunda accentuum forma, sæculo circiter nono invehi cœpit, ut uno calami ductu delinearentur, qui nonnisi duobus antea scribebantur: & notandum est, quando ad expeditius scribendum accentuum forma novata fuit, primo in anguli morem accentus exaratos fuisse sic ⅃ L, deinde vero rotundos hoc modo ɔ c. Hoc porro Dioscoridis exemplar nono sæculo descriptum fuisse putatur.

Ad singulas plantas nomina Arabice scripta, sed recentiore manu, leguntur; item ad marginem aliæ Arabicæ notæ hinc & inde adscribuntur. Ad plantam illam, quæ *Thymbra* dicitur, ejusdem nomen Græco Coptico charactere exaratur; videlicet πεμμόμ, ut habetur in specimine. Quæ vox, non Græca, sed Ægyptiaca est: ad alias item plantas nomen Ægyptiacum Græco Coptico charactere scriptum est: quo asseritur id, quod supra diximus, Codicem videlicet in Ægypto scriptum esse. Præter notas Arabicas & Copticas, quæ plantarum, ac interdum etiam morborum, quibus curandis aptæ sunt, exprimunt, habentur etiam eadem nomina Latine, sæpe plura ad singulas, quando pluribus significantur. Hæc porro Latina nomina ab annis circiter trecentis descripta sunt, cum videlicet Codex in Occidentem translatus est. Prima insuper manu marginales notæ frequenter habentur, nomina referentes plantarum atque morborum, de quibus agitur. Ad plantas item notatur interdum prima manu, qua in regione tales nascantur, quales depinguntur in Libro; sic fol. 31. hujus Codicis, ubi σταφυλῖνοι ἄγριοι describitur,

δε ταδ' αὐτὰ τῶι εὐ
μωι ὁμοίως λαμ
βανομένη· καὶ
προς τὴν ἐν ὑγι
ειαι χρησιν εὐθε
τος· γίνεται δὲ
καὶ ἐσπαρτη θυμ
βρα κατα παντα
της αγρίας ἐλασ
σων· εὐχρηστο
τερα δε προς βρῶ
σιν. δια τὸ μὴ ἐ
πιτετασθαι τηι
δριμυτητι:~

ερπυλλος· ὁ μεν τις
εστι κηπευτος·
σαμψουχιζων
τηι ὀσμηι· καὶ στε
φανωματικος· ὠνομασται δὲ ἀπὸ τοῦ
ερπειν καὶ ὅτι ἂν αὐτοῦ μέρος θιγηι
της γης εριζοβο
λειν· εχει δε
φυλλα καὶ κλω
νια ριγανωι ἐμ
φερη· πλην
λευκοτερα ἀπὸ
δε αιμασιων
καθιεμενος. εὐ
αυξεστερος γι
νεται· ὁ δε τις
εστιν αγριος ὃς
και ζυγις καλει
ται· ουκ ερπων
αλλ ορθος· κλω
νια ανιεισα ἑπτα-

ad figuram ejus legitur prima manu Αἰγυπτιακὸν, *Ægyptiacum*. Non infrequenter item ſub arboribus & plantis depinguntur homines morbis, quibus curandis illæ aptæ ſunt, laborantes. Cæterum Codex iſte Henrici ſecundi tempore in Bibliothecam Regiam allatus eſt.

Hic vero Dioſcoridianus Codex non alphabetico ordine deſcriptus eſt, ut Cæſareus & Neapolitanus ſupra memorati; ſed quo modo ab ipſo Dioſcoride primum editus fuerat : habita nempe plantarum, inter ſe aut forma aut virtute ſimilium, ratione. Alphabeticum quippe ordinem, ſummopere improbabat Dioſcorides, ut ſupra dictum eſt, nedum ipſe ſequutus ſit. Quare qui jam olim a priſcis temporibus Dioſcoridis Librum ordine alphabetico digeſſerunt, contra mentem auctoris feciſſe deprehenduntur. Quæ in ſpecimine autem habentur ſic vulgaribus typis edimus, reſumta paulo altius oratione, ut ſententia quadret.

Θύμβρα καὶ αὐτὴ γνώριμος, γεννωμένη ἐν λεπτογείοις καὶ τραχέσι τόποις, ὁμοία θύμῳ, ἐλάττων μέντοι καὶ ἁπαλωτέρα, φέρουσα στάχυν ἀνθοῦς μεστὸν, ἔγχλωρον.

Δύναται δὲ τὰ αὐτὰ τῷ θύμῳ ὁμοίως λαμβανομένη, καὶ πρὸς τὴν ἐν ὑγιείᾳ χρῆσιν εὔθετος. γίνεται δὲ καὶ σπαρτὴ θύμβρα, κατὰ πάντα τῆς ἀγρίας ἐλάσσων· εὐχρηστοτέρα δὲ πρὸς βρῶσιν, διὰ τὸ μὴ ἐπιτετάσθαι τῇ δριμύτητι.

Ἕρπυλλος, ὁ μέν τίς ἐστι κηπευτὸς, σαμψουχίζων τῇ ὀσμῇ, καὶ στεφανωματικός· ὠνόμασται δὲ ἀπὸ τοῦ ἕρπειν τε, καὶ ὅ, τι ἂν αὐτοῦ μέρος θίγῃ τῆς γῆς, ῥιζοβολεῖν. ἔχει δὲ φύλλα καὶ κλωνία ὀριγάνῳ ἐμφερῆ, πλὴν λευκότερα, ἀπὸ δὲ αἱμασιῶν καθιέμενος εὐαυξέστερος γίνεται· ὁ δέ τις ἐστὶν ἄγριος, ὃς καὶ ζυγὶς καλεῖται· οὐκ (ſic) ἕρπων, ἀλλ' ὀρθὸς, κλωνία ἀνίεις λεπτά.

Thymbra ſive Satureia, trivialis notitiæ, in tenui ſolo & aſperis locis gignitur, thymo ſimilis, minor tamen & tenerior, ſpicam ferens floribus plenam, coloris herbacei.

Thymo ſimilem virtutem habet, ſi ſimiliter accipiatur: quin etiam ſanis ſalubris eſt uſus. Eſt etiam thymbra, quæ ſeritur, ſilveſtri prorſus minor : quæ propter minorem acrimoniam eſui commodior eſt.

Serpillum, aliud quidem hortenſe eſt, Samſuchi odorem emittens, atque ad coronas adhiberi ſolet: cui a ſerpendo nomen inditum eſt; quoniam ſi qua ejus particula terram contingat, radices ibi demittit. Folia & ramos origani ſimiles habet, ſed candidiores: in ſepibus multo altius aſſurgit; aliud ſilveſtre eſt, & Zygis vocatur; qui non ſerpit; ſed rectus aſſurgens tenues ramulos emittit.

Capitula in Codice Regio aliâ, quàm in editis, ratione numerantur. Nam in editis, pleriſque ſaltem, numerus inchoatur in libris ſingulis; in manuſcripto autem Regio ab initio primi libri incipitur, & ad finem uſque continuatur; ita ut Serpylli Capitulum in editis numero 46. Libri tertii, hic trecenteſimus quinquageſimus numeretur. Capitula vero in ſectiones plerumque multas diſtinguuntur, ac ſectiones ſingulæ ad marginem notantur per literas numerales, α, ϛ, γ, ut vides in ſpecimine. Puncta ad ſupremum literæ latus notantur ut plurimum, aliquando item ad imum pro minori diſtinctione : ſed nulla in his certa norma.

Specimen Codicis olim Illustrissimi Abbatis de Camps, quem ipse Ludovico Magno obtulit ad usum Bibliothecæ Regiæ.

Codex quatuor Evangeliorum, cujus character uncialis nonum quidem sæculum præfert : verum hoc scribendi genus in libris ad Chori, Liturgiæ, & Officii divini usum destinatis, etiam decimo & undecimo sæculo usurpabatur, ut in plerisque Italiæ Bibliothecis observavimus. Hic autem liber ad usum Ecclesiæ descriptus fuit; ut ex notis interlinearibus minio depictis deprehenditur, quæ ad cantum & inflexiones vocum depingi solebant : & cum variæ lectiones prima, ut videtur, manu exaratæ, uno ductu & continuatis literis descriptæ, decimi sæculi notam præferant, hinc petenda ut æstimo Codicis ætas. Variæ autem lectiones supra memoratæ habentur in Codice, fol. 106. & seqq. fol. 117. & seqq. fol. 121. &c.

Præmittitur distributio Evangeliorum per annum : hinc sequitur Eusebii monitum in Canones Evangeliorum, postea ejusdem Eusebii Canones, sive

ΕΥΑΓΓΕΛΙΟΝ ΚΑ
ΤΑ ΜΑΤΘΑΙΟΝ
ΒΙΒΛΟΣ ΓΕΝΕΣΕΩΣ ΙΥ ΧΥ
ΥΥ ΔΑΔ ΥΥ ΑΒΡΑΑΜ +
ΑΒΡΑΑΜ ΔΕ ΕΓΕΝΝΗ
ΣΕ ΤΟΝ ΙΣΑΑΚ +
ΙΣΑΑΚ ΔΕ ΕΓΕΝ
ΝΗΣΕ ΤΟΝ ΙΑΚΩΒ +
ΙΑΚΩΒ ΔΕ ΕΓΕΝΝΗ
ΣΕ ΤΟΝ ΙΟΥΔΑΝ ΚΑΙ
ΤΟΥΣ ΑΔΕΛΦΟΥΣ ΑΥ
ΤΟΥ + ΙΟΥΔΑΣ ΔΕ Ε
ΓΕΝΝΗΣΕ ΤΟΝ ΦΑΡΕΣ
ΚΑΙ ΤΟΝ ΖΑΡΑ ΕΚ ΤΗΣ
ΘΑΜΑΡ + ΦΑΡΕΣ ΔΕ
ΕΓΕΝΝΗΣΕ ΤΟΝ ΕΣΡΩΜ +
ΕΣΡΩΜ ΔΕ ΕΓΕΝΝΗΣΕ
ΤΟΝ ΑΡΑΜ + ΑΡΑΜ ΔΕ
ΕΓΕΝΝΗΣΕ ΤΟΝ ΑΜΙΝΑ
ΔΑΒ + ΑΜΙΝΑΔΑΒ ΔΕ
ΕΓΕΝΝΗΣΕ ΤΟΝ ΝΑΑΣ
ΣΩΝ + ΝΑΑΣΣΩΝ ΔΕ
ΕΓΕΝΝΗΣΕ ΤΟΝ ΣΑΛΜΩΝ +
ΣΑΛΜΩΝ ΔΕ ΕΓΕΝΝΗ
ΣΕ ΤΟΝ ΒΟΟΖ ΕΚ ΤΗΣ ΡΑ
ΧΑΒ + ΒΟΟΖ ΔΕ ΕΓΕΝ
ΝΗΣΕ ΤΟΝ ΩΒΗΔ ΕΚ ΤΗΣ
ΡΟΥΘ + ΩΒΗΔ ΔΕ Ε
ΓΕΝΝΗΣΕ ΤΟΝ ΙΕΣΣΑΙ +
ΙΕΣΣΑΙ ΔΕ ΕΓΕΝΝΗΣΕ ΤΟ
ΔΑΔ ΤΟΝ ΒΑΣΙΛΕΑ +
ΔΑΔ ΔΕ Ο ΒΑΣΙΛΕΥΣ
ΕΓΕΝΝΗΣΕ ΤΟΝ ΣΟΛΟΜΩ
ΝΑ ΕΚ ΤΗΣ ΤΟΥ ΟΥΡΙΟΥ +
ΣΟΛΟΜΩΝ ΔΕ ΕΓΕΝΝΗ
ΣΕ ΤΟΝ ΡΟΒΟΑΜ + ΡΟΒΟ
ΑΜ ΔΕ ΕΓΕΝΝΗΣΕ ΤΟ
ΑΒΙΑ + ΑΒΙΑ ΔΕ ΕΓΕΝ
ΝΗΣΕ ΤΟΝ ΑΣΑ + ΑΣΑ ΔΕ
ΕΓΕΝΝΗΣΕ ΤΟΝ ΙΩΣΑ
ΦΑΤ + ΙΩΣΑΦΑΤ ΔΕ

concordantiæ Evangeliorum, Hippolyti Chronologia Evangeliorum. Deinde quatuor Evangelia cum notis ad Canones remittentibus.

Obſervandum eſt in hoc Codice, ut in pleriſque aliis Græcis vetuſtioribus, in generationibus Matthæi, Joachim interponi Joſiam inter & Jechoniam hoc pacto, Ἰωσίας δὲ ἐγέννησε τὸν Ιωακεὶμ, Ιωακεὶμ δὲ ἐγέννησε τὸν Ιεχονίαν καὶ τοὺς ἀδελφοὺς αὐτοῦ. Joachim vero in Vulgata noſtra non comparet.

Præit Evangelio Lucæ, (perinde atque initio Marci & Joannis,) ejuſdem Lucæ ſchema imperitæ manus, ubi tranſverſa legitur inſcriptio Ruthenica ſive Moſcovitica longe recentioris quàm Codex ætatis, quo innuitur in Moſcovitarum manus deveniſſe Codicem: ſub hæc autem ad Orientales Chriſtianos tranſmeaſſe videtur ex notis Arabicis, quæ ſubinde occurrunt.

Quæ in ſpecimine habentur, ſic vulgaribus typis eduntur cum Latina interpretatione.

Εὐαγγέλιον κατὰ Ματθαῖον.

Βίβλος γενέσεως Ἰησοῦ χριστοῦ υἱοῦ Δαυὶδ, υἱοῦ Αβραάμ. Αβραὰμ ἐγέννησε τὸν Ισαάκ· Ισαὰκ δὲ ἐγέννησε τὸν Ιακώβ· Ιακὼβ δὲ ἐγέννησε τὸν Ιούδαν καὶ τοὺς ἀδελφοὺς αὐτοῦ· Ιούδας δὲ ἐγέννησε τὸν Φαρὲς καὶ τὸν Ζαρὰ ἐκ τῆς Θάμαρ· Φαρὲς δὲ ἐγέννησε τὸν Εσρώμ· Εσρὼμ δὲ ἐγέννησε τὸν Αράμ· Αρὰμ δὲ ἐγέννησε τὸν Αμιναδάβ· Αμιναδὰβ δὲ ἐγέννησε τὸν Ναασσών· Ναασσὼν δὲ ἐγέννησε τὸν Σαλμών· Σαλμὼν δὲ ἐγέννησε τὸν Βοὸζ ἐκ τῆς Ραχάβ· Βοὸζ δὲ ἐγέννησε τὸν Ωβὴδ ἐκ τῆς Ρούθ· Ωβὴδ δὲ ἐγέννησε τὸν Ιεσσαί· Ιεσσαὶ δὲ ἐγέννησε τὸν Δαυὶδ τὸν βασιλέα· Δαυὶδ δὲ ὁ βασιλεὺς ἐγέννησε τὸν Σολόμωνα ἐκ τῆς τοῦ Οὐρίου· Σολομὼν δὲ ἐγέννησε τὸν Ροβοάμ· Ροβοὰμ δὲ ἐγέννησε τὸν Αβιά· Αβιὰ δὲ ἐγέννησε τὸν Ασά· Ασὰ δὲ ἐγέννησε τὸν Ιωσαφάτ· Ιωσαφάτ δὲ....

Evangelium ſecundum Matthæum.

Liber generationis Jeſu Chriſti filii David, filii Abraham. Abraham genuit Iſaac: Iſaac autem genuit Jacob: Jacob autem genuit Judam & fratres ejus: Judas autem genuit Phares & Zaram de Thamar: Phares autem genuit Eſrom: Eſrom autem genuit Aram: Aram autem genuit Aminadab: Aminadab autem genuit Naaſſon: Naaſſon autem genuit Salmon: Salmon autem genuit Booz de Rahab: Booz autem genuit Obed ex Ruth: Obed autem genuit Jeſſæ: Jeſſæ autem genuit David regem: David autem rex genuit Salomonem ex ea quæ fuit Uriæ: Salomon autem genuit Roboam: Roboam autem genuit Abiam: Abia autem genuit Aſa: Aſa autem genuit Joſaphat: Joſaphat autem.....

PALÆOGRAPHIA GRÆCA.

LIBER QUARTUS.

DE CHARACTERIBUS LIGATIS, sive ductu calami conjunctis.

CAPUT PRIMUM.

Characteres ligati ex Tachygraphorum literis & actis ad Libros emanasse putantur : de Literarum singularum conjunctionibus. Tachygraphiæ exemplum ex Diplomate San-Dionysiano. Characteres mixti noni ac decimi sæculi ex Codicibus Florentino ac Bononiensi. Exempla tria noni sæculi charactere ligato; nimirum ex duobus Colbertinis & uno Basiliano.

HACTENUS de charactere unciali, ut vocant, egimus, necnon de variis mutationibus, quæ a quarto ad decimum usque sæculum in literas Græcas unciales Librorum advectæ sunt. Illæ vero leves & exiguæ reputentur, si conferantur cum aliis, quæ octavo, ut citius, vel nono, ut tardius, sæculo accesserunt : quo tempore literas colligandi, atque uno ductu binas ternas vel plures exarandi consuetudo invecta est. Id autem ex Tachygraphis sive Notariis ad Calligraphos emanasse prorsus videtur. Siquidem Tachygraphorum ductus priscæ inventionis esse, & ad priora Ecclesiæ sæcula revocari perspicuis exemplis commonstravimus Libro primo & secundo. Nam Origenis tempore jam frequentatum ac receptum Tachygraphiæ usum fuisse demonstratum est Lib. I. & Tachygraphorum ductus vel in nummis observari ostendimus in fine Libri secundi, ubi diphthongum ȣ, sic scriptam, in nummis Volusiani reperiri experti diximus, aliasque Tachygraphorum formas notavimus. Calligraphi autem, ut expeditius scriptura curreret, Tachygraphorum ductus sero tandem adoptarunt : importuna quippe illa ad singulas literas intermissio, scriptionem nimium morabatur: nam quantavis diligentia scriberetur, ad singulas literas cessare opus erat & cursum intercipere: hinc ex diuturniore labore minor quæstus obveniebat: quamobrem Tachygraphorum, ut ductus; ita & celeritatem imitari cœpere Calligraphi: nihil enim aliud curabant, quam ut breviore opera majus lucrum accederet.

Quod autem nono id sæculo, vel saltem haud diu ante, contigerit, non levibus conjecturis colligi posse censemus. Nam libri unciali charactere descripti, oblongis illis scilicet ac deflexis literis, de quibus supra, ingenti numero deprehenduntur, & quidem ad ævum usque Basilii Macedonis; quorum nullus quem viderim, vel annum vel notam ætatis præfert, nono sæculo posteriorem, exceptis dumtaxat libris choralibus; ligatorum vero characterum, qui uncialibus successerunt, formæ variæ, quæ in manuscriptis conspiciuntur, notam ætatis habent; non in omnibus quidem libris, sed in aliquot tamen, quorum ope ætatem aliorum æstimare licet. At nullum Codicem charactere ligato vidimus, qui notam præferret nono sæculo antiquiorem.

Observandum porro est literas unciales, quarum usus post nonum sæculum paulatim obsolevit, sæpe tamen postea usurpatas fuisse pro titulis Librorum, capitum, & articulorum, neque ita multos esse Codices x. vel xi. sæculi, ubi hæc currenti, ut aiunt, calamo scribantur: interdum item notæ marginales Manuscriptorum etiam medii ævi, unciali charactere delineantur. Libri vero ad Chorum & Officium Ecclesiasticum deputati, ubi notæ multæ sunt ad modulationem & inflexionem vocum, etiam decimo & fortasse posterioribus sæculis, charactere unciali descripti fuerunt; ut paulo ante dictum est.

Cum igitur pristina illa scribendi ratio Librarios admodum retardaret; nam præterquam quod multæ literæ pluribus disjunctisque calami ductibus exarabantur, ad singulas literas, ut dixi, ductum interpellare aliumque resumere necesse erat; levandi laboris & expeditioris operæ inducendæ causa, Calligraphi exemplo Tachygraphorum cum literas uno ductu scribere, tum easdem cum præcedentibus & subsequentibus copulare cœperunt: nam invectæ a Tachygraphis formæ ad colligationem aptæ erant, ut subsequens literarum omnium recensio declarabit.

A, sic in veteribus Tabulis marmoreis æneisque triplici ductu scribitur: in libris Græca manu scriptis numquam habetur, in libris autem unciali charactere descriptis sic Α duplici depingitur: in recentioribus a nono sæculo unico ductu exaratur α, ita ut etiam cum præcedenti & subsequenti litera jungatur, ut in [illegible], quæ vox uno nec intermisso calami motu scribitur. Α item hac forma frequenter usurpatur, & cum sequenti sæpe, cum præcedenti raro, litera connectitur; idque variis modis, ut advertere quisque possit in sequentibus exemplis.

B, duplici saltem calami ductu antea scriptum, sic uno depingitur ϐ & ϐ, & aliquando cum præcedenti litera continuatur, imo etiam frequentissime ita u, ut per caudam infimam cum sequenti litera fere semper copuletur. Postrema forma pro υ a Librariis sæpe habita fuit, & magnam errandi materiam præbuit.

Γ, frequenter servata prisca forma cum sequenti litera continuatur: vel sic scriptum γ, cum antecedenti & sequenti per bina cornua jungitur. In hac postrema forma sæpe varietates occurrunt, quæ facilius inter legendum observentur a quoque, quam hic exprimantur.

Δ, sic a nono sæculo scriptum occurrit ∆, & per infimum angulum sequenti copulatur; vel uno ductu sic frequentius δ, & per lineam reductam cum sequenti litera plerumque continuatur; idque innumeris pene modis.

E, triplici saltem ductu sæpe scriptum in vetustioribus Tabulis, in Græcis Codicibus hac forma nusquam occurrit, in iis scilicet, qui Græca manu scripti sunt. Deinde sic, ϵ, exaratur in marmoribus & nummis sub Imperio Romano: & in Codicibus unciali charactere scriptis eadem forma delineatur. Sed ævo posteriori quatuor saltem formas habet, ε, ϵ, ϵ, ϵ. Prior forma cum antecedenti linea sæpe conjungitur ut in πε; secunda per mediam lineam cum sequenti; tertia per mediam item lineam utrinque copulatur, quarta superne semper scribitur, & cum sequenti litera continuatur; sed longe diversis ductibus.

Z, sic mutatur ζ & ζ, prior forma interdum ab initio copulatur cum præcedenti; altera secus: utraque autem raro cum posteriore litera jungitur.

H, triplici ductu olim scriptum, sic exaratur uno η, quæ forma utrinque, sed non ita frequenter, continuatur: alia item ejus forma inducta est h, qua utrinque copulatur, ut in τὴν: scribitur etiam minuscula forma sic η.

Θ, hac duplici figura delineatur, θ & ϑ. Prima forma per mediam lineam præcedenti & sequenti literæ jungitur, postrema cum sequenti frequentissime, cum præcedenti item: sed præcipue post σ, ut in σθα, σθαι, σθη, quæ frequenter occurrunt. Forma autem postrema ϑ in Tachygraphorum actis, antequam ligatus character in libris usurparetur, adhibita fuit: habetur enim in Epistola Constantini Copronymi mox adferenda; sed in libris nono ac ineunte decimo sæculo, charactere ligato scriptis, nondum observabis; sic enim semper scribitur θ, ut infra dicetur.

I, cum antecedenti sæpissime copulatur, cum sequenti rarius.

K, triplici, vel saltem duplici intermisso calami motu scriptum, uno item exaratur sic κ, & cum præcedenti ac sequenti litera jungitur; vel sic κ, & per inferiorem extremam lineam sæpe jungitur cum sequenti; per priorem item aliquando cum præcedenti.

Λ, sic duplici ductu scribitur, unico sic λ, ac per priorem lineam cum præcedenti litera continuatur, vel ab altera parte hoc modo λ cum sequenti: sic autem scriptum λ, per posteriorem cum sequenti. In hac item litera nonnumquam ductus singulares occurrunt.

M, mutata forma sic scriptum habetur μ, ut per lineolas infimas utrinque sæpe copuletur: item sic delineatur μ, & tunc per posteriorem sæpe cum sequenti linea jungitur; aliquando item cum præcedenti per priorem.

N, sic ν & sic ν per primam lineam jungitur interdum: vel etiam in fine ductus sic continuatur τὴν.

Ξ, mutata prisca forma sic scribitur ξ, & superne continuatur interdum cum præcedenti litera.

O, retentâ formâ copulatur cum præcedenti sic το, δο, ϵο, &c.

Π, sic scribitur π & ϖ, & secundum utramque formam cum præcedenti & cum sequenti jungitur.

P, secundum hanc formam copulatur cum præcedenti, & reducta lineola sic cum sequenti, ϵρ, ει, ϵρ, &c.

Σ vel

Σ, vel C, ſic ſcribitur rarius uno ductu ; frequentius vero ſic σ, & cum ſubſequente litera perſæpe copulatur, formatum eſt autem σ ex C, reductâ inferiore linea donec ad ſuperiorem pertingeret. Notandum eſt, formam C, nullatenus mutatam, a Calligraphis ſæpe, etiam infimis ſæculis, uſurpari, maxime autem in fine vocum.

T, per lineam ſupremam utrinque jungitur : ſcribitur etiam Ꞁ, & tunc a medio cum præcedenti ſic copulatur στ. Aliæ ſingulariores ejus literæ formæ nonnunquam occurrunt in manuſcriptis exemplaribus : exempli cauſa cum duplex eſt ut in ἐπτάσθαι, ſecundum τ demittitur uno ductu. Vide libro ſeq.

Υ, ſic ſcribitur υ, & cum præcedenti jungitur, ut in του, cum ſequenti item continuatur ſic υω, & υι.

Φ, ab ima linea cum ſequenti continuatur, a ſuprema item ſed rarius jungitur.

X, per utrumque ſupremum cornu ex utraque parte copulatur ; formamque ſemper eamdem retinet.

Ψ, quoque per tranſverſam lineam, rectam aliquando, ſic †, utrinque conjungitur.

Ω in hanc formam ω mutatum, raro cum ſequenti, cum præcedenti litera ſæpius jungitur. Sæpe etiam ſic clauſum undique ſcribitur ∞, & cum præcedenti litera interdum continuatur ; cum ſequenti rariſſime.

Hæc leviter perſtrinximus : cæteras vero literarum copulationes formaſque non vulgares, in exemplis poſtmodum ſubjiciendis Lectori benevolo explorandas mittimus. Omnes enim literarum copulationes repræſentare, humanæ facultatis non eſſet. Toto autem Libro quinto abbreviationum varia genera recenſebimus. Obſervandum eſt, literas non modo binas aut ternas ; ſed etiam quaternas, quinas, ſenas ; imo plures plerumque uno ductu deſcribi. Quinetiam perſæpe priorem vocem cum poſteriore vel integra, vel cum ſyllaba ejus tantum, copulari, ut in ſubjiciendis ſpeciminibus animadvertas.

Quandoquidem ex Tachygraphorum literis & actis characterum copulationes alioſque invectos calami ductus emanaſſe putamus ; haud abs re erit Tachygraphiæ exemplum hic proferre, ex Archivo San-Dionyſiano depromtum, haud ita pridem editum a D. Joanne Mabillonio noſtro in Supplemento ad rem Diplomaticam. Eſt autem papyreum & mire lacerum ab initio & a lateribus, ita ut vix divinando aliquid expiſcari, & qua de re agatur intelligere poſſimus. Ex ſubſcriptione vero in cinnabari deſcripta arguitur eſſe Epiſtolam Imperatoris cujuſdam Conſtantinopolitani ad Regem Francorum ſui ævi. Ex iis porro quæ ſuperſunt, hæc ſolummodo legi aut ſuppleri poſſe videntur.

. . . . ων ὅτι ἐν τῷ ταξιδίῳ τούτῳ δ. . . .
ε. ε. . α ἀμέαζ. . . . . α καὶ. . . .
[Εἰς δόξαν] αὐτοῦ τοῦ φιλανθρώπου. . .
. . . . Εἴσω ἡ ἀγάπη τῆς ἡμετέρας ἐκ [θεοῦ]
[βασιλείας] ἐφαπλωθῇ ὑμῖν καὶ ἔσονται . . .
τῆς ἐκ θεοῦ βασιλείας ἡμ[ῶν] . .
. . . . [ἠγ]απημένου ἡμῶν τέκνου. . . .
. . . . [ὅπ]ως, καὶ ὁ θεὸς δοξάζ[ηται]. . .
. . . . . Εἰς τὰ πέρατα τῶν χριστιανῶν. . .
[ἀποκ]ατάστασις φθάνῃ, καὶ οἱ [ἐχθροὶ]. . .

. . . [ἀπ]όλλονται, καὶ οἱ φίλοι σώζονται. .
. [ἡ χάρις] τοῦ Θεοῦ καὶ ἡ εἰρήνη αὐτοῦ κ. . .
. . . . ἔστω μεθ' ὑμῶν καὶ περὶ τ. . .
. . . . ἁρμόδιόν σοι ἐστὶν, καὶ ἀπόμη [vel ἐπόμη]
. . εἰρήν [εύειν τῷ προδηλωθέντι [καὶ].
[φιλοχρί]στῳ ἡμῶν τέκνῳ τῷ Ῥηγί. . .
. . . . σαύτῳ ἐκτίσθης καὶ ἐπὶ το. . .
. . . . σαυτῷ παρὰ τοῦ δημιουργήσα[ντος.

Ταξιδίω legitur prima linea, licet enim πα & διω solummodo perspicue appareant, & in medio vocis literæ paulum erasæ deletæque sint; at ex infimis ductibus certum est ξ post πα sequi; & ex altero ductu superne delineato, non minus conspicuum est δ postea haberi, quo posito, nonnisi παξιδίω legi potest: ταξίδιον autem, vox medio Græcitatis ævo frequentissima, est expeditio militaris, de qua vero agatur, mox conjectando dicemus. Vox φιλάνθρωπος in tertia linea pro Christo Salvatore apud Græcos mediæ & infimæ ætatis passim usu venit. Ad quemdam Francorum Regem Epistolam mitti non dubium est: nec minus certum videtur eumdem Francorum Regem tunc bellum gessisse cum alio Rege, cujus nomen, perinde atque Regis Francorum, injuria temporum excidit: nam hortatur Francorum Regem Imperator, ut cum illo alio Rege pacem habeat. Siquidem duas postremas syllabas, εύειν, esse partem vocis εἰρηνεύειν, non dubito, ac ita sensus omnino quadrat. Quod ad nomen Imperatoris, omnino videtur *Constantinus* esse: desinit enim in *tinus*, nam lineola ante *n* quæ videtur *m* efficere, ductu currentis calami superaddita putatur, & aliunde nullius Imperatoris Constantinopolitani nomen in *timus* desinit; & quod magis urgeat alterius *t* formam etsi laceram in præcedenti syllaba vides, quo posito, non potest nisi Constantinus exprimi. Si vero literæ Latinæ peregrinum olent, quid mirum, cum sint a peregrinæ linguæ Principe exaratæ? Lacinias autem illas Epistolæ, Latine sic interpretamur.

. . . . quia in hac expeditione militari . . .
. . . fieri. . . . . . . &
. . in gloriam ipsius Servatoris. . . . .
. . . . . . dilectio Majestatis ex
Deo nostræ expandatur in vos & sit. .
. . . Majestatis in Deo nostræ . . .
. . dilecti filii nostri [Regis] . . .
. . . ut Deus glorificetur . . . .
. . in finibus Christianorum . . . .
. . . restitutio adveniat, & inimici
pereant, & amici serventur. . . .
Gratia Dei & pax ejus &. . . . .
. . sit vobiscum &. . . . . .
. . convenit & consentaneum est tibi
pacem habere cum prædicto &
Christi amante filio nostro Rege
. . . . creatus es . . . . .
. . . . a creatore
[Cons]tantinus.

Quis sit ille Constantinus jam disquirendum. Certum quidem videtur, ut diximus, eum Epistolam mittere ad Regem Francorum, qui tunc contra alium Regem bellum gerebat, & de pace inter ambos concilianda agere. Mihi historiam octavi & noni sæculi percurrenti videtur, vix posse in alium, quam in Constantinum Copronymum, conjecturam cadere. Nam cum Aistulphus Langobardorum rex Ravennam & Exarchatum aliasque Italicas civitates vi cepisset, & jam Romæ infestus immineret; Pipinus Francorum rex hortatu Stephani summi Pontificis, opem implorantis, superatis Alpibus Aistulphi copias fudit, ipsumque Ticini mœnibus inclusum & obsessum, ad restituendas Romano Pontifici urbes compulit. Tum Constantinus Copronymus Exarchatu a Langobardis spoliatus, missis oratoribus ad Pipinum regem, ablatas urbes reposcebat, & oblatis muneribus, ut optata assequeretur Pipinum lenire studebat. Verum frustra cessit legatio, ut ignorat nemo. Duplex vero fuit Pipini in Italiam expeditio, & quidem pari exitu utraque: nam cum Aistulphus primo victus & obsessus, ad memoratas pacis conditiones accessisset; reverso deinde in Galliam Pipino, restitutas urbes denuo cepit, & Romæ iterum formidolosus erat. Verum Pipinus Alpes iterum transgressus, victum denuo atque obsessum Aistulphum ad prima fœdera servanda coegit. Crederem autem Constantinum Copronymum, qui ante adventum Pipini in Italiam, amice cum Aistulpho de restituendis sibi Exarchatus urbibus egerat, dum primam contra Aistulphum expeditionem Pipinus ageret, ac cum nondum ita fractæ Aistulphi vires essent, ad utrumque Epistolam misisse, & pacem inter ambos componere conatum esse, ea scilicet conditione, ut Ravenna & aliæ urbes sibi restituerentur; & quidem amice statim utrumque per literas alloquutum esse, quia ab utroque sibi metueret. Nam post secundam Pipini in Italiam expeditionem, accisis Aistulphi rebus, cum Pipino solum de restituendis urbibus egit, missis ad eum legationibus, ut narrant illius ævi Historici pene omnes. Hæc porro conjectando dicimus: ut ut vero sit de aliis, quæ in hac lacera scriptura significari opinamur, arbitror Imperatorem, qui subscribit, esse Constantinum quemdam, atque, ut videtur, Copronymum, ipsumque de quadam expeditione militari verba facere, necnon de componenda pace inter Francorum regem & alium pariter regem, ut ex supra dictis colligitur. Hasce tamen conjecturas nostras eruditiorum examini permittimus.

Subscriptio autem altera, quæ sub nomine & subscriptione Constantini exprimitur in Tabula, ipsique fere similis est, ex Diplomate quodam Caroli Calvi, in gratiam Monasterii S. Cornelii Compendiensis dato, exsumta fuit. Is enim cum Augusti & Imperatoris titulum accepisset, Græcanico ritu Dalmaticatus incedebat, in cinnabari, perinde atque Imperatores Constantinopolitani, Diplomatibus subscribebat: in Diplomate autem Compendiensi, de re Diplomatica p. 405 Post signum Karoli Calvi in cinnabari, & Hludovici Regis, sequitur subscriptio Audacri Notarii hoc pacto: *Audacher Notarius ad vicem Gauzlini recognovit & subscripsit.* Cui postremo signo superscribitur nomen Imperatoris Græci, qua forma vides in Tabula: subscriptioni hujus Diplomatis ita simile, ut vel ex ipso, vel ex altero Constantinopolitano, exscriptum videatur.

Character etsi longis & prælatis linearum ductibus eleganter exaratus, a vulgari, quæ nono & decimo sæculo in usu erat, scribendi forma ligata non deflectit. Accentus & spiritus nulli habentur: nam Tachygraphi celeritati studentes, quidquidmoras adferre poterat resecabant. Has porro Tachygraphorum & Notariorum formas omnes, imitati postea sunt Calligraphi: ita ut modo hunc, modo alium ductum adeptarent. Hinc est quod litera θ, quæ in hoc diplomate duobus modis exprimitur, nempe θ & ϑ, in manuscriptis libris, qui nono, & usque ad medium fere decimi sæculi, exarati sunt, secundum priorem solum formam θ, occurrat; in iis scilicet, quos hactenus vidimus & evolvimus.

Subscriptio sive nomen Imperatoris Latine scribitur, perinde atque in Monetis ejusdem ævi: ubi Leonis Isauri, Constantini Copronymi, & sequentium Imperatorum nomina, itemque inscriptiones in postica parte, Latine plerumque scribebantur. Qua de re vide Cangium in familiis Byzantinis. Sed ille Latinæ linguæ usus tam in numismatibus, quam in subscriptionibus & Bullis Imperatorum, sensim postea obsolevit; ita tamen ut in nummis etsi verba Græca sint, literæ etiam Latinæ Græcis intermixtæ habeantur, ut in fine Libri secundi diximus. Ex subscriptionibus vero alteram in Cinnabari scriptam vidimus; nempe Irenes conjugis Alexii Comneni, quæ tota Græce scripta est: de illa autem inferius agetur.

Librarii igitur cum Tachygraphorum formas adoptarunt, non statim omnes omnium literarum in manuscriptos libros advexerunt; sed primum aliquot literas & conjunctiones, deinde paulatim omnes ad exemplum Notariorum scripsisse videntur. Quamobrem Codices aliquot noni circiter sæculi vidimus partim ligato partim unciali charactere exaratos, ex quibus specimina duo hic adferemus.

Primum, ex insigni Codice Plutarchi desumtum est, in Bibliotheca Monasterii S. Mariæ Benedictinorum Florentiæ, noni, ut putamus, sæculi: ubi characteres partim unciales partim ligati & cohærentes sunt, elegantissime depicti. Interpunctio singularis est: major enim duobus punctis, media puncto ad supremum literæ latus, minima virgulis designatur. Exemplum porro decerpsi ex initio vitæ Sertorii.

Sic autem vulgaribus typis legitur,

Θαυμαστὸν μὲν ἴσως οὐκ ἔστιν, ἐν ἀπείρῳ τῷ χρόνῳ τῆς τύχης ἄλλοτε ἄλλως ῥεούσης, ἐπὶ ταὐτὰ συμπλώματα πολλάκις καταφέρεσθαι τὸ αὐτόματον· εἴτε γὰρ οὐκ ἔστι τῶν ὑποκειμένων ὡρισμένον τὸ πλῆθος, ἄφθονον ἔχει τῆς τῶν ἀποτελουμένων ὁμοιότητος χορηγὸν ἡ τύχη. τὴν τῆς ὕλης ἀπειρίαν· εἴτ᾽ ἐκ τινῶν ὡρισμένων ἀριθμῶν ἐμπλέκεται τὰ πράγματα . . .

Stupendum fortasse non est, si tempore immenso, alias aliter fluente fortuna, in casus sæpe eosdem forte recidatur. Nam si finitus non est accidentium numerus, largam habet fortuna similitudinis eorum, quæ accidunt, suppeditatricem materiæ affluentiam; sin ex numeris quibusdam finitis res connectantur.

Altera pars vitarum Plutarchi in eadem Bibliotheca, eademque manu descripta, olim fuit. Verum anno 1455. cum Cardinalis Bessarion eam mutuo accepisset, & dato Chirographo, se redditurum pollicitus esset, fidem non liberavit. Chirographum vero in fronte Codicis exaratum, sic habet:

Alium librum Plutarchi de vitis Antiquorum triginta, mihi Bessarioni Cardinali præstatum per venerabiles Religiosos de Abbatia Florentina, dedi transcribendum Presbytero Joanni Greco de Candia, cognomine Rosso, qui portavit eum secum Venetias ibidem transcribendum 21. Febr. 1455. si quid mihi accidet, ibi quæratur.

Verisimile est illam Plutarchi partem in Bibliotheca S. Marci latere, & cum aliis a Bessarione undequaque collectis Codicibus honorifice tumulari. Joannes autem Rossus Presbyter Cretensis innumeros prope Codices scripsit, ut diximus Libro primo in notis Calligraphorum ad annum 1457.

Secundum specimen mixto charactere, unciali videlicet & ligato, prodit ex Codice Canonicorum Regularium S. Salvatoris Bononiæ, eleganter scripto, qui characteres ad dexteram reclinatos præfert: estque S. Basilii excerptum. Spiritus vel angularem vel rotundam in formam describuntur: unde opinor esse decimi sæculi, & paulum ætate inferiorem quatuor aliis in hac Tabula expressis, & binis prioribus Tabulæ sequentis. Cui conjecturæ suffragari videtur hæc forma τοῦ θεοῦ, quam in Codicibus noni sæculi nondum observavi. At licet eum sequentibus jam adferendis ætate inferiorem habeam, quia tamen unciales cum ligatis mixtos characteres habet, Codici Plutarchi subnectendum duxi. Specimen autem desumtum est ab initio Homiliæ S. Basilii in Psalm. 28. & vulgari charactere sic habet.

Ἔξω τῆς ἁγίας αὐλῆς οὐ χρὴ προσκυνεῖν τῷ κυρίῳ· ἀλλ' ἔνδον γενόμενον· τουτέστι μὴ ἐκβαίνειν τοῦ συστήματος τῆς ἐκκλησίας, καὶ καθ' ἑαυτὸν κατάρχειν παρασυναγωγῆς καὶ σχισμάτων, τὸν ὀφείλοντα ἀληθινῶς τῷ θεῷ λατρεύειν· οὐ γὰρ προσήκει. ὥσπερ γὰρ οἶκόν τις ἑαυτὸν κατασκευάζει τοῦ κυρίου, τοῦ γενέσθαι. . .

Extra sanctam aulam non oportet adorare Dominum; sed intra illam; id est, non licet egredi quemquam a cœtu Ecclesiæ, ac seorsim illegitimi conventus & schismatum initium facere; eum nempe qui Deo verum cultum præstare debet: non enim convenit. Quemadmodum enim quivis sese Dei domum efficit, cum. . . . .

His specimina tria subjungimus, notata III. IV. V. nono sæculo descripta, ut in primo indicatur. Putamus tamen hoc characterum genus etiam ineunte decimo sæculo in usu fuisse: hîc autem a charactere unciali penitus receditur, ut & in sequentibus exemplis.

Tertium igitur specimen prodit ex Codice Colbertino, numero 340. complectente vitas Sanctorum mensium Maii, Junii, Julii & Augusti: non ut a Simeone Metaphraste editæ sunt; sed quales erant antequam iis Metaphrastes manum admoveret; nugis scilicet, fabulis & portentosis narrationibus refertæ. Simeon quippe easdem vitas elegantiorem in formam redegit, prodigia bene multa, quæ mendaces Græculi commenti fuerant, passim resecuit; ita tamen ut quantum satis superque erat retineret. Id ego expertus dico, collatis non semel iis, quæ nono sæculo conscriptæ fuerant, cum aliis inferioris ævi, quæ ex Metaphrastæ officina prodierant.

Descriptus est porro Codex anno mundi secundùm Græcorum computum 6398. nempe Christi 890. ut ex nota infra ponenda liquebit. Nullumque vidi paris vetustatis Codicem, qui annum diserte præferret.

In fine libri & nomen auctoris & annus mensisque notantur hoc pacto.

Μνησθῆτι σῶτερ δημιουργὲ τῶν ὅλων,
Ταῖς τῆς ἀχράντου ἱκετίαις Θεοτόκου,
Τοῦ ἐμπόνως γράψαντος Ἀναστασίου
Τὴν βίβλον ἥνπερ ταῖν χεροῖν μου νῦν φέρω·
Καὶ τάξον αὐτὸν ἐν δικαίων τῇ στάσει,
Πολλῶν παρασχὼν ἀμπλακημάτων λύσιν.

Et interjecto spatio,

Ἔπαυσε χριστὸς δημιουργεῖν σαββάτῳ,
Κἀμοῦ δὲ παύει τοὺς πόνους ἐν σαββάτῳ.

Μηνὶ Ἀπριλλίῳ ἰνδικτιῶνος η'. ἔτους ͵ϛτϟη'.

Id est :

Memento, servator, Creator universorum,
Precibus intemeratæ Deiparæ,
Anastasii, qui cum labore scripsit
Librum, quem manibus fero meis:
Et ipsum in statione beatorum constitue,
Concessâ multorum erratorum remissione.

Et interjecto spatio,

Christus finem fecit creandi Sabbato,
Et meis item laboribus finem adfert Sabbato.

Mense Aprili, Indictione octava, anno 6398.

More Græcorum annum mundi notat, qui est Christi 890.

Quæ in exemplo feruntur vulgaribus typis edimus cum Latina versione.

Μαρτύριον τοῦ ἁγίου πανενδόξου Κηρύκου.

Τῷ ἀγαπητῷ ἀδελφῷ καὶ συλλειτουργῷ, καὶ συνεπισκόπῳ Ζωσίμῳ ἐπισκόπῳ Θεόδωρος ἐλέει θεοῦ ἐπίσκοπος, ἐν κυρίῳ χαίρειν.

Ἐπειδὴ γὰρ τῷ καλῷ σπέρματι εἴωθεν ἐπισπείρειν ὁ τῆς ἀνθρωπίνης φύσεως ἐχθρὸς τὰ ζιζάνια, δέον ἐστὶ τοὺς τῆς ἐκκλησίας τροφίμους ἐπαγρύπνως φυλάττειν ἀνεπίμικτον πάσης ἀκαθάρτου ἐπινοίας τὸν τῆς θεοσεβείας σπόρον· ὅπως βλαστάνων καὶ κατὰ θεὸν αὐξάνων, πολυφόρον ἀποδώσει τῷ κυρίῳ τὸν καρπὸν, τρέφοντα τὰς τῶν εὐσεβούντων, καὶ τοῖς ἴχνεσι τῶν ἁγίων ἐπακολουθεῖν ἐσπουδακότων ψυχάς.

Martyrium sancti & gloriosissimi Ceryci.

Dilecto fratri, comministro & Coëpiscopo Zosimo Episcopo, Theodorus miseratione divina Ep.scopus, in Domino salutem.

Quia bono semini zizania superserere solet inimicus humanæ naturæ, Ecclesiæ alumnos decet advigilare, ut nulla impura excogitatione permixtum piæ religionis semen conservent: adeo ut pullulans & secundum Deum crescens, copiosum Domino fructum reddat, qui piorum, eorumque qui vestigiis Sanctorum insistere curant, animabus alimentum impertiat.

Quartum specimen excerptum est ex Codice Colbertino, num. 1511. qui videtur eadem manu exaratus: est item Menæum ubi vitæ SS. & conciones pro solemnitatibus. Sic porro vulgari charactere scribitur.

Τοῦ ἐν ἁγίοις πατρὸς ἡμῶν Ἰωάννου ἀρχιεπισκόπου Κωνσταντινουπόλεως τοῦ χρυσοστόμου λόγος εἰς τὴν ἁγίαν παρασκευήν.

Ἐπέστη τῶν ἱερῶν μυστηρίων ἡ πανήγυρις· ἔλαμψεν ἡ ἑσπέρα ἡ πάσης ἡμέρας φωτεινοτέρα· τί γὰρ ἐν τῇ παρούσῃ ἑσπέρᾳ οὐ γέγονε φρικτὸν καὶ παράδοξον πρᾶγμα; ὁ δεσπότης συνεδείπνησε δούλοις, μυστηρίων αὐτοῖς ἤνοιξε παράδεισον· δέδωκεν αὐτοῖς βρῶμα, τὴν ἀναμάρτητον καὶ ἄχραντον αὐτοῦ σάρκα.

S. Patris nostri Joannis Chrysostomi Archiepiscopi Constantipolitani, sermo in S. Parasceven.

Adest sacrorum mysteriorum celebritas: effulsit vespera quovis die splendidior. Quid enim in hac vespera non horrendum, non stupendum est? Dominus cum servis cœnavit, paradisum mysteriorum ipsis aperuit, impeccabilem & immaculatam carnem suam in cibum dedit.

I

Θαυμαστὸν μὲν ἴσως οὐκ ἔστιν ἐν ἀπείρῳ τῷ χρόνῳ
τῆς τύχης ἄλλοτε ἄλλως ῥεούσης. ἐπὶ ταὐτὰ συμ
πτώματα πολλάκις καταφέρεσθαι τὸ αὐτόματον
εἴτε γὰρ οὐκ ἔστιν τῶν ὑποκειμένων ὡρισμένον τὸ
πλῆθος. ἄφθονον ἔχει τῆς τῶν ἀποτελουμένων
ὁμοιότητος χορηγὸν ἡ τύχη τὴν τῆς ὕλης ἀπειρίαν
εἴτ᾽ ἐκ τινῶν ὡρισμένων ἀριθμῶν ἐμπλέκεται τὰ
πράγματα πο .... τύχη δὲ δυνάμει καὶ.
...... ὑφιζόντων ... ὅτι

II

Ἐξ ὧν τῆς ἁγίας φίλης οὐχ ἑνὶ προσκυνεῖν θ(εο)ῦ κ(αὶ) θ(εο)ῦ ἀλ
λ᾽ ἐν δὴ γενομένῃ τουτέστι μὴ ἐκβαίνειν τοῦ
σχήματος τῆς ἐκκλησίας καὶ καθέλκειν κα
ταχεῖν παρὰ συναγωγῆς καὶ [illegible] τὸν
ὀφείλοντα ἀληθινῶς τῷ θ(ε)ῷ λατρεύειν· οὕτω
προσήκεν· ὥσπερ δὲ οἶκον [illegible] κατασκευά
ζει τοῦ κ(υρίο)υ· τοῦ γενέσθαι ξ, ψ,

III

† Μαρτύριον τοῦ ἁγίου
πανενδόξου Κηρύκου

Τῶν δὲ ἀποστόλων ἀδελφῶν συμμα
[illegible] συνδιατελούντων [illegible]
[illegible]. Θεόδωρος [illegible]
[illegible] χαίρειν·
[illegible]
[illegible] τῆς ἀγαθῆς
φύσεως ἐχθρὸς ταμιεύει.
[illegible] τῆς [illegible]
τροφίμοις [illegible]
[illegible] πάσης
καθαρὰν [illegible] τὸν τῆς
θεοῦ [illegible]
[illegible]
[illegible] τὸν
καρπὸν τροφὴν [illegible]
[illegible] καὶ τοῖς [illegible] τῶν
[illegible]
[illegible]

IV

† τοῦ ἐν ἁγίοις π(ατ)ρ(ὸ)ς ἡμῶν Ἰωάννου
ἀρχιεπισκόπου Κωνσταντινουπόλεως
τοῦ Χρυσοστόμου λόγος εἰς τὴν ἁγίαν παρα
σκευήν

Ἑορτὴ τῶν [illegible] μυστηρίων
ἡ παρήγυρις [illegible]
[illegible] ἡμέρας φωτ
[illegible] παρ ου
[illegible]
παράδοξον πρᾶγμα. [illegible]
τῆς [illegible]
μυστηρίων αὐτοῖς [illegible] πα
ραδέσονται [illegible] αὐτοῖς [illegible]
μαι τὴν [illegible]
[illegible]

V

Λαμπρὰ μὲν ἡ τοῦ πάσχα
πανήγυρις λαμπρὸς δὲ
καὶ ὁ παρὼν σύλλογος πα
λαιὰ καὶ καινὰ [illegible]
μυστήριον τοσαῦτον [illegible] ....
οὐχ [illegible] αὐ
τὴν ἡ [illegible]
[illegible] οὐδ᾽ οὕτως αὐτῇ
[illegible]
[illegible] οὐδ᾽

Advertas autem titulum ſecus jacere in aliis Codicibus, nimirum εἰς τὴν ἁγίαν πέμπτην; id eſt, *In ſanctam Feriam quintam.* In Vaticano Codice & in Cryptaferratenſi, Chryſoſtomi nomen præfert ut in hoc Colbertino, in Ottoboniano autem dicitur Procli Conſtantinopolitani.

Quintum ſpecimen duo fragmenta habet, excerpta ex Codice quodam RR. PP. S. Baſilii Romæ, eadem prorſus ſcripturæ forma.

Primum fragmentum ſic vulgari modo ſcribitur, λαμπρὰ μὲν ἡ τοῦ πάσχα πανήγυρις, λαμπρὸς δὲ καὶ ὁ παρὼν σύλλογος παλαιᾶς καὶ καινῆς περιέχει μυστήριον· τοσοῦτον δὲ ἔχει; id eſt, *Splendida quidem Paſchatis ſolemnitas: ſplendidus hic cœtus, veteris & novi Teſtamenti myſterium complectitur. Tantum autem....* Secundum fragmentum ita legitur: οὐχ οὕτως ἐβάρησεν αὐτὴν ἡ γιγάντων πυργοποιΐα, οὐδ' οὕτως αὐτὴν ἐμόλυναν ἀθεμιτουργήσαντες Σοδομῖται· οὐδ' οὕτως οἱ τὰ εἴδωλα πλάσαντες ἐξ αὐτῆς, οὐ τὸ αἷμα Ζαχαρίου καὶ Ἄβελ ἐκχυθέν; id eſt, *Non ita aggravavit eam a gigantibus ſuſcepta turris ſtructura, nec ita illam deturparunt ſceleſti illi Sodomitæ; neque illi ex ſuis qui idola effinxerunt; non ſanguis Zachariæ & Abel effuſus.*

Eodem prorſus characteris genere ſcriptus eſt item Codex Regius 1953ª. ab Excellentiſſimo Archiepiſcopo Rhemenſi Mauritio Tellerio Bibliothecæ Regiæ dono oblatus, complectens Homilias Joan. Chryſoſtomi in Joannem, exaratus & ipſe nono ſæculo. In fine autem ſupplementum habetur altera manu, x. videlicet ſæculi.

CAPUT II.

Specimina characterum noni & decimi ſæculi ex Codice Regio & altero San-Germanenſi, de vitis Sanctorum ante Metaphraſten. Specimen aliud ex Codice Regio, qui anno Chriſti 914. ſcriptus eſt.

AD nonum item ſæculum vel ad initium decimi pertinet Codex Regius numero 1962. membranaceus, cujus character ad ſiniſtram reclinatur. Atramentum priſco mutato colore flavum rutilumque eſt & pene ad minium accedit: accentus priſca ſæpe forma depinguntur, ſcilicet ⊣ & ⊢ quod in Codicibus noni & decimi ineuntis ſæculi frequenter obſervatur; in poſterioris ævi rarius. Puncta ad ſupremum ultimæ literæ latus ad majorem & ad mediam diſtinctionem vulgo ponuntur, ad infimum item latus aliquando pro media interpunctione: pro minore virgulæ. Litera α quando cum ſequenti non copulatur ſic depingitur ᾳ; ita ut αι legi videatur: quod in pleriſque iſtius ævi exemplaribus animadvertimus. Prima majuſcula O, per piſcem exprimitur: idque non tantum in hoc Codice; ſed etiam in aliis vetuſtis exemplaribus. Cæterarum vero initialium literarum Tabulam ſupra dedimus. In iſto autem Codice Regio, habentur Homiliæ Chryſoſtomi in Pſalmos. In ſpecimine hæc vulgari forma ſic ſcribuntur.

Τοῦ αὐτοῦ ἑρμηνεία εἰς τὸν ϛ'. ψαλμόν.	Ejuſdem interpretatio Pſalmi ſexti.
Κύριε μὴ τῷ θυμῷ σου ἐλέγξῃς με,	*Domine ne in furore tuo arguas me,*
μηδὲ τῇ ὀργῇ σου παιδεύσῃς με.	*neque in ira tua corripias me.*
Ὅταν ἀκούσῃς θυμὸν καὶ ὀργὴν, μηδὲν ἀν-	Cum furorem & iram audis, ne quid
θρώπινον ὑποπτεύσῃς· συγκαταβάσεως	humanum ſuſpiceris: nam adtempera-

γῆς

γὰρ ἐστι τὰ ῥήματα· καὶ γὰρ τὸ θεῖον ἁπάντων τούτων ἀπήλλακται· διαλέγεται δὲ, ὥστε καθάψασθαι τῆς τῶν παχυτέρων διανοίας. ἐπεὶ καὶ ἡμεῖς ὅταν βαρβάροις διαλεγώμεθα, τῇ ἐκείνων χρώμεθα γλώττῃ· κἂν πρὸς παιδίον φθεγγόμεθα, συμψελλίζομεν, κἂν μυριάκις ὦμεν σοφοί.

rationis verba sunt: divinum quippe numen his omnibus immune est. Sic autem sermocinatur ut ad rudiorum animas pertingat. Quandoquidem & nos cum barbaros alloquimur, eorum utimur lingua; & cum puerum compellamus, quantavis sapientia præditi, cum illo balbutimus.

Secundum specimen excerptum est ex Codice nostro San-Germanensi, quem annis abhinc octodecim, Damasco huc translatum, emi a Franciscano. In cujus initio Arabica nota recens habetur, ubi dicitur eo libro contineri vitas Sanctorum & Homilias quasdam Chrysostomi: & vero ibi vitæ Sanctorum mensis Augusti habentur cum quibusdam Chrysostomi & aliorum Homiliis. Codex nono sæculo, vel ineunte decimo, scriptus est, antequam Symeon Metaphrastes vitis Sanctorum manum admovisset, ut opinamur, redegissetque in elegantiorem formam: qui quod pristinas illas alium in sermonem transtulerit, Metaphrastes dictus est. Id vero præstitisse dicitur ineunte decimo sæculo, sub Leone Philosopho. Antiquiores autem illæ Sanctorum vitæ multum discrepant ab editis a Symeone: portentosis quippe narrationibus & fabulis refertæ sunt, utpote a Græculis consarcinatæ: iis tamen exceptis, quæ ab æqualibus, aut discipulis Sanctorum, de quibus agitur, descriptæ sunt; ut v. g. SS. Pachomii, Euthymii, Sabæ & aliorum: in quibus deligendis judicio est opus. Nam secus quam multi æstimant, Symeon Metaphrastes multa nimium τερατώδη resecuit, ut, iis sublatis, credibiliora quæ referebantur, essent; exempli caussa, in hoc, de quo agitur, Codice, præit Inventio S. Stephani initio mutila, ubi hæc leguntur, a Metaphraste alio prorsus modo enarrata.

Καὶ ἐχάρη λίαν ὁ βασιλεὺς καὶ μετακαλεσάμενος Εὐσέβιον τὸν ἐπίσκοπον, λέγει αὐτῷ· ἄπελθε εἰς τὸ πλοῖον μετὰ τοῦ πλήθους τοῦ λαοῦ· κἀγὼ ἀποστέλλω τὸ βουριχάριον, καὶ φέρετέ μοι τὸ γλωσσόκομον εἰς τὸ παλάτιον [illegible] ἐπίσκοπος, καὶ πᾶς ὁ λαὸς μετὰ κηρῶν συνέδραμον. ὁ δὲ ἐπίσκοπος κατελθὼν εἰς τὸ πλοῖον, εὗρεν τὸ γλωσσόκομον· καὶ ἐπιθεὶς ἐπὶ τὴν καρούχαν, ἐσπούδαζεν εἰσελθεῖν εἰς τὸ παλάτιον [illegible] μοῦλαι [illegible] λων βιαίως· [illegible] λεγομένας Κωνσταντιανάς [illegible] οὐκέτι μετακινηθῆναι ἴσχυον. [illegible] τὰ ζῶα, μία δὲ ἐξ αὐτῶν, ἀγγελικῇ δυνάμει, ἀνθρωπίνῃ φωνῇ ἐλάλησεν ἐπὶ πάντας τοῦ λαοῦ λέγουσα· τί τύπτετε τὰς ὄψεις ἡμῶν. ὧδε δεῖ αὐτὸν κατατεθῆναι ἐν τῷ τόπῳ τούτῳ· καὶ μὴ κάμετε ὅλως· εἰ δὲ μή, σημεῖα καὶ τέρατα ἔχετε ἰδεῖν.

Et gavisus est admodum Imperator, & accersitum Eusebium Episcopum sic alloquitur, Vade ad naviculam cum multitudine populi: egoque mittam Bouricharium, sive plaustrum: urnamque ad me in Palatium deferte. Abiit igitur Episcopus, omnisque populus cum cereis confluxit. Episcopus vero conscensa navi, urnam reperit, qua plaustro imposita, contendebat in Palatium ingredi. Mulæ autem processerunt, vehementer ab Angelis pertractæ: ac cum pervenissent ad locum Cōstantianis dictum, substiterunt, nec ultra progredi valebant. Ictibus porro jumenta tundebant. Verum ex mulabus una, impellente vi Angelica, humana voce loquuta est, hæc præsenti populo dicens: Cur oculos nostros tunditis: hic & in loco hoc deponatur oportet. Ne ultra defatigemini: sin minus signa & prodigia videbitis.

Mm

I

ΤΟΥ ΑΥΤΟΥ ΕΡΜΗΝΕΙΑ
ΕΙΣ ΤΟΝ Ϛ ΨΑΛΜΟΝ·
ΚΕ ΜΗ ΤΩ ΘΥΜΩ ΣΟΥ ΕΛΕΓ-
ΞΗΣ ΜΕ· ΜΗΔΕ ΤΗ ΟΡΓΗ
ΣΟΥ ΠΑΙΔΕΥΣΗΣ ΜΕ:-

Ὅταν ἀκούσῃς θυμὸν καὶ
ὀργὴν· μηδὲν ἀνθρώ-
πινον ὑποπτεύσῃς· συγ-
καταβάσεως γάρ ἐστι τὰ
ῥήματα. καὶ γὰρ τὸ θεῖον
ἀπαθὲς τοῦτον ἀπήλλα-
κται· διαλέγεται δὲ ὡς
καθάπτεσθαι τῆς τῶν πα-
χυτέρων διανοίας· ἐπεὶ καὶ
ἡμεῖς ὅταν βαρβάροις δια-
λεγώμεθα, τῇ ἐκείνων χρώ-
μεθα γλώττῃ· κἂν πρὸς
παιδίον φθεγγώμεθα, συμ-
ψελλίζομεν· κἂν μυριάκις
ὦμεν σοφοί.

II

Μαρτύριον τοῦ ἁγίου
Μύρονος:~

Ἔτους τρίτου ἀνύσαντος
ὄντος ἀνθυπάτου τῆς ἀ-
χαΐας, καὶ ἀθλήσεως δρόμον
καὶ γυμνασίας πάλην προ-
ϊσταμένου φθόνου τῶν ἑλλήνων·
ἡμερῶν δὲ καὶ ἑορτῶν ἐπι-
ελθουσῶν. τὰ γενέθλια
ἐπετελεῖτο παρὰ τῶν χρι-
στιανῶν τοῦ σωτῆρος ἡμῶν Ἰησοῦ Χριστοῦ·
τουτέστιν, ἡ κυρίου καὶ ἐπι-
φάνεια αὐτοῦ κατὰ σάρκα
γεννήσεως φωτεινῆς οὔσης
καὶ φιλολαμπροῦς ἀστρο-
θεσίας συναχθέντων τῶν χριστιανῶν.

III

Ὅτι ἀναλόγως τῇ πατρικῇ διαθέσει κέχρηται ὁ παιδαγωγὸς αὐστηρίᾳ καὶ χρηστότητι:-

Τοιγαροῦν ἤδη, προδεικνυμένων. ἑπόμενοι οὖν ἤδη, τὸν παιδαγωγὸν ἡμῶν Ἰησοῦν· τὸν μὲν ἡμῖν τὸν ἀληθινὸν βίον ὑποτυποῦ-
σθαι καὶ τὸν ἐν Χριστῷ παιδαγωγῆσαι ἄνθρωπον. ἔστι δὲ ὁ χαρακτηρισμὸς οὐ φοβερὸς ἄγαν αὐτοῦ· οὐδὲ ἐκλελυμένος
ὑπὸ χρηστότητος· ἐντείνεται δὲ ἅμα καὶ χαρακτηρίζεται, τὰς ἐντολὰς αὐτὰς εἰς τὸ ἐκπληρῶσαι δύνασθαι· καὶ μοι
δοκεῖ αὐτὸς οὗτος πλάσας μὲν τὸν ἄνθρωπον ἐκ χοός· ἀναγεν-
νήσας δὲ ὕδατι· αὐξήσας δὲ πνεύματι· παιδαγωγήσας δὲ
ῥήματι, εἰς υἱοθεσίαν καὶ σωτηρίαν· ἁγίαις ἐντολαῖς κατευ-
θύνων· ἵνα δὴ τὸν γηγενῆ εἰς ἅγιον καὶ ἐπουράνιον μεταπλάσας ἐκ προσβάσεως ἄνθρωπον· ἐκείνην τὴν θεϊκὴν
μάλιστα πληρώσῃ φωνήν· ποιήσωμεν ἄνθρωπον κατ'
εἰκόνα καὶ καθ' ὁμοίωσιν ἡμῶν

Hujusmodi narrationes & portentorum historias Symeon Metaphrastes aut resecuit, aut quibusdam demtis credibiliores reddere studuit.

Vitæ autem Sanctorum a Symeone Metaphraste concinnatæ, statim atque ab auctore emissæ sunt, sexcenties exscriptæ, per totam Græcam Ecclesiam pervulgatæ ac receptæ sunt. Nam Codices innumeri hujusmodi habentur, quorum maxima pars decimo vel undecimo sæculo exscripta fuit. In una autem Bibliotheca Colbertina ad octoginta fere numerantur. Inde est quod si qui vetustiores & ante Metaphrasten adornatas Sanctorum vitas complectantur, ii vel nono, vel ineunte decimo sæculo ut plurimum exarati sint. Metaphrastes vero ineunte decimo sæculo opus suum edidit: quo publicato, antiquiores illæ Sanctorum vitæ obsoleverunt apud Græcos. Excerptum autem nostrum vulgari forma sic habet:

Μαρτύριον τοῦ ἁγίου Μύρωνος.

Ἔτους τρίτου ἀνθυπατεύοντος Ἀντιπάτρου τῆς Ἀχαΐας, ἦν ἄθλησις δρόμου, καὶ γυμνασία πολλὴ πρὸς τοὺς θεοὺς τῶν Ἑλλήνων· ἡμερῶν δὲ δεκαπέντε διελθουσῶν, τὰ γενέθλια ἐπετελεῖτο παρὰ τῶν χριστιανῶν τοῦ σωτῆρος ἡμῶν Ἰησοῦ χριστοῦ· τουτέστιν ἡ σωτήριος καὶ ἐπιφανὴς αὐτοῦ κατὰ σάρκα γέννησις. φωτεινῆς οὖν καὶ φιλολαμπροτέρας οὔσης τῆς συνάξεως τῶν χριστιανῶν.

Martyrium S. Myronis.

Anno tertio Proconsulatus Antipatri in Achaïa, erant certamina decursionum, & ludi multi in honorem numinum Græcorum. Exactis vero quindecim diebus, Salvatoris N. J. C. natalitia a Christianis celebrabantur; sive salutaris ejus & conspicuus secundum carnem ortus. Cum ergo splendidus plæclarusque esset Christianorum conventus.

Eximiæ notæ est Codex Regius, num. 2271. unde tertium hujusce Tabulæ exemplum prodiit. In eo autem continentur Clementis Alexandrini προτρεπτικὸς πρὸς Ἕλληνας, id est, *Admonitio ad Græcos*: Pædagogi tres libri: Justini Martyris Epistola ad Zenam & Serenum: ejusdem Justini admonitio ad Græcos: Eusebii Pamphili Præparationis Evangelicæ libri quinque: Athenagoræ Philosophi legatio pro Christianis: ejusdem de Resurrectione: Eusebii Pamphili contra Philostratum & Hieroclem. Codex annum & Calligraphi sive Notarii nomen in fine præfert his verbis: ἐγράφη χειρὶ Βαάνους Νοταρίου ἀρχιεπισκόπου Καισαρείας Καππαδοκίας ἔτει κόσμου ,ϛυκβʹ. Hoc est: *Scriptus est manu Baanis, Notarii Aretæ Archiepiscopi Cæsareæ, Cappadociæ, anno mundi 6422. id est, Christi 914.* Quidam perperam legerunt, Βαάνους νότου, *Baanis noti*, decepti a Græculo infimi ævi, qui hanc primigeniam notam eadem in pagina exscripsit: & quia ΝΟ̄ scribitur, νότου exaratum æstimavit. Sed νοταρίου haud dubie legendum; ut exemplis multis declaratur in Notis Calligraphorum, Libro 1. hujus Palæographiæ: ubi Notariorum manu exaratos multos Codices discimus: qui Notarii officii sui nomen sic non semel exprimunt. In hoc Codice litera θ, sic semper scribitur, numquam vero ϑ: quæ postrema forma a Tachygraphis jamdiu recepta, quippe quæ pluries repetatur in Diplomate Constantini, ut putatur, Copronymi supra, circa medium decimi sæculi in Libris manuscriptis adhibita fuisse videtur: nam in Codicibus nono & ineunte decimo sæculo conscriptis non observatur; sed semper θ scribitur; in iis scilicet Codicibus illius ævi, quos hactenus inspeximus. Spiritus plerumque prisca forma notantur sic ⊢ ⊣: nonnumquam sic ┘ └ ut nono sæculo, ac etiam decimo scribuntur; verum infrequentius versus finem decimi.

In marginibus passim scholia habentur, partim prima manu charactere unciali descripta, partim secunda manu, charactere ligato & currenti. In fine Librorum sive operum singulorum titulus repetitur; exempli causa in fine primi libri Pædagogi Clementis Alexandrini, unde Exemplum tertium Tabulæ sequentis mutuati sumus, ita legitur: Κλήμεντος παιδαγωγοῦ τῶν εἰς τρία τὸ α΄. i. *Clementis Pædagogi trium librorum primus.* Postea subjungitur ibidem libri secundi titulus hoc pacto: τὰ ἐν τῷ δευτέρῳ λόγῳ τοῦ παιδαγωγοῦ. κεφ. α΄. πῶς περὶ τὰς τροφὰς ἀναστρεπτέον: hoc est, *Eorum quæ in secundo libro Pædagogi continentur Caput primum, quomodo cibis utendum sit.* Observatu porro dignum est, in fine trium priorum Librorum de Præparatione Evangelicâ, versiculos uniuscujusque libri numerari; in fine primi videlicet, Εὐαγγελικῆς προπαρασκευῆς α΄. στίχοις ͵αφνγ΄. i. *Evangelicæ Præparationis liber primus versiculos habet*, 1553. In fine secundi: Εὐαγγελικῆς προπαρασκευῆς β΄. στίχοις ͵αυπγ΄. i. *Evangelicæ Præparationis liber secundus versiculos habet* 1483. In fine tertii: Εὐαγγελικῆς προπαρασκευῆς γ΄. στίχοις ͵αωνη΄. i. *Evangelicæ præparationis liber tertius versiculos habet* 1858. Quo declarari videtur Eusebii Libros de Præparatione στιχηρῶς, sive per versiculos, primitus scriptos fuisse. In reliquis autem duobus libris versiculorum numerus ad calcem non assignatur.

Notæ Calligraphorum in margine annotantur; videlicet ⳩ pro ὡραῖον, *speciosum*, sive *elegans*: σημ. pro σημείωσαι, *observa*: ☧ pro χρυσίον, *aureum*. Quibus notis, quædam de suo plerumque adjicit Scholiastes; exempli causa fol. 63. ὡραῖον δι᾽ ὅλου, *locus elegans per totum*, ubi literæ ad perpendiculum positæ toti loco eleganter scripto respondent. Fol. autem 65. eodem modo ac situ legitur ad marg. χρυσίον καὶ ἡδὺ τὸ χωρίον. i. *Aureus & suavis locus.* Fol. 74. ὡραῖον δι᾽ ὅλου τὸ χωρίον, *Locus in toto elegans.* Fol. 97. ὡραῖον ἄγαν τὸ χωρίον καὶ τῇ φράσει ἐξηνθισμένον. *Locus admodum elegans, & dictione floridus.* Ad tertium autem Pædagogi Clementis Alexandrini librum fol. 141. notatur, ἰατρικῇ θεωρίᾳ ἐξηνθίσται τὸ χωρίον. i. *Medicinali contemplatione, quasi floribus conspersus est locus.* Paucis vero interpositis fol. 142. ubi Clemens mulieres proprio sibi labore vestitum parantes summopere laudat, Byzantias mulieres ita cavillatur Scholiastes, ταῦτα ταῖς Βυζαντίαις περιττὸς λῆρος, i. *Hæc Byzantiis mulieribus pro supervacaneis nugis habentur.*

Hic Iota subscriptum, ut vocant, una serie adscribitur in fine vocum, ut in exemplo vides. In fine libri, folia duo integra exercitii & animi causa unciali charactere descripsit Baanes, postquam supradicta omnia notamque anni absolverat. Qui character uncialis, hoc circiter tempore desiit. A nono enim sæculo nullum vidimus Codicem unciali charactere descriptum, ut supra dictum est, exceptis tamen libris Choralibus. Exemplum autem hujus Codicis in Tabula allatum, sic vulgaribus typis edimus.

Ex Libro primo Pædagogi Clementis Alexandrini.

Ὅτι ἀναλόγως τῇ πατρικῇ διαθέσει κέχρηται ὁ παιδαγωγὸς αὐστηρίᾳ καὶ χρηστότητι.

Τούτων ἤδη προδιηνυσμένων, ἑπόμενον ἂν εἴη, τὸν παιδαγωγὸν ἡμῶν Ἰησοῦν τὸν βίον ἡμῖν τὸν ἀληθινὸν ὑποτυπώσασθαι, καὶ τὸν ἐν Χριστῷ παιδαγωγῆσαι ἄνθρωπον. ἔστι δὲ ὁ χαρακτηρισμὸς

Quod Pædagogus, ut est paterno affectui consentaneum, severitate & benignitate utatur.

His jam peractis, consequens fuerit, ut pædagogus noster Jesus vitam nobis veram designet, & eum, qui in Christo est, hominem more pædagogi instituat. Est autem character ejus, neque ad-

τὸ φοβερὸς ἄγαν αὐτοῦ, οὐδὲ ἔκλυτος κομιδῆ κατὰ χρηστότητας· ἐντέλλεται δὲ ἅμα καὶ χαρακτηρίζεται ταῖς ἐντολαῖς αὐταῖς ἐκτελεῖν δύνασθαι· καί μοι δοκεῖ αὐτὸς οὗτος πλάσαι μὲν τὸν ἄνθρωπον ἐκ χοὸς, ἀναγεννῆσαι δὲ ὕδατι, αὐξῆσαι δὲ πνεύματι, παιδαγωγῆσαι δὲ ῥήμασι, εἰς υἱοθεσίαν καὶ σωτηρίαν ἁγίαις ἐντολαῖς κατευθύνων· ἵνα δὴ τὸν γηγενῆ εἰς ἅγιον καὶ ἐπουράνιον μεταπλάσας ἐκ προσβάσεως ἄνθρωπον, ἐκείνην τὴν θεϊκὴν μάλιστα πληρώσῃ φωνήν· ποιήσωμεν ἄνθρωπον κατ' εἰκόνα καὶ καθ' ὁμοίωσιν ἡμῶν.

modum formidabilis, neque præ benignitate usque adeo dissolutus. Simul autem præcipit, & præcepta hujusmodi characteribus consignat, ut perfici possint. Ac mihi quidem is ipse videtur hominem finxisse ex pulvere: aqua vero regenerasse: spiritu auxisse: verbo autem pædagogi instar instituisse, ad filiorum adoptionem & salutem sanctis præceptis dirigens, ut cum terrigenam in sanctum & cælestem hominem transformasset, divinam illam & cælestem vocem maximè impleret: *Faciamus hominem ad imaginem & similitudinem nostram.*

In Bibliotheca Regia habetur Codex num. 2290. scriptus anno Christi 942. complectens opera S. Joannis Chrysostomi de Sacerdotio, & alia S. Basil. Nota sic habet: ἐπληρώθη σὺν θεῷ τὰ εἰς τὸν Ἡσαΐαν τοῦ ἁγίου Βασιλείου μηνὶ Μαΐῳ γ΄ ἡμέρᾳ τρίτῃ ἰνδ. ιε. ἔτους ἀπὸ κτίσεως κόσμου ςΥΝ. *Absolutum est cum Deo opus S. Basilii in Hesaïam, mensis Maii die tertia, feria 3. Indict. 15. anno a creatione mundi 6450. id est, Christi 942.* Ibi θ sic semper scribitur & numquam ϑ: sed postea hoc vertente sæculo ϑ passim reperitur. Quidam tamen Calligraphi in fine decimi sæculi; imo etiam undecimo & duodecimo sæculo, unicâ illâ forma θ utuntur: verum id in Evangeliorum libris tantum hactenus observavi: cum videlicet accuratius & elegantius scribere student, fortasseque in aliis pari accuratione descriptis postea deprehendetur. Hujus Codicis Regii apographum exstat in Bibliotheca RR. PP. Jesuitarum Collegii Ludovici Magni; sed recens & in Occidente factum; ibi etiam nota anni exscripta fuit, non addita recentioris manus nota, contra morem Græcorum Calligraphorum, qui, ut diximus, quando Codicis, ad cujus fidem apographa sua edebant, notam temporis & Calligraphi nomen exscribebant, suam itidem notam adjiciebant; idque in omnibus quos vidimus in Græcia scriptis Codicibus alicujus vetustatis. Hic autem recentior Codex in Europa decimo sexto sæculo scriptus est, aut ad summum in fine decimi-quinti.

CAPUT III.

Specimina varia decimi sæculi ex Codicibus Regiis, Florentinis & uno Basiliano: item specimina duo scripturæ abbreviatæ decimi sæculi ex Codice Basilianorum, & ex altero Regio.

HOc in Capite octo specimina characteris decimi sæculi damus: quorum quædam notam ætatis diserte ferunt. Duo autem postrema specimina scriptionis abbreviatæ, ad decimum item sæculum pertinent: primum quippe anni 986. notam habet: alterum ejusdem circiter ætatis est. Jam de singulis pertractandum.

Primum specimen prodit ex Codice Regio 2919. membranaceo, qui decimo sæculo scriptus videtur: nam in aliquot ejusdem formæ Codices incidi, anni notam ferentes, qui omnes eodem sæculo exarati sunt. Hic Dativo ι adscribitur, ut in ἐπιστολῇ, quod in aliquot exemplaribus observatur; in pluribus omittitur. Accentus non ita accurate ubique notantur; sed haud raro negliguntur, & spiritus similiter, qui prisca forma plerumque describuntur. Locus in specimine sic habet.

Ἰουστῖνος Ζηνᾷ καὶ Σερήνῳ τοῖς ἀδελφοῖς χαίρειν. περὶ μὲν τῆς κατὰ προειλημμένα τινῶν ἀλογίστου παιδείας; μαθήσεώς τε ἀνωφελοῦς κατὰ παράδοσιν ἀνθρώπων κληρονομηθείσης ὑπὸ τῶν τὰ ὅμοια τοῖς φαρισαίοις νοούντων τε καὶ πραττόντων, ἐν τῇ πρὸς Πάπαν ἐπιστολῇ μετὰ πάσης ἀκριβείας ἐξεθέμην· ἵνα δὲ μὴ πολὺ μεμπτικὸς εἶναι δόξαιμι· παρέχοιμι δὲ καὶ ἀφορμὰς σωτηρίας τοῖς βουλομένοις εὖ πράττειν.

Justinus Zenæ & Sereno fratribus salutem. De absurda secundum quorumdam propositum disciplina, deque inutili doctrina, quæ secundum traditionem hominum accipitur ab iis, qui paria Pharisæis cogitant & agunt, in Epistola ad Papam omni accuratione tractavi. Ne vero nimius arguendo comperiar, sed salutis occasionem præbeam iis, qui recte agere cupiunt.

Secundum specimen ex Codice Regio, num. 2363. mutuati sumus, ubi Theodoreti Commentarii in Psalmos. Excerptum est autem ex interpretatione Psalmi LXXXVIII. Hîc accentus & spiritus sæpe negliguntur, ut in præmisso specimine. Spiritus frequenter prisco more depinguntur. Scriptionis ætas se statim suis notis indiciisque prodit; cum maxime exemplar ipsum conspicitur. Quantalibet enim cura specimina edantur, in iis omnia vetustatis signa semper refundere non ita facile est, ut enarratur in Præliminaribus.

Locus porro in exemplo allatus vulgari more scriptus sic habet.

Ὁ μακάριος Δαυὶδ σηκοῖς τετιμημένους ὁρῶν τοὺς ψευδωνύμους Θεοὺς, μόνην δὲ τοῦ Θεοῦ τὴν κιβωτὸν ἀγέραστον διαμένουσαν· ὑπέσχετο τὸν θεῖον οἰκοδομήσειν νεών· ταύτην αὐτοῦ τὴν γνώμην ἀποδεξάμενος ὁ Θεὸς, τῇ καλῇ ἐπαγγελίᾳ ἀμείβεται, καὶ ὑπισχνεῖται ἐκ τῆς ὀσφύος αὐτοῦ λογικὸν αὐτῷ κατασκευάσειν νεὼν, καὶ διὰ τούτου τὴν ἁπάντων ἀνθρώπων πραγματεύεσθαι σωτηρίαν, καὶ ἀτελεύτητον αὐτῷ παρέξειν τὴν βασιλείαν. Ταύτας δὲ τάς.

Beatus David falsos deos Templis honoratos videns, solam vero Dei arcam sine honore manere, divinum se Templum excitaturum esse promisit. Quam ejus mentem acceptam habens Deus, præclara promissione remunerat, spondetque ex ejus lumbis rationabile sibi templum structurum esse, &, per hoc omnium hominum salutem operaturum, ac regnum ei sine fine largiturum.

Tertium specimen prodit ex Codice Regio, num. 2436. egregiæ notæ, in charta bombycina descripto. Nam, ut Libro primo diximus, charta bombycina jam decimo sæculo in usu erat: cui rei fidem facit hic Codex, decimo sæculo, ut ex charactere liquidum videtur, exaratus. An vero decimum etiam sæculum chartæ bombycinæ usus præcesserit, ignoratur. Præter hunc autem Codicem alii non pauci bombycini variis in Bibliothecis habentur, ejusdem sæculi notam ferentes. Continet hic Codex catenam in Canticum Canticorum initio mutilam; Procopii Christiani Sophistæ Eclogarum ad interpretationem Proverbiorum Salomonis Epitomen, unde specimen desumsimus: quod opus an editum fuerit ignoro; Ecclesiastis librum cum interpretatione marginali; librum Sapientiæ in fine mutilum. Scripturæ verba, ut statim internoscantur, & a Commentariis variorum distinguantur, paulo majore charactere scripta sunt, ut vides in specimine, ac præterea flavo tenuissimoque colore tinguntur: quod etiam frequenter observatur in aliis vetustis Exempluribus Græcis: ubi ad distinctionem, tituli & Scripturæ sacræ, verba cum Commentariis explanantur, flavo colore illini solent, quando iidem tituli & Scripturæ verba atramento, non minio, exarata sunt. Exemplum continet Prologum Procopii Sophistæ in catenam Proverbiorum, & vulgari charactere sic habet.

Προκοπίου χριστιανοῦ σοφιστοῦ τῶν εἰς τὰς παροιμίας Σολομῶντος ἐξηγητικῶν ἐκλογῶν ἐπιτομή.

Procopii Christiani Sophistæ Eclogarum ad interpretationem Proverbiorum Salomonis Epitome.

Τρεῖς εἰσι τοῦ σοφωτάτου Σολομῶντος αἱ πραγματεῖαι· ἀλλ' ἡ μὲν παροιμία, παίδευσίς ἐστιν ἠθῶν, καὶ παθῶν ἐπανόρθωσις, καὶ τῶν πρακτέων συνθήκη πυκνή. ὁ δ'

Sapientissimi Salomonis tria sunt opera: at Proverbium quidem, est morum institutio, affectuum emendatio, rerumque agendarum multiplex ar-

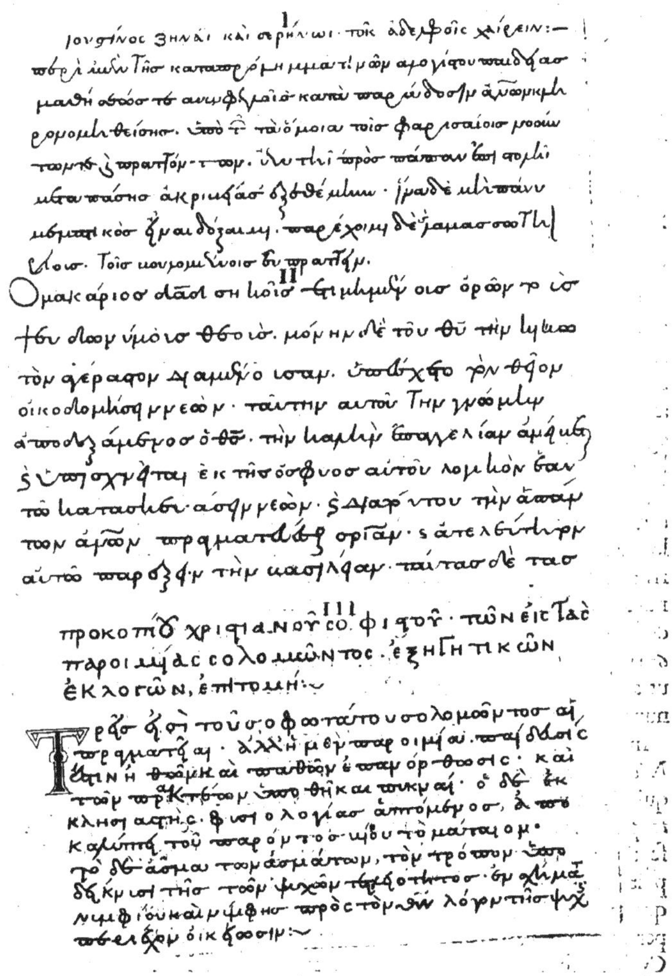

Ἐκκλησιαστὴς, φυσιολογίας ἁπτόμενος, ἀποκαλύπτει τοῦ παρόντος βίου τὸ μάταιον· τὸ δὲ ᾆσμα τῶν ᾀσμάτων, τὸν τρόπον ὑποδείκνυσι τῆς τῶν ψυχῶν τελειότητος, ἐν σχήματι νυμφίου καὶ νύμφης πρὸς τὸν Θεὸν λόγον τῆς ψυχῆς περιέχον οἰκείωσιν.

gumentum. Ecclesiastes vero, rerum naturalium narrationi insistens, præsentis vitæ vanitatem aperit. Canticum autem Canticorum, perfectionis animarum modum subindicat, in figura sponsi & sponsæ, animæ cum Deo Verbo familiaritatem complectens.

Quartum specimen, quod est in altera Tabula primum, ex Codice Laurentiano desumtum, decimi item sæculi, est initium Topographiæ Christianæ, auctore Cosma Monacho: quam nuper, ad fidem ejusdem Codicis & Vaticani vetustioris, edidimus: ubi spiritus prisca forma plerumque describuntur. Quæ in specimine feruntur sic vulgaribus typis legimus.

Ἐν ὀνόματι τοῦ πατρὸς, καὶ τοῦ υἱοῦ, καὶ ἁγίου πνεύματος, τῆς μιᾶς τρισυποστάτου καὶ προσκυνητῆς θεότητος, τῆς ὁμοουσίου καὶ ζωαρχικῆς τριάδος· τοῦ ἑνὸς θεοῦ, παρ' οὗ πᾶσα δόσις ἀγαθὴ, καὶ πᾶν δώρημα τέλειον ἄνωθεν εἰς ἡμᾶς κάτεισιν· ἀνοίγω τὰ μογιλάλα καὶ βραδύγλωσσα χείλη, ὁ ἁμαρτωλὸς καὶ τάλας ἐγὼ, πεποιθὼς . . . .

In nomine Patris, & Filii, & Spiritus sancti, unius in trina hypostasi adorandæ deitatis, consubstantialis, quæ vitæ principium est, Trinitatis, unius Dei, a quo omne datum optimum & omne donum perfectum desuper ad nos descendit; balbutientia & tardiloqua labia mea aperio, ego peccator & miser, confisus. . . .

De insigni Manuscripto, unde quintum, quod est in Tabula secundum, specimen prodit, hanc notam accipe.

Codex Regius membranaceus, num. 3424. parvæ molis, elegantissime exaratus, quatuor Evangelia complectitur. Initio præmittitur Index capitum Evangelii S. Matthæi aureo charactere. Post sequitur S. Matthæi imago peritissime in fundo aureo depicta; ita ut doctorum judicio priscam elegantiam æmuletur. Deinde Eusebiani Canones, aureo charactere descripti, picturis egregie exornantur. Init postea Evangelium S. Matthæi: cujus primum folium altera manu duodecimi sæculi suppletum est, eademque item manu septimum folium exaratur, & alteri primæ manûs, quod perierat, substituitur. Literæ majusculæ & notæ marginales omnes auro illitæ sunt. Ad singulos Evangelistas par ornatus deprehenditur. Præit videlicet Index aureis literis: depingitur postea Evangelistæ cujuslibet effigies, & perite quidem, sed nulla Matthæi imagini comparanda. Ante Evangelium Lucæ, in vacuis foliis describitur recentiore manu Canon Paschalis ab anno mundi 6670. ad annum 6712. hoc est ab anno Christi 1162. ad 1204. Hæc igitur scripta sunt anno 1162. ut ad sequentes annos tum Quadragesimæ initia, tum Paschatis dies, prænuntiarentur.

In fine altera manu legitur, ἐγράφη Νικηφόρου βασιλεύοντος ἰνδ. ζ. *Scriptus est Nicephoro imperante, Indictione septima.* His subjicitur hæc nota Latina decimiquinti, ut videtur, sæculi. *Regnavit hic Nicephorus anno Domini octingentesimo, tempore Caroli magni.* Verum non advertit qui hæc subjecit, Indictionem septimam in Nicephorum hunc cadere non posse. Siquidem Imperium arripuit ille anno 802. Indictione undecima: periit vero anno 811. Indictione quarta. Atqui ut nemo nescit, a quinta-decima Indictione ad primam semper recurrimus, neque potest inter undecimam Indictionem, & quartam Cycli subsequentis, septima Indictio reperiri. Hic Nicephorus fuerit alius,

Phocas

Phocas cognominatus, qui iniit anno 961. Indictione quarta : obiitque anno 969. Indictione decima-tertia : atque adeo Indictio illa septima, in annum 964. cadat oportet, quo scriptus est hic Codex. Et alioquin characteris forma hanc ætatem præfert, nec referri potest ad Nicephorum Stauracii patrem, qui ineunte nono sæculo imperavit. In hoc Codice habetur Epistola Eusebii ad Carpianum, aureo charactere eleganter exarata. Specimen autem ex Matth. 6. 24. sic legitur :

Ἢ ἑνὸς ἀνθέξεται καὶ τοῦ ἑτέρου καταφρονήσει. οὐ δύνασθε Θεῷ δουλεύειν καὶ Μαμωνᾷ. Διὰ τοῦτο λέγω ὑμῖν· μὴ μεριμνᾶτε τῇ ψυχῇ ὑμῶν τί φάγητε, καὶ τί πίητε· μηδὲ τῷ σώματι ὑμῶν τί ἐνδύσησθε· οὐχὶ ἡ ψυχὴ πλεῖόν ἐστι τῆς τροφῆς, καὶ τὸ σῶμα, τοῦ ἐνδύματος; ἐμβλέψατε εἰς τὰ πετεινὰ τοῦ οὐρανοῦ, ὅτι οὐ σπείρουσιν, οὐδὲ θερίζουσιν, οὐδὲ συνάγουσιν εἰς ἀποθήκας, καὶ ὁ πατὴρ ὑμῶν ὁ οὐράνιος τρέφει αὐτά. οὐχ ὑμεῖς μᾶλλον διαφέρετε αὐτῶν; τίς δὲ ἐξ ὑμῶν μεριμνῶν δύναται προσθεῖναι ἐπὶ τὴν ἡλικίαν αὐτοῦ πῆχυν ἕνα; καὶ περὶ ἐνδύματος τί μεριμνᾶτε;

Aut unum sustinebit, & alterum contemnet. Non potestis Deo servire & Mamonæ. Ideo dico vobis, ne soliciti sitis animæ vestræ quid manducetis & bibatis, neque corpori vestro quid induamini. Nonne anima plus est quam esca, & corpus plus quam vestimentum? Respicite volatilia cæli, quoniam non serunt, neque metunt, neque congregant in horrea : & Pater vester cælestis pascit illa. Nonne vos magis pluris estis illis? Quis autem vestrum cogitans potest adjicere ad staturam suam cubitum unum? Et de vestimento quid soliciti estis?

Specimen VI. quod est in Tabula tertium, excerptum est ex Codice Bibliothecæ B. Mariæ Benedictinorum Florentiæ, ubi Acta Apostolorum & Epistolæ S. Pauli : qui descriptus est manu Theophylacti Presbyteri & in lege Doctoris, ut fertur in nota ad annum 984. quam inde excerptam edidimus Libro primo : & hic iterum proferimus : ἐγράφη αὕτη ἡ δέλτος ἰνδ. ιβ. ἔτει ςυϞβ. διὰ χειρὸς Θεοφυλάκτου πρεσβυτέρου καὶ νομοδιδασκάλου. Hoc est : *Scriptus est hic liber, Indictione 12. anno 6492. id est, Christi 984. manu Theophylacti Presbyteri & in lege Doctoris.* Hac vero characterum forma sæculo item undecimo passim scriptitatum est. Specimen est initium Epistolæ ad Romanos, atque ita legitur :

Παῦλος δοῦλος Ἰησοῦ Χριστοῦ, κλητὸς ἀπόστολος, ἀφωρισμένος εἰς εὐαγγέλιον Θεοῦ, ὃ προεπηγγείλατο διὰ τῶν προφητῶν αὐτοῦ ἐν γραφαῖς ἁγίαις περὶ τοῦ υἱοῦ αὐτοῦ τοῦ γενομένου ἐκ σπέρματος Δαυὶδ κατὰ σάρκα, τοῦ ὁρισθέντος υἱοῦ Θεοῦ ἐν δυνάμει κατὰ πνεῦμα ἁγιωσύνης ἐξ ἀναστάσεως νεκρῶν Ἰησοῦ Χριστοῦ τοῦ κυρίου ἡμῶν, δι' οὗ ἐλάβομεν χάριν.

Paulus servus Jesu Christi, vocatus Apostolus, segregatus in Evangelium Dei, quod ante promiserat per Prophetas suos in Scripturis sanctis de Filio suo, qui factus est ex semine David secundum carnem, qui prædestinatus est filius Dei in virtute secundum spiritum sanctitatis ex resurrectione mortuorum, Jesu Christi Domini nostri, per quem accepimus gratiam.

In septimo specimine exhibetur scriptura abbreviata sub finem decimi sæculi, ex Codice RR. PP. S. Basilii Romæ & ex simili eademque, ut videtur, manu scripto Cryptæ-Ferratæ, ubi notatur annus mundi 6494. id est, Christi 986. Abbreviationum genus admodum singulare est : quæ autem in exemplo feruntur ita legas.

IV

Ἐν ὀνόματι τοῦ πατρὸς καὶ τοῦ υἱοῦ καὶ τοῦ ἁγίου
πνεύματος · τῆς μιᾶς τρισυποστάτου καὶ προσκυνητῆς θεότητος · τῆς ὁμοουσίου καὶ
ζωαρχικῆς τριάδος · τοῦ ἑνὸς θεοῦ · πα-
ρ' οὗ πᾶσα δόσις ἀγαθὴ · καὶ πᾶν δώρημα
τέλειον, ἄρχομαι [illegible] τῆς [illegible] κατήχησιν · ἀρχιερ-
ταῦ [illegible] καὶ [illegible] γλῶσσα [illegible],
ὁ ἁμαρτωλὸς καὶ ταλαίπωρος · [illegible] ζφ +

V

νὸς ἀνθέξεται καὶ τοῦ ἑτέρου καταφρονήσει · οὐ δύνασθε θεῷ δουλεύειν καὶ μαμωνᾷ · διὰ τοῦτο λέγω ὑμῖν · μὴ μεριμνᾶτε τῇ ψυχῇ ὑ-
μῶν τί φάγητε καὶ τί πίητε · μὴ
δὲ τῷ σώματι ὑμῶν · τί ἐνδύσησθε ·
οὐχὶ ἡ ψυχὴ πλεῖόν ἐστι τῆς τροφῆς
καὶ τὸ σῶμα τοῦ ἐνδύματος;
Ἐμβλέψατε εἰς τὰ πετεινὰ τοῦ οὐρανοῦ.
ὅτι οὐ σπείρουσιν οὐδὲ θερίζουσιν
οὐδὲ συνάγουσιν εἰς ἀποθήκας
καὶ ὁ πατὴρ ὑμῶν ὁ οὐράνιος τρέφει
αὐτά · οὐχ ὑμεῖς μᾶλλον διαφέρετε αὐτῶν · τίς δὲ ἐξ ὑμῶν μεριμνῶν δύναται προσθεῖναι ἐπὶ τὴν
ἡλικίαν αὐτοῦ πῆχυν ἕνα · καὶ
περὶ ἐνδύματος τί μεριμνᾶτε ·

VI

Παῦλος δοῦλος ἰυ̃ χυ̃ · κλητὸς ἀπόστολος · ἀφωρι-
σμένος εἰς εὐαγγέλιον θυ̃
ὃ προεπηγγείλατο διὰ
τῶν προφητῶν αὐτοῦ
ἐν γραφαῖς ἁγίαις · περὶ τοῦ
υἱοῦ αὐτοῦ τοῦ γενομένου
ἐκ σπέρματος δαδ κατὰ
σάρκα · τοῦ ὁρισθέντος υἱ
θυ̃ ἐν δυνάμει · κατὰ πνεῦμα
ἁγιωσύνης ἐξ ἀναστάσεως
νεκρῶν ἰυ̃ χυ̃ τοῦ κυ̃ ἡμῶν δι' οὗ ἐ-
λάβομεν χάριν ζ +

Τοῦ ὁσίου πατρὸς ἡμῶν Βασιλείου λόγος εἰς ἕβδομον ψαλμὸν τοῦ Δαυίδ, ὧν (ſic) ᾖσε τῷ κυρίῳ ὑπὲρ τῶν λόγων Χουσὶ υἱοῦ Ιεμενή. *Hæc vox varie ſcribitur infra.*

Δοκεῖ πως ἐναντίως ἔχειν πρὸς τὰς ἐν ταῖς βασιλείαις ἱστορίας ἔνθα τὰ περὶ τοῦ Δαυὶδ ἀναγέγραπται, ἡ ἐπιγραφὴ τοῦ ἑβδόμου ψαλμοῦ. ἐκεῖ γὰρ ὁ Χουσὶ ἀρχιέταιρος μὲν τοῦ Δαυὶδ, υἱὸς δὲ Ἀραχεὶ ἱστορεῖται· ἐνταῦθα δὲ Χουσὶ υἱὸς Ιεμενεί. ἔστι δὲ οὔτε οὗτος, οὔτε ἄλλος τις τῶν ἐκεῖ φαινομένων υἱὸς Ιεμενεί. μήποτε οὖν ἐπειδὴ μεγάλην ἀριστείαν καὶ ἀνδραγάθημα ἐκ τοῦ περὶ τῆς φιλίας σχηματισμοῦ ἐνεδείξατο· παραχωρήσας μὲν δῆθεν.

Sancti Patris noſtri Baſilii ſermo in ſeptimum Pſalmum David, quem cecinit Domino pro verbis Chuſi filii Jemini.

Inſcriptio ſeptimi Pſalmi oppoſita videtur iis, quæ in Libris Regnorum de Davide narrantur. Illic enim Chuſi princeps quidem amicorum David dicitur, ſed filius Arachi vocatur: hic vero Chuſi filius Jemini. At neque hic, neque alius quiſpiam eorum, qui ibi memorantur, filius Jemini eſt. Num fortaſſe quia magnum ſtrenuumque facinus ex amicitiæ modo exhibuit, &c.

In Bibliotheca Laurentiana habetur Codex eodem ſæculo, eodem characteris genere, iiſdem cum abbreviationibus exaratus.

Octavum ſpecimen prodit ex Codice Regio 1886. x. ſæculi, membranaceo, eleganter deſcripto, in quo abbreviationes frequentiſſimæ, complectente expoſitiones in Acta Apoſtolorum & in Epiſtolas Pauli: ubi omnia, maxime ſub initium, auro fulgent. In hujus frontiſpicio hi Iambi leguntur aureo charactere unciali.

Ἔσφυζον (ſic) εἶχον ἄρρητον πάλαι πόθον
Οὗ, πλεῖστα πάντων, οὐχ ὅλη χωρεῖ φύσις
Λόγοις χαράξαι τῶν μαθητῶν καὶ φίλων,
Ἐν παγκάλῳ δὴ καὶ διαυγεῖ πυκτίῳ·
Ἔχειν τε τούτοις φῶς, πνοήν, βίου κλέος.
Ἔληξα τοῦ πόθου γὰρ νῦν κατ' ἀξίαν,
Ἐκτοσθεν, ἐντὸς, πανταχοῦ καλλωπίσας·
Καὶ τοῦτο προστέθεικα τῇ τεχνουργίᾳ·
Ὡς ῥᾷστα γάρ τις πάντας εὕρω (ſic) τοὺς τόπους
Ἐφ' οὓς μετελθεῖν βούλεται πόνου δίχα,

Ad marg. ſic in Cod. Ἐνι Πλσ.

VII

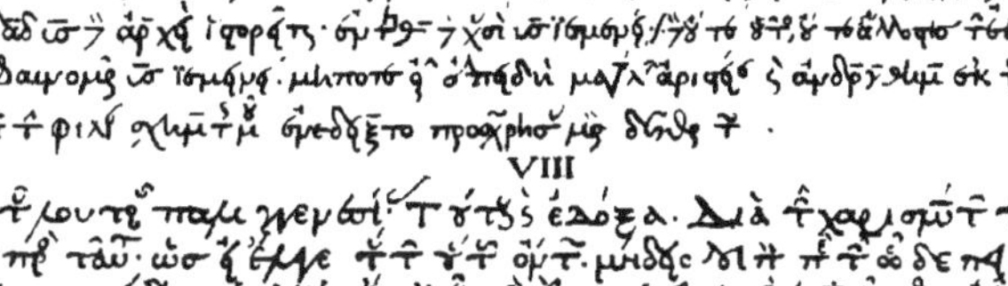

VIII

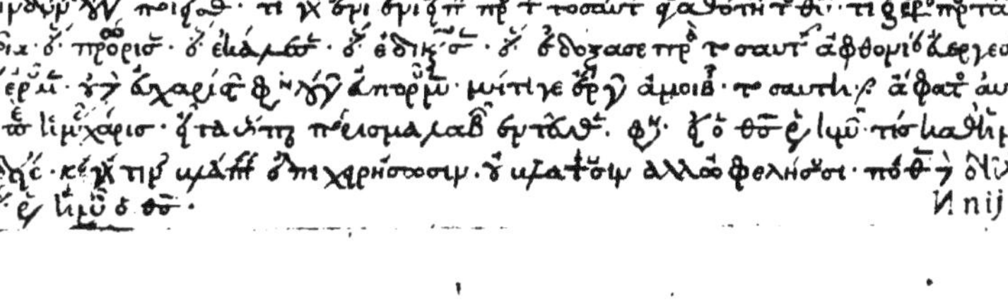

Ὡς εὐθεῖα ἐστὶν στάθμη προσσχὼν (sic) ἐμπείρως·
Τοῖς ἐν πίνακι προσφυῶς γεγραμμένοις·
Ἀλλ' ὦ βλύσας ἄβυσσον ἐνθέων λόγων,
Ὡς ἐκ κρήνης ῥεύσασαν σῶν μυστῶν γλώττης,
Ψυχὴν ἐμὴν αὐχμῶν ἐν καιρῷ δίκης·
Εἴης ποτίζων καινὸν ἄμβροτον πόμα,
Ὃ τοὺς μαθητὰς εἶπας ἐκπίνειν τότε.

Ad marg. sic in Cod. ὅλος Πίνδ.

Alii ſequuntur Iambi, quos non intereſt adferre. In margine autem vides, vel manu ipſius Scribæ ludentis, vel manu alterius cavillantis, bis ſcriptum, ὅλος Πίνδαρος, *Totus Pindarus.* At certe hi Iambi nihil habent cum Pindaro affinitatis. Senſus eſt.

Innatum habui jam olim ingens deſiderium,
Quos, ô Conditor omnium, tota rerum natura non capit,
Sermones Diſcipulorum & amicorum tuorum exarandi,
In pulcherrimo ſcilicet ac ſplendido Libro:
Ipſoſque habendi in lucem, reſpirationem & vitæ gloriam,
Jam vero condigne deſiderio finem impoſui,
Exornans ipſum intus, foris, ubique.
Illudque item artificio addidi:
Totus Pindarus. *Ut enim quivis facillime loca inveniat,*
(Quæ vult adire) ſine labore:
Primum ceu recta normæ mentem perite adhibeat,
Totus Pindarus. *Iis quæ in Tabula appoſite ſcripta ſunt.*
Verum, tu qui divinorum ſermonum abyſſum manare feciſti,
Quæ ex Myſtarum tuarum lingua quaſi ex fonte effluxit;
Animam meam arentem in tempore judicii
Novo immortalique potu recrees,
Qui dixiſti Diſcipulos tuos tunc bibituros eſſe.

Specimina vero iſthæc abbreviationum non ita prolixa dedimus: quia ingentem in fine hujuſce operis abbreviationum ſylvam congeſſimus, legendis vel difficillimis exemplaribus peropportunam. Specimen vulgaribus literis ita ſcribitur.

Διὰ τῆς τοῦ λουτροῦ παλιγγενεσίας. τούτους δὲ ἐδόξασα διὰ τῶν χαρισμάτων τῆς υἱοθεσίας. τί οὖν ἐροῦμεν πρὸς ταῦτα; ὡσεὶ ἔλεγε· τούτων οὕτως ὄντων, μηδεὶς λοιπὸν περὶ τῶν ὧδε πειρασμῶν, ἢ κινδύνων λόγον ποιείσθω· τί γὰρ ἔνι εἰπεῖν πρὸς τὴν τοσαύτην ἀγαθότητα τοῦ Θεοῦ; τί οὖν ἐροῦμεν πρὸς ταῦτα; ποῖα; ὅτι προώρισεν, ὅτι ἐκάλεσεν, ὅτι ἐδικαίωσεν, ὅτι ἐδόξασε; πρὸς τοσαύτην ἀφθονίαν εὐεργεσιῶν τί ἐροῦμεν; οὐδὲ εὐχαρίστων φησὶ λόγων εὐποροῦμεν, μήτιγε ἔργων ἀμοιβῆς· τοσαύτη ἐστὶν ἄφατος αὐτοῦ ἡ περὶ ἡμῶν χάρις. Εἶτα ὥσπερ πόρισμα λαβὼν ἐντεῦθεν, φησὶ, εἰ ὁ Θεὸς ὑπὲρ ἡμῶν, τίς καθ' ἡμῶν; οὐδείς· κἂν γὰρ

Per lavacri regenerationem. Hos vero gloria affeci per chariſmata adoptionis. Quid ergo ad hæc dicemus? ac ſi diceret, Cum hæc ita ſe habeant, nemo de tentationibus aut periculis hujus vitæ verba faciat. Quid enim fari liceat de tanta Dei bonitate? Quid ad hæc? qualia dicemus? quod prædeſtinaverit, quod vocaverit, quod juſtificaverit, quod glorificaverit? Ad tantam beneficiorum copiam quid dicemus? Ne quidem verba ad gratiarum actionem nobis ſuppetunt, nedum operibus vicem referamus: tanta, tam ineffabilis eſt ejus erga nos gratia. Deinde, quaſi hinc ſumta occaſione, ait, Si Deus pro nobis, quis con-

τινες βλάπτειν ἐπιχειρήσωσιν, οὐ βλάψουσιν, ἀλλ' ὠφελήσουσι. πόθεν δὲ δῆλον, ὅτι ὑπὲρ ἡμῶν ὁ Θεός;

tra nos? Nemo. Licet enim quidam nos lædere conentur, non revera lædent, sed juvabunt. Undenam autem palam est Deum pro nobis esse?

CAPUT V.

De Κρυπτογραφία, *sive de Alphabetis arcanis Græcorum, & eorum usu. Exemplum ex Codice Basiliano. De commixtione Literarum arcanarum varii generis.*

ETSI de notis omnibus singularibus, deque abbreviationibus & signis, quæ ad varias disciplinas & artes pertinent, & in Cryptographia sive arcana scriptura censentur, toto Libro quinto acturi simus; illud tamen Cryptographiæ genus, quod a decimo sæculo a Calligraphis passim in Codicibus cujusvis generis usurpatur, hic repræsentare & explanare visum est: quia sic frequentatum occurrit ubique, ut cum vulgari scriptura locum habere mereatur.

Alphabeta arcana; id est, ad ea significanda, quæ nonnisi a peritis intelligi possent, jamdiu in usu fuerunt apud Græcos: in Manuscriptis enim undecimi & sequentium sæculorum non infrequenter occurrunt. Duplici autem modo arcana & occulta, quæ non omnibus aperta essent, exarabant; primo per commutationem literarum vulgaris formæ: cujusmodi est Alphabetum secundum in Tabula sequenti, ubi θ pro α ponitur, & sic cætera: hoc porro arcane scribendi genus frequentius usurpabatur; Secundo per literas diversæ admodum ac novatæ figuræ: qualia sunt Alphabeta tertium & sextum infra.

Hæc autem Alphabeta exscripsimus ex Codice Monasterii B. Mariæ Florentiæ, complectente Libros omnes novi Testamenti: deindeque Synaxarium & breve Menologium. In fine vero legitur, χειρὶ ἁμαρτωλοῦ καὶ ἐλαχίστου Μάρκου, ἐν ἔτει ,ςωμ'. μηνὶ Δεκεμβρίῳ κη'. ἡμέρα β'. Id est, *Manu peccatoris & vilissimi Marci, anno (mundi)* 6840. (*id est, Christi* 1332.) *mensis Decembris* 28. *feria secunda.* Eodem in folio pagina sequenti legitur, Ἀρχὴ σὺν Θεῷ τῶν ἀλφαβήτων, *Initium cum Deo Alphabetorum.* Hinc subjiciuntur Alphabeta, ut hic depingi curavimus.

Primum Alphabetum vulgare est. Secundum est Alphabetum arcanum per commutationem literarum vulgarium; verbi gratiâ, θ pro α, η pro β, ζ pro γ, &c. ut vides in Tabula.

Tertium Alphabetum est item arcanum, commutata literarum figura, ut in Tabula observatur.

Quartum & quintum Alphabetum, a vulgari literarum uncialium forma parum recedunt. In his autem, maxime in quinto, literæ Α, Ε, Σ, Ω, hac forma depinguntur: quæ in aliis vetustis Græcis Græca manu scriptis Codicibus, nusquam observatæ nobis sunt; sed earum formarum loco scribitur, λ, ε, C, ω, ut plerumque diximus. In manuscriptis autem Græcis Latina manu scriptis, hæ formæ Α, Ε, nonnumquam reperiuntur, in iisdem vero reliquæ literæ, ut a Calligraphis Græcis, scribuntur. Formam tamen Ξ, numquam, ne in arcanis quidem literis, vidi; sed in Tabulis solum veteribus, tum æneis tum marmoreis, atque in numismatibus; in libris autem varie scribitur, ut supra videas Lib. 3. Monendum porro est, etsi litera A, hac formâ, in Codicibus Græcis Græca manu scriptis, aliquantæ vetustatis, non exstet; aliam tamen ejus formam esse non absimilem, quæ Librorum, & Capitum initio usurpatur, nempe A, quæ item in marmoribus & inscriptionibus infimi ævi interdum occurrit; sed in literis incisis cujusvis ætatis frequentius A habetur.

Sextum Alphabetum, inter arcana haud dubie computandum, peregrinas omnino literarum figuras habet. In hoc scripturæ genere semper accentus & spiritus vulgari forma scribuntur, cujuscumque tandem modi literæ arcanæ sint.

Secundum Alphabetum, quod uti diximus frequentius usurpatum comperimus, in fine Librorum adhibetur ab Amanuensibus, ad quasdam sententias pro arbitrio conscribendas: ubi arcani plerumque nulla ratio.

Quæ prima occurrit nobis nota hujusmodi, anno 1001. in Ægypto data fuit: habeturque in Codice Regio 2910. membranaceo; ubi Athanasii quæstiones & alia; in fine autem sic legitur,

Ἔμπρακτον αἰνῶν τὴν ἀνάγνωσιν, φίλε,
Μέμνησο τοῦ γράψαντος ἐν τῷ βιβλίῳ.

ἐζϡθ'φϐ ϛθ' νεϡλω ϑελνϝλω ποϐϡζπλ̃χ ἐν υσ'ϡθ αἰζχκϝλχ, ἔτους κόσμου ,ϛφθ'. ἰνδ. ιγ. Postrema vero sic leguntur: ἐγράφη διὰ χερὸς Λέοντος κληρικοῦ ἐν χώρᾳ Αἰγύπτου, ἔτους κόσμου ,ϛφθ'. ἰνδ. ιγ'. Totum sic interpretamur:

Dum propositam lectionem laudabis, amice,
Memento ejus, qui librum scripsit.

Scriptus est manu Leonis Clerici in Regione Ægypti, anno mundi 6509. Christi nempe 1001. Indictione decima-tertia.

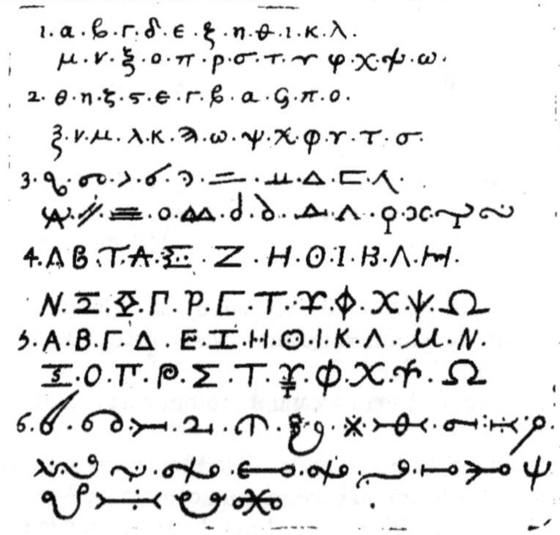

Aliquot huic ſimiles notas adtulimus in notis Calligraphorum Libro primo ordine Chronologico poſitis: quæ notæ ut plurimum aut Calligraphi nomen, aut alia quædam leviora exprimunt. Rem tamen perinſignem in Codice quodam RR. PP. S. Baſilii Romæ deprehendi, ubi exſtant Aſcetica & Quæſtiones S. Baſilii. Ad calcem autem hæc leguntur, ſine Calligraphi nomine.

Ἐπληρώθη ἡ παροῦσα βίβλος τῶν ἀσκητικῶν τοῦ ὁσίου πατρὸς ἡμῶν Βασιλείου μηνὶ Αὐγούστῳ, η. ἡμέρᾳ γ. ὥρᾳ ια΄. τοῦ ,ςχιγ΄ ἔτους, ἰνδικτιῶνος ιγ΄. τοῦ ἐνιαυτοῦ, ὅτε καὶ ὁ ἁγιώτατος πάπας Πασχάλιος σιγίλλιον ἐλευθερίας ἐποίησε τοῦ θ΄ς ζλ ϯθ ϯλχ (id eſt, ἁγιοτάτου) πατρὸς ἡμῶν Βαρθολομαίου εἰς τὴν ἁγίαν αὐτοῦ μονὴν τῆς ὑπεραγίας θεοτόκου, τῆς καλουμένης ϡλυλνζθ΄ϯβ. (id eſt, Ῥοχονιάτη) ἣν αὐτὸς ἐκ βάθρων ἀνήγειρε καὶ ἀνῳκοδόμησεν εἰς ὠφέλειαν πολλῶν ψυχῶν καὶ δόξαν Θεοῦ. τοῦ αὐτοῦ δὲ ἐνιαυτοῦ ὑποστρέψας ὁ Βαιμούνδης εἰς Καλαβρίαν φεχ΄ζθν ἐπ κϡλωσκλϯ θοεμζ΄λχ. ἐπ ϯλ΄ϯε ςὲ ἐχϡεν θ΄νθ΄κθχωζν β΄ θ΄ζζθ ξλνβ΄ οχϯϡσαεζωθ ἐπ νεζϡσν ξθοθζζνσν κθ΄νχ ζθ΄ϡ ἐκλοχλ΄ϡπεζ θ΄χϯβν΄ Νζπλ΄οθλω λ΄ λθοθζ΄ζνλω πθζ΄ ΄θϡχιεπίσκοπος ξεϯθ΄ ϯβω̃ ζενεθω̃ θ΄χϯλχ̃. Hæc porro poſtrema charactere vulgari ita leguntur: τοῦ αὐτοῦ δὲ ἐνιαυτοῦ ὑποστρέψας ὁ Βαιμούνδης εἰς Καλαβρίαν φυγὼν ἐκ προσώπου Ἀλεξίου, ἔκτοτε δὲ εὗρεν ἀνάπαυσιν ἡ ἁγία μονὴ, λυτρωθεῖσα ἐκ χειρῶν Μαλαϊνῶν. πάνυ γὰρ ἐπολυόρκει, (lege ἐπολιόρκει) αὐτὴν Νικόλαος ὁ Μαλαΐνος καὶ ἀρχιεπίσκοπος μετὰ τῆς γενεᾶς αὐτοῦ.

Horum interpretatio hæc eſt.

Abſolutus eſt hic liber Aſceticorum ſancti Patris noſtri Baſilii, menſis Auguſti octavo die, feria tertia, hora undecima, anni 6613. (nempe a creatione mundi; Chriſti vero 1105.) Indictione decima-tertia. Eodem anno, quo ſanctiſſimus Papa Paſchalis ſigillum libertatis fecit ſanctiſſimo Patri noſtro Bartholomæo, pro ſancto ejus Monaſterio ſanctiſſimæ Deiparæ, quod vocatur Rochoniate, quodque ipſe a fundamentis excitavit & reſtauravit, ad utilitatem animarum multarum, & ad Dei gloriam. Eodem autem ipſo anno reverſus eſt Bæmundus in Calabriam, fugiens a facie Alexii: tunc autem requiem invenit ſanctum Monaſterium, ereptum e manibus Malæinorum. Admodum enim obſidebat illud Nicolaus Malæinus Archiepiſcopus cum cognatione ſua.

Sub hæc autem in Codice hæc leguntur.

Δόξα τοῦ πληρωτῇ τῶν καλῶν
Gloria bonorum perfectori.

Et poſtea:

Εἰς β΄ ἤρξε τοῦ ἁγίου πνεύματος, καὶ εἰς γ΄
Ἔλαβε πέρας τοῦ μηνὸς Αὐγούστου η.

Id eſt:

Feria ſecunda ſancti Spiritus, ſive Pentecoſtes, *inceptus eſt liber*,
Et finem habuit feria tertia, menſis Auguſti die octava.

Paſchalis hic memoratus, eſt II. hujus nominis. Monaſterium Rochoniatæ eſt in Archiepiſcopatu Roſcianenſi in Calabria. Quæ de Boëmundo ait, videlicet fugiſſe illum a facie Alexii Comneni, arcanis literis ſcribuntur metu ejuſdem Boëmundi. Quod dicit vero Boëmundum pulſum fuiſſe ab Alexio Comneno, id itidem narrat Anna Comnena in Alexiade, quia ut iſte Græcus, Græcorum rebus nimium ſtudebat: nam ut hiſtorici Latini narrant, Boëmundus Alexii copias male accepit, ipſique clades intulit. Arcano item charactere ſcribuntur, quæ de Malæinis & de Nicolao Malæino Roſciani

Archiepiſcopo narrantur, videlicet Monaſterium Rochoniatæ injurias accepiſſe obſeſſumque fuiſſe ab Archiepiſcopo ſuaque cognatione: qui Archiepiſcopus Nicolaus Malæinus, a Ferdinando Ughello in Italia ſacra inter Archiepiſcopos Roſcianenſes omiſſus eſt. Nicolai vero Malæini & alterius ejuſdem familiæ, Leonis ſcilicet Malæini, viri primarii, mentio habetur infra in Diplomatibus Neapolitanis. Alphabetum autem illud arcanum ex commutatione literarum, cum vulgari Alphabeto ſic confertur,

α β γ δ ε ζ η θ ι κ λ μ ν ξ ο π ρ σ τ υ φ χ ψ ω.
θ η ζ ϛ ε γ β α ζ π ο ξ ν μ λ κ ϡ ω ψ χ φ υ τ σ.

Hoc arcanum Alphabeti genus in aliis item exemplaribus adhibetur: ut in Codice Colbertino, num. 3607. ubi Deſcriptio Conſtantinopolis ſub Alexio Comneno, & Origenis de Oratione fragmentum, in fine legitur: + ἐψλχ͂ ψλν ψλ' υθϡζν' ἐδθυλαζν ϛζθ υζϡλώ ἐξλχ͂ ζειθϛζλχ ζ'εϡλξλν'θυλχ ψλχ͂ κθυνθ'. Hæc Græcobarbara ita leguntur vulgari charactere, prima litera ἐ poſitâ pro ἐπλήρώθη, ut liquidum eſt: ἐπλειώθη τῦτον (ſic) τὸ βαρὶν (l. βιβλάειν) ἐςαχῶθην διὰ χειρὸς ἐμοῦ Γεναδίυ ἱερομονάχου τῦ Παχνά, Id eſt: *Completus eſt hic libellus, compactus manu mea Genadii Hieromonachi cognomine Pachna.* Εςάχωθην ex ςαχώνω vel ςαχώω, quæ vox apud Græcos infimi ævi libros compingere ſignificat. In Codice vero ejuſdem Bibliothecæ, num. 993. ad calcem legitur, ϛλ'μθ αεσ͂ ψσ͂ ϛλ'νψζ ψλ' ψέολω. Id eſt, δόξα Θεῷ τῷ δόντι τὸ τέλος, *Gloria Deo qui finem dedit.* Alia ſimilia bene multa proferre poſſemus: ſed hæc ad ſpecimen ſatis ſunto, cum maxime jam plurima Libro primo Cryptographiæ ſpecimina dederimus. Monendum tamen eſt, alias ſubinde uſurpari ab Amanuenſibus literarum commutationes, plerumque ſine accentibus ac ſpiritibus, quas utpote breviſſimas hactenus legere non potuimus. Sic in Codice Laurentiano bombycino, a trecentis circiter annis exarato, in fine legitur, τὸ βιβλίον τῦτο ἱερέως Μανυὴλ, ψδα ορν απτκϛτυπλ. In Regio autem num. 1877. hæc feruntur ad calcem, ſed non primâ manu: ωαν φφπυσρβατφδβανδρωνεσθνφφκχ. In Codice autem quodam Orationum S. Baſilii & Gregorii Nazianzeni, qui XI. ſæculo conſcriptus eſt, in fine habetur ψ'εψ'ψ'φφ: quod qua ratione legi debeat ignoramus. Sane tam brevium clauſularum, quæ a ludentibus Calligraphis, pro arbitrio cujuſque mutatis literis, confictæ ſunt, lectionem fruſtra a quovis tentandam eſſe arbitror.

Aliud item arcanum ſcribendi genus apud Calligraphos obſervatur: ubi ſcilicet vulgares literas inverſas depingunt; arcanas vero variis ex Alphabetis deſumtas commiſcent; ita ut nonniſi ex mutua omnium Alphabetorum collatione, hac ratione ſcripta legi poſſint. Hujus ſcripturæ exemplum ſingulare jam Libro primo protulimus ad annum 1509. hic vero repetere juvat. In Codice Colbertino, num. 591. bombycino, ubi Menæum Græcorum menſis Septembris, in fine legitur: φύλαττε τελαὶ τοὺς ἐμοὺς τρεῖς δακτύλους, τοὺς γεγραφότας τὴν δέλτον ταύτην, ὁ πατὴρ, καὶ ὁ υἱὸς, καὶ τὸ ἅγιον πνεῦμα· γέγονε δὲ ξύσμα καὶ ληξότητα (ſic) ὑπὸ χειρὸς κἀμοῦ Παύλου ἱερέως τὴν χάριν καὶ τὴν προσηγορίαν τοῦ οἰκοῦντος ἐν πόλει Ἄλσος· καὶ οἱ ἀναγινώσκοντες αὐτὴν, εὔχεσθε ὑπὲρ ἐμοῦ τὸν κύριον διὰ τῶν πολλῶν μου σφαλμάτων.

Γέγονε δὲ πάλιν ὑπὸ ἐξόδου καὶ συνδρομῆς τοῦ πανευγενικωτάτου καὶ ἀγχινουςάτου ὑπερφαλαιοτάτου κυρεο (ſic) Κυριακοῦ ἱερέα· οὗ ὁ γεννήτωρ Παπαςιανὸς, καὶ ἔμπαλι φοίνικος· καὶ ὅπου ἂν θέλει πρὸς ἀγάπην αὐτοῦ (ſic) διαμοίρας ψυχικῆς.

φφθ

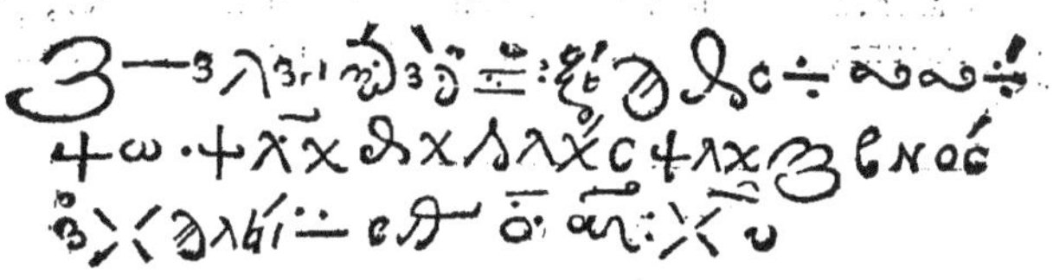

αφ'θ χειρού.

Hæc literis arcanis scripta sic leguntur, ἐτελειώθη ἡ ἡμέρα σαββάτῳ τῦ Αὐγούστου μηνὸς ἐγχεορίας αφ'θ χειρού, Græcobarbaram subscriptionem ita vertimus: *Serva, Trinitas, tres digitos meos, quibus hunc librum scripsi, Pater, Fili, & Spiritus sancte. Hæc porro scriptio absoluta fuit manu mea Pauli* ἱερέως, *seu Sacerdotis, tum gratiâ, tum cognomento: qui habito in urbe Halsus. Qui hunc legeritis precamini pro me Dominum ad remissionem delictorum meorum. Exaratus autem fuit sumtibus nobilissimi & ingeniosissimi temperantissimique viri Domini Cyriaci Sacerdotis, cujus pater est Papastianus cognomine Phœnix.*

Completus est autem die Sabbati, mense Augusto, anno Christi 1509.

Prima vox in arcanis tribus lineis, scilicet ἐτελειώθη, inversis literis scribitur, ut vides; secunda ἡ, abbreviatione vulgari depingitur additis duobus punctis: articulus ἡ, ex tertio Alphabeto, ut supra, desumitur: quarta vox δάλτος primam literam ξ pro δ habet, quod in nullo Alphabeto observatur, secundam, ε vulgarem, retinet cum accentu, quod semper observatur in Cryptographia per literarum commutationem facta; postea episemon ϟ literam λ numero tertiam exprimit, exemplo singulari, & similiter tota syllaba τος, ductu non communi delineatur. In voce σαββάτῳ, σ cum vulgari forma retinetur; ut frequenter observes in speciminibus Libro primo, ubi interdum Calligraphi vulgares literas servant. α, linea punctis superne & inferne notata designatur, ut frequentissime occurrit in MSS. Græcis. Duplex β sequens, ex tertio & sexto Alphabeto paulum mutata forma desumitur. Duæ sequentes voces τῦ Αὐγούστου ad secundi Alphabeti normam descriptæ sunt. μηνὸς primam literam per ξ descriptam habet singulari forma; id curantibus Calligraphis, ut Lectorem etiam Cryptographiæ gnarum exercitarent: secunda litera β pro η ex secundo Alphabeto desumitur, syllaba νός vulgari forma unciali scribitur. In voce ἐγχεορίας, ε inversum scribitur, γ lapsu graphico omissum est, χ ex tertio Alphabeto cum modico discrimine, & postea similiter in voce χειρού. ϟ pro ρ scribitur ex secundo Alphabeto, λ pro ο: sed ι illo modo effictum non occurrit in Alphabetis arcanis, ι vulgari forma, α per lineam cum punctis duobus, sed supra positis: σ vulgari modo. In nota anni αφ'θ, prima & secunda litera ex secundo Alphabeto sumitur: media ex tertio, nonnihil variante figurâ. Atque ita omnes Cryptographiæ modos in hac subscriptione usurpasse videtur Paulus Calligraphus. Hæc de Cryptographia.

Præter illas vero formas, & mutationes, quas ad certas regulas quodammodo reduxerant Calligraphi. Aliæ item nec paucæ observantur, quæ pro arbitrio a nonnullis sive ludentibus, sive aliud agentibus, excogitatæ sunt, neque tamen ad publicum usum emanasse videntur. Quas omnes in sequenti Libro delineabimus, quotquot scilicet ad manum venerunt: ubi etiam notas artium & disciplinarum omnium cum explicatione proferemus, characæteres item alios, ac nominum propriorum abbreviationes omnes, quæ ad notitiam venerunt, cum monocondiliis aliisque omnibus abbreviationum generibus.

CAPUT V.

Specimina Characterum undecimi sæculi ex Codicibus Illustrissimi Abbatis Dominici Passionei. Item ex Cod. olim Monasterii S. Dionysii, in Gallia descripto, cum Alphabeto Norvagico indidem. Ex altero quoque Regio exemplum. De Codice quodam & de Bibliotheca Eudociæ Augustæ Macrembolitissæ.

PRIMA Tabula specimina septem exhibet ex Bibliotheca Illustrissimi nobisque amicissimi viri Dominici Passionei: qui annos viginti-quatuor vix emensus, incredibili fulget rerum disciplinarumque notitia, Græcis Latinisque literis adprime eruditus, Bibliothecamque numerosam Manuscriptorum editorumque exemplarium comparavit, librorum delectu cum paucis numerandam. Literatorum commodis sic advigilans, ut quæ vel penes se habet, vel amicorum ope nancisci potest, quibusvis literariæ rei operam dantibus nec rogatus offerat. Specimina vero qualia ille transmitti curavit hic proferimus.

Primum prodit ex Codice Homiliarum S. Joannis Chrysostomi; estque decimi sæculi, ut ex forma characteris æstimatur. Spiritus prisco more notantur. Codex notam habet LL in exemplo transmisso.

Secundum ex Cod. Homiliarum ejusdem in Matthæum: estque undecimi sæculi, ut videtur. Codex notatur H.

Tertium ex Cod. novi Testamenti, ejusdem circiter ævi, qui notatur B.

Quartum ex Cod. Chrysostomi in Matthæum, ejusdem, ut videtur, ætatis, qui notatur C.

Quintum ex Cod. Homiliarum Joan. Chrysost. ejusdem, ut putatur, ævi, qui notatur V.

Sextum ex Codice S. Gregorii Nysseni ejusdem ætatis, ut creditur. Cod. notatur I.

Septimum ex Cod. Eclogarum S. Joan. Chrysostomi paris ætatis. Codex notatur FF.

Primum exemplum ex Homilia quadam Chrysostomi, ita legitur: μηδὲν τούτων ἀνεξέταστον ἀφεῖναι· ἀλλὰ πάντα διερευνησάμενον ἀκριβῶς, καταλλήλως τὰ παρ' ἑαυτοῦ προσάγειν τὸν ἱερώμενον, ἵνα. Hoc est, *Nihil horum sine examine relinquere; sed omnibus accurate perpensis, congruenter sua proferre consecratum hominem, ut.*

Secundum exemplum ex Homiliis Chrysostomi in Matthæum, sic vulgaribus typis edimus: τὰς γυναῖκας ποιῶσι· καὶ παρθένους γυμνασθείσας ἐπὶ τῆς παλαίστρας ἄγωσιν ἐπὶ θέαν ἀνθρώπων, καὶ λαθραίως. Id est, *Mulieres faciant, & virgines prius in palæstra exercitatas, in conspectum hominum agant, & occultos....*

Tertium exemplum ex Evangelio Matthæi, sic habet: πᾶ]σαι οὖν αἱ γενεαὶ ἀπὸ Ἀβραὰμ ἕως Δαυΐδ, γενεαὶ δεκατέσσαρες, καὶ ἀπὸ Δαυΐδ ἕως τῆς μετοι[κεσίας. Id est, *Omnes igitur generationes ab Abraham usque ad David, generationes quatuordecim, & a David usque ad transmigrationem.*

Quartum ſpecimen ex altero Chryſoſtomi Codice in Matthæum : Ὁ δὲ Μάρκος φησὶν, ὅτι καθὼς ἠδύναντο ἀκούειν, ἐλάλη, (pro ἐλάλει) αὐτοῖς τὸν λόγον ἐν παραβολαῖς. Εἶτα δείκνυς αὐτὸν κενοτομοῦντα (l. καινοτομοῦντα.) Id eſt : *Marcus autem ait, quod quemadmodum audire poſſent, loqueretur ipſis ſermonem in parabolis. . . .*

Quintum ſpecimen ex Homiliis Chryſoſtomi ſic habet, Μωσῆς μὲν πέντε βιβλία συγγράψας, οὐδαμοῦ τὸ ὄνομα αὐτοῦ τέθεικεν, οὐδὲ οἱ μετ' ἐκεῖν- Id eſt, *Moyſes quinque Libros ſcribens, nuſquam nomen ſuum poſuit : neque qui poſt. . .*

Sextum ſpecimen ex Gregorio Nyſſ. ſic habet :-πουμένου γὰρ αὐτοῦ τότε νύχιον περὶ τοῦ λόγου τῆς πίστεως, καὶ πάντων- ob brevitatem interpretari non poſſumus.

Septimum ex Codice Eclogarum S. Joannis Chryſoſtomi ſic legitur - ξόμενον. Εἰ γὰρ τὸν ἄρχοντα ἐκεῖνον, τὸν μήτε Θεὸν φοβούμενον, μήτε ἀνθρώποις αἰσχυνό-

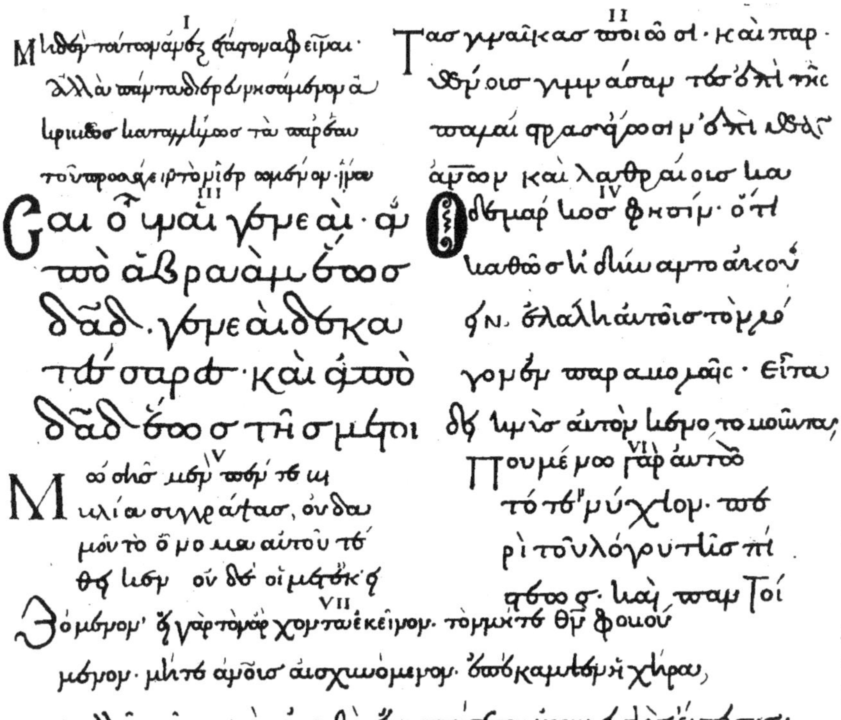

Oo ij

μενον ἐπέκαμψεν ἡ χήρα, πολλῷ μᾶλλον τὸν ἀγαθὸν ἐπισπάσεται ἡ συνεχὴς ἔντευξις. *Nam si Magistratum illum, qui nec Deum timebat, nec homines reverebatur, flexit tamen vidua; multo magis bonum illum attrahet assidua precatio.*

Sequentis Tabulæ specimen primum profertur ex Bibliotheca Colbertina. Codex numero 4954. qui Bibliothecæ Thuanæ fuerat, descriptus est in Gallia anno 1022. in castro de Colonia a Monacho, cui nomen Helias erat: minus perito homine, qui perpetuo vocales ι, η, ε, αι, similiterque ο & ω, aliasque, Græculorum infimi ævi more, confundit. Accentus & spiritus negligenter adscribit, omittitque frequentius. Fuitque olim Monasterii S. Dionysii in Francia, hinc ad Thuanam, deinde ad Colbertinam Bibliothecam transiit. Prima pagina præfert Imaginem Christi, & quatuor Evangelistarum: continetque Codex Officium Ecclesiasticum Græcorum. Fol. 154. legitur, *Liber Beati Dionysii Areopagitæ, qui eum furatus fuerit anathema sit.* Et in fine fol. penultimo habetur Lectio Actuum Apostolorum in die Sancti Dionysii recitari solita, charactere undecimi, ut videtur, sæculi, cum hoc titulo Latine ejusdem ævi, *Epistola in festo Beati Dionysii.* Fol. ultimo legitur: *Odo divina permissione Abbas Beati Dionysii in Francia, omnibus præsentes literas inspecturis:* quæ tempore Odonis Abbatis haud dubie scripta sunt. Quatuor autem hujus nominis San-Dionysiani Monasterii Abbates fuerunt; nimirum Odo primus nono sæculo, qui Rex Galliæ fuit; Odo II. qui Sugerium excepit anno 1151. Odo III. qui huic successit anno circiter 1163. Odo IV. qui iniit anno 1229. Sub secundo vel tertio Odone hæc scripta videntur. In eodem Codice plerumque exaratur Alphabetum Græcum, ut a Latinis scribi solebat: cujus exemplum infra damus ut habetur fol. 56. verso, ubi ϛ pro veterum more, inter Alphabeti literas censetur.

In fronte Libri exstat Alphabetum Norvagicum literis videlicet Runnicis, quales in Norvegia adhibebantur. Etsi vero nuper a *V. C. Georgio Hickesio* Runnicorum characterum genera omnia ex vetustis monumentis edita sint, e re tamen duximus hoc Alphabetum in Tabula proferre: quia inter varia quæ publicata sunt Alphabeta, aliquid semper interest discriminis: & sane hoc, quod nunc primum damus, cum nullo ex Hickesianis perfecte consentit. Postea vero scribitur Latine, sed Norvagico charactere, *Sanctus Dionysius.*

In fine Codicis legitur oblongo & insolenti literarum ductu, ut vides in specimine, hoc dictum apud Calligraphos frequentissimum:

Ἡ χεὶρ μὲν ἡ γράψασα * σήπεται τάφῳ,
Γραφὴ δὲ μένει εἰς χρόνους πολλούς. δόξα τῷ Θεῷ, ἀμήν.

* ml. [illegible]

Hoc est:

Manus quidem quæ scripsit in sepulcro putrescit,
Scriptura vero ad annos multos perseverat. Gloria Deo, amen.

Deinde sequitur: ἐτελειώθη τὸ παρὸν ἐκλογάδιον διὰ χειρὸς Ἠλίου τοῦ πρεσβυτέρου καὶ μοναχοῦ σπηλαιώτου, μηνὶ Νοεμβρίῳ κϛʹ. ἡμέρα κυριακῇ, ὥρα θʹ. ἔτει ϛφλʹ. ἰνδ. εʹ. ἐν χώρᾳ Φραγκίας Κάστρο δεκολωνίας. ὡς γὰρ τῷ μετεκβολίων τὸν γραμμάτιον, οὕτως καὶ ἔγραψα. Hoc est, *Absoluta est præsens Collectio manu Heliæ Presbyteri & Monachi Spelæotæ, (sive in Spelæo viventis,) vigesima-sexta mensis Novembris, die Dominica, hora nona, anno (mundi) 6530. (id est Christi 1022.) Indictione quinta, in regione Franciæ castro de Colonia.* Castrum autem de Colonia for-

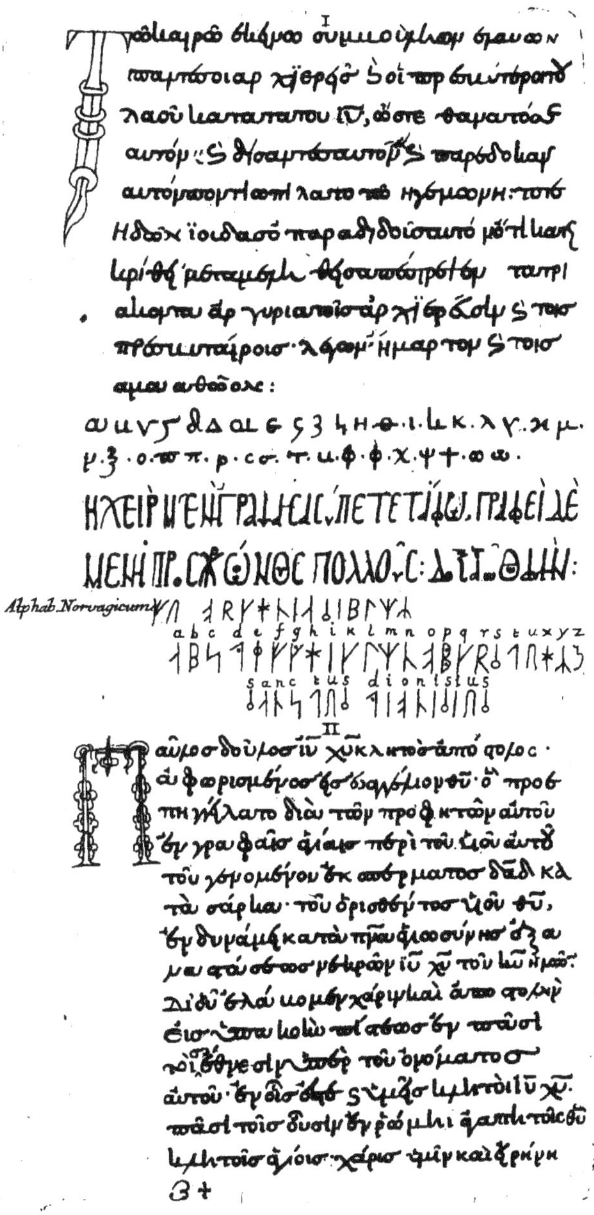
I
Alphab. Norvagicum
a b c d e f g h i k l m n o p q r s t u x y z
sanc tus dionisius
II

tasse idipsum est, quod in Cenomanensi Diœcesi memoratur a Valesio in Notitia Galliarum. Quæ sequuntur, subbarbara sane, indicare videntur, ipsum ad fidem exemplaris sui apographum edidisse, ut errores passim occurrentes exemplari tribuantur. Specimen vero imperitissime scriptum sic legi debet,

Τῷ καιρῷ ἐκείνῳ συμβούλιον ἔλαβον πάντες οἱ ἀρχιερεῖς καὶ οἱ πρεσβύτεροι τοῦ λαοῦ κατὰ τοῦ Ἰησοῦ, ὥστε θανατῶσαι αὐτόν· καὶ δήσαντες αὐτὸν καὶ παρέδωκαν αὐτὸν Ποντίῳ Πιλάτῳ τῷ ἡγεμόνι. τότε εἰδὼν Ἰούδας ὁ παραδιδοὺς αὐτὸν ὅτι κατεκρίθη, μεταμεληθεὶς ἀπέστρεψεν τὰ τριάκοντα ἀργύρια τοῖς ἀρχιερεῦσιν καὶ τοῖς πρεσβυτέροις λέγων, ἥμαρτον, καὶ τοι αἷμα ἀθῷον.

In illo tempore, consilium inierunt omnes Principes Sacerdotum & seniores populi adversus Jesum, ut eum morti traderent, & vinctum adduxerunt eum, & tradiderunt Pontio Pilato præsidi. Tunc videns Judas, qui eum tradidit, quod damnatus esset, pœnitentia ductus, retulit triginta argenteos Principibus Sacerdotum, & senioribus, dicens: Peccavi, tradens sanguinem justum.

Specimen secundum XI. sæculi, prodit Codice Regio 2246. complectente Epistolas novi Testamenti cum Commentariis variorum Patrum. Ubi ad calcem Epistolæ ad Hebræos, hæc leguntur fol. 201.

† Αἶνος Θεῷ χάρις τε καὶ δόξα πρέπει,
Τῷ δόντι τέρμα τῆς γραφῆς φθάσαι σθένος.

† Ἐγράφη ἡ βίβλος αὕτη χειρὶ Θεοπέμπτου ἀναγνώστου καὶ καλλιγράφου, καὶ ἐπληρώθη μηνὶ Ἰουλίῳ, ἡμέρα δ'. ἰνδ. ιβ'. ςφνγ'.

Hoc est:

Laus Deo, gratia & gloria convenit,
Qui robur dedit ad scriptionem absolvendam.

Descriptus est hic liber manu Theopempti Lectoris & Calligraphi: & completus est mense Julio, feria quarta, Indictione 12. anno (mundi) 6553. hoc est Christi 1045.

Fol. autem 91. hæc habentur longe recentiore manu.

Ἦν αὕτη ἡ μελίρρυτος βίβλος τῆς ἁγίας μονῆς τῆς οὕτω πως ὀνομαζομένης Ἱέρακα, τῆς ἐπ' ὀνόματος τῆς πανάγνου δεσποίνης ἡμῶν θεοτόκου καὶ ἀεὶ παρθένου Μαρίας, κτισθείσης ὑπὸ τινῶν φιλοχρίστων. καὶ διά τινα ἀναγκαίαν χρείαν τῆς εἰρημένης ἁγίας μονῆς, ἐπωλήθη ὑπὸ τῶν ἀδελφῶν. ἠγοράσθη δὲ αὖ πάλιν ἡ εἰρημένη βίβλος, παρὰ τοῦ φιλοθέου καὶ χριστιανικωτάτου καλλίστου Γεωργίου τοῦ Νοβοίωνδ, καὶ ἐδωρήθη ἐν τῇ αὐτῇ ἁγίᾳ μονῇ τοῦ Ἱέρακα μνείας χάριν. οἱ ἀναγινώσκοντες εὔχεσθε (sic) τούτων, ὅπως ἵλεων καὶ εὐμενῆ εὕρωσιν τὸν κύριον ἡμῶν Ἰησοῦν χριστὸν ἐν ἡμέρᾳ κρίσεως. ἀμήν.

Id est:

Erat hic mellifluus Liber S. Monasterii Hieraca nuncupati, nomine castissimæ Dominæ nostræ Deiparæ & semper Virginis Mariæ a quibusdam Christi amantibus exstructi: & ob quamdam urgentem necessitatem supradicti S. Monasterii, venditus est a Fratribus. Emtus autem iterum est memoratus Liber a religioso, Christianissimo & optimo Georgio Nobundo, & oblatus est eidem Monasterio Hieraca memoriæ causa. Qui legitis orate pro illis, ut propitium & pacatum Dominum nostrum Jesum Christum inveniant in die judicii. Amen.

Specimen autem desumtum est ex initio Epistolæ ad Romanos, & sic habet:

Παῦλος δοῦλος Ἰησοῦ χριστοῦ κλητὸς ἀπόστολος, ἀφωρισμένος εἰς εὐαγγέλιον

Paulus servus Jesu Christi, vocatus Apostolus, segregatus in Evangelium

Θεοῦ· ὃ προεπηγγείλατο διὰ τῶν προφητῶν αὐτοῦ ἐν γραφαῖς ἁγίαις περὶ τοῦ υἱοῦ αὐτοῦ τοῦ γενομένου ἐκ σπέρματος Δαυὶδ κατὰ σάρκα, τοῦ ὁρισθέντος υἱοῦ Θεοῦ ἐν δυνάμει κατὰ πνεῦμα ἁγιωσύνης ἐξ ἀναστάσεως νεκρῶν Ἰησοῦ χριστοῦ τοῦ κυρίου ἡμῶν· δι' οὗ ἐλάβομεν χάριν καὶ ἀποστολὴν εἰς ὑπακοὴν πίστεως ἐν πᾶσι τοῖς ἔθνεσιν ὑπὲρ ὀνόματος αὐτοῦ· ἐν οἷς ἐστε καὶ ὑμεῖς κλητοὶ Ἰησοῦ χριστοῦ, πᾶσι τοῖς οὖσιν ἐν Ρώμη, ἀγαπητοῖς Θεοῦ, κλητοῖς ἁγίοις, χάρις ὑμῖν καὶ εἰρήνη.

Dei, quod ante promiserat per Prophetas suos in Scripturis sanctis de Filio suo, qui factus est ei ex semine David secundum carnem, qui prædestinatus est Filius Dei in virtute secundum spiritum sanctificationis ex resurrectione mortuorum J. C. Domini nostri: per quem accepimus gratiam & Apostolatum ad obedientiam fidei in omnibus gentibus pro nomine ejus, in quibus estis & vos vocati Jesu Christi: omnibus qui sunt Romæ dilectis Dei, vocatis sanctis. Gratia vobis & pax.

In hoc Codice ι, quod vulgo subscriptum dicitur, una serie adscribitur, ut in Ρώμηι.

Exemplum sequens prodit ex Codice Colbertino undecimi sæculi, descripto ad usum Eudociæ Augustæ, primum uxoris Constantini Ducæ, qui imperium iniit anno 1059. obiitque anno 1067. quo defuncto imperavit Romanus Diogenes, curante Eudocia, quæ eidem nupsit, & cum eo annis quatuor imperium tenuit. Deinde Romano Diogene a Barbaris capto, ac postquam elapsus erat, a suis excæcato, moxque defuncto, Eudocia in Monasterium relegata est. Huic Eudociæ, cum Constantino conjuge imperanti, Codex de quo nunc agitur descriptus est, ut initio aperte narratur: continetque παράλληλα, *Paralella*, sive loca Patrum per interrogationem & responsionem. In tribus primis foliis est πίναξ, sive Tabula totius libri rubro charactere deaurato: in quarto folio item rubro charactere deaurato, est Tabula quadra: ubi hic Iambus, Εὐδοκίας ἡ δέλτος Αὐγούστης πέλει: *Hic Liber est Eudociæ Augustæ*, literis miro artificio, ut infra videas, ordinatis, plus quam millies repetitur, ita ut semper a litera E, in centro posita, lectio ineatur. Pares ludos videre est apud Rabanum Maurum. Huic item consimilem Tabulam vidi in Bibliotheca RR. PP. Jesuitarum Collegii Ludovici Magni, in Codice vetusto Evangeliorum, membranaceo: ubi hoc carmen, Εὐαγγελιστῶν θεία πυκτὶς τεσσάρων, i. *Divinus Liber quatuor Evangelistarum*, pari literarum situ plus quam millies legitur.

Fol. quinto habentur Iambi sequentes: ubi Iambus idem qui supra, Εὐδοκίας ἡ δέλτος Αὐγούστης πέλει, per acrosticha legitur: non ita tamen, ut singulæ literæ suum versum incipiant, sed duæ tresve nonnumquam initio ponuntur hoc pacto.

ΕΥ ρῶν ὁ χρηστὸς ἀγαθὴν ξυνωρίδα,
ΔΟ ξης ὑμᾶς ἔπλησε τῆς σκηπτουχίας·
ΚΙ νημα τοῦτο καὶ βάσις οὐρανία,
ΑΣ ύγκριτός τε καὶ ξένως νενευθύνη,
Η νῷ νοεῖται τὰ ξένα δεδορκότι,
ΔΕΛ τοῖς προσαθρῶσί τε πνευματορρύτοις.
ΤΟΣ αὖται τοίνυν ἐκπονοῦντες ἐμφρόνως,
ΑΥ λον οὕτως εὕρατε κληρουχίαν,
Γ ήινον ἐκπλύσαντες ἅπαντα πόθον,
Ο θεν στέφει νῦν ὡραΐζεσθε κράτους,

Υ' μνοις τε πᾶσι καὶ βίβλοις θεοτρόποις,
Σ εὺ τοῖς καταστράπτουσι παισὶ τῷ στέφει,
Τ οῖς πορφύροις τε τοῖς σελασφόροις κλάδοις.
Η' κουσας, ὦ δέσποινα, καὶ κοσμοκράτορ,
Σ οὶ ταῦτα πάντα καὶ διά σε τυγχάνει
Π αρίσταται δὲ καὶ χορὸς τῶν ἁγίων,
Ε μπρέχων σοι τὰς θεογράφους βίβλους.
Α ὔσαις ἅπασαν τὸν ζόφον τὸν τῆς λύπης,
Ε ἰς φῶς με τὸν σὸν ἱκέτην καλλιγράφον,
Γ' θυιον εὐόδωσον οἷς οἶδας τρόποις.

Sensus est,

E ximium Christus par conjugum adeptus,
V os sceptri gloria replevit:
DO num Dei hoc est, & cælestis motio,
C omparanda nulli rei, & cogitatu stupenda,
I ntuenti mira menti intellecta,
A ttendentique libris a spiritu manantibus.
E xantlatis igitur tantis prudenter laboribus,
AU cti vere estis immateriali sceptro,
G audio omni terreno ac desiderio rejecto,
U nde corona nunc splendetis imperii,
ST atis hymnis & cantibus librisque divinis[ornati.]
A ccedunt his filii coronâ splendidi,
E ffulgentes illi Porphyrogeniti, illustres rami.
HI s te alloquentem audisti, O Domina, & tu Imperator.
C edunt hæc omnia tibi, & tui causâ sunt.
LIBE ns Sanctorum Chorus hic adest,
R epletos Spiritu Dei libros tibi offerens.
E jice, O Imperatrix doloris caliginem
S upplicemque Calligraphum tuum in lucem
T raduc, meque prosperum reddas, quibus nosti modis.

Acrosticha pari forma in versione utcumque servavimus. Observandum porro est in sequenti folio e regione carminis allati, adesse picturam auro ornatam, sed admodum detritam: ac in medio stare Eudociam Imperatorio cultu. A dextrisque Imperatorem coronatum; a sinistris vero filium; fortasse Constantinum, qui in Purpura natus erat: nam duo alii majores Michael & Andronicus in privata parentum sorte geniti fuerant; cum igitur Porphyrogenitos memorat, Constantinum subindicat, & forte sorores, quæ in Purpura natæ erant. Eratque Purpura Palatium ubi Augustas parere mos erat: hinc Porphyrogenitorum nomen & dignitas. Quod autem in pictura Eudocia primas teneat, & in carmine quasi præcipua memoretur, exigua habita Imperatoris ratione, quid mirum? quando certum est Constantinum Ducam Imperatorem, hominem fuisse inertem, imbellem & pecuniis deditum; contra vero Eudociam mulierem ambitiosam, quæ regnandi causa nihil non ageret. Circum effigiem Imperatricis adsunt Sancti sexdecim in totidem circulis, qui, ut v detur, nam admodum detriti sunt, volumina manibus gestant, & Imperatrici offerunt, ut fertur in carmine. In ima paginæ parte sub pictura inchoatur Liber rubro charactere, ac deaurato, & sic pergitur usque ad sequentem

tem paginam, quæ atramento deſcribitur, ſicque liber totus literis majuſculis aureis ad initia capitum & articulorum ornatur. Exemplum memoratæ quadræ tabulæ & hujuſce Codicis proferimus. Specimen autem in Tabula allatum ſic vulgaribus typis ſcribitur.

Τινῶν ἐν κόσμῳ ἀμελῶς διερχομένων εἰρηκότων πρὸς μὲ, πῶς δυνάμεθα ὁμοζύγοις ζῶντες, καὶ δημοσίοις φροντίσιν ὑποκείμενοι, τὸν μοναδικὸν βίον ὑπελθεῖν· πρὸς οὓς ἀπεκρίθημεν· πάντα ὅσα δύνασθε ποιεῖν ἀγαθὰ ποιήσατε, μηδένα λοιδορήσητε, μηδένα κλέψητε, μηδένα ψεύσησθε, μηδενὸς κατεπαρθῆτε, μηδένα μισήσητε, τῆς πορνείας ἀπέχεσθε.

Cum quidam in ſæculo negligentius verſantes, me interrogarent: Quomodo poſſumus in conjugio viventes, & publicis curis obnoxii, Monaſticam ſubire vitam; reſpondimus ipſis, Quæcumque bona facere poteſtis, facite; neminem contumelia afficite, nemini furtum facite, nemini mentiamini, adverſus neminem extollamini, neminẽ odio habetote, a fornicatione abſtinete.

ΙΕΛΕΠϹΗΤϹΥΟΓΥΑϹΑΥΓΟΥϹΤΗϹΠΕΛΕΙ
ΕΛΕΠϹΗΤϹΥΟΓΥΑϹΟϹΑΥΓΟΥϹΤΗϹΠΕΛΕ
ΛΕΠϹΗΤϹΥΟΓΥΑϹΟΤΟϹΑΥΓΟΥϹΤΗϹΠΕΛ
ΕΠϹΗΤϹΥΟΓΥΑϹΟΤΛΤΟϹΑΥΓΟΥϹΤΗϹΠΕ
ΠϹΗΤϹΥΟΓΥΑϹΟΤΛΕΛΤΟϹΑΥΓΟΥϹΤΗϹΠ
ϹΗΤϹΥΟΓΥΑϹΟΤΛΕΔΕΛΤΟϹΑΥΓΟΥϹΤΗϹ
ΗΤϹΥΟΓΥΑϹΟΤΛΕΔΗΔΕΛΤΟϹΑΥΓΟΥϹΤΗ
ΤϹΥΟΓΥΑϹΟΤΛΕΔΗϹΗΔΕΛΤΟϹΑΥΓΟΥϹΤ
ϹΥΟΓΥΑϹΟΤΛΕΔΗϹΑϹΗΔΕΛΤΟϹΑΥΓΟΥϹ
ΥΟΓΥΑϹΟΤΛΕΔΗϹΑΙΑϹΗΔΕΛΤΟϹΑΥΓΟΥ
ΟΓΥΑϹΟΤΛΕΔΗϹΑΙΚΙΑϹΗΔΕΛΤΟϹΑΥΓΟ
ΓΥΑϹΟΤΛΕΔΗϹΑΙΚΟΚΙΑϹΗΔΕΛΤΟϹΑΥΓ
ΥΑϹΟΤΛΕΔΗϹΑΙΚΟΔΟΚΙΑϹΗΔΕΛΤΟϹΑΥ
ΑϹΟΤΛΕΔΗϹΑΙΚΟΔΥΔΟΚΙΑϹΗΔΕΛΤΟϹΑ
ϹΟΤΛΕΔΗϹΑΙΚΟΔΥΕΥΔΟΚΙΑϹΗΔΕΛΤΟϹ
ΑϹΟΤΛΕΔΗϹΑΙΚΟΔΥΔΟΚΙΑϹΗΔΕΛΤΟϹΑ
ΥΑϹΟΤΛΕΔΗϹΑΙΚΟΔΟΚΙΑϹΗΔΕΛΤΟϹΑΥ
ΓΥΑϹΟΤΛΕΔΗϹΑΙΚΟΚΙΑϹΗΔΕΛΤΟϹΑΥΓ
ΟΓΥΑϹΟΤΛΕΔΗϹΑΙΚΙΑϹΗΔΕΛΤΟϹΑΥΓΟ
ΥΟΓΥΑϹΟΤΛΕΔΗϹΑΙΑϹΗΔΕΛΤΟϹΑΥΓΟΥ
ϹΥΟΓΥΑϹΟΤΛΕΔΗϹΑϹΗΔΕΛΤΟϹΑΥΓΟΥϹ
ΤϹΥΟΓΥΑϹΟΤΛΕΔΗϹΗΔΕΛΤΟϹΑΥΓΟΥϹΤ
ΗΤϹΥΟΓΥΑϹΟΤΛΕΔΗΔΕΛΤΟϹΑΥΓΟΥϹΤΗ
ϹΗΤϹΥΟΓΥΑϹΟΤΛΕΔΕΛΤΟϹΑΥΓΟΥϹΤΗϹ
ΠϹΗΤϹΥΟΓΥΑϹΟΤΛΕΛΤΟϹΑΥΓΟΥϹΤΗϹΠ
ΕΠϹΗΤϹΥΟΓΥΑϹΟΤΛΤΟϹΑΥΓΟΥϹΤΗϹΠΕ
ΛΕΠϹΗΤϹΥΟΓΥΑϹΟΤΟϹΑΥΓΟΥϹΤΗϹΠΕΛ
ΕΛΕΠϹΗΤϹΥΟΓΥΑϹΟϹΑΥΓΟΥϹΤΗϹΠΕΛΕ
ΙΕΛΕΠϹΗΤϹΥΟΓΥΑϹΑΥΓΟΥϹΤΗϹΠΕΛΕΙ

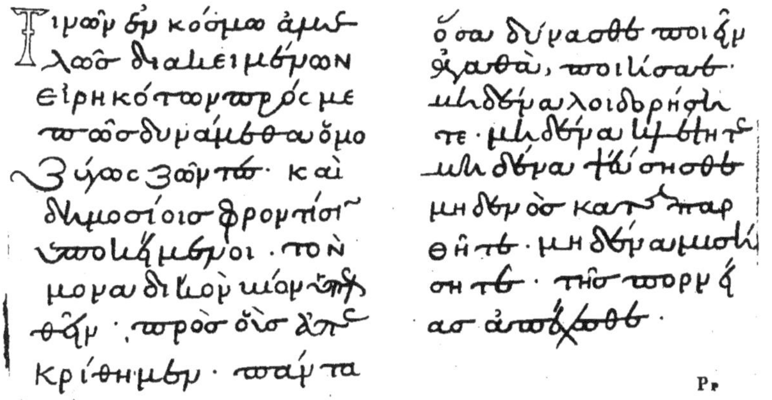

Hunc vero Codicem in Bibliotheca ipsius Eudociæ Augustæ repositum fuisse non dubium est: quam Bibliothecam ipsa, numerosissimam splendidissimamque, variis ex locis collectam, magnis sumtibus comparavit; ut testatur eadem Eudocia initio Libri sui, qui Ἰωνιὰ inscribitur, ἐκ τῆς λαμπροτάτης ἡμῶν βιβλιοθήκης ἐρανισαμένη, ᾗ τινι καὶ πολλὰ τῶν βιβλίων προσέθηκα, ἐκ διαφόρων μοι χωρῶν συναθροισθέντα μελέτῃ καὶ δαπάνῃ πολλῇ. Id est, *Ex splendidissima nostra Bibliotheca mutuata, cui libros multos variis ex locis collectos adjeci, cum studio & pecunia multa.* Ex Bibliotheca igitur sua Librum suum Ἰωνιὰ inscriptum edidit, quem Romano Diogeni alteri conjugi, imperiique consorti nuncupavit. Sunt autem Ἰωνιὰ opus singularis eruditionis: cujus exemplar habetur in Bibliotheca Colbertina, sic autem in titulo fertur, Εὐδοκίας τῆς Μακρεμβολιτίσσης βασιλίδος Κωνσταντινουπόλεως, Ἰωνιὰ, ἤτοι συναγωγὴ Θεῶν, ἡρώων τε καὶ ἡρωϊνῶν γενεαλογίας, καὶ τῶν περὶ αὐτοὺς μεταμορφώσεων, μύθων τε καὶ ἀλληγοριῶν τῶν παρὰ τοῖς παλαιοῖς εὑρισκομένων, ἐν ᾗ καὶ περὶ διαφόρων σοφῶν, πρὸς τὸν φιλόχριστον καὶ εὐσεβέστατον βασιλέα Ῥωμαίων τὸν Διογένην, νικητὴν, τροπαιοῦχον. Hoc est, *Eudociæ Macrembolitissæ Imperatricis Constantinopolitanæ Ionia; sive collectio Genealogiæ deorum, heroum, heroïnarum, & de metamorphosibus ad ipsos spectantibus; de fabulis & allegoriis, quæ apud veteres reperiuntur. Ubi etiam de variis sapientibus, sive eruditis viris; ad Christi amantem & piissimum Imperatorem Romanum Diogenem, victorem, & tropæis ornatum.* Est opus illud ordine alphabetico concinnatum. Præter hunc autem alios item Libros edidit, ut ipsa innuit in Præfatione sive Epistola nuncupatoria ad conjugem Romanum Diogenem, ubi cur Bibliothecam collegerit sic declarat, βασιλικὸν ἡγησαμένη, τὸν νοῦν ἔγγραφον ἀνθρώπων συναγείρειν, καὶ μὴ καταλείπειν ἀκηδίᾳ διαφθαρῆναι. τῆς σῆς τοίνυν βασιλείας κρινάσης, ἐκδοθήσεται, καὶ μετὰ τῶν ἀδελφῶν παρέσεται. Hoc est, *Regium opus esse putans, si hominum literis traditam mentem colligam, nec incuria deperire sinam. Decernente igitur Imperio tuo,* [*hic Liber*] *edetur, & cum fratribus suis collocabitur.* Fratres autem Libri Ionia inscripti, sunt alii ab eadem Eudocia editi, ut habet nota ad marginem Codicis Colbertini posita his verbis, μετὰ τῶν ἀδελφῶν παρέσεται λέγει, ὅτι καὶ ἄλλα τινὰ συνέθετο ἡ ἀοίδιμος βασίλισσα, τόν τε πλόκαμον τῆς Ἀριάδνης ἐπικῶς, καὶ τὰς τῶν γυναικῶν χρείας, καὶ τί δεῖ τὰς βασιλίδας ἀσκεῖν, ἐν πεζῷ λόγῳ, χρήσιμόν τι χρῆμα, καὶ περὶ διαίτης μοναζουσῶν, ὅπερ καὶ νῦν καθ' ἡμᾶς ἐν τῷ τῆς Προικοννήσου σεμνείῳ σώζεται. Id est, *Cum fratribus versaturum ait, quia alia quædam præclara Imperatrix edidit, nempe, Filum Ariadnæ epico carmine; de mulierum officio & qua in re Imperatrices exerceri debeant, pedestri oratione: opus sane perutile; de conversatione Monialium, quod opus jam nostro tempore in Monasterio Proconesi servatur.* Addit Scholiastes, Προικόννησος, ὁ νῦν Μαρμαρᾶς. *Proconesus, nunc Marmaras.* Ad hæc autem ὁμηρόκεντρα, sive Homerocentones, qui jamdiu editi fuerunt, scripsisse creditur Eudocia Macrembolitissa; cujus opusculi Codex habetur in Bibliotheca Collegii Ludovici Magni.

CAPUT VI.

Specimina Characterum duodecimi sæculi ex Typico Irenes Augustæ, propria ejus manu subscripto: item ex Codice Basiliano, & ex tribus Regiis. Inscriptio Crucis San-Germanensis, & alia.

A Nono ad duodecimum usque sæculum, non ita variæ characterum & ductuum formæ a Calligraphis invectæ deprehenduntur: sed duodecimo, decimo-tertio ac sequentibus sæculis, diversa admodum scripturæ genera observantur in Codicibus Græcis, & a prisca Calligraphiæ elegantia longe recessum est. Alii quippe Librarii, ut expeditius currerent, literarum ductus novos advexerunt, & pristinæ scripturæ pulcritudinem vitiarunt, idque variis pro cujusque arbitrio modis: alii autem veterem noni ac decimi sæculi formam retinere conati, ab illa tamen deflexisse comperiuntur a peritioribus, quoniam usus diuturnior semper quid importat novi. Accentus autem & spiritus aliquando secundum primigeniam formam delineantur, interdum vero spiritus supini sic scribuntur; ita ut lenesne an densi sint vix judicari valeat. Quodque a duodecimo & decimo-tertio sæculo frequentissime in multis exemplaribus occurrit, spiritus & accentus uno ductu scribuntur, nempe lenis spiritus cum acuto sic ; densus cum acuto sic ; lenis cum circumflexo sic ; densus cum circumflexo sic .

Alia autem minutissima scripturæ discrimina in exemplis & Tabulis perfecte repræsentare humanæ facultatis non est: nam quantalibet accuratione & arte utatur is, qui characteres ex vetusto exemplari describit, & formas singulas imitatur, in aliquo semper deficiat necesse est: similiterque Chalcographus, quantumvis peritus, a tradito sibi apographo aliquatenus deflectet: cum igitur exscribentis primùm, postea vero Calchographi opera desideretur, perfecta omnibusque numeris absoluta similitudo in Tabulis æri incisis frustra quæratur. Ad hæc vero atramenti color & conspectus magni sunt ad ætatem Codicum æstimandam momenti: quæ tamen nulla arte possunt in Tabulis exhiberi. In summa etsi magna sit in Tabulis hujusmodi utilitas, quod nemo sane inficias eat; si quis tamen Codicum ætatis internoscendæ peritiam assequi velit, eorum vero maxime qui duodecimi & sequentium sæculorum sunt, Codices ipsos inspiciat frequenter & evolvat oportet. Discrimen autem ætatis in bombycinis difficilius, quam in membranaceis dignoscitur, quoniam in prioribus atramentum imbibitur, ductusque literarum crassiores repræsentat, & colorem, perinde atque in membranaceis, non mutare solet. Sunt autem a duodecimo sæculo bombycini frequentiores, quam membranacei, ut diximus Libro primo.

Specimen sequens exscriptum est ex Typico Irenes Augustæ conjugis Alexii Comneni. Exemplar autem ejus membranaceum in Bibliotheca Regia num. 3019. ipsius Augustæ jussu descriptum, ejusque manu proprio nomine signatum est in fine Typici sive Regulæ, quam sanctimonialibus ab se institutis præscripsit; ita ut pars subscriptionis in ima parte folii sit, parsque altera initio folii sequentis. Estque scripta in cinnabari, rubro colore, quo Imperatoribus tantum & uxoribus uti licitum erat. Typicum vero illud Regium, est. haud dubie unum ex quatuor jussu Augustæ adornatis, quorum tria membranacea, aliud bombycinum erat. Ejus verba sunt:

Ἐπεὶ δὲ καὶ τρία τυπικὰ γεγόνασι σωματεῖα παρ' ἡμῶν, ἀπὸ βλαττίων ἐνδεδυμένα, καὶ τρία βρέβια, σὺν τῷ παρόντι δηλονότι τυπικῷ καὶ τῷ βρεβίῳ τῶν τῇ μονῇ ἀφιερωθέντων πάντων· διορειζόμεθα τὰ μὲν δύο τούτων, ἤγουν τό τε τυπικὸν καὶ τὸ βρέβιον, τῷ θείῳ καὶ ἀσύλῳ καὶ ἱερῷ σκευοφυλακίῳ τῆς τοῦ Θεοῦ μεγάλης ἐκκλησίας ἀποτεθῆναι, ὥσπερ καὶ ὅπου τὰ τῆς ἀνδρώας μονῆς τοῦ Φιλανθρώπου, ἤγουν τό τε τυπικὸν καὶ τὸ βρέβιον· ὡς ἀνεξάλειπτα εἶναι εἰς τὸν αἰῶνα τὸν ἅπαντα, τὰ παρ' ἡμῶν ἐν τούτῳ περὶ τῆς μονῆς τοῦ Φιλανθρώπου διορεισθέντα, καὶ τὰ ἀφορεισθέντα αὐτῇ. ἕτερα δὲ δύο εἶναι παρὰ ταῖς κατὰ καιροὺς τῆς μονῆς ἀντιλαμβανομέναις, ὡς εἴδησιν ἔχειν ἀκριβῆ τῶν παρ' ἡμῶν ἐν τούτοις διωρεισμένων. τὰ δ' ἄλλα δύο, τό τε τυπικὸν καὶ τὸ βρέβιον ἐναποκεῖσθαι ἐν τῷ σκευοφυλακίῳ τῆς μονῆς τῆς Κεχαριτωμένης. τὰ μέν τοι ἕτερα δύο τεύχη, ὧν τὸ μὲν εἰς τυπικοῦ τάξιν γέγονε, τὸ δὲ ἕτερον εἰς βρεβίου, βαμβύκινα καὶ ἀμφότερα ὄντα, εἰς καθημερινὴν χρῆσιν ἔσονται καὶ αὐτὰ τῇ μονῇ.

Quoniam tria Typica membranacea serico operta, & tria Brevicula a nobis adornata sunt, cum præsenti nempe Typico, & Breviculo omnium Monasterio consecratorum; statuimus ut duo ex illis, Typicum videlicet & Breviculum, in divino, tuto & sacro magnæ Dei Ecclesiæ Scevophylacio seu sacrario deponantur, eodem modo & loco, quo Typicum & Breviculum Monasterii virorum Philanthropi, sive Salvatoris, depositum fuit; ut indelebilia essent in omne sæculum ea, quæ a nobis in illo circa Monasterium Philanthropi statuta, quæque illi assignata sunt. Altera duo omni tempore erunt penes Monasterii Patronas, ut accuratam statutorum nostrorum notitiam habeant. Alia autem duo; Typicum nempe & Breviculum, reponantur in Sacrario Monasterii Gratiâ-plenæ. Porro alii duo Libri, quorum unus quidem in Typici, alter in Breviculi formam exaratus est, ambo bombycini, quotidiano Monasterii usui inserviant.

Quatuor igitur Typica edi jussit Irene Augusta: quorum unum membranaceum Sacrario magnæ Ecclesiæ; alterum item membranaceum, apud Patronam Monasterii; tertium membranaceum, in Sacrario Monasterii; quartum bombycinum, in eodem Monasterio depositum est ad usum quotidianum. Illud autem bombycinum Typicum, utpote materiæ fragilioris, usu detritum fuisse videtur. Hoc vero, quod superest membranaceum, illud ipsum est, quod in Sacrario Monasterii depositum fuerat; uti conspicuum videtur, tum ex characterum forma & vetustate, tum ex subscriptione Augustæ, tum etiam quia Moniales subsequenti ævo, redituum Catalogum eodem in Typico inseruerant: quem nos unà cum Typico edidimus in Analectis nostris anno 1688. Erat Irene Ducæna uxor Alexii Comneni Imperatoris, & hoc Typicum edidit sub finem imperii ejus, ut ex multis Typici locis conspicuum est, subscriptio ejus, quam accurate delineatam vides in Tabula, vulgari charactere sic habet, Εἰρήνη ἐν Χριστῷ τῷ Θεῷ πιστὴ βασίλισσα Ῥωμαίων ἡ Δούκαινα, *Irene in Christo Deo fidelis Imperatrix Romanorum Ducæna*; id est ex Augusta Ducarum familia Constantinopolitana. Habetur porro in folio hujus Codicis 129. Quæ autem in specimine feruntur sic vulgaribus typis edimus.

Τυπικὸν τῆς σεβασμίας μονῆς τῆς ὑπεραγίας Θεοτόκου τῆς Κεχαριτωμένης τῆς ἐκ βάθρων νεουργηθείσης καὶ συστα-

Typicum venerandi Monasterii sanctissimæ Deiparæ Kecharitomenes, seu Gratia-plenæ, a fundamentis nu-

τυπικὸν τῆς σεβασμί-
μονῆς τῆς ὑπεραγίας
θεοτόκου τῆς κεχαριτωμένης
τῆς ἐκ βάθρων ἀνεγερ-
θείσης καὶ συστάσης παρὰ
τῆς εὐσεβεστάτης αὐγού-
στης κυρᾶς εἰρήνης τῆς
δουκαίνης· κατὰ τὴν
αὐτῆς πρόσταξιν καὶ
γνώμην ὑφηγηθέν τε καὶ
ἐκτεθέν:~

Πολλῶν μὲν ἡμῖν ἀγαθῶν καὶ με-
γάλων ὁ θεὸς λόγου χωρὸς τοσ μεῖ[illegible],
ὠδίνων ἄνευ· καὶ μετὰ τόκον,
παρθενίας πάλιν κειμήλιον
παραγέγονεν· ὅσος υἱὸς καὶ θεὸς

† εἰρήνη ἐν χῷ
τῷ θῷ πιστὴ βα-
σίλισσα ῥω-
μαίων ἡ δού-
καινα

Τῶν ἀπὸ τῆς μέσης Γερμανοῦ παρ[illegible] [illegible] ὑποδιακόνων, πρὸς ζητηθέντας [illegible] μὴ αἱρεθ[illegible]
ψῆφον ἐχρῆν [illegible], ἀλλὰ διὰ τὴν ἀκολασίαν [illegible] ἡμερότητος, [illegible]
οἱ περὶ τοῦ πράγματος διαφωνῶν ὀφθαλμῶν [illegible];~ ἑρμ(ηνεία) Οὗτοι οἱ διάκονοι τοῦ ἐπισκόπου
Μαυρεντίου κατηγορήσαντος, καὶ [illegible] ἀπελθεῖν [illegible] τὴν σύνοδον ταύτην ἀπαντῆσαι,
καὶ περὶ [illegible] τοῦ ἐπισκόπου [illegible], [illegible]
[illegible] καὶ μὴ ἀρεθέντος· ὡς συκοφάνται [illegible] ἐμὲ | ἀλλὰ [illegible] ἐκκλησία.
[illegible] ἡμερότητος, ὁρίσθημεν [illegible] ἀπὸ τῆς συνόδου κρίσεως, καὶ [illegible] σκο-
πῆσαι τὰ αἰτιάματα παρουσίᾳ καὶ αὐτοῦ τοῦ κατηγόρου, καὶ ἁρμοδίως τῷ πράγματι [illegible]
τὴν διάγνωσιν

σης παρὰ τῆς εὐσεβεστάτης Αὐγούστης κυρᾶς Εἰρήνης τῆς Δουκαίνης, κατὰ τὴν αὐτῆς πρόσταξιν καὶ γνώμην ὑφηγηθέν τε καὶ ἐκτεθέν.

Πολλῶν μὲν ἡμῖν ἀγαθῶν καὶ μεγάλων, ὦ θεοῦ λόγου ζῶντος μῆτερ, ὠδίνων ἄτερ, καὶ μετὰ τόκον παρθενίας πάλιν κειμήλιον παναγέστατον· ὁ σὸς υἱὸς καὶ θεός.

per exstructi & conditi a piissima Augusta Domna Irene Ducæna, secundum ejus jussionem & sententiam enarratum & editum.

Multorum quidem magnorumque bonorum, (o Dei Verbi viventis Mater sine partûs dolore, & post partum virginitatis rursum thesaurus purissimus,) Filius tuus & Deus, &c.

Alterum specimen excerptum fuit ex Codice RR. PP. S. Basilii Romæ, qui continet Nomocanonem Doxapatris insignis viri; id est, Canonum Compendium jussu Joannis Comneni Imperatoris, Alexii & Irenes supra memoratorum filii, ab eo editus. Imperavit autem Joannes Comnenus ab anno 1119. ad 1143. Codex eodem circiter tempore scriptus fuit, ut patet tum ex charactere, tum ex nota ad calcem, in qua legitur anno 1234. Librum, in Siciliam videlicet antea translatum, cujusdam Senatoris Siculi fuisse: nota autem isthæc est recentioris manus. Totius Libri conspectum & notam ipsam Senatoris adtulimus in Diario Italico p. 217. & supra Libro primo c. 7. In exemplo quod damus characteres deficiunt a pristina elegantia: nam duodecimo, maximeque sequentibus sæculis, mira invecta fuit literarum varietas. Excerptum hic vulgari scribendi forma proferimus: vel ipsa rei singularitate placiturum. Nam opus, quod quidem sciam, nusquam editum est. Titulus Nomocanonis hic est:

Νομοκάνονον (sic) σὺν Θεῷ περιέχον συνοπτικῶς ὅλους τοὺς κανόνας τῶν ἁγίων καὶ οἰκουμενικῶν ἑπτὰ συνόδων, καὶ τῶν ἁγίων ἀποστόλων, καὶ τοῦ μεγάλου Βασιλείου, καὶ ἑτέρων Θεοφόρων πατέρων, ἑρμηνευθὲν προστάξει τοῦ εὐσεβεστάτου βασιλέως κυροῦ Ἰωάννου τοῦ Κομνηνοῦ, παρὰ τοῦ λογιωτάτου διακόνου τῆς τοῦ Θεοῦ μεγάλης ἐκκλησίας, καὶ νομοφύλακος τῆς τῶν Ρωμαίων βασιλείας, πατριαρχικοῦ νοταρίου καὶ πρωτοπροέδρου πρωτοσυγκέλων Δοξαπάτρου.

Nomocanon, Deo favente scriptus, synopsis more complectens canones omnes sanctarum & œcumenicarum septem Synodorum, & sanctorum Apostolorum, atque magni Basilii, & aliorum Deiferorum Patrum: Commentariis illustratus jussu piissimi Imperatoris Domni Joannis Comneni; opera eruditissimi Diaconi magnæ Dei Ecclesiæ, & Nomophylacis (sive legum vindicis) Imperii Romani, Patriarchalis Notarii & Protoproedri Protosyncellorum Doxapatris.

De Patriarchalibus Notariis paucis egimus, L. 1. c. 5. de cæteris hic memoratis officiis vide Codinum, & Cangium in Glossario mediæ & infimæ Græcitatis.

Excerptum vero, quod damus, πάρεργον quoddam est, eadem, qua Codex totus, manu exaratum, qua forma vides in specimine, & sic habet:

Τῶν ἀπὸ τῆς νέας Γερμανοῦ παρεῖναι λεγομένων ὑποδιακόνων, τρὶς ζητηθέντων καὶ μὴ εὑρεθέντων, ψῆφον ἐχρῆν ἐξενεχθῆναι· ἀλλὰ διὰ τὴν ἐκκλησιαστικὴν ἡμερότητα πεμφθήτωσαν οἱ περὶ τοῦ πράγματος διαγνῶναι ὀφείλοντες. ἑρμηνεία. Οὗτοι οἱ διάκονοι τοῦ ἐπισκόπου Μαυρεντίου κατηγορήσαντες, καὶ πα-

Cum Subdiaconi novæ Germani Ecclesiæ, qui se sistere jussi fuerant, ter perquisiti nec reperti fuerint; sententiam contra illos dicere par erat. Verum Ecclesiasticæ lenitatis gratiâ, mittantur qui negotium exploraturi sunt. *Interpretatio.* Hi Diaconi, qui Episcopum Maurentium accusarunt, & jussi sunt in hanc Syno-

παραγγελθέντες εἰς τὴν σύνοδον ταύτην ἀπαντῆσαι, καὶ παρεστῆναι ἅπαξ εἰσῆγον κατὰ τοῦ ἐπισκόπου αἰτιάματα· εἶτα δεύτερον καὶ τρίτον ἀναζητηθέντες καὶ μὴ εὑρεθέντες, ὡς συκοφάνται κατακριθῆναι ἔμελλον. ἀλλὰ διὰ τὴν ἐκκλησιαστικὴν ἡμερότητα, ὁρισθῆναι σταλῆναί τινας ἀπὸ τῆς συνόδου κριτάς, καὶ κατὰ χώραν σκέψασθαι τὰ αἰτιάματα παρουσίᾳ καὶ αὐτῶν τῶν κατηγόρων, καὶ ἁρμοδίαν τῷ πράγματι παρασχεῖν τὴν διάγνωσιν.

dum se sistere, criminaque proponere, quæ Episcopo inferebant: deinde secundò tertióque perquisiti nec reperti sunt, ut sycophantæ damnandi erant. Verum Ecclesiasticæ lenitatis gratiâ, decretum est mitti quosdam ex Synodo judices, qui in ipsis locis crimina explorent, præsentibus ipsis accusatoribus, ut negotio congruentem notitiam præbeant.

In altera Tabula præit exemplum ex Codice Regio 2930. qui descriptus fuit anno mundi 6632. scilicet Christi 1124. continet autem S. Joannis Damasceni Dialecticam ad Cosmam Maiumæ Episcopum: ejusdem de fide Orthodoxa; ejusdem Epistolam ad Jordanem Archimandritam, de hymno Trisagio: Ejusdem Prolegomena in Isagogem Porphyrii: Gregorii Nazianzeni Orationem funebrem in Basilium: Joannis Damasceni de Hæresibus. Sed hoc postremum opus altera manu, at ejusdem circiter ævi, descriptum est. In fine Prolegomenorum in Isagogen Porphyrii & ante Orationem funebrem Gregorii Nazianzeni in Basilium. Fol. 128. habetur Calligraphi nota sequens.

Τῷ συντελεστῇ καὶ Θεῷ χάρις πρέπει.
Εὐτελὴς μὲν φαίνομαι ὄψιν εἰς θέαν·
Πλοῦτον δὲ δίδω τοῖς ἐμοῖς δαιτυμόσι.

Ἐγράφη ἡ παροῦσα θεία βίβλος διὰ συνεργίας Μιχαὴλ ἱερέως τῷ (sic) τοῦ Φιλῆ, διὰ χειρὸς Βασιλείου νοταρίου τοῦ Σκαλίδρου, ἐν ἔτει ͵ϛχλβʹ. ἰνδ. Δ. ἐπὶ τῆς βασιλείας Ἰωάννου τοῦ Κομνηνοῦ καὶ πορφυρογεννήτου.

Hoc est,

Perfectori & Deo gratia convenit.
Vilis quidem aspectu videor & despicabilis;
Sed convivis meis divitias impertior.

Scriptus est hic divinus Liber concursu quidem & ope Michaëlis Sacerdotis Philæ, manu autem Basilii Scalidri Notarii, anno 6632. (scilicet Christi 1124.) Ind. 4. imperante Joanne Comneno Porphyrogenito.

Specimen autem, ex Joannis Damasceni Dialectica ad Cosmam excerptum, vulgaribus typis ita legitur:

Περὶ οὐσίας καὶ φύσεως καὶ μορφῆς, ἀτόμου τε καὶ προσώπου καὶ ὑποστάσεως. λόγος ιγʹ. Εὐλόγησον πάτερ.

Οἱ μὲν ἔξω φιλόσοφοι κατὰ προλελεγμένον λόγον, διαφορὰν εἶπον οὐσίας καὶ φύσεως. οὐσίαν μὲν εἰπόντες τὸ ἁπλῶς εἶναι· φύσιν δὲ οὐσίαν εἰδοποιηθεῖσαν ὑπὸ τῶν οὐσιωδῶν διαφορῶν· καὶ μετὰ τὸ ἁπλῶς εἶναι καὶ τὸ ποιῶς δὲ εἶναι ἔχουσαν· εἴτε λογικήν, εἴτε ἄλογον· εἴτε θνητὴν εἴτε ἀθάνατον· ἤγουν αὐτὴν ὡς φαμὲν τὴν ἀμετάβλητον, καὶ ἀμετάθετον ἀρχὴν καὶ

De essentia, natura, & forma: deque individuo, persona & hypostasi. Liber XIII. Benedic Pater.

Externi quidem Philosophi, ut superiori Libro dictum est, differentiam esse dixerunt inter essentiam & naturam: essentiam dicentes, simpliciter esse; naturam vero, essentiam specificatam essentialibus differentiis: quæ præter illud quod simpliciter sit; illud etiam, quod taliter sit, habeat; sive rationalis illa sit, sive irrationalis; sive mortalis, sive im-

αἰτίαν (mſ. αἰτείαν) καὶ δύναμιν, τὴν παρὰ τοῦ δημιουργοῦ ἐντεθεῖσαν πρὸς κίνησιν· τοῖς μὲν ἀγγέλοις πρὸς τὸ νοεῖν, καὶ ἐκτὸς τοῦ προφορικοῦ λόγου μεταδιδόναι ἀλλήλοις τὰ νοήματα· τοῖς δὲ ἀνθρώποις. . . .

mortalis, vel illud, ut diximus, immutabile & immobile principium, cauſa& vis, quæ a Creatore ad motum indita eſt; Angelis quidem ad intelligendum, ac ſine prolatitio ſermone, ſenſa ſua mutuo communicandum; hominibus vero. . . .

Hæc autem, εὐλόγησον πάτερ, *Benedic Pater*, quæ titulo adjiciuntur, in Libris Homiliarum & Sermonum poſt titulum vulgo ponuntur, vice noſtri, *Jube Domne benedicere*; quibus verbis a Chori præſide petitur benedictio. Cur autem ante Librum ſive Sermonem, ubi de Philoſophia agitur, præmittatur, ignoro. Hîc autem in principio Codicis initio ſingulorum Librorum, & Capitum; vel πάτερ εὐλόγησον, vel κύριε εὐλόγησον legitur: verum in medio & fine Codicis nuſquam habetur. Exiſtimo autem Calligraphum ex conſuetudine illud, εὐλόγησον πάτερ appoſuiſſe: quia mos erat Sanctorum operibus & Homiliis hæc præfigere. Quare S. Joannis Damaſceni nomine ductus, hæc ſcripſit, non advertens talem benedictionem operibus Philoſophicis non præmitti ſolere.

Alterum ſpecimen prodit ex Codice Regio, num. 2498. Eſtque Menæum menſis Novembris, ſcriptum eleganti Theoctiſti cujuſdam manu anno Chriſti 1127. ut in nota mox afferenda legitur. Tituli partim minio partim cæruleo colore ſcribuntur. Inter varias Officii Eccleſiaſtici partes, quædam notas habent ad cantum & modulationem ſecundum Græcorum ritum: earum autem exemplum quoddam Libro ſequenti proferetur. Nota Calligraphi ſub finem fol. 213. ſic habet: ἐτελειώθη ὁ παρὼν Νοέμβριος μὴν, μηνὶ Ἰουνίῳ θ'. ὥρᾳ ιε'. τῆς ἡμέρας, ἐπὶ βασιλείας Ἰωάννου τοῦ πορφυρογεννήτου Κομνηνοῦ, ἐν ἔτει τῷ ,ϛχλε'. ἰνδ. ε'. Id eſt, *Abſolutus eſt hic menſis Novembris, menſis Junii die nona, hora diei decima quinta, imperante Joanne Comneno Porphyrogenito. Anno* 6635. (*i. Chriſti* 1127.) *Indictione quinta.* Sub hæc habentur Iambi ſequentes.

Οἶδα μὲν οἶδα σφαλμάτων πολλῶν γέμον,
Ὃ χερσὶν αὐτὸς πυξίον ἐγεγράφειν·
Ἀλλ' ἐστέ μοι μέτριοι, καὶ γὰρ οὐκ ἔχω
Τὴν τεχνικὴν σύμμαχον ὀρθογραφίαν·
Πατρὶ δὲ πεισθεὶς Μαξίμῳ θείῳ θύτῃ,
Τῷ πρὸς χλόην ἄγοντι τὴν ζωηφόρον
Θρέμματα Χριστοῦ, πληθὺν ἀνθρώπων λέγω.
Τὴν χεῖρα τείνω κἂν κινεῖσθαι μὴ σθένῃ.
Νέμοιτέ μοι δὲ τῷ γραφεῖ Θεοκτίστῳ,
Λύσιν ἀπείρων ψυχικῶν ἐγκλημάτων,
Καὶ βασιλείας οὐρανῶν κληρουχίαν.

Hoc eſt,

Scio quidem & novi multis ſcatere mendis,
Quem manibus ſcripſi Librum.
Verum eſtote mihi propitii: non enim calleo
Artem ortographiæ.
Sed patri Maximo divino Sacerdoti obtemperans,
Qui ad paſcua vivifica ducit
Gregem Chriſti, hominum turbam dico;
Manum extendo, licet moveri vix poſſit:

Ut

Ut procuretis mihi Theoctisto scribæ
Infinitarum animæ culparum veniam,
Et regni cælorum hæreditatem.

Hæc Theoctistus scriba, qui se artem orthographiæ non callere profitetur, & tamen quod scripsit Menæum, accurate satis descriptum est, & paucissimas præfert mendas, ut merito Calligraphus dici possit, qui se imperitum scribam declarat.

Folii ultimi pag. 2. post absoluta omnia, hæc quatuor carmina leguntur:

Ἡ βίβλος αὕτη τῆς μονῆς τοῦ προδρόμου
Τῆς κειμένης ἔγγιστα τῆς Ἀετίου.
Ἀρχαϊκὴ δὲ τῇ μονῇ κλῆσις, Πέτρα.

Id est,

Hic Liber est Monasterii Præcursoris,
Quod situm est proxime Aëtii cisternam:
Vetus autem Monasterii nomen est Petra.

Hoc Monasterium situm erat Constantinopoli proxime cisternam Aëtii; de qua & de Monasterio pariter videndus Codinus de Ædificiis Constantinopolitanis, & Cangius in descriptione Constantinopolis. Hæc vero postrema tria carmina in alio item membranaceo exemplari Bibliothecæ Cæsareæ habentur referente Petro Lambecio, lib. IV. p. 81. & fortasse singulis ejusdem Monasterii Libris adscripta erant. Quartum carmen est.

Θεοῦ τὸ δῶρον, καὶ πόνος Θεοκτίστου
Deo donum, & labor Theoctisti.

Post captam Constantinopolin hic Liber alio translatus, in manus postea Magistratus sive Principis devenit: qui ipsum Monasterio Panteleemonis obtulit, ut fertur binis in notis, quarum altera fol. 212. verso sic habet. Ἔδωκε ὁ εὐγενέστατος ἄρχων κυρὸς Σαμψὼς τὸ παρὸν βιβλίον εἰς τὸν ἅγιον Παντελεήμονα εἰς μνημόσυνόν του καὶ τῶν γονέων του, ἔτους ζλζ. μηνὶ Ἰουλίῳ ια'. i. *Dedit nobilissimus Princeps Domnus Sampsos hunc Librum Sancto Panteleemoni in memoriam sui & parentum suorum. Anno* 7037. (*i. Christi* 1529.) *mensis Julii undecimâ.* Alibi vero fol. ult. dicitur, Monasterium S. Panteleemonis.

Specimen autem desumtum est ex Officio SS. Martyrum Nicandri & Hermæi, & S. Patris Joannicii, qui in Olympo vixit, & sic habet:

Ὠδὴ δ'. ὁ καθήμενος ἐν δόξῃ.

Ἅρμα ὤφθητε τοῦ λόγου νοητῶς τοῦτον φέροντες. ὅθεν προσδεθέντες ἵπποις, ἀπηνῶς τε συρόμενοι, οὐκ ἐξηρνήσασθε τοῦτον, οὐχ ἡττήθητε, πρὸς οὐράνιον νύσσαν σαφῶς ἐπειγόμενοι.

Ταῖς φρουραῖς προσομιλοῦντες, καὶ δεσμὰ περικείμενοι, τῶν δεσμῶν τῆς πλάνης πόλεις καὶ λαοὺς διεσώσατε. καὶ τῷ δεσμῷ τῆς ἀγάπης συνεδήσατε τοῦ δεθέντος σαρκὶ δι' ἡμᾶς παμμακάριστοι.

Canticum IV. Qui sedet in gloria.

Currus Verbi visi estis, spiritualiter ipsum gestantes. Quamobrem equis colligati, & crudeliter pertracti, non negastis ipsum, non superati estis, ad cælestem metam conspicue festinantes.

Cum Custodiis versantes, & vinculis constricti, a vinculis erroris urbes & populos servastis, & vinculo colligastis amoris ejus, qui propter nos carne colligatus est, o beati.

Tertium specimen erutum est ex Codice Regio 2862. membranaceo, qui descriptus fuit anno Christi 1168. & complectitur quatuor Evangelia: quibus hæc præmittuntur: Prologus in Evangelia, qui sic init ὁ τῶν ἁπάντων πηγῆς: Epistola Eusebii Carpiano: Ejusdem Eusebii Canones sive Concordantia Evangeliorum. In fine vero Evangeliorum hæc nota habetur, quam prætermittendam non duximus:

Ἐκ τοῦ κατὰ Ματθαῖον εὐαγγελίου. ἐγράφη Ἑβραϊστὶ ἐν Παλαιστίνῃ μετὰ ἔτη η΄. τῆς ἀναλήψεως τοῦ κυρίου. ἔχει δὲ ῥήματα ͵βφκη΄. ἔχει δὲ στίχους ͵βφξ΄.	Ex Evangelio ſecundum Matthæum. Scriptum eſt Hebraïce in Palæſtina poſt octo annos ab Aſſumtione Domini. Habet autem verba 2528. verſus 2560.
Ἐκ τοῦ κατὰ Μάρκον. ἐγράφη Ῥωμαϊστὶ ἐν Ῥώμῃ, μετὰ ἔτη ιβ΄. τῆς ἀναλήψεως τοῦ κυρίου. ἔχει δὲ ῥήματα ͵αχοε΄. στίχους ͵αχιϛ΄.	Ex Evangelio ſecundum Marcum. Scriptum eſt Latine Romæ annis duodecim poſt Aſſumtionem Domini. Habet autem verba 1675. verſus 1616.
Ἐκ τοῦ κατὰ Λουκᾶν εὐαγγελίου. ἐγράφη ἑλληνιστὶ μετὰ ἔτη ιε΄. τῆς ἀναλήψεως τοῦ κυρίου εἰς Ἀλεξάνδρειαν τὴν μεγάλην. ἔχει δὲ ῥήματα ͵γωγ΄. ἔχει δὲ στίχους ͵βψν΄.	Ex Evangelio ſecundum Lucam. Scriptum eſt Græce, poſt annos quindecim ab Aſſumtione Domini, in magna Alexandria. Habet verba 3803. verſus 2750.
Ἐκ τοῦ κατὰ Ἰωάννην εὐαγγελίου. ἐγράφη ἑλληνιστὶ εἰς Ἔφεσον μετὰ ἔτη λ΄. τῆς ἀναλήψεως τοῦ κυρίου. ἔχει δὲ ῥήματα ͵αϡλη΄. ἔχει δὲ στίχους ͵βκη΄. ἐπὶ Δομετιανοῦ βασιλέως.	Ex Evangelio ſecundum Joannem. Scriptum eſt Græce Epheſi annis triginta poſt Aſſumtionem Domini. Habet verba 1938. verſus 2028. ſub Domitiano Imperatore.

Ῥήματα, quæ numerantur, puto eſſe verba ore Jeſu Chriſti prolata. στίχους autem verſiculos eſſe, in quibus a linea ſemper ſcriptio reſumebatur, jam ſæpe diximus, & Scripturæ ſacræ στιχηρῶς ductæ exempla non pauca adtulimus ex Pſalmis, Canticis & Epiſtolis Pauli. Verſiculi porro illi hodiernis longe minores erant, ut videre quiſque poſſit, hoſce conferendo cum iis, qui in Vulgata noſtra notantur.

Poſtea ſequitur Ordo Evangeliorum ut per annum in Eccleſia legebantur: & primo quidem, tempore Paſchali, & Dominicis poſt Pentecoſten; deinde vero in Feſtis ſingulorum menſium: incipiendo a menſe Septembri, quia dies prima menſis ejuſdem eſt caput Indictionis, ut pluribus dicitur Libro ſequenti. In fine autem enumerantur *Apparitiones* Chriſti poſt Reſurrectionem, hoc pacto:

Αἱ ἐπιφάνειαι τοῦ κυρίου μετὰ τὴν ἀνάστασιν.	*Apparitiones Domini poſt Reſurrectionem.*
α΄. Ταῖς περὶ Μαρίαν ἐν τῷ μνήματι.	I. Mariæ in monumento.
β΄. Τῷ Κηφᾷ, ὡς λέγει Παῦλος, ἔπειτα ὤφθη τῷ Κηφᾷ.	II. Cephæ, ut ait Paulus: *Deinde viſus eſt Cephæ.*
γ΄. Κεκλεισμένων τῶν θυρῶν.	III. Januis clauſis.
δ΄. Τοῖς περὶ τὸν Κλαιώπαν, (ſic.)	IV. Cleopæ & ſocio.
ε΄. Παρόντος Θωμᾶ καὶ τῶν λοιπῶν.	V. Thoma & reliquis præſentibus.
ϛ΄. Ἐν τῇ Γαλιλαίᾳ ἐπὶ τῆς θαλάσσης τῆς Τιβεριάδος.	VI. In Galilæa ad mare Tiberiadis.
ζ΄. Ἐπάνω πεντακοσίοις ἀδελφοῖς ἐφάπαξ.	VII. Pluſquam quingentis fratribus ſemel.
η΄. Ἐφάνη Ἰακώβῳ τῷ δικαίῳ.	VIII. Viſus eſt Jacobo juſto.
θ΄. Εἰς τὸ ὄρος οὗ ἐτάξατο αὐτοῖς ὁ Ἰησοῦς.	IX. In monte, quò præcepit illis Jeſus.
ι΄. Εἰς τὸ ὄρος τῶν ἐλαιῶν ἀνερχόμενος.	X. In monte Olivarum, cum aſcendit.

Agmen claudit Salomonis Notarii ſubſcriptio, pleriſque in locis eraſa, admodumque singularis, quam non sine labore legimus:

Τέλος ἔλαβε τὸ παρὸν ἅγιον τετραευαγγέλιον ὑπὸ χειρὸς ἐμοῦ τοῦ πολυτλήμονος καὶ εὐτελοῦς Νοταρίου Σολομῶντος ἀπὸ Νοταρίων. καὶ διὰ τὸν κύριον πάντες ἀδελφοὶ καὶ πατέρες οἱ ἐντυχόντες ἐν αὐτῷ καὶ ἀναγινώσκοντες, οἱ καὶ μεταγράφοντες, μὴ διὰ χωρικίας ἐμοῦ καὶ σκαιείας τὴν κατάραν ἀναπέμψασθε. ἠκούσατε γὰρ καὶ πολλάκις ἐῤῥέθη, ὅτι καὶ ὁ γράφων παρεγράφη· ἡ μὲν χεὶρ ἡ γράψασα σήπεται τάφῳ, γραφὴ δὲ φαίνει εἰς χρόνους πληρεστάτους εἰς τοὺς σύμπαντας αἰῶνας τῶν αἰώνων· ἀμήν. ἐτελειώθη δὲ ἐν ἔτει τῷ ἀπὸ κτίσεως κόσμου ͵ςχος΄. ἰνδ. α΄. ☉ κύκλῳ ιβ΄. ☾ ζ΄. εἰς τὰς ιδ΄. τοῦ Δεκεμβρίου μηνός· ἡμέρᾳ ε΄. η. ζ κη ὥραν τῆς ἡμέρας πολεύοντος ζ ☉ διέπων. βασιλεύοντος ἐν Κωνσταντινουπόλει Μανουὴλ τοῦ πορφυρογεννήτου καὶ ἐνδοξοτάτου βασιλέως· καὶ ἐν τοῖς Ἱεροσολύμοις Ἀμμερὴ τοῦ κραταιοῦ ῥηγός. ἐν δὲ τῇ νήσῳ Σικελίας Γουλιέλμου τοῦ δευτέρου ῥηγός· ἐφ' ἡμᾶς Ἰησοῦς Χριστός. (sic) [illegible] ἡ δόξα καὶ τὸ κράτος εἰς τοὺς αἰῶνας τῶν αἰώνων, ἀμήν.

Finem habuit hic sanctus quatuor Evangeliorum Liber, manu mea miserrimi & vilis Notarii Solomonis ex numero Notariorum. Rogoque per Dominum omnes fratres patresque, quotquot in hunc inciderint, hunc legerint vel transcripserint, ne mihi ob rusticitatem ac stoliditatem meam, maledictionem immittant. Audistis enim ac sæpius dictum est, Scribam hoc dictum adscribere: *Manus quidem, quæ scripsit, in sepulcro putrescet: scriptura autem conspicitur in multos annos, in omnia sæcula sæculorum, amen.* Completus autem est anno a creatione mundi 6676. (i. Christi 1168.) Indictione prima: Cyclo Solis 12. Lunæ 7. decima-quarta mensis Decembris: feria quinta, hora diei septima. Imperante Constantinopoli Manuele Porphyrogenito & gloriosissimo Imperatore: Jerosolymis Rege potentissimo Amarri: in Insula vero Siciliæ Gullielmo secundo Rege: nobis autem J. C. cui gloria & imperium in sæcula sæculorum: amen.

Hanc notam pene deletam, jam edidimus Lib. 1. p. 61. sed secundis curis ipsam in multis restituimus, ut supra. Ad voces Νοταρίου & Νοταρίων, in manuscripto legitur ΝΟ: unde confirmatur quod supra diximus de Co[illegible] ice Regio, qui anno Christi 914. exaratus fuit; nempe parem notam post vocem Βασιλείου, legendam esse Νοταρίου, non [illegible], ut quidam volunt. Notæ Solis & Lunæ ut exprimuntur in subscriptione, frequenter occurrunt in Codicibus a multis retro sæculis. Hæc autem, quæ sequuntur ε. η. ζ κη. quid sibi velint ignoramus. Postea legendum, ὥραν τῆς ἡμέρας πολεύοντος ἑβδόμην ἡλίου: id est, *Horam diei septimam circum agente sole.* Sequens vox διέπων, quid sibi velit ne conjectare quidem valeo. Est fortasse mendum Salomonis Notarii, qui sane ut ipse profitetur, etsi non ineleganter scriberet, Grammaticæ imperitus erat.

Quæ in specimine feruntur sic vulgaribus formis edimus.

Τοῦ δὲ Ἰησοῦ Χριστοῦ ἡ γέννησις οὕτως ἦν. μνηστευθείσης γὰρ τῆς μητρὸς αὐτοῦ Μαρίας τῷ Ἰωσήφ, πρὶν ἢ συνελθεῖν αὐτούς, εὑρέθη ἐν γαστρὶ ἔχουσα ἐκ πνεύματος ἁγίου. Ἰωσὴφ δὲ ὁ ἀνὴρ αὐτῆς, δίκαιος ὤν, καὶ μὴ θέλων αὐτὴν παραδειγματίσαι, ἐβουλήθη λάθρα ἀπολῦσαι αὐτήν. Ταῦτα δὲ αὐτοῦ ἐνθυμηθέντος, ἰδοὺ ἄγγελος κυρίου κατ' ὄναρ ἐφάνη αὐτῷ λέγων· Ἰωσὴφ υἱὸς Δαυίδ,

Christi autem generatio sic erat. Cum esset enim desponsata mater ejus Maria Joseph, antequam convenirent, inventa est in utero habens de Spiritu sancto. Joseph autem vir ejus, cum esset justus, & nollet eam traducere, voluit occulte dimittere eam. Hæc autem eo cogitante, ecce Angelus Domini apparuit in somnis ei, dicens: Joseph fili David, noli timere acci-

I

Περὶ οὐσίας καὶ φύσεως καὶ μορφῆς· ἀτόμου τε καὶ προσώπου, καὶ ὑποστάσεως. κεφ. ιγ´· ...:—

Οἱ μὲν ἔξω φιλόσοφοι κατὰ τὴν προλεχθεῖσαν ... διαφορὰν ἐπὶ οὐσίας καὶ φύ-
σεως· οὐσίαν μὲν ... τὸ ἁπλῶς εἶναι· φύσιν δὲ ... ὑπὸ τῶν οὐσιωδῶν διαφορῶν καὶ μετὰ τοῦ ἁπλῶς εἶναι, καὶ τὸ τοιῶσδε εἶναι ἔχουσαν· ἢ λογικὴν
ἢ ἄλογον· ἢ θνητὴν ἢ ἀθάνατον· ἤγουν ... τὴν ...

II

ᾨδὴ δ´. Ὁ καθήμενος ἐν δόξῃ

Ἅρμα ὤφθητε τοῦ λόγου· νοητῶς τοῦ πυρ-
φόρου τε· ὅθεν προσδεθέντες ἵπποις ἀ-
πήμως τε συρόμενοι· οὐκ ἐξηρνήσασθε τοῦ-
...
σαφῶς ... γινόμενοι:—

Ταῖς φρουραῖς προσομιλοῦντες· καὶ δεσμὰ περικείμενοι· τῶν δεσμῶν τῆς πλά-
νης· πόλεις καὶ λαοὺς διεσώσατε· καὶ
τῶν δεσμῶν τῆς σαρκὸς συνεδήσατε· τοῦ
δεθέντος σαρκὶ δι' ἡμᾶς παμμακάριοι:—

III

Τοῦ δὲ Ἰησοῦ Χριστοῦ ἡ γέννησις οὕτως ἦν· μνηστευθείσης γὰρ τῆς μητρὸς αὐτοῦ Μαρίας
τῷ Ἰωσήφ· πρὶν ἢ συνελθεῖν αὐτοὺς
εὑρέθη ἐν γαστρὶ ἔχουσα ἐκ πνεύματος ἁγίου·
Ἰωσὴφ δὲ ὁ ἀνὴρ αὐτῆς δίκαιος ὢν· καὶ
μὴ θέλων αὐτὴν παραδειγματίσαι·
ἐβουλήθη λάθρα ἀπολῦσαι αὐτήν·
ταῦτα δὲ αὐτοῦ ἐνθυμηθέντος· ἰδοὺ
ἄγγελος κυρίου κατ' ὄναρ ἐφάνη αὐτῷ λέγων·
Ἰωσὴφ υἱὸς Δαυΐδ· μὴ φοβηθῇς παραλαβεῖν Μαριὰμ τὴν γυναῖκά σου·

μὴ φοβηθῇς παραλαβεῖν Μαριὰμ τὴν γυναῖκά σου. pere Mariam conjugem tuam.

His ſubjungimus Crucis argenteæ noſtræ ſchema, quam Monaſterio huic obtulit Sereniſſima Principiſſa Palatina, inſcriptam Iambis duobus, queis declaratur, ipſam Manuelis Comneni Imperatoris juſſu adornatam fuiſſe. Inſertam autem habet veræ Crucis particulam. Inſcriptio ſic habet:

ΙΗΣΟΥΣ ΧΡΙΣΤΟΣ

Σταυρῷ παγεὶς ὕψωσας ἀνθρώπων φύσιν.
Γράφει Κομνηνὸς Μανουὴλ στεφηφόρος.

Id eſt:

JESUS CHRISTUS

Qui Cruci affixus exaltavit hominum naturam.
Hæc ſcribit Manuel Comnenus coronatus.

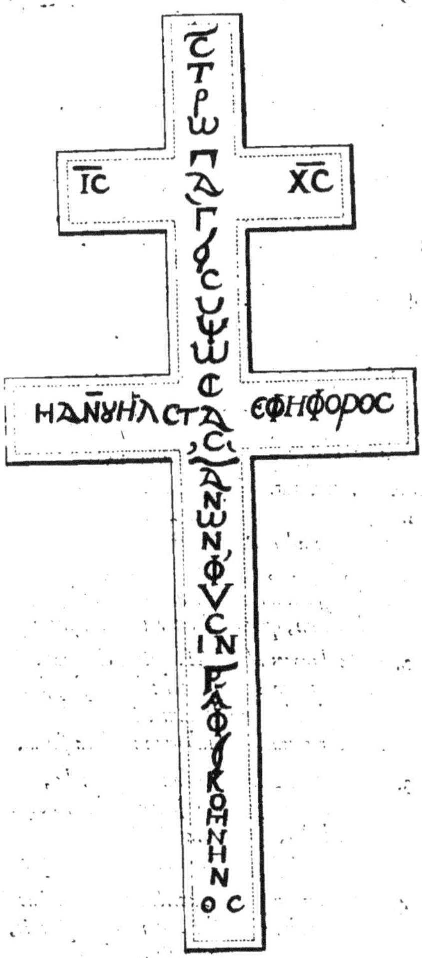

Characteris forma, ut vides, non ita elegans est: ut neque in alia simili Cruce, in Cimeliarchio S. Marci Venetiis asservata, & ex vero, ut ibidem dicitur, S. Crucis ligno confecta, jussu Irenes Ducænæ Manuelis Comneni Imperatoris aviæ, & uxoris Alexii Comneni Imperatoris. Hujus inscriptionem Venetiis exsumsimus, & in Diario Italico p. 53. edidimus: quia vero duo ibi menda inesse suspicor, quæ exscribenti & properanti irrepserint, hic denuo adscribendam censui.

In suprema Crucis parte.

1. Καὶ τοῦτο γοῦν σοι προσφέρω πανυστάτως,
Ἤδη προσεγγίσασ' αὐταῖς ᾅδου πύλαις,
Τὸ θεῖον ἀνάθημα, τὸ ζωῆς ξύλον,
Ἐν ᾧ τὸ πνεῦμα τῷ * τεκόντι παρέθου,
Καὶ τῶν πόνων ἔληξας οὓς ἐκαρτέρεις.

In brachio dextro.

2. Οἷς τοὺς πόνους ἔλυσας οὓς κατεκρίθην,
Καὶ καρτερεῖν ἔπεισας ἡμᾶς ἐν πόνοις·
Ταύτην δίδωμί σοι τελευταίαν δόσιν,
Θνήσκουσα καὶ λήγουσα κἀγὼ τῶν πόνων.

In brachio sinistro.

3. Ἡ βασιλὶς Δούκαινα λάτρις Εἰρήνη
Χρυσένδυτος πρίν, ἀλλὰ νῦν ῥακένδυτις·
Ἐν τριχίνοις νῦν, ἡ τὸ πρὶν ἐν βυσσίνοις,
Τὰ ῥάκια στέργουσα πορφύρας πλέον.

In ima parte.

4. Πορφυρίδος κρίνουσα τὴν ἐπωμίδα
Μελεμβαφῆ ἔχουσα, ὡς δέδοκτό σοι.
Σὺ δ' ἀντιδοίης λῆξιν ἐν μακαρίοις,
Καὶ χαρμονὴν ἄληκτον ἐν σεσωσμένοις.

In Diario Italico legitur in quarto versu τῷ τ' ἔχοντι; sed legendum prorsus videtur τῷ τεκόντι; id est, *genitori*, sive, *Patri*. Vocem Μελεμθαφῆ, quam ut dubiam asterisco notavimus in Diario, in μελεμβαφῆ mutandam censemus, & sic sententia quadrat. Totum sic interpretamur.

1. *Hoc etiam tibi postremum donum offero,*
Quæ jam ad portas inferi quam proxime accessi;
Hoc, inquam, divinum donum, lignum scilicet vitæ:
In quo spiritum tuum Patri commendasti,
Et laborum, quos constanter tuleras, finem fecisti.

2. *Quia labores abstulisti, quibus damnata fueram,*
Ac nobis pœnas constanter tolerare suasisti;
Hoc tibi ultimum donum tribuo,
Mox moritura & laborum nactura finem.

3. *Imperatrix Irene Ducæna Dei famula,*
Quæ olim aureis ornabar, jam vero laceris vestimentis induor
Olim bysso, jam operta cilicio;
Et tamen hosce pannos pluris, quam purpuram, facio.

4. *Postquam purpureum amictum proscripsi ac deposui*
Nigris induta vestibus, ut tibi complacuit,
Tu mihi sortem cum beatis retribuas,
Et gaudium cum Sanctis æternum.

Ῥακένδυτις, id est pannis laceris induta: verum ut Ῥακενδύτης stylo mediæ & infimæ Græcitatis pro Monacho accipitur; sic Ῥακένδυτις hoc loco pro Moniali intelligas. Et vere Irene Ducæna post defunctum conjugem, asperius acta a filio Joanne Comneno, quem Imperio deturbare conabatur, Sanctimonialium habitum induit, & fortasse quidem in Monasterio Kecharitomenes supra memorato, quod ipsa fundaverat: pietatis officiis ita præclara, ut a Græcis pro sancta & cælitibus adscripta habeatur, ac certa die celebretur.

Præter illam Crucem, altera ibidem habetur ex ligno Crucis, ut putatur, confecta, quæ Mariæ Augustæ, Nicephori Botaniatæ, ut opinamur, conjugis, nomen præfert. Hujus quidem Inscriptionem adtulimus ibidem; sed Iambum, qui primus ibidem fertur, tertium esse puto, ac sic legendum,

Σὸς κόσμος ὦ σταυρὲ πίστις ϗ πόθος
Οὕτως σε κοσμεῖ ϗ βασιλὶς Μαρία·
Οὓς οἱ σταλαγμοὶ τοῦ θεοῦ τῶν αἱμάτων
Δόξαν θεϊκὴν * ἐστόλισαν ϗ κράτος,
Πῶς δοξάζουσι μαργαρῖται ϗ λίθοι;

Hoc est,

Ornatus tibi proprius, ô Crux, sunt fides & amor.
Ita te ornat Imperatrix Maria:
Quam stillæ divini sanguinis
Gloria & potentia divina exornarunt,
Quo decore adficiant gemmæ & margaritæ?

CAPUT VII.

De triplici Charactere Græco Ægyptiaco; communi videlicet, Coptico, & alio peregrinitatis notam præferente.

HIc de Charactere Græco Ægyptiaco agendum putamus, quia Codices Coptici vetustiores, quos vidimus, & alter Codex Græcus, cujus hoc Capite specimen dabimus, annos quingentos superare non videntur. Atque ideo post duodecimum sæculum hæc recensere visum est.

Character Græcus Ægyptiacus, triplex dici potest; nimirum Græcus ille communis, quo alii omnes Græci proprii variis ætatibus scripserunt; Copticus, quo a multis jam sæculis, Ægyptii; ii vero maxime qui superiorem Ægyptum incolunt, proprio quidem sermone Ægyptiaco, sed Græco charactere scribere solent; demum Græcus character, quo Ægyptii proprii, a Græcorum consortio alieni, Græce scribunt; sed forma literarum diversa & peregrinitatis notam ferente.

Character Græcus sub Alexandro magno, qui Ægyptum subegit, in eam regionem allatus est. Postea vero sub Ptolemæis Regibus, Græca lingua Alexandriæ & in vicinis locis admodum floruit: fuitque jam illo ævo Alexandria elegantissimæ Græcæ scriptionis officina. Deinde item sub Imperio Romano, scribendi Librosque conficiendi arte, ut tantum alias Græcorum disciplinas, diu palmam tulit Alexandria; donec in Arabum ditionem transiret. Tuncque a prisco illo literario splendore desitum est, ut diximus Libro primo,

Cap. ultimo; neque ita multos exinde Græcos, Græco more in Ægypto exaratos, Codices fuisse hinc colligimus, quod paucissimi ex Ægypto ad Bibliothecas nostras exportati sint. Nam ex iis, qui ante irruptionem illam Arabicam exscripti fuerunt, pauci tum Ægyptii, tum alii, ob injuriam temporum supersunt: ex Ægyptiis quippe unum priscæ vetustatis novimus Alexandrinum, cujus post Brianum Waltonum specimen dedimus Libro tertio; ex iis vero qui post irruptionem Arabicam scripti sunt, unicum item novimus manu Leonis Clerici anno Christi 1001. exaratum: cujus notam dedimus Libro primo inter subscriptiones Calligraphorum ad eumdem annum, & supra Cap. quarto. Nec dubito tamen alios quosdam in Occidentalibus Bibliothecis Græco more in Ægypto scriptos reperiri, qui Calligraphi nomine & subscriptione careant. Sed cum ex aliis Græciæ partibus multos annum & notam Calligraphi præferentes, in Bibliothecas nostras translatos videamus; ex Ægypto autem unicum; atque aliunde compertum sit, Ægyptum & Alexandriam, ferarum gentium confluxu in Barbariem versam fuisse; hinc sane colligitur, Græcæ scripturæ elegantiam, posterioribus sæculis parum istic frequentatam fuisse.

Schema Literarum Aegyptiacarum.

Habent Coptitæ in universum literas XXXII. quarum figuras, nomina, potestates, in sequente schemate contemplare.

Figura		Nomen.	Potest.	Figura.		Nomen.	Potest.
Ⲁⲁ	ⲁⲗⲫⲁ	*Alpha*	*A*	Ⲡⲡ	ⲡⲓ	*Bi*	*P*
Ⲃⲃ	ⲃⲓⲇⲁ	*Vida*	*V*	Ⲣⲣ	ⲣⲟ	*Ro*	*R*
Ⲅⲅ	ⲅⲁⲙⲙⲁ	*Gamma*	*G*	Ⲥⲥ	ⲥⲓⲙⲁ	*Sima*	*S*
Ⲇⲇ	ⲇⲁⲗⲇⲁ	*Dalda*	*D*	Ⲧⲧ	ⲧⲁⲩ	*Dau*	*T*
Ⲉⲉ	ⲉⲓ	*Ei*	*E*	Ⲩⲩ	ϩⲉ	*He*	*E*
ϛ	ⲥⲟ	*So*	*S*	Ⲫⲫ	ⲫⲓ	*Phi*	*F*
Ⲍⲍ	ⲍⲓⲇⲁ	*Zida*	*Z*	Ⲭⲭ	ⲭⲓ	*Chi*	*Ch*
Ⲏⲏ	ⲏⲓⲇⲁ	*Hida*	*I*	Ⲱⲱ	ⲱ	*O*	*O*
Ⲑⲑ	ⲑⲓⲇⲁ	*Thida*	*Th*	Ϣϣ	ϣⲉⲓ	*Scei*	*Sc*
Ⲓⲓ	ⲓⲁⲩⲇⲁ	*Iauda*	*I*	Ϥϥ	ϥⲉⲓ	*Fei*	*F*
Ⲕⲕ	ⲕⲁⲡⲡⲁ	*Kabba*	*K*	Ϧϧ	ϧⲉⲓ	*Chei*	*Ch*
Ⲗⲗ	ⲗⲁⲩⲗⲁ	*Lauda*	*L*	Ϩϩ	ϩⲟⲣⲓ	*Hori*	*H*
Ⲙⲙ	ⲙⲓ	*Mi*	*M*	Ϫϫ	ϫⲁⲛϫⲓⲁ	*Giangia*	*Gi*
Ⲛⲛ	ⲛⲓ	*Ni*	*N*	Ϭϭ	ϭⲓⲙⲁ	*Scima*	*Sc*
Ⲝⲝ	ⲝⲓ	*Exi*	*X*	Ϯϯ	ϯ	*Dei*	*Di*
Ⲟⲟ	*O*	*O*	*O*	Ⲯⲯ	ⲯⲓ	*Ebsi*	*Ps*

Alterum ſcribendi genus Ægyptiacum, eſt Coptorum, qui linguam quidem Ægyptiacam retinent; ſed charactere Græco utuntur, admixtis tamen octo literis, quæ non ſunt Græcis in uſu: nam triginta duas in Alphabeto ſuo habent, Græci autem viginti-quatuor. Hic vero character, non eſt priſcus ille Ægyptiacus, qui ante Græcorum imperium in Ægypto uſurpabatur: quique prorſus obſolevit; ita ut in paucis inſcriptionibus ejus veſtigia, ſed prorſus ignota, ſuperſint. Non loquor de Hieroglyphicis ſymbolis quæ in Obeliſcis, in Mumiis, ut vocant, in Tabulis marmoreis, in aliiſque monumentis Ægyptiacis, paſſim in Ægypto, Romæ & in aliis Europæ partibus inter antiquitatum cimelia cenſentur. Nam hæc hieroglyphica, non literis, verbis & ſyllabis conſtare, ſed ſymbolice tantum & ænigmatice ſignificare putantur a peritioribus; ut jam annotavimus in Præfatione ad Coſmam Ægyptium. Præter hæc autem hieroglyphica, aliud vulgaris uſus characterum genus habebant Ægyptii veteres, in quibuſdam, ſed non ita frequentibus, Tabulis marmoreis in Ægypto repertum, ſed prorſus ignotum, quod nullam habet cum quibuſvis literarum formis affinitatem. Hujuſmodi inſcriptionem vidi Romæ in ſchedis eruditi viri R. P. Gullielmi Bonjour, rerum Ægyptiacarum & linguæ Copticæ ſcientiſſimi; qui Grammaticam Copticam adornavit, ſicubi occaſio offeratur typis edendam. Character igitur ille priſcus Ægyptiacus ita obſolevit, ita ignotus manſit, ut ſi qua illius veſtigia reperiantur, id unum notitiæ adferant, quod videlicet Ægyptii præter hieroglyphicam ſcripturam, aliam vulgaris uſus habuerint, jam vetuſtate penitus obliteratam.

A Ptolemæorum igitur temporibus, ut putatur, Ægyptii, miſſis formis priſtinis, Alphabetum Græcum adoptarunt: & quia viginti-quatuor Græcæ literæ ad omnia linguæ ſuæ vocabula exprimenda non ſatis erant, octo præterea literas adjunxerunt; ita ut triginta duæ in Alphabeto Coptico numerentur, ut vides ſupra in ſchemate, ſeu Tabula alphabetica, qualis ab Athanaſio Kirkero, aliiſque, qui de lingua Coptica pertractarunt, concinnata fuit.

Libri porro Coptici, qui ſuperſunt, non admodum vetuſti ſunt, nullumque hactenus vidi, qui annos plus quam quingentos præferret. Habentur autem in Bibliothecis variis, in Vaticana, Regia, Colbertina &c. Quinque tomos Bibliorum hac lingua Venetiis emtos penes nos habemus; videlicet Pentateuchum, Danielem, omneſque Libros novi Teſtamenti cum Apocalypſi. Omnes fere Libri Coptici, quos hactenus novimus, aut Biblici, aut Liturgici ſunt.

Formæ vero literarum variis in Codicibus eædem pene ſunt, quales in ſpecimine habentur, a Græcis characteribus vulgaris uſus aliquantum diſcrepantes. Pronuntiatio autem in Tabula exprimitur, & in nonnullis ab hodierna Græca deflectit: ut videre quiſque poſſit ibidem. Sed de his omnibus, aliiſque ad linguam Copticam ſpectantibus, fuſe agitur in Grammatica Coptica laudati P. Gullielmi Bonjour: quam vel ſero tandem in lucem exituram ſperamus.

Tertius Character Ægyptiacus Græcus, obſervatur in quibuſdam, ſed admodum paucis Codicibus; ubi tum verba ipſa, tum literæ, Græcæ quidem ſunt; ſed olent peregrinum, & primo conſpectu ſeſe produnt. Hujuſmodi eſt Codex Dioſcoridianus Regius, de quo ſupra Libro tertio, Capite ultimo. Præter hunc autem, alter exſtat in Bibliotheca Regia, cujus exemplum datur infra. Notam vero ejusdem, qualem accepimus ab eruditissimo nobisque amicissimo Abbate Renaudotio, hic consignare visum est.

» Codex Bibliothecæ Regiæ, num. 3023. bombycinus Græco-Arabicus, Li- » turgias continet duas: in quarum prima desunt nonnulla; altera vero in- » tegra est.

» Prima est Liturgia Basilii, ut appellatur in fine, ἐτελειώθη ἐν εἰρήνῃ ἡ ἁγία λει- » τουργία τοῦ ἐν ἁγίοις πατρὸς ἡμῶν τοῦ θαυματουργοῦ Βασιλείου Id est, *Absoluta est in pace » sancta Liturgia S. Patris nostri miraculis clari Basilii.* Est autem omnino diversa » ab ea, quæ Græce exstat sub Basilii nomine tam in editis, quam in MSS. Co- » dicibus. Verum ea ipsa, qua Alexandrini utuntur, versa in Copticam sive » Ægyptiacam linguam, & cujus versio a Maronitis Romæ facta, curante » Marco Velsero Augustæ Vindelicorum edita est anno 1604. sed non ex Co- » ptico exemplari, Arabicam enim versionem expresserunt sæpe non feliciter. » Ipsa Coptica versio Græca est, quæ Codice Regio continetur.

» Arabica versio, quæ Græco textui ad marginem respondet, diversa est ab » ea, quæ occurrit in Copticis Codicibus: talis autem est diversitas, ut non ad » varias lectiones referri possit; sed plane alii utriusque autores fuerunt. Illa de- » terior, & ut videtur ab illis hominibus facta, quibus exigua Græcæ linguæ » facultas esset: altera melior, sed ex Coptico expressa.

» Ipsa Liturgia Jacobitarum Ecclesiæ propria fuit, ut ex oratione circa com- » munionem manifestum est, in qua una in Christo natura diserte explicatur. » Attamen a capta Ægypto nullum inter Jacobitas usum linguæ Græcæ fuisse, » prope certum videtur; quamvis alicubi servatum fuisse Codex per se satis » demonstret.

» Eædem orationes, ritusque Coptico similis est.

» In Diptychis, solius Patriarchæ Alexandrini memoria. Prima officii pars » [illegible], nempe ab initio usque ad orationem τοῦ καταπετάσματος, » quam sequitur *Oratio osculi pacis*, non reperitur in Codice Coptico-Ara- » bico. Sed ut ex comparatione cum Coptico intelligitur, eadem est quam » repræsentat Liturgia Græca D. Marci, edita olim Lutetiæ ex Codice S. Ma- » riæ ὁδηγητρίας, quem reperit in Calabriæ Monasterio Cardinalis Sirletus, & » cujus apographum misit ad Joannem a Sancto Andrea Canonicum Eccle- » siæ Parisiensis, ex quo editio procurata est. Hæc porro Liturgia D. Marci » eadem est atque ea, quæ Copticè exstat sub nomine Cyrilli: unde Abulbircat » autor Ægyptius, notat eam, quæ Cyrilli Liturgia dicitur, a quibusdam Marci » appellari.

» Codex Nicosia in Bibliothecam Regiam delatus fuit cum multis aliis, emtis » a Joanne Michaële Vanslebio.

» Secunda Liturgia est Gregorii Theologi: primævum, ut videtur, exemplar » Copticæ ejusdem nominis Liturgiæ, in qua Codex desinit, & deficit versio » Arabica in ultimis orationibus.

Advertendum autem est in Cypro multas Ecclesias esse ritus Ægyptiaci, atque ideo in hac Insula Ægyptiaco more scriptitatum fuisse. Est quippe in Bibliotheca Colbertina Codex alter in Cypro scriptus, qui characterem Copticum pene refert. Hic porro, cujus specimen damus, quique Nicosia in Bibliothecam Regiam translatus est, utrum ex Ægypto in Cyprum delatus, an in ipsa Cypro scriptus fuerit, incertum; parumque sane interest utriusvis regionis sit, cum exploratum habeamus plerosque Cyprios Ægyptiaco more scripsisse.

Character, ut vides, omnino peregrinum olet: characteres ligati non ſunt. τοῦ M forma, Y pene refert. Omnes literæ diſtinctæ ſunt, nec ductu calami colligantur. In alios incidi Ægyptiacæ formæ Codices Græcos-Arabicos, ubi characteris forma huic admodum conſimilis eſt. Specimen vulgari ſcribendi more ſic habet,

Ἄλλο παρὰ Αἰγυπτίοις ἀπὸ τῶν προηγιασμένων τοῦ ἀποστόλου Μάρκου, μετὰ τὴν μετάληψιν τῶν ἁγίων μυστηρίων.

Τελειωθέντα τῆς εὐεργεσίας τὰ χαρίσματα· ἅτινα ἐστὶ φοβερὰ καὶ ὑπερευλογημένα μυστήρια, τοῦ μονογενοῦς σου υἱοῦ, κυρίου δὲ καὶ θεοῦ καὶ σωτῆρος ἡμῶν καὶ παμβασιλέως Ἰησοῦ χριστοῦ.

Aliud apud Ægyptios ex præſanctificatis Apoſtoli Marci, poſt participationem ſanctorum Myſteriorum.

Perfecta & abſoluta beneficentiæ chariſmata, quæ ſunt tremenda & ſuper benedicta myſteria unigeniti tui Filii, Domini & Dei & Salvatoris, regiſque per omnia noſtri, Jeſu Chriſti.

Literas quæ in exemplo deerant in fine ſpeciminis adjecimus.

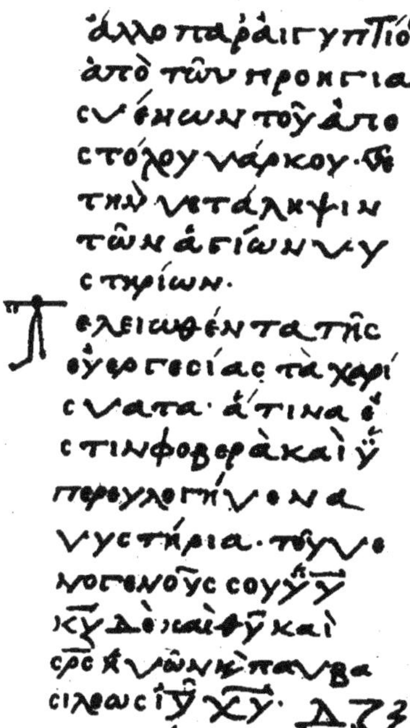

CAPUT VIII.

Specimen decimi-tertii sæculi ex Codice Regio. De Librariis, qui duplici Characterum genere scribebant. Specimina item tria decimi-tertii sæculi, ex Codicibus anni notam ferentibus. De Codicibus ubi vetustior scriptura erasa, & altera recentior apparet: & quanta pernicies Græcis antiquis scriptoribus hinc allata fuerit.

PRIMUM specimen profertur ex Codice Regio 1892. bombycino, XIII. sæculi, qui est catena in Prophetas majores & minores. Hujus exemplum adferimus tam ex ipsa Scriptura sacra, quam ex Commentariis, qui vario literarum genere cum abbreviationibus descripti sunt. Ubi observandum est, multos Calligraphos, qui Commentarios, sive in Scripturam sacram, sive in aliud quodvis opus, perscriberent, duplici scribendi forma, eaque admodum diversa, plerumque usos esse; alterâ videlicet pro contextu; alterâ pro Commentariis vel scholiis. Cujus rei luculentum exemplum habes, in specimine hujus Codicis; ubi Scriba in contextu Scripturæ sacræ, Calligraphi; in Commentariis, Tachygraphi manus explevisse videtur. Nam etiam postquam Calligraphi Tachygraphorum formas adoptarunt, distinctio tamen Calligraphos inter & Tachygraphos in Græcia ad hunc usque diem mansit; ita ut Calligraphi, quidem ii sint, qui pulcro quodam, eleganti, & rotundo, sed ligato tamen, charactere scribunt; Tachygraphi autem ii qui abbreviationibus multis, ductibusque singularibus atque expeditiore manu scripturam absolvunt. Utriusque vero scribendi generis exemplum habes in primo specimine, cujus utraque scriptura, ut jam diximus, eadem manu exarata fuit.

In hujus principio habentur Minores Prophetæ cum Commentariis Theodoreti & Hesychii; deinde autem Majores Prophetæ cum Commentariis variorum Patrum. Singulis Prophetis præmittuntur Prologi ex diversis Scriptoribus; ex Theodoreto nempe, ex Athanasii Synopsi, quæ nomine Athanasii Alexandrini insignitur: tametsi ut in Observationibus in vitam & scripta Athanasii, haud ita pridem a nobis editis, comprobavimus, utrum Athanasio magno adscribendum hoc opus sit, valde dubium est. Præterea habentur ibidem Prologi Anonymorum in Prophetarum vitam & opera. Sub finem leguntur Epistolæ Africani ad Origenem, & Origenis ad Africanum de Susanna.

Codex est optimæ notæ, accuratissime descriptus, sine commutationibus vocalium & iotacismis, qui in Libris multis istius ævi mirum quam frequenter occurrant. Ex hoc Codice decerpsimus Prologum Joannis Drungarii in Hesaïam, quem in Præfatione ad Eusebii Commentarios in eumdem Prophetam haud ita pridem edidimus. Verum illa Joannis Drungarii opella longe antiquior hoc Codice est: ipsam quippe vidimus in Codicibus decimi sæculi.

Hîc Scripturæ sacræ textus, non στιχηρῶς quidem scriptus est, neque post singula κῶλα & κόμματα, a linea resumitur, ut olim in usu erat, & ad decimum usque sæculum in plerisque Codicibus observatur; sed versiculi omnes notis numericis interlinearibus, itemque marginalibus notantur sic, α, ϛ, γ, δ, ε, & quidem usque ad centenarium ρ. Postea numeri repetuntur usque ad sequens centenarium, & ita semper ad singulos Prophetas. Initio autem cujusque Prophetæ versiculorum numerus assignatur in hoc Codice; secus autem in aliis vetustis exemplaribus, in quæ incidi, ubi versiculorum summa in fine notatur. Ex hoc Codice pro versiculorum notis & numeris exemplum dedimus Libro primo hujus Palæographiæ, Cap. IV.

Specimen autem vulgaribus formis sic legitur.

Ἐγώ εἰμι κύριος λαλῶν δικαιοσύνην, ἀναγγέλλων ἀλήθειαν. συνάχθητε καὶ ἥκετε· βουλεύσασθε ἅμα οἱ σωζόμενοι ἀπὸ τῶν ἐθνῶν. οὐκ ἔγνωσαν οἱ αἴροντες τὸ ξύλον γλύμμα αὐτῶν, καὶ προσευχόμενοι πρὸς θεοὺς οἳ οὐ σώζουσιν· εἰ ἀναγγέλλουσιν, ἐγγισάτωσαν ἵνα γνῶσιν ἅμα. τίς ἀκουστὰ ἐποίησε ταῦτα ἀπ' ἀρχῆς; ἐκ τότε ἀναγγελεῖ ὑμῖν. οὐχὶ ἐγὼ κύριος ὁ θεός, καὶ οὐκ ἔστιν ἄλλος πλὴν ἐμοῦ. δίκαιος καὶ σωτὴρ οὐκ ἔστι πάρεξ ἐμοῦ. ἐπιστράφητε ἐπ' ἐμὲ καὶ σωθήσεσθε οἱ ἀπ' ἐσχάτου τῆς γῆς. ἐγώ εἰμι ὁ θεός, καὶ οὐκ ἄλλος.

Ego sum Dominus, loquens justitiam, annuntians veritatem. Congregamini & venite. Consulite simul qui salvati estis a gentibus. Non cognoverunt qui gestant lignum, sculptile suum, & precantur deos, qui salutem non dant. Si annuntiant, accedant ut cognoscant simul. Quis audita fecit hæc ab initio? ex tunc annuntiabit vobis. Nonne ego Dominus Deus, & non est alius præter me: justus & salvator non est præter me. Convertimini ad me & salvabimini, qui ab extremo terræ estis. Ego sum Deus, & non alius.

ΘΕΟΔΩΡΟΥ ΗΡΑΚΛΕΙΑΣ. οἱ τοίνυν ἐκ τῶν ἐθνῶν θεὸν ἐπεγνωκότες, καὶ σωτηρίας ἄξιοι ἀναδειχθέντες, συστρέψαντες ἑαυτοὺς καὶ κατὰ νοῦν συσκοπησάμενοι, τὸ ἄτοπον συνίδετε· ὅτι οἱ ἐπ' ὤμων φέροντες τὰ ἑαυτῶν σεβάσματα, καὶ βοήθειαν τούτοις νέμοντες, οὐ μετ' οὐ πολὺ πλεῖν μέλλοντες, καὶ μακρὰν ὁδὸν στελλόμενοι, παρ' ἐκείνων ἐπάνοδον καὶ σωτηρίαν αὐτοῖς χορηγεῖσθαι ἠλπίκασι· δέον τὸ ἄτοπον συνιδεῖν· ὅτι ὁ ἔμψυχος καὶ ἑαυτῷ ἐπαμύνειν δυνάμενος, παρὰ τοῦ ἀβοηθήτου καὶ ἀναισθήτου οὐδὲν τῶν καλῶν ἀπόνασθαι δύναται· κϛʹ. ΤΟΥ ΑΓΙΟΥ ΚΥΡΙΛΛΟΥ. εἰ ἀναγγελοῦσιν ἐγγισάτωσαν. οὐδεὶς γὰρ τῶν παρ' Ἕλλησι ποιητῶν, ἤτοι λογογράφων, ἐμνήσθη ἀπ' ἀρχῆς. τότε ἀνηγγέλη ὑμῖν διὰ Μωϋσέως καὶ προφητῶν ἁγίων· ἐγώ εἰμι, φησίν, ὁ θεὸς δίκαιος σωτήρ. ἄδικοι μὲν γὰρ οἱ δηλητήριοι δαίμονες, καὶ φθόροι καὶ φιλαίματοι, καὶ εἰς ὄλεθρον κατωθοῦντες τοὺς ἐπὶ γῆς. δίκαιος δὲ ὁ σωτὴρ ὁ τῶν ὅλων θεός, φωτίζων τοὺς ἐσκοτισμένους, καὶ τὸ κείμενον ἀνιστάς, καὶ τὸ πεπλανημένον ἐπιστρέφων. ΕΥΣΕΒΙΟΥ. γνώσονται ἐγγὺς γενόμενοι τὸν ἀληθῆ θεόν· οὗ μέγα

THEODORI HERACLEÆ. Ii igitur ex gentibus, qui Deum novistis, & salute digni declarati estis, conversi & animo vobiscum reputantes, absurditatem illam perpendite: quod ii qui simulacra ab se culta humeris gestant ipsisque opem ferunt, haud diu post navigaturi, & longum iter emensuri, ab iis salutem sibi & reditum concessum iri sperent. Cum oporteret rei absurditatem intelligere: quandoquidem qui animatus est & opem sibi ferre valet, ab eo qui nihil juvare potest & sensu caret, nihil boni percipere valet. V. 26. SANCTI CYRILLI. Si annuntiant, accedant. Nullus enim ex Græcorum Poëtis & Scriptoribus, res ab initio retulit. Tunc annuntiatum est vobis, per Moysem & sanctos Prophetas. Ego sum, ait, Deus justus Salvator. Injusti siquidem sunt perniciosi dæmones, corruptores, sanguinarii, terrigenas in perniciem impellentes. Justus autem est Salvator, omnium Deus, qui illuminat eos qui in tenebris sunt, quod jacet erigit, quod in errore est reducit. EUSEBII. Propius enim accedentes verum Deum cognoscent: cujus

δεῖγμα τῆς θεότητος τὸ προφητεῦσαι ταῦτα διὰ τῶν ἐμῶν προφητῶν, καὶ τὸ ἀπ' ἀρχῆς ἀπαγγέλλειν ταῦτα εἰς τὰς ἀκοὰς ἡμῶν.

deitatis id magnum argumentum est; quod per Prophetas suos hæc vaticinetur, & quod ab initio hæc annuntiaverit ad aures nostras.

Secundum specimen prodit ex Codice Regio 3370². ubi advertas numerum postremum 2. qui supra scribitur, significare hunc Codicem esse secundum, qui numero 3370. inscriptus est. Similiterque in aliis omnibus supra memoratis, ubi præter primam numeri notam 2. vel 3. supra notatur: videlicet ubi 2. adjicitur, est secundus Codex Bibliothecæ Regiæ eodem numero notatus: ubi 3. tertius. Hic Codex, inquam, anno circiter 1230. scriptus, & ex ipso autographo exsumtus videtur: continetque Constitutiones Imperiales Frederici II. Imperatoris, Jerosolymæ & Siciliæ Regis, Græce inscriptas, βασιλικαὶ διατάξεις, tribus Libris constantes, quorum primus octoginta-duo capita cum totidem titulis continet; secundus septuaginta; tertius item septuaginta.

Præter hanc autem scripturam, altera antiquior aliquot in locis subtus apparet, quæ decimi circiter sæculi est. Illa autem vetustior arte erasa fuit, ita ut in maxima foliorum parte ne vestigium quidem ejus appareat, ex priore scriptura hæc excerpsimus.

κείμενος δίδομαι· ἐξ αὐτοῦ δόμα διὰ τοῦ ο, μι, πεποίημαι παρὰ τοῦ ποιῶ, ποιήσω, πεποίηκα, πεποίημαι. . . . .

λήγοντα δεύτερα. . . . .

λήγουσαν τοῦ παρακειμένου· οἷον. . . . .

φλέομαι. . . . .

λήγουσα. . . . .

ςςςςς . . . .

Π

μεμνάσω. . . . .

δεύτερα. . . . .

μαι. . . . .

εἰς. . . . .

πίπτει παρά. . . . .

Ex hisce laciniis & ex aliis, quæ variis in locis leguntur, liquidum est, hoc in Libro primitus scriptum fuisse veterem quemdam Grammaticum, qui fortasse periit; ut & multi alii, qui pari sorte deleti, nusquam comparent.

Hujusmodi vero Codices, ubi vetustiore deleta scriptura, nova superscribuntur, mirum quam multi occurrant inter eos qui duodecimo, decimo-tertio & decimo-quarto sæculo exarati sunt. Ut plurimum autem prior illa scriptura penitus obliterata est; ita tamen ut in ipsa charta vel eradentium conatûs & artificii vestigia, vel alia quædam signa supersint. Sic in Codice Salomonis Notarii manu descripto, de quo Capite superiori actum fuit, ubi vetustior scriptura fuisse videtur, nullus ejus apex, ac ne minima quidem vel unius literulæ particula superest; sed multis in foliis habentur lineæ aliæ, sive perpendiculares sive transversæ; (mathematicas dico lineas, non scriptas,) quas, quia in membrana vehementer impressæ, & quasi incisæ erant, nulla arte potuit vel Salomon, vel quisquis alius hanc operam suscepit, penitus delere; ita ut lineæ illæ scripturam novam aliquando trajiciant: cum autem in quibusdam foliis hæ lineæ supersint; in aliis vero nec exstent, nec umquam fuisse videantur, putamus ex diversis Libris ad hunc novum conficiendum folia desumta fuisse. In altero Codice Colbertino, num. 643. qui anno Christi 1186. descriptus fuit: antiquior item scriptura penitus abstersa fuit, sed aliquot in locis, etsi paucissimis, vetustiorum literarum extrema accuratius explorantibus apparent. In Colbertino item 614. qui scriptus est anno 1205. subtilius examinanti vetustioris scripturæ vestigia occurrunt. In summa, si quis decimi-tertii & decimi-quarti sæculi membranaceos Codices diligenter exploret, non multo pauciores istiusmodi deprehendet, quam alios ubi semel tantum scriptum fuit. Æstimo autem Scriptores multos, qui tempore Photii, imo etiam postea Constantini Porphyrogeniti, supererant, hoc perniciei genere pessumdatos, ac penitus exstinctos fuisse. Hæc vero pestis, ut diximus, duodecimo sæculo primum, deinde autem tertio-decimo & quarto-decimo maxime in vetustissimos Libros grassata est. In bombycinis id raro observatur: unicum tantum Codicem in charta bombycina reperi, ubi prioribus erasis, nova supra scripta fuerant, ut jam dixi.

Græci igitur Librarii, isthac ætate sæpe meliora eraserunt, ut vel nænias & nugas, vel opera, quæ frequentissime occurrebant in Codicibus manuscriptis, eorum loco substituerent. Magna certe tunc ubique per Græciam erat ignorantia imperitiaque rerum; ita ut quæ ad veterem historiam, ad humaniores literas, &c. pertinebant, ne flocci quidem facerent Librarii; ac, ne novas membranas compararent, hæc nullo negotio pessumdarent. Interdum etiam illa, quæ sibi in usu erant, quoniam ob scripturæ vetustatem non ita facile legi poterant, eradere solebant, ut nova substituerent.

Exemplum autem Codicis Regii numero 3370². qui anno circiter 1230. imperante Frederico II. cujus Constitutiones Imperiales complectitur, descriptus fuit, sic vulgari formarum genere legitur. Præeunt autem Iambi quinque hoc pacto.

Ῥώμης ὁ κλεινὸς εὐσεβέστατος μήδων,
Αἰλίας αὖ ῥὴξ, πρὸς δὲ καὶ Σικελίας,
Φρεδερίκος κράτιστος ἐν στεφηφόροις,
Νέον νόμον τίθησι Σικελῶν κράτει·
Ὃν καὶ πέπομφε λύτρον ἠδικημένοις.

Βασιλεὺς Φρεδερίκος ἀειαύγουστος, Ἰταλικὸς, Σικελικὸς, Ἱεροσολυμίτης, Ἀρελατένσης, εὐσεβὴς, νικητὴς, καὶ τροπαιοῦχος.

Μετὰ τὴν τοῦ κόσμου σύστασιν, θείᾳ προνοίᾳ συνισταμένην, καὶ τὴν ἀρχαιόγονον ὕλην φύσεως κρειττοτέρας, αἱρέσεως ἔργῳ εἰς πραγμάτων εἴδος διαμερισθεῖσαν, ὁ τὰ γινωσκόμενα προορῶν, καὶ τὰ γενόμενα κατανοῶν, καὶ τὰ κατανοηθέντα ἐπαινῶν, [τοῦ σφαιροειδοῦς σεληνιακοῦ κύκλου κάτωθεν τὸν ἄνθρωπον τῶν δημιουργημάτων εἰς ἀξιωτέραν εἰκόνα καὶ οἰκείαν ὁμοίωσιν μορφωθέντα, ὃν μικρόν τι παρ' ἀγγέλους ἠλάττωσε, προδεδοκιμασμένῃ βουλῇ προσώρισε προεστηκέναι τῶν ἄλλων δημιουργημάτων.]

Hoc est,

Romæ inclytus, piissimus Imperator,
Æliæ, sive Jerosolymæ, item Rex, pariterque Siciliæ,
Fredericus potentissimus inter coronatos,
Novam legem Siculorum imperio ponit,
Quam mittit in redemtionem eorum, qui injuria adficiuntur.

Imperator Fredericus semper Augustus, Italicus, Siculus, Jerosolymitanus, Arelatensis, pius, victor & tropæis ornatus.

Post mundi, qui divina providentia conditus est, constitutionem, & post quam

ἐγώ εἰμι κύριος λαλῶν δικαιοσύνην καὶ ἀναγγέλλων ἀλήθειαν· συνάχθητε καὶ ἥ-
κετε· βουλεύσασθε ἅμα οἱ σωζόμενοι
ἀπὸ τῶν ἐθνῶν· οὐκ ἔγνωσαν οἱ αἴροντες τὸ ξύλον γλύμμα αὐτῶν καὶ προσευχόμενοι πρὸς θεοὺς οἳ οὐ σώζουσιν· εἰ
ἀναγγελοῦσιν, ἐγγισάτωσαν ἵνα γνῶσιν
ἅμα· τίς ἀκουστὰ ἐποίησε ταῦτα ἀπ' ἀρ-
χῆς· ἐκ τότε ἀνηγγέλη ὑμῖν· οὐχὶ ἐγὼ
κύριος ὁ θεὸς καὶ οὐκ ἔστιν ἄλλος πλὴν ἐμοῦ·
δίκαιος καὶ σωτὴρ οὐκ ἔστι πάρεξ ἐμοῦ· ἐπιστράφητε πρὸς ἐμὲ καὶ σωθήσεσθε οἱ ἀπ' ἐσχάτου τῆς γῆς· ἐγώ εἰμι ὁ θεὸς καὶ οὐκ ἔστιν ἄλλος·

I

θεοδώρου ἡρακλ. οἱ τοίνυν ... ἀξίοι ἂν ... τοῦ ... τῆς καινῆς ... τὸ ἄτοπον ... ὅτι οἱ ... φέροντες ... βοήθειαν ... μετ' οὐ πολὺ ... μακαρ... ζητοῦσιν ... αὐτοῖς ... πίκασι· δεῖ τὸ ἄτοπον ... ὅτι ὁ ... ἑαυτοῦ ... δυνάμει ... βοηθῆσαι ... ἀπόνοιαν ... κύριος ... ἀναγγελ... ἐλλησι ποιητῶν τοῖς λογίοις ... τότε ἀνηγγέλη ὑμῖν ... φησὶν ... ὁ θεὸς ... ἀληθινός ... ὁ τῶν ὅλων θεὸς ... τὸ ... γνώσονται ... ἀληθινοῦ θεοῦ ... τὸ περιφανῆ ... ταῦτα διὰ τῶν ... ἐπιστροφῆς ... ἀπ' ἀρχῆς ...

II Ἄλλα ταῦτα ... ἀκολούθως ... :-

✠ Ῥώμης ὁ κλεινὸς Αὔγουστος μὲν ... ἀλλ' αὖ ῥὴξ
πρὸς δὲ καὶ Σικελίας, Φρεδέρικος κράτιστος ἐν στεφηφόροις
μέσον νόμον τίθησι Σικελῶν κράτει, ὃν καὶ πέπομφε λύτρον
ἠδικημένοις:~ Βασιλεὺς Φρεδέρικος καῖσαρ, Ἰταλικός,
Σικελικός, Ἱεροσολυμίτης, Ἀρελατένσης, εὐσεβὴς νικητὴς καὶ
τροπαιοῦχος:-

Μετὰ τὴν τοῦ κόσμου σύστασιν θείᾳ προνοίᾳ συστησαμένην,
καὶ τὴν ἀρχαιόγονον ὕλην φύσεως κρείττονος, αἱρέσεως ἔργων εἰς πραγμάτων εἴδη διαμερισθεῖσαν, ὁ τὰ γενη-
σόμενα προορῶν, καὶ τὰ γε γενημένα καταμαθών, καὶ
τὰ καταγνωσθέντα ... III

περὶ μετανοίας:-

Χάρισμα κατὰ χάριν, ἡ μετάνοια ἐδόθη τοῖς
ἀνθρώποις: μετάνοια γάρ ἐστιν, ἀμφέγγυος
δωροφορία ἐκ τοῦ θεοῦ· καὶ ὥσπερ ἐκ τῆς
πίστεως ἀρραβῶνα ἐδεξάμεθα, διὰ
τῆς μετανοίας· τὸ χάρισμα αὐτῆς
ἐκδεχόμεθα: μετάνοιά ἐστιν, ἡ θύρα

IV

Ἱεροτελεστὴν μὲν οἱ κλῆρον ἔχοντες καλοῦσιν, ἢ τὸν ... ἀπόστολον Παῦλον· ἢ τὸν ἅγιον ἱερόθεον ... περὶ θεωνυμιῶν ... ἐλέγχθη λόγῳ ... οὐδένα ἕτερον ἡγοῦμαι λέγειν
αὐτὸν ἢ τὸν ἅγιον Παῦλον· οὐ ... ἄλλον ... τοῦ ἀχειροποιήτου φθάσαντος
καὶ τὰ περὶ τούτων μυηθέντα, καὶ πρώτην μὲν ... φησί, τὴν περὶ ... οὖσαν ...:-

primigenia illa materia præstantioris naturæ, nutu divino in variarum rerum speciem distributa fuit; qui futura prævidet, & quæ facta sunt considerat, & quæ excogitata fuere laudat & approbat, [hominem sub circulari Lunæ cyclo positum, quem in digniorem rerum omnium creatarum imaginem, & in propriam sui similitudinem creatum, paulo minus ab Angelis minuerat; prius habito consilio decrevit cæteris rebus conditis præficere.

Calligraphus, qui nomen suum tacuit, in fine Imperialium constitutionum hoc carmen subjunxit,

Ὁ βασιλικὸς οὗτος ἐγράφη νόμος
Ἐν ἡμεριναῖς ἡλίου ποσὶ δρόμοις.
Πᾶς δ' ἀναγνοὺς σύγγνωθι τῷ γεγραφότι,
Εἴ που σφαλεὶς ἔλαθεν ἐκ πολλοῦ τάχους·
Ἀπρόσμαχον γάρ ἐστι Λητοῦς τὸ σθένος,
Ὡς καὶ τὸν Ἑρμῆν ἀποκνῆσαι τὴν μάχην.

Hoc est,

Hæc Imperatoria lex scripta fuit
Quodam dierum decursu.
Quisquis vero legeris ignosce Scribæ,
Si quid oblivione peccaverit ob nimiam celeritatem:
Inexpugnabilis quippe est Latonæ, sive oblivionis, vis;
Ita ut Mercurius pugnam cum illa detrectet.

Alludit haud dubie ad Iliadem Homeri Φ. ubi Mercurius cum Latona pugnare detrectat. Λητὼ autem Latonam Apollinis matrem, & oblivionem significat. Hoc exemplar ex autographo descriptum fuisse videtur: nam ejusdem circiter temporis est. Observandum autem, Librarios bene multos nominibus propriis lineolam adscribere, ut distinguant ab aliis vocibus, ut vides hic in voce Φρεδερῖκος, & in quarto specimine ad voces Ἱερόθεος & Παῦλος. Et quidem opportuna cautio erat: nam multi sunt qui in nominibus propriis errarunt; sic Nannius in versione Athanasii, Πιστὸν nomen proprium Episcopi Ariani, qui *Pistus* vocabatur, *fidum* vertit: & vocem Σώζοντος, *Sozontis*, qui pater erat Serapionis, pro salutem adferente habuit.

Tertium specimen excerptum est ex Codice Colbertino, num. 4111. Estque liber Asceticus scriptus anno Christi 1236. ut ad calcem fertur in nota, quæ sic habet:

Ἐτελειώθη σὺν Θεῷ ἡ δέλτος αὕτη διὰ χειρὸς ἐμοῦ τοῦ ἁμαρτωλοῦ καὶ ἀναξίου ἱερομονάχου Γερασίμου. καὶ οἱ ἐντυγχάνοντες, εὔχεσθε ὑπὲρ τοῦ γράψαντος καὶ ἔχοντος. ἐτελειώθη δὲ μηνὶ φευρουαρίῳ κβ'. ἔτους ͵ϛψμδ'. ἰνδ. θ'. Hoc est, *Absolutus est cum Deo hic Liber manu mea peccatoris & indigni Hieromonachi Gerasimi. Qui legeritis orate pro eo, qui scripsit & habet. Completus est autem mensis Februarii die 22. anno 6744. (i. Christi 1236.) Ind. nona.*

Quæ in specimine habentur sic legimus & interpretamur.

Περὶ μετανοίας.

Χάρις μετὰ χάριν ἡ μετάνοια ἐδόθη τοῖς ἀνθρώποις. μετάνοια γάρ ἐστιν ἀναγέννησις δευτέρα ἐκ τοῦ Θεοῦ· καὶ ὧνπερ ἐκ τῆς πίστεως ἀῤῥαβῶνα ἐδεξάμεθα, διὰ τῆς μετανοίας τὸ χάρισμα αὐτῶν ἐκδεχόμεθα. μετάνοια γάρ ἐστιν ἡ θύρα.

De Pœnitentia.

Gratia post gratiam pœnitentia data est hominibus. Pœnitentia quippe est regeneratio secunda ex Deo: ac quorum per fidem pignus accepimus, eorum per pœnitentiam munus & gratiam accipimus. Pœnitentia enim est janua.

Observandum in specimine est, hunc Gerasimum spiritus fere semper lenes adscribere ubi densos opus erat.

Præter hanc Gerasimi scripturam, alteram antiquiorem x. sæculi in hisce membranis conspicimus, quæ recentiorem transversam secat. Eratque cujusdam S. Patris opus, ut ex his paucis quæ excerpsimus liquet. Scriptura vero illa vetustior duplici columna constabat in singulis paginis. Sic autem habet excerptum: οὐ ζητεῖ τὰ ἑαυτῆς, οὐ παροξύνεται. εἶπεν γὰρ ὅτι σύν. i. *Non quærit quæ sua sunt, non irritatur. Dixit enim....*

Quartum specimen prodit ex Codice Colbertino, num. 845. qui scriptus est anno Christi 1272. & continet opera, ut fertur ibi, Dionysii Areopagitæ cum Commentariis. Ad calcem hæc nota legitur,

Ἐμοί τε τῷ γράψαντι σὺν πολλῷ πόνῳ
Κλῆσιν Λογγίνῳ ἐσχάτῳ μονοτρόπων,
Εὔχεσθε θερμῶς τῆς Ἐδὲμ τὸ χωρίον
Κλῆρον δοθῆναι καὶ παραδείσου τόποις.

ἔτει ͵ϛψπʹ. ἰνδ. ιεʹ. κύκλος ἡλίου δʹ. κύκλος σελήνης ιϛʹ.

Hoc est,

Mihi, qui cum labore multo scripsi,
Nomine Longino, ultimo Monachorum,
Precamini ferventer, ut locus Edem
Et Paradisi sedes in sortem dentur.

Anno 6780. (*i. Christi* 1272.) *Ind. decima-quinta: Cyclus Solis est* 4. *Cyclus Lunæ* 16.

In hoc quoque Codice altera scriptura subtus apparet, & quidem vetustior præcedentibus. Est quippe noni sæculi, charactere unciali, eodem pene atque is, qui ex Codice operum S. Gregorii Nazianzeni, olim ad usum Basilii Macedonis Imperatoris, supra repræsentatur. Etsi vero hæc antiquior Scriptura erasa fuerit ad novam inducendam, multis tamen in locis legi potest. Hæc porro quæ sequuntur ex priore scriptura excerpsimus.

Fol. secundo verso, præeunte majuscula litera legitur: Ὥσπερ τις ἀνὴρ φιλέρημος. Est Homilia S. Joan. Chrysost. in saltationem filiæ Herodiadis.

Fol. 5. Ἰωάννου ἀρχιεπισκόπου Κωνσταντινουπόλεως τοῦ Χρυσοστόμου εἰς μεγάλην πέμπτην, καὶ εἰς τὴν προδοσίαν τοῦ Ἰούδα. Ex his autem, exque aliis multis, quæ hinc & inde excerpi possunt, arguitur vetustiorem illam scripturam esse Homilias S. Joannis Chrysostomi: quas Longinus supra memoratus oblitterare & obruere, si posset, conatus est, ut Dionysii Areopagitæ, sive alterius qui ejus nomen ementitus est, opera substitueret, cum Commentariis Maximi.

Specimen autem quartum ex Commentariis Maximi desumtum est, ac vulgaribus typis ita legitur.

Ἱεροτελεστὴν μὲν οἰκεῖον εἴωθε καλεῖν, ἢ τὸν θειότατον ἀπόστολον Παῦλον, ἢ τὸν ἅγιον Ἱερόθεον, ὡς ἐν τῷ περὶ θείων ὀνομάτων εἴρηται λόγῳ. νῦν δὲ οὐδένα ἕτερον ἡγοῦμαι λέγειν αὐτὸν, ἢ τὸν ἅγιον Παῦλον. οὐδενὸς γὰρ ἦν ἄλλου, ἢ αὐτοῦ, τοῦ ἄχρι τρίτου οὐρανοῦ φθάσαντος, καὶ τὰ περὶ τούτων μυηθέντα (sic l. μυηθέντος,) καὶ πρώτην μὲν εἶναι φησὶ τὴν περὶ Θεὸν οὖσαν ἀεί...

Ἱεροτελεστὴν, sive ad sacra initiantem, proprie vocare solet, aut divinissimum Apostolum Paulum, aut sanctum Hierotheum, ut in Libro de divinis Nominibus dictum est. Nunc autem non alium dicere puto, quam S. Paulum. Ad nullum enim alium pertinet, quam ad eum, qui usque ad tertium cælum ascenderat, ac in illis rebus initiatus fuerat. Et primam quidem ait esse eam quæ circa Deum est....

CAPUT IX.

Alia specimina Characterum decimi-tertii & decimi-quarti sæculi ex duobus Codicibus Regiis, ex Colbertino & ex Codice Baluziano, ubi Nicetæ Choniatæ Panoplia dogmatica. Conspectus & Index hujusce Libri.

ALIUD specimen proferimus ex Codice Regio, numero 2458. bombycino, XIII. sæculi. Cujus ætas in fine notatur his verbis. Ἐπληρώθη ἡ παροῦσα βίβλος (sic) μηνὶ Μαρτίῳ ἰνδ. ιδʹ. ἔτει ϛψϞδʹ. οἱ δὲ ἀναγινώσκοντες ταύτην εὔχεσθέ μοι διὰ τὸν κύριον, ὅπως λάβω ἄφεσιν τῶν ἐπταισμένων, ὧν ἐν κόσμῳ ἥμαρτον βροτὸς ὑπάρχων.

Τῷ συντελεστῇ τῶν καλῶν Θεῷ χάρις.

Hoc est,

Completus est hic liber mense Martio, Indictione 14. anno 6794. (videlicet a creatione mundi: Christi vero 1286.) Qui hunc legeritis precamini mihi propter Dominum, ut remissionem consequar delictorum, quæ, mortalis cum sim, in mundo perpetravi.

Bonorum perfectori Deo gratia.

Continet hic Codex vitas Sanctorum quatuor; nempe S. Basilii junioris, auctore Gregorio ejus Discipulo; S. Païsii, conscripta a S. Joanne Colobo; S. Andreæ junioris, a Nicephoro, magnæ Ecclesiæ Presbytero; S. Marci Eremitæ. Specimen autem exsumsimus ab initio vitæ S. Basilii junioris, & sic habet.

Βίος καὶ πολιτεία τοῦ ὁσίου πατρὸς ἡμῶν Βασιλείου τοῦ νέου, συγγραφεὶς παρὰ Γρηγορίου ταπεινοῦ καὶ φιλοχρίστου μαθητοῦ αὐτοῦ. Εὐλόγησον πάτερ.

Vita & conversatio S. Patris nostri Basilii junioris scripta a Gregorio humili & Christi amante Discipulo ejus. Benedic Pater.

Ὁ θειότατος καὶ προφητικώτατος Δαυὶδ ἔλεξε φάσκων, Εἰς μνημόσυνον αἰώνιον ἔσται δίκαιος· * τοῦτ' ἐμφαίνων ὡς * ἀνεξάλειπτα τὰ τῆς ἀρετῆς τῶν δικαίων σήμαντρα εἰς τὸ διηνεκὲς τυγχάνουσι, διὰ τὸ παρὰ τῶν χάριτι τὰ θεῖα σοφῶν ἐκδιηγούμενα εἰς κοινὸν ὄφελος. Ἀλλ' οὗτοι μὲν ὡς λόγου μεμοιραμένοι, εἰκότως ταῦτα συγγράφουσιν· ἐγὼ δὲ ἡ μικρὰ σταγὼν, ἡ ἀνάξηρος πηγὴ, ὁ βορβορώδης λάκκος, ὁ μηδενὸς λόγου ἄξιος, πῶς ὅλως. . .

Divinissimus & spiritu Prophetiæ plenissimus David dixit: *In memoria æterna erit justus;* subindicans, virtutis justorum vestigia & signa deleri non posse, ac perpetuo servari: quoniam a viris divinorum sapientia præditis ad communem utilitatem enarrantur. Sed hi quidem, utpote vi dicendi instructi, hæc merito scribunt: ego vero, utpote exigua stilla, fons aridus, lacus lutosus, ac ne flocci quidem faciendus, quomodo. . .

Secundum specimen excerptum est ex Codice Colbertino, num. 2493. membranaceo, ubi Homiliæ variæ & Acta Martyrum: qui scriptus est anno Christi 1315. ut in nota ad calcem posita fertur. Præter hanc recentiorem scripturam, alterius vetustioris tenuissima vestigia supersunt; sed ita ut ne verbum quidem eradentium diligentiam effugerit. Character autem recentior ad formam undecimi sæculi a Calligrapho sive Tabulario, ut ipse sese nun-

I

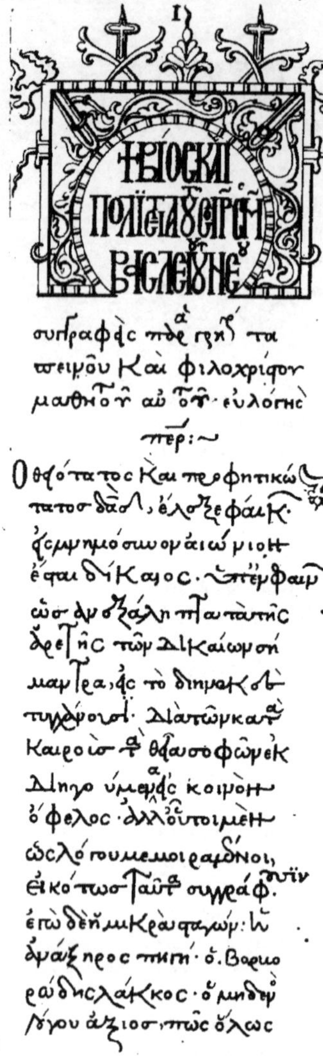

II

III

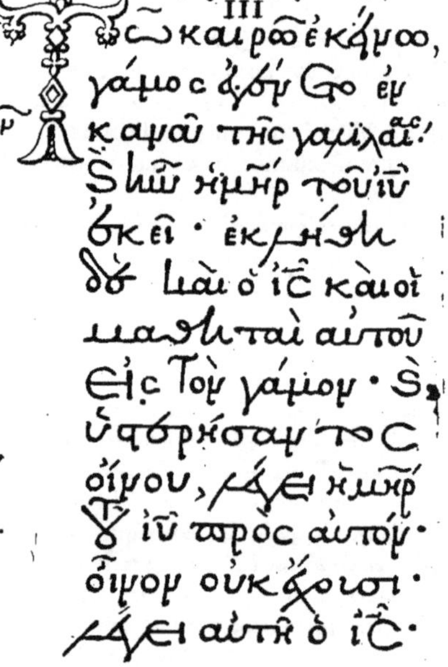

cupat, expressus est; sed vel mediocriter perito ætatis discrimen vel ad primum conspectum sese prodit. Nota autem & subscriptio sic habet,

Ἐγράφη τὸ παρὸν βιβλίον μαρτυρικὸν καὶ πανηγυρικὸν τοῦ ὅλου χρόνου. ἐγράφη δὲ διὰ χειρὸς κἀμοῦ Γεωργίου ἱερέως καὶ Ταβουλλαρίου τοῦ Καλοσίππου καὶ τῶν χωριτῶν καλλιγράφοι. (sic) Εἴ τι δὲ ἐσφάλθη ἀπὸ ἀγροικίας, μηδὲν με κατακρίνητε, ὅτι οὐχ. . . . ἑκουσίως, ἀλλ' ἀκουσίως. καὶ οἱ ἀναγινώσκοντες εὔχεσθε διὰ τὸν κύριον, ὅπως εὕρω ἄφεσιν τῶν ἀμπλακασφαλμάτων ἐν ἡμέρᾳ κρίσεως, ἀμήν. ἐτελειώθη δὲ ἐν μηνὶ Αὐγούστῳ εἰς τὴν κ'. ἡμέρᾳ σαββάτῳ, ἤτοι ζ. ἐν τῷ ϛωκγ'. ἰνδ. ιγ'. ἡ μὲν χεὶρ ἡ γράψασα σήπεται τάφῳ· τὸ δὲ γράμμα μένει εἰς χρόνους πλείους. ἐπὶ τῆς βασιλείας τῶν εὐσεβεστάτων καὶ φιλοχρίστων μεγάλων βασιλέων Ἀνδρονίκου καὶ Εἰρήνης, καὶ Μιχαὴλ καὶ Μαρίας, καὶ Ἀνδρονίκου βασιλέως.

Scriptus est hic Liber Martyrum & Homiliarum per totum annum. Scriptus est autem manu mea Georgii Sacerdotis & Tabularii Calosippi, & incolarum * Calligraphi. Si quid autem ob rusticitatem erratum sit, ne me condemnetis, quia non sponte, sed invitus erravi. Qui legeritis orate pro me propter Dominum, ut remissionem peccatorum consequar in die judicii, amen. Completus est autem 20. Augusti, die Sabbati, sive feriâ septima, anno 6823. (id est, Christi 1315.) Indictione decima-tertia. Manus quidem, quæ scripsit, in sepulcro corrumpitur; scriptura autem in multos annos manebit. Sub imperio piissimorum, Christi amantium Imperatorum Andronici & Irenes, Michaëlis & Mariæ, & Andronici Imperatoris.

De Tabulariis carptim egimus L. 1. c. 5. Officium autem Tabulariorum institutum fertur a M. Aurelio Antonino, apud Julium Capitolinum, ubi dicitur: *Per provincias Tabulariorum publicorum usum instituit, apud quos idem de originibus fieret, quod Romæ apud Præfectos ærarii: ut si forte aliquis in provincia natus caussam liberalem diceret, testationes inde ferret.* Ammianus vero Marcellinus lib. 28. ait Maximinum natum esse *patre Tabulario præsidialis officii.* Sed Henricus Valesius in hunc locum putat Tabularios præsidialis officii distinctos fuisse a Tabulariis civitatum & provinciarum. Georgius autem Sacerdos Tabularium Calosippi, quod oppidulum videtur fuisse, sese nuncupat. Erant porro hi Tabularii civitatum, qui acta publica & privata scriberent, ac penes se servarent. Scholiastes Basilicorum ad Lib. 60. tit. 9. Καὶ ὁ Ταβουλλάριος ῃ', τουτέστιν ὁ λογογράφος. *Tabularius, id est, Scriba.* Ut autem Notarios Libris describendis vacasse, & Calligraphi munus obiisse passim vidimus supra; sic etiam & Tabularios. Sed negotium facessit quod statim sequitur, καὶ τῶν χωριτῶν Καλλιγράφοι: ubi mendum manifestum adest. Si verò Καλλιγράφοι, ibi pro Καλλιγράφων, positum dicamus, vertatur oportet, *& incolarum Calligraphorum.* Et tunc sensus erit, Georgium Sacerdotem, Tabularium Calosippi & incolarum Calligraphorum fuisse, quod sane minus quadrat: quare libentius credam Καλλιγράφοι ibi pro Καλλιγράφου lapsu graphico positum esse, vel ex imperitia Georgii sic in Casu erratum fuisse, ac vertendum esse, *& incolarum Calligraphi*: quia scilicet Georgius in oppidulo Calosippi & Tabularii & Calligraphi munus obiret.

Specimen sic vulgari charactere scribitur.

Μαρτύριον τοῦ ἁγίου μεγαλομάρτυρος Δημητρίου, μαρτυρήσαντος ἐν Θεσσαλονίκῃ. εὐλόγησον.

Martyrium Sancti & magni Martyris Demetrii, qui Thessalonicæ passus est. Benedic.

Μαξιμιανὸς, ὁ καὶ Ἑρκούλιος, ὑπο-

Maximianus, qui & Herculius, subτάξας Γότθους καὶ Σαρμάτας τοῖς Ῥωμαίοις, κατελθὼν ἐν τῇ τῶν Θεσσαλονικέων πόλει, διέτριβεν, δυσδαίμων καὶ θεομάχος ἄνθρωπος, καὶ εἰς βάθος τῆς πλάνης ὀλισθηκώς. ἐφαιδρύνετο δὲ ἡ τῶν εἰδώλων πλάνη.

actis imperio Romano Gotthis & Sauromatis, Thessalonicam descendit, ibique morabatur, infelix homo ac Dei hostis inque profundum erroris delapsus. Idolorum vero cultus floreb..t.

Specimen tertium, excerptum est ex Codice Regio 1884. membranaceo, qui continet Evangelia per annum eleganter scripta anno Christi 1336. ut in nota fertur ad calcem. Interpunctionis modus singularis est : puncta quippe crassissima sunt, ut in exemplo vides : semperque ad summum literæ apicem depinguntur, sive ad majorem, sive ad mediam distinctionem usurpentur : pro minima vero interpunctione virgulæ ponuntur : duo puncta in fine adscribuntur sic ; sine transversa linea, quæ solet in aliis Codicibus apponi, hoc pacto :--- Characterem undecimi sæculi imitatus est Amanuensis : at ii, qui Codices manuscriptos evolvere solent, vel primo conspectu discrimen internoscunt, ut jam supra dictum est. Hæc in fine leguntur.

Ἐπληρώθη ἐν ἔτει ϛωμδʹ. μηνὶ Ἰουλίῳ ἰνδ. δʹ.

Θεοῦ τὸ δῶρον· καὶ Χαρίτωνος πόνος.

Καὶ ταύτην δὲ τὴν θείαν καὶ ἱερὰν καὶ πολύσεπτον βίβλον τοῦ ἁγίου εὐαγγελίου, ὁ αὐτὸς ὁσιώτατος πατὴρ ἡμῶν καὶ δικαιότατος τῆς σεβασμίας μονῆς τῆς ὑπεραγίας θεοτόκου τῶν ὁδηγῶν ἱερομόναχος κῦρ Ἰγνάτιος, συνδραμών τε καὶ συγκροτήσας λόγῳ καὶ ἔργῳ, συνέταξέ τε καὶ ἀνέθηκε τῇ ἱερᾷ καὶ θείᾳ τραπέζῃ τοῦ πολυσέπτου τοῦδε ναοῦ εἰς κοινὴν ὠφέλειαν καὶ φωτισμὸν ψυχῆς τε καὶ σώματος. καὶ οἱ ἐντυγχάνοντες εὔχεσθε τοῦ τοιούτου διὰ τὸν κύριον· ὅπως καὶ ἀμφοτέροις ἵλεως γένηται ἐν τῇ φοβερᾷ ἡμέρᾳ τῆς κρίσεως.

Hoc est,

Completus est anno 6844. (i. Christi 1336.) mense Julio, Indictione 4.

Dei donum & Charitonis labor.

Et hunc quoque divinum, sacrum ac venerandum Librum sancti Evangelii, idem ipse sanctissimus Pater noster, & justissimus venerandi Monasterii sanctissimæ Deiparæ τῶν ὁδηγῶν *Hieromonachus Dominus Ignatius, ad id operam navans, verbo & actu fieri jussit, ac reposuit in sacra & divina mensa hujus colendissimi Templi, ad communem utilitatem, animæque & corporis illuminationem. Qui hunc legeritis, precamini pro eo propter Dominum, ut ambobus misericordia tribuatur in tremendo judicii die.*

Hic Ignatius cognomine Justus, in Codice item quodam Laurentiano memoratur supra p. 69. specimen autem ex Joannis cap. 2. desumtum, vulgaribus typis sic legitur.

Τῷ καιρῷ ἐκείνῳ γάμος ἐγένετο ἐν Κανᾷ τῆς Γαλιλαίας, καὶ ἦν ἡ μήτηρ τοῦ Ἰησοῦ ἐκεῖ. ἐκλήθη δὲ καὶ ὁ Ἰησοῦς καὶ οἱ μαθηταὶ αὐτοῦ εἰς τὸν γάμον. καὶ ὑστερήσαντος οἴνου, λέγει ἡ μήτηρ τοῦ Ἰησοῦ πρὸς αὐτόν· οἶνον οὐκ ἔχουσι. λέγει αὐτῇ ὁ Ἰησοῦς.

In illo tempore, nuptiæ factæ sunt in Cana Galilææ : & erat Mater Jesu ibi. Vocatus est autem & Jesus & Discipuli ejus ad nuptias. Et deficiente vino, dicit Mater Jesu ad eum : Vinum non habent. Dicit ei Jesus.

Agmen claudat specimen ex Codice bombycino Bibliothecæ eruditissimi & amicissimi viri Stephani Baluzii, qui decimo-quarto sæculo conscriptus fuit. Estque Panoplia Dogmatica Nicetæ Choniatæ Acominati, ubi de omnibus prorsus, quæ ad suum usque tempus emerserant, hæresibus verba facit: ipsasque confutat, multa ex Euthymii Zygabeni Panoplia mutuatus: adjectis tamen plurimis ad singulas hæreses, & allatis posterioribus de fide quæstionibus, quæ post Euthymii ætatem exortæ sunt. Præmittitur Monodia sive planctus aut funebris oratio Michaëlis Choniatæ in Nicetam fratrem: quem vocat in titulo. . . . . τῶν κρίσεων ἔφορον, καὶ τὸν προκαθήμενον τοῦ κοιτῶνος, *Judiciorum Ephorum, ac inspectorem & Præfectum Fisci Imperialis.* In Historia autem edita ejusdem dicitur, μέγας λογοθέτης, καὶ ἐπὶ κρίσεων γενικοῦ, καὶ ἔφορος. Id est, *Magnus Logotheta, & Præfectus judiciorum ærarii generalis, atque Ephorus.* Κοιτὼν autem apud Græcos medii & infimi ævi, pro Fisco, seu domo ærarii Imperialis accipitur. In titulo Monodiæ quædam desiderantur, abscisso folio, ubi fortasse Logothetæ nomen aderat.

Init porro Monodia his verbis, Ω πονηρᾶς ἀγγελίας, ὢ πικρᾶς ἀκοῆς. Hæc autem Monodia, septem fere paginas in magno, ut vocant, folio, minutissimis characteribus occupat. Postea sequitur fragmentum ἐκ τῆς διόπτρας τοῦ μακαρίου Αὐγουστίνου, sive, *ex speculo S. Augustini*, quod init his vocibus, ὁμολογῶ σε τὸν πατέρα, καὶ τὸν υἱὸν, καὶ τὸ πνεῦμα τὸ ἅγιον, *Confiteor te Patrem, & Filium, & Spiritum sanctum.* Nam a multis retro sæculis non pauca Augustini opera Græcè versa fuere. Subsequuntur alia quædam plerumque mutila ac deleta. Hæc omnia, quæ Panopliæ præmittuntur, recentioris manus, ex alio Libro adjecta videntur. Panoplia incipit sexto folio, cujus conspectum & indicem, ut in Manuscripto habetur, dare juvat. Nam ex tanto opere, quod Græce & Latine vix duobus in folio Tomis ederetur, pars tantùm Latine in octavo cusa lucem vidit. Fuit autem hic Liber cujusdam Theodori Scutariotæ Levitæ, ut scribitur initio. Et post sequitur Index.

Πίναξ τῆς παρούσης βίβλου.

Τόμος πρῶτος.

Ἐν τῷ πρώτῳ τόμῳ τὸ προοίμιον. εἶτα περὶ Ἀδὰμ καὶ τινῶν ἀρχαίων ἀνδρῶν εὑρόντων τὰς εἰκονουργίας. περὶ τῶν Ἑλληνικῶν μυστηρίων. περὶ Πυθαγόρου καὶ Πλάτωνος, καὶ ἑτέρων φιλοσόφων καὶ τῶν δοξῶν αὐτῶν. περὶ τῶν τεσσάρων στοιχείων. περὶ οὐρανοῦ καὶ γῆς. τοῦ ζῳδιακοῦ κύκλου. τῶν ἀπλανῶν καὶ πλανητῶν ἀστέρων. περὶ κομητῶν, ἴριδος, πάχνου, παρηλίων, τῶν σεισμῶν, τῶν ἀνέμων, καὶ τῶν πρηστήρων. καὶ ἔκτοτε περὶ Ἰουδαϊσμοῦ. περὶ τῶν χρυσῶν δαμάλεων τοῦ Ἱεροβοάμ. περὶ Σαμαρειτῶν. περὶ Ἐσσηνῶν καὶ ἄλλων τινῶν αἱρεσιαρχῶν· περὶ Σαδδουκαίων, Γραμματέων, Φαρισαίων, ἡμεροβαπτιστῶν, καὶ Ἡρωδιανῶν.

Index hujusce Libri.

Tomus primus.

In primo Libro Prooemium. Deinde de Adamo, & de quibusdam antiquis viris qui simulacrorum fictionem adinvenerunt. De mysteriis Græcorum. De Pythagora & Platone, deque aliis Philosophis, ac de eorum opinionibus. De quatuor elementis. De cælo & terra. De circulo Zodiaci. De stellis fixis & de errantibus. De cometis. De iride, de pruina, de Pareliis, de terræ motibus, de ventis, de Presteribus. Deinde autem de Judaïsmo. De buculis aureis Jeroboami. De Samaritanis. De Essenis, & aliis quibusdam hæresiarchis. De Saducæis, de Scribis, Pharisæis, Hemerobaptistis, Herodianis.

Τόμος δεύτερος.

Ἐν τῷ δευτέρῳ τόμῳ, περὶ τῆς ἁγίας τριάδος διαφόρων αἱ χρήσεις. ἔπειτα,

Tomus secundus.

In secundo Tomo, de sancta Trinitate variorum loca. Deinde de Angelis. De hominibus. Diversæ sententiæ de intellectu & anima. Postea de virtutibus.

περὶ ἀγγέλων. περὶ ἀνθρώπων. διάφοροι δόξαι περὶ νοῦ καὶ ψυχῆς. καὶ ἔκτοτε περὶ ἀρετῶν.

Tomus tertius.

De vocibus Prophetarum, Filii Dei in carne adventum declarantibus, necnon Crucis Passionem & Resurrectionem. De Conceptione & duabus naturis Christi. De Enhypostatis, de Consubstantialibus, de Homohypostatis, aut simul hypostatis, de hypostatica unione & differentia. De personis. De natura. De corruptione: de corruptibili & incorruptibili. Postea loca Sanctorum de œconomia in carne, sive de Incarnatione. De modo retributionis. Quod tota natura divina in una ex suis hypostasibus unita sit humanæ naturæ, non autem pars parti: & alia varia post hæc de Incarnatione Filii Dei.

Τόμος τρίτος.

Περὶ φωνῶν προφητῶν δηλουσῶν τὴν ἐν σαρκὶ παρουσίαν τοῦ υἱοῦ τοῦ Θεοῦ, τὸ διὰ σταυροῦ πάθος, καὶ τὴν ἀνάστασιν. περὶ τῆς συλλήψεως καὶ τῶν δύο φύσεων τοῦ χριστοῦ. περὶ ἐνυποστάτων, περὶ ὁμουσίων, περὶ ὁμοϋποστάτων, περὶ ὑποστατικῆς ἑνώσεως καὶ διαφορᾶς. περὶ προσώπων. περὶ φύσεως. περὶ φθορᾶς· περὶ φθαρτοῦ καὶ ἀφθάρτου. ἔκτοτε χρήσεις τῶν ἁγίων περὶ τῆς ἐνσάρκου οἰκονομίας. περὶ τοῦ τρόπου τῆς ἀνταποδόσεως. περὶ τοῦ ὅτι πᾶσα ἡ θεία φύσις ἐν μιᾷ τῶν ἑαυτῆς ὑποστάσεων ἡνώθη τῇ ἀνθρωπίνῃ φύσει, καὶ οὐ μέρος μέρει· καὶ ἕτερα διάφορα καθεξῆς περὶ τῆς ἐνανθρωπήσεως τοῦ υἱοῦ τοῦ Θεοῦ.

Tomus quartus.

In hoc habentur omnes veteres hæreses, quæ usque ad Arii hæresin emerserunt. Prima vero Simonis hæresis describitur, cum ejus refutatione. Secunda, Nicolaïtarum. Tertia, Carpocratianorum. Quarta, Valentini. Quinta, Ptolemæi. Sexta, Marci. Septima, Ascodrugorum. Octava, Colorbasi. Nona, Ophitarum. Decima, Prodici. Undecima, Caïanorum. Duodecima, Sethianorum. Decima-tertia, Archonticorum. Decima-quarta, Cerdonis & Marcionis. Decima-quinta Luciani. Decima-sexta, Apellis. Decima-septima, Severianorum. Decima-octava, Tatiani. Decima-nona, Encratitarum. Vigesima, Montanistarum. Vigesima-prima, Quintilianistarum, Priscillianistarum, Pepuzitarum & Artotyritarum. Vigesima-secunda, Tessarescædecatitarum, sive Quartodecimanorum. Vigesima-tertia, Alogorum, ut vocant. Vigesima-quarta, Adamianorum. Vigesima-quinta, Sampsæorum & Elcesæorum. Vigesima-sexta, Theodotianorum. Vi-

Τόμος τέταρτος.

Ἐν τούτῳ κεῖνται πᾶσαι αἱ παλαιαὶ αἱρέσεις αἱ ἀναφανεῖσαι μέχρι τῆς Ἀρείου αἱρέσεως. ἐγράφη καὶ πρώτη ἡ τοῦ Σίμωνος αἵρεσις καὶ ἡ ἐπ' αὐτὴν ἀντίρρησις. δευτέρα ἡ τῶν Νικολαϊτῶν. τρίτη ἡ τῶν Καρποκρατῶν. τετάρτη ἡ τοῦ Βαλεντίνου. πέμπτη ἡ τοῦ Πτολεμαίου. ἕκτη ἡ τοῦ Μάρκου. ἑβδόμη ἡ τῶν Ασκοδρούγων. ὀγδόη ἡ τοῦ Κολορβάσου. ἐνάτη ἡ τῶν Ὀφιτῶν. δεκάτη ἡ τοῦ Προδίκου. ἑνδεκάτη ἡ τῶν Καϊνῶν. δωδεκάτη ἡ τῶν Σηθιανῶν. τρισκαιδεκάτη ἡ τῶν Ἀρχοντικῶν. τεσσαρεσκαιδεκάτη ἡ τοῦ Κέρδωνος καὶ Μαρκίωνος. πεντεκαιδεκάτη ἡ τοῦ Λουκιανοῦ. ἑξκαιδεκάτη ἡ τοῦ Ἀπελλοῦ. ἑπτακαιδεκάτη ἡ τῶν Σεβηριανῶν. ὀκτωκαιδεκάτη ἡ τοῦ Τατιανοῦ. ἐννεακαιδεκάτη ἡ τῶν Ἐγκρατιτῶν. εἰκοστὴ ἡ τῶν Μοντανιστῶν. εἰκοστὴ πρώτη ἡ τῶν Κυντιλιανῶν καὶ Πρισκιλλιανῶν, καὶ Πεπουζιτῶν, καὶ Ἀρτοτυριτῶν. εἰκοστὴ δευτέρα ἡ τῶν τεσσαρεσκαιδεκατιτῶν. εἰκοστὴ τρίτη ἡ τῶν λεγομένων Ἀλόγων. εἰκοστὴ τετάρτη ἡ τῶν Ἀδαμιανῶν. εἰκοστὴ πέμπτη ἡ τῶν Σαμψαίων καὶ Ἐλκεσαίων. εἰκοστὴ ἕκτη ἡ τῶν Θεοδοτιανῶν.

Θεοδοτιανῶν. εἰκοστὴ ἑβδόμη ἡ τοῦ Νοήτου καὶ τοῦ Ναυάτου. Εἰκοστὴ ὀγδόη ἡ τοῦ Σαβελλίου. Εἰκοστὴ ἐννάτη ἡ τοῦ Μαρκέλλου. τριακοστὴ ἡ τῶν Οὐαλησίων. τριακοστὴ πρώτη ἡ τοῦ Ὠριγένους, ἐν ᾗ καὶ περὶ ψυχῆς τινα, καὶ ἐξήγησις τοῦ ἀπορρήτου ὅ φησιν, ἑκάστου τὸ ἔργον ὁποῖόν ἐστι τὸ πῦρ δοκιμάσει. τριακοστὴ δευτέρα ἡ Παύλου τοῦ Σαμοσατέως. τριακοστὴ τρίτη ἡ τῶν Μανιχαίων καὶ Κουβρικῶν. τριακοστὴ τετάρτη ἡ τῶν Ἱερακιτῶν. τριακοστὴ πέμπτη ἡ τῶν Κολλυριδιανῶν. τριακοστὴ ἕκτη ἡ τῶν Μασσαλιανῶν, ἤτοι Εὐχιτῶν, ἐν ᾗ καὶ ἀπαρίθμησις τῶν ἀσεβῶν δογμάτων τῆς αὐτῆς αἱρέσεως. τριακοστὴ ἑβδόμη ἡ τῶν Κηρινθιανῶν. τριακοστὴ ὀγδόη ἡ τῶν Ἠκετῶν (ἠκετικῶν.) τριακοστὴ ἐννάτη ἡ τῶν γνωσιμάχων. τεσσαρακοστὴ ἡ τῶν Θνητοψυχιτῶν. τεσσαρακοστὴ πρώτη ἡ τῶν χριστολυτῶν. τεσσαρακοστὴ δευτέρα ἡ τῶν ἐθνοφρόνων. τεσσαρακοστὴ τρίτη ἡ τῶν Παρερμηνευτῶν. καὶ τεσσαρακοστὴ τετάρτη ἡ τῶν Μελιτιανῶν.

gesima-septima, Noëti & Navati. Vigesima-octava, Sabellii. Vigesima-nona, Marcelli. Trigesima, Valesianorum, sive Valentianorum. Trigesima-prima, Origenis, ubi quædam de anima, & enarratio dicti hujusmodi: *Cujusque opus quale sit, ignis probabit.* Trigesima-secunda, Pauli Samosateni. Trigesima-tertia, Manichæorum & Cubricorum. Trigesima-quarta, Hieracitarum. Trigesima-quinta, Collyridianorum. Trigesima-sexta, Massalianorum, sive Euchitarum: ubi enumeratio impiorum dogmatum ejusdem hæresis. Trigesima-septima, Cerinthianorum. Trigesima-octava, Iceticorum. Trigesima-nona, Gnosimachorum. Quadragesima, Thnetopsychitarum. Quadragesima-prima, Christolytorum. Quadragesima-secunda, Ethnophronorum, sive eorum qui cum Ethnicis sentiunt. Quadragesima-tertia, Parermeneutarum, sive eorum, qui prave Scripturas interpretantur. Quadragesima-quarta, Meletianorum.

Τόμος πέμπτος.

Ἐν τῷ τοιούτῳ πρῶτον περὶ τοῦ Ἀρείου ὅθεν ὥρμηται, καὶ περὶ τῆς ἡλικίας καὶ τοῦ ἤθους αὐτοῦ, καὶ τῶν ἀσεβῶν δογμάτων, καὶ τῆς ἐν Νικαίᾳ δι' αὐτὸν συστάσης συνόδου, καὶ τῆς καταστροφῆς αὐτοῦ. ἐν ταυτῷ δὲ καὶ μνεία τῆς ἐν Ἀριμήνῳ γινομένης συνόδου, ὡσαύτως καὶ τῆς ἐν Σελευκείᾳ τῆς Ἰσαυρείας. ἔκτοτε πρὸς ταῦτα ἡμετέρα ἀντίθεσις. ἐκ δὲ τούτου διήγησις τῶν κατὰ Ἀέτιον, καὶ τὸν Εὐνόμιον. καὶ ἐφεξῆς κεφάλαια δι' ὧν πειρᾶται δεῖξαι τὸν υἱὸν ὑστερογενῆ τοῦ πατρὸς καὶ κτίσμα. καὶ μετὰ ταῦτα θέσεις τινὲς τοῦ Ἀετίου καὶ τοῦ Εὐνομίου αἱρετικαί, καὶ ἀνατροπαὶ τούτων συγγραφεῖσαι παρ' ἡμῶν. καὶ μετὰ ταῦτα αἱ χρήσεις τῶν ἁγίων.

Tomus quintus.

In hoc Tomo, primùm de Ario, unde prodierit, de statura & moribus ejus, de impiis ejusdem dogmatibus: de synodo, quæ illius causa Nicææ habita est; de subversione & damnatione ejus: atque ibidem memoria synodi Ariminensis; similiterque de synodo Seleuciæ celebrata. Deinde refutatio ejus a nobis adornata. Postea enarratio de rebus Aëtii & Eunomii. Deinceps capita, quibus [Eunomius] probare nititur, Filium post Patrem ortum & creaturam esse. Sub hæc propositiones quædam hæreticæ Aëtii & Eunomii, earumque refutationes a nobis descriptæ: & postea loca Sanctorum Patrum.

Τόμος ἕκτος.

Περὶ Μακεδονίου τοῦ πνευματομάχου. ἐν δὲ τῷ τοιούτῳ τόμῳ μνεία πάλιν τοῦ Ἀρείου καὶ τῶν συμφρονούντων αὐτῷ,

Tomus sextus.

De Macedonio Pneumatomacho, sive Spiritus sancti hoste. In hoc item Tomo iterum memoratur Arius & ejus assedæ : tum duo Eusebii, Nicomediensis videlicet & is, qui in Cæsarea Palæstinæ : de S. Athanasio : de S. Paulo Confessore. De synodo Sardicensi. De restitutione Macedonii in thronum Constantinopolitanum, & de ejus in sanctam Trinitatem blasphemis dictis, maximeque in sanctum Spiritum. Deinde autem enarratio, quomodo secunda Synodus congregata fuerit, & de definitionibus ac decretis ejusdem : de abdicatione throni Constantinopolitani per sanctum Gregorium Theologum. Demum loca sanctorum Patrum, quod pari honore adficiendus sit Spiritus sanctus, ac Pater & Filius.

Tomus septimus.

De vita & hæresibus Apolinarii : & sanctorum Deiferorumque Patrum dicta, quibus illæ confutantur & evertuntur.

Tomus octavus.

De vita & hæresi Nestorii : deque dictis divinis, quibus sanctissimus Papa Alexandriæ Cyrillus, hujusmodi hæresim evertit.

Tomus nonus.

Enarratio de rebus Eutychis & de hæresi ejus : ac decretum quartæ sanctæ Synodi contra eumdem Eutychen. Postea de iis, qui Dioscoro Patriarchæ Alexandrino patrocinabantur, qui cum Eutyche, utpote earumdem hæresium assertor, condemnatus est, donec ii etiam divisi sunt, sese Diacrinomenos, id est segregatos, appellantes. In hac vero narratione quædam de iis, qui Acephali vocabantur, & mentio Joannis Grammatici, qui Philoponus appellabatur. Postea vero Problemata quædam Monophysitarum : & ad hæc Antirrheticus unus. Demum Epistola Leonis sanctissimi Papæ Romani, ad quartam Synodum missa.

καὶ τῶν δύο Εὐσεβίων τοῦ τε τῆς Νικομηδείας καὶ τοῦ τῆς ἐν Παλαιστίνῃ τῆς Καισαρείας, τοῦ ἁγίου Ἀθανασίου, τοῦ ἁγίου Παύλου τοῦ ὁμολογητοῦ. περὶ τῆς ἐν Σαρδικῇ συνόδου. περὶ τῆς εἰς τὸν θρόνον τῆς Κωνσταντινουπόλεως ἀποκαταστάσεως τοῦ Μακεδονίου, καὶ τῶν εἰς τὴν ἁγίαν τριάδα βλασφημιῶν αὐτοῦ, ἐξαιρέτως δὲ εἰς τὸ πνεῦμα τὸ ἅγιον. καὶ καθεξῆς διήγησις ὅπως συνέστη ἡ δευτέρα σύνοδος, καὶ περὶ τῶν κυρωθέντων παρ' αὐτῆς· καὶ τῆς παραιτήσεως τοῦ ἁγίου Γρηγορίου τοῦ Θεολόγου τῆς ἐπὶ τῷ θρόνῳ Κωνσταντινουπόλεως. καὶ μετὰ ταῦτα αἱ χρήσεις τῶν ἁγίων αἱ περὶ τοῦ ὁμότιμον εἶναι τὸ πνεῦμα τῷ πατρὶ καὶ τῷ λόγῳ ἐκφωνηθεῖσαι.

Τόμος ἕβδομος.

Περὶ τοῦ βίου καὶ τῶν αἱρέσεων τοῦ Ἀπολιναρίου, καὶ τῶν ἀνατρεπόντων αὐτὰς ῥημάτων τῶν ἁγίων καὶ θεοφόρων ἡμῶν πατέρων.

Τόμος ὄγδοος.

Περὶ τοῦ βίου καὶ τῆς αἱρέσεως Νεστορίου, καὶ τῶν θεοπλόκων ῥημάτων τοῦ ἁγιωτάτου Πάπα Ἀλεξανδρείας Κυρίλλου, τῶν ἀνατρεπόντων τὴν τοιαύτην αἵρεσιν.

Τόμος ἔνατος.

Διήγησις τῶν κατὰ τὸν Εὐτυχῆ καὶ τῆς αὐτοῦ αἱρέσεως. καὶ ὅρος τῆς κατὰ τοῦ τοιούτου Εὐτυχοῦς συγκροτηθείσης ἁγίας τετάρτης συνόδου. εἶτα περὶ τῶν ἀντιλαμβανομένων τοῦ Διοσκόρου, ὃς πατριάρχης ἦν Ἀλεξανδρείας, συγκαθῃρέθη δὲ τῷ Εὐτυχεῖ ὡς ὁμόφρων περὶ τῶν αἱρέσεων, * εἰς ἃ οὗτοι διῃρέθησαν, διακρινομένους ἑαυτοὺς ὀνομάσαντες. ἐν ταύτῃ δὲ τῇ διηγήσει, καὶ περὶ τῶν λεγομένων Ἀκεφάλων τινὰ, καὶ μνεία Ἰωάννου γραμματικοῦ τοῦ λεγομένου Φιλοπόνου. καὶ ἔκτοτε προβλήματά τινα τῶν Μονοφυσιτῶν, καὶ πρὸς ταῦτα ἀντίρρησις μία. καὶ ἐφεξῆς ἡ ἐπιστολὴ τοῦ Λέοντος τοῦ ἁγιωτάτου Πάπα Ῥώμης, ἡ πεμφθεῖσα πρὸς τὴν τετάρτην σύνοδον.

Τόμος δέκατος.

Περὶ τῆς πέμπτης συνόδου, ἥτις τὴν τετάρτην σύνοδον ἐκύρωσε καὶ ἐκράτυνε, συγκροτηθεῖσα ἐπὶ τῆς βασιλείας Ἰουστινιανοῦ. ἐν δὲ τῇ διηγήσει τῆς τοιαύτης συνόδου, καὶ τοῦ ὅπως συνεκροτήθη, ἐμφέρεται ἡ αἵρεσις τῶν Μονοφυσιτῶν, ἐν μέρει δὲ καὶ τῶν Νεστοριανῶν. ἔκτοτε ψῆφος Ἐπιφανίου πατριάρχου Κωνσταντινουπόλεως, καὶ τῆς ἐνδημούσης συνόδου κατὰ Σεβήρου καὶ Ζωορᾶ καὶ Πέτρου τῶν Μονοφυσιτῶν. ἑτέρα ψῆφος Μηνᾶ πατριάρχου Κωνσταντινουπόλεως κατὰ τῶν αὐτῶν. Ἀναθεματισμοὶ Ἀνθίμου μητροπολίτου Τραπεζοῦντος Μονοφυσίτου ὄντος. ἑτέρα ψῆφος τοῦ αὐτοῦ πατριάρχου καθαιρετικὴ τοῦ αὐτοῦ Ἀνθίμου. Ἔκτοτε διάταξις Ἰουστινιανοῦ βασιλέως κατὰ Ἀνθίμου, Σεβήρου, Πέτρου, καὶ Ζωορᾶ. ἐπιστολὴ Ἰωάννου Ἱεροσολύμων καὶ τῶν ὑπ' αὐτὸν ἐπισκόπων δεχομένη τὰ κατὰ Σεβήρου ψηφισθέντα. καὶ μετὰ ταῦτα χρήσεις διάφοροι τῶν ἁγίων κατὰ τῶν Μονοφυσιτῶν.

Τόμος ἑνδέκατος κατὰ Τριθειτῶν.

Τόμος δωδέκατος κατὰ τῶν Ἀφθαρτοδοκητῶν.

Τόμος τρισκαιδέκατος κατὰ Θεοπασχιτῶν.

Τόμος ιδʹ. κατὰ τῶν Ἀγνοητῶν, ἐν ᾧ μετὰ τὰς χρήσεις τῶν ἁγίων, καὶ ἄλλα τινὰ εἰς ἀναίρεσιν τῆς τοιαύτης αἱρέσεως ἐκ νέου προσετέθησαν παρ' ἡμῶν.

Τόμος ιεʹ. περὶ τῆς ἕκτης συνόδου, ἥτις συνέστη ἐπὶ τῆς βασιλείας Κωνσταντίνου τοῦ Πωγωνάτου εἰς ἀναίρεσιν τῆς τῶν Μονοθελητῶν αἱρέσεως.

Τόμος ιϛʹ. περὶ τῆς τῶν εἰκονομάχων αἱρέσεως.

Τόμος ιζʹ. περὶ τῆς αἱρέσεως τῶν Ἀρμενίων, ἥτις τοῖς Μονοφυσίταις συνάπτεται· ἐν αὐτῇ δὲ καὶ προοίμιον ἡμέτερον, καὶ τινὲς λύσεις πρὸς αἰτήσεις τῶν Ἀρμενίων. ἔκτοτε γράμμα τοῦ βασιλέως κυροῦ Μανουὴλ πρὸς τὸν κα-

Tomus decimus.

De quinta Synodo, quæ quartam Synodum confirmavit & asseruit, quæque imperante Justiniano coacta est. In narratione autem de illa Synodo, & quomodo collecta fuerit, inseritur hæresis Monophysitarum, atque etiam ex parte Nestorianorum. Deinceps decretum Epiphanii Patriarchæ Constantinopolitani, & Synodi ibidem congregatæ contra Severum, Zooram & Petrum Monophysitas. Alterum decretum Menæ Patriarchæ Constantinopolitani contra eosdem. Anathematismi Anthymi Metropolitæ Trapezuntini, qui Monophysita erat. Alterum decretum ejusdem Patriarchæ, quo damnabatur Anthimus: post hæc Constitutio Justiniani Imperatoris contra Anthimum, Severum, Petrum, & Zooram. Epistola Joannis Jerosolymitani, & Episcoporum, qui sub ipso erant, qua decreta contra Severum recipiuntur, Demum loca varia sanctorum Patrum contra Monophysitas.

Tomus undecimus contra Tritheïtas.

Tomus duodecimus contra Aphthartodocetas.

Tomus decimus-tertius contra Theopaschitas.

Tomus decimus-quartus contra Agnoitas: ubi post loca sanctorum Patrum, alia quædam ad hujusmodi hæresim subvertendam a nobis insuper adjiciuntur.

Tomus decimus-quintus, de sexta Synodo, Quæ congregata fuit imperante Constantino Pogonato, ad destruendam hæresim Monothelitarum.

Tomus decimus-sextus, de Iconomachorum hæresi.

Tomus decimus-septimus, de hæresi Armenorum, quæ Monophysitis conjungitur. Ibi est procemium nostrum, & quædam solutiones ad objecta Armenorum. Deinde rescriptum Imperatoris Domni Manuelis ad Catholicum Armeniæ. Dialogus Theoriani cujusdam Legati ejusdem Imperatoris, in Armeniam missi, cum eodem Catholico. Postea autem loca variorum Sanctorum contra eamdem hæresim. Denique capita quædam syllogistica a nobis collecta contra eam ipsam hæresim.

Tomus decimus octavus, contra Paulicianos.

Sancti Basilii & sancti Gregorii Nysseni de Baptismate.

Ejusdem Gregorii Nysseni, de participatione Dominici Corporis & Sanguinis.

Tomus decimus-nonus, contra Bogomilos.

Tomus vigesimus, de cultu Agarenorum, & de constitutione circa Saracenos, qui ad puram & immaculatam fidem nostram convertuntur.

Tomus vigesimus-primus, de Spiritu contra Latinos: ubi loca multa adferuntur.

Tomus vigesimus-secundus, de Azymis.

Tomus vigesimus-tertius, in quo synopsis dogmatum, quæ sub Imperatore Alexio Comneno mota & exorta sunt.

Tomus vigesimus-quartus, de illo dogmate, *Tu es offerens & oblatus*, quod sub Imperatore Domno Manuele Comneno prolatum est.

Tomus vigesimus-quintus, de dogmate illo, *Pater meus major me est*, quod sub eodem Imperatore exortum est. Quære ipsum tractatum statim post hujus dogmatis confirmationem, quam quidam dicebant, non omnino placere: in quo tractatu fere omnium Sanctorum loca feruntur. In fine vero capita quædam syllogistica, quod non oporteat Christum, qui est una hypostasis, unusque Dominus & Filius Dei, etiam post Incarnationem minorem Patre dicere, utpote carnem ferentem. Nos enim hæc non reperimus. *Et altera manu.* At ego cum reperissem, post initium tertii Tomi hujusce Libri adjeci.

Tomus vigesimus-secundus, de do-

θολικὸν τῆς Ἀρμενίας. διάλεξις πρὸς τὸν αὐτὸν Καθολικὸν * Θεωριανοῦ τινος ἐξαποστόλου τοῦ αὐτοῦ βασιλέως εἰς Ἀρμενίαν σταλέντος. ἔπειτα χρήσεις διαφόρων ἁγίων κατὰ τῆς αὐτῆς αἱρέσεως. εἶτα συλλογιστικά τινα κεφάλαια κατὰ τῆς αὐτῆς αἱρέσεως συλλεγέντα παρ᾽ ἡμῶν. * Θεωριανοῦ.

Τόμος ιη΄. κατὰ τῶν Παυλικιανῶν.

Τοῦ ἁγίου Βασιλείου καὶ τοῦ ἁγίου Γρηγορίου Νύσσης, περὶ τοῦ βαπτίσματος.

Τοῦ αὐτοῦ Νύσσης περὶ τῆς μεταλήψεως τοῦ δεσποτικοῦ σώματος καὶ αἵματος.

Τόμος ιθ΄. κατὰ Βογομίλων.

Τόμος κ΄. περὶ τῆς θρησκείας τῶν Αγαρηνῶν, καὶ τῆς τάξεως τῆς γινομένης ἐπὶ τοῖς ἐπιστρέφουσιν ἐκ τῶν Σαρρακηνῶν εἰς τὴν καθαρὰν καὶ ἀμώμητον πίστιν ἡμῶν.

Τόμος κα΄. περὶ τοῦ πνεύματος κατὰ Λατίνων, ἐν ᾧ καὶ χρήσεις διάφοροι.

Τόμος κβ΄. περὶ τῶν ἀζύμων.

Τόμος κγ΄. ἐν ᾧ σύνοψις τῶν κινηθέντων δογμάτων ἐπὶ τοῦ βασιλέως κυροῦ Ἀλεξίου τοῦ Κομνηνοῦ.

Τόμος κδ΄. περὶ τοῦ δόγματος τοῦ, σὺ εἶ ὁ προσφέρων καὶ προσφερόμενος, λαληθέντος ἐπὶ τοῦ βασιλέως κυροῦ Μανουὴλ τοῦ Κομνηνοῦ.

Τόμος κε΄. περὶ τοῦ δόγματος τοῦ, ὁ πατήρ μου μείζων μου ἐστὶ, ἀναφυέντος ἐπὶ τοῦ αὐτοῦ βασιλέως. ζήτει τὴν λεγομένην συγγραφὴν εὐθὺς μετὰ τὴν κύρωσιν τοῦ τοιούτου δόγματος παρά τισι λεγομένην ὡς μὴ ἐπίπαν ἀρεσκομένην· ἐν ᾗ δὲ συγγραφῇ χρήσεις σχεδὸν πάντων τῶν ἁγίων ἐμφέρονται. περὶ δὲ τὸ τέλος καὶ συλλογιστικά τινα κεφάλαια, περὶ τοῦ μὴ δεῖν τὸν Χριστὸν τὴν μίαν ὑπόστασιν, καὶ τὸν ἕνα κύριον καὶ υἱὸν τοῦ θεοῦ, καὶ μετὰ τὴν ἐνανθρώπησιν ἐλάττονα τοῦ πατρὸς λέγειν ὡς σαρκοφόρον· ἡμεῖς γὰρ ταῦτα οὐχ εὕρομεν. * Ἀλλ᾽ ἐγὼ ταῦτα εὑρηκὼς προσέθηκα μετὰ τὴν καταρχὴν τοῦ τρίτου τόμου τῆς παρούσης βίβλου. * Altera manu.

Τόμος κϛ΄. περὶ τοῦ δόγματος τοῦ θεοῦ

τοῦ Μωάμετ. τοῦ λαληθέντος ἐπὶ τοῦ αὐτοῦ βασιλέως.

gmate Dei Mohameth, quod eodem imperante expositum fuit.

Τόμος κζ. περὶ τοῦ δόγματος τῶν θείων μυστηρίων τοῦ κινηθέντος ἐπὶ τῆς βασιλείας τοῦ ἐξ Ἀγγέλων Ἀλεξίου τοῦ Κομνηνοῦ, τοῦ καὶ κυρώσαντος, ἄφθαρτα λέγεσθαι ταῦτα καὶ μὴ φθαρτά.

Tomus vigesimus-septimus, de dogmate divinorum mysteriorum, excitato sub Imperio Alexii Comneni Angeli qui & decrevit hæc, incorruptibilia, non autem corruptibilia, dici oportere.

Charactere autem vulgari specimen sequens ita legitur.

Τόμος ἐννεακαιδέκατος κατὰ Βογομίλων.

Tomus decimus-nonus, de Bogomilis.

Βὸγ μὲν ἡ τῶν Βουλγάρων γλῶσσα καλεῖ τὸν Θεόν. Μίλυϊ δὲ τὸ, ἐλέησον. Εἴη δ' ἂν Βογόμιλος κατ' αὐτοὺς, ὁ τοῦ Θεοῦ τὸ ἔλεος ἐπισπώμενος. Ἀθετοῦσι πάσας τὰς Μωσαϊκὰς βίβλους μετὰ καὶ τοῦ ἐν αὐταῖς ἀναγραφομένου Θεοῦ καὶ τῶν εὐαρεστησάντων αὐτῷ δικαίων· ναὶ μὴν καὶ τὰς μετ' αὐτὰς ἁπάσας ὡς κατ' ἐπίνοιαν τοῦ σατανᾶ γραφείσας· ἵλεως δὲ ἡμῖν εἴη κύριος τὰ ἐκείνων λέγουσι. μόνας δὲ παραδέχονται καὶ τιμῶσιν ἑπτὰ, καὶ εἰς ἄκρον ἀποστηθίζουσι· λέγω δὴ τὸ ψαλτήριον, τὸ ἑκκαιδεκαπρόφητον, τὸ κατὰ Ματθαῖον εὐαγ-

Deus quidem Bulgarorum lingua *Bog* dicitur. *Milui* vero significat, *Miserere*. Fuerit autem secundum illos *Bogomilus*, is qui Dei misericordiam sibi attrahit. Omnes Mosaïcos Libros, Deumque ipsum, de quo in illa scriptura agitur; justos item ac eos, qui ibidem Deo placuisse feruntur, repudiant; imo etiam omnes alias scripturas, quæ post illam priorem scriptæ sunt, quasi ex inventione satanæ profectas rejiciunt: propitius sit Dominus nobis, qui illorum opinionem proferimus. Sed septem dumtaxat Scripturæ Libros recipiunt & honorant, sum-

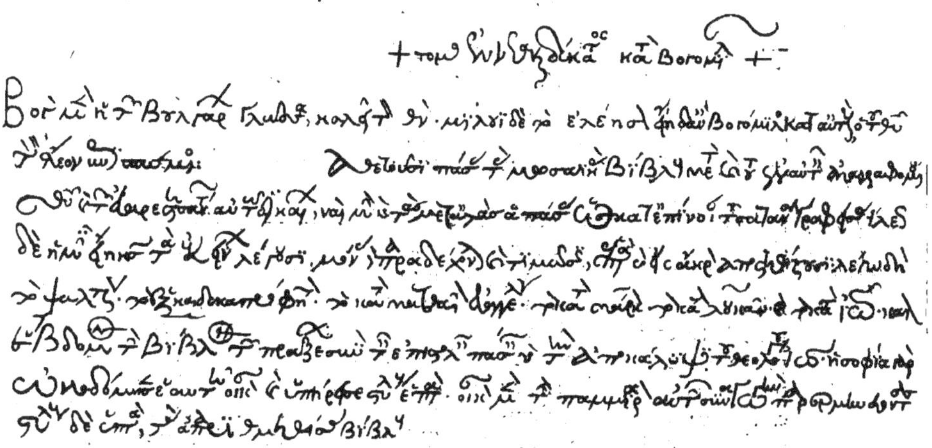

moque affectu complectuntur; videlicet Psalterium, sexdecim Prophetas, Evangelia secundum Matthæum, secundum Marcum, secundum Lucam, & secundum Joannem; septimum autem Librum admittunt Acta Apostolorum cum omnibus Epistolis & Apocalypsi Joannis Apostoli. Nam *Sapientia ædificavit sibi domum, & columnis septem fulcivit.* Domum autem abominandam synagogam suam falso interpretantur; septem vero columnas, prædictos Libros.

γγέλιον, τὸ κατὰ Μάρκον, τὸ κατὰ Λουκᾶν, καὶ τὸ κατὰ Ἰωάννην· καὶ ἕβδομον τὴν βίβλον τῶν πράξεων σὺν ταῖς ἐπιστολαῖς πάσαις, καὶ τὴν ἀποκάλυψιν τοῦ Θεολόγου Ἰωάννου· ἡ σοφία γὰρ ᾠκοδόμησεν ἑαυτῇ οἶκον, καὶ ὑπήρεισε στύλους ἑπτά. οἶκον μὲν τὴν παμμιαρὰν αὐτῶν συναγωγὴν παρερμηνεύοντες· στύλους δὲ ἑπτὰ, τὰς ἀπηριθμημένας βίβλους.

Hactenus de characteribus variarum ætatum ad usque decimum-quartum a Christo nato sæculum. Recentiorum vero Codicum exempla proferre supervacaneum esset. Exinde namque infinitæ prope sunt Codicum Manuscriptorum inter se varietates. Et alioquin, quisquis veteres hujusmodi Libros tractare solet, ad primum conspectum, perinde atque in exemplaribus Latinis, recentiorem illam scripturam a vetustiori distinguere potest. In hac enim, quemadmodum & in aliis disciplinis, usus magister.

CAPUT X.

Alphabeta omnium formarum, quæ Libro secundo, tertio & quarto continentur, secundum ætatis ordinem: itemque arcanarum literarum Alphabeta.

POSTQUAM Chronico ordine omnium, quas quidem vidimus, Græcarum scripturarum Tabulas & specimina dedimus; operæ pretium fuerit cunctas variorum temporum formas repetere, atque uno sub aspectu ponere. Tabulam itaque concinnavimus, ubi secundum temporis rationem singulas cujusque literæ formas adferimus; additis etiam arcanis literis. Ne quis autem unde tales figuræ prodeant immemor, ad specimina omnia supra posita redire cogatur, visum est ad Lectoris commodum, unde propositi characteres excerpti sint carptim commemorare.

A, hæc forma prisca & vulgaris est: secunda in tribus saltem vetustissimis inscriptionibus observatur: tertia in antiquo marmore: quarta in nummo Æsillæ & in vetustissimis Codicibus passim: quinta in Deliaca inscriptione p. 122. sexta in nummis Antiochorum aliorumque Regum & civitatum Græciæ, punctisque notatur: septima ex marmore Diodori Papiæ, L. 2. c. 7. octava & nona in gemmis Basilidianorum observatur: decima item in gemmis Basilidianorum & in vetustis Tabulis æneis marmoreisque non raro: undecima item in gemmis Basilidianorum: duodecima in Glossario Laudunensi: decima-tertia in Libris a nono sæculo passim: decima-quarta in aliquot exemplaribus decimi-sæculi: decima-quinta in Libris manuscriptis noni ac decimi sæculi: decima-sexta in multis Codicibus a decimo sæculo: decima-septima, quæ est lineola recta, literæ præcedenti semper imponitur, legiturque ibi πα. Formæ autem Arcanæ Libro quarto, c. 4. pluribus explicantur.

B, hæc forma vetusta & vulgaris usus est : secunda exstat in marmore Baudelotiano : tertia Antiochorum, ut & omnes aliæ punctis notatæ : quarta in gemmis Basilidianorum : quinta in Chyndonactis inscriptione : sexta in Codice Colbertino septimi vel octavi sæculi : septima in altero Codice ejusdem circiter ævi : octava in manuscripto Laudunensi : nona in Cod. Colbertino octavi vel noni sæculi : tres sequentes in Codicibus passim a nono sæculo.

Γ, hæc est prisca hujus literæ forma, quæ semper in usu fuit : secunda in marmore Baudelotiano : tertia in columnis Farnezianis secundum veterem Ionicam formam insculptis : quarta in nummis Antiochorum, &c. quinta & sexta a nono sæculo vulgaris usûs fuere.

Δ, sic prisce scribitur : secunda forma Latino D similis, vetusta item est & Ionica, habeturque in columnis Farnezianis & alibi : tertia punctis notata ut supra : quarta in Manuscriptis charactere unciali a septimo sæculo : quinta, sexta & septima in Codice Lactantii : octava & nona a nono sæculo vulgaris sunt usus.

E, prima forma prisca est : secunda in marmore Deliaco : tertia in nummis Antiochorum ut supra : quarta in marmoribus & nummis ab initio Romani Imperii, & in Exemplaribus unciali charactere scriptis semper : quinta in marmoribus Neapolitanis, & in Libris a decimo sæculo : sexta in Libris unciali charactere scriptis ab octavo sæculo & in aliis posterioris ævi : septima in Codicibus noni & sequentium sæculorum.

ϛ, ἐπίσημον βαῦ hanc habet formam in vetustis nummis & marmoribus, & in Alphabetis Græcis, qui a Latinis conscripti sunt ad usque undecimum sæculum : secunda in vetustis item libris reperitur : tertia in quibusdam inscriptionibus Augustorum tempore : quarta in nummis Gallieni & nonnumquam in aliis ejusdem circiter ævi.

H, hæc forma prisco usu pro spiritu tantum usurpabatur : secunda, quæ est E vulgare, pro ἦτα adhibebatur primitus : tertia in nummis Antiochorum ut supra : quarta in Epitaphio Cosmiæ, L. 2. c. 7. quinta & sexta a nono sæculo vulgaris usus sunt.

Θ, sic prisce scribitur : secunda forma decussatis lineis prodit ex marmore Farneziano : tertia ex inscriptione Deliaca : quarta sub icone Theophrasti Romæ & alibi : quinta cum puncto in medio non infrequens & veteris formæ est : sexta in nummis Antiochorum : septima in antiquis tabulis Siculis Gualtheri : octava in Codicibus unciali charactere scriptis a septimo vel octavo sæculo : duæ postremæ a nono sæculo vulgares sunt.

I, priscam formam semper servavit : secunda cum punctis est Antiochorum ut supra : tertia sola magnitudine differt.

K, prima forma est prisci ac deinde perpetui usus : secunda Antiochorum : tertia a septimo sæculo usurpata fuit, & tantillum differt a prima : duæ postremæ ab nono sæculo obtinuerunt in Libris.

Λ, hæc forma prisca est : secunda in marmore Baudelotiano & in nummo Dancles : tertia in altero marmore Baudelotiano, in nummo Æsillæ, & in nummis innumeris pro anno significando : putaturque esse initium vocis λυκάβαντος : quarta in nummis Antiochorum ut supra : quinta nono, ut creditur, sæculo in libros advecta est, ut per transversam lineam cum præcedenti litera continuaretur : sexta per transversam ab altero latere lineam cum sequenti linea copulabatur : septima vulgaris est.

ALPHABETI GRÆCI VARIÆ PER ORDINEM ÆTATIS FORMÆ.

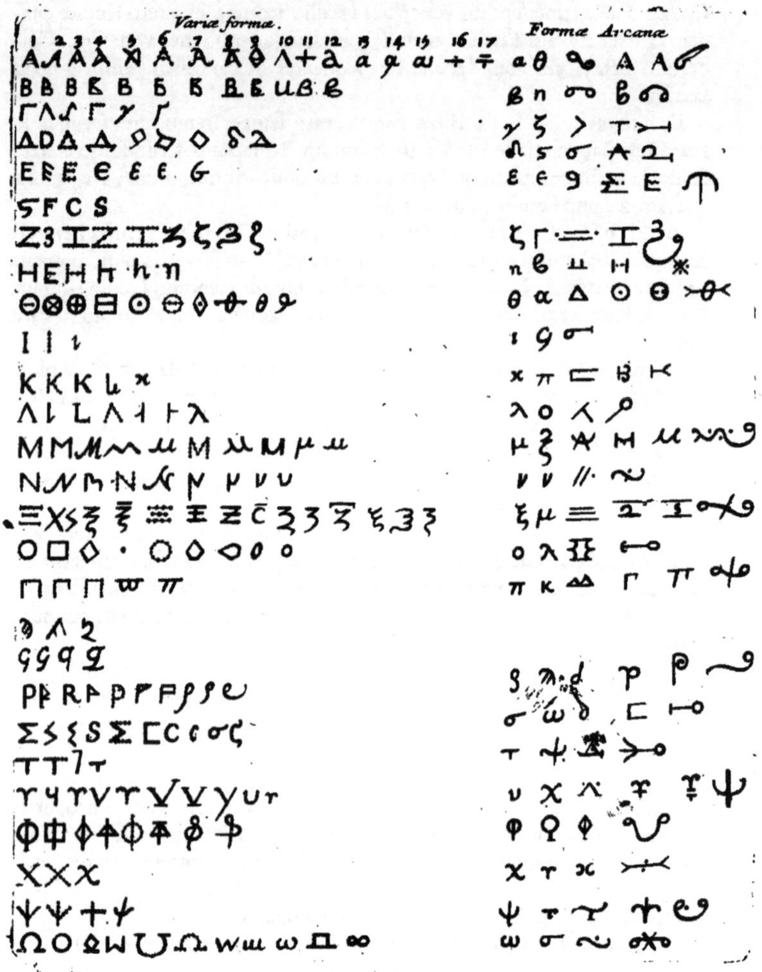

M, hanc formam prisce habet: altera item vetus est: tertia in marmoribus non paucis: quarta in nummo Amyntæ & aliis: quinta in aliquot vetustis marmoribus, & in Libris non paucis, unciali charactere scriptis: sexta in nummis Antiochorum: septima in Codice Lactantii Bononiensi: octava inter unciales literas septimi, octavi & noni sæculi: duæ postremæ vulgares sunt a nono sæculo.

N, prima forma prisca & vulgaris est: secunda in aliquot inscriptionibus remotissimæ vetustatis: tertia in nummo Amyntæ: quarta in numismatibus Antiochorum, ut supra: quinta in inscriptione Papiæ Diodori: sexta in Glossario Laudunensi: tres postremæ a nono sæculo vulgares sunt.

Ξ, prima forma post bellum Peloponnesiacum advecta videtur, annis ante Christi ortum circiter 450. nam antea secunda, quæ per duas literas χ & ς exprimitur, usurpabatur: tertia in aliquot marmoribus occurrit (vide Gruterum, p. LXXI.) & in vetustissimis Libris: quarta item in aliquot marmoribus: quinta in nummis Antiochorum ut supra: sexta in aliquot nummis & lapidibus: septima in gemmis Basilidianorum & alibi: octava item in gemmis Basilidianorum: nona in vetustissimis Libris charactere unciali quadro & rotundo, de quo initio Libri tertii: decima in Codice Murbacensi septimi circiter sæculi: undecima in Codicibus octavi & noni sæculi charactere unciali: duodecima passim a nono sæculo: decima-tertia in aliquot Codicibus noni sæculi: decima-quarta eodem circiter ævo.

O, prima forma priscæ vetustatis est: secunda in nummo Amyntæ & in vetustissimis marmoribus, atque in gemmis Basilidianorum passim: tertia in Tabulis Siculis Gualtheri in aliisque marmoribus: quarta, quæ est punctum crassum, in nummis Philippi Macedonis & in aliis: quinta punctis distincta in nummis Antiochorum &c. sexta & septima in gemmis Basilidianorum: octava oblonga in Codicibus octavi & noni sæculi: postrema vulgaris est, solaque magnitudine differt a prima.

Π, prima forma prisca est: secunda item in marmoribus vetustissimis passim habetur: tertia in nummis Antiochorum ut supra: duæ postremæ a nono sæculo vulgares sunt in Codicibus.

ϡ, ἐπίσημον σὰν πῖ secundum primam & secundam formam in aliquot vetustis Libris occurrit, secundum tertiam in marmoribus Oxoniensibus.

ϟ, ἐπίσημον κόππα, secundum formas quatuor ex vetustis Libris eruitur. Vide initio Libri secundi pro utroque episemo.

P, hæc prima forma prisca est: secunda habetur in marmore Baudelotiano: tertia in columna Farneziana: IV. in Deliaca inscriptione: V. punctis notata ut supra: VI. Basilidianorum: VII. in marmore quodam: reliquæ vulgares.

Σ, sic prisce scribitur, & hæc est forma vetus vulgaris in marmoribus & nummis: secunda forma in marmoribus Baudelotiano & Farneziano: tertia in quibusdam marmoribus & nummis pervetustis, ubi lineæ admodum diductæ visuntur: quarta, quæ est S Latinum, in Deliaco marmore, in nummo Æsillæ, in quadam Plinii inscriptione, & alibi: quinta punctis signata in nummis Antiochorum, &c. sexta in marmoribus ab initio Augustorum & Cæsarum frequenter, ut videas Libro secundo: septima a tempore Augustorum frequentius in nummis & inscriptionibus: atque in Libris quadro & rotundo unciali charactere descriptis ad usque septimum vel octavum sæculum hæc una forma deprehenditur; nimirum ad figuram C Latini: octava in Libris octavi & noni sæculi, qui uncialibus & oblongis literis descripti sunt: duæ postremæ frequentissime observantur a nono ad hoc usque sæculum, & hæ sunt vulgares formæ.

T, hæc est prisca vulgarisque forma, quæ nihil pene varietatis admisit: secunda cum punctis in numismatibus Antiochorum: tertia & quarta, a nono sæculo usurpantur: ac postrema nonnisi magnitudine differt a prima.

Υ, hac forma prisce scribitur: secunda ex nummo Amyntæ prodit: tertia in marmore Andocidis & in Ancyranis inscriptionibus passim habetur: quarta in nummo Græco Byzantio perantiquo nostro, & in gemmis Basilidianorum: quinta in nummis Antiochorum: sexta in Epitaphio Diodori Papiæ: septima in Chyndonactis inscriptione: octava in Codicibus sexti, septimi, octavi & noni sæculi, unciali charactere scriptis: nona & decima a nono sæculo vulgares sunt.

Φ, hac forma prisci est usus: secunda forma quadra Romæ habetur in quadam inscriptione vetustissima ad imum Iconis cujusdam: tertia in Nymphodori inscriptione & alibi: quarta in marmore insulæ Syro, referente D. de Tournefort: quinta in nummis Antiochorum ut supra: sexta in gemmis Basilidianorum: duæ postremæ in Manuscriptis a nono sæculo passim.

X, in omnibus formis nihil fere mutavit a prisca figura: secunda est in nummis Antiochorum: tertia usus vulgaris a nono sæculo.

Ψ, parum mutavit a prisca forma: secunda in nummis Antiochorum: tertia in gemmis Basilidianorum, & in manuscriptis unciali charactere scriptis octavo & nono sæculo passim: quarta vulgaris est a nono sæculo.

Ω, ante Christum annis circiter 450. inductum est: prius autem per O simpliciter scribebatur, ut videas initio Libri secundi: tertia forma, in Nymphodori inscriptione, vide Lib. 2. cap. 2. quarta in Tabulis Siculis Gualtheri: quinta in marmoribus Oxoniensibus: sexta in nummis Antiochorum: septima & octava in marmoribus; vide Lib. 2. cap. 7. nona in marmoribus & nummis passim ab imperio Augusti, in Libris item omnibus cujusvis ætatis: decima in Chyndonactis inscriptione: undecima a nono sæculo vulgaris fuit usus.

Quod ad arcanas vero formas, quæ in alia Tabulæ parte repræsentantur, hæc adjicere libet iis, quæ supra de Cryptographia diximus. Hæ igitur arcanæ literæ vel per commutationem characterum vulgaris Alphabeti fiunt, vel per figuras a Calligraphis vel Tachygraphis excogitatas, quales habentur in Tabula; vel invertendo vulgares formas, cujusmodi in eadem Tabula quædam repræsentantur; vel denique in ipsis Alphabetis veteres & tunc exoletæ literarum formæ ponebantur, ubi nulla plerumque arcani ratio.

ARCANÆ ET OBSOLETÆ FORMÆ.

Prima itaque arcana forma τοῦ α per θ repræsentatur: secunda a Scribis excogitata est, tertia & quarta, veterem, sed apud Græcos Librarios, ut plerumque diximus, obsoletam formam, referunt, ita ut prior transversæ lineæ loco duo puncta in medio habeat. Quinta Librariorum arbitrio effecta est.

Prima arcana forma τοῦ ϐ per ν exprimitur, secunda & quarta sunt ϐ resupinatum, tertia ϐ commune.

Γ, arcano more exhibetur primo per ζ: secundo per Γ inversum & reclinatum: tertio per T: quarto per furcam jacentem.

δ, primo per episemon ϛ repræsentatur, secundo per σ: tertio per aliam figuram, quæ A simul & Δ exprimere videtur: quarto per formam peregrinam.

ε, in arcanis formis per solam literarum commutationem factis non mutari solet: secunda forma arcana peregrina est, tertia, ad E majusculum accedit: quarta est E, quæ figura ante Romanum imperium unica erat, sub Romano autem imperio invecta putatur forma ∈. E vero priscum in Codicibus Græca manu scriptis prorsus obsolevit, ut sæpe diximus: quinta forma est ∈ supinum transversâ lineâ subtus ad perpendiculum positâ.

Prima arcana forma τ8 ζ est γ: secunda a Librariis excogitata, tertia est vetustissimi usus in marmoribus, ut videas passim Libro secundo, sed prorsus obsoleta in Libris: quarta, peregrina prorsus est & Librariorum commentum.

η, arcano more per Є primum exhibetur. Secunda est etiam Є, sic frequenter expressum a nono sæculo ω. Tertia est H majusculum cum duobus punctis in medio pro linea transversa.: quarta, astericus.

θ, per α primùm exprimitur. Secunda est Δ, quam usurpatam nusquam reperi; sed in Codice quodam Florentino, de quo supra cap. 4. inter arcanas habetur. Tertia & quarta vulgares sunt, sed cum uno puncto in priore, in altera cum duobus. Quinta item vulgaris est, sed linea transversa in furcas desinit.

ι, arcane scribitur primo per episemon *Sanpi*, secundo per aliam effictam formam peregrinam, quæ ad σ accedit.

κ, primam formam arcanam habet π, secundam a Librariis effictam: tertia & quarta ad germanam τ8 K formam accedunt cum parvo discrimine.

λ, primam formam arcanam habet ο, secundam vulgari λ non multum absimilem, tertiam, ο subjuncta linea.

Prima forma arcana τ8 μ est ξ. Secunda & quinta adinventæ a Librariis, tertia & quarta, in Codicibus passim & pro vulgaribus habentur.

ν, in arcanis formis per literarum commutationem factis vulgarem figuram retinet: aliæ duæ arcanæ formæ peregrinæ sunt, & a Librariis confictæ.

ξ, arcane scribitur, primo per μ. Secunda forma ad literam Ξ accedit, quæ in nullis Codicibus manuscriptis observatur. Reliquæ, a Librariis excogitatæ sunt.

ο, arcane exprimitur per λ, binæ formæ sequentes nutu Librariorum confictæ.

π, primam formam arcanam habet κ. Secunda & quinta Librariorum inventum: tertia & quarta prisci sunt usus; sed in Libris manuscriptis obsoleverunt.

Prima forma arcana τ8 ρ est *episemon Koppa*, secunda est ρ inversum, tertia & quarta a vulgari hujus literæ figura parum deflectunt. Postrema a Librariis efficta.

σ, in arcana scriptura primo per ω exprimitur: secunda & quarta forma Librariorum arbitrio confictæ sunt: tertia est Ⅽ olim in usu in marmoribus, in Libris vero numquam.

τ, in arcanisp er ↓ exprimitur, binæ reliquæ formæ confictæ sunt a Librariis.

υ, primam formam arcanam habet χ. Secundam & quintam a Librariis excogitatas, tertiam & quartam a vulgaribus priscis non recedentes.

φ, in vulgari Cryptographia, quæ fit per commutationem literarum, non mutari solet. Forma sequens a vulgari parum recedit, alia in veteribus Tabulis aliquando reperitur, postrema a Librariis inventa est.

χ per υ arcane scribitur secunda forma a vulgari parum deflectit, tertia a Librariis inventa.

χ, per τ arcane scribitur, ut in prima & secunda forma, tertia item est ψ, quarta a Librariis excogitata.

ψ, per τ arcane scribitur, ut in prima & secunda forma, tertia item est ψ, quarta a Librariis excogitata.

ω, primam arcanam formam habet σ. Secundam & tertiam a Librariis inventas.

Hæ porro formæ arcanæ erutæ sunt ex Codice Florentino, de quo supra. Habentur item in Regio quodam. Quia vero inter illas multæ sunt, quæ arcani rationem nullam habere videntur, æstimo Librarios permixtim posuisse, tum arcanas, tum eas quæ veteris usus & obsoletæ erant.

His igitur, quæ nunc dicimus, accinit Codex ille Regius, num 3242. fol. 116. ubi Alphabetum primo vetus Atticum ponitur. Deinde aliud secundum varias Græcorum formas. Prioris Alphabeti titulus est: Ἀλφάβητος κατὰ τοὺς παλαιοὺς Ἀττικούς. *Alphabetum secundum veteres Atticos*. Ubi notes vocem ἀλφάβητος apud Græcos feminini generis vulgo esse. In hoc autem Attico Alphabeto, nihil præter priscam literarum formam est, nisi Π, quod ita scribitur ΓΓ, quæ forma item in sequenti Alphabeto cum alia hujus literæ forma repræsentatur. Illud autem sequens Alphabetum, hunc titulum habet, ἑτέρα κατὰ τοὺς τῶν πανελλήνων τύπους; id est, *Aliud Alphabetum, secundum formas omnium Græcorum*. Ibi vero omnes pene formæ sunt, quales in Tabula efformatas vides eas, quæ priscæ non extraneæ nec Librariorum nutu effictæ sunt; iis exceptis, quas hic notamus. ϛ, hac forma habetur ⊑, quam nusquam usurpatam reperi. Ξ prisco more sic, & sic efformatur Ξ: has vero formas semel & in hoc tantum Codice expressas animadverti. Ibidem autem Ω sic prisco more scribitur. Et hæc de literarum formis variis.

PALÆOGRAPHIA GRÆCA,

LIBER QUINTUS.

DE ABBREVIATIONIBUS AC DE NOTIS disciplinarum & artium.

CAPUT PRIMUM.

De Abbreviationibus tritis. Recensentur errores non pauci per abbreviationes tritas importati. De Abbreviationibus singularibus, & de Abbreviationibus vocum & syllabarum, itemque Nominum propriorum, ac de Monocondiliis.

ABBREVIATIONES Græci Calligraphi a nono sæculo summopere frequentant: etenim ante istud ævum, cum unus in Libris uncialium literarum usus esset, infrequentius abbreviatum deprehendimus: abbreviationesque istiusmodi lectu faciles sunt, & obviæ. Excepta vero particula καὶ, quæ sic in uncialibus Manuscriptis, subjuncto calami ductu scribitur, Ks, ut videas in speciminibus Codicum vetustissimorum, & in alia inscriptione Cretensi, reliquæ priscæ abbreviationes numero paucæ, omissis aliquot unius vocis literis, & superposita linea designabantur: sunt autem illæ, ΘC, Θεὸς, KC, κύριος. ΑΝΟC, ἄνθρωπος, ΦΙΛΑΝΟC, φιλάνθρωπος, ΟΥΝΟC, οὐρανὸς cælum, ΠΗΡ, ΠΡC, ΠΡΙ, ΠΡΑ, ΠΡΕC, πατὴρ, πατρὸς, πατρὶ, πατέρα, πατέρες, & similiter, ΜΗΡ, ΜΡC, μήτηρ, μητρὸς, φιλομήτωρ, φιλομήτωρ, aliæque paucissimæ. Quæ tamen in Bibliis, aliisque Christianorum Libris, quia passim occurrunt, Calligraphorum operam summopere minuebant. Similiterque hæ abbreviationes in omnibus cujusvis ætatis Codicibus frequenter occurrunt ΙΗΛ, pro Ισραὴλ, ΙΛΗΜ, pro Ἱερουσαλὴμ, ΔΑΔ pro Δαυίδ. Nam quod

Δαβὶδ a recentioribus Græcis scribatur, id ex errore Græcorum infimi ævi, & ex commutatione literæ υ cum β ortum: nam antiquiores Codices omnes, sicubi vocem integram efferant, semper Δαυὶδ habent: idque ad duodecimum usque sæculum, & fortassis inferius. Hac autem de re jam monuimus in Præfatione ad opera Athanasii, & in Præfatione ad Commentaria Eusebii in Psalmos. Itemque in vetustissimis Codicibus, perinde atque in recentioribus, ΙС scribitur pro Ἰησοῦς, ΧС, pro χριστός, ΚС, pro κύριος, Ιω, pro Ἰωάννης, ΥС pro υἱός, & in casibus obliquis ΥΥ pro υἱοῦ, quemadmodum & ΧΥ pro χριστοῦ, ΘΥ pro Θεοῦ, ΚΥ pro κυρίου. In Dativo autem Θω, Κω, Χω, Θεῷ, Κυρίῳ, Χριστῷ. Pariter СΗΡ, СΡΟС, СΡΙ, СΡΑ, σωτὴρ, σωτῆρος, σωτῆρι, σωτῆρα. СΡΙΟС, СΡΙΑ, σωτήριος, σωτηρία. СΤΡΟС, СΤΡΟΥ, СΤΡῼ, σταυρὸς, σταυροῦ, σταυρῷ. Θ'κος, Θεοτόκος. Hæ inquam omnes abbreviationes in Codicibus Græcis cujusvis ætatis, & in Codicibus etiam unciali quadro & rotundo charactere descriptis observantur: & si quæ aliæ in iisdem reperiantur, eæ admodum paucæ sunt: ubi notandum est, aliam non infrequenter in iisdem ipsis Codicibus occurrere; videlicet N per lineolam supra positam expressum, ut ΤΗ, τὴν, ΨΥΧΗ, ψυχὴν, ΛΟΓΟ, λόγον, maxime autem in fine linearum. Hæ item supra memoratæ abbreviationes in exemplaribus charactere unciali oblongo ac deflexo exaratis, quæ ad octavum vel nonum sæculum pertinent, passim observantur.

Sub hæc autem nono circiter sæculo, quando Librarii Tachygraphorum ductus, nexusque literarum, ut expeditius currerent, adoptarunt, notas etiam & abbreviationes Notariorum passim frequentare cœperunt; alii plus, alii minus pro cujusque arbitrio: jamque decimo sæculo emissam videmus Exemplarium hujusmodi copiam. Sunt autem quædam adeo perplexe descriptæ, ut non tironibus modo; sed etiam peritis negotium facessant, occasioque lapsus sint. Imo etiam vel in obviis abbreviationibus, peritissimos interdum viros errasse comperimus; exempli causa in editionibus Xenophontis Hist. Græc. lib. 7. legitur Πρoκλῆς, ubi legendum Πατροκλῆς: error autem hinc ortus est, quod in Manuscriptis, abbreviandi causa, Πρoκλῆς pro Πατροκλῆς jaceret. Quod autem Πατροκλῆς sit legendum plane liquet: nam Libro sexto Patrocles dicitur is ipse, qui postea Procles vocatur. Auguror item par erratum libro tertio Thucydidis haberi, ubi Προκλῆς legitur, & fortasse Πατροκλῆς legendum oportuit. In subscriptionibus etiam Sardicensibus apud Athanasium in prius editis legebatur, Πρίκιος, *Pricius*, ubi sinceriores Codices habent, Πατρίκιος, *Patricius*, ut nos restituimus: error autem hinc accidit, quod Librarii abbreviandi causa Πρίκιος pro Πατρίκιος scripsissent. Et in iisdem editionibus Athanasii, ubi frequenter occurrit in exemplaribus manuscriptis vox abbreviata πρες pro πατέρες, Nannius manifesto lapsu semper legerat Πρεσβύτεροι, *Presbyteri*.

Græcos etiam Calligraphos in errorem interdum deducunt abbreviationes: sic in Codice Colbertino, num. 646. locus Epistolæ ad Galatas 4. 26. ἡ δὲ ἄνω Ἱλημ. *Illa autem, quæ sursum est Jerusalem*, ita mendose legitur, ἡ δὲ ἀνθρώπου Ἱερουσαλήμ: quia putavit Librarius ἄνω, abbreviatum, & pro αὐθέντῳ scriptum fuisse, uti fere semper solet in voce αὐθέντης per omnes casus.

Aliud item est abbreviationis genus, & quidem obvium, in quo frequentissime erratur; videlicet ος, quæ duæ literæ per primam solam, quando superne ponitur, exprimuntur, ut in λόγ', λόγος, πρ', πρὸς, & in compositione, πρλαμβάνειν προσλαμβάνειν; in compositione, inquam, innumeros pene lapsus in libris cusis animadverti, qui sensum pene totum perturbant: nam vocis προλαμβάνειν, verbi gratia, significatio, opposita prorsus est voci προσλαμβάνειν, prior enim *prævertere* & *præoccupare* significat; posterior, *admittere* & *accipere*. προσλαμβάνειν τινὰ, est quemdam admittere, accipere, approbare; sed προλαμβάνειν τινὰ, est quemdam prævertere, ejus propositum interpellare.

ȣ pro ου frequentissime occurrit, & in formas Typographiæ advectum est. Verum a multis pro α vel pro αυ habitum fuit, & vicissim α pro ου, unde lapsus innumeri orti sunt; plerosque notavimus in editionibus Athanasii, maximeque in Historia Arianorum ad Monachos, ubi epitheton, ἀσεβέστατος, impiissimus, quod frequentissime Constantio tribuit Athanasius, a Nannio in εὐσεβέστατος versum est: & quod plane mirum, sub finem operis, ubi Athanasius Constantium Pharaoni, Nabuchodonosori, confert, vere Antichristum esse pugnat, Costyllium γελοίως vocat, quasi cavillando in nomine Constantii, vocem εὐσεβέστατος, *piissimus*, cum talibus conviciis interseri videmus: nec mendum odoratur Nannius. Sed de his ibidem actum est, ac ex Regio aliisque Codicibus vox ἀσεβέστατος ubique restituta fuit. Verum quod Nannius, non usque adeo emunctæ naris homo, in tale erratum lapsus sit, non ita stupeas; quando simile, forteque gravius, Laurentius Valla & post eum Henricus Stephanus in editis Herodoti admiserunt: unde arguitur, quam proclive sit vel nasutioribus, in diuturno exscribendi & vertendi atque emendandi munere labi, & vel in rebus obviis & facillimis interdum corruere. Locus igitur Herodoti sic habet in editis omnibus, Melpom. paulo ante finem, ubi de Libyæ feris agitur, καὶ ἄγριοι ἄνδρες, καὶ γυναῖκες ἄγριαι, καὶ ἄλλα πλῆθει πολλὰ θηρία ἀκατάψευστα: ubi Laurentius Valla ita vertit, *Necnon viri feminæque agrestes, & aliæ permultæ feræ haud ementitæ.* Hæc ubi primum legi, risi sane feras illas haud dissimulatas & veraces: nam hic est loci sensus, si stet prior lectio: & mendum statim subodoratus legendum putavi, ἀκατάψαυστα, Codicesque Regios adii, qui hanc lectionem habent: quam veram & germanam esse nemo non fateatur. Vertendum itaque, *Necnon viri feminæque agrestes, & aliæ permultæ feræ intractabiles.*

Si autem in abbreviationibus & notis hujusmodi tritis & obviis tot tantosque Doctorum hominum lapsus deprehendimus, quot putes in aliis difficilioribus accidisse? Ea de causa operæ pretium duximus hic abbreviationes omnes, quas ex innumeris pene Codicibus excerpsimus duabus in Tabulis repræsentare, & explanare. Eas vero solum, quæ in vulgari scriptura occurrunt, hic locamus: nam peculiares nominum propriorum, monocondiliorum, monetarum, Rhetorum, Oratorum, Medicorum, in cæteris postea Tabulis adferemus.

In his autem duabus Tabulis usitatiores abbreviationes ut plurimum negleximus; in iis enim si quis erret, culpa sane sua labitur, quando illæ in vulgaribus Grammaticorum Tabulis exhibentur, & pleræque Typographicis formis expressæ sunt. In tanta vero Notarum sylva multas a nobis prætermissas fuisse non dubium est; id quippe vitari nequit, quantalibet cura & otio Codices evolvantur. Tot enim manuscripta exemplaria, quot in Bibliothecis habentur, legere, & singula observare, non est humanæ facultatis.

Primum locum obtinent abbreviationes quædam singulares, quarum prior, nusquam observata, ni fallor, [illegible] pro ἄρχ, frequenter occurrit in Codice Regio 2433. bombycino, undecimi sæculi; habeturque in aliis quibusdam, sed rarius. Secunda [illegible] pro παρὰ, in plurimis manuscriptis passim habetur: & innumeris fere mendis ansam dedit, maximeque in compositione. Nam plerique omnes legunt περὶ, nec culpandi videntur, quia περὶ sic abbreviatum legitur, [illegible], parvo discrimine. In verbis autem compositis περι & παρα longe diversum sensum efficiunt: nam περιγράφειν verbi causa, significat, circumscribere, παραγράφειν autem, vulgo sibi vult, scripta adulterare. Et tamen in multa incidi loca, ubi eadem de causa παρα pro περι legitur in compositione, ac proinde sententia vacillat. Inter easdem singulares abbreviationes Tabulæ primæ occurrit [illegible] pro μοναχός: in qua explicanda a Xylandro erratum esse jam notavit Cangius in Glossario Græco.

Quæ his subjunguntur autem, potius notæ quàm abbreviationes vocitentur: magna pars enim ne unam quidem vocis, quæ significatur, literam præferunt. Eæ vero ex Codice quodam Regio cum explicationibus excerptæ sunt, rarissimique sunt usus; nusquam enim adhuc usurpatas reperi. Reliquæ autem in duabus postremis primæ Tabulæ columnis, & in altera Tabula positæ, variis ex Codicibus exsumtæ fuerunt.

Observandum autem est abbreviationes sæpe easdem pluribus significandis vocibus usurpari; exempli causa [illegible] χρυσὸν, *aurum*, indicat, itemque χρόνος, *tempus*; atque etiam χρυσόστομος, Chrysostomus: idque per omnes casus. Tunc autem hujusmodi notæ & abbreviationis lectio ex sensu petenda est: quamquam fieri interdum possit, ut sententia in utrumvis quadret, & hinc dubitatio oriatur.

Numerales notæ ᾱ πρῶτος, *primus*, sic in reliquis numeralibus notantur, ubi advertendum est notam δ' δεύτερος, *secundus* interdum; sed sæpius τέταρτος, *quartus*, indicare. Eædem vero notæ quando una litera exprimuntur ᾱ, indiscriminatim & numeros, videlicet ἓν, *unum*, & voces numerales, ut πρῶτος, *primus* significant. Et sic de reliquis.

In vocibus abbreviatis aliquando plures, aliquando pauciores literæ ponuntur, sic μ', id est μνήμη, *Memoria*, sic interdum μνη ponitur, aliquando plures literæ in voce abbreviata ponuntur. Casus autem varii in hujusmodi notis per notas syllabarum finalium, quales in secunda tabula posuimus designantur: nonnumquam per accentus. Sæpe tamen sine ulla accentus nota abbreviatio eadem per omnes casus ponitur, & tunc casuum distinctio ex orationis serie petenda est. Horum exempla tute observabis in sequentibus Tabulis.

Φάσχα, quæ vox in secunda tabula cum abbreviatione legitur, in computis Ecclesiasticis Græcorum passim pro Πάσχα sumitur: quoniam, ut inquit Joannes Damascenus, sic Hebræi pronuntiabant, inde usus manavit ad Græcos.

Notandum denique est, Græcos Librarios plerumque pro arbitrio notas abbreviationum ponere, ita ut etsi multæ ejusmodi notæ passim ab omnibus usurpentur, aliquæ tamen non infrequenter occurrant, quæ nonnisi ex serie possint explicari & legi; ideoque in nominibus propriis singularibus, ubi sensus & series nullatenus juvant, vel peritissimi hærent.

abbreviationes singulares

- ἄρα
- παρὰ
- παρα in compositione
- κοινόν
- πάντα
- οὕω νοῦ τοσοῦτες
- οὐχ αὖτις
- ἐνεργείας
- εἰσι.
- ὑπὲρ, τὸ ὑπὲρ et
- οὗ οὕτως
- εἶναι
- πρόσωπον R. 1888.
- μοναχὸς
- ὅσος
- ἡμᾶν
- λόγος
- μὲν

Alia

- εἰσι et
- ἀλάζον
- ταῦτα
- γράμμα
- ἐν τῷ
- μεσημβρινὸν
- ὑπόμνημα
- χρόνος
- χρήσιμον
- σημεῖον
- ἐπειδὴ
- πῦρ
- ἡμέρα
- ἀὴρ et ἥλιος
- νύκτα
- θάλασσα
- ὄρθρος
- κόσμος
- λεπτὸν
- ἐνιαυτὸς
- φροντίσιν
- θεόλογος
- χερουβίμ
- εἰσιν
- σεραφίμ
- εἶναι
- ἀρχάγγελος
- καὶ ὁμοῦ
- ἄγγελος
- γίνεται
- δαιμόνιον

Articuli et particula adverbia

- ἀπὸ
- γάρ
- μήποτε
- πῶς
- περὶ
- διὰ
- κατὰ
- ὥσπερ
- μετὰ
- χωρὶς
- ἐντεῦθεν
- ὑπὲρ et
- κεκριμένως
- ὅτι et , ὅτι
- παρὰ
- κατα, κατ'
- πάλιν
- πρότερον
- et , καὶ
- τὴν τὸν τὴν
- τῶν
- πώποτε
- πῶς
- τε

alia confertim

- σάββατον
- κυριακὴ
- ἰνδικτιῶν
- χρόνος, χρόνον
- τεσσαρα, τεσσαρα κοντα
- ἑβδομὴ, ἑβδομήκοντα

et sic alii numeri

- πρῶτος
- et , δεύτερος
- ὥρα
- ἡμέρας

menses

- ἰανουάριος
- φεβρουάριος
- μάρτιος
- ἀπρίλλιος
- μάϊος
- ἰούνιος
- ἰούλιος
- αὔγουστος
- σεπτέμβριος
- ὀκτώβριος
- νοέμβριος
- δεκέμβριος

Alia

- ἀνάγνωσις
- ἀδελφὸς
- ἀγίου
- ἀπόκρισις
- ἀκάνητος
- ἀνὴρ
- ἀποστόλων
- ἀρχὴ
- ἀξιωθήσεται
- βασιλικὸν
- βούλεται
- γίνεται
- γράφεται
- δοκοῦντα
- ἐρώτησις
- δήποτε
- ἐκάλεσε
- ζῶον
- ζητούμενον
- εὐλόγησον
- θανατικὴ
- θερμὴ
- θερμαίνονται
- θύειν
- ἱλαστήριον

Alia

κε, κεφάλαιον
κελ, κεφαλὴ
κεκριμ, κεκριμένως
λέγ, λέγεται
λο, λογος
λο, λόγοις
λογ, λογων
λαο, λαον
μν, μνήμη
μερίδ, μερίδα
μον, μονῆς
μην, μηνὸς
νο, νοτάριος
νο, νοῦς
νομικ, νομικῆς
ὄν, (Ν) ὄνομα
οἰκε, οἰκέτην
πάντα, πάντα
προσ, πρόσωπον
πεπωκότος, πεπωκότος
παῖς, παῖς
παιδ, παιδίον
προσκυν, προσκυνεῖν
πυρώδ, πυρώδης
παπας, παπας
ἀρχιπαπ, ἀρχιπάπας
πρεσβ, πρεσβύτερος cod.
colb. 695. item πρ
πρ, πρεσβείαις cod.

colb. 25.
πόλ, πόλεως
στρατ, στρατηγὸν
σαρκ, σάρκα
σωσ, σῶσαι
συνεισερχ, συνεισέρχεται
(σ), σημαίνει, et σημειῶσαι
σφεν, σφενδόνης
ταῦ ÷, ταῦτα
χ, χάριν
ψωμ, ψώμια
πολ, πόλις. πολι, πολιτεία

Syllabae finales

, -ας
χιλιαδ, χιλιάδας
, -αν
κακί, κακίαν
, -αῖς
κεφαλ, κεφαλαῖς
, -εν
εἶπ, εἶπεν
, -ες
δαίμον, δαίμονες
, ες, ης
τῆς γλ, τῆς γλώσσης
, ην, , την
, ειν
προσκυν, προσκυνεῖν
ε, εα
Βασιλ, βασιλέα

, εις, θ, θεὶς
, ις
ἔμφασ, ἔμφασις
, ιν
δύναμ, δύναμιν
, ον,
πρόσωπ, πρόσωπον
(ο), ον, αὐτ, αὐτὸν
, ους, αὐτ, αὐτοὺς
, ως
, ων, χρων.
, μένην,
οἰκουμ, οἰκουμένην
ματ, μάτων
ἀσμάτ, ἀσμάτων
, νης
πλαν, πλάνης
, νιος
οὐραν, οὐράνιος
, ναν
οὐραν, οὐρανὸν
δο, δόξα
κεῖ, κεῖται
ὑπ, ὑπὲρ
ὁμ, ὁμοῦ
ττ
πταῦ, παῦλα
φασχ, φάσχα

Poſt ſequuntur in altera tabula nomina propria abbreviata : in quibus item legendis frequentiſſime erratum fuit, maximeque in Catenis, ubi ex abbreviationum ſimilitudine, alia nomina pro aliis lecta ſunt. v. g. Athanaſius pro Didymo, quia cum in Codicibus literæ Δ & λ admodum ſimiles ſint, duplex $\overset{\Delta}{\Delta}$ ſic poſitum, pro duplici α habitum fuit interdum, & lectum Ἀθανασίου. Nota Gregorium repræſentans, quando ſola ſcribitur, Gregorium Nazianzenum ſignificat. Pro Gregorio autem Nyſſeno indicando, adjicitur νυ, ut vides in tabula : interdum etiam νυσσηνου, in Catenis, Gregorium Nyſſenum ſignificat. S. Gregorium Magnum vocant Græci Γρηγόριον διάλογον, Gregorium Dialogum, ſive Dialogorum auctorem, quia ejus Dialogi jamdiu Græce verſi, in Græciamque deportati, apud Græcos, maxime Aſceticos, in pretio habentur. Item Θεοδώρητος pro Θεόδωρος accipitur, ac viciſſim, ob ſimilitudinem nominum, quæ in abbreviationibus, extremo ſolum apice plerumque variant. Nam quod Theodorus Heracleotes pro Mopſueſteno interdum ſumatur, & vice verſa; id ortum eſt ex Librariorum negligentia, qui civitatum nomina omiſerunt, deinde vero alii illa ſubſtituere conati, alium pro alio poſuerunt. Vulgo tamen quando Θεόδωρος ſimpliciter legitur, intelligas Heracleotam, nam Mopſueſtenum cum addito Μόψου ἑστίας ponunt accuratiores Librarii: licet id minime pro norma habendum, ſed cautio adhibenda ſit. Severus item pro Severiano nonnumquam accipitur : nam etſi quidam Librarii poſt Severiani nomen, Γαβάλων, Gabalorum, addant, ſæpe tamen omittunt.

Quod ad vocem autem Σισίννιος, quæ hac nota exprimitur σι, notes velim eam, ſive prorſus ſimiles, non adhiberi ſolere, niſi poſtquam nomen ejuſmodi antea in eodem Libro expreſſum fuit : alias enim ne divinando poſſet explicari. Jam diximus ſupra, ſiglam hanc ☧ quæ χρυσόστομον, Chryſoſtomum exprimit, χρόνον item & χρυσοῦ vel χρυσοῦς ſignificare, ex ſolaque ſerie deprehendi poſſe, utra ex his vocibus exprimatur. Eadem vero ipſa nota antiquitus in marmoribus & in nummis pro Χριστός, Chriſtos ſignificando uſurpabatur, & depingebatur in Labaro, ſeu vexillo Imperatorio : qua de re vide Cangium in utroque Gloſſario. In manuſcriptis autem hæc nota ad Chriſtum ſignificandum raro uſurpatur; ſed ejus vice ſcribitur χς, χῦ, χῶ, χν, χριστός, χριστοῦ, χριστῷ, χριστόν. In ſigla ſequenti, ☧ pro Ὠριγένης erratum perſæpe fuit. Multi quippe in marginibus Librorum eam notatam cernentes, Origenem indicari putaverunt. At illâ notâ marginali ὡραῖον, ſive ſpecioſum, eleganſque ſignificatur : eamque Calligraphi apponere ſolent, ut eleganti loco lectorem attendere moneant. Ex ſolo autem ſpiritu hæc internoſci poſſunt : nam ὡραῖον, denſum habet; Ὠριγένης vero lenem.

Eædem vero abbreviationes, modo breviores omiſſis pluribus literis ſunt, modo prolixiores paucioribus ſuppreſſis, ut ex uſu quivis animadvertat. Etſi autem non univerſas, quæ variis in Codicibus exſtant, neque etiam nomina propria omnia, quæ ſimilibus notis & abbreviationibus exprimuntur ſecundum varias formas, hic adtulerimus ; hæc tamen, quæ repræſentamus, ad alia hic prætermiſſa explicanda juvabunt : ſiquidem is, qui notam Γρ verbi gratia, Γρηγόριον ſignificare novit, notam Γρηγορ, idipſum ſibi velle ſtatim intelliget, & ſic de reliquis.

Secundùm illas nominum abbreviationes; Monocondilia ponimus. Eſt autem Monocondilion ductus calami, quo magnis, perplexis, continuatis

NOMINA PROPRIA ABBREVIATA.

λ ά Ακύλας	θεόφι, Θεόφιλος
α Αθανάσιος	ἰλημ, Ιερουσαλὴμ
ἀμμω Αμμώνιος	ιουβενα) Ιουβενάλιος
απο) απ, ἀπολ, Απολινάριος	ἱππο Ιππόλυτος
ἀντ Αντίγραφος	ἰσίδ Ισίδωρος
βα, βασ, βασ, Βασίλειος.	ιηλ Ισραὴλ
βίκτ Βίκτωρος πρεσβυτέρου	Ιω, Ιωάννης
γρη γρη Γρηγόριος	κυρίλ, κυ κυ, Κύριλλος
γυ νυ, vel νυ tantum, Γρηγόριος νύσσης.	κων Κωνσταντίνος
γεν, γεννα Γεννάδιος	νει) Νεῖλος
γεωρ Γεώργιος	ὀλυμ ολυμπιόδωρος
Δαδ, Δαυὶδ	ὁμ ὁμ ὅμηρος
Δ Δίδυμος	πολυ πολυχρόνιος
Διο, διόδ, Διοδ, Διόδωρος	σεβ, σεβαστὸς
εὐα Ευάγριος	σεβη, σευ, Σεβῆρος, et Σεβηριανὸς
εὐ, Ευσέβιος. ἀσεκ, Ευσέβιος καισαρείας	σεβηρ ιανὰ Σεβηριανὸς γαβάλων.
εὐδοξ φιλο, Εὔδοξος φιλόσοφος	σισ Σισίννιος
εὐστα, Ευστάθιος	σ, σ, συμ Σύμμαχος
θ. Θεοδοτίων	τι Τίτυ
θεοδωρ κυ Θεοδώρητος Κύρου	φι) φίλων
θεοδω, Θεόδωρος	χ Χρυσόστομος
θεοδ ηρα. Θεόδωρος ηρακλείας	ὠρ, ὠρ, ὠρι, ὠριγένης

nec intermissis lineis, nomina, lineæ integræ, interdumque plures una serie scribuntur: nos vocamus, *trait de plume*. Nomenque ortum est a κονδύλιον, sive κονδύλιον, *calamus*, vel *articulus digitorum*. Monocondilia vero in Chrysobullis & actis publicis, Notariorum sive Tachygraphorum manu scriptis, remotæ originis esse putamus; in libros autem a Calligraphis invecta Monocondilia sunt decimo circiter sæculo; nam in Codicibus ejusdem ævi, maxime vero sequentium sæculorum Monocondilia observantur: infimis autem temporibus usque adeo multiplicata sunt Monocondilia, ut si omnia referre quis vellet, vix posset uno & quidem peramplo volumine complecti. Monocondilia multa exhibet Martinus Crusius in Turcogræcia; sed infimi ævi, ac in quibus legendis non multum exercearis. Alia quædam profert Henr. Meibomius in collectione rerum Germanicarum. Nos ad specimen tantum bina Monocondiliorum exempla adferimus, sive inscriptiones duas Monocondiliis descriptas: aliud Monocondilion observatur infra in Diplomate Rogerii Regis; imo vero totum pene diploma Monocondiliis constare videtur. Ipsum infra prout in Autographo habetur, in tribus Tabulis repræsentamus.

Prima Monocondiliorum Tabula prodit ex Codice Regio 3271. fol. 88. atque ita vulgaribus typis legitur.

Τριὰς φαεινὴ τρισαυγὴς θεότης,
Στέφος βράβευε τῷ σῷ λάτρῃ Στεφάνῳ,
Καὶ παραδείσου τὸ πολύμορφον κάλλος.

Hoc est,

Trinitas splendida, deitas trina,
Coronam confer cultori tuo Stephano,
Et Paradisi speciosissimam pulcritudinem.

Eodem in Codice fol. 345. hæc item Monocondiliis descripta sunt: ἁγία τριὰς Στεφάνῳ τῷ σῷ δούλῳ καὶ λάτρῃ σῶσον, ἀμήν, ἀμήν, ἀμήν: Id est, *Sancta Trinitas Stephanum servum & cultorem tuum salvum fac, amen, amen, amen.*

Secunda Monocondiliorum Tabula profertur ex Codice Regio 2385. & sic habet, ἐτελειώθη ἡ παροῦσα βίβλος ἐν τῇ μονῇ τοῦ Γενεσίου διὰ χειρὸς Ἀθανασίου ἁμαρτωλοῦ μηνὶ Φεβρουαρίῳ ἑπτακαιδεκάτῃ, ἡμέρᾳ πέμπτῃ, ἰνδικτιῶνος δ'. Id est, *Absolutus est hic Liber in Monasterio Genesii, manu Athanasii peccatoris, mensis Februarii die decima-septima, feria quinta, Indictione quarta.* Hanc item Libro primo retulimus.

Quædam Monocondiliorum exempla adfert item Henricus Stephanus in fine Libri de infidis Græcæ linguæ Magistris, ex variis & longe disparatis locis consarcinata, & hæc ἀποσπασμάτια præferunt, τελευτήσαντος τοῦ Κύρου, παρέλαβε, *mortuo Cyro, accepit*; secunda linea hæc præfert, Ἀνακρέων γέρων εἶ, *Anacreon senex es*: tertia, λαβὼν ἔσοπτρον ἄθρει, *accepto speculo inspice*: quarta, κόμας μηκέτ' οὔσας, *comas non ultra exsistentes.*

Alia multa Monocondilia in Exemplaribus Græcis occurrunt, plerumque ita perplexa ut vix legi queant. Multi namque Calligraphi & Tachygraphi Græci id studebant, ut lectorem quam maxime poterant exercerent: quod item in Cryptographia observatum est.

I

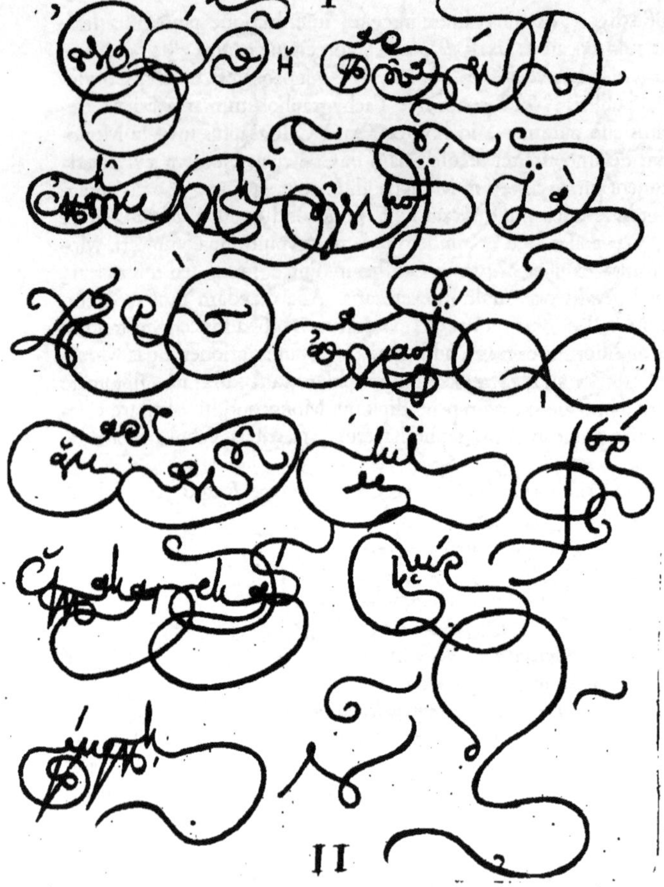

II

CAPUT II.

Notæ Rhetoricæ & Oratoriæ, omnium lectu difficillimæ. Tabula Alphabetica hujusmodi notarum.

EX Codice Regio, numero 3514. Notas omnium lectu difficillimas binis Tabulis descriptas, incredibili labore explicavimus. Codex ille Hermogenis Rhetorica complectitur, initio mutilus, estque decimi sæculi: notæ prima manu scriptæ sunt; ita concinnatæ ut singuli pene characteres, singularis figuræ, syllabas ut plurimum exprimant. Hoc vero characteris genere notæ tantum marginales delineantur; reliqua, vulgari decimi sæculi forma; ita tamen ut identidem pauci characteres marginalibus similes interserantur. Cæterum non in hoc uno Codice notas hujusmodi Oratorias & Rhetoricas reperimus; sed etiam in paucis aliis.

Literæ, exceptis quibusdam vocalibus, numquam solutæ sunt, sed syllabas exprimunt, duarum, trium, & interdum quatuor literarum, unde major inter legendum difficultas oritur. Etsi autem in paucis hactenus exemplaribus in tales formas inciderim; alia, ut credere est, latent, similibus inscripta notis, quæ sicubi occurrant, binarum Tabularum, quas subjicimus, auxilio facilius legentur.

Istiusmodi autem vel similibus notis usos olim Tachygraphos & Notarios fuisse non dubium: ab illoque notarum usu Notarii nomen ortum putatur. Notarum autem usum, non in actis publicis modo, sed etiam in Epistolis, & in aliis disciplinis, inque Libris varii generis adhibitum fuisse, non est quod ambigamus. Pro Epistolis quippe docet Ammianus Marcellinus, notas quasdam arcanas fuisse, narratque Libro XVIII. mulierem quamdam Assyriam nomine, nec taciturnam nec prudentem, *Ancillâ adscitâ notarum peritâ*, de re gravissima, que ibidem refertur, ad maritum scripsisse. Et eodem Libro dicit. *Quò reversis exploratoribus nostris, in vaginæ internis figuris notarum membranam reperimus scriptam, a Procopio ad nos perferri mandatam. . . . . . His ob perplexitatem ægerrime lectis, consilium suscipitur prudens.* Origenes in expositione Scripturarum, hortante & procurante Ammonio amico suo, Tachygraphis utebatur, qui currenti calamo, & Tachygraphicis haud dubie notis adhibitis, ejus dicta exciperent. Ταχυγράφοι τε αὐτῷ πλείους ἢ ἑπτὰ τὸν ἀριθμὸν παρῆσαν, ὑπαγορεύοντι χρόνοις τεταγμένοις ἀλλήλους ἀμείβοντες. βιβλιογράφοι τε οὐχ ἥττους, ἅμα καὶ κόραις ἐπὶ τὸ καλλιγραφεῖν ἠσκημέναις: Id est, *Tachygraphi autem plus quam septem ipsi aderant, qui statis temporibus & per vices dictantis verba notarent, Librarii item non pauci, cum puellis in scribendi elegantia exercitatis.* Quod ego sic intelligendum arbitror, ut Tachygraphi prius, dictantis, nec moras trahentis verba, pari celeritate notis exprimerent; Calligraphi autem & puellæ, ex Tachygraphorum notis hujusmodi, Libros eleganter perscriberent. Ludimagistros etiam notis usos esse sic Prudentius, de Cassiano Martyre canens, refert:

Præfuerat studiis puerilibus, & grege multo
Septus, Magister literarum sederat,
Verba notis brevibus comprendere cuncta peritus,
Raptimque punctis, cuncta præpetibus sequi.

Tachygraphiæ igitur & notarum usus pro variis disciplinis adhibebatur, quoniam, ut ait Basilius Epistola 150. ad Notarium, οἱ λόγοι τὴν φύσιν ὑπόπτερον ἔχουσι· διὰ τοῦτο σημείων χρῄζουσιν, ἵνα ἱπταμένων αὐτῶν, λάβῃ τὸ τάχος ὁ γράφων; *Verba naturam alatam habent: ideoque notis opus habent, ut ipsis avolantibus, Scriba celeritatem adhibeat.*

Hujusmodi porro notarum vetustissimi usus reliquias, in sequentibus Tabulis repræsentamus. Licet enim Codices, unde illæ excerptæ sunt, annos 700. vel 800. non superent, verisimile tamen eas ex priscis illis Notariis ad posterioris ævi Librarios emanasse.

Notas igitur illas binis tabulis exprimi curavimus: quarum prior notas ipsas ut in Codice jacent repræsentat; altera vero Alphabetico ordine cum literas, tum syllabas exprimit. Prioris autem tabulæ notæ sic vulgaribus typis habent.

Explicatio Notarum Codicis Regii, 3514.

Fol. 7. verso legitur, τὰ ὀνόματα τῶν ι. ῥητόρων, *Nomina decem Rhetorum*: sunt autem illi ut ibidem fertur, Antiphon Rhamnusius, Lysias Cephali, Isocrates, Isæus, Andocides, Demosthenes, Æschines, Lycurgus, Hyperides, Dinarchus.

Fol. 38. verso, σαφῶς φανερῶς, *Clare, manifeste.*

Fol. 84. Notam legere nequivimus.

Fol. 89. verso, περὶ τοῦ περιτρέπειν τὰς τοῦ ἐναντίου προτάσεις, *De propositionibus adversarii in dubium vocandis.*

Ibidem, κατὰ πόσους καὶ ποίους τρόπους ὁ κατήγορος τὰς τοῦ φεύγοντος περιτρέπει προτάσεις..... *Quot & quibus modis accusator defensoris propositiones in dubium vocet....*

Fol. 90. ποῦ καὶ πῶς ἐπιστήμην καὶ ἀκοὴν ἔμιξεν ὁ ῥήτωρ, καὶ διὰ τί, *Ubinam & quomodo Rhetor res certo cognitas cum auditis misceat.*

Ibid. πῶς ἔμιξεν ὁ ῥήτωρ τοὺς τρόπους τῶν τοῦ ἀντιδίκου προτάσεων, *Quomodo Rhetor adversarii figuras misceat.*

Fol. 90. verso, πῶς τὰ αὐτὰ λέγων ἢ ἑαυτῷ τις ἢ ἄλλῳ μὴ δόξῃ τὰ αὐτὰ λέγειν, καὶ τίς ὁ καιρὸς ἑκατέρας τούτου μεθόδου, ἐν ἑκάστῳ εἴδει. *Quomodo quis eadem ipsa repetens, nec sibi, neque aliis videatur eadem ipsa dicere, & quodnam utriusque methodi tempus, in singulis speciebus.*

Ibid. ποῖον ἡ συμβουλευτικὴ δέχεται, *Quid consultatio admittat.*

Ibid. ποῖον ἢ καὶ διὰ τί. *Quid & quare.*

Ibid. πῶς ἐν πανηγυρικοῖς. *Quomodo in Panegyricis.*

Fol. 91. ποίῳ εἴδει ἑκατέρα μέθοδος, *Qua specie utraque methodus.*

Ibid. περὶ τοῦ ἀνεπαχθῶς ἑαυτὸν ἐπαινεῖν μέθοδοι τρεῖς, *Tres methodi de modo laudandi semetipsum sine offensione & molestia.*

Fol. 91. verso, πῶς κοινότητι λόγου, *Quomodo communitate verbi.*

Ibid. πῶς τῇ ἀνάγκῃ, *Quomodo necessitate.*

Ibid. πῶς τῇ ἐπαλλαγῇ τοῦ προσώπου, *Quomodo mutatione personæ.*

Fol. 92. πῶς τὸ οἰκεῖον εἰσάγεις, *Quomodo proprium inducis.*

Ibid. περὶ τοῦ ἐναντίου ἐκβαλ....

Fol. 92. verso, περὶ δευτερολογιῶν, διὰ ποίας αἰτίας μερίζεται λόγος καὶ πῶς γίν. *De secundis actionibus, qua de causa oratio dividatur, idque quomodo fiat.*

TABULA

TABULA NOTARUM RHETORICARUM EX CODICE REGIO, 3514.

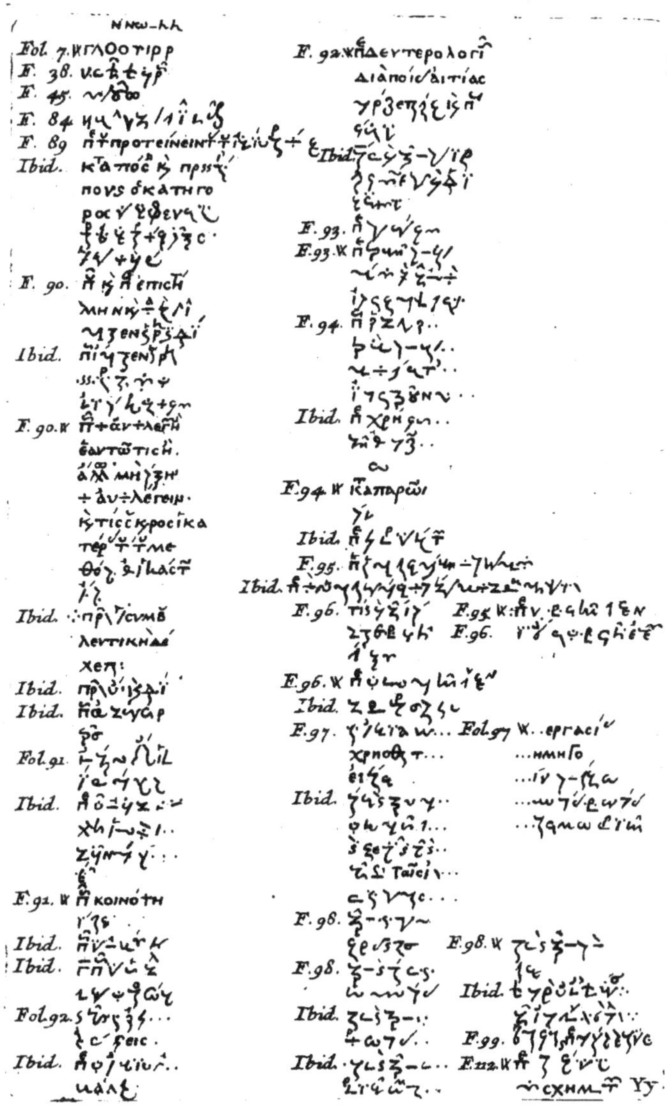

Ibid. πόσα καὶ ποῖα δευτερολογιῶν εἴδη, καὶ διὰ τί γίνωνται, *Quot & quales secundarum actionum species, & quare fiant.*

Fol. 93. περὶ διηγήσεως, *De narratione.*

Fol. 93. verso, περὶ κοινῶν διανοημάτων, καὶ πῶς αὐτὰ ἰδιοσόμεθα λέγοντες, *De communibus sententiis, & quomodo illas dicendo nobis proprias efficiamus.*

Fol. 94. πῶς οἱ παλαιοὶ κοινὰ διανοήματα λέγοντες ἰδιοποιοῦνται. *Quomodo Veteres communes sententias dicendo sibi proprias efficiunt.*

Ibid. περὶ χρήσεως ἐπῶν ἐν πεζῷ λόγῳ. *De usu carminum in pedestri oratione.*

Fol. 94. verso, κατὰ παρῳδίαν, *Secundum parodiam.*

Ibid. περὶ κεκρατηκότων, *De dominantibus affectibus.*

Fol. 95. περὶ ὁμολογουμένων ἀδικημάτων, *De injuriis in confesso habitis.*

Ibid. ὅτι τὰ ὡμολογουμένα ἀδικήματα παραμυθητέον, *Quod injuriis in confessa habitis consolatio sit adhibenda.*

Fol. 95. verso, περὶ τοῦ τραγικῶς λέγειν, *De modo tragice loquendi.*

Fol. 96. τίς καὶ πῶς ἐδίδαξε τραγικῶς λέγειν, *Quis & qua ratione tragice loquendi modum edocuit.*

Ibid. τί ἔργον τοῦ τραγικῶς λέγειν, *Quod opus est tragice loqui.*

Fol. 96. verso, περὶ τοῦ κωμικῶς λέγειν, *De modo comice loquendi.*

Ibid. παρὰ προσδοκίαν. *Præter expectationem.*

Fol. 97. τὸ ἐναντίαις χρῆσθαι ταῖς εἰκόσι, *De contrariarum imaginum usu.*

Ibid. πόσα καὶ ποίαν τοῦ κωμ. . . .

Fol. 97. verso, ἐργασία δημηγορίας, διαλόγου, κωμῳδίας, τραγῳδίας, συμποσίων Σωκρατικῶν, *Modus Concionis, Dialogi, Comœdiæ, Tragœdiæ, & Socraticorum conviviorum.*

Fol. 98. ποῖα εἴδη δημηγορίας καὶ πόσα, *Quot & quales Concionis species.*

Ibid. ποῖα καὶ πόσα κωμῳδίας, *Quot & quales Comœdiæ.*

Ibid. πόσα καὶ ποῖα εἴδη τραγῳδίας, *Quot & quales Tragœdiæ.*

Ibid. πόσα καὶ ποῖα Σωκρατικῶν συμποσίων, *Quot & quales species Socraticorum conviviorum.*

Fol. 98. verso, πόσα καὶ ποῖα διαλόγου, *Quot & quales Dialogi.*

Ibid. φανερὸν οὐκ ἀφανὴς πῶς ἐδήλωσεν ἔλαττον καὶ πλέον, *Manifestum non occultum esse quomodo docuit plus aut minus.*

Fol. 99. . . . περὶ μεθόδου δεινότητος. . . . *De methodo gravitatis.*

Fol. 112. verso, περὶ ποιότητος τῶν σχημάτων, *De qualitate figurarum.*

ALPHABETUM NOTARUM RHETORICARUM.

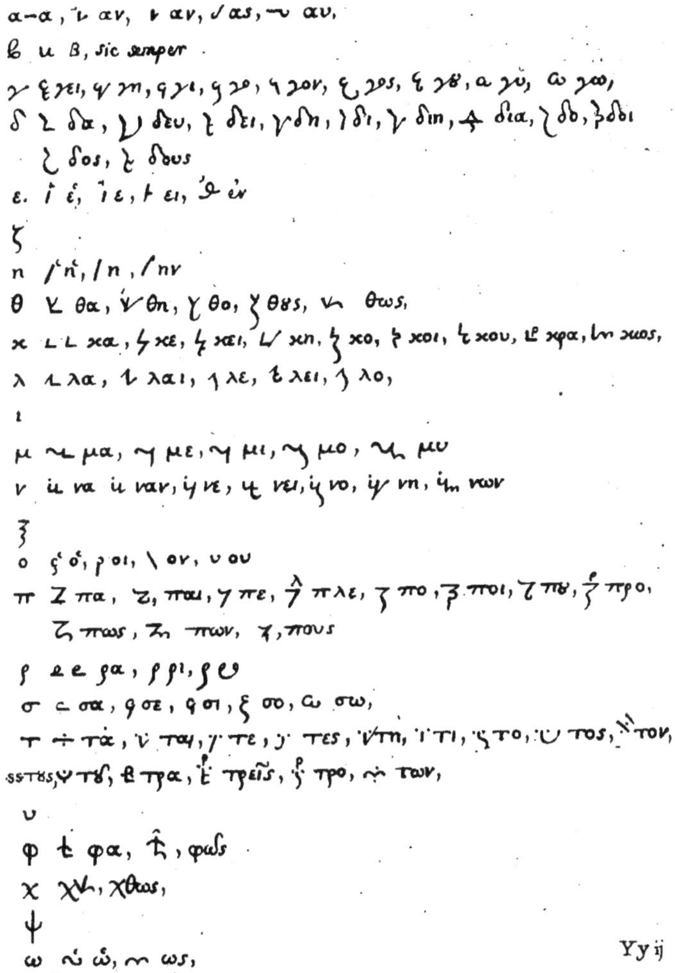

CAPUT III.

De notis Musicis tam veteribus, quam recentioribus, carptim.

ETsi in hoc opere ea solum explanare animus sit, quæ ad veterem scripturam Græcam pertinent, proindeque extra institutum esse videantur notæ illæ artium, quæ non literis & syllabis, sive arcano sive vulgari more scriptis, procedunt; sed aliis notis & signis cuique arti propriis; vel etiam literis non proprio sibi usu adhibitis; attamen pauca de Musicis notis tangere visum est: quoniam licet veterum Harmonicorum sive Musicorum scripta bene multa in lucem edita & a viris doctis explanata fuerint, ea non semper in promptu sunt iis, qui Codices manuscriptos evolvere solent; de recentiore vero apud Græcos Ecclesiasticos Musica pauca hactenus tradita sunt, quamobrem non abs re erit hic pauca ejusdem specimina proponere.

Antiquæ Musicæ auctores octo Græcos edidit, restituit ac notis explicavit Marcus Meibomius anno 1652. typis Elzevirianis. Ac non ita pridem in Anglia in lucem emissa sunt Ptolemæi Harmonica, Ibi vero non tantum Musicæ notæ tonorumque distinctiones adferuntur & explanantur; sed etiam ad hodiernas Musicæ notas, quantum conantibus licuit, reducuntur. Ad specimen dumtaxat hic Alypii veteris Musici Notas Lydii modi repræsentare visum est; ut si cui istiusmodi notæ in Codicibus Græcis occurrant, qua de re agatur intelligere valeat.

Προσλαμβανόμενος, ζῆτα ἐλλιπὲς καὶ ταῦ πλάγιον.	7⊢	Proslambanomenos, zeta imperfectum, & tau jacens.
Ὑπάτη ὑπατῶν γάμμα ἀπεστραμμένον, καὶ γάμμα ὀρθόν.	⅂Γ	Hypate hypatôn, gamma aversum, & gamma rectum.
Παρυπάτη ὑπατῶν, βῆτα ἐλλιπὲς, καὶ γάμμα ἀπεστραμμένον.	R L	Parypate hypatôn, bêta imperfectum, & gamma inversum.
Ὑπατῶν διάτονος, φῖ καὶ δίγαμμα.	Φ F	Hypatôn diatonos, phi & digamma.
Ὑπάτη μέσων, σῖγμα καὶ σῖγμα.	C C	Hypate mesôn, sigma & sigma.
Παρυπάτη μέσων ῥῶ καὶ σῖγμα ἀνεστραμμένον.	P ◡	Parypate mesôn, rho & sigma inversum.
Μέσων διάτονος, μῦ καὶ πῖ καθελκυσμένον.	M Γ	Mesôn diatonos, my & pi diductum.
Μέση, ἰῶτα καὶ λάμβδα πλάγιον.	I ∢	Mese, iota & lambda jacens.
Τρίτη συνημμένων, θῆτα καὶ λάμβδα ἀνεστραμμένον.	Θ V	Trite synemmenôn, theta & lambda inversum.
Συνημμένων διάτονος, γάμμα καὶ νῦ.	T N	Synemmenôn diatonos, gamma & ny.
Νήτη συνημμένων, ω τετράγωνον ὕπτιον, καὶ ζῆτα.	⊔Z	Nete synemmenôn, ω quadratum supinum & zeta.
Παραμέση, ζῆτα καὶ πῖ πλάγιον.	Z Ľ	Paramese, zeta & pi jacens.
Τρίτη διεζευγμένων, Ε τετράγωνον, καὶ πῖ ἀνεστραμμένον.	E ⅃	Trite diezeugmenôn, E quadratum & pi inversum.
Διεζευγμένων διάτονος, ω τετράγωνον ὕπτιον, καὶ ζῆτα.	⊔Z	Diezeugmenôn diatonos, ω quadratum supinum, & zeta.

Νήτη διεζευγμένων, φῖ πλάγιον, καὶ ἦτα ἀμελητικὸν καθελκυσμένον.	ϕ η	Nete diezeugmenôn, ϕ jacens, & η negligentius pictum & diductum.
Τρίτη ὑπερβολαίων, Υ κάτω νεῦον, καὶ ἡμίαλφα ἀριστερὸν, ἄνω νεῦον.	λ F	Trite hyperbolæôn, Υ deorsum respiciens, & dimidium alpha sinistrum, sursum respiciens.
Ὑπερβολαίων διάτονος, μῦ καὶ πῖ καθελκυσμένον, ἐπὶ τὴν ὀξύτητα.	Μ Γ'	Hyperbolæôn diatonos, my & pi diductum, supra habens accentum acutum.
Νήτη ὑπερβολαίων, ἰῶτα καὶ λάμβδα πλάγιον, ἐπὶ τὴν ὀξύτητα.	Ι <'	Nete hyperbolæôn, iota & lambda jacens supra habens accentum acutum.

Hi sunt Lydii modi apud Alypium secundùm genus diatonum: præter hos autem habentur ibidem Hypolydii, & Hyperlydii eodem genere: Æolii quoque modi in genere diatono, itemque hypoæolii & hyperæolii: Phrygii, Hypophrygii, & Hyperphrygii: Iastii, Hypoiastii, & Hyperiastii: Dorii, Hypodorii, & Hyperdorii. Deinde vero Lydii modi signa in genere Chromatico, & consequenter Hypolydii & Hyperlydii, Æolii item, &c. demum Notæ modorum omnium in genere Enarmonio. In variis autem

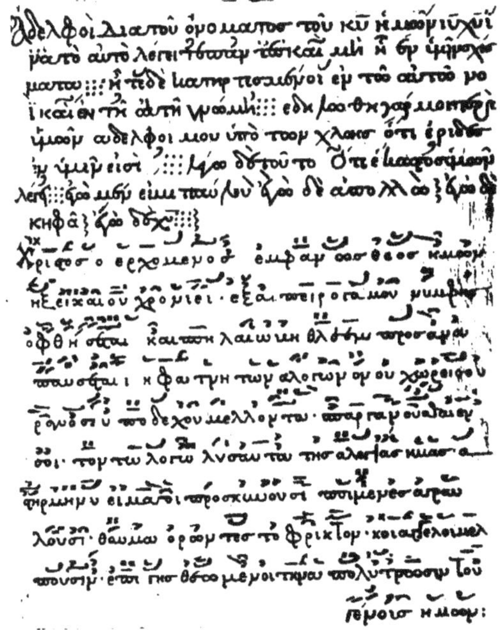

illis modis eædem, quæ supra, notæ sæpe recurrunt, additis aliis ad distinctionem. Verum hæc sufficiant ad specimen & exemplum, ut si quis in evolvendis Codicibus in tales notas incidat, in his non omnino hospes sit. His similia exhibet Boëtius, Libro IV. de Musica, Cap. III. ubi notas Musicas ab his paulum diversas profert; nisi tamen illa diversitas Librariis sensim a priscâ formâ deflectentibus adscribenda sit. Si quis hac de re plura desideraverit, supra laudatos Musicorum & Harmonicorum libros adeat.

Quod ad notas vero pro cantu Ecclesiastico, eæ duplicis generis sunt: aliæ scilicet pro inflexionibus vocum inter legendum adhibitis, quarum specimina quædam adtulimus supra, Libro III. sub finem: jamque aliud exemplum dedimus ex Codice Basilianorum Romæ XI. sæculi, ubi notæ frequentiores ac diversæ sunt. Aliæ notæ sunt pro modulationibus majoribus & prolixioribus, superne & extra scriptionis seriem depictis: quarum exemplum damus ex Codice Colbertino XI. sæculi, qui complectitur totum Græcorum officium per annum, cum contaciis, versiculis, odis, triodiis, aliisque Officii divini partibus.

In primo legitur ex Epist. I. ad Corinthios, cap. I. 10.

Ἀδελφοὶ διὰ τοῦ ὀνόματος τοῦ κυρίου ἡμῶν Ἰησοῦ χριστοῦ, ἵνα τὸ αὐτὸ λέγητε πάντες, καὶ μὴ ᾖ ἐν ὑμῖν σχίσματα· ἦτε δὲ κατηρτισμένοι ἐν τῷ αὐτῷ νοΐ, καὶ ἐν τῇ αὐτῇ γνώμῃ· ἐδηλώθη γάρ μοι περὶ ὑμῶν ἀδελφοί μου ὑπὸ τῶν Χλόης, ὅτι ἔριδες ἐν ὑμῖν εἰσιν. λέγω δὲ τοῦτο ὅτι ἕκαστος ὑμῶν λέγει· ἐγὼ μὲν εἰμι Παύλου, ἐγὼ δὲ Ἀπολλῶ, ἐγὼ δὲ Κηφᾶ, ἐγὼ δὲ χριστοῦ.

Fratres, per nomen Domini nostri Jesu Christi, idipsum dicatis omnes, & non sint in vobis schismata: sitis autem perfecti in eodem sensu & in eadem sententia. Significatum est enim mihi de vobis ab iis qui sunt Chloes, quia contentiones sunt inter vos. Hoc autem dico, quod unusquisque vestrûm dicit: Ego quidem sum Pauli, ego vero Apollo, ego vero Cephæ, ego autem Christi.

In secundo, pro modulationibus majoribus & prolixioribus.

Χριστὸς ὁ ἐρχόμενος ἐμφανῶς Θεὸς ἡμῶν, ἥξει καὶ οὐ χρονιεῖ· ἐξ ἀπειρογάμου νύμφης ὀφθήσεται, καὶ σπηλαίῳ Βηθλεὲμ προσαναπαύσεται. ἡ φάτνη τῶν ἀλόγων, ὃν οὐ χωρεῖ ὁ οὐρανὸς ὑποδέχου μέλλοντα σπαργανοῦσθαι ἐν σοί, τὸν τῷ λόγῳ λύσοντα τῆς ἀλογίας ἡμᾶς. ἀστὴρ μηνύει, μάγοι προσκυνοῦσι, ποιμένες ἀγραυλοῦσι, θαῦμα ὁρῶντες τὸ φρικτόν, καὶ ἄγγελοι μέλπουσιν ἐπὶ γῆς, θεώμενοι τὴν ἀπολύτρωσιν τοῦ γένους ἡμῶν.

Christus qui venit manifeste Deus noster, veniet & non tardabit, ex sponsa nuptialis tori experte apparebit, & in spelunca Bethleem reponetur. Præsepe irrationabilium, suscipe eum, quem cælum non capit, qui in te fasciis involvendus est, qui ratione & verbo soluturus est irrationabilitates nostras. Stella indicat, Magi adorant, Pastores in agro pernoctant, horrendum cernentes prodigium: & Angeli modulantur in terra, contemplantes redemtionem generis nostri.

Iisdem hodieque Notis Musicis utuntur Græci in cantu Ecclesiastico, ut a multis accepi. Plurimos hujusmodi notarum & Ecclesiastici cantus Codices manuscriptos in variis Galliæ & Italiæ Bibliothecis vidi. Usum autem Græcarum istiusmodi notarum cum hodierno nostro cantu Ecclesiastico conferre, non est præsentis instituti.

CAPUT IV.

De notis & de divisionibus Monetarum, tam veterum quam recentiorum: item de divisionibus Arithmeticis, & earum notis.

MONETARUM veterum, quæ ante Romanum Imperium apud Græcos in usu erant, signa & notæ non suppetunt adferendæ: hic agitur de iis, quæ postquam Græci in ditionem Romanorum venerant, in Græcia perinde atque in toto Romano Imperio adhibitæ sunt, quarum ut species, ita & notæ a Romanis pariter & Græcis frequentabantur. Posteaquam vero Romanum Imperium Constantinopolin translatum est, nova sensim monetarum genera, nova quoque signa, recepta sunt. Hic vero de utrisque monetarum generibus agitur. De Romanis hæ paucæ notæ & siglæ apud Græcos supersunt.

H--S *Sestertium*, q. d. semistertium, quia duos asses & semis antiquitus valebat. Hæc nota frequentissima est.

M̂, *μνᾶ μία*, *mina una*. $\overset{B}{M}$, *μναῖ δύο*, *minæ duæ*. $\overset{I}{M}$, *μναῖ*, *minæ*. Ex Inscriptione marmorum Oxoniensium, p. 93. posita tempore Hadriani Augusti. Erat autem mina aurea, mina argentea, mina Attica, mina Æginæa, de quarum pretio multi pertractarunt.

μν̃, *μνᾶ*, *mina*, item hoc modo abbreviatur in Opusculo de Mensuris & ponderibus, Analect. Græc. p. 394.

Ẋ, vel frequentius, ⚹ *δηνάριον*, *denarius*, ita dictus quod decem asses haberet. Vide supra, Lib. 2. Cap. 6.

Cæteras Romanorum veteres monetarias notas apud Græcos Scriptores non reperi. Constantinopolitanarum vero siglas ut in Analectis Græcis edidimus hic apponemus.

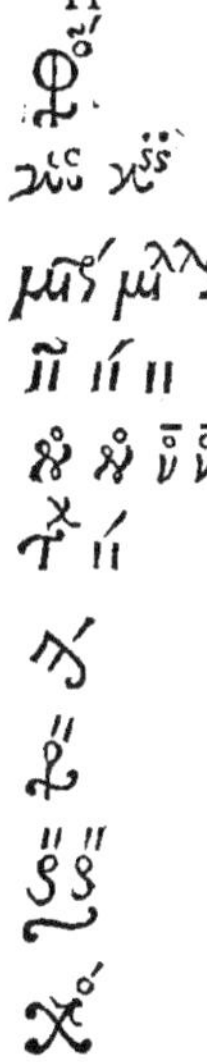

φόλλις, vel φόλλεις.

κεράτιον, vel κεράτια.

μιλλιαρήσιον, vel μιλλιαρήσια.

νόμισμα, vel νομίσματα.

νομίσματα.

τραχὺ νόμισμα.

λίτρα, vel λίτραι.

κεντηνάριον.

κεντηνάρια.

χαράγματος.

φόλλις, olim majoris pretii moneta, medio & infimo ævo omnium minima erat; ita ut Milliarense, quæ erat tenuis argentea moneta, pretio viginti-quatuor follium esset, κεράτιον autem, utpote dimidium Milliarensis, duodecim folles valeret: Nomisma vero, duodecim Milliarensia; sed postea sub Alexio Comneno, nomisma ad quatuor Milliarensia redactum fertur in Rationario Alexii Comneni, quod in Analectis Græcis edidimus pag. 377. Fortasse vero sub posterioribus Augustis, aliæ in Monetis mutationes, ut fieri solet, accesserunt; sed de iis nihildum reperimus in Mss. Libra septuaginta-duorum nomismatum erat: centenarium vero centum Librarum: & sic intelligas in Scriptoribus Byzantinis, ubi majores pecuniæ summæ passim per centenaria ducuntur. Quod ad postremam vero notam, quæ χαράγματος exprimit, ea vulgo cum nomismate conjungitur in Rationario, ita ut χαράγματος νόμισμα simpliciter, nomisma signatum significet; ad differentiam nomismatis, cum per minutiorem monetam solveretur, quo sensu dicitur, νόμισμα διὰ λεπτῶν ψηφίων.

Milliarensium notæ peculiari modo scribuntur hoc pacto.

μιλλιαρήσιον ἕν.
μιλλιαρήσια δύο.
μιλλιαρήσια τρία.
μιλλιαρήσια τέσσαρα.
μιλλαρήσια πέντε.
μιλλιαρήσια ϛ.
μιλλιαρήσια ζ
μιλλιαρήσια η.
μιλλαρήσια θ.
μιλλιαρήσια ι.
μιλλαρήσια ια.

Cujus numerationis ratio sic initur, lineæ supra positæ numeros duplicant, Φ vero numerice sumtum quingenta significat, sed per lineolam supra positam & duplicantem, mille indicat. Similiter ϙ notatum lineola subtus, mille significat, duplicatum vero per alteram lineam jacentem supra positam, duo milliaria, sive Milliarensia: & sic de reliquis. Cur autem argentea eaque tenuissima moneta Milliarense vocetur, non ita convenit inter monetariæ rei Scriptores: crederem ita vocatum quia libræ aureæ millesima pars olim fuerat. In Rationario autem nostro de quo supra, libra 864. Milliarensia tantum habere dicitur: libra quippe 72. nomismata habet, nomisma duodecim Milliariensia; si vero 12. per 72. multiplices, 864. computantur. Olim autem ut credere est libra mille milliarensia habuerat: ac milliarense sic vocabatur, quod libræ millesima pars esset. Subinde vero aucto milliarensis pretio

pretio, 864. pars libræ fuit, & ſub Alexio Comneno majorem in modum auctum eſt: nam is præcepit ut quatuor milliarenſia in poſterum nomiſma efficerent: cum autem libra 72. nomiſmatum eſſet, illa quater repetita ſumma ad 288. exurgit: tunc igitur Milliarenſe, libræ aureæ 288. pars fuit.

Jam ad diviſiones nomiſmatum earumque notas procedamus, quales ex Cod. Regio 2724. exſumtas edidimus in Analectis Græcis, p. 319.

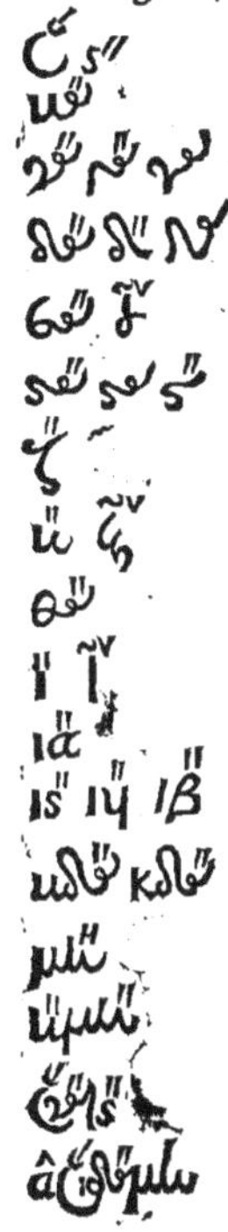

ἥμισυ, dimidium.
δίμοιρον, duæ tertiæ partes.
τριτημόριον vel τρίτον μέρος, tertia pars.
τέταρτον μέρος, quarta pars.
πέμπτον μέρος, quinta pars.
ἕκτον, ſexta.
ἕβδομον, ſeptima.
ὄγδοον, octava.
ἔννατον, nona.
δέκατον, decima.
ἑνδέκατον, undecima.
δωδέκατον, duodecima.
εἰκοστὸν τέταρτον, vigeſima-quarta.
τεσσαρακοστὸν ὄγδοον, quadrageſima-octava.
ὄγδοον τεσσαρακοστὸν ὄγδοον, octava & quadrageſima-octava.
ἥμισυ, τρίτον, δωδέκατον: dimidium, tertia, duodecima.
ἓν ἥμισυ, εἰκοστὸν τέταρτον, καὶ τεσσαρακοστὸν ὄγδοον, unum cum dimidio, vigeſima-quarta & quadrageſima-octava parte.

Hi porro numeri cum ſimul ponuntur, non ita dividuntur, ut ſecundus primi, tertius ſecundi ſit portio, ut putat Goarus in Notis ad Syncellum; ſed omnes quotquot fuerint, nomiſmatis partes ſunt, ut initio λογαριϰῆς ſive Rationarii declaratur his verbis.

Τὸ μη'' Φ ϛ. ὃ μη'' Φ ιβ. ὃ κδ'' μη'' φόλλεις ιη. Id eſt, *Quadrageſima-octava pars nomiſmatis, folles ſex; vigeſima-quarta, folles duodecim; vigeſima-quarta & quadrageſima-octava, folles octodecim, &c.*

C'', ἥμισυ, *dimidium*, hæc nota frequenter occurrit in Græcis exemplaribus manuſcriptis, & in quibuſdam editis vel perperam accepta, vel prætermiſſa fuit.

Hæ porro Arithmeticæ diviſiones, non pro Monetis tantum, earumque minutioribus partibus, uſurpabantur; ſed etiam pro aliis quibuſvis numericis diviſionibus in qualibet re & argumento, ut ex Codicibus Græcis ediſcimus; maximeque ex Regio num. 2724. unde ea, quæ præmiſſa ſunt, excerpſimus. Ibi namque primo παλαιὰ λογαριϰὴ τοῦ Αὐγούστου Καίσαρος; id eſt, *Vetus Ratio-*

narium Augusti Cæsaris; sive Ratio vectigalium exigendorum. Ubi notes ea, quæ de Tributis tempore Augusti exigi solitis hoc in Libro traduntur, non prorsus certa & explorata esse, utpote a Græco longe inferioris ævi conscripta; anno scilicet mundi, ut ibidem notatur fol. 48. 6691, id est Christi 1183. sed fides haud dubie habenda iis, quæ de Rationario Alexii Comneni ibidem leguntur, utpote ex ipsis Ærarii generalis Actis excepta, eodemque sæculo constituta, ut ibidem narratur. In his autem duobus Rationariis, Monetariæ notæ superius allatæ passim adhibentur. Similiterque in altero Libro iisdem subjuncto fol. 21. verso, cui titulus, ἀρχὴ σὺν θεῷ τῶν λιτρισμῶν: id est, *Initium cum Deo enumerationis Librarum*, ubi Nomismatum summæ ad libras reducuntur, septuaginta videlicet nomismatibus pro qualibet libra positis. Deinde fol. 33. verso legitur titulus: περὶ τῶν λεπτῶν τῆς λίτρας: hoc est, *De minutioribus Libræ partibus*, ubi supputatur quota pars libræ sit, talis talisque nomismatis portio usque ad minutissimas quasque particulas: iisdem semper adhibitis notis & signis, quæ supra repræsentavimus.

Sub hæc autem fol. 46. verso, eædem ipsæ divisiones numericæ cum notis atque siglis ut supra, adhibentur ad calculum Paschalem, cæterasque mensium, dierum, horarumque partes: quæ quomodo ducantur ex initio opusculi liquidum erit.

Ἀρχὴ σὺν θεῷ τῆς ψήφου τῶν πασχαλίων καὶ ἑτέρων διαφόρων ζητημάτων, καθὼς συνίστανται καὶ ψηφίζονται; καὶ εὑρίσκεται ἑνὸς ἑκάστου ζητήματος ἡ ἑρμηνεία.

Initium cum Deo supputationis Paschalium, & aliarum variarum quæstionum, quomodo constituantur & supputentur, & quomodo cujusvis quæstionis interpretatio reperiatur.

Ὁ ἐνιαυτὸς ἔχει μῆνας ιβ΄. οἵτινες εἰσὶν οὗτοι, Σεπτέμβριος, Ὀκτώβριος, Νοέμβριος, Δεκέμβριος, Ἰαννουάριος, Φεβρουάριος, Μάρτιος, Ἀπρίλλιος, Μάϊος, Ἰούνιος, Ἰούλιος, καὶ Αὔγουστος. ἕκαστος δὲ τῶν μηνῶν ἔχει νυχθήμερα τοσαῦτα, ἤγουν.

Annus habet menses 12. Sunt autem hi, September, October, November, December, Januarius, Februarius, Martius, Aprilis, Maius, Junius, Julius, Augustus. Unusquisque autem mensis noctes diesque habet quot infra enuntiantur.

Σεπτέμβριος ἔχει νυχθήμερα τριάκοντα, ἡ ἡμέρα ἔχει ὥρας ιβ΄. καὶ ἡ νὺξ ὥρας ιβ΄.

September habet noctes & dies triginta: dies habet horas 12. nox horas 12.

Ὀκτώβριος ἔχει νυχθήμερα λα΄. ἡ ἡμέρα ἔχει ὥρας ια΄. καὶ ἡ νὺξ ὥρας ιγ΄.

October habet noctes & dies 31. dies habet horas undecim, nox horas tredecim.

Νοέμβριος ἔχει νυχθήμερα λ΄. ἡ ἡμέρα ἔχει ὥρας ι΄. καὶ ἡ νὺξ ὥρας ιδ΄.

November habet noctes & dies 30. dies habet horas 10. nox horas 14.

Δεκέμβριος ἔχει νυχθήμερα λα΄. ἡ ἡμέρα ἔχει ὥρας θ΄. καὶ ἡ νὺξ ὥρας ιε΄.

December habet noctes & dies 31. dies habet horas 9. nox horas 15.

Ἰαννουάριος ἔχει νυχθήμερα λα΄. ἡ ἡμέρα ἔχει ὥρας ι΄. καὶ ἡ νὺξ ὥρας ιδ΄.

Januarius habet noctes & dies 31. dies habet horas 10. nox habet horas 14.

Φεβρουάριος ἔχει νυχθήμερα κη΄. δ΄ ἡ ἡμέρα ἔχει ὥρας ια΄. καὶ ἡ νὺξ ὥρας ιγ΄.

Februarius habet noctes & dies 28. cum quarta parte: dies habet horas 11. nox horas 13.

Μάρτιος ἔχει νυχθήμερα τριάκοντα ἕν,

Martius habet noctes & dies 31. dies

ἡ ἡμέρα ἔχει ὥρας ιϐʹ. καὶ ἡ νὺξ ὥρας ιϐʹ.

Απρίλλιος ἔχει νυχθήμερα τριάκοντα, ἡ ἡμέρα ἔχει ὥρας ιγʹ. καὶ ἡ νὺξ ὥρας ιαʹ.

Μαΐος ἔχει νυχθήμερα τριάκοντα ἕν. ἡ ἡμέρα ἔχει ὥρας ιδʹ. καὶ ἡ νὺξ ὥρας ιʹ.

Ιούνιος ἔχει νυχθήμερα λʹ. ἡ ἡμέρα ἔχει ὥρας ιεʹ. καὶ ἡ νὺξ ὥρας θʹ.

Ιούλιος ἔχει νυχθήμερα λαʹ. ἡ ἡμέρα ἔχει ὥρας ιδʹ. ἡ νὺξ ὥρας ιʹ.

Αὔγουστος ἔχει νυχθήμερα λαʹ. ἡ ἡμέρα ἔχει ὥρας ιγʹ. ἡ νὺξ ὥρας ιαʹ.

Ὁμοῦ τῶν δώδεκα μηνῶν, νυχθήμερα τξεʹ. τέταρτον, ἅτινα ποσοῦνται εἰς ἑϐδομάδας νϐʹ. νυχθήμερον ἕν, καὶ νυχθημέρου τὸ τέταρτον.

Ἕκαστον δὲ τῶν νυχθημέρων ἔχει ἀεὶ ὥρας κδʹ. ἑκάστη δὲ ὥρα ἔχει λεπτὰ εʹ. ἕκαστον λεπτὸν στιγμὰς τέσσαρας, καὶ ἑκάστη στιγμὴ ῥοπὰς δώδεκα.

Τοίνυν καὶ συμβαίνει ἔχειν τὸν χρόνον νυχθήμερα τξεʹ. τέταρτον· ὥρας τῶν αὐτῶν νυχθημέρων ηψξϛʹ. λεπτὰ, μυριάδας τέσσαρας, καὶ ͵γωλʹ. στιγμὰς μυριάδας δεκαεπτὰ καὶ ͵ετκʹ. καὶ ῥοπὰς μυριάδας σιʹ. καὶ ͵γωμʹ. ἐπεὶ γὰρ τὸ ἓν νυχθήμερον ἔχει ὥρας εἰκοσιτέσσαρας, δηλονότι καὶ ἑκάστου νυχθημέρου εἰσὶ λεπτὰ ρκʹ. στιγμαὶ υπʹ. καὶ ῥοπαὶ ͵εψξʹ. διὰ τὸ ἔχειν ἑκάστην ὥραν καθὼς ἀνωτέρω εἴρηται, λεπτὰ πέντε, στιγμὰς εἴκοσι, καὶ ῥοπὰς σμʹ.

habet horas 12. nox horas 12.

Aprilis habet noctes & dies 30. dies habet horas 13. nox horas 11.

Maius habet noctes & dies 31. dies habet horas 14. nox horas 10.

Junius habet noctes & dies 30. dies habet horas 15. nox horas 9.

Julius habet noctes & dies 31. dies habet horas 14. nox horas 10.

Augustus habet noctes & dies 31. dies habet horas 13. nox horas 11.

Duodecim mensium simul noctes & dies 365. cum quarta parte, quæ conficiunt 52. hebdomadas, cum nocte dieque una, & quarta parte noctis dieique unius.

Unumquodque noctis dieique spatium habet horas 24. Hora habet minuta 5. Minutum quodque puncta 4. Punctum quodlibet momenta 12.

Annus itaque habet noctes diesque 365. cum quarta unius noctis dieique parte: horas pro omnibus diebus 8766. minuta 43830. puncta 175320. momenta 2103840. Cum autem unumquodque noctis dieique spatium habeat horas 24. habet item, ut planum est, minuta 120. puncta 480. momenta 5760. quoniam, ut supra dictum est, quælibet hora habet minuta quinque, puncta viginti, momenta ducenta quadraginta.

Περὶ τοῦ Ινδίκτου.

Ιστέον ὅτι ἡ ἴνδικτος, ἥτις καλεῖται καὶ ἐπινέμησις, ἄρχεται ἀεὶ ἀπὸ τῆς πρώτης τοῦ Σεπτεϐρίου μηνὸς, ἀνέρχεται γὰρ ἕως ἐτῶν δεκαπέντε, καὶ πληροῦται, καὶ πάλιν ὑποστρέφει καὶ ἄρχεται πρώτη.

De Indictione.

Sciendum est Indictionem, quæ item *Epinemesis* vocatur, semper incipere a prima mensis Septembris, & ascendere usque ad annos quindecim, sicque compleri; iterumque resumi, & incipere primam.

Hæc adferre visum est: quoniam secundum memoratas anni, mensium dierumque divisiones in Codice Regio 2724. inque aliis quibusdam, agitur de Cyclo Lunæ, de Cyclo Solis, de Bissexto, de computo Paschali, de Epactis, de Methodo Epactarum Pastoritia, quæ Græce dicitur ποιμενική. Ad hæc autem omnia adscribuntur notæ & siglæ supra positæ pro numeris & divisionibus; ita ut si quis Codices manuscriptos Græcos evolvens in hæc incidat, statim qua de re agatur, & quo pertineant notæ & divisiones hujusmodi, intelligere valeat.

Observandum autem est in eodem Codice Regio, myriadum, sive denorum millium notas duobus punctis designari, sic α̈, μυριὰς, sive decem millia. β̈, μυριάδες δύο, sive viginti millia. γ̈, μυριάδες τρεῖς, sive triginta millia, & sic in infinitum usque ad myriades myriadum : quod item in aliis exemplaribus manuscriptis observavimus.

Post Monetarum autem notas & Arithmeticas divisiones, quales attulimus supra, subsequuntur in Analectis Græcis, p. 320. notæ vectigalium, hoc modo :

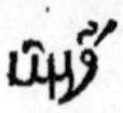 δημόσιον.

 δικέρατον.

 ἑξάφολλον.

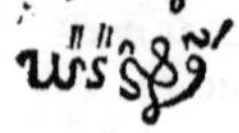 δικερατοεξάφολλον.

 ἐλατικόν.

Δημόσιον erat tributum ipsum, quod Imperatori pensitabatur. Abbreviatur autem per ϛ initio, imperitiâ Græcorum infimi ævi, qui διμόσιον legebant, & perinde atque in δικέρατον, quod duo κεράτια indicat, ac si in διμόσιον, δι duo exprimeret, per literam numeralem ϛ, quæ duo significat, nomen διμόσιον expresserunt.

Δικέρατον vox derivata a δὶς & κεράτιον, *duo ceratia* : quia pro unoquoque nomismate tributi nomine pensitato, duo insuper ceratia exigebantur, & ad Secretum, (sic vocabant ærarium, sive ædem vectigalibus recipiendis deputatam,) deferebatur. Hujus autem novi vectigalis institutionem referre videtur Cedrenus ad Leonem Isaurum; Constantinus vero Manasses ad Nicephorum Constantini & Irenes successorem : etsi ex hujus verbis ambigi possit, an de institutione, an de renovatione tantum talis tributi loquatur. Sed vetustiorem ejus originem esse indicat Rationarium ex ærarii instrumentis exsumtum. Cedrenus autem ideo ad Leonem Isaurum hujus tributi institutionem refert, etsi perperam, quia ille hujusmodi tributum redintegravit, & Hexaphollo, sive sex follibus auxit, ut in eodem Rationario narratur: quamobrem δικέρατον, sive *duorum ceratiorum vectigal*, & ἑξάφολλον, *sex follium*, una voce sic exprimuntur, δικερατοεξάφολλον, ut supra, quia videlicet, δικέρατον a Leone Isauro, Hexaphollo auctum est.

Ἐλατικὸν, sive *Elaticum*, merces apparitoris, seu cogentis ad solvendum, a quibusdam *compulsorium* dicitur : compulsori autem vigesima-quarta pars cujusque nomismatis in mercedem cedebat.

CAPUT V.

De Notis Mensurarum & Ponderum, tam solidorum, quam liquidorum : & de notis marginalibus Librorum.

MENSURAS solidorum adfert, numerat & explicat Hero nobilis Geometra in opusculo περὶ εὐθυμετρικῶν, seu de mensuris rectis, sive ut explicat ipse κατὰ τὸ μῆκος μόνον, *secundum longitudinem tantum.* Id autem ait, quia de sola mensurarum definitione, earumdemque inter se comparatione agitur : nam alioqui conspicuum est has mensuras perinde pro latitudine ac pro longitudine usurpari posse.

Mensuræ hujusmodi sunt ex Herone, digitus, palmus, dichas, spithame sive dodrans, pes, πυγὼν, *pygon*, cubitus, passus, ξύλον, *xylum*, ulna, calamus, ἄκαινα, *acena*, ἄμμα, *amma*, plethrum, jugerum, stadium, diaulum, milliare, schœnus, parasanges. Hæ vero solidorum mensuræ, secundum superficiem tantum usurpantur : nam pro cubis, alia mensuræ ratio proponitur.

Δάκτυλος, *digitus*, est omnium supra memoratarum minima : quæ autem minores illo sunt, μόρια, sive particulæ vocantur. Dividuntur autem in dimidium, tertiam partem, quartam, quintam, &c. ac per allatas superiori Capite notas Arithmeticas divisionum exprimi solent.

Παλαιστὴς, *palmus*, habet digitos octo.

Διχὰς, *dichas*, habet palmos duos, digitos quatuor.

Σπιθαμὴ, *spithame*, habet palmos tres, digitos duodecim : ubi advertas errasse quosdam, qui spithamen pro palmo habuerunt, ut jam monuimus, Lib. 1. Cap. 1.

Ποὺς, *pes*, inquit Hero, distinguitur in Regium sive Philæterium, & Italicum; Regius habet palmos 4. digitos 16. Italicus, digitos 13. & tertiam digiti partem.

Πυγὼν, *pygon*, habet palmos 5. digitos 20.

Πῆχυς, *cubitus*, habet palmos sex, digitos 24. vocatur quoque ξυλοπριστικὸς πῆχυς, *xylopristicus*, sive ligni sectilis cubitus.

Βῆμα, *passus*, habet cubitum unum cum duabus tertiis partibus, palmos 10. digitos 40.

Ξύλον, *xylum*, *lignum*, (nos dicimus, *perche*,) habet cubitos tres, pedes 4. cum dimidio, palmos 18. digitos 72.

Ὀργυιὰ, *ulna*, habet cubitos quatuor, pedes Philetærios sex, Italicos 7. cum quinta parte.

Κάλαμος, *calamus*, habet cubitos sex cum duabus tertiis partibus, pedes Philæterios 10. Italicos 12.

Ἄμμα, *amma*, habet cubitos 40. pedes Philetærios 60. Italicos 72.

Πλέθρον, *plethrum*, habet acenas 10. cubitos 66. cum duabus tertiis partibus, pedes, Philetærios quidem 100. Italicos vero 120.

Ἄκαινα, *acena*, habet pedes Philetærios 10. scilicet digitos 160.

Ἰούγερον, *jugerum*, habet plethra duo, acenas 20. cubitos 133. cum tertia cubiti parte, pedes Philetærios, longitudine quidem ducentos, latitudine vero centum : Italicos autem, longitudine pedes 240. latitudine 120. ita ut in tetragono ſint embadi, ſeu areæ, 28800.

Στάδιον, *ſtadium*, habet plethra ſex, acenas 60. cubitos 400. pedes Philetærios 600. Italicos 720.

Δίαυλον, *diaulum*, habet plethra 12. ſive ſtadia 2. acenas 120. cubitos 800. pedes Philetærios 1200. Italicos vero 1440.

Μίλιον, *milliare*, habet ſtadia ſeptem cum dimidio, plethra 45. acenas 450. ulnas 750. paſſus 1800. cubitos 3000. pedes Philetærios 4500. Italicos 5400.

Σχοῖνος, *ſchœnus*, habet milliaria 4. ſtadia 30.

Παρασάγγης, *paraſanges*, habet milliaria 4. ſtadia 30. Eſt autem menſura Perſica.

Hæc de antiquis menſuris Hero : ex his autem menſurarum nominibus hæc tantum abbreviantur in Cod. Regio 2724.

ϛ ᾱ ϛ χ. χ' ϛ
Δ, π, πο, πη, πη, ϛα. δακτύλους, παλαιστὰς, πόδας, πῆχυς, πήχεις, στάδια.

Diviſiones autem menſurarum, iiſdem notis ſignificantur, quibus Monetarum diviſiones capite præcedenti.

Præter illas veteres menſuras alias item adfert Hero, quæ ſuo tempore in uſu erant: & eæ quidem non nomine differunt, ut plurimum; ſed quantitate.

Δάκτυλος, *digitus*, inquit ille, menſura omnium minima, etiam μονὰς, ſive unitas vocatur & dividitur in particulas.

Κόνδυλος, *Condylus*, habet digitos duos.

Παλαιστὴς, *palmus*, a quibuſdam τέταρτον, ſive quartum vocatur, quod quatuor conſtet digitis, vel quod ſit quarta pars pedis : quidam vero, τρίτον, *tertium* vocant, quod ſit tertia pars ſpithames : ſpithame enim tria quarta habet; pes vero, quatuor.

Διχὰς, *dichas*, conſtat palmis duobus, nimirum octo digitis, quatuor condylis : vocaturque duæ tertiæ partes ſpithames. Dichas vero dicitur, duorum digitorum apertura, nempe pollicis & indicis : quam & cœnoſtomum, κοινόστομον, quidam vocant.

Σπιθαμὴ, *ſpithame*, habet palmos tres, nempe digitos 12. condylos 6.

Ποὺς, *pes*, habet ſpithamen unam cum tertia parte, nempe palmos 4. condylos 8. digitos 16.

Πῆχυς, *cubitus*, habet pedes duos, ſive duas ſpithamas, cum duabus tertiis ſpithames partibus, palmos 8. condylos 16. digitos 32.

Τὸ βῆμα ἁπλοῦν, *paſſus ſimplex*, conſtat ſpithamis tribus cum tertia ſpithames parte, pedibus duobus & dimidio, palmis 10. condylis 20. digitis 40.

Τὸ βῆμα τὸ διπλοῦν, *paſſus duplex*, conſtat pedibus quinque, ſpithamis ſex cum duabus tertiis partibus, palmis 20. condylis 40. digitis 80.

Ὁ πῆχυς ὁ λιθικὸς, *cubitus lapideus*, ſive melius, cubitus metiendis lapidibus, habet ſpithamas 2. pedem unum cum dimidio, palmos 6. condylos 12. digitos 24. Simili modo cubitus ligni ſectilis.

Ὀργυιὰ, ulna, *quâ ſerenda arva metiri ſolemus*, inquit Hero, *habet ſpithamas regias novem, cum quarta parte; vel pedes ſex cum ſpithame una, & quarta ejuſdem ſpithames parte; palmos ſive gronthos 27. & pollicem unum; id eſt, 26. ſtricta manu, ultimum vero, aut primum extenſo pollice, qui dicitur quarta pars ſpithames, habetque tres digitos. Poſtea vero ulnam facies in calamo, aut in quodam ligno : deinde vero funiculum, sive socarium decem ulnarum, & sic dimetieris, quem dimensurus es, locum; socarium namque serendæ terræ decem ulnas habere debet. Socarium vero pratorum & ambituum, ulnas duodecim. Et cum funiculo quidem decem ulnarum modii unius solum ducentas duntaxat ulnas habet, cum funiculo autem duodecim ulnarum,* 288.

Adjicit Hero, modium terræ satui aptæ, quadraginta frumenti libris seri; ulnarum scilicet quinque spatium, librâ unâ; ulnarum 10. libris duabus; ulnarum 15. libris 3. & sic de reliquis.

Hæc autem Tabulæ sequenti præmisimus, quod ad eam explicandam admodum conferant. Modius autem pro spatio terræ ducentarum ulnarum satui apto accipiebatur : quod item mensuræ genus in vineis locum habebat; secus autem in pratis & in salebrosis locis, ubi modius majus terræ spatium occupabat.

Tabula sequens ex Typico Irenes Augustæ Regio, de quo supra Lib. IV. Cap. 6. excerpta fuit, ubi secunda & posterioris ævi manu addita fuit a Monialibus Monasterii Kecharitomenes sive Gratia-plenæ : exhiberque vineas eidem Monasterio Constantinopolitano vectigales : quot terræ modios singulæ vineæ complectantur ostendit, & quantum pecuniæ pro singulis pensitetur.

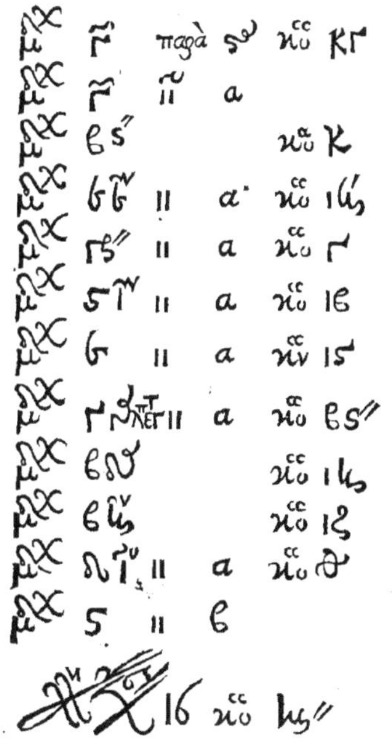

Illam porro Tabulam sic explicamus, additis popularium vectigalium nominibus.

Βασίλειος ὁ Καλογερίτης, μοδίων γ'. παρὰ ἕκτον, κεράτια κγ'. *Basilius Calogerites (habet vineam) modiorum trium, sextâ minus modii parte : (pensitat) ceratia viginti-tria.*

Χήρα ἡ Τζιμνογουλίνου, μοδίων γ'. νόμισμα α'. *Vidua Tzimnogulini, modiorum trium, (ſolvit) nomiſma unum.*

Χήρα ἡ Πλυπερλίνου, μοδίων β'. ἥμισυ, κεράτια κ'. *Vidua Plyperlni, modiorum trium & dimidii, ceratia viginti.*

Δημήτριος ὁ Κανώα, μοδίων ε. πέμπτου, νόμισμα ἓν, κεράτια ιη'. *Demetrius Canoa, modiorum quinque cum quinta modii parte, ſolvit nomiſma unum, ceratia 18.*

Ἱερεὺς ὁ Κανώα ὁ ἀδελφὸς αὐτοῦ, μοδίων γ'. ἥμισυ, νόμισμα α', κεράτια γ'. *Sacerdos Canoa frater ejus, modiorum trium & dimidii, nomiſma unum, ceratia tria.* Hic κεράτια δ'. primum poſitum fuerat : cujus numeri loco poſtea γ'. ſubſtitutum eſt.

*Ἀπὸ τοῦ ὁ λιθογνώμων, μοδίων ς'. δεκάτου, νόμισμα α'. κεράτια ιβ'.... *Lithognomon, modiorum ſex & decimæ modii partis, nomiſma 1. ceratia 12.* Prima manu hic legebatur ιι. β'. κεράτιον α. nomiſmata duo, ceratium unum. Dehinc deletis prioribus, hæc ſubſtituta ſunt νομ. α'. κέρατ. ιβ'. Summa autem infra deſcripta, cum numeris primo poſitis conſentit, cum ſubſtitutis non item.

Γούνιος ὁ κένταρχος, μοδίων ε'. νόμισμα α'. κεράτια ις· *Gunius centurio, modiorum quinque, nomiſma unum, ceratia 16.*

Ἰωάννης ὁ Τζιβίτζουλος, μοδίων γ'. τρίτου, λεπτῶν γ'. νόμισμα α'. κεράτια β'. ἥμισυ. *Joannes Tzibitzulus, modiorum trium, cum tertia modii parte & tribus minutis; nomiſma unum, ceratia duo cum dimidio.*

Κώνστας ὁ Γαλώτης, μοδίων β'. τετάρτου, κεράτια ιη'. *Conſtans Galotes, modiorum duo cum quarta modii parte; ceratia 18.*

Μακάριος ὁ Κουρσάρης, μοδίων β'. ὀγδόου, κεράτια ιζ'. *Macarius Curſares, modiorum duo cum octava modii parte; ceratia 17.*

Λαμπάδιος ὁ Πανόπλος, μοδίων δ'. δεκάτου, νόμισμα α'. κεράτια θ'. *Lampadius Panoplus, modiorum quatuor cum decima parte modii; nomiſma unum, ceratia 9.*

Θεόδωρος κηπουρὸς, μοδίων ς'. νομίσματα β'. *Theodorus hortulanus, modiorum ſex; nomiſmata duo.*

Summa autem ad imum Tabulæ poſita ſic explicatur, νομίσματα ἔχει ιε'. κεράτια η'. ἥμισυ. *Nomiſmata habet quindecim, ceratia 8. cum dimidio.* Nomiſmatum ſumma ſic habeat neceſſe eſt, etſi ιβ'. legi ſtatim videatur. Verum Sanctimonialis, quæ Tabulam & ſummam deſcripſit, poſtremæ literæ numerali tranſverſam lineam adſcribere prætermiſit : nam alioquin β. illâ formâ nuſquam legitur in hac Tabula & in ſequentibus, quæ ibidem adjiciuntur: ſed eſt forma τοῦ ε, omiſſa tranſverſa linea, ut diximus : & ſane ſupputatio Tabulæ cum illo nomiſmatum numero conſentit.

Jam dictum eſt ſupra ceratium eſſe dimidium milliarenſis ſive ſolidi argentei. De Milliarenſi vero & de pretii ejus varietate Cap. præcedenti actum fuit.

Hæc porro figura μ^χ pro modiis ſignificandis in aliis Græcis Codicibus eſt, & nominatim in Colbertino, num. 614. fol. 315. ubi dicitur Encliſtram, ſive Monaſterium Incluſorum, in terra Matriorum agrum poſſidere trecentorum μοδίων, ſive modiorum. Μόδιος item in Tabula ſequenti habetur.

Pro menſuris autem ſolidorum, ſive cubicorum corporum, pedibus dumtaxat utuntur, ut videre eſt in Cod. Reg. 2724. ubi breviſſimum opuſculum habetur hoc titulo, Μέτρησις λίθου στερεοῦ, *Menſura lapidis ſolidi.*

Notæ ad Menſuras liquidorum & pondera, in ſequenti Tabula delineantur : ut autem eorum quæ ibidem feruntur menſurarum tenuis ſaltem notitia

titia Lectori ſuppetat, ac ne nudas voces ſine ulla explicatione demus, hîc opuſculum breve ex Cod. Regio, num. 3284. adferre libet, quale jam edidimus in Analectis noſtris.

Περὶ μέτρων καὶ σταθμῶν, καὶ τῶν δηλούντων αὐτὰ σημάτων.

Η ἀπαράσημος ἁπλῆ γραμμὴ τις οὖσα πλαγία, —, δηλοῖ κατὰ πάντα, ὀβολός· αἱ δὲ δύο ἀπαράσημοι ἁπλαῖ, ⸗ δύο ὀβολοί. τὸ δὲ Ρωμαϊκὸν σίγμα, ὅπερ ἀνδρείῳ καθετῆρι προσέοικε, S, τριώβολον. εἰ δὲ μέσην ἁπλῆν ἀπαράσημον ἔχει γραμμὴν, S--, τετρώβολον. ἡ δὲ διπλῆ ἀπαράσημος συνέλευσις οὖσα δυοῖν λοξῶν κατὰ τὸ πέρας πρὸς ἀλλήλας, ⪖, ὁλκὴν τὴν συνωνύμως δραχμὴν προσαγορευομένην. τὸ δὲ γάμμα κατὰ τὸ πέρας ἔχον τῆς αὐτοῦ πλαγίας προσκείμενον ο, Γο, οὐγγίαν. κάππα δὲ κατὰ μιᾶς κεραίας ἔχον προσκείμενον υ, Κυ, κύαθον. λάμβδα δὲ κατὰ μέσον ἔχον ἰῶτα προσκείμενον, λι, λίτραν. ξ δὲ, εἰ μὲν ἔχει προσκείμενον ε, ξε, ξέστην· εἰ δὲ, ο, ξο, ὀξόβαφον. μ δὲ κατ' αὐτοῦ τεταγμένον ἔχον ν, Μν, μνᾶ.

Ἔχει δὲ ἡ μνᾶ ὁλκὰς ἑκατόν· πρὸς δὲ τὸ Ιταλικὸν, ριβ'. ἡ οὐγγία δὲ ὁλκὰς ζ'· Αττικὰς δὲ ς'. καὶ ὀβολὸν α'. καὶ χαλκοῦς δ'. οὐγγία δὲ ἔχει γράμματα κδ'. τὸ δὲ γράμμα ἐστὶν ὀβολὸς, χαλκοῖ δ'. ἡ δὲ ὁλκὴ ἔχει ὀβολοὺς ς'. ὁ δὲ ὀβολὸς, χαλκοῦς ι'. ὁ δὲ μέδιμνος ἔχει ἡμίεκτα ιβ'. τὸ δὲ ἡμίεκτον, χοίνικας δ'. ἡ δὲ χοῖνιξ κοτύλας Αττικὰς δ'. κοτύλη δὲ ἐστὶ τὸ ἥμισυ τοῦ ξέστου. καὶ τὸ τρυβλίον δὲ λεγόμενον, κοτύλη ἐστὶν Αττική. τὸ δὲ ὀξόβαφον, τέταρτόν ἐστι κοτύλης· ὁλκὰς δὲ ἔχει δύο, ὀβολὸν α'. χαλκοῦς δ'. Ὁ δὲ κύαθος ἔχει κοτύλης ἕκτον, ὁλκὰς η'. ἡ δὲ χήμη ἄγει λίτραν μίαν, ἥμισυ. ἡ δὲ λίτρα ἔχει οὐγγίας ιβ'. ὁλκὰς οε'. ἐν ἄλλῳ, οβ'. ἰδίως δὲ ἡ Ελληνικὴ κοτύλη τοῦ ἐλαίου ἔχει λίτραν μίαν. ὁ δὲ ξέστης λίτρας β'. ὁ δὲ Ιταλικὸς ξέστης, λίτραν μίαν ἥμισυ. ἡ δὲ Αλεξανδρινὴ κοτύλη τοῦ ἐλαίου ἔχει οὐγγίας κ'. οἴνου δὲ οὐγγίας

De Menſuris & Ponderibus, & Notis ea ſignificantibus.

Linea ſimplex tranſverſa, nullo puncto ſignata, obolum unum ſemper ſignificat: duæ vero lineæ ſimplices punctis notatæ, duos obolos. Latinum autem ſigma, quod virili Catheteri ſimile eſt, S, triobolum ſeu tres obolos denotat: quod ſi lineam ſimplicem nullo puncto notatam in medio habeat, tetrobolum, id eſt, quatuor obolos. Duplex vero linea nullo puncto notata, quæ ſit concurſus duarum obliquarum ſecundum extremitatem, holcen, quæ item drachma vocatur, indicat. *Gamma* ad extremitatem lineæ ſuæ obliquæ habens ο adjacens Γο, unciam ſibi vult. *Kappa* vero, quod ad alterum cornu habet υ adjacens, κυ, cyathum. *Lambda* cujus medio *iota* adjacet, λι, libram. ξ autem, ſi quidem habeat ε adjunctum, ξε, ſextarium; ſi autem ο, ξο, oxobathum. μ, ſi e regione habeat ν, μν mnam.

Mna autem habet holcas centum: ſecundum pondus Italicum 112. Uncia habet holcas ſeptem, Atticas vero ſex cum obolo uno, & chalcis quatuor. Uncia habet grammata 24. Gramma eſt obolus cum chalcis quatuor. Holce habet obolos ſex: obolus chalcos decem. Medimnus vero habet hemiecta 12. Hemiecton Chœnices quatuor. Chœnix cotylas Atticas quatuor. Cotyla vero eſt dimidium ſextarii. Tryblion autem, ut vocant, eſt cotyla Attica. Oxobathon eſt quarta cotylæ pars, habetque holcas duas cum obolo uno & chalcis quatuor. Cyathus vero habet cotylæ ſextam partem, holcas octo. Cheme libram unam cum dimidio. Libra vero habet uncias duodecim, holcas 75. ſecundum aliud pondus, 72. Speciatim Græca cotyla olei habet libram unam. Sextarius libras duas: Italicus vero ſextarius libram unam cum dimidio. Alexandrina autem olei cotyla habet uncias 20.

TABULA NOTARUM PRO MENSURIS ET PONDERIBUS.

Notæ ponderum
et mensurarum
—, ~', ιι ὀβολος
ↄ, ἡμιόβολος
±, δύο ὀβολοί, et ≈
S, τριόβολος
S—, τετρόβολος
Ζ, δ', ὁλκὴ, δραχμὴ
Γο, οὐγγία
κυ, κύαθος
λι', λι, λι, ττς, λίτρα
ξε, ξε, ξέστης
ξο, ὀξόβαφον
μν, Μ, μνᾶ
χ, χαλκεῦς
χ, χόα
χ, χοῖνιξ
κε, κε, κεράτιον
χ, χήμη
κο, κό, κοτύλη
γρ, γράμμα
γο, γο, γραμμάριον
Μ, μέτρον
Μ, μέδιμνος
Μ, μόδιος
τρυ, τρύγλιος τρύβλιος
ημ, ἡμίνα
κρμ, κεράμιον
με, με, μέρος

Notæ marginales
librorum et alia
/ ὀβελος
※ ἀστερίσκος
÷ ὀβελος ἐστιγμένος
÷ λημνίσκος
ὑ ἀντίγραφος
※ ἀστερίσκος μετ' ὀβελοῦ
Γ παράγραφος
ꓶ ἀντιπαράγραφος
ω κρυφία
ↄ ἀντίσιγμα
ↄ ἀντίσιγμα περιεστιγμένον
— ἁπλῆ ἀπερίστικτος
± δύο περίστικτοι ἁπλαῖ
>, διπλῆ
>, διπλῆ πλεκτικὴ
>, διπλῆ περιεστιγμένη
>, διπλῆ ὠβελισμένη
←, κεραύνιον
Χ, χρήσιμον
ἄγκυρα
ἄγκυρα
, ζ, κορωνὶς
, ἄλογον
λαβύρινθος
ὡραῖον
, τὸ ἡλιακὸν
τὸ σημεῖον

Notæ Epiphanii
περὶ τῆς ἀποβολῆς τοῦ προτέρου λαοῦ
ἡ τῆς ἀποβολῆς τοῦ κατὰ σάρκα νόμου
Ε, περὶ τῆς τῶν ἐθνῶν κλήσεως
+ περὶ Χριστοῦ
περὶ ἐπαγγελιῶν τοῦ προτέρου λαοῦ
περὶ τῆς ἐν ταῖς γραφαῖς ἀσαφείας
περὶ τῆς καινῆς διαθήκης
περὶ μελλόντων προγνώσεως
※ ἀστερίσκος

θ'. ὁ δὲ Ἰταλικὸς ξέστης τοῦ οἴνου, λίτραν μίαν, οὐγγίας η'. ἡ δὲ Ἀλεξανδρινὴ μνᾶ ἄγει ὁλκὰς ρν'. ἀλλαχοῦ ρνη'. τὸ δὲ στέαρ ὑγρὸν μὲν ὄν, ἄγει εἰς τὴν μνᾶν ὁλκὰς οβ'. ξηρανθὲν δὲ ὁλκὰς οε'. ἡ δὲ τῆς ὑγρᾶς πίσσης κοτύλη ἄγει ὁλκὰς π'. τοῦ δὲ ἐρυσίμου λίτρας δ', ὁ δὲ χοῦς ἐστὶ μέτρον Ἀττικόν, κοτύλαι Ἀττικαὶ ιβ'. σταθμοῦ δὲ ἄγει ὁλκὰς ψκ'. ἡ δὲ χοῖνιξ μετρουμένη ἐστὶ κοτύλαι γ'. σταθμοῦ δὲ ὁλκαὶ ρπ'. ὁ δὲ ξέστης μετρούμενος ἐστὶ κοτύλαι β'. σταθμοῦ δὲ ὁλκαὶ ρκ'.

vini vero, uncias novem. Italicus vini sextarius, libram unam, uncias octo. Mna Alexandrina pendit uncias 150. alibi 158. Sebum si liquidum sit, pendit pro mna una holcas 72. concretum vero & coagulatum holcas 75. Cotyla picis liquidæ pendit holcas 80. erysimi vero, sive resinæ, libras quatuor. Chus autem est mensura Attica, nempe cotylæ Atticæ duodecim. Est verò pondo holcarum 720. Chœnix autem habet mensuram cotylarũ trium, pondus holcarum 180. Sextarius continet mensuram cotylarum duarum, pondus holcarum 120.

Quod dicitur autem S, quod τελόβολοι significat, αἰδρείῳ καθετῆρι simile esse, intelligitur de instrumento chirurgico concavo, & ab altera parte recurvo, quo urina in vesica virorum detenta elicitur, & vesicæ vitia probantur, vulgo, *la sonde*.

Notas autem ponderum & mensurarum, tum eas quæ hoc in opusculo adferuntur, tum alias, quas variis ex libris excerpsimus, in Tabula supra adferimus.

Notas vero marginales aut alias interlineares in libris usurpari solitas, desumpsimus ex Isidoro, itemque ex Epiphanio, quorum tamen notæ pleræque jamdiu obsoleverunt: itemque ex Codicibus manuscriptis. De figura & varietate notarum hujusmodi quædam dicamus necesse est.

Ὀβελὸς, *obelus*, secundum Epiphanium, lineolæ figuram habet, & tamen quasi ⸔ deflexum in Libris ejus depingitur; obeli vox, inquit ille, Attici est usus, apud alios autem δόρυ sive lancea vocatur. Apponitur vero divinæ Scripturæ vocibus, quæ apud LXX. quidem interpretes habentur; sed apud Aquilam & Symmachum non feruntur. Isidorus autem ait obelos apponi in rebus vel sententiis superflue iteratis, sive in iis locis ubi lectio aliqua falsitate notata est, ut quasi sagitta jugulet supervacanea, atque falsa confodiat. Sagitta enim Græce ὀβελὸς est. Obelus vero superne appunctatus, ἐστιγμένος, ponitur in iis de quibus dubitatur utrum tolli debeant, necne.

Ἀστερίσκος, *asteriscus*, inquit Epiphanius, ubi jacet, significat vocem eo notatam in Hebraïco esse, & apud Aquilam & Symmachum ferri, & interdum sed raro apud Theodotionem; sed a LXXII. Interpretibus omissam fuisse, quasi duplicatam & superfluam. Isidorus vero ait, asteriscum apponi in iis quæ omissa sunt, ut illucescant per eam notam quæ omissa videntur. Longe alium asterisci usum docet quidam Calligraphus in Codice Basiliano Romæ, qui est undecimi sæculi, & S. Gregorii Nazianzeni opera complectitur: ὁ ἀστερίσκος οὗτος τέτακται ἐν οἷς χωρίοις ὁ Θεόλογος περὶ τῆς ἐνσάρκου οἰκονομίας τοῦ μεγάλου θεοῦ καὶ σωτῆρος ἡμῶν Ἰησοῦ Χριστοῦ διαλέγεται διὰ τὸν φανέντα τοῖς Μάγοις θεῖον ἀστέρα. *Hic asteriscus ponitur in locis ubi Theologus de carnali œconomia magni Dei & Salvatoris nostri Jesu Christi loquitur: propter divinam stellam, quæ Magis apparuit.*

Lemniscus, ait Isidorus, *est virgula inter geminos punctos jacens: apponitur in iis locis, quæ sacræ Scripturæ Interpretes eodem sensu, sed diversis sermonibus, transtulerunt.*

Ἀντίγραφος, *cum puncto apponitur, ubi in translationibus diversus sensus habetur.* Isidorus.

Ἀστερίσκος μετ' ὀβελοῦ, *Asteriscus cum obelo : hac proprie Aristarchus utebatur nota in iis versibus, qui non suo loco positi erant.* Isidorus.

Ἀντίγραφος *cum puncto apponitur, ubi in translationibus diversus sensus habetur.*

Παράγραφος, *Paragraphus ponitur ad separandas res a rebus, quæ in connexu concurrunt, quemadmodum in catalogo loca a locis, & regiones a regionibus, in agone præmia a præmiis, certamina a diversis certaminibus, separantur.* Isidorus.

Ἀντιπαράγραφος, sive ut Isidorus habet, *positura, est figura paragrapho contraria; ideo sic formata, quia sicut ille principia notat, ita ista fines a principiis separat.*

Κρυφία, *circuli pars inferior cum puncto, ponitur in iis locis, ubi quæstio dubia & obscura aperiri vel solvi non potest.* Isidorus.

Ἀντίσιγμα, *ponitur ad eos versus, quorum ordo permutandus est, sicut & in antiquis auctoribus positum invenitur.* Isidorus.

Ἀντίσιγμα περιεστιγμένον, sive, *Antisigma cum puncto, ponitur in iis locis, ubi in eodem sensu duplices versus sunt, & dubitatur, qui potius eligendus sit.* Isid.

Cui inserviant duæ notæ sequentes in Tab. scilicet simplex linea sine puncto, & duplex cum punctis, non indicatur in Codice Regio 3284. unde excerptæ sunt.

Διπλῆ, *duplex, hanc scriptores nostri apponunt in Libris Ecclesiasticorum virorum, ad separanda vel demonstranda testimonia sanctarum Scripturarum.* Isid.

Διπλῆ πλεκτική, vel * περιεστιχή. *Hanc primus Leagoras Syracusanus apposuit Homericis versibus ad separationem Olympi a cælo.* Isid.

Διπλῆ περιεστιγμένη, id est, *cum geminis punctis. Hanc antiqui iis apponebant, quæ Zenodotus Ephesius non recte adjecerat, aut detraxerat, aut permutaverat.* Isid.

Διπλῆ ὀβελισμένη, *interponitur ad separandas in comœdiis vel tragœdiis periodos.* Isid.

Διπλῆ versa ὀβελισμένη, *quoties strophe & antistrophus infertur.* Isid.

Διπλῆ *adversa cum obelo ad ea ponitur, quæ ad aliquid respiciunt, ut,* Nosne tibi fluxas Phrygiæ res vertere fundo conamur? nos an, miseros qui Troas Achivis objecit. Isid.

Διπλῆ, *superne obelata ponitur ad conditiones locorum ac temporum personarumque mutatas.* Isid.

Διπλῆ *recta & adversa, superne obelata ponitur, finito loco suo, monade significante similem sequentem quoque esse.* Isid.

Κεραύνιον *ponitur quoties multi versus improbantur, nec per singulos obelantur : κεραυνὸς enim fulmen dicitur.* Isid.

Χρήσιμον, *hæc sola ex voluntate cujusque ad aliquid notandum ponitur.* Hæc porro nota apponi solebat Epistolis formatis in fine, ut ex Papia docemur, hisce verbis : *Chrisimon autem hujusmodi effigiabatur specie.* Isid.

Nota sequens, *id est Fortis vel Fortes. Hæc ubi aliquid obscuritatis est, ob sollicitudinem ponitur.* Isid.

Ἄγκυρα *superior ponitur, ubi aliqua res magna omnino est.* Isidorus.

Ἄγκυρα *inferior, ubi aliquid vilissime, aut inconvenientius denuntiatum est.* Isid.

Κορωνὶς, Coronis primo modo depingitur apud Isidorum; secundo, in Codice Reg. supra memorato; eratque nota in fine librorum appingi solita.

Ἄλογον, *Nota, quæ ad mendas adhibetur.* Isid.

Λαβύρινθος, Labyrinthus, in locis obscuris apponi solebat. Cujus rei exempla habes apud Marium Mercatorem edit. Baluz.

Ὡραῖον, τὸ σημεῖον τοῦτο τέτακται ἐν τοῖς χωρίοις, ἐν οἷς ἡ φράσις κεκαλλώπισται, ἢ τὸ νόημα ἐξηνθίσται, ἢ καὶ ἀμφότερα ὑπεραίρεται: id est, *Hæc nota ponitur in locis ubi phrasis elegans est, aut sententia florida: aut ubi utraque excellit.* Sic Codex Basilianus.

Ἡλιακὸν, τοῦτο τὸ σημεῖον τέτακται ἐν οἷς χωρίοις περὶ θεολογίας ὁ πατὴρ διαλέγεται, διὰ τὸ ἥλιον τῆς δικαιοσύνης ἐν ταῖς θείαις γραφαῖς τὸν θεὸν ὀνομάζεσθαι. Id est, *Hoc signum solare ponitur in locis, ubi Pater de Theologia disserit, quia in divinis Scripturis Deus, Sol justitiæ vocatur.*

Σημ. τὸ σημεῖον τοῦτο τέτακται ἐν τοῖς χωρίοις ἐν οἷς εὑρίσκεται ξένον τι, ἢ κατὰ δόγμα, ἢ καθ' ἱστορίαν, ἢ ὀφεῖλον σημειωθῆναι τῷ ἀναγινώσκοντι. Id est, *Hoc signum ponitur in locis, ubi quid singulare & inexspectatum occurrit; sive secundum doctrinam, sive secundum historiam, sive quod Lectori sit annotandum.* Alia item nota est, quæ passim in manuscriptis observatur; nimirum ση, vel ση, aut affini modo scripta, significatque σημείωσαι, *nota, observa,* perinde atque in Tabula.

Quod ad notas autem ab Epiphanio in Libro de Ponderibus & mensuris allatas, quales exhibemus in Tabula, eæ jam penitus obsoleverunt; nimirum, περὶ τῆς ἀποβολῆς τοῦ προτέρου λαοῦ, *De abjectione prioris populi:* περὶ τῆς ἀποβολῆς τοῦ κατὰ σάρκα νόμου, *De abjectione Legis, quæ secundum carnem est:* περὶ τῆς τῶν ἐθνῶν κλήσεως, *De vocatione Gentium:* περὶ χριστοῦ, *De Christo:* περὶ ἐπαγγελιῶν τοῦ προτέρου λαοῦ, *De promissionibus priori populo factis:* περὶ τῆς ἐν ταῖς γραφαῖς ἀσαφείας, *De obscuritate Scripturarum:* περὶ τῆς καινῆς διαθήκης, *De novo Testamento:* περὶ μελλόντων προγνώσεως, *De præcognitione futurorum.*

CAPUT VI.

De Notis Astronomicis, Chymicis, Iatricis, &c. Item notæ incognitæ, & περὶ μαντικῶν.

NOTÆ Astronomicæ in Libris Astronomorum tam Græcorum, quam Latinorum, passim occurrunt; etsi dissimiles plerumque: non modo enim Græci cum Latinis, in iis adornandis dissentiunt; sed etiam Græci a Græcis differunt. Primo loco ponuntur variæ septem Planetarum figuræ, quas priscæ originis esse, & ab Ægyptiis manasse tradunt. Ii nimirum cum primi Astronomiæ cultores fuerint, cælestibus signis indicandis Hieroglyphicas formas excogitarunt: quarum pleræque μορφώσεις, sive *conformationes* sunt, sic σελήνη, sive Luna, hoc schemate insignitur ☾, & in Zodiaci signis, Aries & Taurus cornibus, Gemini duabus æqualibus lineis, Sagittarius, sagitta, Aquarius fluctibus, &c. Alia vero, cum secundum rerum formas non ita facile possent exprimi, variis pro arbitrio notis distincta sunt, ut videre est tam in Planetis, quam in duodecim Zodiaci Signis. In antiquis vero Astronomorum Tabulis signa illa duodecim interdum plenis figuris, minio aliisque coloribus depictis, effingebantur; Aries nimirum depicto Ariete, Taurus tauro, Gemini duobus paris staturæ ac formæ adolescentibus, Cancer cancro, Leo leone, Virgo virgine, Libra homine bilancem gestante, Scorpius scorpio, Sagittarius homine arcum vibrante, Caper capricorno, Amphora muliere hydriam gestante, pisces piscibus. Sic duodecim Zodiaci Signa repræsentavit, secundum Ptolemaïcum systema, Cosmas Ægyptius Monachus, qui Justiniani ævo florebat, in Topographia Christiana, quam nuper cum figuris edidimus.

Post septem Planetas, aliaque Zodiaci Signa, sequuntur in Tabulis Cangii ad calcem Glossarii mediæ & infimæ Græcitatis aliæ Astronomorum notæ, hoc præmisso titulo, σημεῖα τῶν ἑξῆς δηλουμένων : id est, *Signa eorum quæ postea declarantur.* Ubi non modo Astronomis propria vocabula; sed etiam alia vulgaria, atque in quolibet orationis genere frequentata, singularibus notis & siglis delineantur; ita ut in plerisque rerum μορφώσεις, sive ut ita dicam, *configurationes*, quantum fieri potest, serventur, ut supra notavimus. Hæ porro notæ, non Astronomis modo; sed iis etiam, qui ἀποτελεσματικὴν, sive, ut vulgo dicunt, *Astrologiam judiciariam*, exercebant, in usu fuisse videntur. Nimiæ porro sunt, quam ut in hac Palæographia iterum repræsententur, cum maxime ad vanissimam omnium disciplinam pertineant: quamobrem jam cusas notas hic repetere non juvat. Sed satis ni fallor erit, si quosdam inter edendum, & quidem absente auctore, admissos errores annotemus. In notis illis Astronomicis col. 6. notæ & explicationes earum confunduntur; ita ut vox τρίγωνον, notæ e regione positæ non respondeat, sed præcedenti, quæ vere triangulum est, & sic reliquæ usque ad vocem ὡροσκόποι, quæ eadem in serie cum nota sua jacet: in sequentibus item notæ pari modo extra seriem ponuntur: verum ex notarum cum vocibus consonantia poterit eruditus Lector ad quas notas voces singulæ pertineant intelligere. Parique modo in notis & vocibus columnæ 7. Notas ponderum & mensurarum, quæ habentur columna 8. cum aliis, quas ex manuscriptis excerpsimus, in præcedenti Tabula repræsentavimus.

Notæ Chymicæ cum Iatricis permixtæ, in fine laudati Glossarii subsequentibus Tabulis a columna 8. continentur. Licet autem hæc signa Medicis, quod ad maximam partem usitata fuerint; a Chymicis tamen potissimum adhibebantur; ab iis nimirum qui sacram vel divinam, ut vocant, auri conficiendi artem exercebant: unde titulus hujusmodi notarum in Codice quodam Regio ita se habet, ἑρμηνεῖαι τῶν σημείων τῆς ἱερᾶς τέχνης καὶ χρυσούλου βίβλου: id est, *Interpretationes Signorum sacræ artis, & Libri de auro conficiendo:* quam artem a Græcis summopere frequentatam comperimus. Exstat Mediolani in Bibliotheca Ambrosiana magnæ molis Codex Græcus bombycinus, qui pro Bibliotheca Scriptorum de auro conficiendo haberi possit. Titulos & auctorum nomina hic referre non ab re fuerit: hic enim observes alios magnificis inscriptionibus artem commendare suam; alios pudentiores, verborum ambagibus quam occulte colebant disciplinam, subindicare.

Stephani Oecumenici de Physica consideratione.
Epistola ad Theodorum, compendium sacræ artis.
Doctrina ad Heraclium Imperatorem.
Heliodori ad Theodosium de arte Mystica.
Theophrasti Philosophi de arte divina.
Hierothei Philosophi de eadem arte.
Pelagii Philosophi de divina & sacra arte.
Ostanis Philosophi de eadem arte.

Democriti Physica Mystica, de confectione Azymi.

Synesii Philosophi ad Dioscorum in Librum Democriti.

Anepigraphi Philosophi, περὶ λευκοποιΐας, *de Albefactione, & de auro conficiendo.*

Zosimi divini, de virtute & de divina aqua.

Christiani, Labyrinthus Salomonis, de temperando ferro, conficienda Crystallo, & de aliis naturæ arcanis.

Hierotheus de sacra arte.

Pappus Philosophus de eadem re.

Est item in Bibliotheca Regia Codex alter Græcus, totus pene de auro conficiendo, ad cujus calcem est opusculum περὶ χρυσογραμμίας, *de aurea scriptione*, editum a nobis Lib. I. cap. I. Sacram porro illam artem a Græcis etiam infimæ ætatis cultam deprehendimus, ex vocibus quibusdam, quæ postremis sæculis in Græcam linguam advectæ sunt, ut est verbi causa, νερὸν, *aqua.*

Notas autem hujusmodi perplexas arcanasque, ideo commenti sunt Philosophi illi Hermetici, nam hoc item nomine sese insigniunt, ut perinde atque in mysticæ artis exercitio, in Libris quoque suis latebras quærant, ac nonnisi initiatis liceat tam arcana mysteria adire. Nam ut quisque hac phrenesi tactus est, in angulis locisque remotis succos exprimit, metalla varia eliquat, submissos ignes carbonesque follibus excitat; modo hæc modo illa vasa sollicitus inspicit, sicque vitam totam transigit, cum magna facultatum ac plerumque valetudinis jactura, nulloque fructu.

Has porro siglas chymicas edidit, ut diximus, v. clar. Cangius ὁ μακαρίτης, ad calcem Glossarii ad Scriptores mediæ & infimæ Græcitatis. Verum uti solet accidere, cum procul auctoris conspectum, res hujusmodi intricatæ & perplexæ typis dantur; multi nævi inter edendum irrepserunt, qui plerumque possint incautum Lectorem in errorem deducere. Notæ quippe ut plurimum, non vocibus per eas significatis respondent; sed aliis subsequentibus; ut hinc magna perturbatio oriatur. Literæ aliæ pro aliis positæ in signis hujusmodi omnia confundunt, Notæ eædem cum explicationibus suis aliquando plus quam decies repetuntur. His omnibus mederi non potuit vir ille doctissimus & Galliæ decus, tum quia procul positus, (nam Lugduni edebatur opus,) editionem curare suam nequibat; tum quia vixdum in lucem Glossarium prodierat, cum ille e vivis excessit. Nam si superstes hæc retractare potuisset, has utique mendas sustulisset: in extremis quippe laborans multa ab se in Glossario Græco recognita mihi transmisit, ut in exemplari suo emendarem, quæ vitio laborare; adderem, quæ deficere jam ipse vel moribundus animadverterat. Quare supremam tanti viri voluntatem exequi mihi visus sum, cum nævos & errores operarum inscitia advectos esse monui.

Scripturæ ignotæ & περὶ μαστικῶν.

Agmen claudent scripturæ quædam ignotæ, & commentitiæ, ex Græcis Libris excerptæ, quales accepi a viro clar. Joanne Boivinio altero Bibliothecæ Regiæ custode. Harum scilicet figuræ tantum observantur in Codicibus: usus vero, neque tanto dispendio, ignoratur.

Prima scriptura prodit ex Codice Regio 3078. fol. 194. verso. Videtur autem Calligraphi nomen complecti: in ea accentus & spiritus observantur.

Secunda ex Cod. Reg. 2506. fol. 483.
Tertia ex Cod. Reg. 2357. initio.
Quarta ex Cod. Reg. 5189. ad calcem.
Quinta ex Cod. 3232. fol. 42. ibi accentus & spiritus annotantur.

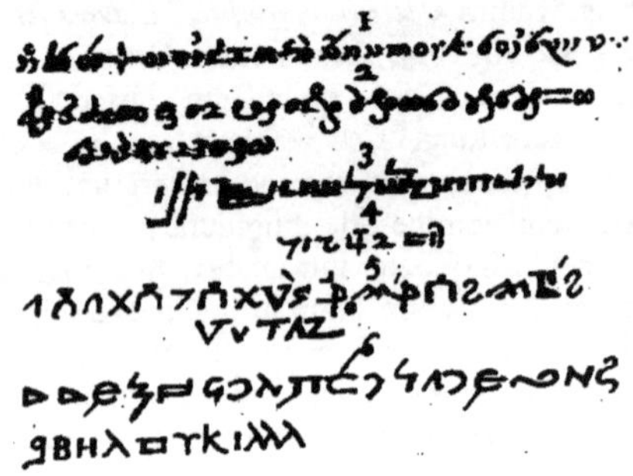

Sexta ex Cod. 3502. fol. 101. verso, ubi a Calligrapho additur explicatio his verbis, ταῦτα τὰ γράμματα ἐγράφησαν εἰς τὸ ὄρος τῶν ἐλαιῶν. εἰς τὸ μαθητεῖον ἐν τῇ πέτρᾳ ὑπὸ τῶν ἀχράντων δακτύλων τοῦ δεσπότου χριστοῦ, ὅπου εἶπε τοῖς μαθηταῖς αὐτοῦ, γρηγορεῖτε καὶ προσεύχεσθε, ἵνα μὴ εἰσέλθητε εἰς πειρασμόν· ἑρμηνεύονται δὲ οὕτως. ΚΑΘΙΣΜΑ ΔΕΣΠΟΤΙΚΟΝ, ΑΓΓΕΛΙΚΗ ΠΕΤΡΑ, ΘΡΟΝΟΣ ΧΕΡΟΥΒΙΚΟΣ. Id est, *Hæ literæ in petra scriptæ fuerunt in Monte Olivarum in loco Magisterii, intemeratis Domini Christi digitis insculptæ, quo loco Discipulis suis dixerat*, Vigilate & orate, ut non intretis in tentationem, *sic autem explicantur*, *SEDES DOMINICA, ANGELICA PETRA, CHERUBICUS THRONUS.* Hæc porto nugacissimum Græculum sapiunt, qui & inscriptionem & interpretationem commentus est. Ejusdem farinæ sunt aliæ arcanæ notulæ eodem in Codice hinc & inde positæ, quas supervacaneum esset adferre.

Occurrunt item in Codicibus Græcis Alphabeta Rabbinica, & Magica a nugacissimis Græculis efficta. Quorum quædam Hebraïcis literis rudi more efformatis constant, alia figuris commentitiis & arbitratu Græculorum effictis: quædam item notis Astronomicis. Exstant item multis in Codicibus μαγικὰ σημεῖα, sive notæ divinatoriæ diversi generis. Frequentiores vero sunt illæ quæ ab Esdra Propheta divinitus acceptæ fuisse dicuntur; neque ita recentes sunt: exstant siquidem in Codice quodam Græco Monasterii Montis Casini, undecimi aut duodecimi sæculi, ubi præmittitur hæc figura.

Id est,

Id eſt, Ἑλένῃ ἐκ θεοῦ εὕρεμα ἐδόθη, *Helenæ inventum a Deo datum eſt*. Deinde vero ſequitur: Ταῦτα τὰ σημεῖα ἐφανέρωσεν ὁ θεὸς Ἔσδρᾳ τῷ ἱερεῖ, ὥστε κατάδηλον ποιῆσαι τοῖς ἱερεῖς (ſic) Ἰσραήλ. Id eſt, *Hæc ſigna declaravit Deus Eſdræ Sacerdoti, ut nota faceret Sacerdotibus Iſraël*. Deinde vero incipiendo a Septembri menſe, indicatur qui dies fauſti infauſtique ſint: quibu diebus, fodere, ferere, putare vineas, uxorem ducere, ad bellum procedere, oporteat. Aliæ item hujuſmodi notæ habentur in Cod. Regio 3284. ubi etiam multæ divinandi rationes edocentur. In aliis item Codicibus, Phyſionomicæ & Chiromanticæ notæ habentur. Verum ἄλις δρυός: in his quippe nugis non licet diutius immorari.

PALÆOGRAPHIA GRÆCA,

LIBER SEXTUS.

DE RE DIPLOMATICA GRÆCA.

PROLOGUS.

De Diplomatibus, Chrysobullis, ac de plumbeis cereisque Bullis. Diplomata quædam Regni Neapolitani & Siciliæ.

SI Orientales Regiones peragrare licuisset, non pauca hactenus in Monasteriis & in Ecclesiis asservata Diplomata Imperatorum, aliorumque Principum & Præsulum, in hac Palæographia typis dare potuissemus: nam multis in locis, maximeque in Monasteriis Græcorum, exstare aliqua comperimus, quæ a frequentibus populationibus, excidiis, Barbarorum irruptionibus evaserunt. Nusquam vero tot habentur, ut credere est, quot in Archivis & Bibliothecis Monasteriorum montis Atho; quæ inter tantas rerum vicissitudines, paucis exceptis, intacta manserunt & integra, ut inferius in descriptione montis Atho pluribus enarrabitur. In Occidente vero paucissimæ Orientalium Bullarum reliquiæ supersunt: unicum fragmentum adtulimus Libro quarto, ex Archivo San-Dionysiano depromtum: nonnulla item parvi pretii in Notis ad Villeharduinum a viro clar. Cangio allata sunt. Verum ex his ἀποσπασματίοις admodum pauca ad rem Diplomaticam Orientalem spectantia expiscari fas est. Quamobrem quæ de variis Bullarum generibus hic adferimus, aliorum narratu percepimus, nec experti loquimur, ut alias.

Βοῦλλα itaque, Latine item *Bulla*, sigillum erat diplomatibus appensum, orto vocabulo a similitudine globulorum in aqua ferventi vel agitata innatantium: hinc bullæ dicebantur crepundia quædam, a collo infantium pendentia, & plerumque ad similitudinem cordis humani efficta: ab his ut putatur derivata consuetudine, bullæ appellata sunt sigilla, quæ diplomatibus Imperatorum aliorumque appendebantur: quibus insignia quædam, & verba impreſſa erant; ſcilicet nomen dignitáſque ejus, cujus erat ſigillum. Hinc orta denominatione, Diplomata ipſa indiſcriminatim *bullæ*, & *ſigilla* vocantur, ut in mox adferendis Neapolitanis & Siculis Diplomatibus frequenter obſervatur.

Χρυσόβουλλον & Χρυσοβούλλιον, *aurea bulla*, Imperatoriis Diplomatibus in cinnabari ſubſcriptis appendebatur, ut multis exemplis ediſcimus. Sic in Novella Phocæ, Jure Græco-Romano, p. 123. καὶ τὸ παρὸν ἐξέθετο χρυσόβουλλον, εἰς ἐπικύρωσιν καὶ στερεότητα ὑποσημειωθὲν ἐν αὐτοῖς δι' ἐρυθρῶν γραμμάτων, καὶ διὰ τούτων τὴν ἀλήθειαν φανερωτέραν ὑπαγορεύουσα, κορωνὶν ὥσπερ δέ τινα χρυσῆν τὴν ἀληθῶς σφραγῖδα ἀπαιωρήσασα. Id eſt, *Præſens Chryſobullum emiſſum eſt, ad auctoritatem & firmitatem, rubricatis literis ſignatum, quibus veritatem clarius enuntiat, quaſi coronidem auream ſigillum vere ſuſpendens.* Chryſobullis ſive bullis aureis utebantur item Siciliæ Reges. Sic in Diplomate Rogerii infra: ἐπὶ τούτῳ ἐγράφη καὶ τὸ παρὸν σίγιλλον συνήθη, πιστωθὲν, σφραγισθὲν τῇ διὰ χρυσοῦ βούλλῃ ἡμῶν. Id eſt, *Hac de cauſa ſcriptum eſt præſens ſigillum aſſueto more, auctoritate munitum, & obſignatum aurea bulla noſtra*, Chryſobulla Græca autographa, ſalvo ſigillo, nulla hactenus vidimus, quo fit ut de re perinſigni pauca dicamus.

Μολιβδόβουλλον, ſive μολιβόβουλλον, *bulla plumbea*, in uſu erat Patriarchis Conſtantinopolitanis, ut pluribus exemplis comprobat Cangius in Gloſſario mediæ & infimæ Græcitatis: Imperatoribus item Conſtantinopolitanis in uſu fuiſſe ſuadet Leontius Epiſcopus Cypri in Apologia 5. pro Chriſtianis: καὶ ὥσπερ ὁ κέλευσιν βασιλέως δεξάμενος, καὶ ἀσπασάμενος τὴν σφραγῖδα, οὐ τὸν πηλὸν ἐτίμησεν, ἢ τὸν χάρτην, ἢ τὸν μόλυβδον, ἀλλὰ τῷ βασιλεῖ τὴν προσκύνησιν καὶ τὸ σέβας ἀπένειμεν. Id eſt, *Quemadmodum is qui mandatum Imperatoris accipit, & ſigillum venerabundus amplectitur; non lutum honorat, aut chartam, aut plumbum; ſed Imperatori venerationem & honorem impertit.* Sigillis item plumbeis uſi ſunt & hactenus utuntur Romani Pontifices.

Κηρόβουλλον, ſive *cerea bulla*, uſus frequentiſſimi erat Græcis perinde atque Latinis; ſcilicet Imperatoribus, Principibus, quibuſdam Magiſtratibus, Epiſcopis. Imperatores vero Conſtantinopolitani etiamſi vulgo Diplomatibus per cinnabarin ſubſignatis tantùm, bullam auream appenderent; iiſdem tamen cereas item bullas nonnumquam appendiſſe deprehenduntur. Cereas bullas frequenter memoratas animadvertas in Diplomatibus Neapolitanis infra.

In Monaſteriis autem Græcorum nonnunquam, chartularia ut vocant edebantur, ubi omnia Diplomata, privilegia, cæteraque omnia inſtrumenta ad idem Monaſterium pertinentia ordine inſerere mos erat. Hujuſmodi Codex habetur in Bibliotheca Cæſarea, cujus notam ſic adfert Petrus Lambecius.

Sexageſimus octavus Codex manuſcriptus hiſtoricus Græcus Eccleſiaſticus, « eſt membranaceus pervetuſtus & optimæ notæ *in quarto*, ſed difficilis lectu, « & in principio atque alibi mutilus, conſtatque nunc foliis ducentis triginta- « quinque, & ab Augerio Buſbeckio, ut ipſe ſolita propriæ manus inſcriptione « teſtatur, olim fuit comparatus Conſtantinopoli. *Continentur eo Diplomata* « *ducenta & unum, pertinentia ad originem, incrementum, privilegia, donationes & contractus Liberi Imperialis Monaſterii Beatiſſimæ Virginis Deiparæ, in* « *monte Lembo apud urbem Smyrnam in Ionia ad mare Ægeum ſiti, &* τῶν Λέμβου « vel τῶν Λέμβων, *hoc eſt, Lembi vel Lemborum, cognominati*: quorum primum, « in principio mutilum, & Imp. Joannis Ducæ, cognomine Batatzæ, datum «

» anno mundi 6736. ſive anno Chriſti 1228. habetque hanc ſubſcriptionem:
» ΙΩΑΝΝΗΣ ἐν Χριστῷ τῷ Θεῷ πιστὸς βασιλεὺς καὶ αὐτοκράτωρ Ῥωμαίων Ὁ
» ΔΟΥΚΑΣ. Digniſſimus profecto eſt totus hic præſtantiſſimus & rariſſimus
» Codex, ut a capite ad calcem diligentiſſime perluſtretur, & omnia eo com-
» prehenſa Diplomata a verbo ad verbum ſtudioſiſſime perlegantur, & accu-
» rate conſiderentur. Quod licet abſque magni laboris tædioſiſſima longitudine
» non potuerit fieri, eam tamen moleſtiam utilitas inde proventura ubertim
» compenſabit, poſtquam res ipſa teſtabitur, tam profanam quam Eccleſiaſti-
» cam Imperii Romani Orientalis hiſtoriam beneficio iſtorum Diplomatum
» incredibiliter illuſtratum iri; & quidem potiſſimum reſpectu Chronologiæ
» aliarumque hiſtoricarum circumſtantiarum, quæ jam memoratis Diploma-
» tibus fideliter inſertæ ſunt. Minime etiam dubium eſt, quin hic ipſe Codex
» olim in ipſo illo Monaſterio apud Smyrnam conſcriptus, & ad perpetuam
» memoriam ibi adſervatus fuerit; ut ſatis clare apparet folii 87. pag. 1. ubi in
» inſcriptione Diplomatis, *Metropolitæ urbis Smyrnæ* legitur: τὸ ἐκδόσιμον ἔγγρα-
» φον, ὅπερ ἐγεγόνει τῇ σεβασμίᾳ βασιλικῇ μονῇ τῶν Λέμβων παρὰ τοῦ μητροπολίτου Σμύρ-
» νης, &c.

» Hoc autem Monaſterium cur *Liberum* appelletur, fol. 4. pag. 1. declara-
» tur: ubi, inquit Lambecius, in principio Diplomatis ſecundi a Michaële
» Phoca, qui ibi in ſubſcriptione vocatur, *Imperatoris Joannis Ducæ* σύγγαμβρος
» [*congener,*] ſimul etiam, *Stratopedarcha Thematis Thraceſiorum & Philadelphiæ*,
» anno mundi 6743. ſive Chriſti 1235. dati, Monaſterium illud appellatur, ἡ
» σεβασμία αὐτοδέσποτος βασιλικὴ μονὴ τῆς ὑπεράγνου θεομήτορος τῶν Λέμβων, *Veneran-*
» *dum Liberum Imperatorium Monaſterium caſtiſſimæ Dei Matris Lemborum.* In
» fine autem ejuſdem Diplomatis legitur, ἡ μονὴ τῶν Λέμβου: *Monaſterium Lembi.*
» Et fol. 27. pag. 1. legitur: ἡ σεβασμία βασιλικὴ μονὴ τῆς ὑπεράγνου δεσποίνης καὶ
» θεομήτορος, ἡ τῶν Λέμβων ἐπικεκλημένη: *Venerandum Imperatorium Monaſterium*
» *caſtiſſimæ Dominæ & Dei Matris, cognomento Lemborum.* Alibi dicitur, τὰ
» Λέμβων, & in monte proxime Smyrnam ſitum eſſe. Hæc de Diplomatibus
Græcis Orientalibus.

Regni vero Neapolitani & Siciliæ Diplomata non pauca vidimus in Monaſterio S. Baſilii Romæ, & aliquot exſcripſimus: ex iis vero novem ſelegimus, quod aliis præſtantiora videantur, & typis damus, miſſis aliis, quæ minoris pretii videbantur eſſe. Inter illa autem, aliquot αὐτόγραφα, ſive originalia ſunt; ſed vulgari charactere conſcripta; ita ut nihil interſit formam literarum repræſentare: ſunt enim eodem aut ſimili calami ductu exaratæ, quo ſpecimina alia duodecimi ſæculi, quæ ſupra Libro quarto retulimus, Græci enim Calabriæ & Siciliæ, quod jam obſervavimus, a vulgari cæterorum Græcorum ſcribendi more non deflectebant. Diploma tamen Rogerii Regis a Tachygrapho Regio anno Chriſti 1139. ſingularibus illis Tachygraphorum ductibus, non ſemel ſupra memoratis, conſcriptum eſt. Ipſumque ideo cum propria characterum forma tribus in Tabulis in ære inciſis exhibendum duximus, ſecundum exemplar cuſum, a Reverendiſſimo Patre D. Petro Mennitio Ordinis S. Baſilii Præfecto Generali mihi oblatum: nam autographum nec ego, nec ipſe fortaſſe vidit. Qui autem primùm in ære incidi curaverunt, formas examuſſim ſequuti, ne quidem qua de re ibi agatur, ob ſcripturæ ſingularitatem, intellexerant. Omnia tamen, nec ſine difficultate, legimus. Alia vero hujuſmodi Diplomata quæ vidimus, non autographa omnia ſunt;

ſed plerumque ex autographo ſtatim exſumta. De ſingulis porro Diplomatibus quædam prælibanda & explicanda ſunt.

PRIMUM INSTRUMENTUM anno 1099. datum eſt, in gratiam Monaſterii S. Joannis Theriſti. Cum enim Joannes quidam Moſchatus vineam Monaſterii fraude ſubripere & ſuam facere vellet, Monachumque nomine Pancratium Eunuchum pactione perpuliſſet, ad teſtimonium pro ſe ferendum, eaque techna optatum conſequutus, deinde promiſſa Eunucho Monacho non ſolveret; indignatus ille fraudem aperuit. Quamobrem iterato ea de re judicio, Moſchatus, dolo partum prædium reſtituere juſſus eſt. In hoc autem inſtrumento obſervandæ juris formulæ, quæ tunc in Calabria ſervabantur. Ibi memoratur Joannes Epiſcopus Squillacenſis, in cujus Diœceſi erat Monaſterium S. Joannis Theriſti de Stylo. Is autem vocabatur Joannes de Nicephoro, Canonicus olim & Decanus Melitenſis Eccleſiæ, *electus*, inquit Ferdinandus Ughellus, *hujus Eccleſiæ primus Latinorum Epiſcopus 1096. Rogerius enim Siciliæ & Calabriæ Comes cum uxore ſua Adelaſia valde condolens, quod in hac Squillacenſi civitate, Latina nondum exſtaret Eccleſia, conſilio Epiſcoporum Caſſanenſis Saxonis, Arugerii Catanenſis, Stephani Mazarenſis, Engerlandi Agrigentinenſis, Rogerii Syracuſani, necnon S. Brunonis & fratris Lavini Eremitarum, Latinum Epiſcopum fundavit atque dotavit, ac Joannem de Nicephoro Epiſcopum delegit.* Nominatur ibidem Nicolaus Maleïnus Authentes ex illuſtri Maleïnorum familia, Malenos vocat Pandulphus Colenuccius. Is ipſe fortaſſe Nicolaus Maleïnus eſt, qui anno 1105. Archiepiſcopus Roſcianenſis fertur Libro IV. Cap. IV. & a Ferdinando Ughello inter Archiepiſcopos Roſcianenſes omiſſus fuit, ut & multi alii, qui ex ſimilibus Inſtrumentis quotidie eruuntur. In hoc Diplomate mire vitiatum Græcæ linguæ uſum deprehendas, ut & in ſequentibus: nos ad fidem Exemplaris, ne graviſſimis quidem mendis ſublatis, omnia edimus.

SECUNDUM INSTRUMENTUM anno 1112. emiſſum eſt a Berta Comitiſſa Loritelli: quæ rogante Chriſtodulo tunc Siciliæ Amira, ſive ut vulgo vocitant, Amirali, Eccleſiam ipſi Amirali tradit, Monaſterio Novæ Hodegetriæ, cujus ipſe tunc vices agebat, offerendam. Erat autem Nova illa Hodegetria, ſic dicta, ut jam monuimus Lib. I. Cap. 6. quia ejuſdem nominis Monaſterium Conſtantinopoli erat; nimirum Μονὴ τῆς Θεοτόκου τῶν ὁδηγῶν, vel ὁδηγητείας, *Hodegetriæ*, ſive *deductricis*. Quapropter hoc Calabrenſe Monaſterium Novæ Hodegetriæ vocabatur, ratione Conſtantinopolitani illius vetuſtioris, ut videtur. De hoc Monaſterio mox fuſius agetur. Hic mentio occurrit Chriſtoduli Amiræ & Protonotarii qui frequenter in ſequentibus Diplomatibus memoratur, & anno 1139. Protonobiliſſimi titulo & honore donatur a Rogerio Rege. Is ipſe in Diplomate Bertæ, & in ſequenti Rogerii Regis, dicitur Amira & Protonotarius. Alius item apud Rocchum Pyrrhum memoratur, qui Amiras ſimul & Protonotarius appellatur. Inter ſubſcriptiones Græcas una exſtat Latine exarata, *Ego Johannes Preſbyter teſtis ſum.* Nam in his nationibus olim Græce loquentibus, jam promiſcuus eſſe ceperat Latinæ linguæ uſus. Apud Ferdinandum Ughellum eſt aliud inſtrumentum Latine, anno 1121. ubi eadem ipſa plerumque nomina, quæ in hoc Diplomate, leguntur: qui autem hic dicitur, Ασκηγῆνος Πορτζέλλης, ibi vocatur, *Aſquitinus Porcella*. Alia item nomina Græcis hujus inſtrumenti ſimilia ibidem habentur.

TERTIUM INSTRUMENTUM, datum anno 1130. ex apographo Aureæ bullæ ejusdem Rogerii Regis exscriptum est. Quod apographum quinquaginta circiter annis post datam Auream bullam exaratum, multorum testimoniis & subscriptionibus munitum fuit. Hæc porro Aurea bulla data fuit in gratiam Monasterii Novæ Hodegetriæ, de quo superius, ad confirmandam ipsi omnium, quæ quomodocumque adeptum fuerat, prædiorum bonorumque possessionem. Ibi memoratur Christodulus Amiras & Protonotarius, quasi Monasterii augendi & ditandi studiosus, ut in secundo, quod est Bertæ Comitissæ, instrumento. Monasterium vocatur νέας ὁδηγητρείας τοῦ πατρὸς, *Novæ Hodegetriæ Patris*. Dicitur autem Monasterium νέας ὁδηγητρείας, sive νεοδηγητρείας, q. d. *Novæ deductricis*: quia Constantinopoli aliud Monasterium erat, τῆς θεοτόκου ὁδηγητρείας, *Deiparæ Hodegetriæ*, ad cujus differentiam hoc Calabrense Monasterium, ad illius instar fundatum, νέας ὁδηγητρείας vel νεωδηγητρείας vocatum est. Illud autem Constantinopolitanum, τῶν ὁδηγῶν vel ὁδηγητρείας dictum, a Pulcheria Augusta structum fuisse narrat Theodorus Lector: alii dicunt a Michaële Theophili & Theodoræ filio; sed antiquius esse multorum testimoniis veterum asseritur. In eodemque ipso Monasterio Imaginem Deiparæ, cum aliis Reliquiis positam, & ab Eudocia Augusta Theodosii Jun. conjuge Jerosolymâ missam narrat Nicephorus Call. L. 24. c. 11. ἔνι δὲ καὶ ὁ τῶν ὁδηγῶν αὐχήσας ἐπωνυμίαν, ἐφ' ᾧ πάλιν τε θείαν ἐκείνης μορφὴν, ἣν Λουκᾶς ὁ ἀπόστολος σανίδι γράψας κατέλιπεν, ἐντυχήσασα, τό τε θεῖον ἐκείνης γάλα, καὶ τὸ ἱερὸν ἄτρακτον, καὶ τὰ τοῦ σωτῆρος σπάργανα ἐθησαύρισεν, Εὐδοκίας πεμψάσης τῆς βασιλίδος, ἡνίκα δὴ ἀφῖκτο εἰς Ἱεροσόλυμα. *Templum item, quod Hodegorum nomine insigne est, in quo rursum divinam illius* (Deiparæ) *imaginem nacta, quam Lucas Apostolus in Tabula depictam reliquit, & divinum illius Lac, & sacrum Colum, & Salvatoris ipsius fascias, perinde ac thesaurum recondidit: quæ quidem ad eam miserat Eudocia Augusta, cum Jerosolymam profecta est.* Alibi autem ait idem Nicephorus illam Imaginem primò Antiochiæ asservatam fuisse. Ejusdem Ecclesiæ τῶν ὁδηγῶν haud infrequens mentio superius occurrit in subscriptionibus Calligraphorum & alibi: memoratur item passim apud auctores Byzantios, ut pluribus narrat Cangius in Constantinopoli Christiana, p. 88. & sequentibus.

Cur autem ὁδηγητρείας nomen habuerit non omnino constat: alii ita appellatam volunt, nempe, deductricem, quod duobus cæcis Deipara apparuerit, atque ad Ecclesiam deductis visum restituerit. Codinus de originibus Constantinopolitanis ideo τῶν ὁδηγῶν vocatam ait, quod antea cæcorum multorum domicilium ibi fuisset, qui in fonte ibidem posito sese abluentes visum recipiebant: alii nec felicius, quod Angelis tutelaribus dedicata esset. Ego vero cum laudato viro Cangio potius credam, sic dictam fuisse, quod cùm Deiparæ illa imago, a S. Luca depicta, summopere apud Byzantios coleretur, nullam adversus hostes expeditionem susciperent Imperatores atque Duces, quin prius eam salutassent, ac quasi viæ expeditionisque ducem implorassent. Ibidem autem ita pergit Cangius: *Quod hoc loco videtur indicare Zonaras p. 133. scribens Bardam Cæsarem moturum in Agarenos Cretenses,* πρὸς τὸν ναὸν τῶν Ὁδηγῶν κεκλημένον, in Templum Hodegorum profectum, τῇ θεομήτορι συστρατευσόμενον, una cum Deipara expeditionem suscepturum. *Neque fere aliter verba Scylitzæ interpretatus est Xylander*, ubi de Barda: πρὸς τὸν τῆς θεοτόκου ναὸν τῶν Ὁδηγῶν φοιτήσας, ad Deiparæ fanum, quod Hodegon dicebatur, quod eam sibi itineris ductricem votis solebant conciliare, accessit. *Continuator Theophanis lib. iv. num. xlj. de eodem Barda :* πρὸς τὸν τῆς ὑπεραγίας δεσποίνης ἡμῶν θεοτόκου ναὸν, ὡς οὕτω δὴ ὁδηγοὶ κατονομάζεται, προσφοιτήσας, *&c. Et sane vox,* συνταξόμενοι, *apud Zonaram, videtur indicare, eam esse Deiparæ imaginem, quam Imperatores in bellicas expeditiones secum educebant :* ἡ τῆς θεομήτορος εἰκὼν, ἣν οἱ βασιλεῖς Ῥωμαίων ποιοῦντες συστρατηγόν. Deiparæ imago, quam Romanorum Imperatores belli sociam asciscunt, *ut est apud Nicetam in Murz. num. 1. ubi de Deiparæ imagine, quam a Francis & Latinis captam ait in eo prælio, quo ab iis ad Phileam superatus est : de qua sic Villeharduinus noster, n. cxix.* A l'aïe de Dieu fu desconfiz l'Empereor Morchuflex, & dut estre pris ses cors domaines, & pardi son gonfanon Imperial, & une ancone qu'il faisoit porter devant lui, où il se fioit mult, il et li autre Gré. En cele ancone ere Nostre Dame formée. *Id est,* Deo juvante fusus est Murzuflus Imperator, ac pene ipse ab hostibus captus est; perdiditque vexillum imperatorium, & Imaginem quam ante se deferri faciebat, cui confidebat plurimum, ut & cæteri Græci. In hac vero imagine expressa erat Deiparæ figura. *Verum si quod ait Albericus, ubi de hoc prælio, fidem aliquam meretur, quod vix putem, aliam fuisse ab Hodegetria prorsus constat.* In his *quippe, ut ille ait,* fabrefacta est Majestas Domini, & imago B. Mariæ, & Apostolorum cum reliquiis in ea positis. Ibi est Dens, quem in pueritia mutavit Jesus : & ibi habetur de Lancea qua in Cruce fuit vulneratus, de Sindone, & de triginta Martyribus. Hanc Yconiam cum in præliis ferre essent soliti, nequaquam antea potuerunt ab hostibus superari. *At si imago illa est, quam Balduinus ipse ad Ecclesiam Cisterciensem mittere decreverat, ut testatur in Epistola, quam ad Abbatem Cisterciensem scripsit de urbis expugnatione, vel si tum eadem Venetias translata est ab Henrico Dandulo Duce, ubi & asservari dicitur a Rhamnusio, alia sane est ab Hodegetria, siquidem ad postremam usque urbis expugnationem Constantinopoli perstitit.*

Hæc ille docte suo more edisserit : atqui imaginem illam, quæ in bellis deferri solebat, aliam ab Hodegetria esse colligere debuit. Non erat enim quod in loco Zonaræ interpretando se distorqueret ac dubium ea de causa moveret. Etenim illud, πρὸς τὸν ναὸν τῶν Ὁδηγῶν κεκλημένον, τῇ Θεομήτορι συνταξόμενον, non significat Bardam Cæsarem, *in Templum Hodegorum profectum esse una cum Deipara expeditionem suscepturum,* vel Imaginem illam educturum, ut opinatur ipse; sed Bardam Cæsarem, *in Templum Hodegon profectum esse, Deiparæ valedicturum, eique se commendaturum.* Vox quippe συντάξασθαι, maxime apud Ecclesiasticos Scriptores, significat, alicui valedicere ante profectum, & ei se commendare. Hinc Hesychius, συντάξασθαι, ἀσπάσασθαι, *salutare, valedicere.* Sic Athanasius in Apologia contra Arianos, p. 171. ὁ μὲν οὖν βασιλεὺς τοιαῦτα γέγραφε. ἐγὼ δὲ δεξάμενος ἀνῆλθον εἰς τὴν Ῥώμην συντάξασθαι τῇ ἐκκλησίᾳ καὶ τῷ ἐπισκόπῳ. *Has igitur literas scripsit Imperator : quibus acceptis Romam redii, Ecclesiæ & Episcopo valedicturus.* Sic igitur haud dubie explicandus Zonaræ locus : quo posito nulla difficultas suberit, palamque erit Hodegetriam, aliam esse ab Imagine Deiparæ, quæ ab Imperatoribus Constantinopolitanis ad expeditiones militares deducebatur. Ad hanc autem Hodegetriam Imperatores ac Duces in bellum exituri ac Deiparæ opem imploraturi accedebant : atque etiam post partam victoriam in Hodegorum Templum se conferebant, ut gratias agerent & faustum exitum Deiparæ adſcriberent, ut pluribus narrat, multiſque exemplis confirmat laudatus Cangius ibidem.

Inſtar illius Conſtantinopolitanæ Hodegetriæ, aliæ ejuſdem nominis fundatæ ſunt, nempe Hieroſolymitana quædam, de qua Anonymus de locis Hieroſolymitanis, cap. VII. Aliam item dicunt exſtare in Sicilia. At ſecundùm Conſtantinopolitanam illam, nulla inſignior Calabrenſi illa Deipara Hodegetria in Monaſterio ejuſdem nominis RR. PP. S. Baſilii: cujus meminit Cardinalis Sirletus in epiſtola præfixa Liturgiæ S. Marci, vocatque Hodegetriam, quam Itali *de lo patire* vulgo vocant, a quodam Nilo conditam undecimo ſæculo: qui Nilus alius eſt a magno illo Nilo Roſcianenſi, qui in Monaſterio Cryptaferratenſi proxime Romam diem clauſit. Vocatur autem a Sirleto, *de lo patire*, apud Ughellum *de Patiro*, vel, *de Patirio*. Quod haud dubie factum ex Græco νέας ὁδηγητρίας τοῦ πατρὸς, ut aliquoties legitur in Diplomate Rogerii Regis, de quo nunc agimus. Ex illo τοῦ πατρὸς factum, *de lo Patire*, vel melius *de Patirio*; nam ſic plerumque nuncupantem audivi R. Patrem Mennitium ejuſdem Ordinis Præfectum Generalem. Cur autem ita vocetur non conſtat. Crederem ortum vocabulum eſſe a Patre Nilo Monaſterii conditore, qui per antonomaſiam *S. Pater* vocabatur. Etenim in hiſtoria fundationis ejuſdem Monaſterii a Ferdinando Ughello ex vetuſtis Monaſterii monumentis publicata legitur: *Viſitur adhuc, & grandi circumjacentium incolarum veneratione colitur cella Sancti Patris Nili in locis iſtis, quam Monachi ſequentes, Cryptam Sancti Patris vocant ex antonomaſia.* An hæc vera ſit denominationis origo ex vetuſtis Diplomatibus æſtimare poterunt Monachi iſtic degentes: nam ut ibidem ſubjungit Carolus Blaſcus Canonicus Roſcianenſis, a quo Ferdinandus Ughellus illam notitiam accepit: *Illud* [Monaſterium] *ingentibus privilegiis ac divitiis Rogerius Comes Calabriæ, & alii Normanni Principes nobilitarunt. Plura & pene innumera monumenta in membranaceis, tum Græcè tum Latinè ſcripta, propriis libuit oculis uſurpare.* Ex his autem monumentis duo ille Latinè protulit, apud Ughellum ibid. nos item duo; nempe Bertæ Comitiſſæ Loritelli anno 1112. & Rogerii Regis, de quo nunc agitur: quæ omnia ad Monaſterium Novæ Hodegetriæ de Patirio pertinent.

Qui hujus Monaſterii Hegumenus ſeu Abbas erat cum hæc Rogerii Bulla Aurea data fuit, anno videlicet Chriſti 1130. Lucas vocabatur, ut in ipſo Diplomate fertur, κυρὸν Λουκᾶν, τὸν καὶ νεωστὶ τὴν προεστασίαν δεξάμενον παρὰ τοῦ κράτους ἡμῶν ἐν ταύτῃ τῇ σεβασμίᾳ μονῇ. *Domnum Lucam, qui nuper ab Imperio noſtro hujus Monaſterii præfecturam accepit.* Unde corrigendus prorſus videtur Ferdinandi Ughelli catalogus Abbatum ejuſdem Monaſterii, ad Roſſanenſes Archiepiſcopos, p. 388. *Cæterum*, ſic ibidem, *Patiri regulares Archimandritæ in monumentis ejuſdem hi tantum nobis fuerunt obſervati. Lucas primus Abbas ſeu Archimandrita, Bartholomæus anno 1122. Coſmas deinde Archiepiſcopus Roſſanenſis. Nicodemus anno 1196. &c.* Hæc ſane Ughelli ſeries nec cum Diplomatibus noſtris, imo nec cum ſuis, quæ ibidem adfert, conſentit: ut liquidum erit ex nuda, brevique rei enarratione. Nilus Monaſterium S. Mariæ Novæ Hodegetriæ condidit anno Chriſti circiter 1090. & ut credere eſt aliquot poſtea annis abſolvit: ut ex hiſtoria fundationis ejuſdem Monaſterii ab Ughello allata conſpicuum eſt. Vide col. 385. Anno autem 1104. Indictione duodecima Rogerius Comes ſigillum fecit in gratiam ejuſdem Monaſterii, tradidit-

que

que Bartholomæo tunc Abbati, ut ibidem legitur, col. 385. *Sigillum factum est ex nostra parte Rogerio Comite Calabriæ & Siciliæ, & datum est tibi Patri spirituali meo Domino Bartholomæo venerabili Abbati Abbatiæ sanctæ Dei Genitricis Virginis Mariæ Odigitriæ Vrsianam in mense Septembris, Indictione duodecima. M. C. IIII.* Annus vero cum Indictione plane consentit. Hoc autem sigillum anno Christi 1122. Indictione 15. renovatur ibid. col. 387. anno autem 1112. Berta Comitissa Loritelli sigillum, sive instrumentum de quo superius, in gratiam ejusdem Monasterii dedit, Bartholomæo item Abbate, ut ibidem fertur. Anno 1122. aliud Instrumentum datur a Ferdinando Ughello allatum ibidem col. 388. eodem administrante Bartholomæo, ut legitur ibidem. Anno autem 1130. datur a Rogerio Aurea Bulla, de qua nunc agitur, cum Lucas Monasterii administrationem & Hegumeniam nuper accepisset. Liquet igitur Bartholomæum ante Lucam Hegumeniam Monasterii Hodegetriæ gessisse. Cosmas vero Lucæ successor, eumdem excepit ante annum 1149. ut patet ex cujusdam Instrumenti excerpto apud eumdem Ughellum col. 389. *Ex quo Cosmas*, sic ibidem, *tunc venerabilis Archiepiscopus Rossanensis ante annum quadragesimum quando præerat Ecclesiæ Patiri, injuste & sine judicio auctoritate sua tantum dirogaverat.* Instrumentum autem illud datum est anno 1189. ut ibidem fertur; unde si demas annos 40. jam anno 1149. Monasterio Hodegetriæ præfuisse Cosmam reperies: quandonam autem cœperit, ac Lucam exceperit, nondum exploratum est. Idem porro Cosmas Aureæ Rogerii Bullæ apographo, sive ἰσοδυνάμῳ, subscribit infra, cum Archiepiscopus Rossanensis esset, ut ibidem dicitur. Hinc vero patet Apographum istud, quod Romæ exsumsimus, annis circiter 50. post datam Auream Bullam exaratum fuisse: quæ Aurea Bulla, ut supra dictum est, anni 1130. notam præfert.

Observandum est Græcos cujusvis dignitatis Imperatores, Reges, Episcopos, Duces, Principes, atque etiam idiotas, cum Acta publica, vel privata edunt, & violatores diris devovent, maledictionem Sanctorum trecentorum decem & octo Patrum transgressoribus apprecari; videlicet Nicænorum Patrum, qui 318. numero primam œcumenicam Synodum anno 325. celebrarunt. Sic in hac Aurea Bulla Rogerii Regis legitur, καὶ τὴν ἀρὰν ἔχειν τῶν τιη΄. ἁγίων θεοφόρων πατέρων: *Et maledictionem Sanctorum Deiferorum*, 318. *Patrum incurrant.* Similiterque Librarii, ut improbas furum manus arceant, eamdem maledictionem subripientibus Libros immittunt.

Hic memorantur aliquot Familiæ, quæ videntur Nortmannicæ originis esse, Cleremontis, videlicet, & Grantemanil: ad hanc enim usque diem, familia quædam, nomine *Grentemenil*, exstat in Normannia.

QUARTUM INSTRUMENTUM, anno 1131. datum, est Philippi filii Leonis Logothetæ & magni judicis totius Calabriæ. Logothetæ autem inter Officiales aulæ Constantinopolitanæ erant, qui ærarii curam gerebant, magnus vero Logotheta, ærarii generalis præfectus: qua de re vide Cangium in Glossario mediæ & infimæ Græcitatis. Datum est autem Diploma in gratiam cujusdam Joannis Presbyteri, Potamiti filii, cui subrepta a Riccardo de Garen bona restituuntur. Observatu dignum est, Instrumenti violatoribus & transgressoribus indici pœnam 76. nomismatum pro Capella Regia solvendorum.

QUINTUM INSTRUMENTUM est Gerasimi Abbatis

Monasterii SS. Petri & Pauli. Quæritur autem an idem ipse Gerasimus sit, qui apud Rocchum Pyrrhum Libro quarto, duo Monasteria nomine Sanctorum Petri & Pauli fundasse dicitur: aliud SS. Petri & Pauli de Itala vel Gittala anno 1093. ut patet ex Sigillo sive Diplomate Rogerii Siciliæ Comitis ibidem; aliud autem SS. Petri & Pauli de Agro, anno Christi 1117. ut ex Rogerii ejus filii Diplomate eruitur. Eumdem ipsum Gerasimum esse qui ambo illa Monasteria, nomine SS. Petri & Pauli condidit, existimat Rocchus Pyrrhus, ductus nominum tum Abbatis, tum Sanctorum *Titulariorum*, similitudine: quibus etiam ætas consentit. Hæc porro omnia in Gerasimum etiam nostrum quadrant, verum an idem ipse Gerasimus vel alius cognominis sit is, qui in hoc nostro Diplomate memoratur, affirmare non audemus. Rem mittimus Siculis & Calabrensibus, quibus ad eam explorandam otium & facultas est: nobis enim procul positis non licet Instrumenta locorum evolvere. Gerasimus igitur Monasterii SS. Petri & Pauli de Spanopetro, cujus item inferius in duobus Diplomatibus mentio habetur, fundator & Abbas, hujusce Monasterii bona mobiliaque recenset; vasa videlicet tum sacra, tum alia ad quodvis ministerium deputata, vestes similiter aliaque, quorum vocabula, plerumque ignota & Regionis istius propria, partim augurando vertimus, partim Latinè ut in Græco exstabant expressimus. Libros etiam omnes Monasterii minutatim recenset, ac Bibliothecæ suæ non admodùm numerosæ catalogum texit, sed quia inter Libros hujusmodi non pauci sunt, quorum nomina intelligere & explicare non ita facile est, hic de singulis iis, quorum non obvia notitia est, pauca dicenda sunt.

Τετραευαγγέλιον, est Liber quatuor Evangeliorum: hic autem de quo agitur in Diplomate, aureis Capitulis ornatus erat, καὶ τὸ σινδόνιον φούφουνδον, & operimentum erat Phuphundum: est autem φούφουνδον, panni serici genus.

Εὐαγγέλια ἐκλογάδια sunt Libri Evangeliorum per annum. Vocantur autem ἐκλογάδια, quia pro temporis & solemnitatum ratione Evangelia illa delecta sunt.

Κοντάκια, sive κονδάκια, erant volumina sive rotuli, seu folia oblonga parvo baculo rotundo hærentia ipsique circumvoluta, de quibus actum est Lib. 1. Cap. 4. Dicitur etiam paruum contacium, κοντακέλιν.

Πραξαπόστολον est vox abbreviata pro, αἱ πράξεις τῶν Ἀποστόλων, quæ apud Græcos medii & infimi ævi admodum frequentatur.

Συναξάρια sunt vitæ Sanctorum in compendium redactæ pro Chori & Ecclesiæ usu.

Εὐχολόγιον, *Euchologium*, est Liber precum in Liturgia & aliis functionibus Ecclesiasticis recitari solitarum.

Μακαρισμάρια, sunt Libelli beatitudinum Evangelicarum, quibus preces quædam interseruntur. Μακαρισμάρια vero σὺν φωταγωγικῶν, id est, *Macarismaria cum precibus vespertinis*: nam φωταγωγίαι preces vespertinæ sunt.

Στιχηράρια sunt Libri in quibus scribuntur versus Officii Ecclesiastici prolixiores, de quibus vide Jacobum Goarum in Notis ad Euchologium.

Τριῴδια sunt Libri Officiorum a Septuagesima usque ad finem Quadragesimæ: hoc item nom ne vocabatur Liber Officiorum a Paschate usque ad Pentecosten; ut in Diplomate Gerasimi dicitur, Τριῴδια β'. τὸ ἓν τῆς τεσσαρακοστῆς, καὶ ἕτερον ἀπὸ τοῦ πάσχα ἕως τῆς ἁγίας πεντηκοστῆς: id est, *Triodia duo; aliud Quadragesimæ; aliud a Paschate usque ad sanctam Pentecosten.*

Ἀναςάσιμα, sunt Libelli chorales pro Paschatis diebus.

Κατανυκτικὸν, est Libellus precum, ex compunctione cordis emissarum, eodem sensu apud Rocchum Pyrrhum in Diplomate Sabæ mox memorando legitur: *Codices Juris Canonici tres, Martyrologia duo totius anni, Catanystica* (l. *Catanyctica*,) *Menæa totius anni*.

Παρακλητικὸν, est etiam Liber Ecclesiasticus, pro toto anno, ad quem in aliis Græcorum Libris Ecclesiasticis plerumque remittitur. Dicitur autem παρακλητικὸν sive *consolatorius Liber*, quia Lectiones ibi positæ ad consolationem aptæ; vel etiam *hortatorius Liber*, quia frequenter peccatores ad pœnitentiam hortatur.

Τυπικὸν, est Liber Ritualis, in quo assignantur omnia per annum in Choro agenda, legenda, canenda, &c.

Σχηματολόγιον, est Liber, in quo continetur ritus dandi habitus iis, qui Monasticam vitam amplectuntur.

Ὡρολόγιον, est Liber diurnus pro horis Officii recitandis.

Εἱρμολόγιον, est Liber continens hymnos pro Festis Domini ac B. M. Deiparæ, aliisque per totum annum.

Deindeque agros, fundos & vineas Monasterii pari accuratione describit: tum rustica omnia vasa instrumentaque adjicit, quorum plerumque nomina, his regionibus propria, aut divinando vertimus, aut ut Græcè jacebant Latinè scripsimus. Eadem pene forma descriptum Diploma cujusdam Sabæ Abbatis S. Pantaleonis, affert Rocchus Pyrrhus in Sicilia sacra Notitia IV. p. 55. ex Græco Latine versum a Constantino Lascaris, ubi suppellex tota Monasterii minutatim enumeratur cum Libris omnibus. Sed mendis innumeris respersum est Instrumentum; exempli causa *Retroevangelium* legitur pro *Tetraevangelium*: ibidemque ad hæc verba: *Item dono Imagines perpulcras, & coopertas auro; & Templum pulcrum*, notat Rocchus Pyrrhus ad marg. *Templum quod ædificaverat.* Ignorans scilicet Τέμπλον Græcè, sive *Templum*, non Ecclesiam significare, sed ciborium Altaris, ut vel ipsa series declarat. Cætera recensere non est præsentis instituti. Gerasimus igitur Abbas jam senex, ut ipse declarat, & ætate provectus, hoc ceu Testamentum edit: Theodulumque Monachum, quem sibi successorem ante designaverat, utpote transfugam & tali munere indignum, abdicat: & ita clauditur Instrumentum.

SEXTUM INSTRUMENTUM, quod ad fidem Archetypi Tribus in Tabulis eadem characterum forma delineatum exhibemus, expressum est ex Bulla Rogerii Regis Siciliæ & Calabriæ: qua Christodulum Amiram de quo supra, in strenue navatæ operæ & officiorum mercedem, Protonobilissimum declarat. Nobilissimorum dignitas jam inde a tertio sæculo occurrit; sed prisce Imperatorum filiis & Cæsaribus tantum dabatur: deinde etiam aliis magnatibus & Imperatoriæ aulæ Ministris collata deprehenditur. Postea vero Protonobilissimorum dignitas creata fuit: qui Protonobilissimi inter nobilissimos primi, & multi numero erant, ita ut Protonobilissimorum mentio frequens in historiis sit, etiam in Sicilia & Calabria perinde atque in Oriente. Hinc fortasse est, quod inter familias Regni Neapolitani, Sedis, ut vocant, Capuanæ, Protonobilissimorum quædam familia recenseatur; puta quod a quodam Protonobilissimo originem ducat. Monogramma in secunda Tabula positum legere nequivimus: atque opinor id frustra tentabunt alii, nisi alterius instrumenti ope; ita perplexe descriptum est, & fortassis non accurate expressum. Annus ab Incarnatione non ita nitide scriptus est: sed cum nota sic legatur, ἀπεδόθη μηνὶ ἀπριλλίῳ ἰνδ. β'. ἀπὸ τῆς θεοφυτίας, (sic non θεοφυτίας legas,) *Datum est mense Aprili Ind. secunda, anno a Dei sive Christi ortu*, licet nota anni literis numeralibus constans, perplexe jaceat; ex Indictione tamen liquet esse annum 1139. in quem cadit secunda Indictio. Tunc autem jam ab annis saltem 27. Christodulus Amiræ dignitatem & munus obtinebat: nam in Diplomate Bertæ Comitissæ Loritelli, anno 1112. Amira dicitur. In Tabula, Regis nomen habetur, fortasse propria ejus manu notatum sic, Ε. Ρογέριος ἐν Χριστῷ δεσπότης, *Ego Rogerius in Christo Despotes.* Tres autem literæ infra positæ Ρ'. Μ'. β'. non video quid aliud significare possint, quam Ρογέριος μέγας βασιλεὺς, *Rogerius magnus Rex*: quamquam res non vacat difficultate: nam Reges Siciliæ & Regni Neapolitani nomine βασιλεὺς uti non solent in Diplomatibus Græcis; sed ῥὶξ vel ῥὴξ appellantur, ex Græcorum consuetudine, qui nonnisi Imperatores Constantinopolitanos βασιλέας nuncupabant: quod si interdum Occidentales Imperatores, ut Carolum Magn. & Ludovicum βασιλέως nomine appellaverint, id ex adulatione, quod eorum ope indigerent, admiserunt. Cæteros autem omnes, ῥῆγας vocant: qua in re Siciliæ & Neapolis Reges in Græcis instrumentis, Orientalibus Græcis morem gerentes, nomine ῥὴξ aut ῥὶξ tantum utebantur. Unde in alio quodam Basilianorum instrumento, Fredericus Imperator & Rex his titulis insignitur: Τὸν Μάρτιον μῆνα εἰς τὴν εἰκοστὴν, τῆς ἰνδίκτου τρίτης· ἔτος ἑξακισχίλια ἑπτακόσια πεντήκοντα τρία, ἔτει τῆς ἐνσάρκου οἰκονομίας χίλια διακόσια τεσσαράκοντα ε'. βασιλεύοντος τοῦ κυρίου ἡμῶν Φρεδερίκου θεοῦ χάριτι ὑπερλάμπρου βασιλέως Ῥωμαίων, τῆς Ἱερουσαλὴμ καὶ Σικελίας Ῥηγός· τῆς βασιλείας αὐτοῦ ἔτει εἰκοστῷ πέμπτῳ· τοῦ δὲ Ῥηγάτου Ἱερουσαλὴμ ἔτει κα', καὶ τοῦ Ῥηγάτου Σικελίας ἔτει κθ'. Hoc est, *Mensis Martii 20. Indict. 3. anno 6753. Incarnationis vero 1245. imperante Domino nostro Frederico Dei gratia præclaro Imperatore Romanorum, Jerusalem & Siciliæ Rege. Imperii ejus anno 25. Regni Jerusalem anno 21. Regni Siciliæ anno 29.* Verum etsi βασιλέως nomen Reges Siciliæ vulgo non usurparent, frequenter tamen ubi de se loquuntur, βασιλεία ἡμῶν, *Majestas nostra*, sive, *Imperium nostrum*, dicunt; quod idipsum fere valet ac si sese βασιλέας appellarent: atque ideo fortasse hic primam cujusque vocis literam tantum adhibuit Rogerius, quia sibi debitam esse βασιλέως μεγάλου appellationem putaret, quam tamen ut insolentem diserte scribere noluerit. Verum hæc conjectando solùm dicimus, certiora amplexuri, si quando offerantur. Voces ibidem, δεσπότου, σωτῆρος, δύο, τοῦ μεγαλοδεσπότου, πρεσβυτέρας, παρέσεσιν προστάξας, προστάξαι, τραπέζης, otiosi hominis ludus esse videntur, nullum enim sensum exhibere possunt.

SEPTIMUM INSTRUMENTUM, anno 1144. datum, est Leonis Maleini Ducis Styli & Hieracis, ex antiqua Maleïnorum familia: qui obortam Eremitas inter & Monachos S. Joannis Theristi litem componit. Est autem Monasterium S. Joannis Theristi caput Monasteriorum Ordinis S. Basilii in Calabria.

OCTAVUM INSTRUMENTUM, anno 1165. editum, est Philippi cujusdam Brulli filii, qui facultates suas ac seipsum Monasterio S. Joannis Theristi offert, Monasticamque vitam amplectitur, Cypriano Abbate tunc Monasterium administrante. Singulare est quod inter Libros ab se Monasterio oblatos Librum Apotelesmatices sive Genethlialogiæ offerat, quem sic enuntiat, καὶ ἄλλο βιβλίον παλαιὸν κατὰ ἀστρονόμους, ἔχον γενέθλια, *Librum vetu-*

ftum secundùm Astronomos, habentem Genethlia. In hoc item Diplomate habentur verba quædam Græco-barbara, istis in partibus usitata, quæ divinando plerumque interpretati sumus.

NONUM INSTRUMENTUM, anno 1185. editum, est Nicolai Luatri, itemque Leonis ac Joannis fratrum ejus, qui Monasterio SS. Petri & Pauli de Spanopetro fundum offerunt, Paphnutio Abbate tunc Monasterium administrante.

Sequitur postea Index Græcus CONSTITUTIONUM IMPERIALIUM SICULARUM Frederici II. Imperatoris & Siciliæ Regis: quæ in Codice Regio 3370[2]. habentur Græce. Eædem vero Constitutiones a Frid. Lindenbrogio Latinè editæ fuerunt Francofurti anno 1613. prout Latinè primùm datæ, & a Petro de Vineis Capuano, quo Cancellario Fredericus II. utebatur, conscriptæ fuerant. Consuetudines autem illæ Latinè scriptæ, anno salutis 1221. datæ sunt, ut in nota ad calcem posita declaratur his verbis. *Actum solenni consistorio Melfiensi, Anno Dominicæ Incarnationis millesimo ducentesimo vigesimo-primo, mense Augusti, Indictionis quartæ: insinuatum vero mense Septembri, sequentis quintæ Indictionis, amen.* Græcæ autem Friderici Constitutiones Imperatoriæ Siculæ, quæ inscribuntur, βασιλικαὶ διατάξεις, post Latinas datæ videntur: nam etsi in Latinis multæ Rogerii & Guillelmi Regum Siciliæ leges cum Friderici Constitutionibus admixtæ sint, auctiores tamen sunt Græcæ illæ, quæ Fredericum solum auctorem habent, atque pluribus constant Titulis: in Latinis quippe, quæ ut diximus non Fredericum modo, sed etiam Rogerium & Guillelmum Frederici antecessores auctores habent, 208. Tituli sunt; in solius autem Frederici Constitutionibus Græcis 222. ut quisque videre possit. Quamobrem existimo Fredericum II. Imperatorem & Siciliæ Regem, postquam illas Constitutiones primùm Latinè dederat, easdem postea auctiores Græce edi curavisse, quia in Sicilia & Regno Neapolitano partim Latine partim Græce loquebantur. Unde factum est ut Diplomata Comitum, & Regum, promiscue Latine & Græce data sint, ut hodieque in Archivis Siciliæ & Calabriæ asservantur. Codex autem Græcus Regius de quo nunc agitur, ex autographo desumtus est, & quidem paucis post datas Imperatorias Constitutiones annis, & adhuc imperante & in Sicilia regnante Frederico Secundo, ut tum ex forma characteris liquet, tum etiam ex notis, quas subinde inserit Scriba, prima manu ac minio descriptis, nempe, Βασιλεὺς Φρεδερίκος, ἀεὶ αὔγουστος, Ἰταλικὸς, Σικελικὸς, Ἱεροσολυμίτης, Ἀρελατένσης, εὐσεβὴς, εὐτυχὴς, νικητὴς καὶ τροπαιοῦχος, *Imperator Fredericus, semper Augustus, Italicus, Siculus, Jerosolymitanus, Arelatensis, pius, felix, victor, & tropæis ornatus.* Has autem Græcas Constitutiones, nondum, quod quidem sciam, editas, hic publicare non est animus: nam id prolixioris esset operæ: Indicem autem & Titulos omnes edidisse satis erit, ut quisque videat quid in iis contineatur, & in quibus a publicatis Latinis Græcæ differant.

Græcis illis Diplomatibus, atque Constitutionum Sicularum Indici, subjungere visum est Diplomata quatuor Latine scripta, utpote quæ præmissis Græcis lucem adferant. Exstant autem in scriniis RR. PP. S. Basilii Romæ. Primum est Frederici II. ejusdem, Imperatoris & Siciliæ Regis, secundum Mariæ Reginæ. Tertium Urbani VI. Papæ. Quartum Sixti IV. Papæ. De singulis quædam hic prælibanda sunt.

PRIMUM DIPLOMA LATINUM a Frederico II. Imperatore & Siciliæ Rege datum est anno salutis 1224. in gratiam Monasterii SS. Petri & Pauli de Spanopetro, de quo supra ad nonum Græcum instrumentum actum fuit, Paphnutio tunc Abbate: qui Paphnutius in hoc item Friderici Diplomate memoratus ut Abbas, anno eodem 1224. annum saltem administrationis suæ trigesimum-nonum agebat: nam Diploma Græcum illud, Paphnutio Abbate datum, est anni 1185. si tamen idem ipse Paphnutius, & non alius ipsi cognominis, fuerit.

SECUNDUM DIPLOMA LATINUM, anno salutis 1320. a Maria Jerusalem, Siciliæ, Ungariæque Regina in gratiam Monasterii S. Joannis Theristi, & Archimandritæ sive Abbatis, cujus nomen tacetur.

TERTIUM DIPLOMA LATINUM, anno 1382. datum est Romæ ante valvas Ecclesiæ S. Petri. Estque instrumentum, quo Cyprianus *Archimandritus* Monasterii S. Johannis Theristi, Ordinis S. Basilii, D. Cosmam Crispi de Messana, Procuratorem suum Romæ constituit, ut Camerario Pontificis commune servitium offerret, pecunias solitas Officialibus solveret, necnon Domino Papæ & Collegio Cardinalium; ut præsens adesset ad hæc omnia præstanda, tum etiam ad recipiendas monitiones & sententias excommunicàtionis, si quæ contra idem Monasterium ferrentur. Inter hæc autem munia hoc notandum est, *Necnon ad visitandum ejus* (Archimandritæ) *nomine limina SS. Apostolorum Petri & Pauli, prout tenetur visitare, &c.* Observandum autem est, hic primum adjici, *Ordinis S. Basilii*, in aliis quippe instrumentis superioris ætatis, quæ hic adtulimus, nomen Monasterii simpliciter scribitur nulla facta ordinis mentione. Quod ideo factum arbitror, quia cum istarum regionum Ecclesiæ Græci ritus essent, nec usque adeo ibi Latinorum ritus & lingua frequentaretur, cum Græcorum Monasteria omnia ejusdem ordinis essent, distinctione opus non erat. Cum autem Latinorum maximeque Mendicantium cœnobia ibidem multiplicata fuerunt, tunc cœptum est Basilianorum Actis ordinis nomen adscribere. Philippus Squillacensis Episcopus hic nominatus, Augustiniani Ordinis, postea a Bonifacio IX. ad Messanensem Archiepiscopatum translatus est anno 1388.

QUARTUM DIPLOMA LATINUM, anno 1473. datum, est Sixti IV. Papæ ad Franciscum Abbatem S. Joannis de Piro Ordinis S. Basilii. Remque continet singularem. Cum enim Monasterium a primæva sua origine Abbatem & Monachos Græcos habuisset, ac *postmodum*, ut ibidem dicitur, *interdum per Abbates Græcos, quandoque per Latinos rectum fuißet*, ac tandem Græci in eodem Monasterio penitus defecissent: cum item populus partium illarum magis Latinè, quam Græcè intelligerent, & Monachorum numerus usque adeo diminutus esset, ut tres tantum a multo tempore Monachi in Monasterio degerent; rogavit Summum Pontificem Franciscus Abbas, ut sibi Monachos ex aliis Monasteriis adscribere liceret, utque Latine in Monasterio suo celebraretur. Cujus petitioni annuens Summus Pontifex, concedit ut Monachos, sive ex Ordine S. Basilii, sive ex alio quovis, dummodo Mendicantium non esset, adsciscat; utque ad usum Romanæ Ecclesiæ divina Officia in isto Monasterio persolvantur. Hoc Diploma, ni fallor, cusum fuit in Italia, sed quia Libellus in quo jacet, in hasce partes nondum allatus fuit, visum est ad calcem Palæographiæ Græcæ Bullam Græcæ linguæ usum abrogantem subjicere.

EX INSTRUMENTIS MONASTERII S. Basilii Romæ, Diploma anno 1099. datum.

Η Πολύσκιλτος τῶν ἀνθρώπων διαγωγή, καὶ αἱ βιωτικαὶ τούτων τοῦ βίου μέθοδοι οἶδεν ἐνδελεχίζειν· μᾶλλον δὲ παμποικίλως περιεργάζειν ξένα τινὰ, καὶ τερατώδη, ἐν τῇ αἰσχρουργῷ αὐτῶν γνώμῃ· οὐκ ἐπ' ἀγαθοῖς, ἀλλ' ἐν ἀθέσμοις, καὶ ἀσέμνοις ἐκ τῶν προσώ ἔργοις πολλοὶ ἄνθρωποι χωροῦντες, τοὺς ἰσχυροτέρους ἐν φρονήσει ταῖς αὐτῶν κακομαγγανείαις παιδίζουσι· ὡς τοῦδε τοῦ βίου περιπετὲς, καὶ ἀνώμαλον οἶδε χρηματίζειν ἀπ' ἀρχῆς ὡς ὁ μακρὸς, καὶ ἕως ἡμῶν αἰὼν παρεπέμψατο· καὶ συνελὼν εἴπω· ὁ ἐκ τοῦ Μοσχάτου κατὰ σειρὰν καταγόμενος λέγω δὴ Γενέσιος υἱὸς Ἰωάννου τοῦ Σπαθαχοῦα Μοσχάτου, τὸν καταφυτευθέντα ἐν τῇ τῶν Σαρκῶν τοποθεσίᾳ παρὰ τῶν τῆς μονῆς τοῦ ὁσίου πατρὸς ἡμῶν Ἰωάννου τοῦ Θερίστου μοναχῶν ἀμπελῶνα, καὶ εἰς ἐμφανίαν ἀχθέντα, καὶ καταστάθεντα ὡς ἐοίκει· ἄσπονδον διηνεκῶς πόλεμον ἐνεποίει, ὅπως οἵῳ τρόπῳ ἀφελέσθαι τοῦτον, οὐκ ὀλίγας ἐναγωγὰς, καὶ ζητήσεις ποιούμενος. Ἑωρακὼς οὖν ὡς ἀκαίρως ἐναντίοις ἑαυτοῦ ἔργοις καταψηφιζόμενος, καὶ μηδὲν ὀνούμενος, μηχανᾶται τι τοιοῦτον τῶν ἐλαφροτάτων καὶ τοῦ στερεοῦ φρονήματος ἀμοιροῦν· μοναχὸν Παγκράτιον, καὶ εὐνοῦχον, τὸν κατὰ σειρὰν τὸν ἐκ τοῦ Ἀττουλίνου, ἐν ἑαυτῷ προσκαλεσάμενος, κέχρηται πρὸς αὐτὸν κόμποις τισὶ τοιούτοις, καὶ ἀπατηλοῖς ῥήμασιν, ὡς εἰ ἐν τούτῳ ἄσμενος ἐπωφελέστατος ἀρωγὸς ἂν γενήσῃ μοι, ὅπως τοὺς ἄλλους πάντας ὑπερπώσωμαι καὶ τῆς ἐπιθυμίας τοῦ αὐτοῦ ἀμπελῶνος ἐπιτύχω, τοῦτον ἀναλαβέσθαι, καὶ ἀφελέσθαι με τοῦτο, πάντως σοι ἑτοιμός εἰμι κἀγὼ ἐπιθυμίαν ἐκπληρῶσω. ὅθεν οὗτος ἐκ τὰς ὑποσχέσεις τοῦ νοῦ συληθεὶς πληρωσίῳ ἐσυνέθετο. ὅθεν ὁ Μοσχάτος ἐμοὶ Ἰωσὴφ αὐθέντης (sic) κριτὴς Στύλου προσῆλθεν φάσκων κατὰ τῶν μοναχῶν τῆς μονῆς τοῦ ὁσίου πατρὸς ἡμῶν Ἰωάννου, καὶ ἐνάγων ὡς ἀδικούμενος, τὸ προγονικὸν αὐτοῦ κτῆμα ἀφελόμενοι τυραννίᾳ πεφυτεύκασιν ἀμπελῶνα, τὰ δοκοῦντα ἐν αὐτῷ

VAria & tumultuosa hominum vivendi ratio, & sæcularia eorum artificia perpetuo exercentur; imo vero stupenda quædã & portentosa variis modis excogitantur per improbam eorum mẽtem: non ad bona quadam, sed ad nefaria & turpia plerique hominum se conferentes, iis qui prudentia potiores sunt fallaciis suis illudunt: quemadmodum hujus sæculi temeritas & inæquabilitas, jam inde a multis retro sæculis ducta consuetudine, agere solet. Et ut paucis dicam; qui a Moschato originem ducit; videlicet Genesius filius Joannis Spathacua Moschati, vineam a Monachis Monasterii S. P. N. Joannis Theristi in loco Sarcorum consitam, palamque positam & constitutam uti par erat, implacabili indicto bello, abripere suamquef acere assidue conatur; non paucis ad eam rem oblatis petitionibus adhibitisque perquisitionibus. Cum videret igitur, se intempestivis illis & contrariis moliminibus damnari, nec quidpiam proficere, rem machinatur sane levissimam, ac sensu prudentiaque vacuam. Monachum Pancratium Eunuchum, ex Attulino quodam ortum, evocans, ipsum magnificis hujusmodi promissis & fallacibus verbis alloquitur: Si hac in re mihi libens opem tuleris; ut alios omnes superem, & optatam vineam assequar, ipsam possideam & illis auferam; quidquid in voto habes complere paratus sum. Istis pollicitationibus deceptus ille, annuit. Quamobrem Moschatus me Josephum Authentem & Judicem Styli convenit, & de Monachis Monasterii S. Patris nostri Joannis conquestus, se læsum dictitabat; cum se paterna possessione privantes, tyrannideque usi, vineam conseverant, & pro libito omnia eodem in loco fecerant, cum nihil ibi portionis vel juris haberent. Siquidem, aiebat, etiamsi ea de re Pater meus & nos sexcentas perquisitiones, & non paucas actiones adhibuerimus, nihil profecimus: nam illi donis sibi assidue conciliantes eos, qui locorum regimen obtinebant, conatus nostros eluserunt, ita ut hactenus nihil acceperimus. Nunc autem Authenti nostro splendidissimoque Comiti nocte dieque supplicantes, prædii nostri possessionem & fructum omnem percipere volumus. Cum autem versuta illorum consilia, propositumque frivolum, quod perficere cupiebant, ego non probe perspectum haberem; Monachos omnes ejusdem Monasterii evocavi. Illi vero cum Præfectis acccesserunt; videlicet cum Domno Bartholomæo, qui nuper a Præfecto Hegumeniam acceperat: cum eo erat & Theodulus Oeconomus ejus. Qui cum Moschati objecta audivissent, alii quidem omnes siluerunt: hic vero qui virus in corde latens habebat, turpiter & prorsus nefarie se gerens, respondit his verbis: Ego ante hos omnes ab initio in Monasterio fui, & vineam consevi: meliusque his omnibus scio quomodo, quando & cujusnam locus fuerit: fateorque & notum habeo, locum istum Moschati fuisse, possessionem immemorialem, & paternam hujusce rem esse, quam ad hoc usque tempus, violentia & tyrannide usi, consita vinea injuste tenemus. Jam autem veritatem in lucem prodire volo: & confiteor quod feci, me consevisse vineam, alienus licet essem, ut & ii qui mecum erant; justumque esse ut sine dubio & disceptatione ulla Moschato, utpote proprio Domino, restituatur. Hæc cum audissem una cum assidentibus clarissimis Magistratibus, Authente Domno Nicolao Maleïno, & Sancto Patre Domno Constantino, ac Comite Nicolao Genearpullo, & non paucis aliis contuberna-

ποιησάμενοι, μηδὲν ἐν αὐτῷ μερίδα, ἢ κλῆρον ἔχοντες· ἐπεὶ καὶ μύρια ζητήματα, καὶ ἀγωγὰς οὐκ ὀλίγας, ὑπὲρ τοῦ ὁ ἐμὸς πατὴρ καὶ ἡμεῖς σὺν αὐτῷ ποιησάμενοι, μηδὲν ὠνήσαμεν. οὗτοι δωροδοκοῦντες καθ' ἑκάστην τοὺς τὰς ἡνίας τῆς χώρας κρατοῦντας, ἠσχήσαμεν ἕως τοῦ νῦν, μηδὲν εἰληφότες. τὰ νῦν δὲ τοῦ αὐθέντου ἡμῶν τοῦ λαμπροτάτου κόμητος λατρεύοντες νύκτα πᾶσαν, καὶ ἡμέραν, θέλομεν ἔχειν καὶ τῆς ὑποστάσεως ἡμῶν ἅπασαν τὴν ἀπόλαυσιν. ἐπεὶ καὶ τὰ θεραπευτικὰ ἃ ἀναμεταξὺ εἶχον βουλεύματα, καὶ τὴν ἄμφω ἐκέκτηντο, καὶ ἐνεθυμοῦντο περατεῖν, καὶ ἀνίσχυρον βουλὴν καὶ μηχανήν, καγὼ μηδ' ὅλως ἐπιστάμενος, τοὺς μοναχοὺς ἤγαγον ἅπαντας τῆς αὐτῆς μονῆς. ἐνώπιον ἐμοῦ ἀφῆξιν. οὗτοι μετὰ καὶ τῶν προεστώτων ποιησάμενοι· λέγω δὴ τοῦ τε κυροῦ Βαρθολομαίου προσφάτου τότε τὴν ἡγουμενείαν παρὰ τοῦ προεστῶτος δεξάμενος· (sic) ἦν σὺν αὐτῷ καὶ ὁ Θεόδουλος οἰκόνομος αὐτοῦ· οἱ τὰ ἐναγόμενα παρὰ τοῦ Μοσχάτου πάντα ἐνωτισθέντες, οἱ μὲν ἄλλοι πάντες ἐσίγησαν· οὗτος δὲ ὁ τὸν ἰὸν ἔχων ἐν καρδίῃ καὶ τὰ ἄσεμνα ἀπεργαζόμενος, καὶ παντελῶς ὀκλάζων, ἀνταπεκρίνατο λέγων, ἐγὼ πρὸ πάντων τούτων τῆς μονῆς ἐξ ἀρχῆς εἴμην, καὶ τὸν ἀμπελῶνα καγὼ πεφύτευκα, βέλτιον ἐπιστάμενος τοῦτο, πῶς, καὶ πότε, καὶ τίνος ἂν ὁ τόπος ὑπῆρχε παρὰ πάντας, καὶ ὁμολογῶ, καὶ ἐπίσταμαι ὅτι τὸ χωράφιον τοῦ Μοσχάτου ὑπῆρχεν, κτῆμα ἀΐδιον, καὶ πρᾶγμα γονικὸν ἐστὶ ταύτου, ὅπερ ἕως τοῦ νῦν ἀλόγως ἴσμεν χρησάμενοι βίᾳ καὶ τυραννίᾳ καὶ καταφυτεύσαντες ἐκρατοῦμεν τέως πλεονεκτικῶς. ἄρτι δὲ τὴν ἀλήθειαν εἰς φῶς θέλω ἐλθεῖν καὶ ὁμολογῶ ὃ πέπραχα, καὶ ὃ πεφύτευκα ξένον με ὄντα, καὶ τοὺς σὺν ἐμοὶ τοῦ πράγματος δίκαιον ἀποδοθῆναι καὶ τῷ Μοσχάτῳ ὡς ἰδίῳ δεσπότῃ ἀναντιρρήτως καὶ ἀναμφιβόλως. ταῦτα τὰ ῥήματα σὺν τοῖς συνεδριάζουσί μοι τιμίοις ἄρχουσιν ἐνωτισθεὶς, τῷ τε αὐθέντῃ κυρῷ Νικολάῳ τῷ Μαλεΐνῳ καὶ τῷ ἁγίῳ πατρὶ κυρῷ Κωνσταντίνῳ καὶ τῷ κόμητι Νικολάῳ τῷ Γενεαρπούλλῳ, καὶ

οὐκ

οὐκ ὀλίγοις συνεσίοις καὶ συνδιαίτοις, μηδενὸς ἑτέρου ἐπισταμένου, ἢ ἀντιλέγοντος, μηδ' αὐτῶν τῶν παρεστώτων μήτε τινὸς ἑτέρου, ἀλλὰ σιωπὴν πάντων ἀσχολούντων πῶς τὰ τοῦ πράγματος ἔχοιεν, μὴ ἐπιστάμενοι ὁμολογοῦντες. Εἶπον πρὸς αὐτὸν τὸν μοναχὸν Παγκράτιον ἀποδοῦναι τοῦ λοιποῦ τὸ ἀμπέλιον, ὃ κἀκεῖνός με ἐπεζήτει· αὐτὸς γὰρ ὁμολογεῖ. ὃς ἀποστὰς τὴν ἰδίαν ἣν ἐπέφερε, καὶ ἐν ᾗ ἐστήρικτο βακτηρίαν δέδωκεν τῷ Μοσχάτῳ, τοῦ ἀμπελῶνος τὴν ἰδίαν ἐξουσίαν πᾶσαν παραθέμενος. δι' οὗ ἡμεῖς μᾶλλον τὰ τῆς δίκης περαιώσαντες μετὰ πολλοῦ καὶ παρῳχηκότος χρόνου, δικαίωμα πεποιήκαμεν τῷ Μοσχάτῳ, καὶ ἀπεδώκαμεν, ὡς μηδενὸς ἕως τότε ζήτημα καὶ ἔγκλημα ἢ λόγον ὑπομνήματος ποιησαμένου, (sic)

Ἔπειτα μετὰ ταῦτα ὁ ἄνους καὶ ἄφρων, ἐκ τῶν ὑποσχέσεων μηδὲν εἰληφώς, ἀλλ' ἐκ πάντων ἄμοιρος ἀπολειφθείς, μεταμελησάμενος πείθει τοὺς μοναχούς, ὡς τὸ τῶν καστράτων οἶδε ποιεῖν γένος, τόδε πεποίηκεν ἐμοὶ λέγων, ὁ Μοσχάτος, πιθανεύσας με ταῖς ἀπατηλαῖς θωπείαις αὐτοῦ πολλὰ ὑποσχόμενος· καὶ γὰρ ἔλεγεν ὡς ἐδόκει τὴν ἐπὶ τὰ Ἱεροσόλυμα πορείαν ποιεῖν. ὁμολογεῖ ὅτι ἐσυνέθετό μοι τὰ τοιαῦτα τῆς ἐπιθυμίας, καὶ ἐπάνοδον τῆς ἐπὶ τὸν τοῦ κυρίου τάφον κἀγὼ κατευθύνω, καὶ διασώσω μηδ' ὀβολὸν ἐκ τοῦ σοῦ ὑστερούμενος, ὡς αὐτὸς ἐδόκει τῆς Κωνσταντινουπόλεως πορείαν ποιήσασθαι παρὰ τοῦ λαμπροτάτου κόμητος κυροῦ Ῥωβέρτου ἀποστολὴν ἣν ὑπεδέχετο. ἐν τοῖς τοιούτοις οὖν ὑποκλάσας με λόγοις πεποίηκα ὃ πέπραχα. καὶ γὰρ οὐκ ἔστιν τὸ ἀμπέλιον ὡς φάσκει εἰς τὸ χωράφιον τοῦ Μοσχάτου· ἀλλ' ἐκ τῆς κληρονομίας τῶν Σακριτάνων ἐστὶ μικρόν τι τμῆμα, ἔχον εἰς τὸ ἓν μέρος τοῦ ἀμπελίου ὁ Μοσχάτος ὡς ἐκ τοῦ Κλαβίτου. ζητήσεως οὖν οὐκ ὀλίγης μετέπειτα γενομένης καὶ ἐναγωγῆς παρὰ τοῦ καθηγουμένου κυροῦ Βαρθολομαίου, καὶ τῶν ἄλλων πάντων μοναχῶν· οὐ μὴν ἀλλὰ καὶ παρὰ τοῦ εὐλαβεστάτου, καὶ θεοφιλεστάτου κυροῦ Ἰωάννου, ὑπόμνησις γέγονεν καὶ σαφὴς βατ-

libus, nemine alio, neque præfectis ipsis rei notitiam habentibus, nec contradicentibus; sed silentibus, fatentibusque se nescire quomodo res se haberet: Monacho Pancratio edixi vineam restitueret, quam ille petebat ut suam, ipso Pancratio fatente. Ille vero renuntians, & baculum suum, quo sustentabatur, Moschato tradens, se vineæ possessionem ipsi tradere declarat. Qua re permoti nos, quæ ex jure erant post multum elapsum tempus perficientes, decretum Moschato edimus tradimusque, ac si nemo ad eam usque diem perquisitionem & accusationem ea de re instituisset, aut memoriale quodpiam fecisset.

Deinde stultus & amens ille, cum nihil promissorum accepisset, sed omnibus vacuus remaneret, mutata sententia, Monachis auctor est, (uti solet castratorum genus facere,) ut repetant: ipsosque his verbis alloquitur: Moschatus, inquit, me fallacibus verbis lactans, multa pollicitus est. Dicebat enim se Jerosolymam iter parare, promittebatque me socium itineris futurum, quod ego cupiebam, ad sepulcrum Domini se deducturum reducturumque esse sumtibus suis, ita ut ne obolum quidem expenderem: ac deinde Constantinopolin pari modo mecum iter habiturum, quò mittebatur a splendidissimo comite Domno Roberto. Tali sermone circumventus id effeci, quod factum est. Siquidem vinea non est in agro Moschati, ut ille dicit, sed parva portio est hæreditatis Sacritanorum, habens ex uno latere Moschati fundum quasi ex parte Claviti. Deinde non modica perquisitione facta & actione instituta a Cathegumeno Domno Bartholomæo & ab aliis omnibus Monachis: etiam a piissimo & a religiosissimo Domno Joanne, Monitum prodiit, ubi multa futilitate verborum, quasi pro Ecclesia vindicanda

Ddd

insurgebat, utpote spiritualis Pater & Pastor in aula magni Comitis: * verba suo & splendidissimi Comitis nomine faciebat, ac negotii speciem & conditionem declarabat. Neque id tantum, sed & ipse & alii omnes Magistratus, qui cum ipso erant, & negotium ab initio non noverant, neque me admodum respiciebant, qui de ea re judicium tuleram; me culpabant, quod non præsens, sed absens a loco vineæ, decretum tulissem: multaque ea de causa loquuti sunt. Cum vero tempus fuit ut ad aulam accederemus, jussu Authentis nostri Monitum ibi ea de re factum est: meque percontati sunt, quo pacto res gesta esset. Cum ego minutatim enarrassem, Moschato ibidem præsente coram maximis Magistratibus; Protonobilissimus, utpote judex totius Calabriæ, & Protonotarius Domnus Nicolaus, una cum assistentibus reliquis Magistratibus, ut de novo judicium redintegraretur, tum ob religiosissimi Episcopi petitionem, ut diximus; tum maxime ob partium litigantium disceptationem, & ut rem accurate dispicerent, decreverunt, utriusque partis sanctiorem fidem deposcere & jurejurando litem solvere statuentes. Inter hæc Moschatus sic obloquutus est: Adjuro Hilarionem Monachum Gangemitanum, & Leonem Presbyterum fratrem ejus & * Patres Joannis Sambatii, & Ursum Ardabastum, ut jurati dicant, & ad majorem firmitatem & auctoritatem in locum se conferant. Tum hortantibus Magistratibus ipsis, ut ego Joseph Authentes & judex Styli ad locum me conferrem: & si ii, quorum fidem Moschatus appellavit, jurati pro Monachis dicerent, vinea Monasterii esset; sin pro Moschato, eidem qui jam possidebat relinqueretur; & fructus præteriti temporis ipsi restituerentur. Cum ergo ad urbem me contulissem omniaque ipsis declarassem, tempus præstitui. Ad lo-

τολογία, διεξελθὼν πολλὰ ὡς ὑπὲρ τῆς ἐκκλησίας αἰθισάμενος, πνευματικὸς ὢν πατὴρ, καὶ ποιμὴν ἐν τῇ κόρτῃ τοῦ Μεγαλοκόμιτος μᾶλλον, αὐτοῦ κἀκείνου τοῦ λαμπροτάτου τὸν λόγον, καὶ τοῦ πράγματος τὴν ἰδέαν ὑποδείξας. οὐ μόνον δὲ ἀλλὰ καὶ τοῖς ἅπασιν ἄρχουσι τοῖς μετ' αὐτοῦ· οἱ καὶ μὴ ἐπιστάμενοι τὰ τῆς ἀρχῆς, καὶ τοῦ πράγματος, μήτε ἐμὲ βλέποντες τὸν τοῦτο κρίναντα, πολὺ ἐμέμφοντο, πῶς μὴ παρὼν, ἀλλ' ἀπὼν τῷ τόπῳ τοῦ ἀμπελῶνος ἀπέδωκεν, (sic) καὶ τὸ δικαίωμα πεποίηκεν· πολλὰ περὶ τοῦτο διελθόντες. ὅταν δὲ καιρὸς ἔφθασεν ἀπελθεῖν ἡμᾶς εἰς τὴν κόρτην, προστάξει αὐτοῦ τοῦ αὐθέντου ἡμῶν ὑπόμνησις ἐκεῖ καὶ περὶ τοῦτο γέγονεν· ἐρωτήσαντές με πῶς τὰ συμβάντα ἐγέγονεν, καὶ ποίῳ ἃ κατὰ λεπτὸν αὖθις διηγησάμενος κἀγὼ, τότε καὶ αὐτὸς ὁ Μοσχάτος ἐκεῖ παρὼν ἐνώπιον τοῖς μεγίστοις ἄρχουσιν· ὅ τε πρωτονοβελίσιμος καὶ ἅτε κριτὴς ἁπάσης Καλαβριτίδος χώρας, καὶ ὁ πρωτονοτάριος κυρὸς Νικόλαος ἅμα τοῖς συνοῦσιν αὐτοῖς λοιποῖς ἄρχουσιν, εἴπως νέαν ἀνακαίνισιν ποιήσαι τῆς δίκης, διά τε ὡς εἴπομεν τοῦ Θεοφιλεστάτου ἐπισκόπου τὴν αἴτησιν, διά τε μᾶλλον τοῦδε κἀκείνου τῶν ἀμφισβητούντων μερῶν, θέλοντες βλέψαι τὴν ἅμιλλαν καὶ τὴν ἀγωγὴν, ἔκριναν ἐπιλῦσαι τῶν ἀμφοτέρων μερῶν τὰ πιστότερα, καὶ μεθ' ὅρκου ἐκπεράναι τὴν δίκην καὶ ἐπάρχας τὰ τῆς ἀγωγῆς. ὅθεν, ἐν τοῖς εἰρημένοις ὁ Μοσχάτος αὐτὸς ἀντέφη εἰρηκὼς, ἐπορκῶ Ἱλαρίωνα μοναχὸν τὸν τοῦ Γαγέμι, καὶ Λέοντα πρεσβύτερον τὸν ἀδελφὸν αὐτοῦ, καὶ πατέρες Ἰωάννου τοῦ σαμβατίου, καὶ Οὖρσον Ἀρδάβαστον, οὗτοι ὡς εἴπωσιν ἐνόρκως καὶ ὅθεν χωρήσωσιν ἐπὶ κυρῷ καὶ βεβαιῷ. ἐπὶ τοῦτο προτραπεὶς παρὰ τῶν ἀρχόντων αὐτῶν κἀγὼ Ἰωσὴφ αὐθέντης καὶ κριτὴς Στύλου ἐν τῷ τόπῳ παραγενέσθαι, καὶ ἐὰν οὗτοι οὓς εἴρηκεν ἐπομόσονται, καὶ ἠρετίσατο, ἐχέτω ἡ μονὴ τὸ ἀμπέλιον· εἰδ' οὐχὶ ἔστω τοῦ Μοσχάτου τὸ ἀμπέλιον καθὼς ὑπάρχει, δότω μᾶλλον καὶ τοὺς περὶ ὅσον ἀφείλαντο ἐπικαρπείας τοῦ ἀμπελίου· παραγεγονότος μου οὖν ἐν τῷ ἄστει, καὶ δῆλα πάντα αὖθις ποιησάμενος, (sic) προθεσμίαν δέδωκα αὐτοῖς. ἐν τῷ τόπῳ παραγενόμενοι καὶ σὺν ἐμοὶ μᾶλλον ὁ Βεσκόμης κυρὸς Γουλιέλμος, καὶ ὁ ἀνωτέρω κυρὸς Κωνσταντῖνος, ὡς καὶ αὐτοὶ παρὰ τοῦ Μοσχάτου παρακληθέντες, καὶ παραστάντες στῆναι ἐν τῇ δίκῃ σὺν καὶ τῷ πάπα κυρῷ Κωνσταντίνῳ, καὶ τῷ αὐθέντῃ κυρῷ Νικολάῳ, καὶ ἀδελφῷ τοῦ Βεσκόμιτος, Γοσφρέδῳ καὶ τοῦ Γουλιέλμου, καὶ πολλῶν ἄλλων· οὗτοι ἐπὶ χεῖρας τὸ χρυσοῦ ἄραντες τὸ ἅγιον εὐαγγέλιον, οἱ ἐπιλεχθέντες ὅ τε μοναχὸς Ἰλαρίων, καὶ Λέων πρεσβύτερος ἀδελφὸς αὐτοῦ, καὶ ὁ πρεσβύτερος Ἰωάννης, καὶ Οὖρσος Ἀρδάβαστος ἐνόρκως διεχώρησαν ὅτι ἀπὸ τοῦ βουνίου ὄπισθεν τῶν κελλίων, ἔνθα ὁ τέρμων ὑπάρχει καὶ κατέρχεται εἰς τὴν βαθέαν, ἔνθα τὰ καλάμια τὸ κατὰ δύσιν, ἔνθα κεῖται τὸ ἀμπέλιον, οὐ δεσποτείαν ὁ Μοσχάτος ἐν αὐτῷ εἶχεν, ἀλλὰ Σακριτανικὸν ὑπάρχει· καὶ οὕτως ἔχει καθὼς διεχωρίζομεν· ὅτι εἰς τὸν τόπον ἔνθα κεῖται τὸ ἀμπέλιον ὁ Μοσχάτος οὐδέποτε εἶχεν. ἐπὶ ἀνατολὰς ἔχει ὡς διεχωρίσαμεν, ὡς ἐκ τοῦ Κλαβίτου καταγόμενος· ἀκροαταὶ δὲ τοῦ ὅρκου μετὰ πάντων ὧν εἰρήκαμεν ἐτύγχανον οἱ αὐτάδελφοι τοῦ Μοσχάτου ὅ τε Νικόλαος, καὶ ὁ κυρὸς Βασίλειος ὁ Μανδαράνης ὁ γαμβρὸς αὐτοῦ, καὶ ἕτεροι πολλοί. ὅθεν ἀπεδώκαμεν ἐν τῇ μονῇ τοῦ ὁσίου πατρὸς ἡμῶν τοῦ Θεριστοῦ τὸν ἀμπελῶνα καὶ εἰς τοὺς ἐκεῖ μοναχούς, ὅσον καὶ οἷόν ἐστι κατὰ τὴν δικαίαν κρίσιν, καὶ πρόσταξιν τῶν ἀρχόντων τῆς κόρτης τοῦ αὐθέντου ἡμῶν μεγάλου κόμιτος, ποιήσαντες αὐτοῖς καὶ τὸ παρὸν δικαίωμα πρὸς ἀπόπαυσιν πάντων τῶν ἀντιλεγόντων καὶ ἀμφισβητεῖν δοκούντων, σφραγίσας καὶ τῇ διὰ κηροῦ μου βούλλῃ, καὶ τῇ ἰδίᾳ μου χειρὶ τὸ χαρτίον ἐπιγράφων. Μηνὶ Αὐγούστῳ θ'. ἰνδ. ζ'.

Et alia manu. Ὁ δὲ περιορισμός ἐστιν οὗτος, ἀπὸ τὰ καλάμια, ἃ ἀνωτέρω εἴρηται, τῆς βαθείας καὶ ἀνέρχεται εἰς τὸν βουνόν· τὸ ἐπὶ δυσμὰς ἐστιν Σακριτανικόν, ἔνθα τὸ ἀμπέλιον τῆς ἐκκλη-

cum igitur cum advenissemus; ego scilicet & Vicecomes Domnus Gullielmus, & Domnus Constantinus supra memoratus; & ii qui a Moschato ad testimonium ferendum in jus appellati fuerant, cum Papa Domno Constantino, & Authente Domno Nicolao, necnon Domno Gosfrido Vicecomitis Gullielmi fratre, multisque aliis; isti supra memorati; videlicet Hilarion Monachus, Leo Presbyter frater ejus, Joannes Presbyter, & Ursus Ardabastus, sumto præ manibus sancto Christi Evangelio, jurati affirmarunt, a colle retro cellulas, ubi terminus est & descendit in profundum, ubi arundines sunt versus Occidentem, quo loco jacet vinea, non fuisse ex possessione Moschati, sed Sacritanicum fuisse, & ita se habere ut illi terminos ponebant. Quia, inquiunt, in loco ubi jacet vinea Moschatus nihil umquam habuit: sed ad orientem habet secundum terminos a nobis indicatos, utpote qui ex Clavito originem ducat. Juramentum audierunt præter eos, quos supra memoravimus, fratres Moschati, Nicolaus & Domnus Basilius Mandaranes gener ejus, aliique multi. Quamobrem vineam Monasterio sancti Patris nostri Theristi, & Monachis ejus restituimus, ut æquitas postulabat, & ut principes aulæ Authentis nostri magni Comitis jusserant, hoc illis instrumentum edentes ad sedandos omnes, qui contradicere & disceptare vellent: sigillantes cerea nostra bulla &, quod melius est, manu propria subscribentes, mensis Augusti die nona, Indictione septima.

Et alia manu. Circuitus autem est hujusmodi: a calamis sive arundinibus, de quibus supra, in valle, ascendit in collem: ad occidentem est Sacritanicum, ubi est vinea Ecclesiæ usque ad Cannabatianum, & æqualiter procedit usque ad vallem prope Canalitem, & æquali spatio procedit usque ad Templum Sancti Blasii, & ad Clavitum versus orientem.

Joseph Terroes Authentes & judex Styli, huic instrumento subscripsi propria manu, & firmum ipsum reddidi anno 6607. id est Christi 1099.

σίας ἕως τοῦ Καναβατιανοῦ· καὶ ἀποδίδει τὸ ἴσον ἕως εἰς τὴν βαθείαν πλησίον τοῦ Καναλίτου, καὶ ἀπέρχεται τὸ ἴσον ἕως εἰς τὸν ναὸν τοῦ ἁγίου Βλασίου, καὶ τὸ ἀνατολὴν Κλαβίτον.

Ἰωσὴφ αὐθέντης καὶ κριτὴς Στύλου ὁ Τηῤῥόης τὸ παρὸν δικαίωμα ὑπέγραψα οἰκείᾳ χειρὶ, καὶ ἐκύρωσα ἐν τῷ ,ϛχζ. ἔτει.

Diploma RR. PP. S. Basilii Romæ, anno 1112.

Sigillum factum per me Bertam Comitissam Loritelli & per filios meos Giosphre (al. Geofridum) Comitem & Raimundum: & traditum tibi Domno Christodulo Protonotario & Amira, ut des illud Monasterio Neodegetriæ Rusiani. Mense Novembri, Indictione quinta, cum Messanæ degeremus. In nulla alia re Deus tantum colitur, quantum in augendis & construendis sanctorum Templis, & in porrigenda ad auxilium manu. Quare tu supra memoratus splendidissimus Domnus Christodulus, rogasti nos ut sanctum Apolinarium in Conchile fluvio situm tibi daremus: quem olim habuerat Ascengtinus Portzelles, cum agris, incolis, & aliis omnibus ibidem exsistentibus. Et rursum hæc a te consecrabuntur Monasterio Neodegetriæ Rusiani, necnon castissimo seni illic Hegumeno Domno Bartholomæo. Nos autem, quia nobis officia non pauca contulisti, & quæ nobis in optatis erant exsequutus es, petitioni & hortatui tuo cessimus: & ecce prædictum Templum S. Martyris Apolinarii tibi damus cum omnibus ad ipsum pertinentibus; nempe fundos, vineas, arbores fructiferas, & cætera omnia, ut petitio tua superius declaravit; ut in perpetuum consecrata sint Monasterio Novæ Hodegetriæ, & apud spiritualem Patrem Domnum Bartholomæum: ut hoc dono permoti Monachi, qui in prædicto Monasterio variis temporibus

Σιγίλλιον γεγονάμενον παρ' ἐμοῦ Βέρτης κομητίσσης τοῦ Λωριτέλλου, καὶ παρὰ τοῖς ἐμοῖς υἱοῖς τῷ τε Γιοσφρὲ κόμητι, καὶ Ραιμουνδῷ· καὶ ἐπιδοθὲν σοι τῷ κυρῷ Χριστοδούλῳ τῷ πρωτονοταρίῳ καὶ Ἀμηρᾷ, πρὸς τὸ ἀποδοῦναί σοι τοῦτο ἐν τῇ μονῇ τῆς Νεωδηγητρείας Ῥουσιανοῦ. Μηνὶ Νοεμβρίῳ ἰνδικτ. ε΄. ἐν Μεσίνῃ ἡμῶν τελούντων. οὐ τοσοῦτον ἐν ἄλλῳ τινὶ θεὸς θεραπεύεται, ὅσον ἐπὶ τὸ αὔξειν καὶ οἰκοδομεῖν ἁγίων ναοὺς, καὶ χεῖρα βοηθείας ὀρέγειν. διὰ δὲ καὶ σὺ ὁ ῥηθεὶς μεγαλεπιφανέστατος κύριος Χριστόδουλος προσαιτήσω ἡμᾶς τοῦ ἀποχαρίσασθαί σοι τὸν ἅγιον Ἀπολινάριον τὸν ἐν τῷ Κογχείλῃ ποταμῷ, ὡς ὁ ποτὲ Ἀσκηγτῖνος Πορτζέλλης αὐτὸν ἔσχεν σὺν χωραφίων καὶ προσοίκων καὶ ἑτέρων πάντων τῶν ἐκεῖσε πελόντων. καὶ πάλιν ἀπὸ σοῦ ταῦτα ἀφιερωθήσονται ἐν τῇ μονῇ τῆς Νεωδηγητρείας Ῥουσιανοῦ, καὶ πρὸς τὸν ἐκεῖσε ἡγουμενεύοντα ἐπαγνότατον γέροντα κύριν Βαρθολομαῖον. ἡμεῖς δὲ ὡς οὐκ ὀλίγα δουλεύσαντά σε ἡμῖν, καὶ τὰ ἡμῖν καταθύμια πάνυ ἀναπληρώσαντα, εἴξαμεν τῇ σῇ αἰτήσει καὶ παρακλήσει. καὶ ἰδοὺ τὸν ῥηθέντα ναὸν τοῦ ἁγίου ἱερομάρτυρος Ἀπολιναρίου στέργομέν σοι αὐτὸν σὺν πάσης τῆς τούτου διακρατήσεως· χωραφίων τε, φαρμῶν, ἀμπελίων, ἡμεροδενδρίων καὶ λοιπῶν πάντων, ὡς ἀνωτέρω σὴ αἴτησις διεπεράνωσεν, ἵνα εἰς ἀεὶ ἔσωσιν ἀφιερωμένα ἐν τῇ μονῇ τῆς νέας ὁδηγητρείας καὶ πρὸς τὸν πνευματικὸν πατέρα κύριν Βαρθολομαῖον, ὅπως προελόμενοι (sic) ἐκ ταύτης τῆς δωρεᾶς οἱ ἐν τῇ ῥηθείσῃ μονῇ

μονῇ προσκαρτεροῦντες κατὰ καιροὺς μοναχοὶ, μεῖζον τὸ θεῖον ὑπὲρ ἡμῶν ἐξιλεώσωνται. Εἴ τις δὲ φωραθῇ παρασαλεῦσαι ταύτην τὴν ἀφιέρωσιν, εἴη ὁ τοιοῦτος παρὰ τοῦ φιλευσπλάγχνου θεοῦ κατηραμένος, καὶ τὴν ῥηθεῖσαν Ὁδηγητρίαν ἀντίδικον * ἕξειν ἐν τῇ ἡμέρᾳ τῆς φρικτῆς καὶ μεγάλης κρίσεως· ἀφ᾽ ἡμῶν δὲ πάλιν οὐ μικρὰν ἕξει τὴν ἀγανάκτησιν, καὶ τῆς φιλίας ἡμῶν ἐστερηθήσεται. Εἰς δὲ τὸ μετέπειτα πάλιν ἀπαρασάλευτον μένειν τὴν τοιαύτην δωρεὰν πρὸς τὸν ναὸν τῆς νέας Ὁδηγητρίας ἐλεύθερον πάσης· ἐπὶ τούτῳ γὰρ καὶ τὸ παρὸν ἡμῶν σιγίλλιον ποιηθὲν καὶ σφραγισθὲν τῇ συνήθει ἡμῶν βούλλῃ τῇ διὰ κηροῦ, ἐπεδόθη πρὸς τὴν μονὴν τῆς μεγάλης Ὁδηγητρίας, καὶ πρὸς τὸν ἐν αὐτῇ ἡγουμενεύοντα Βαρθολομαῖον καὶ εἰς τοὺς μετέπειτα αὐτοῦ ἡγουμένους. Μηνὶ καὶ ἰνδικτιῶνος τῆς ἄνω γεγραμμένης τοῦ ἔτους ,ςχκ΄. ἐν παρουσίᾳ μαρτύρων.

† Γουλλιέλμος Βάμμος μαρτυρῶν ὑπέγραψε τὸν τίμιον σταυρόν.

† Ἀρκάδιος Καπριλλίγγα μαρτυρῶν.

† Νικόλαος ἀπροτάριος παρευρεθεὶς μαρτυρῶν.

† Ego Johannes Presbyter testis sum.

† Χρυσολέων Βήσκων μαρτυρῶν ὑπέγραψε τὸν τίμιον σταυρόν.

† Νικόλαος Νότρος υἱὸς Ἀπαπακτάνου μαρτυρῶν ὑπέγραψε.

† Ὁ Καλκόριος Νοτάριος ὁ ταῦτα γράψας.

in disciplina perseverabunt, Deum nobis magis propitium reddant. Quod si quis hanc oblationem perturbare voluerit, sit ille a Deo misericorde maledictus, & prædictam Hodegetriam adversantem habeat in die tremendi & magni judicii: in nostram item nec parvam indignationem incurrat, & amicitia nostra privetur. Ut autem hæc donatio Templo Novæ Hodegetriæ facta posthac inconcussa & omni perturbatione libera maneat, ideo præsens nostrum sigillum, solita nostra Bulla cerea munitum, datum est Monasterio magnæ Hodegetriæ, & Bartholomæo ejus Hegumeno ejusque successoribus Hegumenis. Mense & Indictione supra scripta, anno 6620. id est Christi 1112. in præsentia testium.

Gullielmus Bammus testis subscripsit cum signo Crucis.

Arcadius Caprillinga testis.

Nicolaus Protonotarius, ibi forte repertus, testis.

Ego Johannes Presbyter testis sum.

Chrysoleon Biscon testis subscripsit cum signo Crucis.

Nicolaus Notrus filius Apapactani testis subscripsit.

Calcorius Notarius, qui hæc scripsit.

In aversa folii parte hæc leguntur.

† Σιγίλλιον τῆς (τῆς) Ῥουτηλίσσας καὶ τῶν τέκνων αὐτῆς (αὐτῆς) παρὰ τοῦ ἁγίου Ἀπολλιναρίου.

Sigillum Rutellissæ & filiorum ejus de Sancto Apollinario.

Diploma Rogerii Regis, anno 1130. *Exstat Apographum hujusmodi apud RR. PP. S. Basilii Romæ, factum annis circiter* 50. *post datum Diploma.*

Τὸ κατὰ πάντα ἰσοδυνάμον τοῦ χρυσοβούλλου τῆς μονῆς τῆς νέας Ὁδηγητρίας τοῦ πατρός.

Ῥογέριος ἐν Χριστῷ τῷ θεῷ εὐσεβὴς κραταιὸς ῥήξ. † Εὐσεβοῦς διανοίας καὶ βασιλικῆς φιλοφροσύνης ἐστὶ τὸ τὰ τῶν ψυχικῶν φροντιστήρια καὶ τοὺς ἐν αὐτοῖς θείοις

Apographum in omnibus simile Chrysobullo Monasterii Novæ Hodegetriæ Patris.

Rogerius in Christo Deo pius potens Rex. Piæ mentis & Regiæ munificentiæ est Monasteria, & eos qui in divinis & sacratissimis Templis, pervigiliis, & non intermissis precibus, Christiano generi, & potentiæ nostræ sub Dei tutela positæ Deum propitium assidue reddunt, pura & profunda sub dominatu nostro tranquillitate frui, & a nullis ullatenus turbari, aut damno adfici, vel in quacumque re injuriam pati. Ad hæc, ea quæ a decessoribus nostris & a nobis pro animarum salute ipsis consecrata sunt, vel quæ ab ipsis acquisita, vel possessa, habita, administrata sunt, confirmare, firmitatemque ipsis providere, id sane salutem conciliare potest. Quapropter honorabilissimum & religiosum Cathegumenum sancti Monasterii intemeratæ Deiparæ & Novæ Hodegetriæ Patris Domnum Lucam, qui nuper præfecturam hujus venerandi Monasterii a potentia nostra accepit, ad serenissimam potentiam nostram accedentem, supplicantemque, ut decreto confirmaremus ea, quæ tum a nobis, tum a decessoribus nostris, aut quovis alio modo oblata fuerant, incolas nempe, loca, aliasve res; nos non sanctum putavimus, talem nempe virum, supplicem abjicere, & petitionem ejus non implere; sed ejus rogatui aurem inclinantes, optatis ejus annuimus, & postulationem ejus religiose implevimus. Quare per præsens meum Chrysobullum rursus confirmo pro salute animæ patris mei, & filiorum meorum & meæ, cætera omnia sigilla, & locum & modum uniuscujusque declarans; omnia, inquam, quæ tenebat Phramundus, in fundis, villis, horreis, ovilibus: & omnia quæ dixi, quotquot prædictus Phramundus possidebat. Vallem Grati possedit, & fidelissimo meo Amiræ vendidit, cui ego confirmavi, & locum Asceteni Portzellæ, in quo sanctum Apolinarium fundavit, cum omnibus ad ipsum pertinentibus, & aliis fundis, vineis, ovilibus, incolis; & si quid aliud a Duce tenuit, quæ emit Pro-

καὶ πολυιέροις σηκοῖς πολυνυχίαις στάσεσι, καὶ ἀδιαλείπτοις ἐντεύξεσι ὑπὲρ τοῦ τῶν χριστιανῶν γένους, καὶ τοῦ θεοφρουρήτου κράτους ἡμῶν. διηνεκῶς τὸ θεῖον ἐξιλεούμενοι καθαρᾶς καὶ βαθείας ὑπὸ τὴν δεσποτείαν ἡμῶν ἀπολαύειν γαλήνης, καὶ μὴ δυναστεύειν ἐπί τινων καινοτομεῖσθαι, ἢ βλάπτεσθαι, ἢ ἐν οἱῳδήποτοῦν ἐπηρεάζεσθαι. πρὸς τούτοις δὲ, καὶ τὰ πρὸς τῶν πρὸ ἡμῶν ἐν αὐτοῖς ὑπὲρ ψυχικῆς σωτηρίας ἀφιερωθέντα καὶ παρ' ἡμῶν δωρηθέντα, ἢ καὶ ἄλλως πως ὑπ' αὐτοῖς ὑποκτηθέντα, ἢ κατασχεθέντα, καὶ κατεχόμενα, καὶ νεμόμενα, καὶ δεσποζόμενα, κυροῦν καὶ τὸ ἀσφαλὲς αὐτοῖς πάντοθεν περινοεῖν καὶ ἐπιβραβεύειν, * οὗ τῆς τυχούσης σωτηρίας καθέστηκε πρόξενον. ἐντεῦθεν καὶ τὸν ἐντιμότατον καὶ θεοφιλῆ καθηγούμενον τῆς ἁγίας μονῆς τῆς ἀχράντου θεοτόκου καὶ νέας ὁδηγητρίας τοῦ πατρὸς κυρὸν Λουκᾶν, τὸν καὶ νεωστὶ τὴν προστασίαν δεξάμενον παρὰ τοῦ κράτους ἡμῶν ἐν ταύτῃ τῇ σεβασμίᾳ μονῇ, ἐλθόντα πρὸς τὸ γαλήνιον κράτος ἡμῶν αἰτῆτο (sic) λιτανεύειν τοῦ καὶ αὐτὰ κυρῶσαι δι' ἐντάλματος τά τε παρ' ἐμοῦ, καὶ τὰ παρὰ ἐμοῦ δωρηθέντα, ἢ οἱῳδήποτε τρόπῳ δοθέντα * προσοίκων τε καὶ χωρίων καὶ ἑτέρων πραγμάτων. Ἡμεῖς οὖν οὐχ ὅσιον ἡγησάμεθα μὴ τὴν δέησιν τοῦ τηλικούτου ἀνδρὸς ἐκπληρῶσαι, τὸ οὖς (sic) εὐμενῶς τῇ τούτου δεήσει ὑποκλίναντες τῆς ἱκετηρίας αὐτοῦ τυχεῖν ἠξιώκαμεν (sic) καὶ τὰ τῆς αἰτήσεως αὐτοῦ φιλοθέως ἐκπεπληρώκαμεν. διὸ ὑπὸ τοῦ παρόντος ἡμῶν χρυσοβούλλου αὖθις στέργω, ὑπὲρ ψυχικῆς σωτηρίας πατρὸς ἐμοῦ, καὶ ἅμα τῶν ἐμῶν τέκνων καὶ ἐμῆς, ὡς καὶ τὰ ἐμὰ ἕτερα σίγιλλα τὸν τόπον καὶ τὸν τρόπον ἑνὶ ἑκάστῳ δηλοῦν· ἅπαντα φημὶ ἅπερ ἐκράτει ὁ Φραμοῦνδος ἀπὸ τῶν χωραφίων, βιλλάνων, ὥρων, μηλίων, καὶ ἃ προεῖπον ἅπαντα ὅσα ὁ προῤῥηθεὶς Φραμοῦνδος ἐπη... τὴν βαθίαν τοῦ Γράτου ἐδέσποσεν, καὶ τῷ ἐμῷ πιστοτάτῳ Ἀμηρᾷ ἐπώλησε, τῷ αὐτῷ δὲ ἔστερξα, καὶ τὸ χωρίον τοῦ ἀσκητηλίου πορτζέλλης, ἐν ᾧ ἐποιήσατο τὸ ἅγιον Ἀπολινάριον σὺν πάσης τῆς διακρατήσεως αὐτοῦ, καὶ ἑτέρων χωραφίων, καὶ ἀμπελίων, μιλίων, περοίκων, καὶ εἴ τι ἄλλο ἐπεκράτει παρὰ τοῦ δουκὸς, ἃ ἠγόρασεν καὶ αὐτὰ ὁ πρωτονοτάριος Χριστόδουλος καὶ ἀμμηρᾶς, σὺν τῶν τοῦ Φουλκδὲ Βασολζέρης, καθὰ τὰ αὐτῆς σίγιλλα δηλοῦσι, στέργω δὲ καὶ τὰ ἐκ τοῦ Χουῦδε Κληρεμουῦτος, καὶ τοὺς αὐτοῦ δύο ἀνεψιοὺς, Χουῦ, καὶ Ἀλέξανδρος δοθέντα ἀνεμποδίστως, σὺν καὶ πάντων τῶν δοθέντων παρὰ Γουλλέλμου Γραντεμανὴλ τοὺς αὐτοὺς δὲ καὶ τοὺς ἀνθρώπους οὓς ἐπεκράτει ἐκ τῆς Ρο.... ἁγίας Σεβερίνης, σὺν καὶ τῆς ὑποστάσεως αὐτῶν, χωράφια, ἀμπέλια, οἴκους, καὶ εἴ τι ἄλλο σὺν καὶ τοῦ αὐτοῦ οἰκείου πράγματος ἐπὶ τοῦ Ρουσιανὸν καὶ ἅγιον Μαῦρον, ὡς κατηγόρασεν καὶ αὐτὸ ὁ προρρηθεὶς πρωτονοτάριος Χριστόδουλος καὶ Ἀμμηρᾶς. Καὶ ἁπλῶς στέργω ἅπαντα ἃ ἐπεκράτει ἐπὶ πᾶσαν τῆς βαθέας τοῦ Γράτου καὶ Ρουσιανοῦ, καὶ ἅγιον Μαῦρον, δωρηθέντα τε παρὰ τοῦ δουκὸς τοῦ πιστάτου Ἀμμιρᾶ, καὶ τὰ ἀγορασθέντα μᾶλλον παρ' αὐτοῦ, σὺν καὶ ἃ αὐτὸς ὁ Δοὺξ ἀφιέρωσεν· λέγω δὲ ἀμπέλια, χωράφια, ὠρεῖ, νομὰς ὑδάτων, ἀνθρώπους, περιβόλους, οἴκους, μήλια, καὶ εἴ τι ἄλλο ἐδέσποσεν πρίωη (ſic) ταύτης τῆς ἡμέρας, στέργω αὐτῇ τῇ ῥηθείσῃ ἁγίᾳ μονῇ τῆς νέας Ὁδηγητρίας. σὺν τούτοις δὲ καὶ τὴν μονὴν ἣν ἔχετε εἰς τὴν διακράτησιν Μηλήτου καὶ Μεσογιανοῦ, τὴν ἁγίαν Θεοτόκον Σκαλίτων, ἤγουν τοῦ Ἀπράξου, μετὰ πάντων τῶν αὐτῆς σιγίλλων τε καὶ διακρατήσεων, βιλλαίων φημὶ, χωράφια, ἀμπέλια· καὶ ἁπλῶς ὅσα καὶ αὐτὴ ἄχρι ταύτης τῆς ἡμέρας ἐκράτησε καὶ ἐδέσποσεν. στέργω δὲ καὶ τὸ μετόχιον ὃ ἔχει ἡ ἁγία μονὴ εἰς τὸ περίχωρον Κρότου, ἤγουν τὸν ἅγιον Κωνστάντιον ἄσυλον, μετὰ πάντων τῶν αὐτοῦ δικαιωμάτων, καὶ σιγίλλων τε καὶ διακρατήσεων, καὶ νομῶν πάντων, κτηνῶν, ἔχειν ἀκωλύτως, ἀλλὰ καὶ πάντα τὰ ζῶα καὶ τὰ κτήνη διάφορα τῆς ἁγίας μονῆς τοῦ πατρὸς, εἰς ἅπασαν τὴν τοῦ κράτους μου χώραν ἀκώλυτα καὶ ἐλεύθερα νέμεσθαι, ὁμοίως καὶ τῶν προίκων αὐτῆς, ὧν καὶ τὴν χρῆσιν ἰδίως ταῦτα ἔχειν στέργομεν. ἐπὶ τούτοις δὲ ἐπικυροῦντες στέργομεν ἅπαντα τὰ ἀφιερωθέντα ἢ οἱωσδήποτε δοθέντα παρ' ἡμῶν τε καὶ τῶν πρὸ ἡμῶν καὶ παρὰ

tonotarius Chriſtodulus Amiras, cum poſſeſſionibus Phulcde Baſolzeres, ut ejus Sigilla declarant. Confirmo item bona Chounde Cleremontis & duorum ejus conſobrinorum Chuni & Alexandri, quæ ſine exceptione & in perpetuum oblata ſunt, cum omnibus etiam a Guillelmo Grandtemanil datis: itemque homines quos habebat ex.... ſanctæ Severinæ cum poſſeſſionibus eorum, fundis videlicet, vineis, domibus, & quibuſque aliis, & rebus ſuis propriis in Ruſſiano & ſancto Mauro, quæ emit prædictus Protonotarius & Amiras Chriſtodulus. Et in ſumma confirmo omnia, quæ tenebat in tota valle Grati & Ruſiani & ſanctum Maurum, quæ fideliſſimo Ammiræ a Duce data fuerunt, & ea quæ ab ipſo Amira emta fuere, cum iis etiam quæ ipſe Dux conſecravit; nimirum vineas, fundos, horrea, diviſiones aquarum, homines, ſepta, domos, ovilia; & ſi quid aliud poſſederit ad hunc uſque diem confirmo eidem prædicto ſancto Monaſterio Novæ Hodegetriæ. Ad hæc etiam Monaſterium, quod habetis in territorio Meletis & Meſogiani, ſanctam Deiparam Scalitorum, ſive Apraxæ, cum omnibus ejus Sigillis & poſſeſſionibus; villanis, inquam, fundis, vineis, & in ſumma quæcumque ad hunc uſque diem tenuit & poſſedit. Confirmo etiam cellam, quã habet ſanctum Monaſterium in agro Croti, ſive ſanctum Conſtantium Aſilum, cum omnibus ejus inſtrumentis, Sigillis & poſſeſſionibus, cum omnibus paſcuis & jumentis, ut iis ſine impedimento fruantur; ſed etiam omnia animalia, jumenta varia ſancti Monaſterii Patris, in omnibus dominatus mei regionibus ſine impedimento; ita ut libere illa adminiſtrent, pariterque incolas, quorum uſum iiſdem confirmamus. Præter hæc autem confirmamus omnia quæ conſecrata, aut quovis modo data ſunt, tum a nobis, tum a deceſſoribus noſtris, & a quibuſcumque perſonis, aut quæ dabuntur & conſecrabuntur in poſterum, villas, horrea, campos, sylvas, saltus, vicos, ovilia, incolas, sacra delubra divinorum Templorum, & quæcumque antea tenuit & postea tenebit sanctum hoc Monasterium, & omnia quolibet modo ipsi data vel danda, a parvis & magnis & a diversis personis, ut jam dictum est, & a præsenti hora firma, solida, auctoritate firmata a divina potentia mea sunto. Nec liceat cuivis nostrorum filiorum, successorum, principum, magistratuum, aut Ecclesiasticarum personarum, hæc perturbare, aut iis quovis modo molestiam adferre, sive auferre ab illo vel minima quælibet; eo quod prædictum sanctum Monasterium Regium sit, ac proprie nostrum. Hæc omnia superius enumerata confirmavi, & auctoritate munivi. Si quis autem deprehensus fuerit, præter præsentis nostri Sigilli vim quidpiam agere aut in contrarium facere; sive damnum inferre, aut innovare, aut a prædicto nostro dono auferre; nos ipsos & filios hæredesque nostros adversarios & ultores habeat: insuperque in maledictionem sanctorum & deiferorum 318. Patrum incurrat. Deinde ita maneat hoc donum firmum & inconcussum usque ad terminum sæculorum. Hac de causa scriptum est præsens sigillum assueto more, auctoritate munitum & obsignatum aurea bulla nostra. Datumque est prædicto Patris Monasterio, & tibi Patri & Cathegumeno, totique fraternitati. Scriptum est a Potentia nostra in urbe Messana, mense Maio, Ind. 8. anno 6638. i. Christi 1130. Rogerius in Christo Deo pius potens Rex, & Christianorum adjutor.

πάντων προσώπων, ἢ δωρηθησόμενα καὶ ἀφιερωθησόμενα ἐν τοῖς ἑξῆς, χωράφια, ὄρη, πεδιάδας, ὕλας, δάσυς, κομάς, μήλιά τε καὶ παροίκους, καὶ ἱερὰ τεμένη θείων ναῶν· καὶ ὅσα τ'εαυρὸ (sic) ἐκράτησε καὶ ἐς ὕστερον κρατήσει ἡ τοιαύτη ἁγία μονή, καὶ πάντα τὰ δοθέντα ἐν αὐτῇ δοθέντα καὶ δοθησόμενα παρά τε μικρῶν καὶ μειζόνων καὶ διαφόρων προσώπων, ὡς εἴρηται, ἀπεντεῦθεν καὶ ἀπὸ ταύτης τῆς ὥρας βέβαια καὶ στερρὰ καὶ κεκυρωμένα παρὰ τοῦ θείου κράτους μου ἔστωσαν. καὶ μὴ ἐξεῖναί τινα τῶν ἡμετέρων παίδων καὶ διαδόχων ἢ καὶ ἀρχόντων καὶ ἐξουσιαστῶν, ἢ ἐκκλησιαστικῶν προσώπων διασεῖσαι ἢ ἐπηρεάσαι τὸ οἱονοῦν, ἢ ἀφελεῖν ἀπ' αὐτῆς ἄχρι καὶ τοὺς μικροτάτους, διὰ τὸ εἶναι ταύτην τὴν ῥηθεῖσαν ἁγίαν μονὴν βασιλικὴν καὶ ἰδίως ἡμετέραν. Ταῦτα πάντα τὰ ἀνωτέρω ἔστερξα καὶ ἐκύρωσα. εἴτις δὲ εὑρεθῇ παρὰ τὴν τοῦ παρόντος σιγίλλου ἡμῶν δύναμιν ποιῶν ἢ πράττων ἢ ἐναντίον, ἢ ζημίαν ἢ καινοτομίαν, ἢ ἀφαιρέσεις εἰς τὴν εἰρημένην ταύτην ἡμῶν δωρεάν, ἡμᾶς αὐτοὺς καὶ τοὺς ἡμῶν υἱοὺς καὶ κληρονόμους ἀντιμάχους καὶ ἐκδικητὰς ἕξει· πρὸς δὲ τούτοις καὶ τὴν ἀρὰν ἕξει αὐτὸς τῶν τιη'. ἁγίων Θεοφόρων πατέρων. εἶθ' οὕτω μένειν ταύτην τὴν δωρεὰν βεβαίαν καὶ ἀδιάσειστον μέχρι τέρματος αἰώνων. ἐπὶ τούτῳ ἐγράφη καὶ τὸ παρὸν σίγιλλον συνήθη, πιστωθέν, σφραγισθὲν τῇ διὰ χρυσοῦ βούλλη ἡμῶν. ἐπεδόθη τῇ τοῦ πατρὸς ῥηθείσῃ ἁγίᾳ μονῇ, καὶ σοὶ τῷ πατρὶ καὶ καθηγουμένῳ καὶ πάσῃ τῇ ἀδελφότητι· ἐγράφη ἐν τῇ παρὰ τοῦ κράτους ἡμῶν πόλει Μεσσήνη μηνὶ Μαΐῳ ἰνδ. η'. ἐν τῷ ςχλη'. † Ρογέριος ἐν Χριστῷ τῷ Θεῷ εὐσεβὴς κραταιὸς ῥὴξ καὶ τῶν χριστιανῶν βοηθός.

In adversa pagina.

Cosmas vilis Monachus & Archiepiscopus Rosciani, lecto autographo, apographo subscripsit.

Turusanus Paschalius vilis Protopapa, lecto autographo, apographo propria manu subscripsit. † Turusanus.

† Κοσμᾶς εὐτελὴς μοναχὸς καὶ ἀρχιεπίσκοπος πόλεως Ροσσάνης, ἀναγνοὺς τὸ κύριον, τῷ ἰσοδυνάμῳ ὑπέγραψεν.

† Ο Τουρουσανὸς εὐτελὴς πρωτοπαπᾶς Παχάλιος, ἀναγνοὺς τὸ κύριον, τῷ ἰσοδυνάμῳ ἰδιοχείρας (sic) ὑπέγραψεν. † Ο Τουρουσανός.

Λυκίφερος

Λουκίφερος, ἀναγνοὺς τὸ κύριον, τῷ ἰσοδυνάμῳ ὑπέγραψεν. †

† Ροβέρτος τῆς Ἀρκίας, ἀναγνοὺς τὸ κύριον, τῷ ἰσοδυνάμῳ ὑπέγραψε.

† Βασίλειος τῆς Κροτώνης καὶ κριτ. . . . ἀναγνοὺς τὸ κύριον, τῷ ἰσοδυνάμῳ ὑπέγραψεν.

† Σενάτωρ. Μαλένος τὸ σίγιλλον τοῦ ἀειμνήστου ῥηγὸς Ρογερίου ἀναγνούς, τῷ κατὰ πάντα ἰσοδυνάμῳ ὑπέγραψεν.

Lucifer, lecto autographo, apographo subscripsit.

Robertus Arciæ, lecto autographo, apographo subscripsit.

Basilius Crotonæ & * judex, lecto autographo, apographo subscripsit.

Senator Malenus, lecto sigillo semper memorandi Rogerii, apographo per omnia simili subscripsit.

Ex Diplomate RR. PP. S. Basilii, anno 1131.

Κατὰ τὴν ἐνεσταμένην ἐννάτης ἰνδικτιῶνος. Τὸν Σεπτέμβριον μῆνα, τοῦ κριτηρίου τοῦ αὐθέντου ἡμῶν προσελθὼν Ἰωάννης πρεσβύτερος ὁ τοῦ Ποταμίτου υἱὸς εἰς τὴν χώραν Μιλίτου, ἐκεῖσε τότε διατρίβοντος καμοῦ Φιλίππου υἱοῦ Λέοντος τοῦ λογοθέτου, ἔκκλησιν ἐποιήσατο πρὸς με τοιάδε βοῶν· ὅσωτι (sic) ὁ Βεσκόμης τοῦ Ρικκάρδου ντὲ Γαρὲν ἀφείλατό μοι τὰ πατρῷα μου κτήματα ἅπερ ἔχω ἐνταῦθα, ποίῳ τρόπῳ οὐκ οἶδα. τοιαῦτα τοῦ ἱερέως ἐπιβοωμένου, ἐπὶ πλεῖστον τὸν ἐνάγοντα μετὰ τοῦ ἐναγομένου ἐνώσαμεν. Καὶ δὴ ἐκκλησιάσας ἐγὼ τοὺς τῆς χώρας ἄρχοντας, καὶ ἐπισήμους ἄνδρας, ὁ προγραφεὶς Ἰωάννης ἱερεὺς τὰ αὐτὰ ἐξετραγῴδησεν, ὡς ἀδικίαν παθὼν παρὰ τοῦ ἀνωτέρω ῥηθέντος Νικολάου Βεσκόμου. ἡμεῖς οὖν θέλοντες τὸ ἀληθὲς μαθεῖν, ἠρωτήσαμεν αὐτόν, ποίῳ τρόπῳ τὸν πρεσβύτερον ἠδίκησας; ἀντέφησεν ἡμῖν, ὅτι ὁ πατὴρ τοῦ παρόντος ἱερέως βιλλάνος ἡμῖν ὑπῆρχεν, καὶ μὴ ἔχοντες τὴν πρέπουσαν ἀπ' αὐτοῦ δουλείαν, ἀφειλόμεθα ἀπ' αὐτοῦ τὴν αὐτοῦ ὑπόστασιν. πρὸς ταῦτα ὁ ἱερεὺς Ἰωάννης σφοδρῶς ἀντέλεγεν αὐτῷ· μὴ γένοιτο, οὐδέποτε ὁ μοῦ πατὴρ ὑπῆρχεν βιλλάνος ὑμῶν· ἀλλ' ἐγκαμαντευμένος ἦν τοῦ Τορόλδου. καὶ μᾶλλον. . . . ἀπέλαβεν ὁ Ρικκάρδος ντὲ Γαρὲν τοὺς βιλλάνους οὓς εἶχεν, προτελευτήσας ἦν ὁ μοῦ πατὴρ χρόνους πλείστους. Ταῦτα καὶ ἕτερα πλεῖστα ἀντιλέγοντες ἐκεῖνοι, προσετάξαμεν φέρειν τὸ σιγίλλιον ἐν ᾧ ὑπῆρχον γεγραμμένοι οἱ βιλλάνοι τοῦ Ρικκάρδου ντὲ Γαρέν. ἐρωτήσαντες πρὸ-

PRæsente nona Indictione, mense Septembri, ad Tribunal Authentis nostri accedens Joannes Presbyter Potamiti filius in regione Melitensi, ibi tunc degente me Philippo filio Leonis Logothetæ, me appellavit cum clamore, his verbis: Vicecomes Riccardi de Garen paterna mihi prædia abstulit, quæ his in locis habeo, qua vero ratione ignoro. Hæc clamante Sacerdote, accusatorem cum reo in conspectum deduxi. Atque evocatis regionis Magistratibus & optimatibus viris, memoratus Joannes Sacerdos de iisdem ipsis conquestus est, ac si injuriam a præfato Nicolao Vicecomite passus esset. Nos igitur veritatis ediscendæ cupidi, interrogavimus ipsum, Quo pacto Presbyterum injuria affecisti? Ille contra respondit, Pater hujus Presbyteri Villanus noster erat, cum autem nobis debitum servituris officium non præstitisset, ejus facultates abstulimus. Ad hæc Sacerdos Joannes vehementer contradicebat: Absit, aiebat ille, Pater meus numquam villanus vester fuit, sed villicus erat Toroldi. Imo quando Riccardus de Garen villanos quos habuit accepit, a multis jam annis pater meus obierat. Cum his & talibus dictis illi disceptarent, jussimus afferri sigillum, in quo descripti erant villani Riccardi de Garen. Priusque percontati Sacerdotem, Quomodo vocabantur avus & pater tuus. Avus meus, infit ille, vocabatur Scholarius Potamites, ac Ormitus cognomento, ab agro vocabatur: Pater vero meus, Papas Christophorus, & ego Joannes Potamites ejus filius sum. Sigillum itaque evolventes, illos ibi descriptos non reperimus. Sed quia ibidem erat quidam descriptus, nomine Christophorus, putabant esse Sacerdotis Patrem. Cujus rei fide dignos testes nobis adduxit Presbyter Joannes, Alexandrum Magistrum, Theodorum Trumarchum, Nicolaum Meclaviti filium, Nicolaum Calogeropalum, Joannem fratrem ejus, Leonem judicem, Nicolaum generum Presbyteri Sinatii, Joannem Anyptum & alios numero octoginta & plures, qui dicebant: Absit, alius quidam erat hic Christophorus Gurunes. His auditis nos non æquum esse censuimus rem in oblivionis profundum demergere, quia æqui & boni rationem habemus; sed Sacerdoti eadem de re Sigillum dedimus, atque liberum ipsum constituimus a vexatione Riccardi de Garen. Quare ad majorem fidem & securitatem legentibus faciendam, solita nostra Bulla obsignavimus, mense & indictione, quibus supra, anno 6639. i. Christi 1131. De his ita judicatum & statutum est per me Philippum filium Logothetæ & judicis totius Calabriæ, cum iis qui mihi assidebant, Roberto Duce Meliti, Bartholomæo Pelliteri, Constantino Duce Nicoti, Philagatho Sancti Menæ, Constantino fratre Basilii Periboli, aliisque multis Magistratibus. Quod si quis ex Ducatu aut Vicecomitatu hoc præsens Sigillum abrogare tentaverit, mulctetur pro Sacello Sancti nostri Authentis & magni Regis nomismatibus 76. & ponatur firmum permanensque hoc Sigillum perpetuo inconcussum: ecce præsens cerea bulla nostra adest.

Philippus filius Leonis Logothetæ, & magni judicis totius Calabriæ.

περὶ τοῦ ἱερέα· πῶς καὶ τίς ἐλέγετο ὁ σὸς πάππος καὶ ὁ πατήρ σου; ἀπεκρίνατο, ὅτι ὁ μὲν πάππος μου ἐλέγετο Σχολάριος ὁ Ποταμίτης, ὅθεν καὶ Ὅρμιτος ἔχων καὶ τῆς αὐτῆς χώρας τὴν ἐπωνυμίαν· ὁ δὲ ἐμὸς πατὴρ ὁ παπᾶς [Χριστοφόρος].. Ἰωάννης ὁ Ποταμίτης οἱ υἱός. ἀναπτύξαντες οὖν τὸ σιγίλλιον οὐχ εὕρομεν τούτους ἐκεῖσε γεγραμμένους. ἀλλ' ὅτι εἶχεν ἕνα τινὰ ἐκεῖσε γραφέντα Χριστοφόρον ὀνόματι, ἐνόμιζον εἶναι πατέρα τοῦ ἱερέως. ὅθεν ἤγαγεν ἡμῖν ὁ πρεσβύτερος Ἰωάννης καὶ ἀξιολόγους μάρτυρας, Ἀλέξανδρον Μαΐστρον, Θεόδωρον τρούμαρχον, Νικολάον ὁ (sic) τοῦ Μεκλαβίτζου υἱόν, Νικολάον Καλογηροπούλον, Ἰωάννην τὸν ἀδελφὸν αὐτοῦ, Λέοντα κριτήν, Νικολάον γαμβρὸν πρεσβυτέρου Σινατίου, Ἰωάννην ἄνυπτον, καὶ ἑτέρους τὸν ἀριθμὸν ὀγδοήκοντα καὶ ἐπέκεινα, λέγοντες, μὴ γένοιτο· ἄλλος τις ἦν ἐνταῦθα ὁ Χριστοφόρος ὁ Γουρουνῆς. Ταῦτα οὕτως ἡμεῖς ἐνωτισθέντες οὐκ ἄξιον ἡγησάμεθα τοῦ παραδοῦναι λήθης βυθίοις, ἔροντες (l. ἐρῶντες) τὸ τοῦ δικαίου δίκαιον, διὰ σιγιλλίου ἀπεδώκαμεν πρὸς τὸν ἱερέα τὸ αὐτὸ πρᾶγμαν (sic) καὶ ἐλεύθερον τῆς ἐπηρείας τοῦ Ῥικκάρδου δὲ Γαρὲν ἀποκατεστήσαμεν. διὸ καὶ πρὸς πλειοτέραν πίστωσιν καὶ ἀσφάλειαν τῶν ἐντυγχανόντων τῇ συνήθει (sic) ἡμῶν ἐπεσφραγίσαμεν βούλλῃ. Μηνὸς καὶ ἰνδ. τῆς ἄνω γεγραμμένης τοῦ ἔτους ͵ςχλθʹ. Ταῦτα οὕτως ἐκρίθη ἐτηρήθη παρ' ἐμοῦ Φιλίππου υἱοῦ λογοθέτου καὶ κριτοῦ πάσης Καλαβρίας σὺν τῶν συνεδριαζόντων μοι ἀρχόντων Ῥωμπέρτου καὶ στρατηγοῦ Μιλίτου καὶ Βαρθολομαίου Πελλιτέρη, καὶ Κωνσταντίνου στρατοῦ Νικοτί. καὶ Φιλαγάθου τοῦ ἁγίου Μηνᾶ, καὶ Κωνσταντίνου ἀδελφοῦ Βασιλείου Περιβολ. καὶ ἑτέρων πλείστων ἀρχόντων. Εἰ δέ τις φανῇ ἐκ τοῦ στρατοῦ ἢ βεσκομάτου μεταστρέπων τὸ παρὸν σιγίλλιον ζημιούσθω εἰς τὸ σακέλλιον τοῦ ἁγίου ἡμῶν αὐθέντου μεγάλου ῥηγὸς N. Nº οςʹ. καὶ πθοδτο (sic) στέργον καὶ ἐμμένον ἔσεσθαι τὸ παρὸν σιγίλλιον ἀπαρασάλευτον. καὶ ἰδοὺ ἡ παροῦσα μου κηρόβουλλος ὑπάρχει.

Φίλιππος υἱὸς Λέοντος λογοθέτου καὶ μεγάλου κριτοῦ πάσης Καλαβρίας.

Diploma RR. PP. S. Basilii Romæ, post annum circiter 1135.

Γεράσιμος ἐλέῳ Θεοῦ ὁ καθηγούμενος τῶν κορυφαίων ἀποστόλων Πέτρου καὶ Παύλου.

Ἐν ὀνόματι τοῦ πατρὸς καὶ τοῦ υἱοῦ καὶ τοῦ ἁγίου πνεύματος. οἱ τῷ τοῦ πρωτοπλάστου κατακριθέντες πλάσματι ἄνθρωποι, καὶ ὑπὸ τούτου τῷ θανάτῳ παραδοθέντες, δεῖν ἡμᾶς τὸ καθ' ἡμέραν μνήμην ὑπὲρ τοῦ τοιούτου παρέχειν, ἵνα μετ' οὐ πολὺ πρὸς ἡμᾶς ἐλθόντος αἰφνιδίως, ἀνετοίμους εὑρήσῃ ἡμᾶς, καὶ πληρωθῇ τὸ ὑπὸ τοῦ κυρίου ἐν εὐαγγελίοις εἰρημένον· ὅτι εἰ ἴδῃ ὁ οἰκοδεσπότης ποίᾳ φυλακῇ ὁ κλέπτης ἔρχεται, ἐγρηγόρησεν ἂν καὶ οὐκ ἂν εἴασεν διορυχθῆναι τὴν οἰκίαν αὐτοῦ· καὶ τὸ, γίνεσθε ἕτοιμοι, ὅτι ποίᾳ ὥρᾳ οὐ δοκεῖτε ὁ υἱὸς τοῦ ἀνθρώπου ἔρχεται. τοῦτο κἀγὼ Γεράσιμος ὁ προεστὼς τῆς τῶν ἀποστόλων καὶ κορυφαίων μονῆς Πέτρου καὶ Παύλου, υἱὸς γνήσιος γενηθεὶς πατρὸς Πέτρου Χαρτουλαρίου τοῦ μετονομασθέντος Σπανοπέρι, ταῦτα ὑπ' αὐτοῦ καλῶς παιδαγωγηθεὶς, καὶ ἀνατραφεὶς ἐν νουθεσίᾳ ὑπὲρ αὐτοῦ, τῷ τῶν ἱερῶν γραμμάτων κανόνι στοιχειωθεὶς, τετύχηκα μικρόν τι μέρος. οἱ δ' ἕτεροι αὐτοῦ παῖδες τὸ τῆς οὐσίας αὐτοῦ πρᾶγμα εἰληφότες, τοῖς γηΐνοις συνήφθησαν. κἀμοῦ τε τὸν μονήρη βίον ἐπισπασαμένου (sic) καὶ πολλὰ ἕτερα αὐτοῦ δέδωκέν μοι τὰ ἔνθα, τὸ Παρίτζον, ἔνθα τὸ παρὸν δόμα τῶν κορυφαίων αἰστερηθὲν ὑπὸ οἰκείων γηπόνων, κἀμοῦ τοῦ τλήμονος. ἀχρεῖόν τε μοὶ ἔχων, ἀλλ' ἡ ἄκανθα καὶ ἕτερα τὰ τῆς ἐρημίας πλησιάζοντα. ταῦτα τῇ τοῦ θείου πνεύματος βουλῇ καὶ ἐνεργείᾳ ἐπεμελήθην, καὶ ἃ διὰ οἰκείων πόνων διὰ χειρῶν ἐκαρτέρησα· καὶ εὐθὺς τὸ δομάτιον τῶν ἁγίων σπεύσας ἀνοικοδόμησα. ἔπειτα χωράφια . . . . οἰκοδομὰς, οἴκους τε καὶ ἀμπελῶνας, βίβλους ἱερὰς καὶ ἕτερα σκεύη, ἃ μετ' οὐ πολὺ κατ' ὄνομα λέξω. βούλομαι τοίνυν ὑπὲρ τούτων πάντων μνήμην ποιεῖσθαι, ἵνα μή πως τῇ χρονίᾳ παραδρομῇ λήθης βυθοῖς

Gerasimus misericordia Dei cathegumenus, sive Abbas Monasterii Principum Apostolorum Petri & Pauli.

In nomine Patris, & Filii, & Spiritus sancti. Homines cum simus primi parentis lapsu condemnati, & ab eo morti traditi, par est quotidie hujusce rei memoriam tenere; ne paulopost ad nos de repente accedens Dominus, imparatos inveniat, & impleatur id, quod ab eo in Evangeliis dictum est: *Quoniam si sciret paterfamilias, qua custodia noctis fur veniret, vigilaret utique, & non sineret perfodi donum suam*; &, *estote parati, quia qua hora non putatis, Filius hominis veniet.* Matth. 24. 43. Hoc institutus præcepto ego Gerasimus Præfectus Monasterii Apostolorum & Coryphæorum Petri & Pauli, germanus filius Patris mei Petri Chartularii, cognomento Spanoperi; & hæc ab eo pulcre edoctus, talibusque monitis educatus, in sacrarum Scripturarum canone initiatus, hanc modicam portionem sortitus sum. Cæteri autem ejus filii, bonis & facultatibus ejus acceptis, rebus terrenis adhæserunt. Cum autem Monasticam vitam amplexus essem, multa alia ex suis dedit mihi, his in locis posita; nempe Paritzum, ubi hæc domus Coryphæorum adornata fuit: quem, tum propriorum agricolarum, tum mea miserabilis hominis opera, colere cœpi, cum antea locus spinis consitus eremi pene conspectum præberet. Hæc divini Spiritus voluntate & efficacia curavi, manuumque laborem assidue toleravi. Statimque domunculam Sanctorum excitavi. Deinde villas paravi, ædificia, domos & vineas, Libros item sacros & vasa alia, quæ paulo post proprio nomine recensebo. Volo itaque horum omnium mentionem facere, ne temporis decursu in profundum oblivionis veniant: neve quæ ad me spectant silentio in posterum prætermittantur, quod multis contigit. Hic ædificia ex nomine primùm commemorabo. In agro Thigiastirin, Mappæ sive vilaria novem, quatuor serica, cætera linea. Poculum argenteum deauratum, cum operculo & ansa argentea; aliud stanneum cum ansa, continetque vasculum, ubi ex oleo S. Martyris Demetrii quidpiam, item ex pulvere sancti Sepulcri, & icuncula parva argentea, ubi Salvator crucifixus & aliorum Sanctorum effigies repræsentantur: Antiminsia duo, vela sex: corporale unum; casulæ septem, quarum duæ blatteæ: alia phuphunda, (est serici genus,) una ex villoso serico, (*velours*,) lanea una, altera serica, duæ albæ lineæ: alia item nigra pro Quadragesima. Stolæ quinque, una blattea, altera serica villosa, alia phuphunda, alia lanea, alia nigra. Manipulorum paria tria, aliud villosum sericum, aliud blatteum, aliud cochleum. Horaria quatuor: condacia.... & unum Tetradium: mantilia tria ad mutationes. Liber quatuor Evangeliorum aureis capitulis ornatum, cujus operimentum est phuphundum: Libri Evangeliorum per annum duo: condacia alia duo, quorum aliud Præsanctificata, aliud ritum Baptismi continet: Acta Apostolorum: Libri duo magni pro solennitatibus: Liber ubi Commentaria in Acta Apostolorum, Studites, Synaxarium, Joannes Climacus, Geronticon, sive dicta Seniorum: alius Liber sancti Ephræm, alius sancti Basilii: alius sancti Athanasii, S. Athanasii item alius: Liber Nomocanonis, Liber Legis & novus Paradisus, Damasceni Dialogus, Interpretatio Liturgiæ S. Basilii, Euchologium, Menæa tria pro diurno usu, aliud Menæum mensis Augusti vitas habens & sermones pro lectionibus: Libri duo Beatitudinum cum Photagogiis, Sticheraria duo, Psalteria duo, Triodia duo, unum

παραδοθῶσιν, καὶ αἰεκδιήγητα τὰ κατ' ἐμὲ ὑπολειφθῶσιν, ὡς συνέβη πολλοῖς. Τάς τε οἰκοδομὰς ἔνθα ἄρξομαι καὶ κατ' ὄνομα λέξω. τὰ τοῦ ἀγροῦ Θιγιαστιρὶν, ἄμφια ἤγουν βιλάρια θ'. τέσσαρα ἐξ αὐτῶν μεταξωτὰ καὶ τὰ ἕτερα λινά. δισκοπότηρον ἀργυρὸν περικεχρυσωμένον ἅμα τοῦ δίσκου καὶ τῆς λαβίδος ἀργυρᾶς, καὶ ἕτερον κασσιτέρου (sic) μετὰ τῆς λαβίδος, περιέχει δὲ καὶ σκεῦος ἔνθα ἀπὸ τοῦ ἐλαίου τοῦ ἁγίου μάρτυρος Δημητρίου, καὶ χοῦς ἀπὸ τοῦ ἁγίου τάφου, καὶ ἰκόνιτζαι μικραὶ ἀργυραῖ, ἔνθα ἡ τοῦ σωτῆρος σταύρωσις, καὶ ἑτέρων ἁγίων ἐκτυπώματα. ἀντιμίσια β'. καλύμματα ϛ'. καὶ εἰλητὸν α'. φελόνια ζ'. δύο ἐξ αὐτῶν κατάβλαττα, καὶ φουφούνδον α'. καὶ χάσδιον α'. καὶ ἐρεοῦν α'. καὶ ἕτερον μεταξωτὸν, καὶ δύο λευκὰ λινὰ, καὶ ἕτερον μέλαν τὸ τῆς τεσσαρακοστῆς. ἐπιτραχήλια ε'. τὸ ἓν κατάβλαττον, καὶ τὸ ἕτερον χάσδιον, καὶ τὸ ἕτερον φουφούνδον καὶ ἕτερον ἐρεοῦν καὶ ἕτερον * ἀλθάρκην. ὑπομανίκια ζεύγους (ζεύγη) Γ'. τὸ ἓν χάσδιον καὶ τὸ ἕτερον κατάβλαττον, καὶ τὸ ἕτερον κόχλεον. Οὐράρια Δ'. κονδάκια.. καὶ ἓν τετράδιον· μανδήλια εἰς τὰς ἀλλαγὰς Γ'. τετραευαγγέλιον περικεφαλαιωμένον μετὰ χρυσοῦ, καὶ ἡ κατασκευὴ καὶ ἐνδυμένιον φουφούνδον, καὶ εὐαγγέλια ἐκλογάδια β'. κονδάκια ἕτερα δύο, τὸ ἓν ἔχων τὰ προηγιασμένα, καὶ τὸ ἕτερον ἔνθα ἡ βάπτισις· πραξαπόστολον· βιβλία δύο μεγάλα ἑορταστικά· βιβλίον ἡ μετάφρασις τοῦ πραξαποστόλου, καὶ ὁ Στουδίτης, καὶ συναξάριον, καὶ ὁ Κλίμακας, τὸ γεροντικὸν, ἕτερον βιβλίον τοῦ ἁγίου Ἐφρέμ, βιβλίον τοῦ ἁγίου Βασιλείου, καὶ ἕτερον τοῦ Ἀθανασίου, καὶ τοῦ ἁγίου Ἀθανασίου ἕτερον, βιβλίον τοῦ νομοκάνονος, βιβλίον νόμου καὶ ὁ νέος παράδεισος, καὶ ὁ Δαμασκηνὸς ὁ διάλογος, ἡ ἑρμηνεία τῆς λειτουργίας τοῦ ἁγίου Βασιλείου, εὐχολόγιον, Μηναῖα γ'. καθημερινὰ, καὶ ἕτερον Μηναῖον ἔχοντα τὰ Αὐγούστου καὶ λόγους ἀναγνωστικούς· δύο μακαρισμάρια μετὰ τῶν φωταγωγικῶν. στιχηράρια β'. ψαλτήρια β'. τριῴδια β'. τὸ ἓν τῆς τεσσαρακοστῆς, καὶ τὸ ἕτερον ἀπὸ τοῦ πάσχα ἕως τῆς ἁγίας πεντηκοστῆς, κτητὴν, προφητικὸν α΄. ἀναστάσιμα β΄. κατανυκτικὸν α΄. καὶ παρακλητικὸν, κονδακάριον, καὶ τυπικὸν, καὶ σχηματολόγιον καὶ ὡρολόγια β΄. καὶ εἱρμολόγιον α΄. βιβλίον τοῦ Ἰσαάκ. καὶ ἀπὸ τῶν ἔνθα ποιοῦμεν μνήμην περὶ τὴν χώραν, καὶ ἀμπελῶνα· ἔχω γὰρ ἄμπελον καὶ περίβολον καὶ ἕτερα κτήματα ἔνθα ἡ μονὴ καὶ τὰ πέριξ πάντα ἀπὸ τῆς πατρῴας μου ὑποστάσεως. ἔχω καὶ ἕτερον ἀμπελῶνα εἰς τὴν γωνίαν τὴν ἀμφιέρωσιν τοῦ Γαλιαρδου, τοῦ Νικολάου. ἔχω καὶ ἀγορὰν ἑτέραν, καὶ ἄμπελον ἀπὸ τοῦ Κωνσταντίνου Μαγιουρικά, χώραν τὸ πλησίον αὐτοῦ ἔνθα ἐλαία, ἀμφιέρωσιν λεγομένην Μαγιουρικά, καὶ τὸ ἐπάνω τοῦ ἀμπέλου κατὰ ἀνατολὴν τοῦ αὐτοῦ λέγεται ἀγορά. ἔχω καὶ ἀγορὰς δύο πέτζια, χώραν παρὰ τοῦ Ῥίακος ἐκ τὸν Βαρσάκην καὶ ἐκ τὸν Κυρσάλην. καὶ τοῦ Ραγίτου τὸ πετζὴν ἐκ τὴν πατρῴαν μου κληρονομίαν· καὶ τὸ λεγόμενον τῆς Πόθου ὁμοίως, τὸ ἐπάνω τοῦ μοναστηρίου· ἔνθα ἡ Καρεία ὅσον καὶ Ἰονεστὴν, καὶ τὸ ἕτερον πετζὸν τὸ ἔχω ἄχρι τοὺς κούρτους εἰς τὸν Ἀτζουτον, ἡ ἀμφιέρωσιν τοῦ Μαγούλου καὶ τοῦ Βαρσάκου. τὸ δὲ ἐπάνω τῆς ἀμφιερώσεως ἐκ τῶν ἐμῶν. καὶ ἕτερον πετζὴν τοῦ Ἀκουτζάρρας, καὶ οἱ δύο κούλτουροι τοῦ ἁγίου Φιλίππου, ἔνθα τὸ ἁλώνιον καὶ ἄχρι τῆς ὁδοῦ· οἰνοβούτλα ιϛ΄. πιναρία κ΄. μάρρες ι΄. κούπανες δ΄. πελέκια ζ΄. δεστράλια γ΄. χάγκιες δύο. δύπεννον α΄. δρεπάνια ια΄. ἴνια ιβ΄. κλαδευτήρια ϛ΄. ἀσμονίαν καὶ διλάβια γ΄. καὶ σφῦραν μεγάλην καὶ ἐξώκεντρον· τέγανα ϛ΄. δύο μεγάλα, δύο μέσα, δύο μικρά. τηγάνια β΄. α΄. χαλκὸν, καὶ ἕτερον σιδηρὸν, τρίποδα, ἐγδὴν. κρεμαστήριον α΄. σιδηρὸν, σκεπάρνια β΄. δύπιννα ι΄. σκεπάρνια β΄. γαργαριστήρια β΄. πότην μεγάλην, ζεῦγοι βοῶν ϛ΄. ὀνικὰ ζ΄. ἄλογα β΄. ἔχω καὶ τὰ τῆς ἐκκλησίας μαγνουάλια δ΄. καὶ θυμιατοὺς δ΄. ἔχω μετόχιον τὸν ἅγιον Φίλιππον καὶ τοῦ μοναστηρίου καθὰ καὶ τὰ σίγιλλα διαγορεύει. μνήμην δὲ ποιοῦμαι περὶ τοῦ

pro Quadrageſima, aliud a Paſcha uſque ad ſanctam Pentecoſten, Propheticum unum, Anaſtaſima duo, Catanycticum unum, & Paracleticum, contacium parvum, & Schematologium, Horologia duo, Irmologium unum, Librum Iſaaci. Hinc autem de agro & de vinea mentionem faciamus. Vineam quippe habeo & ſeptum, aliaque prædia, ubi Monaſterium & omnia circumpoſita, ex paternis meis bonis accepta. Aliam item vineam habeo in angulo, a Nicolao Galliardo datam & conſecratam. Habeo item aliam emtam poſſeſſionem & vineam a Conſtantino Magiurica: agrum item illi vicinum ubi ſunt oleæ: quæ poſſeſſio conſecrata, dicitur Magiurica; & quod ultra vineam eſt ad orientè, dicitur Agora. Habeo item duas emtas agri portiones ultra Rivum ex Barſace & ex Curſale, & portionem agri, qui vocatur Ragitus, ex paterna mea hæreditate: & ſimiliter quod dicitur Pothi, ſupra Monaſterium, ubi eſt Caria & Joneſtes: & aliam agri portionem habeo uſque ad Curtos in Atzuto, donum oblatũ & conſecratum a Magulo & a Barſace. Quod autem ultra illud dono oblatum ſitum eſt, ex meis poſſeſſionibus eſt: & aliam agri portionem Acutzarræ, & duas culturas S. Philippi, ubi eſt area uſque ad viam. Dolia 16. tinaria 20. marras 10. mortaria quatuor, ſecures ſeptem, dextralia tria, chancies duas, bipennem unum, falces undecim, inia (menſuræ genus) duodecim, cultros putatorios ſex, cremathram & forcipes tres. Malleum magnum & extra centrum: patinas ſex, 2. magnas, 2. medias, duaſque parvas: ſartagines duas, alteram æneam, alteramque ferream: tripodem, egdem, & cremathrã ferream: dolabra duo, bipennes decem, gargariſteria duo, poculum magnum: boum paria ſex, aſinorum paria ſeptem, jumenta duo. Habeo Eccleſiæ candelabra quatuor, thuribula quatuor. Habeo autem villam nomine S. Philippum &. . . . . Monaſterii, ut ſigilla declarant. Nunc de Monacho Theodulo mentionem faciam: quem a teneris ut pater filium enutrivi & educavi, sacris literis & disciplinis institui quasi mihi proprium & genuinum: quem perseveraturum esse, & ipsum ad meas implendas vices S. Dei Ecclesiæ addictum iri sperabam: qui fortasse institutionis ac doctrinæ finis fuisset. Postquam enim Monachum illum constitueram, & omnia quæ præ manibus erant ipsi tradideram, ut pro me præfecturam dominatumque gereret; idque ex Dei & sanctæ Matris ejus voluntate meoque consilio; libellum ipsi feci, ut post obitum meum Cathegumenus esset, adeo ut benedictionem acceperit, ipsumque omnibus, quæ labore & expensis meis comparaveram, dominari jusserim. Ille vero invidiâ diabolicâ correptus, hæc omnia pro nihilo reputavit: sed quæ in manibus erant dispensavit ut Dominus novit. Demum quidquid volebat abstulit, atque e Monasterio discessit præter meam voluntatem. Multis sane cum eo habitis colloquiis ipsum a proposito reducere tentavi; sed ille monita mea ne ferre quidem potuit, ut testis est mihi Dominus: meam vero senectutem afflixit; meosque labores, ac si nihil fecissem, frustra cedere curavit. Quapropter omnia, quæ illius gratiâ scripto tradideram, irrita declaro; ita ut post obitum meum facultatem nullam habeat quidvis scripto vel voce proponendi; utpote qui ex propria voluntate defecerit. Quod si in Monasterium reverti voluerit, sit quasi unus ex aliis fratribus & propinquis meis. Et hoc ut exposui statutum erit; ne si ea de causa litigare velit, hinc contentio oriatur & apud Judices patrocinium inveniat. Quod si quis hæc irrita facere voluerit, ne audiatur; sed in anathema sanctæ Synodi incidat, quemadmodum ii, qui condemnantur. Sitque per me pecca-

μοναχοῦ Θεοδούλου, ὃν ἀπὸ νεαρώθεν ἀνεθρεψάμην αὐτὸν καὶ ἐπεξέθαλψα ὡς πατὴρ τέκνον, καὶ τοῖς ἱεροῖς γράμμασι μετέδωκα, καὶ τοῖς μαθήμασιν, ὅσα τε οἰκείου πράγματος· ὡς ἐνόμιζον καρτερῆσαι, ἴσως ἀντ᾽ ἐμοῦ προσοικειῶσαι αὐτὸν τῇ ἁγίᾳ τοῦ Θεοῦ ἐκκλησίᾳ. καὶ τοῦτο τυχὸν καὶ τῆς μαθήσεως τὸ πέρας οἰκειώθη. καὶ μοναχὸν τοῦτον καταστήσας, καὶ πάντα τὰ ὑπὸ τὴν χεῖρά μου αὐτῷ δεδωκὼς τοῦ ἄρχειν καὶ δεσπόζειν ἀντ᾽ ἐμοῦ, καὶ ταῦτα βουλῇ Θεοῦ καὶ τῆς ἁγίας αὐτοῦ μητρὸς καὶ τοῦ αὐτοῦ μου, λίβελλον πρὸς αὐτὸν πεποίηκα, ἵνα μετὰ τὴν ἐμὴν ἄφιξιν ἔσηται καθηγούμενος, ὡς καὶ εὐλογίαν μετέλαβεν, καὶ δεσπότην τοῦτον προσέταξα ἔσεσθαι πάντων τῶν οἰκείων μου πόνων καὶ ἀναλωμάτων. αὐτὸς δὲ φθόνῳ διαβολικῷ συσχεθεὶς, εἰς οὐδὲν ἐλογίσατο πάντα· ἀλλὰ τὰ ὑπὸ τὴν χεῖρα αὐτοῦ διῳκήσατο ὡς ὁ κύριος οἶδεν. τέλος καὶ εἴ τι δ᾽ ἂν ἠθέλησεν ἀφεῖλε, καὶ ἀπὸ τοῦ μοναστηρίου ἐξῆλθεν, ὡς κἀγὼ οὐκ ἤθελον. πολλοὺς τε (sic) ἐπιστροφὰς λόγων πρὸς αὐτὸν ἐπροσέβαλλον, ὅπως αὐτὸν ὑποστρέψαι. ἀλλ᾽ οὐκ ἠνέσχετο, καὶ τούτου μάρτυς ὁ κύριος, ἐλύπησέν τε τὸ γῆράς μου, καὶ ἀπὸ τοῦ καμάτου ἔστρεψέν με κενοῦς, ὡς μηδὲν κοπιάσαντα. ὑπὲρ τούτου ἀκυροῦ πάντα ἅπερ αὐτῷ ἐγγράφως ἐξεθέμην, ὡς μὴ ἔχειν ἄδειαν μετὰ τὴν ἄφιξίν μου λόγον τινὰ προσαχθῆναι μήτε ἐγγράφως μήτε ἀγράφως, ὡς αὐτὸν τῇ οἰκείᾳ βουλῇ ἀποσφαλτιώσαντα. εἰ δὲ καὶ τῇ μονῇ βουληθῇ μεταστρέψαι, ἔσεται ὡς εἷς τῶν ἑτέρων ἀδελφῶν καὶ πλησίων μοι· καὶ οὕτως ἔσεται ὅρος ὡς ἐξεθέμην, ἵνα μὴ λόγοι ὑπὲρ τοῦ τοιούτου ἔσωνται μήτε τῆς κρίσεως εἰς ἀγῶνα ὑπὲρ αὐτοῦ παραστήσειεν, ἵνα πρὸς αὐτοῦ βοηθοὶ ἔσωνται. εἰ δέ τις βουληθῇ ταῦτα ἀκυρῶσαι, μὴ εἰσακούεσθαι· ἀλλὰ τῷ ὑπὸ τῆς ἁγίας συνόδου ὑποπεσάτω ἀναθέματι ὡς οἱ κατάκριτοι. ἔστω δὲ καὶ ἀφορισμὸς παρ᾽ ἐμοῦ τοῦ ἁμαρτωλοῦ, ὡς εἷς τῶν ξέϛων τῆς πίστεως. Εἰ δὲ καὶ αὐτὸς ὁ μοναχὸς βουληθῇ κινῆσαι πρὸς τοῦτο, ἔστω ἐπικατάρατος παρὰ κυρίου Θεοῦ παντοκράτορος, καὶ δεσμομένος παρ' ἐμοῦ τοῦ ἁμαρτωλοῦ ἐν τῷ νῦν αἰῶνι καὶ ἐν τῷ μέλλοντι, ὡς παραβάτης τῆς ἐμῆς ἐντολῆς. καὶ ταῦτα πάντα ἐξεθέμην ὡς ὑγιὴς καὶ ἐρρωμένον ἔχων τὸν νοῦν καὶ τὰς φρένας.

torem excommunicatus, quaſi a fide alienus. Quod ſi idem ipſe Monachus aliquid ea de cauſa movere voluerit, ſit maledictus a Domino Deo omnipotente, & vinculis conſtrictus per me peccatorem in præſenti ſæculo & in futuro, utpote tranſgreſſor præcepti mei. Hæc autem omnia ſanus & mentis compos expoſui.

Monitum in sequens Diploma.

Diploma Rogerii Regis, de quo jam quædam prælibavimus in Prologo, ad fidem autographi in ære incisum, a R. P. Petro Mennitio Basiliani Ordinis Præfecto Generali, Romæ mihi oblatum fuit. In Tabulas autem quinque distributum erat: quia enim Autographum multis in foliis simul assutis descriptum fuerat, folia illa deinceps disjuncta separataque sunt: atque ut erant in quinque partes separata, in Tabulis etiam quinque incisa fuerant. Primæ duæ Tabulæ æqualis inter se magnitudinis Diploma totum sine titulo & subscriptionibus continent, ut nos repræsentamus.

Tres autem reliquas multo minores, in una posuimus; ne divisim locatæ, ceu ἀποσπασμάτια *esse viderentur. Eæ vero titulos & subscriptiones continebant; tertia videlicet lineam tantum primam, quæ sic habet,* † Ρογέριος ἐν χριστῷ τῷ Θεῷ εὐσεβὴς κραταιὸς ῥὴξ καὶ τῶν χριστιανῶν βοηθός : Rogerius in Christo Deo pius potens Rex, & Christianorum adjutor : *quæque, ut videtur, Diplomati præfixa erat: nam alia Rogerii Regis instrumenta per hanc clausulam ineunt. Quarta Tabula, jam præcedenti conjuncta, sic habebat, & primo quidem manu, ut videtur, ipsius Rogerii Regis, & charactere non eleganti.* Ε. Ρογέριος ἐν χριστῷ δεσπότης : Ego Rogerius in Christo Despotes. *Cui subscriptioni subjiciuntur tres literæ* Ρ'. Μ'. Β'. *id est, ut opinamur,* Ρογέριος μέγας βασιλεὺς, Rogerius Rex, sive Imperator Magnus : *qua de re vide quæ supra in Prologo dicta sunt. In hac item Tabula duo monogrammata adsunt, & e regione aliquot verba ab otioso homine adjecta, nimirum,* δεσπότου, σωτῆρος, δύο, τοῦ μεγαλοδεσπότου, πρεσβυτέρου, προστάξας, προστάξαι, τραπέζης, *appositis inter singulas voces perpendicularibus lineis, quo autem usu, nec vacat nec libet exquirere. Quinta Tabula, quæ jam cum tertia & quarta unam, numero tertiam, Tabulam efficit, hæc habet;* ἀξίωμα . . . . . ἐκ τοῦ φιλοχρίστου δεσπότου πρὸς Χριστόδουλον τὸν Ἀμιρᾶν ἀνοσβηισιμάτου. *Secundam vocem hactenus legere nequivimus. Sensus est,* Dignitas Protonobilissimatûs collata Christodulo Amiræ, a Christi amante Despota. *Duas quidem priores Tabulas, quæ totum Diploma complectuntur, legimus & explicavimus: verum fatemur nos hærere in voce, quam [* χηροβούλλου *] expressimus initio secundæ Tabulæ, ubi sic legitur,* Ἡμᾶς ἡ ἐκ Θεοῦ βασιλεία ἡμῶν διὰ τοῦ παρούσης, [χηροβούλλου :] *quæ vox postrema, (si tamen ita legendum sit) admodum abbreviatur.* Χρυσοβούλλου *legi non potest, prima quippe litera* κ *potius quam* χ *exprimit. Litera supra posita* ϵ *videtur esse, sive potius* ϭ *: quæ literæ in his singularibus calami ductibus facile confunduntur. Rem esse dubiam fatemur, & meliori conjecturæ, si quidem adferatur, facile assentiemur.*

Diploma

Tabula Prima post Paginam 408.

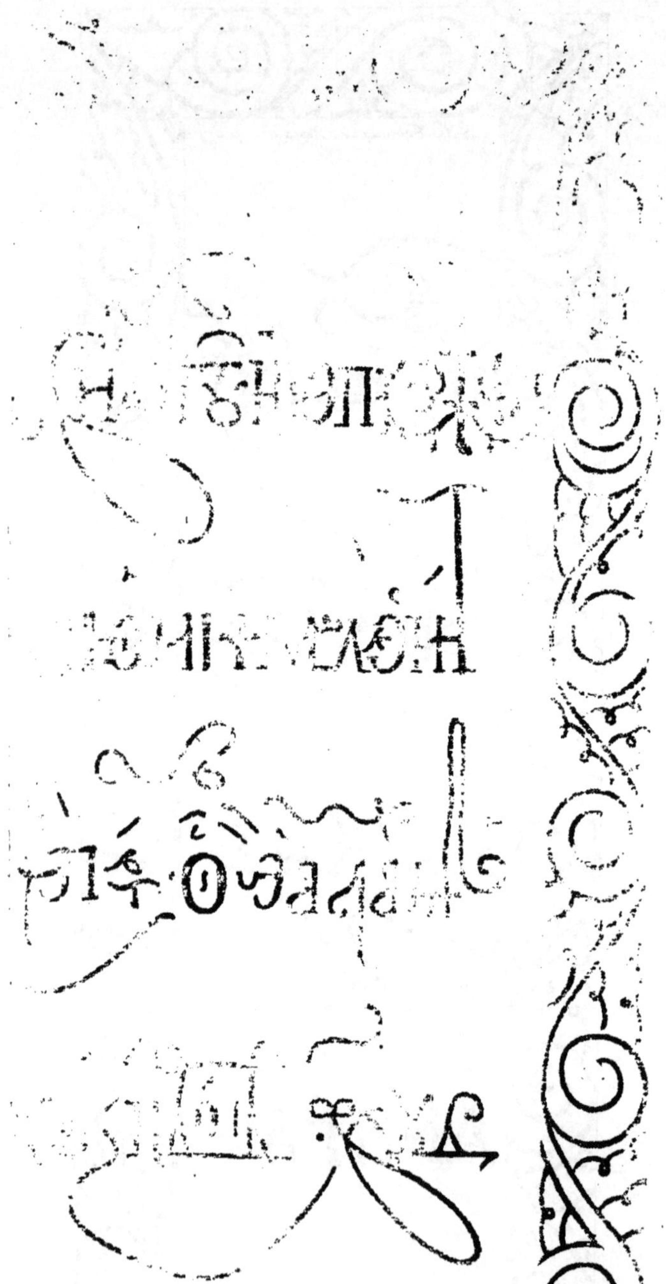

Ex autographo RR. PP. S. Basilii. Anno 1139.

Ὥσπερ ἡ τοῦ ἡλίου ἀνατολὴ καὶ τοῖς ἐγγὺς καὶ τοῖς πόῤῥω τῶν οἰκείων ἀκτίνων τὴν ἔλλαμψιν ἐπιδαψιλεύεται, οὕτω δὴ καὶ ἡ θεοπρόβλητος ἡμῶν βασιλεία ἐπιβραβεύειν οἶδε τὰ γέρα καὶ τὰς τιμὰς ἀναλόγως τῆς ἑκάστου εὐγνωμόνος καὶ πιστῆς δουλοσύνης· διὸ δὴ καὶ σὲ Χριστόδουλον τὸν Ἀμηρᾶν τιμᾷ ἡ ἐκ Θεοῦ βασιλεία ἡμῶν διὰ τῆς παρούσης εὐσεβοῦς [κηροβούλλου] τῷ μεγαλεπιφανεστάτῳ τῶν πρωτονοβελισσίμων ἀξιώματι, τοῦ εἶναί σε εἰς τὴν ἀνωβελισσιμάτων καὶ συντιμᾶσθαι τοῖς οὕτω τιμηθεῖσι, καὶ τῆς βασιλείας ἡμῶν ὑπερεύχεσθαι. †

μηνὶ Ἀπριλλίῳ ἰνδ. β΄. †

α. . . . μηνὶ Ἀπριλλ. ἰνδ. β΄. ἀπὸ τῆς θεοφυτίας [αρλθ΄.]

Ῥογέριος ἐν Χριστῷ τῷ Θεῷ εὐσεβὴς κραταιὸς ῥὴξ καὶ τῶν Χριστιανῶν βοηθός.

Ε. Ῥογέριος ἐν Χριστῷ δεσπότης.

Ρ. Μ. Β. [forte] Ῥογέριος μέγας βασιλάς.

Ἀξίωμα. . . . . ἐκ τοῦ φιλοχρίστου δεσπότου πρὸς Χριστόδουλον τὸν Ἀμίραν ἀνωβελισσιμάτου.

Quemadmodum solis ortus & prope & procul positis radiorum suorum splendorem elargitur, sic & Majestas nostra a Deo promota præmiis & honoribus singulorum studiosam & fidelem servitutem remunerare novit; quapropter te Christodulum Amiram Majestas nostra a Deo constituta, per præsentem piam ceream Bullam, magna & splendidissima Protonobilissimorum dignitate exornat; ut in Protonobilissimatu accensearis, & cum paris dignitatis viris pari honore fruaris, proque Majestate nostra preceris.

Mense Aprili Indictione II.

. . . Mense April. Ind. II. anno a Dei Nativitate [1139.]

Rogerius in Christo Deo pius potens Rex & Christianorum adjutor.

Ego Rogerius in Christo Despotes.

R. M. R. Rogerius magnus Rex, (*ut opinamur.*)

Dignitas . . . . Protonobilissimatûs a Christi amante Domino nostro collata Christodulo Amiræ.

Diploma RR. PP. S. Basilii Romæ. Anno 1144.

QUi proximi sui bona concupiscunt, si quidem potestate valeant, occasiones captant; ut quæ alii a multis annis possident, avaritia & cupidine permoti subripiant. Verum summa Dei potestas, quæ alium nobis Dominum magnum Regem constituit & roboravit, terribilissimo decreto suo omnes ad justum judicium agi præcepit: qua ratione a Deo coronatum Regem, cum sua item a Deo coronata stirpe, in sæcula immotum conservaturus est. Amen.

Me Leone Maleïno Duce in urbe Hieracis, Styli, & aliis, contentio fuit Eremitas inter & Monachos S. Joannis Theristi circa agrum Buturauli, quem tenebat eadem ipsa Ecclesia S. Joannis, emtumque possidebat a multis annis ad hoc usque tempus. Eremitæ autem & Monachi S. Joannis uno consensu huc accedere decreverunt cum Optimatibus Regionis. Evocarunt item utrique Petrum cognomento Comitis, Vicecomitatum in Stylo gerentem, ut secum esset ibi. Et præstituta die, utræque partes amicos suos Regionis optimates adduxerunt: neque tantum illos; sed etiam ex sancta Eccaterina duxerunt Eremitæ Raum Galculinum, Nicolaum Vicecomitem & alios. Congregatis itaque illis ibidem in loco Buturauli, cœperunt Eremitæ conqueri & expostulare dicentes: Hoc in loco est fundus Buturauli, in tres partes divisus, & una ex partibus est hominis nostri Calogeritzæ. Responderunt Monachi sancti Joannis: Nos scimus hos agros a multis annis nostros esse, & ante nos Ecclesiam ipsos tenuisse & possedisse sine lite: ac eamdem Ecclesiam chartas emtionis jam antiquitus habere: & hic adsunt vindices nostri, qui hac de re

ΟἹ τὰ τοῦ πλησίον ἐπιποθοῦντες κατέχειν, ἢ ἄρα καὶ δυνάσται ὑπάρχωσιν, μηχανεύονται διά τινων προφάσεων τὰ τοῦ πλησίον ἐκ πάλαι διασωζόμενα περὶ πολλῶν ἐνιαυτῶν, πλεονεκτικῶς ὡς ἅρπαγες ἀφαρπάζειν σπουδάζωσιν. ἀλλ' ἡ πολύαρχος τοῦ θεοῦ δύναμις, ἡ τὸν ἄλλον ἡμῶν δεσπότην μέγαν Ρίγα κραταιώσασα, θεσπίσμασιν αὐτοῦ φοβερωτάτοις τοὺς πάντας ἐν δικαίᾳ κρίσει ἄγεσθαι προσέταξεν, οὗ τινος τὴν θεόστευτον (sic) βασιλείαν σὺν τοῖς θεοστεύτοις αὐτοῦ βλαστήμασιν εἰς αἰῶνας ἀσάλευτον διαφυλάξει, ἀμήν.

Στρατηγεύοντος καμοῦ Λέοντος Μαλείνου ἐν τῷ ἄστει Ἱέρακος, καὶ Στύλου καὶ λοιποῖς, ἀμφιβολὴ ἐγένετο ἐν τοῖς ἐρημίταις πρὸς τοὺς μοναχοὺς ἁγίου Ἰωάννου τοῦ Θερισοῦ ἐκ τῷ χωραφίῳ τοῦ Βουτουραύλου, ὃ ἐπεκράτησεν ἡ αὐτὴ ἐκκλησία τοῦ ἁγίου Ἰωάννου, καὶ ἐδιάσωσεν ἐξ ἀγορᾶς περὶ πολλῶν ἐνιαυτῶν ἄχρι τοῦ δεῦρο. συνεβουλεύσαντο δὲ ὁμοθυμαδὸν οἱ ἐρημίται καὶ οἱ Μοναχοὶ τῶν ἁγίου Ἰωάννου, ἀπελθεῖν ἐκεῖσε ἐπὶ τὸ ποῖ (sic) μετὰ τῶν χρησίμων ἀνθρώπων τῆς χώρας. προσεκλήθησαν δὲ ἀμφότεροι καὶ τὸν προεμβεσκωμεύοντα εἰς τὸ Στύλον Πέτρον τῇ ἐπωνυμίᾳ τοῦ Κώμητος, τοῦ εἶναι σὺν αὐτοῖς ἐκεῖσε. καὶ διωρείας δοθείσης, ἤγαγον ἀμφότεροι καὶ τὰ δύο μέρη ἐκ τοὺς φίλους αὐτῶν χρησίμους ἀνθρώπους τῆς χώρας. οὐ μόνον δὲ τούτους, ἀλλὰ καὶ ἐκ τῆς ἁγίας Ἐκκατερίνης ἤγαγον οἱ ἐρημίται τὸν Ῥάον Γαλκουλῖνον, καὶ Νικόλαον Βέσκομον καὶ ἑτέρους. καὶ δὴ συναθροισθέντες ἐκεῖ ἐν τῷ τόπῳ Βουταραύλου, (sic) ἤρξαντο οἱ ἐρημίται ἐγκαλεῖν λέγοντες ὅτι ἐν τῷ τόπῳ τούτῳ γίνεται ἡ ὑπόστασις τοῦ Βουτουραύλου, μέρη Γ'. καὶ τὸ ἓν μέρος ὑπάρχει τοῦ ἀνθρώπου ἡμῶν τοῦ Καλογρίτζη. ἀπεκρίθησαν δὲ οἱ Μοναχοὶ τοῦ ἁγίου Ἰωάννη λέγοντες· ἡμεῖς τὰ τοιαῦτα χωράφια πρὸ πολλῶν χρόνων, καὶ πρὸ ἡμῶν ἴδωμεν τὴν ἐκκλησίαν διασώζουσαν καὶ ἐπικρατοῦσαν ἀφιλονείκως, καὶ ἀγορασίους χάρτας ἔχει ἡ ἐκκληοἶα ἔκπαλαι, καὶ οἱ διεκδικηταὶ ἡμῶν ὑπάρχωσιν ἐνταῦθα· αὐτοὶ καὶ ἀποκριθήσονται περὶ τούτου, ὡς κληρονόμοι ὑπάρχοντες. οἱ διεκδικηταὶ δὲ τῶν μοναχῶν, ἀπεκρίθησαν μιᾷ φωνῇ λέγοντες· ἡμεῖς τὸν Καλογερίτζην εἰς τὰ τοιαῦτα χωράφια οὔτε ἀδελφὸν ἔχομεν οὔτε συγκληρονόμον. ἀλλ' αὐτὴ ἡ ὑπόστασις ἔχει μέρη δύο, μέρος τοῦ Παρίλλου, καὶ μέρος τῆς Βασιλίσσης. ἐπερώτησεν δὲ Πέτρος βεσκόμιος τοὺς ἐρημίτας σὺν τοῖς χρησίμοις ἀνθρώποις, εἰ ἔχωσιν τοῦ ἀποδεῖξαι σύστασιν ἔγγραφον εἴτε ἄγραφον ὅτι ὁ ἄνθρωπος αὐτῶν ὁ Καλογερίτζης κληρονόμος ὑπάρχει ἐνταῦθα. ἀπεκρίθησαν δὲ λέγοντες, ἡμεῖς οὔτε ἔγγραφον οὔτε ἄγραφον δυνάμεθα ἀποδεῖξαι τοῦτο· ἀλλ' αὐτοὶ ἐπιγινώσκομεν αὐτό. Εἶπον δὲ οἱ χρήσιμοι ἄνθρωποι, δίκαιον εἶναι μεταξὺ αὐτῶν ὅπως ἐκ τῆς μιᾶς κληρονομίας διαλεχθῇ εἷς, καὶ ἐκ τῆς ἑτέρας ἕτερος· καὶ ἵνα ἐπομόσονται οἱ δύο οὕτως, ὅτι ὁ Καλογερίτζης εἰς ταύτην τὴν κληρονομίαν οὔτε ἀδελφὸς ὑπάρχει οὔτε συγκληρονόμος. ἠρέσθησαν δὲ ἀμφότεροι τῆς τοιούτου δικαίου. διωρίας οὖν δοθείσης, ἀπῆλθον ἐκεῖσε ἐπιτοποῖ (sic) ὡς τὸ πρότερον ἅπαντες. ὑπῆρχον δὲ ἐκ τῶν δύο κληρονομιῶν ἕτοιμοι τοῦ θέσαι δύο ἀνθρώπους ἵνα ἐπομόσονται· οἱ ἐρημῖται δὲ οὐκ ἠθέλησαν λαβεῖν τοὺς ὅρκους, ἀλλ' ἀνεχώρησαν. οἱ Μοναχοὶ δὲ τοῦ ἁγίου Ἰωάννου ἀπῆλθον πρὸς τὸν κύριον Ῥογέριον τὸν κριτὴν τῶν κριτῶν, καὶ ὑπέδειξαν αὐτῷ τὴν τότε γεγονυῖαν (sic) κρίσιν ἐγγράφως, καὶ ἔστερξε ταύτην ὅτι δικαίως ἐκρίθη, καὶ προσέταξεν ὁ κύριος Ῥογέριος κἀμὲ Μαλεΐνον στρατηγὸν, ὅπως ἔλθω ἐπιτοποῖ, καὶ φέρω τοὺς ἐρημίτας ἵνα ἀπολάβωσι τὸ δίκαιον καθὰ καὶ ἐκρίθη. ὅθεν ἐγὼ αὐτὸς ὡμίλησα περὶ τούτου κυρῷ Ἀνδρονίκῳ Μαΐστρῳ τῶν ἐρημιτῶν, ἀπέστειλα μετ' αὐτοῦ τὸν Πριούριον κυρὸν Ἰωάννην Μεσσιώνης καὶ ἑτέρους μετ' αὐτοῦ τοῦ ἀπολαβεῖν τὴν κρίσιν. Ταῦτα εἰδὼς κἀγὼ ῥηθεὶς στρατηγὸς σὺν τοῖς σὺν ἐμοὶ χρησίμοις ἀνθρώποις Ἱέρακος καὶ Στύλου καὶ λοιποῖς, ἐπεζήτησα τοὺς κληρονόμους τῶν δύο μερῶν ἰδεῖν αὐτούς· εὕρομεν δὲ χρησίμους καὶ ἀξιοπίστους ἀνθρώπους· ἐξ ὧν καὶ ἐκλέξαντες οἱ ἐρημῖται τὸν Πέτρον Μονόσκυλλον καὶ Παπᾶν Νικόλαον Παρίλλον. οἱ καὶ ἐλθόντες ἐν τῷ τοῦ ἀγροῦ * εἰς οἱ δύο

responsuri sunt, utpote qui hæredes sint. Vindices autem Monachorum responderunt una voce: Nos Calogeritzen in his agris neque fratrem neque cohæredem habemus. Sed ipsum prædium duas in partes dividitur, pars una Parilli, pars altera Basilissæ. Sciscitante Petro Vicecomite & aliis optimatibus ab Eremitis, num instrumentum, vel scriptum, vel non scriptum proferre possent, quo probaretur Calogeritzen ibi hæredem esse; responderunt illi: Nec scriptum nec non scriptum proferre possumus; sed ipsi rem cognoscimus. Tum dixerunt optimates viri, justum esse, ut ex altera parte eligeretur unus; ex altera alius, & ambo jurarent, Calogeritzen in hac hæreditate neque fratrem neque cohæredem esse. Placuit utrique parti tam justum consilium. Præstitutaque die, in eumdem locum omnes ut antea convenerunt. Ex utraque autem hæreditate parati erant duos homines assignare, qui jurarent. Eremitæ vero noluerunt juramenta accipere, sed recesserunt. Monachi autem sancti Joannis adierunt Dominum Rogerium judicum judicem: & tunc latum judicium scripto traditum ostenderunt ipsi; qui, utpote juste datum, confirmavit ipsum, jussitque me Maleïnum Ducem in locum adire, & Eremitis suadere ut jus acciperent prout datum fuerat. Quamobrem ego ipse Domnum Andronicum Eremitarum Magistrum ea de re alloquutus sum, misique pro illo Priorem Domnum Joannem Mesynæ & alios cum illo, ut judicium acciperet. Hæc cum scirem ego prædictus Dux, cum aliis optimatibus viris Hieracis & Styli aliisque, duarum partium hæredes in conspectum evocavi: comperimusque esse viros probos & fide dignos: ex quibus elegerunt Eremitæ Petrum Monoscyllum, & Papam Nicolaum Parillum. Qui ad agrum venientes sic juraverunt : Per intemeratum & sanctum Evangelium Christi juramus, Calogeritzen hanc possessionem Buturauli nobiscum nec habuisse, nec habere. Juramento itaque præstito, Eremitas ab iniqua petitione compescuimus. Monachis vero sancti Joannis confirmatus est fundus, quemadmodum jam tenebant. Terminum autem ejus posuimus, sicut chartæ emtionis & consecrationis enarrant, a Sellade in qua juramentum olim præstitum fuerat. Descenditque a termino in quo stabamus ad Selladem Asonturianum, qui descendit usque ad fluvium Styli. Hæc judicata, confirmata, examinata, juste statuta sunt per me Maleïnum ducem Hieracis & Styli, & aliorum locorum: assidentibus mihi probis & optimatibus viris : qui propriis manibus testimonia sua subscribentes, ad majorem fidem & securitatem hoc instrumentum scripserunt, & Monachis sancti Joannis Theristi tradiderunt ad sedandos omnes eorum adversarios. Judicavimus autem secundum regulam dicentem, *A nemine tollatur diuturna & non dubia possessio.* Scriptum est præsens instrumentum mensis Aprilis vigesima die, manu mea Petri Notarii, filii Garin, genere Maroniti, anno 6652. (Christi 1144.) Indictione septima.

Joannes Cericas testis subscripsi.

Joannes filius Constantini testis subscripsi.

Malliardus Callabares Styli testis subscripsi apposita Cruce.

Nicolaus filius Ursini Cacri subscripsi.

Rogerius filius Nicolai Moschati subscripsi.

Gullielmus Colestra testis subscripsi, apposita veneranda Cruce.

Georgius Papas & N. . . Styli testis subscripsi.

Joannes Presbyter Enclisiarchi testis subscripsi.

οὗτοι ἐπομόσαντο οὕτως. κατὰ τὸ ἄχραντον ἅγιον εὐαγγέλιον τοῦ Χριστοῦ ὀμνυόμεθα ὅτι ὁ Καλογερίτζης ὡς ταύτην τὴν ὑπόστασιν τοῦ Βουτουραύλου μεθ' ὑμῶν οὔτε ἔσχεν, οὔτε ἔχει. τῶν ὅρκων οὖν τελεσθέντων, ἀπεπαύσαμεν τοὺς ἐρημίτας τῆς παραλόγου ζητήσεως. τοῖς δὲ Μοναχοῖς τοῦ ἁγίου Ιωάννου ἐστερεώσαμεν τὸ χωράφιον καθὰ καὶ ἐπεκράτουν. ἐστήσαμεν δὲ καὶ τέρμονας πρὸς αὐτὸν καθὰ καὶ οἱ πρατήριοι καὶ ἀμφιερωτικοὶ χάρται διαγορεύουσι, ἀπὸ τὴν Σελλάδα ἐν ᾧ ὅρκος ἔκπαλαι ἐγένετο. κατέρχεται δὲ ἀπὸ τὸν τέρμονα ἐν ᾧ ἐστήσαμεν εἰς τὴν Σελλάδα τὸν Ἀσοντουριανόν, ὃς κατέρχεται ἄχρι τοῦ ποταμοῦ Στύλου. ταῦτα ἐκρίθη, ἐστηρίχθη, ἐξετάσθη, ἐδικαιώθη παρ' ἐμοῦ Μαλεΐνου στρατηγοῦ Γέρακος καὶ Στύλου καὶ λοιπῶν, συνεδριαζόντων μοι τῶν χρησίμων ἀνθρώπων· οἵτινες οἰκείαις χερσὶν τὰς μαρτυρίας αὐτῶν ὑπογραφόντων, πρὸς δὲ περισσοτέραν πίστωσιν καὶ βεβαίωσιν, ἐπέγραψαν τὸ παρὸν δικαίωμα, καὶ ἀπέδωκαν πρὸς τοὺς Μοναχοὺς ἁγίου Ιωάννου τοῦ Θεριστοῦ πρὸς ἀπόπαυσιν πάντων τῶν ἀντιδίκων αὐτῶν. ἐκρίναμεν δὲ κατὰ τὸν κανόνα τὸν λέγοντα. μηδενὸς ἀφαιρεῖσθαι τὴν μακρὰν καὶ ἀναμφίβολον νομήν. ἐγράφη τὸ παρὸν δικαίωμα μηνὶ Ἀπριλλίῳ εἰς τὰς κ'. χειρὶ ἐμοῦ Πέτρου νοταρίου υἱοῦ Γαρὶν, τὸ κατὰ σειρὰν δὲ τοῦ Μαρονίτου. ἔτει ,ϛχνβ'. ἰνδ. ζ'.

† Ιωάννης Κηρικὰς μάρτυς ὑπέγραψα.

† Ιωάννης υἱὸς Κωνσταντίνου μάρτυς ὑπέγραψα.

† Μαλιαρδος Καβαλλαρῆς Στύλου μάρτυς ὑπέγραψα τὸν σταυρόν.

† Νικόλαος υἱὸς Οὐρσίνου τοῦ Κάκερ ὑπέγραψα.

† Ρογέριος υἱὸς Νικολάου Μοσχάτου ὑπέγραψα.

† Γουλιέλμος Κόλεστρα μάρτυς ὑπέγραψα τὸν τίμιον σταυρόν.

† Γεώργιος Γάπας καὶ Νο'κος Στύλου μάρτυς ὑπέγραψα.

† Ιωάννης πρεσβύτερος τοῦ ἐγκλισιάρχου μάρτυς ὑπέγραψα.

† Ιωάννης

† Ἰωάννης πρεσβύτερος καλούμενος μάρτυς ὑπέγραψα.

Joannes Presbyter vocatus testis subscripsi.

† Μαλεῖνος στρατηγὸς Ἱέρακος καὶ Στύλου καὶ λοιποὶ τὰ ἀνωτέρω ἐκύρωσαν.

Maleïnus Dux Hieracis, & Styli, atque alii, quæ supra scripta sunt confirmarunt.

Diploma RR. PP. S. Basilii. Anno 1165.

† Φίλιππος υἱὸς Ἰωάννου Βρούλλου ἐκτίθημι τὰ ὑποτεταγμένα καὶ ἐπικυρῶ τὸ μὲν ὄνομα μετὰ τῆς πατρωνυμίας ἰδιόχειρον προτάξας τὰ δὲ ἑξῆς, χειρὶ Ἀνδρονίκου.

† Philippus filius Joannis Brulli expono & confirmo ea, quæ subjiciuntur, præmisso nomine meo & nomine patris mei propria manu: quæ sequuntur autem, manu Andronici scripta sunt.

In Diplomate omnes lineæ incipiunt per K.

Καὶ τί ἂν ἄλλο ἤοι (εἴη) τοῖς εὐσεβέσιν ἐρασμιώτερον, ἢ τὸ ἀξίους ὀφθῆναι τοῦ τὰ πάντα ἐπ' ἀγαθοῖς προνοοῦντος θεοῦ διὰ τὴν τῶν γηΐνων καὶ τερπνῶν καταφρόνησιν, καὶ τὴν τοῦ θείου σταυροῦ ἐπ' ὤμων φορὰν, ὡς τὰ κυριακὰ διδάσκουσι λόγια. διὰ τοῦτο κἀγὼ Φίλιππος ὁ ἄνωθεν τοῦδε τοῦ ὕφους τὸ σίγνον τοῦ τιμίου καὶ ζωοποιοῦ σταυροῦ, καὶ τῆς πατρῴας σημειώσεως ἰδιοχείρως τὴν ἐπίκλησιν ἐνσημειωσάμενος, τὰ δὲ ἑξῆς χειρὶ Ἀνδρονίκου τοῦ ἐμοῦ ἀδελφοῦ, τῶν τῇδε πάντων καταφρονῶν γηΐνων, καὶ τὸν ἐλαφρὸν τοῦ κυρίου ζυγὸν φέρειν ἠρετισάμενος, καὶ τὸ τῶν μονοτρόπων σχῆμα βουληθεὶς ἀμφιάσασθαι, προσέδραμόν σοι τῷ σεβασμιωτάτῳ καθηγουμένῳ κυρῷ Κυπριανῷ, καὶ προεισταμένῳ τῆς ἱερᾶς τοῦ θειοτάτου φροντιστηρίου τοῦ ἐπ' ὀνόματι τοῦ ἁγίου Ἰωάννου τοῦ λεγομένου Θερειστοῦ ἀδελφότητος, συγκαταλεγῆναι τῇ λογάδι τῶν ἐν αὐτῷ μοναχῶν· καὶ ὅλον δὲ ἐξ ὅλου ἐμαυτὸν καὶ τὰ ἐμαυτοῦ ἐξ ἰδίας προαιρέσεως συνενοῦντα (sic) τούτῳ, μάλιστα δὲ καὶ τὸν κατὰ σάρκα μου ἀδελφὸν σοὶ τῷ δηλωθέντι θειοτάτῳ ἀνδρί, καὶ τῇ ὑπὸ σὲ ἁγίᾳ μονῇ ἀφιέρωσα. σὺ δὲ ὑπὸ τῆς ἄγαν ἐνούσης σοι φιλανθρωπίας κινούμενος, ἠγκαλισάμενος κατησπάσω καὶ οὐ κατέστρεψας. καὶ ὡς ἂν ἀφιλονείκως καὶ ἀταράχως διασώζειν ἡ σεβασμία μονὴ τὰ παρ' ἐμοῦ καλῶς ἀφιερωθέντα πρὸς σὲ καὶ τοὺς μετὰ σὲ μέλλοντας διευθύνειν τὰ τῆς μονῆς,

Et quid aliud fuerit piis desiderabilius, quam ut Deo, qui omnia in bonum providet, per terrenarum rerum & voluptatum contemptum digni videantur, & crucem humeris tollant, ut Dominica docent oracula. Ideo ego Philippus supra nominatus, huic contextui signum venerandæ & vivificæ Crucis & paterni nominis cognomentum propria manu adscribens, reliqua Andronici fratris mei manu scribi curavi, terrena omnia despiciens, & leve Domini jugum ferre præoptans, ac Monachorum habitum indui volens, ad te venerabilissimum Cathegumenum Domnum Cyprianum accucurri, Præfectum sacri & divinissimi Monasterii nomine Sancti Joannis, cognomento Theristi, ut electæ fraternitati Monachorum in illo degentium adscribar: meque totum, measque facultates ex propria mea voluntate; fratrem quoque meum carnalem tibi prædicto divinissimo viro, & Monasterio tibi subdito, consecravi. Tu vero innata clementia permotus, amanter amplexus es, nec repulisti me. Ut autem venerandum Monasterium bonis meis, quæ ex æquo & bono tibi, & iis qui post te Monasterium administraturi sunt, consecravi, absque lite & perturbatione frui valeat; minutatim speciatimque illa jam enumerabo. Et in primis do tibi sacro viro, & sancto Theristi Monasterio tibi subdito, ad perfectam possessionem & proprietatem, necnon aliis omnibus, qui post te hujus sacri Templi Præfecturam excepturi sunt, partem vineæ, quam æquali divisione cum fratribus peracta, ex paternis bonis sortitus sum: quæ sita est in possessione illa divisa, in loco dicto Comiæ, secundum omnia quæ continet, cum omnibus ejus instrumentis, juribus, reditibus & prærogativis, arboribus fructiferis omnibus, quæ in illa continentur; ut possideas illam, illaque fruaris, tu & qui post te erunt, proprie & cum jure vendendi, largiendi, commutandi & divinis Templis delubrisque quolibet modo consecrandi; ut in divinis venerandisque legibus continetur: nemine ex hæredibus vel cohæredibus meis, neque meipso adversante vel impediente. Terminatur autem hæc vinea, ab oriente vineâ Nicolai Brazobudi; ab occidente, vineâ sancti Joannis Spitali; a meridie, torrente: descendit autem alius torrens quasi ex septentrionali parte hujus vineæ, influitque in fluvium dictum . . . umiæ. Hanc itaque totam vineam, quemadmodum terminatur a quatuor partibus consecrans, tibi sanctissimo Cathegumeno Cypriano Domino meo & tuis successoribus obtuli, ut supra dictum est.

Hac itaque mente & cum hujusmodi proposito consecrans, dedi etiam Libros septem, Acta Apostolorum, & Librum alium dictum Flores: Psalterium item blattis opertum cum cruce argentea, & prominentiis ejusdem materiæ: aliud quoque Psalterium, & Grammaticas Quæstiones: alium etiam Librum antiquum Astronomiæ, habentem Genethlia, & Horologium, & τὰ τελάκοντα. Hæc omnia consecravi

κατ' εἶδος καὶ ἰδικῶς περιορίζων ταῦτα λέξων ἔρχομαι. καὶ ἐν πρώτοις ἐκδίδωμί σοι τῷ ἱερωμένῳ ἀνδρὶ, καὶ τῇ ὑπὸ σὲ τοῦ Θερισοῦ ἁγίᾳ μονῇ, κατὰ τελείαν νομὴν καὶ δεσποτείαν, οὐ μὴν ἀλλὰ καὶ πᾶσι τοῖς μετὰ σὲ διαδεξομένοις τὴν προστασίαν τοῦ τοιούτου θείου ναοῦ τὸ μέρος μου τοῦ ἀμπελῶνος κατὰ ἀδελφικὴν ἰσομερείαν τὸ ἐπιλαχόν μοι ἐκ τοῦ πατρικοῦ μου κλήρου, τὸ ὄντα καὶ διακείμενον ἐν τῇ διαχωρήσει μερικῆς εἰς τόπον λεγόμενον τῆς Κωμίας, καθὼς ἐστι περιεκτικὸς, μετὰ πάντων αὐτοῦ τῶν δικαιωμάτων καὶ ζητημάτων εἰσόδων τε καὶ ἐξόδων καὶ προτιμήσεων, καὶ τῶν ἐν αὐτῷ ἡμεροδένδρων ἁπάντων κατέχειν αὐτὴν καὶ δεσπόζειν, σύ τε καὶ οἱ μετὰ σὲ κυρίως καὶ αὐθεντῶς πωλεῖν, χαρίζειν καὶ ἀνταλλάττειν, καὶ εἰς θείους ναοὺς καὶ τεμένη ἀφιεροῦν ὡσδήποτε, κατὰ τὴν τῶν θείων νόμων καὶ σεβασμίαν περίληψιν, μὴ ἐνοχλούμενοι ἢ ἐμποδιζόμενοι παρά τινος τῶν ἐμῶν κληρονόμων, ἢ καὶ συγκληρονόμων, μήτε παρ' ἐμοῦ αὐτοῦ. περιορίζεται δὲ οὕτως κατὰ μὲν ἀνατολὰς ὁ ἄμπελος Νικολάου τοῦ Βραζοβούδου, καὶ ἐκ δυσμῶν ὁ ἀμπελὼν τοῦ ἁγίου Ἰωάννου τοῦ Σπιτάλου καὶ ἐκ μεσημβρείας ὁ ῥύαξ· κατέρχεται δὲ καὶ ἕτερος ῥύαξ ὡς ἐκ τοῦ ἀρκτῴου (sic) μέρους τοῦ τοιούτου ἀμπέλου, ἀποδίδωσιν εἰς τὸν ποταμὸν τὸν λεγόμενον τῆς . . . υμίας. τοῦτον οὖν ἅπαν τὸν ἄμπελον καθὰ περιώρισται τετραχῶς ἀφιερώσας παραδέδωκά σοι τῷ ἁγιωτάτῳ καθηγουμένῳ Κυπριανῷ τῷ δεσπότῃ μου καὶ τοῖς μετὰ σὲ διαδόχοις, καθὼς λέλεκται.

Κατὰ ταύτην οὖν τὴν γνώμην μετὰ καὶ τῆς αὐτῆς προαιρέσεως ἀφιερώσας ἀπέδωκα καὶ βιβλία ἑπτὰ, πραξαπόστολον, καὶ βιβλίον ἕτερον λεγόμενον ἄνθη, καὶ ψαλτήριον κατὰ βλαττείτζην ἐνδεδυμένον μετὰ σταυροῦ ἀργυροῦ καὶ κουμβουθηλικίων ὡσαύτως, καὶ ἕτερον ψαλτήριον· καὶ γραμματικὰ ἐρωτήματα, ἄλλο βιβλίον παλαιὸν κατὰ ἀστρονόμους, ἔχον γενέθλια, καὶ ὡρολόγιον, καὶ τὰ τελάκοντα. ταῦτα πάντα ἀφιερώσας καλῶς ἀποδίδωκα, καὶ εἰ μεταμεληθεὶς γνώμην καταλῦσαι βουλόμενος τὰ καλῶς παρ' ἐμοῦ στερχθέντα, μάλιστα ἢ οὐκ ἵσταμαι, καὶ διεκδικεῖν αὐτὰ ἐκ παντὸς ἐναντιουμένου, ξένον τε καὶ ἰδίως ὑπάρχειν με καὶ κατηραμένον παρὰ κυρίου θεοῦ παντοκράτορος καὶ παρὰ τῶν τιη'. ἁγίων Θεοφόρων πατέρων, πρὸς τούτῳ ζημιοῦσθαι εἰς τὸν δημηγόρον ῥογάτα ἑβδομήκοντα δύο· καὶ ἤδη στέργω καὶ ἐμμένειν τὴν παροῦσαν ἀφιέρωσιν βεβαίαν καὶ ἀπαρασάλευτον. ἥτις ἐγράφη ἐπὶ τῆς εὐσεβοῦς βασιλείας Γουλλιήλμου Ρηγὸς καὶ δεσπότου ἡμῶν χειρὶ ἐμοῦ Νικολάου τοῦ Ἀποιχομένου μαγίστρου ἐν Ἰανουαρίῳ ἰνδικτ. ιγ'. ἐν ἔτει ͵ςχογ'. ἐν παρουσίᾳ μαρτύρων.

† Τοῦ Ἀπιχομένου μ... ος Ἀνδρονίκος μάρτυς ὑπέγραψα οἰκείᾳ χειρὶ τοῦ τιμίου σταυροῦ.

† Πέτρος υἱός... μαρτυρῶ.

† Γραμματικὸς καὶ κριτὴς Μέσινε ἔγγραφον Νικολάου μάρτυρ... οντάδε.

† Νικόλαος υἱὸς Ἰωάννου Βρύλλου στέργω καὶ μαρτυρῶ.

† Ἀνδρέας αὐτάδελφος αὐτοῦ μαρτυρῶ.

† Λέων ἱερεὺς τοῦ ἁγίου Νικολάου τῆς Μέσης παρὼν ἔγραψα αὐτὰ ὅπως αὐτὸς Ἰωάννης.

† Ἀρκάδιος ἱερεὺς ἁγίας Ἀγάθης παρών.

† Κωνσταντῖνος ὁ Θελόγου παρών.

† Πέτρος Πλαστάρης υἱὸς γραμμινίου μάρτ.

† Ἔσχατος τῶν ἱερέων Κωνσταντῖνος ὁ τοῦ ἁγίου Ἱππολύτου παρών.

† Βαρθολομαῖος εὐτελὴς Μοναχὸς μάρτυς παρών.

& dedi: quod si donorum pœniteat, & si ea, quæ probe a me data & confirmata sunt,, solvere & abrogare voluerim, vel si iis non steterim, & vindicare illa ab adversantibus voluerim; alienus sim & maledictus a Domino Deo omnipotente, & a trecentis decem & octo sanctis Deiferisque Patribus. Ad hæc vero mulcter ad Tribunal Rogatis septuaginta-duobus. Ideoque hanc consecrationem confirmo & vim habere volo, ut maneat firma & inconcussa. Quæ scripta est sub pio regno Gullielmi Regis & Domini nostri manu mea Nicolai Apichomeni Magistri .... Januarii, Indict. 13. anno 6673. (Christi 1165.) in præsentia testium.

† Apichomeni. .. Andronicus testis subscripsi propria manu cum signo Crucis.

† Petrus filius.... testificor.

† Grammaticus & judex Mesine Rescripto Nicolai .... testificor.

† Nicolaus filius Joannis Brulli confirmo & testificor.

† Andreas frater ejus testificor.

† Leo Sacerdos Sancti Nicolai Mesæ præsens hæc scripsi, ut ipse Joannes.

† Arcadius Sacerdos Sanctæ Agathæ præsens.

† Constantinus Thelogi præsens.

† Petrus Plastares filius Gramminiun testis.

† Ultimus Sacerdotum Constantinus S. Hippolyti præsens.

† Bartholomæus vilis Monachus testis præsens.

Ex Bibliotheca RR. PP. S. Basilii Romæ Diploma. Anno 1185.

† Σίγνον Νικολάου τοῦ Λουάτρου. † σίγνον Λέοντος ἀδελφοῦ αὐτοῦ. † σίγνον Ἰωάννου ἀδελφοῦ αὐτῶν. Φαινόμεθα ἡμεῖς ὑπογεγραμμένοι οἱ τὰ σίγνα τοῦ τιμίου καὶ ζωοποιὸν σταυρὸν οἰκείαις χερσὶ ποιήσαντες, ἀφιερώνοντες τὸ ἡμέτερον χωράφ.

† Signum Nicolai Luatri. † Signum Leonis fratris ejus. † Signum Joannis fratris eorum. Adsumus nos infra subscripti, qui venerandam & vivificam Crucem propriis manibus efformavimus, consecrantes prædium

nostrum, positum in loco dicto Luetradôn: quod hos habet terminos. Ab oriente fundum supra dictorum Nicolai, Joannis ac Leonis; ab occidente prædium Baldii; a meridie autem Io.... abeuntibus ex planitie & Syncle. Hoc autem prædium, Amygdalæ vocatum, emtione possederat qui ante nos habuit: ipsum vero consecravimus Monasterio SS. Apostolorum Petri & Pauli, cognomento Spanopetri, & tibi sacro viro Paphnutio Cathegumeno, seu Abbati, successoribusque tuis post futuris, pro remissione & venia peccatorum nostrorum, ac parentum nostrorum. Si quis vero deprehendatur, sive ex parte mea, sive ex parte extraneæ personæ, actionem contra instituere, vel molestiam creare, ne audiatur; sed esto maledictus a Domino Deo omnipotente, & a sanctis Deiferis centum decem & octo Patribus, laqueum Judæ proditoris sortiatur, & pars ejus sit cum iis, qui clamaverunt, *Tolle, tolle, crucifige eum.* Sane volo, ut hæc mea sponte facta consecratio maneat usque ad fines sæculorum. In præsentia testium.

Petrus Zarbias testis.
Leo Zarbias testis.
Anastasius Bugianisis testis.
Leo Bulpias testis.
Constantinus Xenius testis.
Basilius Malacurun testis.

Scriptum est manu mea Leonis Malacurun vilis Presbyteri, anno 6693. (i. Christi 1185.) Ind. secunda.

φιον, τὸ ὄντα καὶ διακείμενον εἰς τόπον λεγόμενον Λουετράδων, καθὰ καὶ διαχωρίζεται οὕτως· κατὰ μὲν ἀνατολὰς τῶν αὐτῶν προῤῥηθέντων Νικολάου καὶ Λέοντος καὶ Ιωάννου· κατὰ δυσμὰς τὸ χωράφιον τοῦ Βαλδίου· μεσημβρείας δὲ Ιω. οἱ ἀπερχόμενοι (sic) εἰς τὰ ὅμαλα καὶ Σωκλή. τοῦτο δὲ τὸ χωράφιον λεγόμενον τῆς ἀμυγδάλης, ἔσχεν αὐτὸ ὁ πρὶν ἡμῶν ἀγορὰν, καὶ ἀμφιερόνομεν αὐτὸν εἰς τὴν μονὴν τῶν ἁγίων ἀποστόλων Πέτρου καὶ Παύλου, οὗ τὸ ἐπώνυμα τοῦ Σπανοπέτρου, καὶ εἰς σὲ τὸν ἱερὸν Παφνούτιον καὶ καθηγούμενον, καὶ εἰς τοὺς μέλλοντας ἔσεσθαι μετὰ σὲ καὶ διαδόχους· ὑπὲρ λυτρώσεως καὶ ἀφέσεως τῶν ἐμῶν ἁμαρτιῶν καὶ ἡμετέρων γονέων. Εἴ τις δὲ φωραθῇ ἐκ τοῦ κατ' ἐμοῦ μέρους ἢ ξένου προσώπου τὸ συνοκλυνίσῃ, ἢ ἐνοχλῇ ποιεῖν, μὴ εἰσακουέσθω· ἀλλ' ἔστω ἐπάρατος παρὰ κυρίου θεοῦ παντοκράτορος, τῶν τιη'. ἁγίων Θεοφόρων πατέρων, καὶ τὴν ἀχόνι (sic) Ἰούδα τοῦ προδότου, καὶ τὸ μέρος αὐτοῦ μετὰ τῶν κραξάντων· ἆρον, ἆρον σταύρωσον αὐτόν. καὶ ἤθ. στέργω, καὶ ἡ τοιαύτη ἐμμελὴς καλοθελεία γινόμενον ἀμφηέροσης (sic) μέχρι τέρματα αἰώνων. ἐν παρουσίᾳ μαρτύρων.

† Πέτρος Ζαρβίας μαρτυς.
† Λέων Ζαρβίας μάρτυς.
† Α'νάστασις Βουγιανήσους μάρτυς.
† Λέων Βουλπήας μάρτυς.
† Κωνσταντῖνος Ξένιος μάρτυς.
† Βασίλειος Μαλακούρουν μάρτυς.

Ἔγραφε τῇ ἐμῇ χειρὶ εὐτελοῦς πρεσβυτέρου Λέοντος Μαλακούρουν, ἔτει ,ςχϟγ'. ἰνδ. β'.

MONITUM.

In novem præmissis Diplomatibus, Instrumentorum cujusvis generis forma & series, Neapolitanæ item veteris in jure dicundo consuetudinis quædam formulæ deprehenduntur. Pro charactere autem in Regiis Diplomatibus usurpari solito, unicam Rogerii Regis Bullam proferre potuimus, qualem habes supra tribus in Tabulis repræsentatam. Jam vero restat ut Constitutionum Neapolitanarum & Sicularum Indicem Græcum, ut habetur in Codice Regio 3370². membranaceo, his subjiciamus. Constitutiones autem ipsas, quæ ibidem exstant, utpote prolixiores, aliis quibus otium

otium erit mittimus publicandas. Hæ igitur Constitutiones Græcæ, non hactenus, quod quidem sciam, editæ; maxima quidem ex parte eædem sunt atque Constitutiones Siculæ sive Neapolitanæ, Latinè a Lindenbrogio & aliis antea publicatæ: sed tamen hæ, quarum Indicem Græce damus, in multis variant: in Titulorum vero forma a Latinis penitus discedunt, ut quisque videre possit. De Latinis hæc Lindenbrogius in Prolegomenis. Leges Siculæ sive Neapolitanæ etsi Gullielmi Rogeriique Constitutiones quasdam admixtas habeant, majori tamen ex parte Friderico Imperatori debentur, jussu ejus a Petro de Vineis Capuano, (quo Cancellario utebatur, cujus etiam aliæ Epistolæ exstant,) conscriptæ. Friderico Imperatori elogium tale tribuit Suffridus Presbyter Chron. Lib. 2. *Fridericus II. imperium adeptus regnavit annis xxx. Hic erat ingeniosus, studiosus & literarum scientia magnus. Leges optimas pro libertate Ecclesiæ, & contra hæreticos edidit.* Editæ autem hæ leges fuerunt anno vel biennio, (ut vult Molinæus in Consuet. Parif. Tit. 1. n. 95.) post suam coronationem Romæ, anno MCCXXI. Quarum tanta apud Siculos & Neapolitanos auctoritas, ut non insuper habuerint viri clarissimi præstantissimique Bartholomæus de Capua, Marcellus Bonus, Jacobus de Ayello, Lallus a Tuscia, Sebast. Neopodanus, Marinus de Caramanico, Lucas de Penna, Nicolaus Superantius, Matthæus de Afflictis, copiosissimis eas Commentariis illustrare.

Constitutiones igitur Latinæ Titulos habent Rogerii & Gullielmi Regum, cum Titulis Friderici II. Imperatoris & Siciliæ Regis intermixtos: in Titulis autem Græcis nulla Rogerii aut Gullielmi mentio: etsi in ipsis Constitutionibus Græcis perinde atque in Latinis hi reges interdum memorentur; ita tamen ut in Græcis Gullielmus alicubi dicatur is ipse, qui Rogerius in Latinis appellatur, commutatis videlicet Regum diversorum nominibus. Tituli autem Græcarum Constitutionum non plures modo sunt quam Latini, sed etiam longe diversi: imo in ipsis Constitutionibus nonnumquam variatur in rebus ipsis. Constitutiones autem Græcæ etsi, saltem plurimæ, e Latinis versæ sint, tamen interpres Græcus non semper Latinas sequitur; sed adjicit, detrahit & mutat: idque jussus haud dubie & ex auctoritate Regia facit. Exempli causa Libro iij. Titulo Latinè liij. Græce vero lxij. de Matribus quæ filias prostituunt dicitur: Matres quæ publice prostituunt filias, pœnæ nasi truncati a divo Rege Rogerio statutæ subjacere sancimus: alias etiam consentientes, & filias quas propter inopiam nedum maritare, sed etiam nutrire non possunt, alicujus voluptatibus exponentes, a quo & sustentationem vitæ & gratiam præstolantur, pœnæ subjacere non tam injustum credimus, quàm severum. *Ibi vero Græca sic habent,* Τὰς μητέρας αἵτινες φανερῶς ἀναγκάζουσι μοιχεύεσθαι τὰς ἑαυτῶν θυγατέρας, ῥινοκοπεῖσθαι ὁρίζομεν. Τὰς δὲ ἄλλας γυναῖκας τὰς συναινούσας καὶ τὰς θυγατέρας, αἵτινες ἴσως δι' ἔνδειαν τῷ θελήματί τινων ἑαυτὰς καθυπέστρωσαν, παρ' ὧν διοίκησιν τῆς ζωῆς, ἢ ἄλλην τινὰ χάριτα προσδέχονται, καθυποβάλλειν ποινῇ, οὐ μόνον ἄδικον, ἀλλὰ καὶ ἀπηνὲς εἶναι ἐκρίναμεν. *Id est,* Matres quæ publicè prostituunt filias, naso detruncari sancimus. Alias autem consentientes filiabus, quæ propter inopiam se aliquorum voluntati prostituerunt, a quibus sustentationem vitæ & gratiam præstolantur, pœnæ subjicere; non modo injustum, sed etiam crudele esse judicavimus. *Ibi vides retractatam fuisse illam legem, tacito etiam Rogerii nomine, quod in Latina Constitutione ferebatur: quod item in aliis plerisque observabunt alii, si quibus intersit illas mutuo conferre, vel etiam Græcas in publicum usum emittere. Æstimo igitur Græcas post Latinarum primam editionem factas, auctas interdum, ut fieri solet, nonnumquam imminu-*

tas, & aliam in formam deductas fuisse. Ordo autem Articulorum non idem est: nam multi, qui in Græcis Constitutionibus ad Librum secundum pertinent, in Latinis initio Libri tertii ponuntur.

In his autem Constitutionibus multa sunt, quæ Diplomatibus supra editis lucem adferunt; verbi gratia in quarto Diplomate supra, Vicecomes Ricardi de Garen vineam abstulit Joanni Presbytero, filio ut putabat ipse vassalli sui, qui debitum servitutis officium sibi non præstitisset: quam tamen restituere coactus est, quia Pater ejus vassallus suus non fuerat. Vassalli igitur ut fertur in Titulo lxviij. Lib. iij. Græcarum Constitutionum, cum debitum servitutis officium Dominis non præstarent, vel dolum contra ipsos struerent, ter admoniti, bonis, quæ a Dominis aut ab eorum majoribus acceperant, spoliari poterant. Alia non pauca similia observari possent; sed hæc in præsenti satis sunto.

Ex Codice Regio 3370². cujus specimen dedimus Libro 4. Cap. 8.

Index accuratus primi Libri Constitutionum Imperialium.	Πίναξ ἀκριβὴς τοῦ πρώτου βιβλίου τῶν βασιλικῶν διατάξεων.
I. Protheoria Constitutionum Imperialium.	α'. Προθεωρία τῶν βασιλικῶν διατάξεων.
II. De hæreticis & *Paterinis, & de pœna eorum.	β'. Περὶ αἱρετικῶν καὶ πατερινῶν, καὶ τῆς ποινῆς αὐτῶν.
III. De pœna eorum qui Paterinos recipiunt.	γ'. Περὶ ποινῆς τῶν ὑποδεχομένων τοὺς πατερινούς.
IV. De iis qui a Catholica fide deficiunt.	δ'. Περὶ τῶν ἀποστατούντων ἀπὸ τῆς καθολικῆς πίστεως.
V. De iis qui vim aut injuriam patientes, statim sese defendunt.	ε'. Περὶ τῶν βίαν ἢ ὕβριν ὑπομενόντων, καὶ παραυθὺς διφενδευομένων.
VI. De iis qui circa Regias Constitutiones curiosius inquirunt.	ς'. Περὶ τῶν πολυπραγμονούντων περὶ τῶν ῥηγικῶν διατάξεων.
VII. De pœna Templorum expilatoribus infligenda.	ζ'. Περὶ ποινῆς ἱεροσύλων.
VIII. De Tribunali fœneratorum.	η'. Περὶ τοῦ δικαστηρίου τῶν τοκιστῶν.
IX. De pœna fœneratorum.	θ'. Περὶ ποινῆς τῶν τοκιστῶν.
X. De Decimis.	ι'. Περὶ δεκάδων.
XI. De Comitibus & Baronibus, qui potentia sua seditionem excitaverint.	ια' Περὶ Κομήτων καὶ Βαρουνίων ἐν τῷ κράτει στάσιν ἐγειρόντων.
XII. *De illicita portatione armorum.	ιβ'. Περὶ τῆς κεκωλυμένης ἐπιφορᾶς τῶν ὅπλων.
XIII. De extraneis in Imperium intrantibus & arma gestantibus.	ιγ'. Περὶ ξένων τῶν ἐν τῷ κράτει ἐρχομένων καὶ ὅπλα βασταζόντων.
XIV. De pœna eorum, *qui arma adversus aliquem traxerint.	ιδ'. Περὶ ποινῆς τῶν ἀποσπασάντων ὅπλα κατά τινος.
XV. De pœna eorum, qui armis aliquem percusserint.	ιε'. Περὶ ποινῆς τῶν μεθ' ὅπλων πληξάντων τινά.
XVI. De pœna eorum, qui aliquem occiderint.	ις'. Περὶ ποινῆς τῶν φονευσάντων τινά.
XVII. De illo qui viarum prædonem	ιζ'. Περὶ τοῦ φονεύσαντος ὁδοστάτην

*In Latinis Constitutionibus legitur, *Patarenis*

*Sic in Latinis Constitution.

*Sic Lat. Const.

ἢ κλέπτῃ, καὶ ἀφήλικος καὶ μαινομένου.

ιη'. Περὶ τοῦ πότε δύνωνται οἱ καστροφύλακες καὶ οἱ σεργέντες ἀκωλύτως βαστάζειν ὅπλα.

ιθ'. Περὶ ποινῆς τιθεμένης, καὶ τίσι, καὶ περὶ τίνων ἔξεστιν ἐπιτιθέναι ποινάς.

κ'. Περὶ ἀδείας διδομένης Ὀφφικιαλίοις ἐπιτιθέναι ποινάς.

κα'. Περὶ τοῦ πῶς δεῖ βεβαιοῦν (sic) τὰς ποινάς.

κβ'. Περὶ ποινῆς μὴ φυλαχθείσης, καὶ μηδενὸς καταδικασθέντος.

κγ'. Περὶ ποινῆς τῶν ἁρπαζόντων τὰς θεῷ καθιερωμένας γυναῖκας.

κδ'. Περὶ ποινῆς τῶν βιαζόντων τὰς δυστύχους γυναῖκας.

κε'. Περὶ ποινῆς τῶν ἁρπαζόντων γυναῖκάς τινας.

κϛ'. Περὶ τοῦ πῶς δεῖ βεβαιοῦν τὰς βίας τὰς γενομένας γυναιξί.

κζ'. Περὶ ποινῆς τῶν μὴ συντρεχόντων ταῖς βιαζομέναις γυναιξί.

κη'. Περὶ τῶν ἀδίκως γογγυζουσῶν γυναικῶν.

κθ'. Περὶ ποινῆς τῶν βιαίως ἀπεκδυσάντων τινὰ ἐξ ἀκινήτου πράγματος νομῆς.

λ'. Περὶ τοῦ ἔχειν ἐπιλογὴν τὸν βιαίως ἀπεκδυθέντα ἐνάγειν, εἴτε κατὰ τοῦ βιάσαντος, ἢ κατὰ τοῦ κατέχοντος.

λα'. Περὶ τῶν κρυφίως γενομένων ζημιῶν.

λβ'. Περὶ κρυφίου φόνου.

λγ'. Περὶ ποινῆς τῶν ἁρπαζόντων τι ἐκ ναυαγίου.

λδ'. Περὶ ποινῆς τῶν ὑβριζόντων τοὺς ὄντας ἐν τῇ δουλείᾳ τῆς κόρτης, ἢ τὰς φαμηλίας αὐτῶν.

λε'. Περὶ Κουιρητῶν τῶν νόμον ἀρξάντων, καὶ ὅτι δεῖ τὸν βασιλέα τηρεῖν καὶ ὑπουργεῖν αὐτόν.

λϛ'. Περὶ ποινῆς τῶν ἐκταρασσόντων τὸ δικαστήριον.

λζ'. Περὶ ποινῆς τῶν ὀφφικιαλίων, οἵτινες ἀμελοῦσι τῶν δημοσίων πραγμάτων.

λη'. Περὶ ποινῆς τῶν ὀφφικιαλίων τῶν ἀφε-

aut furem occiderit : de infante aut amente (occidentibus.)

XVIII. Quandonam possint Castellani & Servientes sine impedimento arma gestare.

XIX. De pœna imponenda, ac quibusnam & circa res quasnam pœnas imponere liceat.

XX. De licentia danda Officialibus pœnas imponendi.

XXI. Quomodo oporteat pœnas confirmare.

XXII. De pœna non servata, ita ut nullus condemnetur.

XXIII. De pœna eorum, qui fœminas Deo consecratas rapuerint.

XXIV. De pœna eorum, qui infelicibus mulieribus (meretricibus) vim intulerint.

XXV. De pœna eorum, qui mulieres quasdam rapuerint.

XXVI. De probandis violentiis mulieribus illatis.

XXVII. De pœna eorum qui mulieribus vim patientibus non auxiliantur.

XXVIII. De pœna mulierum injuste conquerentium.

XXIX. De pœna eorum qui injuste quempiam ab immobilis rei possessione privarint.

XXX. Quod penes eum sit qui violenter spoliatus est, aut raptorem aut possessorem accusare.

XXXI. De damnis occulte illatis.

XXXII. De clandestina cæde.

XXXIII. De pœna eorum, qui aliquid ex naufragiis rapuerint.

XXXIV. De pœna eorum, qui Curiales aut familias ipsorum injuria affecerint.

XXXV. De Quiritibus qui legem*condiderunt : & quod oporteat Imperatorem ipsam tueri, ipsique ministrare.

XXXVI. De pœna eorum, qui justitiæ tribunal conturbant.

XXXVII. De pœna Officialium, qui res publicas negligunt.

XXXVIII. De pœna Officialium, qui

aliquid ex rebus publicis abstulerint.

XXXIX. De Officio Secretorum, & Logothetarum.

XL. De dando ab Officialibus Secretorum auxilio.

XLI. De iis quæ ad officium Exactorum pertinent.

XLII. Quid agere debeat Exactor, qui furem comprehendit.

XLIII. De pœna Exactorum, qui a juramento ex sententia Judicum præstando eximunt.

XLIV. De jure Exactorum.

XLV. De iis quæ ad officium Camberlingorum spectant.

XLVI. De juramento a Camberlingis & Exactoribus præstando.

XLVII. De tribunali Clericorum.

XLVIII. Quot & quales Exactores esse debeant.

XLIX. Quid debeant Exactores a partibus accipere.

L. Quid debeant Castellani ab incarceratis accipere.

LI. De pœna Castellanorum, qui ultra quam statutum est accipiunt.

LII. De pœna Custodum, qui incarceratos negligunt.

LIII. De officio Castellanorum, & Servientium.

LIV. De iis, quæ ad officium * justitiariorum pertinent.

LV. De Clericis criminis alicujus accusatis.

LVI. De Sacramento præstando a Magistro justitiario.

LVII. De iis quæ ad officium Magistri justitiarii pertinent.

LVIII. De tribunali Comitum & Baronum.

LIX. De pœna eorum, qui Vicarios in officio justitiariorum constituunt.

LX. De pœna eorum, qui Justitiarii officium in terris suis exercent.

LXI. De pœna eorum, qui Consules & Gubernatores in civitatibus constituunt.

λόντων τι ἀπὸ τῶν δημοσίων πραγμάτων.

λθʹ. Περὶ τοῦ ὀφφικίου τῶν σεκρέτων καὶ λογοθετῶν.

μʹ. Περὶ τῶν δίδοαζ παρὰ τῶν ὀφφικιαλίων τῶν Σεκρέτων βοήθειαν.

μαʹ. Περὶ τῶν ἀνηκόντων τῷ ὀφφικίῳ τῶν πρακτόρων.

μβʹ. Περὶ πράκτορος κλέπτην κρατήσαντος, καὶ τί μέλλει ποιεῖν.

μγʹ. Περὶ ποινῆς τῶν πρακτόρων, οἵτινες τοὺς ἐξ ἀποφάσεως ὅρκους συμπαθοῦσι.

μδʹ. Περὶ τοῦ δικαίου τῶν πρακτόρων.

μεʹ. Περὶ τῶν ἀνηκόντων τῷ ὀφφικίῳ τῶν καμβερλίγγων.

μϛʹ. Περὶ τοῦ ὅρκου τῶν καμβερλίγγων καὶ πρακτόρων.

μζʹ. Περὶ τοῦ δικαστηρίου τῶν κληρικῶν.

μηʹ. Περὶ πόσοι πράκτορες καὶ τίνες ὀφείλουσι γίνεσθαι.

μθʹ. Περὶ τοῦ τί ὀφείλουσιν οἱ πράκτορες παρὰ τῶν μερῶν λαμβάνειν.

νʹ. Περὶ τοῦ πόσον ὀφείλουσιν οἱ καστροφύλακες παρὰ τῶν πεφυλακωμένων λαμβάνειν.

ναʹ. Περὶ ποινῆς τῶν καστροφυλάκων τῶν ὑπὲρ τὸ πετυπωμένον λαμβανόντων.

νβʹ. Περὶ ποινῆς τῶν φυλάκων, τῶν τοὺς πεφυλακωμένους ἀμελούντων.

νγʹ. Περὶ τοῦ ὀφφικίου τῶν καστελλαίων καὶ σεργεντίων.

νδʹ. Περὶ τῶν ἀνηκόντων τῷ ὀφφικίῳ τῶν δικαιωτῶν.

νεʹ. Περὶ κληρικῶν ὅταν ἐγκληματικῶς κατηγορηθῶσιν.

νϛʹ. Περὶ τοῦ ὅρκου τοῦ μαΐστωρος δικαιώτου.

νζʹ. Περὶ τῶν ἀνηκόντων τῷ ὀφφικίῳ τοῦ μαΐστωρος δικαιώτου.

νηʹ. Περὶ τοῦ δικαστηρίου τῶν κομήτων καὶ βαρουνίων.

νθʹ. Περὶ ποινῆς τῶν καθιστώντων βικαρίους εἰς τὸ ὀφφίκιον τῶν δικαιωτῶν.

ξʹ. Περὶ ποινῆς τῶν ἐκπληρούντων τὸ ὀφφίκιον τοῦ δικαιώτου ἐν ταῖς ἰδίαις χώραις.

ξαʹ. Περὶ ποινῆς τῶν καθιστώντων κονσούλους ἢ κυβερνήτας ἐν ταῖς πόλεσιν.

ξβʹ.

ξϐ'. Περὶ κριτῶν καὶ νοταρίων, καὶ τίνες καὶ πόσοι ὀφείλουσιν καθίστασθαι.

ξγ'. Περὶ τοῦ πῶς δεῖ τὰ ἔγγραφα γίνεσθαι.

ξδ'. Περὶ τοῦ μὴ τυποῦσθαι ἀξιοῦντας καὶ ἀμμεζζάτορας.

ξε'. Περὶ τοῦ πόσους μάρτυρας ἐν τῷ ἐγγράφῳ δεῖ προσλαμβάνεσθαι.

ξϛ'. Περὶ κριτῶν καὶ τοῦ σαλαρίου αὐτῶν.

ξζ. Περὶ ποινῆς τῶν εἰς ἕτερον φόρον ἀπερχομένων.

ξη'. Περὶ συνηγόρων.

ξθ'. Περὶ τοῦ ὅρκου τῶν συνηγόρων.

ο'. Περὶ τοῦ μὴ γινώσκοντος ἐν τῇ κόρτῃ κατηγορεῖσθαι.

οα'. Περὶ γραμμάτων ἀναζητήσεως.

οϐ'. Περὶ τοῦ ποῦ μένουσι τὰ τῆς ἀναζητήσεως τίθεσθαι γράμματα, εἰ ὁ ἀναζητηθεὶς οὐ φαίνεται.

ογ'. Περὶ ποινῆς τῆς κοντουματζίονος.

οδ'. Περὶ τοῦ πέμπεσθαι εἰς νομὴν τῶν πραγμάτων τοῦ ἀπειθοῦντος τὸν ἄκτορα.

οε'. Περὶ κοντουματζίου μετὰ προκάταρξιν.

οϛ'. Περὶ φανερώσεως χρέους.

οζ. Περὶ κοντουματζίου πρὸ προκατάρξεως.

οη'. Περὶ κοντούμακος ἀπολαμβάνοντος τὴν νομὴν τῶν φεδαλίων πραγμάτων.

οθ'. Περὶ ποινῆς τιθεμένης κατὰ τοῦ ἄκτορος καὶ τοῦ ῥέου συναινούντων.

π'. Περὶ τῶν ἑκουσίως ἀπὸ τῆς ἀγωγῆς ἀναχωρούντων πρὸ προκατάρξεως.

πα'. Περὶ ἀκυρώσεως σιγιλλίων, δι' ὧν τινες καθώπλιζον ἑαυτοὺς ὥστε μὴ ἐξελθεῖν.

πϐ'. Περὶ κοινότητος ὅταν κοντούμαξ ὀφθῇ.

LXII. De judicibus & Notariis, quot & quales constitui debeant.

LXIII. Quomodo rescripta edere oporteat.

LXIV. De non ordinandis adjunctis & Mediatoribus.

LXV. Quot testes in Actis assumi debeant.

LXVI. De judicibus & de salario eorum.

LXVII. De pœna eorum, qui ad aliud forum abierint.

LXVIII. De Advocatis.

LXIX. De sacramento ab Advocatis præstando.

LXX. De illo, qui nescit se in Curia Regia accusari.

LXXI. De Literis Inquisitionis.

LXXII. Quo loco Literæ Inquisitionis deponi debeant, si is qui inquiritur non compareat.

LXXIII. De pœna contumaciæ.

LXXIV. De mittendo Actore ad administrationem rerum contumacis.

LXXV. De contumace post cœptam actionem.

LXXVI. De manifestatione debiti.

LXXVII. De contumace ante cœptam actionem.

LXXVIII. De contumace qui rerum feudalium administrationem accepit.

LXXIX. De pœna imposita actori & reo colludentibus.

LXXX. De iis, qui sponte ab actione recedunt ante cœptum negotium.

LXXXI. De abrogatione sigillorum, quibus freti quidam, citati extra civitatem egredi nolebant.

LXXXII. De universitate sive communitate contumace.

Πίναξ ἀκριβὴς τοῦ δευτέρου βιβλίου.

α'. Περὶ ἐκκηρύκτων.

β'. Περὶ τοῦ τυποῦσθαι συνδίκους παρὰ τῶν κοινοτήτων τῶν πόλεων, ὅταν ἐνά-

Index accuratus secundi Libri.

I. De bannitis, seu proscriptis.

II. Ut communitates Urbium in actionibus aut defensionibus procuratorem ordinare possint.

III. De forobannitis.

IV. De tempore forobannitis reservato & concesso.

V. De indicandis aulæ Regiæ forobannitis.

VI. De successione forobannitorum.

VII. De balio filiis forobannitorum adolescentibus dando.

VIII. De jure uxorum & matrum forobannitorum.

IX. Quod patres pro delictis filiorum non sint puniendi.

X. In quibusnam occasionibus accusator fidejussorem dare possit.

XI. De eo, qui post crimen adulterii intentatum uxorem recipit.

XII. De eo qui postquam accusavit ad judicium non accedit.

XIII. De pœna eorum, qui postquam accusaverint, ad secundum terminum præstitutum non accesserint.

XIV. De pœna calumniatorum.

XV. De accusatore & reo, si dolose colludant.

XVI. Quandonam actor & reus inter se componere possint, & quandonam non possint

XVII. De abrogatione pœnæ pro contumacia a Francis positæ.

XVIII. Pro qua pecuniæ quantitate libellus non dari debeat.

XIX. De exceptionibus dilatoriis.

XX. * De exceptione hostici.

XXI. De eo qui in causa civili actionem intentat, & in criminali accusatur.

XXII. De eo qui coram justitiario accusatur, & a Magistro justitiario inquiritur.

XXIII. De exceptione filiationis.

XXIV. Quod accusator & reus, actionem aut defensionem intra tres dies proferre debeant.

XXV. De exceptione peremptoria.

XXVI. Quod judex partes de facto interrogare debeat.

XXVII. De instrumentis, in qui-

γωσιν ἢ παρ' ἄλλων κατηγορηθῶσι.

γ'. Περὶ ἀποκηρύκτων.

δ'. Περὶ καιροῦ φυλαττομένου τοῦ ἀποκηρύκτου.

ε'. Περὶ τοῦ γνωρίζεσθαι τῇ κόρτῃ τοὺς ἀποκηρύκτους.

ϛ'. Περὶ διαδοχῆς ἀποκηρύκτων.

ζ'. Περὶ τοῦ βαλίου τῶν αὐξηβῶν παίδων τῶν ἀποκηρύκτων.

η'. Περὶ δικαίου τῶν γυναικῶν τῶν ἀποκηρύκτων καὶ μητέρων.

θ'. Περὶ τοῦ μὴ κολάζεσθαι τοὺς πατέρας χάριν τῶν πλημμελημάτων τῶν τέκνων.

ι'. Ἐν ὁποίοις θέμασιν ὁ κατηγορούμενος δύναται δοῦναι ἐγγυητὴν.

ια'. Περὶ τοῦ κατηγορήσαντος γυναῖκά τινα ἐπὶ μοιχείᾳ, καὶ μετὰ ταῦτα λαβόντος αὐτήν.

ιβ'. Περὶ τοῦ κατηγορήσαντος καὶ ἐν τῷ δικαστηρίῳ μὴ ἐρχομένου.

ιγ'. Περὶ ποινῆς τῶν κατηγορησάντων καὶ ἐν τῇ δευτέρᾳ διορίᾳ μὴ ἐρχομένων.

ιδ'. Περὶ ποινῆς συκοφαντῶν.

ιε'. Περὶ τοῦ κατηγορήσαντος καὶ τοῦ κατηγορουμένου, εἰ δολερῶς συναινοῦσι.

ιϛ'. Περὶ τοῦ πότε χωρὶς ποινῆς ὁ κατηγορηθεὶς καὶ ὁ κατηγορῶν δύνανται συμβιβασθῆναι, καὶ πότε οὔ.

ιζ'. Περὶ ἀκυρώσεως ποινῆς τῆς κοντουμαζίονος παρὰ τῶν Φράγγων τεθειμένης.

ιη'. Περὶ τοῦ ἐν ποίᾳ ποσότητι λίβελλος οὐκ ὀφείλει δοθῆναι.

ιθ'. Περὶ διλατωρίων παραγραφῶν.

κ'. Περὶ τῆς ἐκ στρατείας παραγραφῆς.

κα'. Περὶ τοῦ χρηματικῶς ἐνάγοντος, καὶ ἐγκληματικῶς κατηγορουμένου.

κβ'. Περὶ τοῦ κατηγορηθέντος ἐνώπιον τοῦ δικαιώτου, καὶ παρὰ τοῦ μαΐστορος δικαιώτου ἀναζητουμένου.

κγ'. Περὶ παραγραφῆς υἱότητος.

κδ'. Περὶ τοῦ προβαλεῖν τὰς οἰκείας δικαιολογίας τὸν ἄκτορα καὶ τὸν ῥέον ἐντὸς τελῶν ἡμερῶν.

κε'. Περὶ περεμπτωρίας παραγραφῆς.

κϛ'. Περὶ τοῦ ἐρωτᾷν τὸν δικαστὴν τὰ μέρη περὶ φάκτου.

κζ'. Περὶ τῶν ἐγγράφων ἐν οἷς περιέχεται ὄνομα τινὸς ἐχθροῦ ἢ προδότου τοῦ βασιλέως.

κη΄. Περὶ τοῦ ἐμφανίζεσθαι τὰ προειρημένα σιγίλλια τῇ κόρτῃ.

κθ΄. Περὶ ποινῆς τῶν μὴ ἐμφανιζόντων τὰ προειρημένα σιγίλλια τῇ κόρτῃ.

λ΄. Περὶ τοῦ ἐν ποίοις θέμασι ἡ τῶν μαρτύρων ἀκρόασις ἀνατίθεται.

λα΄. Περὶ τοῦ μὴ ἀποφαίνεσθαι ἀπὸ τοῦ νῦν τοὺς δικαστὰς νόμους φανερούς.

λβ΄. Περὶ τοῦ πῶς δεῖ βεβαιοῦν κατὰ κομήτων καὶ βαρουνίων.

λγ΄. Περὶ τοῦ ἐν ποίοις θέμασιν ἡ μονομαχία τόπον ἔχει.

λδ΄. Περὶ τοῦ πῶς δεῖ γίνεσθαι τὰς παρακαταθήκας.

λε΄. Περὶ τοῦ πότε οἱ μάρτυρες πρὸ προκαταρξέως τῆς δίκης προσφέρονται.

λϛ΄. Περὶ τοῦ πῶς δεῖ βεβαιοῦν τοὺς αἰτοῦντας τινας χάριν βασάλλων.

λζ΄. Περὶ ἡττηθέντων πολεμάρχων.

λη΄. Περὶ τοῦ ὅρκου τῶν πολεμάρχων.

λθ΄. Περὶ ποινῆς αὐτῶν. in Libro, περὶ τοῦ δόλου τῶν πολεμάρχων.

μ΄. Περὶ τοῦ ἔχειν ἐπιλογὴν τὸν κατηγορούμενον ὡς βούλεται πολεμεῖν.

μα΄. Περὶ τοῦ συνεπέχειν ταῖς γυναιξὶ διὰ τὴν τῆς φύσεως ἀσθένειαν.

μβ΄. Περὶ ἀποκαταστάσεως ἐλαττόνων.

μγ΄. Περὶ ἀποκαταστάσεως τοῦ δημοσίου.

μδ΄. Περὶ ἀποκαταστάσεως γυναικῶν.

με΄. Περὶ τῶν εἰς δυνατοὺς τὰς δίκας μεταφερόντων.

μϛ΄. Περὶ ἐξορίας διδομένης τοῖς ἐκκαλητεύουσι.

μζ΄. Περὶ τοῦ μὴ παραχωρεῖν οἱ δικασταὶ τοὺς συνηγόρους μακρύνειν τὰς ὑποθέσεις.

μη΄. Περὶ δικαστῶν κατὰ νόμων τὴν ἀπόφασιν διδόντων.

μθ΄. Περὶ δικαστῶν δῶρα λαμβανόντων, καὶ ἔνοχον θανάτου τινὰ ποιούντων.

ν΄. Περὶ τοῦ μὴ προσφέρεσθαι μετὰ τὴν κατάθεσιν τῶν μαρτύρων μάρτυρας ἐπ' ἐκείνῳ τῷ κεφαλαίῳ.

να΄. Περὶ τοῦ μὴ ἐκποιεῖσθαι παρά τινος

bus continetur nomen alicujus hostis aut proditoris Imperatoris.

XXVIII. De proferendis prædictis instrumentis ad aulam Regiam.

XXIX. De pœna eorum qui hujusmodi instrumenta ad aulam Regiam non produxerint.

XXX. In quibusnam casibus testium *audientia* differatur.

XXXI. De legibus paribilibus non indicandis in posterum a judicibus.

XXXII. Quomodo se tueri oporteat contra Comites & Barones.

XXXIII. In quibus casibus monomachia locum habeat.

XXXIV. Quomodo deposita fieri debeant.

XXXV. De testibus ante litem contestatam producendis.

XXXVI. Quas probationes afferre debeant qui vassallorum homagium exigunt.

XXXVII. De campionibus devictis.

XXXVIII. De sacramento a campionibus præstando.

XXXIX. De pœna campionum; *alias*, De dolo campionum.

XL. Quod reus modum pugnæ deligere debeat.

XLI. Quod mulieribus ob naturæ infirmitatem subveniendum sit.

XLII. De restitutione minorum.

XLIII. De restitutione rei publicæ.

XLIV. De restitutione mulierum.

XLV. De iis qui ad potentiores causas transferunt.

XLVI. De termino appellantibus concedendo.

XLVII. Ne concedant judices advocatos causas protrahere.

XLVIII. De judicibus qui contra leges sententiam tulerint.

XLIX. De judicibus qui dona acceperint, & quempiam mortis reum fecerint.

L. De non proferendis post depositionem testium aliis testibus super eodem articulo.

LI. Ne quis Regales res alienare

possit ad diminutionem juris aulæ Regiæ.

LII. De non ordinandis villanis absque consensu Dominorum.

LIII. Quinam adscriptitiorum ordinari prohibeantur.

LIV. De pœna eorum, qui aliquid retinent ad *Domanium* pertinens.

LV. De pœna eorum qui homines retinent ad *Domanium* pertinentes.

LVI. De prohibita diminutione feudorum.

LVII. De non alienandis a quocumque rebus curiæ Regiæ obligatis.

LVIII. De termino constituto hominibus *Domanii* ut revertantur ad *Domanium*.

LIX. Quod nemini liceat affidatos habere vel facere.

LX. Quas probationes afferre debeant, qui homagium villanorum deposcunt.

LXI. Quod nemo possit pro terra quapiam corpus suum obligare.

LXII. Quomodo debeant homines Ecclesiarum res immobiles ab hominibus *Domanii* emere.

LXIII. Quantum possit Baro de feudo dotarium facere uxori suæ.

LXIV. Quandonam domini vassallorum homagium amittant.

LXV. De Barone faciente dotarium uxori suæ.

LXVI. De muliere habente dotarium in terra alterius.

LXVII. De Baronibus obligantibus partem feudi pro dotibus sororum.

LXVIII. De juramento a vassallis præstando.

LXIX. In quibus casibus vassalli amittant quod tenent a dominis suis.

LXX. In quibus casibus domini amittant homagium villanorum suorum.

τὰ ῥηγικὰ πράγματα εἰς ἐλάττωσιν τοῦ δικαίου τῆς κόρτης.

νβʹ. Περὶ τοῦ μὴ χειροτονεῖσθαι βιλλαίους χωρὶς βουλῆς τῶν δεσποτῶν.

νγʹ. Περὶ τοῦ τίνες τῶν ἐναπογράφων χειροτονεῖσθαι κωλύονται.

νδʹ. Περὶ ποινῆς τῶν κατεχόντων τι πρᾶγμα ὅπερ ἀνήκει τῷ δομανίῳ.

νεʹ. Περὶ ποινῆς τῶν κατεχόντων ἀνθρώπους ἀνήκοντας τῷ δομανίῳ.

νϛʹ. Περὶ τῆς κεκωλυμένης ἐλαττώσεως τῶν φίων.

νζʹ. Περὶ τοῦ μὴ ἐκποιεῖσθαι παρά τινος πράγματα τὰ ἐνοχοποιηθέντα τῇ κόρτῃ.

νηʹ. Περὶ διορίας διδομένης τοῖς ἀνθρώποις τοῦ δομανίου ἐπιστρέφειν εἰς τὸ δομάνιον.

νθʹ. Περὶ τοῦ μὴ ἐξεῖναί τινι ἔχειν ἀφφιδάτους, ἢ ποιεῖν.

ξʹ. Περὶ τοῦ πῶς δεῖ βεβαιοῦν τοὺς αἰτοῦντάς τινας χάριν βιλλαίων.

ξαʹ. Περὶ τοῦ μὴ ἐξεῖναί τινι ἐνοχοποιεῖν τὸ ἴδιον σῶμα δι᾽ αἰτίαν γῆς τινός.

ξβʹ. Περὶ τοῦ πῶς δεῖ τοὺς ἀνθρώπους τῶν ἐκκλησιῶν ἀγοράζειν πράγματα ἀκίνητα παρὰ τῶν ἀνθρώπων τοῦ δομανίου.

ξγʹ. Περὶ τοῦ ἐν ποίᾳ ποσότητι ὁ βαρώνος δύναται ἀπὸ τοῦ φίου ποιῆσαι δουδάριον τῇ γυναικὶ αὐτοῦ.

ξδʹ. Περὶ τοῦ πότε οἱ δεσπόται ἀποβάλλουσι τὸ τῶν βασάλλων ὁμάτζιον.

ξεʹ. Περὶ βαρωνοῦ ποιοῦντος δουδάριον τῇ γυναικὶ αὐτοῦ.

ξϛʹ. Περὶ γυναικὸς ἐχούσης δουδάριον εἰς χώραν ἑτέρου τινός.

ξζʹ. Περὶ τοῦ ἐνοχοποιεῖν τοὺς βαρωνίους μέρος τοῦ φίου χάριν τῶν προικὸς ἀδελφῶν.

ξηʹ. Περὶ τοῦ ὅρκου τῶν βασάλλων.

ξθʹ. Ἐν ὁποίοις θέμασι οἱ βασάλλοι ἀπόλλουσι εἴ τι δ᾽ ἂν κρατοῦσι παρὰ τῶν δεσποτῶν αὐτῶν.

οʹ. Ἐν ὁποίοις θέμασιν οἱ δεσπόται ἀπόλλουσι τὸ ὁμάτζιον τῶν βιλλαίων αὐτῶν.

Ὁ πίναξ

Ὁ πίναξ τοῦ γ'. βιβλίου τῶν βασιλικῶν διατάξεων.

α'. ΠΕρὶ τοῦ πότε ὀφείλουσιν οἱ δεσπόται ζητεῖν βοήθειαν παρὰ τῶν ἀνθρώπων αὐτῶν.

β'. Περὶ τοῦ ἀδελφοῦ τοῦ βαρουνοῦ ζητοῦντος στρατείαν παρὰ τοῦ μειζοτέρου ἀδελφοῦ.

γ'. Περὶ παρατηρήσεως συνοικεσίου.

δ'. Περὶ τοῦ μὴ τολμᾶν ἀγαγεῖν γυναῖκα ὁ βαρουνος, οὔτε ἁρμόζειν τοὺς υἱοὺς ἢ τὰς θυγατέρας χωρὶς ἀδείας τῆς κόρτης.

ε'. Περὶ τοῦ μὴ ζητεῖν τοὺς υἱοὺς τῶν κομήτων καὶ βαρουνίων ὅρκον παρὰ τῶν ἀνθρώπων αὐτῶν χωρὶς ἀδείας τῆς κόρτης.

ς'. Περὶ τοῦ γνωρίζεσθαι τὸν θάνατον τοῦ βαρουνοῦ ἢ τοῦ στρατιώτου τῇ κόρτῃ παρ' ἐκείνου ἐξ οὗ τὸ φίον ἐκράτει.

ζ'. Περὶ διαδοχῆς κομήτων καὶ βαρουνίων.

η'. Περὶ διαδοχῆς ὁμοίως κομήτων καὶ βαρουνίων.

θ'. Περὶ τοῦ ποιεῖν τὸν βάλλιον λόγον τοῖς ἀνήβοις χάριν τῆς διοικήσεως.

ι'. Περὶ κουρατώρων τῶν ἐκκλησιῶν, αἵτινες ὑστεροῦνται ποιμένος.

ια'. Περὶ τοῦ καταχαλᾶσθαι τὰ ὀχυρώματα καὶ τοὺς πύργους τοὺς μετὰ θάνατον τοῦ ῥηγὸς Γουλιέλμου ἀνεγερθέντας.

ιβ'. Περὶ τοῦ μὴ ἀνεγείρεσθαι ἀπὸ τοῦ νῦν ὀχυρώματα καὶ πύργους.

ιγ'. Περὶ φυγάδων δούλων.

ιδ'. Περὶ θησαυρῶν εὑρεθέντων.

ιε'. Περὶ τοῦ τί μέλλει γίνεσθαι περὶ τῶν φυγάδων δούλων καὶ τῶν εὑρεθέντων πραγμάτων.

ις'. Περὶ παραγραφῆς τῆς χρονίας νομῆς.

ιζ'. Περὶ τοῦ πῶς τὰ φία διὰ τῆς χρονίας νομῆς δεσπόζονται.

ιη'. Περὶ τῶν κατὰ φίσκου δεδομένων παραγραφῶν.

ιθ'. Περὶ διαφορᾶς προσώπων ὑβριζόντων καὶ ὑβριζομένων.

κ'. Περὶ τοῦ πότε οἱ ὀφφικιάλιοι ὑβριζόμενοι τῇ προνομίᾳ τοῦ ὀφφικίου ἀφαι-

Tabula Libri tertii Constitutionum Imperialium.

I. QUandonam domini debeant adjutorium exigere ab hominibus suis.

II. De fratre Baronis exigente militiam a majori fratre.

III. De observatione matrimonii.

IV. Quod non liceat Baroni, neque uxorem ducere, neque filios filiasve matrimonio jungere sine permissione curiæ.

V. Ne filii Comitum aut Baronum sacramentum ab hominibus suis exigant sine permissione curiæ.

VI. Quod mors Baronis aut militis curiæ annunciari debeat ab eo, a quo feudum tenebat.

VII. De successione Comitum & Baronum.

VIII. Similiter de successione Comitum & Baronum.

IX. Quod balius, sive curator, debeat adolescentibus reddere rationem administrationis suæ.

X. De curatoribus Ecclesiarum, quæ pastore privantur.

XI. De diruendis castris & turribus post mortem Gullielmi Regis excitatis.

XII. Ne castra & turres ultra ædificentur.

XIII. De servis fugitivis.

XIV. De thesauris repertis.

XV. Quid agi debeat circa fugitivos servos, & res repertas.

XVI. De præscriptione possessionis ad tempus.

XVII. Quomodo feuda per possessionem ad tempus retineantur.

XVIII. De præscriptionibus contra fiscum concessis.

XIX. De differentia personarum injuriam facientium, aut patientium.

XX. Quandonam Officiales injuria affecti officii sui prærogativa lætentur, & de pœna percutientium eos, aut injuriam alicui inferentium.

XXI. De injuriis, & de pœnis illarum injuriarum causa inferendis.

XXII. De Burgensi lædente Militem, aut alium Nobilem.

XXIII. De Medicis.

XXIV. De constituendis in unaquaque civitate duobus viris fidelibus, in quorum conspectu electuaria fiant.

XXV. Ne prope urbes linum aut cannabum dealbentur: item de cadaveribus animalium, ac de sepulcris.

XXVI. De artificibus.

XXVII. De vendentibus vinum.

XXVIII. De aurificibus & argentariis: de structoribus, messoribus aliisque mercenariis.

XXIX. De mensuris, ponderibus & cannis.

XXX. De pœna mercatorum pro dolo.

XXXI. Quo casu mercatorum pœna duplicetur.

XXXII. De animalibus perditis.

XXXIII. De pœna eorum, qui aliena animalia in proprio sibi loco retinent.

XXXIV. De custodibus agrorum.

XXXV. De pœna prædictorum.

XXXVI. De animalibus, cujuspiam vineis aut hortis damnum inferentibus.

XXXVII. De eo qui propter necessitatem propria animalia in frugibus pascit.

XXXVIII. De nullo Milite faciendo, nisi ex genere militari descendat.

XXXIX. De iis qui Regias literas mutant.

XL. De iis qui adulterina nomismata vendunt.

XLI. De eo, qui nomismata argentea vel aurea *raserit.

* Sic Lat. Constit.

XLII. De iis, qui falso instrumento nescii utuntur.

XLIII. De iis qui falsum testimonium testes edocuerint.

XLIV. De eo, qui verba testium deleverit.

XLV. De eo, qui patris sui testamen-

νονται, καὶ ποινῆς αὐτῶν τυπτόντων, ὑβριζόντων τινά.

κα'. Περὶ ὕβρεων καὶ ποινῆς αὐτῶν.

κβ'. Περὶ βουργησίου ὑβρίζοντος στρατιώτην ἢ ἕτερον εὐγενῆ.

κγ'. Περὶ ἰατρῶν.

κδ'. Περὶ τοῦ καθίστασθαι ἐν ἑκάστῃ πόλει δύο ἄνδρας πιστοὺς, ἵνα ἐνώπιον αὐτῶν λαπτουάρια γίνωνται.

κε'. Περὶ τοῦ μὴ λευκαίνεσθαι πλησίον τῶν πόλεων λινάριν ἢ καννάβιν, καὶ περὶ θνησιμαίων ζώων καὶ μνημείων.

κϛ'. Περὶ τεχνιτῶν.

κζ'. Περὶ τῶν πωλούντων οἶνον.

κη'. Περὶ τῶν ἐξ ἀργύρου καὶ χρυσοῦ ἔργα κατασκευαζόντων. καὶ περὶ κτιστῶν, θεριστῶν καὶ λοιπῶν μισθωμένων.

κθ'. Περὶ μέτρων, καὶ σταθμῶν, καὶ καννῶν.

λ'. Περὶ ποινῆς τοῦ δόλου τῶν πραγματευτῶν.

λα'. Ἐν ᾧ θέματι ἡ κατὰ τῶν πραγματευτῶν ποινὴ διπλασιάζεται.

λβ'. Περὶ ἀπολεσθέντων ζώων.

λγ'. Περὶ ποινῆς τῶν κρατησάντων ξένα ζῶα εἰς ἰδίαν χώραν.

λδ'. Περὶ ἀγροφυλάκων.

λε'. Περὶ ποινῆς τῶν προειρημένων.

λϛ'. Περὶ ζώων ποιούντων ζημίαν τοῖς ἀμπέλοις, ἢ τοῖς κήποις τινός.

λζ'. Περὶ τοῦ βοσκήσαντος ἐν τοῖς γεννήμασιν ἐξ ἀνάγκης τὰ ἴδια ζῶα.

λη'. Περὶ τοῦ μὴ γίνεσθαι στρατιώτην τινὰ τὸν μὴ καταγόμενον ἐκ γένους στρατιωτικοῦ.

λθ'. Περὶ τῶν μεταβαλόντων τὰ ῥηγικὰ γράμματα.

μ'. Περὶ τοῦ πωλήσαντος νομίσματα κενοθευμένα.

μα'. Περὶ τοῦ κλέψαντος νομίσματα ἀργυρέα ἢ χρυσᾶ.

μβ'. Περὶ τῶν ἐν ἀγνοίᾳ χρωμένων πλαστῷ συμβολαίῳ.

μγ'. Περὶ τῶν ἐκδιδασκόντων πλαστὴν μαρτυρίαν τοῖς μάρτυσι.

μδ'. Περὶ τοῦ ἐξαλείψαντος τοὺς λόγους τῶν μαρτύρων.

με'. Περὶ τοῦ ἐξαλείψαντος τὴν διαθήκην

τῆ ἰδίῳ παιδός.

μϛ'. Περὶ πλαστογραφίας.

μζ'. Περὶ τοῦ δώσοντος κακὰς ἰατρείας ἢ βλαβεράς.

μη'. Περὶ τοῦ ποιήσοντος βρῶμα ἢ πόμα περὶ ἀγάπης.

μθ'. Περὶ τοῦ δώσοντος φάρμακον, ἢ ἄλλον τινὰ ἰὸν κακόν.

ν'. Περὶ τοῦ μὴ ἐμβάλλεσθαι ἐν τοῖς ὕδασι παρὰ τῶν ἁλιέων χόρτον, ἐξ οὗ οἱ ἰχθύες ἀπόλλονται, ἢ ἄλλον τινὰ ἰόν.

να'. Περὶ τῶν ποιούντων βρῶμα ἢ πόμα περὶ ἀγάπης, ἢ ἐξορκισμοὺς ἐφευρισκόντων.

νβ'. Περὶ μοιχῶν καὶ μοιχευομένων γυναικῶν.

νγ'. Περὶ τοῦ παραχωροῦντος ἔμπροσθεν αὐτοῦ μοιχεύεσθαι τὴν ἰδίαν γυναῖκα.

νδ'. Περὶ τοῦ ἔχοντος ὕποπτον τὴν ἰδίαν γυναῖκα.

νε'. Περὶ τῶν δημοσίως πορνευουσῶν γυναικῶν.

νϛ'. Περὶ τοῦ γίνεσθαι πάντοτε ἀποχὴν τῆς κατηγορίας.

νζ'. Περὶ μητέρων αἵ τινες ἀποπορνεύουσι τὰς ἰδίας θυγατέρας.

νη'. Περὶ τοῦ κρατήσαντος τὴν ἰδίαν γυναῖκα ἐν μοιχείᾳ.

νθ'. Περὶ τοῦ κρατήσαντος τὴν ἰδίαν γυναῖκα ἐν μοιχείᾳ, τὸν δὲ μοιχὸν ἐάσαντος.

ξ'. Περὶ τοῦ ὅπου τὰς μοιχείας ἐξετασθῆναι χρή.

ξα'. Περὶ ποινῆς τῶν μαστρωπῶν.

ξβ'. Περὶ τῶν δι' ἔνδειαν ἀποπορνευομένων γυναικῶν.

ξγ'. Περὶ τοῦ ἐν εἰδήσει πωλοῦντος ἐλεύθερον ἄνθρωπον.

ξδ'. Περὶ τοῦ ἐκκαύσαντος οἶκόν τινος διὰ δόλου.

ξε'. Περὶ τοῦ ἐάσαντος ἑαυτὸν ἐξ ὕψους πεσεῖν, καὶ ἄλλον φονεύσαντος.

ξϛ'. Περὶ ποινῆς τῶν προειρημένων.

ξζ'. Περὶ τῶν βιούντων ἀπολελυμένως, καὶ τὰ ῥιπτὰ παιζόντων, καὶ καπήλων.

ξη'. Περὶ τῶν βλασφημούντων πρὸς τὸν θεόν.

ξθ'. Περὶ ποινῆς τῶν ἀπεκδυόντων τοὺς νεκρούς.

ο'. Περὶ τοῦ χρᾶσθαι τοὺς λαοὺς τῶν διατάξεσιν ἐν δικαστηρίοις καὶ ἔξω τῶν δικαστηρίων.

tum deleverit.

XLVI. De falsa scriptura.

XLVII. De eo, qui mala & noxia medicamenta dederit.

XLVIII. De eo, qui cibum aut potum amatorium fecerit.

XLIX. De eo, qui toxicum aut aliud venenum dederit.

L. De non injiciendo in aquas a piscatoribus fœno, aut alio quopiam veneno, quo pisces moriuntur.

LI. De iis, qui cibum aut potum amatorium parant, aut exorcismos inveniunt.

LII. De mœchis & mulieribus adulteris.

LIII. De eo, qui in conspectu suo uxorem adulterium pati permittit.

LIV. De eo, qui uxorem suspectam habet.

LV. De meretricibus publicis.

LVI. *Quod semper repudium in accusatione sit permittendum.

*Sic in Latinis Constitution.

LVII. De matribus, quæ filias suas prostituunt.

LVIII. De eo, qui uxorem suam in adulterio deprehendit.

LIX. De eo, qui uxorem in adulterio deprehendit; sed mœchum abire sinit.

LX. Ubinam adulteria examinari de iisque judicari oporteat.

LXI. De pœna lenonum.

LXII. De mulieribus propter inopiam prostitutis.

LXIII. De eo, qui sciens liberum hominem vendiderit.

LXIV. De eo, qui per dolum domum cujuspiam incendit.

LXV. De eo, qui se de alto præcipitans hominem occiderit.

LXVI. De pœna prædictorum.

LXVII. De dissolute viventibus, *ad dados ludentibus & tabernariis.

* Sic Lati Constit.

LXVIII. De blasphemantibus Deum.

LXIX. De pœna eorum qui mortuos spoliaverint.

LXX. Quod populi in judiciis & extra judicia Constitutionibus uti debeant.

Ex Diplomate RR. PP. S. Basilii.

FRidericus ✠ Dei gratia Romanorum Imperator semper Augustus & Rex Siciliæ. In eminenti dignitatis Imperialis solio constituti, tanto propensiori cura intendere debemus ad protegendas Dei Ecclesias & fovendas, & præcipue loca religiosa in quibus Dei cultores pro salute nostra & omnium fidelium cotidie militant Creatori; quanto nos divina clementia præ aliis orbis principibus exaltavit. Inde est quod nos attendentes honestatem & religionem Pafnutii venerabilis Abbatis & conventûs Monasterii Beatorum Petri & Pauli de Spanopetro, in tenimento arenarum existentis, fidelium nostrorum; divinæ pietatis obtentu, & pro reverentia ipsorum Apostolorum in quorum honore Monasterium ipsum noscitur esse fundatum, Abbatem & Conventum prædictos & successores eorum & prædictum Monasterium cum obedientiis, hominibus, possessionibus & aliis bonis suis, quæ nunc juste possident & in futuro justo titulo acquirere poterunt, sub protectione nostræ celsitudinis recepimus speciali. Districtius inhibentes ne quis Monasterium ipsum, Abbatem & Conventum prædictos vel successores eorum super præmissis omnibus contra hujus protectionis nostræ tenorem temere perturbare aut molestare præsumat. Quod qui præsumpserit, indignationem nostri culminis se noverit incursurum. Ad hujus autem protectionis nostræ memoriam & perpetuam firmitatem hoc præsens scriptum fieri & majestatis nostræ sigillo jussimus communiri, anno mense & indictione subscriptis. Datum Siracusiæ anno Dominicæ Incarnationis millesimo ducentesimo vicesimo-quarto, mense Augusto, duodecima Indictione.

RR. PP. S. Basilii.

MAria Dei gratiâ Jerusalem, Siciliæ, Ungariæque Regina, universis Officialibus quacumque distinctione notentur, & aliis universis hominibus Ducatûs Calabriæ, harum seriem inspecturis, tam præsentibus quam futuris fidelibus Regiis suisque devotis, salutem & dilectionem sinceram. Personas Ecclesiasticas cultui divino vacantes, illas præsertim quas sub regulari observantia realiter approbat devotio commendanda, Dominico zelo prosequimur, illisque pro exigentia casuum favoris nostri præsidium benivole impartimur. Sic igitur ad notitiam nostram perducto, quod religiosis viris Archimandritæ & conventui Monasterii S. Joannis Theristi de Stilo de Ducatu Calabriæ devotis nostris in bonis stabilibus & mobilibus dicti Monasterii in ipso Ducatu sitis per nonnullos suæ salutis immemores dampnum, offensa, injuria & pressura dampnabiliter inferuntur; motæ sinceræ devotionis affectu, quo ad ipsos religiosos, Monasterium & bona sua Dominico zelo afficimur, & sub protectione nostra recepimus & habemus. Quocirca vos prædictos Officiales & alios universos præsentium tenore requirimus & hortamur, quatenus dictos religiosos, Monasterium & bona sua tum divino intuitu tum nostræ requisitionis obtentu benivole prosequentes, velitis habere propensius commendata, non inferentes eis damnum, pressuram, injuriam

vel

vel offensam. Audentes in contrarium per opportuna juris remedia vos officiales arctius compescendo. Data Neapoli anno Domini M. CCCXX. die penultimo Julii III. Indictione.

Ex Diplomate originali RR. PP. S. Basilii.

IN nomine Domini, Amen. Anno a Nativitate ejusdem millesimo trecentesimo octuagesimo-secundo, Indictione quinta, die vero quarta mensis Martii pontificatus sanctissimi in Christo Patris & Domini nostri Domini Urbani divina providentia Papæ sexti anno quarto. Actum Romæ ante valvas Ecclesiæ Sancti Petri præsentibus Reverendo in Christo Patre Domino Domino Dei gratia Domino Philippo Episcopo Squilacensi. Fratre Nicolao de Saxonia Ordinis Heremitarum Sancti Augustini & Anthonio Barano Clerico Squilacensi testibus, ad hoc vocatis specialiter & rogatis, in præsentia mei Notarii & testium supra scriptorum. Constitutus venerabilis Pater Dominus Frater Cyprianus Archimandritus Monasterii Sancti Johannis de Terristi Ordinis Sancti Basilii Squilacensis Diocesis, fecit constituit & legitime ordinavit suum verum & legitimum procuratorem, actorem, factorem & certum nuncium specialem venerabilem virum Dominum Cosmam Crispi de Messana ibidem præsentem & onus procurationis hujusmodi in se sponte suscipientem, ad offerendum & promittendum Reverendissimis in Christo Patribus Dominis sanctæ Romanæ Ecclesiæ Cardinalibus & Domini nostri Papæ Camerario commune servitium offerre consuetum præfato Domino nostro Papæ & suæ Cameræ, & Dominis Cardinalibus præfatæ sanctæ Romanæ Ecclesiæ, necnon quæcumque servitia consueta pro familiare dari & officialibus ipsorum illas pecuniæ quantitates, de quibus cum ipsis Dominis vel eorum aliquibus seu altero poterit concordare loco & terminis per supradictos Dominos præfigendis, & obligandum ipsum Dominum Archimandritum dictis Dominis Cardinalibus & Camerario vel eorum alternis seu aliis quibuscumque recipientibus pro Domino nostro Papa & Collegio sacro sanctæ Romanæ Ecclesiæ supradictæ & successoribus bona mobilia & immobilia supradicti Monasterii, & ad veniendum ad curiam Romanam & se præstandum coram eis infra tempus per eos adstatuendum, & non recedendum de dicta curia quousque de dictis communibus servitiis integre satisfecerit & ab ipsis Dominis Cardinalibus & Camerario licentiam receperit redeundi, & submittendum ipsum Dominum Archimandritum & successores suos & bona prædicta jurisdictioni ipsorum Dominorum Cardinalium & Camerarii & cujuslibet eorumdem, & ad recipiendum & accipiendum omnia mandata & monitiones omnesque sententias excommunicationis, suspensionis & interdicti promulgandum (sic) per prædictos Dominos Cardinales & Camerarium & eorum quemlibet in ipsum Dominum Archimandritum & successores suos, vel in dictum Monasterium suum, si non adimpleverint supradicta, vel defecerint in aliquo prædictorum, ad renunciandum in iis omnibus privilegiis, indulgentiis & literis Apostolicis concessis & concedendis sibi vel Monasterio prædicto, de beneficio fori & restitutionis in integrum, appositis & juris remediis & omni juris auxilio canonici & civilis. per quæ

Nnn

præmissa vel aliquod præmissorum possunt se quomodolibet tueri, & ad recipiendum omnem processum contra ipsum & successores suos faciendum per eos & eorum quemlibet, quæ contra Prælatorum hujusmodi servitia fieri solent, & ad jurandum in animam suam promissa attendere & inviolabiliter observare, necnon ad visitandum ejus nomine limina Apostolorum Sanctorum Petri & Pauli prout tenetur visitare, & ad faciendum omnia & singula quæ circa præmissa necessaria fuerint seu etiam opportuna, & in omnibus suis causis, litibus & quæstionibus motis vel movendis in qualibet curia temporali & spirituali ad agendum & defendendum, libellum dandum & recipiendum, litem contestandum, positiones & interrogationes faciendum, partis adversæ positionibus & interrogationibus respondendum, confitendum vel negandum, terminos & dilationes petendum & recipiendum & renuendum, testes, instrumenta, & quælibet alia jura producendum, inducendum, testes alterius partis jurare videndum & reprobandum, tenutam capiendum ipsamque bandiri & extimari faciendum, insolutos recipiendum, sacramentum calumpniæ & cujuslibet alterius generis sacramenti præstandum, dandum & referendum in animam dicti constituentis, appellandum & prosequendum, accusandum, denunciandum, protestandum, contradicendum, opponendum, notificandum. Item ad substituendum loco sui unum vel plures procuratores, qui similes procurationes habeant & mandatum, & generaliter ad omnia alia & singula libere facienda & exercenda, quæ earum merita & ordo juris exigunt & requirunt & ipsimet constituti facere & exercere possunt in prædictis personaliter si adessent: dans & concedens dicto procuratori & substituendis ab eo liberam & generalem administrationem & speciale mandatum in omnibus & singulis supradictis, promittens firmum & ratum habere & tenere quidquid per dictum Procuratorem & substituendum ab eo, factum & gestum fuerit in prædictis sub obligatione suorum bonorum, & volens ipsum Procuratorem & substituendum ab omni onere satisdati relevare, promisit mihi Notario infrascripto, tamquam publicæ personæ stipulanti & recipienti, vice & nomine omnium quorum interest & intererit de judicio sisti & judicatum solvi sub obligatione & pro eo & substituendis ab eo in omnem casum & eventum legitime jussit renuncians (*sic*) novarum constitutionum de fidejussoribus.

Et ego Jacobus quondam Arnoldi Clericus Treverensis, publicus Apostolica auctoritate Notarius, præmissis omnibus & singulis, dum sic fierent & agerentur, una cum prænominatis testibus præsens interfui, rogatus scripsi & publicavi ac signum meum apposui consuetum in fidem & testimonium omnium præmissorum.

Ex Diplomate originali RR. PP. S. Basilii.

SIxtus Episcopus servus servorum Dei, dilecto filio Francisco Abbati Monasterii Sancti Johannis de Piro Ordinis Sancti Basilii Policastrensis Diocesis, Salutem & Apostolicam Benedictionem. Exigit tuæ devotionis integritas, quam ad nos & Romanam geris Ecclesiam, ut votis tuis, illis præsertim per quæ divini cultûs succedat augmentum & Christi fidelium devotio accrescat, quantum cum Deo possumus favorabiliter annuamus. Sane pro parte tua nobis nuper exhibita petitio continebat, quod licet Monasterium Sancti Johannis de Piro Ordinis Sancti Basilii Policastrensis Diocesis a primæva sui institutione secundum habitum & morem Græcorum institutum fuerit, ita ut inibi per Abbatem & Monachos Græcos in divinis Altissimo famularetur, & exinde Abbates & Monachi Græci aliquandiu inibi fuerint; Attamen postmodum interdum per Abbates Græcos, quandoque per Latinos, qui illius regimini præfuerunt, rectum extitit & gubernatum: & nunc Monachi Græci in eo penitus defecerunt ac paucissimi Græci in partibus illis reperiuntur, quo evenit interdum ut per sæculares Clericos Græcarum & Latinarum litterarum ignaros divina Officia & Horas Canonicas necesse fuerit celebrari, prout etiam de præsenti celebrantur. Cum autem, sicut eadem petitio subjungebat, populus partium illarum magis Latinum quam Græcum intelligant, & propterea ad Monasterium ipsum pro divinis inibi audiendis cum ferventiori devotionis ardore confluerent si inibi per Monachos Latinos secundum morem Latinum divina celebrarentur Officia; pro parte tua nobis fuit humiliter supplicatum ut tibi, ne ob Græcorum Monachorum carentiam successu temporis Græcorum forsan & Latinorum Monachorum deficiat conventus, in præmissis opportune providere de benignitate Apostolica dignaremur. Nos itaque tuis in hac parte supplicationibus inclinati, tibi ut in dicto Monasterio in quo ut asseris propter illius fructuum redituum & proventuum diminuitatem a memoria hominum citra non ultra quam tres Monachi residere consueverunt, tres vel quatuor Latinos Monachos ab aliis ejusdem Ordinis Monasteriis ad illud accedere, vel alios alterius Ordinis Monachos seu non Monachos, non tamen Ordinum aliquorum Mendicantium professos, regularem ac Monachalem dicti Ordinis professionem emittere volentes recipere & admittere, & eisdem alterius Ordinis Monachis ac aliis non Monachis dicti Ordinis habitum juxta Latinorum ipsius Ordinis Monachorum morem & regularia instituta impendere: tuque ac ipsi tuo tempore existentes ejusdem Monasterii Monachi in Monasterio ipso vel alibi, si vos forsan ad aliquem alium locum peregrinationis vel aliâ causâ accedere vel declinare contingat, Horas Canonicas dicere & divina Officia celebrare secundum usum Romanæ Curiæ, illumque observare libere & licite valeatis. Quodque in iis alium morem tenere, ac barbam, ad quam deferendum ex regularibus institutionibus ejusdem Ordinis estis adstricti, deferre minime teneamini, Apostolica auctoritate præsentium tenore concedimus & etiam indulgemus; Nonobstantibus præmissis ac Constitutionibus & Ordinationibus Apostolicis, necnon aliis statutis & consuetudinibus Monasterii & Ordinis prædictorum, etiam juramento, confirmatione Apostolica, vel quavis firmitate alia roboratis, cæterisque contrariis quibuscumque. Nulli ergo omnino hominum liceat hanc paginam nostrorum concessionis & indulti infringere vel ei ausu temerario contraire. Si quis autem hoc attentare præsumserit, indignationem omnipotentis Dei ac Beatorum Petri & Pauli Apostolorum se noverit incursurum. Datum Romæ apud Sanctum Petrum, anno Incarnationis Dominicæ millesimo quadringentesimo septuagesimo-tertio, quinto Kal. Novembris, Pontificatûs nostri anno tertio.

Inferius autem hæc alia manu.

JOHANNES DE BURINBELLIS.
P. DE MONROY.

L. GRIFUS.

Et supra plicam.

P. P. BONADIES.
G. DE LA FIERA.

Data in Camera Apostolica.

PALÆOGRAPHIA

PALÆOGRAPHIA GRÆCA,

LIBER SEPTIMUS.

DESCRIPTIO MONTIS ATHO.

IN JOANNIS COMNENI DESCRIPTIONEM MONTIS ATHO *PRÆFATIO.*

MONS ille Athos apud veteres insignis, & in historia passim memoratus, non minus apud Græcos medii & infimi ævi celebratur, ob frequentiam Monasteriorum, quæ ad hoc usque tempus ad viginti-duo numerantur; ob multitudinem quoque & sanctitatem, ut putant ipsi, Monachorum ibi degentium: qui referente Martino Crusio in Turcogræcia, quater mille circiter suo tempore erant. Tanta autem veneratione colitur in Græcia, ut Mons sanctus, ἅγιον ὄρος per antonomasiam vocitetur, ejusque incolæ Eremitæ atque Monachi, Ἁγιορῖται, & Ἀθωνῖται appellentur; id est, *Sancti Montis*, vel *Montis Atho Monachi.*

Eò frequentes ex variis Orientis partibus accedunt Græci, qui statis anni temporibus Monasteria singula percurrunt, Ecclesias, Reliquias, cellulasque adeunt venerabundi. Europæi vero Occidentales, qui peregrinandi & observandi causa in Orientales regiones profecti sunt; ac itineraria publicarunt, pauca hactenus de Monte Atho ejusque Monasteriis ac Bibliothecis tradiderunt, uno excepto Petro Bellonio Cenomanensi, qui annis ab hinc centum sexaginta circiter, Montis Atho Monasteria omnia peragravit & pauca de singulis tradidit. Hinc est quod parvam hactenus montis Atho, ejusque Monasteriorum, notitiam assequuti simus. Quare nactus nuperam hanc a Joanne Comneno in Valachia Græco vulgari idiomate typis datam montis Atho descriptionem; operæ pretium duxi eam ad calcem hujus Palæographiæ denuo edere adjuncta Latinè interpretatione. Ne quis vero nos extra propositum scopum excurrere arbitretur, perpendat velim hæc ad rem maxime pertinere: nam cum veteris scripturæ Græcæ notitiam, Bibliothecarum insignium commemoratio, necessariò consequatur; e re sane fuit illas item montis Atho Bibliothecas orbi literario declarare; hinc forte pretiosiores, quod hactenus ignotæ fuerint.

Joannes igitur Comnenûs Medicus in monte Atho aliquot annis commoratus, deindeque in Valachiam patriam regressus, montis Atho descriptionem adornavit, Monasteria singula, Ecclesias, Bibliothecas, cellulas & alia quæque, pro modica illa qua instructus erat rerum peritia, enarravit: Reliquias, quæ magno ibidem numero sunt, recensuit. Miracula vero plerumque multa, narrationi interserit, etsi longe plura se compendii causa silentio prætermittere profiteatur: nam his abundant maxime omnium Græci.

Quæ de prisca singulorum Monasteriorum origine narrat, quando ea ad remotiora sæcula pertinent, fabulosa ut plurimum & inepta sunt; exempli causa, quod ait de Caracalla, quem aliquod ex Monasteriis montis Atho fundasse refert. Non maioris pretii sunt quæ de Constantino magno dicit, de Juliano item Apostata, de Theodosio, de Arcadio & de Pulcheria: nam hæc non fabulosa modo, sed etiam ἀσύςατα sunt, quæ magnam historiæ & chronologiæ imperitiam arguant; secus autem se habet de iis, quæ medio & infimo ævo gesta refert; nam ea utpote ex Monasteriorum instrumentis, ex picturis & inscriptionibus excepta, fide digniora sunt.

Miretur quispiam post tantas Barbarorum irruptiones, annis circiter trecentis post subactam a Turcis Thessalonicam cum aliis circumpositis locis, tot Ecclesias & Monasteria uno in monte integra mansisse; ita ut nihil ibi a prisca magnificentia & opulentia detractum sit. Si fides Joanni Comneno, omnia ibi præstantissima sunt, nihil non admirandum, nihil non incomparabile. Verum etsi more Græcorum ille modestæ narrationis metam sæpe transgressus sit: ex iis tamen quæ minutatim recenset videtur ibi multa superesse spectaculo digna, quorum descriptio Lectori perjucunda futura est.

Innati in Romanam sedem odii hic signa non pauca deprehendas, ex iis quæ a Romano Pontifice in Monasteriis montis Atho gesta feruntur in hac Descriptione: quæque non falsa modo sunt; sed & talia ut ne potuisse quidem accidere videantur: cujusmodi est illud, Pontificem Romanum in montem Atho profectum Monasteria quædam expilasse & incendisse, quod Monachi illic degentes nollent eum adorare. Hujusmodi artificio utuntur Græciæ primores & Præsules, ut cæteri Græci, odiosis hujusmodi narrationibus decepti, in schismate detineantur, nec semel conceptum in Romanum Pontificem odium umquam ponant: qua in re non irritus conatus fuit.

Quia vero in Itinerario Bellonii quædam de Montis Atho Monasteriis & Monachis narrantur scitu digna, & a Joanne Comneno vel prætermissa, vel carptim memorata; non ab re erit quædam inde excerpta hic apponere, quæ Joannis Comneni historiæ lucem adferant. Libro itaque primo, cap. 35. hæc habet Bellonius, ex Gallico idiomate Latine versa.

» Mons Athos a multis jam sæculis Monachorum tantùm domicilium fuit:
» hactenusque nemini conceditur, sive Græcus sive Turca fuerit, ibi sedes po-
» nere, nisi Calogerus sit. Calogeris uxorem ducere, aut habere non licet, licet
» id Presbyteris Græcis minime vetitum sit. A carnibus toto vitæ tempore abs-
» tinent, imo etiam in Quadragesima aliisque anni tempestatibus a piscium
» sanguinem emittentium usu. Parce admodum sobrieque victitant, cibo ut
» plurimum utuntur baccis olivarum, non conditis sale, ut apud nostrates; sed

maturis, nigricantibus & aridis ad modum prunorum. Quoniam vero in variis montis partibus sex circiter mille Calogeri numerantur, ac Monasteria pene 24. antiqua & fortissimis muris instructa, partim ad maris oram, partim in continenti posita; ubi adventantium frequentiæ ad victum necessaria gratis suppeditantur, ut expertus ego sum, qui hæc Monasteria invisi; operæ pretium duxi hæc omnia Cœnobia nominatim & per situs ordinem recensere: ibi namque Græcus ritus accuratius semper observatus est; indeque factum, ut Calogeri montis Atho religionis famâ præstantiores cæteris habeantur.

Quæ Græcorum ritui & partibus adhæserunt nationes, hæ sunt; Circassi, Valachi, Bulgari, Moscovitæ, Russi, Polonorum magna pars; Mingreliæ, Bosniæ, Albaniæ, Sclavoniæ populi, Tartarorum pars, similiterque Servorum & Croatorum; ac etiam quotquot Euxini Ponti oram incolunt. Hi autem universi montis Atho Monachos summo in pretio habent, plurisque faciunt, quam cæteros omnes qui in isto monte non vixerunt. Ipsi etiam Turcæ, quibus parent omnes supra memoratæ gentes, tali tamque sancto vitæ genere permoti, multa Monachis istis erogant. Monachi vero Monasteriorum montis Sinaï, montis Libani, Eremi S. Antonii, Tauri, & aliorum locorum ad oram maris Rubri; itemque Antiochiæ, Alexandriæ, Jerosolymæ, Damasci, aliorumque ditionis Turcicæ locorum, si aliquamdiu in monte Atho manserint, majori in pretio apud Christianos illarum partium habentur.

Inter illos sex mille circiter numero Monachos ejusdem montis, nemo otiosus est, deputato operi singuli vacant. Mane quisque egreditur instrumentum suum pro labore manuum gestans, pro victu vero panem & cepe. Alii vineas ligone fodiunt, alii ligna secant, alii naviculas struunt. Istic sarcinatores habentur, latomi, lignarii, quidam texendis ad vestitum pannis vacant: crasso quippe simplicique vestitu utuntur: non lineis autem, sed laneis indusiis vestiuntur. Hic item sutores habentur, molendinarii, aliique cujusvis generis artificices; ita ut numquam operæ extrinsecus evocentur, aut conducantur, cum ipsi Monachi sint ad omnia præstanda satis. Si quis inops, amissa uxore, aut juvenis sæcularis vitæ pertæsus, accedat Monasticam vitam professurus, facultates, si quas habet, Monasterio confert, & admittitur. Ibi nemo frater vocatur; omnes vel patres vel filii compellantur. Quisque ad opera, quibus idoneus exercitatusque est, deputatur. Qui Græce legunt, aut tantilla literarum peritia instructi sunt, aliis quodammodo anteponuntur, & in choro cæteris canentibus præeunt. Ibi paucissimi Presbyteri sunt, qui tamen, perinde atque alii, operibus manuum vacant. Hinc vero fit ut lectionem, scriptionem literarumque studium negligant, & in crassissima ignorantia versentur. Olim doctiores Calogeri fuerant, nunc autem in tanta Monachorum multitudine vix unum duosve singulis in Monasteriis reperias, qui legant aut tantillum literarum sciant.

Hæc variis in locis Bellonius, qui Monasteriorum montis Atho statum conditionemque, qualis suo tempore erat, depingit. Hæc vero scripsit ille anno salutis 1553. Nunc autem, si fides Joanni Comneno, literatiores sunt Monachi Athonitæ, lectionibus vacant, libros describunt: multique sunt quibus hoc unum opus assignatur, ut infra videas in decursu opusculi ejus. De montis autem situ atque forma hæc habet Bellonius.

Ut montis Atho situs atque forma delineetur: effinge tibi hominem supi-

» num & in mari prostratum ab occidente ad meridiem, qui oram pedibus » contingat. Ut autem homo supinus junctis pedibus, ab ipsis pedibus strictior » angustiorque est, quam a cæteris partibus, sensimque distenditur usque ad » humeros: ab humeris rursum angustiorem partem exhibet, nempe collum; » deinde crassiorem, cæterisque omnibus eminentiorem partem effert, nempe » caput: ita quoque si e montibus Macedoniæ in montem Atho respicias, quasi » hominem in mari extensum contempleris: nam ut retroversus similitudinem » ducamus, in extremo peninsulæ hujus mons celsissimus, quasi caput, erigitur, » conspiciturque a mari procul milliaribus pene centum: deinde ad colli partes » strictior repræsentatur, humeros exinde latiores & eminentiores exhibet: » stringitur postea usque ad umbilicum: coxendices latiores & inflatiores habet, » hinc sensim extenuatur usque ad genua, quæ majorem in modum prominent: » postea rursum ad pedes usque constringitur: a pedibus demum continenti » hæret, & sic quasi Chersonesum, humani prostrati supinique corporis figura » repræsentat.

» Montis aditus undique ardui sunt etiam peditibus, maxime autem equitan- » tibus. Ibi, ut diximus, ad quinque sexve millia Monachorum numerantur, » in Monasteriis scilicet 23. aut 24. degentium. Nam pro singulis Monasteriis » ducenti saltem Monachi numerari possunt, etsi non par in singulis multitudo » habeatur; alia quippe Monasteria 300. habent; alia 200. quædam 150. non- » nulla 100.

Monachorum, qui hodie montem Atho incolunt, numerum non indicavit Joannes Comnenus; sed ad aliquot millia hodieque pertingere indicat, ubi ait Χιλιάδας adhuc esse in Monasteriis istis.

» Omnia illa Monasteria, (pergit Bellonius,) firmiter structa ac muris præ- » cincta sunt, ad hostiles incursus reprimendos, coërcendosque piratas, quo- » rum incursionibus, utpote ad oram maris sita, opportuna forent. Ipsi tamen » piratæ, pietate gravitateque Monachorum permoti, improbas nefariasque » manus abstinent, ne iis damnum inferant: ac licet quosvis obvios, etiam » propinquos sibi & cognatos, captivos abducant, ut divendant & pecuniam » inde corradant; Monachos tamen istos liberos sinunt, nec exportare solent.

» Hunc montem antiquitus sanctitatis Monachorum fama claruisse non du- » bitandum. Hodie autem æque celebris apud Græcos est, atque Roma apud » Latinos. Græcis hodiernis vocatur ἅγιον ὄρος, *mons sanctus*. Quotquot in monte » Atho vel negotiorum causa, vel visendi & lustrandi animo iter agunt, ad » victum necessaria, nullo soluto pretio, in Monasteriis accipiunt; nimirum » eadem ipsa, quibus Monachi victitant, olivarum baccas aridas, cepas crudas, » fabas sale conditas, panem aridum (*biscuit*,) raro alium recens coctum, pisces » conditos, vel recens eductos ex aqua: ad oram quippe maris Monasteria po- » sita sunt; sed alia ab aliis interdum longe distant: eorum præcipua habentur, » *Batopedium & Agia Laura*.

» Maris commodo utuntur ingenti, tum quia inde omnia quæ usui sunt ad- » vehuntur, tum quia ex piscatione proventum habent. Ex platanis naviculas » struunt, ac plerumque ex uno platani trunco, excavato & ad usum commodo, » nonnumquam ex binis truncis mutuo conjunctis, scapham efficiunt, & cum » retibus piscantur. Monasterium dictum *Agia Laura*, inter præcipua connu- » meratum, ad pedem celsissimi montis illius, qui proprie Atho vocatur, situm » est, e regione Lemni insulæ. Ibi vero trecenti circiter Calogeri versantur.

Restat

Restat ut Monasteriorum omnium, quæ in variis montis partibus habentur, «
nomina recenseamus. «

Ex Macedonia proficiscentibus, & oppidulum nomine *Hiericzos* transgres- «
sis, occurrit isthmus Peninsulæ istius, qui vocatur *Aladiesna*. Deinde trajecto «
isthmo venitur ad *Prucalas*: tum collis conscenditur nomine *Megalivigla*. Ibi «
die noctuque excubiæ aguntur, maxime cum piratarum accessus timetur. Hye- «
riczos olim pagus erat peramplus; sed octo ab hinc annis magni Sultani jussu «
muris præcinctus fuit, ut piratarum incursiones tali præsidio coërceri pos- «
sent. A Megalivigla, sive magna villa, profectis fons ille primus occurrit, qui «
a Græcis vocatur *Protonero*, (i. prima aqua,) quo præterito, pervenitur ad «
Monasterium *Sguraf* (Zographi) dictum. Cum ultra proceditur ad orientem, «
vel ad oram maris, itur ad aliud Monasterium nomine *Chelandari*, (Chi- «
lantari,) deinde ad Monasterium dictum *Simeon*, (Simeni,) pulcherrimum «
& jucundissimum; sed longe præstat illud, quod postea offenditur, *Vatopedi*, «
(Batopedii vel Vatopedii,) majus, elegantius & opulentius altero. Ex Vato- «
pedio proceditur ad *Pantocratorou*, (Pantocratoris,) inde ad *Yvero* (Iberorum,) «
quod Monasterium in parvo colle ad oram maris situm est. Ex Yvero itur «
ad *Philotheou* (Philothei) Monasterium: inde ad *Caracoul* (Caracali:) quod Mo- «
nasterium versus montem altum ex postremis est: nam quod in ipsis celsis- «
simi illius montis Atho radicibus situm est, *Laura* vocatur. Ex Laura profi- «
ciscentibus versus alteram montis partem, multa item Monasteria visuntur, «
tum ad oram maris, tum procul a mari in terris posita. Quod primum oc- «
currit est Monasterium *Agiou Paulou*, (S. Pauli,) e regione insulæ, Sciros di- «
ctæ: sequitur postea *Dionisio*, (Monasterium Dionysii.) Ulterius autem *Gly-* «
goriou, (Gregorii.) Inde venitur ad *Russio*, (Monasterium Russorum,) quod «
Russiæ contributum est. Deinde occurrunt *Xenopho*, *Archangelos*, *Dioche-* «
rio, (Dochiarii,) & *Castamoniti*. Hæc Monasteria circum montem ad oram «
maris sunt: quæ sequuntur autem procul a mari, in vallibus & sylvis sita «
sunt; *Simonpetra*, *Ichares*, (Caræs,) *Protato*, *Cothleomuz*, (Cuthlumusæ,) «
Philotheou. «

Eadem pene Monasteriorum nomina sunt infra in Descriptione montis Atho, a Joanne Comneno adornata; si quid vero intersit discriminis, vel ex mutatione quadam longo temporis decursu accidit, vel potius quia Bellonius, utpote peregrinæ linguæ, aliquot vocabula secus descripsit.

Ne mireris autem tot Monasteria hoc in monte structa fuisse, longitudo «
quippe ejus trium dierum itineris est, latitudinem autem vix sex horarum spa- «
tio emetiare. In Monasteriis istis multæ sacræ reliquiæ sunt. Peregrinorum pie- «
tatis & religionis causa adventantium concursus est. Ecclesiæ magnifice stru- «
ctæ & ornatæ, ubi divina Officia Græce persolvuntur. In Ecclesiis habentur «
candelæ lampadesque ardentes. Imagines quoque, tum statuarum more, tum «
planæ & in sola superficie depictæ, haud secus quàm apud Latinos. Campa- «
narum item usus apud Græcos est; liberius tamen iis utuntur qui Venetis pa- «
rent, quam qui Turcis. Apud utrosque ferrum adhibent brachii longitudine, «
recurvum, trium digitorum spissitudine, Ecclesiæ januæ suspensum, quo gran- «
dem ac campanarum sonitui fere similem strepitum edunt. In monte non alio «
ad officium signo utuntur. «

De Imaginibus statuarum more in monte Atho servatis alios audivi narrantes. Joannes vero Comnenus Imagines persæpe memorans, statuas ab aliis Imaginibus non distinguit.

" In monte Atho, nec gallinæ nec columbæ, nec alia quævis avium genera " aluntur: hæc nomine tenus norunt illi. Inde pariter exulant oves, boves, &c. " quia carnibus non vescuntur. Equos item nullos habent.

" In monte Atho olim multi optimi Codices manuscripti erant, antiquitus " enim longe doctiores Monachi erant quam hoc tempore: hodie quippe vix " unum literatum hominem in singulis Monasteriis reperias. Habentur tamen " hactenus in istis Cœnobiis Theologici libri; Poëtici autem, Historici, vel Phi- " losophici nulli. Id haud dubie adscribendum posteriorum Græcorum negli- " gentiæ, qui a prisco literarum studio prorsus degenerarunt. Nec ætate solum " nostra, sed a multo jam tempore, literarum & lectionis incuria obtinuit, " secus quam apud Latinos hodiernos. Ecclesiæ quippe Græcæ Præsules & Pa- " triarchæ, Philosophiæ adversarii, excommunicationis sententiam tulerunt in " Presbyteros & Monachos, qui quosvis alios, præterquam Theologiæ, Libros " scriberent aut legerent, docentes videlicet Christianis non licitum esse aut " poësi aut philosophiæ vacare. Ab hujusmodi vero excommunicatione Pres- " byteri & alii sacris ordinibus initiati absolvi non poterant, nisi jejuniis, pe- " cuniarum mulcta, aut aliis corporeis afflictationibus, satisfactionem de- " dissent.

De Libris & Bibliothecis montis Atho non poterat Bellonius, qui in trans- cursu hæc viderat, accurate mentionem facere, major fides habenda Joanni Comneno, qui in Monasteriis montis Atho diu commoratus, bibliothecas multas Manuscriptorum veterum variis in Monasteriis esse narrat; & qui- dem non Theologicis modo Libris, sed & aliis etiam ad varias disciplinas spectantibus instructas esse dicit. Quod ait autem Bellonius excommunicatio- nis sententiam a Præsulibus Patriarchisque Græcis latam fuisse adversus Pres- byteros aut Monachos, qui alios, quam Theologiæ Libros exscriberent aut legerent; in quibusdam solum Ecclesiæ Græcæ regionibus vim habere potuit. Nam ut quisque videre possit in subscriptionibus Calligraphorum, quas sub finem Libri primi ordine Chronologico recensuimus, a decimo sæculo Pres- byteri atque Monachi Libros Philosophiæ, Astronomiæ, Poëtices, ac histo- riæ scripsisse frequenter deprehenduntur: eodemque ipso, quo Bellonius orien- tales regiones peragrabat, tempore; Mathusalas Machir Monachus Libros Ari- stotelis partim in Monasterio montis Sinaï, partim in Monasterio Sancti Sabæ in spelunca Jerosolymis descripsit, & quidem ad usum suum, ut idem ipse profitetur in nota ad calcem Libri: Librumque Aristotelis, divinissimum, θειότατον, appellat. Cum autem hæc palam & adscripto nomine proprio fa- cerent, rem non fuisse vetitam, nec improbatam, satis superque declarabant.

" Omnia supra memorata Monasteria, (pergit Bellonius,) a diversis natio- " nibus antiquitus fundata sunt, constituto reditu ex variis illis terræ partibus " transmitti solito, idque ad hanc usque diem; ex Russia nimirum, Valachia, " Trapezunte; ex quibusdam item Italiæ partibus & ex ipsa Roma. Narrabant " Calogeri Monasterii Vatopedi, Romæ sibi proventus aliquos constitutos esse, " qui non amplius solverentur: & dum Russi, Valachi, Bosni, Mingrelii, " Circassii, Moscovitæ, vectigales Turcorum, variæque linguæ gentes, redi- " tus annuos sibi accurate transmittebant, amissos tamen esse, qui apud Lati- " nos solvebantur.

" Mons ille celsissimus ad extremum Chersonesi positus, in cacumine nive " semper opertus est. Totus vertex arduis rupibus constat. Clivus autem borea-

lis, ubi nix diutius perſeverat, herbis, plantis arboribuſque abundat; ſecus «
autem Auſtralis, qui aridus nuduſque eſt, maxime verſus cacumen, quod «
ad piri formam accedit; eſt quippe acutum & rotundum. In ſummo vertice «
Sacellum eſt, quo pergunt quotannis Monachi S. Lauræ ad radices montis «
poſitæ, Liturgiam cum cantu celebraturi; ſtatutâ ſcilicet die, quam puto eſſe «
feſtum S. Mariæ ad Nives in menſe Auguſto: (atqui, ut Joannes Comnenus «
ait infra, die ſequenti, nempe feſto Transfigurationis, eo concedunt.) Ex mon- «
tis Atho cacumine circumpoſitas inſulas & regiones clare videbamus, nempe «
Caſſandriam, (Schiato vocant Græci,) Scyron, Lemnum, Thaſum, Samo- «
thraciam, Imbrum. Ne diuturniores ibi moras traheremus frigore nimio de- «
territi, tametſi in æſtate media, ad ima deſcendimus. «

Hæc de monte Atho Petrus Bellonius, quicum Joanne Comneno ubique fere conſentit, quæ autem a Bellonio ſparſim ut fors tulit deſcripta ſunt, ſecundum argumenti rationem ſuo ordine poſuimus. In narratione vero Joannis Comneni quædam ſubinde occurrunt, ſecundùm opinionem Græcorum hujus ævi recenſita, quæ intelligere & explicare haud ita facile eſt; ut verbi gratiâ cum ait Deiparæ quamdam Eccleſiam, eſſe unam ex viginti-quatuor domibus Beatiſſimæ Virginis Mariæ, innuit ſane viginti-quatuor hujuſmodi domos a Græcis hodiernis numerari, quarum nomina neſcio an uſpiam penes nos habeantur. Itemque cum ait montem Atho eſſe unum ex duodecim celſiſſimis totius orbis montibus; indicat ſane duodecim montes ſublimitate præcipuos a Græcis exiſtimari, quos tamen ille non nominat. Veriſimile autem eſt Græcos, utpote Geographiæ minus peritos, de montibus ſolum ſibi notis agere, neque iis connumerare montes illos a Regionibus ſuis procul poſitos, quibus nec Athos, nec Olympus, neque Parnaſſus comparari poſſunt, ut ſunt Picus Teneriffæ, montes Æthiopiæ Habeſſiniæ & alii.

In Deſcriptione ſua Joannes Comnenus voces adhibet, quæ hodiernis illarum partium Græcis in uſu ſunt; ſed pleriſque aliarum regionum Græcis vel ignorantur, vel ad alias res ſignificandas uſurpantur, ut fere fit ubique gentium: nam in ſingulis pene civitatibus peculiares quædam voces adhibentur, quæ ne vicinioribus quidem in uſu ſunt. Major vero difficultas oritur, cum voces illæ ad artes quaſdam, ad officinas, ædificiorum partes & ſimilia pertinent, ubi præſertim ſeries non juvat ad intelligentiam. Quamobrem ſimilia vocabula interdum divinando vertimus.

Hujuſmodi ſunt βαγενάρεια, *vagenaria*, quæ inter officinas Monaſteriorum recenſentur. Sciſcitatus autem Græcos nonnullos, quid hac voce ſignificetur, nihil notitiæ accepi: aiebant enim non eſſe in uſu in Regione ſua: mecum autem ducta ratione, putavi nihil aliud eſſe poſſe, quam torcularia, ſive officinam vino conficiendo: nam in monte Atho multas eſſe vineas, ex iiſque vina conficere Monachos, exploratum eſt: atque adeo non debuit inter varias officinas illa, quæ huic miniſterio deputata eſt, præteriri. In deſcriptione igitur magnæ Lauræ hanc officinarum enumerationem, Εἰς αὐτὸ θέλεις ἰδῇ τῶν πατέρων τὰ μαγκιπεῖα, τὰ νοσοκομεῖα διὰ τοὺς ἀσθενεῖς, τὰ βαγενάρεια, ἐλαιοτριβεῖα, τζαγκάρεια, ῥαπτάρεια καὶ τὰ λοιπά· ita vertimus; *Ibi videas Patrum piſtrina, noſocomia, ſive infirmorum domicilia, torcularia, olei conficiendi officinas, itemque ſutorias & ſarcinatorias, & reliquas.* Plus negotii faceſſit vox χοῦμπεδες, quæ ter occurrit in hac Joannis Comneni deſcriptione, quam, ex ſerie conjecturam ducens, verti *tholos*; tholus autem vulgo *Coupole* dicitur, aut, *Dome*. Alia ſimilia vocabula multa obſervare quiſque poterit, quæ hic recenſere longum eſſet.

Idioma Græcum vulgare eſt, quod Græco-barbarum vocare ſolent Scriptores nuperi; ubi non modo voces peregrinæ cum Græcis permixtæ paſſim occurrunt; ſed etiam tota ſyntaxis depravata, accentus inſolenti modo ſcripti, ſecundum morem hodiernorum Græcorum, qui mirum quantum a priſca Græci ſermonis elegantia degeneraverint. Græca porro Joannis Comneni, qualia in Monaſterio Synagobi in Valachia typis edita ſunt, hic repræſentamus.

Joannes vero Comnenus non modo montem Atho & Monaſteria ejus ſingula deſcripſit; ſed etiam montis & Cœnobiorum proſpectum & ſitum binis in Tabellis æri inciſis depingi curavit, quarum altera orientalem, occidentalem altera montis proſpectum exhibet: utramque vero damus poſt Præfationem Joannis Comneni.

In fine habetur Periodus ſive circuitus montis Atho, a Porphyrio Nicæno Patriarcha verſibus Politicis, ut vocant, deſcriptus. Ubi quo ordine Monaſteria luſtranda, & quæ in ſingulis agenda ſint rhythmicè narratur.

In montis Atho nomine & declinatione quædam apud veteres, tum Græcos tum Latinos, varietas obſervatur; alii quidem, Ἄθως, gen. Ἄθω, dat. Ἄθῳ, acc. Ἄθων, dicunt, & pari modo Latine *Athos*, *Atho*, *Athon*. Alii vocem Ἄθω indeclinabilem habent per omnes caſus; alii ſic dicunt, Ἄθων, Ἄθωνος, Ἄθωνι, Ἄθωνα, & ſic vulgo Joannes Comnenus; atque ita quidam veteres Latine dixerunt, *Athon*, *Athonis*, *Athonem*.

ΠΡΟΣΚΥΝΗΤΑ'ΡΙΟΝ τοῦ ἁγίου ὄρους τοῦ Ἄθωνος.

[a]PROSCYNETARIUM Sancti Montis Atho.

Συγγραφὲν μὲν καὶ τυπωθὲν, ἐπὶ τῆς γαληνοτάτης ἡγεμονίας τοῦ εὐσεβεστάτου ἐκλαμπροτάτου καὶ ὑψηλοτάτου Αὐθέντου καὶ ἡγεμόνος πάσης Οὐγγροβλαχίας Κυρίου Κυρίου Ἰωάννου Κωνσταντίνου Βασσαράβα Βοεβόνδα. Ἀφιερωθὲν δὲ, τῷ πανιερωτάτῳ Μητροπολίτῃ Οὐγγροβλαχίας Κυρίῳ Κυρίῳ Θεοδοσίῳ.

Conscriptum & typis datum Serenissimo Principe, piissimo, clarissimo & celsissimo Authente & Duce universæ Ungarovlachiæ Domino, Domino Constantino Vassaraba Vœvoda. Dedicatum autem sacratissimo Metropolitano Ungarovlachiæ Domino, Domino Theodosio.

Σπουδῇ καὶ δαπάνῃ τοῦ ἐξοχωτάτου Ἰατροῦ Κυρίου Ἰωάννου τοῦ Κομνηνοῦ. Ἵνα δίδωται χάρισμα τοῖς εὐσεβέσι διὰ ψυχικὴν αὐτοῦ σωτηρίαν.

Cura & sumtibus clarissimi Medici Domini Joannis Comneni; ut piis gratia detur ad ejus animæ salutem.

Τύποις Ἀνθίμου Ἱερομονάχου τοῦ ἐξ Ἰβηρίας. Ἐν τῇ μονῇ τοῦ Σναγόβου. αψά.

Typis [b]Anthimi Hieromonachi ex Iberia in Monasterio Synagobi, 1701.

Sub Insignibus ejusdem Vœvodæ.

Φαίδιμος ἐκ προγόνων Κωνσταντῖνος Βασσαράμπας
Κοίρανος Οὐγγροβλάχων, οὓς διέπει μακάρως
Χριστὸν ἔχων ἐπίκουρον ἑῆς βιοτῆς ἰδ' ἐπόπτην,
Πρεσβείαις κλυτῆς Θεοτόκου Μαρίης.

Clarus ex atavis Constantinus Vasarabas
Princeps Ungarovlachorum, quos feliciter regit
Christum habens vitæ suæ adjutorem & inspectorem,
Intercessionibus præclaræ Deiparæ Mariæ.

Τῷ Πανιερωτάτῳ καὶ θεοπροβλήτῳ Μητροπολίτῃ, τῆς ἁγιωτάτης μητροπόλεως Οὐγγροβλαχίας ὑπερτίμῳ καὶ ἐξάρχῳ πλαγηνῶν Κυρίῳ Κυρίῳ Θεοδοσίῳ, τῷ σεβασμιωτάτῳ μοι ἐν Χριστῷ Πατρὶ καὶ δεσπότῃ, τὴν εὐλαβητικὴν προσκύνησιν.

*Sacratissimo & a Deo electo Metropolitano sanctissimæ Metropolis Ungarovlachiæ hypertimo & Exarcho * Plaginorum Domino Domino Theodosio, venerabilissimo mihi in Christo Patri & Domino, piam reverentiam.*

* Πλαγηνῶν

Νόμος εἶναι ἀρχαῖος καὶ πάτριος (πανιερώτατε καὶ σεβασμιώτατε Δέσποτα) ὅτι τὰ ἱερὰ τοῖς ἱεροῖς νὰ ἀνήκουσι πάντοτε, ὥσὰν ὁποῦ πρέπει τὸ ὅμοιον οὐ πρὸς τὸ ἀνόμοιον, ἀλλὰ πρὸς τὸ αὐτοῦ νὰ

Vetus & patria lex est, (sacratissime & colendissime Domine,) sacra sacris semper & ubique congruere: quandoquidem convenit, simile, non cum dissimili, sed cum simili

a Προσκυνητάριον, Proscynetarium; a προσκυνέω, adoro, veneror: id est, Descriptio locorum, quæ pii venerari solent.

b Hujus Anthimi mentio habetur in Diario Italico, p. 437.

coaptare. Libros autem de sacris rebus edisserentes, quibusnam aliis expediat offerre & consecrare, quam sacris viris; præsertim vero si fuerint isti, aut Antistites sacrorum, animarum curatores & rationabilis gregis pastores, aut patroni eorum de quibus narratio instituitur? Quamobrem sub vestræ Sanctitatis tegumentum jure confugit hic Libellus, quippe cum sit sacrosancti montis Athonis Proscynetarium; vestra autem a Deo electa Sanctitas summi & sacris mysteriis addicti sacerdotii dignitatem obtineat, atque una ab annis plus triginta Ungaro-Vlachiæ, sub Dei tutela positæ, rationabilem gregem legitime & pie in cana ac venerabili senectute gubernet, omni virtutum genere exornata. Ad hæc vero magna ipsi est cum hujusce Libri argumento affinitas: quoniam hunc Montem, sancti cognomine ornatum, tantopere colit ac protegit, ut ipsum patriam suam frequenter nuncupare non dubitet: in quo etiam per annos multos versata est, ac piis asceticisque exercitiis cum ingenti perseverantia & in secessu vacavit: a quo sane numquam discessura erat, nisi Dei providentia omnia sapienter administrans ipsam inde evocasset, ut ei sacra hujusce sanctissimæ Metropolis gubernacula traderet. Duo autem me ad hujusce descriptionem adornandam perpulerunt; primo, quia de sacris quidem ac venerabilibus sanctæ Dei civitatis Jerosolymæ locis, necnon de monte Sina, Dei accessibus consecrato, plurima Proscynetaria persæpe facta sunt; de sancto autem Monte nullum umquam: non quod res a sapientibus viris, docte & accurate pertractata non fuerit; sed quia tempus omnia consumens hæc cum multis aliis bonis aut delevit, aut occultavit. Secundo ad id præstandum me permovit rogatus hortatusque amicorum quorumdam, id tantum curan-

ἐφαρμόζεται ὅμοιον. Τὰ δὲ περὶ ἱερῶν τινων πραγμάτων διαλαμβάνοντα βιβλία εἰς ποίους ἄλλους ἤθελεν ἦσαι ἁρμοδιώτερον νὰ προσφέρωνται καὶ νὰ ἀφιερώνωνται, παρὰ εἰς ἄνδρας ἱερούς. καὶ μάλιστα ἐὰν ἤθελαν ἦσαι οἱ τοιοῦτοι ἢ ἐπιστάται ἱερῶν, καὶ κηδεμόνες ψυχῶν, καὶ λογικοῦ ποιμνίου ποιμένες, ἢ αὐτοὶ πλήρεις τῶν περὶ ὧν ἐκεῖνα διαλαμβάνουσιν. ὅθεν πρεπόντως ὑπὸ τὴν σκέπην τῆς ὑμετέρας πανιερότητος τὸ παρὸν προστρέχει μικρὸν βιβλιάριον· ὡσὰν ὁποῦ εἶναι τοῦ ἱεροῦ καὶ ἁγιωνύμου ὄρους τοῦ Ἄθωνος προσκυνητάριον· ἡ δὲ ὑμετέρα θεοπρόβλητος πανιερότης εἶναι μὲν στολισμένη καὶ μὲ τὸ τελεταρχικὸν καὶ ἱεροτελεστικὸν τῆς ἀρχιερωσύνης ἀξίωμα, ποιμαίνει δὲ καὶ τὸ ἐνταῦθα τῆς θεοφρουρήτου Οὐγγροβλαχίας λογικὸν ποίμνιον ὑπὲρ τοὺς τριάκοντα ἤδη χρόνους νομίμως τε καὶ θεοφιλῶς ἀρχιερατεύουσα ἐν πρεσβυτικῇ καὶ αἰδήμονι πολιᾷ κεκοσμημένη μεθ᾽ ὅσων θεοφιλῶν ἀρετῶν. ἔχει δὲ παρὰ ταῦτα καὶ πολὺ τὸ οἰκεῖον πρὸς τὰ ἐν τούτῳ· διότι εἰς τοσοῦτον τιμᾷ καὶ ὑπερασπίζεται τὸ ἁγιώνυμον ἐκεῖνο ὄρος, ὁποῦ συχνάκις καὶ ἰδίαν τὸ ὀνομάζει πατρίδα· μὲ τὸ νὰ ἐδιάτριψε, καὶ νὰ ἐπρογυμνάσθη ἐπὶ χρόνους πολλοὺς ἀσκητικῶς εἰς αὐτό, μὲ ὑπερβάλλουσαν καρτερίαν ἐν ἡσυχίᾳ· ἀπὸ τὸ ὁποῖον οὐδὲ ἤθελε τὸ σύνολον ποτὲ μακρυνθῆ, ἂν ἡ τὰ πάντα σοφῶς διοικοῦσα τοῦ Θεοῦ πρόνοια δὲν ἤθελε τὴν ἀνακαλέσῃ ἐκεῖθεν, εἰς τὸ νὰ τῆς ἐγχειρίσῃ τοὺς ἱεροὺς ταύτης τῆς ἁγιωτάτης μητροπόλεως οἴακας. ἐμὲ δὲ δύο ὑπῆρξαν τὰ κινήσαντα πρὸς τὴν τούτου συγγραφὴν αἴτια· ἓν μέν, ἐπειδὴ καὶ περί τε τῶν ἐν τῇ ἁγίᾳ τοῦ Θεοῦ πόλει Ἱερουσαλὴμ ἱερῶν καὶ σεβασμίων προσκυνημάτων, καὶ τῶν ἐν τῷ θεοβαδίστῳ ὄρει Σινᾶ, ἐνέτυχον πολλάκις διάφορα προσκυνητάρια, περὶ δὲ τοῦ ἁγίου ὄρους οὐδὲν οὐδαμοῦ· ὄχι πῶς νὰ μὴν ἔγραψαν καὶ περὶ τούτου ἄνδρες σοφοί, σοφώτερά τε καὶ διεξοδικώτερα· ἀλλ᾽ ὅτι ἴσως ὁ πανδαμάτωρ χρόνος κἀκεῖνα μετὰ καὶ ἄλλων καλῶν ἢ ἐξηφάνισεν, ἢ ἀπέκρυψε. Δεύτερον δέ, ἡ τινῶν φίλων πρὸς τοῦτο προτροπὴ καὶ ἀξίωσις μόνον· διὰ νὰ μὴν εἶναι καὶ αὐτὸ δὴ τὸ ἁγιώνυμον ὄρος τοῦ Ἄθωνος ἄμοιρον τοῦ τοιούτου καλοῦ. Ἀποδεξάσθω τοῦτο λοιπὸν ἡ ὑμετέρα πανιερότης πατρικῶς τε καὶ εὐμενῶς· μὴ πρὸς τὴν σμικρότητα τοῦ προσφερομένου, ἀλλὰ πρὸς τὴν ἀξίαν τῶν εὐαγῶν περὶ ὧν διηγεῖται μοναστηρίων, καὶ πρὸς τὴν ἐμὴν περὶ τὴν ὑμετέραν πανιερότητα εὐγνώμονα καὶ εὐλαβητικὴν ἀποβλέπουσα προθυμίαν, ἀντιβραβεύουσά μοι τὰς παρ' αὐτῆς ἱερὰς καὶ θεοπειθεῖς εὐχάς τε καὶ εὐλογίας.

Ἐκ Βουκουρεστίῳ αψα' Μαΐου.

Τῆς ὑμετέρας θεοπροβλήτου Πανιερότητος εὐλαβητικὸς καὶ πρόθυμος ἐν πᾶσιν.

Ἰωάννης Κομνηνὸς Ἰατρός.

tium, ne mons ille Atho, ſancti cognomine gaudens, hoc bono privaretur. Hanc demum operam paterno ac benevolo adfectu ſuſcipiat Sanctitas veſtra, non oblatæ rei tenuitatem reſpiciens; ſed ſanctorum de quibus agitur Monaſteriorum dignitatem, ac meum erga Sanctitatem veſtram reverentiæ plenum affectum: mihique pro munere viciſſim ſacras atque ad Deum exorandum idoneas preces benedictioneſque ſuas impertiat.

Bucureſtii 1701. menſe Maio.

Veſtræ & a Deo electæ ſanctitatis obſervantiſſimus & addictiſſimus in omnibus.

JOANNES COMNENUS MEDICUS.

Πρὸς φιλησυχαστὴν Ἀναγνώστην.

Ἐπίγειον παράδεισον ἂν θέλῃς ἀπολαύσῃς,
Ὕπαγε εἰς τὸ ἅγιον ὄρος, καὶ νὰ θαυμάσῃς·
Ἐκεῖ μανθάνεις ἀρετήν, εὑρίσκεις ἡσυχίαν,
Ἀνάγνωσιν καὶ προσευχήν, ψαλμὸν καὶ ἀγρυπνίαν
Ἁγίων ἐκεῖ λείψανα, καὶ πάνσοφα βιβλία·
Εἰκόνες τε θαυματουργαί, καὶ ἀσκητῶν κελλία.
Φύγε τὸν κόσμον τὸ λοιπόν, καὶ τοὺς θορύβους ῥίψον,
Εἰς ὄρος τὸ τοῦ Ἄθωνος ὁσίως θεῷ ζῆσον.
Ἵν' ἐπιτύχῃς ψυχικῆς θεόθεν σωτηρίας,
Καὶ σὺν ὁσίοις ἐντρυφᾷς τῆς θείας βασιλείας.

Ad Lectorem ſeceſſus amantem.

Terreno paradiſo frui ſi volueris,
Secede ad montem ſanctum, ut admireris.
Illic virtutem ediſces, ac ſeceſſum invenies,
Lectionem, Orationem, Pſalmum & Vigilias.
Illic Sanctorum reliquiæ, ac libri ſapientiæ pleni ſunt,
Imagines miracula edentes, & Aſcetarum cellulæ.
Fuge mundum de reliquo, ac tumultus abjice,
In monte Athone ſancte Deo vive.
Ut ſalutem animæ divinitus obtineas,
Et cum Sanctis divino regno fruare.

Poſtea Imago Chriſti, Deiparæ & Joannis Baptiſtæ cum hac ſubtus inſcriptione.

Τὸ στερέωμα τῶν ἐπὶ σοὶ πεποιθότων, στερέωσον Κύριε τὴν ἐκκλησίαν ἣν ἐκτήσω, τῷ τιμίῳ σου αἵματι.

Firmamentum in te ſperantium, firma Domine Eccleſiam, quam acquiſiviſti pretioſo ſanguine tuo.

Piissimis peregrinis, ac sacrorum venerabiliumque locorum cultoribus.

Joannes Comnenus Medicus, in Domino salutem.

DEI aditu consecrata ac venerabilia loca, & pulcra magnificaque Templorum, quæ ad Dei gloriam, sanctissimæ Matris ejus ac reliquorum ejus fidelium cultorum honorem, splendido Imperatorioque sumtu structa sunt, insigniumque item Monasteriorum ædificia; piis viris eorumque studiosis, non adspectu ac præsentiâ modo, sed etiam imagine variis coloribus in tabulis depicta, quin & Librorum eadem enarrantium ac describentium lectione, magnam adferunt animæ utilitatem. Quia Libri hujusmodi non tantum eorum, qui semel in vita eorumdem adspectu recreati sunt, animos ad majorem erga divina pietatem accendunt; sed etiam eos, qui numquam illa conspexerunt, concitant ut vel semel eò iter instituant; ita ut nec longa peregrinatione, nec laboris molestia, nec pecuniarum sumtibus deterreantur; sed divino instigante desiderio, tamquam cervi sitibundi, secundùm Prophetam Regem Davidem, illò accursuri sint, ut eorum conspectu gaudeant, ac illa loca debito obsequio colant: idque non modo, ut tot tantisque conspectis magnificis ac speciosis ædificiis delectentur; sed etiam ut debito cultu venerati ea piæ & orthodoxæ fidei quam pretiosa symbola, ad profectum animæ juventur, ac inde sanctitatem demetant & consolationem. Quandoquidem futurum haud dubie est ut in tam sacris locis viros gravitate & sanctitate plenos offendant, Ascetas in virtute exercitatos, spirituales ac piissimos, optimos videlicet ani-

Τοῖς εὐλαβεστάτοις περιηγηταῖς, καὶ τῶν ἱερῶν καὶ σεβασμίων τόπων φιλοπροσκυνηταῖς,

Ἰωάννης Κομνηνὸς ὁ ἰατρὸς, ἐν Κυρίῳ χαίρειν.

ΟἹ θεοβάδιστοι καὶ σεβάσμιοι τόποι καὶ αἱ περικαλλεῖς καὶ ὡραῖαι οἰκοδομαὶ τῶν εἰς δόξαν Θεοῦ, καὶ τιμὴν τῆς ὑπεραγίας αὐτοῦ Μητρὸς, καὶ τῶν λοιπῶν πιστῶν αὐτοῦ θεραπόντων λαμπρῶς καὶ βασιλικῶς ἀνεγηγερμένων ἱερῶν ναῶν, καὶ περιφήμων μοναστηρίων, ὄχι μόνον ὅταν οἱ εὐλαβεῖς καὶ φιλίστορες μὲ τὴν ὅρασιν παρόντες τοὺς ἱστοροῦσιν, ἀλλὰ καὶ ὅταν ἀπὸ ἐπιτηδείου χέρι ζωγράφου εἰς πίνακας μὲ ποικιλίαν χρωμάτων καταγεγραμμένους τοὺς βλέπουσιν, ἢ καὶ ὅταν εἰς βιβλία μὲ τρόπον διηγηματικὸν περιγραφόμενα ἐκφραστικῶς τὰ περὶ ἐκείνων ἀναγινώσκουσι, μεγάλην προξενοῦσι κατὰ ψυχὴν τὴν ὠφέλειαν. Διότι ὄχι μόνον διεγείρουσι τὴν ψυχὴν ἐκείνων ὁποῦ κάμενα καιρὸν μὲ τὴν αἴσθησιν τοὺς ἀπόλαυσαν, εἰς περισσοτέραν περὶ τὰ θεῖα εὐλάβειαν· ἀλλὰ καὶ τοὺς μὴ ἰδόντας τοὺς τόπους ἐκείνους παρακινοῦσιν εἰς τὸ καὶ αὐτοπροσώπως εἰ δυνατὸν καμμίαν φορὰν νὰ τοὺς ἀπολαύσουσι, μὴ ψηφῶντες μάκρος δρόμου, ἢ κόπου βάρος, ἢ ὅλως χρημάτων τινὰ ἐξοδίαν, ἀλλὰ νὰ τρέχουσιν εἰς τὴν ἐκείνων ἀπόλαυσιν καὶ προσκύνησιν μὲ ἔνθεον πόθον, ὡς ἔλαφοι διψῶσαι, κατὰ τὸν προφητάνακτα θεῖον Δαβίδ. ὄχι μόνον διὰ νὰ εὐφρανθοῦσι ποτὲ, βλέποντες τοιαύτας τε καὶ τοσαύτας ὡραίας καὶ περιβλέπτους οἰκοδομὰς, ἀλλὰ καὶ διὰ νὰ ὠφεληθοῦσι κατὰ ψυχὴν, προσκυνοῦντες καὶ ἀσπαζόμενοι τὰ ὅσα τῆς ἡμετέρας εὐσεβοῦς καὶ ὀρθοδόξου πίστεως ἀκριβὰ καὶ πολύτιμα, καὶ νὰ τρυγήσουσιν ἐξ αὐτῶν ἁγιασμὸν καὶ παράκλησιν· ἐπειδὴ καὶ χωρὶς ἀμφιβολίαν τινὰ εἰς τοιούτους εὐαγεῖς τόπους εἶναι δυνατὸν νὰ εὕρουσι καὶ ἄνδρας σεμνοὺς καὶ ἱεροπρεπεῖς, καὶ ἀσκητὰς ἐναρέτους, καὶ πνευματικοὺς εὐλαβεστάτους, ἀρίστους δηλονότι κατὰ ψυχὴν ἰατροὺς, ἀπὸ τοὺς ὁποίους ἠμποροῦσι νὰ λάβωσι μεγάλην ὠφέλειαν καὶ παρηγορίαν

παρηγορίαν, καὶ πρὸς τὰς ἀρετὰς καλλίω ὁδηγίαν καὶ εὐκολίαν· καὶ νὰ ἐπιτύχουσι θαυμαστὴν καὶ ἄμισθον ἰατρείαν εἰς τὰς ψυχικάς των ἀρρωστίας· καὶ κάθαρσιν εἰς τοὺς ἐξ ἁμαρτημάτων προσγινομένους αὐτοῖς τυχὸν μολυσμούς.

Ταῦτα ὦ εὐλαβέστατοι προσκυνηταὶ κἀγὼ διανοηθεὶς, ἐπειδὴ καὶ χάριτι θεία ἠξιώθην νὰ προσκυνήσω τοὺς σεβασμίους καὶ θεοβαδίστους τόπους τοὺς ἐν τῇ ἁγίᾳ τοῦ Θεοῦ πόλει Ἱερουσαλὴμ, τοῖς πέριξ· καὶ νὰ ἀσπασθῶ μὲ φόβον πολὺν καὶ εὐλάβειαν, οὐ μόνον τὸν πανάγιον καὶ ζωοδόχον τάφον τοῦ κυρίου ἡμῶν Ἰησοῦ Χριστοῦ, καὶ τὸν ἅγιον Γολγοθᾶν, ἀπάνω εἰς τὸν ὁποῖον ἔστησεν ὁ Δεσπότης ἡμῶν καὶ σωτὴρ τὸ νικητήριον ὅπλον τοῦ σταυροῦ, καὶ ἐπάνω εἰς αὐτὸν ἐκτείνας τὰς ἀχράντους αὐτοῦ χεῖρας, ἐσυνεμάζωξε τὰ μακρὰν τῆς αὐτοῦ χάριτος διεστῶτα ἔθνη· καὶ μᾶς ἠλευθέρωσεν ἀπὸ τὴν τυραννίδα τοῦ ἐχθροῦ τῆς σωτηρίας μας διαβόλου, καὶ μᾶς οἰκειοποιήσε τῷ Θεῷ καὶ Πατρὶ, κάμνοντάς μας υἱοὺς καὶ κληρονόμους τῆς ἀτελευτήτου αὐτοῦ βασιλείας· διὰ τὸν ὑπερβάλλοντα πλοῦτον τῆς ἀγάπης αὐτοῦ, τὸν ὁποῖον ἔδειξεν εἰς ἡμᾶς τοὺς ἁμαρτωλούς· οὐ μόνον λέγω αὐτοὺς τοὺς θεοδοξάστους τόπους ἠξιώθην νὰ ἀσπασθῶ, καὶ νὰ καταφιλήσω μετὰ πολλῆς εὐλαβείας, ἀλλὰ καὶ τὸ ἐν τῇ Βηθλεὲμ ἅγιον σπήλαιον, ὅπου ὁ Κύριος ἐγεννήθη σωματικῶς· καὶ τὸν ἅγιον Τάφον τῆς Θεοτόκου ἐν τῇ Γεθσημανῇ· καὶ τὸ ὄρος τῶν Ἐλαιῶν ὅθεν εἰς οὐρανοὺς ἀνελήφθη ὁ κύριος· καὶ τὰ λοιπὰ θεοτίμητα προσκυνήματα τὰ ἔσω καὶ ἔξω τῆς αὐτῆς ἁγίας πόλεως Ἱερουσαλήμ· κάμνοντας θαυμαστὴν καὶ ψυχωφελεστάτην περιήγησιν.

Ἐκεῖθεν δὲ κατὰ πρόνοιαν θείαν παρακινηθεὶς καὶ ὁδηγηθεὶς, ἔπλευσα καὶ πρὸς τὸ ἁγιώνυμον καὶ θεοφρούρητον ὄρος τοῦ Ἄθωνος· διὰ νὰ ἐπισκεφθῶ καὶ τὰ ἐν αὐτῷ ἅγια καὶ βασιλικὰ μοναστήρια, καὶ ἱερὰ καταγώγια· καὶ νὰ προσκυνήσω καὶ τὰ ἐν αὐτοῖς σεβάσμια καὶ θαυματουργὰ τῶν ἁγίων λείψανα· καὶ νὰ λάβω ἐξ αὐτῶν, (εἰ καὶ ἀνάξιος) εὐλογίαν καὶ χάριν τινά· καὶ νὰ ἀσπασθῶ τὰς ὁσίας χεῖρας τῶν ἐκεῖσε εὑρισκομένων εὐλαβεστάτων πνευ-

marum medicos, a quibus magnam utilitatem & solamen nanciscantur, facilemque ad virtutes ductum obtineant; ac mirabilem sine mercede ad animarum infirmitatem medelam, sordisque peccatorum purgationem assequantur.

Hæc mecum reputans, piissimi adoratores, quia per divinam gratiam dignus habitus sum, qui divina & veneranda loca, adorandi causa peterem; videlicet quæ in sancta Dei civitate Jerusalem, & circum eam visuntur, ac cum tremore reverentiaque amplecterer, non modo sanctissimum vitæ receptaculum, sepulcrum Domini nostri Jesu Christi, sanctum Golgotham, in quo Dominus & Salvator noster triumphalem Crucis armaturam posuit, & in quo intemeratas manus extendens, gentes ab ejus gratiâ longe dissitas complexus est, nosque liberavit a tyrannide inimici salutis nostræ diaboli, & Deo & Patri proprios effecit, filiosque & hæredes interminabilis regni ejus, propter ingentes divitias dilectionis ipsius, quas erga nos peccatores exhibuit; non solum, inquam, ista divina loca venerari & osculari merui; sed etiam sacram speluncam in Bethleem, ubi Dominus corporaliter natus est, sanctumque sepulcrum Deiparæ in Gethsemani, montem item Olivarum, unde Dominus in cælos assumptus est, ac reliqua divina & venerabilia loca, intra & extra sanctam civitatem Jerusalem posita: emensus mirabilem & animæ utilissimum circuitum.

Inde vero a providentia divina motus & ductus, ad sanctum, ut vocatur, & sub Dei tutela positum montem Atho navigavi; ut sancta & imperatoria ipsius Monasteria, & sacra diversoria ejus viserem, venerabilesque & miraculosas sanctorum ibi positas reliquias debito cultu prosequerer, ac ex iis benedictionem ac gratiam aliquam, indignus licet, acciperem; sacras item manus piissimorum, spiritualium & perspicacium

Ascetarum ibi degentium oscularer: quandoquidem per divinam gratiam, & in veræ nostræ fidei testimonium, non defuerunt ibi ad hunc usque diem viri tum ob dicendi vim, tum ob admirandum vitæ institutum, observantia digni; quemadmodum nec in sancta Dei civitate Jerusalem, nec in circum positis venerabilibus nostrûm orthodoxorum Monasteriis, umquam defecerunt ad hoc usque tempus Senes virtute & asceticis exercitiis ornati, quorum aliquot conspectu & utilissimo colloquio frui licuit mihi, atque eorum precibus & benedictione juvari.

Quoniam igitur divina ope insignia sancti montis Atho Monasteria visitavi; ad brevissimam ejus & Templorum ibidem positorum descriptionem edendam animum appuli: quam etiam, ut videtis, meis sumtibus typis dandam curavi, ad vestram legentium utilitatem & institutionem. Sermo autem meus non historicus est, ita ut omnia, quæ in sancto Athonis monte sunt, minutatim describat, vel fusius explicet ædificiorum elegantiam, & magnificentiam, incomparabile structuræ artificium, insigniumque illorum Monasteriorum splendorem. Siquidem cum sint Imperatoria, atque liberalem illam Imperatorum munificentiam præ se ferant, ad condignam descriptionem, non modo dicendi vi & eloquentia; sed etiam otio multo opus fuisset. Ego vero, utpote qui infirmorum curæ & visitationi quotidie vacarem, nec temporis copia fruerer, cæteris, qui libris conscribendis assidue incumbunt, munus remitto, ut congruentiorem his de rebus narrationem aggrediantur: ac brevem dumtaxat ordiar sacrarum Reliquiarum enumerationem, similiterque vasorum & venerabilium imaginum, quæ in singulis Monasteriis habentur; idque ad Dei gloriam, legentium utilitatem, & ad explendum amicorum animum, qui me ad

ματικῶν, καὶ περιοραλικῶν ἀσκητῶν, ἐπειδὴ ὁποῦ χάριτι θεία εἰς μαρτύριον τῆς ἀληθοῦς ἡμῶν πίστεως, δὲν ἔλειψαν καὶ ἐκεῖθεν ἕως τῆς σήμερον ἄνδρες ἄξιοι πολλῆς εὐλαβείας, καὶ διὰ τὸν λόγον, καὶ διὰ τὴν ἀξιοθαύμαστον καὶ ἐνάρετον πολιτείαν τους· καθὼς οὐδὲ ἀπὸ τὰ ἐν τῇ ἁγίᾳ τοῦ Θεοῦ πόλει Ἱερουσαλὴμ καὶ τοῖς πέριξ σεβάσμια τῶν ὀρθοδόξων ἡμῶν μοναστήρια, δὲν ἔλειψαν μέχρι τοῦ νῦν ἐνάρετοι καὶ ἀσκητικώτατοι γέροντες, ἀπὸ τοὺς ὁποίους ἠξιώθην νὰ ἰδῶ καὶ αὐτοπροσώπως τινάς, καὶ νὰ ἀπολαύσω τὴν ψυχωφελῆ αὐτῶν ὁμιλίαν, καὶ νὰ λάβω τὴν εὐχὴν καὶ τὴν εὐλογίαν των.

Ἐπειδὴ λοιπὸν βοηθείᾳ Θεοῦ διῆλθον καὶ τὰ ἐν τῷ ἁγιωνύμῳ τοῦ Ἄθωνος ὄρει περίβλεπτα μοναστήρια, ἠθέλησα νὰ χαράξω μικράν τινα καὶ συντομωτάτην περιγραφὴν καὶ διήγησιν περὶ τῶν ἐκεῖσε θείων ναῶν, τὴν ὁποίαν καὶ δι' οἰκείων ἐξόδων ἐτύπωσα, ὡς ὁρᾶτε εἰς κοινὴν ὑμῶν τῶν ἀναγινωσκόντων ψυχικὴν ὠφέλειαν. Θέλει γένῃ δὲ ὁ λόγος μου ὄχι ἱστορικός, ὁποῦ νὰ περιγράψῃ τὰ ἐν τῷ ἁγιωνύμῳ ὄρει τοῦ Ἄθωνος ἅπαντα εἰς λεπτόν, οὔτε θέλει ἐξηγήσῃ εἰς πλάτος τὸ κάλλος καὶ τὴν εὐαρμοστίαν, καὶ τὴν λαμπρότητα τῶν οἰκοδομημάτων, καὶ τὴν ἀμίμητον αὐτῶν ἀρχιτεκτονικὴν ἐπιδεξιότητα, καὶ τὴν ὡραιότητα τῶν περιβοήτων ἐκείνων μοναστηρίων· διότι ὡς βασιλικὰ ὁποῦ εἶναι, καὶ δεικνύουσιν ἐμφανῶς τὴν βασιλικὴν ἐλευθέριον καὶ πολυέξοδον μεγαλοπρέπειαν, χρειάζονται καὶ πρὸς ἔκφρασιν ἁρμοδίαν, κατάλληλον, καὶ ἀξίαν, οὐ μόνον ἄκραν ῥητορείαν ἀλλὰ καὶ καιρὸν ἥσυχον, καὶ ἀνάλογον εἰς ἔργον τοιοῦτον. Ἐγὼ δ' ὡς περὶ τὴν τῶν ἀσθενούντων ἐπίσκεψιν ἐνασχολούμενος καθ' ἡμέραν, καὶ ἀμοιρῶν τοιούτου καιροῦ, ἀφίνω εἰς ἄλλους, ὅσοι μάλιστα περὶ τὸ συγγράφειν βίβλους ἑκάστοτε καταγίνονται τὴν περὶ τούτων εἰς τὸ μετέπειτα πρέπουσαν καὶ ἀξίαν διήγησιν· καὶ θέλω γράψῃ ἐδῶ μόνον μικράν τινα τῶν σεβασμίων λειψάνων ἀπαρίθμησιν καὶ ἄλλων ἱερῶν σκευῶν καὶ σεπτῶν εἰκόνων ὁποῦ εἰς καθὲ μοναστήριον εὑρίσκονται, εἰς δόξαν Θεοῦ καὶ ὠφέλειαν τῶν ἀναγινωσκόντων· καὶ ἀποπλήρωσιν τοῦ αἰτήματος τινῶν φίλων ὁποῦ εἰς τοῦτο μὲ ἐπαρακίνησαν ἐπιπόνως.

Ἀλλ' ὅμως τὰ ὀνόματα τῶν κτητόρων ἑκάστου μοναστηρίου ἠθέλησα νὰ τὰ παραδράμω, καὶ τῶν ἄλλων ὅσοι μερικῶς τὰ ἐβοήθησαν, ἢ ἐκαλλιέργησαν εἰς αὐτά· καὶ μάλιστα πάντων τοῦ ἐκλαμπροτάτου καὶ ὑψηλοτάτου νῦν καὶ εἰς ὃ μετέπειτα εἰς χρόνους μακροὺς αὐθέντου καὶ ἡγεμόνος πάσης Οὐγγροβλαχίας κυρίου κυρίου Ἰωάννου Κωνσταντίνου Βασσαράβα Βοεβόνδα τοῦ Βραγκοβάνου. ἐπειδὴ καὶ ἡ ἐκλαμπρότης του ἐφάνηκεν εἰς τοὺς παρόντας καιροὺς μέγας προστάτης καὶ βοηθὸς τοῦ αὐτοῦ ἁγίου ὄρους· καθὼς καὶ ἄλλων παμπόλλων ἐκκλησιῶν καὶ μοναστηρίων· βοηθῶντας τα πάντοτε μὲ ἐλεημοσύναις πλουσιοπάροχος, καὶ αὐξαίνοντάς τα εἰς μέγεθος μὲ οἰκοδομήματα μεγαλοπρεπῆ τε καὶ ἀναγκαῖα, καὶ καλλωπίζοντάς τα μὲ ἐγκοσμήματα λειψάνων ἁγίων πολύτιμα, καὶ καλλιεργῶντας μὲ ἀφιερώματα πολυέξοδα καὶ περιφανῆ, γνωρίσματα μέγιστα τῆς ἄκρας αὐτοῦ περὶ τὰ θεῖα εὐλαβείας τε καὶ ζήλου θερμοῦ, εἰς μνήμην ἀΐδιον τῆς αὐτοῦ ὑψηλότητος, καύχημα δὲ καὶ ἔπαινον τοῦ μεγαλεπιφανεστάτου γένους τῶν ἀρχαιοτάτων Βασσαράβων καὶ κτητόρων τοῦ ἁγίου καὶ θεοφυλάκτου τούτου ὄρους τοῦ Ἄθωνος· τῶν λαμπρῶν δηλονότι προγόνων τῆς αὐτοῦ ὑψηλότητος.

Πρέπει δὲ, καθένας ὁποῦ ἀναγνώσῃ τὰ παρόντα, ἂν ἐπιθυμᾷ νὰ λάβῃ περισσοτέραν χάριν καὶ εὐλογίαν, καὶ ὅλως εἰπεῖν ὠφέλειαν ψυχικὴν, νὰ κάμῃ ὅσον τρόπον δύναται, ὅτι καὶ νὰ κοπιάσῃ μικρὸν, νὰ ὑπάγῃ καὶ σωματικῶς ἕως ἐκεῖ ὁποῦ εὑρίσκονται τὰ τοιαῦτα σεβάσμια, καὶ νὰ τὰ προσκυνήσῃ μετ' εὐλαβείας, κάμνοντας ὡς οἱ φιλόπονοι πραγματευταὶ, ὁποῦ περιπατοῦσι τὴν ξηρὰν, καὶ πλέουν διὰ θαλάσσης μὲ τόσους κόπους καὶ μὲ κινδύνους, μόνον διὰ νὰ ἀποκτήσουσι περισσότερα χρήματα. Διὰ νὰ λάβῃ λοιπὸν καὶ ἡ ἀντίληψίς σου ὦ ἀναγνῶστα χάριν περισσοτέραν ἀπὸ τὸν θεὸν, μὴν ἀμελήσῃς, μὴν δειλιάσῃς καὶ φοβηθῇς τινὰ κίνδυνον, μὴν ἀκριβευθῇς εἰς τὰ ἔξοδα, διὰ νὰ ὑπάγῃς εἴτε διὰ θαλάσσης, εἴτε διὰ ξηρᾶς,

id præstandum obnixe impulerunt.

Attamen eorum qui Monasteria singula exercitarunt nomina non prætermittendą duxi, neque aliorum qui ædificiis quidpiam contulerunt, aut illa exornarunt; maximeque omnium splendidissimi & celsissimi, nunc & in futura diuturna tempora, Authentis & Ducis totius Ungaro-Vlachiæ Domini Domini Joannis Constantini Vassaraba, Vœvodæ, Brancovani: quoniam is præsenti tempore magnus ejusdem sancti Montis patronus & in eum beneficus esse deprehenditur, quemadmodum & in alias multas Ecclesias atque Monasteria; quippe qui larga manu eleemosynas semper profundat, ædificia novis, magnificis & necessariis fabricis adaugeat, Sanctorum reliquias novis ornamentis ac pretiosis instruat, donaria multa pretiosa & splendida consecret & præbeat: argumenta certe maxima summæ ipsius erga divina pietatis fervidique affectus, ad æternam ejus celsitudinis memoriam, itemque ad gloriam & laudem illustrissimi & antiquissimi generis Vassaraborum, fundatorum hujus sancti & sub Dei tutela positi montis Athonis; de præclaris ejus Celsitudinis atavis loquor.

Cæterum par est ut is, qui hæc legerit, si quidem copiosiorem gratiam & benedictionem expetat, sive animæ utilitatem; quo poterit modo laboret, paulum defatigationis assumat, & ad usque loca, ubi hæc veneratione digna reperiuntur, corporaliter concedat, & cum pietate istæc veneretur, perinde atque studiosi quidam mercatores, qui uberioris quæstus causa terras peragrant, multisque cum laboribus & periculis mare trajiciunt. Ut igitur susceptio tua, ô Lector, copiosiorem a Deo gratiam accipiat; ne incuria torpeas, ne timeas, ne periculum reformides, nec cures expensam, ut mari terraque trajicias, non solum in sanctam Civitatem Jerusalem, ad sacri Sepulcri, vitæ receptaculi, adorationem: qui est primus omnium maximeque necessarius cultus; sed etiam in montem Sina, Dei aditu sacratum, & in hunc Athonis montem: quod & ipse sit sanctorum habitaculum virorum, virtutum arboribus adumbratum, Asceteriis frequentibus instructum, admirandis & Imperatoriis decoratum ædificiis, sanctis Reliquiis ditatum, sacris vasibus ac vestibus ornatum. In primis quoniam Deus optimus, ac Deiparæ præsidium, ex qua sacrum & insigne septum vulgo denominatur, ad hanc usque horam custodivit illud, & usque in sæculum custodiet ab omni adversario. Quot hostes ipsum oppugnarunt? quot in ipsum impetum fecerunt? sed per gratiam Christi illæsum & inexpugnabile mansit.

Erant quidem & alia bene multa apud Orthodoxorum genus Cœnobia sacra, Asceteria, Monasteria & veneranda hospitia, in Ægypto, in Thebaïde, in Palæstina, & innumeris aliis in locis; sed ea ob peccata nostra deserta & devastata fuerunt, atque iis, permittente Deo, privati sumus, paucis exceptis, quæ ad hunc usque diem servantur. Hunc autem locum nobis integrum reliquit Deus, hunc nobis concessit, cum ad consolationem nostram, tum ad omnipotentiæ suæ argumentum. Quot laboribus, ærumnis, calamitatibus, periculis quotidie impetuntur sancti Patres, qui illic habitant, a piæ religionis hostibus infinita mala sustinentes; idque tantum, ut sacer ille locus incolumis maneat, ne ut alia loca deseratur. Quot exterorum exactiones, quot molestias passi sunt? quot vexationes a Piratis, quot calumnias, quot alia infinita mala? quæ singulatim & pro merito recensere quænam humana lingua potuerit? Et tamen illi benedicti Patres, fortissimi adamatis instar, ut pervigiles Christi milites, hæc omnia viriliter sustinent, utpote impigri custodes sacrorum loco-

ὄχι μόνον εἰς τὴν ἁγίαν πόλιν Ἱερουσαλὴμ, εἰς προσκύνησιν τοῦ ἁγίου καὶ ζωοδόχου Τάφου, τὸ ὁποῖον εἶναι τὸ πρῶτον καὶ ἀναγκαιότατον τῶν ὀρθοδόξων προσκύνημα· ἀλλὰ καὶ εἰς τὸ θεοβάδιστον ὄρος Σινᾶ· καὶ εἰς τοῦτο δὴ τὸ ὄρος τοῦ Ἄθωνος· ὡσὰν ὁποῦ εἶναι καὶ αὐτὸ κατοικητήριον ἀνδρῶν ἱερῶν· ὡσὰν ὁποῦ εἶναι κατάσκιον μὲ τὰ δένδρα τῶν ἀρετῶν· πεπυκνωμένον μὲ ἀσκητήρια, καλλωπισμένον μὲ πολυθαύμαστα καὶ βασιλικὰ ὄντως κτίρια· πλουτισμένον μὲ ἅγια λείψανα, ὡραϊσμένον μὲ ἱερὰ σκεύη καὶ ἄμφια· μάλιστα ὁποῦ ὁ πανάγαθος Θεὸς, καὶ ἡ σκέπη τῆς Θεοτόκου, τῆς ὁποίας κοινότερον καὶ περιβόλιον ἱερὸν ὀνομάζεται, τὸ ἐφύλαξεν ἕως τώρα, καὶ θέλει τὸ φυλάξῃ εἰς τὸν αἰῶνα παντὸς ἐναντίου ἀνώτερον· πόσοι τὸ ἀντιπολέμησαν, πόσοι τὸ ἐκατάτρεξαν, ἀλλ᾽ αὐτὸ χάριτι Χριστοῦ ἀβλαβὲς ἐκ πάντων διετηρήθη καὶ ἀκαταπολέμητον.

Ἦσαν μὲν καὶ ἄλλα πλεῖστα εἰς τὸ γένος τῶν ὀρθοδόξων κοινόβια ἱερὰ, καὶ ἀσκητήρια, καὶ σεμνεῖα, καὶ σεβάσμια καταγώγια, εἰς τὴν Αἴγυπτον, εἰς τὴν Θηβαΐδα, εἰς τὴν Παλαιστίνην, καὶ εἰς ἄλλους μυρίους τόπους, ἀλλὰ ἐκεῖνα ὅλα διὰ τὰς ἁμαρτίας μας ἐρημώθησαν, καὶ τὰ ὑστερήθημεν κατὰ συγχώρησιν θείαν· πλὴν ὀλίγων τινῶν ὁποῦ σώζονται μέχρι τοῦ νῦν· τοῦτο δὲ μᾶς τὸ ἄφησεν ὅλον ὁλόκληρον ὁ Θεὸς, καὶ μᾶς τὸ ἐχάρισε, διὰ παρηγορίαν μὲν ἡμῶν, ἔνδειξιν δὲ τῆς αὐτοῦ παντοδυναμίας· μὲ πόσους κόπους καὶ μόχθους καὶ συμφορὰς καὶ κινδύνους οἱ ἐν αὐτῷ ἀσκούμενοι θεῖοι πατέρες ἀντιπαλαίουσι καθ᾽ ἑκάστην, ὑπομένοντες μυρίας θλίψεις ἀπὸ τοὺς ἐναντίους τῆς εὐσεβείας, μόνον διὰ νὰ φυλάττεται ὁ ἱερὸς ἐκεῖνος τόπος, καὶ νὰ μὴν ὑπομείνῃ ὡς καὶ ἄλλοι, ἐρήμωσιν· πόσας ἐξωτερικὰς συνδοσίας καὶ βαρήματα ὑποφέρουν, πόσαις ἀνάγκαις ἀπὸ κουρσάρους, πόσαις ἀβανίαις, καὶ ἄλλα μυρία κακὰ, τὰ ὁποῖα γλῶσσα ἀνθρώπου δὲν δύναται ἀξίως, νὰ τὰ διηγηθῇ κατὰ μέρος, καὶ αὐτοὶ οἱ εὐλογημένοι πατέρες ὡς γενναῖοι ἀδάμαντες καὶ ἄγρυπνοι τοῦ Χριστοῦ στρατιῶται εἰς ὅλα αὐτὰ στέκονται ἀνδρεῖοι, καὶ φύλακες ἄοκνοι τῶν ἱερῶν τόπων, ἔχοντες τὴν ἐλπίδα

εἰς

εἰς μόνην τὴν βοήθειαν τοῦ Θεοῦ, καὶ εἰς τὸ ἔλεος τῶν ὀρθοδόξων χριστιανῶν· διὰ τὴν ὑγείαν καὶ σωτηρίαν τῶν ὁποίων, δὲν παύουσιν ἡμέρας καὶ νυκτὸς δεόμενοι τοῦ Θεοῦ, μὲ καθημερινὰς ἱερουργίας, μὲ ἀγρυπνίας ὁλονυκτίους, καὶ μὲ προσευχὰς ἀδιαλείπτους μετὰ πολλῆς καὶ ζεούσης τῆς εὐλαβείας.

Ἐκεῖ θέλεις ἰδῆ πολυάριθμα βιβλία παλαιὰ καὶ μέχρι τοῦδε ἀνέκδοτα τοῖς πολλοῖς ὅλα διὰ χειρὸς, πάσης σοφίας, καὶ γνώσεως θείας, καὶ νοημάτων ὑψηλῶν πλήρη· βιβλία θεολογικὰ, καὶ ἕτερα ἀπὸ κάθε εἶδος ἐπιστήμης ὑπέρπολλα. Ἐκεῖ θέλεις ἰδῆ καὶ θαυμάσῃ χρυσόβουλλα τῶν εὐσεβῶν καὶ ἀοιδίμων βασιλέων ἀπὸ τοῦ ἁγίου Κωνσταντίνου τοῦ μεγάλου, ἕως καὶ αὐτοῦ τοῦ ὑστάτου τῶν ῥωμαίων βασιλέως Κωνσταντίνου τοῦ Παλαιολόγου, καὶ ἄλλων ὀρθοδόξων βασιλέων καὶ αὐθεντῶν· Ῥουσίας, Τραπεζοῦντος, Ἰβηρίας, Οὐγγροβλαχίας, Μολδαβίας, Σερβίας, καὶ ἄλλων αὐθεντιῶν. Ἐκεῖ καὶ γράμματα τῶν ἁγιωτάτων Πατριαρχῶν σιγιλλιώδη ἄξια εὐλαβείας πολλῆς, καὶ ἄλλων ἀρχιερέων διαφόρων ἐπαρχιῶν· εἰς τὰ ὁποῖα ὅλα θέλεις θαυμάσῃ τὴν εὔμορφον καὶ γλυκυτάτην φράσιν τῆς ἑλληνικῆς διαλέκτου, τὰ ὑψηλὰ καὶ θεῖα νοήματα, καὶ τὴν ὅσην εὐλάβειαν ἐπροσέφεραν εἰς τὰ τοῦ ἁγιωνύμου ὄρους τοῦ Ἄθωνος ἱερὰ μοναστήρια οἵ τε βασιλεῖς, Πατριάρχαι, καὶ ἡγεμόνες ἀρχῆθεν. Ἐκεῖ θέλεις ἐκπλαγῇ εἰς τὰς θαυμαστὰς τῆς ἐκκλησίας ἡμῶν παλαιὰς τάξεις, ὁποῦ χάριτι θείᾳ φυλάττονται μέχρι τῆς σήμερον ἀνελλιπεῖς· θέλεις εὐφρανθῇ ψυχικῶς εἰς τὰς ἀγρυπνίας ἐκείνας τὰς κατανυκτικὰς· τὰς ἀγγελικὰς ψαλμῳδίας, τὰς ψυχωφελεῖς ἀναγνώσεις· καὶ θέλεις λογιάσῃ ὅτι νὰ ἐσέβης μέσα εἰς ἄλλον ἐπίγειον παράδεισον· πάντα γὰρ ἐκεῖ καλὰ καὶ ὡραῖα δυνάμενα καὶ ὄμματα τέρψαι, καὶ ψυχὴν ὠφελῆσαι. Ἀλλὰ πρὸ τούτων τέως καὶ ὁ παρὼν χωρογραφικὸς πίναξ ὅλου τοῦ ἁγίου ὄρους μετὰ τῶν ἐν αὐτῷ μοναστηρίων τῶν τε κατ' ἀνατολὰς τούτου, καὶ τῶν κατὰ δυσμὰς, δι' ἡμετέρας δαπάνης καὶ αὐτὸς διαγλυφεὶς τε, καὶ τυπωθεὶς, ὡς ὁρᾶται, τέρψει πάντως ὑμῶν τὴν ὅρασιν καὶ οὐκ ὀλίγον χαροποιήσει τῇ θέᾳ προβάλ-

rum, in unum Dei auxilium, atque in orthodoxorum Christianorum eleemosynas spem habentes, pro quorum incolumitate & salute non cessant nocte dieque Deum precari, cum sacrificiis quotidianis, pervigiliis, orationibus assiduis, cum multa ferventique pietate.

Illic videbis innumeros Libros vetustos, & hactenus non editos, multisque ignotos, omnes manu scriptos, omni sapientia, scientia divina, & sublimibus sententiis refertos; Libros, inquam, Theologicos, & alios quovis disciplinæ genere. Illic videbis & miraberis Chrysobulla piorum & celebrium Imperatorum a S. Constantino Magno, usque ad postremum Romanorum Imperatorem Constantinum Palæologum, necnon aliorum Orthodoxorum Imperatorum ac principum, Russiæ, Trapezuntis, Iberiæ, Ungaro-Vlachiæ, Moldaviæ, Serviæ, & aliorum Principatuum. Illic item literas sanctissimorum Patriarcharum sigillatas, veneratione dignas, atque etiam aliorum Præsulum ex diversis Provinciis: in quibus omnibus admiraberis elegantiam suavitatéque Græci sermonis, sublimes divinasque sententias, pietatem item illam tantam, quam erga sacra sancti montis Atho Monasteria Imperatores, Patriarchæ & Duces jam olim professi sunt. Illic cum stupore suspicies mirabiles ac vetustas Ecclesiæ nostræ Institutiones, quæ hactenus indesinenter servantur. Ex animo lætaberis cernens illa pervigilia, Angelicas Psalmodias, fructuosas lectiones, ut te in alium terrenum Paradisum ingressum putes. Omnia illic pulcra & jucunda, quæ possint & oculis lætitiam, & animæ utilitatem adferre. Quinetiam his præmittitur Tabula Chorographica totius sancti Montis, & Monasteriorum ejus, tam quæ ad Orientem, quam quæ ad Occidentem sita sunt; quæ Tabula nostris sumtibus incisa & cusa, ut conspicitur, oculos vestros plane delectabit,

& adspectu non parum recreabit. Hæc dum legetis, mementote mei, qui ad hæc describenda animum appuli: & precamini pro me Dominum. Valete, Dei præsidio tuti ab omni adversario, intercessionibus Deiparæ, & S. Athanasii Athoniti, necnon aliorum omnium, qui in hoc monte Atho, sancti cognomine insignito, Deo placuerunt. Amen.

λων. Ταῦτα τοίνυν ἀναγινώσκοντες, μέμνησθε κἀμοῦ τοῦ εἰς τὴν τούτων προθυμηθέντος γραφήν· καὶ εὔχεσθε ὑπὲρ ἐμοῦ τῷ Κυρίῳ. ἔῤῥωσθε, ὑπὸ Θεοῦ παντὸς ἐναντίου ὑπέρτεροι διαφυλαττόμενοι· διὰ πρεσβειῶν τῆς Θεοτόκου, καὶ τοῦ ἁγίου Ἀθανασίου τοῦ ἐν τῷ Ἄθῳ, καὶ πάντων τῶν ἐν τῷ ἁγιωνύμῳ τούτῳ ὄρει Θεῷ εὐαρεστησάντων ἁγίων· ἀμήν.

MONTIS ATHO CONSPECTUS AB ORIENTE.

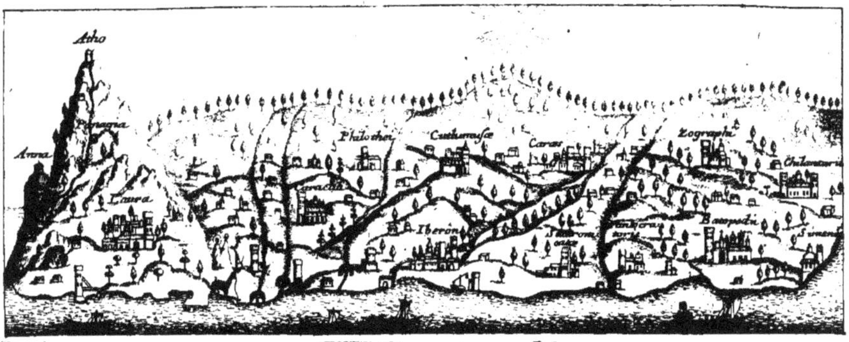

MONTIS ATHO CONSPECTUS AB OCCIDENTE.

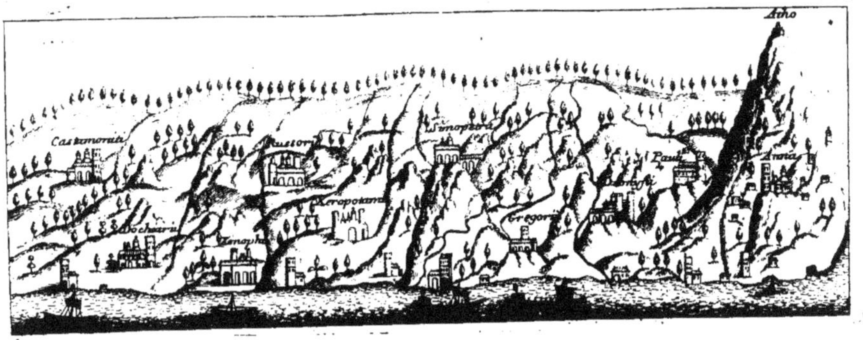

DE IMPERATORIO ac venerando Monasterio magnæ Lauræ Sancti Athanasii in monte Atho.

CElebre Monasterium Lauræ sancti Athanasii Athoniti, quod nomine Dormitionis Deiparæ exornatur, pulcritudine est inenarrabili, quia a duobus magnis æternaque memoria dignis Imperatoribus, Nicephoro Phoca & Joanne Tzimisce constructum est. Verum deinde cum vetustate dilaberetur, restauratum fuit ab Authente Ungaro-Vlachiæ Neagulo Vassaraba Vœvoda, qui totam Ecclesiam plumbeis tabulis texit: ut supra magnam Narthecis portam in ipso plumbo magnæ Cameræ inscriptum visitur. Est porro Monasterium jucunde situm: ante se quippe habet totum Ægæum mare, ac Lemnum e regione conspicit; a tergo autem Atho montem, ad æthera usque celsissimum, in cujus cacumine est parva Ecclesia. Eo autem semel in anno conscendunt Patres die festo Transfigurationis Salvatoris nostri Jesu-Christi: ibique sacra faciunt. Inde sereno aëre videntur ad Occidentem duodecim insulæ [Cyclades;] ad Orientem vero Constantinopolis, etsi quadringentis ferme Italicis milliaribus inde distet: tantæ videlicet sublimitatis est, ut unus inter insignes duodecim montes numeretur.

Habet hoc Monasterium sacella viginti-sex cum interius tum exterius posita, quorum magna pars depicta, splendidis mirabilibusque strata marmoribus; in singulis vero lampas perpetuo ardet. Ibi videas Patrum pistrina, infirmorum domicilia, torcularia, olei conficiendi officinas, itemque sutorias & sarcinatorias, & reliquas. Maxime vero

ΠΕΡΙ ΤΟΥ ΒΑΣΙΛΙΚΟΥ καὶ Σεβασμίου Μοναστηρίου τῆς μεγάλης Λαύρας τοῦ ἁγίου Ἀθανασίου τοῦ ἐν τῷ Ἄθῳ.

ΤΟ περίβλεπτον μοναστήριον τῆς Λαύρας τοῦ ἁγίου Ἀθανασίου τοῦ ἀθωνίτου τιμώμενον εἰς ὄνομα τῆς θεοτόκου τῆς κοιμήσεως, εἶναι εἰς τὸ κάλλος ἀνεκδιήγητον, ὡσὰν ὁποῦ εἶναι κτίσμα δύο μεγάλων αὐτοκρατόρων τοῦ τε Νικηφόρου φωκᾶ, καὶ Ἰωάννου τοῦ τζιμισκῆ τῶν ἀειμνήστων· ἀλλὰ καὶ ὕστερον παλαιωθὲν τὸ ἀνεκαίνισεν ὁ αὐθέντης τῆς Οὐγγροβλαχίας Νεάγουλος Βασαράβας Βοεβόνδας, καὶ τὴν ἐκκλησίαν ἐσκέπασεν ὅλην μὲ μολυβένιαις πλάκες· καθὼς φαίνεται γεγραμμένον ἔμπροσθεν εἰς τὴν μεγάλην πύλην τοῦ νάρθηκος ἐπάνω εἰς αὐτὸ τὸ μολύβι τῆς μεγάλης καμάρας. Εἶναι τὸ μοναστήριον εἰς εὔμορφην θέσιν· ἔχει ἔμπροσθέν του ὅλον τὸ Αἰγαῖον πέλαγος, καὶ βλέπει τὴν Λῆμνον ἀπ' ἀντικρύ· ὄπισθεν δὲ εἰς τὴν ράχην του ἔχει τὸ ὄρος τοῦ Ἄθωνος, ὄρος ὑψηλότατον καὶ οὐρανομήκες· εἰς τὴν κορυφὴν τοῦ ὁποίου εἶναι μικρὰ ἐκκλησία· καὶ εἰς αὐτὴν ἀναβαίνουσιν οἱ πατέρες μίαν φορὰν τὸν χρόνον κατὰ τὴν ἡμέραν τῆς ἑορτῆς τῆς μεταμορφώσεως τοῦ Σωτῆρος ἡμῶν Ἰησοῦ Χριστοῦ, καὶ λειτουργοῦσιν. Ἐκεῖθεν, ὅταν εἶναι καθαρὸς καὶ ἀνέφελος ὁ ἀήρ, φαίνονται κατὰ τὸ μέρος τῆς δύσεως ὅλα τὰ δωδεκάνησα· καὶ κατὰ τὴν ἀνατολὴν ἡ Κωνσταντινούπολις μὲ ὅλον ὁποῦ ἀπέχει τοῦ ἁγίου ὄρους μακρὰν τετρακόσια μίλια ἰταλικά, τόσον εἶναι πολλὰ ὑψηλόν, καὶ ἕνα ἀπὸ τὰ δώδεκα μεγάλα καὶ ὀνομασμένα βουνά.

Ἔχει τὸ μοναστήριον τοῦτο ἔσω καὶ ἔξω παρεκκλήσια εἰκοσιέξ τὰ περισσότερα ζωγραφισμένα, στρωμένα μὲ μάρμαρα λαμπρὰ καὶ θαυμαστά· καὶ εἰς ὅλα καθ' ἑκάστην καίονται κανδήλια ἀκοίμητα. Εἰς αὐτὸ θέλεις ἰδῆ τῶν πατέρων τὰ μαγκιπεῖα, τὰ νοσοκομεῖα διὰ τοὺς ἀσθενεῖς· τὰ βαγεναρεῖα· ἐλαιοτριβεῖα· τζαγκαρεῖα· ραπτάρεια καὶ τὰ λοιπά· καὶ μάλιστα πάντων τὸ μέγα

καὶ

καὶ ὑπερθαύμαστον τραπεζάριον· τὸ ὁποῖον εἶναι εἰς σχῆμα σταυροῦ, καὶ ἔχει τραπέζια εἰκοσιτέσσαρα μαρμαρένια· ἀπὸ δὲ ἕνα καὶ ἄλλο μέρος κατὰ τάξιν· καὶ ξεχωριστὰ εἰς τὴν κορυφὴν ἐπάνω εἶναι ἡ ἡγουμενικὴ τράπεζα· ὅλα θεωρίας καὶ θαύματος ἄξια. Εἶναι δὲ τὸ τραπεζάριον ἀντικρὺ εἰς τὴν μεγάλην πόρταν τῆς ἐκκλησίας πρὸς δυσμὰς μέγιστον καὶ εὐρυχωρότατον, ὅλον ζωγραφισμένον ἔσωθεν καὶ ἔξωθεν μὲ ὡραιοτάτην ἱστορίαν.

Ἐν δὲ τῷ μεταξὺ τοῦ ναοῦ καὶ τραπεζαρείου εὑρίσκεται ἡ φιάλη ἐκείνη ἡ περιβόητος εἰς τὴν ὁποίαν τελοῦσιν οἱ πατέρες καθ᾽ ἀρχιμηνίαν τὸν ἁγιασμόν· καὶ εἶναι ἀπὸ ἀτόφυον μάρμαρον ἐσκαλισμένη εἰς σχῆμα ποτηρίου, τόσον μεγάλη, ὁποῦ εἶναι τὸ ὕψος της ἓξ σπιθαμῶν, ὁ δὲ γῦρος της ὅλος δεκαεπτά· καὶ εἰς τὸν ὀμφαλόν της ἔχει ἕνα σωληνάριον χαλκινὸν ὀρθὸν πρὸς τὰ ἄνω μὲ διάφορα ζῶα τριγύρω του χάλκινα, καὶ εἰς τὴν κορυφήν του δικέφαλον ἀετόν· ἔχει δὲ τόπον ὑπόγειον ἔξωθεν ὁποῦ ἔρχεται μὲ τέχνην θαυμαστὴν τὸ νερόν, καὶ ἀναβαίνει εἰς τὸ σωληνάρι, καὶ χύνεται ἀπὸ τὰ στόματα τῶν ζώων ἐκείνων, καὶ τινάζεται ὑψηλά, καὶ ἐπιστρεφόμενος εἰς τὰ κάτω, γεμίζει τὴν φιάλην ἐκείνην· ἔργον καὶ θέας καὶ θαύματος ἄξιον· ἵσταται δὲ ἡ φιάλη ἐν μέσῳ κουβουκλίου ὡραιοτάτου, τοῦ ὁποίου ὁ θόλος εἶναι ὅλος ἱστορισμένος ἀπ᾽ ἔσω· καὶ στέκει ἐπάνω εἰς δέκα κολώναις μαρμαρένιαις· εἶναι δὲ τὸ κουβούκλιον ἀνοικτὸν ἀπὸ τὰ πέριξ, πλὴν ἔσω κλείεται κάτωθεν ἀπὸ τοῦ ἐδάφους εἰς ὕψος ἑπτὰ σπιθαμῶν κύκλωθεν μὲ μάρμαρα εὔμορφα καὶ γλυπτά.

Ὁ δὲ ναὸς ὁ καθολικὸς εἶναι μέγας καὶ φωτεινός, καὶ κάτωθεν μὲ μάρμαρα μέγιστα καὶ λαμπρὰ καὶ τὰ περισσότερα πορφυρᾶ κατάστρωτος ὅλος, μὲ τόσην εὐαρμοσίαν συντεθειμένα ὁποῦ ἤθελες εἰπῇ πῶς νὰ εἶναι ὅλον τὸ ἔδαφος τοῦ ναοῦ ἀπὸ ἕνα μάρμαρον πορφυροῦν. Ὁ τοῖχος ἀπὸ τῆς γῆς ἕως δύο ὀργυίαις στολισμένος μὲ τζινία ὡραιοπλούμιστα, ἐξόδῳ τοῦ παναγιωτάτου Κωνσταντινουπόλεως κυρίου Διονυσίου τοῦ ἀπὸ Ἄνδρου. Εἰκόνας ἔχει πολλὰς παλαιὰς καὶ ὡραίας, περι-

omnium ſuſpicitur magnum illud & admirandum Refectorium, crucis forma ſtructum, quod menſas habet marmoreas viginti-quatuor : ac ſeorſim ad ſuperiorem partem eſt menſa Hegumeni : omnia certe admiratione digna. Eſt autem Refectorium è regione magni Eccleſiæ oſtii ad occidentem, peramplum ſane & ſpatioſiſſimum, totum interius exteriuſque depictum jucundiſſima hiſtoria.

Inter Templum vero & Refectorium occurrit celeberrimus ille crater, in quo Patres cujuſlibet Menſis initio ſanctificationem peragunt : eſtque ex marmore uno in calicis formam ſculptus, tantæ magnitudinis, ut altitudine ſex, circuitu vero ſeptemdecim * ſpithamas obtineat : in cujus umbilico eſt fiſtula ænea erecta cum variis animalibus æneis in circuitu ejus, & in cacumine aquila biceps. Eſtque ibi ſubterraneus locus, unde cum artificio mirabili prodit aqua, & aſcendit in fiſtulam, atque ab animalium ore manat, & alto jactu emiſſa ad ima recidit, crateremque replet : rem ſane ſpectaculo & admiratione dignam. Stat vero crater in medio cameræ ſpecioſiſſimæ, depicto interius fornice, qui columnis decem marmoreis fulcitur : undequaque vero aperta camera eſt : in imo tamen, ſepto munitur ſeptem ſpithamarum altitudine, pulcherrimis ſculptiſque marmoribus inſtructo.

Templum vero majus peramplum eſt & luminoſum, ſtratum prægrandibus ſplendidiſque marmoribus, quæ magna pars porphyretica ſunt ; tanto artificio conjuncta ; ut dicas totum pavimentum ex uno marmore porphyretico eſſe. Murus a terra ad duas ulnas altitudinis aulæo veſtitur, opere Phrygio, ſumtibus ſanctiſſimi Patriarchæ Conſtantinopolitani Domni Dionyſii ex Andro. Imagineſque habet multas

* Spithame, ut dicitur Libro V. Cap. 5. habet 12. digitos. Pes vero Regius 16. Crateris igitur altitudo eſt 4. pedum regiorum ac dimidu. Circuitus 12. pedum regiorum & 12. digitorum. Diametrum quatuor pedum regiorum & quatuor digitorum.

antiquas & speciosas, auro circum illitas, argenteis aureisque laminis ornatas, cum lapidibus pretiosis. Extra illas autem duæ sunt prægrandes; servatoris nostri Christi una, Deiparæ altera: quas argento munivit & exornavit præclarus Imperator Andronicus Palæologus. Ad latera imaginum sunt Imperator & uxor ejus Imperatrix, in argento effícti. Est & alia imago S. Athanasii Athoniti argento exornata a magnificentissimo Authente Ungaro-Vlachiæ Neagulo Vœvoda: ad cujus latera ipse depictus est cum conjuge ad rei memoriam. In hoc ipso Templo lampades multæ jugiter ardent.

Supra Narthecem autem est Bibliotheca mirabilissima: in qua reperiuntur Libri multi veteres, manu scripti, pretiosissimi, a viris sapientibus & eruditis descripti. E vicino est cellula Sancti viri, & suppedaneum ejus, genuum ejusdem vestigiis ob frequentissimam genuflexionem exesum, licet totum marmoreum sit: rem sane cuivis homini stupendam! ob summam videlicet asperitatem & exercitationem ejus. Ad sinistrum magni Templi latus ingredientibus, est Sancti viri sepulcrum, cui impendent lampades argenteæ quindecim. E proximo autem stat virga ejus ferrea, qua dæmonia ejiciebat, & circulus ferreus, quo juxta carnem præcinctus erat, & crux illi conjuncta. Illic item est imago sanctissimæ Deiparæ, quo loco Cucuzelæ psallenti aureum nummum dedit. Atrium inter Ecclesiam & Mensam lapillis & calculis varii coloris pulcre stratum est: & in medio crater supra memoratus erigitur.

Illic videas cellulas multas ac speciosas, & turres, quibus in ambitu Monasterium munitum est. Procul Monasterio, in præruptis Montis, ubi desertum ac secessui aptus locus, est Scete S. P. N. Gregorii Palama Archiepiscopi Thessalonicæ, cujus veneran-

κεχρυσωμένας καὶ ἐγκεκοσμημένας μὲ πλάκες ἀργυραῖς, καὶ χρυσαῖς, καὶ μὲ λιθάρια πολύτιμα· Ἔξω ἀπ' αὐταῖς εἶναι καὶ δύο μεγάλαι, τοῦ σωτῆρος ἡμῶν Χριστοῦ μία, καὶ ἄλλη τῆς Θεοτόκου, ταῖς ὁποίαις ἀσήμωσε καὶ ὡραΐισεν ὁ ἀοίδιμος βασιλεὺς Ἀνδρόνικος ὁ Παλαιολόγος· εἶναι δὲ εἰς ἑκάτερα τὰ πλάγια τῶν εἰκόνων ὅ, τε βασιλεὺς καὶ ἡ βασίλισσα αὐτοῦ ἐντετυπωμένοι μὲ ἀσήμι σκαπτόν· εἶναι καὶ ἄλλη τοῦ ἁγίου Ἀθανασίου τοῦ ἀθωνίτου ἐγκαλλωπισμένη μὲ ἀσήμι ἀπὸ τὸν ἐκλαμπρότατον Αὐθέντην τῆς Οὐγγροβλαχίας Νεάγουλον Βοεβόνδαν· καὶ εἰς τὰ πλάγια εἶναι, τυπωμένος μὲ τὴν Δόμναν του ἐπάνω εἰς ἀσήμι διὰ ἐνθύμησιν. Καίονται ἀενάως εἰς αὐτὸν τὸν ναὸν κανδήλια περισσά.

Ἐπάνωθεν δὲ τοῦ νάρθηκος εἶναι βιβλιοθήκη πολυθαύμαστος· εἰς τὴν ὁποίαν εὑρίσκονται βιβλία διάφορα παλαιὰ διὰ χειρὸς, πολλῆς τιμῆς ἄξια παρὰ ἀνδράσι σοφοῖς καὶ φιλολόγοις. Ἐκεῖ δὲ πλησίον εἶναι καὶ τὸ κελλίον τοῦ ἁγίου· καὶ τὸ ὑποπόδιον αὐτοῦ καταφαγωμένον ἀπὸ τὰ γόνατα τοῦ ἁγίου διὰ τὰς πολλαῖς μετανοίαις, μὲ ὅλον ὁποῦ εἶναι καὶ μαρμαρένιον· πρᾶγμα νὰ ἐκπλαγῇ καθε ἄνθρωπος τὴν ἄκραν του σκληραγωγίαν καὶ ἄσκησιν. Εἰς δὲ τὸ ἀριστερὸν πλάγιον τοῦ μεγάλου ναοῦ καθὼς εἰσεβαίνομεν, εἶναι ὁ τάφος τοῦ ἁγίου· ἐπάνωθεν τοῦ ὁποίου κρέμονται κανδήλαις ἀργυραῖς δεκαπέντε, καὶ ἐκεῖ πλησίον ἵσταται καὶ ἡ σιδηρᾶ τούτου ῥάβδος μὲ τὴν ὁποίαν ἐδίωκε τὰ δαιμόνια, καὶ ἡ σιδηρὰ κουλοῦρα τὴν ὁποίαν ἐφόρει κατάσαρκα ἐζωσμένος· καὶ ὁ σταυρὸς μετ' αὐτῆς. Ἐκεῖ εἶναι καὶ ἡ εἰκὼν τῆς Παναγίας ὁποῦ ἐχάρισε τοῦ Κουκουζέλη ὅταν ἔψαλλεν ἕνα χρυσόν. Ἡ αὐλὴ ὁποῦ εἶναι μεταξὺ τῆς ἐκκλησίας καὶ τῆς τραπέζης εἶναι ὅλη μὲ χαλίκια καὶ ψηφία διαφόρων χρωμάτων κατεστρωμένη εἰς κάλλος. καὶ εἰς τὴν μέσην αὐτῆς εἶναι ἡ φιάλη ὡς εἴπομεν.

Ἐκεῖ θέλεις ἰδῆ κελλία πολλὰ, καὶ δοξάτα, καὶ πύργους ὁποῦ ἔχει τὸ μοναστήριον τριγύρω του. Μακρὰν δὲ τοῦ μοναστηρίου κατὰ τὰ δύσβατα τοῦ ὄρους εἰς ἔρημον καὶ ἡσυχαστικὸν τόπον εἶναι καὶ ἡ σκήτη τοῦ ἐν ἁγίοις πατρὸς ἡμῶν Γρηγορίου Ἀρχιεπισκόπου Θεσσαλονίκης τοῦ Παλαμᾶ, οὗ τὸ σεβάσμιον λείψανον μέχρι τῆς σήμερον ἄσηπτον διατηρεῖται ἐν Θεσσαλονίκῃ, θαυμαστὴν εὐωδίαν ἐκπέμπον, καὶ ἴασιν τοῖς μετὰ πίστεως προσερχομένοις δωρούμενον. Πλησίον δὲ τοῦ μοναστηρίου εὑρίσκεται καὶ τὸ κελλίον τοῦ Κουκουζέλη ἐκείνου τοῦ ὀνομαστοῦ μελῳδοῦ. Καὶ τὸ ἀσκητήριον τοῦ ἁγίου Πέτρου τοῦ ἀθωνίτου. Ἔξωθεν δὲ τοῦ μοναστηρίου κατὰ τὰ ὑψηλὰ εἶναι καὶ τὸ παρεκκλήσιον τοῦ ἁγίου Ἰωάννου τοῦ χρυσοστόμου, ὡραῖον εἰς τὸ κάλλος· καὶ τὰ ἀξιοθαύμαστα κελλία τὰ ὁποῖα ὁμοῦ μὲ τὸ παρεκκλήσιον ἀνήγειρεν ἐκ βάθρων δι' οἰκείων ἐξόδων ὁ παναγιώτατος κὺρ Διονύσιος ὁ ἐξ Ἄνδρου, ἀνάμεσα εἰς κήπους, καὶ ἀμπελῶνας καὶ κυπαρίσσια μὲ νερὰ καθαρώτατα πλησίον ἐκεῖ ἀναβρυτικὰ καὶ ὑγιεινότατα, εἰς τόπον ὑψηλὸν, ὁποῦ βλέπει τὸ πέλαγος καὶ τὸ μοναστήριον ὅλον ἔμπροσθέν του. Ἔχει τὸ μοναστήριον κάτω εἰς τὸν αἰγιαλὸν λιμένα κατασκευαστὸν, καὶ ἀρσανᾶν ἐπιτήδειον διὰ τὰ πλοιάρια, καὶ πύργον ὑψηλὸν καὶ ἀξιοθέατον, κτίσμα βασιλικὸν, μὲ πατώματα ἕξ· εἰς τὸν ὁποῖον ἐμβαίνουσιν ἀπὸ ἕνα γεφύρι ξυλένιον τὸ ὁποῖον σηκώνοντες μὲ τέχνην ἐπάνω, δὲν εἶναι δυνατὸν πλέον ἄλλος τινὰς νὰ εἰσέβῃ εἰς αὐτόν. Ἔχει κελλία μέσα του εὔμορφα, καὶ παρεκκλήσιον θαυμαστόν· καὶ ἐπάνωθεν λουμπάρδαις μεγάλαις καὶ καλαῖς διὰ φύλαξιν τοῦ λιμένος, καὶ διὰ νὰ δίδουσιν εἴδησιν εἰς τὸ μοναστήριον ἐπάνω, ὅταν ὑπάγῃ κανένας προσκυνητής· καὶ διὰ νὰ ὑποδέχωνται καὶ τοὺς ἀπὸ τῶν ταξιδίων ἐρχομένους προηγουμένους καὶ ἱερομονάχους μετὰ χαρᾶς καὶ ἀγαλλιάσεως.

Τὰ δὲ ἅγια λείψανα ὁποῦ εὑρίσκονται εἰς τὴν μεγάλην ἐκκλησίαν εἶναι ἀποτεθειμένα μέσα εἰς τὸ ἅγιον βῆμα εἰς ἕνα τεχνικὸν καὶ ὡραιοπλουμισμένον κιβώτιον, μεγάλον μὲν εἰς τὸ μέγεθος, πολύτιμον δὲ καὶ ὡραῖον εἰς τὴν κατασκευήν· καὶ μέσα εἰς αὐτὸ εἶναι ἡ κάρα τοῦ ἐν ἁγίοις πατρὸς ἡμῶν Βασιλείου τοῦ μεγάλου.

Ἡ κάρα ἡ θαυματουργὸς διὰ ταῖς ἀκρίδες τοῦ ἁγίου Μιχαὴλ Συνάδων, τὴν ὁποίαν ὁ ἐκλαμπρότατος καὶ ὑψηλότατος αὐθέντης πάσης Οὐγγροβλαχίας κύριος Ἰωάννης Κωνσταντῖνος Βασαράβας Βοεβόνδας με-

dæ reliquiæ hactenus incorruptæ servantur Thessalonicæ, mirum suavissimumque odorem emittentes, ac medelam iis, qui cum fide accedunt, tribuentes. Prope Monasterium cellula Cucuzelæ supra dicti musici celebris reperitur, necnon Asceterium S. Petri Athoniti. Extra Monasterium in editis locis est sacellum S. Joannis Chrysostomi, pulcritudine conspicuum: admirandæ item cellulæ, quas cum sacello a fundamentis sanctissimus Patriarcha Dionysius Andrius propriis sumtibus, inter hortos, vineas & cupressos exstruxit. Ibidem sunt aquæ limpidissimæ & saluberrimæ, in alto loco scaturientes: unde conspicitur mare & Monasterium intermedium. Habet porro Monasterium ad littus maris portum exædificatum, & navale commodum naviculis, turrim item excelsam ac spectabilem, Imperatorium opus, cum tabulatis sex, in quam per pontem ligneum ingrediuntur, quo arte quadam in altum sublato, nemo potest in illam introire. Habet autem conclavia in medio pulcherrima, & sacellum admirandum, ac in fastigio tormenta bellica grandia & pulcra ad portûs custodiam, & ad signum edendum Monasterio altius posito, cum quis adoraturus adventat, & ut Abbates ac Hieromonachi e navigatione venientes, cum gaudio & exultatione excipiantur.

Sanctæ autem reliquiæ, quæ reperiuntur in magna Ecclesia, in medio Altaris depositæ sunt, in arca affabre facta & opere musivo exornata, quæ quidem prægrandis est, & pretiosis pulcrisque ornamentis decorata. In medio autem est caput S. Patris nostri Basilii magni.

Caput Sancti Michaëlis Synnadensis miraculis ad locustas exterminandas clarissimi, a splendidissimo ac celsissimo Authente totius Ungaro-Vlachiæ D. Joanne Constantino Vassaraba

Vœvoda magnifice exornatum auro multo & lapidibus pretiosis, cum theca argentea & admirabili; estque totus ornatus ille magno peculio in monumentum pietatis ejus concinnatus.

Caput Sancti & magni Martyris Eustratii.

Caput Sancti Martyris Alexandri.

Pars venerandæ manus S. Apostoli & Evangelistæ Lucæ.

Pars reliquiarum S. Apostoli Andreæ, qui primus vocatus est.

S. Lucæ in Stirio.

Partes reliquiarum SS. Quadraginta Martyrum.

Pes exiguus integer S. Cerycì, qui triennis martyrium subiit: monumentum certe admirandum ac spectabile. Pars reliquiarum S. matris ejus Julittæ, quæ cum filio Ceryco martyrii palmam obtinuit.

Tantillum ex pretioso Sanguine Domini nostri Jesu Christi.

Capilli pauci Deiparæ.

Particulæ donorum, quæ Magi obtulerunt.

Ex sacris pannis incunabulorum Domini nostri.

Unguentum Sancti & magni Martyris Demetrii.

Manus S. Joannis Chrysostomi. Et aliæ multæ in aureis & argenteis thecis pie & honorifice reconditæ.

Illic videbis & adorabis partem venerandi ligni vivificæ Crucis, longitudine quasi unius spithamæ, in Crucis formam, repositam in pretiosa theca argentea auro obducta, lapillis & margaritis intus & foris decorata: extrinsecus vero habente quatuor gemmas grandiores & pretiosiores in Crucis formam, ceu magnitudine avellanæ, sed non perfecte rotundas.

Residua vero Ecclesiæ cimelia, sacra vasa, suppellectilem, Evangelia pulcre compacta, quis possit minutatim recensere? sed hæc compendio dixisse sufficiat, unde cætera æstimare possis.

μεγαλοπρεπῶς ἐγκόσμησε μὲ χρυσίον πολὺ, καὶ λίθοις ἀκριβοῖς, καὶ μὲ θήκην ἀργυρᾶν καὶ παμθαύμαστην, καὶ εἶναι στολισμὸς πολυέξοδός τε καὶ ἀξιόλογος εἰς μνημόσυνον τῆς αὐτοῦ θεοσεβείας.

Ἡ κάρα τοῦ ἁγίου μεγαλομάρτυρος Εὐστρατίου.

Ἡ κάρα τοῦ ἁγίου μάρτυρος Ἀλεξάνδρου.

Μέρος ἐκ τῆς τιμίας χειρὸς τοῦ ἁγίου ἀποστόλου καὶ εὐαγγελιστοῦ Λουκᾶ.

Τοῦ ἁγίου ἀποστόλου Ἀνδρέου τοῦ πρωτοκλήτου μέρος.

Τοῦ ἁγίου Λουκᾶ τοῦ ἐν τῷ στειρίῳ.

Μέρη λειψάνων τῶν ἁγίων τεσσαράκοντα μαρτύρων.

Τὸ ποδάριον τοῦ ἁγίου Κηρύκου σῶον καὶ ὁλόκληρον, ὁ ὁποῖος ἐμαρτύρησεν ὄντας ἀκόμη παιδίον μικρὸν χρόνων δηλονότι τριῶν· λείψανον ὑπερθαύμαστον καὶ ἀξιοθέατον· Μέρος τῆς αὐτοῦ μητρὸς τῆς ἁγίας Ἰουλίττης· τῆς συμμαρτυρησάσης τῷ αὐτόθεν ἁγίῳ Κηρύκῳ τῷ ταύτης υἱῷ.

Ὀλίγον ἅγιον αἷμα τοῦ Κυρίου μας Ἰησοῦ Χριστοῦ.

Τρίχες ὀλίγαι τῆς Θεοτόκου.

Ἀπὸ τὰ δῶρα τῶν μάγων μέρη τινά.

Καὶ ἀπὸ τὰ ἅγια σπάργανα τοῦ Κυρίου μας.

Μῦρον τοῦ ἁγίου μεγαλομάρτυρος Δημητρίου.

Ἡ χεὶρ τοῦ ἁγίου Ἰωάννου τοῦ χρυσοστόμου καὶ ἄλλα πολλὰ καὶ διάφορα ὅλα εἰς χρυσαῖς καὶ ἀργυραῖς θήκαις ἐναποκείμενα ἐντίμως καὶ εὐλαβῶς.

Ἐκεῖ θέλεις ἰδῇ καὶ προσκυνήσῃ μέρος ἀπὸ τὸ τίμιον ξύλον τοῦ ζωοδότου Σταυροῦ, τὸ μῆκος ὡς μίαν σπιθαμὴν εἰς τύπον σταυροῦ, μέσα εἰς μίαν θήκην πολύτιμον ἀργυρᾶν κεχρυσωμένην καὶ ἐγκεκοσμημένην ἔσωθέν τε καὶ ἔξωθεν μετὰ λίθων καὶ μαργάρων πολυτιμήτων· ἔχουσαν καὶ τέσσαρα ἐξαίρετα μαργαριτάρια ἔξωθεν· σταυροειδῶς καρφωμένα ὅσον μέγεθος λεπτοκαρύων, μόνον δὲν εἶναι ἀκριβῶς στρογγυλά.

Τὰ δὲ λοιπὰ τῆς ἐκκλησίας εἴδη καὶ ἱερὰ σκεύη, καὶ πράγματα, καὶ εὐαγγέλια κεκοσμημένα τίς δυνάται εἰς πλάτος καὶ ὄνομα ἐξειπεῖν· ἀλλ' ἀρκοῦσι καὶ ταῦτα ὡς ἐν συντόμῳ, ἐξ ὧν θέλει καταλάβῃ καθένας καὶ τὰ ἐπίλοιπα.

πα. καὶ ἐπειδὴ ἡ ἁγία Ἄννα καὶ τὰ περὶ αὐτὴν ἀσκητήρια ἀπὸ τὸ μοναστήριον τοῦτο τοῦ ἁγίου Ἀθανασίου ἐξηρτῶνται, καὶ πρὸς αὐτὸ ἀποβλέπουσιν ὅσον τὰ πρὸς μερικὴν διοίκησιν, διὰ τοῦτο ἀκολούθως συνάπτομεν καὶ τὴν περὶ αὐτῶν ἐνταῦθα διήγησιν.

Quoniam vero S. Anna & Asceteria circum posita ab hoc S. Athanasii Monasterio dependent, & quantum ad administrationem ad ipsum spectant; idcirco eorum descriptionem huic subjungimus.

Περὶ τῶν Ἀσκητηρίων καὶ τοῦ ἱεροῦ ναοῦ τῆς ἁγίας Ἄννης.

De Asceteriis ac Templo Sanctæ Annæ.

ΤΑ κελλία τῶν εὐλαβῶν καὶ ἐναρέτων ἀσκητῶν ὁποῦ εὑρίσκονται πλησίον εἰς τὸ κυριακὸν ὁποῦ εἶναι ναὸς τῆς ἁγίας Ἄννης εἶναι ἐπάνω εἰς κρημνώδη καὶ δύσβατον τόπον τὸν ἀριθμὸν ὑπὲρ τὰ ἑξήκοντα· ὄντας ἐκεῖ καὶ παρεκκλήσια τῶν ἀσκητῶν πλειστά. οἱ δὲ ἐκεῖσε κατοικοῦντες ἐρημῖται καὶ ἀσκηταὶ ζῶσι μὲ τὸ ἐργόχειρόν τους· καὶ οἱ μὲν εἶναι καλλιγράφοι· οἱ δὲ βιβλιοδέται· ἄλλοι δὲ ψάλται· καὶ ἄλλοι μὲν σκάπτουσιν ἐγκόλπια καὶ σταυρούς· ἄλλοι πλέκουσι καμηλαύχια· ἕτεροι δὲ ποιοῦσι χουλιαρία· καὶ ἄλλοι ἐξ αὐτῶν κομπολόγια· καὶ ἀπ' αὐτὰ ζωοτρέφονται· τὸ περισσότερον ἐνασχολούμενοι ἐν τῇ προσευχῇ, καὶ διάγοντες τὴν ζωήν τους ἐν νηστείᾳ καὶ πόνοις καὶ σκληραγωγίᾳ πολλῇ· συνάγονται δὲ πᾶσαν κυριακὴν καὶ λειτουργοῦνται ὁμοῦ εἰς τὸ κυριακόν· καὶ συνομιλοῦσι μετ' ἀλλήλων ἐρωτῶντες περὶ ψυχωφελῶν ζητημάτων καὶ πράξεων ἐναρέτων, καὶ μετ' εὐλαβείας καὶ ταπεινώσεως φιλαδέλφως ἀποκρινόμενοι· καὶ οὕτως ἀναχωροῦσιν εἰς τὸ κελλίον αὐτοῦ ὁ καθένας.

Εἰς τὴν ἐκκλησίαν αὐτὴν εὑρίσκεται καὶ τὸ ἀριστερὸν ποδάρι τῆς ἁγίας Ἄννης, λείψανον πολυθαύμαστον καὶ εὐῶδες.

Τὸ κυριακὸν ἦτον πρότερον στενόχωρον δυνατά· ὕστερον ὅμως ὁ παναγιώτατος πατριάρχης Κωνσταντινουπόλεως κὺρ Διονύσιος ὁ ἐξ Ἄνδρου μὲ πλουσιοπάροχον ἐξοδίαν τὸ ἐξάνοιξε καὶ τὸ ἐκαλλώπισε μὲ τέμπλον ὡραῖον, καὶ κανδήλια πέντε ἀφιέρωσεν ἀργυρᾶ· καὶ πολυέλαιον θαυμαστόν· οὗτος δὲ καὶ ἄλλα πλεῖστα καλὰ ἐποίησεν εἰς τὸ ἅγιον ὄρος· δρόμους ἐκαθάρισε καὶ τοὺς ἔστρωσε

CEllulæ piorum sanctorumque Ascetarum, sitæ sunt prope Cyriacum seu Ecclesiam Dominicam, quæ est Templum S. Annæ, in loco alto, prærupto & accessu difficili, numero plus sexaginta: ibi sunt item sacella Ascetarum multa. Incolæ vero Eremitæ & Ascetæ labore manuum victum parant. Et alii quidem sunt Calligraphi, alii Libros compingunt, alii Psaltæ sunt: hi thecas Reliquiarum vel Cruces insculpunt; illi camelaucia sive theristra plectunt, alii cochlearia, alii rosaria conficiunt, ex iisque victitant. Quod reliquum temporis habent orationi impendunt, vitamque suam in jejuniis, laboribus & asperitate multa transigunt. Singulis vero Dominicis conveniunt, & sacra celebrant in Cyriaco. Ibi mutuo colloquuntur, quæstionesque proponunt ad animæ salutem & virtutis exercitium, amiceque, pie & cum humilitate ad quæsita respondent: & postea singuli ad cellas suas remigrant.

In hac Ecclesia habetur pes sinister S. Annæ, admirabiles sane reliquiæ & suavissimi odoris.

Cyriacum pridem angustum valde fuerat. Verum sanctissimus Patriarcha Constantinopolitanus D. Dionysius Andrius sumtibus multis ipsum dilatavit & ornavit, ciborium pulcrum exstruxit, & lampades quinque argenteas consecravit, cum lampade spectabili multorum ellychniorum. Hic autem multa alia bona sancto Monti contulit: vias quippe complanavit lapideisque tabulis stravit, quæ prius arduæ & salebrosæ erant: sacella excitavit, cellulas & turres construxit, non solum in sancta Laura, & in Monasterio Iberorum; sed etiam alibi, cum expensa pecuniarum multa. Ascetæ vero illi præcelsa montis incolentes, quoniam via illa proxime sita aquis prorsus vacua est; ut Ascetæ & alii pii homines, illò pietatis causa accedentes, ad sitim sedandam potum haberent, parvum illic ædificium excitaverunt, tholo sive fornice opertum, & circùm sedilia ad quiescendum posuerunt: ac istuc aquam in magna hydria deferunt ac deponunt: viatoresque illic aquam reperientes, & potu recreati, ipsos adeunt.

In via, qua itur a Sancta Anna ad Monasterium sacræ Lauræ S. Athanasii, reperiuntur cellæ admirandæ, quæ omnes ad eandem Lauram pertinent; videlicet S. Panteleemon, Cerasia, ubi est sacellum SS. Apostolorum, S. Demetrius, ubi sunt vineæ ejusdem S. Lauræ, S. Antonius, & S. Athanasius. Hæ cellæ ornatissimæ sunt & ad secessum destinatæ. Deinde cella Capsocalybæ, S. Petrus, ubi alia vinea. Transgressus autem Sanctam Lauram ad mirabilem illum, dulcissimum ac frigidum Sancti Athanasii fontem pervenies; cujus historia paucis enarranda.

Cum ad victum necessaria Monasterio Lauræ deficerent, ipsum deseruit S. Athanasius ac secessit: dum iter autem ageret occurrit ipsi Deipara & ait, Cur fugis, Abba? Respondet vir sanctus, Quia non adsunt necessaria Monasterio. Cui Deipara, Regredere in Monasterium, & affatim omnia suppetent. Sanctus vero, Quænam es tu? Mater Jesu Christi sum, inquit Deipara. Infit Sanctus, Parce mihi, Domina, si non credam prius, quam signum videam: multi quippe sunt diaboli laquei. Respondit castissima

μὲ λίθιναις πλάκες, ὁποῦ πρότερον ἦσαν παντάπασι δύσβατοι· καὶ παρακλήσια ἔκτισε· καὶ κελλία καὶ πύργους ἀνοικοδόμησεν οὐ μόνον εἰς τὴν ἁγίαν λαύραν, καὶ εἰς τὸ μοναστήριον τῶν Ἰβήρων, ἀλλὰ καὶ ἀλλαχοῦ πλουσιοδώρως· οἱ δὲ ἄνωθεν ἀσκηταὶ μὲ τὸ νὰ εἶναι ὁ δρόμος ἐκεῖ πλησίον τοῖς ἄνυδρος, διὰ νὰ ἔχουσιν οἱ διαπορευόμενοι ἀσκηταὶ καὶ προσκυνηταὶ νερὸν εἰς ἀνάψυξιν καὶ θεραπείαν τῆς δίψης των ἔκτισαν εἰς ἕνα τόπον ἐκεῖ μικρὸν οἰκοδόμημα, μὲ θόλον σκεπασμένον, καὶ τειγύρωθεν μὲ καθίσματα εἰς ξεκούρασιν· εἰς τὸ ὁποῖον φέρουσι μὲ μεγάλην στάμναν νερὸν, καὶ τὸ ἀποθέτουσιν εἰς αὐτό· καὶ οἱ διαβαίνοντες προσκυνηταὶ εὑρίσκουσιν ἐκεῖ πάντα νερὸν, καὶ πίνουσι καὶ τοὺς συγχαροῦν.

Κατὰ δὲ τὸν δρόμον ὁποῦ ὑπάγει ἀπὸ τῆς ἁγίας Ἄννης πρὸς τὸ μοναστήριον τῆς ἱερᾶς λαύρας τοῦ ὁσίου Ἀθανασίου, εὑρίσκονται κελλία πολυθαύμαστα, ὅλα τῆς αὐτῆς λαύρας· ἤτοι ὁ ἅγιος Παντελεήμων. ἡ Κερασία ὅπου καὶ παρακλήσιον τῶν ἁγίων Ἀποστόλων. Ὁ ἅγιος Δημήτριος, ὅπου ἐστὶν ἡ ἀμπελικὴ τῆς αὐτῆς ἁγίας Λαύρας. Ὁ ἅγιος Ἀντώνιος. Καὶ ὁ ἅγιος Ἀθανάσιος. Αὐτὰ ὅλα εἶναι κελλία εὔμορφα καὶ ἡσυχαστικά. Ἔπειτα τὸ τοῦ Καψοκαλύβη. Καὶ ὁ ἅγιος Πέτρος, ὅπου καὶ ἄλλη ἀμπελική. Περνῶντας δὲ τὴν ἁγίαν Λαύραν διαβαίνεις ὕστερον ἀπὸ τὴν πολυθαύμαστον ἐκείνην γλυκυτάτην καὶ κατάψυχρον βρύσιν τοῦ ἁγίου Ἀθανασίου, τῆς ὁποίας ἡ ἱστορία ὡς ἐν συντόμῳ εἶναι τοιαύτη.

Ἔστωντας καὶ νὰ ἐστερήθησαν τὰ πρὸς τροφὴν ἀναγκαῖα τοῦ μοναστηρίου τῆς Λαύρας, τὸ ἄφησε καὶ ὁ ἅγιος Ἀθανάσιος, καὶ ἀνεχώρησε· κατὰ δὲ τὸν δρόμον τὸν ἀπάντησεν ἡ Θεοτόκος· καὶ τοῦ λέγει· διατὶ φεύγεις ἀββᾶ, ὁ δὲ ἅγιος τῆς ἀπεκρίθη· φεύγω διότι δὲν ἔχω τὰ χρειαζόμενα τοῦ μοναστηρίου. καὶ ἡ Θεοτόκος τοῦ λέγει· γύρισαι ὀπίσω εἰς τὸ μοναστήριόν σου καὶ θέλεις εὕρῃ τὰ πάντα πλουσιοπάροχα. ὁ δὲ ἅγιος τῆς εἶπε· καὶ ποία εἶσαι ἐσύ, καὶ ἡ Θεοτόκος τοῦ ἀπεκρίθη· ἡ μήτηρ τοῦ Ἰησοῦ Χριστοῦ εἶμαι· λέγει της ὁ ἅγιος· συγχώρησόν με δέσποινα, ὅτι δὲν πιστεύω, ἐὰν δὲν ἰδῶ τίποτε σημεῖον· πολλαὶ γὰρ αἱ παγίδες τοῦ δαίμονος. λέγει του ἡ πάναγνος·

κτύπησον τὴν πέτραν αὐτὴν εἰς τὸ ὄνομα τῆς ἁγίας τριάδος σαυροειδῶς μὲ τὴν ῥάβδον σου· καὶ μὲ τὴν χάριν τοῦ ἐξ ἐμοῦ τεχθέντος, νὰ εὕγῃ ὕδωρ πολὺ καὶ καθαρόν· καὶ κρούσαντος τοῦ ἁγίου, παρευθὺς ὢ τοῦ θαύματος ἀνέβλυσεν ὕδωρ πολὺ καθαρὸν καὶ γλυκύτατον, καὶ εἶναι ἁγίασμα ὠφελιμώτατον εἰς πᾶσαν ἀῤῥωστίαν. καὶ βρύει ἀεννάως καὶ δαψιλῶς μέχρι τῆς σήμερον· Ἐκεῖ ἔχουσιν οἱ πατέρες μικρὸν οἰκοδόμημα καὶ τράπεζαν καὶ ἀρμάριον· οἱ δὲ διαπερνῶντες ἐκεῖθεν διαβάται καὶ προσκυνηταὶ κάθονται εἰς αὐτὸ πλησίον τοῦ ἁγιάσματος, καὶ πλύνονται καὶ πίνουσι μὲ εὐλάβειαν ἀπ' ἐκεῖνο· ἔπειτα γεύονται εἰς τὴν τράπεζαν ἀπὸ τὰς μεθ' ἑαυτῶν συνεπιφερομένας τροφάς· καὶ ὅσον τοὺς περισσεύσει εἴτε ψωμίον, εἴτε προσφάγιον τὸ ἀφίνουσιν ἐκεῖ μέσα εἰς τὸ ἀρμάριον διὰ νὰ εὑρίσκουσιν ὅσοι διαβαίνουσιν ἐκεῖθεν πτωχοί, καὶ τρώγοντες νὰ συγχωροῦσιν μετ' εὐχαριστίας· εἶναι δὲ καὶ εἰκὼν τῆς ὑπεραγίας Θεοτόκου ἐκεῖ ἐν ᾗ ἵσταται καὶ ὁ ἅγιος ἱστορισμένος μὲ ῥάβδον εἰς τὸ χέρι πλήττων τὴν πέτραν ἐξ ἧς ἀναβλύζει τὸ ὕδωρ. Ἐκεῖθεν ὑπάγεις εἰς τὸν πύργον τοῦ μορφινοῦ, ὅστις εἶναι ἔρημος κατὰ τὸ παρόν· πλὴν ἡ τοποθεσία του εἶναι πολλὰ θαυμαστή. Ἐκεῖ εἶναι καὶ ναὸς τοῦ ἁγίου μεγαλομάρτυρος Γεωργίου· καὶ τριγύρωθεν δένδρα πεφυτευμένα διάφορα, καὶ ὅλος ὁ τόπος χλοερὸς καὶ κατάσκιος.

Virgo, Percute baculo tuo petram hanc in nomine S. Trinitatis in crucis formam, ac per gratiam Filii mei emittet aquam copiosam & puram. Quo pulsante petram, statim, o miraculum! erupit aqua multa, pura atque dulcissima, quæ cuivis morbo curando utilissima est, ac perenniter copioseque ad hanc usque diem emanat. Illic habent Patres parvum domicilium, mensam & armarium. Peregrini autem, qui adorandi causa illac transeunt, sedent proxime sacrum fontem, ac cum pietate hujusmodi aqua abluuntur, bibuntque: postea vero ad mensam cibum sumunt, quem secum detulerant, quod vero reliquum habent, sive panis sive opsonii, id in armario deponunt, ut si qui pauperes illac transeant, illo cibo usi cum gratiarum actione ire pergant. Est ibidem Imago sanctissimæ Deiparæ, cui adstat Sanctus depictus cum baculo in manu, percutiens petram, ex qua scaturit aqua. Inde procedes ad Turrim Morphini, quæ jam deserta est, sed situ spectabili. Ibidem Templum exstat sancti & magni Martyris Georgii, & circùm arbores variæ; totúsque locus floridus umbrosúsque est.

Περὶ τοῦ Σεβασμίου Βασιλικοῦ καὶ ἀξιοθαυμάστου μοναστηρίου τοῦ Βατοπεδίου.

Τ'Ο περικαλλέστατον μοναστήριον τοῦ Βατοπεδίου τιμώμενον ἐπ' ὀνόματι τῆς ὑπεραγίας Θεοτόκου τοῦ Εὐαγγελισμοῦ, εἶναι κτίσμα διαφόρων βασιλέων, καὶ πρὸ πάντων τοῦ μεγάλου Κωνσταντίνου· μετὰ δὲ χρόνους τινὰς τῆς αὐτοῦ κτίσεως, χαλάσαντος το ὁ παραβάτης Ἰουλιανός, τὸ ἀνεκαίνισεν ὁ μέγας Θεοδόσιος ὁ βασιλεύς, διὰ τὸ θαῦμα ὁποῦ ἐπράχθη εἰς τὸν υἱόν του Ἀρκάδιον. ἡ δὲ ἱστορία ὡς ἐν συντόμῳ εἶναι τοιαύτη.

Εἶχεν ὁ μέγας Θεοδόσιος ἀπὸ τὴν βασι-

De venerando, mirabili & Imperatorio Monasterio Batopedii, vel Vatopedii.

PUlcherrimum Batopedii Monasterium, nomine Annuntiationis sanctissimæ Deiparæ honoratum, diversorum Imperatorum ædificium est. Primus autem omnium fuit magnus Constantinus: post aliquot autem annos ab ejus fundatione, cum ipsum Julianus Apostata diruisset, a magno Theodosio Imperatore, ob miraculum erga filium ejus Arcadium perpetratum, restauratur. Historiam vero hic paucis narrabimus.

Habuit magnus Theodosius ex Placilla Imperatrice filios duos Arcadium & Honorium, & filiam nomine Placidiam: Arcadium vero successorem Imperii sui Constantinopoli reliquit: Honorium autem cum Constantino genero & filia sua Romam misit, ut illic imperarent. Cum illis abiit Romam usque Arcadius: cum autem ad Theodosium patrem Byzantium mari reverteretur, tempestate magna exceptus est ante insulam Imbrum proxime sanctum Montem. Arcadius periculo exterritus nihil aliud clamabat, quam, Deipara auxiliare mihi. Cum autem in trireme Imperatoria circum discurreret, periculo turbatus pedibus in rudentes offendit, & in mare delapsus est: ac confestim, ô rem miram! in aridam ad sanctum Montem delatus est, eum in locum ubi nunc situm est Monasterium, & ad rubum quemdam consedit. Modico elapso tempore Imperatoria triremis in portum Batopedii advenit. Egressi autem principes mœsti ob amissum Imperatorem Arcadium, Regium puerum nec opinantes proxime rubum dormientem conspiciunt, & gaudio replentur. Quiete autem agunt donec expergisceret Arcadius, qui miraculum a Deipara patratum ipsis enarravit, quomodo videlicet ipsum eruisset a mari & deportasset ad locum, ubi jam cisterna visitur propter turrem sanctissimæ Virginis. Ibique plurimis diebus mansit cum principibus; triremis autem Constantinopolim mittitur. Imperator Theodosius auditis iis, quæ Arcadio filio acciderant. Iratus nautas in carcerem conjecit, ut capite plecteret: intereaque pedestri itinere Constantinopolim ad patrem pervenit Arcadius: ille vero ingenti gaudio perfusus, cum debitas Deiparæ gratias egisset, statim pecunias & artifices optimos misit, qui eo in loco ubi repertus Arcadius fuerat, Ecclesiam excitarent in honorem Deiparæ. Scripsit item

λισσάν του Πλακίλλαν δύο υἱοὺς, Ἀρκάδιον καὶ Ὠνόριον καλουμένους, καὶ μίαν θυγατέρα ὀνόματι Πλακιδίαν. καὶ τὸν μὲν Ἀρκάδιον ἀφῆκε διάδοχον τῆς βασιλείας του εἰς τὴν Κωνσταντινούπολιν· τὸν δὲ Ὠνόριον καὶ Κωνσταντῖνον τὸν γαμβρὸν αὐτοῦ ἀπέστειλεν εἰς Ῥώμην μετὰ τῆς θυγατρὸς αὐτοῦ, ἵνα βασιλεύωσιν ἐκεῖ· συναπῆλθε δὲ μετ' αὐτῶν καὶ ὁ Ἀρκάδιος ἕως Ῥώμης, γυρίζοντας δὲ ὀπίσω πρὸς τὸν πατέρα του Θεοδόσιον εἰς Βυζάντιον διὰ θαλάσσης, τοῦ ἐπηλύεβη φουρτοῦνα μεγάλη ἔμπροσθεν εἰς τὸ νησίον τῆς Ἴμβρου πλησίον τοῦ ἁγίου ὄρους. ὁ δὲ Ἀρκάδιος φοβηθεὶς τὸν κίνδυνον, ἄλλο δὲν ἔκραζε παρὰ τό, Θεοτόκε βοήθει μοι. ἐκεῖ δὲ ὁποῦ ἐτριγύριζεν εἰς τὸ βασιλικὸν κάτεργον, ἐκ συνεργείας τοῦ πειρασμοῦ ἐσυμποδίαθη εἰς τὰ σχοινία, καὶ ἔπεσεν εἰς τὴν θάλασσαν· καὶ παρευθὺς ὢ τοῦ θαύματος εὑρέθη εἰς τὴν ξηρὰν τοῦ ἁγίου ὄρους, εἰς τὸν τόπον ὁποῦ εἶναι τὴν σήμερον τὸ ἅγιον μοναστήριον, ἀποκάτω εἰς μίαν βάτον· μετὰ δὲ ὥραν ὀλίγην ἔφθασε καὶ τὸ βασιλικὸν κάτεργον εἰς τὸν λιμένα τοῦ Βατοπεδίου· καὶ εὑγαίνοντες ἔξω οἱ ἄρχοντες περίλυποι διὰ τὴν στέρησιν τοῦ βασιλέως Ἀρκαδίου, βλέπουσι καὶ τὸ βασιλόπουλον ἀνέλπιστα πλησίον τῆς βάτου κοιμώμενον· καὶ ἐχάρησαν χαρὰν μεγάλην· καὶ τότε μὲν ἡσύχαζον, ὕστερον δὲ ἐξυπνώντας ὁ Ἀρκάδιος, τοῖς ἐδιηγήθη τὸ θαῦμα τῆς Θεοτόκου, πῶς τὸν ἐλευθέρωσεν ἀπὸ τὸν πνιγμὸν τῆς θαλάσσης καὶ τὸν ἔφερεν ἐκεῖ ὁποῦ τὴν σήμερον εἶναι τὸ πηγάδι, πλησίον τοῦ λιμένος, κοντὰ εἰς τὸν πύργον τῆς Παναγίας· καὶ ἔμεινεν ἐκεῖ μὲ τοὺς ἄρχοντάς του ἡμέρας πολλάς, τὸ δὲ κάτεργόν του τὸ ἔστειλεν εἰς Κωνσταντινούπολιν. μαθὼν δὲ ὁ βασιλεὺς Θεοδόσιος τὰ συμβάντα περὶ υἱῷ αὐτοῦ Ἀρκαδίῳ, ὠργίσθη κατὰ τῶν ναυτῶν, καὶ ἐφυλάκωσέν τους καὶ εἶχε σκοπὸν νὰ τοὺς θανατώσῃ· καὶ ἐν τούτῳ ἔφθασεν εἰς Κωνσταντινούπολιν καὶ ὁ Ἀρκάδιος διὰ ξηρᾶς πρὸς τὸν πατέρα του Θεοδόσιον· ὁ δὲ χαρᾶς ἀπείρου πλησθεὶς, καὶ τὴν Θεοτόκον εὐχαριστήσας, παρευθὺς ἔστειλεν ἔξοδα καὶ τεχνίτας ἀρίστους, νὰ κτίσωσιν εἰς τὸν τόπον ἐκεῖνον ὁποῦ εὑρέθηκεν ὁ υἱός του ἐκκλησίαν εἰς τιμὴν τῆς Θεοτόκου. ἔγραψε δὲ καὶ εἰς Ῥώμην περὶ υἱῷ αὐτοῦ

Ὠνορίῳ,

Ὠνορίῳ, καὶ Κωνσταντίνῳ τῷ γαμβρῷ αὐτοῦ, καὶ τῇ Πλακιδίᾳ τὰ συμβάντα τῷ Ἀρκαδίῳ, καὶ τὰ περὶ τῆς οἰκοδομῆς τοῦ ναοῦ. ὅθεν κἀκεῖνοι ἔστειλαν βοήθειαν εἰς τὴν οἰκοδομὴν τῆς ἐκκλησίας καὶ καλλωπισμὸν χρήματά τε καὶ κτήματα· καὶ τέσσαρας κολώνας πορφυραῖς ἀξιοθεάταις· εἰς τὰς ὁποίας λέγουσιν, ὅτι νὰ ἔγινεν περισσότερη ἐξοδία, παρὰ ὅπου ἔγινεν εἰς ὅλον τὸ κτίσμα τῆς ἐκκλησίας. Κατὰ τὸν ὁρισμὸν λοιπὸν τοῦ βασιλέως ἔκτισαν οἱ τεχνῖται πρῶτον ἕναν πύργον μὲ ἐκκλησίαν, ἐπ' ὀνόματι τῆς Θεοτόκου τῆς γεννήσεως· εἶτα πρὸς τὰ βόρεια μέρη πύργον ἕτερον· καὶ ἄλλους τέσσαρας πύργους μετὰ ἐκκλησιῶν· ἕως τὸν πύργον τοῦ σκευοφυλακίου. ἔπειτα ἤρξαντο ἀπὸ τὸν πύργον ὅπου εἴπαμεν ἐκ πλαγίου πρὸς τὸν αἰγιαλὸν τὰ θεμέλια ἕως τὸν πύργον τοῦ τιμίου Προδρόμου, καὶ τοῦ ἁγίου Γεωργίου τὸν πύργον· καὶ πλησίον τοῦ πύργου τούτου εἰς τὰ θεμέλια ἔθηκαν δύο μάρμαρα κατὰ τὸν ὁρισμὸν τοῦ Βασιλέως εἰς σχῆμα βουβαλίων· καὶ ἀπὸ τὸν πύργον τοῦ Βαπτιστοῦ Ἰωάννου, καὶ τοῦ ἁγίου Γεωργίου, ἀρχίσαντες πάλιν μὲ ἄλλους δύο πύργους ἔκτισαν ἕως εἰς τὸν προειρημένον πύργον τοῦ σκευοφυλακίου· καὶ οὕτως ἐποίησαν τὸ κάστρον τρίγωνον, μὲ δέκα πύργους ὡραιοτάτους· καὶ ἀφ' οὗ ἐτελείωσαν τὰ πάντα, ἦλθεν ὁ βασιλεὺς Ἀρκάδιος μετὰ τοῦ ἁγιωτάτου πατριάρχου κὺρ Νεκταρίου, καὶ ἐγκαινίασαν τὸν ναόν, καὶ ἐχάρησαν σφόδρα. Τὸ δὲ πηγάδι ὅπου εἴπαμεν πρότερον, τὸ ἐτριγύρισαν μὲ τὸ γύρισμα τοῦ ἁγίου βήματος. Τὴν δὲ ἁγίαν τράπεζαν ἔθεσαν ἐπάνω τοῦ πηγαδίου μὲ τέσσαρας λευκὰς κολώνας μαρμαρένιαις τριγύρωθεν· μετὰ δὲ χρόνους ἑπτὰ τῆς αὐτοῦ βασιλείας στρατεύοντας ὁ Θεοδόσιος κατὰ τοῦ ἀποστάτου Εὐγενίου ἐν τῇ Θεσσαλονίκῃ· καὶ γυριζόμενος ἀπὸ τὸ ἅγιον ὄρος νικητής, ἐχάρισε πολλά τινα τῷ μοναστηρίῳ σκεύη χρυσᾶ καὶ ἀργυρᾶ, καὶ ἄλλα πολύτιμα πράγματα πρὸς καλλωπισμόν. καὶ εἰς τὴν Μακεδονίαν ἔδωκε τρία μετόχια· καὶ εἰς τὰς Σέρρας χωρία ἑπτά.

Ἐν δὲ τῷ ͵ϛτο΄ ἔτει ἦλθον Ἄραβες καὶ Σαρακηνοὶ ἀπὸ Συρίας, φονεύοντες τοὺς

Romam ad Honorium filium, Constantinum generum & Placidiam, de iis quæ contigissent Arcadio & de Templi constructione. Quare illi quoque ad structuram & ornatum Ecclesiæ pecunias & possessiones suppeditarunt, columnasque porphyreticas quatuor spectabilissimas obtulerunt, quas fertur pluris constitisse, quam totam Ecclesiæ fabricam. Ex jussu itaque Imperatoris artifices primo turrim, dehinc Ecclesiam excitarunt, nomine Nativitatis Deiparæ. Postea ad septentrionales partes alteram turrim, aliasque quatuor turres cum Ecclesiis usque ad turrim Scevophylacii, sive vasorum receptaculi. Deinde fundamenta jecerunt a turri, quam diximus, ex transverso ad oram maris, usque ad turres Præcursoris & S. Georgii: & proxime turrim hanc ex præcepto Imperatoris duo marmora in fundamentis posuerunt ad formam bubalorum elaborata. Et a turri Joannis Baptistæ & S. Georgii rursum orsi, alias item duas turres struxerunt, usque ad prædictam turrim Scevophylacii: atque ita castrum triangulare fecerunt cum decem speciosissimis turribus. Cum autem omnia perfecissent, venit Imperator Arcadius cum sanctissimo Patriarcha Domino Nectario, Templumque dedicarunt cum gaudio magno. Fontem autem, de quo superius dictum est, septo sancti Altaris circumcinxerunt: sacramque mensam supra ipsam scaturiginem posuerunt cum quatuor albis columnis marmoreis in circuitu. Elapsis autem Imperii sui annis septem, Theodosius expeditione facta Thessalonice adversus Eugenium qui defecerat, reversusque victor ad sanctum Montem, multa vasa aurea argenteaque Monasterio dedit, aliaque multa pretiosa ad ornatum: tres item fundos in Macedonia, & tres pagos in Serris.

Anno autem 6370. [Christi 862.] venerunt Arabes & Saraceni ex Syria,

Christianos occidentes, excursionesque contra illos facientes: quo tempore quadraginta-duo Martyres in Ammorio necati sunt. Ad sacrum vero montem irrumpentes, hoc monasterium expilaverunt prorsusque devastarunt: ex divinis autem patribus, qui inibi erant, alios trucidarunt, alios captivos fecerunt. Templi vero tegumentum totum foliis aureis ornatum abstulerunt. Quin etiam in medio Ecclesiæ ignem excitarunt, totamque denigrarunt a fumo; ita ut speciosissima illa musiva historia non ultra appareat: solaque manserit historia Deiparæ in sublimi posita, & ea quæ representat, *Ave gratia plena.* Porro custos sacri Altaris, antequam Arabes advenirent, venerandam Crucem & Imaginem Deiparæ, quæ fundandi Monasterii causa fuerat, in fontem, quem supra diximus sub sacra mensa esse, conjecit cum lampade ardente: & hæc modo congruenti superne cooperuit. Cum autem fugam capesseret, comprehensus a Barbaris, captivusque abductus, in Creta venditus est. Elapsis verò septuaginta annis, a captivitate redemtus, in Monasterium rediit, ac de more genua flexit. Post dies aliquot Nicolaum Monasterii Præfectum interrogavit de Imagine fundatrice: quo audito obstupescens ille, anceps animi erat. Demum, ut compendio dicam, præmissis precibus, & aperto fontis, qui sub sacra mensa est, ostiolo, Imaginem Deiparæ salvam, lampadem in conspectu ejus ardentem, & Crucem reperiunt, gloriam Deo rependunt, & educta illa in sacro Altari reponunt: quo loco jam visuntur pieque coluntur ab omnibus.

Interea tres optimates nobiles viri, nempe Athanasius, Nicolaus & Antonius, Hadrianopoli ad sanctum Montem accedentes, ut Monachi fierent, & proprio peculio Monasterium a fundamentis excitarent, ad eam rem sin-

χριστιανούς· καὶ κουρσεύοντές τους. καθ' ὃν καιρὸν ἐμαρτύρησαν καὶ οἱ ἅγιοι τεσσαράκοντα δύο μάρτυρες ἐν τῷ Ἀμμορείῳ· καὶ φθάσαντες ἕως καὶ εἰς τὸ ἅγιον ὄρος, ἐπάτησαν καὶ τὸ μοναστήριον τοῦτο, καὶ τὸ ἐγύμνωσαν παντελῶς, καὶ τοὺς ἐν αὐτῷ θείους πατέρας ἐφόνευσαν καὶ αἰχμαλώτευσαν. ἐπῆραν δὲ καὶ τὴν χρυσοπάμφυλλον σκέπην τοῦ ναοῦ· ἀλλὰ καὶ εἰς τὴν ἐκκλησίαν μέσα ἦψαν φωτίαν, καὶ τὴν ἐμαύρισαν μὲ τὸν καπνόν· τόσον ὅτι πλέον ἡ ὡραιοτάτη ἐκείνη τῶν ψηφίδων ἱστορία δὲν φαίνεται. ἔμεινε δὲ μόνον ἡ ἱστορία τῆς Θεοτόκου ἐπάνωθεν, καὶ τὸ Χαῖρε κεχαριτωμένη. ὁ δὲ φύλαξ τοῦ ἱεροῦ βήματος πρὶν νὰ φθάσουν οἱ ἄραβες, παίρνοντας τὸν τίμιον σταυρὸν, καὶ τὴν κτητορικὴν εἰκόνα τῆς Θεοτόκου, ἔρριψέντα μέσα εἰς τὸ πηγάδι ὁποῦ εἴπομεν ἀνωτέρω, πῶς ἦτον ὑποκάτωθεν τῆς ἁγίας τραπέζης· καὶ μίαν λαμπάδα μετ' αὐτῶν ἀναμμένην, καὶ τὰ ἐσκέπασεν ἄνωθεν ἐπιτήδεια· καὶ εὐγαίνοντας νὰ φύγῃ, τὸν ἔπιασαν οἱ βάρβαροι, καὶ τὸν ἐπῆραν αἰχμάλωτον, καὶ τὸν ἐπούλησαν εἰς τὴν Κρήτην· καὶ μετὰ ἑβδομήκοντα χρόνους, λυτρωθεὶς τῆς αἰχμαλωσίας, ἐπανῆλθε πάλιν εἰς τὸ μοναστήριον, καὶ ἔβαλε μετάνοιαν εἰς αὐτό· μετὰ δὲ τινας ἡμέρας ἄρχισε νὰ ἐρωτᾷ τὸν τότε καθηγούμενον τοῦ μοναστηρίου Νικόλαον περὶ τῆς κτητορικῆς εἰκόνος. ὁ δὲ ὡς ἤκουσε τοιοῦτον ἐρώτημα, ἦλθεν εἰς ἀπορίαν, καὶ ἔκστασιν· τέλος πάντων διὰ νὰ συντέμω τὸν λόγον, ποιήσαντες προσευχὴν ἐφ' ὥραν ἱκανὴν, καὶ ἀνοίξαντες τὸ στόμιον τοῦ πηγαδίου τοῦ ὑπὸ τὴν ἁγίαν τράπεζαν, θεωροῦσιν ὅτι ἦτον μέσα ἡ εἰκὼν τῆς Θεοτόκου σώα, καὶ ἡ λαμπὰς ἀκόμι ἀναμμένη ἔμπροσθεν ταύτης, καὶ ὁ σταυρός· καὶ ἔδωσαν δόξαν τῷ Θεῷ· καὶ εὐγάζοντές τα ἐκεῖθεν τὰ ἔστησαν εἰς τὸ ἅγιον βῆμα, ὅπου καὶ μέχρι τῆς σήμερον φαίνονται πανευλαβῶς ὑπὸ πάντων προσκυνούμενα καὶ τιμώμενα.

Ἐν τοσούτῳ ἐρχόμενοι τρεῖς εὐγενεῖς ἄρχοντες, Ἀθανάσιος δηλαδὴ, Νικόλαος, καὶ Ἀντώνιος εἰς τὸ ἅγιον ὄρος ἐντόπιοι ἀπὸ τὴν Ἀδριανούπολιν, ἠθέλησαν νὰ μονάσουν· καὶ νὰ ἀνεγείρουσιν ἐκ βάθρων τὸ μοναστήριον μὲ ἔξοδα ἐδικά τους· καὶ ἔβγαλεν ὁ καθεὶς των φλωρία χιλιάδας τρεῖς. Καὶ ἐλθόντες πρὸς τὸν ἅγιον Ἀθανάσιον τὸν ἐν τῷ Ἄθῳ τότε ὑπάρχοντα, ἐξωμολογήσαντο τὸν σκοπόν τους. ὁ δὲ ἅγιος τοὺς εἶπεν, ὅτι αὐτὰ τὰ ἄσπρα δὲν εἶναι ἀρκετὰ εἰς οἰκοδομὴν νέου μοναστηρίου· μόνον ἂν θέλετε ἀκολουθήσατέ μοι, τῶν δὲ ὑπακουσάντων, ἤγαγεν αὐτοὺς ὁ ἅγιος εἰς τὸ μοναστήριον τοῦτο τοῦ Βατοπεδίου· καὶ ἔδειξεν αὐτοῖς τὸ κάλλος τῆς τοποθεσίας αὐτοῦ, καὶ τὴν φθορὰν ἣν ὑπόικησαν εἰς αὐτὸ προλαβόντως οἱ Σαρακηνοί· καὶ ἔδωκέν τους βουλὴν ὅτι θέλουσιν ἔχει πολλαπλάσιον ἐκ Θεοῦ τὸν μισθὸν, ἂν τοιοῦτον ἀνακαινίσωσι μοναστήριον. ἤρεσεν αὐτοῖς ἡ τοῦ ἁγίου βουλὴ, καὶ μετὰ προθυμίας ἐπιχειρίσθησαν τὸ θεῖον τοῦτο ἔργον, καὶ τὸ ἀνεκαίνισαν, ἀπαρτίζοντές το ὡς ἦτον καὶ πρότερον· οἵτινες καὶ μοναχοὶ γενόμενοι εἰς αὐτὸ, θεαρέστως πολιτευσάμενοι, ἀνεπαύσαντο ἐν Κυρίῳ· τῶν ὁποίων τὰ ἅγια λείψανα κείτονται μέσα εἰς τὸν ἔσω τῆς ἐκκλησίας νάρθηκα, καὶ ἑορτάζονται δὶς τοῦ ἔτους, τῇ τε ιζ'. τοῦ Δεκεμβρίου, καὶ τῇ ε' τῆς Πεντηκοστῆς· χάριν δὲ τοῦ θαύματος ἐκείνου τῆς εὑρέσεως δηλαδὴ τῆς σεβασμίας Εἰκόνος, τελεῖται παράκλησις εἰς τὴν Θεοτόκον πᾶσαν δευτέραν τῆς ἑβδομάδος, καὶ πᾶσαν τρίτην ἡ λειτουργία. Ἀλλὰ καὶ ὁ ἱερὸς Σάββας ὁ κτήτωρ τοῦ μοναστηρίου τοῦ Χιλανταρίου ὁμοῦ μετὰ τοῦ πατρὸς αὐτοῦ Συμεὼν, ἔκτισαν εἰς τὸ αὐτὸ μοναστήριον τοῦ Βατοπεδίου παρεκκλήσια ἕξ. α'. εἰς τιμὴν τοῦ Σωτῆρος. β'. τῶν ἁγίων Ἀναργύρων. γ'. τοῦ ἁγίου Γεωργίου. δ'. τῶν ἁγίων Θεοδώρων. ε'. τοῦ Προδρόμου. ϛ'. τοῦ ἁγίου Νικολάου. καὶ ἐχάρισαν εἰς αὐτὸ καὶ τὸ λεγόμενον προσφόρειον μὲ τὸν τόπον τοῦ καλοῦ κάστρου, καὶ τῆς Κομητίσσης· καὶ ἐγίνησαν νέοι κτήτορες, καὶ ἑορτάζονται τῇ ιδ'. τοῦ Ἰαννουαρίου μηνός. Ἐκαλλώπισαν δὲ τὸ αὐτὸ, καὶ οἱ ἐν βασιλεῦσιν ἀοίδιμοι Μανουὴλ ὁ Κομνηνὸς, καὶ Ἀνδρόνικος ὁ Παλαιολόγος, καθὼς φαίνεται ἀπὸ τὰ χρυσόβουλλα ὁπου ἔδωκαν εἰς αὐτό.

Τούτου ὁ ναὸς εἶναι μέγας καὶ θαυμαστός·

guli tria florenorum millia suppeditarunt. Et sanctum Athanasium, qui tunc in Atho degebat, adeuntes, suum ipsi propositum patefecerunt. Respondit ille talem asprorum summam non esse ad novum construendum Monasterium satis. Verùm si vultis, inquit, me sequimini: obtemperantes illos adducit vir sanctus in hoc Batopedii Monasterium, situs pulcritudinem ostendit, & quantam intulissent Saraceni ruinam demonstravit, suasitque, majorem ipsos a Deo mercedem consequuturos esse, si tale Monasterium restaurarent. Placuit ipsis sancti viri consilium, alacriterque divino operi manum admoventes, Monasterium renovarunt, & in pristinum statum reduxerunt. In eodemque ipsi Monachi fuerunt, peractoque secundum Dei placitum vitæ cursu, in Domino quieverunt: quorum reliquiæ in Ecclesiæ Narthece repositæ sunt: eorumque festum bis celebratur in anno; videlicet die decimâ-septimâ Decembris, & feria quinta Pentecostes. In gratiam vero miraculi, sive inventionis venerandæ Imaginis, in qualibet feria secunda hebdomadis fit Processio in honorem Deiparæ, & in qualibet feria tertia Liturgia celebratur. Verum etiam S. Sabbas qui cum Patre suo Symeone Monasterium Chilantarii fundavit, in hoc ipso Monasterio Batopedii sex sacella struxit; primum in honorem Salvatoris; secundum, SS. Anargyrorum; tertium, S. Georgii; quartum utriusque Sancti Theodori; quintum Præcursoris; sextum S. Nicolai; ipsique dono dederunt Prosphorium, locum pulcri Castri, & Comitissæ: ideo ut novi fundatores habentur, eorumque festum celebratur die decimâ-quartâ Januarii. Ornamenta item ipsi contulerunt præclari Imperatores Manuel Comnenus & Andronicus Palæologus, ut ex Chrysobullis ipsi datis ostenditur.

Hujus Templum peramplum & admirandum est : habetque quatuor columnas eximias magnasque porphyritis colore, quæ in Crucis formam Ecclesiæ tholum sustentant : & supra duas columnas, quà Ciborium respiciunt, est Annuntiatio Deiparæ musivo, id est calculis aureis, expressa, Ciborium vero ejus columnis ac speciosissimis marmoribus ornatur. Ad hæc vero aliud est Ciborium ligneum inimitabili arte undique deauratum. Pavimentum totum est marmoribus & porphyrite concinne eleganterque stratum : res sane visu mirabilis.

In medio altari est arca perelegans, in qua habetur zona Deiparæ, quæ pretiosas palas habet, margaritas item & gemmas, nigro *velluto* (*velours*) assutas.

Item Caput Joannis Chrysostomi integrum & salvum.

Caput Sancti Gregorii Theologi.

Erat ibidem olim Caput S. Andreæ Cretensis : sed Patres a multis jam annis ipsum quasi cimelium pretiosum obtulerunt piissimo & magno totius Russiæ Imperatori.

Pes S. Apostoli Bartholomæi.

Reliquiæ S. Theodori Tyronis.

Pars S. Panteleemonis, sive Eleemosynarii.

Particula magna ex pretioso ligno vivificæ Crucis.

Partes quædam arundinis & spongiæ.

S. Parasceves Romanæ pes cum toto calceo.

Reliquiæ S. Martyris Ceryci.

Unguentum pretiosum sancti & magni Martyris Demetrii; & alia multa. Item manus S. Marinæ, quæ ad hanc usque diem miraculis fulget, dæmones ejicit, curatque omnem infirmitatem. Quodque præstantissimum omnium ac mirabilissimum est, poculum ex jaspide, splendidis speciosisque coloribus distinctum, cum autem ibi bene-

καὶ ἔχει κιόνια τέσσαρα πολὺ ἐξαίρετα καὶ μεγάλα πορφυρόχροα, αἴροντα τὸν θόλον τῆς ἐκκλησίας σταυροειδῶς· καὶ ἐπάνω εἰς τὰ δύο κιόνια ὁποῦ εἶναι πρὸς τὸ τέμπλον εἶναι ὁ εὐαγγελισμὸς τῆς Θεοτόκου ἱστορισμένος διὰ μουσίου, ἤτοι διὰ ψηφίδων χρυσῶν. Εἶναι δὲ τὸ τέμπλον τοῦ μὲ κολώναις καὶ μάρμαρα πολὺ ὡραῖα· καὶ ἔξωθεν τούτων ἕτερον ξύλινον πανταχόθεν περικεχρυσωμένον μὲ τέχνην ἀμίμητον. Τὸ ἔδαφος τοῦ ναοῦ εἶναι ὅλον μὲ μάρμαρα λαμπρὰ καὶ πορφυρᾶ κατεστρωμένον εὐαρμόστως εἰς κάλλος, καὶ θαῦμα τῶν θεωμένων.

Εὑρίσκεται μέσα εἰς τὸ ἅγιον βῆμα κιβώτιον εὔμορφον, μέσα εἰς τὸ ὁποῖον εἶναι ἡ ἁγία ζώνη τῆς Θεοτόκου, ἥτις ἔχει ἐγκόλπια πολύτιμα καὶ μαργαριτάρια, καὶ ἀκριβὰ λιθαράκια ἐπάνω εἰς μαῦρον βελοῦδον.

Ἡ κάρα τοῦ ἁγίου Ἰωάννου τοῦ χρυσοστόμου σῶα καὶ ὁλόκληρος.

Ἡ κάρα τοῦ ἁγίου Γρηγορίου τοῦ θεολόγου.

Ἦτον καὶ ἡ κάρα τοῦ ἁγίου Ἀνδρέου Κρήτης, πλὴν οἱ πατέρες τοῦ μοναστηρίου τούτου ἀπὸ χρόνους πολλοὺς τὴν ἐπρόσφεραν ὡς κειμήλιον πολύτιμον τῷ εὐσεβεστάτῳ πάσης Ρωσίας μεγάλῳ Βασιλεῖ.

Τὸ ποδάριον τοῦ ἁγίου ἀποστόλου Βαρθολομαίου.

Λείψανον τοῦ ἁγίου Θεοδώρου τοῦ Τύρωνος.

Τοῦ ἁγίου Παντελεήμονος μέρος.

Τίμιον ξύλον τοῦ ζωοποιοῦ σταυροῦ τοῦ Κυρίου μας μέρος πολύ.

Ἀπὸ τὸν κάλαμον καὶ τὸν σπόγγον μέρη τινά.

Τῆς ἁγίας Παρασκευῆς τῆς ῥωμαίας τὸ ποδάρι μὲ ὅλον τὸ καλλίγιον.

Λείψανον τοῦ ἁγίου μάρτυρος Κηρύκου.

Μῦρον τίμιον τοῦ ἁγίου μεγαλομάρτυρος Δημητρίου. Καὶ ἕτερα πλεῖστα· καὶ τὸ θαυματουργὸν χέρι τῆς ἁγίας Μαρίνης, τὸ ὁποῖον φανερὰ καὶ ἕως τὴν σήμερον θαυματουργεῖ· διώκει δαίμονας, καὶ θεραπεύει πᾶσαν ἀσθένειαν. Τὸ ἐκεῖνο ὁποῦ εἶναι περισσότερον ἀπὸ ὅλα καὶ θέας καὶ θαύματος ἄξιον, εἶναι τὸ ποτήριον τὸ ἰάσπινον, τὸ ὁποῖον εἰς τοὺς ὁρῶντας δείχνει διάφορα χρώματα νερώματα λαμπρὰ καὶ ὡραῖα· ὁ δὲ ἁγιασμὸς ὅπου γίνῃ εἰς αὐτό, ἰατρεύει καθὲ εἶδος ἀῤῥωστίας, εἰς τοὺς μετὰ πίστεως δεχομένους, καὶ πίνοντας, καὶ ῥαντιζομένους ὠφελείας ἀπ' αὐτό. Εὑρίσκονται δὲ καὶ ἄλλα πολλὰ λείψανα πολύτιμα διαφόρων ἁγίων, τὰ ὁποῖα ἡμεῖς ζητοῦντες τὴν συντομίαν, δὲν τὰ ἐγράψαμεν ὅλα.

Εἶναι δὲ καὶ φιάλη θαυμαστὴ ἔμπροσθεν τοῦ ναοῦ μὲ κουβούκλιον ἐπάνωθεν, διπλοῦν ἔξωθέν τε καὶ ἔσωθεν μὲ κιόνια μαρμαρένια ἐπάνω δὲ εἰς τὰ κεφαλοκόλωνα εἶναι τὰ ὀνόματα τῶν Βασιλέων καὶ κτητόρων τοῦ μοναστηρίου ἐγλεγλυμμένα· Ἰωάσαφ δηλαδὴ καὶ Ματθαίου τῶν Καντακουζηνῶν, καὶ Μανουὴλ τοῦ Κομνηνοῦ. Ἔμπροσθεν δὲ τῆς φιάλης εἶναι τὸ περίβλεπτον τραπεζάριον σταυροθολικόν, ὡς καὶ τὸ τῆς Λαύρας τοῦ ἁγίου Ἀθανασίου· καὶ ἔχει μαρμαρένια τραπέζια διὰ τοὺς πατέρας τὸν ἀριθμὸν εἴκοσι τέσσαρα· καὶ τὴν ἡγουμενικὴν τράπεζαν ἐξαιρέτως· πάντα θεωρίας καὶ θαύματος ἄξια. Τὸ καμπαναρεῖον ἔχει σκαλία τριακονταπέντε ἕως τὸ πάτωμα· καὶ ἀπ' ἐκεῖ καὶ ἐπάνω ἔχει ἄλλα πατώματα πέντε· τὸ δὲ καθὲν πάτωμα ἔχει σκαλία ὀκτώ.

Ἔσω δὲ εἰς τὸ ἅγιον Βῆμα ἵσταται καὶ ἡ θαυματουργὸς καὶ πολύτιμος εἰκὼν τῆς Ὑπεραγίας Θεοτόκου, ἡ ὁποία ἐστάθη χρόνους ἑβδομήκοντα μέσα εἰς τὸ πηγάδι τοῦ ἁγίου βήματος, μὲ τὴν λαμπάδα ἔμπροσθέν της διαπαντὸς ἀπτομένην, ὡς εἴρηται· καὶ εἰς τόσους χρόνους οὔτε ἡ εἰκὼν διεφθάρη, οὔτε ἡ λαμπὰς ἐσβέσθη ποσῶς ὅλον. Τὸ δὲ πηγάδιον εἶναι ὑποκάτωθεν τῆς ἁγίας τραπέζης. Εἶναι δὲ ἡ εἰκὼν μὲ μίγματα εὐωδῶν συντεθειμένη, ἡ ὁποία καὶ ἵσταται ὄπισθεν τῆς ἁγίας τραπέζης ἐπάνωθεν τοῦ ἱεροῦ συνθρόνου μὲ τὴν ἰδίαν ἐκείνην λαμπάδα ἐνώπιόν της. Ἐκεῖ εἶναι καὶ τὰ δύο εἰκονίσματα τῆς βασιλίσσης Θεοδώρας, διὰ τὰ ὁποῖα λέγει ὁ χρονογράφος πῶς νὰ τὰ ὠνόμασε νινία· καὶ εἶναι ἐκεῖνα τὰ ἴδια. κρέμονται δὲ ἐπάνωθεν τοῦ ἡγουμενικοῦ στασιδίου.

Εὑρίσκεται ἐκεῖ καὶ ἕνας σταυρὸς ἐγκοσμημένος μὲ λίθοις καὶ μαργάροις τιμίους. Καὶ

dictio facta fuerit, morbis cujusvis generis medetur; eorum videlicet qui ex illo cum fide degustaverint ac biberint, vel qui ejusmodi aqua aspersi fuerint. Istic item habentur aliæ pretiosissimæ Reliquiæ variorum Sanctorum, quas compendii causa non recensebimus.

Ante Templum est phiala admirabilis cum fornicula supra duplici, exteriore scilicet & interiore, cum columnis marmoreis, in quarum capitellis insculpta sunt nomina Imperatorum, hujusce Monasterii * fundatorū; nempe Joasaph & Matthæi Cantacuzenorum, & Manuelis Comneni. Ante phialam est insigne illud Refectorium, cujus tholus in crucis formam concinnatus est, quemadmodum & in Refectorio Lauræ S. Athanasii. Habetque ad usum Patrum marmoreas mensas numero viginti-quatuor, præter Hegumeni mensam seorsim positam: omnia sane spectaculo digna. Turris campanaria, usque ad primum tabulatum habet gradus 35. superius autem habentur tabulata quinque, ad quorum singula octo gradibus ascenditur.

*Id est, Benefactorum.

In sacro Altari stat mirabilis illa & pretiosa sanctissimæ Deiparæ imago, quæ annis septuaginta fuit in fonte sub Altari, cum lampade in ejus conspectu semper ardente, ut supra dictum est. Et tot annorum spatio nec imago corrupta est, nec lampas ullatenus exstincta: fons vero est sub sancta mensa. Imago autem ex mixtura aromatum suaveolentium confecta est: statque pone sacram mensam supra sacrum Thronum, lampadem illam in conspectu habens. Illic sunt duæ Imagines Imperatricis Theodoræ: narratque Chronographus quopacto Ninia sive Puppæ appellatæ sint: & sane hæ ipsæ sunt, ac supra Hegumeni sedem suspensæ visuntur.

Exstat ibi Crux margaritis & lapillis pretiosis ornata, Rosariumque succineum admirandum. Refectorium Patrum sic e regione Ecclesiæ positum est, ut a mensa Hegumeni per magnum Templi ostium sacra Altaris mensa videatur. Ex laudabili vero consuetudine SS. Patres, a mensa excedentes, in Ecclesiam præcedentibus cereis recto ordine procedunt, & illic gratias agunt, Absolutionemque dicunt pro omnibus Christianis, quotquot bona contulerunt & conferunt Monasterio, & Patribus asceticam vitam illic agentibus. Supra Narthecis portam est Dominus Christus musivo opere depictus, similiterque Annunciatio Deiparæ. In muro Narthecis musivo item opere delineati habentur Imperatores quidam hujusce Monasterii benefactores. Extrinsecus autem in parvo Narthece ad lævam depicta est illa Deiparæ Imago, quam Diaconus quidam in cellerarium iratus, quod sibi vinum non daret ad potandum, in genam dexteram proxime oculum gladio percussit insanus; unde, ô res mira! sanguis multus emanavit: quam Imaginem exinde, jugulatam vocaverunt. In conspectu autem ejus lampas ardet assidue ad hunc usque diem. Sanguis effusus adhuc in vulnere conspicitur. Porro miser ille Diaconus subito cæcus effectus est; ac deinde parata in conspectu Imaginis sedecula, cum timore ac tremore usque ad finem vitæ ibi jugiter precabatur: cui tandem miserata Deipara visum restituit, ac delictum condonavit. Manus tamen, quæ Imaginem ferire ausa fuerat, ad usque finem arida mansit. Et hactenus eadem ipsa manus jacet in conspectu Imaginis in testimonium horrendi tunc patrati miraculi, ad multorum resipiscentiam, ac Deiparæ gloriam.

Ambones Ecclesiæ spectabiles sunt, quorum alius dextri chori habet insculptas viginti-quatuor Deiparæ domos; alius habet opera plumaria multa cum historiis. Templi & Narthecum inte-

ἕνα κομπολόγιον ἠλέκτρινον ὑπερθαύμαστον. Τόσον δὲ εἶναι τὸ τραπεζαρεῖον τῶν πατέρων καλὰ εὐθεῖαν μὲ τὴν ἐκκλησίαν, ὅτι ἀπὸ τὴν ἡγουμενικὴν τράπεζαν διὰ τῆς μεγάλης πύλης τοῦ ναοῦ φαίνεται ἡ ἁγία τράπεζα τοῦ ἱεροῦ βήματος. Ἔχουσι δὲ καὶ συνήθειαν ἐπαινετὴν οἱ ἐκεῖσε ἅγιοι πατέρες, ὅτι ἀφ' οὗ σηκωθοῦσιν ἀπὸ τὴν τράπεζαν, εἰσέρχονται εἰς τὴν ἐκκλησίαν μετ' εὐταξίας, προπορευομένων λαμπάδων· καὶ ἐκεῖ ποιοῦσιν εὐχαριστίαν, καὶ συγχωροῦσιν ὅλους τοὺς χριστιανοὺς ὅσοι ποτὲ ἐβοήθησαν ἢ βοηθοῦσι τὸ ἅγιον μοναστήριον τοῦτο, καὶ τοὺς ἐν αὐτῷ ἀσκουμένους πατέρας· ἐπάνω δὲ εἰς τὴν πόρταν τοῦ νάρθηκος εἶναι ὁ δεσπότης Χριστὸς ζωγραφισμένος διὰ ψηφίων· καὶ ὁ εὐαγγελισμὸς τῆς Θεοτόκου παραπλησίως. Εἰς δὲ τὸν τοῖχον τοῦ νάρθηκος εἶναι καὶ μερικοὶ ἀπὸ τοὺς βασιλεῖς καὶ κτήτορας τοῦ μοναστηρίου μετὰ μουσίου ζωγραφισμένοι. ἔξω δὲ εἰς τὸν μικρὸν νάρθηκα πρὸς τὸ ἀριστερὸν μέρος εἶναι ἱστορισμένη καὶ ἐκείνη ἡ εἰκὼν τῆς Θεοτόκου, τὴν ὁποίαν ἕνας διάκονος θυμωθεὶς κατὰ τοῦ κελλαρίτου, πῶς δὲν τοῦ ἔδωσε κρασὶ διὰ νὰ πίῃ, ἐκτύπησεν ὡς ἀνόητος μὲ τὸ μαχαίριον εἰς τὸ δεξιὸν μάγουλον, πλησίον τοῦ ὀφθαλμοῦ· ὅθεν ἐξῆλθεν ὢ τοῦ θαύματος αἷμα πολύ· καὶ ἀπὸ τότε τὴν ὠνόμασαν ἐσφαγμένην· ἅπτει δὲ καὶ κανδήλιον ἀκοίμητον ἔμπροσθέν της μέχρι τῆς σήμερον. τὸ δὲ ἐκχυθὲν αἷμα φαίνεται εἰς τὸ πρόσωπον, ἐπάνω εἰς τὴν πληγὴν ἕως τῆς σήμερον. ὁ δὲ ἐλεεινὸς ἐκεῖνος διάκονος τῆς ὥρας ἔμεινε τυφλός· καὶ μετὰ ταῦτα ποιήσας ἐνώπιον τῆς εἰκόνος ἐκείνης στασίδιον, ἐπροσεύχετο ἀενάως ἐκεῖ μετὰ φόβου καὶ τρόμου ἕως τέλους ζωῆς του, εἰς τὸν ὁποῖον ἡ εὔσπλαγχνος Θεοτόκος πάλιν ἐχάρισε τὸ φῶς τῶν ὀμματίων του, καὶ τὸ σφάλματου ἐσυγχώρησεν· ἡ χεὶρ ὅμως ἡ οὕτω τολμηρῶς πλήξασα τὴν εἰκόνα, ἔμεινεν ἕως τέλους κατάξηρος· καὶ τώρα κεῖται ἀπὸ τότε ἡ χεὶρ ἐκείνη ἔμπροσθεν τῆς εἰκόνος εἰς μαρτύριον τοῦ τότε γεγονότος φρικτοῦ θαύματος, πρὸς σωφρονισμὸν τῶν πολλῶν, καὶ δόξαν τῆς Θεοτόκου.

Τὰ δὲ ἀναλογεῖα τῆς ἐκκλησίας εἶναι ἀξιοθέατα· ὧν τὸ μὲν τοῦ δεξιοῦ χοροῦ ἔχει γλυπτοὺς τοὺς εἴκοσι τέσσαρας οἴκους τῆς Θεοτόκου· τὸ δὲ ἄλλο ἔχει πλουμία διάφορα καὶ ποικίλα μεθ' ἱστορίας. Τὸ ἔδαφος τῆς ναοῦ καὶ οἱ νάρθηκες ἔσω καὶ ἔξω εἶναι μετὰ λαμπρῶν καὶ στιλπνοτάτων μαρμάρων τῷ χρώματι πορφυρῶν ἐστρωμένοι· τὸ στασίδιον τοῦ ἡγουμένου πολὺ ὡραῖον· εἰς δὲ τοὺς χορούς, καὶ ἔσω τοῦ βήματος κρέμονται εἰκονίσματα πλείονα τῶν ἑκατὸν ὅλα μοσχόβικα ἀργυροχρυσωμένα. Εἰς τὸ δεξιὸν μέρος τῆς ἐκκλησίας καθὼς εἰσέβαινομεν, εἶναι παρεκκλήσιον τοῦ ἁγίου Νικολάου· εἰς δὲ τὸ ἀριστερόν, τοῦ ἁγίου Δημητρίου. Ἐκεῖ εἶναι καὶ μία εἰκὼν τῆς Θεοτόκου εἰς μίαν καμάραν ἱστορισμένη, ἡ ὁποία ἐφώνησε τῆς Βασιλίσσης μὴ εἰσελθεῖν ἔνδον τοῦ θείου ναοῦ. ἡ δὲ ἱστορία αὕτη ὡς ἐν συντόμῳ εἶναι τοιαύτη.

Κατὰ τὸ ͵εωϞʹ. ἔτος ἡ βασίλισσα Πλακιδία γυνὴ Κωνσταντίνου τοῦ βασιλεύοντος ἐν Ῥώμῃ, θυγάτηρ δὲ τοῦ βασιλέως Θεοδοσίου ἔθετο βουλὴν μετὰ τοῦ ἀνδρός της νὰ ἔλθῃ εἰς προσκύνησιν τοῦ παρόντος μοναστηρίου, καὶ νὰ ἰδῇ καὶ τὸν ἀδελφόν της Ἀρκάδιον ὄντα ἐν Κωνσταντινουπόλει· καὶ δὴ ἐρχομένη ἀπὸ Ῥώμης διὰ θαλάσσης, καὶ φθάσασα εἰς τὸν λιμένα τοῦ Βατοπεδίου τὸν λεγόμενον Γυναικεῖον, ἐξῆλθεν ἐκ τοῦ πλοίου ἔξω εἰς τὸν αἰγιαλόν· οἱ δὲ πατέρες τοῦ μοναστηρίου ἐβγήκασιν εἰς προϋπάντησιν ταύτης· καὶ φθάνοντες εἰς τὴν ἐκκλησίαν, αὐτοὶ μὲν εἰσῆλθον εἰς τὸν ναὸν ἀπὸ τὴν μεσιακὴν πόρταν τοῦ ναοῦ τὴν μεγάλην· ἡ δὲ βασίλισσα εἴτε ἐκ Θεοῦ ὁδηγηθεῖσα, εἴτε καὶ διὰ ταπείνωσιν καὶ εὐλάβειαν, δὲν ἠθέλησε νὰ εἰσέλθῃ διὰ τῆς χαλκῆς πύλης, ἀλλὰ διὰ τῆς βορείνης, ὁποῦ εἶναι πλησίον εἰς τὸ πηγάδι· καὶ ὡς ἔβαλε τοῦτον σκοπόν, πάραυτα τῆς ἦλθεν ἀοράτως φωνὴ ὁποῦ τῆς ἔλεγε· στάσου, καὶ μὴν ὑπάγῃς παρεμπρός, νὰ μὴ πάθῃς κακόν. ἡ δὲ ὡς ἤκουσε τὴν τοιαύτην φωνήν, ἔπεσεν ἀπὸ τοῦ φόβου χαμαί, καὶ ἤρξατο κλαίειν, καὶ δέεσθαι τοῦ Θεοῦ, νὰ τῆς συγχωρήσῃ τὸ πταῖσμα τοῦτο τῆς τόλμης· ὅθεν καὶ ἀνήγειρεν ἐκεῖ ναὸν ἕτερον εἰς τιμὴν τοῦ ἁγίου Δημητρίου· εἰς δὲ τὸν τόπον ἐκεῖνον ὅθεν ἠκούσθηκεν ἡ φωνή, ἔβαλε καὶ ἱστόρησαν τὴν εἰκόνα τῆς Θεομήτορος· καὶ ὥρισεν ὅτι νὰ ἄπτῃ ἔμπροσθέν της ἀεννάως κανδήλιον ἕν· τὸ ὁποῖον φυλάττεται καὶ ἕως τὴν σήμερον· ἐπονομάζεται δὲ ἡ εἰκὼν ἐκείνη Ζωοδόχος. ἡ δὲ βασιλὶς φθάσασα εἰς Κωνσταντινούπολιν, ἐδιηγήθη τοῦ

rioris & exterioris pavimenta ex ſplendidis & fulgidiſſimis marmoribus, colore porphyretico, confecta ſunt. Sedes Hegumeni ſpectabili forma. In choro autem & in Altari, ſuſpenſæ viſuntur plus quam centum imagines Moſcoviticæ, omnes argenteæ deauratæ. Ad dextram Eccleſiæ partem ingredientibus, eſt ſacellum S. Nicolai; ad ſiniſtram vero S. Demetrii. Illic eſt quædam Deiparæ imago intra apſidulam depicta: quæ olim Imperatrici ne in divinum Templum ingrederetur edixit. Hiſtoriam hîc compendio narrabimus.

Anno 5890. *Christi* 382. Imperatrix Placidia uxor Conſtantini Romæ Imperantis, Theodoſii Imperatoris filia, conſilium cum viro ſuo habuit, ut venerandi cauſa hoc in Monaſterium proficiſceretur; utque videret fratrem ſuum Arcadium Conſtantinopoli agentem. Româ itaque mari trajiciens, cum perveniſſet ad portum Batopedii, Gynæceum dictum, e navi exſcenſum fecit ad oram maris. Patres autem Monaſterii obviam ipſi venerunt. Cum veniſſent ad Eccleſiam, ipſi quidem per mediam & magnam Templi portam ingreſſi ſunt; Imperatrix autem, ſive Deo ducente, ſive ex humilitate atque pietate, nolebat ingredi per portam æneam, ſed per ſeptentrionalem, quæ vicinior fonti eſt. Statim vero atque tale conſilium iniit, vox inviſibilis ſic eam alloquitur, Sta, & ne ultra progredere, ſed confeſtim retrocede, ne tibi malum accidat. Illa his auditis, præ formidine humi decidit, & flere cœpit, ac Deum precari, ut ſibi culpam talis auſus condonaret. Quâobrem aliud ibi Templum in honorem S. Demetrii excitavit. In eo ipſo autem loco ubi vocem audierat fundamenta jecit, depicta vero fuit ibi Dei matris imago: præcepitque ut lampas coram illa jugiter arderet, quæ ad hunc uſque diem ſervatur. Imago illa vocatur Zoodochos, ſeu vitæ susceptrix. Imperatrix Constantinopolin profecta, miraculum Arcadio fratri renuntiavit. Qui statim misit in Monasterium Patribus dona, & munera multa obtulit, greges animalium, aliosque reditus plurimos Monasterio attribuit: dedit præterea pulcherrimum vicum in Peritheorio, simulque quartam partem maritimi lacus, & officinas quinque in Casteli: atque in annonam mitti jussit ab Oeconomo quotannis libras argenti quatuordecim: quod ad hunc usque diem in veteri Codice Monasterii descriptum reperitur. Is ipse Imperator Arcadius columnam illam magnam, & prælaltam mirabilemque erexit in foro Constantinopolitano, quod nunc vocatur Gynæcéum, in cujus circuitu ejusdem jussu, insculpta sunt gesta, bella, naumachiæ & victoriæ Patris ipsius Theodosii.

Habet item Ecclesia lampadem multorum ellychniorum spectabilissimam in medio positam.

Supra Narthecem est Bibliotheca ditissima. Habetur item alia Bibliotheca in Scevophylacio seu sacristia, multis & utilissimis instructa libris: sub Catechumenorum loco visitur alia Deiparæ imago miraculo insignis in sacello, quod vocatur Consolationis, scalam conscendentibus ad dexteram in muro depicta. Quæ aliquando, res mira! vultum convertit ad Hegumenum Monasterii, ipsique insidias furum declaravit, & incursionem, quam facturi erant in Monasterium: quod ita sine detrimento servatum est. Et sane Imaginis vultus hactenus ad dexteram versus conspicitur. Atque ad hanc usque diem lampas, & quidem prægrandis, jugiter ardet in ejus honorem, & ad memoriam vere tremendi miraculi. Supra Narthecem magnæ Ecclesiæ sunt Catechumena. Exinde vero ad orientem conspicitur admirandum Altaris Ciborium, & tota Ecclesia. In turri item excelsa prope Cate-

ἀδελφοῦ αὐτῆς Ἀρκαδίου τὸ θαῦμα· ὁ δὲ παραυτὰ ἔστειλεν εἰς τὸ μοναστήριον βοήθειαν τῶν πατέρων, καὶ ἀφιερώματα διάφορα, ἐχάρισε δὲ καὶ ἀγέλας ζώων. καὶ ἄλλα πολλὰ εἰσοδήματα τῷ μοναστηρίῳ ἔδωσεν ἀκόμη καὶ τὸ ὡραιότατον μετόχιον εἰς τὸ Περιθεώριον, ὁμοῦ καὶ τὸ τέταρτον μέρος τῆς παραθαλασσίας λίμνης καὶ ἐργαστήρια πέντε μέσα εἰς τὸ Καστέλι· καὶ σιτηρέσιον ἐπρόσταξε νὰ ἔρχεται εἰς αὐτὸ τὸν κάθε χρόνον ἀπὸ τὸν οἰκονόμον χρυσοῦ λίτρας δώδεκα, καὶ ἀργυροῦ λίτρας δεκαεπτά· τὸ ὁποῖον καὶ ἕως τῆς σήμερον εὑρίσκεται εἰς τὸν παλαιὸν κώδικα τοῦ μοναστηρίου σημειωμένον. αὐτὸς δὲ οὗτος ὁ βασιλεὺς Ἀρκάδιος ἔστησε καὶ τὴν μεγάλην καὶ οὐρανομήκη κολώναν ἐκείνην τὴν ἀξιοθέατον ἐν Κωνσταντινουπόλει κατὰ τὸν νῦν λεγόμενον γυναικεῖον φόρον· ἐπάνω εἰς τὴν ὁποίαν τριγύρωθεν διὰ προσταγῆς του ἐγλύφησαν ὅλα τὰ κατορθώματα καὶ οἱ πόλεμοι, καὶ ναυμαχίαι, καὶ νίκαι τοῦ πατρὸς του Θεοδοσίου.

Ἔχει δὲ καὶ πολυέλαιον εἰς τὸ μέσον ἡ ἐκκλησία ὡραιότατον καὶ ἀξιοθαύμαστον κατὰ πολλά.

Ἐπάνωθεν δὲ τοῦ νάρθηκος ἔστι βιβλιοθήκη πλουσιωτάτη· εὑρίσκεται δὲ καὶ ἄλλη βιβλιοθήκη ἐν τῷ σκευοφυλακείῳ πολλῶν καὶ χρησιμωτάτων βιβλίων. ὑποκάτωθεν δὲ τῶν κατηχουμένων ὁρᾶται καὶ ἄλλη μία θαυματουργὸς εἰκὼν τῆς Θεοτόκου εἰς τὸ παρεκκλήσιον, τὸ ἐπονομαζόμενον τῆς παραμυθίας ἤγουν παρηγορίας, ἐπάνωθεν τῆς σκάλας, ἀναβαίνοντας δεξιά, εἰς τὸν τοῖχον ἱστορισμένη· ἡ ὁποία μίαν φορὰν ἔστρεψεν ὢ τοῦ θαύματος τὸ πρόσωπον της πρὸς τὸν ἡγούμενον τοῦ μοναστηρίου, καὶ τοῦ ἐφανέρωσε τὴν ἐπιβουλὴν τῶν λῃστῶν, καὶ καταδρομὴν τῶν κλεπτῶν ὅπου ἔμελλαν νὰ κάμουσιν εἰς τὸ μοναστήριον· καὶ οὕτως ἐφυλάχθη ἀνεπηρέαστον· φαίνεται δὲ καὶ ἕως τῆς σήμερον ἔτζι γυρισμένον τὸ πρόσωπον τῆς εἰκόνος ἐκείνης πρὸς τὰ δεξιά. καὶ ἔμπροσθέν της ἅπτει κανδήλιον ἀκοίμητον ἀενάως, καὶ λαμπὰς μεγάλη πρὸς τιμὴν μὲν τῆς εἰκόνος, μνήμην δὲ τοῦ τοιούτου φρικώδους ὡς ἀληθῶς θαύματος. ἐπάνωθεν δὲ τοῦ νάρθηκος τῆς μεγάλης ἐκκλησίας ἔστι καὶ κατηχούμενα· καὶ ἀπ' αὐτὰ πρὸς ἀνατολὰς φαίνεται τὸ πολυθαύμαστον τέμπλον τοῦ βήματος

καὶ

καὶ ὅλος ἁπλῶς ὁ ναός. Ἔχει καὶ ὡρολόγιον μέγα ἐγγὺς τῶν κατηχουμένων ἐπὶ πύργου ὑψηλοῦ· πλησίον δὲ τοῦ ὡρολογίου ἀραδικῶς εἶναι παρεκκλήσια τέσσαρα.

Ἔχει δὲ τοῦτο τὸ μοναστήριον πύργους ὑψηλοὺς πέντε· καὶ ἄλλους μικροτέρους τέσσαρας· καὶ λουμπάρδας μεγάλας καὶ θαυμαστάς· καὶ μάλιστα μίαν, ὑπὲρ τὰς ἄλλας κομματιαστὴν τεχνικώτατα ἡρμοσμένην μὲ βίδαις· ἔχει καὶ λουτρὸν ἐν αὐτῷ χρήσιμον διὰ τοὺς ἀσθενεῖς· καὶ κελλία πολλὰ ἐν τάξει θαυμαστὰ πρὸς ἀνάπαυσιν τῶν θελόντων μονάσαι ἐν αὐτῷ καὶ διαβιῶσαι μετὰ ἡσυχίας· καὶ τὰ λοιπὰ τοῦ μοναστηρίου εὔμορφα καὶ ἐξαίσια· ἤγουν νοσοκομεῖον, ῥαπτάρειον, ἐλαιοτριβεῖον, καὶ τὰ ἄλλα καθὼς καὶ τὰ τῆς μεγάλης Λαύρας.

Καὶ ἡ τοποθεσία τοῦ μοναστηρίου εἶναι πολλὰ θαυμάσιος, στολισμένη πανταχόθεν μὲ εὔμορφα καὶ κάρπιμα δένδρα, καὶ μὲ νερατζίαις καὶ κυπαρίσσια· μὲ περιβόλια εὔμορφα. Καὶ εἰς μὲν τὸ δεξιὸν μέρος τοῦ μοναστηρίου εἶναι ὁ ἀρσανᾶς, εἰς δὲ τὸ ἀριστερὸν εἶναι τὸ κοιμητήριον τῶν πατέρων· πλησίον δὲ τῆς μεγάλης πόρτας τοῦ μοναστηρίου εἶναι μία κολυμβήθρα εὐρύχωρος καὶ βαθεῖα, καὶ κάτωθεν ταύτης, μύλος· ὅστις δουλεύει μὲ τὸ στεναθεϊζόμενον εἰς αὐτὴν ὕδωρ· Ἔχει δὲ παρεκκλήσια ἔξω καὶ ἔσω τὸν ἀριθμὸν δεκατέσσαρα· καὶ λιμένα πανθαύμαστον, καὶ εὐρύχωρον, καὶ ψαρεύουσιν ἀπ᾽ αὐτὸν οἱ πατέρες μὲ γρίπον παντοῖα ὀψαρίων εἴδη· ἔχει καὶ ἔξωθεν εἰς διαφόρους τόπους σκήτας, κελλία, ἀσκηταρεῖα, πύργους, μύλους, ἡσυχαστήρια μὲ περιβόλια, καὶ ἀμπέλια εὐμορφότατα· τόσον δὲ εἶναι τὸ μοναστήριον τοῦτο εὔμορφον, ὁποῦ δὲν δύναται ἀνθρωπίνη γλῶσσα νὰ τὸ περιγράψῃ ἀξίως· ἀλλ᾽ ἀρκοῦσι καὶ τὰ τοσαῦτα.

Στίχοι εἰς τὴν τρωθεῖσαν κατὰ τὴν παρειὰν εἰκόνα τῆς Θεομήτορος ἐξ ἧς ἔρρευσεν αἷμα·
Ποίημα Συνεσίου ἱεροδιακόνου.

Ἦ ῥά γε παμβασίλεια ἀλάστωρ παρθενομῆτορ
Ἔμπλεε ἀγλαΐης, ἵκετο ὀκρυόεις

chumena est horologium magnum. Proxime autem horologium sunt sacella quatuor recto ordine constructa.

Habet hoc Monasterium turres præaltas quinque: aliasque minores quatuor, & *Bombardas* prægrandes ac mirabiles, maximeque unam, cujus distinctæ partes ac sectiones per cochleas striatas inseruntur. Habet item lavacrum ægris perutile: cellulasque plurimas ordine mirabiles ad secessum eorum, qui solitarie & quiete vivere volunt. Reliqua item Monasterii loca pulcra magnaque sunt; nempe infirmitorium, officina sutoria, aliaque officina pro oleo conficiendo: & cætera quemadmodum in magna Laura.

Situs quoque Monasterii admodum spectabilis est, undique cinctus amœnis fructiferisque arboribus, malis aureis & cyparissis, cum septis speciosis. Et ad dexteram quidem Monasterii partem situm est Navale; ad sinistram vero, cœmeterium Patrum. Propter magnum Monasterii ostium est piscina lata & profunda, infra vero, Molendinum; quod per aquam piscinæ movetur & volvitur. Habet autem Monasterium intus & foris sacella quatuordecim, portum spectabilissimum & amplum: ubi Patres cum retibus omnia opsoniorum genera piscantur. Possidet item diversis in locis, scetas, cellas, asceteria, turres, molendina, Hesychasteria cum septis parietinis, & vineas amœnissimas. Tantæ demum pulcritudinis est hoc Monasterium, ut vix possit ipsum humana lingua pro merito describere. Verum hæc satis sunto.

Versus in Imaginem Dei Matris in gena sauciatam, ex qua sanguis effluxit: auctore Synesio Hierodiacono.

Siccine, o Regina omnium, Dei mater
Splendore repleta, scelestus venit furibundus,

Tuamque in genam, immortalem sane speciem,
Gladium infixit. O vere infelix & miser,
Stulte, quæ te furia movit & concitavit?
Væ tibi, a noxa & crimine progenite.

Iambi alii
Trimetri partim acatalecti, partim catalecti.

Mortalis iste, si quidem mentis compos fuisset,
Nequaquam gladium in imaginem vibrasset,
Ex qua niger sanguis fluxit immensus.
Sed illum statim ultio gravis scelestissimum invasit,
Cæcumque fecit, uti par erat.
Verum infra positum & miserabiliter ejulantem,
Æstimo posse medelam consequi.

Semiiambi.

Ex casta juvenili gena
Inviolatæ Matris
Dei, qui pater est mortalium,
Video exilientem,
Ex illa, inquam, specie, nigrum
Ineffabilemque sanguinis rivulum.
Timore corripior,
Stuporeque immenso
Repleor, ac percellor.
Verum tu, Unitas & Trinitas,
Pater cum Filio, Spiritus,
Splendor lucis sine principio,
Personarum triplex forma,
Omnium causa,
Suscipe deprecationem meam,
Intercessionibus Immaculatæ
Deiparæ castæ
Animam meam suscipe,
Laudes meas excipe,
Tu Salvator admitte,
Venisti pro mortalibus
Ut miserum eriperes
E manibus homicidæ.
Donum præbuisti ad solvendum nos
Sanguinem ex casto latere.

Σέο ἐπὶ γναθοῖο τυπώματος ἀθανάτοιο
φάσγανον, ἄϊξεχέως κάμμορε δυσμορίης·
Νήπιε τίς σε θεὰ δὴ ἐριννὺς μέσ᾽ ἐνβάλλε,
Φεῦ σοι ἀτασθαλίης ἔκγον᾽ ἐπεσβολίης.

Ἕτεροι
Ἰαμβικοὶ τρίμετροι, ὧν οἱ μὲν ἀκατάληκτοι, οἱ δὲ καταληκτικοί.

Μέροψ γὰρ οὗτος εἴπερ ἔσχε τὰς φρένας,
Οὐκ ἂν καθῆπτο φάσγανον κατ᾽ εἰκόνος
Ἐξ ἧς κελαινὸν αἷμα ῥεῦσεν ἄπλετον·
Αἰνῶς μετέπειτα θέμις κάκιστον ἄφνης·
Πηρὸν δράσεν δηλαὸν ὡς προσῆκεν,
Φθογγάζοντα ἔνερθε λυγρὸν ἄρδην·
Ἧς οἶμαι μὲν ἴασιν ἂν λαβέσθαι.

Ἡμιάμβια.

Κύρης παρθένης ἁγνᾶς
Ἀκηράτοιο μαζός·
Θεοῦ πατρός τε θνατῶν,
Δέρκειν ἔπειτα θεόσχον
Τυπώματος κελαινὸν
Ἄῤῥητον αἱμάτεσσι·
Τάρβος πέλον δέδοικα
Θάμβευς ἀπειράτοιο,
Ἐμπίπλαμαι ἐκπλήττομαι.
Ἀλλ᾽ ὦ σὺ μονὰς καὶ τριάς,
Πάτερ μεθ᾽ υἱοῦ πνεῦμα,
Ἀναρχόφωτος αἴγλη,
Προσωποτρισόμορφε,
Παναιτία πάντεσσι,
Δέχου ἀρὰς ἐμοῖο·
Ἀρρῆσιν ἀχράντοιο
Θεοῦ τεκούσας ἁγνᾶς
Ψυχὴν ἐμὰν δέξαιο·
Αἴνων ἐμοῦ ἅψαιο.
Σωτήριον σὺ δέξο·
Κατήλυθες βροτοῖσιν
Ἀλιτρὸν ἐκσαῶσαι
Χειρῶν βροτοκτόνοιο,
Δῶρον παρέσχες λῦσαι
Αἷμ᾽ ἐξ ἁγνᾶς πλευρᾶς σου.

ΕΤΕΡΟΝ

Δακτυλικὸν τετράμετρον εἰς δισύλλαβον καταληκτικόν.

Ἀδυμελὲς χαρίεσσα ἀηδοῖ,
Παρθενικὴ πολύτερπε χελιδοῖ·
Αἰγλήεσσα θέσκελε κούρη.
Ἀγλαοποίκιλον ἐρατὸν ἄνθος·
Χρυσόρρευθεν πολυήρατον·
Κλῦθι ἐμοῦ γε, δέησιν τε δεδέχθαι·

Κλῦθι, ἐμὸν κεν ἄημα σαῶσαι.
Δέξαις ταῦτ' αἶ ἐφύμνια πρόφρων.
Οὐ γὰρ ἐπάξια ᾄσματα μέλψα·
Ἐχρῆν μέντοιγε κρείσσονα οἴσειν.
Γουνάσομ' ἐκ δολιχῶν ζοφοέντων,

Ταρταρίων σκοτόεντος χώρου·
Κἀμέγε ῥύσαιο Θεομήτωρ·
Κἄξαις πρὸς ἀμύμονα χῶρον.

ALIUD

Dactylicum tetrametrum in dissyllabum catalecticum.

Suavisona grata luscinia,
Virginea delectabilis hirundo,
Splendida divina Virgo,
Flos amabilis varie fulgens,
Auriflua desiderabilis,
Audi me, supplicationem meam excipe,

Audi, spiritum serva meum:
Hasce laudes lubens admitte
Non enim digna cecini cantica:
Meliora sane obtulisse oportuit.
Ad genua provolutus precor ut me a tenebrosis

Tartareis caliginosisque locis
Eruas o Dei Mater,
Et deducas ad illustrem illum locum.

Ἄλλο Θεοφάνους.

Θεωριῶν ὕψωμα δογμάτων βάθος·

Ἑνωτικὸν σύνταγμα σὲ βλέπω κόρη·
Ὅρων ἀμίκτων συνδρομὴν μῖξιν ξένην·
Φαινομένην ἀστράψασαν εἰς πᾶσαν κτίσιν·

Ἀλλ' ὦ πανακήρατε γῆς πόλου γέρας.
Νοητὸν ὡς φέρουσα θείαις ὠλέναις

Ἥλιον, ἀνάτειλον ἀμάρυγμά μοι.
Σωτηρίας τ' ἔξαλμα κατερραγμένων..

Aliud Theophanis.

Speculationum celsitudo, dogmatum profunditas,

Unionis fœdus, te video, o Virgo,
Terminorum incommixtorum concursum, mixtionem stupendam
Apparentem, fulgentem per totam rerum naturam.

Sed o Immaculata orbis gloria,
Utpote quæ intelligibilem feras divinis ulnis

Solem: radium mihi oriri facito,
Salutisque splendorem erumpentem.

Περὶ τοῦ ἱεροῦ μοναστηρίου τοῦ Χιλανταρίου.

ΤΟ θεῖον καὶ ἱερὸν μοναστήριον τοῦ Χιλανταρίου ἔχει εἰς τὸν αἰγιαλὸν εὔμορφον ταρσανᾶν μὲ πύργον ὑψηλὸν καὶ τεῖχος θαυμάσιον. Ἐπάνω δὲ πρὸς τὸ ὄρος εἶναι τὸ μοναστήριον, μέγα ὡς ἀληθῶς καὶ ἀξιοθέατον· οὗ ὁ ναὸς τιμᾶται εἰς ὄνομα τῆς ὑπεραγίας Θεοτόκου τῶν Εἰσοδίων ὅλος μολυβοσκέπαστος· καὶ εἶναι ἀνοικοδόμησις δι' ἐξόδων τοῦ βασιλέως Σερβίας καὶ Ῥωμανίας Στεφάνου.

De sacro Monasterio Chilantarii.

DIvinum sacrumque Monasterium Chilantarii, ad littus maris habet pulcrum Navale cum turri excelsa & murorum septo spectabili. Monasterium autem sursum in Monte positum est, vere magnum & jucundum aspectu: cujus Templum ornatur nomine sanctissimæ Deiparæ τῶν εἰσοδίων, totumque plumbo opertum est. Fundatumque fuit sumtibus Stephani Serviæ & Romaniæ Regis, qui Romani Romanorum Imperatoris gener erat. Habet columnas quatuor prægrandes ex marmore albo, in Narthece item duas, in exteriore Narthece seu vestibulo totidem. Pavimentum ejus ex marmore albo est, lapillis varii coloris distincto, quod sane spectaculum jucundum exhibet. Ecclesiæ fenestræ formas & imagines solemnitatum & Sanctorum repræsentant. Sedes chori sunt pulcherrimæ & affabre elaboratæ; maxime autem Hegumeni sedile, quod pulcritudine & magnificentia alia omnia cæterorum Monasteriorum sedilia Hegumenorum antecedit. Ecclesia septem portas habet: quæ in medio sita est habet æneam lampadem multis ellychniis instructam, opere spectabili. In sacro Altari sunt tres Cruces ligneæ argento deaurato obductæ, opus admirabile. Imagines auro & lapillis pretiosis ornantur. Habet item lampades pretiosas ex crystallo nativa.

Trullus Ecclesiæ unus est & maximus: Narthex vero duos habet trullos, exterior Narthex unum: qui procul conspecti crucem repræsentant. Pulpita & ostium Ecclesiæ subtilissimo artificio elaborata suspiciuntur. Alia quoque ibi commemoratione digna visuntur. Illic videas & adores venerandum lignum sanctissimæ Crucis Domini & Salvatoris nostri Christi.

Caput S. Eutychii Patriarchæ Constantinopolitani, & aliorum Sanctorum venerandas Reliquias.

Fundatores hujus Templi præterea sunt SS. Sabbas & Symeon pater ejus ex Servia. Cætera Monasterii loca opulenta sunt & pulcra. Qui autem ibi Asceticam vitam agunt Patres, genere Servi & Bulgari sunt, viri boni & hospitales.

γαμβροῦ δὲ τοῦ αὐτοκράτορος Ῥωμαίων Ῥωμανοῦ· Ἔχει κιόνια μαρμαρένια λευκὰ καὶ μεγάλα τέσσαρα· καὶ εἰς τὸν νάρθηκα δύο· καὶ εἰς τὸν πρὸ ἔξω νάρθηκα ἤγουν τὸν πρόναον ἕτερα κιόνια δύο· Ἡ στρῶσις του εἶναι μετὰ μαρμάρων λευκῶν καὶ ψηφίων πολυχρωματίστων ὡραϊσμένη, τερπνὴ καὶ ἀξιοθέατος. Τὰ φωτιστικὰ τῆς ἐκκλησίας εἶναι κατασκευασμένα εἰς σχήματα καὶ εἰκόνας τῶν ἑορτῶν καὶ ἁγίων· στασίδια εἰς τοὺς χοροὺς ἔχει κάλλιστα καὶ τεχνικώτατα, καὶ μάλιστα τὸ ἡγουμενικὸν, τὸ ὁποῖον ὑπερβαίνει ὅλα τὰ τῶν ἄλλων μοναστηρίων ἡγουμενικὰ, εἰς τὴν ὡραιότητα καὶ τὸ μεγαλεῖον. Ἡ ἐκκλησία ἔχει πόρταις ἑπτά· καὶ εἰς τὴν μέσην πολυέλαιον πρoύντζινον θαυμαστόν. εἰς τὸ ἅγιον βῆμα εὑρίσκονται τρεῖς σταυροὶ ξύλινοι ἀργυροχρυσωμένοι, ἔργον ἀξιοθαύμαστον. ἡ (sic) εἰκόνες εἶναι ἐγκοσμημέναις μετὰ χρυσίου καὶ λίθων πολυτίμων· Ἔχει κανδήλια κρυσταλένια ἀπὸ μέταλλον ἀξιόλογα.

Ὁ τροῦλαιος τῆς ἐκκλησίας εἶναι ἕνας καὶ μέγιστος· ὁ δὲ νάρθηξ ἔχει δύο τρούλλους· καὶ ὁ ἔτι πρὸ ἔξωθεν νάρθηξ ἕνα· οἱ ὁποῖοι μακρόθεν φαίνονται σταυροειδεῖς· Τὰ ἀναλόγια καὶ ἡ θύρα τῆς ἐκκλησίας ἔχουσι λεπτὴν τέχνην θαυμαστήν, εἰσὶ δὲ καὶ ἄλλα πολλὰ εἰς αὐτὴν λόγου καὶ μνήμης ἄξια. Ἐκεῖ θέλεις ἰδῇ καὶ προσκυνήσῃ καὶ τίμιον ξύλον τοῦ παναγίου σταυροῦ τοῦ δεσπότου μας καὶ σωτῆρος Χριστοῦ.

Τὴν κάραν τοῦ ἁγίου Εὐτυχίου Πατριάρχου Κωνσταντινουπόλεως,. καὶ ἄλλων διαφόρων ἁγίων τίμια λείψανα.

Κτήτορες τοῦ ναοῦ τούτου εἶναι ἀκόμη καὶ οἱ ἅγιοι Σάββας καὶ Συμεὼν ὁ πατὴρ αὐτοῦ οἱ ἐκ Σερβίας. Τὰ δὲ λοιπὰ τοῦ μοναστηρίου ὅλα πλούσια καὶ καλά· οἱ δὲ ἐνασκούμενοι ἐν αὐτῷ πατέρες εἰσὶ Σέρβοι τὸ γένος καὶ Βούλγαροι ἄνθρωποι ἀγαθοὶ καὶ φιλόξενοι.

Περὶ τῆς ἱερᾶς σεβασμίας καὶ Βασιλικῆς μονῆς τῶν Ἰβήρων.

Τὸ περίφημον μοναστήριον τῶν Ἰβήρων εἶναι παλαιότατον, κτισμένον ἀπὸ τοὺς ὀρθοδόξους βασιλεῖς τῶν ῥωμαίων· καὶ πρῶτον μὲν ἀπὸ τὴν βασίλισσαν τοῦ αὐτοκράτορος Ῥωμανοῦ, καὶ ἀπὸ τοὺς υἱοὺς της· ὕστερον δὲ οἰκοδομήθη λαμπρότερον καὶ μεγαλοπρεπέστερον ἀπὸ τὸν μεγαλεπιφανέστατον Τορνίκιον, ὅστις ἦτον τότε στρατηγός· ἐγένετο δὲ μοναχὸς ἐν αὐτῷ. Θανόντος ὅμως τοῦ Ῥωμανοῦ, καὶ χηρευσάσης τῆς βασιλίσσης μὲ παιδία ὀρφανὰ καὶ ἀνήλικα, καὶ τῆς βασιλείας κινδυνευούσης ἀπὸ τὰς ἐπαναστάσεις καὶ καταδρομὰς τῶν περσῶν. ἔστειλαν ἥτε βασίλισσα καὶ οἱ ἄρχοντες τῆς συγκλήτου εἰς τὸ μοναστήριον, καὶ τὸν ἔφεραν εἰς τὴν Κωνσταντινούπολιν. καὶ μὲ πολλαῖς παρακάλεσαις τὸν ἔκαμαν στρατηγόν. αὐτὸς δὲ πηγαίνοντας εἰς τὴν Ἰβηρίαν καὶ συνάγοντας στρατεύματα περισσά, ἐκατέβη κατὰ τῶν ἀλλοφύλων βαρβάρων, καὶ πολεμῶντας, τοὺς ἐνίκησε παντελῶς καὶ τοὺς ἐκατατρόπωσε κατὰ κράτος, ἀπὸ τοὺς ὁποίους παίρνοντας βίον πολλὺ καὶ αἰχμαλωσίαν, ἐγύρισεν εἰς τὰ βασίλεια νικητὴς καὶ τροπαιοφόρος· καὶ ζητῶντας θέλημα ἀπὸ τὴν βασιλείαν, ἦλθεν εἰς τὸ ἅγιον ὄρος δευτέραν φοράν, καὶ ἔκτισεν αὐτὸ τὸ μοναστήριον ὅπου φαίνεται τώρα εἰς καταφύγιον τῆς πατρίδος του τῆς Γιουρτζίας· διὰ τοῦτο καὶ ὀνομάζεται τῶν Ἰβήρων. ἔμεινε δὲ ὁ Τορνίκιος εἰς αὐτὸ μοναχός, ἕως οὗ καὶ ἀνεπαύσατο ἐν Κυρίῳ. Ἀνεκαινίσθη δὲ ὕστερον ἀπὸ τοὺς βασιλεῖς καὶ αὐθέντας τῆς Ἰβηρίας πολὺ λαμπρῶς, μὲ κάστρον περιγύρωθεν δυνατὸν καὶ ὡραῖον.

Τιμᾶται ὁ ναός του εἰς ὄνομα τῆς κοιμήσεως τῆς Θεοτόκου· καὶ εἶναι μέγας καὶ περιβόητος, μολυβδοσκεπασμένος ὅλος, ἔχων τέσσαρας θόλους, καὶ πόρτας μεγάλας τρεῖς. Ἔχει ἔσωθεν κιόνια μέγιστα τέσσαρα εἰς τὸ μέσον, καὶ μικρότερα εἰς τὸν κάθε χορὸν ἀπὸ τρία· καὶ εἰς τὸ τέμπλον σιμὰ ἕτερα κιόνια πορφυρόχροα τέσσαρα· καὶ ὀρθομαρμάρωσιν περιγύρου ὡραιοτάτην·

De sacro, venerando & Imperatorio Monasterio Iberorum.

Celebre Monasterium Iberorum, est antiquissimum, fundatum ab Orthodoxis Imperato.ibus Romanorum. Et primum quidem ab Imperatrice Romani Imperatoris uxore, & a filiis ejus. Deinde vero splendidiùs & magnificentiùs structum est ab illustrissimo Tornicio, qui tunc Dux exercitus erat, & ibi Monachus effectus est. Defuncto itaque Romano, & Imperatrice vidua relicta cum filiis orphanis & tenellis, cum Imperium a Persarum incursionibus periclitaretur, Imperatrix & Senatûs principes miserunt ad Monasterium, ipsumque Constantinopolim deduxerunt: multisque precibus atque suasionibus devictum, Ducem exercitus constituerunt.. Ipse vero in Iberiam profectus, cum exercitum magnum collegisset, Barbaris obviam ivit, & commisso prælio, devicit ipsos & in fugam convertit, magnamque prædam cum captivis agens, ad Regiam victor & triumphans rediit. Petitaque ab Imperatrice venia, ad sacrum Montem secundo rediit, & hoc ipsum Monasterium, ubi nunc visitur, ad refugium patriæ suæ Georgiæ construxit. Ideoque vocatur Iberorum. Mansit autem Tornicius ibi Monachus, donec quiesceret in Domino. Renovatum deinde magnifice fuit a Regibus & Principibus Iberiæ, cum valido & pulcro muro in circuitu.

Templum nomine Dormitionis Deiparæ insignitur, estque magnum ac conspicuum, totum plumbo tectum, habens quatuor tholos, & portas magnas tres. Habet intus in media Ecclesia quatuorm aximas columnas, ac in Choro utroque tres minores, & in Ciborio proxime sito quatuor alias columnas porphyreticas, & crustationem in circuitu ſplendidiſſimam, & ſupra illam aulæa in muro opere plumario, ſuperius verò picturam perjucundam. In feneſtris vitreæ tabellæ multæ prægrandes ſunt. Lampas iſtic habetur ſpectabilis multorum luminum. Pulpita, poſtica, ſedes Hegumeni, teſſellis oſſeis & ex ligno ſentephii ornata ſunt. Supra ſacram menſam eſt Coronis inſculpta ac deaurata.

Eccleſia variis magniſque tabulis marmoreis ſternitur. Cujus latitudo ſexaginta pedum eſt, habetque portas majores & minores duodecim, & Nartheces duos, veſtibulumque cum columnis marmoreis duodecim.

Illic videbis & veneraberis multas variaſque Reliquias, & inter illas partem S. Georgii Martyris.

S. Joannis Chryſoſtomi.

SS. Anargyrorum.

Pedem S. Macrinæ integrum.

S. primi Martyris & Archidiaconi Stephani partem.

S. Cypriani pedem incorruptum.

S. Regis Amaſiæ.

Unguentum S. Demetrii.

S. Apoſtoli Petri.

Sancti Panteleemonis partem.

Pedem S. Michaëlis Synnadenſis.

Partes quaſdam S. Athanaſii magni.

S. Apoſtoli Lucæ.

S. Apoſtoli Bartholomæi.

S. & magni Martyris Hermolai.

S. Martyris Mercurii.

S. Joannis *jejunatoris* Patriarchæ Conſtantinopolitani.

S. Stephani junioris.

Sancti Hypatii.

SS. Quadraginta Martyrum.

S. Agathangeli.

SS. Quinque Martyrum.

S. Euſtathii.

S. utriuſque Theodori, Stratelati ſcilicet & Tyronis.

S. & juſti Lazari.

S. Neſtoris.

S. Anaſtaſiæ.

καὶ ἐπάνωθεν ταύτης τζινία εἰς τὸ τοῖχον ὡραιοπλουμιστά· καὶ ἔτι ἐπάνωθεν τούτων ἱστορίαν πολυειδόμορφον. καὶ ὑαλία εἰς τὰ φωτιστικὰ πολλὰ ἐξαίσια, καὶ πολυέλαιον μέγαν καὶ ὑπερθαυμαστὸν ἀναλόγια, παράθυρα, στασίδιον ἡγουμενικὸν, ὅλα μὲ κόκαλα καὶ σεντέφια καρφωμένα. Μέσα εἰς τὸ ἅγιον βῆμα ἔχει κουβούκλιον ἐπάνωθεν τῆς ἁγίας τραπέζης γλυπτὸν καὶ περικεχρυσωμένον.

Ἡ ἐκκλησία εἶναι στρωμένη μὲ διάφορα λαμπρὰ καὶ πολυθαύμαστα μάρμαρα· τὸ πλάτος της εἶναι ἑξῆντα ποδάρια, ἔχει πόρταις μικραῖς καὶ μεγάλαις δώδεκα, καὶ νάρθηκας δύο· καὶ πρόναον μὲ κιόνια μαρμαρένια δώδεκα.

Ἔχει λοιπὸν ἰδὴ καὶ προσκυνήση πολλὰ καὶ διάφορα λείψανα, ἐξ ὧν καὶ ταῦτα.

Τοῦ ἁγίου Γεωργίου τοῦ μάρτυρος μέρος.

Τοῦ ἁγίου Ἰωάννου χρυσοστόμου.

Τῶν ἁγίων ἀναργύρων.

Τὸ ποδάριον τῆς ἁγίας Μακρίνης σῶον.

Τοῦ ἁγίου πρωτομάρτυρος καὶ ἀρχιδιακόνου Στεφάνου μέρος.

Τοῦ ἁγίου Κυπριανοῦ τὸ ποδάριον σῶον.

Τοῦ ἁγίου Βασιλέως Ἀμασίας.

Μῦρον τοῦ ἁγίου Δημητρίου.

Τοῦ ἁγίου ἀποστόλου Πέτρου.

Τοῦ ἁγίου Παντελεήμονος μέρος.

Τὸ ποδάριον τοῦ ἁγίου Μιχαὴλ συνάδων.

Τοῦ ἁγίου Ἀθανασίου τοῦ μεγάλου μέρη.

Τοῦ ἁγίου ἀποστόλου Λουκᾶ.

Τοῦ ἁγίου ἀποστόλου Βαρθολομαίου.

Τοῦ ἁγίου μεγαλομάρτυρος Ἑρμολάου.

Τοῦ ἁγίου μάρτυρος Μερκουρίου.

Τοῦ ἁγίου Ἰωάννου πατριάρχου Κωνσταντινουπόλεως τοῦ Νηστευτοῦ.

Τοῦ ἁγίου Στεφάνου τοῦ νέου.

Τοῦ ἁγίου Ὑπατίου.

Τῶν ἁγίων τεσσαράκοντα Μαρτύρων.

Τοῦ ἁγίου Ἀγαθαγγέλου.

Τῶν ἁγίων πέντε μαρτύρων

Τοῦ ἁγίου Εὐσταθίου.

Τῶν ἁγίων Θεοδώρων τοῦ στρατηλάτου καὶ τοῦ τύρωνος.

Τοῦ ἁγίου καὶ δικαίου Λαζάρου.

Τοῦ ἁγίου Νέστορος.

Τῆς ἁγίας Ἀναστασίας.

Τοῦ ἁγίου Ἰακώβου τοῦ πέρσου.

Τὴν κάραν τοῦ ἁγίου μάρτυρος Φωτίου, καὶ ἄλλα διάφορα τίμια λείψανα.

Δεξιὰ καθὼς εἰσεβαίνεις εἰς τὸ μοναστήριον εἶναι παρακλήσιον τοῦ ἁγίου Νικολάου, καὶ ἀριστερὰ τῶν Ταξιαρχῶν.

Εἶναι καὶ ναὸς ἕτερος παλαιὸς τοῦ Προδρόμου ἔσω τοῦ μοναστηρίου διώροφος. Καὶ ἕτερος ναὸς τῆς Παναγίας μολυβδοσκέπαστος κτισμένος ἀπὸ τὸν ἐκλαμπρότατον αὐθέντην τῆς Ἰβηρείας Ἀσωτάν. Εἰς αὐτὸν εἶναι ἡ εἰκὼν τῆς Θεοτόκου ὁποῦ καλεῖται τῆς πορταΐτισσας· ἥτις ἦλθε διὰ θαλάσσης ἀφ' ἑαυτῆς εἰς τὸν καιρὸν τῆς εἰκονομαχίας. Εἶναι δὲ κανδήλια ἔμπροσθεν τῆς ἁγίας εἰκόνος ἐκείνης ἀργυρὰ δεκατέσσαρα ἀκοίμητα· Ἔστι καὶ ἱερομόναχος εὐλαβὴς καὶ ἐνάρετος προσμονάριος ἐκεῖ διὰ παντὸς εὑρισκόμενος, καὶ ὑπηρετῶν τὸν ναόν· ὅστις καὶ ψάλλει καθημερούσιον ἀκολουθίαν εἰς αὐτὸν καὶ παράκλησιν. Εἶναι δὲ ἡ εἰκὼν ὅλη ἐγκοσμημένη μετὰ χρυσίου καὶ λίθων τιμίων. Ἐπάνωθέν της ἔχει κουβούκλιον εὔμορφον, καὶ τριγύρω της κρέμονται κανδήλια ὀγδοήκοντα ἀργυρᾶ· καὶ ὑποκατωθέν της εἰς τὸ ποδάριν ἔχει διάφορα ἀφιερώματα πολύτιμα, εἰκονίσματα μικρὰ καὶ ἐγκόλπια ἀργυροχρυσωμένα. Ἡ εἰκὼν πολλὰ θαυματουργός· ἔχει δὲ καὶ σημεῖον τῆς μαχαιρείας εἰς τὸν λαιμόν, ὅθεν ἔρρευσεν ὢ τοῦ θαύματος αἷμα πολύ, καὶ φαίνεται μέχρι τῆς σήμερον.

Εἶναι δὲ ὁ ναὸς ὅλος λιθόστρωτος μὲ μάρμαρα λαμπρὰ καὶ πορφυρᾶ· καὶ ἔχει τριγύρωθεν κιόνια μαρμαρένια πανθαύμασα· καὶ στέκεται ἐπάνω εἰς τέσσαρας κολώνας, ἱστορισμένος ὅλος ἀπὸ ἄριστον ζωγράφον μὲ ἔξοδα τοῦ ἐκλαμπροτάτου αὐθέντου τῆς Οὐγγροβλαχίας κυρίου Ἰωάννου Σερβαίου Βοεβόνδα τοῦ Καντακουζηνοῦ.

Ἔχει τὸ μοναστήριον καὶ ἄλλα παρακλήσια δεκαέξ, καὶ βιβλιοθήκας εἰς τρεῖς τόπους πλουσιοπαρόχους, μὲ πολλὰ ἀκριβὰ καὶ ὠφέλιμα βιβλία παλαιά τε καὶ νέα χρυσόβουλλα πολλῶν Βασιλέων, Πατριαρχῶν καὶ Αὐθεντῶν ὡραιότατα. Ἔχει πύργους ὑψηλοὺς καὶ δυνατοὺς καὶ κελλία πολλά, καὶ ἄλλα διάφορα κτίσματα

S. Jacobi Persæ.

Caput S. Martyris Photii, & alias multas Reliquias.

Ad dexteram ingredienti in Monasterium est sacellum S. Nicolai, & ad sinistram, Principum exercitus, sive Archangelorum.

Est & aliud intra Monasterium, vetus Templum Præcursoris duplicis Tabulati. Aliud item sanctissimæ Virginis plumbo tectum, fundatum ab Iberiæ Principe Asota. Ibi est imago Deiparæ, quæ vocatur Portætissæ: quæ Iconomachorum tempore suopte motu per mare istuc profecta est. Ante sanctam illam Imaginem sunt lampades argenteæ quatuordecim jugiter ardentes. Est ibidem Hieromonachus pius & probus mansionarius, qui semper adest & Templo ministrat, ibique officium quotidianum & benedictionem psallit. Est autem Imago auro & lapidibus pretiosis exornata, quæ supra se habet tectorium perpulcrum, & in circuitu ejus suspensæ habentur octoginta lampades argenteæ, & sub pedibus dona multa, nempe Imagines & thecæ argenteæ deauratæ. Imago miraculis insignitur: fert autem in gutture signum infixi gladii, unde, ô prodigium! sanguis multus effluxit, & hactenus conspicitur.

Est totum Templum stratum marmoribus & porphyrite, habetque circum columnas marmoreas spectabiles. Stat vero supra columnas quatuor, totumque depictum est a perito pictore, sumtibus splendidissimi Authentæ Ungaro-Vlachiæ Domini Joanni Serbani Vœvodæ Cantacuzeni.

Habet item Monasterium alia sacella sexdecim, Bibliothecas in tribus locis opulentissimas libris multis veteribus & novis instructas, & Chrysobulla multorum Imperatorum, Patriarcharum & Authentarum spectabilissima. Habet præterea turres præaltas & firmiter structas, cellas multas, aliaque varia ædificia insignia, Navale item in littore maris magnum & spectabile cum turri celsissima, quæ sexaginta gradus habet usque ad supremum tabulatum, sacellum in medio, cellaria, ac cætera necessaria, tormenta bellica in circuitu & bombardas. Circa Monasterium sunt horti amœni, aureæ mali & vineæ. Infra Monasterium est portus Clementis.

Extra Monasterium seorsim, modico interposito spatio, sunt Patribus cellæ cum Ecclesia, quò mittuntur leprosi: ibique curantur diligentissime, annonamque & necessaria omnia abundanter accipiunt. Habentur item alia domicilia variis in locis pulcre exædificata. Refectorium Monasterii spectabile est, instructum ex utraque parte mensis marmoreis albis pretiosis. Ante Refectorium in atrio est Phiala sanctificationis, sive ablutionis, perjucunda aspectu, cum fornice pulcro decem columnis marmoreis fulto. Denique totum Monasterium, quod ad speciem & ordinem, pulcrum & magnificum est.

ἀξιόλογα· καὶ ἀρσανὰν εἰς τὸ καταγιαλὸν μέγαν καὶ θαυμαστὸν μὲ πύργον ὑψηλότατον, ἐξῆντα σκαλοπάτια ἔχει ἕως τὸ πάτωμα τὸ ἐπάνω, καὶ παρακλήσιον μέσα, καὶ κάβαις, καὶ ὅλα τὰ χρειώδη· καὶ πολεμίστραις γύρωθεν καὶ λουμπάρδαις. Πέριξ δὲ τοῦ μοναστηρίου εἶναι περιβόλια εὔμορφα καὶ νεραντζῶνες, καὶ ἀμπελῶνες. κάτωθεν δὲ τοῦ μοναστηρίου εἶναι ὁ λιμένας τοῦ Κλήμεντος.

Ἔξω ἀπὸ τὸ μοναστήριον παράμερα ὀλίγον διάστημα ἔχουσιν οἱ πατέρες κελλία καὶ ἐκκλησίαν, καὶ ἐκεῖ βάζουσι τοὺς λωβιασμένους, καὶ τοὺς ἐπιμελοῦνται μὲ πολλὴν φιλοπτωχείαν καὶ ἔλεος· ἔχοντες τὴν ἐπίσκεψίν τους εἰς ὅλα τὰ χρειαζόμενα πλουσιοπαρόχως. ἔχει καὶ ἄλλα κατοικητήρια καὶ ἡσυχαστήρια εὔμορφα εἰς διαφόρους τόπους. Ἡ δὲ τράπεζα τοῦ μοναστηρίου θαυμάσιος, ἔχουσα διάφορα τραπέζια μαρμαρένια λευκὰ ἀπὸ τὸ ἕνα καὶ ἄλλο μέρος πολλῆς τιμῆς ἄξια. Ἔμπροσθεν δὲ τῆς τραπέζης ἐν τῇ αὐλῇ εἶναι ἡ φιάλη τοῦ ἁγιασμοῦ πολλὰ εὔμορφη, καὶ ἀξιοθέατος, μὲ κουβούκλιον ὡραῖον ἐπάνω εἰς δέκα στύλους μαρμαρένιους· καὶ ἡ λοιπὴ τοῦ μοναστηρίου τούτου ὡραιότης καὶ τάξις ἀξιεπαίνετος εἰς ὅλα καὶ ὑπερθαύμαστος.

De venerando & Imperatorio Monasterio Dionysii.

CONspicuum S. Dionysii Monasterium excitavit præclarus Trapezuntis Imperator Alexius Comnenus anno Christi 1380. hortatu S. Dionysii, qui frater minor erat Theodosii tunc Archiepiscopi Trapezuntini. Hic S. Dionysius oriundus erat ex finibus Castoriæ, e vico Corussi, atque a sæculo secedens, vitam Asceticam egit, quo loco sacrum Monasterium jam structum est. Et cum per divinam revelationem singulis noctibus lumen appareret & instar magnæ facis effulgeret in loco, deductus, per mare Nigrum, Trapezuntem navi appulit, & cum rogatu fratris sui tunc Trape-

Περὶ τῆς Σεβασμίας καὶ βασιλικῆς μονῆς τοῦ Διονυσίου.

ΤΗν περικαλλῆ τοῦ ἁγίου Διονυσίου μονὴν, ἔκτισεν ὁ ἀοίδιμος βασιλεὺς Τραπεζοῦντος Ἀλέξιος ὁ Κομνηνὸς ἐπὶ ἔτους Χριστοῦ ατπ΄. διὰ παρακλήσεως τοῦ ἁγίου Διονυσίου, ὅστις ἦτον ἀδελφὸς μικρότερος τοῦ τηνικαῦτα τῆς Τραπεζοῦντος ἀρχιερατεύοντος Θεοδοσίου· οὗτος ὁ ἅγιος Διονύσιος ἦτον ἀπὸ τὰ ὅρια τῆς Καστορίας, ἐκ χώρας Κορυσοῦ· καὶ ἀναχωρήσας τοῦ κόσμου ἀσκήτευεν εἰς τὸν τόπον ἐκεῖνον ὅπου εὑρίσκεται τὴν σήμερον τὸ ἱερὸν μοναστήριον ᾠκοδομημένον· καὶ διὰ θείας ἀποκαλύψεως καθ' ἑκάστην νύκτα φωτὸς ἐπιφαινομένου ὑπεραστράπτοντος ἐν τῷ τόπῳ ὥσπερ λαμπάδος μεγάλης, ὁδηγηθεὶς, καὶ πλεύσας διὰ τῆς μαύρης θαλάσσης εἰς Τραπεζοῦντα

Τραπεζοῦντα καὶ τυχὼν τοῦ αἰτήματος ἀπὸ τὸν βασιλέα διὰ μεσιτείας τοῦ ἀδελφοῦ του δηλονότι τοῦ τότε Τραπεζοῦντος, καὶ σταφεὶς εἰς τὸ ἅγιον ὄρος ᾠκοδόμησεν ἐν ἐκείνῳ τῷ θεοδοξάστῳ τόπῳ θεῖον καὶ ἱερὸν ναὸν ἐπ᾽ ὀνόματι τοῦ ἁγίου Ἰωάννου τοῦ Βαπτιστοῦ· δι᾽ ἐξόδων τοῦ ἄνωθεν βασιλέως, οὗ καὶ τὸ πολύτιμον χρυσόβουλλον εὑρίσκεται ἐκεῖ σῶον τε καὶ ὁλόκληρον μὲ φράσιν ἑλληνικωτάτην, καὶ κατὰ πολλὰ γλυκυτάτην συντεθειμένον, ὁμοῦ μὲ καὶ ἄλλα πολλῶν Βασιλέων χρυσόβουλλα, καὶ σιγιλλιώδη Πατριαρχῶν, καὶ Αὐθεντῶν διαφόρων· εὑρίσκεται δὲ εἰς αὐτὸ καὶ ἡ εἰκὼν τοῦ ἄνωθεν Ἀλεξίου τοῦ Κομνηνοῦ ὡς ἦν ἐνδεδυμένος μετὰ βασιλικοῦ διαδήματος, λίαν ἀξιοθέατος. Εἶναι τὸ μοναστήριον τοῦτο περίβλεπτον καὶ ὡραῖον. εὑρίσκεται εἰς εὔμορφην τοποθεσίαν, ἐπάνω εἰς τὸ κατάγιαλον εἰς τόπον ὑψηλὸν καὶ μετέωρον.

Τοῦτο τὸ μοναστήριον τὸ ἐκαλλώπισεν ὕστερον ὁ μετὰ τὸν Ῥάδουλαν Βοεβόνδαν τέταρτος Αὐθέντης Οὐγγροβλαχίας Νέαγουλος Βασσαράβας Βοεβόνδας· ὅστις ἔκτισε καὶ τὸν πύργον μέγιστον εἰς τὸ ὕψος· εἰς τὸν ὁποῖον εἶναι καὶ τὸ ὄνομα τοῦ ἄνωθεν αὐθέντου γραμμένον ἑλληνιστὶ ἐπάνω εἰς μίαν μαρμαρένιαν πλάκαν. ὁ αὐτὸς ἐποίησε καὶ τὸν ὑδραγωγὸν, καὶ ἔφερεν ἔξωθεν τὸ νερὸν μέσα εἰς τὸ μοναστήριον· καὶ ἐχάρισε καὶ τὴν τιμίαν κάραν τοῦ ἁγίου Ἰωάννου τοῦ Προδρόμου ἐν χρυσῇ θήκῃ μετὰ λίθων πολυτιμήτων κεκοσμημένην· καὶ τρίτον ἀνεκαινίσθη μετὰ ταῦτα ἀπὸ τὸν αὐθέντην τῆς Οὐγγροβλαχίας Πέτρον Βοεβόνδαν· ὅστις ἱστόρησε καὶ τὴν ἐκκλησίαν κατὰ τὸ 1580. ἔτος· ὕστερον δὲ πάλιν ἡ ἐκλαμπροτάτη Δόμνα Ῥωξάνδρα ἡ σύμβιος τοῦ μακαρίτου Ἀλεξάνδρου Βοεβόνδα, θυγάτηρ δὲ τοῦ ἀοιδίμου Πέτρου Βοεβόνδα ἔκτισε τὸ νοσοκομεῖον διὰ τοὺς ἀσθενεῖς, καὶ τὴν τράπεζαν, καὶ τὴν ἱστόρησε θαυμασίως ἔσω καὶ ἔξω. Ἔστι δὲ ὁ ναὸς μέγας καὶ περιφανὴς μολυβοσκέπαστος, μὲ δύο νάρθηκας· καὶ στέκει ἐπάνω εἰς τέσσαρας στύλους μαρμαρένιους· λιθόστρωτος ὅλος μετὰ λαμπρῶν καὶ ὡραίων μαρμάρων· καὶ ἔξωθεν μὲν εἶναι μετὰ ἀσφάλτου κεχρισμένος, ἔσωθεν δὲ ἔχει ἱστορίαν ὡραιοτάτην μετὰ χρυσίου πολλοῦ· μὲ σκεύη χρυσᾶ καὶ

zuntini præsulis optata consequutus esset ab Imperatore, reversus in sacrum Montem, sumtibus supra memorati Imperatoris, in loco divinitus ostenso divinum & sacrum Templum nomine S. Joannis Baptistæ memorati Imperatoris sumtibus construxit. Cujus Imperatoris eximium Chrysobullum illic integrum & salvum, eleganti ac pulcro stylo Græce conscriptum, reperitur cum aliis multorum Imperatorum Chrysobullis, ac chartis sigillatis Patriarcharum variorumque Authentarum. Est autem illic Imago prædicti Alexii Comneni, cum vestimentis propriis & Imperatorio diademate, admodum sane spectabilis. Est Monasterium istud conspicuum speciosumque, in situ peramœno, in loco edito ac sublimi supra littus maris positum.

Hoc exornavit deinde Neagulus Bassarabas Vœvoda Ungaro-Vlachiæ, quartus post Radulam Vœvodam, qui turrim maximam & præaltam exstruxit, ubi in marmorea tabula sursum posita est nomen prædicti Authentæ Græce scriptum. Is ipse fecit aquæductum & aquam in Monasterium derivavit. Deditque caput S. Joannis Præcursoris aurea in theca, lapidibus pretiosis exornata, positum. Tertiò item decoratum postea fuit ab Authente Ungaro-Vlachiæ Petro Vœvoda: qui anno 1580. Ecclesiam depingi curavit. Demum splendidissima Domna Roxandra uxor felicis memoriæ Alexandri Voëvodæ, filia illustris Petri Vœvodæ, Nosocomium pro infirmis & Refectorium excitavit, quod interius exteriusque picturis egregiis decoravit. Templum magnum est, conspicuum & plumbo opertum, duos habens Nartheces, fulciturque quatuor columnis marmoreis: stratum prægrandibus & speciosis marmoribus. Exterius bitumine illitum, interius pictura ornatur jucundissima, auro multo intermixta: vasis item aureis & argenteis instructum, summaque pulcritudine decoratum.

Illic cum veneratione videas & adores pretiosum lignum vivificæ Crucis Domini nostri.

Caput Sancti & gloriosi Prophetæ, Præcursoris & Baptistæ Joannis, divinum vere maximumque thesaurum.

Caput Sanctæ & sapientis Thomaïdis.

Maxillam S. primi Martyris Stephani.

Partem venerandæ manus S. Joannis Chrysostomi.

Partes SS. Ceryci & Julittæ.

SS. Quadraginta Martyrum.

S. Mocii Anargyri.

Partem venerandæ catenæ S. Apostoli Petri.

S. Niphonis Patriarchæ Constantinopolitani totum corpus, exceptis tamen dextera manu & capite, quod depositum est in pulcherrima theca argentea auro & lapillis pretiosis ornata, sumtibus splendidissimi Neaguli Bassarabæ Vœvodæ: qui erat spiritualis filius supra memorati Patriarchæ Domini Niphonis. Pretiosum autem caput ejus cum dextera manu exstant in Ungaro-Vlachia in celebri Templo Monasterii Argiesi. Hujus festum celebratur 11. Augusti mensis. Sunt & aliæ variæ sacræ Reliquiæ, quæ servantur in arca argentea perpulcra & maxima.

Habet Monasterium Bibliothecam ditissimam, & circùm porticus ad prospectum. Illic item reperitur Imago Sanctissimæ Deiparæ miraculis insignis, quæ paucis ab hinc ânis ex omnibus suis partibus undique unguentum effudit; ita ut totum argentum quo illita erat unguento circumquaque perfusum fuerit, atque in præsentem usque diem aperte conspiciatur. Narrationem autem de tali imagine mittimus ne prolixiores simus: hæc tamen compendio dicemus.

ἀργυρᾶ στολισμένος· καὶ ὡραϊσμένος κάθε ἀξιόλογον εὐμορφίαν.

Ἐκεῖ θέλεις ἰδῆ καὶ προσκυνήσῃ τίμιον ξύλον τοῦ ζωοποιοῦ σταυροῦ τοῦ κυρίου μας.

Τὴν κάραν τοῦ τιμίου ἐνδόξου προφήτου προδρόμου καὶ Βαπτιστοῦ Ἰωάννου· τὸν θεῖον ὄντως καὶ μέγιστον θησαυρόν.

Τὴν κάραν τῆς ἁγίας καὶ σώφρονος Θωμαΐδος.

Τὸ κατασιάγωνον τοῦ ἁγίου πρωτομάρτυρος καὶ ἀρχιδιακόνου Στεφάνου.

Μέρος τῆς τιμίας χειρὸς τοῦ ἁγίου Ἰωάννου τοῦ χρυσοστόμου.

Τῶν ἁγίων Κηρύκου καὶ Ἰουλίττης μέρη.

Τῶν ἁγίων τεσσαράκοντα Μαρτύρων.

Τοῦ ἁγίου Μωκίου τοῦ ἀναργύρου.

Μέρος ἀπὸ τὴν τιμίαν ἅλυσιν τοῦ ἁγίου ἀποστόλου Πέτρου.

Τοῦ ἁγίου Νήφωνος πατριάρχου Κωνσταντινουπόλεως τὸ λείψανον ὅλον χωρὶς ὅμως τῆς δεξιᾶς χειρὸς καὶ τῆς κεφαλῆς· τὸ ὁποῖον εὑρίσκεται ἀποκείμενον εἰς μίαν περικαλλῆ θήκην ἀργυρᾶν ἐγκοσμημένην μετὰ χρυσίου καὶ λίθων πολυτιμήτων, ἐξοδίᾳ τοῦ ἐκλαμπροτάτου Νεάγουλου Βασσαράβα βοεβόνδα· ὅστις ἦν καὶ πνευματικὸν τέκνον τοῦ ἄνωθεν πατριάρχου κὺρ Νήφωνος· ἡ δὲ πολύτιμος αὐτοῦ κάρα μετὰ τῆς δεξιᾶς χειρὸς εὑρίσκονται ἐν Οὐγγροβλαχίᾳ ἐν τῷ περιφήμῳ ναῷ τοῦ μοναστηρίου τοῦ Ἀρτζέση· ἑορτάζεται κατὰ τὴν ια. τοῦ Αὐγούστου μηνός. Εἶναι καὶ ἄλλα διάφορα ἱερὰ λείψανα, τὰ ὁποῖα τὰ ἔχουσιν εἰς ἕνα κιβώτιον ἀργυροῦν πολὺ ὡραῖον καὶ μέγιστον.

Ἔχει τὸ μοναστήριον καὶ βιβλιοθήκην πλουσιωτάτην· καὶ δοξάτα τριγύρωθέν του εἰς θεωρίαν· Ἐκεῖ εὑρίσκεται καὶ μία εἰκὼν τῆς ὑπεραγίας Θεοτόκου θαυματουργός, ὁποία πρὸ ὀλίγων χρόνων ἀνέβλυσε μῦρον καθ' ὅλα πανταχόθεν τὰ μέρη της, ὅπου καὶ αὐτὸ τὸ πρὶξ ἀσήμωμα ἐσκεπάσθηκεν ἀπὸ τὸ περίσσον μῦρον· φαίνεται καὶ ἕως τὴν σήμερον ὀφθαλμοφανῶς. Τὴν δὲ περὶ τῆς ἁγίας ταύτης εἰκόνος διήγησιν μὲ τὸ νὰ εἶναι μακρινὴ τὴν ἀφίνομεν· τοῦτο μόνον συντόμως γράφομεν περὶ ταύτης.

Ὅτι ἐρχόμενος ποτὲ εἰς τὸ μοναστήριον τοῦτο ὁ τότε καιροῦ πειρατοκούρσαρος, καὶ ἁρπάζοντάς την ἀπὸ τὴν ἐκκλησίαν βιαίως καὶ μὴ θελόντων τῶν ἐκεῖσε ἀσκουμένων ἁγίων πατέρων, καὶ ἐγκλείσας αὐτὴν εἰς τὸ σενδούκιόν του ἐμίσευσεν ἐκεῖθεν, φοβερίζοντας τοὺς πατέρας· καὶ δὴ πλέων τὸ πέλαγος, βλέπει καθ᾽ ὕπνους ἐν ὁράματι δύο καὶ τρεῖς φορὰς τὴν παναγίαν Θεοτόκον ἀπειλοῦσαν αὐτῷ, καὶ λέγουσαν· τί με ἐφυλάκωσες ὧδε παμπόνηρε καὶ κακοῦργε, πήγαινέ με ὀπίσω εἰς τὴν κατοίκησίν μου, ὅπου ἀνεπαυόμην· ἐκεῖνος δὲ ἢ μὴ γροικῶντας τοὺς λόγους ἐκείνους, ἢ μὴ ψηφῶντας τους, ἀφυπνισθεὶς, ἐκάθητο ξεννοιασμένος· καὶ παρευθὺς σηκώνεται εἰς τὴν θάλασσαν φουρτοῦνα μεγάλη, καὶ φοβερή, ὁποῦ ἐκινδύνευε τὸ πλοιάριόν του νὰ καταποντισθῇ μὲ ὅλους του τοὺς συντρόφους εἰς τὸν βυθὸν, καὶ τότε ἐνθυμήθηκε τὴν εἰκόνα· τρέχει εἰς τὸ σενδούκι, καὶ τὸ εὑρίσκει συντετριμμένον εἰς μυρία κομμάτια· καὶ τὴν τιμίαν ἐκείνην εἰκόνα μεταξὺ εἰς τὰ μανδήλιά του περιρρεομένην μὲ μύρον πολὺ, ὁποῦ ἀνέπεμπεν ἀμέτρητον εὐωδίαν· καὶ ὡς ἔλαβεν εἰς τὰς χεῖρας του τὴν εἰκόνα, ἡσύχασε καὶ ὁ ἄνεμος ὁ πολὺς, καὶ ἔπαυσεν ἡ φουρτοῦνα τῆς ὥρας· τότε καὶ αὐτὸς ἕνα μὲν φοβηθεὶς, ἄλλο δὲ καὶ ἀναγκασθεὶς ἀπὸ τοὺς συντρόφους του, ἐγύρισε πρὸς τὸ μοναστήριον· καὶ φθάνοντας κάτω εἰς τὸν ἀρσανᾶν· ἔπεμψε πρὸς τοὺς πατέρας μηνύοντάς τους τὰ περὶ τῆς εἰκόνος, καὶ παρακαλῶντάς τους νὰ κατέβουσι κάτω, καὶ νὰ τὴν ὑποδεχθοῦσιν· ἐκεῖνοι δὲ ὡς ἤκουσαν τοιοῦτον παράδοξον τεράστιον, παραυτὰ ἐκατέβησαν φορεμένοι μὲ ἱερατικὰς στολὰς, μετὰ λαμπάδων τε καὶ θυμιαμάτων· καὶ λαβόντες τὴν τιμίαν ἐκείνην εἰκόνα τῆς θεομήτορος, καὶ κομίσαντες αὐτὴν εἰς τὴν ἐκκλησίαν, τὴν ἀπόθεσαν εἰς τὸ προσκύνημα· ὅπου καὶ ἵσταται μέχρι τῆς σήμερον, δόξαν ἀναπέμψαντες Θεῷ, καὶ τῇ θεομήτορι. Ἔδειξε δὲ ὁ ἀρχικουρσάρης ἐκεῖνος, καὶ ὅλα του τὰ μανδήλια διάβροχα μὲ τὸ μῦρον ἐκεῖνο ὁποῦ ἐκ τῆς ἁγίας εἰκόνος ταύτης ἀνέβλυσεν, ὥστε ὁποῦ ἔφριξαν ἅπαντες εἰς τὸ γεγονός· πολλοὶ δὲ τῶν ἐκείνου συντρόφων ἀφίνοντες τὴν πειρατικὴν ἁρπαγὴν, μετενόησαν· ὅσοι δὲ μετ᾽ αὐτοῦ σκληρυνθέντες ἐνέμειναν εἰς τὴν προτέραν των κακίαν, ἅπαντες κακηκάκως ἀπώλοντο ἐπάνω εἰς ὀλίγας ἡμέρας, καὶ ἠφανίσθησαν.

Cum piratarum Dux illo tempore hoc in Monasterium venisset, illamque violenter ab Ecclesia rapuisset, invitis Patribus ibidem Ascetice viventibus, & cum eam in capsa sua inclusisset, ibi reliquit eam, Patresque absterrendo abegit. Cum autem navigaret, in somnis bis terque vidit sanctissimam Deiparam sibi minitantem, dicentemque: Cur me hic custodis, o scelestissime & nefarie, reduc me in domicilium meum, ubi quiescebam. Ille vero cum vel non curaret vel non caperet hos sermones, expergefactus, sedebat stupens: & confestim tempestas magna & terribilis mare commovit, ita ut periculum esset ne ipse cum sociis in profundum demergeretur. Tunc in mentem venit de Imagine, curritque ad capsam, quam in sexcenta frustula comminutam reperit, & venerandam illam Imaginem inter mantilia unguento multo perfusam, suavissimo odore fragrantem. Ut autem ille Imaginem præ manibus accepit, ventus statim desiit, tempestasque sedata est. Tunc perterritus, & a sociis coactus, reversus est in Monasterium. Cumque in Navale pervenissent, misit ad Patres renuntiatum de Imagine, rogatumque, ut descenderent illamque susciperent. Illi autem audito hujusmodi prodigio, confestim sacerdotalibus stolis ornati descendunt, cum cereis accensis ac suffimentis: susceptamque sacram Dei Matris Imaginem, deportarunt in Ecclesiam, ac in solito loco deposuerunt, ubi stat hodieque, gloriam Deo ac Dei Matri referentes. Dux autem piratarum, mantilia unguento ex Imagine emisso delibuta exhibuit, quo spectaculo inhorruere Patres. Multi porro ex sociis misso piratico raptu pœnitentiam egerunt: quotquot autem cum Duce in nequitia obdurati manserunt, intra dies paucos misere perierunt.

Habet hoc Monasterium turres præaltas, cellas duplicis tabulati, pistrinum, furnum & reliqua. Foris autem malorum aurearum viridarium, ac versus Album mare prospectum amœnissimum. Hujus Monasterii post Alexium Comnenum Imperatorem fundatores fuerunt Neagulus Bassarabas Vœvoda, ut diximus, Filius ejus Theodosius, & Petrus Vœvoda qui cum Monasterium incendio consumtum fuisset, fere totum propriis sumtibus restauravit: Ecclesiam exstruxit latiorem, sublimioremque, quam antea erat, totamque picturis egregiis decoravit. Partem illam ostii totam ædificavit, quæ est inter pistrinum & torcularia.

Post istos fundator dicatur Pachomius quidam Monachus, qui olim fuerat Alexander Authentes Valachiæ, memorati Petri Vœvodæ gener, & Roxandra Domna uxor ejus, filia prædicti Petri Vœvodæ, quæ Nosocomium infirmis excitavit, itemque Refectorium. Quinetiam tempore Elemini, quando ex decreto Sultani Turcorum fundi Monasterii divenditi sunt, ipsa beatæ memoriæ Domna hanc venditionem restituit. Fundatoribus item annumeratur Silvanus Monachus, qui missus a Petro Vœvoda, ut construendo operi advigilaret, strenue, cum labore & studio multo huic rei operam dedit; atque in isto Monasterio commune debitum solvit, honorifice sepultus est, memoriaque illius æternum manebit. Post illos pro recentioribus Fundatoribus haberi possunt, Macarius Heracleæ in Thracia Metropolites, qui abdicato throno, in Monasterium cum omnibus facultatibus suis se transtulit, & cum monastice religioseque vixisset, quievit in Domino. Post istum pro Fundatoribus reputantur Lazarus & Boïus fratres carnales, qui proprio sumtu horreum exædificarunt: ac cum ipsis Manuel, Thomasque fratres, qui

Ἔχει τὸ μοναστήριον τοῦτο πύργους ὑψηλοὺς, καὶ κελλία διώροφα· καὶ μαγκιπεῖον, καὶ φουρναρεῖον, καὶ τὰ λοιπά· καὶ ἔξωθεν νεραντζῶνα ἀξιοθέατον· καὶ περίχαρειν θεωρίαν κατὰ τὸ πέλαγος τῆς ἀσπρης θαλάσσης. Κτήτορες δὲ τοῦ μοναστηρίου τούτου μετὰ τὸν βασιλέα Ἀλέξιον τὸν Κομνηνὸν ἐστάθησαν ὅ,τε Νεάγουλος Βασαράβας Βοεβόνδας ὡς εἴπομεν· καὶ ὁ υἱὸς αὐτοῦ Θεοδόσιος· καὶ Πέτρος Βοεβόνδας· ὅστις μὲ τὸ νὰ εἶχε καὴ κατὰ τύχην τὸ μοναστήριον τὸ ἐξανακαίνισεν ὅλον σχεδὸν δι' οἰκείων ἐξόδων. ἔκαμε δὲ καὶ τὴν ἐκκλησίαν πλέον εὐρυχωρίαν παρὰ ὁποῦ ἦτον τὸ πρῶτον, καὶ ὑψηλοτέραν· καὶ τὴν ἱστόρησεν ὅλην μὲ θαυμαστὴν ζωγραφίαν. Ἔκτισε δὲ καὶ τὸ μέρος τῆς πόρτας ὅλον, ὅσον εἶναι ἀπὸ τὸ μαγκιπεῖον ἕως εἰς τὸ βαγεναρεῖον.

Μετὰ τούτους κτήτωρ τούτου ἐγένετο καί τις Παχώμιος μοναχὸς, ὅστις ἦν ὁ ποτὲ χρηματίσας αὐθέντης τῆς Βλαχίας Ἀλέξανδρος, ὁ τοῦ ἄνωθεν Πέτρου Βοεβόνδα γαμβρὸς, καὶ Ρωξάνδρα Δόμνα ἡ αὐτοῦ σύμβιος, θυγάτηρ τοῦ ἄνωθεν Πέτρου Βοεβόνδα· ἡ ὁποία ἔκτισε τὸ νοσοκομεῖον διὰ τοὺς ἀρρώστους, καὶ τὸ τραπεζαρεῖον· ἀλλὰ καὶ εἰς τὸν καιρὸν τοῦ Ἐλεμβοῦ ὅταν ἐξαγοράσθησαν τὰ μετόχια τοῦ μοναστηρίου κατὰ τὸν ὁρισμὸν τοῦ Σουλτάνου τῶν τούρκων, αὐτὴ ἡ μακαρίτισσα Δόμνα ἔδωκε τὴν τοιαύτην ἐξαγορασίαν. συναριθμεῖται μὲ τοὺς κτήτορας καὶ Σιλουανὸς μοναχὸς, ὅστις ἐστάλθηκεν ἀπὸ τὸν ῥηθέντα Πέτρον Βοεβόνδα διὰ νὰ εἶναι εἰς τὸ ἔργον τῆς οἰκοδομῆς ἐπιστάτης· ὅστις καὶ ἐκοπίασε πρόθυμα καὶ μετὰ ζήλου θερμοῦ, ἔδωσε δὲ καὶ τὸ κοινὸν χρέος μέσα εἰς αὐτὸ τὸ μοναστήριον, καὶ ἐτάφη ἐντίμως, καὶ μένει ἀΐδιον τὸ μνημόσυνόν του. μετὰ τούτους νεώτεροι κτήτορες ἐγίνοντο εἰς αὐτὸ Μακάριος Ἡρακλείας τῆς ἐν Θράκῃ Μητροπολίτης, ὅστις παραίτησιν ποιησάμενος τοῦ θρόνου, ἦλθεν εἰς τὸ μοναστήριον μετὰ πάσης τῆς περιουσίας αὐτοῦ, καὶ μονάσας εἰς αὐτὸ, καὶ θεαρέστως βιώσας ἀνεπαύσατο ἐν κυρίῳ. Μετὰ τοῦτον κτήτορες ἐγίνοντο καὶ οὗτοι, Λάζαρος δηλονότι καὶ Μπόϊος οἱ σαρκικοὶ ἀδελφοὶ, ὥσπερ ὁποῦ καὶ αὐτοὶ δι' οἰκείων χρημάτων ἔκτισαν τὸ δοχεῖον. καὶ σὺν τούτοις, Μανουὴλ καὶ Θωμᾶς οἱ αὐτάδελφοι· διότι ἔκτισαν καὶ αὐτοὶ

τὸ

μετόχιον ὁποῦ καλεῖται τοῦ Ὀρφανείου· καὶ τὸ Ἀρσανᾶ· οἵτινες οὗτοι πάντες ἔχουσιν ἐν ταῖς ἱεραῖς τελεταῖς τὸ μνημόσυνόν τους ἀκατάπαυστον καὶ αἰώνιον.

villam dictam Orphanii, & Navale construxerunt. Quorum omnium in sacris mysteriis memoria recolitur & in æternum celebrabitur.

Περὶ τοῦ Σεβασμίου μοναστηρίου τοῦ Παντοκράτορος.

De venerando Monasterio Pantocratoris.

ΤΟ' ἱερὸν καὶ σεβάσμιον μοναστήριον τοῦ Παντοκράτορος εἶναι πολλὰ εὔμορφον, διότι εὑρίσκεται εἰς τοποθεσίαν καλὴν σιμὰ εἰς τὴν θάλασσαν, περιτειχισμένον μὲ κάστρον στερεόν. Εἶναι δὲ κτίσμα Ἀλεξίου τοῦ στρατοπεδάρχου, ὅς τις ἐγένετο μετὰ ταῦτα καὶ βασιλεὺς τῶν Ῥωμαίων, καθὼς τὸ χρυσοβούλλοντου διαλαμβάνει. κτήτωρ εἰς αὐτὸ ἀκόμη ἔγινεν ὁ ἀδελφὸς τοῦ ἄνωθεν Ἀλεξίου Ἰωάννης ὁ πριμμικήριος. Τὸ δὲ ἐξώκαστρον μὲ τὸ νὰ ἐγκρεμνίσθη εἰς πολλὰ μέρη διὰ τὴν παλαιότητα, τὸ ἀνακαίνισεν ὁ μέγας λογοθέτης ὁ Μπάρμπουλος, καὶ ὁ Γαβριὴλ, ἀπὸ τὴν Βλαχίαν ἄρχοντες τίμιοι καὶ θεοσεβεῖς. Ἔχει δὲ ναὸν ἀξιοθέατον εἰς τιμὴν τῆς μεταμορφώσεως τοῦ σωτῆρος Χριστοῦ· ὅς τις καὶ στέκεται ἐπάνω εἰς τέσσαρας ὡραίας κολώνας ἐκ μαρμάρων, ὅλος μὲ ἱστορίαν θαυμάσιον ἱστορισμένος. Ἔχει δὲ καὶ κουβούκλιον ἔμπροσθεν τῆς ἁγίας τραπέζης ὡραῖον. Εἶναι μέσα εἰς τὴν ἐκκλησίαν φανάρια ὑάλινα ἀξιόλογα. καὶ αὐγὸν εἰς τὸ πολυέλαιον ἀργυροῦν πολλοῦ θαύματος ἄξιον.

Ἐκεῖ θέλεις προσκυνήσῃ καὶ τίμιον ξύλον τοῦ ζωοδότου σταυροῦ τοῦ Δεσπότου Χριστοῦ.

Τὴν κάραν τοῦ ἁγίου Θεοδώρου τοῦ Στρατηλάτου.

Τὴν κάραν τοῦ ἁγίου ἀποστόλου Ἀνδρέου τοῦ πρωτοκλήτου.

Τὴν κάραν τοῦ ἁγίου Ἰωαννικίου τοῦ μεγάλου.

Τὸ ποδάριον τοῦ ἁγίου Ἰγνατίου τοῦ θεοφόρου.

Μέρη λειψάνων τῶν ἁγίων ἀναργύρων Παντελεήμονος καὶ Ἑρμολάου· καὶ ἄλλα πολλῶν καὶ διαφόρων ἁγίων.

Ἐκεῖ εὑρίσκεται καὶ μέρος ἀπὸ τὸ σκουτάριον τοῦ ἁγίου μεγαλομάρτυρος Μερκουρίου· εἰσὶ δὲ καὶ ἄλλα ἐν αὐτῷ λόγου καὶ μνήμης ἄξια, ἡμεῖς διὰ τὴν συντομίαν δὲν τὰ ἐγράψαμεν· ἀλλὰ ἀρκοῦσι καὶ τὰ παρόντα.

SAcrum ac venerandum Monasterium Pantocratoris jucundissimum est, quia in amœno situ juxta mare positum, & castro firmissimo munitum. Fundatum vero fuit ab Alexio exercitûs Duce, qui postea Romanorum Imperator fuit, ut ejus Chrysobullum enarrat. Fundator item ejus fuit Joannes Primicerius, ejusdem Alexii frater. Castrum autem exterius cum præ vetustate multis in partibus dilaberetur, restauravit magnus Logotheta Barbulus, & Gabriel, principes viri in Valachia conspicui & religiosi. Templum habet spectabile in honorem Transfigurationis Salvatoris Christi, quod quatuor marmoreis columnis fulcitur, totumque picturis egregiis exornatur. Habet item supra sacram mensam coronidem speciosam. In Ecclesia lucernæ vitreæ habentur, & in lampade multorum ellychniorum ovum argenteum admirandum.

Illic adorabis venerandum lignum vivificæ Crucis Domini Christi.

Caput S. Theodori Stratelati.

Caput S. Apostoli Andreæ, qui primus vocatus est.

Caput S. Joannicii magni.

Pedem S. Ignatii Deiferi.

Partes Reliquiarum SS. Anargyrorum Panteleemonis & Hermolai, & alias complurium Sanctorum.

Illic item reperitur pars scuti Sancti & magni Martyris Mercurii. Sunt ibidem alia memorabilia, verum compendii causa, illa, enarratis contenti, prætermittimus.

Cccc

De venerando Monasterio Xeropotami.

SAcrum Monasterium Xeropotami dictum, nomine SS. Quadraginta Martyrum honoratur, Templumque habet maximum & ornatum, plumbo opertum, fultum columnis marmoreis quatuor. Pavimentum totum ex marmore Pario albo confectum est. Narthece gaudet spectabili duabus columnis innixo. Sacella habet multa, aliaque ædificia perpulcra, quæ tamen omnia ob vetustatem in ruinam vergunt, ac benefica manu, menteque religiosa opus habent ad restaurationem, ne tam celebre Monasterium funditus pereat: cujus situs peramœnus & commodus est. Habet in circuitu hortos, oliveta, vineas, umbrosas arbores, tam fructiferas, quàm infructuosas magno numero, cum planitie satis ampla, aspectu delectabili.

Illic adorabis venerandum lignum vivificæ Crucis Servatoris nostri, quod SS. Patres ibi degentes in argentea theca conservant.

Reliquias SS. Quadraginta Martyrum.

Venerabilem manum S. Ignatii Deiferi.

Unguentum S. Demetrii, aliorumque Sanctorum pretiosas Reliquias.

Extrinsecus habet cellas multas bene structas ad hospitium & refrigerium eorum qui venerabundi loca petunt. Hujus Monasterii primus fundator est Romanus Imperator. Deinde vero metu Papæ Romani, quia nolebant SS. Patres inibi versantes, novam Symbolo adjunctam vocem, contra Domini nostri & Patrum doctrinam, admittere; ideo ipsum dimiserunt & aufugerunt. Locusque annis bene multis desertus mansit. Quare piissimus Valachiæ Authentes Alexander Vœvoda,

Περὶ τοῦ σεβασμίου μοναστηρίου τοῦ Ξηροποτάμου.

ΤΟ' εὐαγὲς μοναστήριον τὸ καλούμενον τοῦ Ξηροποτάμου τιμᾶται εἰς ὄνομα τῶν ἁγίων ἐνδόξων τεσσαράκοντα Μαρτύρων· ἔχει ναὸν μέγιστον καὶ ὡραῖον ἐπάνωθεν μολυβδόσκεπον· ἱστάμενον ἐπάνω εἰς τέσσαρας μαρμαρένιους στύλους. τὸ ἔδαφός του ὅλον λιθόστρωτον ἐκ μαρμάρων παρίων λευκῶν. νάρθηκα ἔχει θαυμαστὸν ἐπάνω εἰς δύο κολώναις κτισμένον· παρακλήσια ἔχει διάφορα· καὶ ἄλλα θαυμαστὰ καὶ ἀξιεπαίνετα κτίρια, ὅλα σχεδὸν ὅμως ἀπὸ τὴν πολυχρονίαν σεσαθρωμένα, καὶ χρεὸς μεγαλοδώρου καὶ γνώμης θεοφιλοῦς δεόμενα πρὸς τὴν ἀνακαίνισιν διὰ νὰ μὴν ἀφανισθῇ τοιοῦτον περίβλεπτον μοναστήριον· τοῦ ὁποίου ἡ τοποθεσία εἶναι πολυεύμορφη καὶ ξεμονικὴ ἔχοντας τριγύρωθεν περιβόλια, ἐλαιῶνας ἀμπέλια καὶ δένδρα σκιερὰ καρπιμά τε καὶ ἄκαρπα εἰς πλῆθος πολὺ, μὲ πεδιάδα χαροποιοῦσαν τὴν ὅρασιν ἀρκετῶς.

Ἐκεῖ θέλεις προσκυνήσῃ τίμιον ξύλον τοῦ ζωοδότου σταυροῦ τοῦ Σωτῆρος μας· τὸ ὁποῖον ἔχουσιν οἱ ἐκεῖσε ὁσιώτατοι πατέρες εἰς μίαν θήκην ἀργυρᾶν.

Λείψανα τῶν ἁγίων τεσσαράκοντα Μαρτύρων,

Τὴν πολύτιμον χεῖρα τοῦ ἁγίου Ἰγνατίου τοῦ θεοφόρου.

Μύρον τοῦ ἁγίου Δημητρίου· καὶ ἄλλων διαφόρων ἁγίων τίμια Λείψανα.

Ἔξωθεν ἔχει κελλία εὔμορφα πρὸς ἀνάπαυσιν τῶν ἐπιδημούντων εὐλαβεστάτων προσκυνητῶν, καὶ ψυχαγωγίαν. Τοῦ παρόντος ἀξιαγάστου μοναστηρίου πρῶτος κτήτωρ εἶναι ὁ ἐν βασιλεῦσιν ἀοίδιμος Ῥωμανός· μετὰ δὲ ταῦτα δι' αἰτίαν τοῦ Πάπα τῆς ῥώμης μὲ τὸ νὰ μὴν ἤθελαν οἱ ἐν αὐτῷ ὁσιώτατοι πατέρες νὰ δεχθοῦν τὴν ἐν τῷ συμβόλῳ νέαν προσθήκην ἐναντίον τῆς τοῦ Κυρίου μας διδασκαλίας, καὶ τῶν πατέρων, καὶ διὰ τοῦτο νὰ τὸ ἀφήσουν καὶ νὰ ἐφύγασιν, ἠρημώθη τελείως ἐπὶ χρόνους πολλούς· ὅθεν ὁ εὐσεβέστατος αὐθέντης τῆς Βλαχίας Ἀλέξανδρος Βοεβόνδας θείῳ ζήλῳ κινηθεὶς, τὸ ἀνεκαίνισεν ὅλον μὲ πλούσιον πάρεχοι ἔξοδον, καὶ τὴν ἐκκλησίαν ἱστόρισε, καὶ τὴν ἐκαλλώπισε καθὼς φαίνεται μέχρι τῆς σήμερον.

ipſum magnis ſumtibus reſtauravit, Eccleſiam depinxit & decoravit, ut hodieque videtur.

Περὶ τοῦ σεβασμίου μοναστηρίου τοῦ Κουλλουμούση.

Τὸ θεῖον καὶ ἱερὸν μοναστήριον τοῦ Κουτλουμούση εἶναι ὡραῖον εἰς τὸ κάλλος καὶ ἀξιόλογον· κτίσμα πρῶτον μὲν τοῦ ἀοιδίμου βασιλέως Ἀλεξίου τοῦ Κομνηνοῦ· ὕστερον δὲ πηγαίνοντας ὁ πάπας τῆς Ῥώμης καὶ ἔχοντας ἔχθραν εἰς τοὺς καλογήρους, διατὶ δὲν τὸν ἐπροσκύνησαν, τὸ ἐγκρέμνισεν ὅλον καὶ αὐτὸ καθὼς καὶ ἄλλα πολλὰ μοναστήρια τοῦ ἁγίου ὄρους. ὁ ἐκλαμπρότατος ὅμως αὐθέντης τῆς Βλαχίας Νεάγουλος Βοεβόνδας μετὰ χρόνους πολλοὺς, καὶ Ῥάδουλας Βοεβόνδας οἱ Βασαράβαι· καὶ Μύρτζας Βοεβόνδας, καὶ Βιντίλας Βοεβόνδας κατ' ὀλίγον τὸ ἀνεκαίνισαν ὅλον· οἱ ὁποῖοι εὑρίσκονται ἱστορισμένοι τριγύρω εἰς τὴν ἐκκλησίαν ὡσὰν ὁποῦ ἐστάθησαν μετὰ τὸν πρῶτον δεύτεροι κτήτορες καὶ καλλωπισταὶ τοῦ ἁγίου ἐκείνου μοναστηρίου. τιμᾶται ἡ ἐκκλησία εἰς ὄνομα τῆς μεταμορφώσεως τοῦ σωτῆρος Χριστοῦ· καὶ εἶναι κτισμένη ἐπάνω εἰς τέσσαρας στύλους κτιστοὺς, ὅλη ἱστορισμένη μὲ εὔμορφην ζωγραφίαν. Ἔχει τέμπλον ὡραῖον καὶ πολυκάνδηλον, καὶ χορὸν, καὶ μανουάλια πολυθαύμαστα· ὅλη ἐπλακώθη μολυβοσκεπασμένη· εὑρίσκεται εἰς τοποθεσίαν πολλὰ εὔμορφην· καὶ κελλία ἔχει ἐξαίρετα. Ἔχει δὲ καὶ ἅγια λείψανα διάφορα·

Τὸ ποδάριον τῆς ἁγίας Ἄννης.

Τὴν κάραν τοῦ ἁγίου Ἀλυπίου τοῦ στυλίτου.

Τὸ χέρι τοῦ ἁγίου Εὐστρατίου.

Τίμιον ξύλον τοῦ παναγίου σταυροῦ· τὸ ὁποῖον ἀπόκειται μέσα εἰς μίαν θήκην ἀργυρᾶν κεχρυσωμένην, ἔχουσα ὑποκάτωθεν τὸν ἅγιον Νικόλαον ἐντετυπωμένον, καὶ τὸν ἅγιον Ἰωάννην τὸν χρυσόστομον.

Ἔχει δὲ τὸ μοναστήριον τριγύρωθεν τοὺς κήπους, ἀμπελῶνας, φυτὰ καρποφόρα, καὶ ἐλαιῶνας. Καὶ ἐπειδὴ πλησίον τοῦ μοναστηρίου τούτου εἶναι τὸ Πρωτάτον καὶ ἡ Καρέαις, διὰ τοῦτο λέγομεν ἀκολούθως περὶ αὐτῶν.

De venerabili Monaſterio Cutlumuſæ.

Divinum & ſacrum Monaſterium Cutlumuſæ pulcrum eſt & ſpectabile: primo fundatum a præclaro Imperatore Alexio Comneno. Deinde vero accedente Romano Papa, cum Calogeris ſuccenſeret quod ipſum non adorarent, Monaſterium totum diruit, ſimiliterque alia multa in ſacro Monte. Demum ſplendidiſſimus Valachiæ Authentes Neagulus Vœvoda elapſis pluribus annis, ſimiliterque Radulas Vœvoda, Baſſarabæ, Myrtzas Vœvoda, & Vintilas Vœvoda ipſum paulatim totum reſtaurarunt: qui in Eccleſia per circuitum depicti ſuſpiciuntur; ita ut poſt primum illum pro ſecundis fundatoribus & reſtauratoribus ejus Monaſterii habeantur. Eccleſia honoratur nomine Transfigurationis Salvatoris Chriſti: ſuſtentaturque quatuor columnis ædificatis, tota picturis elegantibus ornata. Habet Ciborium ſpecioſum & lampadem multorum ellychniorum, Chorum & candelabra pulcherrima. Tota plumbo operitur. Situs eſt perjucundus. Cellas autem habet pulcras, Reliquias item varias, nempe. *Vide in Præfat.*

Pedem S. Annæ.

Caput S. Alypii Stylitæ.

Manum S. Euſtratii.

Lignum venerandum ſanctiſſimæ Crucis, quod jacet in theca argentea deaurata, quæ ſubtus delineatum habet S. Nicolaum, & S. Joannem Chryſoſtomum.

Habet Monaſterium in circuitu hortos, vineas, arbores fructiferas, oliveta. Et quia proxime hoc Monaſterium ſita ſunt Protaton & Caræs, ideo de illis conſequenter agemus.

De Protato.

PRotaton est Templum amplissimum & pulcherrimum omnium, nomine Dormitionis sanctissimæ Deiparæ insignitum. Estque opus Constantini magni. Verum postea Julianus Apostata ipsum interius incendit; ita ut quibusdam in locis fumo denigratum appareat. Exstat ibi Imago miraculis insignis, quæ semel, ô res mira! loquuta est, ac dixit, *Psallant quod dignum est.*

Habetur item altera Imago Salvatoris Christi in Altari, quæ Sacerdori dixit, ut festinaret sacram Liturgiam celebrare, propter seniorem Monachum, qui divinis Mysteriis communicare volebat, & ob asperum multorum dierum jejunium animo deficiebat, nec poterat ultra sustinere. Hic enim cum se tam infirmum viribus cerneret, Sacerdotem rogabat, ut quantocius Liturgiam celebraret. Ille vero renuebat; verum lente in recitandis horis, & Imaginum salutationibus se gerebat. Quare Dominus qui se gloria afficientes gloria afficit, Sacerdoti edixit, festinandum esse, ut ipsi communionem impertiret.

Illic est Monachorum forum, & in circuitu variæ artificum officinæ, vocaturque locus Caræs. Eò frequenter conveniunt Monachi, Hegumeni & senes ad synaxin, maximeque singulis Sabbatis: ac de communibus omnium Monasteriorum negotiis & necessitatibus mutuo deliberant, ac dissidia quæ accidunt inter Patres componunt, vectigaliaque & onera graviora a magistratu Thessalonicensi sibi imposita solvunt. Ibi residet Aga istuc missus a Bostangibasio Imperatoris, ut observet externa Monasteriorum negotia, ut obsequentiæ invigilet, & loca a Piratis tueatur: qui communi Mo-

Περὶ τοῦ Πρωτάτου.

ΤΟ' Πρωτάτον εἶναι ναὸς ὑπερμεγέθης καὶ ὡραιότατος ὑπὲρ πάντας· τιμώμενος εἰς τὸ ὄνομα τῆς ὑπεραγίας Θεοτόκου τῆς κοιμήσεως· καὶ εἶναι κτίσμα τοῦ μεγάλου Κωνσταντίνου· τὸ ὁποῖον ὕστερον ὁ παραβάτης Ἰουλιανὸς τὸ ἐκατάκαυσεν ἔσωθεν, καὶ φαίνεται κατὰ τόπους μαυρισμένος ἀπὸ τὸν καπνόν. Εἰς αὐτὸν εὑρίσκεται μία εἰκὼν θαυματουργὸς, ἡ ὁποία μίαν φορὰν, ἐφώνησεν ὢ τοῦ θαύματος, καὶ εἶπεν ὅτι νὰ ψάλλουσι τὸ ἄξιον ἐστίν.

Ἔτι δὲ, εὑρίσκεται καὶ ἄλλη μία εἰκὼν τοῦ Σωτῆρος Χριστοῦ μέσα εἰς τὸ ἅγιον βῆμα, ἡ ὁποία ἐφώνησε τοῦ ἱερέως, ὅτι νὰ σπουδάσῃ ταχύτερον νὰ τελειώσῃ τὴν ἱερὰν λειτουργίαν, διὰ ἕναν ὑπέργηρον μοναχὸν, ὅστις ἐβούλετο νὰ μεταλάβῃ τὰ θεῖα μυστήρια, καὶ ἀπὸ τὴν ἄκραν καὶ πολυήμερον νηστείαν ἐλειποθύμει, καὶ δὲν ἐδύνετο νὰ ὑποφέρῃ πλέον, τόσον ἀδυνάτησεν. ὅθεν γὰρ βλέποντας τὸν ἑαυτόν του πολλὰ ἀδύναμον ἐδεήθη τοῦ ἱερέως νὰ λειτουργήσῃ ταχύτερον· ὁ δὲ οὐκ ἤθελεν, ἀλλ' ἀργοπορούσε περὶ τὴν ἀνάγνωσιν τῶν ὡρῶν καὶ τὸν ἀσπασμὸν τῶν εἰκόνων· ὅθεν ὁ δοξάζων τοὺς αὐτὸν δοξάζοντας Κύριος, ἐφώνησε τοῦ ἱερέως, ὅτι νὰ σπουδάσῃ τὸ γληγορώτερον, διὰ νὰ τὸν μεταλάβῃ.

Ἐκεῖ εἶναι καὶ ἡ τῶν μοναχῶν ἀγορὰ, καὶ διάφορα τῶν τεχνιτῶν ἐργαστήρια τριγύρωθεν. καὶ ὀνομάζεται ὁ τόπος Καραῖς. Ἐκεῖ συνέρχονται συχνάκις πάντες οἱ μοναχοὶ καὶ ἡγούμενοι καὶ γέροντες τῆς συνάξεως, καὶ μάλιστα κατὰ πᾶν σάββατον· καὶ θεωροῦσι τὰς κοινὰς ὑποθέσεις καὶ χρείας ὁλονῶν τῶν μοναστηρίων, καὶ σκέπτονται μετ' ἀλλήλων, καὶ κρίνουσι καὶ διακρίνουσι τὰς ἐπισυμβαινούσας διαφορὰς μεταξὺ τῶν ἐκεῖσε πατέρων, καὶ ῥίπτουν τὰς συνδοσίας καὶ τὰ βαρύτατα χρέη ὁποῦ ἀπὸ τὴν Θεσσαλονίκην τοὺς διορίζει ἡ ἐξωτερικὴ αὐθεντία νὰ δώσουν. Ἐκεῖ κάθεται καὶ ἀγᾶς ἀποσταλμένος ἀπὸ τὸν μποσταντζήμπαση τοῦ βασιλέως διὰ νὰ εἶναι ἐπιτηρητὴς εἰς τὰς ἐξωτερικὰς ὑπο-

θέσεις

θέσεις τῶν μοναστηρίων, καὶ εἰς γνώρισμα τῆς ὑποταγῆς, καὶ πρὸς διαφύλαξιν ἀπὸ τοὺς κουρσάρους· ὅστις καὶ τρέφεται μὲ κοινὴν ἐξοδίαν τῶν ἐκεῖσε μοναστηρίων. Ἐκεῖ τριγύρω εἶναι καθίσματα καὶ μετόχια ἀπὸ ὅλα τὰ μοναστήρια μὲ κελλία καὶ ἐκκλησίας πρὸς ἀνάπαυσιν τῶν εἰς τὴν σύναξιν ἐρχομένων μακρόθεν ἁγίων γερόντων· ἐπειδὴ καὶ οἱ περισσότεροι δὲν δύνανται τῇ αὐτῇ ἡμέρᾳ ἢ διὰ τὸ πολὺ τοῦ τόπου διάστημα, ἢ δι' ἄλλα ἐμπόδια νὰ στραφοῦσι πάλιν ὀπίσω εἰς τὰ μοναστήριά των· καὶ εἶναι ἀνάγκη νὰ μείνουν ἐκεῖ· Διὰ τοῦτο καὶ εἰς μεγάλην ἐκείνην ἐκκλησίαν τοῦ πρωτάτου εἶναι διωρισμένον ἑκάστῳ ἡγουμένῳ στασίδιον κατὰ τάξιν διὰ νὰ στέκωνται ὅταν ἤθελαν εὑρεθῇ εἰς τὴν ἀκολουθίαν ἐκεῖ. Εἶναι ὁ τόπος ὅλος ἐκεῖνος πολλὰ εὔμορφος· εὐθαλὴς καὶ κατάκαρπος μὲ περιβόλια καὶ ἀμπέλια περισσά· μὲ νερὰ πλήθυα καὶ γλυκύτατα· ὁ ἀέρας ὑγιεινός· καὶ εἶναι ὡσὰν μία μικρὰ πλὴν ἀρκετὴ πολιτεία μοναχική.

nasteriorum expensa victum habet. Ibi circumposita sunt ædificia & villæ omnibus una Monasteriis contributæ, cum cellulis & Ecclesiis, ad quietem & recreationem Sanctorum senum, qui procul ad synaxin veniunt. Quoniam plerique, aut propter nimiam loci distantiam, aut propter alia impedimenta, non possunt ea ipsa die in Monasterium suum reverti, ac necessario istuc manent; ideo in magna Protati Ecclesia sunt pro singulis Hegumenis sedilia secundum ordinem suum, ut stent ibi cum Officio adsunt. Est totus ille locus peramœnus, virens & fructibus abundans cum hortis & vineis multis, & aquis dulcissimis copiose manantibus. Aër salubris est. Estque quasi parva quædam, sed sufficiens, Monachorum civitas.

Περὶ τῆς σεβασμίας μονῆς τοῦ Σίμωνος Πέτρας.

Ἡ περιβόητος καὶ θεία μονὴ τοῦ Σίμωνος Πέτρας εἶναι οἰκοδομημένη ἐπάνω εἰς μίαν ξηρόπετραν ἐξέχουσαν τοῦ ὄρους κατὰ πολλά· ἧς ὁ ναὸς τιμᾶται εἰς ὄνομα τῆς Χριστοῦ γεννήσεως· Ἔστι δὲ περικαλλὴς καὶ πολυτίμοις ἐγκαλλωπίσμασι καθωραϊσμένος· οὐ μόνον σκεύεσιν ἱεροῖς καὶ τιμίοις, ἀλλὰ καὶ ἄλλοις τισὶν ἀξιολόγοις πράγμασιν. Ἔχει ἀναλόγια καὶ ἀρτοφόριον πολλῆς τιμῆς ἄξια. Ἡ τράπεζα ὑπερθαύμαστος καὶ ἀξιοτίμητος ὑπὲρ πάντα, καὶ ἡ καμάραις διὰ μέσον τῶν ὁποίων ἔρχεται εἰς τὸ μοναστήριον ἔξωθεν ἀπὸ τὴν ἀντίπεραν κορυφὴν τοῦ βουνοῦ τὸ νερόν, κτίσματα πολυέξοδα καὶ ἀξιεπαίνετα.

Ἐκεῖ θέλεις ἰδῇ καὶ εὐλαβῶς ἀσπασθῇ τὸ ἀριστερὸν χέρι τῆς Μαγδαληνῆς Μαρίας, τὸ ὁποῖον εἶναι ἀκέραιον πολλὴν καὶ πολύτερπνον εὐωδίαν ἐκπέμπον.

Αἷμα τοῦ ἁγίου μεγαλομάρτυρος Δημητρίου· Καὶ λείψανον τοῦ ἁγίου Μειράκος.

Ἐκεῖ εὑρίσκεται καὶ ἕνα εὐαγγέλιον πολλῆς τιμῆς ἄξιον, ἀφιέρωμα τοῦ ἀειμνήστου Μιχαὴλ Βοεβόδα.

De venerando Monasterio Simonis Petræ.

Celebre divinumque Monasterium Simonis Petræ, fundatum est in cacumine Petræ cujusdam, procul a monte positæ. Cujus Templum nomine Nativitatis Christi honoratur. Est vero pulcrum nullisque non ornamentis decoratum: non sacris modo pretiosisque vasis; sed & aliis rebus insignibus. Habet pulpita & artophorium multo pretio digna. Refectorium mirabile & cæterorum omnium præstantissimum est: itemque fornices quibus e collis vicini cacumine aqua deducitur in Monasterium, opera sane magnifica ac splendida.

Illic videbis & pie veneraberis sinistram Mariæ Magdalenæ manum, quæ integra est, & suavissimum odorem emittit.

Sanguinem Sancti & magni Martyris Demetrii, Reliquias S. Miracis.

Habetur ibi Evangelium magni pretii, donum semper memorandi Michaëlis Vœvodæ.

Monasterium ad quietem commodissimum est. Editiore loco exstat cella ad secessum, & Sacellum ibidem in honorem S. Trinitatis. Illic item habetur cella in qua ascetice vixit S. Simon hujus Monasterii fundator.

In pavimento sunt quinque marmora ab aliis distincta, in medio ejus in crucis formam posita. Quod autem in medio est insculptam habet Aquilam bicipitem, & in capite utrinque coronam; quod supra ponitur habet quasi phialam cum ocellis; alia duo quæ transversa sunt habent leunculos, quorum singuli sex alas habent quasi flabellum, & coronas in capite gestant. Aliud marmor basiliscum habet. Chorus est elegans, similiterque lampas multorum luminum. In dextro Choro sunt duodecim Imagines Moscoviticæ, quæ sanctos singulis mensibus coli solitos referunt. Ecclesia est pulcherrima & luminosa, undecim fenestris ab una parte, & ab altera totidem instructa. Narthex duabus columnis fulcitur.

Primus hujus Monasterii fundator fuit S. Simon, qui proxime hunc locum vitam Asceticam duxit: & cum sæpe ipsis oculis videret stellam fulgentem, quæ noctu descendebat & stabat supra magnam illam excelsam & radicatam petram in ipso ejus cacumine; a Deo ediscere flagitavit quid illo significaretur: quod cum divina revelatione edidicisset, supra sublimem illam petram Ecclesiam, quæ hodie visitur, exstruxit. Quamobrem ab hoc miraculo hæc Ecclesia nuncupata est nova Bethlehem, quia in hac, quemadmodum in illa, stella splendida effulsit. Quapropter in honorem Nativitatis Christi excitata fuit Ecclesia. Post hunc vero piissimus Serviæ & Romaniæ Rex Joannes Unclis, cum precibus memorati S. Simonis filia ejus a gravi & incurabili morbo sanata esset, Sancto viro dedit facultates multas, & totam Monasterii fabricam absolvit:

Εἶναι τὸ μοναστήριον πολὰ ἐπιτήδειον διὰ ἡσυχίαν, ὀλίγον ὑπεράνωθεν λοιπὸν εἶναι ἕνα κελλίον εὔμορφον καὶ ἡσυχαστικὸν καὶ παρακλήσιον ἐν αὐτῷ εἰς τιμὴν τῆς ἁγίας Τριάδος. Ἐκεῖ εἶναι καὶ τὸ κελλίον εἰς τὸ ὁποῖον ἀσκήτευεν ὁ κτήτωρ τοῦ παρόντος μοναστηρίου ἅγιος Σίμων.

Εἰς δὲ ἔδαφος τοῦ ναοῦ εἶναι πέντε μάρμαρα ἔξω ἀπὸ τὰ ἄλλα κατὰ τὸ μέσον αὐτοῦ βαλμένα σταυροειδῶς. ἀπὸ τὰ ὁποῖα δὲ ἕνα μὲν τὸ μεσιακὸν ἔχει γλυπτὸν δικέφαλον ἀετὸν, καὶ ἐπὶ τῆς κεφαλῆς αὐτῶν στέφανον ὥσπερ κορώναν. Τὸ δὲ ὄπισθεν αὐτοῦ ἔχει ὥσπερ φιάλην τινὰ μὲ γλαρόφαλα· τὰ δὲ ἕτερα δύο ὁποῦ εἶναι εἰς τὰ πλάγια ἔχουσι λεοντάρια καὶ βαστοῦν ἀπὸ ἕνα ἑξαπτέρυγον ὥσπερ ῥιπίδιον, ἔχοντας καὶ στέφανον ἐπὶ τῆς κεφαλῆς· καὶ τὸ ἄλλο βασιλίσκον. Ὁ χορὸς εἶναι κατὰ πολλὰ ἐπιτήδειος, ὁ δὲ αὐτὸς καὶ ὁ πολυέλαιος. Εἶναι δὲ καὶ εἰς τὸν δεξιὸν χορὸν δώδεκα εἰκονίσματα μοσχόβικα περιέχοντα τοὺς ἑορταζομένους ἁγίους ἑκάστου μηνός. Ἡ ἐκκλησία εἶναι ὡραιοτάτη καὶ φωτεινὴ μὲ ἕνδεκα παραθύρια ἀπὸ τὸ ἓν μέρος. καὶ μὲ ἄλλα τόσα ἀπὸ τὸ ἄλλο· ὁ δὲ νάρθηξ ἵσταται εἰς δύο στύλους ἐπάνω.

Πρῶτος κτήτωρ τοῦ παρόντος μοναστηρίου ἐστάθη ὁ ἅγιος Σίμων, ὁ ὁποῖος ἀσκήτευε πλησίον ἐκεῖ· καὶ βλέποντας πολλάκις ὀφθαλμοφανῶς ἕνα ἄστρον λαμπερὸν, ὁποῦ ἐκατέβαινε διὰ νυκτὸς καὶ ἐστέκετον ἐπάνω εἰς ἐκείνην τὴν μεγάλην καὶ ὑψηλὴν καὶ ῥιζωμένην πέτραν καὶ αὐτὴν τὴν κορυφὴν· ἐζήτει μαθεῖν παρὰ Θεοῦ τὸ τί ἐσημάδευε τὸ τοιοῦτον· τὸ ὁποῖον ἐκ θείας ἀποκαλύψεως διδαχθεὶς, ἔκτισεν ἐπάνω εἰς ἐκείνην τὴν ὑψηλὴν πέτραν τὴν ἐκκλησίαν ὁποῦ φαίνεται ἕως τὴν σήμερον· ὅθεν καὶ ἀπὸ τὸ θαῦμα τοῦτο ὀνομάσθη ἡ ἐκκλησία ἐκείνη νέα Βεθλεὲμ, ἐπειδὴ καθὼς εἰς ἐκείνην, ἔτζι καὶ ὧδε ἐφάνηκεν ἄστρον ὑπέρλαμπρον· διὰ τοῦτο καὶ εἰς τιμὴν τῆς Χριστοῦ γεννήσεως ἀνηγέρθη. Μετὰ δὲ τοῦτον ὁ εὐλαβέστατος Βασιλεὺς Σερβίας καὶ Ῥωμανίας Ἰωάννης ὁ Οὔγκλες, ἔστωντας καὶ διὰ προσευχῆς τοῦ ἄνωθεν ἁγίου Σίμωνος νὰ ἰατρευθῇ ἡ θυγατέρα του ἀπὸ μίαν δεινὴν καὶ ἀνίατον ἀρρωστίαν, ἔδωσε τοῦ ἁγίου βοήθειαν ἱκανὴν, καὶ ἐτελείωσεν ὅλην τὴν οἰκοδομὴν τοῦ μοναστηρίου· καὶ εἰς τὸ ὕστερον ἔγινε καὶ αὐτὸς μοναχὸς, καὶ ἀνεπαύσατο εἰς αὐτὸ ἐν Κυρίῳ· καὶ φαίνεται ἱστορισμένος εἰς τὴν τράπεζαν εἰς τὴν καμάραν τοῦ παραθυρίου ὁποῦ βλέπει κατὰ τὴν θάλασσαν· οἱ δὲ προσκυνηταὶ διὰ νὰ ἔλθουν ἀναβαίνουσι κάτωθεν ἀπὸ τὴν θάλασσαν ἕως ἄνω εἰς αὐτὸ πεζοὶ, καὶ τοὺς ὑποδέχονται μὲ πολλὴν δεξίωσιν οἱ πατέρες.

ac demum ipſe Monachus effectus eſt, ibique obdormivit in Domino. Depictuſque eſt in Refectorio ad fornicem feneſtræ, quæ reſpicit ad mare. Qui autem iſthuc venerabundi accedunt, a mari uſque ad Monaſterium ſurſum pedites aſcendunt, quos magna cum humanitate Patres excipiunt.

Περὶ τοῦ ἱεροῦ καὶ θείου μοναστηρίου τοῦ Ζωγράφου.

ΤΟ σεβάσμιον μοναστήριον τοῦ Ζωγράφου ἔστι καὶ αὐτὸ ἀξιόλογον καὶ ὡραῖον πολλὰ, κτίσμα τριῶν ἀρχόντων ἀπὸ τὴν Ὄχριδα καὶ ἀδελφῶν κατὰ σάρκα, καταγομένων ἀπὸ τὸ γένος τοῦ βασιλέως Ἰουστινιανοῦ, ὧν τὰ ὀνόματα, Μωϋσῆς, Ἀαρὼν, καὶ Ἰωάννης· οἵτινες ἔγιναν ὕστερον μοναχοὶ εἰς αὐτό. καθ' ὃν δὲ καιρὸν ἔκτισαν αὐτὸ τὸ μοναστήριον; ἦτον βασιλεὺς ῥωμαίων Λέων ὁ σοφός· ὕστερον δὲ μὲ τὸ νὰ τὸ ἔκαυσε καὶ αὐτὸ ὁ Πάπας τῆς Ῥώμης πεισματικῶς, καθὼς καὶ ἄλλα πολλὰ τοῦ ἁγίου ὄρους μοναστήρια καὶ ἐκκλησίας, διατὶ δὲν τὸν ἐπροσκύνησαν· τὸ ἀνακαίνισεν ὁ αὐθέντης Μολδοβλαχίας Στέφανος Βοεβόνδας ἐν ἔτει κόσμου ͵ζί. ὅστις εἶναι καὶ ἱστορισμένος ἔξωθεν τῆς ἐκκλησίας εἰς ἐνθύμησιν.

Τούτου ὁ θεῖος ναὸς εἶναι πολλὰ εὔμορφος, τιμώμενος εἰς ὄνομα τοῦ ἁγίου μεγαλομάρτυρος Γεωργίου, μολυβοσκέπαστος, μὲ ἓξ κουμπέδες ἐπάνω εἰς τέσσαρας στύλους σταυροειδῶς· μὲ χορὸν καὶ μὲ πολυέλαιον· ἡ ἱστορία του μέρος μὲν παλαιὰ, μέρος δὲ νέα. Τὸ ἅγιον βῆμα μὲ δύο στύλους πέτρινους πολλὰ φωτεινόν. Ἔχει δὲ εἰκόνας πολλὰ θαυμαστὰς εἰς τὴν τέχνην, καὶ μάλιστα τὰς δεσποτικάς. πύργους καὶ κελλία καὶ τείχη ὅλα ἀξιόλογα ὡς καὶ τῶν ἄλλων μοναστηρίων. Ἔχει καὶ φιάλην εὔμορφην ἔμπροσθεν τοῦ ναοῦ· τὸ καστρότειχόν του με-

De ſacro & divino Monaſterio Zographi ſive Pictoris.

VEnerandum Monaſterium Zographi, ſive Pictoris, eſt etiam pulcrum & elegans: opus trium principum ab Ochride, fratrum vero carnalium, genuſque ducentium a Juſtiniano Imperatore, quorum nomina, Moyſes, Aaron & Joannes, qui deinde ibi Monaſticum ſtatum amplexi ſunt. Quo tempore autem hoc Monaſterium ſtruxerunt, Imperator Romanorum erat Leo ſapiens. Denique ipſum etiam obdurato animo, incendit Romanus Papa, quemadmodum & alia multa ejus ſancti Montis Monaſteria & Templa, eo quod ipſum non adorarent. At ipſum reſtauravit Authentes Moldo-Valachiæ Stephanus Vœvodas, anno mundi 7010. (i. Chriſti 1502.) qui etiam depictus eſt extra Eccleſiam ad rei memoriam.

Hujus ſacrum Templum pulcherrimum eſt, honoraturque nomine S. & magni Martyris Georgii, plumbo opertum, ac ſex tholis faſtigiatum, fultum quatuor columnis in Crucis formam, cum Choro & lampade multorum luminum. Hujus pictura partim vetus, partim nova. Sacrum altare duabus lapideis columnis fultum valde luminoſum eſt. Habet autem Imagines peritiſſime elaboratas, maximeque eas, quæ Dominum repræſentant. Turres, cellæ & muri bene ſtructa ſunt perinde atque in aliis Monaſteriis. Exſtat item ibi phiala ante Templum perpulcra. Murus ejus in castri formam structus amplus est, tresque portas habet. Monachi istic Ascetice viventes, Servi sunt & Bulgari. Narthex Ecclesiæ magnificentius structus est, quam reliquæ ejus partes.

Illic habentur Imagines duæ S. Georgii, miraculis claræ. Altera non mortalium manu facta est; sed ab eodem ipso Sancto depicta fuit, qua forma S. Georgius miraculis insignis repræsentatur. Erat autem prius in quodam Monasterio S. Georgii in Palæstina. Postea vero, ô prodigium! per seipsam sedes mutavit, venitque ad sanctum Montem in Monasterium Zographi sive pictoris, ideoque Zographi vocatum est. Hæc ipsa Imago est, quam narrat Synaxarium per ova frixa miraculum effecisse.

Altera S. Georgii Imago suopte motu per mare venit ex Arabia, & appulit ad portum Batopedii. Re comperta Patres aliorum Monasteriorum, omnes istuc convenerunt, & contendebant quisnam illa potiturus esset. Demum uno consensu eam agresti mulo imposuerunt, dimiseruntque ut pergeret quo vellet, qui ad Monasterium Zographi venit substititque ante portam Ecclesiæ. Exeuntesque Patres cum cereis & suffimentis, ingenti pietate & gaudio in Ecclesia reposuerunt, & quo loco stat hodie honorifice constituerunt. Elapso quodam tempore quidam ejusdem in Arabia Monasterii Patres in sacrum Montem venerabundi venerunt, & conspecta S. Georgii Imagine in Monasterio Zographi, ex quibusdam notis ipsam agnoverunt stuporeque perculsi gloriam Deo & Sancto retulerunt: quare genua flectentes, eodem in Monasterio manserunt, ubi obdormierunt in Domino.

γάλον μὲ τρεῖς πόρταις· οἱ ἐν αὐτῷ ἀνασκούμενοι μοναχοὶ εἶναι τὸ γένος Σέρβοι καὶ Βούλγαροι. Ὁ νάρθηξ τῆς ἐκκλησίας εἶναι μεγαλειότερος ἀπὸ ὅλην τὴν ἐκκλησίαν.

Ἐκεῖ εὑρίσκονται καὶ δύο εἰκόνες τοῦ ἁγίου Γεωργίου θαυματουργαί· ἡ μία εἶναι ἀχειροποίητος, διότι εἰς αὐτὴν μόνος ἀφ' ἑαυτοῦ του ἐζωγραφήθη ὥσπερ νὰ ἐτυπώθη ὁ ἅγιος καὶ θαυματουργὸς Γεώργιος· ἦτον αὐτὴ ἡ εἰκὼν πρότερον εἰς τὴν Παλαιστίνην εἰς ἓν μοναστήριον τιμώμενον ἐπ' ὀνόματι τοῦ ἁγίου· ὕστερον δὲ ὢ τοῦ θαύματος ἐμετοίκησεν ἐκεῖθεν καὶ ἦλθεν ἀφ' ἑαυτοῦ της εἰς τὸ ἅγιον ὄρος εἰς τὸ προῤῥηθὲν μοναστήριον τοῦ Ζωγράφου, διὰ τοῦτο ἐπωνομάσθηκε τοῦ Ζωγράφου. Καὶ εἶναι ἐκείνη ἡ ἰδία εἰκὼν ὁποῦ γράφει τὸ συναξάριον πῶς ἐθαυματούργησε διὰ τὸ σφουγγάτο.

Ἡ δὲ ἄλλη εἰκὼν τοῦ ἁγίου Γεωργίου ἦλθεν ἀπὸ τὴν Ἀραβίαν ἀφ' ἑαυτῆς της διὰ θαλάσσης, καὶ εὑγῆκε κάτω εἰς τὸν λιμένα τοῦ Βατοπεδίου· καὶ μαθόντες τοῦτο οἱ πατέρες τῶν λοιπῶν μοναστηρίων, ἐσυνάχθησαν ὅλοι ἐκεῖ, καὶ ἐμάλωναν περὶ τοῦ ποῖος νὰ τὴν πάρῃ· τέλος πάντων ἀποφάσισαν ὅλοι ὁμοῦ, καὶ τὴν ἔθεσαν ἐπάνω εἰς ἕνα μουλάριον ἄγριον, καὶ τὸ ἄφησαν νὰ ὑπάγῃ ὅπου θέλει· καὶ αὐτὸ ἐπῆγε εἰς τὸ μοναστήριον τοῦτο τοῦ Ζωγράφου, καὶ ἐστάθηκεν ἔξω εἰς τὴν θύραν τῆς ἐκκλησίας· καὶ εὐγαίνοντες οἱ πατέρες μετὰ κηρῶν καὶ θυμιαμάτων τὴν ἐδέχθησαν εἰς τὴν ἐκκλησίαν μετὰ μεγάλης εὐλαβείας καὶ χαρᾶς, καὶ τὴν ἔστησαν ἐντίμως εἰς τὸν τόπον ἐκεῖνον εἰς τὸν ὁποῖον στέκει καὶ ἕως τὸ σήμερον. μετὰ δὲ καιρὸν ἦλθον τινὲς τῶν πατέρων τοῦ μοναστηρίου ἐκείνου τῆς Ἀραβίας ἐν ᾧ ἦτον πρότερον ἡ εἰκὼν, εἰς προσκύνησιν τοῦ ἁγίου ὄρους, καὶ τῶν ἐν αὐτῷ σεβασμίων ναῶν καὶ τιμίων λειψάνων· καὶ ἰδόντες τὴν εἰκόνα τοῦ ἁγίου εἰς τὸ μοναστήριον τοῦ Ζωγράφου τὴν ἐγνώρισαν ἀπὸ κάποια σημάδια, καὶ ἐξέστησαν· καὶ ἐδόξασαν τὸν Θεὸν καὶ τὸν ἅγιον. ὅθεν βαλόντες μετάνοιαν, ἔμειναν ἐν αὐτῇ τῇ θείᾳ μονῇ, ἔνθα καὶ ἀνεπαύσαντο ἐν Κυρίῳ.

Περὶ τοῦ θαυμαστοῦ καὶ ὡραιοτάτου μοναστηρίου τοῦ Δοχιαρείου.

ΤΟ μέγα καὶ Σεβάσμιον μοναστήριον τοῦ Δοχιαρείου εἶναι ἕνα ἀπὸ τὰ πρῶτα καὶ ἀξιόλογα μοναστήρια τοῦ ἁγίου ὄρους. Ἔχει ναὸν πάγκαλον τιμώμενον ἐπ' ὀνόματι τῶν παμμεγίστων Ταξιαρχῶν Μιχαὴλ καὶ Γαβριήλ· ἂν καλὰ καὶ πρότερον νὰ ἦτον εἰς ὄνομα τοῦ ἐν ἁγίοις πατρὸς ἡμῶν Νικολάου Μύρων τῆς Λυκίας τοῦ θαυματουργοῦ. ὅμως ὥσπερ οἱ ἀρχάγγελοι ἔδειξαν τὸ θαῦμα ἐκεῖνο τῆς εὑρέσεως τοῦ θησαυροῦ ἐν τῇ κατ' ἀντικρὺ Χερσονήσῳ, κοινότερον καλουμένη Λόγγῳ, μὲ τὸν ὁποῖον ἐδυνήθησαν οἱ πατέρες νὰ τελειώσουν τὴν ἱστορίαν τῆς ἐκκλησίας· καὶ νὰ ἀνακαινίσουσι πολλὰ καὶ ἀναγκαῖα εἰς αὐτό, τὸ μετωνόμασαν εἰς ὄνομα τῶν παμμεγίστων Ταξιαρχῶν. Ἐκεῖ ἔγινε καὶ τὸ θαῦμα τοῦ παιδίου, τὸ ὁποῖον ἐλευθέρωσαν οἱ ἀρχάγγελοι ἀπὸ τὸν πνιγμὸν τῆς θαλάσσης· εἰς τὴν ὁποίαν τὸ ἔρριψαν μὲ μίαν πέτραν κρεμασμένην ἀπὸ τὸν λαιμόν· καθὼς εἰς τὰ θαύματα τῶν ἀρχιστρατήγων εὑρίσκεται γεγραμμένον εἰς πλάτος. Τὸ δὲ παιδίον ἐκεῖνο σηκώνοντές το οἱ ἄγγελοι, τὸ ἔφεραν παράσταυτα καθὼς ἦτον μὲ τὴν πέτραν εἰς τὸν λαιμόν, καὶ τὸ ἔρριψαν εἰς τὴν μέσην τῆς ἐκκλησίας· ἡ δὲ πέτρα ἐκείνη φυλάττεται καὶ μέχρι τῆς σήμερον μέσα εἰς τὸ ἅγιον βῆμα εἰς μίαν θήκην, πρὸς μαρτυρίαν τοῦ θαύματος, φόβον δὲ καὶ ἔκπληξιν τῶν ὁρώντων. Ἐκεῖ ἀνέβρυσε καὶ ἁγίασμα ἐπὶ τῆς βασιλείας Ἀνδρονίκου τοῦ Παλαιολόγου ἀπὸ θαύματος τῶν παμμεγίστων Ταξιαρχῶν καὶ εἶναι πηγάδι θαυμασιώτατον· ἐξ οὗ πίνουσιν οἱ ἐν τῷ μοναστηρίῳ ἐνασκούμενοι εὐλαβεῖς πατέρες· τὸ ὁποῖον εὑρίσκεται πλησίον τῆς θαλάσσης κατὰ τὸ δυτικὸν πέλαγος.

Ὁ πρῶτος δὲ κτήτωρ τοῦ παρόντος ἀξιοθεάτου μοναστηρίου εἶναι ὁ καθηγούμενος ἅγιος Εὐθύμιος· ὅς τις ἦτον εἰς τὸν καιρὸν τῆς βασιλείας Νικηφόρου τοῦ Βοτανειάτου, γνώριμος καὶ συνασκητὴς τοῦ ἁγίου Ἀθανασίου τοῦ ἐν τούτῳ τῷ ὄρει τοῦ Ἄθωνος. Δεύτερος κτήτωρ αὐτοῦ ἦτον Νικόλαός τις Πατρίκιος ἄρχων μέγας σιμὰ εἰς τὸν Βασιλέα Ῥωμαίων, ἀνεψιὸς τοῦ ἄνωθεν ὁσιωτάτου πατρὸς Εὐθυμίου.

De admirando & pulcherrimo Monasterio Dochiarii.

MAgnum ac venerandum Dochiarii Monasterium, in primis & dignioribus S. Montis Monasteriis numeratur. Habet Templum pulcherrimum, insignitum nomine SS. cælestis militiæ Principum Michaëlis & Gabrielis. Prius autem S. P. N. Nicolai Myræ in Lycia Episcopi miraculis clari nomen tulerat. Sed cum Archangeli in opposita Chersoneso, quæ vulgo dicitur Loncus, thesaurum mirabiliter ostendissent, quo Patres picturam Ecclesiæ perfecerunt, multaque alia restaurarunt, priscum nomen ipsi cum cælestium Principum nomine commutarunt. Illic item gestum est miraculum pueri, quem Archangeli eripuerunt ne mari præfocaretur, quò projectus ille fuerat suspenso ad collum lapide; ut fusius enarratur in miraculis Archangelorum. Puerum autem educentes Angeli deportarunt statim cum petra a collo suspensa, & in mediam Ecclesiam conjecerunt. Petra autem hujusmodi in theca servatur hodieque in sacro Altari ad miraculi memoriam, & ad spectatorum stuporem. Illic item cælestium Principum opera, imperante Andronico Palæologo, aqua benedicta mirabiliter scaturivit, & exstat hodieque fons ille mirabilis, quo potantur pii Patres Monasterii, occurritque juxta mare ad occidentalem oram.

Primus hujusce spectabilissimi Monasterii fundator fuit S. Euthymius Cathegumenus, qui extitit imperante Nicephoro Botaniate, amicus & in Ascetica vita socius S. Athanasii hoc in monte Atho. Secundus fundator ejus fuit Nicolaus quidam Patricius Princeps magnus proxime Romanorum Imperatorem, consobrinus mei morati Patris Euthymii, qui denique in eo ipso Monasterio monasticam vitam amplexus & Neophytus vocatus, ac post prædicti Euthymii obitum in ejus locum Hegumenus fuit. Tertius fundator extitit, puer ille, quem in mare projectum Archangeli a suffocatione eripuerunt, uti supra narravimus, qui Monachus effectus, nominatus est Barnabas, & postea Monasterii Hegumenus fuit: decessor quippe ejus Euthymius Cathegumenus in sancto Monte primus fuerat. Profectus autem in montem Romanus Papa, iratus in Orthodoxos Romanos, maximeque in Calogeros, tyrannica motus violentia, cum piissimos Patres sibi non obtemperantes esse comperisset, ipsos inde ejecit, Monasterium penitus devastavit, sacra vasa omnia & indumenta diripuit. Alexander vero Authentes Moldovlachiæ Vœvoda, ne tanta Archangelorum miracula illic edita in oblivionem venirent, religioso studio motus ex divina providentia totum restauravit, & Ecclesiam excitavit a fundamentis anno mundi 7086. (Christi 1578.) totamque interius depinxit, magnificeque ornavit, ut jam videmus. Illic vero depictus visitur cum uxore & filiis.

Ecclesia præalta & pulcra est, cum tholis quinque, plumbo operta, habetque columnas quatuor admirandas. Narthex magnificentior est, & pulcritudine spectabili, habetque item quatuor columnas ex marmoribus compositas, ita ut unum esse marmor videatur, picturisque ornatur undique. Sedes totius Templi & Narthecis centum viginti numero, elegantes sunt & affabre elaboratæ. In columna dextri Chori est Imago Archangelorum miraculis clara: in cujus conspectu jugiter ardent tres lampades argenteæ deauratæ speciosissimæ. Ad lævam est veneranda Imago S. Nicolai, in cujus item conspectu lampas semper ardet.

ὅς τις ὕστερον ἐγένετο καὶ μοναχὸς ἐν αὐτῷ μετονομασθεὶς Νεόφυτος μοναχός· ὅστις καὶ τὴν ἡγουμενίαν διεδέξατο μετὰ τὸν θάνατον τοῦ προρρηθέντος Εὐθυμίου. Τρίτος κτήτωρ εἰς αὐτὸ ἐγίνεν ὁ ἐν τῇ θαλάσσῃ ῥιφεὶς ἐκεῖνος νέος, ὃν οἱ ἀρχάγγελοι ἐλύτρωσαν ἀπὸ τὸν βίαιον πνιγμὸν τῆς θαλάσσης ὡς εἴπομεν ἀνωτέρω· ὁ ὁποῖος ἐγένετο καὶ μοναχὸς, καὶ μετωνομάσθη Βαρνάβας, ὅς τις καὶ αὐτὸς ἐγένετο ἡγούμενος τῆς αὐτῆς μονῆς· διὰ τὸ γενέσθαι τὸν πρὸ αὐτοῦ καθηγούμενον Εὐθύμιον, πρῶτον τοῦ ἁγίου ὄρους. ὕστερον ἀπερχόμενος εἰς τὸ ἅγιον ὄρος ὁ Πάπας τῆς Ῥώμης θυμωμένος κατὰ τῶν ὀρθοδόξων Ῥωμαίων, καὶ μάλιστα τῶν καλογήρων μὲ τυραννικὴν ἐξουσίαν, καὶ μὴ εὑρίσκωντας τοὺς ἐν αὐτῷ εὐλαβεστάτους πατέρας ὑπείκεις εἰς τὸ θέλημάτου, τοὺς ἐξώρισεν ἐκεῖθεν. καὶ τὸ μοναστήριον ἐρήμωσε παντελῶς, καὶ ἀφήρπασε πάντα τὰ ἐν αὐτῷ ἱερὰ σκεύη καὶ ἄμφια. ὁ δὲ αὐθέντης τῆς Μολδοβλαχίας Ἀλέξανδρος Βοεβόνδας, διὰ νὰ μὴν ἀλησμονηθοῦσι τὰ τόσα τῶν ἀρχαγγέλων θαύματα ὁποῦ ἔγιναν εἰς αὐτὸ, κινούμενος ἐκ προαιρέσεως θεοφιλοῦς κατὰ πρόνοιαν θείαν τὸ ἀνακαίνισεν ὅλον, καὶ τὴν ἐκκλησίαν ἀνήγειρεν ἐκ βάθρων ἐν ἔτει κόσμου ζπϛ'. καὶ τὴν ἱστόρισεν ἔσωθεν ὅλην, καὶ τὴν ἐκαλλώπισε μεγαλοπρεπῶς ὡς ὁρᾶται· εἶναι δὲ καὶ ἱστορισμένος ἐκεῖ μὲ τὴν Δόμναντου καὶ μὲ τοὺς υἱούς του.

Ἡ ἐκκλησία εἶναι κατὰ πολλὰ ὑψηλὴ καὶ ὡραία μὲ κουμπέδες πέντε μολυβοσκέπαστη· ἔχει δὲ καὶ κιόνια τέσσαρα πανθαύμαστα καὶ ὡραῖα. Ὁ δὲ νάρθηξ εἶναι καὶ ἀπὸ τὴν ἐκκλησίαν μεγαλιώτερος, ἔργον ἀξιοθέατον εἰς τὸ κάλλος· ἔχει δὲ καὶ αὐτὸς κιόνια κολλητὰ τέσσαρα ὥσπερ νὰ ἦτον ἀπόφυα μάρμαρα· καὶ εἶναι ὅλος πανταχόθεν ἱστορισμένος. Τὰ δὲ στασίδια τοῦ ὅλου ναοῦ καὶ τοῦ νάρθηκος ἑκατὸν εἴκοσιν, ὅλα ὡραῖα καὶ τεχνικά. Καὶ εἰς μὲν τοῦ δεξιοῦ χοροῦ τὸ κιόνιον εἶναι ἡ εἰκὼν τῶν ἀρχιστρατήγων θαυματουργός, καὶ ἔμπροσθεν τῆς καίουσιν ἀενάως τρία κανδήλια ἀργυρόχρυσα πάνυ ὡραῖα· Εἰς δὲ τὸ ἀριστερὸν εἶναι ἡ τιμία εἰκὼν τοῦ ἁγίου Νικολάου· καὶ ἔμπροσθεν αὐτῆς κανδήλιον ἀκοίμητον ἕν.

Ἔχει δὲ τὸ μοναστήριον τοῦτο καὶ πύργον μέγαν καὶ ὑψηλὸν· καὶ εἰς τὴν κορυφὴν ἐκκλησίαν κατὰ τὸ ἕνα μέρος τοῦ τείχους· ὁ δὲ πύργος ἐκεῖνος ἔχει πατώματα ἑπτὰ καὶ σκαλία ἑκατόν· τὰ δὲ πλέον ἐξαίρετα τοῦ μοναστηρίου τούτου, καὶ πολλοῦ θαύματος καὶ θέας ἐπάξια εἶναι ἡ ἐκκλησία ἡ θαυμαστὴ καὶ ὁ πύργος.

Ἐκεῖ θέλεις ἴδῃ καὶ ἀσπασθῇ λείψανον τοῦ ἁγίου Πολυεύκτου.

Τοῦ ἁγίου ἱερομάρτυρος Χαραλάμπους.

Τοῦ ἁγίου Μηνᾶ.

Τοῦ ἁγίου Κηρύκου.

Τοῦ ἁγίου Ἰωάννου τοῦ χρυσοστόμου.

Λείψανον καὶ δέρμα τοῦ ἁγίου Δαβὶδ τοῦ ἐν Θεσσαλονίκῃ.

Τοῦ ἁγίου Νείλου.

Τοῦ ἁγίου Γεωργίου αἷμα μὲ χώματα ὁμοῦ μεμιγμένον.

Λίθον ἅγιον ἀπὸ τὸν ἅγιον Γολγοθᾶν μὲ ῥανίδες αἵματος τοῦ κυρίου μας.

Τοῦ ἁγίου Φιλοθέου τὴν κάραν.

Λείψανον τοῦ ἁγίου Παντελεήμονος.

Καὶ ἕτερα ἀναρίθμητα διαφόρων ἁγίων.

Πρὸς τούτοις μέρος ἐκ τῆς τιμίας κάρας τοῦ ἁγίου Ἰωάννου τοῦ Βαπτιστοῦ.

Λειψάνου μέρος τοῦ ἐν ἁγίοις Πέτρου τοῦ Ἀθωνίτου.

Τοῦ ἁγίου Ἀχιλλείου.

Τῶν ἁγίων τεσσαράκοντα Μαρτύρων.

Ἔχει δὲ τὸ μοναστήριον καὶ κελλία καλὰ καὶ διάφορα παρεκκλήσια· καὶ ἄλλα περισσὰ κτίρια μνήμης ἄξια.

Habet hoc Monasterium turrim amplam & altam, in cujus cacumine ad unum muri latus est Ecclesia: quæ turris tabulata septem, gradus centum habet. Quæ autem præstantiora & spectabiliora in hoc Monasterio, sunt Ecclesia illa mirabilis, & turris.

Illic videbis & veneraberis Reliquias S. Polyeucti.

S. Martyris Charalampis.

S. Menæ.

S. Ceryci.

S. Joan. Chrysostomi.

Reliquias & pellem S. David Thessalonicensis.

S. Nili.

S. Georgii sanguinem cum terra mixtum.

S. Lapidem ex Golgotha cum stillis sanguinis Domini nostri.

S. Philothei caput.

Reliquias S. Panteleemonis.

Et alias innumeras variorum Sanctorum.

Ad hæc partem venerandi capitis S. Joannis Baptistæ.

Partem Reliquiarum S. Petri Athoniti.

S. Achillei.

SS. Quadraginta Martyrum.

Habet Monasterium pulcras cellas & varia sacella, aliaque multa ædificia non spernenda.

Περὶ τοῦ σεβασμίου μοναστηρίου τοῦ ἁγίου Παύλου.

Τὸ θεῖον καὶ ἱερὸν μοναστήριον τοῦ ἁγίου Παύλου κατοικεῖται ἀπὸ Βουλγάρους καὶ Σέρβους· ἔστι δὲ ὁ ναὸς αὐτοῦ πολλὰ ὡραῖος καὶ πολύτερπνος, ὅλος μολυβοσκέπαστος, ἐπ' ὀνόματι τιμώμενος τοῦ ἁγίου μεγαλομάρτυρος Γεωργίου τοῦ θαυματουργοῦ· καὶ ἵσταται ἐπάνω εἰς τέσσαρας στύλους κτιστούς, μὲ τρεῖς θόλους· Ἡ ἱστορία του εἶναι παλαιὰ Βουλγάρικη· Ἔξωθεν δὲ αὐτοῦ εἶναι ὁ νάρθηξ ὅλος ἱστορισμένος μὲ ἱστορίας ποικίλας θαυμάσια. Ἔχει δὲ ὁ ναὸς

De venerando Monasterio Sancti Pauli.

Divinum & sacrum Monasterium S. Pauli a Bulgaris & Servis incolitur. Est vero Templum ejus pulcrum & jucundum, totum plumbo opertum, honoratum nomine Sancti Georgii Martyris miraculis clari: fulciturque quatuor columnis compositis, cum tribus tholis. Pictura ejus vetus est, Bulgarico more facta. Extra Templum est Narthex totus depictus eleganter. Habet Templum istud lampadem multorum luminum, & Chorum in medio, ac candelabra quatuor spectabilia. Reliqua Monasterii structura elegans & sublimis est: istic turres, cellæ aliaque multa ædificia habentur: jam vero multo pulcriora effecta sunt, quam ante fuerant, postquam piissimus Authentes totius Ungaro-Vlachiæ, Dominus Joannes Constantinus Bassaraba Vœvoda Brancobanus a fundamentis ibi turrim celsissimam & pulcherrimam magno sumtu excitavit, ipsamque variis cellis ornavit, Refectorium elegans condidit, & ad sui memoriam egregium jucundumque sacellum ibi construxit. Qua turri aucti Patres, olim angustius agentes, multo spatiosius jam habitant.

Habet Ecclesia Imagines multas Moscoviticas eleganter ornatas. Illic habetur Crux admiranda argentea deaurata tota, a Constantino magno facta, cum vetustissima pictura duodecim solemnitatum Dominicarum, insculpta literis Latinis, ad picturarum inscriptiones, antiquis characteribus Langobardicis & Gothicis. Est & alia Imago parva cum pictura quoad artificium inimitabili, quam Imperator Theophilus, utpote Iconomachus, conjecit in ignem; & tamen, ô res mira! combusta non est, sed servata & ad hanc usque diem salva & integra manet.

Alia item multa istic habentur notatu digna, maximeque lignum vivificæ Crucis Domini nostri.

Pars donorum a Magis oblatorum, quæ suavem emittunt odorem. Hæc autem donavit Domina Maro, filia Giuræ Serviæ Despotæ, quam Agarenorum Imperator Mahumetes postea in uxorem duxit, quando Constantinopolim subegit.

Partes quædam SS. Quadraginta Martyrum, aliaque multa.

Hoc Monasterium a S. Paulo con-

καὶ πολυέλαιον, χορὸν ἐν μέσῳ, καὶ μανουάλια τέσσαρα θαύματος ἄξια. Ἡ δὲ λοιπὴ τοῦ μοναστηρίου οἰκοδομὴ εὔμορφη καὶ ὑψηλή, ἔχουσα πύργους, καὶ κελλία, καὶ ἄλλα διάφορα κτίσματα. Τώρα ὅμως ἔγινε πολλὰ ὡραιοτέρα, καὶ καθ' ὑπερβολὴν ἐξαιρετωτέρα παρὰ τὸ πρότερον· ἐστωντας καὶ ὁ εὐσεβέστατος αὐθέντης πάσης Οὐγγροβλαχίας κύριος Ἰωάννης Κωνσταντῖνος Βασσαράβας Βοεβόνδας ὁ Βραγκοβάνος, ἀνήγειρεν εἰς αὐτὸ ἐκ θεμελίων διὰ πολλῶν ἐξόδων ἕναν ὑψηλότατον καὶ ἀξιοθέατον πύργον· καὶ τὸν ἐκαλλώπισε μὲ διάφορα κελλία, καὶ μὲ τραπεζαρίον πολυθαύμαστον· Ἔκτισε δὲ καὶ παρεκκλήσιον εἰς αὐτὸν πολλὰ ὡραῖον καὶ πολυτερπνον εἰς αἰδίοντου μνημόσυνον· μὲ τὸν ὁποῖον τοῦτον πύργον ἔδωκε μεγάλην ἀπλοχωρίαν τῶν ἐκεῖσε πατέρων ὁποῦ ἦσαν πρότερον στενοχωρημένοι.

Ἔχει ἡ ἐκκλησία καὶ εἰκόνες πολλαῖς μοσκοβιτικαῖς τεχνικαῖς καθωραϊσμέναις. Ἐκεῖ εὑρίσκεται σταυρὸς ἀξιοθαύμαστος ἀργυροδιάχρυσος ὅλος, παρὰ τοῦ ἁγίου Κωνσταντίνου τοῦ μεγάλου πεποιημένος, μὲ ἱστορίαν παλαιοτάτην τῶν δώδεκα δεσποτικῶν ἑορτῶν· ἔχει δὲ καὶ γράμματα λατινικὰ εἰς τὰς ἐπιγραφὰς τῶν ἱστοριῶν κατὰ τοὺς παλαιοὺς χαρακτῆρας τῶν λογγιβάρδων, καὶ γότθων. Εἶναι καὶ ἕνα εἰκόνισμα μικρὸν μὲ ἱστορίαν ἀμίμητον εἰς τὴν τέχνην· τὸ ὁποῖον ὁ βασιλεὺς Θεόφιλος ὡς εἰκονομάχος τὸ ἔρριψεν εἰς τὴν φωτίαν, καὶ ὢ τοῦ θαύματος δὲν ἐκάηκεν, ἀλλὰ διεφυλάχθη, καὶ φυλάττεται μέχρι τῆς σήμερον ἀπὸ τότε σῶον τε καὶ ὁλόκληρον.

Εἶναι καὶ ἄλλα πολλὰ ἀξιόλογα ἐκεῖ, καὶ μάλιστα τίμιον ξύλον τοῦ ζωοδότου σταυροῦ τοῦ Κυρίου μας.

Καὶ μέρη ἀπὸ τὰ δῶρα τῶν μάγων, τὰ ὁποῖα ἐκπέμπουσι τερπνὴν εὐωδίαν· ταῦτα δὲ τὰ ἀφιέρωσεν ἡ δέσποινα Μάρω ἡ θυγάτηρ Γεώργη δεσπότου Σερβίας, ἣν ἔλαβεν ὕστερον εἰς γυναῖκα ὁ βασιλεὺς τῶν ἀγαρηνῶν Μεεμέτης, ὁποῦ ἐδούλωσε τὴν Κωνσταντινούπολιν.

Καὶ μέρη τινὰ τῶν ἁγίων τεσσαράκοντα μαρτύρων· καὶ ἄλλα πολλά.

Τὸ μοναστήριον τοῦτο εἶναι κτίσμα τοῦ ἁγίου

ἁγίου Παύλου, ὅς τις ἦτον ὡς λέγουσιν υἱὸς Μαυρικίου τοῦ βασιλέως εὐνοῦχος· καὶ ἐστὶ καὶ ἱστορισμένος εἰς αὐτὸ ὡσὰν κτήτορας, ἂν καλὰ καὶ αὐτὸς μόνον τὸ παρεκκλήσιον ἔκτισε· τὸ δὲ καθολικὸν τὸ ἔκτισεν ὁ αὐθέντης Συμένδρου τῆς Σερβίας Γιούρας δεσπότης· καὶ εἶναι εἰς αὐτὸ μὲ τοὺς δύο υἱούς του ἱστορισμένος.

Ἐκεῖ ἀνεβάζουσι καὶ νερὸν μετὰ σχοινίου ἀπὸ ἀντίπερα τοῦ μοναστηρίου ἕως ὀργυίας πενήντα διότι ἐλαφρότερον καὶ ὑγιεινότερον· ἀλλὰ καὶ εἰς τὸ μοναστήριον μέσα ἔχουσι βρύσιν καλήν.

structum fuit; qui, ut fertur, filius erat Mauricii Imperatoris & eunuchus. Depictusque visitur ibi quasi fundator, etiamsi sacellum dumtaxat excitaverit. Nam totum Monasterium struxit Authentes Symendri in Servia Giuras Despotes. Depictusque conspitur ibi cum duobus filiis.

Illic aquam cum fune pertrahunt ex opposito Monasterii per ulnas quinquaginta, quod ea sit levior & salubrior. Tametsi in ipso Monasterio fons copiosus habeatur.

Περὶ τοῦ ἱεροῦ μοναστηρίου τοῦ Ξενόφου.

De sacro Monasterio Xenophi sive Xenophontis.

ΤΟ σεβάσμιον μοναστήριον τοῦ Ξενόφου ἐστὶ καὶ αὐτὸ ὡραῖον καὶ θαυμαστὸν πλησίον τῆς θαλάσσης μὲ καστράκι τειχύρωθεν πρὸς ἀσφάλειαν· ὁ δὲ ναὸς αὐτοῦ εὔμορφος εἰς τὸ κάλλος πολλά, τιμώμενος ἐπ' ὀνόματι τοῦ ἁγίου μεγαλομάρτυρος Γεωργίου τοῦ τροπαιοφόρου καὶ θαυματουργοῦ, μὲ κολώναις διαφόραις καὶ μάρμαρα λαμπρὰ καὶ πορφυρᾶ καθωραϊσμένος· καὶ ὅλος πανταχόθεν εἰς κάλλος ζωγραφισμένος. Εἰς τὸν στύλον ὁποῦ ἐστὶ πλησίον τοῦ ἁγίου βήματος εἰς τὸν δεξιὸν χορὸν ἔμπροσθεν εἰς τὰ Δεσποτικὰ ἐστὶ ἕνα ὡραιοπλουμιστὸν κουβούκλιον· καὶ μέσα εἰς αὐτὸ ἐστὶ ἡ εἰκὼν τοῦ ἁγίου Γεωργίου ἀνεκδιήγητος εἰς τὴν εὐμορφίαν· καὶ ἔχει τὸν ἅγιον καθήμενον ἐπὶ θρόνου. Εἰς δὲ ταῖς ἄλλαις δύο κολώνας ὁποῦ ἐστὶ πρὸς τὴν θύραν ἐστὶ ὁ ἅγιος Γεώργιος, καὶ ὁ ἅγιος Δημήτριος ἱστορισμένοι μὲ ψηφία ὀρθοί, βλέποντες πρὸς τὰ Δεσποτικά.

Ὑποκάτωθεν δὲ τῆς ἐκκλησίας περνᾷ τὸ νερὸν καὶ ἔρχεται εἰς τὸ μοναστήριον καὶ ἀπ' αὐτὸ πίνουσιν οἱ ἐν αὐτῷ ὁσιώτατοι πατέρες· ἔχει δὲ καὶ τόπον ἐν τῇ ἐκκλησίᾳ, καὶ ὁπόταν βουληθοῦσιν οἱ πατέρες νὰ πλύνουν τῆς ἐκκλησίας τὸ ἔδαφος κλείουσι τὸν αὐλὸν τῆς πηγῆς καὶ γεμίζει ἡ αὖλαξ, καὶ τὸ ὕδωρ ἐξέρχεται ἀπὸ τὸν εἰρημένον τόπον, καὶ πλημμυρεῖ, καὶ ἁπλώνεται εἰς ὅλον τὸ ἔδαφος τοῦ ναοῦ· ἔχει δὲ τὸν τόπον ἐκεῖνον ἔνθα εἰσέρχεται τὸ νερὸν καὶ ἐξέρχεται καὶ ξεπλύνει ὅλα τὰ μάρμαρα κατὰ

VEnerandum item Xenophi Monasterium elegans est ad littus maris cum castro circum ad tutelam. Templum est pulcherrimum, honoraturque nomine Sancti Georgii Martyris triumphatoris, miraculis clari, columnis variis, marmoribus item splendidis & porphyrite decoratum, ac totum undique picturis ornatum est. In columna quæ est proxime sacrum Altare ad dextrum Chorum e regione Despoticorum, est coronis opere plumario: ibique est Imago Sancti Georgii pulcritudine ineffabili, sedentis in throno. In aliis vero duabus columnis sunt S. Georgius & S. Demetrius tessellis delineati, stantes & Despotica respicientes.

Sub Ecclesia decurrit aqua, & defluit in Monasterium, qua ad potum utuntur sanctissimi Patres. Locus autem in Ecclesia est, ubi Patres cum abluere pavimentum volunt, canalem claudunt, tum impletur fossa & aqua redundat influitque per totum Ecclesiæ pavimentum. Locus autem ille quo ingreditur aqua, regreditur & marmora omnia eluit, est ad sinistrum latus. Monasterium muris clausum est, habetque cellas multas & omnia ad Monasterii constitutionem necessaria. Patres autem istic habitantes Servi & Bulgari sunt. Habet Monasterium sacella septem, in quorum uno depicti visuntur hi Principes, Banus Barbulus, Dantzulas Bornicus, Purbulus & Radulas. Primus hujus Monasterii fundator fuit S. Xenophon, a quo nomen accepit. Sub hæc anno mundi 7053. (id est, Christi 1545.) ipsum restaurarunt Ducas Bornicus, & frater ejus Radulas Principes Ungaro-Vlachiæ sub Dei tutela positæ; totamque Ecclesiam pulcre depingi curarunt. Demum præclarus Authentes Valachiæ magnus ille ac præclarus Matæes Vœvoda Bassarabas suis sumtibus Narthecem Ecclesiæ & totum Refectorium picturis exornavit; ubi in monumentum æternum, ipse cum sponsa sua depictus visitur.

τὸ ἀριστερὸν αὐτοῦ μέρος. Εἶναι δὲ περιτετειχισμένον τὸ μοναστήριον ἐκ τῶν πέριξ· ἔχοντας κελλία καλλὰ καὶ τὰ ἄλλα ὅσα εἰσὶν ἀναγκαῖα εἰς σύστασιν τοῦ μοναστηρίου· οἱ δὲ ἐν αὐτῷ ἐνοικοῦντες πατέρες εἶναι Σέρβοι τὸ γένος καὶ Βούλγαροι. Ἔχει παρακλήσια ἑπτά· καὶ ἐπάνω εἰς ἐν παρακλήσιον εἶναι ἱστορισμένοι καὶ τοῦτοι οἱ ἄρχοντες μπάνος Μπαρμπουλος· Ντανζούλας Βόρνικος· Πούρβουλος, καὶ Ῥάδουλας. Ὁ πρῶτος κτήτορας τοῦ παρόντος μοναστηρίου ἐστάθη ὁ ἅγιος Ξενοφῶν, ἀφ' οὗ ἔλαβε καὶ τὴν ἐπονομασίαν· μετὰ δὲ ταῦτα κατὰ τὸ ζνγ'. ἔτος κόσμου τὸ ἀνακαίνισαν ὅ, τε Δούκας Βόρνικος, καὶ ὁ ἀδελφὸς αὐτοῦ Ῥάδουλας, ἄρχοντες τῆς θεοφυλάκτου Οὐγγροβλαχίας· καὶ τὴν ἐκκλησίαν ἐζωγράφισαν ὅλην πολλὰ εὔμορφα· ὕστερον ὁ περιβόητος αὐθέντης τῆς Βλαχίας ὁ μέγας ἐκεῖνος καὶ περιβόητος Ματθαῖος Βοεβόνδας ὁ Βασαράβας δι' οἰκείων ἐξόδων ἱστόρισε τὸν νάρθηκα τῆς ἐκκλησίας καὶ ὅλον τὸ τραπεζάριον. ὅπου εἶναι καὶ αὐτὸς μετὰ τῆς Δόμνας του ἱστορισμένος εἰς μνήμην ἀΐδιον.

De sacro Monasterio Gregorii.

SAcrum Monasterium Gregorii est & ipsum in loco sublimi positum & angustum, situ commodo, ad littus maris: cujus Templum in honorem sancti Patris nostri Nicolai miraculis clari constructum, plumbo opertum est. Fundator hujus fuit S. Gregorius junior, a quo nomen accepit. Demum Authentes Moldo-Vlachiæ Alexander Pater Bogdani Vœvodæ magnifice restauravit ipsum anno ab Adamo 7005. (Christi 1497.) Proxime habetur Navale Monasterii Simonis Petræ.

Περὶ τοῦ ἱεροῦ μοναστηρίου τοῦ Γρηγορίου.

ΤΟ' ἱερὸν μοναστήριον τοῦ Γρηγορίου εἶναι καὶ αὐτὸ ὑψηλὸν καὶ συμμαζωκτὸν εἰς τόπον ἐπιτήδειον θεμελιωμένον κατὰ τὸ κατάγιαλον· οὗ ὁ θεῖος ναὸς εἶναι εἰς τιμὴν τοῦ ἐν ἁγίοις πατρὸς ἡμῶν Νικολάου τοῦ θαυματουργοῦ μολυβοσκέπαστος. κτήτωρ δὲ τοῦ παρόντος μοναστηρίου ἐστάθη ὁ ἅγιος Γρηγόριος ὁ νέος ἀπὸ τὸν ὁποῖον ἔλαβε καὶ τὸ ὄνομα· ὕστερον ὅμως ὁ αὐθέντης Μολδοβλαχίας Ἀλέξανδρος ὁ πατὴρ τοῦ Μπογδάνου Βοεβόνδα τὸ ἀνεκαίνισε μεγαλοπρεπῶς κατὰ τὸ ζε' ἔτος ἀπὸ Ἀδὰμ. ἐκεῖ πλησίον εἶναι καὶ ὁ ἀρσανᾶς τοῦ μοναστηρίου τοῦ Σίμωνος Πέτρας.

Περὶ τοῦ σεβασμίου μοναστηρίου τοῦ Καρακάλου.

Τὸ ἱερὸν μοναστήριον τοῦ Καρακάλου εἶναι καὶ αὐτὸ εὔμορφον μὲ ἐκκλησίαν θαυμαστὴν ἐπ' ὀνόματι τῶν ἁγίων ἀποστόλων καὶ πρωτοκορυφαίων Πέτρου καὶ Παύλου· ἔχει δὲ καὶ κάστρον τριγύρωθεν καὶ πύργον ὑψηλὸν καὶ ὡραῖον, καὶ ἄλλα περιηγήσεως ἄξια. Εἶναι κτισμένον ἐπάνω εἰς τόπον ὑψηλὸν μακρὰν τῆς θαλάσσης ὡς μιᾶς ὥρας διάστημα· καὶ ἡ ἐκκλησία εἶναι μολυβδοσκέπαστος. Εἶναι δὲ κτίσμα πρῶτον μὲν Ἀντωνίου τοῦ Καρακάλου ἐκείνου ἀπὸ τὴν Ῥώμην· ὕστερον δὲ ὁ αὐθέντης τῆς Μολδαβίας Πέτρος Βοεβόνδας θέλωντας νὰ τὸ ἀνακαινίσῃ, ἔπεμψε τὸν πρωτοσπαθάριον αὐτοῦ Πέτρον ὀνόματι, μὲ ἄσπρα πολλά, παραγγείλας αὐτῷ νὰ τὸ ἀναστήσῃ εἰς τόπον εὔμορφον· ὁ δὲ σπαθάριος διὰ νὰ κερδήσῃ ἐξ ἐκείνων ἔκτισεν ἕνα καὶ μόνον πύργον πλησίον τῆς θαλάσσης, καὶ ἐγύρισεν εἰς τὴν Μπογδανίαν· μαθὼν δὲ τὸ τοιοῦτον ὁ αὐθέντης, πολλὰ τοῦ ἐκακοφάνη, καὶ ἐβουλήθη νὰ τὸν ἀποκεφαλίσῃ· ὁ δὲ σπαθάριος διὰ νὰ γλυτώσῃ τὴν ζωήν του ἀπὸ τὸν θάνατον, ὑπεσχέθηκε νὰ τὸ ἀναστήσῃ μὲ ἔξοδα ἰδικά του· καὶ οὕτως τὸν ἐσυγχώρησε· καὶ πηγαίνωντας εἰς τὸ ἅγιον ὄρος τὸ ἔκτισεν εἰς τὸν τόπον αὐτὸν ὅπου φαίνεται μέχρι τῆς σήμερον, καὶ ἐγύρισεν εἰς τὴν Μπογδανίαν χαρούμενος· καὶ τὸν ἐδέχθηκεν ὁ αὐθέντης μετὰ τιμῆς· ὕστερον συμφωνήσαντες ὅ,τε αὐθέντης ἐκεῖνος καὶ ὁ σπαθάριος ἦλθον εἰς τὸ ἅγιον ὄρος, καὶ γενόμενοι μοναχοὶ καὶ ἐπονομασθέντες καὶ οἱ δύο Παχώμιοι· ἐπέρασαν τὸ ὑπόλοιπον τῆς ζωῆς τους μέσα εἰς αὐτὸ τὸ μοναστήριον θεαρέστως, ὅπου καὶ διεπαύσαντο ἐν κυρίῳ.

Εὑρίσκεται δὲ ἔξωθεν τοῦ μοναστηρίου καὶ τὸ κελλίον τοῦ σπαθαρίου, καὶ καλεῖται μέχρι τῆς σήμερον οὕτω τοῦ σπαθαρίου.

Ἐν αὐτῷ τῷ μοναστηρίῳ εὑρίσκεται καὶ ἡ τιμία κάρα τοῦ ἁγίου ἀποστόλου Βαρθολομαίου.

De venerando Monasterio Caracali.

Sacrum etiam Monasterium Caracali pulcrum est, cum Ecclesia eleganti nomine SS. Apostolorum & Principum Petri & Pauli. Habetque castrum in circuitu turrimque praealtam & bene structam, aliaque memoratu digna. Situm est in loco edito procul a mari quasi media hora itineris. Ecclesia plumbo tecta est. Fundatum est primo ab * Antonio Caracalo illo Romano. Postremo Authentes Moldaviae Petrus Voevoda, cum ipsum restaurare vellet, misit Protospatharium suum Petrum nomine cum pecunia multa, jussitque pulcro in situ fundari Monasterium. Spatharius vero quaestus causa turrim tantum juxta mare struxit, & in Bogdaniam reversus est. Re comperta Authentes, factum hujusmodi indigne tulit, ipsique caput praecidere volebat. Spatharius vero necis vitandae causa, pollicitus est se Monasterium proprio peculio excitaturum esse: atque ita dimissus fuit. Profectus ad montem, Monasterium, quo loco jam situm est, exstruxit, remigravitque deinde laetus in Bogdaniam: quem cum honore Authentes excepit. Demum uno consensu Authentes ille cum Spathario in Montem sanctum venerunt, monasticumque statum amplexi, ambo Pachomii nomine vocati sunt, ac residuum vitae suae in eodem ipso Monasterio pie transegerunt, ubi etiam in Domino quieverunt.

* fil.

Occurrit hodieque extra Monasterium cella Spatharii, quae etiam Spatharii hactenus appellatur.

In hoc ipso Monasterio habetur pretiosum caput S. Bartholomaei Apostoli.

De venerando Monasterio Esphigmeni.

SAcrum Monasterium Simeni, vel ut accuratius loquamur, Esphigmeni, elegans est & spectaculo dignum, fundatum a piissimo Imperatore Theodosio juniore, & a sorore sua Imperatrice Sancta Pulcheria Virgine. Habet Templum admirandum, oblongum, columnis duabus ornatum, tholis fastigiatum estque totum pulcre depictum. Refectorium habet jucundum, egregia pictura decoratum: cellas duplicis, vel etiam triplicis tabulati ad Patrum domicilium, cum castro pulcro ac solido: situm autem est in commodo loco. Templum consecratum est in honorem Assumtionis Salvatoris Christi. Ante Templum habetur phiala elegantissima cum inscriptione exterius insculpta, quæ ita incipit:

Vides spectator rem jucundam & variam
Ex marmore affabre elaboratam.

Habet item alia multa Epigrammata in baptismum Domini nostri. Exstant ibidem Reliquiæ multæ & variæ. Distat autem a Chilantario una hora itineris; vocaturque Esphigmeni, quia inter colles tres prope litus maris situm est. A Batopedio distat itinere trium horarum.

Περὶ τοῦ σεβασμίου μοναστηρίου τοῦ Ἐσφιγμένου.

ΤΟ' εὐαγὲς μοναστήριον τοῦ Σιμένου, ἢ βέλτιον εἰπεῖν Ἐσφιγμένου εἶναι ὡραῖον κατὰ πάντα καὶ ἀξιοθέατον· κτίσμα τοῦ ἐν βασιλεῦσιν εὐσεβεστάτου Θεοδοσίου τοῦ μικροῦ, καὶ τῆς αὐτοῦ ἀδελφῆς καὶ βασιλίσσης ἁγίας Πουλχερίας τῆς παρθένου. Ἔχει ναὸν πανθαύμαστον, ὅστις εἶναι δρομικὸς μὲ κολώναις δύο, καὶ ἐπάνωθεν μὲ θόλοις ὅλος ἱστορισμένος εἰς κάλλος. Ἔχει τράπεζαν πολλὰ εὔμορφην μὲ ζωγραφίαν καλήν· κελλία δίπατα καὶ τρίπατα διὰ τοὺς πατέρας, μὲ κάστρον καλὸν καὶ στερεόν· εἶναι θεμελιωμένον εἰς τόπον ἐπιτήδειον. Ὁ ναὸς αὐτοῦ τιμᾶται εἰς ὄνομα τῆς ἀναλήψεως τοῦ σωτῆρος Χριστοῦ. Ἔμπροσθεν δὲ τοῦ ναοῦ ἔχει φιάλην ὡραιοτάτην μὲ γράμματα γλυπτὰ ἔξωθεν, ὅπου ἀρχίζουσιν ἔτζι.

Ὁρᾷς θεατὰ τέρψιν καὶ ποικιλίαν,
Τὴν ἐκ μαρμάρου τεχνικῶς σκευασθεῖσαν.

Ἔχει δὲ καὶ ἄλλα πολλὰ διὰ στίχων ἐπιγράμματα εἰς τὴν βάπτισιν τοῦ κυρίου μας, ἐν αὐτῇ γεγραμμένα· εὑρίσκονται εἰς αὐτὸ καὶ ἅγια λείψανα πολλὰ καὶ διάφορα· ἀπέχει τοῦ Χιλανταρίου μιᾶς ὥρας διάστημα. ὀνομάζεται τοῦ Ἐσφιγμένου· διότι εἶναι ἀνάμεσα εἰς τρία βουνάκια περιωρισμένον σιμὰ εἰς τὸν αἰγιαλόν, ἀπέχει δὲ τοῦ Βατοπεδίου τριῶν ὡρῶν διάστημα.

Περὶ

Περὶ τοῦ σεβασμίου μοναστηρίου τοῦ Φιλοθέου.

ΤΟ' ἱερὸν καὶ σεβάσμιον μοναστήριον τοῦ Φιλοθέου εἶναι καὶ αὐτὸ ἐφ' ὑψηλοῦ τόπου μὲ κάστρον τριγύρωθεν περιτειχισμένον· ἔχει ναὸν εὔμορφον καὶ ἀξιοθέατον εἰς ὄνομα τιμώμενον τῆς ὑπεραγίας Θεοτόκου τοῦ εὐαγγελισμοῦ· κτήτορες δὲ αὐτοῦ Ἀρσένιος, Φιλόθεος, καὶ Διονύσιος ὁ ἀνεγείρας τὸ ἐν τῷ ὀλύμπῳ ἱερὸν μοναστήριον· οἱ ὁποῖοι φαίνονται ἱστορισμένοι ἐπάνωθεν τοῦ νάρθηκος· ὕστερον δὲ εἰς τοὺς ζ'. ἀπὸ Ἀδὰμ ὁ βασιλεὺς τοῦ Καχετίου Λεόντιος, καὶ ὁ υἱὸς αὐτοῦ Ἀλέξανδρος δι' οἰκείων ἐξόδων τὰ ἀνεκαίνισε καλλιώτερα, καὶ τραπεζαρίον ἐποίησαν εἰς αὐτό· μέγα καὶ ὡραιότατον, καὶ τὸ ἱστόρησαν ὅλον πανταχόθεν· ἔνθα φαίνονται καὶ αἱ τούτων εἰκόνες. ἔχει καὶ τίμια λείψανα διαφόρων ἁγίων, πλησίον δὲ αὐτοῦ εἶναι τὸ κελλίον τοῦ μαγουλᾶ· κάτωθεν δὲ αὐτοῦ πρὸς τὸν αἰγιαλὸν εἶναι τὸ μυλοποτάμιον εἰς τοποθεσίαν θαυμαστήν· καὶ πλησίον ἐκείνου πύργος ὑψηλὸς καὶ ὡραῖος τῆς ἁγίας Λαύρας.

De venerando Monasterio Philothei.

SAcrum & venerandum Monasterium Philothei sublimi loco situm est, cum castro in circuitu muris instructo. Est ibi Templum pulcrum & spectabile, nomine Annuntiationis sanctissimæ Deiparæ. Fundatores ejus fuerunt Arsenius, Philotheus & Dionysius, qui sacrum in Olympo Monasterium excitavit. Hi vero supra Narthecem depicti visuntur. Demum anno ab Adamo 7000. (Christi 1492.) Rex Cachetii Leontius & filius ejus Alexander propriis facultatibus pulcriorem in statum restaurarunt, Refectorium magnum & elegans excitarunt, totumque depinxerunt: ubi etiam visuntur ipsorum Imagines. Habet Monasterium Reliquias pretiosas variorum Sanctorum. Prope ipsum est cella Magulæ. Infra vero molendinum situ spectabili, ac proxime illud turris præalta & pulcra S. Lauræ.

Περὶ τοῦ ἱεροῦ μοναστηρίου τῶν Ῥώσων.

ΤΟ' ἱερὸν καὶ σεβάσμιον μοναστήριον τῶν Ῥώσων. ἔστι καὶ αὐτὸ ἐπὶ τόπου πεδινοῦ καὶ ἀμφιλαφοῦς, καὶ ὕδασι καταρρύτου περιτετειχισμένον μετὰ κελλίων καὶ πύργων καὶ τῶν λοιπῶν. ὁ δὲ ναὸς εἶναι εἰς τιμὴν τοῦ ἁγίου μεγαλομάρτυρος Παντελεήμονος· οὐ τοσοῦτον δὲ τὸ πλάτος αὐτοῦ καὶ τὸ μέγεθος θαυμαστόν, ὅσον τὸ ὕψος. Ἔχει δὲ καὶ παρεκκλήσια ἕξ· καὶ ἄλλα κτίσματα λόγου καὶ μνήμης ἄξια. Κτήτωρ δὲ τούτου ἐστάθη ὁ Κνέζης τῆς Σερβίας Λάζαρος· ὁ ὁποῖος διὰ τὴν ἀκέραντου ἀρετὴν ἔγινε καὶ ἅγιος ὕστερον. Ἐκεῖ εὑρίσκεται καὶ ἡ τιμία κάρα τοῦ ἁγίου Παντελεήμονος. Καὶ λείψανον τοῦ δικαίου Ἰωσήφ. Καὶ μῦρον τοῦ ἁγίου Δημητρίου. Καὶ ἕτερα λείψανα ἀνωνύμων Ἁγίων.

De sacro Monasterio Russorum.

SAcrum ac venerandum Monasterium Russorum est in loco plano & umbroso, aquis irriguo, muris cinctum, cum cellis, turribus & cæteris. Templum autem in honorem Sancti & magni Martyris Panteleemonis consecratum est; neque tantum latitudine & amplitudine ædificii commendatur, quantum altitudine. Habet sacella sex, & alia ædificia memoratu digna. Fundator ejus fuit Knezes Serviæ Lazarus, qui ob incorruptam virtutem sanctus postea fuit. Hic habetur caput S. Panteleemonis, Reliquiæ justi Joseph, unguentum Sancti Demetrii, & aliæ Reliquiæ Sanctorum Anonymorum.

De venerando Monasterio Castamoniti.

SAcrum ac venerandum Monasterium Castamoniti in honorem S. primi Martyris & Archidiaconi Stephani consecratum, ac in prærupto loco situm est; sed tamen amœno & ad secessum apto, & aquam habet salubrem ac dulcissimam. Templum autem magnum est ac spectabile, quinque tholis fastigiatum, plumbo coopertum ac depictum. Ad latera vero duo sacella habet, itemque castrum, & turres in circuitu, cellasque antiquas. Est autem inops ac necessariorum penuria laborat. Vocatum fuit Castamoniti, quia est Constantis Monasterium; scilicet Sancti & magni Constantini: nam ipse fuit primus Monasterii hujus fundator. Restauratum vero fuit deinde a Manuele Palæologo Imperatore, ut declarat Chrysobullum ejusdem.

Περὶ τῆς σεβασμίας μονῆς τοῦ Κασαμονίτου.

Η' ἱερὰ καὶ σεβασμία μονὴ ἡ ἐπονομαζομένη τοῦ Κασαμονίτου εἶναι εἰς τιμὴν τοῦ ἁγίου πρωτομάρτυρος καὶ ἀρχιδιακόνου Στεφάνου κτισμένη· καὶ εὑρίσκεται εἰς τόπον κρημνώδη, πλὴν εὔμορφον καὶ ἡσυχαστικόν· καὶ ἔχει νερὸν εὔρωστον καὶ γλυκύτατον. Ο' δὲ ναὸς εἶναι μέγας θαυμαστὸς μὲ πέντε τρούλλοις μολυβδοσκέπαστος, καὶ ζωγραφισμένος· καὶ ἔχει εἰς τὰ πλάγια του παρακλήσια δύο· καὶ τειχόκαστρον, καὶ πύργους τριγύρωθεν, καὶ κελλία παλαιά· καὶ εἶναι πολλὰ φτωχὸν, ὑστερούμενον τῶν ἀναγκαίων· ἐκλήθη δὲ τοῦ Κασαμονίτου, ὡς ὅτι εἶναι τοῦ Κώνσταντος μονή· ἤτοι τοῦ ἁγίου καὶ μεγάλου Κωνσταντίνου, ἐκεῖνος γὰρ ἦτον ὁ πρῶτος κτήτορας τοῦ μοναστηρίου τούτου· Α'νεκαινίσθη δὲ ὕστερον ἀπὸ τὸν βασιλέα Μανουὴλ τὸν Παλαιολόγον· καθὼς δηλοποιεῖ τὸ χρυσόβουλλόν του.

De sacro Monasterio Stauroniceta.

SAcrum Monasterium Stauroniceta dictum fundavit sanctissimus Patriarcha Constantinopolitanus Dominus Jeremias senior. Ejus Templum nomine Sancti Patris nostri Nicolai Archiepiscopi Myræ in Lycia, miraculis conspicui, insignitum est. Cujus sacra Imago tota argentea deaurata est; ita ut solus vultus appareat. Hæc autem Imago e mari exiit, postquam illò a quibusdam conjecta fuerat Iconomachorum tempore. Et quia multo tempore in mari fuit, nata est in fronte ejus ostrea parva, quæ hactenus conspicitur. Quapropter a populo Stridas vocatur. Est autem Imago tota musivo opere aureis tessellis concinnata. Monasterium ad littus maris situm, pulcrum est & secessui idoneum: ha-

Περὶ τοῦ ἱεροῦ μοναστηρίου τοῦ Σταυρονικήτα.

ΤΟ' ἱερὸν μοναστήριον τὸ καλούμενον τοῦ Σταυρονικήτα τὸ ἔκτισεν ὁ πανάγιώτατος Πατριάρχης Κωνσταντινουπόλεως κὺρ Ιερεμίας ὁ παλαιός· τιμᾶται ὁ θεῖος αὐτοῦ ναὸς εἰς ὄνομα τοῦ ἐν ἁγίοις πατρὸς ἡμῶν Νικολάου ἀρχιεπισκόπου Μύρων τῆς Λυκίας τοῦ θαυματουργοῦ· τοῦ ὁποίου ἡ ἁγία εἰκὼν εἶναι ὅλη πανταχόθεν ἀργυροχρυσωμένη· καὶ μόνον τὸ πρόσωπον φαίνεται· αὕτη ἡ εἰκὼν εὐγῆκεν ἀπὸ τὴν θάλασσαν· ἔσωντας καὶ νὰ τὴν ἔρριψαν εἰς αὐτὴν κατὰ τὸν καιρὸν τῆς εἰκονομαχίας τινές· καὶ ἀπὸ τὴν πολυκαιρίαν ὁποῦ ἔκαμεν εἰς τὴν θάλασσαν, ἐφύτρωσεν ἕνα ὀστρίδιον εἰς τὸ μέτωπόν της, τὸ ὁποῖον καὶ φαίνεται ἕως τὴν σήμερον· διὰ τοῦτο καὶ στριδᾶς ὀνομάζεται παρὰ τῶν κοινῶν· Ε'στι δὲ ἡ εἰκὼν ὅλη μετὰ μουσίου ἤτοι διὰ ψηφίων χρυσῶν ἐγκεκοσμημένη εἰς κάλλος. Εἶναι τὸ μοναστήριον τοῦτο παραθαλάσσιον πολλὰ εὔμορφον καὶ ἡσυχαστικόν. Ἔχει περιβόλια μὲ νεραντζίαις καὶ λεμονίαις πολλαῖς· τὸ δὲ νερὸν ὅπου πίνουσιν οἱ ἐν αὐτῷ ὁσίως πολιτευόμενοι ἅγιοι πατέρες, τὸ ἔφερεν ὁ ἐκλαμπρότατος αὐθέντης τῆς Οὐγγροβλαχίας Σερβάνος Βοεβόνδας ὁ Καντακουζηνὸς μὲ καμάραις, ἔργον κατὰ ἀλήθειαν πολυέξοδον. Ἔχει ναὸν μικρὸν μὲν εἰς τὸ μέγεθος εὔμορφον δὲ εἰς τὴν τέχνην καὶ εἰς τὴν ζωγραφίαν· καὶ στέκει ἐπάνω εἰς τέσσαρα κιόνια ἐκ μαρμάρων· ἔχει πολυέλαιον εὔμορφον, καὶ χορὸν ἀξιοθέατον· ἔχει δὲ καὶ φιάλην τοῦ ἁγιασμοῦ ἀξιόλογον καὶ ὡραίαν. Ἡ δὲ τράπεζα τῶν πατέρων θαυμαστὴ καὶ ὡραία μὲ ἱστορίαν τεχνικήν. Εἰς αὐτὴν εἶναι ἱστορισμένη ἡ ῥίζα τοῦ Ἰεσσαὶ τόσον εὔμορφα ὁποῦ δὲν εὑρίσκεται ἄλλη παρόμοια ταύτης· εἶναι ζωγραφισμένοι καὶ οἱ ἀρχαῖοι φιλόσοφοι μετὰ τῆς Σιβύλλας· οἱ ὁποῖοι ἐναργῶς περὶ τῆς διὰ σαρκὸς ἐλεύσεως τοῦ Κυρίου μας προεφήτευσαν.

Καὶ ταῦτα μὲν περὶ τούτων ὡς ἐν συντόμῳ· ὑμεῖς δὲ οἱ ἀναγινώσκοντες πατέρες καὶ ἀδελφοὶ ἔρρωσθε καὶ σώζοισθε, καὶ συγγνωτέ μοι τῆς βραχυλογίας· καὶ εὔχεσθε ὑπὲρ ἐμοῦ τῷ Κυρίῳ.

Τέλος καὶ τῷ Θεῷ Δόξα.

bet hortos cum malis aureis & citris multis. Aquam vero, qua ad potum utuntur SS. Patres ibi versantes, deduxit splendidissimus Authentes Ungaro-Vlachiæ Serbanus Cantacuzenus Vœvodas, sub fornicibus, opus sane multi sumtus. Exstat ibi Templum, parvum quidem, sed artificio & picturis elegans, fulciturque quatuor columnis marmoreis. Habet autem multorum luminum lampadem pulcram, & Chorum adspectu dignum, phialam item ad ablutionem speciosam. Refectorium Patrum picturis concinne ornatur. Ibi repræsentatur radix Jessæ tam eleganter, ut nihil simile reperiatur.* Depicti sunt item veteres Philosophi cum Sibylla, qui de futura Domini nostri Incarnatione clare vaticinati sunt.

Hæc de Monasteriis istis compendio diximus, vos autem quotquot legeritis Fratres & Patres, valete & salvi estote, ac sermonis brevitati ignoscite, precamini item pro me Dominum.

Finis ac Deo gloria.

* De Philosophis illis, qui de Christo vaticinati sunt. Vide Libro 3. c. 4.

PERIODUS SIVE CIRCUITUS MONTIS ATHONIS, sancti cognomine ornati, politicis carminibus editus a sanctissimo Nicææ Metropolita Porphyrio, qui jam Prohegumenus est Imperatorii & Patriarchalis Monasterii S. Joannis Præcursoris in Nigro mari prope Sozopolim.

AD gloriam Dei nostri, quem omnes adoramus,
Concedat ipse nobis mentem bonam ut enarremus,
Quæ oculis nostris vidimus, cum fiducia:
Erit autem narratio compendio facta.
Quisquis volueris adoratum pergere
Ad sacrum Montem, ut ipsum videas & circumeas,
Hunc libellum lege, postea facito
Ut ab hinc intelligas unde incipere debeas.
Verum hoc tibi in mente propone, atque omni modo satage,
Ut mense Maio eum in locum pervenias.
Cum Deo juvante navi proficisceris, id contendas,
Ut omnia in mente habeas, & Lauram quæras:
Et cum Dei ductu ad illam perveneris,
Omnia debito ritu venerare cum comitibus.
A Laura egressus perge in Caracalum,
Et vespere si velis, vade ad Philothei Monasterium.
Deinde vero descende & veni in Ibericum,
Ut illic debitum cultum præstes. Deinde circumeundo pete
Dominam Portætissam, ut ipsi gratias agas
Cum amore & pietate, & adores.
Ex Iberico egressus non occulta tibi via est,
Ut cursum agere pergas & venias ad Curlumusi,
Ac Protatum videas venerabundus,
Et Caræs, cellasque omnes contempleris.
Postea ad mare rursum descendas:
Inde quo volueris proficiscere, ne segnis esto.
Vadas ad Monasterium Domini Stauroniceta,
Et, si tibi visum fuerit, aliam noctem transige.
Cum primum surrexeris eas ad Pantocratorem,
Ut pie adores, nam est ille Omnipotens.
Inde move, & vade ad Batopedium:
Multa illic videbis & mens tua contemplabitur.
Inde rursum egressus, concede ad Simenum,
Quod accuratius dicas Esphigmenum.
Inde per collem pete Chilantarium,
Ubi Calogeri sunt Servi & Bulgari.
Ac cervino cursu collem circumeas,
Et in Monasterio Zographi prandium occurret.
Exeas inde, ut perlustres
Castamoniti Templum, ibique adores.
Inde ad mare aliud descende,
Ad Dochiarii pulcrum Monasterium pergas:

ΠΕΡΙΟΔΟΣ

ΠΕΡΙΟΔΟΣ ΤΟΥ ΑΓΙΩΝΥΜΟΥ ΟΡΟΥΣ ΤΟΥ ΑΘΩΝΟΣ·

Συντεθεῖσα διὰ στίχων πολιτικῶν, παρὰ τοῦ πανιερωτάτου Μητροπολίτου Νικαίας Κυρίου Πορφυρίου, Προηγουμενεύοντος ἔτι ὄντος τῆς Βασιλικῆς καὶ Πατριαρχικῆς μονῆς τοῦ ἁγίου Ἰωάννου τοῦ Προδρόμου τῆς ἐν τῇ μαύρῃ θαλάσσῃ κειμένης πλησίον Σωζοπόλεως.

Εἰς δόξαν τοῦ Θεοῦ ἡμῶν ὅπου ὅλοι προσκυνοῦμεν
Νὰ μᾶς χαρίσῃ νοῦν καλὸν καὶ νὰ διηγηθοῦμεν,
Τὰ ὅσα ὀφθαλμοφανῶς ἴδαμεν περρησία·
Ἔσται δὲ ἡ διήγησις αὕτη ἐν συντομίᾳ.
Ὅποιος θέλει βουληθῇ νὰ πᾷ νὰ προσκυνήσῃ
Τὸ ἅγιον ὄρος νὰ ἰδῇ καὶ νὰ τὸ τριγυρίσῃ·
Ἂς διαβάσῃ τὸ παρὸν ἔπειτα νὰ κινήσῃ,
Νὰ καταλάβῃ ἀπ' ἐδῶ πόθεν νὰ ἀρχινήσῃ,
Πλὴν τοῦτο ἔχε κατὰ νοῦν, κάμε μὲ κάθε τρόπον
Τὸν Μάϊον νὰ εὑρεθῇς εἰς τὸν ῥηθέντα τόπον.
Ὅταν κινήσῃς σὺν Θεῷ μὲ πλοῖον ν' ἀρμενίσῃς.
Νὰ ἔχῃς πάντα κατὰ νοῦν τὴν λαύραν νὰ ζητήσῃς·
Καὶ ὅταν φθάσῃς εἰς αὐτὴν Θεοῦ τῇ ὁδηγίᾳ,
Νὰ προσκυνήσῃς ἅπαντα ἔχων καὶ συνοδίαν.
Ἀπὸ τὴν λαύραν σὰν εὐγῇς νὰ πᾷς σοῦ Καρακάλου
Κ' ἕως τὸ βράδυ ἂν ποθῇς νὰ πᾷς σοῦ Φιλοθέου·
Καὶ ἀπ' ἐκεῖ νὰ κατεβῇς νὰ πᾷς εἰς τῶν Ἰβήρων
Νὰ προσκυνήσῃς καὶ ἐκεῖ, εἶτα νὰ πᾷς τριγύρω
Κυρὰν τὴν Πορταΐτισσαν νὰ τὴν εὐχαριστήσῃς,
Μὲ πόθον καὶ εὐλάβειαν καὶ νὰ τὴν προσκυνήσῃς.
Ἐκ τῶν Ἰβήρων σὰν εὐγῇς, ἡ στράταις δὲν λαθοῦσι
Τὸν δρόμον ἀκολούθησαι καὶ πᾷς σοῦ Κουτλουμούσι
Καὶ τὸ Πρωτάτον νὰ ἰδῇς καὶ νὰ τὸ προσκυνήσῃς
Καὶ ταῖς Καραῖς καὶ τὰ κελλία πάντα νὰ θεωρήσῃς
Ἔπειτα πρὸς τὴν θάλασσαν κάτωθεν νὰ γυρίσῃς,
Ἐκεῖ ὁποῦ βουλήθηκες σύρε καὶ μὴν ἀργήσῃς·
Θέλεις ὑπάγῃ στὴν μονὴν τοῦ κὺρ Σταυρονικήτα
Καὶ καθὼς θέλει σοῦ φανῇ, κάμε καὶ ἄλλην νύκτα
Καὶ τὸ ταχὺ σὰν σηκωθῇς νὰ πᾷς στὸν Παντοκράτορ
Νὰ προσκυνήσῃς ἀληθῶς ὅτ' εἶναι αὐτοκράτωρ
Καὶ ἀπ' ἐκεῖ σηκώνεσαι καὶ πᾷς στὸ Βατοπέδι
Θέλεις ἰδῇ ἐκεῖ πολλὰ κ' ἐνοιῶς σου ἂς σκοπεύῃ.
Ἐκεῖθεν πάλιν σὰν εὐγῇς, ὑπάγεις σοῦ Σιμμένου,
Ὁποῦ δὲ ὀνομάζεται καθάρεια Ἐσφιγμένου·
Ἐκεῖθεν διὰ τοῦ βουνοῦ πᾷς εἰς τὸ Χιλανταρεῖ,
Καὶ εἶναι οἱ καλόγηροι Σέρβοι τε καὶ Βούλγαροι·
Καὶ περικόπτεις τὸ βουνὸν μὲ δρόμον τὸν ἐλάφου
Καὶ ὡς τὸ γέμα βρίσκεται μέσα εἰς τοῦ Ζωγράφου
Καὶ ἀπ' ἐκεῖθεν σὰν εὐγῇς καλὰ νὰ ἐρθυνήσῃς
Κασταμονίτου τὸν ναὸν καὶ νὰ τὸν προσκυνήσῃς·
Καὶ ἀπ' αὐτοῦ στὴν θάλασσαν τὴν ἄλλην καταβαίνεις
Στοῦ Δοχειαρείου τὴν μονὴν τὴν εὔμορφην πηγαίνεις

Parvum est interstitium & vadis ad Xenophi,
  Proxime littus maris pergens non per collem.
Cum inde movebis, ad Russicum concedes
  Adoratum ibi, nec prætermittas ipsum.
Istinc descendens ad Xeropotamum properas,
  Si defatigeris, parvam refectionem sume, * mi senex.
Eo ipso die surge ut Simopetram attingas:
  Illic videbis multa, quæ admireris.
Illinc ad proxime situm Gregorii Monasterium vadis.
  Et si velis ibi sede usque ad meridiem.
Postea inde perge usque ad Monasterium Dionysii:
  Baptistæ Templum est, & ædificium Alexii.
Inde rursum proficisceris & concedis ad Sanctum Paulum.
  Et tunc omnia perfecisti, & nihil ultra habes.
Si autem velis, inde vadis ad Sanctam Annam,
  Ut adores etiam ibi, videas & alia,
Spelæa, Ascetas, Cellas, & Sceten,
  Sanctæ Annæ Reliquias in una theca.
Quotquot ibi versantur multum aspere vivunt:
  Sed merces illos a Deo in cælis manet:
Mundi voluptatibus privantur,
  At in futura vita divites erunt,
Et gratia Dei cum succincti fuerint
  In paradisum ibunt gloria fulgentes.
Demum si velis istinc ibis ad Cerasiam,
  Laborem quidem sumis, sed sanctum circuitum facis.
Rursum si lubeat, inde in Athonem conscendis:
  Et si surgas cito in Lauram descendis,
Et celebras festum Sancti Athanasii:
  Ibique sedeas usque ad sequentem diem.
Postea circa vesperam cum omni debito ordine,
  A Laura proficiscere cum multo comitatu:
Brevi itinere pergite ad Cerasiam.
  Cum ascenderitis, noctem agite in Monasterio Panagias.
Atque cito cum pietate, labore & jejunio
  Athonem conscendite cum magna alacritate:
Et si conveniat vobis cum toto comitatu,
  Noctem agite ibi, & vigilias facite.
Cum illucescet mane celebrate Liturgiam,
  Postea descendite rursum ad Panagiam,
Et gustate ibi cum gratiarum actione:
  Salutem dicite toti comitatui.
Deinde quisque secedit in suam cellulam,
  Ascetæ vero & fratres in suam servitutem.
Tunc surge tu, & sume baculum,
  Ac perge in Sanctam Lauram,
Ibique quiesce quanto tempore volueris;
  Ut invenias cibum & navem conscendas.

Ὀλίγον δὲ διάστημα καὶ πᾶς εἰς τοῦ Ξενόφου,
Σιμὰ ἀπὸ τὴν θάλασσαν καὶ ὄχι ἐκ τοῦ λόφου.
Καὶ σὰν κινήσῃς ἀπ᾽ ἐκεῖ στὸ Ῥούσικον ὑπάγῃς,
Νὰ προσκυνήσῃς καὶ αὐτὸ νὰ μὴ τὸ παραδράμῃς
Καὶ ἀπ᾽ ἐκεῖ σὰν κατεβῇς πᾶς στοῦ Ξηροποτάμου,
Ἂν κοπιάσῃς καὶ μικρὸν συμπάθιον γροντὰ μου
Καὶ τὸ πουρνὸν σηκώνεσαι σιμόπετραν νὰ φθάσῃς,
Θέλεις ἰδῆ ἐκεῖ πολλὰ ὁποῦ νὰ τὰ θαυμάσῃς.
Καὶ ἀπ᾽ ἐκεῖ πολλὰ κοντὰ πᾶς εἰς τοῦ Γρηγορείου,
Καὶ ἂν θελήσῃς κάθεσαι μέχρι μεσημερίου.
Ἔπειτα σύρε ἀπ᾽ αὐτοῦ εἰς τοῦ Διονυσίου,
Τοῦ βαπτιστοῦ εἶν᾽ ὁ ναὸς, κτίσμα δὲ Ἀλεξίου·
Κ᾽ ἀπ᾽ αὐτοῦ πάλιν περνᾷς καὶ πᾶς στὸν ἅγιον Παῦλον
Καὶ τότε ὅλα τὰ σωσες πλέον δὲν ἔχεις ἄλλον.
Εἰδὲ καὶ θέλεις ἀπ᾽ αὐτοῦ πᾶς στὴν ἁγίαν Ἄνναν,
Νὰ προσκυνήσῃς καὶ ἐκεῖ καὶ νὰ ἰδῇς καὶ ἄλλα,
Τὰ σπήλαια τοὺς ἀσκητὰς κελλία καὶ τὴν σκήτην,
Ἁγίας Ἄννης λείψανον μέσα εἰς μίαν θήκην·
Ὅσοι ἐκεῖ εὑρίσκονται εἶναι πολλὰ θλιμμένοι,
Ἀλλ᾽ ὁ μισθὸς παρὰ Θεοῦ ἐν οὐρανοῖς τοὺς μένει.
Ἀπὸ τοῦ κόσμου τὰ τερπνὰ εἶναι ἐστερημένοι,
Ἀμὴ τὴν μέλλουσαν ζωὴν αὐτοὶ ναι πλουτισμένοι.
Καὶ μὲ τὴν χάριν τοῦ Θεοῦ σὰν εἶναι στολισμένοι
Εἰς τὸν παράδεισον ὑπᾶν ὅλοι δεδοξασμένοι.
Λοιπὸν ἂν θέλῃς ἀπ᾽ αὐτοῦ πᾶς εἰς τὴν κερασίαν,
Λαμβάνεις κόπον πλὴν ποιεῖς περίοδον ὁσίαν.
Πάλιν ἂν θέλῃς ἀπ᾽ αὐτοῦ στὸν Ἄθων ἀναβαίνεις
Εἰ δὲ σηκώνεσαι ταχὺ τὴν λαύραν καταβαίνεις
Καὶ κάμνεις τὴν πανήγυριν τ᾽ ἁγίου Ἀθανασίου
Μάλιστα κάθεσαι ἐκεῖ ἕως ἐπαυρίου,
Ἔπειτα πρὸς τὸ δειλινὸν μὲ πᾶσαν ὀρδινίαν
Ἀπὸ τὴν λαύραν γύρνεσαι μὲ πλείστην συνοδίαν
Περιπατεῖτε σώζομα πάντε τὴν κερασίαν,
Σὰν ἀναβῆτε μένετε νύκτα τὴν παναγίαν·
Καὶ τὸ ταχὺ μ᾽ εὐλάβειαν μὲ κόπον μὲ νηστείαν
Τὸν Ἄθων ἀναβαίνετε μὲ πλείστην προθυμίαν·
Κ᾽ εἰμένοι καὶ συμφωνήσετε μ᾽ ἄλλην τὴν συνοδίαν,
Τὴν νύκτα μένετε ἐκεῖ, καὶ κάμνετ᾽ ἀγρυπνίαν
Σὰν ξημερώσῃ τὸ πρωὶ ποιεῖτε λειτουργίαν,
Ἔπειτα καταβαίνετε πάλιν τὴν παναγίαν·
Καὶ γλαμαΐζετε ἐκεῖ μετ᾽ εὐλαβείας,
Καὶ παίρνετε συγχώρησιν μετὰ τῆς συνοδίας·
Εἶτα ὑπάγει ἕκαστος στὰ ἑαυτοῦ κελλία,
Οἱ ἀσκηταὶ καὶ ἀδελφοὶ τὴν ἑαυτῶν δουλείαν.
Τότε σηκώνεσαι καὶ σὺ, καὶ παίρνεις καὶ τὴν ῥάβδον,
Περιπατεῖς καὶ ἔρχεσαι εἰς τὴν ἁγίαν λαύραν·
Καὶ ἀναπαύεσαι ἐκεῖ ὅσον καιρὸν θελήσῃς,
Ὅσῳ νὰ εὕρῃς συντροφιὰν καὶ πλοῖον νὰ κινήσῃς·

Veniam & salutem ab omnibus patribus accipias,
Ut pro te precentur, & secundo aëre fruaris,
Desque eleemosynam, ipsisque gratiam reddas:
Si in quopiam peccaverint, ipsis condones.
Ut omnia pro voto habeas ubicumque manseris,
Sancti Montis pulcra illa ne tacueris:
Ascetasque illic degentes apud omnes celebra,
Et sic ad eorum imitationem multos concitabis.
Ibi namque reperiuntur Calogerorum millia,
Qui in Cœnobiis versantur & Anachoretæ.
Et qui nondum ivistis ad Athonem videndi causa,
Omnes alacriter currite, ut par est adorate,
Si quidem pietate & salutis desiderio instructi estis.
Illic sunt optimi spirituales viri, quibus confiteamini,
Virtute præditi, inopes, divina gratia ornati,
Temperantes, vigiles, Spiritu pleni.
Et quotquot ipsos honorant, his benedicet
Deus multum misericors, & ipsis concedet,
Ut gaudeant & lætentur, hic quidem * singuli
Illic vero gloria splendeant in futuro sæculo.
Hæc denique scripsimus & hic enarramus:
Si in quopiam lapsi simus, veniam rogamus.
Trium hypostasium Deum, qui creavit sæcula,
Decet honor, adoratio in omnia sæcula.

Oratio ad Dominum nostrum Jesum Christum, Tetrastichus.

Rex Regum, Dei filius & verbum,
Animam meam a sordibus puram,
Animam, inquam, meam miserare ut beneficus,
Sortem tribuens, hæreditatem in Edem.

Finis & Deo gloria.

Catalogus venerabilium Monasteriorum Sancti Montis ordine alphabetico.

Anna.	Xenophi.
Batopedi.	Xeropotami.
Gregorii.	Pantocratoris.
Dionysii.	Pauli.
Dochiarii.	Protati.
Zographi.	Russicum.
Iberorum.	Simeni.
Caracali.	Simopetræ.
Castamoniti.	Stauronicetæ.
Cutlumusi.	Philothei.
Laura.	Chilantari.

Nn

Νὰ λάβῃς δὲ συγχώρησιν ἀπ᾽ ὅλους τοὺς πατέρες,
  Διὰ νὰ σ᾽ εὔχωνται καὶ αὐτοὶ νάχῃς καλοὺς ἀέρες
Καὶ νὰ τοὺς δώσῃς ἔλεος νὰ τοὺς εὐχαριστήσῃς·
  Ἂν ἔσφαλαν καὶ τίποτες, σὺ νὰ τοὺς συμπαθήσῃς
Καὶ νάχῃς πάντα κατὰ νοῦν ὅπου καὶ ἂν καθήσῃς
  Τ᾽ ἁγίου ὄρους τὰ καλὰ νὰ μὴν τὰ σιωπήσῃς.
Τοὺς δὲ ἐκεῖσε ἀσκητὰς εἰς πάντας νὰ τιμήσῃς.
  Καὶ οὕτω πρὸς τὴν μίμησιν πολλοὺς θέλεις κινήσῃς.
Εὑρίσκονται γὰρ εἰς αὐτὸ καλόγηροι χιλιάδες
  Οἱ μὲν εἰς τὰ κοινόβια, οἱ δ᾽ ἀναχωρητάδες.
Καὶ ὅσοι δὲν ἐπήγετε σὸν Ἄθωνα νὰ δῆτε,
  Ὅλοι προθύμως δράμετε ἀξίως προσκυνῆστε
Ἂν ἔχετε εὐλάβειαν καὶ πόθον νὰ σωθῆτε,
  Ἐκεῖ καλοὶ πνευματικοὶ νὰ ἐξαγορευθῆτε·
Ἐνάρετοι ἀκτήμονες θεογαριτωμένοι,
  Ἐγκρατευταὶ καὶ ἄγρυπνοι πνευματεμφορημένοι
Καὶ ὅσοι τοὺς τιμοῦν αὐτοὺς, θέλει τοὺς εὐλογήσῃ
  Θεὸς ὁ πολυεύσπλαγχνος, καὶ νὰ τοὺς συγχωρήσῃ.
Νὰ χαίρωνται νὰ φραίνωνται ἐδῶ μὲν ὅλω ἕνα,
  Ἐκεῖ δὲ νὰ δοξάζωνται σὸν μέλλοντα αἰῶνα.
Ταῦτα λοιπὸν ποῦ γράψαμεν ἐδῶ καὶ τὰ λαλοῦμεν
  Ἂν σφάλαμεν καὶ τίποτε συγχώρησιν αἰτοῦμεν.
Τρισυποστάτῳ δὲ Θεῷ τῷ κτίσαντι αἰῶνας,
  Πρέπει τιμὴ προσκύνησις εἰς πάντας τοὺς αἰῶνας.

Εὐχὴ εἰς τὸν Κύριον ἡμῶν Ἰησοῦν Χριστὸν,
Τετράστιχος.

Ἄναξ ἀνάκτων τοῦ Θεοῦ παῖς καὶ λόγος,
Ψυχὴν ἐμὴν κάθαρον ἐκ ῥυπασμάτων,
Ψυχὴν ἐμὴν οἴκτειρον ὡς εὐεργέτης,
Κλῆρον παράσχων τὴν ἐδὲμ κληρουχίαν.

Τέλος καὶ τῷ Θεῷ δόξα.

Κατάλογος τῶν σεβασμίων μοναστηρίων τοῦ ἁγίου ὄρους κατὰ στοιχεῖον.

Ἄννα.	Ξενόφου.
Βατοπέδι.	Ξηροποτάμου.
Γρηγορίου.	Παντοκράτορος.
Διονυσίου.	Παύλου.
Δοχιαρείου.	Πρωτάτον.
Ζωγράφου.	Ῥούσικον.
Ἰβήρων.	Σιμένου.
Καρακάλου.	Σιμόπετρα.
Κασαμονίτου.	Σαυρονικῆτα.
Κουτλουμούσι.	Φιλοθέου.
Λαύρα.	Χιλανταρι.

OBserves velim, Lector, singula Monasteria sancti Montis in circuitu suo in variisque locis multas variasque cellulas pulcherrimas habere, necnon Asceteria, Scetas, cum Ecclesiis & cubiculis, ad quietem & secessum eorum, qui tranquillam & curis vacuam vitam agere voluerint, ut tumultus & vanitates mundi deserant; utque ad Dei placitum vivant, in oratione, obsecratione, ac lectione. Circum autem Scetas hujusmodi, sunt horti, oleæ, & arbores diversorum fructuum, scaturiginesque puræ, non modo ad corporeum commodum ac refrigerium; sed etiam ad necessitatem. Vocantur vero ii qui in hujusmodi Scetis reperiuntur, *Patres*, *Ascetæ*, *Eremitæ*, *Celliotæ & Anachoretæ.* De iis congruenter dicatur, *Solitariis vita beata est, divino amore alatis.*

Medicina animæ utilis.

FRater quidam medicum adiens, rogabat eum num quædam reperiretur herba, qua posset quispiam peccata curare.

Respondit Medicus: Etiam, Frater: scias reperiri unam summopere mirabilem. Vade, sume radicem spiritualis paupertatis, & flores humilitatis, & folia patientiæ, & ramos orationis; in unum confer & confunde illa in mortario obedientiæ, poneque in cochleari bonarum cogitationum: deinde conjice illa in ollam conscientiæ: irriga illa fluentis lacrymarum: & tunc accende subtus flammam divinæ caritatis: & cum idonee ebullierint, effunde illa in catinum discretionis & commisce illa cum gratiarum actione. Deinde sorbe illa cum cochleari compunctionis: absterge cum mantili confessionis: & sic evacuabis & absterges multitudinem peccatorum tuorum.

Versus in Deum.

Deus duplicitatem non habens spirituum,
Habet triplicitatem nullius ex corporibus,
Ipse particeps est non fluxæ tetradis,
Est extra sensibilem pentada:
Motum non patiens duplicis sexenarii,
Venerationem obtinet optimi septenarii.

Versus in Portætissam Iberorum.
Deipara ad Christum.

Flectere Matris supplicibus verbis,
Deus Rex potens, Fili mi, conditor mi,
Et populo tuo præbe remissionem delictorum.
Eos autem qui hic ascetice degunt
Monachos, utpote qui ex ovili meo sint,
Libera, guberna, serva, custodi, protege.

Præcursor ad Christum.

Audisti, Christe, Matris supplicationem
Audi me Baptistam tuum, ô Verbum,
Et his concede remissionem peccatorum,
Ipsosque Paradisi habitatores exhibe.

Σημείωσαι ἀναγνῶστα, ὅτι κάθε μοναστήριον τοῦ ἁγίου ὄρους ἔχει τριγύρωθέν του εἰς διαφόρους τόπους, πολλὰ καὶ διάφορα κελλία εὐμορφότατα, καὶ ἀσκηταρεῖα, καὶ σκήτας μὲ ἐκκλησίας, καὶ καλύβαις, πρὸς ἀνάπαυσιν καὶ ἡσυχίαν τῶν βουλομένων νὰ μετέλθουν ζωὴν ἡσυχαστικὴν, καὶ ἀμέριμνον, καὶ νὰ λείψουν ἀπὸ τοὺς θορύβους τοῦ κόσμου καὶ τὰς ματαιότητας, καὶ νὰ διάγουσι θαρρέτως ἐν προσευχῇ, καὶ δεήσει, καὶ ἀναγνώσει· τριγύρω δὲ εἰς τὰς τοιαύτας σκήτας εὑρίσκονται κῆποι, καὶ ἐλαιῶνες, καὶ δένδρα διαφόρων ποικιλιῶν, καὶ βρύσεις καθαραῖς οὐ μόνον πρὸς τέρψιν καὶ παραμυθίαν σωματικὴν, ἀλλὰ καὶ πρὸς διατροφὴν ἀναγκαίαν καὶ σωματικὴν κυβέρνησιν. καλοῦνται δὲ οἱ ἐν ταῖς τοιαύταις σκήταις εὑρισκόμενοι πατέρες, ἀσκηταὶ καὶ ἐρημῖται, καὶ κελλιῶται καὶ ἀναχωρηταί. περὶ τούτων ἁρμόζει νὰ εἴπῃ τινὰς τὸ, Τοῖς ἐρημικοῖς ζωὴ μακαρία ἐστὶ θεϊκῷ ἔρωτι πτερουμένοις.

Ἰατρεία ψυχωφελής.

Ἀδελφός τις ἀπελθὼν εἰς ἰατρὸν, ἠρώτησεν αὐτὸν· ἆρα εὑρίσκεται τάχα κάμμένα βότανον, μὲ τὸ ὁποῖον νὰ ἠμπορέσῃ τινὰς νὰ ἰατρεύσῃ τὰς ἁμαρτίας του.

Ὁ δὲ ἰατρὸς ἀποκριθεὶς πρὸς αὐτὸν, εἶπε· ναὶ ἀδελφὲ, γίνωσκε πῶς εὑρίσκεται ἕνα πολλὰ θαυμαστὸν, καὶ ἄκουσον· ὕπαγε, λάβε τὴν ῥίζαν τῆς πνευματικῆς πτωχείας· καὶ τῆς ταπεινώσεως τὰ ἄνθη· καὶ τὰ φύλλα τῆς ὑπομονῆς· καὶ τοὺς κλάδους τῆς προσευχῆς· καὶ ἕνωσον ὁμοῦ, καὶ τρίψον αὐτὰ εἰς τὸ ἰγδίον τῆς ὑπακοῆς· καὶ θὲς αὐτὰ εἰς τὸ κόσκινον τῶν ἀγαθῶν λογισμῶν· ἔπειτα βάλε αὐτὰ εἰς τὸ τζουκάλι τῆς συνειδήσεως· καὶ μούσκευσαί τα μὲ νερὸν ἀπὸ τοὺς σαλαγμοὺς τῶν δακρύων· καὶ τότε ἄναψον ὑποκάτωθεν τὴν φλόγα τῆς θεϊκῆς ἀγάπης. καὶ ὅταν βράσουν μερικὸν, κένωσον αὐτὰ εἰς τὸ πινάκι τῆς διακρίσεως· καὶ ἀνακάτωσον αὐτὰ μετὰ εὐχαριστίας· εἶτα ῥούφιξαί τα μὲ τὸ χουλιάρι τῆς κατανύξεως· καὶ ἀποσφογγίσου μετὰ τοῦ μανδηλίου τῆς ἐξομολογήσεως· καὶ οὕτως ἀποκενώσῃς, καὶ ἐξαλείψῃς τῶν ἁμαρτιῶν σου τὰ πλήθη.

Στίχοι εἰς Θεόν.

Θεὸς τὸ διπλοῦν οὐκ ἔχων τῶν πνευμάτων,
Ἔχει τὸ τριπλοῦν οὐδενὸς τῶν σωμάτων,
Αὐτὸς μετασχὼν οὐ ῥεούσης τετράδος,
Αἰσθητικῆς πέφυκεν ἔξω πεντάδος·
Κίνησιν οὐ πάσχων γὰρ διπλῆς ἑξάδος,
Φέρει τὸ σεπτὸν τῆς ἀρίστης ἑπτάδος.

Στίχοι εἰς τὴν πορταΐτισσαν τῶν Ἰβήρων·
Ἡ Θεοτόκος πρὸς τὸν Χριστόν.

Κάμφθητι μητρὸς ἱκετηρίοις λόγοις·
Θεὲ κραταιάναξ υἱέ μου πλαστουργέ μου.
Καὶ σῷ λαῷ παράσχε λύσιν πταισμάτων.
Τοὺς δ' ἐνθάδε μένοντας ἀσκητοτρόπως,
Ὡς μαθητὰς ὄντας τῆς ἐμῆς μονοτρόποις,
Ῥύου, κυβέρνα, σῶζε, φύλαττε, σκέπε·

Ὁ πρόδρομος πρὸς τὸν Χριστόν.

Ἤκουσας Χριστὲ μητρὸς ἱκετηρίαν,
Ἄκουσον κἀμοῦ τοῦ βαπτιστοῦ σου λόγον·
Καὶ δίδου τούτοις τῶν ἐπταισμένων λύσιν·
Καὶ οἰκήτορας δεῖξον τοῦ παραδείσου.

In Angelum animæ custodem.
Davidis Stethati.

Primæ lucis cum secundus radius sis,
Trina luce triplices tenebras illumina.
Materiæ quaternarium (i. 4. elementa) & januarum quinarium (i. sensus)
Illum quidem fræna, hunc temperantem facito.
Senarii vero duplicem perturbationem,
In ordinem inviolabilem tuo robore redige.
Partium & membrorum bis septenam positionem
Ferens robora in novam formationem.
Octonarii supplicium fugiamus
Novennarii hymnos & cantum ediscam:
Perfectissimi ter felicissimam fortitudinem
Participatione capiam, etsi non natura.

Alii versus in Imaginem Deiparæ.

Stat cogitabunda serio Virgo
Deum infantem in sinu gestans:
Nam prolis miraculum silens aspicit.
Cæterum, licet caro sit, Angelos vincit.

Alii.

Casta puella vivis, si vero siles non mirum est:
Nam silere Virgines decet;
Imo etiam spiras, & Dei verbum gestas,
Etiamsi pictura formam noverit, non autem sonum.

In Radicem Jessæ.

Dormis Jessæ, & seminis ramos emittis,
Palmites quispiam vineæ dixerit:
Botrus maturescentes ineffabili modo geris
Quæ ex tuis lumbis exortæ sunt:
Ex quibus Jesus quasi dulcis liquor effluxit,
Acerbam corruptionis ebrietatem tollens.

Impressus est in Ungaro-Vlachia, in Monasterio Synagobi, ab Anthimo Hieromonacho Ibero.

Cura & emendatione Ignatii Hieromonachi Photiani.

FINIS.

Εἰς

Εἰς τὸν φύλακα τῆς ψυχῆς ἄγγελον,
Δαβὶδ τοῦ Στηθάτου.

Πρώτου φανεὶς ὢν δεύτερον θεῖον σέλας,
Φωτὸς τρίτου φώτιζε τὸν τριπλοῦν ζόφον·
Ὕλης τετρακτὺν, καὶ θυρῶν τὴν πεντάδα·
Τὴν μὲν χαλινοῦ, τῇ δὲ σωφρονεῖν δίδου·
Τῆς ἑξάδος δὲ τὴν διπλῆν ἀπαξίαν,
Εἰς τάξιν ἀσκέδαστον ἄξαις σῷ σθένει·
Μερῶν μελῶν τε τὴν διεβδόμον θέσιν
Φέρων κρατύναις εἰς νεωτέραν πλάσιν·
Τῆς ὀγδόης φύγοιμι τὴν τιμωρίαν·
Τῆς ἐννάτης μάθοιμι τὴν ὑμνῳδίαν.
Τοῦ παντελείου δὲ τρισολβίου κράτος
Μετουσίᾳ λάβοιμι, κἂν οὐκ οὐσίᾳ.

Ἕτεροι στίχοι εἰς εἰκόνα τῆς Θεομήτορος.

Ἕστηκε σιωπῶσ' ἀκριβῶς ἡ παρθένος,
Θεὸν βρέφος φέρουσα τῷ προσκολπίῳ·
Τοῦ γὰρ τόκου δὲ θαῦμα σιγῶσα βλέπει·
Πλὴν ἔστι καὶ σὰρξ, καὶ νικᾷ τοὺς ἀγγέλους.

Ἕτεροι·

Ἁγνὴ κόρη ζῇς, εἰ δὲ σιγᾷς οὐ ξένον·
Τὸ γὰρ σιωπᾶν εὐπρεπὲς ταῖς παρθένοις·
Μᾶλλον δὲ καὶ πνεῖς, καὶ Θεοῦ λόγον φέρεις·
Κἂν ἡ γραφικὴ τύπον, οὐκ οἶδε κτύπον.

Εἰς τὴν ῥίζαν τοῦ Ἰεσσαί.

Ὕπνοις Ἰεσσαὶ, καὶ γονῆς κλῶνας φύεις·
Ἕλικας αὖ εἴποι τις αὐτοὺς ἀμπέλου.
Βότρυς δὲ περκάσαντας ἀρρήτως φέρεις·
Τοὺς δεῦρο τῆς σῆς ἐκφυέντας ὀσφύος,
Ἐξ ὧν Ἰησοῦς ὡς γλυκασμὸς ἐῤῥύη·
Τὴν τῆς φθορᾶς ἔκπικρον ἐξαίρων μέθην.

Ἐτυπώθη ἐν Οὐγγροβλαχίᾳ ἐν τῇ μονῇ τοῦ Σιναγώβου, παρὰ Ἀνθίμου Ἱερομονάχου τοῦ Ἴβηρος.

Ἐπιμελείᾳ καὶ διορθώσει Ἰγνατίου Ἱερομονάχου τοῦ Φωτιάδου.

ΤΕΛΟΣ.

APPENDIX

Ad primi Libri Caput quintum & sextum, De Notis & subscriptionibus Calligraphorum.

NOTAS Calligraphorum omnes, quas in Italia & Gallia variis ex Codicibus excerpere potuimus, necnon eas quæ aliis ex regionibus transmissæ nobis sunt, edidimus Libro primo : iis etiam additis, quæ jam a Lambecio & aliis publicatæ fuerant. Has autem quæ nuper, jam editis prioribus, accesserunt, ad calcem, servato de more temporis ordine, collocare visum est.

IX. sæc. Ex insigni Bibliotheca Illustrissimi nobisque amicissimi Abbatis Dominici Passionei, notas & subscriptiones quasdam accepimus cum specimine Codicis vetustissimi Actuum Apostolorum. Qui Codex, ut ex characteris forma mox subjicienda liquidum videtur, descriptus fuit nono circiter sæculo. Est enim prorsus similis Regio Codici operum S. Gregorii Nazianzeni, imperante Basilio Macedone conscripti, cujus specimen dedimus Libro 3. Cap. 8. Specimen autem exaratum, & quidem eleganter, fuit a V. eruditissimo Justo Fontanino, amico nostro.

X. sæc. Oxonii in Bibliotheca Guillelmi Laudi Codex membranaceus X.. sæculo ineunte scriptus putatur, quoniam in Catalogo Imperatorum, in Leonem Sapientem desinit, qui obiit anno 911. Ex illo Codice hoc ἀποσπασμάτιον, ab erudito viro Ernesto Grabe accepimus.

Φώτιος πάλιν ἔτη η΄. μῆνας ια΄. καὶ ἐξεβλήθη.	Photius rursum annis 8. mensibus 11. & ejectus est.
Στέφανος ἔτη ζ΄. μῆνας ϛ΄.	Stephanus annis 7. mensibus 6.
Ἀντώνιος ὁμοίως ἔτη ζ΄. μῆνας ϛ΄.	Antonius similiter ann. 7. mens. 6.
Νικόλαος.	Nicolaus.
Βασίλειος ἔτη ιη΄. μῆνας ια΄.	Basilius annis 18. mensibus 11.
Λέων ὁ υἱὸς αὐτοῦ ἔτη.	Leo filius ejus annis.

Anni autem Patriarcharum, qui apud Byzantinos Historicos perplexe jacent, ex hoc fortasse Codice restitui possent. Non est autem præsentis instituti hæc pluribus indagare : unum annotare libet, Nicolaum, qui ultimus fertur, ducto annorum, qui hic annotantur, calculo, anno 901. vel 902. Patriarchatum iniisse. Photius quippe a Leone Sapiente imperium ineunte ejectus est anno 886. vel ut tardius sequenti 887. Qui Photium excepit Stephanus, Leonis Imperatoris frater, annis 7. & sex mensibus sedit : parique temporis spatio Antonius, qui post Stephanum Patriarcha fuit : ambo scilicet quindecim annis. Nicolaus igitur Antonio successerit anno 901. vel 902. Atque adeo Codex, qui Leone Imperatore & Nicolao Patriarcha descriptus est, ab anno 901. vel 902. quo alterutro orsus est Nicolaus, ad 911. quo obiit Leo, exaratus sit oportet.

Anno 995. Evangelistarium penes Dominum Corel in Anglia, literis uncialibus oblongis descriptum, cum notis ad cantum Ecclesiasticum, hanc in fine notam habet, ἐγράφη διὰ χειρὸς Κωνσταντίνου πρεσβυτέρου, μηνὶ Μαΐῳ κζ΄. ἰνδ. η΄. ἔτους ϛφγ΄. Id est, *Scriptus est (hic Liber) manu Constantini Presbyteri, mensis Maii 27.*

Indict. 8. *anno* 6503. *i. Christi* 995. Hujus specimen damus infra. Evangelistarium simili prorsus charactere scriptum exstat in Bodleiana, ut monet idem vir Cl. Ernestus Grabe.

Codex membranaceus in Bibliotheca Colbertina, operum S. Joan. Chry- Ann. 1003
sostomi, hanc in fine notam habet: ἐτελιώθη (sic) σὺν Θεῷ ἡ βίβλος αὕτη ἡμέρᾳ πέμπτη, ὥρα τετάρτη, εἰς μῆνα (sic) Ἀπρίλλιον, εἰς πεντεκαιδεκάτην ἡμέραν τοῦ αὐτοῦ μηνὸς, ἔτους ϛφιά. ἰνδ. ά. βασιλευόντων (sic) τῶν φιλοχρίστων βασιλέων ἡμῶν Βασιλείου καὶ Κωνσταντίνου· γραφὲν διὰ χειρὸς Βασιλείου πρεσβυτέρου καὶ καλλογράφου (sic) τῇ τέχνῃ. ὅσοι δὲ ἀναγινώσκεται (sic) εἰς τὴν βίβλον αὐτὴν, εὔχεσθαι (sic) ὑπὲρ ἐμοῦ τοῦ τάλανος. Hoc est, *Absolutus est hic Liber feria quinta, hora quarta, decimaquinta die mensis Aprilis, anno 6511. (i. Christi) 1003. Indictione prima. Imperantibus Christi amantibus Imperatoribus nostris Basilio & Constantino: exaratus manu Basilii Presbyteri & arte Calligraphi. Quotquot autem legeritis in hoc Libro, precamini pro me misero.* Hoc in Codice frequenter occurrunt vocalium transmutationes τοῦ ι & υ, in η; τοῦ ο in ω; & similes, quæ Basilium Calligraphum non ita peritum arguant. E regione notæ Basilii Calligraphi exstat alia, Basilio jam defuncto conscripta, his verbis, Χριστὸς ὁ παντοδύναμος Θεὸς φυλάξῃ καὶ διατηρήσῃ τὴν ψυχὴν τοῦ προσαμένου τὴν δέλτον ταύτην, Βασιλείου πρεσβυτέρου πρωτοπαπᾶ. Id est, *Christus omnipotens Deus custodiat & servet animam Basilii Presbyteri Protopapæ, qui hunc Librum dedit.*

Codex membranaceus in Bibliotheca Illustrissimi Abbatis Dominici Pas- XI. sæc.
sionei, Joan. Chrysostomi Commentarius in Epistolam ad Romanos. In fine habetur nota, sed admodum vitiata in autographo, ut narrant, Quæ legi possunt sic habent: ἐτελειώθη ἡ βίβλος αὕτη μηνὶ Σεπτεμβρίῳ λ'. ἰνδ. ἐ. . . . . ἐγράφη διὰ χειρὸς Βασιλείου καλλιγράφου μοναχοῦ. . . . *Completus est hic Liber mensis Septembris trigesima, Indictione quinta. . . . scriptus est autem manu Basilii Calligraphi Monachi. . . .*

Codex membranaceus Monasterii montis Casini XI. sæculi complectitur XI. sæc.
S. Dorothei Ascetica. Thalassii centurias quatuor ad Paulum Presbyterum de rebus Asceticis. Hippolyti Thebæi (sic) ἐκ τοῦ χρόνου αὐτοῦ χρονογραφικὴ διδασκαλία, *init.* ἀπὸ τῆς ἐνανθρωπήσεως τοῦ κυρίου. *finis*, ἱερέως. καὶ ταῦτα μὲν οὕτως. In Decollationem S. Joannis Præcursoris, *init.* ἔτους τεσσαρακοστοῦ δευτέρου τῆς βασιλείας Αὐγούστου. *finis*, μηνὶ Αὐγούστῳ κθ'. Cosmæ Vestitoris in reditum Reliquiarum S. Joannis Chrysostomi. Epitome vitæ S. Joannis Chrysostomi. Alexandri Monachi sermo historicus de Inventione S. Crucis. *init.* Τὴν κέλευσιν τῆς ὑμετέρας πατρικῆς ὁσιότητος. *finis*, σὺ γὰρ εἶ ὁ Θεὸς ἡμῶν. Ad calcem habentur Iambi sequentes, Calligraphi nomen ferentes.

Χριστὲ παράσχου τῷδε τῶν πόνων χάριν,
Καὶ μὲ ποίησον ἄξιον τῆς ἐκεῖθεν
Τρυφῆς, ἔνθα περ δόσιν ἁγίων δῆμοι·
Τῷ ξύσαντι δούλῳ τήνδε τὴν βίβλον
Ἀρσενίῳ ἀδελφοῦ καὶ τελεσφόρῳ,
Σχῆμα μονάζων (sic) τ'ἀληθὲς φορολόγῳ.
Ὦ ἄναξ πάντων νέμε τοίας δεήσεις,
Φύλαξ γλύσιο Χριστὲ τῷ γεγραφότι
Ἀρσενίῳ τῷ μικρῷ καὶ λυπαίστῳ·
Ἀρσένιος ὁ πολύσφαλτος μέρωψ

Ἀναγινώσκοντας αὐτὴν ἀντιβολῶ
Τὸ θεὸν (sic)
Ἀπερίσκεπτον ἀγρίαν βίον ὡς ἄζυξ
Μοναῖς * ἀμπάλαν διχάζων μετὰ πότμον.
Δόξα καὶ κράτος, αἶνος, εὐχαριστία
Σοὶ τῷ σωτῆρι Χριστῷ εἰς τοὺς αἰῶνας.

Hoc eſt:

Chriſte confer mihi pro laboribus gratiam,
Meque dignum facito illius
Voluptatis, in qua Sanctorum cœtus verſantur;
Mei, inquam, famuli, qui hunc Librum ſcripſi,
Arſenii imbecilli & miſerrimi,
Habitu quidem Monachi, ſed vere exactoris,
O Rex omnium, ſupplicationes excipe.
Cuſtos eſto, Chriſte, raptoris
Arſenii exigui & miſerabilis.
Arſenius multorum reus criminum,
Lectores precatur, ſibi reddant propitium
Numen.
Ut vitam ſine offendiculo tranſigam, utpote non conjugatus,
Et poſt obitum in manſionibus Sanctorum recipiar.
Gloria, imperium, laus, gratiarum actio
Tibi Salvatori Chriſto in ſæcula.

Jam diximus vocem ξύειν a Calligraphis non infrequenter uſurpari pro γράφειν ſcribere. Arſenius vero ſe φορολόγον, ſive exactorem, & raptorem vocat, quia fortaſſis antequam ſæculo nuncium remitteret & Monachus eſſet, exactoris munus geſſerat. Φορολόγοι ſive exactores vocantur etiam dæmones apud medii infimique ævi Græcos. Σχιδεύειν eſt *diripere*, *deprædari*, ut notavimus in Analectis Græcis, p. 368. Is ipſe Arſenius in eodem, nunc Caſinenſi, Codice ſcripſit opus Helenæ de diebus fauſtis & infauſtis: de quo in fine Libri quinti.

1126. Codex Octateuchi in Collegio Univerſitatis Oxonii, ubi hæc nota legitur, ab Erneſto Grabe nihi tranſmiſſa: τέλος εἴληφεν ἡ ὀκτάτευχος βίβλος Νοεμβρίῳ εἰς τὰς κʹ. ἡμέρᾳ ἕκτῃ, ὥρᾳ γʹ. τοῦ ἔτους ,ςχλδʹ. ἰνδ. δʹ. *Finem habuit Octateuchus Novembris vigeſima, feria 6. horâ 3. anno 6634.* (*Chriſti* 1126.) *Indictione* 4.

1520. Codex Illuſtriſſimi Abbatis Dominici Paſſionei, continens Epitomen hiſtoriæ Joannis Zonaræ a Diocletiano ad Alexium, hanc habet in fine notam, ἐτελειώθη τὸ παρὸν βιβλίον ἐν ἔτει ,αφκʹ. μηνὸς Νοεβρίου ἡμέρᾳ τρίτῃ * τῆς ἕκτης παρ' ἐμοῦ Ἀντωνίου τοῦ Ἀβράμου. *Completus eſt hic Liber anno 1520. menſe Novembri, feria tertia .... per me Antonium Abramum.*

1525. Codex ejuſdem, ubi Acta Synodi Chalcedonenſis: ſic in fine habet, Μιχαῆλος Δαμασκηνὸς ὁ Κρὴς πενίᾳ τῷ πολυκεφάλῳ θηρίῳ συζῶν καὶ ταύτην τὴν τῶν πρακτικῶν τῆς ἁγίας καὶ οἰκουμενικῆς τετάρτης ἐν Χαλκηδόνι συναθροισθείσης συνόδου τῷ εὐλαβεστάτῳ καὶ αἰδεσιμωτάτῳ κυρίῳ κυρίῳ Ἰωάννῃ Ματθαίῳ Γιβέρτῳ τῷ τῆς Βερώνης ἐπισκόπῳ καὶ Δαταρίῳ τοῦ ἀποστολικοῦ θρόνου ἐν τῇ πολυφήμῳ ἀρχαίᾳ Ῥώμῃ ἐξέγραψα ἐν ἔτει ἀπὸ τῆς τοῦ σωτῆρος ἡμῶν Ἰησοῦ Χριστοῦ τοῦ Θεοῦ σαρκώσεως ,αφκέ Φεβρουαρίου ιζʹ.

Michaël

Michaël Damascenus Cretensis, cum paupertate, multis capitibus instructa fera, degens, hunc quoque Librum Actorum in sancta & œcumenica quarta Synodo Chalcedone congregata, piissimo & reverendissimo Domino Domino Joanni Matthæo Giberto Episcopo Veronensi Datario Apostolicæ Sedis, in celeberrima veteri Roma exscripsi, anno ab Incarnatione Domini nostri Jesu Christi 1525. decima-septima Februarii. Hujus Michaëlis Damasceni manu descriptus est Codex quidam Regius, ut videas in nominibus Calligraphorum ordine Alphabetico Lib. 1. Cap. 8. ad vocem *Michaël*.

Codex ejusdem Illustrissimi Abbatis Dominici Passionei, ubi Anonymus in Psalmos, in fine habet : ἐξεγράφη τοῦτο τὸ βιβλίον παρὰ Δημητρίου τοῦ Ζήνου Ζακυνθίου. *Scriptus est hic Liber a Demetrio Zeno Zacynthio.*

His subjicere visum est exempla quædam ex Anglicanis Codicibus, quæ a laudato Joanne Ernesto Grabe transmissa mihi ex Anglia sunt. Itemque specimen Codicis Abbatis Passionei supra memorati.

Primum notatum I. prodit ex præclaro illo Codice Alexandrino, ac in ære incisum fuit in Anglia : excerptum autem est ex Libro Exodi Cap. 9. a versu 31. usque ad 34. sicque vulgaribus typis legitur :

Καὶ σὺ καὶ οἱ θεράποντές σου, ἐπίσταμαι ὅτι οὐδέπω πεφόβησθε τὸν κύριον. Τὸ δὲ λίνον καὶ ἡ χριθὴ ἐπλήγη· ἡ γὰρ χριθὴ παρεστηκυῖα, καὶ τὸ λίνον σπερματίζον· ὁ δὲ πυρὸς καὶ ἡ ὀλύρα οὐκ ἐπλήγη, ὄψιμα γὰρ ἦν.

Et tu & servi tui, scio quod nondum timeatis Dominum. Linum autem & hordeum læsum est. Hordeum enim stabat : & linum germen agebat. Triticum autem & olyra non sunt læsa ; serotina enim erant.

Ἐξῆλθεν δὲ Μωϋσῆς ἀπὸ Φαραὼ ἐκτὸς τῆς πόλεως, καὶ ἐξεπέτασεν τὰς χεῖρας αὐτοῦ πρὸς κύριον, καὶ.

Egressus est autem Moyses a Pharaone ex urbe, & extendit manus suas ad Dominum, &c.

Character non dissimilis est formis Codicis Colbertini cujus paginam integram dedimus in specimine primo, Libro 3. Cap. 1. sed tamen hic minutior illo est. Videturque quinti sextive sæculi.

Secundum specimen, notatum II. ex Codice Actuum Apostolorum Illustrissimi Abbatis Passionei, IX. ut putatur, sæculi, excerptum fuit, & sic habet vulgaribus typis. Ex Cap. 28. Act. v. 28. usque ad finem.

Γνωστὸν οὖν ἔστω ὑμῖν ὅτι τοῖς ἔθνεσιν ἀπεστάλη τὸ σωτήριον τοῦ Θεοῦ, αὐτοὶ καὶ ἀκούσονται. καὶ ταῦτα αὐτοῦ εἰπόντος, ἀπῆλθον οἱ Ἰουδαῖοι πολλὴν ἔχοντες ἐν ἑαυτοῖς συζήτησιν. ἔμεινε δὲ ὁ Παῦλος διετίαν ὅλην ἐν ἰδίῳ μισθώματι, καὶ ἀπεδέχετο πάντας τοὺς εἰσπορευομένους πρὸς αὐτὸν, κηρύσσων τὴν βασιλείαν τοῦ Θεοῦ, καὶ διδάσκων τὰ περὶ τοῦ κυρίου Ἰησοῦ Χριστοῦ, μετὰ πάσης παρρησίας ἀκολύτως (sic.)

Notum ergo sit vobis, quoniam gentibus missum est salutare Dei, ipsi etiam audient. Et cum hæc dixisset exierunt ab eo Judæi, multam habentes inter se quæstionem. Mansit autem Paulus biennio toto in suo conducto : & suscipiebat omnes, qui ingrediebantur ad eum, prædicans regnum Dei, & docens quæ sunt de Domino Jesu Christo, cum omni fiducia sine prohibitione.

Tertium specimen, notatum III. prodit ex Evangelistario sub finem decimi sæculi conscripto ad usum Chori & Ecclesiæ, ut liquet ex notis pro cantu Evangelii apud Græcos usurpatis. Nam etsi character uncialis desiisse videatur in fine noni, aut ut tardius ineunte decimo sæculo : pro Libris tamen Ecclesiæ usui deputatis, videlicet Evangelistariis, Triodiis, Menæis brevioribus, character uncialis in usu fuisse comperitur decimo, imo etiam undecimo sæculo : nam renuntiatum mihi fuit Codicem quemdam anni notam præferentem, undecimo sæculo literis uncialibus ad usum Chori descriptum fuisse. Hoc autem Evangelistarium, cujus specimen damus, exscriptum fuit anno 9595. ut fertur in nota supra. Excerptum vero vulgaribus typis ita legitur :

Εἰ τὰ ἴδια ἦλθε, καὶ οἱ ἴδιοι αὐτὸν οὐ παρέλαβον· ὅσοι δὲ ἔλαβον αὐτὸν ἔδωκε αὐτοῖς ἐξουσίαν τέκνα.	In propria venit & sui eum non receperunt. Quotquot autem receperunt eum dedit eis potestatem.

Quartum specimen, notatum IV. charactere ligato, prodit ex Codice, qui ineunte x. sæculo descriptus est. Jam supra vulgaribus typis editum fuit.

Quintum, notatum V. solam Calligraphi notam habet, qua Codex Octateuchi scriptus dicitur anno 1126. Jam vulgari literarum forma præmissum est.

I.

II.

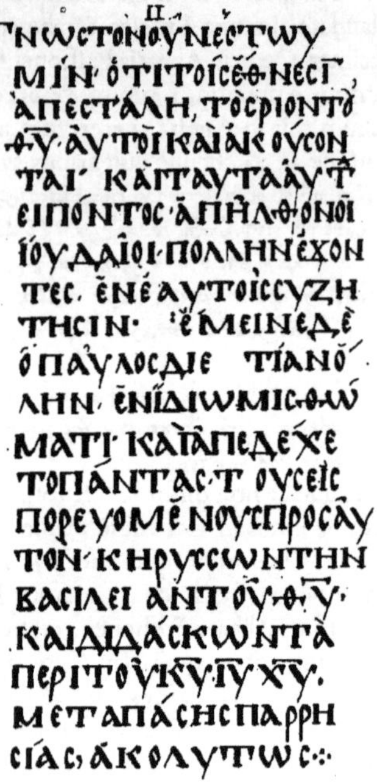

III.

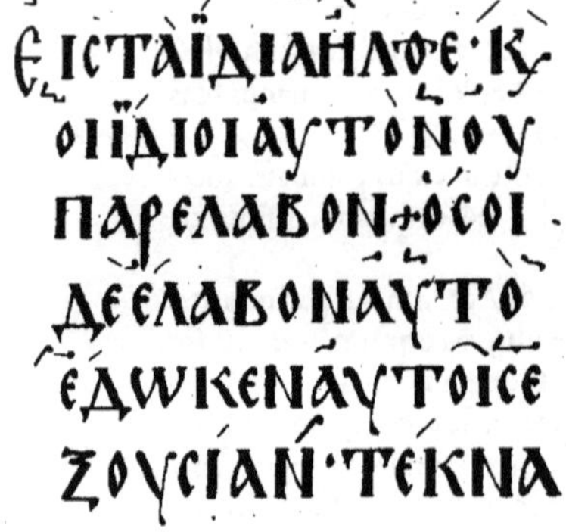

IV.

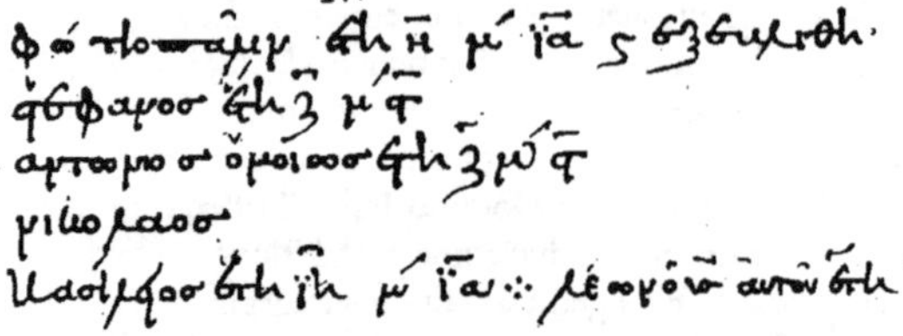

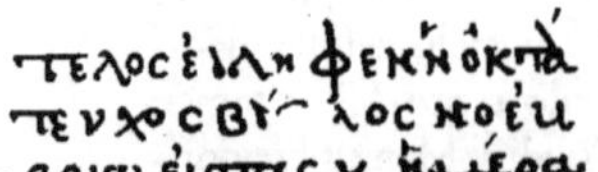

INDEX

RERUM ET VERBORUM LOCUPLETISSIMUS.

A

A, Hujus literæ formæ, 161. Aliæ variæ formæ, 142. A, singulari forma, 169. A, formæ, 334. 336. arcanæ vel obsoletæ, 336. 338.
A, secundum formas Græcas vetustiores, 122. 126. A, singulari modo scriptum in Deliaca Inscriptione, 121. 122. A, cum angulo intus A vetusti est usus, 146.
A, sic semper scribitur in Libris vetustissimis λ, 152. A, hac forma non scribitur in exemplaribus Græcis, Græca manu scriptis, 249. a Latinis sic Græce scribitur, *ibid.*
A, quomodo ligatur, 263.
A, significat Aquila, 225. 226.
Ἀϐανία, 448.
Abbreviationes, 187.
Abbreviationes charactere unciali, 341. 342.
Abbreviationes nominum propriorum, 347. 348.
Abbreviationum notæ quædam sexto sæculo, 211.
Abbreviationes eædem pluribus significandis, 344.
Abbreviationis nota, 167.
Abbreviationum varia genera, 342. *& seqq.*
Ἀϐεστάριος ᾱ significat πρῶτος, legitur Πρωτοϐεστιαρίου, Protovestiarius dignitas Constantinopolitana, 45.
Abraxas, quam varie repræsentetur, 178.
Ἀϐράξαξ vel Ἀϐράξας, numerice sumtum 365. sibi vult: denotatque 365. anni dies, 177.
Abulbircar autor Ægyptius, 314.
Acamantis tribus Attica, 140.
Accentuum notandorum prisca ratio, 33. In Codicibus vetustissimis non notantur accentus, *ibid.*
Accentus quandonam Libris adscribi cœperunt, 215. 216. 223. Quando Libris adscribi cœperunt non tam accurate ubique notabantur, 223. 224. 278.
Accentuum formæ novæ XII. sæculo, 299.
Accentus puncto notati, 236. 237.
Accentus & spiritus nulli in Diplomate Græco San-Dionysiano, 268.
Acciaiolus (Zenobius,) 84. 94.
Accii Valentis ms. 81.
Ἄκαινα, *Acena*, mensura, 365. 366.
Acephali, 330.
Achæorum monogramma, 144. 145.
S. Achillei reliquiæ, 491.
Ἄκνησις, quid? 200.
Acryptus Atheniensis bello Peloponnesiaco defunctus, 134. 135.
Acta Apost. ms. 45.
Actuarius, *V.* Joannes.
Adamiani, 328.
Adelasia uxor Rogerii Siciliæ Comitis, 381.
Adelelmus Glossarium Græco-Latinum Ecclesiæ Laudunensi dedit, 250.
Adlecti scenæ, 172.

A

Adlecti Scenicorum, 172.
Adrianus servus Dei, 47.
Ἀδωναῒ vox frequens Basilidianis, 179.
Ægiensium monogramma, 143. 144.
In Ægina mortui Athenienses tempore Peloponnesiaci belli recensentur, 133. 134.
Æginetarum monogramma, 143. 144.
Ægroti in Cod. Regio Dioscoridiano depinguntur, 259.
Ægyptus sub Ptolemæis Græcarum Literarum studio floruit, 108.
Ægyptiacæ linguæ usus in locis tantum remotioribus permansit, 108.
Ægyptiaci Græci characteres, 314.
Ægyptus post invasionem Arabum a frequenti & pulcra scriptione deflexit, 109.
Ægyptiaci characteres ab aliarum regionum Græcis literis discrepant, 113.
Ægyptiacæ literæ vetustæ ignotæ, 313.
Ægyptiacæ Græcæ literæ triplicis formæ, 156. 311. *& seqq.*
Ægyptii formas pro cælestibus signis indicandis excogitarunt, 373.
Ex Ægypto Codices Græci pauci, &c. 312.
In Ægypto mortui Athenienses tempore Peloponnesiaci belli, 134. 135.
Æliani Tactica ms. 81.
R. L. Fulvius Rusticus Æmilianus Consul, 161.
Æschines ms. 84.
Æschyli Tragœdiæ cum scholiis ms. 70.
Æsculapii magni ludi, 161.
Æsculapii Tabula marmorea, 176.
Aesillæ nummus, 121. 122. 130.
Aëtii cisterna, 59. 305.
Aërius hæreticus, 329.
Ætolorum monogramma, 143. 144.
Africani Epist. ad Origenem, 316.
Ἀγαινής, *lævigatus*, 6.
Agapetus (Georgius.) 94.
Agareni, 331.
S. Agathangeli reliquiæ, 474.
Agathodæmon Alexandrinus scriba, 92. 94.
C. Æl. Agesilaus, 167.
Aur. Agesilaus Secundus, Tribunus Ancyræ, 161.
Agilius Septentrio nomen viri, 172.
Ἀχορίτῳ S. Montis Atho Monachi, 433.
Ἀχοφιεῖον, 55.
Ἄγκωρα nota, 372.
Ἀγλάϊσις splendor, 73.
Agnoïtæ, 331.
Agrigentinorum monogramma, 143. 144.
Ἀγροικία, *rusticitas*, 68.
Ἀγωνοθετεῖν, *ludis præesse*, 161.
Αι in ι mutatum, 292.
Αι pro ᾳ subscripto, 141.
Aistulphus bis Ravennam & Exarchatum cepit, a Pipino bis spoliatus est, 267.

Ἁλάτιον, *Halatium*, remedium pro restituenda Calligraphis oculorum acie, 37. Dicitur Ἁλάτιον τοῦ ἀποστόλου καὶ εὐαγγελιστοῦ Λουκᾶ, *ibid.* Dicitur item αὐλικώθιον, *ibid.*
Albiorix nomen Gallicum Ancyrani cujusdam, 154. 155. 157.
Alcetes Alcetæ filius Perithoïdes, Polemarchus Athenis Druso Consule, 148. 149.
Ἀλείφω i. sumtus ad unctionem Palæstritarum suppedito, 155.
Τῶν ἀλειφομένων Collegium i. *Aliptarum*, 155.
Alexander M. a morte Alexandri M. annos supputant Calligraphi quidam in notis suis, 39.
Alexander Alexandri Thriasius Thesmotheta Athenis, 148. 149.
Alexandri Aphrodisei mſ. 81.
Alexandri Monachi de Inventione S. Crucis, 3.
Alexander filius Leontii Regis Cachetii, 497.
S. Alexandri Martyris caput, 456.
Alexander Despotes fil. Basilii Macedonis, 251. Depictus in Cod. *ibid.*
Alexander Vœvoda Valachiæ, 479.
Alexander Vœvoda Moldaviæ, 490.
Alexander Princeps Moldaviæ, 494.
Alexandria elegantissimæ Græcæ scriptionis officina, 108. Sub Ptolemæis & sub Romanis ad usque Mauricii Imperium, 108. 311.
Alexandrinæ Bibliothecæ numerosissimæ, 108. Et in Recensione Bibliothecarum.
Ἀλεξιμάχος, 140.
Alexius Dux, postea Imperator, Monasterii Pantocratoris fundator, 481.
Alexius Comnenus Imperator Trapezuntinus, Monasterii Dionysii fundator, 476.
Alexius Comnenus male acceptus a Boëmundo, 287.
Alexius Comnenus Imp. 332. 483.
Alexius Comnenus Imp. Milliarensis pretium mutavit, 360.
Alexius Comnenus Angelus Imp. 333.
Alexius Vitas SS. scribi curavit, 67. 94.
Alexius Pyropulus scriba, 75. 94.
Aliptes, 178.
Ἀλειπτήριον, locus peragendis unctionibus, 155.
Ἀλίχωρον, quid? 179.
Allatius (Leo.) 223.) *V.* Leo.
Ἀ λόγον nota, 370. 373.
Alogorum hæresis, 328.
Ἀ·ραβικτος Græcis est feminini gen. 340.
Alphabeta omnium formarum, 334. *& seqq.*
Alphabetum Codicis Regii vetustissimi charactere unciali, 213. 214.
Alphabeta Basilidianorum, 181.
Alphabeta arcana varia, 285, *& seqq.*
Alphabetum Dioscoridis Neapolitani, 214.
Alphabetum Codicis Regii charactere unciali sine accentibus & spiritibus, 213.
Alphabetum Codicis purpurei Neapolitani VII. sæculi, 224.
Alphabetum ex Codice Basiliano vetustissimo sine accentibus, 213. 214.
Alphabeta Magica, 376.
Alphabeti Græci explicatio in Codice Murbacensi, 222. Alphabetum recentius, *ibid.*
Alphabetum Græcum ex Codice Lactantii Bononiensi, 222. 223.
Alphabeta notarum Rhetoricarum, 355.
Alphabeta Rabbinica, 376.
Alphabetum Norvagicum, 292.
Alphazan filia Senatoris Siculi, 62.
Alphonsus Atheniensis scriba, 86. 94.
S. Alypii Stylitæ caput, 483.
Amachustum, *Famagousto*, aquarum illuvie læsa anno 479. 55.
Amanuensis, *V.* Scriba, Calligraphus,
Amarri Rex Jerosolymorum, 61. 307.
S. Amasiæ Regis reliquiæ, 474.
Ambraciotarum monogramma, 143. 144.
Ambrosius Abbas, 86. 94.
Ambrosius Calligraphos & Tachygraphos Origeni dedit, 36. 363.
Amisi monogramma, 143. 144.
Ἄμμα, *Amma*, mensura, 365. 366.
Ammianus Marcellinus de notis Epistolarum, 353.
Ammianus Marcellinus de Pessinunte, 156.
Ammorium, 462.
Amoris Prosopopœia, 11.
Amphitryo tripodem inscriptum Literis Cadmeis sive Ionicis Apollini obtulit, 116.
Ἀμπλάκημα, *scelus*, *peccatum*, 50. *& alibi.*
Ἀμπλακογράφημα, *erratum*, 68. 325.
Amuleta vulgo *Talismans*, 178.
Amyntæ nummus, 121. 122.
Amyntas I. & Amyntas II. 121.
Amyntas Rex Galatiæ Dejotari successor, 155. Antonio hærebat, deinde Augusto, *ibid.*
Amyntas Gæzatodiasti fil. Ancyranus epulas dedit, 154.
Amyrtæus Palustrium Rex ab Atheniensibus adjutus, 137.
Ananaël nomen virtutis cujusdam apud Basilidianos, 177.
SS. Anargyrorum (Cosmæ & Damiani) reliquiæ, 474.
S. Anastasiæ reliquiæ, 474.
Ἀναβάπτισμα, Libelli Paschales, 387. 405.
Anastasii Quæstiones mſ. 48.
Anastasii Quæstiones, 52.
Anastasius Calligraphus Vitas SS. exscripsit, anno 890. 42. 43. 94.
Ancantherus, *V.* Claudius.
Ancyra Metropolis Galatiæ, 154. *& seqq.*
Ancyrana inscriptio nobilissima, 154. *& seqq.*
S. Andreæ Apostoli caput, 481. Reliquiæ, 456.
Andræas Cæsariensis in Apocalypsin mſ. 77.
S. Andreæ junioris vita scripta a Nicephoro, 313.
S. Andreæ Cretensis vel Cæsariensis caput missum Russiæ Imperatori, 464.
Andreas Arnes scriba, 94.
Andreas Medicus in Cod. Dioscoridis Cæsareo depictus, 200. Inter optimos censetur, *ibid.* A Galeno vituperatur, *ibid. &* 201.
Andreas Medicus ab imperito vulgo θαυμαστὸς dictus, 201.
Andreas Monachus, 45. 46.
Andreas ἱερεύς. i. Sacerdos, idem qui Leantinus dicitur, scriba, 74. 76. Tabularius, *ibid.* 94.
Andreas Tarmarius vel Darmarius Epidaurius, 92. 94.
A S. Andrea (Joannes) Canonicus Parisiensis, 314.
Andronicus Imp. 68.
Andronicus & Irene Augg. 325.
Andronicus alter Imp. 325.
Andronicus Palæologus Imp. 454. Monasterium Batopedii ornavit, 463.
Andronicus Comnenus, 65.
Andronicus junior Imp. 68.

Andronicus secundus filius Alexii Comneni Imperatoris, anno 1098. natus; 46.
Andronicus Lepentrenus scriba, 67. 94.
Andronicus Magister Eremitarum, 411.
Anepigraphi de Albefactione & de auro conficiendo, 375.
Ab Angelis scriba, 101. *V.* Joannes.
Angelus Politianus, 94.
Angelus Vergecius scriba Cres multos Codices scripsit, 90 91. 94. 111.
S. Annæ Templum in Monte Atho, 457.
S. Annæ pes, 457. 483.
Anna Dalassena mater Alexii Comneni, 46.
Anna uxor Andronici Comneni, 65.
Annia Rhegilla uxor Herodis Attici, 140.
Annus Græcorum ab initio mundi ducitur: numerantque annos 5508 ante Christum, 38.
Ἀνωβελίσιμος, Protonobilissimus, 394.
Anonymi in Aristotelem ms. 84.
Anonymi in Tetrabiblum Ptolemæi, 85.
Ἀνωτάτειος σεβαστοτάτειος, 394. 397.
Anthimus Hieromonachus Typographus, 441.
Anthimus Patr. Trapezuntinus Monophysita, 331.
Anthologia ms. 81.
Antigoni insula, 52.
Ἀντίγραφος nota, 370. 372.
Ἀντιμίνσια, 404.
Antiochorum numismata literas punctatas habent, 143.
Antiochi Pandectes ms. 72.
Antiparagraphus, 370. 372.
Antipater Proconsul Achaïæ, 275.
Ἀντιῤῥῶ, sive Rho inversum, 132.
Antisigma, 368. 370. 372.
Ἀντίσιγμα σῖ, V. ἐπίσημον σαὶ πῖ.
Ἀντιστράτηγοι, Proprætor, 159. 162.
Antonellus de Petruccis magnus Secretarius, 83. 94.
M. Aurelius Antoninus Imp. 161.
Antoninus Deus M. Aurelius, 161.
S. Antonii cella, 458.
Antonius Patriarcha CP. 511.
S. Antonii Monasterium Venetiis, 88.
Antonius Abramus scriba, 512.
Antonius Atheniensis, Logotheta dictus, Polybium exscribi curavit anno 1435. Senis in Hetruria, 79. 94. Scripsit Libros Polybii, 79. 94.
Antonius Caliergus ex Gortyna, 88.
Antonius Mediolanensis Cres multos Codices scripsit, 84. Damilas dictus, 95. 112.
Antonius Eparchus scribæ munus obiit, 90. 95. Codices Galliæ Regi dedit, 82.
Antonius Guidanus, 83. 94.
Antonius Hegumenus Monasterii S. Pauli Latris, 78.
Antonius Monachus Calligraphus, scripsit opera S. Joan. Chrys. in Genesim anno 1057. 51. 94.
Antonius Urceus scriba, 95.
Antonius unus ex restauratoribus Monasterii Batopedii, 462.
Antyllus stylo sauciatus fertur, 20.
Anubis canino capite semper, sed humano interdum, serpentino etiam aliquando corpore, 178.
Ἀπελεύθεραι, Libertæ, 169.
Ἀπελεύθεροι, Liberti, 169.
Apellis hæresis, 328.
Apelliconis Teii Bibliotheca Athenis, 109. & in Recensione Biblioth.
Ἄστικτος, nullo puncto signatus, 369.
Aphthartodocitæ, 331.
Aphthonii Progymnasmata ms. 60.
Apis deus stipatus stellis in gemmis Basilidianorum, 178.
Ἀπογραφεὺς scriba, amanuensis, 35.
Apollinis Ismenii templum Thebis in Bœotia, 116.
Apollinis oracula de Christo, 243. *& seqq.*
Apollinis Parasiti, 172.
Apollinarius temeratæ fidei reus apud Græcos habetur, 4.
S. Apolinarius in Conchile, 396.
Apolinarius, 330.
Apolinarius Abbas Cœnobiarchus penes se habuit exemplaria Tetraplorum & Hexaplorum Origenis, 40. 41. 95. 226. 227.
Apolloniatarum monogramma, 143 144.
Apollonius Apollonii, 163.
Apollonius Eutychi, 166.
Apollonii Alexandrini Grammatici ms. 85.
Apollonius Memphites Medicus in Cod. Dioscoridis Cæsareo depictus, 200.
Apostoles vel Apostolius, *V.* Michaël.
Apostolorum duodecim Martyrium, 253.
Apostropharum ratio, 33.
Ἀποτελεσματική, *Astrologia judiciaria*, ejus notæ, 374
Apotheosis Augustarum per pavonem repræsentabatur, 197.
Apparitiones Christi decem post Resurrectionem, 316.
Appiani ms. 82.
Fl. Appio Consul, 173. 174.
Ἀψὶς, *curvatura rotæ currus*, 8. Ejus forma, 9. 10.
Aqua frigida defunctis subministrabatur, 173.
Aquilæ Lectiones, 225.
Aræ sepulcrales, 165.
Arabes Monasterium Batopedii devastant, 461.
Arabes in Sicilia domiti Nortmannis paruerunt, 63.
Arabica plantarum nomina Codici Dioscoridiano Regio adscripta, 257.
Aradiorum monogramma, 143. 144.
Arcadii Imp. historia fabulosa, 459. 460.
Arcanæ literæ, 86. 87.
Arcana scriptura inversis literis, 289.
Arcana scriptura ex variis alphabetis concinnata, 289.
Arcanæ notæ anni 1001. 286. anni 1105. 287. anni 1509. 289.
Arcanæ scripturæ quæ legi nequeunt, 288.
Arcana scriptura ejusque varii modi, 285. *& seqq.*
Archias prænomen accepit, 209.
Ἀρχιερεὺς τοῦ κοινοῦ τ̃ Γαλατ̃, 161.
Ἀρχιέρεια, Sacerdotum mulierum princeps, 160.
Ἀρχομηνία, mensis principium, 453.
Archimimus, 172.
Ἀρχιπάπας, 75.
Archisynagogus Judæorum, 178.
Archontes perpetui Athenis postquam Reges desierant, 150.
Archontes decennales Athenis post Archontes perpetuos creati, 150.
Archontes annui Athenis post Archontes decennales sublatos creati, 150.
Archontes Eponymi sacris præerant, 150.
Archon Athenis Eponymus dictus, 148. 149. 150.
Archonticorum hæresis, 328.
Aretas Arch. Cæsareæ Cappadociæ, anno 914. 43. 275.

Areus Dioscoridis amicus, Philosophus Alexandrinus & Augusto familiaris, 201. 202.
Argentei calami Patriarchis in usu, 21.
Argiesi Monasterium in Valachia, 478.
Argyropulus, V. Joannes, 95.
Argivorum monogramma, 143. 144.
Ariadnæ filum, Liber Eudociæ Augustæ, 298.
Ariani opera mss. 79.
Ariani de expeditione Alexandri, 74.
Arias Ferdinandi filius scriba, 77. 95.
Ariminensis Synodus, 329.
Ariobindus Julianæ Augustæ conjux, 206. Pater Fl. Anicii Olibrii junioris, 206.
Aristidis Orationes mss. 74.
Aristophanes Byzantius προσῳδίας, sive accentus, excogitavit, 33.
Aristophanes Byzantius interpunctionem invenit, 31. Quando, ibid.
Aristophanis mss. 83
Aristotelis Politica mss. 85.
Aristoteles mss. 92.
Aristoteles de partibus animalium mss. 89.
Aristoteles mss. 84.
Aristotelis Commentatores mss. 89.
Aristoteles mss. 76.
Aristotelis Ethica Nicomachica mss. 84.
Aristotelis Ethicorum paraphrasis, 71.
Aristotelis Ethica Nicomachica mss. 87.
Aristotelis Mechanica Cod. 79.
Aristotelis mss. 81.
Arius, 329.
ARKA pro Arca, 130.
d'Armagnac (Georgius) Cardinalis, 88 89.
Armeni Monophysitæ, 331.
Arnes, V. Andreas.
Α'ροτρον, aratrum, 8. Ejus forma, 9.
Arriani Diatribæ, &c. mss. 84.
Arrogantiæ Prosopopœia, 11.
Arsacidarum numismata literas punctatas habent, 143.
Αρσηνάλ, Navale, 455.
Arsenius Hieromonachus scriba xvi. sæc. 95.
Arsenius Monemb. multos Codices scripsit, 88. 95. 111.
Arsenius Monembasiæ Archiepiscopus, filius Michaëlis Apostolii, 82. Ejus Epistola ad Leonem X. ibid.
Arsenii Monembasiotæ nuncupatoria Clementi VII. 88.
Arsenius Monachus scriba, 3.
Arsinoïtarum monogramma, 143. 144.
Artaxerxes Rex, 136.
Artemius Imperator Chrysographus fuerat, 5.
Artotyritæ, 328.
Arundines ad scribendum usurpatæ, 21.
S. Arundinis & spongiæ partes, 464.
Ascetæ Montis Atho, 457.
Ascetica opera Codex, 53.
Asceticorum Collectio, 64.
Aur. Asclepius, 161.
Fl. Asclepius, 161.
Ascodrugorum hæresis, 328.
Α'σιάρχης, Præfectus ludorum in Asia, 161.
Asinii Pollionis Bibliotheca, 109. & in Recens. Biblioth.
Α'σμόριον, crethatbra, ut putatur, 405.
Asotas Iberiæ Authentes, 475.
Α'σπαλάθειος, ἃ significat πλῆθος, legiturque σπαλάθειος, 45.
Assyriæ literæ: sic dicuntur Hebraïcæ in Thalmude Jerosolymitano, 120.
Α'στερίσκος, Asteriscus, 370. 371.
Asteriscus cum obelo, 370. 371.
Asterisci & obeli notati, 187.
Astronomicorum Codex, 82.
Astronomica miscellanea mss. 77.
Astronomicæ notæ, 373. & seqq.
Astrum locus, 72.
Α'στυνομῶ, Urbis præfecturam gero, 162.
Ateporix pater Albiorigis: hæc nomina Gallica Ancyrana sunt, 154. 155. 157.
Α'τραμεντον, atramenti genus, q. d. incoctile, 2.
S. Athanasii magni reliquiæ, 474.
S. Athanasii Codex, 404.
Athanasii mss. 80.
Athanasii in Psalmos, 71.
Athanasii Synopsis, 316.
S. Athanasius, 330 Libros Scripturæ Constanti Imp. misit, 109.
S. Athanasius Athonitus, 454. Ejus sepulcrum, ibid. Miraculum ab eo patratum, 158 159.
S. Athanasii Athoniti cella, 458.
Athanasius ἔγκλειστος, inclusus Monachus, 63. 95.
Athanasii scribæ nota monocondiliis descripta, 349.
Athanasius Rhetor scriba, 95.
Athanasius scriba, multa scripsit, 65. 95.
Athanasius Monachus scriba, 82. 95.
Athanasius unus ex restauratoribus Monasterii Batopedii, 461.
ΑΘΕ in nummis Atheniensium, 127. 128.
Athenæ multum degeneraverunt a prisca elegantia, 111.
Ex Athenis pauci Codices in Occidentem exportati, 111.
Athenienses cum Phœniciis, Cypriis & Cilicibus congressi, victores manent, 137.
Athenienses Memphim occupant, 136.
Athenienses a Persis victi in Ægypto, 136.
Atheniensis inscriptio, nunc Colbertina, 145. & seqq.
Athenienses inter & Peloponnesios quinquennalia fœdera, 136.
Athenæi Deipnosophistæ mss. 84.
Athenæus de litera ο & de ω, 131 132.
Athenæus Sentamus, 163.
Aur. Athenæus Prætor Colophoniorum, 175.
Athenagoras de Resurrectione mss. 81. 84.
Athenagoræ Legatio pro Christianis mss. 275. Item de Resurrectione, ibid.
Athenionis Epitaphium, 165.
Athenodorus Eugitonis Phrearrius Thesmotheta Athenis, 147. 149.
Atho mons frequentatus a Græcis, 433. & seqq. Occidentalibus parum notus, ibid. Ibi nemini habitare conceditur, nisi Calogerus sit, 434. Athonitæ aspere victitant, 434. Mons Atho a Turcis etiam in veneratione habetur, 435.
Atho montis longitudo & latitudo, 437.
Α'θω, Α'θως, Α'θων, varie declinatur, 440.
Atho montis descriptio, 433. & seqq.
Atho montis forma, 435 436. Ejus Monasteriorum nomina, 437.
Athos Constantinopoli 400. Milliaribus distat, 452.
Atho unus ex duodecim celsissimis montibus, 439.
Athos, ubi insignes Bibliothecæ, 111.
Atho montis Monachi sex mille circiter, 435.

Manuum operibus vacant, 434. ignari admodum erant Belonii tempore, nunc paulum doctiores, 435.
Ἀθωνῖται, Montis Atho Monachi, 433.
Αὐθύλων, vox suspecta, 167.
Atramentarium San-Dionysianum, 23.
Atramentariorum varia nomina, 21.
Atramentarium, 21.
Atramentorum varia genera: eorumque conficiendorum ritus ex Plinio, 2.
Atramentum, μέλαν, μελάνιον Græce, 2.
Atramentum Indicum, 2.
Atramentum temporis diuturnitate subrubrum evadit, 213.
Atramentum sutorium in quo distinguatur ab atramento scriptorio, 2.
Atrape, V. Constantinus.
Atta in satyra de stylo osseo, 20.
Attalorum Pergami Bibliotheca, 109.
Atticæ tribus a Sponio accurate recensentur, 149.
Auberus, V. Christophorus.
Augusti Epocha, 68.
Augusti ac Cæsares Archontis Atheniensis munus non dedignati sunt, 149.
S. Augustini speculum Græce versum in Codicibus, 327.
Αὐλητὸς Tibicen in celebritatibus, 148. 149. 150.
Aurea Bulla Rogerii Regis, 399.
Aurea Bulla Rogerii Regis, 382.
Aurei characteres apud Græcos frequentissimi, 4.
M. Aurelius Antoninus Tabularios instituit, 346.
M. Aurelius Augusti Libertus, 172.
Auri conficiendi ars & notæ, 374.
Ausonius de Literis, 127. & seqq.
Austriacæ familiæ originem quidam ducunt ab Aniciis; 209.
Awerus, V. Christophorus.
Ἄξων, axis, 8. Ejus forma, 9.
R. Azarias putat Literas Samaritanas, quas vocat *transfluviales*, non easdem esse, quibus lex primitus scripta erat, 120.
R. Azarias de Literis Samaritanis, 123.

B

B, Secundum formas Græcas vetustiores, 122. 127.
B, formæ, 335. 336. Arcanæ vel obsoletæ, 249. 336. 338.
B, forma singularis, 340. B, quomodo ligatur, 263.
B pro T, 269.
Ϲ pro υ sæpe habitum fuit, 263.
Baanes Notarius Aretæ Archiep. Cæsariensis, 35. 257.
Baanes Notarius Aretæ Arch. Cæsareæ Cappadociæ Librum exscripsit anno 914. 43. 95.
Baara radix apud Josephum, 103.
Βαγδαρηνά, *Torcularia*, 452.
Bacchius Barbadorius, 90. 96.
Baëmundus, V. Boëmundus, 57.
Bajazetes impiissimus, 75.
Bajazetis contra Manuelem Imperatorem bellum, 76.
Βαιοφόρος, 76. 95.
Ballelucium locus, 45. 46.
Bambacina charta, V. Bombycina.
Βάμβαξ, *gossipium*, *cotton*, 17.
Βαμβύκινον, Bambycinum, 70.
Banus Barbulus Princeps, 494.
Baptismus per immersionem, 253.
Barbadorius, V. Bacchius & Bartholomæus.
Barbarus, V. Hermolaus.
Barbulus magnus Logotheta Valachiæ, 481.
Barele aut Baleris, V. Basilius.
Barnabas Hegumenus, 45. 46 95.
Barsanis Doctor in Euripo, 74.
S. Bartholomæi Apostoli caput, 464. Reliquiæ, 474.
S. Bartholomæi caput. 495.
Bartholomæus Abbas S. Mariæ Rochoniatæ, 57.
Bartholomæus Abbas S. Mariæ Hodegetriæ, 385.
Bartholomæus Abbas Novæ Hodegetriæ, 396. 397.
Bartholomæus Barbadorius scriba, 96.
Bartholomæus Comparinus scriba, 96.
Bartholomæus fundator Monasterii S. Mariæ Rochoniatæ. 287.
Bartholomæus Hegumenus S. Joan. Theristi, 392. 393.
Basilace, νομικὸς, *jurisperitus*, Calligraphus, 67.
Βασιλεὺς Athenis secundus Archon erat, 148. 149. 150. Ejus officium, 150.
Βασιλεὺς Athenis coronam gestabat, 150.
Βασιλεὺς Imperator Constantinopolitanus tantum. 388.
Basiliani quandonam in Actis, *Ordinis S. Basilii* dici cœperunt, 390.
Basilidiani a Basilide, eorum figuræ, literæ, nomina, amuleta, superstitiones, 177. & seqq.
Basilidianorum Alphabeta, 180.
Basilidianorum liber plumbeus, 16. 20. 181.
Basilidianorum virtutes singulis diebus præerant. 177.
Basilidiani duodecim signis duodecim diei horas, repræsentant, 182. 183.
Basilicorum Scholiastes, 15.
Basiliscus: sub Basilisco Imperatore Bibliotheca Imperatoria Constantinopoli, 109.
Βασίλισσα, uxor τῶ Βασιλέως Athenis, qui secundus Archon erat, 150.
S. Basilii magni caput, 455.
S. Basilii Codex, 404. Asceticorum Codex, 287.
S. Basilii de Baptismo, 352.
S. Basilii Liturgia, V. Liturgia.
S. Basilii Liturgia, 404.
S. Basilii in Psalmos Cod. x. sæc. 283.
Basilii sermones Ascetici falso ei adscripti, 49.
S. Basilii mss. 60.
Basil. opera mss. 45.
Basilii in Psalmos mss. 46.
S. Basilii junioris vita auctore Gregorio, 325.
Basilii mss. 80.
Basilius Armeniacus Calligraphus, 53. 96.
Basilius Barele, qui & Baleris, scriba, 96.
Basilius Presbyter Calligraphus xi. sæc. 2.
Basilius & Constantinus Impp. 2. 46. Porphyrogeniti, 147.
Basilius Monachus Calligraphus xi. sæc. 511.
Basilius de Tachygraphis, 35. 354.
Basilius Lector scriba, 63. 96.
Basilius Notarius scriba, 35.
Basilius Sacerdos scriba, 80. 76.
Basilius Scalidrus Notarius scriba, 303.
Basilius Macedo Imp. 510.
Basilius Macedo Imp. cum tota familia in Codice olim suo repræsentatur, 42. 251.
Basilius Macedo Imp. colligendis Libris operam

dedisse creditur, 109.
Basilii Macedonis Imperatoris Codex elegans, 4.
Bassus, 161.
Batopedii vel Vatopedii Monasterium montis Atho, 437.
Batopedii Monasterium in monte Atho, 459.
Batopedii Monasterium a Saracenis devastatum, & Monachi trucidati, 461. 462.
Βατραχιον χρῶμα, *viridis color*, unde sic vocetur, 3.
Βαῦ, *V.* ἐπίσημον Βαῦ.
Baudelotius (Carolus Cæsar.) 121.
Baudelotianum marmor, 127.
Baudelotiana marmora, 133. *& seqq.*
Βεβράνα, *membrana*, 70.
Βελλαῖος, *Villanus*, 407.
Bellonii, sive Belonii (Petri) de Monte Atho narratio, 434. *& seqq.*
Βιμβρανον, βεμβράνα, βεμβράνα, *membrana*, 17.
Benures a Rogerio occisus anno 1088. 54.
Bernardinus ὁ Σάνδερς, sive Sanderus, 96.
Bernardus Bartolisci Dominicanus exscripsit Psalterium Græcè, 91. 96.
Bernardus Felicianus scriba, 96.
Bernardus quidam & Adelelmus Glossarium Græco-Latinum Ecclesiæ Laudunensi dederunt ab annis plusquam 800. 250.
Bernardus, *V.* Franciscus.
Berœæ magnæ monogramma, 144. 145.
Berta Comitissa Loritelli, 381. 396.
Βίσκομις, *Vicecomes*, 395.
Βισκόμης, *Vicecomes*, 401. *& seqq.*
Bessarion Cardinalis Tusculanus, 92.
Bessarion Cardinalis de Bombycinis, 18.
Bessarionis Card. Epistola ad Michaëlem Apostolium, 91.
Bessarion Cardinalis, Libri vetustissimi Vitarum Plutarchi primum tomum mutuo accepit Florentiæ, 268. 269.
Bessarion Monachus scriba anno 1534. 96.
Βίσος. περιποιητὸς, ἢ βίσσου, 45.
Βῆμα, *passus*, mensura, 365. 366.
Βίερς μοιὰς τῆς κοσμοσωτείρας, 92.
Βιβλαρίον, *Liber*, 25. 78.
Biblia sacra Hebraïca ante captivitatem Babylonicam Samaritano ne an Hebraico hodierno scripta fuerint, 119. 120.
Βιβλιογράφοι, scribæ Librorum, 353.
Βιβλιοδέται, qui Libros compingunt, 26. 457.
Bibliotheca Apelliconis Teii Athenis, 109.
Bibliotheca Attalorum Pergami, 109.
Bibliotheca Asinii Pollionis, 109.
Bibliotheca Augustinianorum S. Joannis de Carbonara Neapoli, 212. Olim Jani Parrhasii, *ibid.*
Bibliotheca Basiliana Romæ, 112.
Bibliotheca Cæsarea, 10.
Bibliotheca Colbertina passim,
Bibliotheca Constantinopoli sub Michaële Duca, 110.
Bibliotheca Eudociæ Macrembolitissæ Augustæ, 110.
Bibliotheca Georgii Comitis Corinthii, 111.
Bibliotheca S. Germani, in Recensione Biblioth.
Bibliotheca Herodis Attici Athenis, 109.
Bibliotheca Jacobi Mentelii Castro-Theodoricensis, 186.
Bibliotheca Imperatoria tempore Michaëlis Ducæ, 66.
Bibliotheca Luculli Romæ, 109.
Bibliotheca Marci Mamunæ Cretensis, 111.
Bibliotheca Regia passim,
Bibliotheca Romana anno Christi 759. 66.
Bibliotheca Saraviana, 186.
Bibliotheca Ulpia, 109.
Bibliotheca Ulpia, ubi lintei Libri, 20.
Bibliothecæ Alexandrinæ numerosissimæ, 108.
Bibliothecæ montis Atho, 438. 449.
Bibliothecæ insignes montis Atho, 111.
Bibliotheca Lauræ in monte Atho mirabilis, 454.
Bibliotheca in Monasterio Dionysii in monte Atho, 478.
Bibliothecæ duæ in Monasterio Batopedii, 468.
Bibliothecæ tres in Monasterio Iberorum, 475.
Bibliothecæ publicæ sub Domitiano, 109.
Bibliothecarum Græcarum Catalogum v. in Recensione, initio,
Βίβλος, papyrus, juncus, caudex, inde βίβλος Liber, 14.
Βίβλος & βύβλος, Papyrus Ægyptiaca, 14.
Βίβλος, βιβλίον, *Liber*, 25.
Βιλάρια, *mappa*, 404.
Βιλλαῖος, 398. *& seqq.*
Billius (Jac.) de Cod. Greg. Nazianzeni Regio, 250.
Βιθυνιάρχης Præfectus ludorum in Bithynia, 161.
Blastares, *V.* Matthæus.
Blastus, *V.* Nicolaus.
Βλαττία, *pannus sericus*, 17. 18. 300.
Βλαττία, sive serici panni, pro Libris compingendis usurpabantur, 26.
Blemmydæ (Nicephori) Philosophia, 69.
Bne pro *bene*, 130.
Boëmundus fugit a facie Alexii Comneni, 57. 287. Imo vero Alexium Comnenum ejusque copias male accepit, 287.
Boëtius Græce versus a Maximo Planude ms. 83.
Bog, *Deus*, Bulgarorum lingua, 333.
Bogdanus Vœvoda Moldaviæ. Bogdania, 494.
Bogomili, 332.
Bogomilorum doctrina, 333.
Boistallerius (Huraltius) Codices comparavit, 7. 69. 90.
Boius unus ex benefactoribus Monasterii Dionysii in monte Atho, 480.
Βῶλος *bolum*, 5.
Bombarda mirabilis in Monasterio Batopedii, 469.
Bombica charta eadem quæ Bombycina, 18.
Βόμβυξ, *sericum*, medio & infimo ævo, *gossipium*, *cotton*, 17. 18.
Βομβύκινος χάρτης, Bombycina charta, 17. *& seqq.*
Bombycinæ chartæ vetustas, 17. 18.
Bombycina charta decimo ut tardius sæculo cœpit, 18. 19. Advecta videtur, cum papyrea Ægyptiaca, & corticea desiit, 19.
Bombycini Codices a XII. sæculo frequentiores, quam membranacei, 299.
Bondelmonti, 68.
Bonjour (Guillelmus) laudatus, 169. 313.
Bonjour Grammaticam Copticam adornavit, 313.
Bornicus Ducas Princeps, 494.
Βοιχάδειον, *plaustrum*, 273.
Βαραφονδῶ scribere, quid, 118.
Brachianus mons, 49.
Βρεβίον, *breviculum*, Liber 18. 300.
Βροντόχος, qui tonitru retinet, vel a tonitruo liberat; epithetum S. Theodori, 67.
Bryenii Harmonica ms. 89.

Βίβλος,

Βύβλος, βίβλος, papyrus Ægyptiaca, 14.
Bucureſtium, 443.
Bulla, quid? 378.
Bulla Urbani V. 390.
Burtzæna regio aut civitas, 53.
Buſbeckius (Augerius,) 87. 195. 206.
Buſbeckius Codices emit, 59.
Βυθὸς, ſive profundi maris proſopopœia, 13.
Buxeæ literæ, 16.
Βωμὸς, ara ſepulcralis, 165.

C, K & X *Chi.*

C, pro G primitus accipiebatur, 130.
C, per K antiquitus exprimebatur, 130.
K formæ, 335. 336. Arcanæ vel obſoletæ, 336. 339.
K, quomodo ligatur, 264.
Cachetium regnum, 497.
Καδμεῖα γράμματα, Literæ Ionicæ ſive Græcæ, ut primum a Cadmo traditæ ſunt, 116.
Κακομαγγανεία, *fallacia*, 391.
Cadmus literas ſexdecim attulit in Græciam, 115. 116. 117. quas, *ibid.*
Cadmus an nomen Orientalis nationis a voce Hebraïca קדם, 117.
Cadméi ab Argivis ejecti, 116. 117.
Cadmeones vetus nomen Thebanorum, an a voce Hebraïca קדמוני, 117.
Cæularius, *V.* Michaël.
Cæruleus color pro literis initialibus & titulis adhibebatur, 4.
Cærulei tituli, 304.
Cæſar Strategus Lacedæmonius multos Codices ſcripſit, 82. 96.
K, καὶ.
Caïanorum hæreſis, 328.
Calabriæ Codices multi, 112. iique accurate ſcripti, *ibid.*
Calabrenſium Monaſteriorum S. Baſilii Catalogus, 112.
Καλαμάριον, Calamarium & atramentarium, 21. 23. 24.
Calami ex Perſide infimi ævi Græcis in uſu, 21.
Calami uſus Græcis magis frequentatus, quam pennæ, 21.
Calami Memphitici, Nilotici, Gnidii, Perſici, argentei, & ex junco, 21.
Κάλαμος, *Calamus*, 21. Calami quot aliis nominibus appellantur, 21.
Κάλαμος, *Calamus*, menſura, 365. 366.
Callias Athenienſis Cinnabaris confectionem primus invenit, 3.
Caleca, *V.* Manuel.
Calligraphi in notis ſuis vetuſtiorum Calligraphorum notas non ſemper negligunt, 38.
Calligraphi pro reſtituenda oculorum acie remedio quodam nomine ἀιλάπιον utebantur, 37. *V.* ἀιλάπιον.
Calligraphi notas priorum Calligraphorum non exſcribebant, quin apponerent ſuas, 277.
Calligraphi in monte Atho, 111. 457.
Calligraphi Cretenſes multi, 111.
Calligraphi Alexandriæ ſub Mauricio multi, 109.
Calligraphi nomen ſuum & annum, quo Librum abſolverunt, notant in fine, 4.
Calligraphi, *V.* Librarii.
Calligraphi Tachygraphorum ductus nono circiter ſæculo imitari cœperunt, 262. 263.
Calligraphi jam tempore Origenis, 36.
Calligraphi variis epochis utuntur in notis ſuis, 39.
De Calligraphis, 35. & *ſeqq.*
Καλλιγράφος, Calligraphus elegans ſcriba, 34. & *ſeqq.* Vetuſta vox eſt, 35.
Calligraphorum notæ earumque utilitas, 37. 38.
Callimachus de Muſis, 169. 171.
Calliope muſa ejuſque ſymbolum, 171.
Calliſthenes de vita Alexandri magni, 83.
Cl. Calliſtus Prætor Colophoniorum, 175.
Calliſtus III. Papa, 81.
Calmet (Auguſtinus) Monachus Benedictinus, 220. 235.
Caloïda, *V.* Joannes.
Calocyrus Protoſpatharius Joan. Chryſ. Homilias ſcribi curavit anno 939. 43. 44.
Calophrena, *V.* Michaël.
Caloſippus oppidum, 68. 325.
Caludes, *V.* Manuel.
Calpurnius Proclus Senator Conſularis, 161. 162.
Καμπανάρια, *Thenſtra*, 457.
Camillus Venetus ſcriba, 96.
Campanarum uſus apud Græcos, 437.
Καμπαναρεῖον, Turris campanaria, 465.
De Camps (Abbas) Librum Evangeliorum Ludovico Magno obtulit, 260.
Canavi, *V.* Nicephorus.
Cancri in gemmis Baſilidianorum, 179.
Candace urbs Cretæ, 83.
Candidati, 159. 160.
Cangii Gloſſarium Græcum, 18.
Κανικλεῖον, vaſculum atramenti, vel potius punicei liquoris, 22.
Κανίκλειος, vel ὁ ἐπὶ κανικλείου, miniſter Imperatoris, qui vaſculum punicei liquoris vel cinnabaris ſervabat, 22.
Κάδιον, vaſculum atramenti, atramentarium, 22.
Κανοῦν, atramentarium, 21.
Canonarium Codex, 52.
Canon Paſchalis, 280.
Canones Apoſtolorum mſ. 93.
Canonum Codex, 63.
Cantacuzeni (Joannis) hiſtoria mſ. 72.
Cantica Scripturæ poſt Pſalterium Sedulii Scotti, 239.
Capelliani Muſei prodromus, 178.
Capito Paſicratis, 163.
Capſocalybe cella, 458.
Caput S. Joannis Baptiſtæ, 477. 478.
Caput S. Thomaïdis, 478. 480.
Caracali Monaſterium montis Atho, 437. 495.
Caracylæa ἀρχηγία ex Regibus orta, uxor C. Jul. Severi Conſulis, 160.
Caræs Monaſterium montis Atho, 437.
Carani ſive Cyrani Perſarum Regis opus Phyſicomagicum, 65.
Carmen Græcum Codicis Murbacenſis, 210.
Carolus Calvus Imp. 42.
Carolus ſcriba, 96.
Carpocratiani, 328.
Karræi, 123.
Caſauboni ſententia de papyro Ægyptiaca, 16.
Caſſiodori locus de verſiculis Librorum, 30.
Caſſianus Martyr ſtylis confoſſus, 20.
Κασσίτερον, *Stannum*, 404.
Caſtamoniti Monaſterium montis Atho, 437. 498.
Caſtoria Regio, 476.
Caſularum Monaſterium, *V.* S. Nicolai Mon. 83.

Καταχθονίων, ſic ſcriptum ✠ΧΘΟΝΙΟΝ, 141.
Catalogus Codicum unciali charactere ſine accentibus & ſpiritibus, 186.
Κατανυκτικὸν, Libellus compunctionis, 387. 405.
Catena in Pſalmos in Biblioth. Regia picturis elegantibus ornatur, 7.
Catena Regia in Prophetas Majores & Minores XIII. ſæculi, 316.
Catena in Job mſ. 71.
Κατάπλατῖον, Blatreum ex ſerico, 474.
Κατειρες, vel forte Καντείνος, ſtimulus, 9.
Καθετὴρ, ῆρος, Catheter, inſtrumentum chirurgicum, 369.
Καθηγούμενος, Cathegumenus, Abbas, 44. & alibi frequenter.
Catholicus Armeniæ, 331.
Catilianus Dionyſius, 93.
Catilianus, V. Dionyſius.
Cato mſ. 77.
Cecropis tribus Attica, 140.
Cecrops literas Græcas advexiſſe dicitur 117. Hæc opinio refutatur, ibid.
Cecryphalea, 136.
Cedrenus, 5.
Κεχαριτωμένης B. M. V. Monaſterium C. P. 110. Unde eductum eſt Typicum Irenes Ducænæ Auguſtæ, nunc Regium, 110. 300.
Celſus (Cornelius,) 200.
Celtes vel cæltes a cælando, eſt ſtylus, vel potius ſcalprum, 20.
Cenſus habitus per T. Fl. Gaianum, 161.
Κεντηνάριον, Centenarium, ejuſque nota, 359. & ſeqq.
Κεφαλοκόλωνα, capitella, 465.
Ceraſia cella, 450.
Ceratæ Tabulæ, 16.
Κεράτιον, ceratium, moneta parva, 359. & ſeqq. Ejuſque nota, ibid. & 360.
Ceratiorum notæ, 368.
Κεραύνιον nota, 370. 372.
Cerdonis hæreſis, 328.
Cereris deæ ſacra, 165.
Cerinthiani, 329.
Κηρόβουλλον, cerea bulla, 379.
S. Ceryci Martyrium mſ. 270.
SS. Ceryci & Julittæ reliquiæ, 478.
S. Ceryci reliquiæ, 491.
S. Ceryci Martyris pes, 456. Reliquiæ, 464.
Κήρυξ ἄρχοντι quis, 151.
Κηρύκων τῆς ἐξ Αρεοπάγου βουλῆς officium, 151.
Cerycum familia Athenis, 151.

X *Chi.*

X, quomodo ligatur, 265.
X formæ, 336. 338. Arcanæ vel obſoletæ, 336. 340.
Χαιρετισμὸς Græcis Annunciatio B. M. Virginis, 253.
Chalces Inſulæ prope Conſtantinopolin Monaſterium & Bibliotheca, 110.
Chalcus, pondus, 369. 370.
Χαλάζω, diruo, 55.
Chalcedonenſis ſynodus, 330.
Chalcondylas, V. Demetrius.
Chalcondylas (Demetrius,) 212.
Χάγκιες, 405.
Chantaca urbs Cretæ, V. Candace, 84.
Χάραγμα, moneta percuſſa, 359.
Characteres ligati, V. Literæ ligatæ,
Character Ægyptius ab aliarum regionum diſcrepat, 113. 114.
Characteres Græci Ægyptii, 315.
Characteres, V. Literæ.
S. Charalampis reliquiæ, 491.
Chariton ſcriba, 69. 96. 326.
Chartæ varia genera, 13. & ſeqq. Malvarum palmarumque folia, ibid. Philyra, Tilia, Liber, ſive membrana tenuis inter corticem & lignum. Papyrus Ægyptiaca, Corticea charta. Plumbea, Tabulæ ceratæ, æneæ, argenteæ, elephantinæ, eburneæ, omentum elephantis, charta Auguſta, Livia, Claudia, Saitica, Tæniotica, Coriacea, Membranea, Bombycina, 13. & ſeqq.
Charta plumbea, 16.
Χάρται μολύβδινοι, chartæ plumbeæ, 16.
Charta deletilis, ſive Palimpſeſtum, 19.
Chartæ conficiendæ operæ Alexandriæ, 109.
Chartæ Imperatoriæ ex papyro Ægyptiaca, 15.
Chartularium Græcum, 92.
Chartulatia apud Græcos, 379. 380.
Χάσδιον, velours Gallicè, 404.
Χήμη, Cheme, menſura, 369.
Le Chevalier (Leo) ejus ope Codicis papyrei reliquias nacti ſumus, 215.
Chilantarii Monaſterium montis Atho, 437.
Chilantarii Monaſterium, & ejus deſcriptio, 471. 472.
Chiron Hippocentaurus, hominis forma repræſentatur in Dioſcoride Cæſareo, 197. Ejus feruntur opera duo ſpuria, ibid. Primus inventor τῆς ἰατρικῆς διὰ βοτανῶν, 198. Chironis effigies Sambuciana, ibid.
Chio: ex ea Inſula Codices in Occidentem exportati ſunt, 110.
Chœnix menſura, 369. 370.
Chœroboſcus mſ. 77.
Χωράφιον, ager, villa, 393.
Χοῦς, chus, menſura Attica, 371.
Choricarius ſcriba, 96.
Χωρικία, ruſticitas, 61.
Χουλιάρια, cochlearia, 457.
Χρήσιμον nota, 370. 372.
XRESTVZ pro Chriſtus in gemmis Baſilidianorum, 179.
Χείβιον, vexatio, 397.
Chriſti faſciæ, 456.
Chriſtiani labyrinthus Salomonis, 375.
Chriſtianis mos precandi hora tertia, 182. 396. 399.
Chriſtodulus Amiras, 381. Protonotarius, ibid.
Chriſtodulus Amiras Protonobiliſſimus effectus, 382. 387. 409.
Chriſtodulus metu Iſmaëlitarum aufugit in Pathmum, 78.
Chriſtodulus Hegumenus Mon. S. Pauli Latris, 78.
Chriſtodulus alter, Hegumenus Monaſterii S. Pauli Latris, 78.
Chriſtolyti hæretici, 329.
Chriſtophorus Garathon Diodorum Siculum exſcribi curavit anno 1427. 77. 96.
Chriſtophorus Auberus vel Awerus multos Codices ſcripſit, 89. 96.
⳩ Hoc monogramma uſurpatum pro vocibus, χρυσὸς, χρυσόσομος, χρυσίον, χρόνος, 347.
Χρυσάφιον, aurum, 6.
Χρυσίον, aureum dictum, 276. ejus nota, ibid.

Chryſobulla Impp. Manuelis Comneni & Andronici Palæologi, 463.
Chryſobulla in monte Atho, 111. 4. 8.
Χρυσόβυλλον, 397.
Χρυσόβυλλον, χρυσοβύλλιον, aurea bulla, 379.
Chryſococca, V. Georgius.
Χρυσογραμμία, aurea ſcriptio, 5.
Opuſculum de Χρυσογραφία, 5. 6. 7.
Χρυσογραφία aurea ſcriptio, quomodo exercebatur, 5. 6. 7.
Chryſographi, qui aureo charactere ſcribebant, 5. Frequentes apud Græcos, ibid.
Chryſographia, ſive aurea ſcriptura apud Græcos frequens, 36.
Χρυσογράφοι & χρυσογραφοῦς, qui aureo charactere ſcribebant, 5.
Chryſoloras, V. Manuel.
Chryſoſtomi in Pſalm. Codex IX. ſæc. 272.
Chryſoſtomus, V. Joannes.
Chymica opera mſ. 90.
Chymicæ notæ, 373. & ſeqq.
Ciceronis Libri per κῶλα & κόμματα ſcripti, 30.
Cicero de Palimpſeſto, 19.
Cimon in Cypro defunctus γραμματεὺς inſcribitur in catalogo defunctorum, 134. & ſeqq. 137.
Cimon ex tribu Laciade, 137. 138.
Κιννάβαρις, V. Cinnabaris.
Κινναβαρις, Cinnabaris, 5. 379.
Cinnabaris Imperatoribus in uſu erat ad ſubſcriptiones: ejus confectio, 3.
Cinnabaris an differat a minio vulgari, 3. 4.
Cinnabaris: ſubſcriptio in cinnabari, 266. 268. 299. 300.
Cinnamus Leo ſcriba, 65.
Cinnamus, V. Leo.
Circinus Græcis διαβήτης, 22.
Citium urbs Cypri, 137.
Citrum oppidum, ut videtur, 63.
Κλαδευτήρια, cultri putatorii, 405.
Claudia Dechas uxor Athenionis, 165.
Claudiæ Julittæ Epitaphium, 166.
G. Longinus Claudianus, 165.
Claudius Ancantherus, 93. 96.
Clavi quatuor membris Chriſti affixi in pictura, 253.
Clemens Cathegumenus Mon. τῶν ἱερέων, Codicem Chryſoſtomi reſtauravit anno 1142. 44. 97.
Clemens Monachus ſcriba, Metaphraſtæ Decembrem ſcripſit anno 1112. 57. 58.
Clemens Rhodius Sacerdos, 88.
Clemens Monachus ſcriba, 97.
Clementis Alex. op. mſ. 45.
Clementis Alex. Protrepticon & Pædagogus mſ. 275.
Clemens Alexandrinus ait Græcas literas ex Phœniciis ortas eſſe, 117.
Clementis Alexandrini locus de inſtrumentis ad ſcribendum, 21.
Clementis Portus, 476.
Cleremont, familia Nortmannica in Calabria, 385. 399.
Climacus, V. Joannes.
Clio muſa ejuſque ſymbolum, 169.
Knezes Serviæ, 497.
ΚΝΟΣΙΟΝ pro ΚΝΩΣΙΩΝ, 132.
M. Cocceius Alexander, 166.
Κόχλιον, 404.
Codex idipſum eſt atque Liber, 14.
Κώδηξ, βίβλιον, Liber, 14.
Codex quadrata forma, 230.
Codices omnium vetuſtiſſimi ad Inſcriptionum characteres prorſus accedunt, 184. 185. Vix poſſunt inter ſe quoad ætatem diſtingui, ibid. & 193.
Codices purpurei, 4. 5.
Codicum unciali quadrato charactere, ſine accentibus, catalogus, 186.
Codices ex Bibliothecis Imperatoriis ad Occidentales Bibliothecas exportati, 110.
Codices quadrata forma, 234.
Codices unciali charactere oblongo nono ſæculo ſcribi deſierunt; ſed pro uſu Chorali, etiam decimo ita conſcripti fuerunt, 231.
Codices ubi prior ſcriptura eraſa fuit, ut nova induceretur, 37. 231. 233.
Codices Græci ubi eraſa priore ſcriptura nova inducta fuit, 318. Quanta pernicies hinc Græcis antiquis Scriptoribus allata fuerit, 319.
Codices Græci apud Latinos ſcripti ab aliis in forma characteris diſcrepant, 114.
Codex Actuum Apoſtolorum IX. ſæc. 50.
Codex Bibliorum in Bibliotheca Ambroſiana, 27.
Codex cl. v. Stephani Baluzii bombycinus, Nicetæ Panoplia, 326.
Codex Baſilianus IX. ſæculi, cujus ſpecimen adfertur, 271. 272.
Codex Baſilidianus ſcripturæ abbreviatæ X. ſæc. 281. 282. 283.
Codex vetuſtiſſimus Baſilianus V. circiter ſæculi, ubi prioribus eraſis nova ſuperſcripta ſunt, 213.
Codex Baſilianorum VIII. aut IX. ſæc. 233.
Codex S. Baſilii Canonicorum Reg. Bononienſium X. ſæculi, 269.
Codex Cæſareus purpureus aureo & unciali charactere ſine accentibus, 5.
Codex Cæſareus Libri Geneſeos, 10.
Codex Cæſareus aureis & argenteis literis, 140. & ſeqq.
Codex Cæſareus anno 1095. ſcriptus bombycinus, 18.
Codex Chryſoſtomi IX. ſæculi Regius, 271.
Codex Joan. Chryſ. 511.
Codices in Calabria deſcripti multi, 112.
Codex Colbertinus Aſceticus XIII. ſæc. 321.
Codex Colbertinus, num. 700. auro exornatus, 4.
Codex Colbertinus unciali quadrato charactere partem Bibliorum continens, 186.
Codex alter Colb. VIII. circ. ſæculi unciali charactere oblongo, 231.
Codex Græcus Colbertinus, olim Thuanus anno 1022. in Gallia ſcriptus pro Mon. S. Dionyſii in Francia, 292.
Codex Colbertinus VIII. ſæc. unciali charactere, 228.
Codex Colbertinus IX. ſæculi charactere ligato, ubi Vitæ Sanctorum, 270. 271.
Codex Colb. anno 890. deſcriptus, 269.
Codex Colb. XIII. ſæculi Dionyſii Areop. 321.
Codex Colbert. XIV. ſæculi, ubi Homiliæ & Acta Martyrum, 323.
Codex Joan. Damaſceni Regius, 303.
Codex Eudociæ Auguſtæ conjugis Conſtantini Ducæ, & poſt Romani Diogenis Impp. 295. Poſt mortem Rom. Diogenis in Monaſterium relegatæ, ibidem. Macrembolitiſſæ dictæ, 298. quæ Bibliothecam paravit numeroſam, 298.

Librum edidit Ἰώνια, & alios, *ibid.*
Codex Florent. Benedictinorum, ubi Acta Apostolorum x. sæculi, 281. 282.
Codex San-Germanensis, ubi Vitæ SS. 27.
Codex San-Germanensis xi. sæculi complectens Vitas SS. mensis Augusti, ut erant ante Metaphrasten, 273.
Codex San-Germanensis στιχηρῶς scriptus, 30.
Codex San-Germanensis idem, per κῶλα & κόμματα scriptus, Græcolatinus, 218. *& seqq.*
Codex Laurentianus scripturæ abbreviatæ, x. sæculi, 283.
Codex Laurentianus x. sæc. Cosmæ Topographia Christiana ms. 280.
Codex RR. PP. Jesuitarum præstantissimus viii. circiter sæculi, 225. Olim Renati Marchali, postea Cardin. Rupifucaldi, 225. Specimen ejusdem, 224.
Codex Liturgicus Græco-Arabicus, 314.
Codex Murbacensis Græce scriptus Latina manu, 220.
Codex purpureus Neapolitanus vii. circiter sæculi aureo charactere, 224. Ejus Alphabetum, *ibid.*
Codex Neapolitanus Evangeliorum purpureus, aureo & unciali charactere descriptus, 4.
Codex Illustrissimi Abbatis Passionei xi. sæculi, specimina ex ejusdem Codicibus, 290. 291.
Codex Regius ubi prior scriptura uncialis vetustissima erasa, & nova superinducta fuit, 213.
Codex Regius Græco-Latinus septimi circiter sæculi, 216. 217. Ejus specimen, 216.
Codex Regius num. 1809. opera S. Gregorii Nazianzeni complectens, aureis literis & picturis exornatur, 4. Pro Basilio Macedone scriptus, 4.
Cod. Nicosia in Bibliothecam Regiam allatus, 314.
Cod. Regius ix. sæculi cujus literæ ad sinistram reclinantur, 272.
Codex elegantissimus Regius Gregorii Nazianzeni ad usum Basilii Macedonis fuit, ejus imaginem habet, 250.
Codex Theodoreti Regius, x. sæculi, 278.
Codex Reg. anno 914. scriptus, 274. 275.
Cod. Reg. x. sæculi elegantissimus, 480.
Cod. Reg. scriptus anno 942. 277.
Cod. Reg. x. sæculi, 277. 278.
Cod. Reg. στιχηρῶς scriptus, 30.
Cod. Reg. x. sæc. bombycinus, 278. 279.
Cod. Reg. Menæum Novembris, 304.
Cod. Reg. num. 1886. aureis literis exornatus, 4.
Cod. Reg. x. sæculi, scripturæ abbreviatæ, ubi Comment. in Acta & Epistolas Pauli, 283. 284.
Cod. Reg. Epistolarum novi Testam. cum Comment. xi. sæc. scriptus, 294.
Codex Regius numero 2436. bombycinus x. sæc. scriptus, 18.
Codex Regius 2885. bombycinus, anno 1050. scriptus, 18.
Codex Evangeliorum Regius script. anno 1168. 305.
Codex Regius bombycinus xiii. sæculi, ubi Vitæ SS. aliquot, 323.
Codex bombycinus Regius Prophetarum, xiii. sæc. 316.
Codex Regius Constitutionum Friderici II. Imp. sæculo xiii. 318.
Codex Regius in Prophetas Majores & Minores xiii. sæc. 316. 389.
Codex Regius Evangeliorum xiv. sæc. 326.
Codex Græco-Arabicus Liturgicus in Biblioth. Regia, 314. 315.
Codex papyreus Turonensis uncialibus literis sine accentibus descriptus, 214. 215.
Codex Octateuchi, 512.
Codex Gregorii Nazianzeni, ubi versiculorum numerus in fine notatur, 28.
Codicem ex monte Atho nullum vidimus in Bibliothecas Occidentis exportatum, 111.
Codices Græci ex Ægypto pauci in Europam translati sunt, 109. 257.
Codices Græci ex Palæstina, Phœnice & Syria pauci in Europam translati, quare 109.
Ἀπὸ κωδικέλλων, a Codicillis, Notariorum genus, 35.
a Codicillis, 35.
Codinus de Ædificiis C.P. 59.
Κοιτὼν, *Ærarii generalis domus*, 327.
Colardus (Johannes) Protonotarius, 236.
Colbertina inscriptio Athenis eruta, 145. *& seqq.*
Collyridiani, 329.
Colonia castrum in Gallia Cenomanensis Diœc. 292. 294.
Colophonis nummi, 175.
Colorbasi hæresis, 328.
Columnarum duarum & trium in Libris usus apud Græcos, 27.
Κῶλον, sive membrum periodi, 30. 238.
Κῶλα, membra periodi, 217. Eorum exemplum, 216. 217. 218. 219.
Κῶλα aliquando prolixiora, 242.
Cola & commata ex Hieronymo, 30.
Κῶλον quid ex Suida, 30. 31.
Colybas, *V.* Paulus.
Κομμίδιν, *gummi*, 6.
Κόμμα, sive particula periodi, 30.
Κόμματα sectiones minimæ periodi, 217. Earum exempla, 216. 217. 218. 219. 238. *& seqq.*
Κόμματα aliquando prolixiora, 242.
M. Aur. Commodus Imp. 163.
Comocetium, 162.
Κομπολόγια, *Rosaria*, 457.
Comparinus, *V.* Bartholomæus, 97.
Computus Ecclesiasticus ms. 74.
Conchæ sanguis ad confectionem cinnabaris, 3.
Κονδάκια, cui usui, 35.
Κονδάκια & κοντάκια, *Rotuli*, 386. 409.
Κονδύλιον, calamus & penicillus pictorius, 6. 23.
Κονδίλιον vel κονδύλιον, *calamus*, vel penicillus pictorius, 349.
Κόνδυλος, *condylus*, mensura, 366.
Consecratio Augustarum cum Pavone repræsentatur, 197.
Constans Augustus Libros Scripturæ sacræ ab Athanasio petiit, 109.
Constantianæ locus Constantinopolitanus, 273.
Constantini M. Epocha, 70.
Constantinus Pogonatus, 331.
Constantinus Copronym. Exarchatum & Ravennam a Pipino repetit, 267.
Constantinus Copronymus: ejus videtur esse Diploma San-Dionysianum, 267.
Constantinus Copronymus: contra eum scripsit Joannes Jerosolym. Patriarcha, 66.
Constantinus Porphyrogenitus Imperator colligendis

gendis Libris operam dedit, 109.
Constantinus Porphyrogenitus Imp. 43. 44.
Constantinus Romani filius Imperator, 43. 44.
Constantinus Monomachus, 50.
Constantinus Ducas Imp. 53.
Constantinus Ducas Imp. conjux Eudociæ, 295. 296.
Constantinus Ducas Sebastus dux Alemannos & Venetos devicit & anno 1179. ex pleuritide obiit, 47.
Constantinus Palæologus, quo imperante Constantinopolis capta est, 80. 149.
Constantinus Vassaraba Vœvoda Ungarovlachiæ, 441. *& seqq.*
Constantinus Patriarcha C.P. necatus, 66.
Constantinus Chartophylax scriba, 97.
Constantinus Sacerdos & Chartophylax Pissæ scriba, 72.
Constantinus alter scriba, 97.
Constantinus Lector scriba, 62. 97.
Constantinus Atrape, 97.
Constantinus Atrape, 77. 95.
Constantinus Presbyter Calligraphus, 510.
Constantinus Tarsitus scriba, 60.
Constantinus Tarsitus scriba, 97.
Constantinus Lascaris, 97. Apollonium Alexandrinum Grammaticum exscribi curavit, 85.
Constantinus Lascaris Græca Diplomata Latine vertit in Calabria, 387.
Constantini Harmenopuli vel Armenopuli Promtuarium legum ms. 71.
Constantinus, 392. Papas, 395.
Constantinus Dux Nicoti, 401.
Constantinopolis descriptio ms. 67.
Constantinopolis postquam Imperii sedes & caput fuit, elegans scripturæ Græcæ officina, 109.
Constantinopolitana prima synodus, 330.
S. Constantius Asilus, 399.
Constitutiones Siculæ a Frederico II. Imp. primo Latinè, deinde Græcè editæ, 417. *& seqq.*
Constitutiones Imperiales Frederici Imp. 63. 64. 389.
Consul unus sæpe in marmoribus nominatur, tacito altero, 149.
Consulatus sæculo VI. varie notantur, 174.
Κοντάκια, *rotuli*, apud Græcos cui usui, 33.
Contacium quid, 33.
Contacium Regium, 33. Basilianum, 34.
Κούπα, *Catinus*, 7.
Κοφῆ, *V.* ἐπίσημον κοφῆ. 132.
Κόππα, *V.* ἐπίσημον κοφῆ, 132.
Copticus character, 311. *& seqq.* Ejus specimen, 312.
Coptorum literæ, 256.
Coptica plantarum nomina Codici Regio Dioscoridiano adscripta. 257.
Coptici Libri, 313.
Corcyræi leges emendabant, 150.
Corcyræi tres tibicines, tres tragœdos, totidemque comœdos in celebritatibus Bacchi deligebant, 151.
D. Corel Anglus, 510.
Cornelius Andreæ filius Nauplius Murmureus, (i. Peloponnesius) scriba, 90. 97.
Coronæ prosopopœia, 11.
Κορωνίς nota, 372.
Corticea charta, 15. differt a papyracea, 15.
Coryssus vicus, 476.
Cosmæ Ægyptii Topographia picturis ornata in Codicibus, 7. 280. 374.
Cosmas Archiepiscop. Roscianensis, 400.
Cosmas Abbas S. Mariæ Hodegetriæ, & post Archiepiscopus Roscianensis, 38.
Cosmas Panaretus Monachus scriba, 7. 97.
Cosmæ vestitoris in reditum reliquiarum S. Jo. Chrysostomi, 511.
Cosmas Sacerdos Cameli scriba, 70. Exarchus Metropolis Athenarum, 70. 97.
Cosmia nomen feminæ, 172.
Cosmus pater Cosmiæ, 172.
Κοτύλη, *cotyla*, mensura, 369.
Κύκτουρσι, 405.
Κυμπίδες, 487.
Κυπαι, *mortaria*, 405.
Cralæna Serviæ Regina, 40.
Crales Rex Serviæ, 40. 156.
Cralis seu Serviæ Regis Xenodochium, 40. 110.
Crater celeberrimus in magna Laura montis Atho, 453.
Κρημαστήριον, 405. Videtur aliud significare quàm cremathra.
Cratevas ὁ ῥιζοτόμος Medicus in Cod. Dioscoridis Cæsareo depictus, 200. Ejus ætas, *ibid.* Hippocrati æqualis, *ibid.*
Cretenses Calligraphi multi, 111.
Crucis veræ lignum, 456. 464. 472. 480. 481. 482. 483.
Crucis forma Christianorum frontibus pingitur, Hieronymus, 120.
Crux Mariæ Augustæ, Nicephori Botaniatæ conjugis, 311.
Crux San-Germanensis Manuelis Imp. cum inscriptione, 309.
Κρυπτογραφία, arcana scribendi ratio, 36. 87.
Κρυπτογραφία sive arcana scriptura, ejusque varii modi, 285. *& seqq.*
Κρυφία, nota, 370. 372.
Crypta-Ferratense Monasterium, clara olim Græcæ scriptionis officina, 113.
Crusius, *V.* Martinus.
Ctesias membranas memorat, 17.
Κτιστὴς fundator, conditor: accipitur etiam pro restauratore, 161.
Cubitus mensura, 365. 366.
Cubrici, 329.
Cubuclesius, *V.* Georgius.
Cucuzeles musicus, 454. 455.
Cucuzelus, *V.* Joasaph, 97.
Cultellus temperando calamo, *canif*, 22.
Curatores viarum, 160. 162.
Curium civitas, 50.
Curterius (Joannes) Procopium in Hesaïam edidit, 40. 225.
Custiel nomen virtutis cujusdam apud Basilidianos, 177.
Cutlumusæ Monasterium montis Atho, 437. 483.
Cuttunea charta sive bombycina, 18.
Κύαθος, *cyathus*, mensura liquidi, ejusque nota, 369. 370.
Cyccus locus, 75. 76.
Cycli solis & lunæ notati a Calligraphis, 307.
Cydonia Cretæ urbs, 83.
S. Cypriani pes, 474.
Cyprianus Hegumenus S. Joannis Theristi, 390. 413. 429.
Cyprianus Archimandritus Mon. S. Joan. Theristi, 390.

Cyprus aquarum illuvie devastata anno 1479. 55.
In Cypro mortui Athenienses tempore Peloponnesiaci belli, 134. 135.
Cypri Ecclesiæ multæ Ægyptiaci ritus, 314.
Ex Cypro multi Codices Græci in Occidentem exportati sunt, 110.
Cyrani sive Carani Persarum Regis opus Physicomagicum, 65.
Cyranides opus Cyrani, 65.
Cyriacus Sacerdos, 87. 97.
Cyriacus Sacerdos, 288.
Κυριακόν, Ecclesia Dominica, 457.
S. Cyrillus, 330.
S. Cyrilli Liturgia, 314.
Cyrilli Lexicon mſ. 72.
Cyzicena inſcriptio, 141.

Δ & D.

Δ, Ejus literæ formæ vetuſtiores, 122. 127.
Δ, hujus literæ formæ, 161.
Δ, ſingulares formæ, 222. 223.
Δ, formæ, 135. 136. arcanæ vel obſoletæ, 336. 339.
D Latinum pro Δ Græcè, 141.
Δ pro Z a Doribus & Atticis poſitum, 127.
Δ ſic & ſic D Græci veteres ſcripſerunt, 118.
Δ, quam formam habuit ab VIII. ſæculo, 231.
Δ, quomodo ligatur, 264.
Dacia, 162.
Daclozaus, *V.* Petrus, 97.
Δάκτυλος, *digitus*, 366. Ejus nota, *ibid.*
Dalaſſenus, *V.* Joannes.
Daleth Phœnicii forma, 118.
Dalmatia, 47.
Damaſcenus Cretenſis, *V.* Michaël.
Damianus Hegumenus Mon. S. Pauli Latris, 78.
Damianus Guidota, 97.
Damilas, *V.* Antonius.
Damulinus (Georgius,) 84.
Daniel mſ. 50.
DANKLE pro ΖΑΓΚΛΗ, Meſſana, 127.
Dantzulas Princeps, 494.
Darmarius, *V.* Andreas.
S. David Theſſalonicenſis reliquiæ, 491.
Dejotarus Rex Galatiæ, 155.
Deiparæ viginti-quatuor domus, 466.
Deiparæ Imago Hodegetria dicta. Quare, &c. 382. 383. 384.
Deipara Scalitorum, 399.
Deipara, *V.* Maria.
Δεκασπίθαμος, *decempalmaris*, 8. 9.
Deliaca Inſcriptio ſingularibus formis, 121. 122.
Δέλτος, *Liber*. 25. olim in trianguli formam, 25.
Δήμαρχος, Tribunus, 162.
Δημήτηρ, Ceres, 165.
S. Demetrii Martyris unguentum, 456. 464. 474 485. 497.
S. Demetrii Martyrium, 325.
S. Demetrii Martyris ſanguis, 485.
S. Demetrii cella, 458.
Demetrii nummus in quo eadem vox Græco & poſt Phœnicio charactere ſcribitur, 119.
Demetrius Cineæ Cydathenæus Theſmotheta Athenis, 148. 149.
Demetrii Anagnoſtæ Grammatica, 71.
Demetrius Cantacuzenus ſcriba, 98.
Demetrius Chalcondylas ſcriba, 98.
Demetrius Hegumenus Mon. S. Pauli Latris, 78.
Demetrius Leutares ſcriba, 83. 98.
Demetrius Nomachlomus Medicus, 70. 97.
Demetrius Palæologus, 52. 97.
Demetrius Pepagomenus ſcriba, 80. 98.
Demetrius Servus, 84. 98.
Demetrius Sguropulus ſcriba, 78. f. Syropulus.
Demetrius Sguropulus vel Syropulus ſcriba, 97.
Demetrius Preſbyter Calligraphus ſcripſit Pſalterium Græce, anno 1059, Demetrius ſcriba, 97. forte idem.
Demetrius ſcriba, 79.
Demetrius Zenus ſcriba, 513.
Democriti Phyſica myſtica de confectione Azymi, 375.
Δημόσιον, *vectigal*, 364. Ejus nota, *ibid.*
Demoſthenis Libri per κῶλα & κόμματα ſcripti, 30.
Demoſthenes mſ. 84.
Δημοθοινία epulum, 154. *& ſeqq.* frequenter.
Demſteri (Thomæ) locus, 18.
Denariorum nota, 359.
Denariorum notæ, 162.
Deorum duodecim nomina, 37.
Δέρμα, *membrana*, 17.
Deſerti proſopopœia, 13.
D. Deſmarets, 187.
Δεσμάρια, 405.
Δευτερεύων, *Secundarius*, 44.
Διαβήτης, *circinus*, 22.
Διακαινήσιμος, renovatio, ſic vocatur Hebdomas poſt Paſcha, 233.
Diacrinomeni Hæretici, 330.
Diagramma genealogicum Julianæ Aniciæ Auguſtæ, 207.
Diana agrotera ſive agreſtis, 150.
Δίαυλον, *diaulum*, menſura, 366.
Didymus temeratæ fidei reus habetur apud Græcos, 4.
Didymus pro Athanaſio habitus ex abbreviationum ſimilitudine, 347.
Δικερατοεξαφόλλον, *Diceratohexaphollum*, quid? 364. Ejus nota, *ibid.*
Δικέρατον, *Diceratum*, quid? 364. Ejus nota, *ibid.*
Δίχας, *dichas*, menſura, 365. 366.
Digamma Æolicum, 128.
Digitus menſura, 365. 366.
Διαβάδια, *forcipes*, 405.
Dioclea pars Dalmatiæ, 47.
Diocletiani epocha, 68.
Diocletianus: ab Imperio Diocletiani annos ſupputant quidam Calligraphi in notis ſuis, 39.
Diodorus quidam, cujus nomen abbreviatur, Dioſcoridis Cod. Regium ſcripſiſſe creditur, 43. 257.
Diodorus ſcriba, 98.
Diodori Siculi mſ. 81.
Diodori Siculi hiſt. mſ. 77.
Diodorus Hermeæ Præco Archonti Athenis, 148. 149.
Dionis Chryſoſtomi Oratt. mſ. 69.
Diogenis Cynici Epiſtolæ mſ. 77.
Dionis Nicæni epitome per Joan. Xiphilinum mſ. 88.
Diomedes de interpunctione, 31.
Diomedes Calligraphus, 52.
Diomedes ſcriba, 98.
Dionyſiaca magna, 150. Eorum ſymbola palmes & uva, 148. 150.

Dionysii Areop. Codex, 67.
S. Dionysii operum Codex, 56.
S. Dionysii operum Cod. ms. 76. bis.
Dionysii Areop. opera ms. 45.
Dionysii Areop. Cod. 65.
S. Dionysii Areop. opera cum scholiis Maximi ms. 61.
Dionysii Areopagitæ op. ms. 71.
Dionysii Halycarnassei ms. 82.
Dionysii Halycarnassei Codex, 85.
Dionysii Halycarnassei scribentis schema, 22. 23. 24. Descriptio Codicis unde schema desumtum est, *ibid.*
Dionysius Andrius Patriarcha C.P. multa bona Monasteriis montis Atho contulit, 455. 457. 458.
S. Dionysius Theodosii Arch. Trapezuntini frater Monast. Dionysii fundator, 476.
S. Dionysii Monasterii in Francia Archivum, 15.
Dionysii Perihegetis ms. 82.
Dionysius Perihegetes cum scholiis ms. 70
Dionysii Monasterium montis Atho, 437.
Dionysius Catilianus, 93. 98.
Dionysius Hegumenus Mon. S. Pauli Latris, 78.
M. Aur, Dionysius, 166.
Dioptra Philippi solitarii Liber, 54.
Διόρθωσις τῶν νόμων, 150.
Dioscorides Anazarbensis vetustior, Φακᾶς dictus, 201.
Dioscorides Pedanius, non Pedacius, appellandus, 209.
Dioscoridis Codex Cæsareus unciali charactere sine accentibus & spiritibus, 195. & *seqq.* Picturis ornatus, 196. & *seqq.* Julianæ Augustæ jussu descriptus, 39. 196. & *seqq.* Nathanaëlis jussu & Joannis cujusdam opera restauratus, 196.
Dioscorides in Codice Dioscoridiano Cæsareo multoties depictus, 201. 203. Anazarbensis, *ibid.* Ejus ætas, *ibid.*
Dioscoridis Codex Neapolitanus vetustissimus, 212. initio mutilus, *ibid.*
Dioscoridis Codex Regius insignis in Ægypto scriptus, 43.
Dioscorides Regius charactere unciali in Ægypto scriptus, 256. & *seqq.*
Dioscorides Alphabeti ordinem non sequutus est, imo eum improbavit, 209. Alii vero postea ejus opera Alphabetico ordine digesserunt, 209. 210.
Dioscoridis Codices multi plantarum figuram cum nativis coloribus exhibent, 7.
Dioscoridis Codices multi, 213.
Dioscorides non alphabetico ordine, &c. 259.
Dioscorus Patriarcha Alex. 330.
Dioscuri Castor & Pollux, 163.
Diotimus, 166.
Diplomata corticea, & papyrea, 15.
Diplomata hactenus multa in Oriente, 378.
Diplomata Græca in Occidente pauca, 15.
Diplomata multa in Monasterio novæ Hodegetriæ de Patirio, 384.
Diploma Rogerii Regis autographum, 387.
Diploma originale Rogerii Regis, 408. & *seqq.*
Diplomata Regni Neapolitani & Siciliæ, 380.
Diploma Latinum Frederici II. Imperatoris, 390.
Diploma Mariæ Reginæ Jerusalem, Siciliæ, Ungariæ, 390.
Diploma Sixti IV. 390.
Diploma San-Dionysianum Græce, papyraceum 265. Videtur esse Constantini Copronymi, *ibid.* & *seqq.*
Diploma Nicolai Luatri, 415. 416.
Διφθέραι, *membranæ*, 17.
Δίπτυχα, *Diptycha*, cujus formæ & cui usui erant, 34.
Diptycha, 314.
Diptycha in Monasterio Compendiensi, 34.
Δισκοπότηρ, *poculum*, 404.
Divinatoriæ notæ, 376. 377.
Dochiarii Monasterium montis Atho, 437. 489.
Docianus (Theodorus) scriba, 69.
Docianus, *V.* Theodorus.
Δωδεκάθεον ἀλάπιον, remedium pro restituenda oculorum acie, 37. *V.* in ἀλάπιον.
Δωδεκάνησα, duodecim insulæ Cyclades, 45.
Dolia figlina, 168.
Domitianus Bibliothecas reparavit, 109.
Δόναξ, calamus scriptorius, 21. 22.
Δοξάτα τά, porticus, 478.
Δῶρον, idem quod παλαιστή, *palmus*, 9.
Dorothei Ascetica, 2.
Dorotheus, 59.
Δόρυ, significat obelum, 371.
Doxapatris Nomocanon jussu Joan. Comneni Imp. adornatur, 62. 302.
Drachma mensura holce dicta, ejusque nota, 369. 370.
Draconis intestinum, ubi Homerus totus descriptus, 16.
Δρεπάνια falces, 405.
Δρουγγάριος, *Drungarius*, dignitas Constantinopolitana, 45.
Drusi Consulatus, 148. 149. 150.
Drusus Consul, 148. 149. 150.
Ducarum familia Constantinopoli, 300.
Ducas, *V.* Joannes.
Δωδάμας prosopopœia, 11.
Δύπιννον, *bipennis*, 405.
Dyrrhachium, 47.

E & H sive ἦτα.

E: Formæ Græcæ veteres ejus literæ, 122. 127.
E forma, 163.
E formæ, 335. 336. arcanæ vel obsoletæ, 336. 339.
E singulari modo scriptum in Deliaca inscriptione, 121. 122.
E pro H olim positum, 127. 128. 129.
E pro ει antiquitus apud Græcos, 121. 122.
Є rotundum sub Imperio Romano advectum creditur, 152. In Libris vetustissimis ita semper scribitur, 185. 186.
E hac forma in Codicibus Græcis Græca manu scriptis nusquam occurrit, sed Є rotundum scribitur, 152.
ε hâc forma in marmore quodam Neapolitano, 152.
E: variæ ejus literæ formæ, quomodo ligantur, 264.
E in αι mutatum, 292.
H, pro aspiratione tantum in marmoribus Baudelotianis & in columnis Farnezianis, 138. 139. 141.
H olim pro litera non usurpabatur; sed ejus

loco E adhibebatur, teste Platone, 127. 129.
H formæ, 223. 336. arcanæ vel obsoletæ, 336. 339. forma singularis, 172.
H per E expressum primitus, 138. 139. 141.
H, cum puncto in medio sic H, 146.
H, quomodo ligatur, 264.
H in I mutatum frequenter in Codice VIII. sæc. 230.
η in ι mutatum, 292.
η, in ι mutatum in vetustissimo exemplari, 213.
η in ι & υ mutatum IX sæc. 236. 242.
H pro Υ secundo sæculo, 160.
Eborei pugillares, 16.
Eburneæ literæ, 16.
S. Eccatherina, 410.
Εκλογάδιον, collectio, 292.
Ε'γδιαιζομένω, pro Ε'κδιαιζομένω, 146.
Εγδλώ. 405.
Εγκόλπια, thecæ reliquiarum, 457.
Ε'γκωμαντάρμῳ, villicus, 401.
Ε'γ Μυειτήνης, pro ἐκ Μυειτήνης, 146.
Eι in ι mutatum frequenter in Codice VIII. sæc. 230.
Eι pro ῃ subscripto, 141.
Εἰλητόν, corporale, 404.
Εἱρμολόγιον, 387. 405.
ЄICVΥC pro Jesus in gemmis Basilidianorum, 179.
Ἡγούμενος, Abbas, Hegumenus, 45. passim legitur.
Ελαιοτριβεῖα, officinæ oleo conficiendo, 452.
Ελαπκὸν, Elaticum, quid? 364. Ejus nota, ibid.
Elcesæi, 328.
Elephantini pugillares, 16.
Eliæ Prophetæ vita ms. 225.
Ε'λυμα, temo, 8. Ejus forma, 9.
Ἡλιακὸν, nota, 379. 373.
Ἡμικτὸν, mensura, 369.
Emmanuel Atramytenus scriba, 98.
Emmanuel Atramytenus scriba, 85.
Emmanuel Margunius, 91.
Ἥμισυ, dimidium, & ejus nota, 361.
Encæniorum festum, cum festo SS. Petri & Pauli apud Græcos, 213.
Encaustum sacrum, 2. 3. Ε'γκαυστον, Encaustum, liquor ruber ad scribendum; aliquando etiam niger, unde Inchiostro apud Italos, apud nos autem, encre, 2. Encaustum cui usui erat, ibid.
Ε'ξχονία, annus, 69.
Ε'ξχορία, Indictio, 55.
Enclistra Monasterium inclusorum, 75. Ε'γκλείστρα, Enclistra, Monasterium inclusorum, 63. 89.
Ε'γκλειστος & ἔγκλειστος, inclusus, Monachus, 63.
Encratitarum hæresis, 328.
Ε'νδυμάτιον, operimentum, 404.
Enodia aliis Diana venatrix, aliis Hecate, 141.
Ε'νοδία, Enodia dea, viarum præses, 141.
Enyalius Mars, 150.
Eparchus, V. Antonius.
Ε'φορος τῶν χρίσεων, 327.
S. Ephræm Codex, 78. 404.
S. Ephræm opera in ms. Cryptæ-Ferratæ, 48.
Ephræm Hegumenus Mon. S. Pauli Latris, 78.
Επιχώριος θεά, Dea indigena. 175.
Epidauriorum monogramma, 144. 145.
M. Marius Epictetus, 175.
Ε'πινέμησις, Indictio, 61. 363.
S. Epiphanii Ecclesia, 63.
Epiphanii notæ, 370. 373.
Epiphanius Patriacha C. P. 331.
Epiphanius filius Theonis Alexandrini, 68.
Epirotarum monogramma, 143. 144.
Επίσημον βαῦ, sive Digamma per ϛ expressum, 128. Aliæ ejusdem Episemi formæ, ibid. 128. ϛ in Alphabeto Græco post E positum etiam infimis sæculis, ibid. ϛ per C exprimitur, & aliquando per S, 128. & per F. ϛ, formæ, 335. 336. ϛ in Alphabeto post ε locabatur, 223. 292.
Επίσημον κοππα vel κόππα, 122. 132. vocatur item ἀντίρρω, sive Rho inversum, ibid. per ϙ olim exprimebatur eadem forma qua Coph Phœnicium, 132. olim in Alphabeto erat, ibid. Επίσημον κόππα: ejus formæ, 336 337.
Ε'πίσημον σαὶ πι, 122. 123. nongenta significat, 132. Ε'πίσημον σαὶ πι, ejus formæ, 336. 337. Επίσημον σαὶ πι, sive ἀντίσιγμα πι, literæ Tsade respondet, 122. 132.
Episcopulus, V. Antonius,
Epistolæ novi Test. cum Comment. 49.
Epistola Amanuensis ad Abbatem, 249.
Επιτραχήλιον, Stola, 404.
Epochæ variæ a Calligraphis Græcis usurpatæ, 39. Epocha singularis a fundatione Templi S. Sophiæ, 39.
Ε'πώνυμος, Eponymus, Archon Athenis, pro anno designando usurpabatur, 150.
Equo publico honoratus, 158. 159. quid illud, ibid.
Erectheïdis tribus defunctorum in bello nomina, 134. & seqq.
Eresiorum monogramma, 144. 145.
Erichthonius unde dictus, 244.
Erigena, V. Scotus.
Ermentrudis uxor Caroli Calvi, 42.
Erotemata Grammatica ms. 76. 80. 83.
Ερύσιμον, resina, 371.
Esaïæ sermones Ascet. 47.
Esdræ Prophetæ notæ divinatoriæ, 376. 377.
Esdras novas literas pro Bibliis advexit post captivitatem, 119. 120.
Esseni, 327.
Ethnophrones hæretici, 329.
Etymologicum magni Grammatici ms. 74.
Etymologicum magnum ms. 83. bis.
Evangelistarium ms. 69 88. 89.
Evangelistarum imagines, 261. 280.
Evangelia mss. 51. 61. 89.
Evangeliorum per annum Cod. vetustus, 513.
Evangeliorum Codex Regius, charactere unciali x. sæculo, ad usum Chori descriptus, 260.
Evangeliorum Codices, 55. 63. 66.
Ε'υαγγέλια, ἐυαγγέλια, Libri Evangeliorum per annum, 386. 404.
Eubœa insula dicitur Εὔριπος, 111. inde Negrepont, ibid. Ex Eubœa Codices in Bibliothecas nostras exportati, 111.
Euchitæ Massaliani, 329.
Εὐχαριστίας prosopopœia, 11. 204.
Εὐχολόγιον, Liber precum in Liturgia & alibi, 386. 404.
Euclidis Optica, Catroptica, Phænomena, 90.
Εὐκτήρια, precatio, 269.
Eudocia Augusta Theodosii junioris uxor Imaginem Deiparæ a B. Luca pictam, cum aliis Reliquiis misit Jerosolyma Constantinopolin, 382.
Eudocia Augusta uxor Basilii Macedonis, 251.
Depicta

depicta in Cod. *ibid.*
Eudocia Augusta Macrembolitiſſa uxor Constantini Ducæ, & poſtea Rômani Diogenis Imperatorum, 51. 52. 98.
Eudocia Macrembolitiſſa Augusta eruditionis laude celebris, 109. Bibliothecam comparavit, 109. Librum edidit *Ionia* inſcriptum, 109.
Eudocia alia, 65.
Eugenicus, *V* Manuel.
Eunomius, 329.
Euripidis mſ. 83.
Euripidis epiſtolæ mſ. 77.
Εὑρέσεως, ſive inventionis proſopopœia, 11. 203.
Euripus, *Eubœa*, 74.
Εὔριπος, *Euripus*, ſic dicitur Eubœa inſula, 44. 111.
Euſebius Cæſarienſis, 330.
Euſebii Cæſ. hiſtoria mſ. 46.
Euſebii Monitum in Canones Evangeliorum mſ. 260.
Euſebii Cæſarienſis opera quædam mſ. 68.
Euſebius in Chronico agit de tempore, quo Athenienſes 24. literis uti cœperunt, 117. 118. Ejus ſententia explicatur, 118.
Euſebii Canones Evangeliorum mſ. 260. 280. 305.
Euſebii Demonſtratio Evangelica mſ. 88.
Euſebius Calligraphos memorat, 35.
Euſebii ad Carpianum Epiſtola aureo charactere, 281. in alio exemplari, 305.
Euſebii epitomæ Prophetarum, 225.
Euſebii ſcholia, ejus manu ſcripta, memorantur a quodam Calligrapho, qui ipſa viderat, 39.
Euſebii Pamph. Præpar. Evangelicæ, Libri v. mſſ. 275.
Euſebius Cæſ. 226. 227.
Euſebii Pamph. contra Philoſtratum & Hieroclem mſ. 275.
Euſebii Pamphili adverſus Hieroclem, 81.
Euſebius temeratæ fidei reus apud Græcos habetur, 4.
Euſebius Nicomedienſis, 330.
S. Euſignii Martyrium, 27.
Εὐστα χωνεῖν, Librum compingere, 26. 40. 106.
S. Euſtathii reliquiæ, 474.
Euſtathius in Homerum, 15.
Euſtathii locus, περὶ Νήθειν, 25.
Euſtathii de Iſmeniæ & Iſmenes amoribus mſ. 76.
S. Euſtratii Martyris caput, 456.
S. Euſtratii manus, 483.
Eutecnii Sophiſtæ Paraphraſis in Nicandrum, 102. 211.
Euterpe Muſa, ejuſque ſymbolum, 171.
S. Eutychii Patriarchæ Conſtantinopolitani caput, 472.
S. Eutychii Eccleſia, 41.
Eutyches, 330.
Euthymius Xiphilinus Monachus Calligraphus ſcripſit opera S. Greg. Naz. anno 1091. 54. 98.
Euthymii Zygabeni Panoplia mſ. 93.
Euthymius Zygabenus ſcriptor, Monachus in Monaſterio B. M. V. Peribleptæ, 62. 110.
Euthymius fundator Monaſterii Dochiarii in monte Atho, 489.
Euthymius Monachus ſcriba, 48. 98.
Ἔξαρχοι μητροπόλεως Ἀθηνῶν, 70.
Exarchatus ab Aiſtulpho vi captus a Pipino receptus, 267.
Ἑξάφυλλον, *Hexaphollum*, quid? 364. Ejus nota, *ibid.*
Exempla varia Scripturæ per κῶλα & κόμματα, 216. *& ſeqq.*
Ἐξημέρευμα, *dies*, 55.
Ἐξώκιονιον, 405.
Ezechielis Cod. antiq. 41.

F

F Digamma Æolicum, per ϛ etiam exprimitur, 128. Nomen τοῦ *Vau*, & pene ſonum etiam ſervavit, *ibid.* Apud Doras ſpiritum utrumque notabat, 128.
Faber, *V.* Petrus.
Fabia, nomen Tribus Romanæ, 158. 159.
Fabretus (Raphaël) laudatus, 169. 171.
Farnezianum marmor, 127.
Farnezianæ columnæ ab Herode Attico in via Triopia olim poſitæ, 135. 140.
Ferrarienſis & Florentinæ Synodi pſeudohiſtoria mſ. 90.
Filum Ariadnæ Liber ab Eudocia Auguſta editus, 298.
Firmus Tyrannus ingentem vim chartæ in Ægypto habuit, 14. 109.
G. Ælius Flavianus, 161.
Flavianus Eutyches, 16.
Flavus color in titulis nonnumquam uſurpatur apud Græcos, 4. 279.
Folium quare ſic dictum, 27.
Fontaninus (Juſtus) laudatus, 510.
Forfices, ψαλὶς, ψαλίδιον, ὀδοντάγρα, 22.
Fortitudinis proſopopœia, 11.
D. Foucaut laudatus, 121. 175.
Franciſcus Philelphus, *V.* Philelphus.
Franciſcus Philelphus ſua aliorumque manu multa exſcribi curavit, 98.
Fredericus II. Imp. dicitur, *ſemper Auguſtus, Italicus, Siculus, Jeroſolymites, Arelatenſis*, 64.
Fredericus Imp. Rex Siciliæ & Jeroſolymæ, 62.
Frederici II. Imp. tituli, 388.
Frederici II. Diploma Latiné, 428.
Fredericus II. Conſtitutiones Siculas primò Latinè, deinde Græcè edidit, 318. 319. 417. *& ſeqq.*
Frontinus de Lamellis plumbeis, 16.
Fronto Præfectus Ancyræ, 154. 157.
Fulvius Urſinus, 91.

G & Γ.

Γ: ejus formæ vetuſtiores, 122. 127. Ab ea litera expreſſum eſt C Latinum, 127.
Γ formæ, 335. 336. arcanæ vel obſoletæ, 336. 338.
Gamma ſic ſcriptum ʌ, 138. & ſic 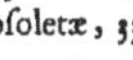, *ibid.*
Γ quomodo ligatur, 263.
Γ, nota trium Interpretum; Aquilæ, Symmachi & Theodotionis, 226.
Gabriel a ſiniſtris Imperatoris ipſum Imp. coronans, 251. 253.
Gabriel nomen virtutis cuiuſdam apud Baſilidianos, 177.
Gabriel Princeps in Valachia, 481.
Gabriel Hegumenus Monaſt. S. Pauli Latris, 78.
Gæzatodiaſtus pater Amyntæ Ancyrani, 154.
T. Fl. Gaianus quæ officia obtinuerit, 161.
Gaius, 163.

Pppp

Galatæ ἄποικοι Gallorum Tectoſagum, 155.
Galatæ Ancyrani, 154. & ſeqq.
Γαλατάρχης, *Galatarches*, ſive ſacrorum Ludorum in Galatia præſes, 161. 162.
Galatia ſub Auguſto in Provinciæ formam redacta, 156.
Galenus Alphabetico ordine ſcripſit, 210.
Galenus (Claud.) Pergamenus in Cod. Dioſcoridis Cæſareo depictus, 199. 200. Ejus vita per Phil. Labbæum, 200.
Galeni Therapeuticæ methodi mſ. 82.
Galeni mſſ. 82. 86.
D. Galland inſcriptiones eruit, 135. Ejus narratio de repertis antiquiſſimis inſcriptionibus, 134.
Gallienus Imp. Archon Athenis fuit, 149.
Galli gallinacei capite homo in gemmis Abraxæis, 178.
Gallo-Græcia, Galatia, 156.
Q. Gallius epulas dedit Ancyræ, 155. 157.
Galterius Bergomas ſcriba, 98.
Galterius Bergomas Euſebii Cæſarienſis quædam, & alia opera exſcribi curavit, anno 1308. 68.
Gamla, ſic veteres Syri vocant *Gamma*, 127.
Γαμβρὸς, *gener*, 402.
Gangemi Monaſterium, ut videtur, 394.
Gangra caſtrum, 65.
Garathon, *V.* Chriſtophorus.
Γαργαλισῆνεια, 405.
Gaſpar Volaterranus, &c. 98.
Gaſpar Volaterranus Protonotarius. 81.
Gedeon Hieromonachus ſcriba, 51 98.
Gemina, Legionis nomen, 162.
Geneſii Monaſterium, 65. 349.
Geneſii mſſ. 88.
Genethlia, &c. 414.
Genethlialogiæ liber 388.
Gennadius Scholarius ſcriba, 99.
Gennadii Scholarii in Judæos, 87.
Gennadius Pachna, 67. 98. 188.
S. Georgii M. reliquiæ, 474.
S. Georgii Imagines, 487.
S. Georgii ſanguis, 491.
Georgius Agapetus ſcriba, 99.
Georgius Anagnoſtes ſcriba, 99.
Georgius Armeniacus (*d'Armagnac*) Cardinalis, 88.
Georgius Βαιοφόρος ſcriba, 76. 99.
Georgii Chœroboſci Grammatica mſ. 74.
Georgius Chryſococca Diaconus ſcriba, 77.
Georgius Comes Corinthius Bibliothecam habuit, 92. 93. 99. Georgii Comitis Corinthii Bibliotheca. 111.
Georgius Cubucleſius ſcripſit Plutarchi vitas, anno 997. 46. 99.
Georgius Damulinus, 84.
Georgius Grammaticus ſcriba, 99.
Georgius Gregoropulus ſcriba, 99.
Georgius Hermonymus, Budæi & Reuchlini præceptor, ſcriba, 99.
Georgius Longus ſcriba, 99.
Georgius Malaphara, 86. 99.
Georgius Nobuno, 49. 99.
Georgius Notarius ſcriba, 99.
Georgii Oecumenii hiſtoria Græce, 58.
S. Georgii Oriati Eccleſia, 45.
Georgius Pappadupolus ſcriba, 76. 99.
Georgius Phlammengus ſcriba, 51. 99.
Georgius Protepiſcopus Euripi, anno 943. Homilias Chryſoſtomi ſcribi juſſit, 44. 99.
Georgius Papa ſcriba, 80.
Georgius Raülis ſcriba, 93. 99.
Georgius Rhodius ſcriba, 63. 68. 99.
Georgius Sacerdos Tabularius, 68. 325.
Georgii Scholarii opera mſ. 79.
Georgius Stafinus, 99.
Georgius Tabularius ſcriba, 99.
Georgius Tartuzus Cyrilli Lexicon ſcribi curavit, 73. 99.
Georgius Sacerdos ſcriba, 67. 99.
Gerardus ſcriba, 77. 99.
Gephyræi Phœniciorum Tribus, 115.
Geraſimus Hieromonachus ſcriba, 80. 100. 321.
Geraſimus Abbas, 385. 386.
Geraſimus Abbas SS. Petri & Pauli de Spanopetro, Theodulum ab ſe in ſucceſſorem cooptatum abdicat, 387.
Geraſimus Cathegumenus τῶν ἱερῶν, 99.
Geraſimus Cathegumenus Monaſterii τῶν ἱερῶν, Simeonis Metaphraſtæ Decembrem exſcribi curavit, 57. 58.
Geraſimus Hieromonachus, 100.
Geraſimus Cathegumenus Mon. SS. Petri & Pauli de Spanopetro, 403.
Geraſimus alius ſcriba, 100.
Geraſimus forte idem, 100.
Geraſimus Hieromonachus Calligraphus, 64.
S. Germani Monaſterii Liber papyreus, 15.
Germani Eccleſia nova, 302.
Germanus Lingus Hieromonachus ſcriba, 64. 100.
Germanus, ſcriba, 88.
Geronticon Codex, 404.
Gilbertus (Joan. Matthæus) Datarius Apoſtolicus, Epiſc. Veronenſis, 512.
Giolum vicus in Cypro, 89.
Gioſphre fil. Bertæ Comitiſſæ Loritelli, 396.
Giraldus Lugdunenſis Conſul Gallicus Athenis, 133. 134.
Giura Deſpotes Serviæ, 492.
Giuras Deſpotes Symendri, 493.
Gloſſarium Græco-Latinum olim San-Germanenſe ix. ſæculo ſcriptum, 41.
Gloſſarium Græco-Latinum mſ. Laudunenſe ix. ſæc. 247. 248. 249.
Glycæ Epiſtolæ mſ. 85.
Γλυφεῖον, *ſcalpellus* temperando calamo, *canif*, 22.
Γλυφεῖον & γλυφίον, *ſtylus* vel *ſcalprum*, 20.
Γλύφειν, *temperare calamum*, 22.
Γλυφὶς καλάμων, ſcalpellus temperando calamo, *canif*, 22.
Gnidii calami, 21.
Gnoſimachi hæretici, 329.
Gnoſtici varias in ſectas diviſi, 177.
Gortyna in Creta, 173. 174.
Gothiæ metropolites Sophronius, 67.
Grabe (Joan. Erneſt.) laudatus, 186. 510.
Græcæ linguæ uſus abrogatus in Mon. SS. Petri & Pauli de Piro, 390. 431.
Græcæ voces Latinis carminibus paſſim admixtæ, 249.
Græcæ formæ vetuſtiſſimæ, 122.
Græcæ literæ, Phœniciæ primum nominatæ, 116.
Græci antiquitus aliquando a dextera ad ſiniſtram ſcripſerunt, quemadmodum Phœnicii, 118.

Græci prænomen, nomen & cognomen instar Romanorum acceperunt, 209.
Græcorum in Romanorum Pontificem odium, 434.
Γραμματεύς, scriba, 22. 34.
Grantemanil familia Nortmannica in Calabria, 385. 399.
Γραφεύς, scriba, 35. 59. 67. 304.
Γραφίδας, δόνακας, calamos scriptorios, memorat Nicetas, 21. 22.
Γραφικὸν μέλαν, atramentum, 2.
Gratiarum actionis prosopopœia, 11. 204.
Gratia-plenæ Monasterium CP. V. Κεχαριτωμένη.
Gregoras, V. Nicephorus.
Gregorii Naz. sermones mss. 64.
S. Gregorii Naz. caput, 464.
S. Gregorii Theologi Liturgia, 314.
S. Gregorius Theologus, 330.
Greg. Naz. opera mss. 48. 55. 69. 92.
Gregorii Nazianzeni Codex olim Basilii Macedonis, nunc Regius, 42.
Gregorii Naz. Codex, 58.
Greg. Naz. carmina mss. 50.
Greg. Naz. Cod. 68.
Greg. Naz. Calligraphos memorat, 35.
Greg. Naz. Codices, 54. 83.
Greg. Naz. orationes mss. 79.
Gregorii Nysseni Codex, 68.
Gregorii Nysseni in Cantica Codex, 65.
S. Greg. Nysseni in titulos Psalmorum mss. 93.
S. Gregorii Nysseni de Baptismo, 332. De participatione Dominici Corporis, 332.
S. Gregorii Papæ Dialogi Græce versi mss. 32.
Gregorii Monasterium in Atho, 494.
S. Gregorius junior fundator Monasterii ejusdem nominis in Atho, 494. Gregorii Monasterium montis Atho, 437.
Gregorius Patriarcha Constantinop. anno 1457. 81.
Gregorii Cyprii de Proverbiis mss. 81.
Gregorius discipulus S. Basilii junioris ejus vitam scripsit, 323.
Gregorius Hegumenus Monasterii S. Pauli Latris, 78.
Gregorius Turon. de Juliana Anicia, 205.
Gregorius Palama Arch. Thessalonic. 454.
Gregoropulus, V. Georgius & Manuel.
Grimanus (Carolus) Patricius Venetus, 132.
Gronthus, i. Palmus, 366.
Gruterus inscriptionem eamdem admodum vitiatam ut duplicem dedit, 161.
Guazris uxor Senatoris Siculi, 62.
Γόνυ, dentale, 8. Ejus forma, 9.
Guidanus, V. Antonius.
Guidotus, V. Damianus.
Gullielmus Vicecomes, 395.
Gullielmus Rex Siciliæ, 307.
Gullielmus Rex Siciliæ, 61.
Gynecæi Monasterium, 62.

H

Hadrianus Imp. in Epist. ait Christianos Serapim colere, 178.
Hadrianus Imp. Archon Athenis fuit, 149.
Hadriani Imp. Epistola apud Vopiscum, 14.
Hagioprocopita, i. ex Eccl. S. Procopii, 74.
In Haliensibus vel ad Halias mortui Athenienses tempore Peloponnesiaci belli, 134. 135.
Halsus urbs, 87. 288.
Harpocrates digitum ori admovens, 182.
Harpocrationis Lexicon, 150.
Hebræorum volumina, seu Rotuli Biblici, ex corio sunt, 17.
Hebraïcæ literæ in Thalmude Jerosolymitano vocantur Assyriæ, 120.
Hebraïci Alphabeti explicatio Latine metro in Codice VII. sæculi, 221.
Helenæ matris Constantini Imago, 253.
Helenæ divinæ (*Devineresse*) crux, 377.
Helias a dextris Imperatoris vexillum tenens depictus, 251. 253.
Helias Monachus scriba imperitus, 292.
Helias Monachus in Francia scripsit Librum Græcè anno 1022. 48. 100.
Heliodori ad Theodosium de arte Mystica, 374.
Hemerobaptistæ, 327.
Hepidamus S. Galli Monachus de Sedulio Scotto, 41.
Heracleæ monogramma, 144. 145.
Heraclides: tredecim hujus nominis memorantur, 199.
Heraclides Tarentinus Empiricus in Cod. Dioscoridis Cæsareo depictus, 199.
Heraclitus Aristoclis Sphettius βασιλεὺς Athenis, 148. 149.
Hermææ in Phædrum Platonis mss. 81.
Hermannus Hugo de prima scribendi origine, 20.
Hermetica ars de auro conficiendo, 84.
Hermetici Philosophi, 375.
Hermogenis ars Rhetorica mss. 60.
S. Hermolai M. reliquiæ, 474.
S. Hermolai reliquiæ, 481.
Hermolaus Barbarus, 84. intra 37. dies Athenæi Deipnosophistas exscripsit, 84. 100.
Hermonymus, V. Georgius.
Hero Geometra de mensuris solidis, 9. 365. *& seqq.*
Herodes Atticus villam suam Triopiam multis inscriptionibus nobilitavit, 140.
Herodis Attici Bibliotheca Athenis, 109. & in Recensione Bibliothecarum.
Herodiani, 327.
Herodotus membranas memorat, 17.
Herodoti locus emendatus, 343.
Herodoti Halicarnassei Codd. 68. 72.
Hesaïas Cyprius Hieromonachus, 81. 100.
Hesiodi opera & dies mss. 74.
Hesiodi Codex instrumenta arandi cum picturis exhibens, 8.
Hesiodi testimonia de Christo, 243. *& seqq.*
Hestiæus Dionysii Milesius ἄρχων Athenis, 148. 149.
Hesychii Commentarii in Prophetas, 316.
Hexapla Origenis penes Abbatem Apolinarium, 40. 41.
Hexapla, &c. 226. 227.
Hiccezius (Georgius) laudatus, 292.
Hieracæ Monasterium, B. M. Virginis nomine consecratum, 49.
Hieracitæ, 329.
Hieracis B. M, Hieracis Monasterium, 55.
Hiericzos oppidulum, 437.
Hieroclis in Pythagorica carmina mss. 81.
Hieroglyphica non sunt literæ, 313.
Hieronymus de figura *Thau* in Crucis modum, 133.

Hieronymi locus indicans idem fuisse ante captivitatem Babylonicam Hebræorum & Samaritanorum scribendi genus in Bibliis, 119. 120.
Hieronymi locus de Libris purpureis aureo charactere, 5. 193.
Hieronymi locus, 16.
Hieronymi locus de versiculis Librorum, 30.
Hieronymus Hebræis doctoribus utebatur, 110.
Hieronymus Tragudista, 100.
Hierothei Philosophi de arte divina, 374. 375.
Hincmarus, 42
Hippocratis epistola Cratevæ, 200.
Hippocratis epistolæ ms. 77.
Hippocratis vita & opera ms. 75.
Hippolyti Chronologia Evangeliorum, 261. 511.
Hippolytus idem Thebæus dictus, 511.
S. Hippolytus, 415.
Hippothoontis tribus Attica, 140.
Hodegetriæ novæ Monasterium *de Patirio*, vel *de lo Patre* dictum: quare? 384.
Hodegetria Monast. B. Virginis in Calabria, 381.
Nova Hodegetria dicta, 381.
Homerocentones opus Eudociæ Augustæ, 298.
Homeri Codd. 71. 85.
Homerus totus in draconis intestino scriptus, 16.
Hamon Judæus Solimani Sultani Medicus, 195.
Homerus totus ms. 81.
Homeri Ilias soluta oratione conscripta cum figuris, XI. sæculi, 7.
Homeri Ilias Cod. 70. 80.
Homeri locus de Tabellis ad scribendum, 26.
Honorius Imp. 460.
Hora qua scriptio desinit interdum notatur a Calligraphis, 304.
Hormisdæ Papæ epistola ad Julianam Aniciam, 205.
Horologium Græcorum, 74.
Horologium ms. 84.
Hospitalius (Michaël) Cancellarius, 91.
Huraltius Boistallerius, 69.
Huraltius, *V.* Boistallerius.
Hydrus, urbs, 83.
Hymnologium ms. 63.
S. Hypatii reliquiæ, 474.
Hypselas, *V.* Petrus.

I

I: Forma hujus literæ unde, 129.
I formæ, 335. 336. arcanæ vel obsoletæ, 336. 339.
I, litera aliis longior in Inscriptione quadam, 159.
I, quomodo ligatur, 264.
ι in ε mutatum, 292.
ι in η mutatum frequenter in Codice VIII. sæc. 230.
Iota, quod subscriptum vocant, in serie aliarum literarum. 138. 139. 276. 278. 295.
Iῶτα subscriptum, ut vocant, olim e regione & in serie aliarum literarum ponebatur; sed sæpius penitus omittebatur, 33.
S. Jacobi Persæ reliquiæ, 475.
Jacobus Arnoldi Trevirensis, Notarius Apostolicus, 480.
Jacobitæ a capta Ægypto nullum Græcæ linguæ usum habuerunt, 314.
Jacobitarum Liturgia, 314.
Janus Lascaris scriba, 100.
Iαὼ vox frequens Basilidianis, 179.
Iαὼ ineffabile nomen, 179.
Iatricæ notæ, 373. & *seqq.*
Iberiæ Principes, 449.
Iberorum Monasterium montis Atho, 437. 473.
Icetici hæretici, 329.
Iκόνιτζα, *parva imago*, 404.
Iconomachi, 331.
Jehova, nomen Dei, Samaritanis literis scriptum erat in vetustis Libris Hebræorum, 119. 120.
Jeremias Patriarcha Constantinopolitanus, 498.
Jeremias Rhacendytes scriba, 91. 100.
I'έρεια, Sacerdos femina, 160.
τῶν I'ερέων, Monasterium Constantinopolitanum, 44. 57. 58.
τῶν I'ερέων, sive Sacerdotum Monasterium, 110.
Inde Codices educti sunt, 110.
I'ερογραμματεὺς sacer scriba, 21.
I'ερομόναχος, Hieromonachus, 64. & *passim.*
S. Ignatii Deiferi pes, 481.
Ignatius cognomine justus Libros describi curavit, 67. 69. 100. 326.
Ignatius, 67.
Ignatius forte idem, 100.
Imagines statuarum more in monte Atho, 437.
Imagines Evangelistarum, 261.
Imagines Moscoviticæ argenteæ, 467.
Imagines in Codicibus Græcis depictæ quantum juvent ad rerum intelligentiam, 7.
Imago Deiparæ Hodegetria dicta, 382. & *seqq.*
Imperatorum pupillorum tutores, viridi colore utebantur in literis, 3.
Imperatorum & Augustarum subscriptiones in cinnabari, 299. 300. 301.
Imperatorum Græcorum nomina olim Latine scripta in monetis & actis, 268.
Inaro Libyæ Regi Athenienses suppetias tulerunt, 134.
Inclusi Monachi apud Græcos, 63.
I'νία, ινια, mensuræ genus, 405.
I'λλούστριος, *Illustris*, dignitas Constantinopolitana, 173. 174.
Inscriptiones multæ statuarum, quæ veteres Græcos repræsentant, Romæ positæ fuerunt, 153. 154.
Inscriptiones Peloponnesiaco bello positæ, 134. & *seqq.*
Inscriptio Ancyrana nobilissima & aliæ, 154. & *seqq.*
Inscriptio Atheniensis nunc Colbertina, 145. & *seqq.*
Inscriptio Cyzicena, 141.
Inscriptio Deliaca singularibus formis, 121. 122.
Inscriptio Ionica columnarum Farnezianarum, 141.
Inscriptiones tres a Sponio allatæ & vitiatæ, a mendis expurgantur, 147. 149.

Inscriptionum Græcarum, quæ in Palæographia continentur, initia.

Α'γαθῇ τύχῃ ἡ μητρόπολις Ιυλ. 165.
Α'γαθῇ τύχῃ Τ. Ορηστειανόν, 167.
Α'νεκαινίσθη ἐπὶ Βασιλέως κ Κων- 147.
Α'νεκαινίσθη ἐπὶ Μανυὴλ. 147.
Απολλώνιος Εὐτύχου Κλ- 166.
... αρχεύσαντα κ ἀγορανομήσαντα. 165.
Α'ρχων κ ἱερεὺς Δρύσυ. 149.
Γ. Αἴλιον Φλαβιανὸν Συλπ. 162.
Γεγαιτῶν ὁ δῆμος... Αλκιβιαξ. 154.

Γ. Ιούλιον

Γ. Ἰούλιον Γ. υἱὸν Φαβία. 159.
Γ. Λογγείνῳ Παυλείνῳ Γ. Λ. 165.
Διῒ ἡλίῳ μεγάλῳ Σαρ- 163.
Διότειμος Διοτείμῳ καὶ Λ- 166.
Ἐν ὀνόματι τοῦ δεσπότου ἡμ... Ἰουστινιανοῦ. 174.
Ἐπὶ Θεοδώρου τοῦ ἁγιωτάτου. 173.
Ἐρεχθεΐδος. οἵδε ἐν τῷ πολ. 134.
Ζωτικὸν Βάσσου ἄνδρα ἀγ- 162.
Ἡ βουλὴ καὶ ὁ δῆμος Σεβασ. 166.
Θεᾶ ἐπιχθονίῳ τύχῃ Τίτος Φλ. 175.
Θεοῖς καταχθ. ἐνθάδ' ἐγὼ κεῖμαι. 172.
Θεοῖς καταχθονίοις καὶ Κ. 163.
Θ. Κ. Παπίας Διοδώρου. 169.
Ἰησοῦς χριστὸς σταυρῷ παγείς. 309.
Ἰωάννου ἐν χῷ αὐτοκ- 147.
Καίου Σερβιλίου Βετ. 168.
Καὶ τοῦτο γνοῦ σοι προσφέρω. 309.
....καλλίστῳ Φοιβίωνι τῷ Θρ- 163.
Καλπούρνιον Πρόκλον ἐκ σ. 161.
Καρακύλαιαν ἀρχιέρειαν. 160.
Κοσμίᾳ ζησάσῃ ἔτη ς'. 172.
Λ. Φούλβιον Ῥουστικὸν Αἰμ- 161.
Λούκιος Σερβωνίᾳ συμβ. 166.
Μ. Αὐρ. Διονύσιον τὸν γλυκ- 166.
Μίθρης ἐν ὀργάδι. 170. & in Recensìon.
Μ. Μάριος ἐπίκτητος τῇ. 175.
Μ. Σεμπρώνιος Νικοκράτης. 171.
Ὀκτάβιος Ῥοῦφος συντ... 167.
Ὃν τῆς θαλάσσης θραυσμός. 147.
Οὐάλης καὶ Σαβεῖνα τῇ ἰδ- 166.
Οὐδεὶς δημιτὸν ματαχ- 141.
Π. Πομπώνιον Σεκουνδιανὸν φ- 167.
Σὸς κόσμος ἐστὶ σταυρός. 311.
.... Σωπηπεφόπατος καὶ ἀφιερωσ- 167.
Τάφον τῆς ἔνθα πλησίον β. 165.
Τ. Ἰουλ. Φοιβίωνος. 166.
Τ. Φλ. Γαιανὸν ἱππέα Ρ. 161.
Φαύστῳ Σαβείνῳ υἱῷ Ν. 161.
Χαῖρε παροδεῖτα Μαρκ- 166.
Inſtrumenta arandi ex Codice mſ. Heſiodi, 8. 9. 10.
Interpunctio, 218. 272.
Interpunctionis notæ, 187.
Interpunctio ſingularis in Codice Plutarchi IX. ſæculi, 268.
Interpunctio in ſigillis, 168. 169.
Interpunctio ſingularis, 326.
Joachim Hieromonachus ſcriba, 75. 100.
Joachim Hieromonachus Caſularum, 85.
Joachim ſcriba, 69. 100.
Joachim, Joſiam inter & Jechoniam interponitur in Evang. Matthæi Regio mſ. 261.
Joan. Actuarii de Methodo medendi manuſcript. 93.
Joannes Argyropulus ſcriba, 101.
Joannes Aulicus Logiſta, cognomento ex Angelis, 92.
S. Joannis Baptiſtæ caput, 477.
S. Joan. Baptiſtæ pars capitis, 491.
Joan. Buxtorfus Hebraïcis hodiernis literis ut primigeniis patrocinatur, 110.
Joannes Caloida ſcriba, 78. 96. 101.
S. Joannis Calybitæ Eccleſia incendio abſumta, 75.
Joannis Canabutze, de Samothrace mſ. 91.
Joan. Cantacuzenus, Joaſaph dictus, V. Joaſaph.
Joan. Cantacuzenus Imp. Monachus effectus Joaſaph nuncupari voluit, 71. in Monaſterium Manganorum ſe recepit, 71. Libros deſcribi curavit, 71. 72.
Joan. Cantacuzeni hiſtoria mſ. 72.
Joan. Cantacuzenus de lumine Thaborio mſ. 72.
Joan. Cathegumenus S. Salvatoris Rhadinorum anno 1061. 52. 100.
Joan. Chortaſmenus Dioſcoridem Julianæ Aniciæ reſtauravit & compegit, 40. 196.
Joan. Chryſoſtomi in Epiſt. ad Romanos, 511.
Joan. Chryſ. operum Codex, 64.
Joan. Chryſ. in Geneſim mſſ. 50. 55. 61.
Joan. Chryſ. Homiliæ mſ. 92.
Joan. Chryſoſt. de Sacerdotio, 52.
Joan. Chryſ. in Paulum mſ. 79.
Joan. Chryſ. opera mſ. 45.
Joan. Chryſ. Homiliæ in Matthæum mſ. 44. 59. 91.
Joan. Chryſ. mſ. 79.
S. Joan. Chryſ. mſ. 60.
S. Joan. Chryſ. pars manus, 478.
S. Joan. Chryſ. in Paraſceven, alibi in S. Quintam & dicitur eſſe Procli Conſtantinopolitani, 272.
Joan. Chryſ. in Evangelia mſ. 44.
Joan. Chryſ. Codex, 86.
Joan. Chryſ. Homiliæ mſ. 91.
Joan. Chryſ. Cod. Eclogæ in S. Paulum, 54. *bis.*
Joan. Chryſ. Homiliæ, 43.
Joan. Chryſ. Homiliæ in Geneſim, 51.
Joan. Chryſ. in Joannem Cod. 51. *bis.*
S. Joan. Chryſ. manus, 456. Caput, 464.
Joan. Chryſ. in Paulum mſ. 91.
Joan. Chryſoſt. reliquiæ, 474. 491.
Joan. Chryſ. ſacellum, 455.
Joan. Climaci Codex, 404.
Joan. Climaci ſcala, 66. 68. 75.
Joan. Climaci ſcala, 86.
Joan. Colobus ſcripſit vitam S. Païſii, 323.
Joan. Comnenus Imp. 302. Nomocanonem edi curavit, *ibid.* 303. 304.
Joannes Comnenus montis Atho Monaſteria deſcripſit, 433. & *ſeqq.*
Joan. Comnenus auctor deſcriptionis Montis Atho, 111.
Joan. Comnenus loca ſacra Jeroſolymis inviſit, 445. In Monte Atho verſatus eſt, 445.
Joannes Porphyrogenitus Comnenus Imperator, 58.
Joannes Porphyrogenitus & Irene Imperatores, 60.
Joannes Patriarcha CP. 60.
Joannes Conſtantinus Vaſſarabas Vœvoda Ungarovlachiæ, 455.
Joannes Cubicularius Heracleota, 52. 100.
Joannes Dalaſſenus Sacerdos ſcriba, 63. 101.
Joannis Damaſceni opera mſ. 65.
Joannis Damaſceni opera, 58.
S. Joannis Damaſceni Dialectica ad Coſmam Maiumæ Epiſcopum, 503. & alia opera manuſcripta, *ibid.*
Joan. Damaſcenus de orthodoxa fide, 91.
S. Joannis Damaſceni exemplar vetuſtiſſimum Romæ, 41.
Joan. Damaſcenus mſ. 404.
Joan. Diaconus Methymnæ ſcriba, 61. 101.
Joan. Docianus ſcriba, 101.
Joan. Drungarii Prologus in Heſaïam, 316.
Joannes Ducas ſcriba, 101.
Joannes Hydruntinus ſcriba, 101.
S. Joannis *ſejunatoris* reliquiæ, 474.

Joannes Jerosolymitani Patriarchæ opus contra Constantinum Copronymum, 66.
Joannis Jerosolymitani epistola, 331.
Joannis Itali Philosophi opera ms. 91.
Joannes Lector scriba, 101.
Joannes Manclavites scriba, 59. 100.
Joannes de Sancta Maura Cyprius Leucosiensis, aliquot Codices scripsit, 91.
Joannes de S. Maura scriba, 101.
Joannes Monachus scriba, 101.
Joannes Nathanaël scriba, 88. 101.
Joannes de Nicephoro Episcopus Squillacensis, 381. 393.
Joannes Palæologus Imp. 147.
Joannes Panaretus scriba, 101.
Joannis Patriarchæ Grammatica ms. 71.
Joan. Philoponi in Nicomachi Arithmeticam ms. 74.
Joannes Grammaticus Philoponus, 330.
Joannes Plusiadenus scriba, 101.
Joannes Presbyter Homilias Chrysost. in Matth. anno 995. exscripsit, 44. 100. Evangelia ms. 44.
Joannes Presbyter descripsit Nomocanonem, 57. 100.
Joannes Prespinus scriba, 65. 101.
Joannes Primicerius Alexii Imperatoris frater, 481.
Joannes Rhosus scriba, 101. 112.
Joannes Rhosus Presbyter Cretensis insignis Calligraphus, innumeros Codices scripsit, 81. quibus in locis scribæ munus obierit, *ibid.* 84.
Joannes Rossus scriba, 268. 269.
Joannes Sacerdos exscripsit anno 973. Codicem Chrysostomi, 45. 100.
Joannes Sacerdos scriba, 67. 101.
Joannes Sambucus, 92.
Joannes scriba, 56. 100.
Joannes scriba, 75. 101.
Joannes scriba, 53. 100.
Joannes Serbanus Cantacuzenus Vœvoda Valachiæ, 475.
Joannes Spanopulus & Zupanus ex Valachia, 80.
Joannes Spanopulus scriba, 101.
Joannes Staphida scriba, 74. 101.
Joannis Stobæi ms. 81.
Joannes Thessalus Scutariota multos Codices scripsit anno 1451. 80. 85.
Joannes Tzimisces Imperator, Lauræ S. Athanasii montis Atho fundator, 452.
Joannes Unclis Rex Serviæ & Romaniæ, 486. Monachus, *ibid.*
S. Joannicii caput, 481.
S. Joannicius in Olympo vixit, 305.
Joannicius Præfectus Lauræ S. Sabæ, 101.
Joannicius Monachus, 53.
Joasaph Cantacuzenus Imp. in Monasterium Batopedii beneficus, 465.
Joasaph Cantacuzenus deposita purpura in Monasterio Manganorum Monachus effectus est, 110.
Joasaph Cantacuzenus, &c. 101.
Joasaph alter scriba, 74. 101.
Joasaph forte idem Cucuzelus dictus auctor Irmologii, 101.
Job Liber in Codicibus figuris ornatur ad rerum repræsentationem, 7.
R. Jomtob Judæus, 124.
Jonas scriba, 101.
Jonas scriba exscripsit anno 1123. opera S. Ephræm, 48.
Ἰωνιὰ Liber Eudociæ Macrembolitissæ, 298. non editus, 298.
Ionicæ literæ Phœniciis similes, sed cum aliquanto discrimine, 116.
Ionicarum literarum usus Herodis Attici tempore jamdiu obsoleverat, 140.
Jordanis Archimandrita, 303.
R. Jose ait literas Hebraïcas ex Assyria allatas fuisse, 120.
Joseph Authentes Judex Styli, 391.
Joseph Cathegumenus Monasterii S. Nicolai, 92. 101.
Josephus (Flavius) numerum versiculorum historiæ suæ notat in fine, 28.
Josephi (Flavii) Antiquitates ms. 92. 93.
Josephi locus, 203.
Joseph Justi reliquiæ, 497.
Iotacismi pauci ante septimum Christi sæculum, 139.
Iotacismi, 316.
Ἰυγέρον, *jugerum*, mensura, 365. 366.
Irene Augusta, 325.
Irenes Ducænæ Typicum ejus manu signatum, 17. 26. 101. 299.
Irene Ducæna Imperatrix de Bombycinis Libris, 18.
Irenes Ducænæ Imperatricis Crux, 310.
Irene conjux Alexii, 58.
Irene uxor Joannis Comneni Imp. 60.
Irene Imperatrix uxor Andronici, 68.
Irmologium Liber Ecclesiasticus, 101.
Isaac Angelus Imperator, 62.
Isaac Agio Judæus Hispanus, 124.
Isaac Monachi Grammatica ms. 74.
Isaac Monachus, 91.
Isaaci Liber, 405.
Isidorus de penna ad scribendum, 21.
Isidorus de interpunctione, 31.
Isidori notæ, 370. *& seqq.*
Isidorus Hegumenus Monasterii S. Joannis, 91. 101.
Isidori Pelusiotæ epistolæ anno 986. in Monasterio Cryptæ-Ferratæ jussu S. Nili Abbatis descriptæ sunt, 45.
Isidori Pelus. epistolæ ms. 45.
Isiphilus Asclepiadis Athmoneus Tibicen Athenis, 148. 149.
Isis loto insidens in gemmis Basilidianorum, 178.
Ἰσόδυναμον, *accuratum Apographum*, 377.
Ἰσοζώς, *fliva*, 8. ejus forma, 9.
Itala vetus versio, 242. ejus quædam particulæ supersunt in Officio Ecclesiastico, 242.
In Italia XIV. & XV. sæculo Græcarum literarum studium excitatum est, 113.
Ithyphalli in gemmis Basilidianorum, 179.
Judaïsmus, 427.
Julia Augusta, 154. ejus statua, *ibid.*
Juliana Augusta depicta in Libro Dioscoridis, 203. Diademate Regio ornata, 203.
Juliana Anicia Placidiæ Valentiniani III. & Olibrii Imp. filia, Ecclesiam B. M. Constantinopoli exstruxit, 204.
Juliana Augusta Olybrii Imperatoris filia, 39.
Juliana uxor Ariobindi, 206.
Julianæ Aniciæ virtutes & dotes, 206.
Julianæ Aniciæ Diagramma genealogicum, 207.
Juliana Ecclesiam S. Polyeucti exornavit, 205.

Juliana Catholicæ fidei addictissima, 204. 205. Epistolam ab Hormisda Papa accipit, 205.
Juliana altera senior Valentiniani primi filia, 205. S. Polyeucti Ecclesiam fundavit, *ibid.* Soror Gallæ uxoris Theodosii magni, *ibid.*
Julianus Apostata, 459.
Juliani Apost. carnificina in Christianos, 253.
S. Julittæ reliquiæ, 478.
S. Julittæ Martyris reliquiæ, 456.
Jupiter Serapis in gemmis Basilidianorum, 178.
Justin. Mart. op. mf. 43.
S. Justini Mart. opera mf. 71. 72.
Justini Martyris ad Zenam & Serenum & Admonitio ad Græcos mf. 275.
Justinianus Imp Ecclesias 365. fundavit, 70.
Justiniani Imperatoris Inscriptio Trapezuntina, 174. ejus victoriæ, *ibid.*
Justinianus, 331.
Juvenalis de penna ad scribendum, 21.

K

K: hujus literæ usus ex Jos. Scaligero, 129. K, pro C antiquitus, 130.
Kalenda, sic per K scribebantur, 129.
Kalumnia, sic olim per K scribebatur, 129.
Kaput, sic olim scriptum, Caput Legis indicabat, 129.
Kesaria porta Ancyræ, 166.
Kirkerus (Athanasius.) 313.
Kienda pro Kalendæ, 130.
Klumnia pro *Kalumnia* olim, 130.
Knus olim pro *Kanus*, 130.
Kput pro *Kaput*, 130.
Krtago pro *Kartago*, 130.
Krus olim pro *Karus*, 130.

Λ & L.

Λ, *Lambda*: hujus literæ priscæ formæ, 122. 130.
Λ formæ, 161. 335. 336. arcanæ vel obsoletæ, 336. 339.
Λ singulari forma, 169.
Λ quomodo ligatur, 264.
Λ, Lambda Græcum antiquitus per L Latinum, 111. 121.
L hac forma a Græcis olim scriptum est, 121. 122.
L pro Αυγούστου in nummis, 130.
Labbæus (Phil.) vitam Galeni edidit, 200.
Λαζέρινθος nota, 370. 373.
Labyrinthus Salomonis, 375.
Lacedæmon nunc Misithra, 111.
Ex Lacedæmone Calligraphi, 111.
Lælius Ruinus Nobilis Bononiensis, 91.
Lambecius (Petrus) in Biblioth. Cæsarea, 5. 18. 21.
Lampudes, *V.* Matthæus.
Laodamas tripodem inscriptum literis Cadmeis sive Ionicis Apollini obtulit, 116. 117.
Laparre (Guillelm.) Procurator Gen. Congr. S. Mauri, 168.
S. Lapidis ex Golgotha frustum cum stillis sanguinis J. Christi in monte Atho, 491.
Lascaris, *V.* Constantinus & Janus.
Latina plantarum nomina Codici Regio Dioscoridiano adscripta, 257.
Latinæ linguæ usus in Calabria & Sicilia XII. sæculo, 382.
Latini rotundiore literarum figura delectabantur, 115.
Latini de Spiritu sancto, 331.
Laudus (Guillelm.) 510.
Laudi (Guillelmi) Bibliotheca, 510.
Laura S. Athanasii Monasterium montis Atho, 437. 452.
Laura S. Sabæ, 53.
Laurentius Cathegumenus Monasterii Magula, 61. 102.
Laurentius Cathegumenus Monasterii τῶν ὁδηγῶν, 51.
Laurentius Mediceus, 81.
S. Lazari Monasterium, 48.
S. Lazari Monasterium, 110. Inde Codices Græci educti sunt, 110.
S. Lazari reliquiæ, 474.
Lazarus unus ex benefactoribus Monasterii Dionysii in monte Atho, 480.
Lazarus Knezes Serviæ, 497.
Lecanius Bassus, 201.
Legatus Legionis, 158. 159. 160.
Legati, Oratores dicuntur, itemque Præsides Provinciarum, Præfecti etiam atque Prætores exercituum ac legionum, 160.
Legio I. Atheniensis, 162.
Legio XIII. Gemina, 162.
Legum Collectio Græce mf. 61.
Legum emendatio apud Athenienses & Corcyræos, 150.
Λίμζων vel Λίμζω Monasterium, 379. 380.
Lemniscus, 371.
Lemnos insula, 452.
Leo Allatius emendatus, 30.
Leo Cinnamus scriba, 65. 102.
Leo Clericus Ægyptius scriba, 48. 102. 312.
Leo Despotes fil. Basilii Macedonis, 251. Depictus in Cod. *ibid.*
Leo in gemmis Abraxæis solem designat, 178.
Leonis Imperatoris Tactica mf. 81.
Leonis Isauri tempore incendium, quo Bibliotheca absumitur, 16. 109.
Leo Logotheta, 401.
Leo Logotheta in Calabria, 385.
Leo Maleïnus Dux Styli, 388.
Leo Maleïnus Dux Hieracis & Styli, 410.
Leo Manclabe, 56. 102.
Leo Padiatus Tabularius scriba, 92. 102.
Leonis Papæ epist. 330.
Leo Raülis filius scriba, 60. 102.
Leo Sapiens Imp. 510.
Leo Sapiens Imperator, 487.
Leo Sapiens Imp. colligendis Libris operam dedisse creditur, 109.
Leo Sarbandenus Burtzænæ, 53. 102.
Leo Strozzius, 71.
Leonides Leonidis Meliteus, præco Senatûs Areopagi. 148. 149. 150.
Leontis tribus Attica, 140.
Leontius Cathegumenus Pathmi, 78.
Leontius Hegumenus Monasterii S. Pauli Latris, 78.
Leontius Hieromonachus Cyprius, 102.
Leontius Hieromonachus scriba, 89.
Leontius Monembasiotes, 60.
Leontius Monachus Monembasiotes, 47.
Leontius Rex Cachetii, 497.
Lepentrénus, *V.* Andronicus.
Lepentrenus Andronicus scriba, 67. 94.

Λευκωσία, Nicosia, 55.
Leutares Demetrius scriba, 83.
Leutares, *V.* Demetrius.
Lexicon Biblicum Regium Græcum, 58.
Lexicon Græcum mſ. a quodam Athanasio descriptum, 65.
Lexicon Regium, 58.
Lexicon aliud Græcum, 66.
Lexicon Suidæ mſ. 76.
Lexicon Suidæ mſ. 77.
Λητὼ, Latonam & oblivionem significat, 64. 321.
Liber a Libro interiore corticis tunica denominatus, 14.
Λίβηρ, φλοιὸς, *corticis pellicula*, 14.
Liber corticeus San-Germanensis, 15.
Liber plumbeus Basilidianorum, 180. 181.
Liber plumbeus Basilidianorum insculptus literis Græcis & Hetruscis, ac figuris variis, 16. 20.
Libri compingendi mos apud Græcos, 26.
Libri στιχηρῶς scripti, 30.
Librorum nomina apud Græcos, βίβλος, βιβλίον, βιβλάριον, δέλτος, πυκτίον, πυκτὶς, πτυχίον, τεῦχος, 25.
Librorum papyreorum quam paucæ reliquiæ supersint, 14. 15.
Librorum Philosophicorum, Poëticorum, &c. lectio, an prohibita Presbyteris & Monachis Græcis, 436.
Libra monetaria ejusque nota, 359.
Librarius, *V.* Scriba, Calligraphus, 35.
Librarii cur characteres ligatos adoptaverint, 263.
Librarii non accurate semper intersecant periodos, 220.
Librarii qui duplici characterum genere scribebant, 316.
Librarii, *V.* Calligraphi.
Licinius Bassus, 201.
Limina Apostolorum visitanda, 430.
Limina Apostolorum ab Abbate S. Joan. Theristi visitanda, 390.
Linacer, *V.* Thomas.
Lindenbrogius de legibus, 417.
Lingus, *V.* Germanus.
Lintei Libri, 20.
Linus literas in Græciam advexisse dicitur, 117.
Hæc opinio refutatur, 117.
Literæ ad dexteram vel sinistram reclinatæ, 232. 233. 234.
Literæ ad sinistram reclinatæ, 272.
Literæ aureæ, 228.
Literæ buxeæ, 16.
Literæ eburneæ, 16.
Literæ Græcæ a Latinis scriptæ peregrinum olent, 236.
Literæ Græcæ non multum variant a tempore Alexandri M. ad Romanum Imperium, 141.
Literæ grandiores singularissimæ, 254. 255. 256.
Literæ Hetruscæ Basilidianis in usu, 180.
Literæ Latinæ cum Græcis intermixtæ in nummis Constantinopolitanis, 176. 177.
Literæ Latinæ in usu Basilidianis, 180.
Literæ ligatæ ex Tachygraphorum actis ad Libros emanarunt, 262.
Literæ quadræ & rotundæ unciales quandonam mutari & produci cœperint, 230.
Literæ sexdecim a Cadmo allatæ, 117.
Literæ vetustissimæ unciales Librorum cur quadræ & rotundæ vocentur, 185.
Literarum Codicis Murbacensis forma, 222.
Literarum Græcarum Ægyptiarum tres formæ, 256.
Literarum Græcarum quædam formæ ineunte imperio Romano mutatæ, 145. 146.
Literarum nexus, 154. & *seqq.*
Literarum omnium Græcarum formæ vetustiores, 126. & *seqq.*
Literarum quoad formam mutationes, 167. 168.
Literarum singularum colligationes, 263.
Λειτουργὸς Athenis & ejus officium, 148. 149. 150.
Λειτουργὸς, Minister sacrorum Athenis, 151.
Λίτρα, *Libra*, ejusque nota, 359.
Λίτρα, *Libra*, mensura liquidi, ejusque nota, 369. 370.
Λιτρισμὸς, *enumeratio Librarum*, 362.
Liturgia Arabica, 114.
Liturgia Basilii in Cod Græco-Arabico, diversa ab editis nomine Basilii, 314.
Liturgia S. Cyrilli, 314.
Liturgia Greg. Theologi, 314.
Liturgia Jacobitarum, 314.
Liturgia S. Marci, 314.
Liuddo, 42.
Λογγεῖος pro Λογγῖνος, 265.
Longinus Calligraphus, 65.
Longinus Monachus scriba, 101.
Longinus scriba, 322.
Longus, *V.* Georgius.
Lotatius. 166.
Λυμπέρδα, *Tormentum bellicum*, 455.
S. Lucæ scribentis schema, 22. 23.
S. Lucæ Evangelistæ pars manûs, 456.
S. Lucæ Evang. reliquiæ, 474.
S. Lucæ in Stirio reliquiæ, 456.
Lucas Abbas novæ Hodegetriæ, 384.
Lucas Hegumenus Monast. S. Pauli Latris, 78.
Lucas Hegumenus Neodegetriæ, 398.
Lucas Hegumenus S. Zachariæ in Mercurio, anno 996. 45.
Lucas Monachus scriba, 92.
Lucas scriba, 102.
Lucas Zonaras, 102.
Luciani hæresis, 328.
Luciani opera Græce mſ. 73.
Lucius, 166.
Lucius Seppius Cephisieus Thesmotheta Athenis, 148. 149.
Luculli Bibliotheca Romæ, 109.
Ludimagistri notis utebantur, 353.
Lullude (Michaël) scriba, 67. 103.
Lullude, *V.* Michaël.
Lunæ nota, 373.
Λυκιάρχης Præfectus ludorum in Lycia, 161.
Lysiæ Orationes mſ. 92.

M

M formæ, 171. 336. 337. arcanæ vel obsoletæ, 336. 339.
M: hujus literæ aliæ formæ, 142.
M forma singularis, 315.
M, *My*: hujus literæ priscæ formæ, 122. 130. apud Græcos veteres numquam vocem terminabat, 122. 130.
M, quomodo ligatur, 264.
Mabillonius (Joannes) laudatus, 15.
Mabillonius (Joan.) 172. 265.
Μακαρισμάρια Libelli Beatitudinum Evangelicarum,

rum, 386. 404.
Macarius Heracleæ in Thracia Metropolites, 480.
Macedonici duo nummi vetusti, 111. 121.
Macedonius, 329. 330.
Macedonum monogramma, 144. 145.
Machaon Æsculapii fil in Cod. Dioscoridis Cæsareo depingitur, 198. χειρουργικὴν excoluit, *ibid.*
Machir, *V.* Mathusalas.
Macrembolitissa agnomen Eudociæ Augustæ, 298.
S. Macrinæ pes integer, 474.
Macroduca, *V.* Simon.
Magica Alphabeta, 376.
Magici characteres, 65.
Magorum dona servata, 492.
Ex Magorum donis particulæ, 456.
Magnificentiæ prosopopœia, 10. 203.
Μαγνουδλια, *candelabra*, 405.
Magula Monasterium, 62.
Magulæ cella, 497.
Malaphara (Georgius,) 86. *V.* Georgius.
Maledictio violatoribus, & furibus apud Græcos, 385.
Maledictio immissa in eos qui libros furati fuerint, 58. 63.
Maleïnorum familia, 287. 388.
Malæini sive Maleïni, familia Calabriæ conspicua, 57.
Malenus Senator, 401.
Malvarum folia pro chartis olim usurpata, 13.
Mamuca, *V.* Pantaleon.
Mamuna, *V.* Marcus.
Μαγκιπεῖα, *pistrina*, 452.
Manclabe (Leo,) 56. *V.* Leo.
Manclavitæ, quid? 59.
Μανδυλια, *Mantilia*, 404.
Mandragoræ virtus, 203.
Manganorum Monasterium CP. 110. eo secessit deposita purpura Joannes Cantacuzenus Imp. & Monachus factus, Joasaph dictus est, 110.
Manganorum Monasterium, 93.
Manichæi, 329.
Mansuetudinis prosopopœia, 11.
Mantias Medicus in Cod. Dioscoridis Cæsareo depictus, 199.
Μαντικὰ σημεῖα, notæ divinatoriæ, 376. 377.
Manuelis Calecæ de substantia ms. 79.
Manuel Calligraphus, descripsit opera S. Joan. Chrys. de Sacerdotio anno 1064. 51.
Manuel Caludes scriba, 103.
Manuel Chrysoloras venit Parisios anno 1408. & attulit Cod. S. Dionysii dono missum ad Monast. S. Dionysii in Francia a Manuele Imp. 56. 103.
Manuel Imp. 331. 332.
Manuel Comnenus Imp. 61.
Manuelis Comneni Imp. Crux in Monasterio S. Germani a Pratis, 309.
Manuel Comnenus Imp. in Monasterium Batopedii beneficus, 463. 465.
Manuel Porphyrogenitus Comnenus, 61. 147. 317.
Manuel Cretensis, 93. 103.
Manuel Eugenicus scriba, 103.
Manuel Gregoropulus scriba, 103.
Manuelis Moschopuli Collectio nominum Atticorum ms. 80.
Manuel Palæologus Imp. misit Codicem operum S. Dionysii ad Monasterium S. Dionysii in Francia, 56.
Manuel Palæologus Imperator anno 1404. Lutetiam venit, 56.
Manuel Pancratius scriba, 103.
Manuel Phrialites scriba, 103.
Manuel Presbyter scriba, 101.
Manuel Tzycandyles scriba, 71. 72. 101.
Manuelis Grammatica ms. 71.
Manuel unus ex benefactoribus Monasterii Dionysii in monte Atho, 480.
Marcellus, 166.
Marcellus Ancyranus, 329.
Marcellus Terracina Archimandrita Monasteria S. Basilii in Calabria visitavit anno 1551. 112.
Marchali (Renati,) Codex insignis, nunc RR. PP. Jesuitarum, 39.
Marchalus Boismoræus (Renatus,) cujus fuit olim Codex vetustissimus Prophetarum, 215.
Marcianus Monachus, 45. 46.
Marcionis hæresis, 328.
Marcon Hegumenus Mon. S. Pauli Latris, 78.
S. Marci Liturgia, 314.
S. Marci Eremitæ vita, 323.
Marcus Andreæ filius Cretensis Calligraphus, 112.
Marcus Joannis fil. Cretensis scriba, 92. 103.
Marci Ephesini operum Codex, 85.
Marci Ephesini Responsiones, 89.
Marcus Mamuna Cretensis Bibliothecam habuit, 92. 93. 103. 111.
Marcus Musurus scriba, 103.
Marcus scriba scripsit Alphabeta arcana, 285.
Marcus scriba, 69. 103.
Marci hæresis, 328.
Maris prosopopœia, 13.
Marea urbs Ægypti, 134.
Margunius Emmanuel, 91.
B. Mariæ Virginis 24. domus apud Græcos, 439.
B. Mariæ V. Capilli, 456.
S. Mariæ Virginis Zona, 464.
S. Maria, *V.* Deipara.
S. Mariæ Magdalenæ manus, 485.
Maria Augusta Nicephori Botaniatæ conjux, 311. Crux ejus nomine inscripta, *ibid.*
Maria Augusta, 325.
Maria uxor Michaëlis Imp. 68.
Maria Regina Jerusalem, Siciliæ, Ungariæ, 390.
Mariæ Jerusalem, Siciliæ & Ungariæ Reginæ Diploma, 428.
S. Marinæ manus, 464.
Marmaras, Proconnesus, 298.
Maro filia Giuræ Serviæ Principis uxor Mahumeti II. 491.
Μάρρις, 405.
Martialis locus, 16.
Martinus Crusius in Turcogræcia, 110.
Martinus scriba, 103.
Martinus notam Glossarii San-Germanensis descripsit, 42. Doctoris titulo immeritò exornatus, *ibid.*
S. Martini Turonensis Bibliotheca, 15.
S. Martini Turonensis Ecclesiæ vetus Bibliotheca, 214. 215. ejus Codex papyreus, 214. 215.
Massaliani, Euchitæ, 329.
Matæes Bassaraba Vœvoda, 494.
Mathusala Machir Monachus aliquot Codices scripsit, 89. 103.

Ματειχέειοι, ξυλουργοὶ, *lignarii*, 14.
Ματείκιον, *matricula*, latum & crassum lignum, 14.
Matris magnæ simulacrum a Scipione Nasica Romam translatum, 156.
Matthæus Sebastus Lampudes scriba, 103.
Matthæus Evangelista eleganter depictus in Codice, 180.
Matthæi Blastaris Collectio Canonum ms. 91.
Matthæus Cantacuzenus Imp. in Monasterium Batopedii beneficus, 465.
Matthiolus refellitur a Lambecio, 203.
De S. Maura, *V.* Joannes.
Maurentius Episcopus, 302.
Maurianus, *V.* Michaël.
Maurici, *V.* Michaël, 89.
S. Maurus, 399.
S. Maximi opera ms. 45. 50.
Maximi Commentarii in Dionysium Areopagitam mss. 61. 322.
Maximus Planudes Boëtium Græce vertit, 83.
Maximi Planudis Grammatica ms. 70. 71.
Maximi Planudis ms. 81.
Maximi Planudis ætas, 38.
Maximus Sacerdos, 103.
Maximus Sacerdos, 304.
Maximus scribi curavit Menæum Novembris, 59.
Mazaris scriba, 103.
Medimnus mensura liquidi, 369. 370.
Megabazus Persa ab Artaxerxe ad Lacedæmonas missus, 136.
Megabazus Zopiri filius contra Athenienses in Ægyptum missus, 136.
Megalivigla, 437.
Μεγαλοασκληπιεῖα, ludi magni Asclepienses, sive Æsculapii, 161.
Μεγαλοψυχίας prosopopœia, 10. 203.
Megarus Cippum posuit mortuis bello Peloponnesiaco Atheniensibus, 134. 135. 337. 338.
Μέλαν, μελάνιον, μέλαν ᾧ γράφομεν, μέλαν γραφικὸν, atramentum scriptorium, 2. 22.
Μελανοδοχεῖον, atramentarium, 21.
Μελαντηρία, atramentum sutorium, 2.
Μελεμβαφῆ, *nigra*, 310.
Meletiani, 329.
Meletius de rebus naturalibus, 71.
Meletius Monachus & Eremita descripsit Librum quatuor Evangeliorum, 55.
Meletius Monachus, 103.
Meletius Hegumenus Monasterii S. Pauli Latris, 78.
Meletius alter Hegumenus S. Pauli Latris, *ibid.*
Melitensis aut Militensis Regio, 401.
Melitum in Themate Thracesio, 49.
Μηλίον vel μιλίον, 398.
Melodiæ prosopopœia, 11.
Μεμβράνα, *membrana*, 17.
Membrana a membris, 17.
Μέμβρανον, *membrana*, 17.
Membranaceæ, sive membraneæ chartæ, 17. vetustissimi usus, 17.
Membranarum varia nomina Græce, 17.
Memphim Athenienses occupant, 136.
Memphitici calami, 21.
S. Menæ reliquiæ, 491.
Menas Patriarcha CP. 331.
Menæa Græcorum ms. 76.
Menæa Aprilis & Maii ms. 46.
Menæum Novembris XII. sæc. 304.
Menæum mensis Septembris, 86.
Menæum, 58.
Menæum, *V.* Vitæ Sanctorum.
Menæum ms. 80.
Mennitius (Petrus) Ordinis S. Basilii Præfectus, 17. 380. 408.
Menodorus, 165.
Menologium breve, 69.
Menologium breve ms. 285.
Mensuræ liquidorum, 368. *& seqq.*
Mensuræ solidorum corporum, 368.
Mentelii (Jacobi) Castro-Theodoricensis Bibliotheca, 186.
S. Mercurii Mart. reliquiæ, 474. ejus Scutum, 481.
Mercurii Trismegisti oracula de Christo, 243. *& seqq.*
Mercurius cum Latona pugnare detrectat, 64.
Μεσάζα inter instrumenta arandi, 9. 10.
Μετάνοια, sive pœnitentiæ, prosopopœia, 10. 195.
Metaphrastes ineunte x. sæculo Vitas SS. edidit, 275.
Metaphrastes (Symeon) Vitas SS. retractavit, & fabulas resecuit, 269. 273.
Metaphrastes, *V.* Symeon.
Metellus Sequanus scriba, 103.
Methone urbs Peloponesi, 85.
Ex Methone Calligraphi, 111.
Methymna, 61.
Μετόχιον, *villa*, *fundus*, 405.
Metrodorus Menemachi Ancyranus, 154. 157. epulas publicas dedit, *ibid.*
Metrophanes Cathegumenus Monasterii Peribleptæ Deiparæ, 62. 103.
Michaël nomen virtutis cujusdam apud Basilidianos, 177.
S. Michaëlis in Lotharingia Monasterium, ubi est Psalterium Græcè, Sedulii Scotti manu descriptum, 41.
S. Michaëlis Synnadensis caput, 455.
S. Michaëlis Synnadensis pes, 474.
Michaël Apostoles vel Apostolius pater Arsenii Monembasiæ Archiepiscopi, 82. 103. 111. multos Codices scripsit, 82.
Michaël Cærularius, 50. 51.
Michaël Calophrenas scriba, 77. 103.
Michaëlis Choniatæ Monodia in Nicetam fratrem, 327.
Michaël Contoleon scriba, 104.
Michaël Episcopus Curii, 50. 103.
Michaël Damascenus scriba, 104. 512.
Michaël Ducas Imperator, dicitur Angelus, Comnenus, Palæologus & novus Constantinus, 65.
Michaël Hegumenus Mon. S. Pauli Latris, 78.
Michaël Hospitalius Cancellarius, 91.
Michaël Lullude scriba, 67.
Michaël Imperator, 68.
Michaël & Maria Augg. 315.
Michaël Maurianus scriba, 104.
Michaël Maurici scriba, 89. 103.
Michaël Patricius, Præpositus Vesti & Protovestiarius, 45.
Michaël Sacerdos Philæ, 58. 103.
Michaëlis Pselli Synopsis Psalterii ms. 71.
Michaël scriba, 78. 103.
Michaël scriba anno 1117. 58.
Michaël Sophianus scriba, 90. 104.
Michaël Suliardus Nauplius scriba, 83. multos Codices scripsit, 85. 104.

Michaël Synadenus scriba, 104.
Michaël Tachygraphus, 35.
Michaël Tzudricus, 48.
Michaël Vœvoda, 485.
Michaël filius Senatoris Siculi, 62.
Michelotius, *V.* Nicolaus.
Μίλιον, *milliare*, mensura, 366.
Militum, 402.
Μιλλιαρήσιον, *milliarense*, moneta argenteâ, ejusque notæ, 359. *& seqq.*
Milliarensis pretium mutatum, 360. ejus divisiones & divisionum notæ, 360. cur milliarense vocetur, 360. 361.
Milui *miserere* Bulgarorum linguâ, 333.
Minarum vel mnarum notæ, 359.
Miniatura, 192.
Minium: ejus usus in Libris Græcorum, 3.
S. Miracis reliquiæ, 485.
Misithra olim Lacedæmon, 111.
Μίθρας vel *Μίθραξ* sol in gemmis Basilidianorum, 178.
Mithras apud Græcos Romanosque cultus, maxime autem tertio sæculo, 178.
Μνᾶ, *Mna*, mensura liquidi ejusque nota, 369. 370.
Mna Alexandrina, 371.
S. Mocii Anargyri reliquiæ, 478.
Modius, terræ spatium, 367. modii notæ, *ibid.*
Mohameth, 233.
Moldaviæ Principes, 449.
Moldovlachia sive Moldavia, 487.
Μολιβδόβουλλον & *Μολιβόβουλλον*, *plumbea bulla*, 379.
Μολύβδινοι ἐλασμοὶ, plumbeæ laminæ, 16. *Χάρτας μολυβδίνους*, chartas plumbeas, *ibid.*
Μοναὶ mensura, digitus, 336.
Monasterium S. Ambrosii Mediolani, 76.
Monasterium S. Antonii Venetiis, 88.
Mon. S. Mariæ Bolacis, 93.
Monasteria S. Basilii in Calabria & Regno Neapolitano, 212.
Monasterium S. Nicolai Casularum, 83.
Monasterium *Κιχωριτωμένης* Constantinopolitanum, 110.
Monasterium Chalces Insulæ S. Trinitatis, prope Constantinopolin, 110.
Monasterium Crypta-Ferratense, 113.
Monasterium S. Cononis, 85.
Monasterium *Ἐγκλείστων*, sive Inclusorum, 75.
Monasterium Genesii, 65. 349.
Monast. Hieracis Constantinop. 294.
Monast. S. Joan Theristi, 388. 391. *& seqq.*
Monasterium Deiparæ Styli, vel S. Pauli Latris, 78.
Monast. S. Lazari CP. 110.
Monast. B. M. V. in monte Lembo, 92. Mon. B. M. *τῶν Λέμβων* vel *Λέμβι* proxime Smyrnam, 379. 380.
Monasterium S. Georgii Manganorum Constantinopoli, 71. 93. 110.
Mon. S. Michaëlis in Lotharingia, 235.
Mon. S. Nicolai, 92.
Mon. Deiparæ *τῶν ὁδηγῶν*, sive Hodegetriæ, 110. Inde Codices Græci educti, 69. 110.
Mon. Panteleemonis, 305.
Mon. B. M. V. Peribleptæ CP. 110.
Mon. Petræ sive Præcursoris, 77.
Mon. S. Joannis de Piro, 390.
Mon. SS Petri & Pauli de Piro, 431.
Mon. S. Nicolai de Prato Virdunense, 236.
Mon. Prodromi sive Præcursoris, Petra dictum, Constantinopoli, 77. 110.
Monast. S. Salvatoris Rhadenorum CP. 110. Inde Codices Græci educti sunt, 110.
Mon. S. Sabæ in Spelunca, 89.
Mon. SS. Petri & Pauli de Spanopetro, 383. 389. 403.
Mon. Synagobi, 441.
Mon. S. Theodori Brontochii, 67.
Ex Monembasia Calligraphi, 111.
Monetarum notæ & divisiones, 359.
Monocondilia, sive monocondylia, 65. 70. 347. 349. 350.
Monogrammata, 387.
Monogrammata civitatum & urbium, 143. 144. Vide ad singulas.
Monophysitæ, 330. 331.
Monothelitæ, 331.
Μονόζωνος, *Monachus*, 322.
Monstra in gemmis Basilidianorum, 179.
Montanistæ, 328.
D. de Montchal, 91.
Montis prosopopœia, 11.
Montis Sinai prosopopœia, 13.
Morellus (Andreas) laudatus, 121.
Moschionis de mulierum morbis ms. 90.
Moschopulus, *V.* Manuel.
Moscovitica inscriptio, 261.
Moscoviticæ imagines, 486.
Moscoviticæ imagines argenteæ, 467.
Mourot (Sebastianus) Monachus Benedictinus, 236.
R. Moyses Besola; ejus iter in Palæstinam, 123.
R. Moyses fil. Maiemonidis, 123.
R. Moyses fil. Naaman, 124.
R. Moyses Spoletinus, 123.
Munificentiæ prosopopœia, 10.
Muratorius (Ludovicus) laudatus, 15.
Murbacense Psalterium Græcum, 220.
Murix: ex murice cocto & trito conchilio fit cinnabaris, 3.
Murmurius Peloponnesius, 81.
Μωραΐτης a Morea, sic dicuntur Peloponnesii, 111.
Musæ sculptæ in sepulcro Nicocratis Poëtæ, 169. 171.
Musa (Antonius,) 209.
Musanus Articni Ancyranus epulas publicas dedit, 155. 157.
Musicæ notæ tum veteres tum recentiores, 356. 357. 358.
Musiva opera, 464.
Musurus, *V.* Marcus.
Mutius Tarani scriba, 104.
Mycon celeberrimus pictor, quo atramenti genere utebatur, 2.
Myrepsi (Nicolai) ms. 70.
Myriadum notæ, 364.
Myrinæorum monogramma, 144.
S. Myronis Martyrium, 274. 275.
Myrtzas Vœvoda, 483.
Μυζηθρᾶ, *Mysithra*, 72.

N

N *Un* Phœnicii forma, 118.
N, *Ny*: hujus literæ priscæ formæ, 122. 130. 131.
N formæ variæ, 249.

N formæ omnes, 336. 337. arcanæ vel obsoletæ, 336. 339.
N literæ singularis forma, 121. 122.
N singulari forma, 169.
N quomodo ligatur, 264.
Nancelius, *V.* Nicolaus.
Nannius emendatus, 343.
Νάρθηξ, *Narthex*, pars Ecclesiæ, 45. 46.
Nathanaël Monachus & Nosocomus Dioscoridem Julianæ Aniciæ Augustæ restaurari curavit, 40. 104. 196.
Nathanaël, *V.* Joannes.
Navatus, 329.
Naucratius Monachus, 45. 46.
Ex Nauplio Calligraphi, 111.
Nausicratis inscriptio, 128.
Neagulus Vassarabas Vœvoda Ungarovlachiæ, Lauræ S. Athanasii montis Atho restaurator, 45. 454.
Neagulus Vassarabas Vœvoda Valachiæ, 477. 483.
Nectarius Patriarcha CP. 461. 462.
Nectarius Hieromonachus scriba, 83. 103.
Negrepont ab Εὔριπος, 111.
Νεοδηγήτρια, Nova Hodegetria Monasterium, 396. Νέα ὁδηγήτρια, 398. Νεοδηγητρεία, Monasterium Calabriæ, 382.
Neophytus Calligraphus, 35. 104.
Neophytus Calligraphus, 45. 46. 104.
Neophytus ἔγκλειστος, sive inclusus Monachus, 75. 104.
Neophytus scriba, 47. 104.
S. Nestoris reliquiæ, 474.
Nestorius, 330. 351.
Nicæna Synodus, 329.
Nicander Colophonius, Medicus, Historicus, Poëta, & Grammaticus in Cod. Dioscoridis Cæsareo depingitur, 202. ejus ætas & scripta, *ibid.*
Nicander & Hermæus Martyres, 305.
Nicephorus, 104.
Nicephorus Vitas Sanctorum dedit Lauræ Pauli, 56.
Nicephorus scripsit vitam S. Andreæ junioris, 323.
Nicephori Blemmydæ Philosophia ms. 69.
Nicephorus Botaniates, 311.
Nicephori Callisti Homiliæ ms. 91.
Nicephori Callisti Rhetorica ms. 70.
Nicephorus Canavi scriba, 104.
Nicephori Gregoræ in Synesium ms. 81.
Nicephori Gregoræ ms. 88.
Nicephorus Gregoras, 104.
Nicephorus Imp. 280.
Nicephorus alter Phocas dictus Imp. 280. 281.
Nicephorus Phocas Imp. 44 45.
Nicephorus Phocas Imperator, Lauræ S. Athanasii montis Atho fundator, 452.
S. Nicephori Patriarchæ CP. vita & opera ms. 72.
Nicephorus Tachygraphus, 66. 104.
Nicephorus Hegumenus Monasterii S. Pauli Latris, 78.
Nicetas Archiepiscopus Thessalonicensis, 60.
Nicetas Choniates de sigillo & subscriptione Imperatorum, 3.
Nicetas Choniates de calamis scriptoriis, 21.
Nicetæ Choniatæ Acominati Panoplia Græce ms. 76. 326.
Nicetas Protospatharius & Drungarius scripsit Codicem S. Basilii in carcere Africæ anno circ. 971. 45. 104.
Nicetæ scholia in Gregorium Naz. 66.
Nicetas scriba, 56. 104.
Nicetas alter scriba, 104.
M. Semp. Nicocrates, 169. 170. 171. Poëta, Musicus, Citharœdus, & Synhodites, *ibid.*
Nicodemus scriba, 104.
Nicodemus Monachus scriba, 86. 104.
Nicolaitæ, 328.
S. Nicolai Myrensis vita, 92.
S. Nicolai imago cum ostrea in fronte, 498. altera ejusdem imago, 492.
S. Nicolai Monasterium, 56.
S. Nicolai Casularum Monasterium, 83.
Nicolaus unus ex restauratoribus Monasterii Batopedii, 462.
Nicolaus Blastus scriba, 84. 96, 105.
Nicolaus Gencarpullus, 392.
Nicolaus *χαεσις*, *scriba*, vel forte *pictor*, Nomocanonem scribi curavit, 57. ejus laudes, *ibid.*
Nicolaus Hegumenus Mon. S. Pauli Latris, 78.
Nicolaus Maleinus Archiep. Roscianensis, 57.
Nicolaus Malæinus Archiep. Roscianensis, 287. apud Ughellum omissus, 288. 381.
Nicolaus Maleinus, 392.
Nicolaus Melitensis scriba, 71. 104.
Nicolaus Michelotius scriba, 105.
Nicolaus Murmurius i. Peloponnesius, 81. 104.
Nicolai Myrepsi ms. 70.
Nicolaus Nancelius scriba, 89. 105.
Nicolaus Patriarcha CP. 1. 2.
Nicolaus Patricius, 489.
Nicolaus Protonotarius, 397.
Nicolaus Notarius πγ ἔτων, 104.
S. Nicolai de Prato Virdunensis Monasterium, 236.
Nicolaus de Saxonia Augustinianus, 429.
Nicolaus Sophianus scriba, 105.
Nicolaus scriba, 104.
Nicolaus Triclinius scriba, 68. 104.
Nicolaus Turrisanus vel Turrianus scriba, 104.
Nicolaus & Eudocia, 65.
Nicolaus Vestiarita scriba, 105.
Nicolaus Vicecomes, 401. 410.
Nicomediensium monogramma, 144. 145.
Niconis Geronticon, 13.
Nicon, 105.
Nicon cujus jussu exscripta sunt opera S. Ephræm, 48.
Nicosia aquarum diluvio pene diruta anno 1331. 55.
Nicoti, 402.
Niger (Sextius) in Cod. Dioscoridis Cæsareo depictus, 199. secundus inter optimos memoratur a Galeno, *ibid.*
Niger (Trebius) Luculli Comes, 199.
Nilotici calami, 21.
Nilus fluvius, 136.
Nili sermones Ascetici ms. 90.
Nilus Abbas Crypta-Ferratensis, 105.
S. Nilus Abbas Crypta-Ferratensis anno 986. Isidori Epistolas scribi jussit, 45.
Nilus conditor Monasterii Novæ Hodegetriæ de Patirio, 384.
Nilus alter Crypta-Ferratensis, 384.
Nilus Hieromonachus scriba, 79. 105.
Nilus alter scriba, 105.

S. Nili reliquiæ, 491.
S. Niphonis Patriarchæ CP. corpus, 480. ejus caput in Monasterio Argiesi in Valachia, 478.
Nobilissimorum dignitas, 387.
Nobuno, *V.* Georgius.
Noctis prosopopœia, 11. 12. 13.
Noctis symbolum mulier velo stellato operta, 182. 183.
Noëtus, 329.
De Nointel Regius Orator inscriptiones eruit, 133. 154.
Nomachlomus, *V.* Demetrius.
Νομικὸς, *jurisperitus*, 67.
Nomina propria abbreviata, 347. 348.
Nomina propria in Codicibus, lineâ notantur, 321 errores hinc orti, 321.
Nomina eorum quorum erant Libri erasa, 46.
Νόμισμα, *nomisma*, ejusque notæ, 359. *& seqq.*
Νόμισμα τραχὺ, *nomisma asperum* ejusque nota, 359.
Nomismatum divisiones & divisionum notæ, 361.
Νομίσματα, 402.
Nomocanon mſ. 61.
Nomocanonis Codex, 404.
Nomocanon Cod. Regius, 57.
Nomocanon Doxapatris jussu Joan. Comneni Imp. adornatur, 62. 302.
Νομοφύλαξ, *legum vindex*, 302.
Normannicæ familiæ in Calabria, 385.
Norvagicum Alphabetum, 291.
Notæ astronomicæ, 373. *& seqq.* Chimicæ, Iatricæ, *ibid.*
Notæ Calligraphorum earumque utilitas, 37. 38.
Notæ marginales interdum charactere unciali scribuntur, 263.
Notæ marginales, 276.
Notæ & divisiones monetarum, 369.
Notæ musicæ tum veteres tum recentiores, 356. 357. 358.
Notæ Rhetoricæ & Oratoriæ, 351. *& seqq.*
Notæ vectigalium, 364.
Notæ: inde Notarii, 353. notarum varia genera, *ibid*
Νοτ significat νοτάριος, 30.
Notarii a notis, 353.
Notarii aliquando Calligraphorum munus obierunt, 35. 36.
Νοτάριος πατριαρχικὸς, 302.
Νοτάριος ἀπὸ σεκρέτων, 61. 307.
Notarius Patriarchalis secreti, 35.
Νοτάριος, *Notarius* arcanorum scriba, a notis ita dictus, 35. Notarii vocabantur, etiam ταχυγράφοι, ὀξυγράφοι, σημειογράφοι, ταβελλάριοι, ταβελλίωνες, 35.
Numismata Ptolemæorum literas habent oblongas, 143.
Nummus Æsillæ, 121. 122.
Nummus Amyntæ, 121. 122.
Nummi Samaritani pondus, 124.
Nunnius (Petrus,) 90.
Νυ, significat interdum Gregorium Nyssenum, 347.
Nymphodori inscriptio, 142.

O & Ω.

O formæ, 336. 337. arcanæ vel obsoletæ, 336. 339.
O, ο μικρὸν, *o parvum*: hujus literæ veteres formæ, 122. 131. O quadrum antiquitus, *ibid.*
O aliæ formæ, 142.
O pro ω antiquitus, 13. 141.
O pro Ω antiquitus, 122. 132. 138.
O quadrum in nummis & alibi, 121.
O quomodo ligatur, 264.
O significat LXX. Interpretes, 225. 226.
Ω per O scribebatur antiquitus, 122. 132.
Ω formæ, 141. 163.
Ω formæ omnes, 336. 338. arcanæ vel obsoletæ, 336. 340.
Ω variæ hujus literæ formæ sub Imperio Romano inductæ, 154.
ω singulari forma, 166. 175.
ω pro Ω semper in libris vetustissimis mſſ. 186.
ω quomodo ligatur, 265.
Obelus ejusque nota, 370. 371.
Obeli & asterisci notati, 187.
Obeli nota, 369. Obolorum duo nota, 369.
Octateuchus mſ. 58.
Octavus Rufus, 167.
Ὁδηγητρία Constantinopoli Monast. & Ecclesia B. Virginis, cur ita dicitur, 382. 383.
Τῶν Ὁδηγῶν Monasterium, sive Ὁδηγητρίας, 51. 326.
Odo Abbas S. Dionysii in Francia, 291. multi ejus nominis, *ibid.*
Ὀδοντάγρα, *forfices*, 22.
Oecumenius, *V.* Georgius.
Oeneis tribus Attica, 140.
Οι pro ω subscripto, 141.
Οι in υ mutatum antiquitus, 173.
Οἰνόβιτα, 405.
Olibrius (Fl. Anicius) Imperator, Julianæ Augustæ pater, 39. 204.
Ὁλκὴ, *Holce*, drachma, mensura, ejusque nota, 369. 370.
Ὅλμος, *mortarium*, 8. ejus forma, 9.
Olympiæ Epitaphium, 172. 173.
Olympia nova, Tribus Ancyrana, 163.
Ophitæ, 328.
ΟΦΙΑΔΕΣ pro ὀφιάδης, 140.
Ὀψίκιον, *Obsequium*, 46.
♆ significat Ὡριγένης, & ὡραῖον, 225. 226. 347.
Ὡραῖον nota, 370. 373.
Ὡραῖον sive speciosum, quid? 176. ejus nota, *ibid.*
Ὀρειχάλκινος, *opere Phrygio factus*, 453.
Ὀρέγον, *jucunditas*, 73.
Ὀργυιὰ, *ulna*, mensura, 365 366.
Oribasii operum mſ. 70.
Origenes Tachygraphos & Calligraphos habebat, 36.
Origenes Tachygraphis utebatur, 353.
Origenis exemplar, ejus manu emendatum, memoratur in nota cujusdam Calligraphi, 39.
Origenis Tetrapla & Hexapla penes Abbatem Apolinarium, 40. 41. ejusdem Origenis manu emendata & scholiis illustrata, *ibid.*
Origenis tempore Tachygraphia frequentata fuit, 262.
Origenes in Job. mſ. 79.
Origenes Hebræis doctoribus utebatur, 120.
Origenis epist. ad Africanum, 316.
Origenes, 329.
Origenis locus indicans characteres Bibliorum post Babylonicam captivitatem mutatos fuisse, 119. 120.
Origenes de figura *Tau* in Crucis modum, 135.

Origenis de Oratione Codex, 67.
Origenis tomi, 216.
Origenes temeratæ fidei reus apud Græcos habetur, 4.
Orlantus de Toco, 79. 105.
Orneoscopion mſ. 89.
Orneoscopion aliud mſ. 80.
T. Ornitorianus, 167.
Ὤρει, *horrea* forte, 399.
Ὡρολόγιον, Liber diurnus, 387. 405.
Ὤρεα, 398. *Horreorum*, ut putatur, 398.
Orpheus dictus Θεολόγος, 241. ejus vaticinia de Christo, 243. *& seqq.*
Ὄρθρος, *diluculum*: ejus prosopopœia, 13.
Ostanis Philosophi de arte mystica vel Hermetica, 374.
Ὀστοθήκη, ossium theca, ossuaria, 166.
Ȣ sic scriptum in nummis pro ΟΥ,
Οὐγγία, *uncia*, mensura liquidi ejusque nota, 369. 370.
Οὐέχεια, 404.
Ovidii locus de minio, 3.
Ὀξύβαφον, *oxobathum*, mensura liquidi, ejusque nota, 369.

Π, Ρ, Φ, & Ψ.

Π Pi: hujus literæ formæ vetustæ, 122. 132. ex Π Latini P fecerunt, 132.
Π formæ, 336. 337. arcanæ vel obsoletæ, 336. 339.
Π forma singularis, 340.
Π'. significat Pamphilum, 225. 226.
Pachna, *V.* Gennadius, 67.
Pachomius Albanites, 78. 105.
Pachomius Monachus, olim Alexander Vœvoda, 480.
Pachomius Monachus scriba, 105.
Pachymeræ hist. Cod. 79.
Pacurianus Patricius & Dux Sami, 46.
Padiatus, *V.* Leo.
Paginarum forma apud Græcos, 27.
PAKUNT pro *Pacunt*, vel *Pagunt*, 130.
S. Païsii vita scripta a Joanne Colobo, 323.
Palæologus, *V.* Demetrius.
Palæologi Imperatores, 69.
Παλαιστή, *palmus*, mensura digitorum quatuor, 9.
Παλαιστής, *palmus*, mensura, 365. 366.
Palama, *V.* Gregorius.
Palamedes quatuor Græcas literas advexit, 117. quas, *ibid.*
Παλίμψηστον a ψάω rado, charta deletilis, 19.
Palimpsestum ex membrana, itemque ex Tabulis ceratis, 20. Palimpsesti usus, 20.
Palinxestum, & Palinxystum a ξέω vel ξύω rado, idem quod Palimpsestum, 19. 20.
Pallas Stroza scriba, 105.
Palmarum folia pro chartis olim usurpata, 13.
Palmus, mensura, 365. 366.
Pamphilus Π' literâ notatur, 225.
Pamphilus Eusebii Cæs. amicus, 105.
Pamphilus & Eusebius emendarunt Codicem ex Origenis exemplari descriptum, 39. 226. 227.
Pamphilus Grammaticus Alexandrinus, Medicus, in Cod. Dioscoridis Cæsareo depingitur, 198. fabulas & præstigia Libro suo inseruit, *ibid.*
Pamphilus alter vetustior Platonis discipulus, Epicuri præceptor, 198.
Panagias turris, 460.
Panaretus, *V.* Cosmas & Joannes.
Panaretus, *V.* Petrus.
Pancratius, *V.* Manuel.
Pancratius Monachus Eunuchus, 391.
Pandectes, 72.
Pandectes, quid? 4.
Panoplia Nicetæ choniatæ, 76. 326. *& sqq.*
Panormitarum monogramma, 144. 145.
Panormus, sive Antigoni insula, 52.
Pantaleon Mamucas scriba, 105.
S. Panteleemon Martyr, 497. ejus caput, *ibid.*
S. Panteleemonis reliquiæ, 464. 474. 481. 491.
Panteleemonis cella, 458.
Panteleemonis Monasterium, 305.
Pantocratoris Monasterium montis Atho, 437. 481.
Pantomimi, 172.
Panopliæ Nicetæ Choniatæ Index, 327. *& seqq.*
Papastianus, 87.
Papastianus, 288.
Paphos urbs Cypri: ex ea urbe Codices in Occidentem exportati sunt, 110.
Paphnutius Cathegumenus seu Abbas Monasterii SS. Petri & Pauli de Spanopetro, 390. 416. 428.
Paphnutius Monachus Thyepolus, 91. 105.
Papiæ Diodori Sardiani Epitaphium, 169.
Pappadupolus, *V.* Georgius.
Pappus Philosophus de sacra arte, 375.
Pappi Alexandrini mſ. 80.
Papyracea charta, quando desierit, 15.
Papyrus Ægyptiaca ad scribendum olim usurpabatur, 14.
Papyri forma & præparatio, 14.
Paradisus mſ. 91.
Paradisus novus Liber, 404.
Paragraphus, 370. 371.
Παρακλητική, Vide p. 387. 405.
Παραχώσ, *cos*, *cotis*, 6.
Parallela sive interrogationes & responsiones, 51. 295.
Παρασάγγης, *Parasanges*, mensura, 366.
Parasiti Apollinis, 172.
S. Parasceves Ecclesia, 88.
S. Parasceves Romanæ reliquiæ, 464.
Παραβισκόμιτον, qui Vicecomitem agit, 410.
Parermeneutæ hæretici, 329.
Pariorum monogramma, 144. 145.
Parietum locus, 403.
Παροδίτης, sive περοδίτης, viator, 166.
Parrhasius (Janus) Demetrii Chalcondylæ gener, 211. ejus Bibliotheca, 212.
Paschalis Papa, 287.
Paschalis Papa sigillum libertatis facit Bartholomæo Abbati, 57.
Paschalium supputationes, 361.
Pasicrates, 265.
Παντεπόπτης primus inter omnes, 161.
Παστίλη, pulvis, 6.
Passioneus (Dominicus) laudatus, 290. ejus Bibliotheca mſſ. & Librorum editorum, *ibid.* 510. *& seqq.*
Passus mensura, 365. 366.
R. Patachia Judæus Spoletinus, 123.
Patareni vel Paterini hæretici, 418.
Πατερικόν, Liber dicta Patrum continens, sive Paradisus, 53.
Patrarum monogramma, 144. 145.

Patriarchæ nomen ab Hadriano Imp. memoratum. de Christianis loquente, 178.
S. Pauli Apostoli Epistolæ longe prolixioribus periodis constant, quam multi alii scripturæ Libri, 220.
S. Pauli Latris Monasterium, 78. ejus Abbatum sive Cathegumenorum catalogus, *ibid.*
S. Pauli Monasterium in monte Atho, 437. 491. 492. 493.
Pauli Æginetæ Codex, 67.
Pauli Laura, 56.
Pauliciani, 332.
G. Longinus Paulinus, 165.
Paulus Calligraphus, 50. & 51. fortasse idem.
Paulus Calligraphus jubente S. Nilo exscripsit anno 986. Isidori Pelusiotæ epistolas, 45. 105.
Paulus Colybas scriba XVI. sæc. 87. 105.
Paulus Hegumenus Mon. S. Pauli Latris, 78.
Paulus alter Hegumenus Mon. S. Pauli Latris, 78.
Paulus Sacerdos scriba, 288.
Paulus Sacerdos scriba XVI. sæc. 105.
Paulus Samosatenus, 329.
Paulus scriba, 62. 87.
Paulus scriba XI. sæculi, 105.
Paulus scriba XII. sæculi, 105.
Pavo cæruleus depictus in Libro Dioscoridis Cæsareo, 196. 197.
Pavo in consecratione Augustarum repræsentatur, 197.
Pavo μηδικὸς ὄρνις, avis medica, ideo in principio Dioscoridis Cæsarei repræsentari creditur, 197.
Pausanias ait Græcos olim a dextera ad sinistram scripsisse, 118.
Pedanius Dioscorides legendum, non Pedacius, 209. 211.
Pelagii Philosophi de divina & sacra arte, 374.
Pelecanus, *V.* Theodorus.
Peloponnesiaco bello positæ inscriptiones, 134. *& seqq.*
Peloponnesiaci Calligraphi multi, 111.
Peloponnesiaci sese Μοῤῥαοῦρῆς vocant a Morea, 111.
Pennæ usus antiquus, 21.
Pennæ usus apud Græcos minus frequentatus, 21.
Πεντεκαιδεκαδέρχης, Quindecim vir, quid? 158. 159.
Pepagomenus, *V.* Demetrius.
Pepuzitæ, 328.
Pergamenum, membrana, vetustissimi usus, 17.
Περγαμηνὴ, *membrana*, 17.
Peribleptæ B. M. V. Monasterium Constantinopolitanum, 62. 110. Inde Græci Codices educti sunt, 110. Ibi Monachus erat Euthymius Zygabenus, 110.
Περιεστιγμένη διπλῆ ὀβελισμένη, 370. 372.
Περιλαμβάνω, *complector*, 445.
Periodorum distinctio apud Græcos, 27.
Periodorum κῶλα & κόμματα, id est, membra & sectiones, 216. 217. *& seqq.*
Περίστικτος, *puncto signatus*, 369.
Pes mensura, 365. 366.
Pes Philetærius, 365. Pes Italicus, 365.
Pessinus urbs olim Phrygiæ postea vero Galatiæ contributa, 155. 156. 157. quandonam, 156.
Πιτζίον, *portio*, 405.
Petra olim dictum erat Monasterium Prodromi sive Præcursoris prope Aëtii cisternam, 59. 110. 305.
De Petruccis, *V.* Antonellus.
S. Petri Apostoli Catenæ pars, 478.
S. Petri Apost. reliquiæ, 474.
S. Petri cella, 458.
S. Petrus Athonitus, 455.
S. Petri Athoniti reliquiæ, 491.
Petrus Cretensis scriba, 77. XV. sæculo scripsit, 106. *bis &* 112.
Petrus Daclozaus Rhetymnæus scriba, 89. decimosexto sæculo scripsit, 89. & 109.
Petrus Faber Sanjorianus scriba XVI. sæc. 106.
Petrus Hegumenus Mon. S. Pauli Latris, 78.
Petrus Hypselas scriba XV. sæc.
Petrus Mennitius Ord. S. Bas. Præf. 112.
Petrus Monophysita, 331.
Petrus Notarius, 412.
Petrus Nunnius, 90.
Petrus Panaretus scriba, 92.
Petrus Patricius anno 890. 106.
Petrus Patricius Librum Theodoreti Leoni Sapienti Imp. obtulit, 43.
Petrus Protospatharius Moldaviæ, 495.
Petrus scriba, 92.
Petrus de Vineis, 389.
Petrus de Vineis Friderici II. Imp. Cancellarius, 417.
Petrus Vœvoda Moldaviæ, 495.
Petrus Vœvoda Valachiæ, 477.
Πῆχυς, *cubitus*, mensura, 365. 366. ejus nota, 366.
Φ formæ, 336. 338. arcanæ vel obsoletæ, 336. 340.
Φ literæ variæ formæ, 142.
Φ quadrum, 129.
Φ quomodo ligatur, 265.
Phalli in gemmis Basilidianorum, 179.
Phanyllus Atheniensis bello Peloponnesiaco defunctus, 134. 135.
Pharisæi, 327.
Φάχα pro Πάχα, unde, 344.
Φλέεος pro Φιβεουάριος, 169.
Phiala sive crater mirabilis, 465.
Φιλάνθρωπος Græcis medii ævi est Christus Salvator, 266.
Philantropi sive Salvatoris Monasterium Constantinopoli, 300.
Philelphus (Francisc.) scribi fecit Aristotelis magna moralia, 79. Etymologicum magnum describi curavit, 83.
Philelphus (Franciscus) scribi curavit Polybii historiarum Libros Senis in Hetruria, 79.
Philelphus, *V.* Franciscus.
Φιλεταίριος, *Philetarius*, genus pedis, mensuræ, 365.
S. Philippi de Fragala Monasterium, olim de Myrtiro, 19.
Philippus Dioptræ auctor, 106.
Philippus fil. Joannis Brulli Monachus efficitur, 388. 413.
Philippus filius Leonis Logothetæ, 385. 401.
Philippus pater Stephani Lectoris, 88.
Philippus Squillacensis Episcopus, 429.
Philippi Aridæi Epocha, 68.
Philippi Solitarii Dioptra Liber, 64.
Philoponus, *V.* Joannes.
Philosophi, qui de Christo venturo vaticinati sunt in Mon. Stauronicetæ in monte Atho depicti, 499.
Philostrati Icones mss. 85.
Philotas Theodori ex Myrrhinussa, Thesmotheta Athenis, 149. 149.

S. Philothei caput, 491.
Philotheus scriba XVI. sæculi, 87. 106.
Philothei Monasterium montis Atho, 437. 497.
Philyra sive Tilia ad scribendum olim usurpata, 14.
Phlammengus, *V.* Georgius.
Phocas Peloponnesius, 78.
Phocas Peloponnesius, 106.
Phocas scriba, 74.
Phocas scriba XIV. sæculo, 106.
Phoeniciæ formæ veteres, 122.
Phœbion Threptus, 163.
Phœnicii characteres in nummis Sidonis, 118.
Phœniciarum literarum formæ cum Samaritanis conveniunt, 118.
Ex Phœniciis characteribus orti sunt Græci, 115. *& seqq.*
In Phœnice mortui Athenienses tempore Peloponnesiaci belli, 154. 155.
Φοινικᾶ γράμματα, purpureæ literæ, 3.
Φοινικήϊα σήματα Καδμου, Phœnicia Cadmi signa, veteres literæ Ionicæ, 117.
Phollis ejusque notæ, 359. *& seqq.*
Φόλλις, *follis*, moneta exigua, 359. *& seqq.*
Φόλλις olim magni pretii moneta, deinde minimi, 360.
S. Photii Martyris reliquiæ, 475.
Photius Patriarcha CP. 510. 511.
Φύρομαδον, 404.
Φρὴ, *Phri*, vox Ægyptiaca solem significans, in usu apud Basilidianos, 179.
Phrialites, *V*, Manuel.
Φρονήσεως, prosopopœia, 203.
Φρόνησις, *prudentia*, ejus prosopopœia, 10.
Phrynicus ms. 77.
ΦΣ antiquitus Ψ exprimebat, 139. 140.
Φυλαρχῶ vel melius φυλαρχίω Tribunus sum, 161. 162.
Φύλλον, folium, quare sic dictum, 27.
Picturæ Codicum, quibus res repræsentantur, quantum juvent ad notitiam rerum. 7. 10.
Picturæ elegantes auro ornatæ in Cod. Greg. Naz. Regio, 250. *& seqq.*
Picturæ res narratas repræsentantes in Codice Cæsareo, 190. 191. 192.
A. Pilius Proconsul in Creta, 173. 174.
Pindarus cum glossis ms. 77.
Pindari ms 82.
Pinellius Vincentius, 90.
Πιάλα, poculum, 405.
Pipi tetragrammaton, 226.
Pipinus bis Exarchatum recepit & Aistulphi copias fudit, 267.
Pisani Africam devastarunt anno 1088. 54.
Pissa locus, 72.
Placidia Augusta Valentiniani III. Imperatoris filia, mater Julianæ Augustæ, 39.
Placidia filia Theodosii M. uxor Constantini, (sic) 460.
Placilla uxor Theodosii Magni, 460.
Planetarum notæ, 373.
Planudes, *V.* Maximus.
Platonis Dialogi ms. 77.
Πλέθρον, *plethrum*, mensura, 365. 366.
Plinius ait Græcas literas ex Phœniciis ortas esse, 117.
Plinii locus de atramentis, 2.
Plinius de calamis, 21.
Plinius de pavone, 197.
Plinius de plumbeis, linteis & cereis voluminibus, 20.
Plinius de vetustis Atheniensium literis, 128.
Plotini vita & opera ms. 83.
Plotini vita per Porphyrium ms. 85.
Plumbeæ chartæ, lamellæ, plumbea volumina, plumbei libri, 16.
Πλουτιστής, *locupletator*, 161.
Plutarchus ait Ionicas literas ex Phœniciis ortas esse, 117.
Plutarchus de Antyllo. 20.
Plutarchi Codex insignis IX. sæculi partim ligato, partim unciali, charactere scriptus, 268. 271.
Plutarchi ms. 90.
Plutarchi moralia ms. 81.
Plutarchi vitæ ms. 46. 74. 77.
Poculum ex jaspide mirabile, 464.
Podalirius Machaonis frater Medicinæ λογικῆς fundator, 198.
Pœnitentiæ prosopopœia, 10. 11.
Πόθος, *desiderium amor*, ejus prosopopœia, 11.
Ποιμενικὴ methodus Epactorum, i. Pastoritia, 363.
Πολιτογραφέω, vel πολιτογραφέω, *censum habeo*, 161.
Polemarchus tertius Archon Athenis, 148. 149. 150. ejus officium, 150.
Politianus, *V.* Angelus.
Pollux (Julius,) 150.
Πολυέλαιον, lampas multorum Ellychniorum, 457. 468.
Ποιύπλατος, 391.
Polybii historiarum libri V. ms. 76.
Polybii hist. ms. 79.
S. Polyeucti reliquiæ, 491.
Polygnotus celeberrimus pictor quo atramenti genere utebatur, 2.
Πομπὴ pompa, sive processio, 155. 157.
P. Pomponius Secundianus, 167.
Pondus nummi Samaritani, 124.
Julius Ponticus epulas dedit Ancyræ, 155. 157.
Ποικιζόμενοι, 396.
PORKA pro *Porca*, 130.
Portætissa imago Deiparæ, 475.
Porphyrius de vita Plotini ms. 85.
Porphyrii Nicææ Metropolitæ Periodus montis Atho, carmine politico, 500.
Possevinus circa Maximi Planudis ætatem emendatus, 38.
Ποὺς, pes, ejus nota, 366.
Præco Archonti, 148. 149. ejus officium, 150.
Præco Senatûs Areopagi, 148. 149. ejus officium, 150.
Præcursoris Monasterium CP. prope Aëtii Cisternam, 59.
Præcursoris Monasterium Petra dictum, 77.
Prætor Peregrinus, quis? 160.
Prætor Urbanus, quis? 160.
Πρεσβύτερος ἢ βέτος, 45.
Πραξαπόστολον, Liber Actuum Apostolorum, 386. 404.
Presbyter Christianorum, inquit Hadrianus Imp. 178.
Prespinus Joannes scriba, 65.
Prespinus, *V.* Joannes.
Preupa, locus, 65.
Πείκιος, cur lectum pro Πατρίκιος, 342.
Principo Insula, 75.
Priscillianistæ, 328.

Πρὸ

πρὸ singulari modo expressum, 156.
Prochorus Cydones de lumine Thaborio mſ. 72.
Prochorus S. Joannis Evangeliſtæ Diſcipulus & ſcriba, 203.
Procles cur legatur pro Patrocles, 342.
Proclus, *V.* Calpurnius.
Procli Lycii Diadochi in Parmenidem mſ. 81. 90.
Proconneſus nunc Marmaras, 198.
Procopii Chriſtiani Sophiſtæ Eclogæ in Proverbia mſ. 278.
Prodici hæreſis, 328.
Prodromus Capelliani Muſei, 178. 179.
Prodromi ſeu Præcurſoris Monaſterium, i. S. Joan. Baptiſtæ, Conſtantinopolitanum, 59. 110. Inde Codices Græci educti ſunt, 110. 305.
Πριγκιδίμμος τῦ κοιτῶνος, *Præfectus fiſci Imperialis*, 327.
Prophetæ Minores mſ. 50.
Prophetarum Codex antiquiſſimus, 225.
Prophetarum Codex elegantiſſimus pervetuſtus, 40.
Prophetiæ proſopopœia, 11.
Προσευχῆς, ſive Orationis proſopopœia, 13.
Προσκυνητέον, quid? 441.
Proſopitis inſula, 136.
Proſopopœiæ depictæ in Codicibus Græcis, 10.
Proſoraiel, nomen virtutis cujuſdam apud Baſilidianos, 177.
Protaton in monte Atho, quid? 484.
Protaton Monaſterium montis Atho, 437.
Protome, *buſte*, 169.
Protonobiliſſimorum dignitas, 387.
Protonobiliſſimorum familia in Sede Capuana, 387.
Prudentiæ proſopopœia, 10. 203.
Prudentius de Caſſiano Martyre, 20.
Prudentius de notis Ludimagiſtrorum, 353.
Πρωτεπίσκοπος Εὐρίπου, *Protepiſcopus Euripi*, 44.
Πρωτοβεστιάριος dignitas Conſtantinopolitana, Protoveſtiarius, *Maître de la Garderobe*, 45.
Πρωτονωβελίσσιμος, Protonobiliſſimus, 394.
Πρωτονοτάριος, Protonotarius, 394.
Πρωτοπρόεδρος πρωτοσυγκέλλων, 302.
Πρωτοσπαθάριος, *Protoſpatharius*, Dignitas aulæ Conſtantinopolitanæ, 44. 45.
Ψ formæ, 336. 338. arcanæ vel obſoletæ, 336. 340.
Ψ per ΦΣ antiquitus exprimebatur, 139. 140.
Ψ, quomodo ligatur, 265.
Ψαλὶς, Ψαλίδιον, *forfices*, 221.
Pſalmorum interpretatio mſ. 75.
In Pſalmos, Anonymi, 512.
Ψαλβίος, Salvius, 175.
Pſalterium Græcum Sedulii Scotti, propria ejus manu ſcriptum, 235.
Pſalterium mſ. 51.
Pſalterium mſ. 91.
Pſalterium Mutinenſe, 56.
Pſellus, *V.* Michaël.
Ψιμμύθιον, ceruſſa, 7.
Ptolemæus mſ. 85.
Ptolemæi in Ægypto literarum & librorum cultores, 108.
Ptolemæorum numiſmata literas habent oblongas, 143.
Ptolemæi hæreſis, 328.
Ptolemæi, Tetrabibli Interpretatio, 85.
Ptolemæi (Claudii) Geographia mſſ. 79. 92.
Ptre, pro *petere*, olim, 130.
Πτυκτίον, *Liber*, 25. 283.
Πτυκτὸς πίναξ, Tabella plicata, 25. 26.
Pugillares eborei, 16.
Pugillares elephantini, 16.
Pulcheria Augusta Monaſterium Hodegetriæ ſtruxit, 382.
Punctum perfectum, medium & infimum, quomodo diſtinguebantur, 31.
Punctum pro qualibet diſtinctione adhibebatur ſitu vario, 31.
Punctum poſt ſingulas voces, 138. 169. 175. 236. 237.
Puncta poſt ſingula verba quandoque, 32.
Puncta, 231.
Puncta duo literis ï & ü, quandonam adſcribi cœperint, 33. quare, & quo caſu adſcribantur, *ibid.*
Puncta interrogandi, 32. non vetuſta, *ibid.*
Puncta quadra, 231. 233. 234.
Puncta rotunda, quadra, rhomboïca, triangularia, 32.
Puncta tria poſt ſingula verba, interpunctio ſingularis, 32.
Puncta tria poſt ſingulas voces in marmore Baudelotiano, 138.
Punctorum in Tabulis marmoreis & æneis modus, 31.
Punctorum varius nec conſtans uſus, 32.
Purbulus princeps, 494.
Purpureus color pro puniceo, & pro violaceo accipitur, 5.
Πυγὼν, *pygon*, menſura, 365. 366.
Πυκτίοι, *Liber*, 25. unde, *ibid.*
Πυκτία τῶν θείων γραφῶν, 109.
Πυκτὶς, *Liber*. 66.
Pylæmenes filius Amyntæ Regis Galatiæ, 155. & *ſeqq.* ejus liberalitas, *ibid.*
Πύξιον, *Liber*, 58. 304.
Πυξίον, *Liber*, 25.
Πυξὶς, *Liber*, 25.
Pyropulus, *V.* Alexius.
Pythagoræ aurea carmina, 84.
Pythii ludi, 161.

Q

QUadraginta-duo Martyres in Ammorio, 462.
S. Quadraginta Martyrum reliquiæ, 456. 474. 480. 482. 491. 492.
Quæſtor Candidatus, 158. 159. 160.
Quartodecimani, 328.
Quaterniones, 26. 27. Quaternionum numeratorum utilitas, 27.
Quichemus, *V.* Vigilius.
Quinctilianus de Palimpſeſto, 20.
Quinctiliani locus, 16.
Quintilianiſtæ, 328.
S. Quinque Martyrum reliquiæ, 474.

Ρ *Rho* & R.

P, *Rho*; hujus literæ veteres formæ variæ, 132.
P formæ omnes, 336. 337. arcanæ vel obſoletæ, 336. 339.
P, *Rho*, literæ ſingulares formæ, 121. 122. 138. 146.

P quomodo ligatur, 264.
Rabbinica Alphabeta, 376.
Rabbini recentiores putant Hebraïcas hodiernas literas easdem esse, quibus lex primitus scripta erat, 120.
Rabbinorum sententiæ de vetustis Hebræorum literis, 120.
Ῥακενδύτης, *Pannosus*, & Monachus, 311.
Ῥακένδυτις, *Pannosa* & *Monacha*, 310. 311.
Radulas Bassaraba Vœvoda, 483.
Radulas Vœvoda Valachiæ. 477.
Radulas Princeps, 494.
Raimundus filius Bertæ Comitissæ Loritelli, 396.
Ranæ in gemmis Basilidianorum, 170. 181. 182. 183.
Ranæ virides, 3.
Raphaël nomen virtutis cujusdam apud Basilidianos, 177.
Ῥαπτρεῖα, *officina sarcinatoria*, 461.
Refectorium magnæ Lauræ in monte Atho admirandum, 453.
Refectorium Batopedii in Crucis formam, 465.
Reliquiæ in monte Atho, 455. *& seqq. passim.*
Renaudotius Abbas laudatus, 314.
Rex Athenis secundus Archon erat, 149.
Rhacendytes scriba xv. sæc. 106.
Rhacendytes, *V.* Jeremias.
Rhadenorum, *V.* Monast. S. Salvatoris Rhadenorum.
Rhadinorum vel Rhadenorum Monasterium, 51.
Rhetemno in Creta, 77.
Rhosus vel Rosus. *V.* Joannes.
Riccardus de Garen, 401.
Rigord laudatus, 121.
Robertus Dux Militi, 402.
Robertus Guiscardus Romam vastavit & incendit anno 1084. 55.
Rocchi Pyrrhi Sicilia sacra, 19.
Rochoniatæ B. Mariæ Monasterium fundatum a Bartholomæo Abbate, obsessum & vexatum a Nic. Maleïno Arch. & ejus cognatione, 57. 287.
Ῥογάτα τι, genus monetæ, 415. *Rogata.*
Rogerius Comes pater Rogerii Regis, 19.
Rogerius Siciliæ & Calabriæ Comes, 381.
Rogerius Syracusas cepit anno 1088. & Benurem occidit, 54.
Rogerii Regis aurea bulla, 382.
Rogerii Regis aurea bulla, 397.
Rogerii Regis Diploma autographum, 387.
Romani Imperatoris uxor Iberorum Monasterium in monte Atho fundavit, 473.
Romanus Imperator, 43. 44.
Romanus Diogenes Imp. conjux Eudociæ, 295. ab hostibus captus, a suis excæcatus, 295.
Roxandra uxor Alexandri Vœvodæ, 479.
R. Ruben Perusinus, 123.
Rufus Medicus in Cod. Dioscoridis Cæsareo depictus, 102. ejus ætas & scripta, *ibid.*
Ruinus (Lælius) Nobilis Bononiensis, 91.
Rupifucaldus Cardinalis Codicem Prophetarum RR. PP. Jesuitis dedit, 225.
Russiæ Imperatores, 449.
Russorum Monasterium montis Atho, 437. 497.
Ruthenica, sive Moscovitica inscriptio, 261.

Σ & S.

Σ formæ, 142.
Σ, ejus literæ formæ aliæ ineunte Imperio Romano invectæ, 153. in mss. unciali charactere semper sic scribitur C, 153.
Σ formæ, 336 337. arcanæ vel obsoletæ, 336. 339.
Ε Sigma quadrum, 162. 163. 166.
Σ & C promiscue, 161.
C pro Σ semper in libris vetustissimis mss. 186.
C' significat, Symmachus, 215. 226.
S hâc forma a Græcis aliquando scriptum est, 121. 122.
Sigma per S latinum olim, 121. 122. 141.
Σ, σῖγμα, Dorice, σάν. multiplici modo antiquitus scriptum occurrit, 132.
S pro ς, positum in nummis, 128.
C pro ς positum. 228.
C Σ quomodo ligatur, 265.
S pro Σ in nummo Hadriani Græco, 132.
S. Sabæ in Spelunca Monasterium, 89.
S. Sabæ Laura, 75.
Saba Monachus & Presbyter scriba, 50.
Sabbas fundator Monasterii Chilantarii, 463. 472.
S. Sabæ Typicum ms. 81.
Sabas Monachus scriba xi. sæculi, 106.
Σαβαώθ, vox frequens Basilidianis, 179.
Sabellius, 329.
Fl. Sabinus Nicomediensis, 162.
Sacerdos Synodi, 172.
Saducæi, 327.
G. Longinus Sagaris, 165.
Salmasius (Claudius,) 15. 16. 140.
Salmasius de linteis Libris, 20.
Σαλεία, *stultitia*, 61.
Salomon Notarius scriba, 61. 106.
Salomon Notarius καὶ νοτάριος, 35. 307.
R. Salomon Iarchi, 123.
Samaritanæ literæ vocantur a quibusdam transfluviales, 123. 124.
Samaritanæ literæ ejusdem formæ sunt ac Phœniciæ, 119.
Samaritanæ formæ veteres, 122.
Samaritani, 327.
Samarites, 178.
Sambucus (Joannes,) 92.
Sampsæi, 328.
Sampsos ἄρχων, 305.
Σαμψυχίζω, Samsuchi odorem emitto, 259.
R. Samuel Arelatensis, 123.
Σαὶ τῶ, *V.* ἐπίσημον σαὶ τῶ.
Sanbatus, 166.
Sanderus, *V.* Bernardinus,
Σανὶς φιλυρίνη, *Philyrina Tabella*. in qua libertatis literæ solebant inscribi, 14.
Sanguinis D. N. J. Christi stillæ, 456.
Sapientiæ prosopopœia, 11.
Saraceni, 332.
Saraceni, *V.* Arabes.
Sarapis scribitur & Serapis, 163.
Sarapis ἑπταγράμματος θεὸς, septem literarum Deus, 182. 183.
Saraviana Bibliotheca, 186.
Sarbandenus, *V.* Leo.
Sarca locus, 391.
Sardianorum monogramma, 144. 145.
Sardicensii Synodus, 330.
Satoviel nomen virtutis cujusdam apud Basili-

dianos, 177.
Jul. Saturninus Præfectus Ancyræ, 165.
Scæus Hippothontis filius tripodem inscriptum literis Cadmeis sive Ionicis Apollini Ismenio obtulit, 116. 117.
Scala Joannis Climaci ms. 66. 68.
Scalidrus, *V.* Basilius.
Scaliger (Joseph) Græcas literas cum Phœniciis & Samaritanis contulit, 119.
Scaliger (Josephus) Glossarium Græco-Latinum San-Germanense memoravit, 42.
Scaliger (Jos.) emendatus, 140.
Scaligeranæ formæ Samaritanæ, 120. 121. 122. 124. *&c.*
Scalpellus temperando calamo, *canif*, 22.
Schammatismenus scriba, 106.
Σκεπάρνια, *Dolabra*, 405.
Σχηματολόγοι, 387. 405.
Σχιδιύω, quid? 512.
Σχοῖνος, *juncus*, calamus ad scribendum, 21. 22.
Σχοῖνος, *schœnus*, mensura, 336.
Scholarius, *V.* Gennadius.
Scordilus, *V.* Zacharias.
Scottus, *V.* Sedulius.
Scotus Erigena (Joannes) gloria Græcorum immerito dictus, 42. Carmina quædam Græce scripsit, *ibid.*
Scribarum nomina Græce γραμματεὺς, καλλιγράφος, γραφεὺς, ὑπογραφεὺς, 34. 35.
Scriba, 101.
Scribæ, V. *Calligraphi & Tachygraphi.*
Scribendi super genua mos, 203.
Scriptio per κῶλα & κόμματα, 216. 217. 218. *& seqq.*
Scriptores Græci multi, erasis Codicibus ut nova scriberentur, periere, 319.
Scriptura vetus erasa in Codicibus XII. XIII. & XIV. sæculi, ut nova inducatur, 318. *& seqq.* quanta pernicies hinc Græcis antiquis Scriptoribus allata fuerit, 319. 323.
Scriptura per κῶλα & κόμματα, 237. 238. *& seqq.*
Scripturæ ætatem a XII. sæculo internoscendi difficultas, 299.
Scripturæ mutationes XII. sæculo & seqq. 299.
Scripturæ ignotæ, 375. 376.
Scripturæ arcanæ variæ, 285. *& seqq.*
Scutariota, *V.* Joannes & Theodorus.
Sebasteni Ancyrani, 161.
Σεβαστοκράτωρ, dignitas secundo filio Imperatoris collata, 47.
Σεβαστοφάντης, Augusti flamen, 161.
Sebastus, *V.* Matthæus.
Σίζνεος pro σίο. νεος, 169.
Q. Sabini Secundini sigillum, 168.
Sedulius Scottus Hiberniensis, Psalterium sua manu Græcè scripsit IX. sæculo, 41. 106. 235. *& seqq.*
Sedulii Scotti Psalterium, 31. per κῶλα & κόμματα descriptum, *ibid.*
Seleuciæ monogramma, 144. 145.
Seleuciana Synodus, 329.
Seleucus Philodami epulas dedit Ancyræ, 155. 157.
Semes, sol, apud Basilidianos, 179.
Σημεῖον, & σημείωσαι nota, 370. 373.
September apud Græcos caput anni & Indictionis, 306. 362.
Sentamus, *V.* Athenæus.
Septalianum Muséum Mediolani, 15.
Septentrio nomen viri, 172.
Sepulcrum Nicocratis Poëtæ, 169. 170. 171.
Sepulcrorum violatoribus mulcta pecuniæ irrogata, 162.
Serapion & Sarapion, 163.
Serapis in gemmis Basilidianorum: unde orta fama Christianos Serapim colere, 178.
Serapis ἑπταγράμματος θεὸς, septem literarum Deus, 182. 183.
Serapis scribitur & Sarapis, 163.
Serbus, *V.* Demetrius, 106.
Sereniæ Epitaphium, 166.
Seripandus (Antonius) Jani Parrhasii Bibliothecam testamento accepit, 212.
Serpens convolutus caudam mordens solis cursum indicat, 180.
Serpillum planta, 259.
Servanus Cantacuzenus Vœvoda Valachiæ, 499.
Serviæ Principes, 449.
Sestertii nota, 359.
Sethianorum hæresis, 328.
Severiani, 328.
S. Severina, 399.
Severus in abbreviationibus interdum pro Severiano accipitur, 347.
Severus Monophysita, 331.
C. Julius Severus Consul fuit, 158. 159. alia quæ implevit ipse munia, *ibid.*
Sextarius mensura liquidi ejusque nota, 369. 370.
Sextus Lucii Diradiotes Thesmotheta Athenis, 148. 149.
Sguropulus, vel Syropulus, *V.* Demetrius.
Sibyllina oracula ms. 83.
Sibyllarum oracula de Christo, 243. *& seqq.*
Sibyllæ in monte Atho depictæ, 499.
In Sicilia multi Codices Græci exscripti fuerunt, 113.
Siclus Israël, 124.
Siclus Siclorum, 124.
Σιγίλλιον ἐλευθερίας, sigillum libertatis, 287.
Sigillum C. Servilii Vitalionis, 168.
Sigillorum inscriptiones, 168.
Sigilla doliis signandis, 168.
Sigilla varia, 168.
Silvester Syropulus scriba XV. sæculo, 106.
Simeni Monasterium montis Atho, 437.
Simeni Monasterium in Atho, 496. Esphigmeni dictum, 496.
Simeon Metaphrastes, *V.* Symeon.
Sim Metaphrastæ November ms. 51. December, 57.
Simeonis Magistri historia, 58.
Simon Macroduca scriba, 93. 106.
S. Simon fundator Monasterii Simopetræ, 486.
Simonides Melicus quatuor Græcas literas advexit, 117. quas, *ibid.*
Simonis Petræ sive Simopetræ Monasterium, 437. 485.
Simonis hæresis, 328.
Simplicius in Epictetum ms. 84. *bis.*
Simplicius in Aristotelem ms. 81. 84. 89.
Sina mons ἁγιώνυμος, 89.
Sinaï montis prosopopœia, 13.
Σιού olim pro Θεὸς, 243.
Sirletus Cardinalis, 314.
Sisinnius Presbyter scriba X. sæc. 106. 107.
Sisinnius ὁ Λυπρδίων Homilias Chrysostomi scripsit anno 943. 44.
ϹΣ, Σισίννιος, Sisinnius in abbreviationibus, 347.
Σιτωνεία, *Annona*, 154. 155.
Sixtus IV. Papa: ejus Bulla de abrogando Græcæ

linguæ usu in Monasterio SS. Petri & Pauli de Piro, 431.
Sixti IV. Diploma, 390.
Smyrna: ex ea urbe Codices in Occidentem exportati sunt, 110. Ephesus: ex ea urbe Codices in Occidentem exportati sunt, 110.
Smyrnæorum monogramma, 144. 145.
Socarium, mensura decem ulnarum, 367.
Σωληνάριον, *fistula*, 453.
Solem pro Christo habebant quidam hæretici, 179.
Solon in gemma, 153.
Σωμάτιον, & σωμάτια, *membrana*, 17.
Σωματῖον a σῶμα corpus, *membrana*, 17.
Σωματῖον, *membraneum*, σωματῖα, *membranea*, 17. 300.
S. Sophiæ Templum collapsum anno 1346. 71.
Sophianus Romanus, 80. 107.
Sophianus, *V.* Michaël & Nicolaus.
Sophocles ms. 89.
Sophronius Metropolites totius Gotthiæ anno 1292. 67.
Sotas Olympiadis conjux. 173.
Sozomenus de Tachygraphis, 85.
Sozopolis, 500. & 501.
Spalatrum, 47.
Spanopulus, *V.* Joannes.
Spanopetro nomen Monasterii SS. Petri & Pauli, 389. 390. 403.
Specimen ex Psalterio Alexandrino, 213. 214.
Specimen ex Cod. Baluziano XIV. sæc. bombycino, 333.
Specimen Codicis Basiliani IX. sæc. 272.
Specimen scripturæ abbreviatæ X. sæculi in Codice Basiliano, 281. 283.
Specimen Codicis Bononiensis S. Basilii X. sæc. 269. 271.
Specimen Codicis Bibliorum Cæsarei, 194.
Specimen Codicis Cæsarei Dioscoridis, 208.
Specimen ex Codice vetustissimo Colbertino, 183.
Specimen Codicis Colbertini XIV. sæc. 384.
Specimen ex Cod. Colbert. Dionysii Areopag. XIII. sæculo. 310.
Specimen Codicis Colbertini IX. sæculi, charactere ligato, ubi Vitæ SS. 270. 271.
Specimen Codicis Colbert. anno 890. descripti, 271.
Specimen ex Cod. Colbertino XI. sæculi, unciali charactere. 228. 229.
Specimen ex Cod. Colbertino anno 1022. in Gallia scripto, 293.
Specimen Codicis Colbertini Ascetici XIII. sæc. 320.
Specimen Codicis Eudociæ Augustæ Macrembolitissæ, 297.
Specimen Codicis San-German. IX. sæculi, 274.
Specimen Codicis San-Germanensis VII. sæculi, 219.
Specimen Codicis Prophetarum vetustissimi, in Biblioth. RR. PP. Jesuitarum, 224.
Specimen Typici Irenes Augustæ XII. sæculo, 301.
Specimen Codicis Florentini X. sæculi, 282.
Specimen ex Glossario Laudunensi IX. sæc. 248.
Specimen Codicis Regii Dioscoridiani IX. sæculi, 258.
Specimen scripturæ abbreviatæ X. sæculi in Cod. Regio, 283. 284.
Specimen Codicis Regii operum S. Greg. Nazianzeni, 252.
Specimen Cod. Regii Græco-Ægyptiaci, Liturgici, 315.
Specimen Cod. Regii Joan. Damasc. XII. sæculi, 308.
Specimen Codicis Reg. X. sæculi, ubi Justini Mart. opera quædam, 278. 279.
Specimen ex Codice Regio Evangeliorum charactere unciali X. sæc. 260.
Specimen Codicis Regii S. Joan. Chrys. IX. sæc. 274.
Specimen Codicis Reg. Theodoreti X. sæc. 278. 279.
Specimen Codicis Regii Constitutionum Imperialium XIII. sæc. 320.
Specimen Cod. Regii sive Menæi Novembris, 308.
Specimen Cod. Reg. Evangeliorum X. sæc. 281.
Specimen Cod. Reg. bombycini X. sæc. 279.
Specimen ex Codice Reg. Evang. XIV. sæc. 326.
Specimen Codicis Regii Græco-Latini VII. sæc. 216.
Specimen Codicis Regii anno 1045. scripti, 293. 294. 295.
Specimen Codicis Prophetarum Regii, bombycini XIII. sæculi, 320.
Specimen Codicis Regii bombycini XIII. sæculi, 314.
Specimen Codicis Reg. Evangeliorum XII. sæc. 308.
Specimen Codicis Plutarchi IX. sæc. 271.
Specimen Psalterii Sedulii Scotti, 237.
Specimen Topographiæ Christianæ X. sæc. 282.
Specimina Codicum octavi & noni sæculi, 232. 234.
Specimen Nomocanonis Doxapatris XII. sæculi, 301.
Speusippus in icone, 135.
Σπηλαιώτης in spelunca degens, 192.
Σφύρα, *malleus*, 8. ejus forma, 9.
Σπιθαμή, *spithame*, mensura palmorum trium, 9. 365. 366. 453.
Spirituum formæ, 275. 278.
Spirituum mutationes & conjunctiones cum accentibus, 299.
Spirituum formæ variæ, 257. 278.
Spiritus in fœnus acceptus, 172.
Sponius (Jacob.) 140. non ita accurate marmora exscripsit, 140. 146. 147. 149.
Sponius tribuum Atticarum nomina accurate collegit, 149.
Sponius in Miscellaneis, 127.
Σταχοῦν Librum compingere, 26. 196.
Στάδιον, *stadium*, mensura, 365. ejus nota, *ibid.*
Staphida, *V.* Joannes.
Stasinus, *V.* Georgius.
Statuæ Cæsaris (Tiberii) & Julianæ Augustæ, 154.
τοῦ Σταυρωμένου, sive *Crucifixi* Ecclesia Athenis, 134.
Stauronicetæ Monasterium, 498.
Στήγατα, *patina*, 405.
Stephanus de urbibus ms. 81. 84.
Stephanus Byzantius ms. 85.
Stephanus Patriarcha CP. 510.
Stephanus Hieromonachus, Scevophylax Monasterii Præcursoris Petræ, exscripsit Constantinopoli Polybii quinque Libros, 78.
Stephanus Hieromonachus scriba anno 1417. 107.
Stephanus scriba, 70. 71.

Stephanus

Stephanus, Calligraphi nomen Monocondyliis descriptum, 349.
Stephanus Lector scriba anno 1553. 88. 107.
Stephanus scriba Vitas SS. scripsit in fine noni saeculi, 43. 107.
Stephanus alter scriba, 107.
Stephanus (Henricus) Glossarium Graeco-Latinum San-Germanense memoravit, 41.
S. Stephani Protomart. reliquiae, 474. maxilla, 480.
S. Stephani junioris reliquiae, 474.
Stephani Oecumenici de Physica consideratione, 374. ad Heraclium Imperatorem doctrina de auro conficiendo, 374.
Stephanus Romani filius Imperator, 43. 44.
Stephanus Rex Serviae & Romaniae Monasterium Chilantarii in monte Atho fundavit, 471.
Stephanus Vaevoda Moldovlachiae sive Moldaviae, 487.
Στεφάνι, sive Coronae prosopopoeia, 11.
Στιχηρῶς ducta scriptio quae, 30.
Στίχοι versus, 28.
Στιχηράρια Libri versuum Officii divini, 386. 404.
Στιχομετρία Biblicorum Librorum, 28. exemplum hujusmodi, 28. 19.
Στιγμὴ τελεία, punctum perfectum quomodo notatum, 31.
Στιγμὴ μέση, medium punctum, quae erat minima interpunctio, ejusque situs, 31.
Stobaeus, V. Joannes.
De Strada (Jacobi) volumina decem veterum numismatum in Bibliotheca Caesarea asservantur, 197.
Strategus, V. Caesar.
Στρατηγὸς Ῥώμης, Praetor Romae, 161.
Stratonices Epitaphium, 166.
M. Aur. Stratorianus, 166.
Strozzius, V. Leo, 71.
Stroza, V. Pallas.
Stylianus scriba anno 939. 43. 44. 107.
Στῦλος, stylus cui usui erat, 20.
Styli forma & schema, 20. 21.
Styli ferrei, & postea ossei, 20.
Stylum vertere, quid? 21.
Styli falso a nonnullis putantur esse veteres fibulae, 21.
Stylus fluvius, 412.
Suidae Lexicon ms. 76. 77.
Suliardus, V. Michaël.
Suriel nomen virtutis cujusdam apud Basilidianos, 177.
Συλησία, exactio, vel vexatio, 448.
Sylvester Syropulus scriba, 79.
Symendri, 493.
Symeon Logotheta, 5.
Symeon Carnanius vel Acarnanius scriba, 93. 107.
Symeon unus ex fundatoribus Monast. Chilantarii, 472.
Symeon Monachus & Chrysographus, 5.
Symeon Hegumenus S. Pauli Latris, 78. vel Deiparae Styli, 78.
Symmachi lectiones, 225.
Synagobi Monasterium, 441.
Synaxarium Codex, 52. 69. & 285.
Συναξάρια, Vitae SS. compendio, 386. 404.
Σύζυγος pro σύμβιος, conjux, 165.
Synesii Diaconi carmen, 469.
Synesii Philosophi ad Democritum &c. 375.
Synesius de Tachygraphis, 35.
Συνοδίτης quid? 171. 172.
Synodus V. 331.
Synodus VI. 331.
Synodi Ferrariensis & Florentinae pseudohistoria ms. 90.
Synodi forma depicta, 253.
Σύνοδος convivium, 171.
Synodi Sacerdos, 172.
Συντάξασθαι, valedicere, vel alicui in profectu se commendare, 383.
Syntaxis Graeca in fine Glossarii Laudunensis, 249.
Syropulus, V. Demetrius & Sylvester.

T & Θ.

TAu antiquitus apud Hebraeos crucis forma scriptum erat, 120.
Tau apud Phoenices aspiratur, apud Graecos lene est, 129.
T Tau, hujus literae veteres formae variae, 32.
T formae, 336. 338. arcanae vel obsoletae, 336. 339.
T quomodo ligatur, 216.
Tabellae depictae in Codice S. Greg. Naz. Regio, 250.
Ταβελλίωνες, Tabelliones, Notariorum genus, 35.
Ταβουλάριος, Tabularius. Tabulariorum institutio & varia officia, 68. 325.
Ταβουλάριοι, Tabularii, Notariorum genus, 35. 92.
Ταβουλλάριος, Tabularius, 76.
Tabula marmorea in Templo Aesculapii, 176.
Tabulae Geographicae montis Atho, 451.
Tabula quadrata literarum ut apud Rabanum Maurum, 296. 297.
Tabula vetustarum formarum tam Phoeniciarum vel Samaritanarum, quam Graecarum, 122.
Tabulae ceratae, 16.
Tachygraphia jam tertio saeculo usus vulgaris erat, 262.
Tachygraphia priscae originis, 36. sed pro Actis publicis, 36. In libros advecta putatur octavo vel nono saeculo, ibid.
Tachygraphiae exemplum in Diplomate San-Dionysiano, 266. & seqq.
Ταχυγράφος, Tachygraphus, 66.
Ταχυγράφοι, Tachygraphi, ἀπὸ τοῦ εἰς τάχος γράφειν, a celeriter scribendo, 35.
Tachygraphi Archiepiscoporum & Patriarcharum, 35.
Tachygraphi Imperatoris, 35.
Tachygraphi tempore Origenis, 36.
Tachygraphorum formae aliquando in Libris usurpatae, 35. 175.
Tachygraphorum ductus priscae inventionis, 262.
Tactica de Naumachia ms. 90.
Talismans, Amuleta, 177.
Ταμίας κανδιδάτος, Quaestor Candidatus, 158. 159. 160. Quid sit, 160.
Tampretas, V. Theodorus.
Ταξίδιον, expeditio militaris, 266.
Tarentinorum monogramma, 144. 145.
Tarmarius, V. Andreas.
Tarsitus, V. Constantinus.
Tarsitus Constantinus scriba, 80.
Tartuzus, V. Georgius.
Tatiani haeresis, 328.
Ταυρομαχία, pugna Taurorum, 155. 157.

Taurorum pugna, 155. 157.
Tectosages Ancyrani, 161. & seqq.
Temperare calamum, Cic. 22.
Τέμπλον, *Ciborium*, 457. 464.
Tenebræ per universam terram anno 1133. secunda Augusti, hora 8. 60.
Terniones, 26.
Terræ motus magnus anno 1481. 73.
Tessarescædecatitæ, 318.
Τέταρτον pro palmo, 366.
Τετράδιον, *Libri quaternio*, 26. 404.
Τετραευαγγέλιον, *Liber quatuor Evangeliorum*, 386. 404.
Tetragrammon nomen Dei charactere Samaritano scribebatur in vetustis Hebræorum Libris, 120.
Tetrapla Origenis penes Abbatem Apolinarium, 40. 41. 226. 227.
Τετράπωλον ἅρμα, 228. Currus quatuor equis junctus.
Τετρὰς, Libri quaternio, 26.
Τετρακαὶ, Quaterniones, 26.
Τετράστοιχος κτίσις, creatura quatuor elementorum, 228.
Τετρώβολον, *Tetrobolum*, ejusque nota, 369.
Τεῦχος, *Liber*, 18. 26.
Τζαγγαρεῖα, *Officina sutoria*, 452.
Τηγάνια, *Sartagines*, 405.
Ταινίαι, *aulæa*, 453.
Τῆς abbreviatum in marmore, 176.
Θ & ϑ, 277.
Θ: hujus literæ variæ formæ, 142.
Θ: hujus literæ variæ formæ veteres, 129. *Teth*, apud Phœnices lene, sed *Theta* apud Græcos aspiratum, 129.
Θ formæ, 335. 336 arcanæ vel obsoletæ, 336. 339.
Theta quadratum, 129.
Θ quam formam habet ab octavo sæculo, 231.
Θ quomodo ligatur, 264.
Θ: singulares hujus literæ formæ, 121. 122.
Θ' significat Theodotionem, 225. 226.
Thalassii Ascetica, 511.
Thalmud Jerosolymitanum Hebraïcas Literas vocat Assyrias, 120.
Thasiorum monogramma, 144. 145.
ΘΕΒΗ, in nummis Thebanorum, 127. 128.
Theoctistus Calligraphus, 59.
Theoctistus scriba, 93.
Theoctistus forte idem scriba, 107
Theoctistus scriba, 304.
Theoctistus scriba XII. sæc. 107.
Theodora Augusta uxor Michaëlis Ducæ Imperatoris, 65.
Theodora Imperatrix, filia Constantini Porphyrogeniti, 51.
Theodoræ Imperatricis imagines *Ninia* dictæ, 465.
Theodoretus, Theodorus Heracleotes, & Theodorus Mopsuestenus in abbreviationibus interdum confunduntur, 347.
Theodoreti Commentarii in Prophetas, 316.
Theodoreti Liber Græcarum affectionum, 43.
S. Theodori Brontochii Monasterium, 67.
S. Theodori Grapti vita S. Nicephori Patriarchæ CP. ms. 72.
S. Theodori Stratelati caput, 481.
S. Theodori Stratelati reliquiæ, 474.
S. Theodori Tyronis reliquiæ, 464. 474.
Theodorus Scutariota, 327.
Theognostus πολυμαθὴς, *doctissimus*, 45. 46.
Theodorus Archiepiscopus Gortynæ, 173. 174.
Theodorus Docianus scriba, 69. 107.
Theodorus Episc. vitam S. Ceryci scripsit, 270.
Theodorus Notarius scriba, 107.
Theodorus Pelecanus Corcyræus Calligraphus, descripsit Librum de auro conficiendo, & de Chrysographia sive aurea scriptione anno 1478. 5. 84. 107.
Theodorus scriba, 75.
Theodorus scriba, 85.
Theodorus scriba, XI. sæc. 107.
Theodorus Sacerdos scriba XIV. sæc. 107.
Theodorus scriba XV. sæc.
Theodorus scriba exscripsit Joan. Chrysost. in Genesim, 55.
Theodorus Scutariotes Levita, 107.
Theodorus Studites, 404.
Theodorus Tampretas scriba, 107.
Theodori Daphnopatæ flores Chrysostomi ms. 92.
Theodosius Adramittenus Chrysographus erat, 5.
Theodosius Archiep. Trapezuntinus, 476.
Theodosius Metropolitanus Ungarovlachiæ, 441.
Theodosius filius Neaguli Bassaraba Vœvodæ, 480.
Theodosius Notarius scriba XVI. sæc. 90. 107.
Theodosii magni historia fabulosa, 459. 460.
Theodosius Xylala Monachus, 56. 107.
Theodosii junioris imago, 253.
Theodote uxor Cosmi, 172.
Theodotiani, 328.
Theodotionis lectiones, 225.
Theodulus Monachus designatus Abbas à Gerasimo, ab eodem abdicatur, 406.
Theodulus scriba, 60.
Θεοκορύφωτος νῆσος, cacuminibus a Deo instructa insula, 52.
Theonis Alexandrini ad Epiphanium filium in Canonas Ptolemæi ms. 68.
Theonis opera ms. 73.
Theopaschitæ, 331.
Theopemptus Calligraphus, 35. 49. 274.
Theopemptus Lector scriba XI. sæc 107. 108.
Theophanes de nece Mauricii, 35.
Theophrasti Philosophi de arte divina, 374.
Theophylactus Presbyter & in Lege Doctor, exscripsit anno 986. Acta Apostolorum, 45. 281.
Theophylactus Romani Imp. filius Patriarcha CP. anno 939. 43. 44.
Theophylactus scriba, 108.
Theophylactus Simocatta de Calligraphis, 34.
Theophylactus Simoccata, 109.
Theophylacti in Evangelia Codices, 60. 62. 63. 69.
Theorianus Legatus in Armeniam, 339.
Thesmothetæ apud Athenienses leges emendabant, 150.
Thesmothetæ sex Athenis, 148. 149. 150. eorum nomina, *ibid.* Ex numero novem Archontum erant, 150.
Thesmothetarum officium, 150.
Thessalus, *V.* Joannes.
Theudatus Patricius & Dux obsequii, 46.
ΘΗΒΑΙΟΝ pro ΘΗΒΑΙΩΝ antiquitus, 132.
Θυμιατῆς, *Thuribula*, 405.
Θηριομαχία pugna ferarum exhiberi solita, 155. 157.
Thnetopsychitæ, 329.
S. Thomaidis caput, 478.

Thomas Linacer ſcriba, 108.
Thomas unus ex benefactoribus Monaſterii Dionyſii in monte Atho, 480.
Thraceſium Thema, 49.
Θυγατὴρ μηδοπόλεως, 160.
Thucydidis de bello Peloponneſiaco quædam, 134. & ſeqq.
Thucydidis hiſt. mſ. 92.
Θύτης, Sacerdos, 59. 73. 74. 77. 304.
Thyepolus, V. Paphnutius.
Thymbra planta, 259.
Θωπευτικὸς, verſutus, 392.
Θεῖον, ſulphur, 6.
Tibicen Athenis, 148. & ſeqq.
Τιτάϊα, 405.
M. Titius Januarius, 169.
Tituli charactere unciali deſcripti fuerunt etiam x. & xi. ſæc. 263.
Tituli in vetuſtis Codicibus in fine opuſculorum repetuntur, 36. 37. 257. 276.
Tituli flavo colore illiti, 279.
Tituli rubri, tituli cærulei, 304.
De Toco (Orlantus.) 79.
Toinardi (Nicolai) opus poſthumum in nummos Samaritanos, 119. 123. & ſeqq.
Τόμος, libellus, 21.
Tomi Origenis, 226. 227.
Tornicius Dux Iberus Monaſt. Iberorum in Atho fundavit, ibique Monachus obiit, 473.
De Tournefort laudatus, 121. 154. 173.
Tragudiſta, V. Hieronymus.
Τραπεζαρεῖον, Refectorium. 453.
Trapezuntini Imperatores, 449.
Τραχαῖος, 89.
Trebius Alexander, 161.
Τὰ Τριάκοντα, quid? 414.
Tribunus legionis, 158. 159. 160.
Tribuum Romanarum nomina in inſcriptionibus, 159.
Trichas ſcriba xv. ſæc. 108.
Triclinius Nicolaus ſcriba, 68.
Triclinius, V. Nicolaus.
Τριώβολον, Triobolum, ejuſque nota, 369. 370.
Triodium mſ. 77.
Triopia villa Herodis Attici multis inſcriptionibus nobilitata, 140. 141.
Τριαὶ, terniones, 26.
Tritheïtæ, 331.
Τρίτον pro palmo accipitur, 366.
Τριῴδια ſunt Libri Officiorum a Septuageſima uſque ad finem Quadrageſimæ, &c. 386. 404.
Τρύβλιον, menſura, 369. 370.
Tryginon atramenti genus, 2.
Tryphonis Grammatica mſ. 74.
Tſade Phœnicium varie ſcribitur, 118.
Τυπικὸν, Liber Ritualis, 387. 405.
Turcarum irruptio in Cyprum anno 1349. 55.
Turonenſis vetus Bibliotheca & Codex papyreus Græcus ibidem, 214. 215.
Turriſanus vel Turrianus, V. Nicolaus.
Turuſanus Paſchalius Protopapa, 400.
Typicum Irenes Ducænæ nunc Regium propria Irenes manu ſubſignatum, 18. 26. 58. 299.
Typicum S. Sabæ mſ. 82.
Tyri monogramma, 144. 145.
Tzycandyles, V. Manuel.
Τῶν abbreviatum in marmore, 176.

V

Valachia dicitur Ungarovlachia, 441. 447. 478.
Valens, 166.
Valens, V. Accius.
Valentini hæreſis, 328.
Valerianus Forolivienſis Albini filius exſcripſit Euſebii Demonſtrationem Evang. 88. 108.
Valerius Andreas de recta interpungendi ratione, 31.
Valeſiani ſive Valentiani, 329.
Valeſii (Hadr.) Notitia Galliarum, 294.
Valla (Laurentius) emendatus, 343.
Vandale (Ant.) laudatus, 149. 150.
Vanſlebius (Joan. Michaël,) 314.
Varus Tachygraphus a Codicillis, 35.
Vatopedii Monaſterium, V. Batopedii.
Vau Phœnicii forma, 118.
Veccii Valentis mſ. V. Accii Valentis.
Vectigalium notæ, 364.
Verba Chriſti a Calligraphis numerantur in fine Evangeliorum, 306.
Vergecius, V. Angelus.
Verſiculi omnes antiquitus a linea ducebantur, 30. 31.
Verſiculi notis numericis aliquando ad marginem deſcribuntur, 28. 316.
Verſiculi antiquitus breviſſimi, 28.
Verſiculorum numerus in fine notatus, 306.
Verſiculorum numerus aſſignatur, in fine Præparationis Evangelicæ Euſebii, 276.
Verſiculorum numeri a Græcis notati ad calcem librorum, 28.
Veſtiarita, V. Nicolaus.
Vexilla Imperatorum puniceis literis inſcripta erant, 5.
Ughellus (Ferdinandus,) 381.
Ughellus emendatus, 384.
T. Salv. Vibianus Antiochus, 75.
Vigilius Quichemus ſcriba, 108.
Vincentius Pinellius, 90.
Vintilas Vœvoda, 483.
Virgilius de muſis, 269. 271.
Virgulæ non ita recentes, 32.
Virgulæ in Codice Plutarchi ix. ſæculi, 268. 271.
Virgulæ, 271.
Viridis color a Tutoribus Imperatorum pupillorum adhibebatur, 3.
Vita SS. mſſ. 66. 67. 68. 75.
Vitæ Sanctorum apud Græcos ante Symeonem Metaphraſten fabulis reſperſæ erant, 269. 273.
Vitæ SS. Januarii, 56. bis.
Vitæ SS. Aprilis mſ. 93.
Vitæ Sanctorum ante Symeonem Metaphraſten, Maii, Junii, Julii, Auguſti, manuſcript. 42.
Vitæ SS. Septembris, 86. 93.
Vitæ SS. Novembris mſ. 58. 69. 304.
C. Servilii Vitalionis ſigillum, 168.
Ulna menſura, 365. 366.
Ulpia Bibliotheca, ubi lintei libri, 20.
Ulpia Bibliotheca, 109.
Ulpia legio xxx. 158. 159.
Ungarovlachiæ Principes, 449.
Ungarovlachia, 441.

Unguentum S. Demetrii, V. S. Demetrius.
Vopiscus de Hadriano, 14.
Vopiscus de linteis libris, 20.
Vopisci locus, 178.
Vossius (Gerardus) de calamis, 21.
Vossius (Gerardus) notatus, 48.
Vossius (Gerardus) notam Codicis S. Ephræm vitiatam adfert, 38.
Urbani VI. Bulla, 390. 429.
Urceus, V. Antonius.
Uriel nomen virtutis cujusdam apud Basilidianos, 177.

Ξ & X.

Ξ: hujus literæ variæ formæ in Libris vetustissimis, 185.
Ξ alia forma, 167.
Ξ formæ aliæ, 176. 233.
Ξ Xi, hujus literæ priscæ formæ, 122. 131.
Ξ per ΧΣ antiquitus exprimebatur, 139.
Ξ formæ, 336. 337. arcanæ vel obsoletæ, 336. 339.
Ξ, hujus literæ formæ aliæ inductæ, 142. 152. 153.
ΧΣ olim Ξ exprimebat, 122. 131. 139. ξ Mæandri formam habet, *ibid.* Antiquitus fuit Episemon, sed postea in literæ usum receptum est, *ibid.*
Ξ quomodo ligatur, 264.
X litera quo pacto recepta apud Latinos, 151.
Xenarchus Philosophus Peripateticus, 202.
Xenocrates Aphrodisiensis auctor Medicus in Cod. Dioscoridis Cæsareo depictus, 198. ejus ætas, *ibid.*
Xenocrates alter senior Platonis discipulus, 198.
Xenodochium Cralis Constantinopoli, 196.
Xenon Mennei filius Phlyeus Archon Athenis Druso Consule, 148. 149. 150.
Ξενὼν, ξενῶνος, Xenodochium, 74.
Xenophi Monasterium montis Atho, 437.
Xenophi sive Xenophontis Monasterium in monte Atho, 493.
S. Xenophon fundator Monasterii ejusdem nominis, 494.
Xenophontis ms. 81.
Xenophontis locus emendatus, 342.
Xetopotami Monasterium, 482.
Xerxes Persarum Rex, post cujus in Græciam expeditionem literæ in Græcia maximè floruerunt, 10.
Ξέστης, *sextarius*, mensura liquidi ejusque nota, 369. 370.
Xiphilini (Joannis) Epitome Dionis Nicæni, 88.
Xiphilinus, V. Euthymius.
Xirucho Raphii Monasterium, 49.
Xylala, V. Theodosius.
Ξύλον, *Xylum*, mensura, 365. 366.
Ξυλίνοις χάρταις, chartæ ligneæ, 15.
Ξυλοχάρτιον, corticea charta, 15.
Ξυλοπριστικὸς πῆχυς, cubitus ligni sectilis, 365.
Ξέω, *scribo*, 50. 51.
Ξύω, *scribo*, vox apud Calligraphos, sed non ita frequenter usurpata, 361.
Ξύσμα, scriptura, 288.

Υ

Υ variæ formæ, 142 249.
Υ: hujus literæ forma alia, 162.
Υ formæ, 336. 338. arcanæ vel obsoletæ, 336. 339.
Υ literæ singularis forma in nummo Amyntæ, 121. 122.
Υ quomodo ligatur, 265.
Υ post O interdum ponitur in Alphabeto Græco, quare, 223.
Υ frequenter in H mutatum in vetustissimo exemplari, 213.
Υ in ι & η mutatum IX. sæc. 236. 242.
Υ in οι mutatum frequenter in Cod. VIII. sæculi, 230.
Ὕπερον, *pistrillum*, 8. ejus forma, 9.
Ὑπομανίκια, Manipula, 404.
Ὑποστιγμή, subdistinctio, sive interpunctio nec perfecta nec minima, 31.
Ὑψηγορία, excelsa prædicatio, 228.

Z

Z: hujus literæ formæ vetustiores, 128.
Z sic item scribitur Ξ, 142.
Z formæ, 335. 336. arcanæ vel obsoletæ, 336. 339.
Z Dores & Attici mutabant in Δ, 127.
Z quomodo ligatur, 264.
S. Zachariæ in Mercurio Monasterium, 45. 46.
Zacharias Maraphara Calligraphus, 112.
Zacharias Scordilus vel Maraphara scriba XVI. sæculo, 96. 108.
ΖΑΓΚΛΗ, *Zancle*, Messana, 127. cur Messana sic olim dicta, 127.
Zenobius Acciaiolus, 84. 108.
Zenodotus ait Græcas literas ex Phœniciis ortas esse, 117.
Ζεὺς, unde dictus, 244.
Zodiaci Signorum notæ variæ, 373. 374.
Zoë Porphyrogenita, 50.
Zographi Monasterium montis Atho, 437.
Zographi sive Pictoris Monasterium in monte Atho, 487.
Zona S. Mariæ Virginis, 464.
Zonaras in Canones ms. 90.
Zonaræ hist. Cod. 79.
Zonaræ Epistolæ ms. 85.
Zonaræ Joannis Epitome historiarum, 513.
Zonaras, 80.
Zonaras, V. Lucas.
Zoora Monophysita, 331.
Zosimus Episcopus. 270.
Zosimi Comitis historia ms. 81.
Zosimi divini, de virtute & de divina aqua, 375.
Zoticus Bassi Præfectus Ancyræ, 142.
Zupanes, V. Joannes.
Zygabenus, V. Euthymius.

FINIS.

REVER. AC DOCT. VIRO D. BERNARDO DE MONTFAUCON, Ordinis Sancti Benedicti Monacho.

J. B. I. S. D. S. P. S. D.

ANNUS jam alter excurrit vir doctissime, ex quo per ferias nostras forenses varia, quæ de literarum ortu olim inter legendum notaveram, colligens justam inde Dissertationem raptim, & in usus tantùm proprios, confeceram. Hæc postea inter schedas meas perpetuis, ut videbatur, occultanda tenebris jacuerat, quum ecce vir omnigena eruditione insignis, mihique amicitia conjunctissimus Bernardus M. mittit mihi è Lutetia gratissimum ingentis tui de Palæographia Græca operis specimen. Quin & unà testatur te de hac mea, quam ipse viderat, Diatriba certiorem à se factum, illam omnino è tenebris in lucem vocare, atque cum Palæographia tua edendam efflagitare. Ego verò, etsi in ea nihil inquisitione tua dignissimum judicarem, tamen ne desiderio tuo deesse viderer, effugeretque ea occasio, qua de viro tam bene de literis merito bene quoque mereri possem, facilè passus sum à me impetrari hocce quantulumcumque opusculum. Istud igitur accipe, vir clarissime, eoque utere non ut meo, sed ut jam tuo, quod vel edere, si lubet, vel in eas latebras, unde inconsultè forsan erupit, relegare possis. Ea tamen conditione, ut si illud in publicum prodire jusseris, nulla fiat nominis mei mentio. Nec enim instituti nostri esse credimus aut talia scribere, aut scripta publicare, qui Musas colimus severiores. Vale.

DE PRISCIS GRÆCORUM AC LATINORUM Literis Dissertatio.

Dissertationis argumentum.

1. DE literarum in Græcia & Latio ortu ac progressu, quisve fuerit antiquissimus harum numerus, quæ figura, nec levis est, nec inanis quæstio. Quod, ut opinor, inficiabitur nemo, qui sciverit eâ viros superioris ætatis sine controversia doctissimos exercuisse, Jos. Scaligerum, Cl. Salmasium, & G. J. Vossium. Ut alios innumeros omittam, qui rem eamdem, sed carptim atque obiter duntaxat attigerunt. Horum ego scripta quum accuratius evolverem, in iisque repugnantia & absona multa, nihil ferè certi animadverterem, experiri visum est num ipse tandem, nulla præjudiciorum habita ratione, sed solis sinceræ antiquitatis ductus vestigiis, rei veritatem assequi possem, ac depromere. Hæc fuit disquisitionis hujus causa, hic scopus. Nunc ad rem ipsam deveniendum.

Phœnicias origine esse Græcorum literas.

2. Communis quidem, eaque, ni fallor, verissima sententia est, Phœnicibus deberi Græcas literas. Quibus autem nitatur argumentis hæc opinio, si velim recensere, operam lusero, quum id prolixè atque diligenter alii fecerint; præsertim G. J. Vossius de Arte Grammat. lib. 1. cap. 10. ac Sam. Bochart. de Colon. Phœnic. lib. 1. cap. 20. Nec jam inquiro utrum ipsæ Phœnicum literæ sint origine Syræ, aut Assyriæ: quæ alterius argumenti est quæstio. Sed à quibus Græci elementorum usum proximè acceperint. Quod aliis, quam Phœnicibus, rectè adscribi cum ratione non posse fatendum est.

Non verò Ægyptias.

3. His tamen est ante omnia respondendum, qui Ægyptiacam potius quàm Phœniciam originem Græcis literis tribuendam esse censent. Quos inter præcipuum locum obtinet doctissimus J. Marshamus in Canon. Chronic. sæcul. ix. sed iis motus rationibus, quas honoris causa potius, quàm quòd ullius momenti esse videantur, ita paucis diluendas esse duxi.

Primò ait Cadmum Ægyptium fuisse, atque ideo Ægyptiis literis Græcos donasse. Verùm, etsi fatear Græcas literas Cadmo deberi, tamen Cadmum Ægyptium fuisse falsissimum est. Hunc equidem Agenore Ægyptio satum vel pueri sciunt. Sed quum Agenor Ægypto derelicta in Phœnicia regnaverit, quis credat ibi natum atque educatum Cadmum, ac sermone utentem Phœnicio, posthabitis nativis patriisque literis, avitas in Græciam intulisse?

Arbitratur Marshamus luculentum pro sua opinione argumentum esse æneam quandam tabulam, quæ, in Plutarchi libro de Dæmonio Socratis, narratur è sepulcro Alcmenæ, Agesilai Spartani temporibus, effossa, literisque ignorabilibus scripta. De quibus consultus Chonuphis Propheta Ægyptius respondit typos esse scripturæ Ægyptiacæ illius, quæ in usu erat sub Rege Proteo, quamque didicerat Hercules Amphitryonis filius. Unde colligit vir doctus Ægyptiis literis manifestè usum esse Cadmum, cujus posteri talibus uterentur.

Verùm huic argumento jam occurrerat Bochart. de Colon. Phœnic. lib. 1. cap. 20. ubi ait vel dicendum ævo Protei Regis Phœniciis elementis usos esse Ægyptios, vel potius commentitium esse Chonuphis responsum. At ego neutrum verum puto. Imo, si quæ de hac tabula dicuntur credenda sunt, ausim, post Ægyptium Sacerdotem, præstare, si non Ægyptias, saltem à Cadmeis diversas fuisse has literas. Et certè, si Thebanis incognitæ fuerunt, eo ipso peregrinas illas fuisse necesse est. Testatur enim Herodotus lib. 5. cap. 59. se Thebis in Apollinis Ismenii Templo vidisse inscriptiones Alcmenæ ætate literis Cadmeis incisas, quæ probè legerentur, ac intelligerentur. Unde patet conditam in Alcmenæ sepulcro tabulam aliis omnino characteribus conscriptam fuisse, quæ à Thebanis nec legi, nec intelligi potuit.

Cætera Marshami argumenta pudet pigetque referre, adeo levia sunt, ac futilia. Unum omisit, quod tamen longè majoris ponderis esse videtur; scilicet Cecropi Atheniensium Regi Græcas tribui literas. Cecropem verò Ægyptium perhiberi. In hanc enim sententiam inclinant multi, quos recenset Vossius Artis Grammat. lib. 1. cap. 10. Sed merum esse istud Atheniensium commentum omnino mihi persuasit Stephan. Morinus de Ling. Primæv. p. 181. 182. sive ex horum erga Thebanos æmulatione natum illud sit, ut placet doctissimo viro, sive eam ob causam, quæ à me infra proferetur.

Nec Runas esse Græcorum literas.

4. Sunt etiam, qui Græcorum elementa à Runis veterum Gothorum literis profluxisse magna cum contentione asseverant. Ac præter cæteros, qui has partes tueri conati sunt, audio eruditissimum Olaum Rudbeckium in Atlantic. variis conjecturis, miraque solertia non ita pridem gloriam hanc suis Gothis vindicasse. Verùm, etsi opus illud nec dum mihi videre contigit, haud tamen temerè me facturum puto, si cum Steph. Morino pronuntiaverim hujus opinionis sectatores nimio patriæ antiquitatis desiderio extra veritatis limites abreptos. Si enim Runis elementis tanta tribuenda est antiquitas, longè verisimilius videtur ea à Græcis originem ducere, ut visum est Salmasio de Hellenist. pag. 382. quàm ab illis Græca, quemadmodum viri docti otio suo, & eruditione abusi somniarunt.

Phœniciæ literæ quo pacto in Græcas mutatæ.

5. Pro certo igitur & rato tenendum est Græcorum literas Phœnicibus deberi. Nec obest Phœnicius scribendi modus à Græco planè diversus. Quum scilicet Phœnices sinistrorsum, Græci dextrorsum lineas ducant. Verisimillimum enim est eos, qui Græcis primi scribendi auctores extitere, ut pote ex Oriente advectos, Orientalem scribendi normam esse secutos. Quin & moris hujus constat Græcos certissimum diu retinuisse vestigium. Postquam enim primam Phœnicum instar lineam à dextra parte in sinistram scripserant, sequentem statim à sinistra ad dexteram continuabant, & ita deinceps. Quod scripturæ genus, quoniam boum in arando versuras imitaretur, ideo Græci dicebant, βουστροφηδὸν γράφειν, uti Vossius Art. Grammat. lib. 1. c. 34. Sam. Petitus in Leges Atticas, p. 104. & alii plenè docuerunt, atque in primis clarissimus Ezech. Spanhem. de Præstant. & usu Numism. Dissert. 11. pag. 68. & seq.

Antiquissimos βουστροφηδὸν γράφειν.

A quo Phœniciæ literæ in Græciam illatæ sint.

6. Et hactenus quidem nullum penè inter eruditos dissidium. Quòd verò ad eam quæstionem pertinet, à quo Phœniciæ literæ in Græciam illatæ sint, quove tempore id factum sit, mirum quantùm inter se tam veteres, quam novi Scriptores dissentiant. Nec sanè facilè, saltem omni ex parte, lis ista expediri potest.

An earum in Græcia usus Cadmo sit recentior?

7. Recentissimum quidem literarum in Græcia usum facit Flav. Josephus, dum lib. 7. adversus Apionem ne Homeri quidem ævo notas fuisse vult in Græcia literas, negatque ullum illarum vestigium in vetustioribus monumentis apparere. Verùm illa sententia, ut inepta & ridicula meritò ab omnibus jam diu explosa est; maximè à G. J. Vossio Art. Grammat. lib. 1. cap. 10. ubi alios etiam jure refellit, quorum pars Palamedi literarum inventionem tribuit, pars verò Lino illi Thebano, cujus Hercules discipulus fuisse perhibetur.

Hunc Cadmo etiam vetustiorem esse.

8. Certè frustra esse eos omnes, qui Græcarum literarum inventionem poste-

tiorem esse Cadmo arbitrantur, nemo veritatis amans negaverit An verò Cadmus ipse primus eas in Græciam importarit, ea non parvi moliminis quæstio est, quæque non nisi accuratissima disquisitione absolvi possit. Quod ita tamen intelligendum censeo, modò rationibus potius, quàm testimoniis sit disceptandum. Fatendum enim est omnium ferè scriptorum, & quidem vetustissimorum consensum Cadmo Græcas literas adscribere. Quin & huic sententiæ adhæserunt recentiorum doctissimi Jos. Scaliger in Euseb. edit. penult. pag. 104. Cl. Salmasius in Inscript Herodis Attic. pag. 35. & passim, nec non in lib. de Hellenist. pag. 331. G. J. Vossius Artis Grammat. lib. 1. cap. 10. ac Sam. Bochart. de Phœnic. Colon. lib. 1. cap. 20. Attamen ut aliter sentiam, literarumque usum in Græcia Cadmo vetustiorem putem, multis ac, ni fallor, gravissimis adducor rationibus.

Nullam ferè gentem peculiari scriptura caruisse.

9. Et primò nullam penè gentem adeo agrestem atque barbaram fuisse unquam arbitror, nullam à cultu tam alienam nationem, quæ diu scriptura caruerit, quæque ad id peculiaribus notis, sive hieroglyphicis, sive aliis quibuslibet non sit usa. Ex quo enim hominibus aut in civitates coire, aut commercia inter se exercere, vel etiam bella agere necesse fuit, continuò signa quædam ipsis excogitanda fuere, quorum auxilio absentes alloqui possent, ac cum ipsis animi sensa communicare. Quod, etsi exemplorum auctoritate non egeat, mirè tamen confirmatur iis, quæ de Americanis plerisque testantur recentiores Historiæ.

Non sane veteres Græcos.

10. Quod quidem si de incultis, & ab omni eruditarum gentium commercio semotis populis compertum est, quis non de veteribus Græciæ incolis longè probabilius esse fateatur? Apud ipsos enim multò ante Deucalioneum diluvium & maximas civitates conditas fuisse, & multa regna fundata extra controversiæ aleam positum est. Sed & multis ante Deucalionem ætatibus Phoroneus Inachi filius dicitur Argivis leges ac judicia constituisse. Id disertè testatur Eusebius in Chronic. ad annum ccx. confirmantque alia multa ad illustrandum Eusebium allata à Jos. Scaligero testimonia. At Principum leges non nisi ἐγγράφως constitui posse quis non videt? Quum nec aliter de earum veritate atque integritate constare queat, nec illæ sine scriptura ad posteros manare possint. Quin etiam his jam temporibus magno cum exteris gentibus, ac præcipuè Phœnicibus commercio floruisse Græciam certissimum præbent indicium Ius primùm Argivæ à Phœniciis mercatoribus, mox Europæ Tyriæ à Græcis raptus, qui tanquam indubitata Græcanicæ Historiæ primordia ab Herodoto recensentur. Quid igitur si audiamus Diodorum Siculum affirmantem Hist. lib. v. p. 227. Sain in Ægypto urbem ab Atheniensibus conditam fuisse ante Deucalioneum diluvium? Quid si Aristippum dicentem in primo Arcadicorum apud Clement. Alexandr. Strom. lib. 1. Apim Argorum Regem Memphim condidisse? Neminem postea negaturum arbitror vix credibile esse Græcos cum cultissimis gentibus degentes, aliquid ex earum disciplinis non hausisse, ac præcipuè scribendi artem, quam & omnium utilissimam, & ad commercia facienda apprimè necessariam esse constat.

Nec desunt ad stabiliendas illas conjecturas veterum quoque testimonia. Ac primus statim occurrit J. Tzetzes, qui Historiar. Chiliad. V. v. 815. & 819. Chiliad. X. v. 443. & Chiliad. XII. v. 79. literas in Græcia fuisse etiam ante Cadmum acriter contendit, idque eo probare nititur oraculo, quod Cadmo Delphis redditum ferunt. Unde colligit, quum eo tempore oracula jam carminibus ederentur, etiam tunc in usu fuisse literas. Hoc enim argumentum, etsi pro indubitato accipi nolim, attamen non æquè contemnendum censeo, ac doctissimis viris visum est. Nam vel dicendum est à recentioribus confictum fuisse hoc oraculum; quod temerè à quibusdam pronuntiari video; vel poëseos studio Græcos etiam illiteratos deditos fuisse. Quod minima veri similitudine nititur.

Tzetzis conjecturis jungenda est Cretensis Historiæ auctoritas. Si quid enim ei credimus, Musis, Cretensibus puellis, literarum inventio tribuenda est. Cadmo verò aliquantula tantùm in elementorum formis immutatio. Rem sic narrat Diodorus Sicul. lib. v. ex Cretensium commentariis, Ταῖς Μούσαις δοθῆναι παρὰ τῷ πατρὸς τὴν τῶν γραμμάτων εὕρεσιν. Πρὸς δὲ τοὺς λέγοντας ὅτι Σύροι μὲν εὑρεταὶ τῶν γραμμάτων εἰσί, παρὰ δὲ τούτων Φοίνικες μαθόντες τοῖς Ἕλλησι παραδεδώκασι, &c. φασὶ τοὺς Φοίνικας οὐκ ἐξ ἀρχῆς εὑρεῖν, ἀλλὰ τοὺς τύπους τῶν γραμμάτων μεταθεῖναι μόνον. Hactenus Cretensis historia, ubi veritas, licet fabulis quibusdam involuta, apparet tamen. Hinc enim patet, literas in Creta ante Cadmum notas fuisse, fama celebrari non obscura, nec forsan improbabili. Quicumque enim vel solum Cretæ insulæ situm spectat, eo ipso convincitur Phœnicès, qui multò ante Cadmum per totum Mediterraneum mare commercia exercuerant, in hanc etiam insulam penetrasse, & quidem antequam ad Græciam accederent. Unde prorsus verisimile fit suas eos literas cum Cretensibus, priùs quàm cum Græcis, communicasse.

Sed omnem dubitationem tollit quod eodem libro ait Diodorus, scilicet ante Deucalioneum diluvium viguisse in Græcia literas, licet statim addat earum memoriam cum maxima hominum parte hoc casu deletam fuisse. Verba ejus hæc sunt: Ὕστερον δὲ παρὰ τοῖς Ἕλλησι γενομένου κατακλυσμοῦ, καὶ διὰ τὴν ἐπομβρείαν τῶν πλείστων ἀνθρώπων ἀπολομένων, ὁμοίως τούτοις καὶ τὰ διὰ τῶν γραμμάτων ὑπομνήματα συνέβη φθαρῆναι.

Pelasgos à diluvii Deucalionei clade literas servasse.

11. Hinc certè manifestissimum est apud Græcos ante Deucalionis ævum in usu fuisse literas. Sed ne quis Diodoro fidem habeat affirmanti eas diluvii aquis deletas prorsus intercidisse, subjungam illustre Eustathii testimonium, qui in Iliad. B. pag. 358. ex antiquo quodam, ut videtur, scriptore à Pelasgis eo tempore servatas esse Græcorum literas tradit his verbis: Διὸ καὶ δῖοι Πελασγοὶ ποδὸ λέγονται, ὡς ἄνωθεν Ἕλληνες· οὓς καὶ μετὰ τὸν κατακλυσμὸν σῶσαι τὰ στοιχεῖα μόνους Ἑλλήνων φασί.

Hoc diluvio non omnes Græcos intercidisse.

12. Et sanè, si ante Deucalioneum diluvium Græcæ extiterunt literæ, huic etiam illas superfuisse fatendum est. Meræ enim nugæ sunt, quæ de illius κατακλυσμοῦ per omnem omnino Græciam evagatione proferuntur. Id ostendunt Græcorum antiquissimi atque gravissimi. Herodotus enim lib. 1. c. 56. testatur Pelasgicam gentem sub Deucalione Rege Phthiotidem incoluisse. Ἐπὶ μὲν γὰρ Δευκαλίωνος βασιλῆος οἴκεε γῆν τὴν Φθιῶτιν Cui concinit Thucydides lib. 1. dicens ante ætatem Hellenis Deucalionis filii nullo prorsus modo fuisse Ἑλλήνων cognomen, sed cum alias gentes, tum Pelasgicam maximè à se ipsa majorem Græciæ partem nuncupasse: Καὶ τὰ ἔθνη δὲ ἄλλα τε, (sic enim rectè legit Salmas. de Hellenist. p. 282.) καὶ τὸ Πελασγικὸν ἐπιπλεῖστον ἀφ' ἑαυτῶν τὴν ἐπωνυμίαν παρέχεσθαι· Unde perspicuum est non Pelasgos solum, sed & alios etiam populos è diluvii aquis elapsos esse. Quod & ipsæ fabulæ testantur de quibusdam, qui in altissimos montes confugerunt. Apollodorus lib. 1. Ζεὺς δὲ πολὺν ὑετὸν ἀπ' οὐρανοῦ χέας τὰ πλεῖστα μέρη τῆς Ἑλλάδος κατέκλυσεν, ὥστε διαφθαρῆναι πάντας ἀνθρώπους, ὀλίγων χωρὶς, οἳ συνέφυγον εἰς τὰ πλησίον ὑψηλὰ ὄρη· Neque id negat Diodorus loco citato. Ait enim solùm πλείστους ἀνθρώπους diluvio periisse. Idem paulo post: Γενομένου τοῦ κατὰ Δευκαλίωνα κατακλυσμοῦ, καὶ πολλῶν ἀπολομένων ἀνθρώπων, &c. Ergo non omnes perierunt. Atque id etiam ostendit Aristoteles Meteorol. lib. 1. c. 14. ubi testatur circa Dodonam atque Acheloum duntaxat diluvii aquas exuberasse. Unde liquet alias Græciæ regiones vel nullomodo, vel leviter sensisse hanc exundationem. Quod de Attica certè negari non potest, si quidem Deucalion illuc ad Cranaum Regem post diluvium confugerit, uti docent Oxoniensia marmora.

Mirum igitur non est literarum cognitionem hoc casu è Græcia non evanuisse, si verum est eam viguisse ante Deucalionem. Istud autem cum ex supradictis mihi omnino persuasum est, tum etiam ex eo monumento, cujus meminit Pausanias in Atticis, quodque vir ille harum rerum peritissimus, atque oculatus testis, omnium, quæ in Græcia vidit, antiquissimum judicat. Corœbi tumulum intelligo, qui Crotopi Argivorum Regis, atque ideo Cranai & Deucalionis æqualis fuit. In hujus enim sepulcro inscriptos elegos se vidisse testatur Pausanias, quos proinde multò ante Cadmum in lapide sculptos fuisse oportuit.

Pelasgos origine Phœnices esse videri.

13. Sed, ut ad Pelasgos revertar, quos Græcarum literarum servatores vocat Eustathius, hunc eis honorem non immeritò adscribi eò magis verisimile est, quòd ipsi è Phœnicia originem quoque trahere dicantur. Audiamus doctissimum Salmasium de Hellenistica, pag. 342. *Pelasgos à Phaleg dictos esse certa fides est ex nominis indicio, & re ipsa. Pelasgorum* τὸ πολυπλανητὸν *appellatio Phaleg ostendit, quæ divisionem sonat. Pelasgos autem per totam ferè Græciam dispersos fuisse Græcorum monumenta testantur.* Salmasium sequitur Thomas Reinesius dissert. de ling. Punic. cap. 11. n. 15. Atque illis egomet quoque libenter accedo.

Ab illis literæ Pelasgicæ vocantur, & quam ob causam.

14. Verùm, sive Phœnicum filii Pelasgi fuerint, aut discipuli: sive Græcæ literaturæ inventores, aut servatores tantùm, ab illis Πελασγικὰ γράμματα olim dicta esse constat. Id docet Diodorus Siculus lib. III. licet de nominis causa aliter sentiat. En ipsius verba: Ἔτι δὲ Κάδμου κομίσαντος ἐκ Φοινίκης τὰ καλούμενα γράμματα, πρῶτον εἰς

τὴν

τὴν Ἑλληνικὴν μεταθεῖναι διάλεκτον, καὶ ταῖς προσηγορίας ἑκάστῳ τάξαι, καὶ τοὺς χαρακτῆρας διατυπῶσαι· κοινῇ μὲν γὰρ οὖν τὰ γράμματα Φοινίκια κληθῆναι, διὰ τὸ παρὰ τοὺς Ἕλληνας ἐκ Φοινίκων μετενεχθῆναι. διὰ δὲ τὸ τῶν Πελασγῶν πρώτων χρησαμένων τοῖς μετατεθεῖσι χαρακτῆρσι, Πελασγικὰ προσαγορευθῆναι. Hoc est, ex Rhodomanni interpretatione: *Et quod Cadmus literas è Phœnicia allatas primus ad Græcorum enuntiationem transtulerit, suum cuique nomen attribuens, & characterem effingens. Hinc literas vocabulo communi Phœnicias, quòd videlicet ex Phœnicia introductæ essent, denominatas. Quæ tamen Pelasgica deinceps sint dictæ, quod primus translatarum usus Pelasgis innotuisset.*

Diodori Siculi hac de re improbata sententia.

15. Hactenus Diodorus: cui pro servata postremi hujus literarum cognominis notitia grates debemus; de cognominis verò ratione assentiri non possumus. Nam primò inventum aliquod ab inventore nomen trahere familiare est. Ab eo, qui invento primus utitur, denominari prorsus insolens. Quæ regula, etsi in aliis falleret, tamen quòd ad literas attinet inviolata permansit. Eæ enim multis post Cadmum ætatibus Phœniciæ vocatæ sunt. Nec exolevit hoc nomen etiam postquam Iones repertis novis quibusdam elementis, aut potius in unum collectis, literas à se nomen accipere ambitiosè voluerunt. Herodotus lib. v. c. 58. auctor est ævo suo Φοινικήια κεκλῆσθαι τὰ γράμματα. Plutarchus Sympos. lib. ix. Problem. 3. Τὰ πρῶτα, καὶ Φοινίκεια διὰ Κάδμον ὀνομασθέντα γράμματα. Parcam plura aggerere, quandoquidem ex his satis liquet Cadmea elementa, ex quo vocari Φοινίκεια cœperunt, nomen istud constanter retinuisse. Quòd enim Ἀττικὰ quoque dicta sunt, id peculiare Atticorum alphabetum spectat à Cadmeo prorsus alienum, ut in sequentibus ostendemus. At Cadmeas literas semper à Græcis Phœnicias vocatas fuisse indicio esse possit singularis Herodoti locus supra laudatus, ubi Phœnicia elementa Ionicis comparat tanquam prisca novis, de Pelasgicis verò ne minimam quidem mentionem facit. Quod omnino evincit his Phœnicia successisse, non illa Phœniciis.

Pelasgos post Cadmi ævum non potuisse nomen suum literis dare.

16. Deinde Græca elementa post Cadmi in Græciam adventum à Pelasgis nomen accipere potuisse nemo in Græcorum historia vel mediocriter versatus sibi persuaserit. Fateor quidem eorum, qui in Græcia imperium obtinuere, antiquissimum atque illustrissimum Pelasgorum genus fuisse. Id multis docet Jac. Palmerius Græciæ Antiq. lib. I. c. 9. Nec quæ in hanc rem sedulò congessit hîc repetere animus est. Paucis tantùm dicere sufficiat; non modò totam ferè Græciam ante Deucalionem vocatam fuisse Πελασγίαν, & ideo Græcos omnes Pelasgos dictos, verùm etiam singulos quoque penè Græciæ populos, quum Pelasgorum nomine censerentur, peculiari solùm cognomine inter se fuisse distinctos. Sic Arcadiam incolentes, Πελασγοὶ Ἀρκάδες nuncupabantur, Attici, Πελασγοὶ Κραναοί; Prisci Iones, Πελασγοὶ Αἰγιαλεῖς. Et ita de omnibus prope cæteris.

At sub Deucalione, ejusque liberis Pelasgorum gloriam paulatim tandem decrevisse certissimum est. Deucalion enim eos è tota ferè Thessalia, quæ Pelasgorum tunc erat caput, expulit; ita ut eorum pars major in Cycladas, aut Cretam, aut aliò confugerit, quemadmodum docet Dionysius Halicarn. Antiquit. Roman. lib. I. Cæteri ab Hellene è Phthiotide pulsi in Histiæotidem migravere. Unde mox à Cadmeis ejecti, variisque fortunis acti, tandem in Peloponnesum venerunt, mutatoque nomine Dores vocati sunt. Quod partim ex eodem Dionysio, partim ex Herodoti lib. I. c. 56. discimus. Atqui ab illo Hellene Græcos mutato nomine Ἕλληνας appellatos fuisse nemo nescit. Quod licet non illico factum fuerit, attamen Cadmi ævo constat jam omnes ferè Græciæ populos, sive quòd Hellenibus victoribus faverent, sive ipsorum metu, seu denique alias ob causas, quasi communi quodam consilio repudiasse Pelasgorum nomen. Sic Pelasgi Cranai Athenienslum nomen assumpsere, nec non etiam Ionum ab Ione Xuthi filio, idque Pelasgorum Ægialensium exemplo. Qua de re videndus est Herodotus, lib. VII. c. 94. & lib. VIII. c. 44 Ita reliquæ Græciæ gentes, aliæ aliud nomen usurparunt, maximè à Deucalionis posteris. Ex iis enim Dores, Æolenses, Achæosque nomen accepisse multis ostendit Cl Salmasius de Hellenist. pag. 289. & sequ. ita ut soli Arcades Pelasgorum nomen diutius videantur retinuisse.

Quod quum ita sit, manifestum est eo, quo Cadmus in Græciam appulit, tempore non modò contemptum jam fuisse Pelasgorum nomen, verùm etiam Cadmeis infensos statim fuisse Pelasgos, utpote eorum armis ab Histiæotide ejectos. Tantum abest ut vel à Cadmeis literas accepisse Pelasgos verisimile sit, vel ea auctoritate valuisse; ut literas à Cadmo allatas à se nomen accipere contra jus fasque cogerent.

Diodori Siculi hac de re locus illustratus.

17. Quum igitur post Cadmi ætatem Græcæ literæ nec Pelasgicæ vocatæ sint,

nec vocari potuerint, necessariò sequitur Pelasgicas literas vetustiores esse Cadmeis, etsi aliter Diodoro visum sit. Fallitur enim Diodorus, seu potius Dionysius Milesius, à quo totum hunc locum hausisse videtur. Nec me fugit tamen Diodori verba aliter accipi ac reddi à Jac. Palmerio Græc. Antiq. lib. I. c. 9. p. 50. quàm à Rhodomanno. Hæc enim: Διὰ δὲ τῶν Πελασγῶν πρότερον χρησαμένων τοῖς μετατεθεῖσι χαρακτῆρσι Πελασγικὰ προσαγορευθῆναι, sic vertit: *Propter Pelasgos verò, qui prius utebantur characteribus, qui immutati postea fuerunt, eas* (priores nempe literas) *Pelasgicas appellatas fuisse.* Ut sit sensus, postquam Cadmeum alphabetum in locum antiquioris Pelasgici receptum est, priscas illas literas à Phœnicibus immutatas ad differentiam Phœniciarum Pelasgicas appellatas fuisse. Quæ si admittatur interpretatio, jam Diodorum habemus apertum sententiæ nostræ assertorem.

Verùm bona fide dicemus Palmerium nimio Diodorum in opinionem suam, quæ nostra quoque est, trahendi desiderio hac in re aliquantulum à vero aberrasse. Nam manifestè patet τὸ μετατεθεῖσι hic eodem sensu accipiendum esse, ac verbum μετατεθῆναι, quod paulo supra occurrit; ideoque utrumque de Phœniciarum literarum εἰς τὴν Ἑλληνικὴν διάλεκτον translatione esse accipiendum. Nec obest alius Diodori locus, ubi Cretenses adducit dicentes literarum apud se usum esse Cadmo vetustiorem. Id enim ex Cretensium commentariis contra mentem suam refert. Quippe qui literarum cognitionem apud Græcos deletam esse diluvio arbitrabatur, uti supra ostendimus. Licet igitur minus faveat Diodorus, quàm Palmerius existimavit, magni tamen faciendum est ex eo erui Pelasgicas literas, quas Cadmeis vetustiores esse indubitatis, ni fallimur, conjecturis demonstravimus.

Quo modo Linus, Orpheus, ac Pronapides literis Pelasgicis censeantur scripsisse.

18. Sed antequam à Pelasgicis literis digrediamur, quid hoc est quod ab eodem Diodoro dicitur Linum, Orpheum, ac Pronapidem talibus literis libros suos conscripsisse? Locum hunc, quoniam admodum singularis est, & à nemine hactenus illustratus, nec à nostra quoque disquisitione alienus, integrum proferemus. Sic autem se habet: Τὸν δ' οὖν Λίνον φασὶ τοῖς Πελασγικοῖς γράμμασι συνταξάμενον τὰς τοῦ πρώτου Διονύσου πράξεις, καὶ τὰς ἄλλας μυθολογίας ἀπολιπεῖν ἐν τοῖς ὑπομνήμασιν· ὁμοίως δὲ τούτοις χρήσασθαι τοῖς Πελασγικοῖς γράμμασι τὸν Ὀρφέα, καὶ Προναπίδην τὸν Ὁμήρου διδάσκαλον. Sanè Pelasgicæ literæ nihil aliud hîc sunt, quàm ipsa alphabeti elementa, uti superiora ostendunt. In iis enim Pelasgicæ literæ eædem ac Phœniciæ, seu Cadmeæ esse dicuntur. Verùm enimvero si nihil aliud intellexit Diodorus, quorsum hæc de Pelasgicis literis mentio? Quid habuit ista res novi, vel memorandi? Quid refert qua scriptura sint usi Linus, ejusque imitatores? Deinde, si Pelasgicæ atque Cadmeæ literæ eædem, atque itidem solæ tunc in Græcia fuere, quid mirum Linum aliosque Pelasgicis usos esse literis? Istud assequi sanè non ita facile ducimus. Sed nec forsan tamen impossibile, modò prævia quædam observentur.

Quis iste Linus fuerit?

19. Sciendum est enim sive Diodori culpa, sive Dionysii Milesii errore, à quo totam hanc narrationem transtulisse videtur Diodorus, mirè confusa esse ac perturbata quæcumque ab eo de Lino dicuntur. Hunc enim ῥυθμῶν καὶ μέλους inventorem prædicat. Quod si verum est, saltem ponendus erit Linus paulo antiquior Amphione, qui Cadmo æqualis fuit. At ipsum hunc Linum ab Hercule discipulo occisum perhibet Diodorus. Quum tamen non nisi multis postea ætatibus natus sit Hercules.

Lini quatuor.

Haud equidem inficior Linum quemdam extitisse, quem peremit Hercules. Fuit enim is Oeagri filius Thraciæ Regis, cognomento Apollinis, fraterque illius Orphei, qui inter Argonautas numeratur. Hujus meminere cum ipse Diodorus Siculus, lib. III. tum etiam Apollodorus lib. I. & II. Schol. Apollonii Rhod. in v. 23. Argonautic. lib. I. & Pausanias in Bœot. Sed præter hunc Linum, aliumque nomine tantùm notum Lycaonis Arcadiæ Regis filium, de quo Apollodorus Biblioth. lib. III. fuere etiam duo ejusdem nominis alii. Quod à doctissimis viris non animadversum, gravissimis erroribus ansam præbuit.

Horum antiquissimus circa Deucalionis tempora extitit. Hunc enim peperit Psamathe Crotopi Argivorum regis filia, ab Apolline compressa. Quæ res à Pausania memoratur in Atticis atque Corinthiacis, nec non à Conone Narrat. XIX. Sed quum in infantia fuerit à canibus discerptus, miror Pausaniam ipsi ea carmina adscripsisse, quæ sub Lini nomine circumferebantur, nedum ille ipse sit, quem Diodorus facit Musicæ auctorem.

Linus alter Chalcidensis fuit. Hunc alii Apollinis & Terpsichores Musæ filium dicunt, aut Mercurii & Uraniæ. Alii Amphimaro, atque eadem Urania satum. De eo videndi Pausan. in Bœotic. Diogen. Laërt. in procem. item Antholog. lib. III. pag. 389. Eustath. in Iliad. Σ pag. 1163. 1164. Suidas in Λῖνος, & Corn. Tacit. Annal.

lib. xi. qui eum non Musicæ solùm, sed & literarum inventorem faciunt, ac multorum carminum auctorem. Unde hunc ipsum esse patet, cujus meminit Diodorus, quemque Pelasgicis literis usum esse perhibet.

Plures etiã Orphei.

20. Nec obest Linum à Diodoro dici Orphei magistrum, Orpheum autem inter Argonautas censeri. Ut enim Lini plures, sic plures Orphei à Suida memorantur. Duos saltem illius nominis fuisse prodidit Herodorus apud Schol. Apollonii in lib. I. Argonaut. v. 23. Ἡρόδωρος δύο εἶναι Ὀρφεῖς φησιν. Nec aliter conciliari queunt quæ de Orpheo à Suida dicuntur adeo absona, scilicet hunc & belli Trojani tempore floruisse, atque etiam XI. generationibus ante bellum Trojanum, ac proinde per totidem generationes vitam continuasse.

Lini Chalcidẽsis ætas

21. Hinc autem, ni fallor, Lini Chalcidensis ætas erui liquidò potest. Quum enim Lini discipulus XI. ætatibus distet à Trojano excidio, sequitur alterum Linum circa Cadmi tempora vixisse, inter quæ ac Trojæ ἅλωσιν non pauciores ætates intercedunt.

Is à Cadmo ob æmulationem doctrinæ interficitur.

22. Inde etiam manifestum fit illum ipsum fuisse Linum, quem Thebis literas alias à Cadmeis docentem, æmulatione in odium versa, Cadmus interfecisse fertur. Zenobius Parœmiographus in Καδμεία νίκη sic ait: Τὰ ἐκ Φοινίκης γράμματα βουλόμενος διαδοθῆναι τοῖς Ἕλλησι Κάδμος ἀνεῖλε Λίνον, καὶ αὐτὸν ἴδια γράμματα ἐπιδεικνύμενον. Hoc est: *Quum Cadmus Phœnicias literas vellet Græcis tradere, Linum sustulit, ipsum quoque peculiares docentem literas.* Ita enim reddendus est hic locus minus rectè ab And. Schotto perceptus. Cui satis congruit eorum opinio, qui ex Tacito ac Suida Linum literarum inventorem faciunt. Nec enim ullo modo officit, quòd id Lino Thebano, non Chalcidensi tribuitur. Nam licet verè Chalcidensis fuerit Linus, attamen quum diu Thebis permanserit, ibique fuerit humo conditus teste Pausania, ideo Thebanus vocatus est. Quod apertè probat ejus Epitaphium à Diogene Laërtio allatum.

Quare hujus necis auctor etiã Apollo dictus fuerit?

23. Interim omittendum non est Linum hunc apud Pausaniam atque Diogenem dici non à Cadmo interfectum, sed ab ipso Apolline. At verisimillimum est merum id esse Poëtarum commentum, ut Lini necem facerent illustriorem, atque nobiliorem ipsi darent æmulum. Istud autem fingere eò ipsis facilius fuit, quòd iis temporibus quicumque cæteros doctrina, vel arte qualibet antecelleret Apollinis cognomine decoraretur, ut ex Oeagri exemplo superius allato judicare licet.

Linum Cadmi ætate Pelasgicas literas Thebis docuisse à Cadmeis diversas.

24. His positis, jam satis patet Pelasgicas illas literas, quibus Linus τοῦ πρώτου Διονύσου gesta conscripsisse fertur, easdem fuisse quas ille Cadmi ætate Thebis docuit, quæque inter eos tanta moverunt jurgia. Nec aliam ob causam antiquos Historicos puto rei hujus mentionem fecisse, quàm quòd Pelasgicæ ac Cadmeæ literæ duas quasi factiones in Reipublicæ literariæ incunabulis excitassent, quarum propugnatores recensere ipsis visum est. Itaque Linum, Orpheum, ac Pronapidem Pelasgicas usurpasse literas memoriæ prodiderunt. Quod alioqui sanè oblivione dignissimum fuit. Et ita omnino, ni fallor, intelligendus est Diodorus Siculus, qui licet in exscribendo antiquissimo scriptore Dionysio Milesio non parum peccasse videatur, haud minimum tamen suppeditavit argumentum, quo Pelasgicas literas Cadmeis priores esse, ac vetustiores tandem aliquando assequeremur.

De Pelasgicarum ac Cadmearum literarum differentia.

25. Nunc superest ut exponamus quot & quæ Pelasgicæ literæ fuerint, qualisque has inter & Cadmeas differentia. Id autem difficile non erit, modò ostendamus Pelasgica elementa non alia fuisse à priscis Atticis. Quod evidentissimis mihi probatur argumentis.

Pelasgicas literas easdem fuisse ac priscas Atticas.

26. Jam supra demonstratum est Deucalionei diluvii tempore servatas fuisse à Pelasgis literas. Simul docuimus multas Græciæ regiones aquarum exundationem non sensisse, ac præcipuè Atticam, quò Deucalion confugisse dicitur. His addendum est ea ipsa & superiori etiam ætate Atticæ incolas Pelasgorum nomine censeri. Id apertè testatur Herodotus, lib. VIII. cap. 44.

Ut & Atticos è Pelasgorum gente.

Ἀθηναῖοι δὲ ἐπὶ μὲν Πελασγῶν ἐχόντων τὴν νῦν Ἑλλάδα καλεομένην, ἔσαν Πελασγοὶ ὀνομαζόμενοι Κραναοί. Ἐπὶ δὲ Κέκροπος βασιλῆος ἐπεκλήθησαν Κεκροπίδαι· Ἐκδεξαμένου δὲ Ἐρεχθῆος τὴν ἀρχὴν Ἀθηναῖοι μετωνομάσθησαν. Quod non ita tamen accipiendum est, quasi sub Cecrope Pelasgorum nomen omnino amiserint. Ut enim antea Πελασγοὶ Κραναοὶ, sic mox Πελασγοὶ Κεκροπίδαι vocati sunt. Ita rectè Herodotum interpretatur Marciani Heracleotæ, seu potius Scymni Chii Periegesis v. 558.

Ἑξῆς Ἀθῆναι φασὶν οἰκέτας λαβεῖν
Τὸ μὲν Πελασγοὺς πρῶτον· οὓς δὴ καὶ λόγος
Κραναοὺς καλεῖσθαι, μετὰ δὲ ταῦτα Κεκροπίδας
Κέκροπος δυναστεύσαντος·

Idque ostendit Herodotus ipse lib. I. c. 57. ubi auctor est Atticam gentem pro Pelasgica habitam fuisse ad id usque tempus, quo ad Hellenes descivit, ac proinde multis

Et priscam Atticorum linguam eandem ac Pelasgicam

post Cecropem ætatibus. Sic autem loquitur: Τὸ Ἀττικὸν ἔθνος ἐὸν Πελασγικὸν, ἅμα τῇ μεταβολῇ ἐς Ἕλληνας καὶ τὴν γλῶσσαν μετέμαθε· Illustris locus, unde discimus Pelasgica quoque lingua usos esse veteres Atticos. Quod etiam confirmat Pausanias in Corinthiacis, ubi ait ante Heraclidarum in Peloponnesum reditum eandem Argivis linguam atque Atheniensibus fuisse: πρὶν δὲ Ἡρακλείδας κατελθεῖν ἐς Πελοπόννησον τὴν αὐτὴν ἠφίεσαν Ἀθηναίοις οἱ Ἀργεῖοι φωνήν. Quum enim Pelasgicæ gentis non pars tantùm, sed etiam caput Argivi fuerint, uti pluribus adversus Salmasium in alia de Pelasgorum fortuna disquisitione demonstrabimus, tunc sequitur & Pelasgici generis verè fuisse Athenienses veteres, & Pelasgicæ quoque linguæ diu apud se vestigia conservasse.

Quare Athenienses literarum inventionē sibi arrogaverint.

27. Hoc posito, jam liquet Athenienses ex iis esse, qui literas diluvii ætate servarunt, ac forsan præcipuos. Quin etiam verisimile est inde natam ipsis esse occasionem literarum inventionem sibi arrogandi. Quam gloriam eos affectasse multa sunt indicia. Nam & Cecropem, qui Athenis paulo ante Deucalionem regnavit, literarum auctorem esse prædicabant; & Ἀττικὰ γράμματα dicebant αὐτὶ τοῦ παλαιὰ, Harpocratione teste. Imo literas suas indigenas esse asseverabant.

Hesychius illustratur.

Hesychius: Ἀττικὰ γράμματα, τὰ ἀρχαῖα, ἐπιχώρια. Qui locus ex supra dictis facilè intelligitur, quanquam illum assequi desperet eruditissimus Maussacus in notis ad Harpocrationem.

Atticas literas easdem fuisse, quæ Latinæ

28. His mirè suffragatur Atticarum literarum cum Latinis affinitas, quam antiqui prodiderunt. Plinius Hist. lib. VII. cap. 58. de literis: *Veteres Græcas fuisse easdem penè, quæ nunc sunt Latinæ, indicio erit Delphica tabula antiqui æris, &c.* Corn. Tacitus Annal. lib. XI. *Et formæ literis Latinis, quæ veterrimis Græcorum.* Quod enim de antiquis Græcorum elementis hìc dicitur, de Atticis haud dubiè intelligendum est, uti docet prolata à Plinio tabula, pluribusque probat Cl. Salmasius in Inscript. Herodis p. 53. Atqui certissimum est Pelasgis deberi Latinas literas. Plinius eodem libro cap. 56. *In Latium literas attulerunt Pelasgi.* Quin & Pelasgicam linguam eandem fuisse ac veterem Latinam non temere forsitan conjecit Humphrid. Prideaux in Chronic. Marmor. pag. 131. Parum verò interest utrum circa Deucalionis ævum literaturam suam in Latium intulerint Pelasgi, an circa Trojana tantùm tempora. Qua de re, inter doctissimos viros Phil. Cluverium Italiæ Antiq. lib. III. & Theod. Ryckium Dissert. de primis Italiæ Colon. cap. VII. magna intercedit controversia à nobis aliàs discutienda. Nunc enim satis est monuisse Latinorum literas Pelasgicas fuisse, atque easdem penè, quæ priscæ Atticæ. Unde manifestum est non alias fuisse Pelasgicas ab Atticis.

Eandemque ferè Atticis ac Latinis Arithmeticam.

29. Atticum verò, seu Pelasgicum, non Cadmeum alphabetum ad Latinos translatum esse alia insuper confirmant argumenta. Nam si Cadmeas literas accepissent Latini veteres, simul admisissent arithmeticas notas, quæ Cadmei alphabeti partem fecerunt. Nempe Ἐπίσημα βαῦ, Κόππα, & Σαμπι. Atqui ut has Latini notas nunquam in usu habuerunt, ita numeros Atticos prorsus imitati esse videntur. De quorum figuris sic Scaurus de Ortograph. edit Putschianæ pag. 2258. *Quod significant Attici, qui principes literarum, à quibus eorum nomina incipiunt, numeros notantes, hac quoque* (scilicet H) *in eadem significatione utuntur. Nam quoties unum notant*, I *literam ponunt, quoniam apud illos μία, ἴα dicitur. Et ut πέντε* Π, *δέκα* Δ, *sic & ἑκατὸν, id est centum*, H *litera notant.* Ita enim hic locus partim ex Cl. Salmasii conjecturis in Inscript. Herod. pag. 42. partim ex nostris legendus est.

Scaurus emendatus.

Quantùm autem ad hanc arithmeticam accederet Latina abundè testatur Priscianus de Figuris Numerorum: *Una per* I *scribitur antiquo more Atticorum, qui solebant principalem nominis numeri literam ponere, & significare numerum. Ergo ἴα pro μία dicentes* I *scribebant. Et* Π *πέντε, &* Δ *δέκα. . . .* *&* H *ἑκατὸν, &c. Hos igitur Latini quoque in plerisque imitati sunt. Nam per* I *unum notant illos secuti, &c.* Talis fuit doctissimi Prisciani sententia de Latinorum numerorum notis. Quæ licet ex Doctorum quorumdam opinione omnino aliam originem habere dicantur, multas tamen rationes pro Prisciano pugnare certum est, ut & maximi nominis viros, atque in primis eruditissimum Beveregium Arithmet. Chronolog. lib. I. cap. 7. cujus ea de re scripta omnino videnda sunt.

Atticam arithmeticam Cadmea antiquiorem esse.

30. Sed sive Latini ab Atticis arithmeticam mutuati fuerint, sive aliunde hauserint, illud constat Atticas numerorum notas Cadmeis antiquiores omnino videri. Cadmeas enim & compendiosiores, & ad quamlibet arithmeticam operationem longè expeditiores esse palam est. At in iis, quæ ad artes pertinent, à rudioribus ad perfectiora progressum semper factum esse nemo, opinor, ibit inficias. Δῆλα γὰρ μὴ τυφλοῖς ταῦτα. Itaque Atticam numerandi normam jam in usu fuisse oportuit quum Cadmea in Græciam

etiam illata est. Alioquin istam haud dubiè nunquam admisissent Attici, nec longam ac morosam arithmeticam brevi atque appositæ prætulissent. Hinc autem validissimum oritur argumentum, quo probetur Atticas literas Cadmeis antiquiores esse, si quidem Attica arithmetica non nisi literis expediri queat, uti in superioribus patefactum est.

Quare Græcarum literarum nomina diversa sint à Latinis.

31. Præterea diversas à Cadmeis literas in Latium à Pelasgis translatas esse indicant etiam ipsa Latinarum literarum nomina. Ea enim à Phœniciis prorsus aliena sunt, ut in sequentibus ostendemus. Quod ita tamen sanè non accidisset, si quo tempore Pelasgi literas suas Latinis dederunt, ea elementis nomina imposita fuissent, quæ non nisi Cadmo debentur. Unde non parva suspicio subest ante Cadmum priscis Atticis seu Pelasgicis literis nondum ulla fuisse nomina: vel si aliqua fuere, ea non alia extitisse à Latinis. Nec obest quòd Pelasgica quoque elementa à Phœniciis ortum trahant. Nam quum Pelasgi è Phœnicia profecti novas colonias in Græciam duxere, nondum forsan in artem evaserat apud ipsos Grammatica, aut literæ propria acceperant nomina. Deinde, etsi jam accepissent, haud mirum foret Pelasgicam gentem bello deditam, errabundam, ac variis casibus actam, longo temporis tractu ea nomina penitus dedidicisse.

Vetustissimis Pelasgis, Atticis, atque Latinis XVI. solùm literas fuisse.

32. Quod quum ita sit, demonstraverimque ante Cadmum frequentatas esse Pelasgorum in Græcia literas, eas verò non alias extitisse ab Atticis, ut nec à Latinis Atticas, jam proclive est Pelasgicarum numerum assequi. Antiquissimum enim Latinorum, ut & Græcorum alphabetum sedecim tantùm habuisse literas in confesso est. Marius Victorinus, Cadmum existimans Græcarum literarum auctorem, sic ait Artis Grammat. lib. I. cap. de Orthograph. ed. Putsch. pag. 2458. *Repertores literarum Cadmus ex Phœnice in Græciam, & Evander ad nos transtulerunt literas numero* XVI. Priscianus lib. I. cap. de numero literarum: *Apud antiquissimos Græcorum non plus quàm sedecim erant literæ, quibus ab illis acceptis Latini antiquitatem servaverunt perpetuam.* Id confirmant Plinius Hist. lib. VII. cap. 56. & Plutarchus in Platonic. Quæstionibus. Nec proinde audiendus est Isidorus Origin. lib. I. cap. 4. ubi *decem & septem Latinis literis veterem scripturam constitisse ait.* Quod certè falsissimum est.

Quæ fuerint veteres Pelasgicæ sive Atticæ literæ.

33. Sed quæ fuerint veterrimæ Pelasgorum atque Atticorum literæ non ita facilè est eruere. Nec enim assentior maximis viris Jos. Scaligero in Euseb. pag. 104. & Cl. Salmasio in Inscript. Herod. pag. 45. 53. & 55. affirmantibus Farnesianam columnam extantem inter Gruterianas Inscriptiones pag. XXVIII. vetustissimorum Atticorum more esse conceptam. Quod sanè si verum esset, de literarum Atticarum numero & figura frustra laboraremus. Sed ea in re plurimùm à vero aberrasse eruditissimos viros tam certum est, ut nihil omnino sit certius. Non enim XVI. tantùm literas, qui Atticarum numerus fuit, continet Farnesiana inscriptio, sed XVIII. scilicet: A. Γ. Δ E H. Θ. I. K. Λ M. N. O. Π. P Σ. T. Y. X. Quibus si addas B literam, quam semper in usu fuisse constat, fient XIX. quarum tres inter priscas numerandæ non sunt, nempe Θ, Y, & X, uti ex sequentibus patebit. Quo magis mirum videtur in eum errorem impegisse Salmasium, qui veteres Atticos ΤΗΕΟΣ pro ΘΕΟΣ: ΑΤΗΕΝΑΙΟΝ pro ΑΘΗΝΑΙΟΝ: & ΚΗΡΟΝΟΣ pro ΧΡΟΝΟΣ scripsisse ultro agnoscit ibidem pag. 30. 31. Quin & Atticas literas sedecim tantùm numero esse fatetur cum alibi passim, tum disertè pag. 53. ubi Ἀττικὰ γράμματα de illo scripturæ genere intelligi asserit, quod literis XVI. conficiebat, ut contra Ἰωνικὰ de ea scriptura, quæ XXIV. peragebatur. Unde manifestum est eos insigniter falli, qui Scaligerum Salmasiumque secuti ex hac inscriptione vel Atticarum literarum, vel priscarum Ionicarum typum probè tenere se arbitrantur. Quum non nisi sub Pio & Marco Antoninis exstructum fuerit hoc monumentum ab Herode Attico Rhetore, qui licet priscam scribendi normam imitari voluisse videatur, in hoc tamen sive ignorantia sive oscitantia multipliciter lapsus est.

De Farnesianæ columnæ literis judicium.

Quæ fuerint priscæ Latinorum literæ.

34. Unicum igitur ad dignoscendas veterum Græcorum literas restat subsidium, si priscas Latinas, quæ ex iis profluxerunt, totidemque numero fuere, cognoscere possimus. Sed nec ea de re consentit Grammaticorum chorus.

Q literam ex iis non esse.

35. Marius quidem Victorinus Artis Grammat. lib. I. cap. de Ortograph. pag. 2458. & 2468. has statuit vetustissimorum Latinorum literas: A. B. C. D. E. I. K. L. M. N. O. P. Q. R. S. T. Verùm hæc expendens Salmasius in Inscript. Herod. p. 225. 226. inde Q literam demendam esse censet. Et quidem meritò. Præter enim eas, quas ibidem attulit Salmasius, rationes, itidemque G. J. Vossius Artis Grammat. lib. I. c. 18. constat ex ipsius Marii Victorini mente novam hanc esse literam. Sic enim ille lib. I. cap. de Literis, pag. 2452. *Literæ Romanæ ad imitationem Græcarum factæ novas etiam*

habent, ut H. Q. V. Et cap. de Orthograph. pag. 2459. *Nec* G *quidem, nec* Q *Latinus sermo introduxit.* Ergo allatum supra ex eodem alphabetum corruptum esse liquet. Quod quidem rectè vidit Salmasius. Sed dum V pro Q reponendum censuit, non minus contra Marii mentem fecit, qui V quoque literam inter recentiores posuerat. Alia igitur via investiganda nobis est rei veritas, atque ab iis tenebris, quibus hactenus involuta jacuit, eruenda.

Nullas primitùs literas, præter omnino necessarias, receptas fuisse.

36. Quod antequam aggrediamur, illa primùm regula constituenda est antiquissimis temporibus eas tantùm in usu fuisse literas, quæ hominibus omnino necessariæ fuerunt, quibusque carere nullo modo potuere. Ideo sedecim literis omnis ipsis scriptura constitit. Cæteræ non nisi posterioribus atque cultioribus ætatibus repertæ sunt à Grammaticis, vel compendii ergo, vel ad observandam quantitatem, vel etiam ut ambigui literarum soni melius distinguerentur. Itaque nova ista elementa non tam literæ, quàm affectiones & accidentia, atque differentiæ literarum esse dicuntur à Plutarcho in Platonicis quæstionibus: πάθη μᾶλλον ὄντα, καὶ συμβεβηκότα, καὶ διαφορὰς στοιχείων. Unde sequitur, quæcumque litera talis apparet, hanc recentiorem esse, non verò è primitivis illis sedecim.

V apud Latinos recentiorem esse literam.

37. His præmissis, V literam inter antiquissimas apud Latinos non fuisse, & Marii Victorini auctoritate, & ratione quoque manifestum est. Ut autem Mario assentiar id facit, quòd V Latinis nullo modo necessaria fuisse videatur. Si quis enim vocalem hanc vult secundum ejus naturam excutere, inveniet duplicem huic fuisse sonum, quorum unus ad I, alter ad O propiùs accederet: ita ut I literæ propinquus sonus per I, alter per O efferretur.

Veterum testimoniis res clariùs elucescet. Quintilianus lib. 1. cap. 4. *Medius est quidem* V *&* I *literæ sonus.* Priscianus lib. 1. cap. de Litera: I *&* V *vocales, quando mediæ sunt, alternos inter se sonos videntur confundere, &c.* Velius Longus de Orthograph. ed. Putsch. pag 2228. *Antiquus variè scriptitatum est Mancupium, Aucupium, Manubiæ, siquidem C. Cæsar per* I *scripsit, ut apparet ex titulis ipsius. At Augustus* I *per* U, *ut testes sunt ejus inscriptiones.*

Nec minor U & O literarum confusio. Nam *osum* pro *ovum*: *Afos* pro *Avus*: *Domos* pro *Domus* antiqui dixere, & innumera alia. Velius Longus pag. 2216. *Apud nos quoque antiqui aquè confusas* O *&* U *literas habuere. Nam* CONSOL *scribebant per* O, *quum legeretur per* U CONSUL. Idem pag. 2222. *Apparet eos aliter scripsisse, aliter enuntiasse. Nam quum per* O *scriberent, per* V *tamen enuntiabant.* Quanquam tamen non eundem hac de re per totam Italiam usum fuisse testatur Priscianus. Sed aliis U arrisisse, ut Thuscis & Umbris; aliis displicuisse, ut Romanis. Id refert insignis Grammaticus lib. 1. cap. de numero Literar. his verbis: *O aliquot Italiæ civitates, teste Plinio, non habebant. Sed loco ejus ponebant* U, *& maximè Umbri & Thusci.* Idem paulo post: U *quoque multis Italiæ populis in usu non erat. Sed è contrario utebantur* O. *Unde Romanorum quoque vetustissimi in multis dictionibus loco ejus* O *posuisse inveniuntur.* Quid verò inde colligendum? Num aliquot Italiæ civitates O literæ sono verè caruisse? Minimè. Quæ enim gens hoc sono carere possit? Quid igitur? Dic variis typis expressum fuisse olim à variis Italiæ gentibus hunc sonum. Thusci enim & Umbri O literam sicut Romani enuntiabant. Sed aliter scribebant, nempe per U. Hæ itaque literæ non sono tunc, sed figura tantùm discrepabant, ac, si modò verum dicere volumus, nusquam apud priscos Latinos U vocalis distinctum habuit ab O litera sonum, nusquam peculiarem in alphabeto locum.

De V verò consonante nulla dubitatio est. Hanc enim literam priscis Latinis incognitam fuisse inde apparet, quòd ejus vicem Æolicum digamma diu obtinuerit. Audiamus Grammaticos. Priscianus lib. 1. cap. de numer. Literarum: *Antiqui Romanorum Æoles sequentes loco aspirationis* F *ponebant. . . . . Habebat autem hac litera hunc sonum, quem nunc habet* V *loco consonantis posita.* Annæus Cornutus apud Cassiodorum de Orthographia ed. Putsch. pag. 2282. postquam ab antiquis *Fotum* & *Firgo*, pro *Votum* & *Virgo* scriptum fuisse dixit, hæc subjungit: *Nos hodie* V *literam in duarum literarum potestatem coëgimus. Nam modò pro digamma scribitur, modò pro vocali.*

Marius Victorinus emendatus.

Quum hæc certa sint atque indubitata inde illustrandus est atque emendandus alius Marii Victorini locus, quem pristino nitori restituere frustra, ni fallor, tentavit Salmasius. Sic autem habet ille lib. 1. cap. de Orthograph. pag. 2468. *Scripseram autem vobis nostros antea, sicut Græcos quoque,* XVI. *literis usos, ex quibus fuisse vocales apud utrosque. His postea quasdam à Palamede, alias à Simonide adjectas implesse numerum* XXIV. Salmasius in Inscript. Herod. pag. 225. rectè suspicatus est hìc deesse vocalium numerum. Unde sic reposuit: *Ex quibus fuisse vocales apud utrosque* v. *Postea quasdam, &c.* Verùm, si ex Marii mente V nova fuit litera, uti supra observatum est, quatuor tantùm vocales priscis Latinis fuisse necesse est. Itaque apud Marium ita potius legendum: *Vocales apud utrosque* IV. *Postea, &c.* Sed & à simili macula liberandus est idem Marius ibid. pag. 2458. ubi postquam dixit Latinos veteres iis usos esse literis, quas à Græcis acceperant XVI. numero, hæc addit: *Et quum Græci vocales haberent totidem quot & nos*, A. E. I. O. Υ. (*nam* Η *&* Ω *postea sunt ab his reperta*) E *&* O *ternas habebant apud eos potestates, &c.* In ea vocalium recensione Υ addititium esse manifestum est. Idque sequentia ostendunt, ubi ait apud Græcos ΟΥ per O literam olim exprimi. Quod ex aliis quoque veterum testimoniis confirmatur. Quin & ipse Marius paulo post asserit, apud Latinos O *non solùm pro brevi & longa, sed etiam pro* V *poni, ut pro Populus ibi* POPOLOS: *& ubi Piaculum, ibi* PIACOLOM: *sic & pro Huic* HOIC, *pro Funus* FONOS, *&c.* Ita enim legendus est hic locus. Et mox: O *verò & pro brevi, & pro longa, & pro* U *posita est.* Quamobrem supra laudata ejusdem verba sic emendanda esse censeo: *Et quum Græci vocales haberent totidem quot & nos*, A. E. I. O. (*nam* Η, *&* Υ, *&* Ω *postea sunt ab his reperta*) E *&* O *ternas habebant apud eos potestates.*

H litera apud Latinos nova. 38. H novam esse apud Latinos literam omnes agnoscunt. Imo ne literam quidem esse, sed aspirationis notam plerique contendunt. Qua de re ex antiquis Grammaticis videndus est Priscianus, lib. I. cap. de numero literarum: è recentioribus G. J. Vossius Artis Grammat. lib. I. cap. 16.

Ut & G & Z. 39. G quoque, & Z literas ex novissimis Latinis esse si probare velim, operam lusero. Id enim jam accuratissimè fecerunt cum alii, tum præcipuè Vossius ibid. cap. 15. & 21. Nec mihi animus est falcem alienæ messi supponere.

Quid de K litera? 40. K literam inter recentiores ponunt Isidorus Origin. lib. I. cap. 41. Et Petrus Diaconus in Præfat. libri de Notis Romanorum. Hanc enim aiunt priscis adjunctam fuisse à ludimagistro quodam Sallustio, aut Salvio, ut in sono discrimen faceret duarum literarum C, & Q. Cujus rei falsitatem miror non vidisse eruditissimum Vossium Artis Grammat. lib. I. cap. 17. Perspicuum enim est ea litera minimè carere potuisse veteres Latinos, qui C literam, non ut K, sed ut Græci Γ, certissimè enuntiabant, ac *Lece* pro *Lege*, *Acna* pro *Agna*, cæteraque similia similiter scribebant. Quod non solùm Marius Victorinus lib. I. pag. 2459. aliique prisci Grammatici testantur, sed & ipse Vossius agnoscit ibidem cap. 15.

Quid de F? 41. Restat igitur F litera, quam sedecim priscis additam esse vult Priscianus lib. I. cap. de numero Literarum, his verbis: *Si* Priscianus emendatus. *verissimè velimus inspicere eas, hoc est sedecim, non plus quàm duas additas in Latino inveniemus sermone.* F *Æolicum digamma, quod apud antiquissimos Latinorum eandem vim, quam apud Æoles, habuit. Eum autem propè sonum, quem nunc habet* F, *significabat* P *cum aspiratione. Sicut etiam apud veteres Græcos pro* Φ, Π *&* H. *Unde nunc quoque in Græcis nominibus antiquam scripturam servamus pro* Φ, P *&* H *ponentes, ut Orpheus, Phaeton. Postea verò in Latinis placuit verbis pro* P *&* H, F *scribi, ut Fama, &c.* Ita enim levibus quibusdam mendis purgata hæc verba legenda sunt.

Verùm quò minus concedamus in præstantissimi Grammatici sententiam multa validaque obstant argumenta. Si enim spectatur F ut Æolicum digamma, hoc est, ut aspirationis nota, ultro fatetur Priscianus illud à Latinorum antiquissimis usurpatum fuisse. Et sanè vix dubitari potest quin cum aliis literis digamma quoque in Latium fuerit illatum à Pelasgis, quorum plerique Thessali, ac proinde Æoles fuere. Strabo lib. V. Τοὺς δὲ Πελασγοὺς, ὅτι μὲν ἀρχαῖον τι φῦλον κατὰ τὴν Ἑλλάδα πᾶσαν ἐπεπόλασε, καὶ μάλιστα παρὰ τοῖς Αἰολεῦσι τοῖς κατὰ Θετταλίαν, ὁμολογοῦσιν ἅπαντες σχεδόν τι. Itaque qua ratione F literam sedecim priscis Latinis additam fuisse dixerit Priscianus non videmus, nisi forsan quia minus litera censebatur, quàm aspirationis nota. Hoc enim argumento usus est paulo post, ut H Latinorum è Literarum catalogo expungeret. Sed hanc rationem futilissimam esse ostendemus, quum de H Græco nobis erit agendum. Nunc dicere sufficiat subtilem istam distinctionem inter aspirationis notas, ac vera elementa, rudioribus antiquis ignotam, Grammaticorum opus esse. Unde patet, quum à priscis traditum sit vetustissimum Latinorum alphabetum XVI. tantùm literis constitisse, id de quibuslibet notis intelligendum, quæ alphabeti partem facerent. Quod de F meritò agnoscit Salmasius de Hellenistic. pag. 64. his verbis: *Digamma litera erat, & in numero literarum ponebatur.*

Præterea non aspirationis solùm vicem F sustinuit. Si quidem apud veteres Latinos idem valuit, quod apud Græcos Φ litera. Nec ullo modo assentiri possumus Prisciano affirmanti Latinos olim hanc expressisse literam per P & H. Ita ut scriberent PHRATER, PHILIUS, ut ORPHEUS, PHAETON. Id enim nec exemplis, nec auctoritate veterum, nec etiam ratione niti quovis pignore contendemus.

Ac primùm, quòd ad veterum testimonia pertinet, unde hæc sibi parent, viderint Prisciani discipuli. Pro nobis certè stant non solùm antiqui atque illustres Grammatici, Scaurus de Orthographia pag. 2250. & Marius Victorinus Artis Grammat. lib. 1. pag. 2452. sed etiam recentior Cl. Dausquius Orthographic. part. 1. pag. 26. Qui omnes H literam ponunt inter Latinorum novissimas.

Nec Prisciano magis favent exempla. Unicum enim novimus, quod in Latina voce PH pro F scriptum præ se ferat. Extat illud inter Gruterianas Inscriptiones pag. DCCCCXLIII. n. 12 ubi PHIDELISSIMÆ pro FIDELISSIMÆ exaratum legimus. Verùm quid possit exemplum singulare, atque è sculptoris errore forsan natum, aut etiam recens, nemo non videt. Deinde, si exemplis agendum esset, innumera proferre possemus, quibus F scriptum fuit, ubi PH scribi oportuit. Sic antiqua Saxa AMFION habent pro AMPHION: HIEROFANTA pro HIEROPHANTA: FRYX pro PHRYX: & similia sexcenta. Quin & alia quoque suppetunt, ubi SPAIRISTERIO, non SPHAERISTERIO: APUA, non APHYA: PILIPPUS, non PHILIPPUS scripsere veteres.

Sed neque rationibus magis, ni fallor, valet Priscianus. Si enim ab antiquissimis Latinis Φ litera per P & H expressa fuit, sequitur eos simul habuisse duas aspirationis notas. Nempe illud H, unàque digamma Æolicum, quod vel Prisciano fatente in usu apud ipsos fuit. Id autem nec verum est, nec verisimile. Æolicum enim digamma nihil aliud est quàm H Atticum, licet horum effigies paululum diversa sit, uti plenè ostenderunt Salmasius in Inscript. Herod. pag. 44. & sequ. Atque Vossius Artis Grammat. lib. 1. cap. 16. Quis verò credat apud Latinos unam eandemque aspirationis notam duabus figuris effictam unquam fuisse?

Sanè multò facilius nobis persuasisset Priscianus veteres Latinos Φ literam per P & F expressisse in hunc modum: PFRATER, PFILIUS: paulatim verò ex eorum scriptura excidisse P literam, atque ita successisse novæ orthographiæ normam. Huic enim opinioni nihil deesse fatendum est, nisi veterum auctoritatem. Sed quum hæc deficiat, satius est dicere F literam idem semper apud Latinos valuisse, quod PH apud Atticos, ac Φ apud Iones.

Neque his etiam cancellis circumscripta est F litera. Ea enim constat usos esse primitus antiquissimos Latinos, ut Vau suum exprimerent, antequam excogitata esset V litera. Annæus Cornutus apud Cassiodorum de Orthographia: *Ad hujus similitudinem soni nostri conjunctas vocales digammon appellare voluerunt, ut est, Votum, Virgo. Itaque in prima syllaba digamma & vocalem oportuit poni*, FOTOM, (sic scribe) FIRGO. *Quod & Æoli fecerunt, & antiqui nostri, sicut scriptura in quibusdam libellis declarat.* Priscianus ipse lib. 1. cap. de numero Literarum: *Habebat hac* F *litera hunc sonum, quem nunc habet* V *loco consonantis posita. Unde antiqui* AF *pro* AB *scribere solebant. Sed quia non potest Vau, id est digamma, in fine syllaba inveniri, ideo mutata est in* B. SIFILUM *quoque pro* SIBILUM, *teste Nonio Marcello de Doctorum Indagine, dicebant.* Quibus testimoniis ea omnino addenda sunt, quæ congesserunt Jos. Scaliger in Euseb. pag. 110. 111. nec non Joan. Passeratius de Literarum cognatione, pag. 69. Ann. Cornutus emēdatus.

Itaque luce meridiana clarius est F literam, non solùm priscis Latinis innotuisse, verùm etiam apud eos ternas habuisse potestates. Nam & aspirationis vicem obtinuit, & duarum insuper literarum, scilicet Φ Græci, & V consonantis. Quibus quum nunquam caruerint Latini, nunquam pariter F litera eos caruisse necesse est, quidquid in contrariam partem afferat doctissimus Priscianus.

42. Nunc ad duos supra laudatos Marii Victorini locos revertor, quorum primum ita legendum patet: *Nostri Latini, quum literis uterentur, quas à Græcis acceperant*, A. B. C. D. E. F. I. K. L. M. N. O. P. R. S. T. *& Græci, &c.* Alterum verò in hunc modum: *Repertores literarum Cadmus ex Phœnice in Græciam, & Evander ad nos transtulerunt* A. B. C. D. E. F. I. K. L. M. N. O. P. R. S. T. *literas numero* XVI. Atque hoc revera antiquissimum Latinorum alphabetum fuisse ita demonstratum à me confido, ut nullus jam supersit dubitationi locus. Quale fuerit priscum Latinorum alphabetum. Marius Victorinus emendatus.

43. Porro cognitis priscis Latinorum literis, antiquissimas quoque Græcas cognoscere haud difficile est. Eæ enim, si quid conjectura valeo, fuerunt Α. Β. Γ. Δ. Ε. Η. Ι. Κ. Λ. Μ. Ν. Ο. Π. Ρ. Σ. Τ. Et sanè iis omnino congruit, quod ait Plutarchus in Quæstionibus Platonicis XVI. literis omnem priscorum Græcorum constitisse scripturam. Nullam enim ipsis vocem esse puto, quæ non possit istis exprimi literis. Etsi autem id forsan Quæ fuerint veterrimæ Græcorum literæ.

forsan sufficere debeat, attamen, ne quod supersit contumacibus perfugium, amplius ostendendum est ex reliquis hodierni Græcorum alphabeti elementis nullum esse, quod non recentiorem originem redoleat.

Θ, Ξ, X, Ψ, & Ω literas novas esse.

44. Ac de Θ litera primùm, uti de Ξ, X, Ψ, & Ω, omnes consentiunt novas esse. Quarum alias à Simonide, alias à Palamede, sive à Cadmo Milesio, aut Epicharmo repertas perhibent.

Quid de Z, Υ & Φ?

45. Z verò, & Υ, & Φ inter vetustissimas posuisse videtur Aristoteles. Plinius Hist. Natur. lib. VII. cap. 56. *Aristoteles XVIII. priscas literas fuisse*, A. B. Γ. Δ. E. Z. I. K. Λ. M. N. O. Π. P. Σ. T. Υ. Φ. *& duas ab Epicharmo additas* Θ. X. *quàm à Palamede mavult.* Verùm istud de antiquissimo Græcorum alphabeto accipiendum esse, meritò jam negavere summi viri Jos. Scaliger in Euseb. pag. 113. & G. J. Vossius Artis Grammat. lib. I. cap. 25. Aliam enim Aristoteli mentem fuisse vel inde patet, quòd XVIII. literas recenseat, quanquam apud omnes in confesso sit sedecim tantùm primitus extitisse. Sententia igitur Aristotelis fuisse videtur Epicharmi ævo XVIII. duntaxat extitisse literas. Duas verò, Θ & X, ab Epicharmo additas. Quod à veritate sanè minus aberrat.

Z literam ex vetustioribus non esse.

46. Etenim Z literam ex antiquissimis non esse multis probatur argumentis. Quorum primum est non tam literam esse, quam duarum literarum compendium, scilicet ΣΔ, vel ΔΣ, vel ΣΣ, vel ΤΣ. Id plenè docet Vossius Artis Grammat. lib. I. cap. 21. ubi non modò discimus Z literam apud Græcos duplicem fuisse, verùm etiam quæcumque duplex est litera, eo ipso non esse verè literam. Unde colligendum eam inter veterrimas numerandam non esse, quas & simplicissimas, & non nisi omnino necessarias fuisse jam supra ostendimus.

Sed & veteres quoque hujus literæ novitatem agnoverunt. Hanc enim alii à Palamede, alii à Simonide repertam volunt. Suidas in Παλαμήδης: Καὶ εὑρετὴς γέγονε τοῦ Z στοιχείου. Plinius Hist. Natur. lib. VII. cap. 56. *Utique in Græciam intulisse à Phœnice Cadmum literas sedecim numero. Quibus Trojano bello adscritur Palamedem adjecisse quatuor hac figura*, Θ. Ξ. Φ. X. *Totidem post eum Simonidem Melicum.* Z. H. Ψ. & Ω. Quem locum immutando, cum Suida conciliare frustra conatur Salmasius in Inscript. Herod. p. 223. Namque & diversæ fuerunt veterum de hujus

Vulgata Plinii lectio adversus Salmasium asseritur.

rum literarum auctoribus sententiæ, & Suidas ipse in Σιμωνίδης id ipsum Simonidi tribuit, quod antea Palamedi adscripserat. Προσεξεῦρε δὲ καὶ τὰ μακρὰ τῶν στοιχείων, καὶ τὰ διπλᾶ. Quod de Ξ & Ψ non magis intelligendum est, quàm de Z, quæ duplex etiam fuit. Nec mirum est de hujus literæ origine adeo discrepasse veteres, si verum est nec Palamedi, nec Simonidi, sed Cadmo Phœnicio tribuendam esse illius inventionem. Quod & nobis persuasum est, & infra pluribus probare conabimur.

At quisquis hujus repertor fuerit, illam certè Pelasgis ignotam fuisse indicio est quod, quum Latini totidem literas à Pelasgis acceperint, quot ipsi habuerunt Pelasgi, Z tamen non nisi serò admodum admiserunt. Velius Longus de Orthographia, pag. 2216. Z *lingua Latina non agnoscit. Ideoque nec mentio illius unquam fuit, nisi primò postquam peregrina nomina hunc sonum induxerunt.* Curtius Valerianus apud Cassiodorum de Orthographia: Z *in antiquis libris Latinorum scripta non est. Sed pro illa duo* SS *ponebantur.* Isidorus Origin. lib. I. cap. 4. *A Græcis duas literas mutuavit Latinitas*, Υ *&* Z, *propter nomina Græca. Et hæ apud Romanos usque ad Augusti tempus non scribebantur. Sed pro* Z, SS *ponebant, ut Hilarissat.*

47. De Φ litera idem esto judicium. Nam composita est ex Π & H, ideoque duplex. Ac præterea vel Palamedi, vel Cadmo Milesio adscribitur. Nec quemquam doctorum fuisse puto, qui eam è vetustissimis sedecim fuisse dixerit.

Quid de Φ litera?

48. Υ litera superest, quam recentiorem quoque ut censeam non una ratione adducor. Sive enim à Palamede inventa sit, ut vult Vossius Artis Grammat. lib. I. cap. 25. sive à Simonide, ut auctor est Maximus Victorinus Artis Grammat. ed. Putsch. pag. 1944. seu denique à Pythagora Samio, quod magis placet Westenio de Ling. Græc. pronuntiat. orat. III. utique novam eam esse manifestum est. Et sanè, si prisca fuit, dici non potest quam ob rem O pro OΥ veteres perpetuò scripserint. Quo certissimo argumento utitur Westenius. Nec minoris est momenti, quòd è XVI. antiquis Latinorum literis nulla fuerit, quæ τῷ Υ responderet, uti supra probatum est. Quum tamen in confesso sit totidem Latinos admisisse literas, quot veteres Græci habuere.

Quid de Υ?

Equidem, si rem propius introspicere volumus, Υ Græcis non omnino necesſaria fuit. Nihil enim aliud eſt quàm τοῦ I pinguioris ſonus, quemadmodum evidentiſſimè demonſtravit Weſtenius ibid. orat. VIII. Ergo non tam στοιχεῖον fuit, quam στοιχείου διαφορά. Quod in H & Ω quoque literis à Grammaticis obſervatur. Quin & pinguior ille τοῦ I ſonus antiquis Græcis minus cognitus fuiſſe videtur, quos exiliore ſono magis delectatos proditum eſt. En Platonis in Cratylo teſtimonium: Οἶσθα ὅτι οἱ παλαιοὶ οἱ ἡμέτεροι τῷ ἰῶτα εὖ μάλα ἐχρῶντο.

Marius Victorinus emendatus.

Sed ut Grammaticorum auctoritate res iſta definiatur, illuſtriſſimum Marii Victorini locum afferam, qui poſtquam V literam apud Latinos novam eſſe oſtendit, hæc ſtatim ſubjungit pag. 2459. *Apud Græcos autem fuiſſe* ΚΥΩ *cum* I *&* O *non dubito.* Sic enim haud dubiè legendum, non CIO. Quæ vox nullum prorſus ſenſum facit. KIO verò pro ΚΥΩ in antiquiſſimis libris ſcriptum fuiſſe veriſſimum eſt.

Sic etiam Latinos veteres ad Auguſti uſque tempora I pro V ſcripſiſſe teſtatur Iſidorus Origin. lib. I. cap. 4. Nempe apud ipſos etiam I litera & exiliorem ſonum habuit, & pinguiorem. Velius Longus de Orthographia, pag. 2216. *I verò litera interdum exilis eſt, interdum pinguis. Ut in eo quod eſt, prodit, vincit, condit, exilius volo ſonare. In eo verò, quod ſignificatur prodire, vincire, condire, æquè uſque pingueſcit. Ut jam in ambiguitatem cadat utrum per* I *quædam habeant dici, an per* V, *ut eſt, optumus, maxumus.* Unde perſpicuum eſt non niſi ab utriuſque linguæ Grammaticis excogitatam atque inductam fuiſſe Υ literam, qua pinguis ille ſonus ab exili diſcerneretur.

Quapropter ſatis mirari non poſſum in aliam ſententiam abiiſſe ſummos viros G. J. Voſſium Artis Grammat. lib. I. cap. 25 ac Salmaſium in Inſcript. Herod. pag. 225. & 237. Præſertim quum ambo Palamedem pro Υ literæ inventore agnoverint, ſcilicet Voſſius ibidem, Salmaſiuſque pag. 55. Quem etiam pro noſtra ſententia primùm ſtetiſſe notandum eſt, pag. 38. 40. & 53. antequam in addendis & ſe ipſum, & veritatem deſereret.

Maximi Victorini de Græcis literis errores.

49. His igitur è priſco alphabeto exploſis literis, reſtant hæ ſedecim: A. B. Γ. Δ. E. H. I. K. Λ. M. N. O. Π. P. Σ. T. quas omnium antiquiſſimas fuiſſe ex ſupra dictis, ni fallor, evidentiſſimum eſt. Nec enim fide ulla dignus eſt Maximi Victorini locus Artis Grammat. pag. 1944. ubi quæcumque de antiquis ac recentioribus Græcorum elementis prodita ſunt ita miſcuiſſe videtur, ut nihil ſit monſtroſius. Sic autem habet: *In Græciam Cadmum Phœnicem literas* XVI. *attuliſſe conſtat*, A. B. Γ. Δ. E. I. K. Λ. M. N. Ξ. Π. P. Σ. T. Ω. *Eis Trojano bello Palamedem addidiſſe quatuor*, H. Φ. Ψ. X. *Poſt eum Simonidem Elegum totidem*, Υ. Z. O. Θ. *Hæ auctore Evandro, ut quidam volunt, alii verò Hercule, in Italiam à Pelaſgis allatæ ſunt.* Quot verba, ferè tot errores. Quis enim unquam Ξ & Ω inter priſcas literas poſuit? Quis O ex antiquiſſimis eſſe non videt? Cætera omitto, quæ leviora ſunt, etſi non minus erronea.

H priſci Græcorum alphabeti partem facere.

50. Itaque fixum immotumque ſedeat ſedecim primas Græcorum literas eas omnino fuiſſe, quas diximus. Quod enim H ex earum numero expungitur à Voſſio Artis Gramm. lib. I. cap. 16. atque Salmaſio in Inſcript. Herod. pag. 224. Id à nobis probari nequit.

Haud equidem inficiamur ex quorumdam veterum ſententia H antiquitus non propriè literam fuiſſe, ſed aſpirationis notam. Verùm alios etiam novimus, & quidem non infimi nominis Grammaticos, qui τὸ H veram eſſe literam aſſeverare non dubitarunt. Velius Longus de Orthographia, pag. 2217. H *litera tanquam ſonus magis ſit, quam litera, & accidens literæ*..... (Malè diſſimulant editi lacunam hîc ſubeſſe.) *Et utuntur auctoritate Græcorum, apud quos ut ſupervacua ſublata eſt. Fuiſſe tamen & apud illos manifeſtum eſt ex veteribus ſcriptis, & ex eo quod hodie, quum apud illos numeri prima ſemper litera nominis, quo ſignificantur, notentur, ut* δέκα Δ, πεντήκοντα Π, *ſic* HEKATON H *notetur. Unde apparet hanc literam loco aſpirationis non fuiſſe. Alioquin per* E *notaretur.* Sic enim & ſupplendum & emendandum eſſe illuſtrem hunc locum cenſemus, cui mirè concinit alius Scauri ſupra à nobis allatus, quum de Atticis numerorum notis ageremus.

Velius Longus reſtitutus.

Sed eſto ſit H tantùm aſpirationis nota. Quid refert? An non apud Hebræos Grammaticos Aleph & Ajin pro aſpirationum notis habentur? Quis eas tamen è XXII. Hebræorum literis eſſe neget? Quid multis opus eſt? Nonne apud Latinos, ut & apud nos quoque, H aſpirationis vice fungitur? Hanc tamen tam noſtri quàm Latini alphabeti partem facere vel pueri ſciunt. Quid obſtat igitur quominus huic eadem ſors apud Græcos obtigerit?

Sed quare conjecturis immoramur, quum adſit luculentum hac de re Varronis testimonium in excerptis Cassiodori de Orthographia? Doctissimus enim Romanorum in libro, quem de Grammatica conscripsit, etsi agnoscat τὸ Ἧτα non esse verè literam, Græco tamen alphabeto insertum olim fuisse testatur his verbis: *Literarum partim sunt, & dicuntur, ut* A *&* B. *partim dicuntur, & non sunt, ut* H *&* X. *partim sunt, neque dicuntur, ut* Φ, Ψ. Ergo licet H propriè litera non fuerit, nihilominus tamen literæ nomen huic adhæsisse constat. Quod sufficit, ut eam inter antiquissimas sedecim locum habuisse existimemus.

Quid Cadmus in Græcorum alphabetum intulerit?

51. Hæ igitur fuere Græcorum literæ usque ad id tempus, quo Cadmus è Phœnicia in Græciam appulit. Quin verò nova quædam intulerit in alphabetum, vix dubitari posse fatendum est. Non modò enim veterum ferè omnium consensu pro Græcorum elementorum inventore habitus est; sed & ipsa elementa Cadmea vocata sunt. Id autem absque ullo prorsus Cadmi merito factum haud quaquam credibile est. Et sanè aliquid ipsi debere Grammaticam satis patet. Quid verò, aut quantum, divinare non ita facile est. Sic enim, dum aliena atque immerita gloria Cadmus ab antiquis exornatus est, propriam ac verè sibi debitam penè perdidit. Quam tamen ita tandem ipsi restituendam esse non levibus conjecturis arbitramur.

Tres literas addit Z, Θ, & Ξ.

52. Primò tribus literis Græcum alphabetum auxisse videtur. Nempe Z, Θ, & Ξ. Ut verò ita censeamus eo movemur, quòd tres istæ literæ, non nomine solùm, sed & figura planè sint Phœniciæ. De nomine nihil certius. Quæ enim elementa à priscis Syris *Zetha* & *Theta* vocabantur, teste Scaligero in Euseb. pag. 103. 105. ea à Græcis Ζῆτα & Θῆτα nuncupata sunt. Similiter pro *Schin* Phœnicum Græci dixerunt Ξῖ, uti quoque observavit Salmasius de Hellenistic. pag. 386.

Quod ad figuram verò attinet, etsi eam in literis tam à Cadmi posteris, quàm ab Ionibus non parum immutatam prodiderit Herodotus lib. v. cap. 58. quis tamen in Samaritanis ࠆ, ࠈ, & ࠎ, Græcorum ζ, Θ, & ξ non agnoscit? Hujus enim postremæ literæ talem primitus fuisse figuram ostendit Scalig. ibid. p. 107.

Quin etiam Z & Θ eundem apud Græcos locum in alphabeto retinuere, quem apud Phœnices habuerant. Verum est τὸ Ξ τοῦ Semchat seu Samech ordinem obtinuisse. Quod tamen ideo factum probabile est, quia forsan ante Cadmi adventum apud imperitos Pelasgos Σ τοῦ *Schin* locum occuparat. Unde τῷ Ξ τοῦ Samech assignata est sedes, quum Cadmus jam receptum alphabetum conturbare vel nollet, vel non auderet.

Hoc autem posito, cui potius quàm Cadmo abscribantur hæ literæ non videmus. Non ignoramus tamen eas sive Simonidi, sive Palamedi, seu Cadmo Milesio, seu etiam Epicharmo ab antiquis tribui. Verùm, etsi veterum hac de re discrepantia atque inconstantia eorum ignorantiam non proderet, quis non videt harum literarum typum nomenque merè Phœnicium, Phœnicem potius, quàm Græcum auctorem indicare?

Cadmeum alphabetum xix literis constans.

53. Porro Græcorum alphabetum sedecim primùm literis conflatum esse, postea tribus literis auctum, implesse numerum xix. antequam ad xxiv. usque literas cresceret, luculentum extat testimonium apud Joannem Tzetzem Chil. xii. v. 61. Quod quoniam ex antiquis scriptoribus videtur petitum, & habet singularia quædam, in sequentibus laudanda, integrum proferam.

Τὰ δ' εἰκοσιτέσσαρα γράμματα, καὶ στοιχεῖα
Ὁμοῦ συνημμένως τε, καὶ ἓν σῶμα φανέντα
Παρὰ Σαμίοις εὕρηκα πρῶτον ἀναγνωσθῆναι
Διὰ γραμματικοῦ τινὸς τοῦ κλῆσιν Καλλιστράτου.
Τῶν συγγραμμάτων πρῶτον μὲν ἐχόντων ἓξ καὶ δέκα,
Εἶτα ἐννεακαίδεκα τὰ σύμπαντα στοιχεῖα,
Καὶ καθεξῆς μέχρις αὐτῶν τῶν εἰκοσιτεσσάρων.

Qui locus alphabeti Græci tres quasi ætates optimè describit, Pelasgici scilicet, Cadmei, atque Ionici.

Et tribus arithmeticis notis

54. Sed, ut ad Cadmum revertar, non tres duntaxat literas addidisse eum apparet, sed etiam alias insuper tres, quibus Phœniciarum xxii. literarum complebatur numerus. Eæ fuerunt Wau, Tzade, & Koph, quæ à Græcis dictæ sunt Βαῦ, Σαμπῖ, & Κόππα. Nec eum ob finem admissæ fuere, ut scribendis Græcis vocibus inservirent: quum ad id prorsus essent inutiles. Verùm ut Græci Phœnicia arithmetica possent uti, quæ non nisi xxii. literis peragebatur. Quamobrem tres istæ postremæ à Græcis non στοιχεῖα, sed ἐπίσημα vocata sunt. Hoc est, arithmeticæ notæ. Quin autem Græci alphabeti partem olim fecerint dubitare non sinunt ea, quæ in hanc rem congesserunt Scaliger in Euseb. pag. 105. & 108. itemque Vossius Artis Grammat. lib. 1. cap. 23. Cadmum verò earum auctorem

fuisse, etsi veterum nemo testetur, tamen res ipsa satis prodit. Quis enim neget eas esse puras putas Phœnicias? Ac, quum Phœniciæ sint, cui potius, quàm Cadmo adscribantur, quem non modò Phœnicem fuisse constat, sed etiam cui omnes ferè Græcas literas acceptas referunt?

Cadmei alphabeti cum Phœnicio collatio.

55. Dicendum est igitur Cadmi beneficio Græcum alphabetum instar Phœnicii XXII. characteribus constitisse. Ut autem Phœniciarum Græcarumque literarum comparatione res magis elucescat, utrumque Alphabetum hîc apponendum esse duxi.

	SAMARITAN. ALPH. quod Phœnic. esse creditur.	*ALPHABETUM CADMEUM.*
1.	ࠀ. Alaph.	Α. Ἄλφα.
2.	ࠁ. Beth.	Β. Βῆτα.
3.	ࠂ. Gamal.	Γ. Γάμμα.
4.	ࠃ. Daleth.	Δ. Δέλτα.
5.	ࠄ. He.	Ε. Εἶ.
6.	ࠅ. Wau.	G. ϛ. Ἐπίσημον Βαῦ.
7.	ࠆ. Zain.	Ζ. Ζῆτα.
8.	ࠇ. Cheth.	Η. Ἦτα.
9.	ࠈ. Teth.	Θ. Θῆτα.
10.	ࠉ. Jud.	Ι. Ἰῶτα.
11.	ࠊ. Caph.	Κ. Κάππα.
12.	ࠋ. Lamed.	Λ. Λάμβδα.
13.	ࠌ. Mim.	Μ. Μῦ.
14.	ࠍ. Nun.	Ν. Νῦ.
15.	ࠎ. Semchat	Ξ. Ξῖ.
16.	ࠏ. Ain.	Ο. Οὖ.
17.	ࠐ. Pe.	Π. Πῖ.
18.	ࠑ. Tzade.	ϡ Ἐπίσημον Σαμπῖ.
19.	ࠒ. Kuph.	q. ϟ. Ἐπίσημον Κόππα.
20.	ࠓ. Risch.	Ρ. Ῥῶ.
21.	ࠔ. Schin.	Σ. Σῖγμα.
22.	ࠕ. Taw.	Τ. Ταῦ.

De trium ἐπισήμων situ & figura.

56. Tale igitur Cadmeum alphabetum fuit. A quo antequam digrediamur, de trium ἐπισήμων situ ac figura quædam dicenda sunt. Ac primùm τὸ Βαῦ hoc typo, G, scripsimus, licet Jos. Scaliger in Euseb. pag. 103. 105. & 108. per F expresserit. Quem secuti sunt cum alii insignes viri, tum præcipuè Cl. Salmasius in Solin. edit. prioris pag. 892. & Guil. Beveregius Arithmetic. Chronol. lib. 1. pag. 214. Similiter τὸ Κόππα, quod per G repræsentarunt, nos per q effinximus. Quod eos non vidisse certè mirari subit, quum sine dubio viderint illustrem Marii Victorini locum, qui id disertè testatur Art. Grammat. lib. 1. pag. 2459. *Sed nec G quidem, nec Q, Latinus sermo introduxit. Ex quibus Q & fuisse apud Græcos, & quarè desierit fungi vice literæ cognoscere potestis, si Pontificum libros legeritis. Nunc enim apud Græcos juxta Π est posita. G autem* (sic lege pro, ϛ *autem*) *apud Græcos obtinet notam notam numeri sex, pro quo apud antiquos C poni solitum; ut pro agro Gabino*, Cabino: *pro Lege*, Lece, *&c.* Ergo per G non per F expressa fuit nota numeri VI. Quod etiam clarius, tradit idem Victorinus pag. 2468. F *verò*, G, *& Q in Græcis etiam literis fuisse, & nunc esse. Sed G numerum* VI. (sic lege pro, *numero* VI.) *Q nonaginta significare. F autem, &c.* Hæc adeo plana sunt atque aperta, ut sanè quid in contrariam partem possit cum ratione afferri non videamus.

Marius Victorinus emendatus.

Sed & alia ratione τοῦ Βαῦ effigiem assequi facile est. Bridefertus enim Ramesiensis decimi sæculi scriptor non indoctus in Bedam de Indigitatione sic ait: *Episimon ideo sexto loco ponitur, quia formam semis habet, quod significat sex uncias.* Atqui ex Volusio Mœciano S litera notatur semis. Quantò magis autem ad hanc figuram accedat G, quàm F, palam est. Quod etiam in minutula ac practica numeri VI. nota, ϛ, magis apparet.

Inscriptio vetus emendata.

Unde patet errare Jos. Scaligerum in Euseb. pag. 105. qui in hac inscriptione, EIC TO L. KC, KAI KL, putat KC positum pro Kϛ. Nec enim unquam C litera pro numeri VI. nota fuit usurpata. Verius est igitur in Saxo sculptum fuisse KG, vel Kϛ. Quod exscriptor in KC facilè mutavit.

Quum autem talem figuram occupaverit ἐπίσημον Βαῦ, manifestum est aliam τοῦ Κόππα fuisse. Qualis autem extiterit sic docet Hesychius: Κάππα, τινὲς δὲ. τὸ ἐλάχιστον σὺν εὖ γὰρ παρὰ Καλλιμάχῳ γράφεται κόμπα τὸ ἀνεστραμμένον Ρ' ὡς ὁ μυκτηρισμός. Locum hunc in mendo cubare jam animadverterunt viri docti. Salmasius enim in Solin. pag. 892. ita hunc constituit: Κάππα, τινὲς δὲ τὸ ἐλάχιστον, σὺν εὖ. Καὶ γὰρ παρὰ Καλλιμάχῳ γράφεται Κόππα τὸ ἀνεστραμμένον Ρ', ὡς ὁ μυκτηρισμός. At eruditissimus Rich. Bentleius in Callimachi Fragmenta pag. 418. hæc postrema sic legenda esse non ita pridem censuit: Τὸ ἀνεστραμμένον Ρ καὶ Σ χαρακτηρισμός. Bentlei ratio fuit, quod idem Hesychius alibi talem τοῦ Κόππα figuram assignare videatur. Hæc illius verba, sunt:

ſunt: Κοππατίας, ἵππος κεχαραγμένος, ἐντετυπωμένον ἔχων σημεῖον τὸ Κόππα, ὅ ἐστιν ἀπεστραμμένον Ρ καὶ Σ.

Verùm vitioſum eſſe illud, καὶ Σ, jam notaverat Salmaſius ibidem, atque etiam antea vir maximus Joſ. Scaliger in Euſeb. pag. 108. Et quidem meritò. Si enim τοῦ Κόππα effigies habuit Ρ & Σ inverſa in ſe confuſa, videtur hæc illius ſpecies fuiſſe, Ϙ. Atque ita ſanè efformant eam recentiores omnes. Sed, quum talis fuerit τοῦ Βαῦ figura, uti ſupra demonſtratum eſt, ſequitur fieri non poſſe ut hic τοῦ Κόππα quoque typus extiterit.

Deinde, ſi hac nota, Ϙ, expreſſum fuit τὸ Κόππα, fateor me non videre quo pacto Q Latino aſſimilari potuerit. At ſimile tamen revera fuiſſe non modò ſupra laudata Marii Victorini teſtimonia evincunt, ſed & aliud Quintiliani eò illuſtrius, quòd à nemine hactenus, ni fallor, aut in hanc rem prolatum, aut probè perceptum fuit. Poſtquam enim præſtantiſſimus rhetor Inſtitut. lib. 1. cap 4. quæſivit an aliquæ in alphabeto redundarent literæ, hæc addit: *Et K, quæ & ipſa quorumdam nominum nota eſt. Et Q, cujus ſimilis effectus ſpecieſque, niſi quòd paulum à nobis obliquatur, Kappa apud Græcos: nunc tantùm in numero manet.* Satis mirari non poſſum effugiſſe Criticorum oculos hujus loci depravationem, quæ ſanè evidentiſſima eſt. Quis enim unquam fando audivit τοῦ Κάππα Latinum Q aut forma aut poteſtate fuiſſe ſimile? Quis ex hac litera paulum obliquata Q Romanorum poſſe effici? Monſtra hæc igitur è diſertiſſimi Auctoris ſcriptis tandem deturbanda ſunt. Sic enim haud dubiè ſcripſerat: *Et Q, cujus ſimilis effectu ſpecieque, niſi quòd paulum à noſtris obliquatur, Koppa apud Græcos nunc tantùm in numero manet.*

Quintilianus emendatus.

Ut certiſſima eſt hæc emendatio, ſic & maximi momenti ad eruendam τοῦ Q & Κόππα effigiem. Si enim Q Latinum ex Koppa obliquato factum eſt, perſpicuum eſt aliam τοῦ Κόππα formam fuiſſe, quàm quæ vulgo ei adſcribitur. Et ſanè ex Ϙ inverſo Q efformari potuit. Ex obliquato nequaquam. Cujus rei judices omnes facio quicumque oculos habent.

Nec minoris eſt ponderis alius Velii Longi locus libro de Orthographia, pag. 2218. Sic autem habet: *Ipſa quoque nota, qua ſcribitur Q, ſi modo antiquam literæ figuram ſpectas, oſtendit C eſſe & V literas in ſe confuſas.* Quæ enim, quæſo, fuit hæc figura? Num Ϙ? Id equidem nemo ſanus dixerit. Non ſanè Salmaſius, etſi talem τοῦ Κόππα formam tribuat. Is enim in Solin. pag. 892. ex Velio Longo hanc τοῦ Q antiquitus figuram fuiſſe tradit, ϙ. At ſic tamen ineptiſſimè. Nam, ſi ita ſe res habuit, non una tantùm, ſed duabus notis expreſſa fuit hæc litera. Quod nec à quoquam dictum, neque etiam veriſimile eſt.

Ut igitur hæc omnia tandem concilientur, atque inter ſe cohæreant, dicendum eſt ex inverſo Phœnicio P Græcos feciſſe ſuum Κόππα in hunc modum, ϙ. Quod eſſe verè ἀπεστραμμένον Ρ cuivis obvium eſt. Ex eo autem effecta eſt minutula ejuſdem Ἐπισήμου nota, ϟ. Quæ ut ad praxim accommodatior, ita uſitatior ſemper fuit. Quoniam verò illa non multùm abludit à figura Ϙ, inde factum ut apud Bedam, aliumque anonymum ſcriptorem Græcum, quorum hic à Salmaſio, ille à Scaligero laudatur, facilè ϟ in Ϙ ab imperitis Librariis mutatum ſit. Atque hinc etiam emendandus eſt Heſychius in Κοππατίας, ubi pro, ὅ ἐστιν ἀπεστραμμένον Ρ ϛ Σ, omnino legendum eſt: ὅ ἐστιν ἀπεστραμμένον Ρ, ἢ ϟ. Nec obeſt alius Heſychii locus, ubi τὸ Κόππα per converſum Ρ tantùm deſignat. Hîc enim de majuſcula duntaxat hujus numeri nota loquitur. Illic de utraque. Quam proclivis verò fuerit ἢ in καὶ, & ϟ in Σ mutatio ſciunt, qui in veterum librorum tractatione verſati ſunt vel mediocriter.

Beda, Auctor incertus Græcus περὶ ψηφοφορικῆς ἐπιστήμης, atque Heſychius emendati.

Apud priſcos autem Latinos q Græcum in hanc primùm evaſiſſe figuram videtur, Q. Nempe τοῦ q inferiore virgula paulisper obliquata, uti obſervavit Quintilianus. Et hoc eſt, quod tradidit Velius Longus antiquiſſimam τοῦ Q effigiem C & V literas in ſe confuſas oſtendiſſe. Id enim nemo non animadvertit in Q figura. Quæ tamen tractu temporis aliquantulum rotundata hodiernam ſpeciem, Q, tandem aliquando adepta eſt.

Sic itaque veterum omnium de τοῦ Κόππα & Q effigie teſtimonia in concordiam reduci poſſe arbitramur. In quorum numero quum recenſuerimus illuſtrem Heſychii locum in Κάππα, obiter ille à gravi mendo liberandus eſt, atque priſtino nitori reſtituendus. Quod enim Κάππα pro Κάππα & Κόππα pro Κόππα repoſuit Salmaſius, bene eſt. Quod verò Bentleius ſcripſit, ἀπεστραμμένον Ρ καὶ Σ χαρακτηρισμός, pro ἀπεστραμμένον Ρ, ὡς ὁ μυωπισμός, non item. Jam enim docuimus illud, καὶ Σ, ſtare non poſſe. Deinde hanc vocem, χαρακτηρισμός, eodem ſenſu quo στοιχεῖον rectè uſurpari vix credimus. Sed nec præcipuum hujus loci mendum à doctiſſimis viris animadverſum fuit. Quid eſt enim quod ait Heſychius per Κάππα ſignificari τὸ ἐλάχιστον? Quis hanc vocem ita uſurpavit unquam, aut expoſuit? Quæ demum ratio eſſe potuit eam

Heſychius iterum emendatus.

in hunc sensum detorquendi? Quum Κάππα litera cæteris minor atque exilior non fuerit.

Ideo persuasum est nobis ita scripsisse Hesychium: Κάππα, τινὲς δὲ τὸ κάκιστον· οὐκ εὖ γὰρ παρὰ Καλλιμάχῳ γράφεται Κόππα (τὸ ἀντιγραμμένον Ῥῶ) ὡς μυκτηρισμός. Vel potius: Κάππα, στοιχεῖον. Τινὲς δὲ τὸ κάκιστον, &c. Hæc enim, τινὲς δὲ, aliquid præcessisse satis ostendunt. Quippe Hesychius omnes more suo τοῦ Κάππα significationes exposuit. Ac primùm hoc nomine unam ex literis appellari ait. Mox subjungit, irrisioni quoque hanc vocem inservire, ac denotare aliquando quodcumque pessimum est. Lapsum igitur esse Callimachum, qui Κόππα pro Κάππα ὡς μυκτηρισμὸν usurpavit. Forsan quia ex iis fuit, qui Κάππα per Κόππα vitiosè enuntiabant. Eustathius in Iliad. K. Τὸ Κάππα στοιχεῖον Κόππα κατὰ γλῶσσαν ἐλέγετο. Quæ voces ne deinceps ob nominis similitudinem confunderentur, addit Hesychius τοῦ Κόππα descriptionem.

Rectè hæc omnia. Etenim per Κόππα nunquam τὸ κάκιστον designatum est. Per Κάππα sæpissimè. Hinc vulgare adagium:

Καππάδοκες, Κᾶρες, Κίλικες, τρία Κάππα κάκιστα.

Cujus cavilli non ea solùm ratio fuit, quòd ab ea litera inciperent harum gentium nomina. Sed etiam quòd vocis Κακὸς K primum fuerit elementum. Quare ab eo bis occurrente in ista voce, Κάππα διπλοῦν αἰτὶ τοῦ κακὸν jculariter quoque dixisse Græcos auctor est Suidas. Unde patet corruptissimum Hesychii locum ea, quam docuimus, ratione esse constituendum.

Et hæc de notarum arithmeticarum figura dicta sufficiant. De typo enim τοῦ Σαμπι nulla est, quod sciam, dubitatio. Illud solùm inter doctos controvertitur an ex hac nota Græcorum equi, Σαμφόραι dicti, nomen trahant. Quam in rem affertur insignis Aristophanis Scholiastæ locus in Nubes pag. 123. Sed ita depravatus, ut nihil quicquam sani ex eo elici queat. En locum integrum: Κοππατίας ἵπποις ἐκάλουν, οἷς ἐγκεχάρακτο τὸ K στοιχεῖον, ὡς Σαμφόρας τοὺς ἐγκεχαραγμένους τὸ Σ. τὸ γὰρ Σ καὶ τὸ N χαρασσόμενον Σαν ἔλεγον. αἱ δὲ χαράξεις αὗται καὶ μέχρι τοῦ νῦν σώζονται ἐπὶ τοῖς ἵπποις. συνεζευγμένου γὰρ τοῦ K καὶ Σ. τὸ σχῆμα τοῦ ϛ' ἀριθμοῦ δύναται νοεῖσθαι, οὗ προηγεῖται τὸ K. καὶ παρὰ γραμματικοῖς οὕτω διδάσκεται, καὶ καλεῖται Κόππα ἐνενήκοντα.

Aristophanis scholia emendatur.

Hunc locum expendens Jos. Scaliger in Euseb. pag. 108. pro Τὸ γὰρ Σ, καὶ τὸ N χαρασσόμενον, &c. reposuit: Τὸ γὰρ C καὶ τὸ Π χαρασσόμενον σαῖπι ἔλεγον. Cæteros errores intactos reliquit, non tam eos Librariis, quam ipsi Scholiorum auctori tribuens. At aliter sentiens Salmasius in Solin. pag. 892. totum hunc locum ita constituendum censuit: Κοππατίας ἵπποις ἐκάλουν, οἷς ἐγκεχάρακτο τὸ G σημεῖον, ὡς Σαμφόρας τοὺς ἐγκεχαραγμένους τὸ C. τὸ γὰρ C καὶ τὸ Π χαρασσόμενον Σαν ἔλεγον. αἱ δὲ χαράξεις αὗται καὶ μέχρι τοῦ νῦν σώζονται ἐπὶ τοῖς ἵπποις. συνεζευγμένου γὰρ τοῦ Π καὶ C τὸ σχῆμα τοῦ τῶν ἀριθμοῦ δύναται νοεῖσθαι, οὗ προηγεῖται τὸ G &c.

Verùm multa hìc stare non possunt. Et leve quidem est, quòd Κόππα per G effinxerit Salmasius. Sed, si Σαμφόραι equi à litera Σαν dicti sunt, quo pacto verum esse possit hanc literam fuisse per C & Π effictam? Fatetur enim ipse Salmasius hujus literæ eandem effigiem fuisse, quæ Romani C. Sanè non alia litera fuit ab ea, quæ Σῖγμα etiam vocabatur. Sed hanc hoc nomine vocabant Iones, illo Dores. Herodotus lib. 1. cap. 139. Τ'αὐτὸ γράμμα, τὸ Δωριέες μὲν σὰν καλέουσι, Ἴωνες δὲ Σῖγμα. At ex nulla alia litera compositum fuit Σῖγμα, ergo nec Σαν Deinde, si C & Π literæ σαν typum effecerunt, quæ fuit, quæso, inter hanc literam, & ἐπίσημον τῶν differentia? Illius enim notæ σχῆμα literas Π & C confusas præ se ferre agnoscit quoque Salmasius.

Hæc forsan induxerunt doctissimum Bentleium in Callimachi Fragmenta pag. 419. ut sic Aristophanis Scholia emendaret: Τὸ γὰρ Σ σημεῖον χαρασσόμενον Σαν ἔλεγον. Cui emendationi fatendum est omnino favere Hesychium, Suidam, atque Eustathium, qui una voce testantur Σαμφόρας equos à litera Σαν nomen habere.

Attamen à Σαμπι deductum esse hoc nomen, ut summis viris Scaligero & Salmasio, ita mihi quoque longè veriùs videtur. Quod, ut opinor, negabit nemo, si modò hanc vocem aure sinceriore exploraverit. Sed, utcumque sit, talem sanè Græco Aristophanis enarratori mentem fuisse manifestissimum est. σημεῖον enim illud, à quo σαμφόραι dicti sunt, post Κόππα locum in alphabeto obtinuisse testatur. Quod literæ σαν nullo mod congruit. Namque inter eam & Κόππα non ἐπίσημον σαμπι solùm, sed & Ῥῶ litera interjacent. Sic itaque locum hunc sanandum esse arbitror: Κοππατίας ἵππους ἐκάλουν, οἷς ἐγκεχάρακτο τὸ ϙ στοιχεῖον, ὡς σαμφόρας τοὺς ἐγκεχαραγμένους τὸ τῶν. τὸ γὰρ C καὶ τὸ Π χαρασσόμενον σαμπι ἔλεγον. αἱ δὲ χαράξεις αὗται καὶ μέχρι τοῦ νῦν σώζονται ἐπὶ τοῖς ἵπποις· συνεζευγμένου γὰρ τοῦ Π καὶ C, τὸ σχῆμα τοῦ τῶν ἀριθμοῦ δύναται ϰοῦαθαι, ὅ σημαίνεται τὸ q, καὶ ἐν τοῖς γραμματικοῖς, &c. Ita enim levibus mutationibus planus fiet hic locus, qui frustra, ni fallor, doctissimorum virorum ingenia hactenus exercuit.

Quod verò ad trium 'Επισήμων situm attinet, de duobus tantùm ultimis controversiam esse video. Nam τὸ Βαῦ inter E & Z locum obtinuisse omnes consentiunt. Sed σαῖπι dicitur τῦ Κόππα sedem occupasse, uti non solùm observavit Salmasius in Solin. pag. 891. Sed etiam antea notaverat Scaliger in Euseb. pag. 108. Quare hunc à Salmasio reprehendi non oportuit, quòd in Græcorum alphabeto veteri τῷ ϡ postposuerit τὸ Κόππα. Non enim id ignorantia aut errore fecit; sed ne Phœnicii ac Græci alphabeti series atque collatio turbaretur. Quod ego quoque in eadem comparatione, illius exemplo faciendum esse duxi.

Quin etiam, ut dicam quod sentio, duarum istarum notarum perturbationem in alphabeto Cadmeo locum habuisse vix mihi persuaserim. Cadmum enim Phœnicem literarum Phœniciarum ordinem immutasse verisimile non est. Ergo mutationem hanc non nisi subsequenti tempore accidisse arbitror. Quomodo autem contigerit assequi forsan possemus, si Græcorum numerorum rationem, uti à Cadmo instituta est, probè teneremus. Nec enim eadem esse potuit, quæ Ionum atque Græcorum recentium, qui novis literis Υ, Φ, Χ, Ψ, & Ω etiam in arithmeticis exercitationibus usi sunt. Si quidem Cadmea arithmetica Phœniciæ instar non XXVII. sed XXII. tantum literis peragebatur. Ac proinde σαῖπι pro XC. forsitan, & Κόππα pro C apud Cadmeos, quemadmodum apud Phœnices, scribebatur. Utcumque sit, quum primùm admissis quinque novissimis literis, numerorum quoque potestatem in quibusdam, immutare fuerit necesse, tunc quoque Κόππα & σαῖπι notas suo loco motas esse probabile est. Saltem quid in tanta rei vetustate atque obscuritate certius dici possit non video.

Jos. Scaligeri, & Henric. Valesii de Cadmearum literarum numero errores.

57. Illud solum præstare ausim non XVI. ut plerique putant, sed XXII. literis constitisse Cadmeum alphabetum. Quod quidem Jos. Scaligero, licet parum sibi constanti, quasi per nebulam apparuisse videtur. Is enim in Euseb. pag. 105. sic ait: *Totum alphabetum Cadmeum, veterum Ionum, & Latinorum* XXII. *literis explicatum est. Ex quibus non omnes apud Ionas literarum vice fungebantur.* XVI. *enim tantùm ex illis in usum scribendi assumptæ sunt. Reliquæ vocatæ sunt* 'Επίσημα. Sed quis hìc viri magni non miretur oscitantiam? Si enim ex XXII. literis sedecim tantùm literarum propriè vicem obtinuerunt, sex in alphabeto 'Επίσημα extitisse omnino oportuit. Quod non solùm veritati, sed & ipsi Scaligero repugnat. Ita enim loquitur ibidem, pag. 112. *Hactenus de literis Cadmeis, Ionum, & Græcis. Quæ omnes numero sunt* XXVII. *ex quibus tres erant notæ numerorum, sive* 'Επίσημα. *Reliquæ* XXIV. *verarum literarum vice funguntur:* XIX. *in alphabeto Cadmeo,* V. *autem extra alphabetum.* Ergo vel ipso fatente Scaligero in alphabeto Cadmeo, præter tria 'Επίσημα, fuere XIX. veræ literæ. Ergo ex ipsius ore primum Græcorum alphabetum literis duntaxat XVI. constans Cadmeo vetustius est. Ac proinde vana sunt, quæ Scaliger ibidem pag. 104. dixerat, ut Cadmo Græcarum literarum inventionem assereret.

Nec minor est doctissimi Henrici Valesii ἀβλεψία. Is enim pag. 102. Observationum in Maussaci notas ad Harpocrationem, postquam veritatem penè attigisse visus est, mox in manifestam repugnantiam delabitur. En ipsius verba: *Errant enim, qui* XVI. *duntaxat fuisse literas putant à Cadmo inventas.* (*Non enim confundenda sunt* Καδμεῖα γράμματα *cum Atticis.*) *Fuerunt enim minimum* XVIII. *quas Aristoteles apud Plinium memorat. Tzetzes in Chil.* XVI. *literas primò, deinde* XIX. *tum* XXIV. *factas ait.* XVI. *sunt illæ Phœniciæ* XIX. *seu* XVIII. *Atticæ, addito* Z *&* Φ, *& si* XIX. *vis* H, *&c.* Quis hæc tanti viri verba nisi in opere posthumo excusare possit? Si enim non confundendæ sunt Atticæ literæ cum Cadmeis, sequitur Cadmeas non alias esse ab illis Phœniciis, quas sedecim tantùm fuisse dicit. Ergo secum pugnat Valesius dicens errare eos, qui XVI. duntaxat literas Cadmo adscribant. De Atticis verò literis quod addit, falsissimum esse ex supra dictis ita, ni fallor, patet, ut responsione non egeat.

58. Cur autem Græcum alphabetum iis notis auxerit Cadmus, quæ Græcis inutiles videbantur, in promptu causa est. Nempe ut Phœniciæ quoque arithmeticæ rationem introduceret, quæ totidem desiderabat literas. Qua in re optimè certè de Græcis meritus est. Attici enim numeri & prolixissimi erant, & ad paulo intricatiorem operationem imparatissimi. Contra Phœnicii & compendiosi erant, & ad quamlibet computationem expediti. Hinc Phœnices perfectam numerorum peritiam supra cæteras omnes gentes assecuti esse dicti sunt. Porphyrius in Vita Pythagoræ: Γεωμετρίας μὲν γὰρ ἐκ παλαιῶν χρόνων ἐπιμεληθῆναι

Cadmus novam arithmeticã inducit.

Αἰγυπτίους, τὰ δὲ περὶ ἀριθμοὺς τε καὶ λογισμοὺς Φοίνικας. Facilè igitur Græcis persuaserunt Cadmei, ut, explosis priscis atque importunis numeris, Phœnicios solos in usu quotidiano usurparent: serius tamen Atticis. Hi enim ut Cadmeam Grammaticam, sic & arithmeticam omnium Græcorum ultimi admisisse videntur. Imo eam in monumentis publicis nunquam adhibuere. Quod præter Oxoniensia marmora, aliaque plura Attica, quæ sunt in omnium manibus, testatur etiam Herodianus Grammaticus.

Literis nomina imponit, & earum figuras paululum immutat.

59. Sed neque hìc Cadmus bene de Grammatica Græca merendi finem fecit. Nam & literis nomina imposuisse dicitur, & earum figuras, si non effinxisse, saltem aliquantulum immutasse: Diodorus Siculus lib. III. Ἐπεὶ δὲ Κάδμου κομίσαντος ἐκ Φοινίκης τὰ καλούμενα γράμματα πρῶτον εἰς τὴν Ἑλληνικὴν μεταθεῖναι διάλεκτον, καὶ τὰς προσηγορίας ἑκάστῳ τάξαι, καὶ τοὺς χαρακτῆρας διατυπῶσαι. Et libro v. ex Commentariis Cretensium: Φασὶ τοὺς Φοίνικας οὐκ ἐξ ἀρχῆς εὑρεῖν (scil. τὰ γράμματα) ἀλλὰ τοὺς τύπους τῶν γραμμάτων μεταθεῖναι μόνον. Et quidem; quod ad literarum nomina spectat, id verisimillimum est. Si enim Cadmo antiquiora essent, quin simul cùm ipsis literis ad Latinos transiissent, dubium non est. Atqui in literarum appellatione constat Latinos à Græcis plurimùm recessisse. Nec ulla fides habenda est Salmasio in Solin. pag. 892. affirmanti Latinos omnium quidem literarum nomina à Græcis mutuatos esse, sed ea tantùm in pronuntiando dimidiata expressisse, uti *Be* pro Βῆτα. Quàm enim id falsum sit manifestè ostendunt A. C. F. G. H. I. L. P. S. &c. quarum literarum Latinis nominibus cum Græcis nihil omnino commune est.

Hinc Cadmus Græcarum literarum auctor dicitur

60. Quum igitur tot ac tantis beneficiis Cadmus Græcos devinxerit: eorum alphabetum sex notis auxerit: Phœniciasque omnes literas ad usum vel scripturæ, vel novæ atque facillimæ arithmeticæ accommodarit: quum denique nomina literis imponendo Grammaticam in Græcia artem quodammodo condiderit, quid mirum si pro literarum auctore apud Græcos habitus fuerit, ac decantatus? Hinc non immeritò Φοινίκεια & Καδμεῖα elementa dicta sunt, quæ antea Πελασγικὰ vocabantur. Hinc discipulorum favore, imo totius ferè Græciæ conspiratione literarum servatoribus Pelasgis debitus honos præreptus est, atque in unum Cadmum translatus. Quid verò hac in re, sicut in aliis, mendax potuerit Græcia, indicio est Palamedes, qui quum vix tres aut quatuor literas invenerit, ac forsan nullas, omnium utique inventor dictus est. Quod tum ex multis veterum testimoniis patet à G. J. Vossio adductis Artis Grammat. lib. 1. cap. 10. tum præterea ex Philostrato in Heroïcis.

Cadmeas literas admittunt aliæ Græciæ gentes, ac præcipuè Iones.

61. Reliquam Græcarum literarum historiam à Cadmo usque ad Ionicam migrationem, quæ sub Neleo Codri filio contigit, paucis complectitur Herodotus lib. v. cap. 58. Ait enim Cadmeis primùm literis eandem extitisse figuram, quæ Phœniciis. Mox Cadmi posteros unà cum lingua, simul & τὸν ῥυθμὸν τῶν γραμμάτων paululum immutasse. Quum verò ea tempestate Cadmeorum accolæ essent Iones, eos ab illis literas didicisse, & earum figuras etiam aliquantulum variasse. Quod patet accipiendum esse de iis Ionibus, qui Peloponnesum antiquitus incolebant, nec dum inde excesserant, ut in Asiæ oram Coloniam ducerent. Itaque antiquissimorum Ionum literas non alias à Cadmeis fuisse certum est. Nec obest quod ait ibidem Herodotus Cadmeas literas magna ex parte consimiles Ionicis fuisse. Unde colligit Salmasius in Inscript. Herod. pag 53. 54. non omnino etiam similes extitisse. Herodoti enim verba de iis Ionum literis, quæ vigebant illius ætate, intelligi debere ita perspicuum est, ut mirer id non vidisse Salmasium.

De novo Ionum alphabeto, quod XXIV. literis constitit, & tribus ἐπισήμοις.

62. Novum autem istud Ionum alphabetum in confesso est, præter tria arithmetica ἐπίσημα, his explicatum fuisse XXIV. literis: A. B. Γ. Δ. E Z. H. Θ. I. K. Λ. M. N. Ξ. O. Π. P. Σ. T. Υ. Φ. X. Ψ. Ω. Harum quinque postremæ omnium quoque recentissimæ sunt. His addenda est H. Non quòd novum sit hoc σημεῖον. Imo antiquissimum esse in superioribus notavimus. Sed quòd potestas illius fuerit penitus immutata. Quum enim antea aspirationis tantùm vice fungeretur, pro vera deinceps litera, nempe pro E longo, usurpata est. Idque à Simonide factum omnes consentiunt, ut & ab eodem Ω pro O longo introductum. De aliarum quatuor, Υ, Φ, X, Ψ, literarum repertoribus adeò variè atque incertè loquuntur Græci, ut qui rei veritatem investigat, næ ille certam temporis jacturam faciat.

Nova inde arithmetica constituitur

63. Illud non omittendum est, huic novissimæ quinque literarum accessioni novissimam quoque deberi Græcæ arithmeticæ rationem. Dum enim certus inter numeros locus unicuique novarum literarum assignatus est, priscos ferè omnes numeros turbari oportuit, ac pristinum valorem amittere. Hinc haud dubiè natæ illæ, quas supra memoravimus, circa numeralia Ἐπί-

σημα

πρὸ μετὰ mutationes. Atque inde etiam ea, quæ Phœniciam inter & Græcam arithmeticam observatur hodie discrepantia. Quum illa XXII. tantùm notis, hæc verò non nisi XXVII. absolvatur.

Quare novum istud alphabetum Ionicum fuerit appellatum.

64. Quare autem novum istud alphabetum à Græcis Ionicum fuerit nuncupatum, meritò à doctis quæritur. Nec enim Ionici generis fuere Palamedes, vel Simonides, aut Epicharmus, quibus nova ista elementa Græci plerumque accepta referunt. Cadmus autem Milesius non ullarum literarum, ut placet Tzetzi, sed Prosæ orationis atque etiam Historiæ conditor fuit, uti prodidit Plinius Hist. Nat. lib. V. cap. 29. & lib. VII. cap. 56. Quod Tzetzem videtur in errorem induxisse. Quamobrem libenter accedimus Salmasio ac Vossio, quorum ille in Inscript. Herod. pag. 228. & sequ. Hic verò Artis Grammat. lib. I. cap. 30. non vana conjectura autumant in unum collectis à Callistrato quodam Samio, cujus ætas ignoratur, tam priscis quàm additiciis literis, ab illo, ut pote Ione, literas Ionicas esse appellatas.

Ab omnibus Græcis admittitur.

65. Quo verò tempore, aut qua ratione apud cæteras Græciæ gentes in usu esse cœperit hoc alphabetum, fateor me juxtà cum ignarissimis scire. Hoc unum scio temporis progressu ab omnibus tandem Græcis admissum illud fuisse. Et hoc est, quod ait Plinius Hist. Nat. lib. VII. cap. 57. *Gentium consensus tacitus primus omnium conspiravit, ut Ionum literis uterentur.* Per gentes enim, quæ Ionico alphabeto usæ sunt, Græcos solos intelligi patet, non omnes orbis populos, uti visum est Jos. Scaligero in Euseb. pag. 104. Quod sanè tanto viro excidisse nollem.

Quando illud receperint Athenienses?

66. Ab Atheniensibus tamen constat serò admodum receptas fuisse Ionum literas. Id enim non nisi Archonte Athenis Euclide contigit, Archinoi, seu potius Archini cujusdam persuasione, Olympiad. XCIV. ann. II. Quod ex Suida, Apostolio, Scholiaste Euripidis, aliisque jam olim docuerunt Cl. Salmasius in Inscript. Herod. pag. 231. & seq. Joan. Meursius de Archont. Athen. lib. III. cap. 4. G. J. Vossius Artis Grammat. lib. I. cap. 30. Et Henr. Valesius Animadvers. in Maussaci notas ad Harpocrat. pag. 101. 102. Quorum accuratis hac de re disquisitionibus nihil nobis addendum superest.

Suidas & Apostolius emendantur.

Hoc solùm observabimus ab ipsis laudatos Suidæ & Apostolii locos in Σαμίων ὁ δῆμος non omnino videri eorum opera suo nitori restitutos. Ait enim Suidas ab Aristophane fabulam, quæ Βαβυλώνιοι inscripta est, editam fuisse sub Eucle Archonte annis XXI. ante illum Euclidem, qui Ionicas literas Athenis admisit. Τοὺς δὲ Βαβυλωνίους ἐδίδαξε διὰ Καλλιστράτου Ἀειστοφάνης ἔτει πρὸ τοῦ Εὐκλείδου κη' ἐπὶ Εὐκλέους. Hæc legens Salmasius, ignoransque Archontem ullum Εὐκλέους nomine fuisse, huic Stratoclem substituere non dubitavit, qui XXII. annis ante Euclidem magistratum gessit. Unde sic apud Suidam reposuit: ἔτει πρὸ τοῦ Εὐκλείδου κβ'. ἐπὶ Στεατοκλέους. Quin & alian paulo post ejusdem loci excogitavit emendationem, sed non minus à vero alienam. Fuit enim verè Archon Euclees quidam Olympiadis LXXXVIII. anno II. ac proinde ante Euclidem annis XXV. uti probavit Meursius de Archont. Athen. lib. III. cap. 4. Ergo apud Suidam ita haud dubiè legendum est: ἔτει πρὸ τοῦ Εὐκλείδου κε' ἐπὶ Εὐκλέους.

Inquinatior etiam est Apostolii locus. Sic enim habet: Τοὺς δὲ Βαβυλωνίους ἐδίδαξε διὰ Καλλιστράτου Ἀειστοφάνης ἔτει πρὸ τοῦ Εὐκλείδου καὶ Ἐπικλέους κ'... Meursius ex Suida scribit: ἔτει πρὸ τοῦ Εὐκλείδου κα' ἐπὶ Εὐκλέους. Sed neque sic omni ex parte vulnus sanat. Ita enim certissimè reponendum: κε' ἐπὶ Εὐκλέους, vel ἐπ' Εὐκλέους.

Quod autem diximus Athenienses sub Archonte Euclide Ionicas literas primùm usurpasse, id de publicis solùm monumentis intelligendum est. Jam enim antea has literas Athenis in privatum usum fuisse receptas, & à Grammaticis expositas optimè observavit Henricus Valesius. Idque indicat apud Athenæum lib. X. cap. 20. Callias Atheniensis Comicus Strattide, Euripide, atque Sophocle antiquior, in fabula quadam disserens de XXIV. Ionum literis tanquam usu quotidiano receptis apud suos. Unde apparet nullam fidem habendam esse Græco Euripidis enarratori, dum ait in Phœniss. v. 688. ante Euclidis magistratum nullo prorsus modo Athenis in usu fuisse Ionicum alphabetum.

De prisca Græcarum literarum figura.

67. Postquam de literarum Græcarum ortu ac progressu diximus, deceret nos & de antiquissima earum figura aliquid addere. Verùm ea de re nihil nisi incertissimum proferri potest. Illud duntaxat liquet eas priscis Phœniciis, sed conversis tamen, similes fuisse. Quæ autem priscæ Phœniciæ revera fuerint hactenus ambigitur. Jos Scaliger in Euseb. pag 103. aliique multi eum secuti eas ipsas esse affirmant, quæ apud Samaritanos viguere. At Steph. Morinus de lingua Primæv. Exercitat. II. cap. 5. & sequ. ita ostendit hanc opinionem nulla certa ratione niti, ut ab ea non omnino temerè recessisse videatur.

Sanè, si de priscis Phœnicum elementis ex Græcis conjecturam facere licet, quædam Græca sunt, quæ ad Hebræa magis quàm ad Samaritana accedere negari nequit. Ea sunt Z. I. L. Γ.

Ne quis autem his annumerari miretur L literæ figuram, sciendum est talem antiquitus τῦ Νῦ typum fuisse. Priscianus lib. I. cap. de Numero literarum: *Solebant enim vetustissimi Græcorum* L *pro* N *scribere. Unde quinquaginta quoque numeri signum, quod illi per* N *scribunt, nos per* L *more illorum antiquissimo scribimus.* Idem libro de figuris numerorum: *Quinquaginta notant per* L, *quia apud antiquos Græcos* L *pro* N, *quæ nota est quinquaginta, notabant teste Apollonide & Tarrhæo.*

E diverso cæteras omnes Græcorum literas Samaritanis longè similiores esse, quàm Hebræis, nemo æquus inficiabitur, quidquid in harum collatione dicat eruditissimus Morinus ibid. cap. 10. Quem tamen prætereundum non est per oscitantiam insignem literas quasdam inter se contulisse, quæ nihil usquam commune habuerunt. Sic Wau Phœnicium cum Υ Græco, & Koph cum X comparavit. Quo facto nihil absurdius excogitari potuit.

Sed, ut unde divertimus revertamur, frustra sunt ii omnes, qui ex hodiernis Græcarum literarum figuris de antiquissimis Græcis, aut etiam Phœniciis, judicari posse putant. Primitivum enim Cadmearum literarum ῥυθμὸν ab ipsis Cadmeis primùm, mox ab Ionibus etiam immutatum fuisse jam supra ex Herodoto ostendimus. Quibus mutationibus quanta temporis progressu accessio facta sit, res ipsa satis prodit.

Nec obest quod ait Herodotus lib. v. cap. 59. Cadmea elementa Ionicis magna ex parte similia fuisse. Τὰ πολλὰ ὅμοια ἐόντα τοῖσι Ἰωνικοῖσι. Id enim eo sensu dictum censeri debet, quo à nobis quoque dicitur veteres Græcorum literas magna ex parte conversis Samaritanis similes esse. Licet ab earum figura non parum desciverint. Sic etiam dixit Quintilianus instit. lib. I. cap. 7. vetustissimis Romanis alias literarum formas fuisse, etsi revera eædem fuerint, sed paululum immutatæ.

Equidem, si antiquissimæ inscriptiones, quas à se visas affert ibi Herodotus, iis characteribus fuerunt exaratæ, qui ab Ionicis parum differrent, non video quare alia inscriptio iisdem literis atque eodem ævo scripta ab Ænianibus haud quaquam legi potuerit. Cujus rei memoriam cum ipsa inscriptione servavit Aristoteles in libro Περὶ θαυμασ. ἀκουσμάτων. Hinc enim perspicuum est non nisi ab earum rerum peritis, & quidem seriò incumbentibus, percipi potuisse hanc similitudinem. Atque inde etiam apparet frustra summos viros Jos. Scaligerum in Euseb. pag. 113. & ab eo in quibusdam discrepantem Cl. Salmasium in Inscript. Herod. pag. 54. conatos esse inscriptionum ab Herodoto laudatarum scripturam nobis repræsentare, maximè quum ambo eas Attica potius quam Cadmea scribendi norma exaraverint. Quem errorem in superioribus exagitavimus.

68. Itaque, ut quæ huic disputationi locum dedere summatim complectamur, pro certo ac definito tenendum putamus, non solùm ante Cadmi tempora, sed etiam ante diluvium Deucalioneum priscis Pelasgis xvi. literas fuisse quas postea in Latium intulere. Easdem ab Atticis, qui & Pelasgi fuerunt, usque ad Olympiadis xciv. annum ii. inviolatè servatas esse. Utique Cadmum Phœnicem Græcum alphabetum sex notis auxisse. Nempe tribus literis, ac totidem arithmeticis ἐπισήμοις, ita ut σημεῖα xxii. fierent. Denique alias quinque literas à Grammaticis additas esse, quibus Græcum alphabetum literis xxiv. præter arithmeticas notas tres, completum est. Et hæc habuimus, quæ de priscis Græcorum atque Latinorum literis, pleraque nova & à receptis sententiis aliena diceremus. Conclusio.

FINIS.

Lightning Source UK Ltd.
Milton Keynes UK
UKHW050656061022
410034UK00009B/625

9 781294 123248